GÖBEL · DER KURT WOLFF VERLAG 1913–1930

WOLFRAM GÖBEL

DER KURT WOLFF VERLAG 1913–1930

Expressionismus als verlegerische Aufgabe

Mit einer Bibliographie des Kurt Wolff Verlages
und der ihm angeschlossenen Unternehmen
1910–1930

Unveränderter Nachdruck der Ausgabe von 1977

Das Buch erschien zuerst 1977 als Sonderdruck aus dem *Archiv für Geschichte des Buchwesens*, Band XV, Lieferung 3 und 4 und Band XVI, Lieferung 6, Frankfurt am Main 1976 und 1977.

Die typographische Anordnung der Publikation ist durch den Charakter des Sonderdrucks bedingt. Die Spaltennummerierung von Spalte 521/522 bis 961/962 und ab 1299/1300 stimmt mit der Paginierung des *Archivs für Buchwesens,* Band XV bzw. Band XVI überein.

Weitere Informationen über den Verlag und sein Programm unter:
www.allitera.de

Bibliographische Information der Deutschen Bibliothek

Die Deutsche Bibliothek verzeichnet diese Publikation
in der Deutschen Nationalbibliographie;
detaillierte bibliographische Daten sind im Internet
über <http://dnb.ddb.de> abrufbar.

Mai 2007
Allitera Verlag
Ein Verlag der Buch&media GmbH, München
© 2007 Buch&media GmbH, München
Umschlaggestaltung: Kay Fretwurst, Freienbrink
Herstellung: Books on Demand GmbH, Norderstedt
Printed in Germany · ISBN 978-3-86520-263-5

INHALT

Vorbemerkung		523
1	Die Rolle der Verlage im literarischen Leben des Expressionismus	531
2	Zur Vorgeschichte des Kurt Wolff Verlages	549
2.1	Der Verleger Kurt Wolff, Biographie und Persönlichkeit	550
2.2	Der Ernst Rowohlt Verlag und Wolffs Anteil an der Verlagsführung	559
3	Der Kurt Wolff Verlag von 1913 bis zum Ausbruch des Weltkrieges	565
3.1	Das neue Programm: Die Dichtung der Jüngsten	567
3.2	»Der Jüngste Tag«: Reihenprinzip für Avantgardeliteratur	573
3.3	Der »nichtexpressionistische« Verlag	592
3.4	Auswahlprinzipien Wolffs und die Rolle der Lektoren	601
3.5	Die Bedeutung des Verlages für literarische Gruppen	616
3.6	Die Resonanz beim Publikum und der Verlag im Spiegel zeitgenössischer Urteile	629
3.7	Die materielle Verlagsbasis	645
3.8	Erster Exkurs: Zeitschriftenpläne und der Verlag der Weißen Bücher	651
4	Expressionismus und Weltkrieg	679
4.1	Die Bedeutung des Kriegsausbruchs für Verlag und Buchhandel	680
4.2	Georg Heinrich Meyer als Verlagsleiter	693
4.3	Sammlung und Neuaufbau	704
4.4	Meyers neue Werbestrategie und die Kommerzialisierung des Verlages	714
4.5	Die ersten Bestseller: Gustav Meyrink und Heinrich Mann	729
4.6	Unfreiwillige Abwerbung: Der Verlag als Magnet für Autoren	744
4.7	»Das neue Drama« im Bühnenverlag	757
4.8	Das Programm der zweiten Kriegshälfte: Der Verlag in Reihen	769
5	Expansionstendenzen	783
5.1	Zweiter Exkurs: Der Verlag der Schriften von Karl Kraus – Ausdruck einer Verleger-Autor-Beziehung	793
5.2	Dritter Exkurs: Zeitgeschichtliches Zwischenspiel – Der Neue Geist Verlag	807
5.3	Vierter Exkurs: Bibliophilie und Weltliteratur – Der Hyperion-Verlag	813
6	Von der Revolution zur Inflation	823
6.1	Der politische Expressionismus und sozialistische Einflüsse	824
6.2	Geschäftliche Veränderungen. Fusionspläne mit S. Fischer	839
6.3	Die Auswirkungen der Inflation	853
6.4	Rückzug vom Expressionismus: Die Wende zum Kunstverlag	864
7	Der Niedergang des Verlages	879
7.1	Die Abwanderung der Autoren	883
7.2	Gesamtausgaben und ausländische Literatur	896
7.3	Letzter Exkurs: Der internationale Kunstverlag Pantheon Casa Editrice	907
8	Das Ende einer Ära	911
9	Literaturverzeichnis	921
10	Quellennachweis der Abbildungen	938
11	Register	937
12	Anhang: Bibliographie des Kurt Wolff Verlages und der angegliederten Verlage (mit Register)	1299

Siglen

DLA = Deutsches Literaturarchiv, Marbach am Neckar
ERV = Ernst Rowohlt Verlag
GMB = Giovanni Mardersteig, Briefwechsel mit dem Kurt Wolff Verlag
KTB = Kriegstagebuch Kurt Wolffs
KWA = Kurt-Wolff-Archiv der Yale University, New Haven
KWB = Kurt Wolff. Briefwechsel eines Verlegers 1911–1963. Hrsg. von Bernhard Zeller u. Ellen Otten. Frankfurt am Main 1966
KWV = Kurt Wolff Verlag
NA = Nachlaß von Elisabeth Albrecht, München
TB = Tagebücher Kurt Wolffs

Die vorliegende Arbeit wurde 1975 als Dissertation von dem Philosophischen Fachbereich Sprach- und Literaturwissenschaft II der Ludwig-Maximilians-Universität in München angenommen. Referent: Prof. Dr. Herbert G. Göpfert, Korreferent: Prof. Dr. Dr. Otto B. Roegele.

Vorbemerkung

Die enge Wechselbeziehung zwischen Literaturgeschichte und Verlagsgeschichte ist von Buchhandelshistorikern nie bestritten worden, und die Abhängigkeit der literarischen Rezeptionsgeschichte von den Faktoren der Distribution wird heute auch von der Literaturwissenschaft kaum mehr bezweifelt. Dennoch hat sich die Literaturwissenschaft bis vor wenigen Jahren nur sporadisch mit der Einwirkung des Buchhandels in seiner Gesamtheit auf die Literatur beschäftigt.

Zwar befaßt sich schon 1885 Wilhelm Scherer in seiner Vorlesung zur *Poetik* mit den »Factoren der Vermittlung zwischen Producent und Consument«[1]; 1923 stellt Levin L. Schücking erneut die Frage nach der Bedeutung des Verlegers als »auswählender Instanz«[2]; Werner Mahrholz behauptet 1932, »man könnte deutsche Literaturgeschichte geradezu als Verlagsgeschichte schreiben«[3]; Wolfgang Kayser hebt 1959 die Bedeutung bestimmter Verlagshäuser für die literarische Gruppenbildung hervor[4]. Solche Überlegungen sind jedoch für weite Strecken der Wissenschaftsgeschichte vereinzelt geblieben und haben die Forschung nicht tiefgreifend befruchtet.

Gelegentlich wurden zwar Verlagsarchive und Autor-Verleger-Briefwechsel zu literaturwissenschaftlichen Einzeluntersuchungen, vorwiegend jedoch für kritische Ausgaben und Autorenbiographien herangezogen, doch die Zahl der speziell germanistischen Arbeiten über die Beziehung zwischen Verlags- und Literaturgeschichte ist gering; und bei den vorhandenen Arbeiten ist eher der einzelne Autor in seiner Beziehung zum Verlag ins Blickfeld der germanistischen Forschung gerückt als der Verlag als auswählende und vermittelnde Institution selbst. Auch die Literatursoziologie – sowohl in ihrer positivistischen wie marxistischen Prägung – hat bisher keine einschlägigen Arbeiten zu diesem Thema geliefert, obwohl man von ihr ein noch gezielteres Interesse an der Funktion des Verlages und der Rolle des Verlegers in dem Interaktionsprozeß der an der Literatur Beteiligten erwarten sollte[5]. Lediglich die Zeitungswissenschaft in München unter Karl d'Ester und Hanns Braun hat in den fünfziger Jahren eine Reihe von Verlagsmonographien unter zeitungswissenschaftlichem Ansatz erarbeitet[6]. Darüber hinaus gibt es einige wenige historische und wirtschaftsgeschichtliche Arbeiten.

Zwei Gründe für das Fehlen dieses speziellen werk- und wirkungsgeschichtlichen Aspekts in der Literaturgeschichtsschreibung sind zu nennen. Die Literaturgeschichtsschreibung seit dem Positivismus hat in all ihren geistesgeschichtlichen Neuorientierungen die Wirkungsgeschichte stark vernachlässigt. Die Bedeutung der verlegerischen Initiative[7] für das Werk und den Autor, die Eingriffe des Verlegers in die Entstehungsgeschichte der Werke und sein Einfluß auf die zeitgenössische Wirkungsgeschichte fanden deshalb wenig Beachtung[8]. Dieses Desinteresse ist jedoch nicht ausschließlich durch die jeweiligen epistemologischen Voraussetzungen der Literaturgeschichtsschreibung begründet. Für weite Bereiche der Verlagsgeschichte, insbesondere des 19. und 20. Jahrhunderts, fehlt erschlossenes und aufbereitetes Quellenmaterial, das über Detailuntersuchungen hinausreichende Arbeiten ermöglichte.

---

[1] Bezeichnenderweise behandelt Scherer den Distributionsbereich in seiner *Poetik*. Er nimmt eine indirekte Wirkung der Publikumsreaktionen über die Vermittlungsinstitutionen auf die Produktion an, bedingt durch den Warencharakter der Literatur. (Wilhelm Scherer: Poetik. Hrsg. von Richard M. Meyer. Berlin 1888, 2. Kapitel: Dichter und Publicum. Absatz II. A.: Der Tauschwerth der Poesie und der litterarische Verkehr. S. 121–137).

[2] Levin L. Schücking: Soziologie der literarischen Geschmacksbildung. 3. neu bearb. Aufl., Bern 1961, S. 53. (Die 1. Aufl. erschien 1923.)

[3] Werner Mahrholz: Deutsche Literatur der Gegenwart. 2. durchges. u. erw. Aufl., Berlin 1932, S. 310.

[4] Wolfgang Kayser: Das literarische Leben der Gegenwart. In: Deutsche Literatur in unserer Zeit. Mit Beiträgen von W. Kayser u. a., 4. durchges. u. erw. Aufl., Göttingen 1966, S. 13.

[5] Vor allem eine grundsätzliche Studie, die den Verlag in seiner Mittlerfunktion und seinem Einfluß auf die literarische Verbreitung und Wirkung geschlossen beschreibt, existiert meines Wissens noch nicht.

[6] In neuerer Zeit hat der Zeitungswissenschaftler Falk Schwarz sich an dem Paradigma der *Neuen Rundschau* um den Begriff des *Literarischen Zeitgesprächs* bemüht, wobei er die Bedeutung des Verlegers und des Verlags für die Zeitschrift zu klären versucht. (Vgl. Falk Schwarz: Literarisches Zeitgespräch im Dritten Reich. Dargestellt an der Zeitschrift »Neue Rundschau«. Phil. Diss. München 1970. In: AGB XII, 1972, Sp. 1281–1484).

[7] Wie tiefgreifend die »verlegerische Initiative« in die Genese eines Werkes einzugreifen vermag, hat Helmut Hiller in seiner Arbeit: Zur Sozialgeschichte von Buch und Buchhandel, Bonn 1966, mit Beispielen belegt. (Vgl. vor allem das Kapitel *Möglichkeiten und Grenzen verlegerischer Initiative*, S. 7–19. Ein besonders eindringliches Beispiel ist der Einfluß Cottas auf Goethes Neubearbeitung des *Wilhelm Meister*, S. 18).

[8] Auch die Versuche einer Rezeptionsästhetik, wie sie vor allem Hans Robert Jauss: Literaturgeschichte als Provokation der Literaturwissenschaft, Konstanz 1967, formuliert, verharren in einer immanent-ästhetischen Haltung und klammern materielle Bedingungen literarischer Wirkung, wie sie der Distributionsbereich vorgibt, völlig aus.

Das gilt auch für den in der vorliegenden Arbeit zu behandelnden Zeitraum zwischen 1910 und 1930. Es gibt selbstverständlich eine Vielzahl kleiner, meist aus den Reihen der Verlage oder des Sortiments stammender Aufsätze über einzelne Verleger, meist wenig ergiebige panegyrische Festschriften zu Firmenjubiläen, Verlagsalmanache und -kataloge. Auch werden seit einigen Jahren die nicht sehr zahlreich vorhandenen Verlagsarchive aus der ersten Hälfte des 20. Jahrhunderts erschlossen und einige darin lagernde Autoren-Verleger-Briefwechsel publiziert. Zusätzlich haben wir eine kleine Zahl von Verleger-Autobiographien und Verlagsmonographien[9], doch eine Gesamtdarstellung der Verlagsgeschichte dieses Zeitraums, die das in seiner Methodik und seinen Perspektiven zwar überholte, aber in seinem Materialreichtum und seiner Gründlichkeit fundamentale Werk von Kapp/Goldfriedrich[10] unter erweitertem Blickwinkel fortsetzen würde, fehlt ebenso wie eine gründliche Auseinandersetzung der vorhandenen Einzelstudien mit literaturwissenschaftlichen und literatursoziologischen Fragestellungen.

Deshalb hat es eine Literaturwissenschaft, die – wie erwähnt – seit einigen Jahren ihr Blickfeld auf den als »literarisches Leben« bezeichneten Umkreis von Literatur zu erweitern trachtet, schwer, die Rolle des Verlages in dem komplizierten Interaktionsprozeß zwischen Produzenten, Distribuenten, Rezensenten und Konsumenten zu klären. Sie muß nicht nur ihr methodisches Instrumentarium gegenüber der auf immanent ästhetische und poetologische Fragestellungen ausgerichteten älteren Literaturwissenschaft erweitern und neu entwickeln, sie kann auch häufig nicht auf die als Grundlagen notwendigen Einzeluntersuchungen zurückgreifen.

Eine weitere Schwierigkeit erwächst ihr in dem Problem der Komplexität der Verlagsgeschichtsschreibung. Soziologie, Wirtschaftswissenschaften, Geschichte, Zeitungswissenschaft, Rechtswissenschaft, Technikgeschichte, ja sogar die Psychologie partizipieren neben der Literaturwissenschaft an der Verlagsgeschichtsschreibung. Die von verschiedenen Seiten auf Ablehnung gestoßene Idee einer »Buchwissenschaft« als einer neuen, eigenständigen wissenschaftlichen Disziplin hat zwar gezeigt, daß »der Literaturwissenschaftler [...] eher einer Ausweitung seines Arbeitsgebietes als der Institutionalisierung einer weiteren Spezialwissenschaft das Wort reden« wird[11], aber die Unmöglichkeit für eine Teildisziplin, die Gesamtdimensionen des Phänomens »Verlag« in der vielfältigen Verflochtenheit von technischen, wirtschaftlichen, gesellschaftlichen und geistigen Faktoren innerhalb des historischen Raumes adäquat zu erfassen, bleibt bestehen. Nicht nur eine Auswahl durch fachspezifische Fragestellungen, auch ein Übergriff in Nachbardisziplinen ist immer wieder erforderlich.

Unter diesen Voraussetzungen wird in der vorliegenden Arbeit versucht, die Geschichte des Kurt Wolff Verlages darzustellen. Sie soll nicht verstanden werden als eine alle Dimensionen erfassende und klärende Monographie. Einerseits geht es in dieser Studie um die Biographie des Verlages, die Korrektur fehlerhafter lexikalischer Daten in der bisherigen Forschung und das Aufweisen neuer, bisher unbekannter verlagshistorischer Fakten des expressionistischen Zeitraums. Von daher ist sie als vorbereitende Einzelstudie zu einer Gesamtdarstellung des Verlagswesens im 20. Jahrhundert zu sehen.

Andererseits wird Verlagsgeschichte in ihrer Interpretation auf einen Abschnitt der Literaturgeschichte hin gesehen und bewußt abgehoben von der positivistischen »Firmengeschichte«, die isolierte Fakten kumuliert, ohne funktionale Zusammenhänge zu bestimmen. Verlagsgeschichte soll hier verstanden werden als Teil der zeitgenössischen Wirkungsgeschichte von Literatur, wobei in der Darlegung der Verlagsentwicklung der Einfluß des Verlegers Wolff und seiner Mitarbeiter auf die Produktion der Autoren, die literarischen Auswahlprinzipien des Verlegers, seine Werbemethoden und somit sein Anteil an den äußeren Wirkungsbedingungen von Literatur herausgearbeitet werden soll. Es wird zu klären sein, inwieweit der Verlag Reaktion auf die zeitgenössischen Literaturverhältnisse war oder Aktion im Sinne einer den Literaturbetrieb mitprägenden Kraft. In der Untersuchung der Verleger-Autor-Beziehungen wird nach dem Anteil des Verlages an literarischer Gruppenbildung innerhalb des Expressionismus und an der Durchsetzung bestimmter Tendenzen oder Autoren zu fragen sein. Unter diesem Aspekt mag die Studie als propädeutischer Beitrag für den Literaturwissenschaftler verstanden werden, der die soziokulturellen Bedingungen des literarischen Lebens in

---

[9] Eine Anzahl illustrierender Beispiele enthält das Literaturverzeichnis zu dieser Arbeit.

[10] Friedrich Kapp und Johann Goldfriedrich: Geschichte des Deutschen Buchhandels 4 Bde, Leipzig 1896–1913.

[11] Herbert G. Göpfert: Buchhandel und Literaturwissenschaft. In: Buchhandel und Wissenschaft. Hrsg. von Friedrich Uhlig. Gütersloh 1965, S. 134. Zu der Diskussion über die »Buchwissenschaft« vgl. die bibliographischen Hinweise in dem resümierenden Beitrag von H. G. Göpfert: Wissenschaft vom Buchhandel – Wissenschaft für den Buchhandel. In: Bertelsmann-Briefe. Heft 52, Gütersloh 1967, S. 5.

seine Interpretation expressionistischer Literatur mit einbeziehen will.

Sowohl von der Quellenlage her als auch von seinem unbestrittenen Rang als dem führenden Verlag des literarischen Expressionismus bietet der Kurt Wolff Verlag eine der seltenen Gelegenheiten, den Anteil des Verlagswesens am literarischen Leben der Zeit in der Modellsituation der Monographie zu beschreiben. Doch trotz der für diesen Zeitraum deutscher Verlagsgeschichte überdurchschnittlich guten Quellenlage gibt es bisher neben Miscellen[12] nur zwei als vorläufig zu bezeichnende Arbeiten über den Verleger Kurt Wolff.

In der Frühzeit der deutschen Expressionismusforschung nach 1945 hat der Publizistikwissenschaftler Karl H. Salzmann 1952 erstmals Material zu einer Geschichte der Wolffschen Verlagsunternehmen zusammengetragen[13]. Die überblickshafte, sich teilweise auf eine Korrespondenz mit Wolff stützende Arbeit beschränkt sich jedoch auf eine Skizzierung der wichtigsten chronologischen Entwicklungsphasen. Doch liegt der unbestrittene Wert dieser – nicht immer erfolgreich – um Rekonstruktion der Daten bemühten Arbeit darin, erstmals wieder den Kurt Wolff Verlag seiner Vergessenheit entrissen und – nach einer Ära der Verfemung – auf seine literarische Bedeutung hingewiesen zu haben. Eine zweite, ebenfalls globale Orientierung gab Bernhard Zeller 1966 in seinem Vorwort zu dem Briefband *Kurt Wolff. Briefwechsel eines Verlegers 1911–1963*[14]. Zeller stellt die Person und das gesamte verlegerische Wirken Wolffs bis 1963 in den Vordergrund, nicht allein die Geschichte des Kurt Wolff Verlages. Er stützt sich auf Salzmann, eine Reihe von Rundfunkvorträgen Wolffs und den biographischen und bibliographischen Abriß zu dem aus Sendemanuskripten zusammengestellten Buch Wolffs *Autoren, Bücher, Abenteuer*[15]. Der gedruckte Briefwechsel enthält eine Auswahl von 600 Briefen, die überwiegend aus dem das etwa 17fache umfassenden Verlagsarchiv des Kurt Wolff Verlages stammen, das in der *Beinecke Rare Book and Manuscript Library* in New Haven, Conn. liegt.

Dieses *Kurt-Wolff-Archiv* bildet aufgrund seines beachtlichen Umfangs die Hauptquelle der vorliegenden Arbeit. Das Archiv rekrutiert seine Bestände aus dem ehemaligen Verlagsarchiv des Ernst Rowohlt Verlages, Leipzig, und des Kurt Wolff Verlages. Kurt Wolff hat, ehe er Deutschland 1933 endgültig verließ, vermutlich von einer Sekretärin nach seinen Angaben die wichtigsten Autorenkorrespondenzen aus den Verlagsakten auswählen lassen und mit in die Emigration genommen. Er hat diese Sammlung um 1947 der Beinecke Library gestiftet. Von den rund 10 000 Briefen und Manuskripten stammen etwa 4 100 von Verlagsautoren und Übersetzern. Die Auswahl ist nicht frei von Willkür. Neben verhältnismäßig geschlossenen Briefwechseln finden sich sehr fragmentarische. Gut belegt ist der »expressionistische« Zeitraum des Verlages. Ab der Mitte der zwanziger Jahre enthält das Archiv nur mehr spärliche Belege. Reine Geschäftspapiere sind unterrepräsentiert, vor allem Verlagsverträge und Honorarabrechnungen sind nicht in der wünschenswerten Anzahl vorhanden. Doch können geschäftliche Vorgänge teilweise durch andere Quellen belegt werden. Vereinzelt wurden auch private Korrespondenzen Wolffs mit befreundeten Autoren wie Hasenclever und Werfel aufgenommen[16].

---

[12] Die mir zugänglich oder bekannt gewordenen Arbeiten sind alle im Literaturverzeichnis aufgeführt. Es handelt sich vorwiegend um Nachrufe und Gedenkaufsätze. – Von den Büchern des Verlages als Grundlage verlagshistorischer Forschung gibt es bisher nur wenige reprographische Nachdrucke, obwohl ihr Sammlerwert seit Jahren im Steigen begriffen ist und vor allem die Erstausgaben der expressionistischen Periode antiquarisch kaum noch aufzutreiben sind. Seit 1970 liegt jedoch erstmals wieder die Reihe *Der Jüngste Tag* in einem Faksimiledruck vor, mit einem umfangreichen Kommentar des Herausgebers und biobibliographischen Abrissen. (Heinz Schöffler: Der Jüngste Tag. Die Bücherei einer Epoche. Neu hrsg. und mit einem dokumentarischen Anhang versehen von –. 2 Bde, Frankfurt am Main 1970).

[13] Karl H. Salzmann: Der Verleger Kurt Wolff. Ein Beitrag zur Verlags- und Literaturgeschichte. In: Imprimatur. Ein Jahrbuch für Bücherfreunde. Bd XI, 1952/53, S. 26–48. Eine erweiterte Neubearbeitung dieses Aufsatzes erschien unter dem Titel: Kurt Wolff, der Verleger. Ein Beitrag zur Verlags- und Literaturgeschichte. In: AGB II, 1958, S. 375–403.

[14] Bernhard Zeller: Der Verleger Kurt Wolff: In: Kurt Wolff. Briefwechsel eines Verlegers 1911–1963. Hrsg. von Bernhard Zeller u. Ellen Otten. Frankfurt am Main 1966, S. VII–LVI. Im folgenden abgekürzt als KWB.

[15] Kurt Wolff: Autoren, Bücher, Abenteuer. Betrachtungen und Erinnerungen eines Verlegers. Mit einem Anhang: Kurt Wolff. Lebensdaten, und einer Bibliographie: Bücher in den Verlagen Kurt Wolffs. Zusammengestellt von Helen Wolff. Berlin 1965. – Die weiteren Titel der Rundfunkvorträge vgl. im Literaturverzeichnis.

[16] Im Juli 1948 hat Curt von Faber du Faur eine erste Übersicht über die Bestände gegeben (Curt von Faber du Faur: Modern German Literature in Letters to Kurt Wolff. In: Yale University Library Gazette, Vol. 23, No. 1, p. 25 ff.). – Auch Bernhard Zeller und Ellen Otten gehen in dem editorischen Bericht zu ihrer Briefauswahl auf die Geschichte dieses Archivs ein (KWB, S. 511–514). Eine genauere bibliographische Beschreibung mit Auszügen aus den wichtigsten Korrespondenzen hat Manfred Durzak versucht (Manfred Durzak: Dokumente des Expressionismus: Das Kurt-Wolff-Archiv. In: Euphorion 60, 1966, Heft 4, S. 337–369). Bei der Durchsicht des Bestandes in der Beinecke Library fiel dem Verfasser jedoch eine Reihe von entstellenden Zitatfeh-

Nachforschungen nach dem beim Verlag in Deutschland verbliebenen Registraturbestand durch Wolff selbst und durch das Deutsche Literaturarchiv, Marbach, haben zu negativen Ergebnissen geführt. Gelegentlich tauchen zwar einzelne Briefe aus Autorennachlässen oder in Antiquariaten auf, doch dürfte eine systematische Nachforschung wenig ertragreich sein, da das beim Verlag verbliebene Archiv aller Wahrscheinlichkeit nach 1943 in Berlin verbrannt ist[17].

Unentbehrlich für Datierungsfragen und die Interpretation der Verlagsgeschichte aus der Sicht Wolffs ist der bisher nicht zugänglich gewesene, hier jedoch ausgewertete Nachlaß von Kurt Wolffs erster Frau, Elisabeth Albrecht, geb. Merck, der vorwiegend die private Korrespondenz Wolffs und seiner Frau mit der Familie Merck in Darmstadt zwischen 1907 und 1929 enthält[18]. Weitere Ergänzungen bieten die verschiedenen Tagebücher Wolffs, die ebenfalls hier vollständig ausgewertet werden konnten[19].

Im Besitze von Giovanni Mardersteig, Verona, befindet sich ein umfangreicher Ordner mit dem fast lückenlosen Schriftwechsel Mardersteigs mit dem Verlag zwischen 1917 und 1928, der vor allem Herstellungsfragen, die Kunstabteilung, die Rolle der Zeitschrift *Genius* und die Pantheon-Verlagsprojekte betrifft[20]. Bruchstücke der Verlagskorrespondenz mit einzelnen Autoren ließen sich in verschiedenen deutschen und ausländischen Archiven finden und wurden, soweit zugänglich, ausgewertet[21].

Ohne die freundliche Hilfsbereitschaft der Nachlaßverwalter Helen Wolff und Maria Stadelmayer-Wolff und ohne die Hilfe Giovanni Mardersteigs, die mir großzügigen Einblick in die Korrespondenzen und Tagebücher gewährten, hätte die Arbeit nicht geschrieben werden können. Dies gilt auch für die Unterstützung, die ich durch die Mitarbeiter und Freunde des Verlegers Werner R. Deusch, Willy Haas (†), Carl Georg Heise, Monika Hertlein, Walter Hummelsheim, Erich Meyer-Bachem, Kurt Pinthus (†), Annemarie von Puttkamer, Caroline Reinhold, Heinrich Scheffler, Ladislaus Somogyi und Hermann Vogel (†), ferner durch Gitta Gruenfeld, Rainer Heumann, Francis Kayser, Friedrich Pfäfflin, Brigitta Ricke und Wolfgang von Weber erfuhr. Mein Dank gilt ebenso dem Deutschen Literaturarchiv, Marbach, der Beinecke Library, der Bibliothek des Börsenvereins in Frankurt am Main und den dort tätigen Bibliothekaren, der Horst Kliemann-Stiftung, die mir mit einem Stipendium die Quellenstudien in den USA ermöglichte, dem Evangelischen Studienwerk Villigst und meinem Doktorvater Prof. Dr. Herbert G. Göpfert, dessen Rat und geduldigem Verständnis die Arbeit ihre Fertigstellung verdankt.

---

lern in der Durzakschen Arbeit auf, die im einzelnen hier nicht nachgewiesen werden können. Insgesamt macht die Arbeit den Eindruck einer in Eile ohne nochmalige Überprüfung zusammengestellten Bibliographie. Durzak stützt sich bei seiner Zählung der Autorenkorrespondenzen auf ein unveröffentlichtes, bis auf kleine Irrtümer in der Datierung zuverlässiges Typoskript, das sich in der Beinecke Library befindet. Leider wurden die Antwortschreiben des Verlages von Durzak nur sporadisch gezählt, so daß bis heute eine vollständige Erfassung des Archivs noch aussteht. Seit 1966 liegen in dem Deutschen Literaturarchiv, Marbach am Neckar, schätzungsweise 2000 Xerokopien aus diesem Archiv, deren wichtigster Teil die Grundlage des Zeller/Ottenschen Briefbandes bildet.

[17] Vgl. dazu auch das editorische Nachwort in KWB, S. 511 f. Der Verlagsleiter des Kurt Wolff Verlages in den dreißiger Jahren, Alfred Semank, soll einzelne Autorenbriefe aus finanziellen Erwägungen an kleine Antiquariate verkauft haben. Dies erklärt das gelegentliche Auftauchen von Korrespondenzbruchstücken des Archivs bei Autographenhändlern.

[18] Der umfangreiche Nachlaß befindet sich im Besitz der Tochter Kurt Wolffs, Maria Stadelmayer-Wolff, München. Die Korrespondenz bewegt sich vorwiegend zwischen Elisabeth und Kurt Wolff und der Mutter Elisabeths, Clara Merck. Kurt Wolff, der in einem engen Vertrauensverhältnis zu seiner Schwiegermutter stand, bespricht in diesen Briefen Verlagsangelegenheiten, die allein aus dem Kurt-Wolff-Archiv nicht belegt werden können. Auch aus den Briefen und Tagebüchern Elisabeth Wolffs ergeben sich wichtige Hinweise.

[19] Die fünf Tagebücher Wolffs – in Form der synoptischen Fünfjahres-Diarien – umfassen den Zeitraum von 1906 bis 1931. In stichwortartigen Notizen hat Wolff die ihm wichtigen Vorgänge im Verlag festgehalten (Autorenkontakte, Neuerscheinungstermine, Vertragsabschlüsse, etc.). Die Aufzeichnungen wurden allerdings nicht regelmäßig durchgeführt. Ab 1924 finden sich nur noch sporadisch geschäftliche Notizen, die Bücher erhalten rein privaten Charakter. Sie befinden sich in Besitz von Helen Wolff, New York.

Während seines Kriegsdienstes führte Wolff ein gesondertes Kriegstagebuch, das den Zeitraum von August 1914 bis Herbst 1915 umfaßt. Es wurde auf Blättern eines Notizblocks mit Bleistift aufgezeichnet und in einzelnen Sendungen an Elisabeth Wolff gesandt, in deren Nachlaß es sich befindet. Die in Briefstil gehaltenen Aufzeichnungen spiegeln das Kriegserlebnis und die sich während der Kriegsjahre wandelnde Persönlichkeit Wolffs wider, enthalten jedoch kaum Hinweise auf den Verlag. Das schwer entzifferbare Original und eine maschinenschriftliche Abschrift sind im Besitz von Maria Stadelmayer-Wolff.

[20] Es handelt sich um etwa 400 Schriftstücke; ein geringer Teil wurde in KWB, S. 382–407, veröffentlicht.

[21] Folgenden Bibliotheken und Archiven sei für ihre freundliche Unterstützung gedankt: Stadtbibliothek München (Nachlaß Hermann Vogel); Wiener Stadtbibliothek (Karl Kraus-Archiv); Stadtarchiv Bonn (Nachlaß Wilhelm Schmidtbonn); Herbert-Eulenberg-Archiv, Düsseldorf-Kaiserswerth; Staatsbibliothek Preußischer Kulturbesitz, Berlin (Sturm-Archiv und Nachlaß Gerhart Hauptmann); Universitätsbibliothek Hamburg (Richard-Dehmel-Archiv); Goethe- und Schiller-Archiv Weimar (Insel-Archiv).

1 Die Rolle der Verlage im literarischen Leben des Expressionismus

Fast jede breitere Abhandlung neuerer Zeit, die sich mit dem literarischen Expressionismus auseinandersetzt, beginnt mit einer Begriffsklärung. Deutlicher kann man das Unbehagen an einem literaturgeschichtlichen Terminus nicht dokumentieren. So mannigfaltig und im Einzelfall um Klärung bemüht die Definitionen auch sind, nach 25 Jahren Expressionismusforschung kann immer noch nicht zuverlässig gesagt werden, was Expressionismus ist[1]. Zwar besteht ein gewisser Konsens über die Hauptvertreter, aber bei den zahlreichen Mitläufern, den Randerscheinungen und der zeitlichen Abgrenzung gehen die Meinungen zum Teil erheblich auseinander[2].

Die Schwierigkeiten, diese letzte große literarische Bewegung deutscher Literaturgeschichte hinreichend zu beschreiben, liegen – abgesehen von der Frage nach der geistesgeschichtlichen Einheit[3] – in der thematischen, stilistischen und formalen Vielfalt der Dichtungen, ihren ästhetischen und politischen Intentionen, in der Widersprüchlichkeit der zahlreichen Manifeste und in der Abgrenzung von heterogenen Einflüssen anderer fast gleichzeitiger und ebenfalls noch nicht ganz geklärter Stilrichtungen wie Neuromantik, Jugendstil, Impressionismus, Futurismus, Dadaismus und Surrealismus[4]. Immer mehr wird deutlich, daß der Expressionismus, weit über die gewöhnliche Problematik von Stilbegriffen hinaus, nur heuristisch zu fassen ist[5].

Bei allen Versuchen der Begriffsbestimmung zeichnet sich jedoch eines ab: eine nur an der Dichtung selbst, ihren Themen, Formen und ihrer Sprache orientierte Literaturwissenschaft kann die Verwendbarkeit des Begriffes weder begründen noch verteidigen[6]. Darum greift man seit einigen Jahren stärker als bei anderen Definitionen literarischer Bewegungen auf außerästhetische Bestimmungskategorien zurück und bestimmt den Expressionismus als »engagierte« Literatur auch nach seinen humanistischen und politischen Absichten und Zielen und nach dem soziologischen Vorfeld von Literatur, dem »literarischen Leben«. »In der Gruppenbildung, in dem gemeinsamen Auftreten junger Autoren liegt ja vor allem

---

[1] Die Stimmen gehen von einer schroffen Ablehnung des Begriffes überhaupt (»Kein Mensch kann sagen, was z. B. Neuromantik oder Expressionismus sind.« So Curt Hohoff: Wie schreibt man Literaturgeschichte. In: C. Hohoff: Schnittpunkte. Stuttgart 1963, S. 74) über Versuche, nach Stilmerkmalen zu einer Expressionismusdefinition zu finden (wie bei Karl Ludwig Schneider, der nur bei Heym, Stadler und Trakl einen echten Expressionismus verwirklicht sieht und die Literatur nach 1914 nur als das »hohle Nachspiel der echten Bewegung« bezeichnet. K. L. Schneider: Der bildhafte Ausdruck in den Dichtungen Georg Heyms, Georg Trakls und Ernst Stadlers. Heidelberg 1954, S. 12) bis zu den Versuchen, aus den Manifesten und zeitgenössischen Urteilen eine Dokumentation anstelle der Definition zu setzen, wie Paul Pörtner es getan hat. (P. Pörtner: Literaturrevolution 1910–1925. Bd 2: Zur Begriffsbestimmung der Ismen. Neuwied u. Berlin 1961). Zu den verschiedenen Definitionsversuchen vgl. auch die Forschungsberichte von Richard Brinkmann: Expressionismus. Forschungsprobleme 1952–1960. Stuttgart 1961; und von Paul Raabe: Expressionismus. Eine Literaturübersicht. In: Der Deutschunterricht, 16. Jg., 1964, Beilage zu Heft 2. – Eine umfassende Dokumentation der Forschungsdiskussion: Begriffsbestimmung des literarischen Expressionismus. Hrsg. von Hans Gerd Rötzer = Wege der Forschung, Bd CCCLXXX, ist seit Jahren von der Wissenschaftlichen Buchgesellschaft in Darmstadt angekündigt.

[2] Uneinigkeit besteht auch darin, ob man den Aktivismus als politische Strömung unter den Gesamtbegriff subsumieren oder als selbständige Strömung gelten lassen soll. Erich von Kahler z. B. sieht »in der Anlage des Expressionismus schon die Konsequenz des Aktivismus gegeben«. (E. v. Kahler: Die Bedeutung des Expressionismus. In: Wolfgang Rothe: Expressionismus als Literatur. Bern 1969, S. 14 f.). Vgl. hierzu auch P. Pörtner: Der Aktivismus. In: P. Pörtner: Literaturrevolution Bd 2, S. 26–28.

[3] Wolfdietrich Rasch lehnt nicht nur eine Stilbestimmung des Expressionismus als undurchführbar ab, weil der Expressionismus kein Stil sei, er sieht vielmehr die Epoche seit etwa 1890 bis über den Expressionismus hinaus als eine geistesgeschichtliche Einheit. Sie sei keine Abfolge von Stilen, sondern eine »zusammenhängende Entfaltung von verschiedenartigen Formungsmöglichkeiten [...], die schon am Anfang der Bewegung nebeneinander vorhanden sind.« (Wolfdietrich Rasch: Was ist Expressionismus. In: W. Rasch: Zur deutschen Literatur seit der Jahrhundertwende. Stuttgart 1967, S. 226).

[4] So wird besonders die Verflechtung von Jugendstil und Impressionismus mit dem Frühexpressionismus in einzelnen neueren Arbeiten besonders hervorgehoben. Vgl. dazu Walter Falk: Impressionismus und Expressionismus; u. Dominik Jost: Jugendstil und Expressionismus. Beide in: Wolfgang Rothe: Expressionismus als Literatur. S. 69–86 u. S. 87–106.

[5] Deshalb ist Walter Muschg zuzustimmen: »Auch der Begriff Expressionismus läßt sich nicht mehr abschaffen, er kann nur sinnvoller definiert werden. Man muß ihn weit fassen und in Anführungszeichen brauchen, damit sich dieses Abstraktum nicht selbständig macht und als Wortgespenst an die Stelle der Sache tritt.« (W. Muschg: Von Trakl zu Brecht. Dichter des Expressionismus. München 1961, S. 19 f.).

[6] Muschg, der in der expressionistischen Kunst vor allem das Revolutionäre sieht, formuliert dies überspitzt: »Natürlich ist sie stilistisch keine Einheit, aber eine Revolution kann nicht ästhetisch beurteilt werden. Sie läßt sich so wenig auf eine Stilformel bringen, wie man aus einer Empire-Teetasse die Menschenrechte ableiten kann.« (a.a.O., S. 19).

die Einheit dieser Bewegung, viel weniger in Stil und Sprache ihrer Werke.«[7] »Diese Gruppenaktivität ist eines der Kennzeichen des Expressionismus; dessen literarisches Leben und seine Wirkung ist von der Existenz von Zeitschriften und von bestimmten Verlegern, um die herum sich viele Gruppen bildeten oder versammelten, nicht zu trennen.«[8] In der Tat wird der expressionistische Zeitraum stärker noch als der Naturalismus um die Jahrhundertwende durch literarische Gruppen, »Cliquen« und »Gesinnungsgemeinschaften« bestimmt, die zwar meist ohne eine literarisch überragende Persönlichkeit, einen Führer – wie im George-Kreis –, auskommen, die sich jedoch häufig um publizistische Zentren scharen.

Günther Erken hält deshalb sogar eine Darstellungsweise der expressionistischen Ära für gerechtfertigt, »die nicht von der Dichtung, ihren Kräften und Formen, ausgeht, sondern von dem, was wir gerne das ›literarische Leben‹ nennen«, da es sich beim Expressionismus »weniger um einen ›Ismus‹ des gemeinsamen Stils als des gemeinschaftlichen Strebens handelt«[9].

Zwar vermag das literarische Leben dieser Epoche die Bewegung nicht hinreichend abzugrenzen, aber diese literatursoziologische Kategorie kann doch neben geistesgeschichtlichen, stil- und entwicklungsgeschichtlichen und poetologischen Bestimmungsversuchen einen weiteren Beitrag zur Abgrenzung leisten, wenn sich zeigen läßt, daß die »Interaktion zwischen Produzent, Distribuent, Rezensent und Konsument«[10] während der expressionistischen Periode eine für sie typische und beschreibbare Ausprägung erfahren hat. Für uns, die wir einen Aspekt dieser vielschichtigen und komplizierten Interaktionen herausgreifen wollen, das Verlagswesen, erhebt sich die Frage, ob überhaupt bestimmte Verlage zu Trägerzentren dieser Literatur wurden, und wenn ja, ob sich vielleicht sogar an der Geschichte einzelner Verlage wie des Kurt Wolff Verlages die Entwicklung der expressionistischen Literatur zeigen läßt. – »Die großen Verlagshäuser von damals«, schreibt Wolfgang Kayser und meint die ersten Jahrzehnte des 20. Jahrhunderts, »hatten ein deutliches Profil; ein Buch, das bei S. Fischer, bei Georg Müller, Albert Langen, Eugen Diederichs, im Insel-Verlag erschien, beanspruchte einen bestimmten Rang und gehörte zu einem eigenen geistigen Bereich. Der Buchmarkt war bis zu einem bestimmten Grade durch die Verlagshäuser geordnet.«[11] Diese Profile setzten allerdings einen Verlagstypus voraus, der nicht ausschließlich nach kommerziellem Kalkül geleitet wurde, sondern eine geistige Linie, eine Literaturpolitik vertrat, die die verlegerischen Entscheidungen bestimmte.

Einen solchen Typus des rein literarischen Verlages[12] gibt es etwa seit dem Naturalismus. Von da datiert eine neue Epoche der Verlagsgeschichte, die um die Jahrhundertwende und im Expressionismus eine Hochblüte erreichte und sich bis in die neuere Zeit erstreckte. Aus den Kultur- und Universalverlagen, die das ausgehende 18. und frühe 19. Jahrhundert beherrschten, hatten sich im Laufe des 19. Jahrhunderts allmählich enger begrenzte Spezialverlage gebildet. Nach einer Ära bedeutender Wissenschaftsverlage tauchte mit dem Naturalismus eine erste Verlegergeneration auf, die ihre Verlage fast ausschließlich durch zeitgenössische Literatur tragen ließ und literarische Richtungen um sich gruppierte[13]. Erste Vertre-

---

[7] Paul Raabe: Das literarische Leben im Expressionismus. In: P. Raabe: Die Zeitschriften und Sammlungen des literarischen Expressionismus. Stuttgart 1964, S. 1.

[8] Jörg Drews: Die Lyrik Albert Ehrensteins. Phil. Diss. (masch.), München 1969, S. 3.

[9] Günther Erken: Der Expressionismus – Anreger, Herausgeber, Verleger. In: Handbuch der deutschen Gegenwartsliteratur. Hrsg. von Hermann Kunisch. Bd 2, München 1970, S. 335. Dieser 1965 erstmals veröffentlichte Aufsatz Erkens ist neben Herbert G. Göpferts Vortrag: Der expressionistische Verlag. Versuch einer Übersicht (In: Brannenburger Vorträge 1962. Gräfelfing b. München 1963, S. 41–69) und Paul Raabes Einleitung: Das literarische Leben im Expressionismus. Eine historische Skizze (In: P. Raabe: Die Zeitschriften und Sammlungen, S. 1–22) die einzige Arbeit, die sich mit dem expressionistischen Verlagswesen insgesamt beschäftigt. Unsere Darstellung ist diesen drei Abhandlungen teilweise verpflichtet.

[10] Zur Definition des Begriffes »Literarisches Leben« vgl. Eva D. Becker u. Manfred Dehn: Literarisches Leben. Eine Bibliographie. Hamburg 1968, S. 7–9.

[11] Wolfgang Kayser: Das literarische Leben der Gegenwart. In: Deutsche Literatur in unserer Zeit. S. 13.

[12] Eine verbindliche Definition dessen, was unter diesem alltäglich verwendeten Terminus zu verstehen sei, gibt es m. W. nicht. Gemeinhin ist damit der Verlag gemeint, in dessen Programm »fiction« dominiert. Im engeren Sinne impliziert der Terminus eine Wertung im literarkritischen Sinne: gemeint ist der Verlag, der sich gegen Unterhaltungsliteratur absetzt durch literarisches Engagement und Abstimmung der Produktion auf Qualität nach ästhetischen und weltanschaulichen Kriterien. Die Verlagspraxis verbietet allerdings eine strenge Typisierung. Häufig verbindet der literarische Verlag sein Programm mit einer Kunstabteilung und mit philosophischen Werken; auch kulturgeschichtliche und literarhistorische Werke sowie Essayistik werden aufgenommen.

[13] Zwar stand im Mittelpunkt der Klassik das Verlagshaus Cotta, Julius Campe scharte die Jungdeutschen um sich, und auch Mohr und Zimmer in Heidelberg waren ein »literarischer« Verlag. Doch der Verleger des 19. Jahrhunderts hatte noch eine universale, viele Bereiche des Schrifttums umfassende Vorstellung von seiner Aufgabe, er erfüllte eine allgemeine »Kulturmission«. (Vgl. hierzu Ernst Johann: Die deutschen Buchverlage des Naturalismus und der Neuromantik. Weimar 1935; dort besonders den Abschnitt Die »literarische Epoche« des Verlegers. S. 80–91.)

ter dieses Verlagstypus waren die Unternehmen von Wilhelm Friedrich und S. Fischer.

Soziologische Voraussetzung für diese neue Verlagsform war nicht nur ein breites, aus dem sogenannten Bildungsbürgertum bestehendes Lesepublikum, das sich erst im Laufe des 19. Jahrhunderts herausgebildet hatte, sondern auch die Erweiterung des Publikums durch neue Leserschichten[14] und die zunehmende Differenzierung der Gesellschaft, die verschiedene »Geschmacksträger«[15] und damit »Lesergemeinden« der Verlage entstehen ließ. So wurde der junge S. Fischer Verlag zum Zentrum des Naturalismus, der Insel-Verlag war zuerst eine bibliophile Hochburg des Jugendstils und der Neuromantik, der Verlag Albert Langen wurde zunächst durch seine skandinavische Literatur bekannt, und Eugen Diederichs sammelte die Neuromantiker um sich. Natürlich veränderten die Verlage ihr Profil mit den literarischen Bewegungen und paßten sich ihnen an. S. Fischer wurde Verleger von Hugo von Hofmannsthal, Arthur Schnitzler, Thomas Mann und Jakob Wassermann, Anton Kippenberg stellte vorübergehend Goethe, zugleich aber auch Rainer Maria Rilke in den Mittelpunkt seines Verlages, und Eugen Diederichs baute seinen Verlag aus zu einem Kulturverlag »für moderne Bestrebungen in Literatur, Sozialwissenschaft und Theosophie«.

Blättert man die Verlagsprogramme der großen Verlage nach der Jahrhundertwende durch, so fällt rasch auf, daß der geistige Zusammenhalt, der ja auf dem Geschmack und der persönlichen Überzeugung des Verlegers beruhte, sich nicht unbedingt mit literaturwissenschaftlichen Wertungen und Kategorisierungen deckt. Die Gleichzeitigkeit des Ungleichzeitigen wird entschieden stärker sichtbar, als sie gemeinhin in literaturgeschichtlichen Darstellungen zum Ausdruck kommt. Zwei Dinge jedoch hatten diese Verlage – es wären noch Georg Müller, Rütten & Loening und Georg Bondi zu nennen, um nur einige der bedeutenderen zu erwähnen – für die um 1910 mit ihrem literarischen Schaffen beginnenden, kaum über zwanzigjährigen Frühexpressionisten gemeinsam: es waren ältere, fest konsolidierte, sich ihres Ranges bewußte Firmen, die neue Autoren kritisch daraufhin auswählten, ob sie in ihr Profil paßten – und diese Verlage vertraten einen Autorenstamm, dessen Überzeugungen die Jungen nicht teilten, zum Teil sogar heftig ablehnten.

Und so wie das Bürgertum die neue Literaturrevolte, die in Berlin in dem *Neopathetischen Cabaret* Kurt Hillers entstand[16], verlachte und verspottete[17] und die Dichtung zurückwarf in den Kreis der Literaten, so fanden die Expressionisten zunächst keine großen, älteren Verlage, die sich ihrer angenommen hätten[18]. Sie schufen sich ihre Verlage selbst. Die Verleger des Frühexpressionismus waren überwiegend als Herausgeber, Kritiker, Redakteure und als Schriftsteller tätig, sie kamen nicht wie S. Fischer, Anton Kippenberg, Eugen Diederichs, Georg Müller oder Karl Robert Langewiesche über die traditionelle Verlags- und Buchhandelslehre zum eigenen Verlag, sie suchten sich als aktive Literaten ihre eigenen Publikationsmöglichkeiten unter erheblichen finanziellen Schwierigkeiten und gegen den Widerstand des Publikums.

Der Expressionismus begann ja zunächst nicht als eine alles ergreifende und beherrschende neue Bewegung, er ist eingebettet in einen Prozeß literarischer Bewegungen, deren einzelne Stränge bis weit in die zwanziger Jahre zu verfolgen sind. Es gab weiterhin die Dichtung in der Tradition Hofmannsthals, und der George-Kreis wirkte ebenso weiter wie die »Heimat-Literatur« und die »Blut-und-Boden-Literatur« im Sinne Friedrich Lienhards, Adolf Langbehns und Adolf Bartels'. Ebenso schrieben Thomas Mann, Rainer Maria Rilke und Gerhart Hauptmann zu gleicher Zeit wie die Expressionisten, und sie dachten und lebten durchaus in ihrer Zeit. Die Anfänge des Expressionismus sind deshalb eher einer Subkultur vergleichbar, die sich gegen die herrschenden literarischen Konventionen auflehnte. Und es dauerte Jahre, ehe ein breiteres Publikum sich der neuen Literatur zuwandte.

---

[14] Vor allem die Volksbildungsbestrebungen seit der Gründerzeit, Ausbau und Erweiterung der Leihbibliotheken und die Arbeiterbildungsbewegungen seit Ende des 19. Jahrhunderts führten zu einem breiteren Lesepublikum.

[15] Zum Begriff des »Geschmacksträgers« vgl. Levin L. Schücking: Soziologie der literarischen Geschmacksbildung. S. 87–92.

[16] Der Beginn der sich formierenden Bewegung wird heute allgemein mit der Gründung des *Neopathetischen Cabarets* durch Hillers *Neuen Club* 1910 angesetzt. (Vgl. Paul Raabe: Die Zeitschriften und Sammlungen. S. 1.)

[17] »In diesem unsicheren Berlin [...] mußten rebellische Literaten verfahren wie die Urchristen im alten Rom: man war gezwungen, krypterisch Gott zu opfern. Die Öffentlichkeit lachte und spottete über sie, meist aber schwieg man.« Rudolf Kayser: Literatur in Berlin: In: Das junge Deutschland 1918, S. 41 f. Zit. nach: Expressionismus. Literatur und Kunst 1910–1923. Eine Ausstellung des Deutschen Literaturarchivs im Schiller-Nationalmuseum Marbach a. N., Katalog Nr. 7. Hrsg. von Bernhard Zeller. Marbach 1960, S. 22.

[18] Um nur einige Beispiele anzuführen: August Stramm versuchte 20 Jahre lang vergeblich, seine Gedichte bei einer Zeitschrift oder einem Verlag unterzubringen, ehe Herwarth Walden ihn protegierte. Albert Langen lehnte Georg Trakls Gedichte ab, ehe Wolff sie verlegte, und die Lektoren Langens lehnten Arnold Zweigs *Novellen um Claudia* ab, ehe Ernst Rowohlt sie übernahm.

Hauptzentrum und Ausgangspunkt der frühexpressionistischen Bewegung war Berlin, die Stadt mit den meisten literarischen Verlagen Deutschlands[19]. Und hier entstand 1907 auch der erste der für den Expressionismus typischen Kleinverlage, der Verlag Alfred Richard Meyers. Meyer war der Prototyp des Autor-Verlegers, Redakteur einer Feuilletonkorrespondenz im Hauptberuf, Schriftsteller, Herausgeber der Zeitschrift *Bücherei Maiandros* und Förderer eines buntgemischten Kreises von Künstlern und Literaten, die er um sich scharte. Meyers verlegerische Produktion, die er allein von seinem Redakteursgehalt finanzierte, war ebenso originell wie buntgemischt. Er setzte sich als einer der ersten für die moderne französische Lyrik ein, für den Freund Heinrich Lautensack, für Hans Carossa, Samuel Friedlaender und Paul Zech. Vor allem die kritischen Beiblätter der *Bücherei Maiandros* waren dem Expressionismus zugewandt. Einer bestimmten Kunsttheorie huldigte Meyer jedoch nicht, ein dogmatischer Anspruch, wie ihn Herwarth Walden und Franz Pfemfert vertraten, war ihm fremd. Meyer griff – Ausdruck seiner finanziell bescheidenen Basis – in seiner Verlagsproduktion auf die Form der *Lyrischen Flugblätter* zurück, Heftchen von Bogenstärke ohne festen Umschlag, in je 500 Exemplaren gedruckt[20]. In diesen Flugblättern, durch die er vor allem in die Literaturgeschichte eingegangen ist, erschienen zwischen 1912 und 1914 viele Erstdrucke der Frühexpressionisten. Aufsehenerregendste Veröffentlichung waren die *Morgue*-Gedichte Gottfried Benns 1912.

Doch dieser Verlag, der Ausdruck einer Freundesgruppe war, der andere Verlage zunächst verschlossen blieben, zugleich Ausdruck eines Verlegers, der aus Liebhaberei neue Literatur in die Welt bringen wollte, konnte, finanziell ungesichert, nicht in die Breite wirken. Die Publikationsform der Flugblätter war zugleich typisch für die Isolation der neuen literarischen Bewegung. Diese Heftchen, von dem Verleger und seiner Frau eigenhändig gefalzt und geheftet, wurden von den Literaten selbst und ihren Freunden gelesen, ein größeres Publikum blieb ihnen versagt.

Mit seiner literarhistorisch bedeutsamen, 103 meist expressionistische Autoren vereinigenden Anthologie *Der Mistral* (Doppelnummer 4/5 der im Verlag Paul Knorr, Berlin-Wilmersdorf, erscheinenden Zeitschrift *Bücherei Maiandros*) schien Meyer sich finanziell verkalkuliert zu haben. Nach dem 6. Buch der Zeitschrift erschienen nur noch zwei schmale Beilagen. Der Kriegsausbruch schließlich zerriß den Kreis um Meyer, der Verlag ruhte. Erst 1919 setzte Meyer seine Reihe der *Lyrischen Flugblätter* fort, aber nun mit überwiegend bibliophilem, oft der Groteske zugewandtem Inhalt. Die literarhistorische Bedeutung des Pionierverlages ist mit der frühexpressionistischen Phase abgeschlossen, Meyer selbst schrieb später für andere Verlage[21].

Auch der Verlag von Heinrich F. S. Bachmair gehörte zu den ad-hoc-Gründungen von Miniaturverlagen, die aus dem Willen, der neuen literarischen Bewegung zu Publikationsmöglichkeiten zu verhelfen, geschaffen wurden, und die – ohne wirtschaftlichen Rückhalt – auf die Dauer nicht existenzfähig waren. Bachmair gründete seinen Verlag für den Freund Johannes R. Becher als Student 1911 in Berlin, verlegte ihn 1912 nach Schwabing und war vor allem als Verleger und Herausgeber der kurzlebigen, finanziell scheiternden Zeitschriften *Die neue Kunst* und *Revolution* ein Mentor des Frühexpressionismus. Er sammelte die Münchener Dichter, hielt aber auch Verbindung zu den Berliner Kreisen. In dem Buchverlag erschienen nur wenige Bücher von Johannes R. Becher, Else Lasker-Schüler, Albert Michel und Bachmair selbst, ehe Bachmair den Verlag 1914 notgedrungen mit allen Beständen versteigerte[22].

---

[19] Von den 442 Firmen mit Sitz im Deutschen Reich, die das *Adressbuch des deutschen Buchhandels* von 1910 unter der Rubrik »Schöne Literatur« als reine Verlagsfirmen ausweist, entfallen auf Berlin (mit Vororten) 114, auf Leipzig 97, Stuttgart 24 und München 22. (Eigene Zählung des Verf. nach dem Adressbuch. Die zahlreichen Antiquariate und Buchhandlungen, die einen kleinen Verlag nebenbei betreiben, sind in der Zählung nicht berücksichtigt).

[20] Diese *Lyrischen Flugblätter* waren, obwohl immer wieder behauptet, keine Erfindung Meyers. Nach einem Leserbrief von Hans Feigl in der *Zeitschrift für Bücherfreunde* gab es schon kurz vor der Jahrhundertwende in dem Wiener Verlag Szelinski & Cie. eine Reihe *Poetische Flugblätter*, hrsg. von Josef Kitir und Carl Maria Cob, die eine Auslese aus den Dichtungen zeitgenössischer, noch unbekannter Dichter wie Falke, Liliencron, Lingg, Dehmel und Altenberg brachten. Diese oft nur einen Viertelbogen starken Flugblätter erschienen etwa 2 bis 3 Jahre lang. Etwa gleichzeitig gab Carl Henckel seine *Sonnenblumen* als Flugblätter heraus. (*Zeitschrift für Bücherfreunde*, N. F. 2, 1910/11, Heft 8, Beiblatt S. 275 u. Heft 11, Beiblatt weitere Hinweise auf ähnliche Unternehmen.)

[21] Die ausführlichste und geschlossenste Darstellung dieses Verlages und neues Quellenmaterial bietet Herbert Günther: Alfred Richard Meyer (Munkepunke), der Mensch der Dichter, der Verleger. In: Imprimatur. N. F. 6, 1969, S. 163-191.

[22] Der Berliner Verleger Collignon wurde Besitzer und gab Bücher völlig anderer Provenienz unter dem Namen Bachmairs heraus. (Vgl. die Angriffe Hans von Webers gegen den »Namensmißbrauch« in *Zwiebelfisch*, 8. Jg., 1916/17, Heft 6, S. 168-170; u. 9. Jg., 1918, Heft 3, S. 84.) – Erst 1919 entstand wieder eine Firma Heinrich F. S. Bachmair & Co., die aber für den Expressionismus keine Bedeutung mehr hatte.

Diese beiden Verlage, deren Entwicklung wir als typisch für die Anfänge der expressionistischen Bewegung umrissen haben, waren nicht die einzigen Neugründungen. So wie um die Jahrhundertwende eine Reihe von Neugründungen bedeutender Verlage zu verzeichnen war[23], folgte um 1910 eine zweite Welle oft winziger, nicht einmal im Handelsregister eingetragener Unternehmen; aber auch eine Reihe bedeutender junger Verleger wie Erich Reiß, Gustav Kiepenheuer, Ernst Rowohlt und Kurt Wolff trat gleichzeitig mit der neuen Literaturgeneration auf. »Alle Welt scheint von einem wahren Verlagsgründungsfieber ergriffen worden zu sein; keine Woche vergeht ohne Ankündigung neuer Firmen. Konzession ist nicht erforderlich und die Bedürfnisfrage wird nicht gestellt«[24], schrieb Hans von Weber Ende 1911. Paul Raabe führt in seinem Repertorium *Die Zeitschriften und Sammlungen des literarischen Expressionismus* 124 Verlage auf, in denen expressionistische Anthologien, Almanache, Jahrbücher, Zeitschriften und Buchreihen erschienen sind[25]. Würde man die Einzelwerke der expressionistischen Autoren hinzunehmen, dürfte sich die Zahl der Verlage – wenn auch geringfügig – noch vergrößern. Allerdings erläge man einem Trugschluß, würde man all diese Verlagsfirmen als typische Verlage expressionistischer Literatur kennzeichnen. Bei näherer Betrachtung des Gesamtprogramms erweisen sich viele Verlage als an der Peripherie expressionistischen literarischen Lebens liegend. Die Mehrzahl der von Raabe aufgezählten Verlage spielte überdies erst in der Endphase der Bewegung eine Rolle.

Ehe die Produktion der Frühexpressionisten überhaupt in Büchern zusammengefaßt wurde, veröffentlichten sie ihre Dichtungen in Zeitschriften. Diese ersten expressionistischen Zeitschriften entstanden ebenfalls in dem literarisch turbulenten Klima Berlins. Hier gründete Franz Pfemfert 1911 seine *Aktion*[26], die zuerst den Kreis um Kurt Hillers *Neuen Club* als Mitarbeiter vereinigte. Ein zweites Zentrum erwuchs dem Expressionismus mit Herwarth Waldens Zeitschrift *Der Sturm* (gegr. 1910), die nicht wie Pfemferts *Aktion* auf engagierte »Linksliteratur«, auf »Neopathetik« und später auf den politischen Aktivismus festgelegt war, sondern von der bildenden Kunst herkommend unter dem Einfluß von Marinettis Futurismus und August Stramms Wortkunsttheorie einen dogmatischen Expressionismus vertrat. Wieder waren die Herausgeber -- wie bei dem Verlag und der Zeitschrift Alfred Richard Meyers – Mittelpunkt eines Kreises, selbst literarisch nicht überragend, aber durch ihr Medium gruppenbildend und von Einfluß.

Der Bruch des Expressionismus mit der Tradition läßt sich bis in die äußere Befreiung von überkommenen Publikationsträgern und die Verselbständigung der Publikationsorgane zeigen. Beide Herausgeber hatten die Bevormundung fremder Verleger abgeschüttelt. »Dreimal versuchte man, mit gröbsten Vertragsbrüchen unsere Tätigkeit zu verhindern, die von den Vielzuvielen peinlich empfunden wird. Wir haben uns entschlossen, unser eigener Verleger zu sein«[27], schrieb Walden, der nur noch in den Dienst der neuen Kunst und Literatur treten wollte, in der ersten Nummer des *Sturm*. Auch Pfemfert hatte sich erst nach Differenzen mit dem Verleger des *Demokraten,* dem die literaturpolitische Tätigkeit seines Redakteurs zu weit ging, auf eigene Füße gestellt.

Erst verhältnismäßig spät wurde die Produktion der Beiträger von *Sturm* und *Aktion* im Verlag der *Aktion* und im *Sturm*-Verlag in Büchern zusammengefaßt. Pfemfert gab zwar 1912 mit dem Roman *Bebuquin* des Schwagers Carl Einstein das erste Buch der *Aktionsbücherei* heraus, es folgten aber erst während des Krieges mehrere Reihen, die zunächst Dokumente der in der *Aktion* erschienenen Prosa und Lyrik waren, sich nach dem Kriege jedoch überwiegend der Politik zuwandten. Der vielseitige Walden gründete neben dem *Sturm*-Buchverlag (ab 1914) eine *Sturm*-Kunstschule, *Sturm*-Bühne und 1917 sogar eine *Sturm*-Buchhandlung. Doch die entscheidenden Buchverleger des Expressionismus wurden beide Herausgeber nicht. Dies wurden noch während der frühexpressionistischen Phase Hermann Meister und Richard Weissbach in Heidelberg und der Nachfolger in Ernst Rowohlts Verlag, Kurt Wolff.

In der Stadt Heidelberg, die schon einmal während der Romantik ein literarischer Mittelpunkt gewesen war, entstand neben Berlin, Prag, Leipzig, München und Wien ein wichtiges Zentrum der neuen Literatur. »Es war ja die Atmosphäre Max Webers, Gundolfs, Gotheins, Neu-

---

(Über Bachmair vgl. auch: Carl Fischer: Heinrich F. S. Bachmair – unvergessen. In: Der Junge Buchhandel Nr. 7a/1965 = Beilage zum Börsenblatt, Frankfurter Ausgabe, Nr. 59 vom 27. 7. 1965, S. J 132–J 137.)

[23] U. a. Eugen Diederichs (1896), Insel-Verlag (1899), Axel Juncker (1902), Georg Müller (1903), Reinhard Piper (1904).

[24] Hans von Weber: Neue Verlage. In: Der Zwiebelfisch, 3. Jg., Heft 6, Dezember 1911, S. 213.

[25] Vgl. Paul Raabe: Die Zeitschriften und Sammlungen, S. 261–263.

[26] Vorläufer der *Aktion* war der von Pfemfert redigierte *Demokrat,* der schon 1910 den Autorenstamm des *Neuen Clubs* aufnahm.

[27] Vornotiz zu Nr. 1 vom 3. März 1910. Zit. nach Paul Raabe: Die Zeitschriften und Sammlungen, S. 25.

manns und anderer der Art in der Stadt«[28], berichtet Jacob Picard, und dort lebte Alfred Mombert, einer der Wegbereiter des Expressionismus. Die Studentenschaft der Universitätsstadt veranstaltete Dichterlesungen, bei denen auch Franz Werfel vortrug[29]; Albert Ehrenstein kam aus Wien gelegentlich zu dem Kreis, der sich um den *Saturn,* die Zeitschrift des Verlages von Hermann Meister, sammelte, und Weissbach redigierte das niveaureiche Literaturblatt der *Heidelberger Zeitung,* an dem Ernst Bloch, Hermann Sinsheimer, Friedrich Burschell und der junge Georg Lukács mitarbeiteten.

Kurt Hiller und Ernst Blass hatten schon früh Verbindung mit Weissbach aufgenommen[30], und dort erschien neben dem Gedichtband von Blass *Die Straßen komme ich entlang geweht* (1912) die erste Anthologie der neuen Lyrik *Der Kondor* im Mai 1912, herausgegeben von Kurt Hiller. Weissbach war ebenfalls wie Meyer, Walden und Pfemfert der Typus des Literaten, der auch in der dem Expressionismus nahestehenden Verlagszeitschrift *Die Argonauten* (ab 1914) sich nicht als Verleger zurückhielt, sondern sich auch redaktionell beteiligte. Der schriftstellernde Verleger Hermann Meister gab seine Zeitschrift *Saturn* in seinem gleichnamigen Verlag selbst heraus. Bei ihm erschien die erste Prosa-Anthologie der Expressionisten unter dem Titel *Die Flut* (1912) und die *Lyrische Bibliothek* (1913/14), eine 6bändige Serie der neuen Lyrik. Meister leugnete zwar eine Gruppenbildung in seinem Verlag, den er allen Jungen offenhielt, brachte aber 1913 eine Gedicht-Anthologie rheinischer Lyriker unter dem Titel *Fanale* heraus und sammelte mit der *Pforte. Eine Anthologie Wiener Lyrik* die österreichischen Expressionisten in seinem Verlag.

In Wien selbst und in Prag erwuchs dem Expressionismus zunächst kein Verlagszentrum. Viele der Prager Dichter in ihrer sprachlichen und ethnischen Isolation kamen nach Leipzig zu Ernst Rowohlt und Kurt Wolff. Hier entstand nun nach dem Vorspiel der finanzschwachen Avantgardeverlage ein kapitalkräftiger Verlag, der sich mit der Insel, mit S. Fischer und Georg Müller messen konnte. Der Verlag wurde zum Hauptzentrum der neuen Literatur, dessen Programm, vor allem die Reihe *Der Jüngste Tag,* zeitweise mit der neuen Richtung gleichgesetzt wurde. Davon wird in den folgenden Kapiteln die Rede sein.

Als charakteristisch für die Bewegung des Expressionismus wird immer wieder hervorgehoben, daß es eine Dichtung der jungen Generation war. Tatsächlich sind die meisten Expressionisten zwischen 1880 und 1890 geboren. Bei den nach 1890 Geborenen spricht man häufig von der zweiten expressionistischen Generation, da diese Autoren erst in der zweiten Phase des Expressionismus, während des Krieges und in den ersten Nachkriegsjahren mit ihrem Schaffen begannen. Schwierigkeiten der Einordnung bereiten die sogenannten Vorläufer wie der *Charon*-Kreis, Richard Dehmel, Alfred Mombert, Theodor Däubler und Else Lasker-Schüler, die gelegentlich als Gegenthese zur Generationstheorie angeführt werden.

Zunächst scheint es, als ließen sich diese Vorläufer nicht in die expressionistischen Kreise und Verlagszentren einordnen. Einzelgänger wie Heinrich Mann, der seine ersten Romane in Italien schrieb, oder Carl Hauptmann, der bis zur »Stilwende« des *Einhart*-Romans (1907) mehrere Bücher veröffentlicht hatte, fanden denn auch zunächst in »nichtexpressionistischen« Verlagen, in älteren Unternehmen ihre Mittler. Aber die Vorläufer kamen nach 1910 fast alle zu den expressionistischen Verlagen und gehörten in die literarischen Zirkel der Jugend. So fand Mann den Weg über Albert Langen, die Insel und Paul Cassirer zu Wolff, Hauptmann über eine Reihe verschiedener Verleger zu Rowohlt. Auch Else Lasker-Schüler und René Schickele gingen zu Wolff und dem mit seinem Verlag verbundenen Verlag der Weißen Bücher[31]. Es ist deshalb ein Charakteristikum, daß der 1902 gegründete Berliner Verlag Axel Juncker, der zunächst Max Brod, Else Lasker-Schüler, René Schickele und Franz Werfel verlegt hatte, alle diese Autoren verlor, die sich weder bei dem Verleger noch im Rahmen seines Programms literarisch zu Hause fühlten.

Sporadisch nahmen die älteren Verlage, vor allem S. Fischer, einzelne heute als expressionistisch bezeichnete Werke an, so etwa das erste expressionistische Drama *Der Bettler* von Johannes R. Sorge (S. Fischer 1912) und Georg Kaisers *Bürger von Calais* (S. Fischer 1914). Aber verglichen mit der Fülle des noch vor dem Krieg in den expressionistischen Verlagen Verlegten, ist die Bilanz dürftig. Im Rahmen der 1912 verlegten 45 Bücher S. Fischers nimmt sich Sorges *Bettler* zwischen Egon Friedell, Gerhart Hauptmann, Hermann Hesse, Arthur Schnitzler, Emil Strauß und Jakob Wassermann recht ungewöhnlich aus. Und von den 135 zwischen 1912 und 1914 verlegten

---

[28] Jacob Picard: Ernst Blass, seine Umwelt in Heidelberg und *Die Argonauten.* In: Paul Raabe: Expressionismus. Aufzeichnungen und Erinnerungen der Zeitgenossen. Olten u. Freiburg 1965, S. 139.

[29] Werfel las am 25. 11. 1913 in Heidelberg.

[30] Vgl. Kurt Hiller: Leben gegen die Zeit. Bd 1. Reinbek 1969, S. 68–71. Bei Hiller ergaben sich biographische Verbindungen zu Heidelberg. Er hatte dort promoviert.

[31] Zu der Geschichte des Verlags der Weißen Bücher und seine Stellung zu dem KWV vgl. den Exkurs 3.8.

Büchern sind nur acht Werke von sechs Autoren expressionistischen Tendenzen verpflichtet³². Wir können deshalb mit der Charakteristik dieser Verlagstopographie die Reihe der ersten expressionistischen Verlage abschließen. Die zweite Phase der expressionistischen Bewegung, der Höhepunkt gegen Ende des Krieges und in den ersten Jahren der Weimarer Republik und der Verfall bis etwa 1925 schuf neue Verlage in einer politisch und buchhändlerisch veränderten Situation.

Während der Kriegsjahre war das verlegerische Wirken durch vielfache äußere Bedingungen erschwert wie Kriegsdienst der Mitarbeiter, Papierverknappung und -kontingentierung gegen Ende des Krieges und Arbeitskräftemangel in den herstellenden Betrieben. Die Auslieferung in das Ausland war durch die Zensur erschwert, teilweise verboten. »Die Jahre 1914 bis 1918 bedeuteten für den Expressionismus ein verborgenes Sammeln der Kräfte«, schrieb Friedrich Markus Huebner 1920 rückblickend. »Zeitschriften wie die ›Aktion‹ verneinten den Krieg und die Politik dieser Jahre vollständig; wo die neue Kunst sich der vom Kriege aufgeworfenen Menschheitsprobleme bemächtigen wollte, griff die Zensur ein und erzwang auf diese Weise Schweigen«³³. René Schickele flüchtete deshalb mit seinen *Weißen Blättern* in die Schweiz zu Rascher & Cie., die eine Reihe *Europäische Bücher* herausbrachten und die in der Heimat von der Zensur Bedrohten wie Hugo Ball, Hermann Hesse, Rudolf Leonhard, Ernst Bloch und andere aufnahmen. Die *Aktion* ging in die »Innere Emigration«³⁴, und die deutschen Verleger ließen Manuskripte entweder bis nach dem Krieg liegen, so Kurt Wolff Heinrich Manns *Untertan* und Walter Hasenclevers *Retter,* oder sie mußten ein Verbot durch die Zensur riskieren wie Georg Müller mit Hillers *Ziel*-Jahrbüchern³⁵.

Die literarischen Gruppen waren weitgehend zersplittert, die meisten Zeitschriften stellten ihr Erscheinen ein. Neugründungen von Zeitschriften waren aus kriegswirtschaftlichen Gründen ebenso wie Verlagsgründungen genehmigungspflichtig. Die veränderte politische Situation zwang zur Reflexion auf den Standort und die Ziele der Dichtung. Mit der Besinnung auf das Selbstverständnis des Expressionismus drangen auch allmählich der Begriff und die damit verknüpften Inhalte in das allgemeine Bewußtsein ein, bis der Expressionismus bei Kriegsende »salonfähig« geworden war. 1914 schrieb Hermann Bahr sein Buch *Expressionismus*³⁶, in dem der Begriff von der Malerei systematisch auf die literarischen Ausdrucksformen angewandt wurde, 1915 faßte Kurt Pinthus die Gemeinsamkeiten der *Jüngsten Dichtung* überblickshaft zusammen³⁷; immer häufiger folgten Aufsätze zum literarischen Expressionismus, und seit Kasimir Edschmids Rede *Expressionismus in der Dichtung* (1917) riß die Diskussion um Wesen und Gestalt der Bewegung nicht mehr ab³⁸.

So finden wir während des Krieges kaum neue Verlage, aber ein Eindringen des Expressionismus in die alten Verlagshäuser, die sich dem Druck der neuen Bewegung nun nicht mehr entziehen konnten. 1916 bekannte deshalb der Senior der literarischen Verleger, S. Fischer: »Ich muß nun schon bis an mein Lebensende Verleger bleiben, und obgleich der neu heraufkommenden Generation von Schriftstellern mein Verlag so rückständig scheint, daß sie sich einem anderen Verlag – dem Verlag der Jüngsten [d. i. der Kurt Wolff Verlag] – zuwendet, so muß ich doch versuchen, auch die Kunst der neuen Generation zu verstehen, was dem alternden Verleger nicht leicht wird«³⁹. Fischer verlegte ab 1917 häufiger expressionistische Autoren, darunter Alfred Döblin, Paul Kornfeld, Albert Ehrenstein, Gustav Sack und Wilhelm Lehmann. In dem bunten Riesenprogramm Georg Müllers fanden einzelne Bücher von Leonhard Frank, Albert Ehrenstein, Alfred Döblin, Robert Musil, sogar kurzfristig Kurt Hiller einen Platz. Nach dem Kriege nahm der Insel-Verlag Theodor Däublers Gesamtwerk, Johannes

---

³² Zählung nach Ernst Johann: S. Fischer Verlag. Vollständiges Verzeichnis aller Werke, Buchserien und Gesamtausgaben mit Anmerkungen zur Verlagsgeschichte 1886–1956. Frankfurt am Main 1956, S. 28–31. Die Autoren sind: Max Hermann (-Neisse), Georg Kaiser, Robert Musil, Reinhard Johannes Sorge, Ernst Weiß, Alfred Wolfenstein.

³³ Friedrich Markus Huebner: Zur Geschichte des »Expressionismus«. Aus: Europas neue Kunst und Dichtung. Berlin 1920, S. 85–95. Zit. nach: Paul Pörtner: Literaturrevolution 1910–1925. Bd 2, S. 364.

³⁴ Da eine offene Stellungnahme gegen den Krieg durch die Zensur verhindert wurde, prangerte Pfemfert die Kriegshetze an durch Abdruck unkommentierter, gegenübergestellter chauvinistischer Texte in der Rubrik *Ich schneide die Zeit aus*.

³⁵ Die ersten beiden Bände der *Ziel*-Jahrbücher 1916 und 1917/18 wurden bald nach Erscheinen wegen ihres pazifistischen Inhaltes verboten, aber unter der Hand verbreitet.

³⁶ Hermann Bahr: Expressionismus. Erschienen erst 1916 im Delphin-Verlag, München.

³⁷ Kurt Pinthus: Zur jüngsten Dichtung. In: Die Weißen Blätter, 2. Jg., 1915, Heft 12, S. 1502–1510.

³⁸ Vgl. hierzu die Sammlung der Zeugnisse von Paul Raabe: Expressionismus. Der Kampf um eine literarische Bewegung. München 1965.

³⁹ S. Fischer an Peter Nansen, Brief vom 26. 4. 1916. Zit. nach Peter de Mendelssohn: S. Fischer und sein Verlag. Frankfurt am Main 1970, S. 745.

R. Becher und Albert Ehrenstein auf; Carl Sternheim war schon vor dem Kriege Insel-Autor gewesen, ehe Kurt Wolff sein Verleger wurde.

Als sich die älteren Verleger der neuen Literatur nun allmählich zuwandten, mußten sie wie Kippenberg mit dem Widerstand ihrer Stammautoren rechnen. So schrieb Rudolf Alexander Schröder an Katharina Kippenberg über den *Insel-Almanach auf das Jahr 1917*, in dem Gedichte von Däubler, Becher, Albert Ehrenstein und Hans Ehrenbaum-Degele enthalten waren: »Ich habe mich nach schweren und bitteren Überlegungen darin gefunden, daß der Insel-Verlag nunmehr auch in einen Strom geleitet wird den ich persönlich [...] als das nec plus ultra des Verderbs und der Verkommenheit aller höheren und erhaltenden Instinkte ansehe. Daß selbst ein Institut mit den Traditionen des I. V. dieser Flut den Eintritt nicht verwehren kann, sehe ich als ein Zeichen dafür an, wie weit dieser Unfug schon gediehen ist«[40]. Und Katharina Kippenberg mußte sich verteidigen: »Nach Ihren Briefen muß man den Eindruck haben, als schmisse das Insel-Schiff alles [...] Gepäck über Bord, und nun stiege eine tosende Horde von Sansculotten ein. Wieviele sind es aber in Wirklichkeit, gegenüber ungefähr 25 höchst honetten Namen? Gerade zwei, [...] Becher und Däubler. [...] und nun warten Sie doch einmal ab, was mit Becher wird. [...] gehört es denn nicht zu den besten Traditionen der Insel, junge Talente heranzuziehen?«[41]

Betrachten wir die dichterischen Anfänge der sogenannten zweiten Generation und ihr Verhältnis zu den bestehenden Verlagen, so läßt sich eine Parallele zu dem Verlagswesen des Frühexpressionismus erkennen. Eine Reihe der nach 1890 geborenen Spätexpressionisten versuchte nicht, in den schon bestehenden Verlagen mitzuwirken, sondern schuf sich eigene literarische Zentren, eigene Zeitschriften und eigene Verlage. Der 20jährige Schriftsteller Wieland Herzfelde kaufte 1916 die literarische Monatsschrift *Neue Jugend*, die vor dem Krieg als Schülerzeitschrift erschienen war, um so das Verbot unkonzessionierter Gründungen zu umgehen. Aus ihr erwuchs der Malik-Verlag, dessen abenteuerliche Gründung (Anfang 1917) das phantasievolle Taktieren einiger Verleger gegenüber den Behörden zeigt[42]. Der Verlag wandte sich zunächst dem Dadaismus zu, wurde aber bald zu dem führenden Verlag kommunistischer Literatur.

In Darmstadt gründete der 15jährige Schüler Joseph Würth mit den Freunden Carlo Mierendorff und Theo Haubach eine Schülerzeitschrift *Die Dachstube*, aus der sich der Verlag der Dachstube (gegr. 1917) entwickelte. Dieser Verlag brachte Werke der »jüngsten« Autoren Carlo Mierendorff, Heinar Schilling, Max Krell, aber auch Kasimir Edschmid in typographisch vorbildlicher Form heraus. Später war der Verlag mehr durch seinen bibliophilen Charakter bedeutsam[43].

Die Form der Künstlergemeinschaft, wie sie in der *Brücke* schon einmal in Dresden zu einer programmatisch bewußten Gruppe geführt hatte, führte auch während des Krieges in Dresden zu Kreisbildungen. Verlagshistorisch bedeutsam wurde die bisher kaum erforschte Gründung eines Gemeinschaftsverlages, des Dresdener Verlages von 1917. Aus einer *Expressionistischen Arbeitsgemeinschaft Dresden*, die in Soireen »Gemeinschaftsbildung für neue Kunst« propagierte[44], war dieser Verlag in Anlehnung an den von dem Mitglied Felix Stiemer gegründeten Felix Stiemer Verlag im Dezember 1917 eröffnet worden. Die Mitarbeiter, unter ihnen Heinar Schilling, den wir auch bei der *Dachstube* fanden, Raoul Hausmann, der als Dadaist später auch beim Malik-Verlag mitwirkte, Walter Rheiner und Felix Stiemer stellten sich die Aufgabe, den Spätexpressionismus in Dresden zu

---

[40] Rudolf Alexander Schröder an Katharina Kippenberg, Brief vom 8. 12. 1916. In: Die Insel. Eine Ausstellung zur Geschichte des Verlages unter Anton und Katharina Kippenberg. Katalog Nr. 15 des Deutschen Literaturarchivs im Schiller-Nationalmuseum, Marbach a. N. 1965, S. 179.

[41] Katharina Kippenberg an Rudolf Alexander Schröder, Brief vom 30. 12. 1916. Sammlung Anton und Katharina Kippenberg, DLA.

[42] Die *Neue Jugend* hatte den Roman *Malik* von Else Lasker-Schüler in Fortsetzungen veröffentlicht. Nach dem Verbot der Zeitschrift wurde mit der Begründung, man sei verpflichtet, den Roman ganz zu publizieren, und mit dem Hinweis, Malik sei ein türkischer Prinz, also ein Verbündeter des Deutschen Reichs, eine Verlagskonzession für das Buch beantragt und erstaunlicherweise auch erteilt. – Zur Geschichte des Verlages vgl. Wieland Herzfelde: Der Malikverlag 1916 bis 1947. Ausstellungskatalog. Hrsg. von der Deutschen Akademie der Künste. Berlin u. Weimar 1967.

[43] Zur *Dachstube* vgl.: Dem lebendigen Geiste. Ein Gedenkbuch zu *Dachstube* und *Tribunal*. In: Agora, Heft 7/8, Darmstadt (1957).

[44] Vgl. Expressionismus. Literatur und Kunst 1910–1923, S. 265 f. – Dresden war überhaupt eines der aktivsten Zentren des Spätexpressionismus. Theodor Däubler hielt sich oft in dieser Stadt auf, Walter Hasenclever und Oskar Kokoschka lebten vorübergehend auf dem *Weißen Hirsch*. Es gab dort an dem Expressionismus aufgeschlossenen Verlagen den Sybillen-Verlag, den Robert Kaemmerer Verlag, den Verlag der Neuen Schaubühne. In der Künstlerkolonie Hellerau betrieb Jakob Hegner seinen Verlag mit Paul Adler als Lektor. Junge Maler und Bildhauer gründeten die *Dresdener Sezession. Gruppe 1915* mit Otto Dix, Conrad Felixmüller u. a.

sammeln. Bis 1922 wurden vor allem zwei Schriftenreihen herausgegeben, die die vorderste Phalanx der Jüngsten vereinigen sollte: *Das Neueste Gedicht* und *Dichtung der Jüngsten*.

Die Nachkriegszeit spiegelt auch literarisch die verworrene und gärende politische Lage. In den Jahren 1919 bis 1922 finden wir neben einigen neuen Verlagsgründungen geradezu eine Flut von politisch agitierenden Manifesten des sich in verschiedene extreme politische Lager spaltenden Expressionismus, kommunistische, sozialistische und aktivistische Literatur in fast allen bedeutenden Literaturverlagen mit zeitgenössischem Programm. Auch die zahlreichen programmatischen Schriftenreihen, die nachträgliche Zusammenfassung expressionistischer Literatur in Reihen[45] und die Selbstdarstellungsversuche der Bewegung in Anthologien, Essays, Abhandlungen und Vorträgen sind typische Kennzeichen der noch einmal zu intensivstem Leben aufflackernden Spätphase.

Von einer umreißbaren Gruppenbildung kann kaum noch die Rede sein. In den meisten Großstädten wie Hamburg, Hannover, München, Berlin, Leipzig, Dresden, sogar Konstanz, setzte sich jetzt der Expressionismus durch[46]. Eine Unzahl von neuen Zeitschriften, die sich gegenseitig befehdeten, kurzlebig meist, zum Teil in kleinster Auflage, oft nur hektographierte Blätter, beherrschten das Bild des literarischen Lebens[47]. Der Expressionismus war aus einer literarischen Avantgarde mit Subkulturcharakter zur beherrschenden, zur modischen Strömung geworden, ehe er sich bis etwa 1925 verbraucht hatte und verebbte.

Es ist unmöglich, alle an dieser letzten Entwicklung beteiligten Verlage hier aufzuzählen und zu würdigen. Einige Beispiele sollen stellvertretend für die vielen stehen. Unter den älteren Verlegern war Paul Cassirer einer der ersten, der noch einmal neu mit dem politischen Expressionismus begann. Cassirer hatte seinen Verlag neben seinem Kunstsalon 1908 gegründet. Dieser Verlag war vor allem durch die Publikationen der *Pan-Presse* bibliophil orientiert. Paul Cassirer verlegte vor dem Krieg allerdings schon Ernst Barlach, Erich Mühsam und Heinrich Mann. In seiner 1910 begonnenen, 1912 schon wieder verkauften Zeitschrift *Pan* kam neben Herbert Eulenberg, Hofmannsthal und Emil Ludwig auch die neue literarische Generation zu Wort. Im Krieg ruhte der Verlag fast völlig. Es erschien 1916 noch die Zeitschrift *Der Bildermann. Steinzeichnungen fürs deutsche Volk*[48], ehe die Verlagsbestände an Kurt Wolff übergingen. Bedeutung für den Spätexpressionismus erlangte der Verlag nach der Rückkehr Cassirers aus der Schweiz, wohin sich der Verleger bis zum Zusammenbruch des Kaiserreiches zurückgezogen hatte. Cassirer trat Ende 1918 der USPD bei und wurde Verleger von René Schickeles *Weißen Blättern*[49]. Er wurde Verleger von Walter Hasenclever, Oskar Kokoschka und Kasimir Edschmid, und er verlegte die Sozialisten der Expressionistenbewegung. Ernst Toller, Gustav Landauer, auch Karl Kautsky, Kurt Eisner, Eduard Bernstein und Rosa Luxemburg wurden von diesem engagierten Verleger veröffentlicht.

Erich Reiß, der seinen Verlag kurz nach Paul Cassirer (1909) eröffnet hatte und nur mit Klabund Verleger der Expressionisten gewesen war, wurde nun Verleger von Gottfried Benn und veröffentlichte in seiner theoretisch reflektierenden – von Edschmid herausgegebenen – Schriftenreihe *Tribüne der Kunst und Zeit* (1919–1923) eine Standortsbestimmung der Zeitdichtung. Ernst Rowohlt gründete 1919 seinen zweiten Verlag in Berlin zusammen mit Walter Hasenclever und Kurt Pinthus. Die legendär-berühmte *Menschheitsdämmerung* erschien hier 1919[50], es erschien eine Folge von Flugschriften *Umsturz und Aufbau* (1919–1920), die den »Geist für die Erneuerung unseres Volkstums fruchtbar« machen und Dokumente vereinigen sollte, »die wie Leuchtsignale einer besseren Zukunft über unserer verzweifelnden Gegenwart schweben«[51]. S. Fischer sammelte in einer Buchreihe *Dichtungen und Bekenntnisse aus unserer Zeit* (1919–1920). –

---

[45] Vgl. hierzu wiederum die Zusammenstellung von Paul Raabe in: Die Zeitschriften und Sammlungen, die diese Häufung in den Nachkriegsjahren sehr deutlich demonstriert.

[46] Zu diesen spätexpressionistischen Zentren vgl. Paul Raabe: Der späte Expressionismus 1918–1922. Bücher, Bilder, Zeitschriften, Dokumente. (Ausstellungskatalog) Biberach an der Riss 1966.

[47] »Eine Zeitschrift, zwei Zeitschriften, ein ganzes Dutzend Zeitschriften, Rededelierien. [...] Jeder Verlag, der etwas auf sich hält, ist genötigt für seine Bekannten eine besondere Zeitschrift herauszugeben, um sie auf dem Laufenden zu erhalten. Der Geltungsbereich einer Zeitschrift kann, wenn die Not nicht nachläßt, bis auf ein, zwei Häuserblocks eingeschränkt werden.« (Alfred Döblin: Neue Zeitschriften. In: Die Neue Rundschau, 30. Jg., 1919, Bd 1, S. 622 f.)

[48] Die von Cassirer herausgegebene Zeitschrift war die Fortsetzung von *Kriegszeit. Künstlerflugblätter*. Hrsg. von Alfred Gold. Nr. 1–23, 1914–1915. Vgl. hierzu Paul Raabe: Die Zeitschriften und Sammlungen, S. 60 f.

[49] Zu dem Verlagsschicksal der Zeitschrift vgl. den Exkurs 3.8.

[50] Menschheitsdämmerung. Symphonie jüngster Dichtung. Hrsg. von Kurt Pinthus. (vordatiert) Berlin 1920.

[51] Aus dem Programm der Serie. Zit. nach Paul Raabe: Die Zeitschriften und Sammlungen, S. 184 f.

Allein zwischen 1919 und 1921 erschienen acht Anthologien und »Lesebücher« des Expressionismus in verschiedenen Verlagen[52].

Die neuen Verlage von Albert Mundt (Roland-Verlag, München), Eduard Strache (Wien), der Wiener Genossenschaftsverlag – ein gescheiterter Versuch eines sozialistischen Autoren-Verlags –, der Verlag Die Schmiede (Berlin), der Verlag Der Zweemann (Hannover) und der 1919 gegründete Verlag von Paul Steegemann in Hannover gaben der Bewegung noch einmal neue Mentoren, neue publizistische Zentren. Doch nach den letzten, verzweifelten, sich immer radikaler gebärdenden Versuchen der Erneuerung des Menschen durch die Kraft des Wortes wurde das Chaos und die Ziellosigkeit der Endphase des Expressionismus auch von den Verlegern empfunden, das Chaos von Steegemann sogar zum Programm erhoben[53].

Die großen Verlage, als einer der ersten Kurt Wolff, zogen sich von der Bewegung zurück. Auch die jungen Verleger begannen allmählich, in konventionelle Bahnen zurückzulenken, oder wandten sich der nun aufkommenden »Neuen Sachlichkeit« zu. Wo noch expressionistische Ansätze in einzelnen Verlagen vorhanden waren, mußten sie 1933 endgültig verstummen. Eine spezifisch expressionistische Verlagssituation gab es nach 1925 nicht mehr.

Überblickt man diese kurze Skizze der Geschichte expressionistischer Verlage, so gibt es nur einen Verlag, der schon bald nach dem Beginn der Bewegung zum Mentor der Jungen wurde und es bis fast zum Ende blieb: der Kurt Wolff Verlag. Deshalb ist der wesentlichste Teil der Wolffschen Verlagsgeschichte zugleich Geschichte des Expressionismus, und Aufstieg und Niedergang des Verlages fallen in etwa zusammen mit »Größe und Verfall des Expressionismus«[54]. Die einzelnen Phasen des Expressionismus lassen sich in erstaunlicher Parallelität in der Entwicklung des Verlages nachweisen, so daß – bei aller Vorsicht gegenüber typologischer Erfassung historischer Prozesse – an der Geschichte des Kurt Wolff Verlages die Ausformung eines literarischen Lebens des Expressionismus paradigmatisch gezeigt werden kann.

2 Zur Vorgeschichte des Kurt Wolff Verlages

Der Typus des Individualverlages[1], wie ihn der Kurt Wolff Verlag verwirklichte, ist geprägt durch die Persönlichkeit des Verlegers. Psychologisch-biographische Bedingungen, individuelle Fähigkeiten und die Imponderabilien des verlegerischen Geschmacks prägen das Verlagsprogramm, die wirtschaftliche Entwicklung und die Einschätzung des Verlages bei Autoren, Buchhandel und Publikum in einem funktionalen Bezug, der sich bis in kleinste Verästelungen in den Autor-Verleger-Beziehungen und Programmentscheidungen nachweisen läßt. Von daher erhält die Biographie und das Porträt des Verlegers einen Stellenwert in dem gesellschaftlich-literarischen Kontext der Zeit, der die biographischen Fakten über bloße Vollständigkeitsmarginalien heraushebt.

2.1 Der Verleger Kurt Wolff, Biographie und Persönlichkeit

Im gleichen Jahr wie Georg Heym, Reinhard Goering, Jakob van Hoddis und Georg Trakl, am 3. März 1887 in Bonn geboren, gehörte Kurt August Paul Wolff unmittelbar zur frühexpressionistischen Generation. Er stammte wie Walter Hasenclever, Gottfried Benn und Johannes R. Becher aus dem Bildungsbürgertum[2], doch

---

[52] Vgl. a.a.O., S. 141–149.

[53] »Die Silbergäule. Das ist der (jetzt) populäre Name einer Bücherreihe, in der seit Oktober 1919 scheinbar wahllos Autoren publizieren [...]. Jedennoch: es wird hier unter Eid erklärt, daß diese Wahllosigkeit ein System birgt – das große Chaos unserer geistigen Struktur.« Aus dem Verlagsverzeichnis 1921. Zit. nach Raabe: Die Zeitschriften und Sammlungen, S. 191.

[54] Georg Lukács: »Größe und Verfall« des Expressionismus. In: Georg Lukács: Werke. Bd 4: Probleme des Realismus I. Neuwied u. Berlin 1971, S. 109–149.

[1] Der Begriff »Individualverlag« ist in den Standardnachschlagewerken buchhändlerischer Begriffe noch nicht aufgenommen worden, obwohl er häufig verwendet, Eingang in die wissenschaftliche Literatur gefunden hat. (Vgl. Karl Meißner: Der Individualverlag. Am Beispiel Ernst Heimeran. Beiträge zu einer Soziologie des Verlagswesens. Phil. Diss., masch., München 1953). – Es wird darunter der Typus des von einem einzigen Verleger geleiteten Unternehmens verstanden, dessen Geschmack und Persönlichkeit sich unmittelbar im Verlagsprogramm niederschlagen. Dieser Verlagstypus steht im Gegensatz zu dem Großverlag moderner Prägung, der – besonders in den USA – nicht den Gestaltungswillen eines Verlegers spiegelt, sondern durch die Rahmenkompetenz des Managements bestimmt wird.

[2] Auf das deutsche Bürgerhaus der Jahrhundertwende als biographischer Hintergrund der Vater-Sohn-Konflikte in der expressionistischen Literatur ist mehrfach hingewiesen worden. Vgl. u. a. Hans Mayer: Retrospektive des Expressionismus. In: Hans Mayer: Zur deutschen Literatur der Zeit. Reinbek 1967, S. 42 f.; und Walter Muschg: Von Trakl zu Brecht, S. 25.

blieb ihm die »Familienhölle« Kafkas, Heyms oder Hasenclevers erspart. So fand er auch relativ spät zu dem Aufbruchs- und Umbruchsbewußtsein der neuen Generation, das bei ihm eher intellektuelle Anschauung und Freundeserlebnis war als biographische Determination. Die krasse Ablehnung des Bürgertums, des Adels und des Militärs als den gesellschaftlich tragenden Kräften des Kaiserreichs hat er nie so heftig vollzogen wie viele seiner Autoren. Wolff, der einen Teil seiner Schulzeit bei einer befreundeten Familie in Marburg verbrachte, war dem Vater herzlich zugetan, die Schwiegermutter, die ihm die frühverstorbene Mutter ersetzte, verehrte er tief.

Der Vater, Leonhard Wolff (1848–1934), war wie die vorausgehenden Generationen der Wolffs Musiker, Professor und akademischer Musikdirektor in Bonn, ein introvertierter, bescheidener, etwas weltfremder Mann, weniger intellektuell als elementar musikantisch. Das künstlerische Elternhaus, in dem Johannes Brahms und der Geiger Joachim verkehrten, vermittelte Wolff die musikalische Bildungstradition bis zur Jahrhundertwende. »Das Schönste und Wesentlichste aber schenkte mir das Kammermusikspiel im Elternhaus, das mich mit der gesamten Literatur bekannt machte, von Bach bis Brahms.«[3] Dieses musikalische Erbe blieb ein Grundbestandteil der Persönlichkeit Wolffs, der ein begabter Cellist war; doch blieben die musikalischen Neigungen immer in der Sphäre des Privaten.

Die Mutter, Maria Wolff, geb. Marx (1858–1904), stammte aus einer wohlhabenden jüdischen Familie in Bonn. Bei ihrem Tode hinterließ sie dem einzigen Sohn ein beträchtliches Vermögen, den Grundstock des Ernst Rowohlt Verlages, an dem sich Wolff seit 1910 beteiligte.

Die Quellen über die Entwicklung des jungen Wolff sind nicht sehr zahlreich, lediglich einige Indizien geben Aufschluß. Schon als Kind fiel Wolff durch eine geistige Beweglichkeit und durch seinen die spätere Persönlichkeit in hohem Maße bestimmenden Charme auf. »Der 10jährige Junge hat mir sehr gefallen, er sieht bemerkenswert klug aus, dabei von jener graziösen Haltung, der man bei den Semiten und Halbsemiten so oft begegnet«, schrieb Theodor Fontane 1895 über den achtjährigen Jungen[4]. Wolffs Neigungen galten früh der Literatur und der Bibliophilie. »Ich war halt passioniert für's Le-

Abb. 1: *Kurt Wolff als Gymnasiast, Bonn 1902*

sen, schon als Junge. Ich liebte Bücher, auch schöne Bücher, versuchte zu sammeln, schon als halber Junge noch und Student«.[5] »Seit meinem zwölften Jahr verbrachte ich fast täglich Stunden und Stunden in Buchhandlungen, daheim und auf Reisen.«[6] Soweit sich dies verfolgen läßt, huldigte der Gymnasiast dem Zeitgeschmack der literarisch anspruchsvollen Jugend nach der Jahrhundertwende. Er war ein Verehrer der französischen Symbolisten, Gabriele d'Annunzios, Stefan Georges und vor allem Richard Dehmels[7], – literarische Vorbilder, die man auch bei der Lektüre der frühexpressionistischen Dichter findet.

---

[3] Kurt Wolff: Erinnerungen an Bonn und Musik. In: *Die Welt* vom 15. 2. 1964. Wolff hat in dieser Rundfunksendung seine Kindheit und Jugend und die Geschichte seiner Vorfahren beschrieben. (Zit. nach dem Originalmanuskript, S. 10.)

[4] Brief an die Tochter Mete, vom 17. 9. 1895. In Theodor Fontane: Briefe. Bd II: Briefe an die Tochter und an die Schwester. Hrsg. von Kurt Schreinert. Berlin 1969, S. 248.

[5] Kurt Wolff und Herbert G. Göpfert: Porträt der Zeit im Zwiegespräch. In: Börsenblatt für den Deutschen Buchhandel. Frankfurter Ausgabe, 20. Jg., 1964, Heft 84, S. 2054.

[6] Kurt Wolff: Autoren, Bücher, Abenteuer. S. 13.

[7] So enthält das Richard-Dehmel-Archiv, Hamburg, eine Autogramm-Bitte Wolffs vom 27. 11. 1906; und die Büchersammlung Wolffs enthielt eine vollständige Sammlung aller seltenen Einzeldrucke des Dichters. (Vgl. den Versteigerungskatalog von Josef Baer: *Deutsche Literatur des 18. und 19. Jahrhunderts* [...] *aus der Bibliothek Kurt Wolff*. Frankfurt am Main 1912.)

Nach dem Abitur am Königlichen Gymnasium in Marburg 1906 immatrikulierte Wolff sich an der Marburger Universität[8], brach aber im Herbst sein Germanistikstudium ab, um in Darmstadt seinen Militärdienst zu leisten. Die während dieser Zeit in Darmstadt geknüpften Beziehungen wurden richtungweisend für Wolffs weiteres Leben. Hier lernte er seine erste Frau, Elisabeth Merck, kennen. Die damals 17jährige stammte aus einer traditionsbewußten, reichen Familie, die die chemische Fabrik gleichen Namens besaß. Die Mercks unterhielten seit dem Vorfahren Johann Heinrich Merck, dem Goethefreund, großherzoglichen Kriegsrat und Sturm- und Drang-Dichter, Beziehungen zu dem Darmstädter Hof, die Wolff später für seine Verlagspolitik nutzen konnte.

Ebenfalls über die Familie Merck lernte Wolff Karl Wolfskehl kennen und geriet in die Einflußsphäre des George-Kreises, ohne sich allerdings enger an ihn zu binden. Friedrich Gundolf, mit dem Wolff sich anfreundete, vermittelte Wolff eine Begegnung mit George in Bingen. Von Gundolf stammt auch die erste eingehende Charakteristik des 20jährigen Offiziersanwärters: »Gestern hab ich hier einen sehr liebenswürdigen jungen Menschen kennen lernen. Er dient hier, studirt Germanistik, BLOND, 19 Jahre, einen Kopf größer als ich, fein, hübsch, beflissen, bescheiden, gesittet, nicht umwerfend, und wohl nicht sehr substanzlich, aber von einer rührenden, fragenden und suchenden Geistigkeit und Junghcit – von jener erwünschten Dumpfheit und Deutschheit, über den Weg und die Mittel noch ziemlich ahnungslos – Kurz einer der jungen Menschen, die zur Bildung der Atmosphäre und zur Hebung des Niveaus so bedurft werden.«[9]

Diese »suchende Geistigkeit«, »über den Weg und die Mittel noch ziemlich ahnungslos«, wirft ein bezeichnendes Licht auf den 20jährigen. Wolff hat später seine Entwicklung zum Verleger sehr gradlinig dargestellt, so als sei der Verlegerberuf von Anfang an ein Wunschbild gewesen, da er sich selbst literarisch völlig unproduktiv fühlte[10]. Seine weitere Entwicklung läßt aber eher die Vermutung zu, daß Wolff sich weder literarisch unproduktiv fühlte, noch sich über seine Berufsziele im klaren war. Erst am Ende seines Studiums 1912, als er schon gut zwei Jahre verlegerisch tätig war, hat er sich endgültig zum Verlegerberuf entschlossen – und die plötzliche Übernahme des Ernst Rowohlt Verlages war keineswegs geplant, sondern resultierte eher aus der Verkettung der Umstände.

Für eine gewisse Unschlüssigkeit in seinen Studienplänen spricht auch, daß er sein Studium nicht sofort nach Beendigung der Militärzeit wieder aufgriff, sondern von Oktober 1907 bis März 1908 bei seinem Schwager in Sao Paulo in der *Bank für Deutschland* volontierte. »Du wirst lachen müssen, wenn Du Dir mich in einem kaufmännischen Betrieb vorstellen sollst. Aber ich finde es ganz hübsch und angenehm, auf diese Weise in kurzer Zeit eine Ahnung davon zu bekommen; das kann einem doch im ganzen Leben nützlich sein«[11], schrieb der nur für Musik und Literatur begeisterte Wolff in einem Gemisch aus Altklugheit und Naivität von Brasilien aus an die künftige Schwiegermutter Clara Merck.

Im Sommer 1908 nahm Wolff in München sein Studium wieder auf und veröffentlichte noch im Sommer seine erste nachweisbare kleine literarhistorische Arbeit[12]. Im Winter kehrte er zurück nach Bonn und studierte bis Ende des Sommersemesters in seiner Vaterstadt.

Sein während der Schulzeit rezeptives Verhältnis zur Literatur führte während des Studiums zu einer aktiven editorischen Beschäftigung mit älterer Literatur, zu literarischen Aufsätzen und Rezensionen, vorwiegend in der *Zeitschrift für Bücherfreunde*, mit der er durch Rowohlt, der dort als Geschäftspartner amtierte, und durch seinen Beitritt zur *Gesellschaft der Bibliophilen* (1908) in Verbindung stand.

Ein erster Kontakt zu dem Insel-Verlag bahnte sich im Herbst 1908 an. Über die Familie Merck gelangte Wolff an den Nachlaß von Johann Heinrich Merck und gab eine sorgsam ausgesuchte, über die bisherigen Ausgaben hinausgehende Auswahl aus Mercks Schriften und Brie-

---

[8] Über Wolffs Studienzeit in Marburg vgl. seinen Brief an Boris Pasternak vom 12. 2. 1958, KWB, S. 477. Übrigens hat Wolff sich hier im Zeitpunkt geirrt. Pasternak war erst 1912 Student in Marburg. – Zur Biographie vgl. auch die Darstellungen von Salzmann, Zeller und den Anhang zu Kurt Wolff: Autoren, Bücher, Abenteuer. Die Angaben weichen in den einzelnen Darstellungen gelegentlich voneinander ab. Die Daten wurden in dieser Arbeit deshalb aus den Quellen erneut verifiziert.

[9] Friedrich Gundolf an Stefan George, Brieffragment, vermutlich Februar/März 1907. In: Stefan George. Friedrich Gundolf. Briefwechsel. Hrsg. von Robert Boehringer. München 1962, S. 179.

[10] »Ich liebte Bücher [...], wußte, daß ich völlig unproduktiv war, wollte aber durchaus beruflich mit dem Buch zu tun haben. Was anderes bleibt übrig? Man wird Verleger.« (Kurt Wolff und Herbert G. Göpfert: Porträt der Zeit im Zwiegespräch. In: Börsenblatt, 20. Jg., 1964, S. 2054.)

[11] Brief an die »Mutter Merck« vom 1. 11. 1907, NA.

[12] Drei ungedruckte Briefe von Ludwig Tieck an Jean Paul Richter. Mitgeteilt von Kurt Wolff. Beilage der *Münchner Neuesten Nachrichten* vom 12. 7. 1908.

Abb. 2: *Kurt und Elisabeth Wolff, 1909*

fen in diesem Verlag heraus[13]. »Für den jungen, gerade 21jährigen Studenten«, schreibt Bernhard Zeller, »ist diese Edition mit ihrem Kommentar und einer kenntnisreichen, gewandt geschriebenen Einleitung eine erstaunliche Leistung. Sie beweist eine frühreife Begabung und die Fähigkeit, rasch und intensiv arbeiten zu können.«[14] Über die noch von der Bonner Großmutter herrührende Verbindung zu Ottilie von Goethe und Adele Schopenhauer gelangte der junge Literarhistoriker in den Besitz der Tagebücher von Adele Schopenhauer und veröffentlichte sie ebenfalls im Insel-Verlag[15]. Auch die überwiegende Zahl seiner weiteren Publikationen bis 1912 galten der Goethezeit. Nur wenige knappe Buchrezensionen über Max Dauthendey, Richard Schaukal und Herbert Eulenberg[16] wandten sich Zeitgenossen zu. Eine besondere kritische Begabung läßt sich aus den allem Anschein nach sorgfältig ausgearbeiteten, aber konventionellen Kritiken nicht erkennen.

Im September 1909 heiratete der 22jährige Student und unabhängige Rentier Kurt Wolff, dem nach der Volljährigkeit das etwa 100 000 Goldmark betragende Vermögen der Mutter uneingeschränkt zur Verfügung stand[17], die 18jährige Elisabeth Merck und siedelte nach Leipzig über. Dort setzte er sein Studium fort und volontierte nebenher bei Anton Kippenberg. Seit dem Sommer 1910 war er als literarischer Berater und stiller Teilhaber im Verlag Ernst Rowohlts tätig, ehe er dessen Verlag im November 1912 alleine übernahm.

In Leipzig führte das junge Ehepaar, dem auch Mittel aus dem Vermögen Elisabeth Wolffs zur Verfügung standen, ein großes Haus und verkehrte bald in den ersten Gesellschaftskreisen der Verlagsstadt. Helene von Nostitz, die bald nach ihrer Umsiedlung nach Leipzig den führenden literarischen Verleger Leipzigs, Anton Kippenberg, und den durch seine junge Literatur inzwischen umstrittenen Verleger Wolff kennenlernte, schrieb 1914 an Hofmannsthal: »Am unterhaltendsten sind dann noch Kippenbergs. [...] Über die jungen Kurt Wolffs bin ich mir noch nicht ganz klar. Sie sind äußerlich sehr ange-

---

[13] Johann Heinrich Merck: Schriften und Briefwechsel. In Auswahl hrsg. von Kurt Wolff. Leipzig 1909.
[14] KWB, S. XII.
[15] Adele Schopenhauer: Tagebücher. Zum ersten Male nach der Handschrift hrsg. von Kurt Wolff. Leipzig 1909.
[16] Zu den Einzeltiteln vgl. die Zusammenstellung der Publikationen Wolffs im Literaturverzeichnis dieser Arbeit.

[17] Nach Auskunft der Tochter Wolffs, Maria Stadelmayer-Wolff. Die Höhe des Vermögens gilt allerdings als nicht ganz gesichert.

nehm.«¹⁸ Elisabeth Wolffs Briefe und Tagebücher illustrieren diese gesellschaftliche Sphäre in Leipzig anschaulich. Die Professoren Georg Witkowski, Albert Dohren, Hugo Steiner-Prag, Wolffs Doktorvater Albert Köster und dessen Frau waren bei Wolff ebenso zu Gast wie der berühmte Schauspieler Ludwig Bassermann und der Intendant Max Martersteig. Anton Kippenberg wurde zu einem väterlichen Freund und verlegerischer Berater. Auch Autoren wie Carl Hauptmann, Richard Dehmel, Karl Wolfskehl und Mechtild Lichnowsky waren Gäste im Hause Wolff.

Die Entwicklung Wolffs während der Studienjahre ab 1908 läßt bereits Grundzüge der späteren verlegerischen Haltung erkennen. Wolff war durchaus – auch wenn er später die literarische Moderne verlegte – kein Avantgardist. In einem bezeichnenden Brief kurz vor seiner Abreise nach Brasilien schrieb er – in dem so typischen kindlich-vertrauten Tonfall, den die Briefe dieser Zeit an seine Schwiegermutter tragen – über einen Besuch bei Alfred Walter von Heymel: »Er ist ein Mensch, der um jeden Preis modern sein will und einen Namen haben; mir hat er garnicht gefallen. Jetzt, wo ich von ihm zurückkomme, fällt mir so ganz die Lächerlichkeit der Behauptung alter Tanten ein, die mich entrüstet einen ›schrecklich modernen‹ Menschen nennen. – Nicht wahr, das bin ich doch wirklich nicht«?¹⁹ Trotz äußerer gelegentlich dandyhafter Allüren in der Kleidung trug Wolff weder ein Dekadenzbewußtsein dieses Typus in sich noch ein Leiden an der Zeit, noch war er »Indifferentist«²⁰ in diesen Jahren. Vielmehr übertrug er die Geborgenheit des intakten Elternhauses und das Traditionsbewußtsein der eigenen und der Merckschen Familie in sein literarisches und verlegerisches Wirken. Noch 1912 zeigte Wolff sich in seinem ersten großen und zugleich letzten literaturkritischen Vortrag über Herbert Eulenberg²¹ als ein an George orientierter Vertreter des l'art pour l'art, der sich erst allmählich den Expressionisten zuwandte und auch nach der grundsätzlichen Entscheidung, sich für die jüngste Literatur einzusetzen, eine unpolitische, ästhetisierende, immer wieder in dem Rückgriff auf ältere Literatur traditionsbewußte Haltung einnahm.

Den Zeitgenossen erschien der junge Wolff in Leipzig als ein aristokratisch wirkender und sich gebender, kultivierter, gelegentlich scheuer, bisweilen ironisch distanzierter, aber immer vollendet auftretender Gentleman. Robert Musil, ein scharfer Beobachter, notierte 1914: »*Wolff*: Groß. Schlank. Blond. Grauenglisch angezogen. Elegant. Weiches Haar. Glattrasiert. Jünglingsgesicht. Blaugraue Augen, die sich verhärten können.«²² Kurt Pinthus nannte Wolff einen »zurückhaltenden, geschmeidigen Diplomaten« und einen »charmanten Grandseigneur«²³. Alfred Günther erinnert sich an seine erste Begegnung mit Wolff: »Wir alle waren von diesem stillen, vornehmen, überaus schlanken jungen Herrn angetan, seine Belesenheit, seine literarischen Kenntnisse kamen zurückhaltend zutage, seine Haltung [...] war überaus sympathisch.«²⁴

Diese von den Zeitgenossen immer wieder bescheinigte – es könnten weit mehr Belege angeführt werden – »aristokratische« Haltung, die, auch in Wolffs Briefen erkennbar, seinen Lebensstil und seinen Umgang mit Autoren prägte, ließ ihn zum Fürsprecher einer Literatur werden, deren Vertreter in äußerstem Gegensatz zu dem von Wolff bevorzugten eleganten Lebensstil standen. Wolff als Verleger nahm deshalb im Rahmen der von Literaten geführten expressionistischen Avantgardeverlage auch durch seine gesellschaftliche Stellung eine Sonderrolle ein, die ähnlich paradox zu sein schien wie die des Großbürgers Carl Sternheim²⁵, und Wolff eher die Rolle eines Mäzens als eines engagierten Literaturpolitikers im Sinne Diederichs' oder Kippenbergs zuwies.

---

¹⁸ Brief vom 13. 4. 1914. In: Hugo von Hofmannsthal – Helene von Nostitz. Briefwechsel. Frankfurt am Main 1965, S. 130.

¹⁹ Kurt Wolff an Clara Merck, Brief vom 14. 10. 1907. NA.

²⁰ Max Brod verwendet die Formel »Indifferentismus« für sein Frühwerk, das die passive Grundhaltung der ästhetisch überzüchteten Zeit zwischen 1900 und 1910 kennzeichnen soll. (Vgl. Max Brod: Schloß Nornepygge. Der Roman des Indifferenten. Berlin 1908.) Die Berliner Expressionisten begrüßten dieses Buch begeistert. Sie empfanden in dem »Indifferentisten« einen Zeittypus geschildert, der sie berührte und den sie überwinden wollten. (Vgl. auch Paul Raabe: Der junge Max Brod und der Indifferentismus. In: Weltfreunde. Prag 1967, S. 253–269.)

²¹ Kurt Wolff: Der Dramatiker Herbert Eulenberg. In: Mitteilungen der Literarhistorischen Gesellschaft Bonn, 7. Jg., 1912, Heft 1.2, S. 3–51.

²² Robert Musil: Tagebücher, Aphorismen, Essays und Reden. Hrsg. von Adolf Frisé. Hamburg 1955, S. 165. (Notiz vom 3. Jänner 1914.)

²³ Kurt Pinthus: In memoriam Kurt Wolff. In: Jahresring 64/65, S. 299.

²⁴ Alfred Günther: Abschied von Kurt Wolff. In: *Stuttgarter Zeitung* vom 23. 10. 1963, S. 2.

²⁵ »Die [...] Komik Carl Sternheims ist vor allem darin begründet, daß er [...] einen radikalen Feldzug gegen das Wilhelminische Bürgertum mitleidslos und mit ätzendem Witz führte, in seiner eigenen Person und Lebenshaltung aber den bürgerlichen Parvenu der Nach-Gründerzeit in seltener Reinkultur verkörperte.« (Kurt Wolff: Autoren, Bücher, Abenteuer, S. 60.) – Wolffs weltmännische Haltung hatte zwar nichts »Parvenuhaftes« an sich, stand aber ähnlich kraß zu den Lebensgewohnheiten der Autorenboheme.

Auch Kasimir Edschmid hebt in seiner Charakterisierung Wolff von den anderen führenden Verlegern seiner Zeit ab und betont vor allem den Ästhetizismus Wolffs: »Er war ein anderer Typ wie die Verleger Diederichs, Müller, Fischer und Rowohlt, weniger robust, mehr Herr, mehr geschmäcklerisch.«[26]

Aus diesem »aristokratisch«-großbürgerlichen Habitus Wolffs lassen sich sowohl die Begeisterung der Autoren erklären, die in Briefen Wolff als mäzenatischen Mentor feierten, wie auch die widersprüchlichen Gegenstimmen von Else Lasker-Schüler und Willy Haas, die den Kaufmann verurteilten[27] oder in Wolffs Charakter einen »gewissen Hochmut« und eine »geheime Bosheit« erkennen wollten[28]. Wenn bei dem jungen Ehepaar Wolff in Leipzig ein Mädchen mit weißen Handschuhen servierte, und Leipziger Studenten sich ihre Bücher aus der Privatbibliothek Wolffs ausliehen, weil sie sonst nirgends aufzutreiben waren[29], mußte das, trotz allem literarischen Konsensus bei manchen Wolffschen Autoren zu einem zwiespältigen Verhältnis zu ihrem Verleger führen.

Die Aufnahme expressionistischer Tendenzen in den späteren Verlag Wolffs ist denn auch eher die Frage einer grundsätzlichen Offenheit gegenüber Zeitströmungen in Verbindung mit einem historisch orientierten Bewußtsein; das Gespür für neue Autoren eher ein zwar zunächst germanistisch geschultes, aber später über die Belesenheit hinaus instinktives, auch irrendes Qualitätsgefühl, das sich in den Jahren der Zusammenarbeit mit Ernst Rowohlt formte.

2.2 Der Ernst Rowohlt Verlag und Wolffs Anteil an der Verlagsführung

So bedeutsam die Geschichte des Ernst Rowohlt Verlages von 1910 bis 1913 für die Entwicklung Wolffs und für die Anfänge des Kurt Wolff Verlages auch ist, braucht sie hier nur kurz dargelegt zu werden. Der Verfasser hat an anderem Ort[30] eine umfangreichere Darstellung dieser Verlagsära gegeben. Auf deren Ergebnisse soll zurückgegriffen werden.

Ernst Rowohlt hatte während seiner Buchhandelslehre in München, Paris und Leipzig 1908 und 1909 seine ersten beiden Bücher verlegt, als er im Herbst 1909 bei der Offizin Drugulin eine Stelle als Geschäftsführer der dort betreuten *Zeitschrift für Bücherfreunde* übernahm. Wolff lernte den gleichaltrigen Rowohlt im Winter 1909/1910 bei einem gemeinsamen Zusammentreffen der Leipziger Bibliophilen kennen[31], und Rowohlt, der einen Geldgeber für eine Verlagsgründung suchte, interessierte den wohlhabenden Studenten für seine Pläne. So teilte Wolff Anton Kippenberg am 24. Juli 1910 mit: »Ich sprach Ihnen s. Zt. davon, daß Rowohlt versuchte, mich financiell für einige von ihm geplante Verlagswerke zu interessieren. Ich glaubte zuerst, daß es nur darauf angekommen wäre, R. eine kleine Summe hierzu zu leihen; inzwischen bin ich mehrmals mit ihm zusammengekommen, und mir haben seine Pläne [...] recht eingeleuchtet und gefallen, so daß ich besagte kleine Summe R. nicht lieh, sondern als Anteil an diesen Unternehmungen einlegte.«[32]

Wolff plante mit diesem Eintritt als stiller Teilhaber in die am 30. Juli 1910 handelsrechtlich eingetragene Firma *Ernst Rowohlt Verlag, Leipzig*, noch nicht, Verleger zu werden. »[...] und ebenso wenig afficiert mich, der ich mit stetig wachsender Freude meinem rein literarischen Beruf nachgehe [d. i. das Germanistikstudium und die Rezensenten- und Herausgebertätigkeit], diese Kapitalanlage.«[33] Doch übernahm er als der literarhistorisch Geschulte der beiden Partner die Auswahl und die editorische Betreuung der Reihe *Drugulin-Drucke,* die – in Anlehnung an die Programme der Privatpressen und Hans von Webers *Hundert-Drucke* – Weltliteratur in bibliophiler Ausstattung zu niedrigen Preisen vereinigte; eine verlegerisch originelle Idee, die erfolgreich war und den Verlag bekannt machte. Seinen Anregungen ver-

---

[26] Kasimir Edschmid: Lebendiger Expressionismus. Auseinandersetzungen, Gestaltungen, Erinnerungen. Wien, München, Basel 1961, S. 12.
[27] Vgl. die Philippika Else Lasker-Schülers: Ich räume auf. Meine Anklage gegen meine Verleger. Zürich 1925, in der die Autorin voll Bitterkeit mit dem kaufmännischen Anspruch des Verlegers abrechnet. In gleichem Sinne schrieb sie am 5. 3. 1920 an Karl Kraus: »[...] heute bei Wolff, der trotz Charme doch einen sehr feinen betrügerischen schleichenden Zug im Gesicht hat.« In: Kasimir Edschmid: Briefe der Expressionisten. Frankfurt am Main, Berlin 1964, S. 82.
[28] Willy Haas in einem Brief vom 5. 3. 1973 an den Verf.
[29] Mündliche Information von Kurt Pinthus.

[30] Wolfram Göbel: Der Ernst Rowohlt Verlag 1910–1913. Seine Geschichte und seine Bedeutung für die Literatur seiner Zeit. In: AGB XIV, Sp. 465–566. Auch in: Buchhandelsgeschichte Nr. 2, Beilage zum Börsenblatt vom 9. 4. 1974, S. B 57–B 107.
[31] Auf die Erörterung biographischer Korrekturen der bisherigen Forschung und die Quellen für neue Daten zur Verlagsgeschichte des ERV soll hier nicht eingegangen werden. Eine ausführliche Rektifizierung ist in der genannten Arbeit versucht worden.
[32] Kurt Wolff an Anton Kippenberg, Brief vom 24. 7. 1910, NA.
[33] a.a.O.

dankte Rowohlt auch eine Anzahl bibliophil aufgemachter Ausgaben seltener oder verschollener Literatur, die der Verlag in den drei Jahren seines Bestehens verlegte. Wolff erwies sich hier ganz in der Tradition der Bibliophilenbewegung stehend. Parallelen zu dem Programm des Insel-Verlages sind offensichtlich.

Auch in seinem modernen Programm war der Rowohlt Verlag zunächst eher den auslaufenden literarischen Strömungen der Jahrhundertwende zugewandt. Rowohlt übernahm einige ältere Werke Max Dauthendeys und das Gesamtwerk Herbert Eulenbergs, der, von Rowohlt und Wolff gleichermaßen verehrt, als Vorläufer der jungen Generation angesehen wurde. Auch Carl Hauptmann, von den Expressionisten ebenfalls als Vorläufer betrachtet und höher geschätzt als sein Bruder Gerhart, wurde von Rowohlt für seinen Verlag verpflichtet. Der phantastische Schriftsteller Paul Scheerbart, von Rowohlt als »seelenverwandt« empfunden[34], übergab Rowohlt zwei seiner skurrilen, verlegerisch wenig erfolgreichen Bücher.

Bei dem Versuch, sich durch Abwerbung prominenter Autoren wie Hermann Bahr, Jakob Wassermann, Frank Wedekind und Stefan Zweig rasch einen Namen als Verleger zu machen, scheiterte Rowohlt[35]. Zukunftsweisend wurden für seinen Verlag sehr bald junge, oft bei Rowohlt erstmals gedruckte Autoren, von denen die meisten heute vergessen, aber einige als dem Frühexpressionismus nahestehend oder zugehörend in die Literaturgeschichte eingegangen sind. Zu nennen sind Georg Heym, Hugo Ball und der Prager Kreis um Max Brod und Franz Kafka.

Es ergäbe allerdings ein schiefes Bild, den Rowohlt Verlag allzu eindeutig als frühexpressionistischen Verlag anzusehen; die überwiegende Mehrzahl der über hundert verlegten Bücher und auch die Mehrzahl der 34 zeitgenössischen Autoren hatten mit der neuen Literaturbewegung nichts gemein. Ja, einige Werke sind sogar eher dem Genre der Unterhaltungsliteratur zuzurechnen, wie *Das Abenteuer der Lady Glane* von Otto Pietsch (1913), ein Kriminalroman, der vorher im *Berliner Tageblatt* erschienen war und gleichzeitig verfilmt wurde[36]. Ernst Blass, von den Jungen als einer der führenden Köpfe der Berliner Frühexpressionisten angesehen, äußerte 1912 ernsthafte Bedenken, in einem Verlag zu erscheinen, der W. Fred und Eulenberg verlegte, und empfand Rowohlts Programm noch keineswegs als avantgardistisch[37].

Erst von Wolff wurden die von Rowohlt angebahnten Verbindungen zu den Berliner und Prager Literaturkreisen gefördert und verlegerisch genutzt. Die Tatsache, daß Rowohlt als der Verlagsinhaber namentlich in Erscheinung trat, Wolff als stiller Teilhaber aber im Hintergrund blieb, hat zu Rowohlts Nimbus beigetragen, der erste Verleger Kafkas und Georg Heyms gewesen zu sein. Die Verlagsakten erweisen aber, daß in beiden Fällen Wolff die Initiative ergriffen hatte[38].

In welchem Umfang Wolff aktiv in die tägliche Verlagsarbeit eingriff, läßt sich – abgesehen von diesen beiden Fällen – nur punktuell belegen. Mit Sicherheit hat er anfangs nur in Besprechungen mit Rowohlt, der in größter räumlicher Beschränktheit seinen Verlag führte[39], Einfluß auf das Programm ausgeübt. Es darf nicht vergessen werden, daß Wolff verlegerischer Dilettant war und bei Rowohlt neben seinem Studium seine verlegerische »Lehrzeit« absolvierte. Rowohlt beherrschte als gelernter Schriftsetzer, Drucker, Buchbinder, Buchhändler und Bankkaufmann die technische Organisation des Verlagswesens, sein typographischer Geschmack war überdies so sicher, daß selbst Emil Rudolf Weiß manche der Rowohlt-Bücher als »untadelig« bezeichnete[40].

Im Jahre 1911 war Wolff intensiv mit seiner Dissertation über Albrecht von Haller beschäftigt. Allerdings übernahm er schon jetzt bei Abwesenheit Rowohlts die Korrespondenz und führte selbständig Verhandlungen mit Autoren. Rowohlt bezeichnete ihn in der Korrespon-

---

[34] Vgl. hierzu Kurt Pinthus: Ernst Rowohlt und sein Verlag. In: Rowohlt Almanach 1908–1962. Reinbek 1962, S. 11 f.

[35] Vgl. Das Kapitel *Abwerbungsversuche: Der »Fall« Wassermann*. In: Wolfram Göbel: Der Ernst Rowohlt Verlag. AGB XIV, Sp. 519–525.

[36] Vgl. hierzu die Verlagsanzeige im Börsenblatt, 72. Jg., 1913, Nr. 55, S. 2950.

[37] Blass hatte ein Verlagsangebot von Rowohlt abgelehnt und schrieb am 22. 7. 1912 an Richard Weissbach, ein Angebot dieses Verlegers akzeptierend: »Denn ich würde mich dem Verlag, der den ›Kondor‹ herausbrachte, zugehöriger fühlen, als dem, der u. a. Eulenberg und Fred brachte. Dies im Vertrauen. Bei gleichen äußeren Bedingungen, wie Sie mir jener stellt, würde ich [...] mich gern mit diesem Gedichtwerk an Sie wenden.« Mitgeteilt von Paul Raabe in: »Morgenrot! – Die Tage dämmern!« Zwanzig Briefe aus dem Frühexpressionismus 1910–1914. In: Der Monat, 16. Jg., 1964, Heft 191, S. 58.

[38] Vgl. die Kapitel über Georg Heym und Franz Kafka in: W. Göbel: Der Ernst Rowohlt Verlag. AGB XIV, Sp. 530 bis 536 u. 536–541.

[39] Rowohlt hatte im Vorderhause der Offizin Drugulin in Leipzig, Königstr. 10, drei Zimmer zur Verfügung, in denen er wohnte und seinen Verlag betrieb. Diese Räume waren zunächst auch die Geschäftsräume des KWV (Vgl. auch Abb. 13, Sp. 647 f.)

[40] Emil Rudolf Weiß: Das Buch als Gegenstand. In: Das XXVte Jahr. Almanach des S. Fischer Verlages. Berlin 1911, S. 66.

denz mit Autoren als seinen »literarischen Beirat«, und so ist seine Rolle zunächst auch zu verstehen, in diesem Sinne war er an der Prägung eines Verlagsprofils beteiligt. Im November 1912 behauptete Wolff in einem Brief an Wilhelm Mießner, er habe »von Anfang an stets und völlig selbständig die literarische Leitung des Verlages« gehabt[41]. Nun ist diese, unmittelbar nach der Trennung der Partner von dem nun alleine verantwortlichen Verleger gemachte Äußerung in ihrer geschäftspolitischen Natur zu interpretieren und zu differenzieren. Rowohlt war keinesfalls nur ausführendes Organ von Wolffs Anregungen. Vielmehr wurden die Entscheidungen über verlegerische Projekte in freundschaftlichem Konsensus getroffen, wobei jeder der Partner ein Vetorecht hatte. Rowohlt brachte Dauthendey, Eulenberg, Scheerbart und Carl Hauptmann, und Wolff akzeptierte diese Autoren. Da er aber als der alleinige Finanzier des Verlages das Risiko trug, fühlte er sich auch für die gesamte Verlagslinie verantwortlich. Diese Identifikation ging so weit, daß er später das Gründungsdatum des Kurt Wolff Verlages mit »1910« angab, damit dokumentierend, daß er von Anfang an den Ernst Rowohlt Verlag auch als sein Werk ansah[42].

Eine intensive Hinwendung zur praktischen Verlagsarbeit ist erst ab 1912 feststellbar. Sie manifestierte sich im September 1912 mit dem Eintritt in die Firma als Kommanditist auch juristisch. Der Grund für die stärkere Zuwendung zur Verlagsarbeit ist aller Wahrscheinlichkeit nach in der Ablehnung von Wolffs Dissertation zu suchen[43], die seine Pläne – Wolff soll vorübergehend auch eine Hochschullaufbahn erwogen haben – mehr auf die Mittlerfunktion der literarischen Betätigung richteten. Verbunden damit schien die Erkenntnis einer gewissen Unproduktivität auch im Feuilletonistisch-Essayistischen zu sein. Nach dem Scheitern der Dissertation hat Wolff seine Rezensententätigkeit aufgegeben.

Die engere Zusammenarbeit der beiden Sozien führte zu Spannungen. Die menschlichen Gegensätze der beiden grundverschiedenen Persönlichkeiten und sachliche Meinungsverschiedenheiten führten Ende Oktober 1912 zu offenem Streit, der mit dem Ausscheiden Rowohlts aus dem Verlag am 1. November 1912 endete. Wolff, der in den Verlag etwa 90 000 Goldmark investiert hatte, fand Rowohlt mit 15 000 Mark ab und führte die Firma alleine weiter.

Die Übernahme des Verlags war von Wolff als dem finanziell Stärkeren keineswegs geplant. Es scheint eher so, daß die aus dem Zerwürfnis mit Rowohlt resultierende Entwicklung Wolff ungelegen kam. Am 6. November schrieb Elisabeth Wolff, die auch in den folgenden Jahren an der Verlagsentwicklung regen Anteil nahm, eher ärgerlich und verblüfft an ihre Mutter: »Diese Rowohlt Affäre müssen wir Dir mündlich auseinandersetzen. Nun hat Kurt den ganzen Betrieb allein und das vor Weihnachten, wo doch am meisten zu tun ist.«[44]

Wolff brauchte für den ausgeschiedenen Rowohlt dringend einen neuen Geschäftsführer, den er in Arthur Seiffhart fand[45]. Seiffhart blieb dem Verlag als Verlagsdirektor und enger Vertrauter Wolffs bis 1931 verbunden. Auch die literarischen Berater, die Freunde Walter Hasenclever und Kurt Pinthus, der ab Januar 1912 offiziell als Lektor amtierte, hatten sich bei dem Streit auf die Seite Wolffs geschlagen und blieben dem Verlag treu.

---

[41] Kurt Wolff an Wilhelm Mießner, Brief vom 18. 11. 1912, KWA.

[42] So im *Adressbuch des Deutschen Buchhandels*, 1914: »Wolff, Kurt, Leipzig [...] Seit 1. XI. 1912, gegr. 30. VII. 1910.« Für Albert Schramms Nachschlagewerk: Deutschlands Verlagsbuchhandel, Leipzig 1925 gibt Wolff nur noch 1910 an. Auch bei Neuauflagen gibt er als 1. Aufl. gelegentlich KWV an, auch wenn das Buch im ERV erschienen ist. So in: Herbert Eulenberg: Katinka die Fliege. 4. Aufl. 1916, wo als Copyright vermerkt ist: Kurt Wolff Verlag 1911.

[43] Über dieses Scheitern ist keine letzte Klarheit zu erlangen. Der Privatkorrespondenz ist zu entnehmen, daß Wolff ab Mitte 1911 intensiv an seiner Studie über Albrecht von Haller arbeitete und sie im März 1911 einreichte. Sie wurde abgelehnt. Da diese Dissertation nicht erhalten ist, läßt sich die Ablehnung – stellt man die mehrfach bewiesene germanistische Begabung Wolffs in Rechnung – schwer interpretieren. Nach einer mündlichen Information von Kurt Pinthus an den Verf. hat Albert Köster – gerade wegen des gesellschaftlichen Kontaktes und der privaten Beziehungen zu seinen Doktoranden – verschärfte Maßstäbe bei der Beurteilung angelegt, um nicht in den Verdacht der Begünstigung zu kommen. Es gibt zwar einen Hinweis, daß Wolff noch 1913 mit der Überarbeitung beschäftigt war (in einem Brief Elisabeth Wolffs an Clara Merck vom 7. 2. 1913: »Nachmittags arbeitet er jetzt an seiner Doctorarbeit.« NA), aber man kann als ziemlich sicher annehmen, daß der Mißerfolg an der Universität zunächst die Motivation zur intensiveren Hinwendung zum Verlag bildete.

[44] Elisabeth Wolff an Clara Merck, Brief vom 6. 11. 1912.

[45] Arthur Seiffhart (1880–1959) wurde nach einer Buchhandelslehre, mehreren Stellen als Sortimenter und einem wirtschaftswissenschaftlichen Studium Ende 1910 Vertriebsleiter bei B. G. Teubner in Leipzig. Er trat im Dezember 1912 bei Wolff ein. – Nach dem Verkauf des KWV an Peter Reinhold eröffnete Seiffhart 1932 in München ein Antiquariat, blieb aber dem KWV als Berater verbunden. 1938 trat er in den Axel Juncker Verlag in Berlin ein, für den er bis an sein Lebensende tätig war. Für Wolff arbeitete er auch als Übersetzer englischer und französischer Literatur. (Vgl. auch die Erinnerungen Seiffharts an seine Tätigkeit im KWV in: Arthur Seiffhart: Inter folia fructus. Berlin o. J., u. Abb. 36, Sp. 917.)

Franz Werfel wurde noch im November 1912 als Lektor nach Leipzig geholt und wurde in den nächsten Jahren der entscheidende Berater Wolffs. Mit diesen Mitarbeitern war die personelle Führung des Kurt Wolff Verlages der kommenden Jahre schon zu Beginn der Alleinübernahme weitgehend vervollständigt.

Mit einer immensen Arbeitsenergie versuchte Wolff in den folgenden Monaten dem Verlag ein ihm gemäßes eigenes Profil zu geben. »Der Verlag wird – vorläufig wenigstens – auch noch unter dem alten Firmennamen weitergeführt und im übrigen werde ich in den Verlagsneuerscheinungen vielleicht ein wenig eine andere Richtung einschlagen, bei der jetzt nur noch mein Geschmack geltend gemacht wird.«[46] Ein Bruch in der Programmgestaltung ist nicht festzustellen, allerdings die von Wolff angedeutete verstärkte Hinwendung zur Avantgarde und neue verlegerische Konzeptionen, die den Kurt Wolff Verlag trotz aller Kontinuität als neuen Verlag auswiesen. Unter dem Signet ERV wurden die von Rowohlt erworbenen und schon im Druck befindlichen Bücher bis zum 15. Februar 1913 ausgeliefert, schon angebahnte Verhandlungen abgeschlossen. Am 15. Februar entschloß sich Wolff, die neue Entwicklung des Verlages auch äußerlich durch die Umbenennung in *Kurt Wolff Verlag* zu kennzeichnen.

Die Mehrzahl der zeitgenössischen Autoren Rowohlts war nur mit einem Buch vertreten. Wolff übernahm zwar ihre Bücher in den neuen Verlag, hat aber außer mit Eulenberg, Arnold Zweig, Hermann Harry Schmitz, Hanna Rademacher, Mechtild Lichnowsky, Max Brod, Franz Kafka, Robert Walser und Carl Hauptmann keine verlegerischen Beziehungen aufrecht erhalten. Eulenberg als der Hauptautor des Rowohlt Verlages – von den 103 im Ernst Rowohlt Verlag verlegten Büchern entfielen allein 21 auf ihn – gab den größten Teil seiner neuen Arbeiten bis 1918 an Kurt Wolff und wurde neben Werfel, Carl Hauptmann, Carl Sternheim und Brod einer der tragenden Autoren des Verlages. Der zweite Hauptautor Rowohlts, Max Dauthendey, erwies sich als kaufmännischer Mißgriff Rowohlts. Zwar wurde der Lyriker Dauthendey im ersten Jahrzehnt nach der Jahrhundertwende hochgeschätzt – Franz Blei setzte ihn 1908 im *Hyperion* neben George, Hofmannsthal, Rudolf Borchardt und Rudolf Alexander Schröder als »europäischen« Lyriker[47] –, doch zeigte seine Lyrik nach 1907 Anzeichen einer gewissen Überproduktion, die sich auch qualitativ niederschlug[48]. Nach einem ersten Dramenerfolg mit *Die Spielereien einer Kaiserin* (1910) übergab er Rowohlt, den er für seine Dramenpläne begeistern konnte, neben einigen älteren, überarbeiteten Lyrikbänden mehrere bühnenschwache Dramen, die für den Verlag totale Mißerfolge wurden. Seine erfolgreichen Reisebücher erschienen gleichzeitig bei Albert Langen. Korfiz Holm, der Geschäftsführer dieses Verlages, sammelte nach 1910 das Gesamtwerk Dauthendeys, und es scheint so, als habe Dauthendey die verlegerische Bindung an Rowohlt lediglich als finanzielle Beziehung gesehen und Rowohlt gegen den Langen Verlag ausgespielt. Wolff beendete diese Beziehung deshalb rasch, nachdem 1913 noch ein vertraglich vereinbarter Lyrikband im Kurt Wolff Verlag erschienen war.

Daß der Ernst Rowohlt Verlag zwar bruchlos in den Kurt Wolff Verlag überging, aber die neuen Ansätze der Literatur erst in ihm gesammelt wurden, zeigt nicht nur die fast vollständige Übernahme und Ausweitung der angeknüpften Beziehungen des Sommers 1912 zu dem Prager Kreis mit Brod, Kafka und Werfel, sondern auch der erste repräsentative Querschnitt der Verlagsproduktion in dem Almanach *Das Bunte Buch* (Herbst 1913). Hier sind außer Eulenberg, Carl Hauptmann, Kafka, Dauthendey, Heym und Arnold Zweig keine Rowohlt-Autoren mehr mit dichterischen Beiträgen vertreten. Und bei den aufgenommenen Autoren läßt sich ausnahmslos schon während der Rowohlt-Ära eine verlegerische Beziehung Wolffs nachweisen[49]. Die übrigen Beiträge stammen – neben Auszügen aus den *Drugulin-Drucken* und ausländischer Dichtung – überwiegend von den neuen Autoren des Frühexpressionismus.

3 Der Kurt Wolff Verlag von 1913 bis zum Ausbruch des Weltkrieges

Die Geschichte des Kurt Wolff Verlages bis zum Ersten Weltkrieg stellt sich als geschlossen beschreibbare Periode in der Verlagsentwicklung dar. Sie ist gekennzeichnet durch die deutliche Formung eines, was die deutschen Autoren anbetrifft, frühexpressionistischen Verlagsprofils und vor allem durch die Gründung der diese Verlagslinie bestimmenden Buchreihe *Der Jüngste Tag*. Die Mehrzahl der dem Verlag verbunden bleibenden Autoren publizierte bereits während dieser anderthalb Jahre bei Wolff – der Verlag hatte sich bis zum Kriegsausbruch im allge-

---

[46] Kurt Wolff an Clara Merck, Brief vom 3. 11. 1912, NA.

[47] Franz Blei: Drei Briefe an einen jungen Mann. In: Hyperion, 1. Jg., 3. Heft, S. 90.

[48] Vgl. dazu Albert Soergel – Curt Hohoff: Dichtung und Dichter der Zeit. Bd 1. Düsseldorf 1961, S. 532–534.

[49] Mit Eulenbergs Werk hatte Wolff sich am intensivsten auseinandergesetzt. Carl Hauptmann gab schon im Dezember 1911 seiner Freude Wolff gegenüber Ausdruck, »daß wir in

meinen Bewußtsein des Publikums und Buchhandels als führender Verlag der jungen Literatur durchgesetzt.

Der Kriegsausbruch bedeutete nicht nur einen allgemeinen Einschnitt im literarischen Leben der Zeit. Im Kurt Wolff Verlag hatte die durch die politische Entwicklung bestimmte Zäsur Folgen für die Verlagsführung. Kurt Wolff selbst rückte unmittelbar nach der Kriegserklärung ein und mußte seinen Verlag für die nächsten zwei Jahre dem erst kurz vorher eingetretenen Geschäftsführer Georg Heinrich Meyer überlassen, obwohl er die wichtigsten Entscheidungen auch während seines Militärdienstes in der Hand behielt. Die Lektoren wurden ebenfalls bei Kriegsbeginn oder kurz darauf einberufen, ebenso eine Vielzahl der Autoren.

Die Verlagsgeschichte während des Krieges wurde deshalb zunächst durch Georg Heinrich Meyer und Franz Werfel bestimmt, der Meyer als brieflicher Berater verbunden blieb. In der veränderten wirtschaftlichen, politischen und literarischen Kriegssituation nahm das Verlagsprogramm Züge an, die sich deutlich von der vorhergehenden Phase abheben.

3.1 Das neue Programm: Die Dichtung der Jüngsten

Alle historischen Begriffsuntersuchungen des Expressionismus kommen zu dem übereinstimmenden Ergebnis, daß die Frühexpressionisten den Begriff zwar kannten, damit aber vorwiegend die bildenden Künste belegten. Weder Georg Heym noch Jakob van Hoddis, Alfred Lichtenstein, Ernst Blass, Georg Trakl, Gustav Sack oder Ernst Stadler haben diesen Begriff für ihr Schaffen in Anspruch genommen, sie wußten zum Teil nicht einmal von der Übertragung der Bezeichnung auf die Literatur[50]. Karl Ludwig Schneider hat allerdings nachgewiesen, daß schon 1911 Kurt Hiller diese Bezeichnung auf Blass und Heym anwendete und Kurt Pinthus bei Heyms Dichtungen 1912 ebenfalls Parallelen zur expressionistischen Malerei fand[51]. Auch Max Brod bezeichnete 1913 in dem Wolffschen Verlagsalmanach *Das Bunte Buch* die Prosa Kafkas als mit »der expressionistischen Richtung heutiger Malerei verwandt«[52]. Und Camill Hoffmann schrieb im *Literarischen Echo* 1913 über das noch bei Rowohlt erschienene Buch *Gemischte Gefühle*: »Dieses Buch, ein kleiner Roman des vermutlich jungen Philipp Keller, erinnert an die neuen expressionistischen Bilder«[53].

Trotz dieser einzelnen Ansätze zur Übertragung des Begriffes auf die neue Literatur darf man davon ausgehen, daß die Dichter neben ihren unterschiedlichen Versuchen, ihre eigenen Ziele mit Schlagworten wie »Neopathetik«, »Futuristische Dichtung«, »Neue Gehirnlyrik« und »Impressionistischer Klassizismus«[54] zu belegen, nur eine vage Vorstellung von der neuen Bewegung hatten, an der sie sich beteiligt fühlten. Dies gilt in noch stärkerem Maße für die Programmkonzeption des Kurt Wolff Verlages, in der vor dem Kriege das Wort »Expressionismus« nie auftaucht.

In den Vorkriegsjahren läßt sich in allen Verlegerbriefen kein einziger Hinweis auf den Einsatz für eine bestimmte Richtung nachweisen; wenn von der »neuen Dichtung«, die verlegt werden soll, die Rede ist, dann meist in Leerformeln. So schreibt Wolff am 22. Mai 1913 an Franz Blei, daß er seinen »Verlag immer mehr eindeutig nach der modern belletristischen Seite ausbauen möchte«[55]. Etwas deutlicher faßt Wolff diese moderne Belletristik in einem Brief an Trakl, der auf eine »neue Serie Moderne Literatur«[56] abzielt: sie sei »eine Reihe von Büchern jüngerer Autoren [...], deren Werke (ohne daß sie selbst irgendwie zu einer gemeinsamen Gruppe oder Clique gehören) das gemeinsam haben, daß sie irgend ein selbständiger und starker Ausdruck unserer Zeit sind.«[57] Wolff möchte seinen Verlag auch nicht an

---

dauernde Beziehung gekommen sind.« (Brief vom 23. 12. 1911, KWB, S. 13.) Kafka und Heym waren, wie erwähnt, von Anfang an mehr die Autoren Wolffs als Rowohlts gewesen. Auch Arnold Zweig wandte sich in dem Briefwechsel mit dem ERV schon 1912 an Wolff als seinen Verleger. Auch der zunächst nur für den Bühnenverlag gewonnene Carl Sternheim korrespondierte früh mit Wolff und wurde von dem Verleger Anfang 1913 auf die Einhaltung seiner Verträge gedrängt. (Vgl. den Briefwechsel Wolff–Sternheim vom 11. 2.–10. 3. 1913, KWB, S. 18–20.)

[50] Vgl. Albert Soergel – Curt Hohoff: Dichtung und Dichter der Zeit. Bd 2. Düsseldorf 1963, S. 324; und Paul Pörtner: Literaturrevolution 1910–1925. Bd 2, S. 20 f.

[51] Kurt Hiller: Die Jüngst-Berliner. In: Heidelberger Zeitung, Nr. 7, Juli 1911; Kurt Pinthus: Georg Heym. In: Berliner Tageblatt. Liter. Beilage vom 21. 8. 1912. Nach: Karl Ludwig Schneider: Zerbrochene Formen. Wort und Bild im Expressionismus. Hamburg 1967, S. 9.

[52] Max Brod: Kleine Prosa. In: Das Bunte Buch, S. 39.

[53] Camill Hoffmann: Gemischte Gefühle von Philipp Keller. (Rez.) In: Das literarische Echo, 15. Jg., 1912/13, 19. Heft, 1. Juli 1913, Sp. 1373 f.

[54] Zum Begriff des von Blass geprägten »Impressionistischen Klassizismus« vgl. Paul Pörtner: Literaturrevolution. Bd 2, S. 20.

[55] Wolff an Franz Blei, Brief vom 22. 5. 1913, KWB, S. 77.

[56] Wolff an Blei, Brief vom 23. 4. 1913, KWB, S. 76.

[57] Der Brief Wolffs ist abschriftlich mitgeteilt in einem Schreiben Seiffharts an Trakl vom 28. 4. 1913, KWB, S. 80.

Landesgrenzen binden, sondern die gleichen »Zeittendenzen« anderer Länder ebenfalls aufnehmen.[58] Ende 1913 umreißt er seinen verlegerischen Standpunkt gegenüber Karl Kraus: »Ich [...] denke mir den Verleger – wie soll ich sagen – etwa als Seismograph, der bemüht sein soll, Erdbeben sachlich zu registrieren. Ich will Äußerungen der Zeit, die ich vernehme, soweit sie mir irgendwie wertvoll erscheinen, überhaupt gehört zu werden, notieren und für die Öffentlichkeit zur Diskussion stellen.«[59]

»Irgendwie wertvoll«, »irgend ein Ausdruck unserer Zeit«, »ohne daß sie irgendwie zu einer gemeinsamen Gruppe gehören«, – die Unbestimmtheit der inhaltlichen Füllung dieses neuen Programms läßt sich nur in der Retrospektive präzisieren. Schon 1917, als Wolff bereits auf ein breites Programm zurückblickt, vergleicht er in einem Brief an Rainer Maria Rilke seinen Verlag mit anderen Verlagen und kommt zu der Überzeugung, »daß das Bild, aufgefangen im Spiegel meines Verlages Geist und Herz meiner Zeit am treusten widerspiegelt in der ganzen Vielfältigkeit ihrer Erscheinungen, ihrer Hysterie und Bizarrerie, ihrer Sehnsucht nach Brüderlichkeit und Güte, ihrer Liebe zum Menschen, und ihrem Haß gegen den Bürger.«[60]

Wolff, der sich in seinem späteren Leben gegen den »verfluchten, verhaßten Ruhm, Verleger des *Expressionismus* gewesen zu sein«[61], heftig gewehrt hat, überträgt hier unbewußt wesentliche Merkmale des Expressionismus auf seinen Verlag: die »Sehnsucht nach Brüderlichkeit und Güte«, die »Liebe zum Menschen« und den »Haß gegen den Bürger«. Auch die Vielfältigkeit der expressionistischen Dichtungsformen, die sich widersprechenden Absichten und das sogenannte expressionistische »Gestammel« und den »expressionistischen Schrei« findet man unschwer in der »Hysterie und Bizarrerie« wieder. Schon 1915 behauptet denn auch Hugo Ball gegenüber dem Verleger: »Sie sind für expressionistische Tendenzen immer eingetreten.«[62]

Wolff hat in seinem Brief an Rilke subjektiv recht. Sein Programm der ersten Jahre war als Offenheit allem wesentlichen Neuen gegenüber gedacht: »Jahrelang habe ich geglaubt, Verleger junger Dichter zu sein und älterer Autoren, die ich mit Recht oder Unrecht für gut hielt. Nie habe ich einem Schlagwort, einer Richtung gedient«[63]. Doch objektiv war Wolff in der Wahl seiner Autoren literarischen Gruppen stark verhaftet und förderte zunächst den Prager Kreis um Werfel und den Kreis um Pfemferts *Aktion*. Auch wenn Wolff ausländische Literatur verlegte, läßt sich die Bevorzugung der »O Mensch«-Dichtung und der Einfluß von Werfels Pantheismus erkennen. Auch Max Brods klassizistische Tendenzen und sein sich formender Zionismus werden in Ansätzen im Kurt Wolff Verlag spürbar.

Wolffs Auffassung, der Verleger sei nicht mit einem Zeitschriftenherausgeber vergleichbar, der trotz redaktioneller Freiheit auf die Einheitlichkeit einer Linie zu achten habe, sondern er sei »Seismograph nicht Seismologe«[64], steht seine Sorge gegenüber, »so langsam durch das unabgegrenzte meiner Gebiete in die Müllerei« hineinzukommen[65]. Betrachtet man die Zeittendenzen zwischen 1910 und 1920, beispielsweise die Jugendbewegung, die deutschnationale Bewegung mit ihrem Schrifttum oder die Arbeiterliteratur, so muß man festhalten, daß Wolff von ihnen – abgesehen von der Neuromantik – verlegerisch keine Notiz nahm. Und dies spricht für ein, wenn auch nicht programmatisch bewußtes, indirektes Bekenntnis zum Expressionismus und der sich von diesem breiten Sammelstrom abzweigenden Nebenströmungen, die sich zwar noch nicht alle vor dem Weltkrieg, aber in den folgenden Jahren bei Wolff begegneten. Die Ablehnung Wolffs, einer Richtung gedient zu haben, geht einher mit der Ablehnung des Terminus Expressionismus überhaupt[66]. Bekennt man sich zu der »heuristischen« Bezeichnung dieser Literaturbewegung, muß Wolff sich die Etikettierung, von Anfang seines Verlages an Verleger des Expressionismus gewesen zu sein, gefallen lassen. Die zahlreichen von Wolff verlegten eindeutig »expressionistischen« Werke und die Tatsache, daß seine Lektoren Werfel und Hasenclever als Autoren zu den wesentlichen Trägern der Bewegung gehörten und sie für den Verlag förderten, läßt sich nicht leugnen.

---

[58] Vgl. Näheres in dem folgenden Kapitel 3.2: *Der Jüngste Tag*: Reihenprinzip für Avantgardeliteratur.
[59] Wolff an Karl Kraus, Brief vom 14. 12. 1913, KWB, S. 128.
[60] Wolff an Rainer Maria Rilke, Brief vom 10. 12. 1917, KWB, S. 147.
[61] Kurt Wolff: Autoren, Bücher, Abenteuer, S. 23.
[62] Hugo Ball an Kurt Wolff, Brief vom 11. 6. 1915, KWB, S. 13.
[63] Kurt Wolff: Autoren, Bücher, Abenteuer, S. 23.
[64] Wolff an Karl Kraus, Brief vom 13. 12. 1913, KWB, S. 128.
[65] Wolff an Franz Blei, Brief vom 22. 5. 1913, KWB, S. 77. – »Müllerei« ist eine Anspielung auf den Verleger Georg Müller in München, dem man nachsagte, daß er »alles« verlege und sein Verlag einem Literaturwarenhaus gleiche.
[66] »Noch immer [...] will man mit dem Begriff Expressionismus einer Gruppe von Schriftstellern, die zwischen 1910 und 1925 publizierten, den Stempel einer Gemeinsamkeit aufdrücken, die sie nie gehabt haben. Seit 35 Jahren wehre ich mich gegen diese Abstempelung [...]. Vergeblich.« Kurt Wolff: Autoren, Bücher, Abenteuer, S. 23.

Natürlich ist Wolffs Verlagsprogramm nicht rein expressionistisch. »Die Eigenwilligkeit und Eigenständigkeit der vielen Autoren« Wolffs, so sieht es Bernhard Zeller in seiner Würdigung des Verlegers, »lassen in der Tat keine eindeutige Klassifizierung zu«[67]. Aber auch er räumt ein, daß die »junge literarische Gemeinschaft«, die sich um den Verlag sammelte, sich mit dem Expressionismus »berührt«, ja sich vielfach mit ihm »deckt«[68].

Um das Programm des Verlages in der Vorkriegszeit beschreiben zu können, seien einige Imponderabilien vorweg erwähnt, die eine verlegerische Linie generell verzeichnen. Es gibt in jedem Verlag »zufällige« Titel, die als »Gefälligkeits«- oder »Gelegenheitspublikationen« bezeichnet werden können und nichts mit dem intendierten literarischen Programm gemeinsam haben. So verlegte Wolff 1914 Julius Zeitlers »Künstlerfestspiel zur Feier des 150jährigen Bestehens der Königlichen Akademie für graphische Künste und Buchgewerbe zu Leipzig«: *Oeser und die Seinen*. Auch die Übernahmen aus dem Verlag Meyer & Jessen Anfang 1914 sind zum Teil mit Bedenken und eher aus kaufmännischen als programmatischen Überlegungen erfolgt. Nur so ist es zu erklären, daß plötzlich Ulrich Braeker, Johann Joachim Winckelmann, *Künstlerbriefe der Renaissance* oder Jacob Grimm und Victor Strauß im Kurt Wolff Verlag erscheinen[69]. Erst aus der Kenntnis der verlegerischen Gründe für die Aufnahme eines Werkes lassen sich Programmkonzeptionen erfassen.

Wolffs Anspruch, »nicht Bücher, sondern Autoren zu vertreten und zu fördern«[70], wurde immer wieder durch die Bindungen seiner Autoren an andere Verleger durchkreuzt. In späteren Jahren hat er sich über solche Optionen hinweggesetzt, vor dem Krieg hielt er sich vor allem dem Freund Kippenberg gegenüber an diese Spielregeln gebunden[71]. Wolffs fast vierjähriges Werben um Karl Kraus wird in einem anderen Zusammenhang seine unermüdliche Hartnäckigkeit zeigen, wenn es um einen Autor zu kämpfen galt, dessen Verleger er sein wollte[72].

[67] Bernhard Zeller: Der Verleger Kurt Wolff. KWB, S. XXVII.
[68] a.a.O.
[69] Zu diesen Übernahmeverhandlungen vgl. auch das Kapitel 4.2: Georg Heinrich Meyer als Verlagsleiter.
[70] Kurt Wolff an René Schickele, Brief vom 29. 3. 1921, KWB, S. 209.
[71] So nahm er Carl Sternheims Novelle *Busekow* durch Vermittlung von Franz Blei nur an, da Kippenberg darauf nicht reflektierte. Vgl. in KWB die Briefe S. 20 f. u. S. 76.
[72] Vgl. den Exkurs 5.1: Der Verlag der Schriften von Karl Kraus.

Abb. 3: *Erster Verlagsalmanach, Leipzig 1914. – Umschlag mit einer Zeichnung von Wilhelm Wagner*

Eine wesentliche Bedeutung kam dem Urteil von Wolffs Beratern zu, die einen Großteil der verlegten Autoren empfahlen und bei Annahmen oder Ablehnungen seine Entscheidungen präjudizierten. Von ihnen wird in einem gesonderten Kapitel zu sprechen sein. Auch die persönlichen bibliophilen und künstlerischen Neigungen Wolffs beeinflußten sein Programm, das nicht subjektiver, sondern objektiver Zeitspiegel sein sollte.

Die Abgrenzung des Frühexpressionismus zu anderen literarischen Tendenzen ist, vor allem bei Autoren des dritten und vierten Gliedes, nicht immer eindeutig vorzunehmen, Überschneidungen sind die Regel. Trotzdem können in dem Verlagsprogramm neben der expressionistischen Literatur mehrere Konzeptionskreise eruiert werden, die zwar mit dem Expressionismus die soziokulturelle Zeitlage gemeinsam haben, nicht alle aber unbesehen ihm zuzurechnen sind. Der erwähnte Verlagsalmanach *Das Bunte Buch* zeigt diese Kreise. »Mit diesem Buch bezweckte ich zum ersten Mal statt eines Katalogs in einem derartigen Sammelbuch ein Bild von dem zu geben, was ich mit meinem Verlage bezwecke«[73], schrieb

[73] Wolff an Mechtild Lichnowsky, Brief vom 2. 6. 1914, KWB, S. 157.

Wolff in einem eilig diktierten Brief an die Autorin Mechthild Lichnowsky. Als richtungweisender Autor ist Franz Werfel an den Anfang und an den Schluß gestellt. Er eröffnet mit seiner ins Versöhnliche gewendeten Vater-Sohn-Thematik des Gedichtes *Vater und Sohn* »jene Aufbruchs- und *Weltfreund*-Atmosphäre«, die den Vorkriegsverlag umwitterte[74] und die durch die Dichtungen von Hasenclever, Heym, Hiller, Ludwig Rubiner, Kafka, Lasker-Schüler, Trakl, Robert Walser und Pinthus mit seinem berühmten *Kinobuch* in all ihren Facetten gespiegelt wird.

Max Brods Jahrbuch *Arkadia* brachte im Frühjahr 1913 noch einmal eine »impressionistisch-klassizistische« Linie im Sinne von Blass und dessen Zeitschrift *Die Argonauten* in den Verlag; seine Beziehungen zu Martin Buber und der Prager jüdischen Sammelbewegung führten zur Aufnahme von Werken einer jüdisch-christlichen Religionsphilosophie, die als Nebenprogramm bis in die zwanziger Jahre verlegt wurden.

Auch in der Aufnahme ausländischer Literatur sind neue Ansätze im Vergleich mit den ausländischen Abteilungen anderer Verlage festzustellen. Wolff rückte unter Werfels und Brods Einfluß erstmals die moderne tschechische Dichtung in das Bewußtsein des Publikums, er verlegte erstmals Francis Jammes, Giovanni Pascoli und André Suarés und setzte sich für Paul Claudel ein. Mit dem von Wolff zunächst zögernd verlegten Rabindranath Tagore errang der Verlag einen ersten Publikumserfolg.

In dem historischen Literaturprogramm werden die spezifischen Vorlieben der Expressionisten für bestimmte Epochen und Autoren sichtbar und überschneiden sich – vor allem, was die Aufmachung anbetrifft – mit den Einflüssen der Bibliophilenbewegung. Für den Verlag zunächst bestimmend und ihn am schärfsten profilierend blieb allerdings die junge deutsche Avantgardeliteratur, die in der neuen Buchreihe *Der Jüngste Tag* gesammelt wurde.

3.2 »Der Jüngste Tag«: Reihenprinzip für Avantgardeliteratur

Die im Frühjahr 1913 begonnene Buchreihe *Der Jüngste Tag* ist das berühmteste Verlagsunternehmen Wolffs und gilt als geschlossenste, repräsentativste Sammlung expressionistischer Dichtung[75]. Sie spiegelt in 86 Bänden von 1913 bis 1921 kontinuierlich das Verhältnis des Verlages zum Expressionismus. Nach Abschluß der Serie hat sich auch das übrige Verlagswirken Wolffs immer mehr von dieser Bewegung abgewandt.

Am 18. Februar 1913 stellte Wolff sich im Börsenblatt als der neue Inhaber des ehemaligen Ernst Rowohlt Verlages vor, am 2. Mai kündigte er dort seine neue Buchreihe an, die zugleich ein neues literarisches Programm verhieß[76]. Kurt Pinthus berichtet über die Entstehung dieses Projektes: »Im Frühjahr 1913 saßen Wolff, Werfel, Hasenclever und ich in einer nächtlichen Bar. Es wurde beschlossen, eine Serie kleiner dichterischer Bändchen zu beginnen, deren jedes, im Gegensatz zur schon florierenden Insel-Bücherei, von einem jungen oder noch unbekannten Autor verfaßt sein sollte. Wie aber der Name? Auf dem Tisch lagen die Korrekturbogen von Werfels neuem Gedichtbuch *Wir sind*. Mit einem Bleistift wurde hineingestochen und die letzte Zeile der aufgeschlagenen Seite 116 begann ›O jüngster Tag!‹. So entstand die für die keimende, kommende Literatur repräsentativste Reihe«[77]. Bis zum Frühjahr 1914 erschienen 17 Bände der Buchreihe, die nach Kriegsbeginn stagnierte, im Sommer 1915 aber wieder aufgenommen wurde. In der Druckgeschichte dieser 17 Bände lassen sich die literarische Programmformung Wolffs, die Anfangsschwierigkeiten der neuen Verlagsführung und die buchhändlerische Konzeption Wolffs ebenso erkennen, wie sich die Verbreitung der frühexpressionistischen Literatur vor dem Kriege an diesen Bänden abschätzen läßt.

So willkürlich der zugkräftige Name entstanden sein mag, der, aus dem Zusammenhang des dramatischen Gedichtes *Das Opfer* gerissen[78], den Anklang an ein Endzeitbewußtsein, an van Hoddis' *Weltende* und an Georg Heyms *Ewigen Tag* spüren läßt, so wenig zufällig konnte die Konzeption einer Buchreihe sein, die das verlegerische Kalkül der Zeit, das sogenannte »billige Buch« als Reihenprinzip erstmals auf Werke der Avantgarde übertrug. Allem Anschein nach traf die verlegerische Entscheidung für diese Konzeption in eine Marktlücke, was

---

sicher Zukunft vorwegnahm.« – Ebenso Günther Erken: Der Expressionismus. In: Handbuch der deutschen Gegenwartsliteratur. Bd 2, S. 353: Der *Jüngste Tag* sei »der repräsentativste Querschnitt durch die expressionistische Literatur und in seiner Geschlossenheit imponierend!«

[76] Anzeige im Börsenblatt, 72. Jg. 1913, Nr. 40, S. 1815, u. Nr. 99, S. 4650 f.

[77] Kurt Pinthus: Leipzig und der frühe Expressionismus. In: P. Raabe: Expressionismus. Aufzeichnungen, S. 82.

[78] Die Zeile lautet vollständig: »O, jüngster Tag! O, Wiedersehn!«. In: Franz Werfel: Wir sind. Neue Gedichte. Das Opfer. Dramatisches Gedicht. Leipzig 1913.

---

[74] Günther Erken: Der Expressionismus. In: Handbuch der deutschen Gegenwartsliteratur, S. 353.

[75] Vgl. Heinz Schöffler: Der Jüngste Tag, S. IX: »Weder vornoch nachher in der deutschen Literaturgeschichte gab es eine Buchreihe, die so bedeutend Ausdruck ihrer Zeit war, die so

langfristig den buchhändlerischen Erfolg begünstigte. Das bestätigen auch die zahlreichen Imitationsversuche der Kriegs- und Nachkriegsjahre.

1917 erschien eine vor dem Krieg verfaßte Schrift über *Buchreihen* von Carl Christian Bry, die marktwirtschaftliche Überlegungen über die Bedeutung von Buchreihen im zeitgenössischen Verlagswesen anstellte[79], und uns über die verlegerischen Leitlinien bei Reihengründungen informiert. Wolff hat diese Arbeit nicht gekannt, als er sich zur Gründung seiner Buchreihe entschloß. Aber er hatte 1912 mit Kippenberg dessen Plan zur Gründung der *Insel-Bücherei* erörtert[80], und die verlegerischen Gründe für die Vereinigung der Verlagsproduktion in Buchreihen und Sammlungen waren dem jungen Verleger aller Wahrscheinlichkeit nach geläufig. Die unermüdliche, oftmals etwas gezwungene, häufig nachträgliche Zusammenfassung der Verlagsproduktion in Reihen und Sammlungen spricht zu deutlich von dem Bemühen Wolffs, dem Publikum immer wieder eine geistige Linie, eine Geschlossenheit der Produktion zu offerieren.

So läßt sich die heute bestreitbare Hypothese von Bry: »Nur die Geschlossenheit seiner gesamten geistigen Atmosphäre läßt einen Verlag Erfolge erringen, die über das Zufällige hinausgehen«[81], durchaus auf die Intentionen der Verleger nach 1910 anwenden. Auch eine weitere These trifft auf Wolffs Konzeption zu: »Die innere Geschlossenheit eines Verlagsunternehmens gestattet eine gewisse äußere Einheitlichkeit seiner Produkte. Verlagssignet, Typen und Druckspiegel, Format und Einband werden dadurch zu Warenzeichen des geschlossenen Verlages und wesentliche Hilfsmittel der festen Marktbildung.«[82] Wolff-Bücher waren rein äußerlich unmittelbar erkennbar und buchkünstlerisch und typographisch bewußt konzipiert.

Als wichtiges Mittel, um Markt und Konsumption verlegerisch klarer zu organisieren, sieht Bry die Form der Büchereihe. »Eine gut gewählte, geschlossene Verlagsserie kann zum Rückhalt und gewissermaßen zum körperlichen Sinnbild des gesamten Verlages werden. [...] Neben dem auszugsweisen [...] Vorabdruck [...] ist die gutgewählte Bücherreihe das stärkste Mittel verlegerischer Propaganda.«[83] Auch dies trifft für den *Jüngsten Tag* zu. Die Reihe wurde häufig als synonym mit der Verlagsproduktion verstanden[84]. Und Wolff, der den *Jüngsten Tag* »doch intensiv zu Propagandazwecken« einsetzen wollte[85], schrieb über den Werbeeffekt der Reihe an Georg Trakl: »Der Hauptvorzug dieser Erscheinungsart liegt für die Autoren [...] darin, daß die Presse und auch der Sortimentsbuchhandel (und somit das Publikum) einzelnen Veröffentlichungen zumal junger Autoren und Erstlingswerken nicht genügendes Interesse entgegenbringt; für das Gesamtunternehmen an sich aber viel leichter Interesse zu erwecken ist.«[86]

Buchreihen an sich waren nichts Neues, vor allem in der wissenschaftlichen und didaktischen Literatur gab es schon im 19. Jahrhundert eine Unzahl von Reihen, denen Sammlungen »Schöner Literatur« zur Jahrhundertwende hin immer häufiger folgten[87]. Doch je mehr solcher Reihen gegründet wurden, umso mehr wandten sie sich, wie die Titel *Meyers Volksbücher*, *Hesses Volksbücherei* oder *Cotta'sche Volks-Bibliothek* schon verdeutlichen, an das breite Publikum und brachten vorwiegend anspruchslose Unterhaltungsliteratur. Christian Bry versucht eine statistische Übersicht für das Jahr 1912 und zählt für das Gebiet der »Schönen Literatur« 412 Reihen mit 21 357 Bänden auf[88]. Die umfangreichste ist *Engelhorns Romanbibliothek*, die populärste die Reihe der *Ullstein-Bücher*. Inhaltlich ordnet Bry alle diese Buchserien der »Literatur des geistigen Mittelstandes« zu. Von den 412 Reihen sind nach Bry nur 20 »strengliterarische« Reihen[89]. Den ersten Versuch machte Albert Langen

---

[79] Carl Christian Bry: Buchreihen. Fortschritt oder Gefahr für den Buchhandel? Gotha 1917.

[80] »mit Kippenberg zusammen: erzähl mir Inselbücherei Plan/20 erste Bände«, TB, Notiz vom 4. 1. 1912. Diese Besprechung mag gründlich gewesen sein. Denn gelegentlich berührte sich das bibliophile Programm des ERV mit Kippenbergs Plänen. So erschien als Bd 14 der *Insel-Bücherei* die deutsche Ausgabe von *Aucassin et Nicolette*, die Originalfassung war 1912 als Luxusdruck bei Rowohlt erschienen.

[81] Christian Bry: Buchreihen. S. 13.

[82] a.a.O.

[83] a.a.O., S. 15 f.

[84] So behauptet der Verlag selbst in einer Ankündigung in den *Weißen Blättern*, 2. Jg., 1915, daß »die Bücherei Der Jüngste Tag [...] durch die ihr innewohnende Sammelkraft mehr und mehr in den Mittelpunkt des Verlages und der Beachtung der literarisch Empfindenden und Schaffenden getreten ist.« (Anzeige nach S. 1414.)

[85] Wolff an Werfel und Hasenclever, Brief vom 27. 5. 1913, KWA.

[86] Abschriftlich mitgeteilt von Arthur Seiffhart, Brief an Trakl vom 28. 4. 1913, KWB, S. 80.

[87] Zur Entstehung der Buchreihen vgl. auch den historischen Überblick bei Peter de Mendelssohn: S. Fischer, S. 505 bis 507, der die Entwicklung im 19. Jahrhundert referiert.

[88] Ch. Bry: Buchreihen, S. 33. – Nicht mitgezählt sind allerdings die populären Klassiker-Bibliotheken, die zwischen Reihe und Sammelwerk stehen, da der als Grundlage der Statistik verwendete Hinrichs-Katalog nur zwei populäre Klassiker-Bibliotheken nachweist und die tatsächlichen Verhältnisse dieser Bibliotheken nicht erfaßt. (Vgl. Bry, S. 33 f., Anm. 3.)

[89] a.a.O., S. 42.

1897 mit *Langens kleiner Bibliothek*, S. Fischer folgte 1908 mit seiner außerordentlich erfolgreichen *Bibliothek zeitgenössischer Romane*, die größere und kleinere epische Werke seines Verlages, »die ihren Umlaufkreis in der zahlungsfähigeren Schicht vollendet« hatten[90], zum günstigen Einheitspreis von einer Mark erneut einem weniger bemittelten Publikum offerierte. Fischers Bibliothek bot ebenso wie die sich sensationell verbreitende *Insel-Bücherei* Neuausgaben schon erschienener Verlagswerke an. Literarisch wagten sie sich auf kein Experimentierfeld. Während Fischer ohnehin erfolgreiche Romane von Theodor Fontane, Hermann Hesse, Herman Bang, Knut Hamsun, Thomas Mann und Gabriele Reuter brachte, erschien in der *Insel-Bücherei* neben Weltliteratur vorwiegend die neuromantische Dichtung des Verlages. Eine Reihe, mit der ein Verleger das Risiko auf sich nahm, Erstpublikationen junger und unbekannter Dichter in Buchform herauszugeben, gab es, soweit sich sehen läßt, noch nicht. Der erste Verleger, der dies wagte, war Kurt Wolff.

Es gab außerdem bis 1913 keine einzige Buchreihe, die einen ausgesprochen avantgardistischen Charakter trug und überdies im Trend des »billigen Buches« mitzuhalten versuchte. Allenfalls könnte man die *Lyrischen Flugblätter* von Alfred Richard Meyer als Vorläufer ansehen. Doch darf man die dünnen Heftchen, die mit ihren geringen Auflagen keine Breitenwirkung erzielten, für den Buchmarkt als irrelevant bezeichnen. Überdies waren sie, obwohl in Paul Raabes Repertorium *Die Zeitschriften und Sammlungen des literarischen Expressionismus* als Schriftenreihe mit dem *Jüngsten Tag* gleichgesetzt, vom Verleger nicht als Buchserie gedacht. Sie erschienen in loser Folge, ungezählt in verschiedenen Formaten, gelegentlich auch Prosa und Graphik aufnehmend[91].

Der Wirbel um das »billige Buch«, den Ullstein in Verlegerkreisen mit seiner Massenproduktion von Romanliteratur seit 1910 hervorrief, war nicht spurlos an den Buchpreisen vorübergegangen[92]. Schon Rowohlt hatte sich bei Jakob Wassermann über das Preis-Dumping durch Ullstein beklagt[93], und es fehlte in den Almanachen und Verlagsankündigungen von S. Fischer und Kippenberg[94] nicht an Spitzen gegen »Ullstein Ramsch & Co.«[95]. Dabei waren die *Ullstein-Bücher* auch nicht billiger als die Fischer-Romane, aber man fürchtete eine Überflutung des Marktes mit editorisch und technisch minderwertiger Produktion; Fischer, Kippenberg und Wolff warben deshalb mit ihrer besseren Ausstattung.

Auch in der Kritik findet man in diesen Jahren eine auffällige Beobachtung und Hervorhebung des Buchpreises. So hob unter anderem Kafka den billigen Preis der *Drugulin-Drucke* in einer Rezension von Kleists *Anekdoten* hervor[96], und Wolff warb im Börsenblatt für seinen *Jüngsten Tag*, der »zu billigstem Preise in weiteste Kreise dringen« sollte[97]. Hans von Weber stellte seine erste Rezension des *Jüngsten Tages* bezeichnenderweise unter die Rubrik *Billige Bücher*: »Auch hier stehe diesmal der Verlag Kurt Wolff, Leipzig, an erster Stelle.«[98] Dabei war die Reihe – und sie konnte es kalkulatorisch auch nicht sein – durchaus nicht ungewöhnlich preiswert. Die Insel-Bändchen kosteten 50 Pfennig, und mit Reclam, der für seine Heftchen 20 Pfennig verlangte und sogar Bahnhofsautomaten aufstellte, konnte Wolff mit seinen 80 Pfennig für die broschierte Ausgabe ohnehin nicht konkurrieren[99]. Der *Jüngste Tag* war allerdings

---

[90] S. Fischer: Der Verleger und der Büchermarkt. In: Das XXVte Jahr. S. 31.

[91] Vgl. Paul Raabe: Die Zeitschriften und Sammlungen. S. 163–168.

[92] Ullstein brachte 1910 die ersten 10 Bände seiner *Ullstein-Bücher*, Nachdrucke populärer Romane beliebter Unterhaltungsschriftsteller mit einem ungeheuren Propagandaaufwand auf den Markt, den sich nur ein solcher Zeitungskonzern leisten konnte. Allein diese ersten 10 Bände erzielten bis 1925 eine Gesamtauflage von etwa 2 750 000 Exemplaren. Mit den *Ullstein-Büchern* beginnt das Zeitalter der Massenproduktion größerer Werke in Deutschland.

[93] Rowohlt an Wassermann, Brief vom 28. 7. 1911, KWA: »Zumal heute der Zug zum billigen Preis ein ganz bedeutender ist und um der Konkurrenz, bis jetzt Ullstein mit seinen Mk. 3,– & Mk. 1,– Bänden, gegenübertreten zu können, muß man die Bücher zu billigem Preis auf den Markt werfen.«

[94] S. Fischer warb mit versteckter Anspielung in seinen Ankündigungen: »Die wertvollen Romane erster Autoren, die unsere Bibliothek bringt, sind bei der gediegenen und geschmackvollen Ausstattung und bei dem Preis von 1 Mark [...] jeder Konkurrenz überlegen.« (Zit. nach Peter de Mendelssohn: S. Fischer. S. 532.) – Kippenberg nahm den folgenden Text in die erste Ankündigung der *Insel-Bücherei* im Mai 1912 auf: »Gewiß, die Bändchen der Insel-Bücherei sind sehr preiswert, aber sie suchen nicht durch den Umfang zu glänzen. Das Aufschwellen der Bücher bei immer geringerem Preis läuft am Ende doch nur auf eine Verminderung der Qualität hinaus.« (Zit. nach Heinz Sarkowski: Fünfzig Jahre Insel-Bücherei 1912–1962. Frankfurt a. M. 1962, S. 9.)

[95] Titel einer Polemik Hans von Webers. In: Der Zwiebelfisch, 4. Jg., 1912, 6. Heft, S. 207.

[96] Franz Kafka: Über Kleists *Anekdoten*. In: Franz Kafka: Gesammelte Werke. Hrsg. von Max Brod, Frankfurt am Main o. J., Bd 2, S. 315 f.

[97] Anzeige im Börsenblatt, 72. Jg., Nr. 99 vom 2. 5. 1913, S. 4650.

[98] Hans von Weber: Billige Bücher. In: Der Zwiebelfisch, 5. Jg., 1913, 3. Heft, S. 116.

[99] Das geb. Exemplar kostete 1,50 M, der Doppelband 1,60 M, geb. 2,50 M; das Abonnement für 6 Hefte 4,20 M, geb. 7,80 M.

billiger als die vergleichbaren *Drugulin-Drucke,* und der Verleger warb zudem noch ab Herbst 1913 mit einer preisgünstigen Abonnementsabgabe.

Entscheidend für die Wirkung und Bedeutung der Reihe war zwar nicht der merkantile Faktor des buchhändlerischen Nexus, sondern das literarische Programm, das in ihr verwirklicht wurde; doch zeigen die kaufmännischen Überlegungen Wolffs die enge Verflochtenheit seines Programms mit kommerziellem Kalkül und revidieren die These, Wolff sei ein verlegerischer Dilettant gewesen[100]. Wenn er 1910, am Beginn seiner verlegerischen Laufbahn, den technischen und kaufmännischen Gegebenheiten des Verlagswesens noch unerfahren gegenüberstand, so erwies er sich 1913 als ernstzunehmender Praktiker, der es verstand, die Gesetze des Marktes für seine literarischen Intentionen auszunutzen.

Was bei der nächtlichen Runde der Lektoren im März 1913[101] und in den nächsten Wochen mit dem Verleger festgelegt wurde, zeigt, verglichen mit dem programmatischen Verlagsprospekt Werfels vom April 1913[102] die noch tastenden Versuche, zu einem umreißbaren Verlagsprogramm der *Jüngsten Dichtung* zu kommen.

In der von Hasenclever verfaßten ersten Ankündigung im Börsenblatt vom 2. Mai 1913 heißt es: »Es sollen die stärksten Einheiten heutiger Dichtung in einem neuen Unternehmen vereinigt werden, das nicht mehr an der Gebundenheit von Zeitschriften leiden wird. ›Der jüngste Tag‹ soll mehr als ein Buch sein und weniger als eine Bücherei: er ist die Reihenfolge von Schöpfungen jüngster Dichter, hervorgebracht durch das gemeinsame Erlebnis u n s e r e r Z e i t.«[103]

Tatsächlich waren von den bis zum Frühjahr 1914 in den *Jüngsten Tag* aufgenommenen deutschen Autoren bisher entweder nur im Kurt Wolff Verlag Bücher erschienen wie bei Werfel und Kafka[104], oder es lagen wie bei Ferdinand Hardekopf, Emmy Hennings, Carl Ehrenstein, Georg Trakl, Paul Boldt, Berthold Viertel, Gottfried Kölwel und Leo Matthias nur Zeitschriftenpublikationen vor. Was Wolff plante, so muß man es im Rückblick sehen, war eine Reihe von Buchpublikationen mit Gedichten und kleineren Prosawerken aus dem Umkreis der *Aktion,* in der die Mehrzahl der Wolffschen Verlagsautoren seit 1911 publizierte, und aus anderen nach 1910 gegründeten, progressiven Zeitschriften wie *Herder-Blätter, Neues Pathos, Brenner* und *Neue Blätter.* Aus den Quellen belegt ist die »Erlösung« aus der Gebundenheit an Zeitschriften schon bei Georg Heym 1910 und bei Trakl[105]. Auch Paul Boldts Gedichte im *Jüngsten Tag* waren ein geringfügig erweiterter Nachdruck der in der *Aktion* veröffentlichten Lyrik. Es war eine bei Wolff ausgeprägte verlegerische Haltung – auf die noch eingegangen werden soll –, in den Avantgardezeitschriften nach neuen Talenten zu suchen und diese Autoren anzuschreiben.

In der handschriftlichen Fassung der Börsenblattanzeige hieß es noch: »In einzelnen Folgen von je sechs Heften werden von jetzt ab, zum Preise von einer Mark einheitlich gedruckt, die Werke jener erscheinen, deren Gestalt im Rahmen dieses neuen Geistes unvermeidlich ist.«[106] Es war ursprünglich geplant, die hier angekündigte neue Dichtung in je sechs Heften zusammengefaßt in einheitlicher Typographie und wohl auch einheitlicher Ausstattung herauszubringen. Der spontane, allzu kurzfristig anberaumte Erscheinungstermin »Mitte April« ließ aber Stockungen eintreten. Weder war die Typographie noch

---

[100] Wolff muß sich die technischen und kaufmännischen Kenntnisse rasch angeeignet haben. Schon 1911 findet man eine Notiz in der *Zeitschrift für Bücherfreunde,* N. F. 3, Heft 8, November 1911, Beiblatt S. 289, die sich mit der Eröffnung einer Schule für Illustration und Buchgewerbe in München beschäftigt. Dort heißt es: »Weitere Kurse buchgewerblicher Art: das praktische Erlernen der Buchbinderei, die Herstellung von Buntpapieren, [...] die Einführung in die wichtigsten graphischen und Reproduktionstechniken, besonders die Gründung einer eigenen Presse unter der Leitung des Herrn *Kurt Wolff* aus Leipzig sind vorgesehen.« (Hervorheb. vom Verf.)

[101] Es ist anzunehmen, daß dieser Plan im März, also kurz nach der Umbenennung des Verlages, gefaßt wurde, denn das Buch Werfels, nach dessen Korrekturfahnen der Name der Reihe entstand, wurde Anfang April ausgeliefert.

[102] Erster Prospekt des *Jüngsten Tages,* entstanden vermutlich Mitte April. Vgl. dazu den Brief des Verlages an Trakl vom 23. 4. 1913, KWB, S. 79: »Zur Orientierung sende ich Ihnen einen ungelesenen Korrektur-Abzug des Prospektes mit.« – Vollständiger Nachdruck in: Imprimatur. N. F. 3, 1961/62, S. 200 f. – Handschriftliches Konzept Werfels im KWA.

[103] Börsenblatt vom 2. 5. 1913, S. 4650.

[104] Werfels *Weltfreund* war zwar 1911 bei Axel Juncker erschienen, wurde aber von Wolff übernommen. Der Gedichtband *Wir sind* erschien kurz vor der ersten Folge des *Jüngsten Tages.* Kafkas *Betrachtung* war Ende 1912 im ERV erschienen. Von Hasenclever lagen bereits zwei unwesentliche Jugendwerke vor. Das Drama *Nirwana* (1909), für das er die Druckkosten selbst bezahlt hatte, und der Gedichtband *Städte, Nächte und Menschen* (München: Bonsels 1910).

[105] Heyms Gedichte waren bis zu seiner ersten Publikation bei Rowohlt im *Demokraten* erschienen, Trakls Gedichte erschienen bis zur Übernahme Wolffs im *Brenner.*

[106] Handschriftl. Entwurf Hasenclevers, undatiert, KWA.

Abb. 4: Der Jüngste Tag, *Band 5 aus der ersten Serie, Mai 1913. – Umschlag (typographische Gestaltung Offizin Poeschel & Trepte)*

Abb. 5: Der Jüngste Tag, *Band 16 aus der dritten Serie, Februar 1914. – Umschlag (typographische Gestaltung Offizin Poeschel & Trepte)*

die Ausstattung am Anfang einheitlich, und auch die Erscheinungsmodi wurden nach der ersten Folge mehrfach variiert, so daß bei der gesamten Reihe weder ein geschlossenes Programm noch eine buchhändlerisch einheitliche Konzeption vorliegt[107]. Die Folge von je sechs kurz hintereinander erscheinenden Heften wurde schon bei der 2. Folge im Herbst 1913 nicht mehr konsequent durchgehalten, und bei Kriegsausbruch geriet das Projekt völlig ins Stocken. Auch die Ankündigung, die jüngsten Dichter hier zu vereinigen, wurde mit Sternheim und vor allem mit den ausländischen Autoren Maurice Barrès, Francis Jammes und Otokar Březina noch vor dem Krieg durchbrochen[108].

Äußerlich ging die Reihe den umgekehrten Weg. War die Ausstattung anfangs unterschiedlich – lediglich der Innentitel einheitlich gestaltet, doch jeder in einer anderen

[107] Zur Ausstattung und Beschreibung der Reihe vgl. Ludwig Dietz: Kurt Wolffs Bücherei ›Der jüngste Tag‹. In: Philobiblon 7, 1963, Heft 2, S. 97–100.

[108] Bd 13 wurde noch im Oktober 1913 ausgedruckt, Bd 11 hingegen erst im Januar 1914. Die 3. Folge wurde mit Bd 17 im März 1914 abgeschlossen. Bd 18 war erst im Januar 1915 im Manuskript abgeschlossen und erschien erst im Herbst des gleichen Jahres.

Abb. 6: Der Jüngste Tag, *Band 19 aus der vierten Serie, Juli 1915. – Umschlag mit einer Lithographie von Ottomar Starke*

Abb. 7: *Der Jüngste Tag, Band 10, 2. Aufl. 1918. – Umschlag aus schwarzem Karton mit aufgeklebtem hellgelbem Titelschildchen*

Schrift –, so fand die Reihe erst während des Krieges – aus den erschwerten Herstellungsbedingungen heraus – ihr charakteristisches Gesicht: den schwarzen (auch gelegentlich grauen) Karton mit aufgeklebtem Schildchen, der noch Klaus Wagenbach zu seinen *Quartheften* inspirierte[109]. Bis zur Nummer 34 im Oktober 1916 erschienen die Bändchen individuell aufgemacht.

Zu der für Mitte April vorgesehenen ersten Folge lag am 23. April weder die Reihenfolge fest, noch waren die aufzunehmenden Titel geklärt. Wolff hatte als sichere Beiträge nur Texte von Werfel und Hasenclever. Ferdinand Hardekopfs Dialog *Der Abend* und Carl Ehrensteins *Klagen eines Knaben* waren im März zur Begutachtung eingesandt worden, und Wolff war sich über die Aufnahme lange unschlüssig. Kurz bevor der Verleger sich am 8. April auf eine mehrwöchige Auslandsreise begab, forderte er bei Kafka das Kapitel *Der Heizer* aus dessen *Amerika*-Roman an, das in aller Eile Mitte April in Satz ging[110]. Werfel, der sich für die in der *Aktion* veröffentlichten Gedichte von Emmy Hennings eingesetzt hatte und in Abwesenheit Wolffs die Betreuung der Reihe übernahm, fragte am 24. April seinen in Paris weilenden Verleger um Rat, ob man den nur 11 Gedichte umfassenden Band der Münchener Kabarettistin nicht durch eine vorangestellte Autobiographie erweitern solle, um das gar zu dünne Heft etwas umfangreicher zu gestalten[111]. Wolff lehnte dies mit einer Begründung ab, die trotz der anfänglichen Pannen für den Willen zu einer einheitlichen Konzeption des *Jüngsten Tages* spricht: »[...] ich möchte gern den ›Jüngsten Tag‹, so klein die einzelnen Beiträge auch sein können, immer etwas recht einheitlich bringen [!], und die Gedichte zusammen mit Prosa gefällt mir eigentlich nicht so ganz.«[112]

Als 6. Band war eine von Werfel getroffene Auswahl aus den Gedichten von Georg Trakl vorgesehen, die auf Anforderung Mitte April eingesandt wurden. Die vollständige Ausgabe, über die allein ein Vertrag existierte, sollte später erscheinen. Der in solchen Dingen großzügige Lektor Werfel vergaß aber, Trakl um die Publikationserlaubnis zu fragen, die dieser denn auch prompt verweigerte[113]. An seine Stelle traten im letzten Augenblick Ehrensteins *Klagen eines Knaben,* und die erste Serie konnte endlich Mitte Mai ausgeliefert werden[114]. Trakls *Gedichte* erschienen vollständig erst im Herbst als Doppelband 7/8 in der zweiten Folge und wurden lediglich vorher an Subskribenten abgegeben[115].

In dieser 2. Folge sind erstmals ausländische Autoren vertreten. In der Ankündigung des *Jüngsten Tages* war

---

[109] Sammlung *Quarthefte*, Klaus Wagenbach Verlag, Berlin 1965 ff.

[110] Zur Druckgeschichte des *Heizer* vgl. den Briefwechsel Wolffs mit Kafka, KWB, S. 29–32.

[111] Werfel an Wolff, Brief vom 24. 4. 1913, KWB, S. 101.

[112] Wolff an Werfel, Brief vom 26. 4. 1913, KWB, S. 102. – Mit ausschlaggebend für Wolffs Ablehnung einer Vermischung der Gattungen war, daß Emmy Hennings ein Prosabuch für den KWV plante, das ihre Lebensgeschichte enthalten sollte.

[113] Trakl an den KWV, Brief vom 27. 4. 1913, KWB, S. 79: »Sie machen mir darin [im letzten Brief] – und zwar mit einer Nonchalance, die meine Zustimmung als nebensächlich vorauszusetzen erscheint – die Mitteilung, daß Sie zunächst eine Auswahlpublikation meiner Gedichte in einer Sammlung ›Der jüngste Tag‹ vorbereiten [...]. Damit bin ich selbstverständlich in keiner Weise einverstanden.«

[114] Ludwig Dietz nahm irrtümlich an, die Serie sei schon im April ausgeliefert worden und der Druckvermerk sei fingiert. (L. Dietz: Kurt Wolffs Bücherei ›Der jüngste Tag‹. In: Philobiblon 7, S. 97.)

[115] Erhard Buschbeck hatte schon 1912, unterstützt von Ludwig von Ficker und Karl Kraus, versucht, einen Subskribentenkreis für einen Gedichtband Trakls zu finden. Ein durch Karl Borromaeus Heinrich befürwortetes Gedichtangebot an den Albert Langen Verlag wurde am 19. 3. 1913 abschlägig beschieden. Am 1. 4. kam die Aufforderung Wolffs, Gedichte einzusenden. Die von Buschbeck gewonnenen etwa 120 Subskribenten erhielten das fertige Buch im Vorausversand. (Vgl. auch: Zur Veröffentlichung der »Gedichte« (1913). In: Georg Trakl: Dichtungen und Briefe. Salzburg 1969, Bd 2, S. 682 bis 690.)

zwar davon die Rede, daß der *Jüngste Tag* sich »mit keiner Clique« begrenze, »mit keiner Freund- noch Feindschaft, mit keiner Stadt und mit keinem Land«, doch ein expliziter Hinweis auf ausländische Dichtung ist erst in den Werbetexten vom Herbst 1913 eingefügt[116]. Wolff mußte aber von Anfang an eine Reihe mit internationalem Einschlag geplant haben, seine Intentionen wurden lediglich während des Krieges zunichte. Schon am 28. März 1913 schrieb er an Franz Blei: »Können Sie mir etwas sehr Gutes von sehr junger französischer Literatur empfehlen? Dichterisches von geringem Umfang. Ich suche derartiges für ein neues Verlagsunternehmen, [...] schon im April hoffe ich, die 6 ersten Bändchen herauszubringen.«[117] So schnell ließen sich aber keine Verträge über ausländische Dichtungen mit Autoren, Übersetzern und Originalverlegern abwickeln. Mitte Mai suchte Wolff dann auch immer noch nach geeigneten Autoren für die 2. Folge. »Sie können sich denken, daß ich schon jetzt damit beschäftigt bin, eine Serie des ›Jüngsten Tages‹, die recht gut sein soll, mir für den Herbst zu sichern und dazu habe ich außer Trakl und französischer Literatur vorläufig noch nichts.«[118] Am 20. Mai gab Werfel seinem Verleger aus Malcesine brieflich »Tips für den j. T.«: Heinrich Eduard Jacob, Carl Sternheim, Guillaume Apollinaire, Otokar Březina, Jules Laforgue. Die Vorschläge Sternheim und Březina wurden aufgegriffen[119].

Es spricht für eine kritisch bewußte Auswahl Wolffs, daß geeignete Manuskripte fehlten. Denn Wolffs Plan dieser neuen Reihe hatte sich, schon bevor die ersten Anzeigen erschienen, durch Mund-zu-Mund-Propaganda unter den Literaten rasch herumgesprochen, und es fehlte keineswegs an Zusendungen. »Der j. Tag ist schon überaus populär geworden. Das ist unbequem – der Verlag und ich persönlich bekommen täglich Manuskripte zugesandt«[120], beklagte sich Franz Werfel gegenüber seinem Verleger. Vor allem aus dem Alfred Richard Meyer-Kreis kamen Angebote wie von Heinrich Lautensack, der seine *Via Crucis*-Dichtung Wolff vergeblich anbot[121], dafür aber Maurice Barrès übersetzen durfte.

Da wir nicht wissen, wieviele und welche Manuskripte Wolff vorlagen, können seine Auswahlkriterien nicht zuverlässig angegeben werden. Daß aber eine Fülle literarisch irrelevanter verlagsorganisatorischer Imponderabilien mitgespielt haben mag, wird schon in der hier umrissenen Druckgeschichte der ersten Bände deutlich. Es spielten darüber hinaus auch das Urteil und die persönlichen Verbindungen der Mitarbeiter Wolffs eine wesentliche Rolle. So wurde Březina von dem Prager Kreis vermittelt. Max Brod setzte sich – ebenso wie Hermann Bahr im *Bunten Buch* – für die neue tschechische Dichtung ein, und Otto Pick, guter Freund Werfels und schon bei Rowohlt Übersetzer, hatte die deutsche Fassung vorbereitet. Arthur Seiffhart verdeutschte Marcel Schwob. Franz Blei empfahl Wolff Gilbert Keith Chesterton[122], und Wolff selbst dachte ursprünglich an eine Ausgabe des *Pensionatsspaziergangs* von Jules Romains[123].

Es ist aus diesen Gründen Vorsicht geboten, die Auswahl der Dichtung des *Jüngsten Tages* zu unmittelbar auf die Vorstellungen Wolffs von der neuen Literatur hin zu interpretieren. Die erste Ankündigung im Börsenblatt und auch das Programm im *Bunten Buch*[124] verkündeten ein inhaltlich eher neutrales Programm: jüngste Dichter; Erstpublikationen außerhalb von Zeitschriften; Dichtungen aus dem Zeitgefühl heraus. Sie enthalten aber schon ein wesentliches Kennzeichen des sich widersprüchlich formierenden Frühexpressionismus: die Offenheit für alle neue Dichtung, das Element der »Verbrüdernden« über die Landesgrenzen hinweg, obwohl gerade die Literatur in diesen Jahren eng an Kreise gebunden war und die persönlichen Animositäten und Freundschaften sich bis in die Anthologie-Zusammenstellungen und Auswahl der Zeitschriftenbeiträger nachweisen lassen[125].

---

[116] So in: Das Bunte Buch, S. 201: »Nicht nur auf deutsche Dichter soll sich der ›Jüngste Tag‹ beschränken, sondern auch ausländische Dichtungen sollen zeigen, daß es gewisse Elemente gibt, die der Dichtung aller Länder in unserer Zeit [...] gemeinsam sind.«

[117] Wolff an Blei, Brief vom 28. 3. 1913, KWB, S. 74.

[118] Wolff an Hasenclever, Brief vom 16. 5. 1913, KWB, S. 6.

[119] Werfel an Wolff, Brief vom 20. 5. 1913, KWA.

[120] Werfel an Wolff, Brief vom 24. 4. 1913, KWB, S. 101.

[121] Wolff, in persönlichen Vorurteilen gegenüber Lautensack befangen (vgl. den Brief an Hasenclever vom 16. 5. 1913, KWB, S. 6), fragte Werfel und Hasenclever um ihr Urteil. Werfel lehnte Lautensack kategorisch ab, Hasenclever präzisierte: »Ich bin auch gegen Lautensack, weil doch eigentlich (wie die ganzen Maiandrosse) sehr steril und unsympathisch. Dies vollends finde ich auch talentlos.« (Brief vom 20. 5. 1913, KWA.)

[122] Vgl. Blei an Wolff, undat. Brief (Anfang April 1913), KWB, S. 75.

[123] Wolff an Blei, Brief vom 28. 3. 1913, KWB, S. 74.

[124] Das Bunte Buch, S. 201.

[125] Nur zwei Beispiele seien genannt: Max Brod nahm Paul Kornfeld aus Antipathie nicht in *Arkadia* auf. »Kornfeld hat mir das nie verziehen.« (Max Brod: Streitbares Leben 1884 bis 1968. München, Berlin, Wien 1969, S. 21.) – Kurt Hiller wollte in der Auswahl des *Kondor* »ultraobjektiv« sein. »Nur die Verse des van Hoddis, das ging nicht. Er würde mir gar keine gegeben haben.« (Kurt Hiller: Leben gegen die Zeit. Bd 1, Hamburg 1969, S. 95.)

Wirklich auswertbar im Sinne eines frühexpressionistischen dichtungstheoretischen Manifests ist nur der erste Verlagsprospekt zum *Jüngsten Tag,* der aus der Feder Franz Werfels stammt[126]. Werfel verkündet hier das neue Konzept seiner eigenen Dichtung, das den Menschen in den Mittelpunkt stellen sollte, die Absage an die Tradition und die unbedingte Hinwendung an die neue humanitäre und prophetische Aufgabe des Dichters. Am Anfang steht die Absage an das Prinzip des l'art pour l'art. In der Dichtkunst »ist mehr als in jeder anderen Kunst der Organismus das Maß der Menschlichkeit. Hinfällig ist deshalb die Dichtung, die einen Dualismus Kunst und Leben betont. Eine Abkehr des ergriffenen Geistes von seiner Zeit ist der wahnwitzigste Widerspruch«[127]. Von dem neuen Dichter wird der trotz aller formalen Rückbezüge bewußt gewollte Traditionsbruch gefordert: »Der neue Dichter wird unbedingt sein, von vorn anfangen, für ihn gibt es keine Reminiszenz, denn er, wie kein anderer, wird fühlen, wie wesenlos die Retrospektive auf die Literatur ist«[128]. Hier ist der Dichter schon Messias, als der er in den späteren Manifesten noch häufiger auftritt, aber noch unpolitisch wie in Brods *Arkadia.* »Seine Pflicht ist es, ewig aufzustehen [...]. Wo die Menschen [...] die Welt vergessen, mag er sich [...] erheben und das Unendliche wieder herstellen. Er wahrhaft wird der große Unpolitische, der Absolut Unparteiische sein«[129]. Diese Vorstellung Werfels von der alles vereinenden Macht der Dichtung über Parteien- und Literatengezänk hinaus trifft sich mit dem Grundkonzept Wolffs, der vor dem Krieg jede politische Tendenz aus seinem Verlag fernhielt.

Werfel ist sich durchaus im klaren, mit diesen Forderungen nur ein »Idol« geformt zu haben. »Wir maßen uns nicht an, in unsern Büchern diese erhabene Gestalt zu finden. [...] Wo nicht immer der Genius erscheint«, sollen das »Temperament« und die »Freuden und Schmerzen des wahren Naturells« entschädigen[130]. Unter diesem Aspekt ist auch Werfels Einsatz für Emmy Hennings und die Gründe für die Aufnahme schwächerer Werke in den *Jüngsten Tag* zu sehen. Nicht die tatsächlich erreichte sprachlich-formale Vollendung war entscheidend, hier sollte keine Kunst als »hohe Stufe des Raffinements« verwirklicht werden, sondern die Unmittelbarkeit des Erlebten sollte anrühren. So stellt Werfel »die Wichtigkeit der formgewordenen Einsamkeit einer kleinen Kabarettistin im Krankenhaus über die Wiederbelebung der Céremonie Turque in einem Molièreschen Hofspiel« und zielt damit direkt auf den Inhalt der bewußt kunstlosen, absichtsvoll banalen Couplets der Emmy Hennings. Mit seiner Forderung: »Die Welt fängt in jeder Sekunde neu an – laßt uns die Literatur vergessen!!«[131] zielt er auf die Dichtung als neue Weltformung, als Gestaltung einer neuen, aus dem Geist geschaffenen Realität, wie sie Wolffs Lektor Pinthus in seinem vieldiskutierten Aufsatz *Zur jüngsten Dichtung* 1915 als Grundtenor der neuen Literatur beschreibt[132].

Unschwer lassen sich, ohne daß wir uns auf eine nähere Interpretation der Bände einlassen können, Einzelzüge von Werfels Forderungen ansatzweise in fast allen Bänden finden. Schließlich war Werfel als der Programmatiker der Reihe maßgeblich bei der Auswahl beteiligt. Trotzdem zeigt schon die Auswahl der ersten Bände, daß eine übergreifende Interpretation der Reihe nur die Vielfalt der expressionistischen Dichtung sichtbar machen könnte. Das kaum unter engere Kriterien Abgrenzbare des Programms als die von Werfel angegebenen der »neuen Töne«, des Traditionsbruches, der Absage an das l'art pour l'art-Prinzip, einer neuen Humanität und die Unbedingtheit der individuellen Überzeugung würde deutlich. Eine übergreifende stilgeschichtliche Gemeinsamkeit von Trakls Gedichten mit denen von Paul Boldt, von Sternheim mit Kafka, von Werfel mit Leo Matthias oder Emmy Hennings mit Gottfried Kölwel läßt sich schwerlich finden.

»Große Dichtung« hat der *Jüngste Tag* nur wenig veröffentlicht. Wenn Hasenclever in erster Begeisterung über die Gründung des *Jüngsten Tages* forderte: »Er wird deshalb, getreu dem Spiegel seines Wortes, versuchen, alles notwendige zu sammeln, das ihm, aus der Stärke des Zeitlichen heraus, ewiges Dasein verspricht«[133], zeigen doch gerade die vor dem Kriege verlegten Bände, daß hier viel Zeitbedingtes und nur in der Zeit Wirkendes verlegt wurde. Außer Kafkas *Heizer,* Trakls *Gedichten* und Sternheims Novelle *Busekow* ist von den Werken der deutschen Dichter keinem eine längere Nachwirkung beschieden gewesen. Werfel hat sich selbst schon bald

---

[126] Vgl. auch Anm. 102 dieses Kapitels.
[127] Zit. nach: Imprimatur. N. F. 3, S. 200.
[128] a.a.O.
[129] a.a.O.
[130] a.a.O., S. 201.
[131] a.a.O.
[132] Kurt Pinthus: Zur jüngsten Dichtung. In: Die Weißen Blätter, 2. Jg., 1915, Heft 12, S. 1502–1510. Zum Inhalt des Aufsatzes vgl. das Kapitel 4.3, Sp. 709 f.
[133] Börsenblattanzeige vom 2. 5. 1913, S. 4650.

von seinem Jugendwerk distanziert[134], und *Die Versuchung,* »(Geschrieben an einem Manövertag)«, trägt noch alle Züge eines rasch hingeworfenen genialischen Prosaerstlings. Auch Hasenclevers autobiographische Skizze *Das unendliche Gespräch,* in dem er und Werfel namentlich vor dem Hintergrund der kaum verschleierten Leipziger Boheme auftreten, wirkte nicht aus dem »Zeitlichen heraus«. Ähnliches gilt für Emmy Hennings, Ferdinand Hardekopf, Gottfried Kölwel und Leo Matthias, dessen Spiel mit dem entlehnten Namen *Der jüngste Tag* schon in der *Aktion* als mißglückt angesehen wurde[135].

Bedeutsamer waren die ausländischen Dichtungen der zweiten Folge, wie diese zweite Folge auch schon von Hasenclever, der an der Auswahl nicht beteiligt war, mit sicherem Instinkt als geglückt hervorgehoben wurde: »Herrlich [...], eins Ihrer besten und ewigsten Verlagswerke ist *Francis Jammes*. [...] auch das andere: es gefällt mir, wenn es auch nicht so bedeutend ist, dies klassizistisch-Erhabene von Barrès; mag aber gut als heidnisches, purpurnes Gegenstück zu Jammes' mythischer, goldener Gotteslandschaft wirken. Überhaupt: ›Jüngster Tag‹ 2. Teil – alle Achtung! Sehr gefällt mir auch *Trakl* [...]; er ist eine tüchtige Eroberung und präsentiert sich vortrefflich neben Heym – von dem er auch Vieles geerbt hat.«[136] Kafka zeigte sich ähnlich begeistert: »Geschäftlich kann ich natürlich den ›jüngsten Tag‹ nicht beurteilen, aber an und für sich scheint er mir prachtvoll.«[137]

Die ausländische Dichtung ist noch einmal ein Rückgriff auf die Vorbilder der jungen deutschen Literatur. Březinas an Walt Whitman und Emile Verhaeren erinnernde katholisch-mystische Hymnik hat vor allem Werfel in seinem Schaffen beeinflußt[138]. Maurice Barrès, der, ebenso wie Březina, schon vor der Jahrhundertwende schrieb, hatte schon auf den Wiener Kreis um Hofmannsthal großen Einfluß ausgeübt und galt als einer der wichtigsten französischen Autoren. Begreiflich deshalb, daß Wolff ein kleineres Werk von ihm für seine Reihe haben wollte. Heinz Schöffler erkennt in der Barrès-Übersetzung von Lautensack expressionistische Stilzüge[139], die – ähnlich wie die Stadlersche Jammes-Übersetzung – die unmittelbare Integration der ausländischen Einflüsse in die expressionistische Dichtung erkennen lassen.

Das Konzept, neue deutsche, junge französische und tschechische Literatur in möglichst billiger Auswahl herauszugeben[140], brachte zunächst nicht den gewünschten buchhändlerischen Erfolg. Auch der Appell an den literarischen Idealismus der Buchhändler im Börsenblatt: »Wir bitten das Sortiment, unser Bemühen, junge, starke Dichter durchzusetzen, tatkräftig zu unterstützen«[141], und die Einräumung eines großzügigen Einführungsrabatts[142] hatten nicht die erhoffte Wirkung. Erst daraufhin regte Werfel die Abonnementsabgabe an, von der unter anderem Rilke Gebrauch machte[143].

Auch die Rezensionen verhalfen dem *Jüngsten Tag* nicht zu breiterer Betrachtung. Die meist wenig ausführlichen Rezensionen der Jahre 1913/1914 sind überwiegend Einzelbesprechungen und heben die Reihe als Forum für neue Dichter noch nicht hervor. Das *Literarische Echo* als eines der repräsentativsten Rezensionsorgane der Zeit, in dem zahlreiche Wolff-Bücher angezeigt wurden, brachte im 15. Jahrgang (1912/13) gar keine, im 16. Jahrgang (1913/14) eine einzige Rezension von Büchern des *Jüngsten Tages*[144]. Auch die *Aktion* wies mehr auf die Titel hin, als daß sie die Dichtungen besprach. Gezieltere Besprechungen erfolgten erst nach dem Erscheinen des Almanachs *Vom Jüngsten Tag* (1916). Dieser wird uns in der zweiten Verlagsphase noch beschäftigen, in der auch erst der Publikumserfolg einsetzte.

---

[134] So schrieb er in einem undat. Brief (1915), KWB, S. 107, über Hasenclevers *Retter* an Georg Heinrich Meyer: »Es ist weder Dialog, noch Drama, sondern irgend eine hilflose Form, die trotz aller Erregung des Dichters in ihr, nicht überzeugt. [...] (Übrigens sage ich das mit voller Selbsteinsicht: Meine Dialoge ›Versuchung‹ und ›Über den Krieg‹ haben ähnliche Fehler.)«

[135] »Banalitäten hören aber nicht auf, banal zu sein, wenn sie mit Nachdruck gesagt werden«. Hugo Kersten: Leo Matthias. Der Jüngste Tag. In: Die Aktion, 4. Jg., 1914, Nr. 21, Sp. 465.

[136] Hasenclever an Wolff, Brief vom 17. 8. 1913, KWA.

[137] Kafka an Wolff, Brief vom 25. 5. 1913, KWB, S. 31.

[138] Vgl. hierzu die Untersuchung von Hellmut Thomke: Hymnische Dichtung im Expressionismus. Bern u. München 1972, S. 210 f.

[139] Heinz Schöffler: Der Jüngste Tag. Die Bücherei einer Epoche. Bd 2, S. 1564.

[140] Auch gegenüber Stadler betont Wolff die Wichtigkeit des Billigen seiner Jammes-Ausgabe in fast übertriebener Weise. Vgl. die Korrespondenz in KWB, S. 89 f.

[141] Börsenblatt vom 2. 5. 1913, S. 4650.

[142] »Zur Einführung liefern wir bis 1. Juni bar bestellt mit 40 %, Partie 7/6 auch gemischt, 15 Exemplare, gemischt mit 50%.« (a.a.O. 4651).

[143] »Was die Anregung, den ›J.T.‹ im Abonnement abzugeben anbetrifft, so werden wir diese gern befolgen«. (Wolff an Werfel, Brief vom 2. 6. 1913, KWA.) – Zu Rilke vgl. Rilke an Wolff, Brief vom 10. 2. 1914, KWB, S. 140.

[144] P. Selver: Hymnen. Von Ottokar Březina. (Rez.) In: Das Literarische Echo, 16. Jg., 1913/14, Sp. 799 f.

Wir haben für den Absatz des *Jüngsten Tages* vor dem Krieg nur wenige Zahlen, die aber als Indizien anschaulich die sehr langsam einsetzende Breitenwirkung des Expressionismus belegen. Ludwig Dietz hat in seiner Bibliographie des *Jüngsten Tages* versucht, die Auflagenhöhe der einzelnen Bände für den gesamten Erscheinungsraum zu berechnen[145], kann aber für die Vorkriegsbände nur zwei Daten vorweisen, an denen eine Orientierung möglich ist. Die 2. Auflage von Werfels *Versuchung* erschien als 3. bis 5. Tausend im Jahre 1916; demnach hätte die erste Auflage 2 000 Exemplare betragen. Es gibt keinen Grund anzunehmen, daß die Auflage der anderen, von noch unbekannteren Autoren verfaßten Bücher höher gewesen sei. Eine Ausnahme mag Sternheims *Busekow* darstellen, der mit einer Startauflage von 3 000 Exemplaren begonnen hatte[146]. Nun durfte man aber für die Prosa eines bekannteren, durch seine Stücke skandalumwitterten Autors von vornherein bessere Verkaufschancen annehmen als für die Lyrik unbekannter Autoren.

In den Jahren 1916 bis 1918 wurde nach den Ermittlungen von Dietz von allen vor dem Kriege erschienenen Büchern eine zweite Auflage veranstaltet. Rechnet man die nicht verkauften Festexemplare der Buchhändler ab und geht davon aus, daß wahrscheinlich mehrere Bändchen von den gleichen Lesern gekauft wurden – es gab ja das verbilligte Abonnement! –, so bleibt eine sehr dünne Leserschicht, die sich in den ersten drei bis fünf Jahren dem *Jüngsten Tag* zuwandte. Dies bestätigen auch die Verkaufszahlen von Hasenclevers *Unendlichem Gespräch*, die für die ersten fünf Monate nach der Auslieferung bekannt sind. Demnach wurden 143 Exemplare verkauft, im ersten Monat 49 Bücher, aber dann sinkt der Absatz stetig auf 11 Bücher im September 1913[147]. Ein Vergleich mit den *Insel*-Bändchen, mit den *Ullstein-Büchern* oder Fischers Romanbibliothek fällt deshalb deprimierend aus. Fischer druckte 1909 eine Anfangsauflage von 15 000, später sogar bis zu 30 000 Exemplaren[148], die vier ersten *Ullstein-Bücher* in je 30 000 Exemplaren waren innerhalb von vierzehn Tagen ausverkauft, und die Bücher erschienen künftig in einer Anfangsauflage von 50 000 bis 60 000 Exemplaren[149]; Kippenberg druckte 10 000 Exemplare als Erstauflage, seine *Insel-Bücherei* setzte im ersten Fünfvierteljahr ihres Bestehens eine Million Exemplare ab[150].

Trotzdem ist der Erfolg der »neuesten Literatur« im *Jüngsten Tag* schon größer als bei Alfred Richard Meyers *Lyrischen Flugblättern*, von denen nur in Ausnahmefällen eine zweite Auflage veranstaltet wurde. Der Erfolg ist ebenfalls größer als bei Hermann Meisters *Lyrischer Bibliothek*, die kurz nach Wolffs ersten Titeln in sechs Bänden (1913/14) erschien. Auch hier betrug die Auflage – wie bei Alfred Richard Meyer – nur 500 Exemplare.

Der Verkaufserfolg des *Jüngsten Tages* nahm während des Krieges zu. Georg Heinrich Meyer, das unermüdliche Werbegenie des Verlages, dessen Methoden noch ausführlicher zu untersuchen sind[151], verhalf mit seiner Werbung und mit dem Almanach *Vom Jüngsten Tag* der Reihe zu breiterer Beachtung. Nach den Ergebnissen von Dietz stieg während des Weltkrieges die Auflagenhöhe. Sternheims *Meta* (Bd 26, 1916) wurde in einer Erstauflage von 10 000 gedruckt, seine Erzählungen *Busekow* (Bd 14, 1914), *Napoleon* (Bd 19, 1915) und *Schuhlin* (Bd 21, 1915) hatten 1916 bereits das 8. Tausend erreicht. Dietz vermutet, »daß ein Bändchen Prosa in zwei bis drei Auflagen höchstens um zehn Tausend, ein Bändchen Gedichte höchstens um acht Tausend erreicht haben, in der Regel, in einer oder zwei Auflagen, Prosa etwa vier bis acht Tausend, das Gedicht ein bis drei Tausend«[152]. Bei den wenigen Autoren, bei denen diese Grenze hätte überschritten werden können, wie bei Sternheim, wurden kurz nach Erscheinen im *Jüngsten Tag* Parallelausgaben veranstaltet. Verglichen mit der *Insel-Bücherei* ist der Erfolg des *Jüngsten Tages* deshalb noch gering. Hält man sich aber vor Augen, was es bedeutete, eine Reihe der Avantgardeliteratur zu institutionalisieren und sie über neun Jahre lang zu führen, muß man das Unternehmen als geglückt bezeichnen.

3.3 Der »nichtexpressionistische« Verlag

Noch vor dem *Jüngsten Tag* erschien im Frühjahr 1913 Max Brods Jahrbuch *Arkadia*, mit dem Wolff die Reihe der expressionistischen Jahrbücher einleitete. Paul Raabe zählt *Arkadia* zu diesen Sammelwerken[153], obwohl Autoren wie Franz Blei, Moritz Heimann, Max Mell,

---

[145] Ludwig Dietz: Kurt Wolffs Bücherei ›Der Jüngste Tag‹. In: Philobiblon 7, S. 102–104.
[146] Die 2. Aufl. 1916 enthält den Vermerk: 4.–8. Tsd. Demnach muß die erste Aufl. 3000 Exemplare betragen haben.
[147] Wolff an Hasenclever, Brief vom 9. 10. 1913, KWA. Folgende Verkaufszahlen sind angegeben: Mai 49; Juni 32; Juli 28; August 23; September 11.
[148] Vgl. Peter de Mendelssohn: S. Fischer. S. 515.
[149] Vgl. a.a.O., S. 531.

[150] Vgl. Christian Bry: Buchreihen. S. 36.
[151] Vgl. das Kapitel 4.4: Meyers neue Werbestrategie und die Kommerzialisierung des Verlages.
[152] Ludwig Dietz: Kurt Wolffs Bücherei ›Der Jüngste Tag‹. In: Philobiblon 7, S. 102.
[153] Paul Raabe: Die Zeitschriften und Sammlungen, S. 123.

Kurt Tucholsky oder Willy Speier kaum ohne weiteres zum Expressionismus zu rechnen sind. Auch wollen Brods in seinem Vorwort dargelegte Absichten eher ein »arkadisches Gefilde« für die reine, nichtengagierte Dichtkunst und ein Gegengewicht zu der »Literaturrevolution« schaffen als diese kämpferisch protegieren. Das Jahrbuch, »in dem ich einige weniger bekannte und einige ganz junge Dichter, die mir durch Reinheit ihrer Werke ausgezeichnet schienen, als Einheit zeigen wollte«, sollte neue Zeichen setzen. »Allen ist wohl eine gewisse Sehnsucht nach der idyllisch-monumentalen Form eigen, und so soll mir ›Arkadia‹ gegen die mit lasterhaftem Stolz betonte Zerrissenheit, Verzweiflung unserer Jugend Front machen, gegen eine gewisse öde Konvention des Radikalismus«[154]. Zu diesen Autoren zählte Brod auch die Wolffschen Verlagsautoren Kafka, Heinrich Lautensack, Robert Walser, Werfel und ihre Freunde Otto Pick und Oskar Baum. Eine bewußte Gruppenbildung der überwiegend böhmisch-österreichischen Autoren lehnte Brod ab, obwohl er von einer »inneren Gemeinschaft, einer unsichtbaren Kirche der beteiligten Autoren« spricht[155]. Der Rückzug auf die »reine Kunst« widersprach ganz offensichtlich expressionistischen Absichten; die Auffassung, daß die »Dichtkunst keines Nebenwerks [...] bedarf, um mit der ihr einwohnenden lauteren Hoheit für die Menschheit wirksam zu sein«[156], kam wiederum dem Glauben der Expressionisten an die menschenverändernde Macht der Dichtung entgegen.

Dieses Jahrbuch, das der erste und einzige Versuch Wolffs blieb, eine Jahrbuchreihe zu begründen[157], kennzeichnet in seinem Programm die Stufe des Übergangs und des Zusammenhangs verschiedener Neuansätze mit dem Expressionismus, die auch das Programm des Vorkriegsverlags erkennen läßt. In dem Sinne Wolffs, »Seismograph nicht Seismologe« zu sein, nahm der Verlag eine Reihe von Werken aus dem Umkreis der Bewegung auf, die nach dem heutigen Konsensus der Forschung als »nichtexpressionistisch« gelten, und trotzdem als geistige Topographie der Zeit mit den Dichtungen der expressionistischen Autoren durch eine Art Vorläuferschaft in Verbindung stehen oder, im Falle der ausländischen Literatur, »zeigen, daß es gewisse Elemente gibt, die der Dichtung aller Länder in unserer Zeit (wie in der bildenden Kunst) gemeinsam sind.«[158]

Arkadia wurde im November/Dezember 1912 konzipiert und fällt somit in die unmittelbaren Anfänge der selbständigen Verlegerschaft Wolffs. Wolff hat Brod in seiner Autorenwahl freie Hand gelassen, diese idyllisierende Tendenz aber ebenso wie Kurt Hillers polemisch-kritische Bestandsaufnahme der zeitgenössischen Literatur *Die Weisheit der Langenweile* ohne Zögern und »unbesehen« vertreten. »Ich bin übrigens entschlossen, was ich Ihnen diskret sagen kann, das Hiller'sche Buch zu nehmen. Vorläufig hat er mir das Ms. noch nicht geschickt.«[159]

In der verlegerischen Entwicklung Wolffs steht *Arkadia* zwischen seiner Verehrung für George in den Darmstädter Jahren, seinem Engagement für Herbert Eulenberg in der Hoffnung auf dessen »impressionistische« Zukunft in dem Bonner Vortrag vom Januar 1912[160] und seinem Einsatz für die jüngsten Dichter und Werfels Programm im *Jüngsten Tag* im April 1913. Wolff hat auch in den nächsten Jahren Herbert Eulenberg ebenso wie den Außenseiter Carl Hauptmann vorbehaltlos vertreten. Noch 1917, als Eulenberg auf eigenen Wunsch den Verleger wechselte, erklärte Wolff, »daß meine Stellung zu Ihrem dichterischen Gesamtwerk unverändert die einer

---

[154] Max Brod an Richard Dehmel, Brief vom 2. 6. 1913. Zit. nach: Richard Dehmel: Dichtungen, Briefe, Dokumente. Hrsg. von Paul Johannes Schindler. Hamburg 1963, S. 244.

[155] Max Brod: Vorwort zu *Arkadia*.

[156] a.a.O.

[157] Von der Übernahme der *Ziel*-Jahrbücher Kurt Hillers 1918 ist hier abgesehen. *Arkadia* erschien nur einmal, »das darauffolgende Jahr machte allen arkadischen Anwandlungen ein Ende.« (Max Brod: Streitbares Leben, S. 21.)

[158] Das Bunte Buch, S. 201.

[159] Wolff an Werfel, Brief vom 27. 5. 1913, KWA.

[160] In diesem Vortrag sieht Wolff in Eulenbergs Dramen »die erste selbständige Reaktion auf eine Vergangenheit, über die es ein Hinaus nicht gibt und deren letzte naturalistische Tendenz zweifellos in eine Sackgasse führt«. (S. 13) Der Realismus und vor allem der Naturalismus hätten in der Sprache »die Poesie [...] von den Brettern verbannt« (S. 5), die Dramen seit Hebbel seien zu Konstruktionen geworden, die in der Determination des Menschen im naturalistischen Drama ihre Übersteigerung erfahren hätten. Demgegenüber wendet Wolff sich Eulenberg zu »als einem Anfang, der Hoffnung auf eine neue Zeit«. (S. 14) In Eulenberg wirke die Fortsetzung der Kräfte, »die ja meist bei uns vorhanden waren, in Kleist, in der Romantik«. (S. 49) In Shakespeareschem Geist schaffe Eulenberg in seinen Dramen eine neue, bunte Lebensfülle und »eine neue erhabene Wirklichkeit«. (S. 48)
Wolff gibt sich hier als ein vom Georgekreis beeinflußter Ästhet zu erkennen. Er sieht sich »mit Scham« um nach denen, »auf die sich einst Hoffnungen aufbauten: Gerhart Hauptmann schreibt Romane auf Bestellung [...] Hofmannsthal verfaßt Pantomimen für die Beine der Wiesenthal«. (S. 49) Eulenberg, der solchen Versuchungen nicht erlegen sei, und seiner »impressionistischen« Technik (S. 47) gehöre, soweit sich prophezeien ließe, die Zukunft. (Kurt Wolff: Der Dramatiker Herbert Eulenberg. In: Mitteilungen der Literarhistorischen Gesellschaft Bonn, 1912, Heft 1.2, S. 3-51.)

außerordentlichen, verehrungsvollen Hochschätzung geblieben ist; daß ich mich nur schwersten Herzens entschließen konnte, einer Loslösung der Gruppe Eulenberg von meinem Verlage zuzustimmen«[161]. Und 1920 nahm er noch einmal den Eulenberg geistesverwandten Wilhelm Schmidtbonn in seinen Verlag auf[162], obwohl Schmidtbonn eher in die Nähe des von Wolff abgelehnten Paul Ernst und Wilhelm von Scholz zu rechnen ist als zu den übrigen Wolff-Autoren. Die Tatsache, daß Wolff in Erwägung zog, einen im Sommer 1913 angebotenen Roman Max Mells anzunehmen, und Felix Braun erwog, sich um ein Lektorat bei Kurt Wolff zu bewerben[163], zeigt, ebenso wie die trotz der eifersüchtigen Wachsamkeit Kippenbergs immer wieder geknüpften Verbindungen des Kurt Wolff Verlages zu Rilke[164], das Einwirken der verschiedenen literarischen Strömungen in das expressionistische Verlagsprogramm, ohne daß diese heterogenen Einflüsse als Bruch empfunden wurden.

Neben den verschiedenen deutschen literarischen Einflüssen wirkt ein konfessionell nicht manifestierter, religiöser Synkretismus ausländischer und jüdischer Literatur und Religionsphilosophie im Kurt Wolff Verlag, der einerseits durch Werfel und seine mystischen Ahnen und Brods Zionismus, andererseits durch Bleis katholisierenden Einfluß und durch die Aufnahme der französischen Unanimisten charakterisiert wird.

Als Wolff sich 1913 entschied, auch neuere ausländische Dichtung in seinen Verlag aufzunehmen, war die europäische Literatur in den großen deutschen Verlagen schon weitgehend präsent. Albert Langen und S. Fischer mit seiner *Nordischen Bibliothek* waren führend mit der skandinavischen Literatur in der Nachfolge Ibsens, Hamsuns und Björnsons; Georg Müller verlegte in mehrbändigen großen Ausgaben die Russen Gogol, Turgenjew, Puschkin und Michael Artzybaschew; Leo Tolstoj wurde von mehreren Verlagen herausgegeben, und Piper brachte eine deutsche Ausgabe von Dostojewskijs Gesamtwerk heraus. Anton Kippenberg wandte sich den Symbolisten zu: Paul Verlaine, Emile Verhaeren, Arthur Rimbaud, Maurice Maeterlinck und Gabriele d'Annunzio (dieser auch in einer erfolgreichen großen Fischer-Ausgabe) erschienen im Insel-Verlag ebenso wie Oscar Wilde und Aubrey Beardsley. J. C. C. Bruns in Minden, 1905 noch als der beste Verlag für ausländische Literatur angesehen[165], verlegte Charles Baudelaire, Edgar Allan Poe und Gustave Flaubert in Gesamtausgaben, er machte das deutsche Publikum noch vor Kippenberg mit Wilde und André Gide bekannt, ebenso mit Herbert George Wells, den Wolff später übernahm. Ab 1912 erschienen dort *Romane der Weltliteratur* in einer breitangelegten Reihe[166].

Wolff ging andere Wege. Die *Drugulin-Drucke* der Weltliteratur wurden eingestellt[167], Gesamtausgaben ausländischer Dichtung beschäftigten ihn erst nach dem Kriege. Nach einem unwesentlichen Vorspiel mit skandinavischer Dichtung im Ernst Rowohlt Verlag wandte er sich auf Betreiben Werfels und Brods den Tschechen Otokar Březina und Fráňa Šrámek zu. Max Brod übersetzte Arno Dvořáks Drama *Der Volkskönig*. Während des Krieges folgte eine Ausgabe von Peter Bezručs sozialrevolutionären *Schlesischen Liedern*. Auf diese Tschechen, vor allem auf Březina, als die Ahnen von Werfels früher hymnischer Dichtung ist mehrfach hingewiesen worden[168]. Und auch die Mittlerfunktion der Prager deutschsprachigen Dichter für die tschechische Dichtung, in deren kulturellem Umkreis sie lebten, ist eingehend untersucht[169]. Es muß betont werden, daß Wolff der

---

[161] Wolff an Eulenberg, Brief vom 26. 8. 1917, KWB, S. 245.
[162] Im Wolffschen Bühnenvertrieb befanden sich Dramen von Schmidtbonn allerdings schon seit der Jahreswende 1913/14. (Vgl. hierzu Kapitel 4.7: »Das neue Drama« im Bühnenverlag.)
[163] Wolff fragte Werfel am 17. 7. 1913 »freundlichst um einen Rat: Max Mell steht vor dem Abschluß eines Romans. Empfehlen Sie mir, darauf ein größeres Gebot abzugeben und mir dieses Werk, auf das auch andere Verleger zu reflektieren scheinen, zu sichern?« (Brief im KWA.) Zu Felix Braun vgl. das Kapitel 4.6, Sp. 755.
[164] Rilke sollte bei dem Projekt *Orion* mitwirken (vgl. das Kapitel 3.8, Sp. 652; Wolff hätte Rilke gerne als Übersetzer für Tagores *Gitanjali* gewonnen (vgl. KWB, S. 138 f.); Wolff fragte Rilke vor Annahmeentscheidungen von Manuskripten um Rat (vgl. KWB, S. 141–143); Rilkes Aufsatz über Lotte Pritzels Puppen erschien als Vorwort des Buches *Puppen*, Hyperion-Verlag 1921. – Als der Aufsatz schon 1914 in den *Weißen Blättern* erschienen war (1. Jg., S. 634–642), reagierte Kippenberg gekränkt. (Vgl. seinen Brief vom 28. 3. 1914 in KWB, S. 550.)

[165] So Johannes Schlaf am 21. 1. 1905 im *Neuen Magazin*. Hinweis bei: Armin Arnold: Prosa des Expressionismus. Stuttgart 1972, S. 26.
[166] Zu dieser ausländischen Literatur bei Bruns vgl.: Heinz Sarkowski: J. C. C. Bruns in Minden. Hinweis auf einen fast vergessenen Verlag. In: Imprimatur. N. F. 6, 1969, S. 121–131.
[167] Die letzten, 1913 erscheinenden Bände waren bereits auf einem (undatierten) Verlagsprospekt von 1912 angekündigt und befanden sich wohl schon 1912 in der Vorbereitung.
[168] Vgl. hierzu: Hellmut Thomke: Hymnische Dichtung im Expressionismus. S. 210 f. Thomke nennt weitere Literatur über die Beziehungen der Prager Dichter zu den Tschechen.
[169] So von Manfred Jähnichen: Die Prager deutschen Dichter als Mittler tschechischer Literatur vor und während des I. Weltkrieges. In: Weltfreunde. Konferenz über die Prager deutsche Literatur. Prag 1967, S. 155–170.

erste deutsche Verleger war, der, nachdem Axel Juncker Šrámek abgelehnt hatte[170], Buchausgaben dieser slawischen Dichtung herausbrachte, ehe noch die Breitenwirkung in den Zeitschriften voll einsetzte. Eine Sondernummer »Böhmen« der *Aktion* erschien erst 1916[171].

Obwohl Březina und vor allem Šrámek in einer symbolistisch-impressionistischen Sphäre wurzelten, empfand Hermann Bahr ihre Dichtung im *Bunten Buch* als Neuansatz. Er schrieb: Es scheine »jetzt, da wir daran sind, uns aus der Neuromantik zu lösen, das was wir suchen, in dem tschechischen Dichter Březina schon wieder vorweggenommen«[172]. Die Tschechen seien unter allen Slawen augenblicklich in ihrem geistigen Austausch mit dem ganzen Europa von der größten Bedeutung. Šrámek vor allem »klingt zuweilen nach dem jüngsten Frankreich, [...] er hat den glühenden Atem der letzten französischen Generation.«[173] Dieses »jüngste Frankreich« wurde von Wolff als Pendant zur tschechischen Dichtung gesammelt.

Die *Aktion* war die erste Zeitschrift gewesen, die Gedichte der »Jungfranzosen« publiziert hatte. 1912 gründete Carl Einstein, Schwager Franz Pfemferts, eine Zeitschrift *Neue Blätter*, die in der Aufmachung dem Format der *Aktion* zwar glich, aber als literarisch-philosophische Zeitschrift mit klassizistisch-ästhetischer Grundtendenz konzipiert war. Bedeutsam wurde sie durch ihre Erstveröffentlichungen ausländischer Dichtung. »Eine Lücke unserer Zeitschriftenliteratur wird durch die ›Neuen Blätter‹ glücklich ausgefüllt«, schrieb Otto Pick in den *Herder-Blättern*, »indem sie Claudel, Charles Louis Philippe, Giovanni Pascoli, also die wenigst gekannten großen Ausländer, in vortrefflichen Übertragungen bieten.«[174] Noch im ersten Jahrgang ging die Redaktion an den späteren Hellerauer Verleger Jakob Hegner, der, schon durch seine Übersetzungen aus dem Französischen als »Jacques Hegner« bekannt, sich noch vor Wolff für die Vermittlung zeitgenössischer französischer Literatur einsetzte, die – von Paul Claudel und André Gide abgesehen – erst jetzt begann.

In dieser Zeitschrift entdeckte Wolff Francis Jammes in der Übersetzung Ernst Stadlers, für die sich schon Alfred Richard Meyer interessierte, und erwarb die Übertragung für seinen *Jüngsten Tag*[175]. Hier entdeckte er aller Wahrscheinlichkeit nach André Suarès, über dessen Werk er sich mit Franz Blei beriet[176], und den von dem gläubigen Katholiken Hegner besonders geförderten Claudel. Es ist auffällig, daß auch Charles Péguy und Pascoli in Übersetzungen in den *Neuen Blättern* erschienen und Wolff alle diese Autoren übernahm. Daß Wolff Jules Romains verlegen wollte[177] und Werfel seinem Verleger den in den *Neuen Blättern* übersetzten Laforgue für den *Jüngsten Tag* vorschlug, zeigt eine eindeutige Auswahl aus dieser Zeitschrift für Buchpublikationen. Neben schmäleren Gedichtbänden von Pascoli, Péguy, Jammes und Prosa von Marcel Schwob, den wir hier ebenfalls einordnen müssen, erschienen im Kurt Wolff Verlag die bei Hans von Weber zuerst verlegten Dramen Paul Claudels *Der Tausch* (1913) und *Mittagswende* (1913) in einer neuen Ausgabe, übersetzt von Franz Blei. Eine Übernahme der *Verkündigung* von Hegner scheiterte, Francis Jammes' *Hasenroman* (1918) in Hegners Übertragung konnte erworben werden. Als letztes Werk Claudels erschienen 1917 *Die Musen* im *Jüngsten Tag*. Auf Charles Louis Philippe, wichtiger Autor Wolffs in den zwanziger Jahren, wurde der Verleger ebenfalls erstmals durch die *Neuen Blätter* aufmerksam.

Die Verbindung des Kurt Wolff Verlages der »Jüngstfranzosen« zu dem Verlag der Expressionisten ist in dem gemeinsamen Ausdruck eines neuen Lebensgefühls zu suchen. »Dieser heiße vertrauensvolle Glaube an das Leben allein ist es, der das einigende Band um die Gruppe schlingt«, heißt es in einem Aufsatz über die französische Dichtung in der *Neuen Rundschau* 1913, der den bezeichnenden Titel »Mystik im jungen Frankreich« trägt. »Die Dichter finden ermunternde Hilfe bei den Philosophen. Bergson und Boutroux predigen den Respekt vor dem Leben. Ihre Philosophie ist nur eine Anerkennung der ungeheuren Tatsachen des Lebens, für die wir keine Erklärung haben. [...] Überall schwindet das Zutrauen zu der reinen Verstandesherrschaft. Man sucht die schöpferischen Mächte im Dunkel der Gefühle.«[178]

Die Abwendung vom Rationalismus läßt sich bis in die Auswahl des historischen Programms im Kurt Wolff Verlag verfolgen, die Wolff alleine traf. Hier berührten sich die persönlichen, seit der Jugend gepflegten bibliophilen

---

[170] Vgl. a.a.O., Anm. 51, S. 168.
[171] Die Aktion, 6. Jg., 1916, Nr. 18/19 vom 6. Mai.
[172] Hermann Bahr: Fráňa Šrámek. In: Das Bunte Buch, S. 109.
[173] a.a.O., S. 110.
[174] Otto Pick: Zeitschriften. (Rez.) In: Herder-Blätter, Heft 3, Mai 1912, S. 57.
[175] Über die Druckgeschichte von Jammes' *Gebete der Demut* vgl. den Briefwechsel Wolffs mit Stadler, KWB, S. 89 bis 95.
[176] Vgl. Wolff an Blei, Brief vom 28. 3. 1913, KWB, S. 74.
[177] Vgl. a.a.O.
[178] Fritz Schotthoefer: Mystik im jungen Frankreich. In: Die Neue Rundschau, 24. Jg., 1913, Bd 2, S. 1454 f.

Neigungen mit den im Expressionismus bevorzugten literarischen Epochen. So sieht Walter H. Sokel in den überzeitlichen expressionistischen Tendenzen verschiedener Jahrhunderte eine Entwicklungslinie »von Rousseau zum Sturm und Drang, zur Romantik, zum Surrealismus und zu der [...] intellektuellen und modernisierenden Erscheinungsform des Expressionismus [...] und schließlich zum naiven oder rhetorischen Expressionismus [...]. Die Expressionisten schätzten Autoren des Sturm und Drangs, wie Lenz und Klinger, sehr hoch.«[179] Es ist deshalb kein Zufall, daß Wolff schon während der Zusammenarbeit mit Rowohlt sich gerade dem Sturm und Drang zuwandte und die geheime Verwandtschaft seiner von Nietzsche und Bergson beeinflußten Zeit mit dieser die Aufklärung überwindenden Epoche empfand. Er selbst gab mit Hans Berendt eine Klinger-Ausgabe heraus, es erschienen auf Betreiben des jungen Germanisten Werke von Jean-Jacques Rousseau, dem Goethe der siebziger Jahre, von Friedrich (gen. Maler) Müller und Johann Moritz Schwager. 1914 brachte der Kurt Wolff Verlag einen Erstdruck aus den Manuskripten von Jakob Michael Reinhold Lenz heraus. Es erschienen bibliophile Ausgaben von E. T. A. Hoffmann und Jean Paul.

Rowohlt war nach zeitgenössischen Berichten der erste Verleger gewesen, der in die Domäne des französischen Verlagswesens eingebrochen war und französische Werke bibliophil ausgestattet in der Originalsprache verlegt hatte[180]. Wolff setzte die von Rowohlt begonnene Linie vor dem Kriege fort. Französisch war die Kultursprache des Adels und des gebildeten Bürgertums. Und hier suchte er vermutlich auch das Publikum für seine numerierten Luxusausgaben, die er 1914 in einem gesonderten Verlagsprospekt *Französische Literatur in Originalausgaben und Übersetzungen* neben der modernen französischen Literatur anzeigte, und in dem er immerhin schon 18 Titel nennt[181]. In den bibliophilen Drucken kommt die Wolffsche Liebe zum Buch als Gegenstand, die Sammelleidenschaft des jungen Studenten noch einmal zum Vorschein, der die kostbarsten Rara des 18. und 19. Jahrhunderts zusammengetragen hatte.

»Ich habe mich der Zeit erinnert, in der wir noch in der Schule waren«, schrieb Wolff 1924 an Hans Mardersteig über das Interesse der Amerikaner an Typographie, »und in der bei uns dies gleiche Interesse angefangen hat: wissen Sie, wenn ein neues Insel-Buch erschien, ein Rilke'sches Gedichtbuch oder was immer, dann haben wir auch doch zunächst lange das Satzbild, die gewählte Schrift, das Papier und alles Handwerkliche überhaupt betrachtet.«[182] Die Hinwendung zum Buch als Gegenstand war durch die Bestrebungen des Werkbundes, durch Schriftkünstler und Buchgestalter wie Emil Rudolf Weiß, Walter Tiemann und Emil Preetorius – alle für Wolff tätig – noch vor 1910 in der Überwindung des Jugendstils erneut gefördert worden. Es ist daher bezeichnend, daß alle namhaften Verleger der Zeit, auch die frühexpressionistischen, in Bibliophilenvereinigungen waren[183]. Das Buch wurde in hohem Maße als Einheit begriffen, Ausstattung und Illustration sollten künstlerisch mit dem Inhalt kongruent sein. Deshalb zog Wolff in den folgenden Jahren verstärkt expressionistische Künstler wie Ludwig Kainer, Käthe Kollwitz, Ottomar Starke und den im Krieg gefallenen Karl Thylmann für Umschlag- und Einbandzeichnungen zu den Werken der jungen Autoren heran. Wolffs bibliophile Neigung ging so weit, daß er außer Jahresgaben für die *Gesellschaft der Bibliophilen* auch Privatdrucke neben der Verlagsproduktion herstellen ließ.

Erst in den Kriegsjahren ist ein Rückgang der historischen bibliophilen Produktion zu verzeichnen, bedingt zum Teil durch die Herstellungserschwernisse. Nach dem Kriege verlagerte sich das Interesse des Verlegers auf eine bewußte zeitgenössische Bibliophilie, wie sie sich in der neuen Folge der *Drugulin-Drucke* ab 1919 ausprägte. Die historisierenden Tendenzen blieben dem Hyperion-Verlag vorbehalten.

Ein letzter Programmzweig ist noch kurz zu charakterisieren, der parallel zu den expressionistischen Tendenzen im Kurt Wolff Verlag verlief: Das Programm jüdischer Literatur und Philosophie, das durch die Autoren Martin Buber und Max Brod vertreten ist. Es ist kaum anzunehmen, daß Wolff durch seine frühverstorbene Mutter mit jüdischem Kulturgut vertraut wurde. Die Familie der Mutter war völlig assimiliert und protestantisch getauft. Auch ist eine intensivere Beschäftigung des Verlegers mit zionistischen Tendenzen und jüdischer Religionslehre nicht nachweisbar. Es scheint vielmehr, daß er Brod und Werfel, der mit Buber befreundet war, als Vermittler hat gewähren lassen, ohne sich selbst verlegerisch stärker zu engagieren.

---

[179] Walter H. Sokel: Der literarische Expressionismus. München 1970, S. 29 f.
[180] Vgl. hierzu W. Göbel: Der Ernst Rowohlt Verlag. In: AGB XIV, Sp. 500 f.
[181] Undat. Verlagsprospekt (ca. 1914), DLA.
[182] Wolff an Mardersteig, Brief vom 4. 5. 1924, KWB, S. 400 f.
[183] Zu nennen sind: Anton Kippenberg, S. Fischer, Georg Müller, Eugen Diederichs, Hans von Weber, Julius Zeitler, A. R. Meyer, Rowohlt, Wolff, Heinrich F. S. Bachmair, Erik-Ernst Schwabach.

Buber, der vor dem Kriege selbst Lektor bei Rütten & Loening in Frankfurt war, empfahl Werfel gelegentlich ein Manuskript[184] und war Mitautor des Sammelbuches *Vom Judentum*, das von der jüdischen Studentenvereinigung *Bar-Kochba* 1913 bei Wolff herausgegeben wurde. Buber hatte 1909/10 vor dieser Vereinigung *Drei Reden über das Judentum* gehalten. Der Sammelband war das Dokument einer auf diese Reden einsetzenden umfassenden Diskussion, die bei vielen Intellektuellen die Zuwendung zu zionistischen Ideen hervorgerufen hatten. 1916 folgte eine umfangreiche Schrift von Bubers Reden *Vom Geist des Judentums* bei Wolff. Gleichzeitig plante er eine Reihe *Chorus Mysticus*, in der er unter anderem jüdische Mystiker herausgeben wollte[185]. Von Max Brod erschienen bei Wolff 1918 die religiösen Gedichte *Das gelobte Land. Ein Buch der Schmerzen und Hoffnungen* und 1921 sein philosophisches Bekenntnisbuch *Heidentum, Christentum, Judentum*. Mit seinem *Tycho Brahe* (1916) und Meyrinks *Golem* wurden Elemente ostjüdischer Religiosität in die expressionistische Dichtung aufgenommen. Auch Arnold Zweigs Tragödien *Abigail und Nabal* (1913) und *Die Sendung Semaëls* (1918) enthielten zionistische Problematik.

3.4 Auswahlprinzipien Wolffs und die Rolle der Lektoren

Für die verlegerischen Auswahlkriterien Wolffs, das, was man als den »literarischen Geschmack« des Verlegers bezeichnen könnte, seinen Einsatz für bestimmte Autoren nach intuitivem Urteil, hat die Interpretation des Verlagsprogramms einige Hinweise gegeben. Es ist dabei deutlich geworden, daß bei der Wolffschen Verfahrensweise der Autorsuche, bei Annahme- und Ablehnungsentscheidungen die Lektoren eine erhebliche Rolle spielten. Deshalb soll ihre Bedeutung im Zusammenhang mit Wolffs Auswahlprinzipien noch einmal geschlossen dargestellt werden, zumal es bis heute so gut wie keine verlagsgeschichtlichen Darstellungen gibt, die sich mit dem Einfluß des Lektors auf das literarische Programm beschäftigen[186].

Den Typus des Lektors, vor allem des »literarischen Lektors«, wie er in Joachim Kirchners *Lexikon des gesamten Buchwesens* sehr allgemein definiert wird[187], gibt es erst seit dem Aufkommen des literarischen Verlages im Naturalismus. Der frühere Typus des Universal-Verlegers im 19. Jahrhundert hatte zwar auch seine literarischen Berater; diese Aufgabe übernahmen aber meist Autoren, die mit dem Verleger in vertrauter Beziehung standen oder von ihm als urteilssicher anerkannt wurden. Schon im 18. Jahrhundert sind solche gelegentlichen Lektorate von Autoren belegt[188]. Für den Drucker-Verleger der vorhergehenden Verlagsepochen übernahmen Gelehrte diese Aufgabe. Die Vorformen des sich um die Jahrhundertwende institutionalisierenden Lektorats, das gelegentliche freie Lektorieren im Auftrag eines Verlegers und die nebenberufliche Beratertätigkeit von Wissenschaftlern haben sich bis heute sowohl im belletristischen als auch im Sachbuch-Verlag neben dem fest angestellten Lektor erhalten.

Die Konstituierung einer Berufsstruktur des literarischen Lektors und die Institutionalisierung einer eigenen Verlagsabteilung »Lektorat« hängen nicht nur mit der Spezialisierung der Verlage im 19. Jahrhundert, sondern auch mit der wachsenden Betriebsgröße und dem sich verbreiternden Angebot des Buchmarktes und der Zersplitterung der literarischen Richtungen seit der Gründerzeit zusammen. Noch Cotta konnte seinen Verlag alleine führen und sich an einem gewissen Wertkanon orientieren. Um 1910, als jährlich etwa 30 000 neue Titel erschienen[189] und der Verleger sich in der vielbeklagten Überproduktion des Marktes seinen Anteil gegen die Konkurrenz erobern und ihn verteidigen mußte, verließ er sich nur noch ungern ausschließlich auf sein Urteil und seinen literarischen Instinkt; – abgesehen davon, daß er von einem bestimmten Umfang seiner Produktion ab

---

[184] So nach einem Brief Bubers an Werfel vom 19. 8. 1913, KWA.

[185] Zu dieser Reihe vgl. das Kapitel 4.3, Sp. 711.

[186] Eine grundlegende Studie zur historischen Entwicklung des Lektorenberufes steht noch völlig aus. Unter den Monographien, die eine Würdigung der Lektoren vornehmen, sei vor allem Peter de Mendelssohn: S. Fischer und sein Verlag, genannt.

[187] »Lektor. Mitarbeiter im Verlag, dem die Prüfung und Beurteilung eingereichter Mss., die Beratung bei der Produktionsauswahl, redaktionelle Bearbeitungen u. ä. obliegen. L. gibt es nur in wenigen größeren Verlagen, zumeist der schönen Literatur«. (Lexikon des Buchwesens. Hrsg. von Joachim Kirchner. Bd II, Stuttgart 1953, S. 424.) Die Definition geht vor allem nicht auf die historische Entwicklung und Spezialisierung ein. Ähnlich bei Helmut Hiller: Wörterbuch des Buches. 2. erw. Aufl., Frankfurt am Main 1958, S. 164.

[188] Vgl. die Beratertätigkeit Lessings für Christian Friedrich Voß. In: Richard Daunicht: Lessing im Gespräch. München 1971, S. 79 f.

[189] Vgl. die Statistik bei Wilhelm Moufang: Die gegenwärtige Lage des deutschen Buchwesens. München 1921, S. 19. Danach waren es 1910 im Deutschen Reich 30 317 Neuerscheinungen, 1913 sogar 35 078, ehe die Zahl während des Krieges fiel.

nicht mehr in der Lage war, die redaktionelle Betreuung seiner Bücher alleine zu übernehmen.

Als eines der frühesten Beispiele des hauptamtlichen Lektors wäre der Autor Moritz Heimann zu nennen, der 1895 bei S. Fischer in den Verlag eintrat[190]. Es ist naheliegend, daß die ersten Lektoren meist selbst Autoren waren. Denn die Lektoratstätigkeit fordert eine sprachliche und künstlerische Sensibilität, die sich häufig auch in eigener Produktion äußert. Außerdem suchten vor allem weniger erfolgreiche Autoren oft eine feste Anstellung, die ihnen Zeitungs- und Zeitschriftenredaktionen nicht immer bieten konnten[191]. So war auch S. Fischers zweiter Lektor, Oskar Loerke, ein Lyriker von Rang, der den Beruf des Lektors als Broterwerb betrieb. Rainer Maria Rilke war, wie Renate Scharffenbergs Aufsatz *Rilke und sein Verleger Axel Juncker* belegt, mehrere Jahre als freier Lektor bei Juncker tätig[192]. Paul Adler arbeitete für Jakob Hegner in Hellerau, und Korfiz Holm stand Albert Langen beratend zur Seite. Ernst Blass war seit 1924 Lektor bei Paul Cassirer und der Lyriker Paul Mayer seit 1919 bei Rowohlt. Anton Kippenberg hatte, dem historisch ausgerichteten Programm seines Verlages entsprechend, einen Germanisten, Fritz Adolf Hünich, als festen Mitarbeiter. Die zeitgenössischen Autoren betreute Katharina Kippenberg und in späteren Jahren der Schriftsteller Friedrich Michael.

Im Verlag Rowohlts und Wolffs lassen sich das wirtschaftliche Wachstum und die Programmausdehnung mit den einzelnen Stufen einer Institutionalisierung des Lektorats parallelisieren. »Der Haupt-Lektor war ich, seit Beginn des Verlages«, berichtet Kurt Pinthus in einem Aufsatz über die Verlagsgeschichte des frühen Rowohlt Verlages[193]. Doch darf man diese Erinnerung nur im Sinne einer sehr gelegentlichen Beratungstätigkeit des jungen, frisch promovierten Korrespondenten verschiedener Zeitungen und Zeitschriften verstehen, der versuchte, sich als Theater- und Literaturkritiker eine Existenz aufzubauen. Vertraglich verpflichtet wurde Pinthus erst im Januar 1912. Doch verstand Pinthus dieses Lektorat auch jetzt nur als Nebentätigkeit. Er hat »nie in den Verlagsräumen des Rowohlt- oder Wolff Verlages gearbeitet«, sondern sich die Manuskripte zur Beurteilung in seine Leipziger Wohnung schicken lassen. »Man macht sich

Abb. 8: *Kurt Pinthus, Berlin 1921*

ein ganz falsches Bild von der Frühzeit dieser Verlage. Der Rowohlt- und seit Anfang 1913 der Kurt Wolff Verlag bestand jahrelang aus einem einzigen Zimmer mit anschließender Kammer, in der eine Schreibhilfe saß.«[194] Auch Franz Werfel, der im November 1912 einen festen Lektorenvertrag von Wolff erhielt, wurden die Manuskripte per Post und durch Boten zugeschickt[195]. »Z. Zt. liegen [...] meine Büroverhältnisse so ungünstig, daß ich ihm leider nicht einmal ein ausreichendes Büro für diesen Zweck in meinem Verlag zur Verfügung stellen könnte«, begründete Wolff diese Maßnahme gegenüber dem Vater Werfels[196]. Erst nach dem Umzug des Verlages im Sommer 1913 waren räumliche

---

[190] Vgl. Peter de Mendelssohn: S. Fischer, S. 186–190.

[191] Zu solchen »Stellungsgesuchen« von Autoren bei Wolff vgl. das Kapitel 4.6, Sp. 753–756.

[192] Renate Scharffenberg: Rilke und sein Verleger Axel Juncker. In: Imprimatur. N. F. 5, 1967, S. 67–80.

[193] Kurt Pinthus: Ernst Rowohlt und sein Verlag: In: Rowohlt-Almanach 1908–1962, S. 17.

[194] Kurt Pinthus in einem Brief an den Verf. vom 12. 3. 1973.

[195] »Nachdem Ihr fürchterliches Auge von Leipzig fort ist, sind wir ziemlich faul und selbst der Messenger-Boy droht nicht mehr«, schrieb Hasenclever an Wolff am 23. 4. 1913 (KWB, S. 4). Zu diesem Boten vgl. auch Willy Haas: Weißt Du noch, Walter Hasenclever? In: Die literarische Welt, 4. Jg., 1928, Nr. 42, S. 3 f.

[196] Wolff an Rudolf Werfel, Brief vom 10. 10. 1912, KWA.

Abb. 9: *Willy Haas, Bleistiftzeichnung von Fred Dolbin, 1926*

Ausdehnungsmöglichkeiten gegeben, die den Ausbau der einzelnen Verlagsabteilungen gestatteten.

Das Zustandekommen des Lektorats von Kurt Pinthus hatte freundschaftlich-biographische Hintergründe. Pinthus hatte Rowohlt 1909 an dem Stammtisch in *Wilhelms Weinstuben* kennengelernt und sich mit ihm angefreundet. Aus dieser Freundschaft resultierte eine lebenslange Beratertätigkeit für die drei Verlage, die Rowohlt in seiner verlegerischen Laufbahn gründete[197]. Wolff lernte Pinthus durch Rowohlt kennen und übernahm seinen Vertrag nach Ausscheiden Rowohlts. Pinthus blieb Wolff seit »Beginn seines Verlages fünfzehn Jahre [...] verbunden als Lektor, Autor und kritischer Vorkämpfer«[198]. Wie einflußreich die Tätigkeit von Pinthus im einzelnen war, ist schwer auszumachen. Da er in Leipzig wohnte und Verhandlungen wohl meist mündlich führte, sind kaum Briefe und Notizen von seiner Hand im Kurt-Wolff-Archiv erhalten, die seine Tätigkeit im Detail rekonstruieren ließen. Wolff hat sein Lektorat in der Erinnerung hervorgehoben: »Da war in erster Linie Kurt Pinthus, zeitlich am längsten literarischer und kritischer Berater von sicherem Urteil und größter Zuverlässigkeit«[199], und auch Willy Haas bestätigt dies für das Jahr 1914: »Kurt Pinthus war ganz im Lektorat tätig«, schreibt er in einem Brief an den Verfasser, er »war am eifrigsten bei der Arbeit«[200]. Der Krieg setzte dieser Arbeit ein vorläufiges Ende. Pinthus wurde im Mai 1915 einberufen und konnte während seines Militärdienstes nur gelegentlich für Wolff tätig sein. Neben Arbeiten für die *Weißen Blätter* entstanden sein programmatischer Aufsatz *Zur jüngsten Dichtung* für den Almanach *Vom jüngsten Tag* und das Nachwort zu Gustav Meyrinks *Gesammelten Werken*[201]. Nach dem Krieg war Pinthus zusammen mit Carl Georg Heise und Hans Mardersteig Herausgeber des *Genius* und arbeitete von Berlin aus als freier Mitarbeiter für Wolff. Erst etwa 1925 brach die Verbindung ab.

Kurt Pinthus setzte sich 1913 bei Wolff, allerdings erfolglos, für Gottfried Benn ein, und auf seine Anregung entstand das als frühes Dokument der Filmgeschichte berühmte *Kinobuch*, das erstmals 1913 Kinostücke der Expressionisten zusammenfaßte und sich damit einem bis dahin verachteten neuen Medium zuwandte[202]. Welche Bücher die Veröffentlichung seiner Fürsprache bei Wolff vor dem Kriege zu verdanken haben, bleibt im Dunkel. »Es ist heute nicht mehr feststellbar, welche von den Dutzenden meist vorher überhaupt nicht gedruckter Verlags-Autoren der nächsten Jahre von Ernst Rowohlt, von Kurt Wolff, von mir oder von Werfel entdeckt worden sind«, bekennt er selbst[203]. Pinthus vergißt, dabei Walter Hasenclever zu erwähnen.

Hasenclevers Bedeutung für das Programm des Kurt Wolff Verlages liegt allerdings weniger in seiner direkten Lektorentätigkeit denn in seinem Einfluß auf den Freund Wolff als Anreger und Berater. In gemeinsamen Theaterbesuchen, gegenseitigen Einladungen mit langen Diskus-

---

[197] Vgl. hierzu die *Lebenschronik* von Pinthus. In: Kurt Pinthus: Der Zeitgenosse. Marbach am Neckar 1971, S. 204 bis 207.

[198] Kurt Pinthus: Wie Literatur gemacht wurde. In: *Die Zeit*, Nr. 44, vom 1. 11. 1963, S. 14.

[199] Kurt Wolff: Autoren, Bücher, Abenteuer, S. 19.

[200] Brief vom 6. 4. 1973.

[201] Das Nachwort erschien anonym. Nach einem mündl. Bericht von Pinthus hatte man »aus Versehen« seinen Namen weggelassen. – Nach einem Brief Erich Mühsams vom 16. 8. 1917 (KWB, S. 286) war auch an Mühsam der Auftrag ergangen, das Nachwort zu verfassen. Der Auftrag wurde vermutlich nicht ausgeführt.

[202] Zur Entstehungsgeschichte des *Kinobuches* vgl. auch das Vorwort von Pinthus in der Neuausgabe, Zürich 1963, S. 7 bis 17.

[203] Kurt Pinthus: Ernst Rowohlt und sein Verlag. In: Rowohlt Almanach 1908–1962, S. 17.

Abb. 10: *Walter Hasenclever (links) und Franz Werfel, Juli 1914*

sionen über die neue Literatur und nächtlichen Barbesuchen wirkten Hasenclevers Ansichten auf Wolff ein. »[...] es wird gefühlsmäßig ganz in unsrer Sphäre wurzeln«, schrieb er über sein Gedichtbuch *Der Jüngling* an Wolff und über *Das unendliche Gespräch*: »auch das Milieu wäre symbolisch da, wo wir gemeinsam Vieles fanden – die ›intime Bar‹!«[204]. Wolff hatte Hasenclever während des gemeinsamen Studiums in Leipzig 1909/10 kennengelernt, und es entwickelte sich zwischen Autor und Verleger eine Freundschaft, die von der Bewunderung Hasenclevers gegenüber dem drei Jahre älteren Wolff getragen war[205].

Aus der Frühzeit des Ernst Rowohlt Verlages, aus dem Jahre 1911, sind fünf Lektoratsgutachten Hasenclevers erhalten, die nicht nur ein tatsächliches Lektorat belegen: »Ich kam mir furchtbar stolz und wichtig vor mit dem Manuskript als verantwortungsvoller Lektor eines großen Verlages[206]«, sondern auch Hasenclevers scharfen Blick und sicheres Gefühl für literarische Qualität beweisen. 1913 sandte Wolff ihm das Manuskript von Carl Einstein *Das Mädchen auf dem Dorfe* zur Beurteilung für den *Jüngsten Tag*, und 1914 schlug er Wolff Rudolf Leonhard für die gleiche Reihe vor[207]. Zusammen mit Pinthus und Werfel entwarf er einen von Werfel initiierten Sammelband *Das Zeitalter Wilhelms II*.[208] Im Herbst 1913, als er sich nach Heyst sur mer zurückzog, um intensiv an seinem Drama *Der Sohn* zu arbeiten, ließ sein Einfluß auf Wolff und den Verlag nach. Allerdings war er auch weiterhin als Rezensent der Wolff-Bücher tätig. »Der ›März‹ fordert mich auf, Bücher vorzuschlagen; natürlich bespreche ich Ihren Verlag und mache auf Teufel komm raus Reklame«[209].

Für den Herbst 1914 plante er, in dem von Wolff zusammen mit Erik-Ernst Schwabach im Dezember 1913 erworbenen Leipziger Theater für seinen Verleger als Dramaturg zu arbeiten, »der in *Ihrem* Sinne in litteris tätig wäre«[210]. Zugleich schlug er Wolff die Herausgabe einer kleinen Theaterzeitschrift »entsprechend den ›Mas-

---

[204] Hasenclever an Wolff, Brief vom 30. 1. 1913, KWB, S. 3; und Brief vom 23. 4. 1913, KWB, S. 5.

[205] So schrieb Hasenclever: »Lieber Kurt Wolff, manchmal denke ich an Sie und an das, was Sie so arbeiten und geleistet haben und dabei noch alles erleben: da finde ich, haben Sie doch mehr [... unleserlich] als wir alle zusammen!« (Brief vom 5. 9. 1913, KWA.)

[206] Hasenclever an Wolff, Brief vom 25. 5. 1911, KWA. – Gutachten als Beilage zu dem Brief vom 30. 5. 1911 an Wolff im KWA.

[207] Lt. Brief des KWV an Hasenclever vom 21. 7. 1913, KWA, und Brief Hasenclevers an Wolff vom 9. 7. 1914, KWA.

[208] Handschriftl., undat. Programmentwurf Werfels, KWA.

[209] Hasenclever an Wolff, Brief vom 5. 9. 1913, KWA.

[210] Hasenclever an Wolff, Brief vom 26. 12. 1913, KWA. Zum Erwerb des Theaters durch Wolff vgl. das Kapitel 3.8, Anm. 448.

ken‹ des Düsseldorfer Schauspielhauses und den ›Blättern des deutschen Theaters‹« vor und regelmäßige Matineen, wie Herbert Eulenberg sie in Düsseldorf abhielt. Die Zeitschrift und auch die Matineen wollte er leiten, und sie sollten eng mit dem Kurt Wolff Verlag verknüpft sein und vor allem den Verlagsautoren offen stehen. »Alles nämlich, würde sich auf der gleichen Linie mit *Ihnen selber* bewegen: wir würden ja [...] direkt zusammenarbeiten können. Ich glaube, wir haben es schon manches Mal getan«[211]. – Der Krieg zerschlug solche Pläne. Hasenclever wandte sich 1916 dem Verlag Paul Cassirer zu.

Wenn Hasenclevers Lektorat in erster Linie durch persönliche Sympathien bestimmt war und als eine Art Freundschaftsdienst gegenüber Wolff aufzufassen ist, so trat mit Franz Werfel im November 1912 der entscheidende Lektor ein, dessen dichterisches Genie Wolff verehrte, und dem er deshalb in der Ausrichtung seines Verlagsprogramms weitgehend entgegenkam. Werfel sollte ursprünglich nur Autor und nicht Lektor werden. Um seinen Einfluß auf Wolff und das Verlagsprogramm zu verdeutlichen, muß deshalb etwas ausführlicher auf diese Verleger-Autor-Beziehung eingegangen werden, deren erste Anbahnung noch in die Frühzeit des Ernst Rowohlt Verlages fällt.

Willy Haas hatte 1910 die Erstlingsgedichte Werfels, *Der Weltfreund,* an den Rowohlt Verlag geschickt und erhielt das Manuskript, wie er erzählt, halb durch einen »technischen Irrtum« zurück[212]. »Es lag damals daran, daß ich überhaupt noch keine Lyrik verlegt hatte, mein Verlag noch in seinen ersten Anfängen steckte und ich mit meinen ersten Verlagserscheinungen überaus beschäftigt nichts Neues mehr annehmen konnte und wollte«, begründete Wolff am 3. Juli 1912 diese Ablehnung etwas ausweichend und gestand Werfel zugleich, daß »ich aufs äußerste selbst begeistert und entzückt bin von Ihrem Schaffen.«[213]

Nachdem Max Brod den *Weltfreund* 1911 bei Axel Juncker untergebracht hatte, und die Gedichte im Druck erschienen waren, war Werfel in den jungen literarischen Kreisen schnell als neue, überwältigende Begabung bekannt geworden und wurde als der kommende Dichter gefeiert. »Der Beifall erhob sich zum Sturm«, berichtete Max Brod über seine erste Lesung von Werfels Gedichten. »Von diesem Berliner Abend an war Werfel in seiner Größe erkannt und durchgesetzt.«[214] Auch Otto Pick hat diese Faszination durch Werfels erste Gedichte aus der Sicht der Prager Jugend von 1911 beschrieben[215], und Franz Kafka notierte am 23. Dezember 1911 in seinem Tagebuch: »Durch Werfels Gedichte hatte ich den ganzen gestrigen Vormittag den Kopf wie von Dampf erfüllt. Einen Augenblick fürchtete ich, die Begeisterung werde mich ohne Aufenthalt bis in den Unsinn mit fortreißen.«[216]

Kurt Wolff war in gleichem Maße wie die Autoren von dem neuen Dichter fasziniert. 1962 erinnerte er sich: »Es fällt dem Heutigen schwer sich vorzustellen, wie überwältigend gerade die frühen Werfel-Gedichte damals auf die junge Generation wirkten. [...] Der junge Franz Werfel in dieser Vorkriegszeit war in meinen Augen der Poet schlechthin.«[217] In seinem Kriegstagebuch findet sich eine Reminiszenz an einen Rezitationsabend seiner Autoren im Sommer 1914, die von diesem leidenschaftlichen Hingerissensein von Werfel zeugt. »In einem häßlichen Gesicht, das ich so sehr liebe, öffnet sich der Mund mit den schwärzlichen Zähnen, die großen tiefen Augen weiten sich, ihr Glanz erhöht sich, wie wunderschön sie jetzt sind – und es spricht eine herrliche trunkene Stimme trunkene Lieder. [...] Wie es erregt, fromm macht, bewegt.«[218] Und dann folgen aus dem Gedächtnis notierte Verse aus *Wir sind.* Diese blinde, romantizistische Schwärmerei für den jungen Dichter war es, die Werfels exponierte Stellung als Verlagsberater bestimmte.

Zunächst versuchte Wolff, Werfel als Autor zu gewinnen. Über Fritz Pollak, einen Prager Freund Werfels, hatte der Verleger erfahren, daß Werfel von Axel Juncker weggehen wollte, und machte ihm in dem oben zitierten Brief vom 3. Juli 1912 ein erstes Verlagsangebot. Es folgte eine unermüdlich werbende Korrespondenz, die des Verlegers brennendes Interesse an dem jungen Autor zeigt. Auch wenn der Verlag 1912 kein Buch mehr von Werfel erhalten sollte, war Wolff dennoch gern bereit, »Zahlungen à conto Ihrer nächsten Bücher sofort zu leisten. Sie wollen sich nur an mich wenden«[219].

Für die Verhandlungen mit Axel Juncker, der nun nicht daran dachte, den zunächst widerstrebend verlegten

---

[211] a.a.O.
[212] Willy Haas: Die literarische Welt, München 1960, S. 23.
[213] Wolff an Werfel, Brief vom 3. 7. 1912, KWA.
[214] Max Brod: Streitbares Leben, S. 36.
[215] Otto Pick: Erinnerungen an den Winter 1911/12. In: Paul Raabe: Expressionismus. Aufzeichnungen, S. 66 f.
[216] Franz Kafka: Tagebücher 1910–1923. Frankfurt am Main 1967, S. 144.
[217] Kurt Wolff: Lesebuch des Expressionismus. Ausgewählt und begründet von – –. Norddeutscher Rundfunk, Nachtprogramm. 5. Folge: Franz Werfel. Funkmanuskript für die Sendung vom 19. 5. 1962, S. 2 ff.
[218] KTB, Anhang, undat. Reminiszenz.
[219] Wolff an Werfel, Brief vom 13. 7. 1912, KWA.

Weltfreund freizugeben²²⁰, wurde schließlich der Vater Werfels eingeschaltet. Dieser auf die gesicherte Zukunft seines Sohnes bedachte Vater, ein wohlhabender Lederhandschuh-Fabrikant in Prag, hatte den Sohn vor seiner Militärzeit zur Lehre in ein Hamburger Exportkaufhaus gesteckt und war »nach langem Kampfe«²²¹ nur bereit, einer literarischen Laufbahn seines Sohnes zuzustimmen, als Wolff dem 22jährigen einen vierjährigen Verlags- und Lektoratsvertrag zusicherte. Um Franz Werfel für sein dichterisches Schaffen freien Spielraum zu geben und zugleich den Vater zufrieden zu stellen, wurde der am 19. Oktober 1912 unterzeichnete Vertrag so abgefaßt, daß Werfel einen monatlichen Vorschuß von 150 Mark (ab April 1913 300 Mark) auf seine künftige Produktion erhielt. Dieser Vorschuß wurde sowohl mit eventuellen Tantiemen verrechnet als auch mit Werfels Lektorentätigkeit, die mit sechs Mark pro Manuskript abgegolten wurde. Werfel stellte sich nach Beendigung seines Wehrdienstes, Anfang Oktober 1912, erstmals in Leipzig vor, am 28. Oktober erhielt er die erste Manuskriptsendung nach Prag, und Wolffs Tagebuch vermerkt am 6. November: »Werfel ist in L[eipzig] als Lektor des Verlages«. Es ist deshalb nicht ganz richtig, wenn Wolff später berichtet, Werfel sei nur dem Namen nach Lektor gewesen, »ihn wollten wir nicht im produktiven Schaffen stören«²²². Wenn Wolff den genialisch verschlampten Werfel zwar nicht zur täglichen Verlagsarbeit heranzog und ihm viel Zeit für eigene Produktion und Vortragsreisen ließ, mußte Werfel seinem Verleger doch schriftliche Gutachten vorlegen, und die meisten Manuskripte gingen durch seine Hände. »Werfel ist als Ihr Lektor engagiert und wird kaum die Lust haben, nebenbei noch fürs Theater täglich einige Stunden zu arbeiten«, schrieb Hasenclever Ende 1913²²³.

Zu einer redaktionellen Tätigkeit, zum gewissenhaften Überarbeiten und Betreuen von Manuskripten bis zur Endkorrektur war der junge Werfel zweifellos nicht geeignet. Er war »Wirklichkeits-fremd, Wirklichkeits-fern. Er verlor alles, vergaß Verabredungen, wußte nicht, ob's Montag oder Freitag war. Aus den Taschen fielen ihm die Briefumschläge, die leeren Zigarettenschachteln, die Rechnungen aus den Cafés und Restaurants, alles bekritzelt mit Versen, Strophen, Reimen. [...] Er segelte die Straßen entlang, Verdi-Arien singend oder summend, und merkte nicht, daß die Leute sich nach ihm umdrehten, sich an die Stirn faßten.«²²⁴ Trotzdem ließ Wolff seinen jungen Lektor frei gewähren. Es sind zahlreiche Indizien dafür vorhanden, daß Wolff Werfel als die ihn beratende Instanz schlechthin empfand, noch vor Hasenclever und Pinthus. Und die subjektive Brille des eigenwilligen Autors, der vorwiegend die seiner eigenen Poetik und seinen Absichten entgegenkommenden Schriftsteller protegierte, färbte das Verlagsprogramm.

Es seien aus der Verlagskorrespondenz nur einige wenige belegende Beispiele für Werfels Einfluß auf Wolff herausgegriffen. Schon am 3. März 1913 schrieb der Verleger an seinen neuen Lektor: »Es sind eine Reihe von Manuskripten da, über die ich nicht entscheiden will, bis Sie sie gelesen haben«²²⁵. Während Wolffs Abwesenheit im April 1913 übernahm Werfel allein die Betreuung des *Jüngsten Tages,* die bis zu Eingriffen in die Ausstattung und Textauswahl ging²²⁶. Im Oktober 1913 schickte Wolff das von Rowohlt angenommene *Golem*-Manuskript nach Prag: »Ich bin brennend neugierig, was Sie zu dem Buch meinen«²²⁷. Im Januar 1914 fragte der Verleger seinen Lektor, was er von einer Übernahme der Schriften Ludwig Speidels in den Kurt Wolff Verlag halte, die der sich auflösende Verlag Meyer & Jessen ihm anbiete. Dabei vertraute er dem Rat Werfels völlig: »Das Buch Eugen Guglia ›Knaben‹ ist doch gewiß nichts für unsern Verlag. Ich hatte noch keine Zeit reinzuschauen.«²²⁸ Franz Blei hatte Wolff darauf hingewiesen, daß Robert Musil sich nach einem neuen Verleger umsehe. Ehe diese literarhistorisch bedeutsame Anbahnung von Verlagsbeziehungen scheiterte, fragte Wolff zunächst einmal Werfel um Rat. Und Werfel schrieb, geradezu händeringend, zurück: »natürlich sollen Sie Musil verpflichten! Meiner Ansicht nach, unter jeder Bedingung.«²²⁹

---

²²⁰ Vgl. Kapitel 3.6, Sp. 635 f.
²²¹ Rudolf Werfel an den ERV, Brief vom 9. 10. 1912, KWA.
²²² Kurt Wolff: Autoren, Bücher, Abenteuer, S. 19.
²²³ Hasenclever an Wolff, Brief vom 26. 12. 1913, KWA.

²²⁴ Kurt Wolff: Franz Werfel. Funkmanuskript, S. 4.
²²⁵ Wolff an Werfel, Brief vom 3. 3. 1913, KWA.
²²⁶ So suchte er ohne Wissen Kafkas die Reproduktion eines Stahlstiches für den *Heizer* aus. Vgl. die Korrespondenz Wolffs mit Kafka, KWB, S. 31 f. – Über die Auswahl der Trakl-Gedichte gegen den Willen des Autors wurde bereits berichtet. Vgl. das Kapitel 3.2, Sp. 584.
²²⁷ Wolff an Werfel, Brief vom 13. 10. 1913, KWA.
²²⁸ Wolff an Werfel, Brief vom 22. 1. 1914, KWA.
²²⁹ Werfel an Wolff, undat. Brief (zwischen 26. u. 30. 4. 1913), KWA. – Musil wollte seine Stellung als Bibliothekar in Wien aufgeben und suchte einen Verlag, der ihm ein monatliches Fixum bot. Im Dezember 1913 suchte Musil Wolff in Leipzig auf, doch blieb diese Unterredung wohl ohne Ergebnis. (Vgl. Robert Musil: Tagebücher, Aphorismen, Essays und Reden, S. 165.) Am 3. Januar 1914 verhandelte Musil daraufhin mit S. Fischer, der den Autor unter Vertrag nahm. (Vgl. Peter de Mendelssohn: S. Fischer, S. 667–671.)

Darüber hinaus plante Werfel einige neue Verlagsprojekte, in denen ihm Wolff allerdings nicht folgte. Neben dem erwähnten Sammelbuch *Das Zeitalter Wilhelms II.* wollte Werfel eine groß angelegte Bibliothek ins Leben rufen, »die außerordentliche Stücke der dramatischen Weltliteratur in neuen Übersetzungen vereinigen« sollte[230]. Seine Lektorentätigkeit reichte bis in das Jahr 1915, in dem er zusammen mit dem Verlagsleiter Georg Heinrich Meyer die Programmlinie der ersten Kriegshälfte bestimmte. Davon wird noch die Rede sein. – 1916 unterbrach der Krieg auch diese Verbindung. Werfel blieb aber Autor Wolffs.

Welche Bedeutung Wolffs eigenem Urteil in den ersten Verlagsjahren beizumessen ist, ist nicht ganz aufzuhellen. Willy Haas, im Frühjahr 1914 vorübergehend ebenfalls Lektor bei Wolff[231], antwortete auf diese ihm gestellte Frage nach Wolffs literarischem Instinkt: »Kurt Wolff gestaltete zu dieser Zeit das literarische Programm mit anderen zusammen. Ob Wolff die ›Spürnase‹ besaß, oder ob seine Mitarbeiter ihm die Autoren brachten, ist schwer zu sagen.«[232] Da die Verhandlungen über Annahme oder Ablehnung von Manuskripten oft mündlich in der Viererrunde des Verlegers mit seinen Beratern geführt wurden, läßt sich Wolffs eigenes Votum gegenüber dem der Lektoren meist nicht isolieren. Es ist aber aus der Kenntnis der vorhandenen Lektorenkorrespondenzen anzunehmen, daß der Verleger hier häufig eher der Beratene als der selbst Vorschlagende war.

In der Literaturgeschichtsschreibung ist gar zu ausschließlich nur der Verleger als Mentor der Autoren hervorgehoben worden. Es sei aber noch einmal daran erinnert, daß der Rowohlt zugeschriebene Spürsinn für Heym sich als Trugschluß erwiesen hat[233] und Wolff der Entdecker Heyms war. Doch auch Wolffs Einsatz für Trakl darf nicht überinterpretiert werden. Über die Erstlektüre von Trakls Gedichten schreibt Wolff in seinen Memoiren: »So unmittelbar spürte man den Atem großer Dichtung, daß ich sofort [...] an den Autor schrieb und die Veröffentlichung eines Gedichtbandes vorschlug.«[234] Manfred Durzak weist jedoch mit Recht darauf hin, daß Wolff sich nicht einmal den Namen des Dichters genau merkte[235], – er schrieb (oder diktierte) »Trackel« – und nach der Erinnerung Elisabeth Wolffs war sie es, die ihren Mann auf die Gedichte aufmerksam machte[236]. Der erste Brief an Trakl unterscheidet sich jedenfalls in keiner Weise von den zahlreichen stereotypen Eröffnungsbriefen anderer Autorenkorrespondenzen.

Zu des jungen Verlegers Lasten gehen zweifellos auch einige Fehlurteile – wie die Überschätzung Eulenbergs und der schon 1913 offen zugegebene Irrtum über das Werk von Gerdt von Bassewitz: »[...] mit dem Geschmack ist es ja eine heikle Sache und Ernst Rowohlt weist mit Recht darauf hin, daß ich einmal für die Annahme eines Dramas von Bassewitz ernsthaft plädiert habe«[237]. Doch lassen sie nicht unbedingt auf eine literarische Urteilslosigkeit Wolffs schließen, die der verbitterte Rowohlt ihm nach dem Bruch vorwarf[238]. Die Briefe an Werfel zeigen eher ein offenes, bereitwilliges Fragen und ein sich im Urteil noch nicht ganz sicheres Suchen nach den Werten der neuen Dichtung. In Einzelfällen findet sich ein Rückzug auf intuitive, gefühlsmäßige Geschmacksurteile, die in ihrer knappen Form nicht weiter analysierbar sind. So über Rudolf Leonhard: »Die Legenden, die ich von ihm in den Weißen Blättern gelesen habe, haben mir immer persönlich nur wenig gegeben.«[239] In anderen Fällen, wie bei Franz Kafka, entwickelte sich von der ersten Begegnung und der ersten Lektüre an eine spontane Verehrung für den Menschen und das Werk, die zu einem unbeirrbaren Festhalten an dem Autor führte, ungeachtet des geringen Erfolgs.

Wolff war kein Verlegertypus wie Ernst Rowohlt oder Paul Steegemann, die das Können ihrer Autoren intuitiv nach der Persönlichkeit und nicht zuerst nach den Manuskripten erfaßten. In seinen *Fingerzeigen über Umgang mit Autoren* empfiehlt Rowohlt deshalb: »[...] denke über die Physiognomie des neuen Autors ein paar Tage nach. Sein Äußeres gibt dir mehr Einblick in das, was er kann, als das, was aus ihm als Redestrom herausbricht.«[240] Und an anderer Stelle bekennt er: »– es ist

---

[230] Handschriftl. Programmentwurf Werfels, undat., KWA.
[231] Das Lektorat von Haas war nur ein kurzes Interim. Durch die Vermittlung von Hasenclever und Werfel kam Haas im Frühjahr 1914 aus Prag nach Leipzig. Ehe er aber entscheidend in das Verlagsprogramm eingreifen könnte, brach der Krieg aus. (Nach Auskunft von Willy Haas an den Verf.).
[232] Brief an den Verf. vom 6. 4. 1973.
[233] Vgl. die Angaben S. 39, Anm. 113.
[234] Kurt Wolff: Autoren, Bücher, Abenteuer, S. 15.

[235] Manfred Durzak: Dokumente des Expressionismus: Das Kurt-Wolff-Archiv. In: Euphorion 60, S. 342 f.
[236] Nach einem Bericht der Tochter, Maria Stadelmayer-Wolff.
[237] Wolff an Werfel, Brief vom 30. 4. 1913, KWA.
[238] Hasenclever kolportiert eine Äußerung Rowohlts in einem Brief vom 24. 4. 1913: »Ihr Verlag hätte keine Zukunft, weil sie keine Nase für Literatur hätten«. (KWA)
[239] Wolff an Hasenclever, Brief vom 11. 7. 1914, KWA.
[240] In: Ernst Rowohlt zum Gedächtnis 1. 12. 1961. Privatdruck: (Reinbek) Rowohlt 1962, S. 36.

ja etwas Wahres daran, daß ich kein fleißiger Manuskriptleser bin, sondern lieber die gedruckten Bücher lese«[241]. Paul Steegemann sagt man nach, daß er oft nach durchzechter Nacht mit einem neuen Verlagsvertrag in der Tasche nach Hause kam[242].

Kurt Wolff hat man eine unvergleichliche Überredungs- und Überzeugungskraft durch seinen Charme nachgesagt. »Niemand, der Kurt Wolff kannte, vermochte sich dem Zauber seiner Persönlichkeit zu entziehen.«[243] Doch ist diese Eigenschaft für die Autorenbeziehungen des jungen Verlegers irrelevant und ist allgemein überbewertet worden. Wolff hat mit einem Teil seiner Autoren persönlich nie gesprochen, andere erst nach langjährigen Verhandlungen kennengelernt. Erleichtert stellte Mechtild Lichnowsky fest, daß ihr Verleger nicht ihren Vorstellungen entsprach: »man stellt sich unter einem Verleger etwas kleines, braunes vor«[244]. Man darf es deshalb als typisch für den Verleger Wolff der Vorkriegsjahre annehmen, daß er den literarischen Markt vor allem durch aufmerksame Lektüre der literarischen Zeitschriften beobachtete. Neue Werke wählte er unabhängig von der Person nur nach den Manuskripten aus. Daß Wolff zu manchen seiner Autoren eine spontane menschliche Beziehung entwickelte, wie zu Eulenberg, Kraus oder Kafka, steht dem nicht entgegen.

Die Wolffsche Faszinationskraft, seine weltmännische, aristokratische Haltung, die bei der Verlagsbeziehung zu Fritz von Unruh und den Verbindungen zu dem Darmstädter Hof eine Rolle spielte und uns in diesem Zusammenhang noch begegnen wird, erschwerte vor dem Kriege den Kontakt zu den Autoren, die der Boheme zugehörten. Dies wird sich in dem folgenden Kapitel über *Die Bedeutung des Verlages für literarische Gruppen* noch klarer zeigen. Das Spottgedicht Else Lasker-Schülers: »Aus der Belletage, in die Equipage, Steigen zwei paar Beine, Im Laternenscheine, Wolff und seine kühle, Hildegard Emülie!«[245] – so gehässig es verzeichnet, zeigt die innere Distanz der Lebenshaltung zwischen einem Großteil der Wolffschen Autoren und ihrem Verleger. Während die Lektoren in Berliner, Prager, Münchener und Leipziger Cafés den Autorenkontakt pflegten, veranstaltete Wolff in seiner Wohnung Lesungen für geladene Gäste. »Persönlich hörte ich von Ihnen [...] gelegentlich einer Gesellschaft bei Kurt Wolff mit Kerr und Fürstin Lichnowsky«, schrieb Hasenclever an Schickele[246]. Noch in den zwanziger Jahren bewegte sich Wolff als Angehöriger der »oberen geistigen Zehntausend«[247] in akademischen und kulturellen Gesellschaftskreisen und fuhr gelegentlich auf Schloß Elmau, um mit der Jugendfreundin Elly Ney Kammermusik zu spielen.

Da Wolff nicht wie Diederichs programmatisch kämpfen oder gar selbst eine neue Richtung initiieren wollte, sondern sich auf die Aufgabe des Registrierens von Neuem zurückzog, zeigt seine Wahl der Autoren im Zusammenhang mit der Beratung seiner Lektoren und die Beziehung zu diesen Autoren ein mäzenatisches Gebaren. Diese mäzenatische Rolle ist ein Grund mehr, warum die Lektoren ihre literarischen Freunde in den Verlag brachten und ihre Ideen verwirklichen konnten.

3.5 Die Bedeutung des Verlages für literarische Gruppen

Eine bewußte Gruppenbildung, ein programmatisches Zusammenschließen in literarische Cliquen oder gar die Bildung von Schulen widersprach, wie schon erwähnt, dem exuberanten Verbrüderungsdrang vieler Frühexpressionisten und wurde in den Vorworten und einleitenden Aufsätzen zu Jahrbüchern, Anthologien und Zeitschriften meist abgelehnt. Die Ablehnung einer Gruppenbildung findet sich nicht nur in Brods Vorwort zu *Arkadia* und in der Ankündigung des *Jüngsten Tages* oder bei Wolff selbst. »Eine Richtung? Eine ›Richtung‹ will der ›Kondor‹ nicht fördern«, behauptete Hiller in der ersten expressionistischen Anthologie bei Weissbach[248]. In der Zeitschrift *Neue Jugend* wurde verkündet: »Einen Rahmen kennt unsere Zeitschrift nicht – so wie wir auch

---

[241] Ernst Rowohlt an Kurt Tucholsky. In: Ernst Rowohlt zum Gedächtnis, S. 44.
[242] So Jochen Meyer: Der Paul Steegemann Verlag (1919 bis 1935 und 1949–1960). Geschichte, Programm, Bibliographie. Stuttgart 1975 (= Bibliographien des Antiquariats Fritz Eggert, Bd 5), S. 35: »Überhaupt scheint dieser Verleger Kontakte zu künftigen Autoren mit Vorliebe in Lokalen angebahnt zu haben.«
[243] Heinrich Scheffler: Kurt-Wolff-Marginalien. In: Börsenblatt. Frankfurter Ausgabe, Nr. 95, vom 26. 11. 1963, S. 2211.
[244] Mechtild Lichnowsky an Wolff, Brief vom 20. 12. 1913, KWB, S. 154.
[245] Else Lasker-Schüler: Ich räume auf. Meine Anklage gegen meine Verleger, S. 30.

[246] Brief vom 29. 11. 1914. In: Kasimir Edschmid: Briefe der Expressionisten. Frankfurt am Main 1964, S. 31.
[247] In seinem Vortrag »Der Dramatiker Herbert Eulenberg«, S. 20, (vgl. Kapitel 3.3, Anm. 160) wendet Wolff sich an »uns, als die oberen geistigen Zehntausend«, sein eigenes Gesellschaftsbewußtsein dokumentierend.
[248] Kurt Hiller: Vorwort zu: Der Kondor. Heidelberg 1912. Zit. nach Paul Raabe: Die Zeitschriften und Sammlungen, S. 133.

Abb. 11: *Der 25jährige Verleger mit seiner Frau, Leipzig 1912*

keine Kampfzeitung bedeuten wollen.«[249] Und der Saturn-Verlag warb 1912 in einem Verlagsprospekt zur gleichnamigen Zeitschrift: *Der Saturn* »stellt ein Organ dar, in dem – ganz unbekümmert um die Richtungen und Meinungen herrschender Kunstparteien – das Recht auf Individualität sich ausleben darf.«[250]

Trotzdem konnte Otto Flake schon 1915 über die jungen Literaten schreiben, es sei eine »Tatsache, daß eine Reihe jüngerer Autoren immer deutlicher zur Gruppenbildung schreitet.«[251] Diese Autoren hätten sich in Berlin oder München angesiedelt und schritten »zur sozialen

---

[249] Vorwort zu Heft 1 der *Neuen Jugend. Eine Zeitschrift für moderne Kunst und jungen Geist*, März 1914. Zit. nach Raabe: Die Zeitschriften und Sammlungen, S. 52.

[250] Zit. nach Raabe: Die Zeitschriften und Sammlungen, S. 40.

[251] Otto Flake: Von der jüngsten Literatur. In: Die Neue Rundschau, 26. Jg., 1915, Bd 2, S. 1276–1287. Zit. nach Paul Raabe: Expressionismus. Der Kampf um eine literarische Bewegung, S. 53.

Gemeinsamkeit, zum Konventikel«[252]. Die Entstehung der expressionistischen Literatur aus Gruppenbewegungen heraus ist seitdem immer wieder beschrieben worden. Es liegt der paradoxe Sachverhalt vor, daß gerade die Literatur, die programmatisch eine kosmopolitische Gemeinsamkeit der Jugend vertrat, oft kaum über den kleinsten nachbarlichen Umkreis hinaus kam und sich in soziologisch bestimmbaren Gesinnungsgemeinschaften ansiedelte, die wiederum einen Teil ihres eigenen Lesepublikums bildeten.

Der Zusammenhalt dieser Kreise wurde in hohem Maße nicht von literarischen Absichten, sondern von der sozialen Rolle der Literaten und von interpersonellen Beziehungen wie Freundschaft oder Feindschaft bestimmt. »So sind die Werte, die die Gruppe hat und gibt, ethischer, nicht ästhetischer Art: dem Charakter wohl, aber nicht dem schaffenden Geiste nützt sie«, behauptete Rudolf Leonhard 1913 in einem Aufsatz *Über Gruppenbildung in der Literatur*[253].

Die Memoirenliteratur des expressionistischen Jahrzehnts bietet eine Fülle von Material für solche persönlichen Bindungen und die daraus resultierenden Beziehungen zu Verlegern und Zeitschriftenherausgebern, sie trägt aber wenig zur Bestimmung des Phänomens der literarischen Gruppen bei. Unklar bleibt auch das Verhältnis zwischen literarischer Zielsetzung der Mentoren und biographischen Bedingungen der Aufnahme und Ablehnung von Autoren.

Bei der Frage nach der Bedeutung des Kurt Wolff Verlages für literarische Gruppen ist deshalb einerseits zu unterscheiden nach der Beschaffenheit dieser Gruppen als soziale Gebilde und ihrer Relevanz im literarischen Leben und andererseits nach deren literaturpolitischen und -ästhetischen Programmen, die im Kurt Wolff Verlag ein publizistisches Zentrum fanden. Daß die soziologische Kategorie des Literatenzirkels häufig mit der literarkritischen Wertung eines Dichterkreises zusammenfällt, macht die Bestimmung schwierig.

Eine rein soziologische Beschreibung expressionistischer Kreise nach den Bestimmungsmerkmalen der »informellen Gruppe«, um die es sich hierbei handelt, bringt für unser Thema keinen Erkenntnisgewinn. Als tragfähiger erweist sich die Einführung des sozialgeschichtlichen Begriffes der Boheme, wie ihn Helmut Kreuzer bestimmt[254].

»Viele Zirkel der Expressionisten [...] berührten oder überschnitten sich mit der Boheme«, schreibt Kreuzer[255]. Wir gehen soweit zu behaupten, daß einige Kreise, wie der Alfred-Richard-Meyer-Kreis oder der Kreis um Ernst Rowohlt in Leipzig, mit der Boheme deckungsgleich waren und nur so als überhaupt existent aufzufassen sind. Überall da, wo die Gemeinsamkeit der Literaten nur biographischer Natur war und nicht im Sinne eines Programms nachweisbar ist, liegt der Verdacht auf einen Bohemekreis nahe. Dies gilt auch für den Heidelberger Kreis um Weissbach und die *Argonauten*, von dem Friedrich Burschell schreibt: »[...] eine Gemeinschaft von Freunden gehörte durchaus zu dieser Bewegung [des Expressionismus, ...]. Doch es war kein kollektives Bewußtsein, das uns vereinte. [...] Wir waren und blieben Individualisten, und das gerade schien uns das Wesen der eben erst gewonnenen Freiheit zu sein«[256]. Ein Versuch, die Kreise Alfred Richard Meyers, das *Café des Westens* in Berlin oder das *Café Stefanie* in München literaturkritisch zu werten, ist vergeblich.

Die von Kreuzer eruierten Kennzeichen der Boheme: der intentional unbürgerliche Stil des Lebens in Verbindung mit antibürgerlicher Einstellung und einer radikalen Ablehnung der Geldwirtschaft, die Tendenz zum »Genie- und Übermenschenkult«, das »Zusammengehörigkeitsbewußtsein der ›Künstlernaturen‹ gegenüber allen anderen«, verbunden mit einem programmatischen Individualismus, die häufige Lust an provokatorischer Wirkung, die Abweichung von der Konvention in ästhetischen, moralischen oder politischen Urteilen, die Liebe und Hinwendung zu Minderheiten und verachteten Gruppen, der Haß gegenüber dem »Juste-Milieu« lassen sich bei der Mehrzahl der jungen Autoren und ihren Kreisen wiederfinden[257]. Der Expressionismus als Gruppenbildung entstand aus dem Bohememilieu und wurde deshalb zeitweise fälschlich mit ihm gleichgesetzt[258], denn zahlreiche psychologisch und soziologisch aus dem Milieu motivierbare Züge der expressionistischen Dichtung haben gemeinsame Berührungspunkte mit der Boheme. So

---

[252] Raabe: Expressionismus. Der Kampf um eine literarische Bewegung, S. 60.
[253] Rudolf Leonhard: Über Gruppenbildung in der Literatur. In: Das neue Pathos, 1. Jg., 1913, Nr. 1, S. 28–31. Zit. nach Paul Pörtner: Literaturrevolution 1910–1925. Bd 2, S. 162.
[254] Helmut Kreuzer: Die Boheme als gesellschafts- und literaturgeschichtliches Phänomen. Eine vorläufige Skizze. In: H. Kreuzer: Die Boheme. Beiträge zu ihrer Beschreibung. Stuttgart 1968, S. 42–60.
[255] H. Kreuzer: Die Boheme, S. 55.
[256] Friedrich Burschell: *Revolution* und *Neue Erde*. In: Imprimatur. N. F. 3, 1961/62, S. 245.
[257] H. Kreuzer: Die Boheme, S. 48–51 passim.
[258] a.a.O., S. 55.

ist eine Keimzelle des Expressionismus das genannte *Café des Westens* gewesen, wo Hiller und seine Freunde, Wolfgang Goetz und Mynona, Franz Blei und Roda-Roda, Else Lasker-Schüler, René Schickele, Ferdinand Hardekopf, Ernst Blass, Herwarth Walden und seine Freunde sich trafen – übrigens außer Walden alle mit dem Kurt Wolff Verlag in Beziehung stehend –: zugleich ist dieses Café mit dem bezeichnenden Beinamen *Café Größenwahn* vom Naturalismus bis Ende der zwanziger Jahre der traditionelle Treffpunkt der Berliner Boheme.

Die meisten Literaten der expressionistischen Zirkel, wie sie in den Erinnerungen der Zeitgenossen porträtiert werden[259], lebten und trafen sich in den Künstler- und Studentenvierteln der Großstädte, ihre Treffpunkte waren neben den öffentlichen Lokalen auch Wohnungen der »Mitglieder« wie die Wohnung Alfred Richard Meyers[260], oder auch Redaktionen wie die von Franz Pfemfert[261] und Buchhandlungen wie die Berliner Buchhandlung *Reuß & Pollack* und Galerien wie die *Sturm-Galerie* Herwarth Waldens. »Die Kreise stehen nicht nur Bohemiens offen, sondern z. B. auch Mitgliedern, die nur periodisch oder sporadisch im Milieu der Boheme erscheinen – ohne ihre bürgerlichen Berufe [...] aufzugeben. Die Klassifikation als Bohemekreis, Künstlerkreis, Salon oder literarisch-künstlerischer Verein ist daher in manchen Fällen schwierig. Mischformen existieren«[262]. Um den festen Kern der Boheme scharen sich in der Regel gelegentliche Besucher, die anderen Kreisen angehören können. So besuchte Karl Kraus das *Café des Westens* ebenso wie der Verleger Wolff oder Emmy Hennings, die dem Münchener Kreis um Hugo Ball und Heinrich F. S. Bachmair angehörte. Durch diese Besuche wurde eine intensive Kommunikation der Kreise untereinander hergestellt. Nach den Erwähnungen dieser Zusammenkünfte in der Memoirenliteratur gehörte die Boheme neben Handelsvertretern zu den reiselustigsten Bevölkerungsgruppen.

Nicht alle Künstler- und Literatenzirkel lassen sich ausschließlich aus den Verhaltensmustern der Boheme erklären und darauf reduzieren. So sind vor allem die Künstlervereinigungen und Sezessionen, auch Herwarth Waldens *Sturm*-Kreis und Hillers *Neuer Club* trotz der Bohemiens, die zu ihren Mitgliedern zählten, differenzierter als bewußte programmatische Vereinigungen zu sehen. Hier stand nicht die Lebenshaltung und ein lockerer Verband ähnlich Denkender im Vordergrund, konstituierend waren der künstlerische Anspruch und formulierte Ziele. Nur hier, wo der Verleger oder Herausgeber mit literarischen Forderungen auftrat, wird über den Milieuverband der Boheme hinaus eine literarisch relevante Richtung sicht- und auswertbar. Und hier tritt die gruppenbildende Kraft der Zeitschrift als kommunikationspolitischer Faktor hinzu, wie er von Harry Pross als Bedingung publizistischen Geschehens beschrieben wird[263].

Die Tatsache, daß die meisten Bohemiens sich ebenfalls um die Verleger und Herausgeber scharten, ist aus der ambivalenten Haltung der Publikumsverachtung einerseits – »Menschen: Schweinebande«[264] – und dem Geltungsbedürfnis des Bohemiens, der Eitelkeit, sich gedruckt zu sehen, andererseits ableitbar[265]. Kreuzer begründet dies mit der Not- und Konfliktsituation des Bohemiens, der des forcierten Selbstbewußtseins bedarf. Parallel dazu verläuft ein Wechsel von Phasen der Selbstüberschätzung und Depression, der sich geradezu klassisch in den Briefen Else Lasker-Schülers an Kurt Wolff zeigt.

Nach der Schilderung von Kurt Pinthus enstand etwa ab 1911 in Leipzig um Rowohlt eine Stammtischrunde, die sich in *Wilhelms Weinstuben* traf. »Feste Mitglieder« neben Rowohlt waren Pinthus, Hasenclever, Werfel und einige Leipziger Studenten, Künstler und Literaten[266]. Gelegentlich kamen aus den Berliner Kreisen Meyers und Hillers Schriftsteller, die zu dem Verlag in Beziehung treten wollten. »Wer auch immer von dieser jungen Generation [...] nach Leipzig kam, wußte, daß er den Verleger und Werfel und Hasenclever und mich und andere seiner Art in jener Weinstube treffen würde. Und er wußte, daß man dann weitergehen würde in die traditionellen Caféhäuser«[267]. Wolff übernahm zwar den Verlag

---

[259] Vgl. die Sammlung der Erinnerungen in: Paul Raabe: *Expressionismus. Aufzeichnungen*, die eine repräsentative Auswahl aus den zahlreichen Memoiren bietet.
[260] Vgl. Fritz Max Cahén: Der Alfred Richard Meyer-Kreis. In: P. Raabe: Expressionismus, Aufzeichnungen, S. 111 f.
[261] Vgl. Franz Jung: Über Franz Pfemfert und die *Aktion*. In: P. Raabe: Expressionismus. Aufzeichnungen, S. 127.
[262] Helmut Kreuzer: Die Boheme, S. 48.
[263] Vgl. das Vorwort zu Harry Pross: Literatur und Politik. Geschichte und Programme der politisch-literarischen Zeitschriften im deutschen Sprachgebiet seit 1870. Olten und Freiburg im Breisgau 1963, S. 9–11.
[264] Else Lasker-Schüler an Wolff, Brief vom 5. 8. 1913, KWB, S. 70. Vgl. auch die weiteren Briefe S. 67–73 passim.
[265] »Ruhm! Ruhm! Du Vision über meiner Schulbank«, schrieb Werfel in *Die Versuchung* (Der Jüngste Tag, Bd 1), S. 15, und beschreibt sein inneres Aufgewühltsein beim Erscheinen seines ersten Gedichtes (S. 15–17). – »Mache für mich Propaganda und verteile den Demokraten in der Stadtbahn«, notierte Georg Heym in seinem Tagebuch. In: Georg Heym: Dichtungen und Schriften, Bd 3, S. 153.
[266] Kurt Pinthus: Leipzig und der frühe Expressionismus. In: Paul Raabe: Expressionismus. Aufzeichnungen, S. 74–83.
[267] a.a.O., S. 78.

von Rowohlt, führte aber dessen Rolle als Bohemien nicht fort, sondern hielt sich außerhalb des Kreises. Dieser Zirkel bestand zunächst weiter, getragen nun von den Lektoren Wolffs, doch zerfiel er bei Kriegsbeginn.

Es gibt zwar vereinzelte Zeugnisse, daß Wolff gelegentlich an solchen Literatentreffen teilnahm, auch die Idee des *Jüngsten Tages* entstand ja in einer »nächtlichen Bar«, doch weist ihn seine Persönlichkeit dem bohemienhaften Literatentypus gegenüber eher in die Rolle eines aufgeschlossenen, aber distanzierten Förderers, der sein Geld mit moderner Literatur riskieren wollte. Daß Wolff zu den Bohemekreisen keine Verbindung – außer über seine Lektoren – aufrecht erhielt, wurde, um es noch einmal hervorzuheben, in seiner Art der Autorenwahl durch Lektüre von Zeitschriften und briefliche Anfragen sichtbar. Trakl, Stadler oder Robert Walser haben ihren Verleger nie gesehen, Heym und Hiller sind ihm nur flüchtig begegnet[268]. Die Literaten, die aus den Bohemekreisen zu dem Verlag stießen, kamen in der Regel von selbst, sie schickten ihre Manuskripte, empfahlen sich gegenseitig oder knüpften Verbindungen über Werfel oder Pinthus an[269]. Deshalb darf man behaupten, daß dem Expressionismus in dem Leipziger Verlagshaus zwar d a s Verlagszentrum erwuchs, daß aber von einem Kurt Wolff-Kreis nicht gesprochen werden kann.

Eine nähere, allerdings nur punktuell belegbare Verbindung Wolffs ergab sich zu Franz Pfemfert und dessen *Aktion*. Inwieweit diese Verbindung zu Pfemfert auch persönlicher Natur war, läßt sich nur ungefähr abschätzen. Franz Jung schreibt über den »engeren Kreis« der *Aktion*: »Zu diesem Kreis gehörten Karl Otten, zeitweise Kurt Hiller, Carl Einstein, Sternheim und Landauer, und als gute Freunde, so zu sprechen, die großen Verleger Fischer, Kurt Wolff und Rowohlt«[270]. Wolff interessierte sich vor allem für die Lyriker der *Aktion,* den politischen Bestrebungen Pfemferts stand er neutral gegenüber. Zwar verlegte er 1913 Rubiner[271], allerdings parodistische Lyrik und keine Agitationsdichtung. Paul Boldt, Georg Heym, Kurt Hiller, Else Lasker-Schüler, Emmy Hennings, Max Brod, Walter Hasenclever, Franz Werfel, Friedrich Eisenlohr waren ebenso Beiträger der *Aktion* wie Wolff-Autoren. Allem Anschein nach war die *Aktion* für Wolff die Zeitschrift, in der er fast alle neuen deutschen Autoren fand, die er als Buchautoren in seinen Verlag übernahm. Die *Aktion* spielte deshalb vor der Gründung der *Weißen Blätter* für Wolff die Rolle eines Vorabdruckorgans.

Die intensive Wechselbeziehung zwischen Verlag und Zeitschrift zeigt sich auch in den Ankündigungen der *Aktion*: »Wichtige Neuerscheinungen«, in denen 1913 fast alle Wolff-Bücher angezeigt wurden, und in dem Inseratenteil, in dem Wolff regelmäßig warb. Wolff-Bücher wurden zudem in der *Aktion* überwiegend positiv rezensiert. Nach der Gründung der *Weißen Blätter* wurde die Verbindung lockerer, Wolff inserierte kaum noch und seine Bücher wurden weniger häufig redaktionell angezeigt. Auf eine Abkühlung der Beziehungen läßt auch das rätselhafte Scheitern der *Aktions*-Sondernummer für den Kurt Wolff Verlag schließen.

Pfemfert veranstaltete neben seinen Sondernummern für einzelne Dichter auch Verlagsnummern, in denen er die Profile der ihm wichtig erscheinenden literarischen Verlage vorstellte. Hier war neben einer S. Fischer-Sondernummer erstaunlicherweise auch Eugen Diederichs vertreten. »Eine Ehrung, eine Aufmunterung, einen Dank an Eugen Diederichs«[272], an das Engagement dieses kämpferischen Verlegers sollte diese Nummer darstellen, auch wenn Pfemfert mit dem Programm des Verlegers nicht restlos einverstanden war. Wolff teilte am 8. September 1913 seinem Freund Hasenclever mit: »Ich habe ein Arrangement mit der ›Aktion‹ getroffen, dem zufolge im Oktober eine Sondernummer – Kurt Wolff Verlag – der ›Aktion‹ erscheint. Ich bin eben damit beschäftigt, den Inhalt zusammen zu stellen, der möglichst auch Ungedrucktes bringen soll«[273]. Diese Nummer ist aber nie erschienen.

Wolff wollte diese Sondernummer zur Erweiterung der Publizität seines Verlages ausnutzen, ebenso wie er im Winter 1913/14 die Räume der Buchhandlung *Reuß & Pollack* in Berlin für drei Verlagsabend mietete. Er schloß damit an die *Aktions*-Abende an, die in einem Hinterzimmer des Cafés *Austria* abgehalten wurden, und an die Veranstaltungen des *Gnus*, in dem ebenfalls einige seiner Autoren lasen. Er beabsichtigte aber nicht, damit ein

---

[268] Noch etwa 1920, berichtet Kurt Hiller, als er schon immerhin seit gut sieben Jahren mit Wolff in verlegerischer Beziehung stand: »[...] da ich jedoch Kurt Wolff persönlich kaum kannte, nur von insgesamt drei, vier kurzen Begegnungen her [...]« (Kurt Hiller: Leben gegen die Zeit, S. 105.)

[269] »Das Überraschende war, wir brauchten gar nicht zu suchen – die Autoren waren einfach da; nicht nur schickten sie ihre Manuskripte, sondern sie kamen selber, und sie brachten andere mit.« (Kurt Pinthus in: Raabe: Expressionismus. Aufzeichnungen, S. 78.)

[270] Frank Jung: Über Franz Pfemfert und die *Aktion*. In: Expressionismus. Aufzeichnungen, S. 127.

[271] Ludwig Rubiner, Friedrich Eisenlohr, Livingstone Hahn: Kriminalsonette. Leipzig 1913.

[272] Franz Pfemfert in: Die Aktion, 3. Jg., Nr. 50 vom 13. 12. 1913, Sp. 1172.

[273] KWB, S. 7.

festes Kommunikationszentrum für seinen Verlag in Berlin zu schaffen, wie Herwarth Walden es mit seinen unermüdlichen Institutionalisierungsversuchen des literarischen Lebens um den *Sturm* errichtete. Diese Veranstaltungen blieben vereinzelt bis zum Kriege.

Zu dem *Sturm*-Kreis nahm Wolff keine Verbindung auf. Waldens literaturpolitische Dogmatik und dessen Einsatz für Marinetti und den Futurismus waren dem Verleger fremd, der einen vitalistischen, von Neuromantik und Jugendstil herkommenden Expressionismus vertrat. Auch Walden stand dem Kurt Wolff Verlag zunehmend distanziert gegenüber. Ab 1915 häuften sich seine Polemiken im *Sturm* gegen den Verlag, dessen Werbemethoden und Bestsellerpolitik er verurteilte. Bezeichnend ist die ablehnende Haltung Wolffs in der schroffen Zurückweisung Alfred Döblins, der zu den Mitbegründern des *Sturm* gehörte. Döblin hatte seinen Marinettis Theorien verpflichteten Roman *Die drei Sprünge des Wang-lun* Wolff mit einem knappen, sachlichen Schreiben am 4. Dezember 1913 angeboten, mit dem Hinweis, daß bereits ein Novellenband von ihm bei Georg Müller erschienen sei[274]. Das am 5. Dezember eingetroffene Manuskript wurde am folgenden Tag, offensichtlich ungelesen, mit einer fadenscheinigen Begründung zurückgeschickt, die Döblin in seinem empört-amüsierten Antwortbrief noch einmal zitiert. »Sie meinten, daß Sie – ›von vornherein für Manuskripte, von denen Sie wüßten, daß Sie schon bei andern Verlegern gewesen sind, nicht das Interesse aufzubringen vermögen, das Sie Werken entgegenbrächten, die Ihnen zuerst angeboten würden –‹«[275]. Diese Ausrede, auch wenn Wolff sich in seiner Reaktion auf die Antwort Döblins erneut darauf versteifte[276], war gar zu durchsichtig. Döblin paßte nicht in Wolffs Programm, und weder Werfel noch Pinthus würden für diesen Autor plädiert haben. Erst nach dem Kriege – der Roman war 1915 als erster sichtbarer Erfolg Döblins bei S. Fischer erschienen – waren die expressionistischen Fronten soweit aufgeweicht, daß Döblin für den *Genius* schreiben konnte. Als Fischer-Autor war Döblin für den Buchverlag Wolffs verloren.

Verbindungen des Kurt Wolff Verlages zu dem Alfred Richard Meyer-Kreis und der *Bücherei Maiandros* blieben ebenso wie zu dem *Gnu* rudimentär. In einem Brief an Hasenclever bekannte Wolff offen: »[...] ich habe nun einmal gegen Ruest, Lautensack und Meyer Vorurteile.«[277] Von dem Wiener Kreis um Karl Kraus kamen Albert Ehrenstein, Oskar Kokoschka und Bertold Viertel zu Wolff, vermittelt wurden sie durch die Prager Dichter.

Diesem Prager Kreis kam für den Kurt Wolff Verlag der Vorkriegsjahre die entscheidende Bedeutung als beeinflussende literarische Gruppe zu. Der Prager Kreis ist nicht als Bohemezirkel zu begreifen; die konstituierenden Merkmale für diese Gruppe sind die soziokulturelle Stellung des Prager Deutschjudentums und die ethnische und sprachliche Isolation der Dichter, auf deren Hintergründe kurz eingegangen werden muß.

Um die Jahrhundertwende lebten in Prag etwa 30 000 überwiegend jüdische, ausschließlich den gehobenen Bürgerschichten angehörende Deutsche in der knapp 500 000 Einwohner zählenden tschechischen Stadt. Die Prager Juden sprachen nicht nur unter sich deutsch, sie waren so sehr assimiliert, daß sie sich als Vertreter und Förderer der deutschen Kultur empfanden. Politisch auf seiten der Donaumonarchie stehend, waren sie bei den Tschechen als Herrenvolk verhaßt. Spannungen entstanden vor allem durch die sudetendeutschen Studenten, die an der Prager Universität neben Tschechen und Juden studierten und in ihrer antisemitischen und antikatholischen Haltung die Juden in eine zusätzliche Isolation drängten.

Über die Literatur und ihre gesellschaftlichen Hintergründe, die in dieser explosiven Atmosphäre entstand, und als »Prager Schule« in die Literaturgeschichtsschreibung eingegangen ist, wurde mehrfach gehandelt[278]. Es mögen hier deshalb einige knappe Hinweise genügen. Die von Max Brod als der »weitere Kreis« bezeichnete Gruppe junger Literaten[279], die sich um ihn, Felix Weltsch, Oskar Baum und Franz Kafka als »engerem Kreis« scharte – Franz Werfel, Willy Haas, Otto Pick, Rudolf Fuchs und die Brüder Janowitz –, wandte sich gegen die Lebensformen und die Lebenshaltung der Väter, ähnlich wie die jungen Expressionisten im Deutschen Reich. Diese Väter »hatten keine Zeit, sich mit sich selbst zu beschäftigen; atemlos in nüchternbetriebsamer Arbeitsanbetung rangen sie um höchste gesellschaftliche Geltung und materielle Sicherung.«[280] Die Söhne wandten sich der Philosophie und der Literatur zu und versuchten neue Ansätze für die Überwindung des Ghettos zu finden. Wichtigster Verband wurde die Jugend-

---

[274] Brief im KWA.
[275] Döblin an Wolff, Brief vom 6. 12. 1913, KWB, S. 153.
[276] Wolff an Döblin, Brief vom 10. 12. 1913, KWB, S. 153 f.
[277] Wolff an Hasenclever, Brief vom 16. 5. 1913, KWB, S. 6.

[278] Vgl. u. a. den Sammelband: Weltfreunde. Konferenz über die Prager deutsche Literatur. Prag 1967.
[279] Max Brod: Der Prager Kreis. Stuttgart 1966, S. 146.
[280] Oskar Baum: Richard Beer-Hofmann. In: Juden in der deutschen Literatur. Essays über zeitgenössische Schriftsteller. Hrsg. von Gustav Krojanker. Berlin 1922, S. 198.

vereinigung jüdischer Logen, die *Johann Gottfried Herder-Vereinigung*, deren Aufgabe es sein sollte, »die durch den zunehmenden Einfluß vor allem zionistischer Ideen immer mehr sich vertiefenden politischen, sozialen und religiösen Gegensätze durch eine überparteiliche Organisation [...] zu überbrücken.«[281] So versuchte man die Kluft zwischen Tschechen und Deutschjuden zu überwinden, indem man sich für tschechische Literatur und Kultur einsetzte, und orientierte sich zunehmend an der expressionistischen Bewegung in Deutschland und Österreich.

Da den Pragern außer ihren bescheidenen, nach einem knappen Jahr 1912 wieder eingestellten *Herder-Blättern* keine Publikationsmöglichkeiten in Prag zur Verfügung standen, veröffentlichten sie überwiegend in deutschen Zeitschriften und Verlagen. Seit der Gründung der *Herder-Vereinigung* stand die Prager Gruppe um Brod mit Karl Kraus und den *Fackel*-Mitarbeitern Albert Ehrenstein, Otto Stoessl und Berthold Viertel in Verbindung und mit dem Berliner Kreis der *Aktion* und mit Kurt Hiller. Brod und Werfel lasen in den *Aktions*-Abenden und im *Neuen Club*, später im *Gnu*. Sie knüpften Kontakte an mit Hermann Meister und dessen *Saturn*, mit Ludwig von Ficker und dessen *Brenner* und mit den *Neuen Blättern* Jakob Hegners, mit Franz Blei, Alfred Kubin und Heinrich Mann[282]. Die Prager Isolation führte schließlich ab 1912 nicht nur zum Anschluß an die expressionistische Bewegung, sondern auch zur geographischen Flucht aus Prag bei Werfel und Willy Haas. Franz Kafka und Max Brod spielten mit diesem Gedanken[283].

Mit der Aufnahme von Werfel und Haas als Lektoren wurde der Kurt Wolff Verlag zu dem entscheidenden Verlag der Prager Gruppe. Als erster Autor war Max Brod 1912 zu Rowohlt gekommen, er brachte Franz Kafka und Felix Weltsch und Franz Janowitz. Werfel brachte Otto Pick, und als letzter Prager Autor kam 1917 Rudolf Fuchs. Max Brod wurde mit seinen 31 Büchern neben Werfel einer der wichtigsten und treuesten Autoren Wolffs. Wie in der Charakteristik des Verlagsprogramms deutlich wurde, bildete die Prager Gruppe mit ihren Büchern und ihren Übersetzungen neben den *Aktions*-Autoren den Hauptkern des Verlages, was Karl Kraus in seiner *Melancholie an Kurt Wolff* 1916 in der Fackel hervorhob und ironisch beklagte[284].

Die Anknüpfung der verlegerischen Beziehungen mit dem Prager Kreis erfolgte zunächst nicht aus programmatischen Erwägungen. Max Brod fühlte sich von seinem Verleger Axel Juncker nicht gebührend vertreten und bot Rowohlt 1912 sein Buch *Die Höhe des Gefühls* an, ebenso seine zusammen mit Felix Weltsch verfaßte psychologisch-philosophische Abhandlung *Anschauung und Begriff*. Axel Juncker, »ein dänischer Grandseigneur«, der »in seinem unordentlichen, kleinen, von Buchpaketen überfüllten Laden auf dem Kurfürstendamm« saß und, schreibt Brod, immer nur klagte, »in gleichmäßig stillem Tonfall, wie schlecht die Bücher gingen, die er liebte. Auch die meinen«[285], war nicht der Typus des literarischen Verlegers, der seine Autoren zu halten verstand. Rowohlt hatte leichtes Spiel, Max Brod zu verpflichten.

Wolff stand Brod anfangs distanziert gegenüber. Rowohlt behauptete 1913, Wolff habe Robert Walser, Werfel und Brod während ihrer Partnerschaft zunächst abgelehnt, während er diese Autoren ja nun offensichtlich protegiere[286]. Wolff wies dies als verärgerte Äußerung seines ehemaligen Kompagnons von sich: Was Rowohlt »von einer Ablehnung Walser und Brod durch mich sagt, ist lächerlich, denn wir haben diese Leute beide nie abgelehnt, sobald wir Gelegenheit hatten, sie zu bekommen«[287]. Doch schien er Mühe zu haben, Brod innerlich voll vertreten zu können, und war noch 1913 von dessen literarischen Qualitäten nicht restlos überzeugt. »Brod hat mir das Manuskript seines neuen Dramas gesandt und ich bin furchtbar erschrocken, weil ich nicht weiß, was ich ihm darüber schreiben soll. Das wird ein nicht sehr ehrlicher Brief werden«, gestand er Werfel zu Brods Schauspiel *Die Retterin*. Das Stück habe Kulissen-Effekte, »bei denen auch nicht die Nieren der Gallerie, sondern nur ihre Lachmuskeln erschüttert werden [...]. Das Milieu ist glänzend getroffen, aber das Milieu ist mir außerordentlich unsympathisch. Es versteht sich von selbst bei Brod, daß es in der Idee Wunderschönes enthält, und das Rührendste ist eigentlich, daß Brod glaubt, mit diesem Stück einen Reißer für die Bühnen geschrie-

---

[281] Kurt Krolop: Zur Geschichte und Vorgeschichte der Prager deutschen Literatur des »expressionistischen Jahrzehnts«. In: Weltfreunde, S. 58.
[282] Vgl. Krolop: a.a.O., S. 59. Erstaunlicherweise erwähnt Krolop die Verbindungen zu dem KWV nicht, obwohl er den Beziehungen zu den deutschen Kreisen nachgeht.
[283] Vgl. das Kapitel 4.6, Sp. 756.

[284] Karl Kraus: Melancholie an Kurt Wolff. In: Die Fackel, Nr. 443/444 vom 16. 11. 1916, S. 26 f., abgedruckt auch in KWB, S. 547–549.
[285] Max Brod: Streitbares Leben, S. 33 f.
[286] Berichtet von Walter Hasenclever in einem Brief an Wolff vom 24. 4. 1913, KWA.
[287] Antwortbrief Wolffs an Hasenclever vom 28. 4. 1913, KWA.

ben zu haben, der ihm ganze Postschalter voll Tantiemen-Gelder einträgt.«[288]

Brod, dessen eigenes Werk heute durch sein Mentoramt für Franz Kafka überschattet ist, brachte nicht nur Kafka zu Wolff. Daß über einen Autor, »der sich gefördert und gut aufgehoben findet in seinem Verlag«, andere Schriftsteller aus dessen Umkreis zu dem Verleger finden, hebt Wolff in seinem Falle hervor. »Gewiß, das geschieht manchmal [...] aus Kameraderie, aber mitunter ist's auch höchst dankenswert – ich erinnere an Max Brod, bei dem ich oft empfand, daß er mir alle Prager, die sich schriftstellerisch überhaupt bemühten, schickte, im Grund aber wußte, daß neben Kafka und Werfel, oder Tschechen wie Brežina und Bežruc, die meisten anderen sehr klein und unwichtig waren.«[289]

Wenn wir die eingangs gestellte Frage nach dem Verhältnis zwischen literarischer Zielsetzung des Verlegers Wolff und den biographischen Bedingungen der Aufnahme oder Ablehnung von Autoren bestimmter literarischer Kreise noch einmal stellen, so läßt sich zusammenfassend formulieren, daß Wolff freundschaftlich-biographische Beziehungen zu den Boheme-Gruppen nicht unterhielt, er traf seine Auswahl aus Zeitschriften und stand deshalb nur mit den Zeitschriften und ihren Herausgebern in Verbindung. Auswahlprinzip war nicht die Förderung bestimmter Zirkel, sondern die Absicht, neue, als Spiegelung der Zeit relevante Stimmen zu vertreten. Deshalb hat Wolff kein ästhetisches oder literaturpolitisches Programm der Zeitschriften aufgegriffen. Den *Sturm*-Kreis und Waldens literaturpolitische Ziele hat er ganz offensichtlich abgelehnt, wahrscheinlich beeinflußt durch seine Lektoren.

Anders verhält es sich mit dem auch in seinen Konstituierungsmerkmalen eine Sonderstellung einnehmenden Prager Kreis. Hier spielten biographische Bedingungen der Freundschaft mit Werfel neben der Begeisterung für dessen Werk und das Franz Kafkas eine Rolle. Die durch Wolffs Verehrung dominierende Beraterfunktion Werfels führte zur Aufnahme und Förderung der ganzen Gruppe.

3.6 Die Resonanz beim Publikum und der Verlag im Spiegel zeitgenössischer Urteile

Betrachtet man den Erfolg des Verlages anhand der Verkaufszahlen und Auflagenhöhen, so muß man Wolffs verlegerische Mission vor dem Krieg erneut als eine, wenn auch unbeabsichtigte, mäzenatische Aufgabe bezeichnen. Denn es liegt eine offensichtliche Diskrepanz zwischen dem »literarischen« Erfolg der frühexpressionistischen Literatur und dem Verkaufserfolg vor, was in dem Kapitel über den *Jüngsten Tag* bereits angedeutet wurde.

Um dieses Mißverhältnis genauer zu beschreiben, sei grundsätzlich unterschieden zwischen literarischer Beachtung und Anerkennung der Verlagspublikationen, wie sie in zeitgenössischen Äußerungen der Kritiker und Autoren festgehalten sind, und dem Publikumserfolg. Unter literarischem Erfolg soll der Bereich der Wirkungsgeschichte verstanden werden, der sich mit der Reaktion der Kritik und der Autoren selbst auf die Bücher des Kurt Wolff Verlages befaßt. Dies entspricht dem Begriffsverständnis von »Wirkungsgeschichte«, wie es die Literaturwissenschaft überwiegend verwendet, die darunter die geistesgeschichtliche und »innerliterarische« Abhängigkeits- und Folgereaktion auf Autoren und deren Werke versteht.

Der Zusammenhang zwischen der gegenseitigen Beeinflussung der Autoren und der Bewertung durch die zeitgenössische literarische Kritik war im Expressionismus ungewöhnlich eng, da die Mehrzahl der Kritiker aus den Reihen der Autoren kam. Und schließlich waren ja viele Lektoren und Verleger selbst Autoren. Das soziale Gemeinschaftsgefühl der Boheme und das kämpferische Engagement der programmatischen Kreise wie der von Walden und Pfemfert führte zu gegenseitigen Freundschaftsdiensten in Rezensionen. Hinzu kamen verlagspolitische Erwägungen. So rezensierte beispielsweise der Verlagslektor Pinthus die meisten Wolff-Bücher als Mitarbeiter verschiedener Tageszeitungen[290]. Auch Hasenclever machte »Reklame« für den Verlag, und Rezensionen wurden mit dem Verleger abgesprochen, ja sogar redaktionelle Beiträge von Anzeigen abhängig gemacht[291]. Die Bedeutung dieser Konstellation für die inhaltliche Substanz der Kritiken, die Fülle der Gefälligkeitsrezensionen der Autorenfreunde untereinander und die gegenseitige ideologische Beeinflussung bis hin zur formalen Nachfolge (etwa bei van Hoddis und Lichten-

---

[288] Wolff an Werfel, Brief vom 30. 4. 1913, KWA.
[289] Kurt Wolff: Autoren, Bücher, Abenteuer, S. 20.
[290] Pinthus war Mitarbeiter des *Berliner Tageblatts*, des *Leipziger Tageblatts*, der *Leipziger Neuesten Nachrichten*, des *Frankfurter Tageblatts*, der *Zeitschrift für Bücherfreunde*, der *Schaubühne*. In all diesen Organen finden sich seine positiven Kritiken von Wolff-Büchern.
[291] So schrieb Wolff am 10. 9. 1913 an Werfel: »Bitte tun Sie sich und mir den Gefallen für Ihre Einwilligung zu dem Saturn-Heft zur Bedingung zu machen (was selbstverständlich sein sollte), daß der Saturn in diesem Werfelheft eine ausführliche Anzeige (deren Text Ihr Verleger senden würde) über ›Wir sind‹ unberechnet aufnimmt.« (Brief im KWA.)

stein in der Abhängigkeit von Georg Heym) lohnten eine gesonderte Untersuchung, können hier aber nur erwähnt werden. Ein Überblick über die Urteile der Literaten zu dem Kurt Wolff Verlag insgesamt soll den Abschluß des Kapitels bilden.

Von dem »literarischen« Erfolg ist der Publikumserfolg zu trennen, der sich verhältnismäßig direkt an der Zahl der Auflagen und, soweit sie greifbar sind, an den Verkaufszahlen ablesen läßt. Der Publikumserfolg ist ebenfalls ein Teil der zeitgenössischen Wirkungsgeschichte. Da aber weder das Lesepublikum eines einzelnen Buches soziologisch greifbar ist, noch schriftliche Reaktionen des lesenden Laien vorliegen, ist der Erfolg über die Verkaufszahlen hinaus – bezogen auf ein spezifisches Publikum – kaum näher analysierbar. Auch die für die Beurteilung des Publikums entscheidenden Reaktionen des Buchhandels auf die Kurt Wolff-Bücher sind nicht im einzelnen faßbar, da keine Unterlagen des Vertriebes über die Korrespondenz mit Buchhändlern und keine Auftragslisten mit Direkt- oder Kommissionsbestellungen erhalten sind. Die Bedeutung des Sortimentsbuchhandels als des entscheidenden Distributionsfaktors muß deshalb bei den folgenden Überlegungen ausgeklammert werden.

Der Publikumserfolg ist nicht unmittelbar abhängig von der literarischen Kritik, die Steuerungsfunktion des Rezensionswesens bis heute wissenschaftlich umstritten[292]. Im Falle des Kurt Wolff Verlages läßt sich vorsichtig behaupten, daß der Einfluß der literarischen Kritik auf den Verkaufserfolg gering war, auch wenn der Verleger mit den Kritiken rechnete und sie für seine Werbung einsetzte[293]. Wie wenig positive Rezensionen expressionistischer Autoren den Büchern zu einer Breitenwirkung verhalfen, beklagte Franz Pfemfert in einem Gespräch mit S. Fischer: »Haben Sie nicht aber auch die Erfahrung gemacht, daß Werke, deren l i t e r a r i s c h e r Erfolg sehr groß war, die in den größten Tageszeitungen preisend besprochen wurden, dennoch keine finanziellen Erfolge hatten? Ich sehe bei meiner Tätigkeit (ich denke zum Beispiel an das Buch von Carl Einstein [*Bebuquin*, Verlag der Aktion 1912]), daß selbst die besten Kritiken auf den Absatz eines Werkes nicht fördernd wirken.«[294]

Es läßt sich eine fast reziproke Korrelation zwischen dem Innovationscharakter der neuen Literatur, dem Lob in den expressionistischen Zeitschriften und den Verkaufserfolgen herstellen. Denn man hat es beim Frühexpressionismus mit einer Avantgardeliteratur zu tun, die von der »progressiven« Kritik – sprich: die jungen Literaten untereinander und einige Mentoren wie Hermann Bahr, Franz Blei und zunächst Karl Kraus – positiv besprochen wurde, von der »konservativen« Kritik aber abgelehnt oder ignoriert wurde. Es sei nur an die Kontroversen über Gottfried Benns *Morgue* oder die Urteile über Georg Heyms Buchveröffentlichungen erinnert[295].

Es fügt sich deshalb in den Rahmen, daß die Absatzzahlen des Kurt Wolff Verlages zunächst gering waren. Wie bescheiden die ersten Verkaufszahlen Wolffs mit der neuen Literatur waren, mag das Beispiel von Franz Kafkas *Betrachtung* illustrieren. Das Buch wurde Ende 1912 in 800 Exemplaren ausgeliefert, und noch 1915 versuchte Georg Heinrich Meyer durch Umbinden und Deklarierung als »Zweite Ausgabe« (in Inseraten auch als »Zweite Auflage«) den Verkauf der ja noch offensichtlich zahlreich vorhandenen Bücher zu beleben[296].

Man hat deshalb auch bei den Büchern, die in den Literatenkreisen stürmisch begrüßt wurden, einen Teil des Publikums in den Literatenzirkeln selbst zu suchen. »Was ist mir jetzt mein ärmlicher Ruhm? Klatsch dreier Kaffees und lächerliche Politik dreizehn übel geratener Literaten?«, schrieb Franz Werfel in der *Versuchung*[297].

---

[292] Dies gilt vor allem bei dem Phänomen des Bestsellers und der Bedeutung der Kritik für diese Erfolge. Vgl. dazu den resümierenden Beitrag von Werner Faulstich: Bestseller – ein chronologischer Abriß bisheriger Erklärungsversuche. In: Archiv für Soziologie und Wirtschaftsfragen des Buchhandels XXVII = Börsenblatt, Frankfurter Ausgabe, Nr. 77, vom 28. 9. 1973, S. 1509–1523.

[293] Wolff sammelte, wie in den meisten Verlagen üblich, die Rezensionen und druckte die positiven Stellen in seinen Verlagskatalogen und in Anzeigen zur Werbung ab.

[294] Bruchstück einer Unterhaltung. In: Die Aktion, 4. Jg., Nr. 28, vom 11. 7. 1914, Sp. 604.

[295] Vgl. hierzu Karl Ludwig Schneider: Das Werk Georg Heyms im Spiegel der Kritik. Eine Dokumentation der Rezensionen von 1911–1922. In: Georg Heym: Dichtungen und Schriften. Bd 6, S. 191–325; und Paul Raabe: Der frühe Benn und die Veröffentlichung seiner Werke. In: Gottfried Benn: Den Traum alleine tragen. Hrsg. von Paul Raabe und Max Niedermayer. München 1969, S. 20.

[296] Vgl. Meyer an Kafka, Brief vom 11. 10. 1915, KWB, S. 34. In dem Verlagsverzeichnis 1909–1916 ist die »Zweite Ausgabe« als erschienen angezeigt.

[297] Franz Werfel: Die Versuchung, S. 17. – Ein weiterer Teil des Publikums ist in der Jugend zu suchen. So schreibt Werfel am 12. [11.] 1913 aus Prag an Wolff: »Das bunte Buch trägt hier jeder Gymnasiast in der Schultasche.« (KWA) Die Dichter selbst waren intensiv um die Verbreitung ihrer Werke bemüht. Einige hofften durch möglichst zahlreiche Verschickung von Freiexemplaren an Freunde und Rezensenten eine Propagandawirkung zu erreichen. Wolff amüsierte sich

Und Franz Blei behauptete in seinem Nachwort zu *Bebuquin:* »Ich bin ratlos vor die Aufgabe gestellt, einen Leser auf ein Buch vorzubereiten, dessen größter Wert mir scheint, daß es wie die Dinge heute liegen, keinen Leser finden kann, keinen wenigstens, den ich ›einführen‹ könnte«[298], und meint damit ja doch wohl, daß auch dieses Buch höchstens von den Auguren der jungen Literatur gelesen würde.

Der liebenswert naive Georg Heym ermutigte Rowohlt, ihn als »homo novus«[299] zu verlegen: »Übrigens nehme ich an, daß ich auch außerhalb der litterarischen Kreise gekauft und bekannt würde, weil mein Vater ein hoher Reichsbeamter a. D. mit noch sehr vielen Beziehungen ist und ich persönlich Korpsstudent bin.«[300] Sein *Ewiger Tag* (1911) war in der Tat einer der ersten expressionistischen Erfolge. Das Buch konnte nach einem Jahr im zweiten Tausend nachgedruckt werden. Dieses zweite Tausend wurde allerdings noch 1919 angezeigt[301]. Sein zweites Gedichtbuch, der Nachlaßband *Umbra vitae* (1912), wurde, soweit sich sehen läßt, aus Werbegründen von vornherein in »zwei« Auflagen zu je 500 Exemplaren gedruckt und als »Zweite Auflage« angezeigt[302]. Wolff schrieb 1922 über diese Gedichte an Hans Mardersteig: »›Umbra vitae‹ ist ein sehr schweres Buch, das eine kleine Gemeinde hat; in den 10 Jahren nach Heym's Tod sind – sage und schreibe – 1 000 Exemplare abgesetzt worden, von denen die [letzten erst] in den allerletzten Wochen verkauft wurden.« Die soeben erst in 3 000 Exemplaren gedruckte Gesamtausgabe würde »gewiß wieder für lange Jahre reichen«[303].

Walter Hasenclevers Buch *Der Jüngling* war Ende März 1913 erschienen, und auf Anfrage teilte Wolff dem Autor die Absatzzahlen für die ersten fünf Monate mit: März 24, Mai 44, Juni 16, Juli 15, August 5, September 3 = 107. Dazu kamen noch vier Luxusexemplare[304]. Die Jahresabrechnung 1915/16 weist gar nur 24 verkaufte Exemplare des *Jüngling* aus[305]. Max Brods noch unter dem Signet ERV 1913 erschienenes Buch *Die Höhe des Gefühls* wurde zwischen dem 1. Juli 1913 und dem 30. Juni 1914 in 46 Exemplaren verkauft, im folgenden Geschäftsjahr bis 30. Juni 1915 waren es drei (!) Exemplare, und der Autor erhielt dafür ein Honorar von 1,80 Mark. Sein Buch *Über die Schönheit häßlicher Bilder* (1913) wurde in den beiden genannten Geschäftsjahren in 212 + 25 = 237 Exemplaren abgesetzt[306]. Else Lasker-Schülers Bücher, die Wolff an den Verlag der Weißen Bücher abgab, verkauften sich ähnlich mühsam. In einem Rechnungsauszug von 1918 stehen dem Gesamthonorar von 1 818,40 Mark für vier Bücher in dem Abrechnungszeitraum vom 1. April 1913 bis zum 28. Februar 1918 4 800 Mark gezahlte Vorschüsse gegenüber[307]. Die Zeitschrift *Der lose Vogel* wurde 1913 als Sammelbuch in 500 Exemplaren vertrieben, 1914 zur Belebung des Verkaufs ein neues Titelblatt mit dem Vermerk »KWV 1914« eingeklebt, aber noch in dem letzten Verlagsalmanach 1927 im Programm angezeigt.

Ein letztes Beispiel für die Verkaufserfolge frühexpressionistischer Bücher soll eine Legende zerstören, die durch

---

deshalb über die Brüder Ehrenstein: »Wie finden Sie den bescheidenen Wunsch von Carl, der mir eine Liste schickt mit 174 Adressen, an die ich Frei-Exemplare seines Buches zu schicken hätte.« (Brief an Hasenclever vom 16. 5. 1913, KWB, S. 6.)

[298] Carl Einstein: Bebuquin oder die Dilettanten des Wunders. Ein Roman, Berlin 1912, S. 106.

[299] Heym an Rowohlt, undat. Brief [Juni 1911]. In: Georg Heym: Dichtungen und Schriften. Bd 3, S. 255.

[300] Heym an Rowohlt, Brief vom 6. 12. 1910, a.a.O., S. 227 f.

[301] Die Bücher und graphischen Publikationen von Kurt Wolff Verlag [...] Herbst 1919, S. 20.

[302] Vgl. das Verlagsverzeichnis in: *Das Bunte Buch*, S. 169. Die Gepflogenheit, Auflagen zu halbieren und aus Werbegründen als zwei Auflagen zu zählen, war schon Ende des 19. Jahrhunderts üblich. So vereinbarte Theodor Fontane mit Wilhelm Friedrich, daß sein *Schach von Wuthenow* in 1500 Exemplaren, »deklassiert als zwei Auflagen à 750 Stück« gedruckt werden sollte. (Manfred Hellge: Fontane und der Verleger Wilhelm Friedrich. In: Fontane-Blätter. Bd 3, Heft 1, Potsdam 1973, S. 23.)

Rowohlt benutzte die Auflagenteilung ebenfalls zu Werbezwecken. Am 13. 10. 1910 schrieb er an Paul Scheerbart über dessen Buch *Das Perpetuum mobile*: »[Auf eine] Sache möchte ich Sie aufmerksam machen: Ich habe [von dem Buch] 5 Auflagen drucken lassen, jede zu 500 Exemplar[en]. Um das Publijkum etwas zu blüffen, habe ich zuerst die 3. u. 4. [Auflage ausliefern lassen.]« (KWA).

[303] Wolff an Mardersteig, Brief vom 2. 3. 1922, KWB, S. 392.

[304] Wolff an Hasenclever, Brief vom 9. 10. 1913, KWA.

[305] KWV an Hasenclever, Brief vom 12. 1. 1917, KWA. – Die Geschäftsjahre des KWV liefen vom 1. Juli bis zum 30. Juni des nächsten Jahres.

[306] Undat. Honorarabrechnung für den Zeitraum vom 1. 7. 1913 bis 30. 6. 1915, KWA. – Max Brods zusammen mit Felix Weltsch verfaßtes Buch *Anschauung und Begriff* nahm der Verlag nur unter der Bedingung an, daß die Autoren auf ein Honorar verzichteten und garantierten, daß sie, wenn nicht innerhalb der ersten 10 Monate nach Erscheinen 150 Exemplare bar verkauft worden seien, die Differenz zwischen den verkauften Exemplaren und den 150 Büchern übernehmen würden. (Verlagsvertrag vom 15. 11. 1912, Privatbesitz.) Der Verlag mußte die Garantiebedingung in Anspruch nehmen.

[307] Undat. »Rechnungsauszug für Frau Else Lasker-Schüler, z. Z. Zürich«, ca. März 1918, KWA.

die unbesehene Übernahme zeitgenössischer Äußerungen zu dem »literarischen« Erfolg von Werfels *Weltfreund* entstanden ist. »Man hat mehrfach den Beginn der expressionistischen Bewegung mit dem Erscheinen des *Weltfreundes* gegen Ende des Jahres 1911 und mit dem gleichzeitigen Autorenabend der *Aktion* [...] festsetzen wollen. Wenn man an die ungeheure Wirkung dieser Ereignisse denkt, kann man dieser Auffassung eine gewisse Berechtigung nicht abstreiten. Die 4 000 Exemplare der 1. Auflage des *Weltfreunds* waren nach wenigen Wochen verkauft«, schreibt Hellmut Thomke in seiner Habilitationsschrift[308]. Bedauerlicherweise gibt er nicht an, woher er diese Information hat. Die gleiche Auflagenhöhe findet sich allerdings auch in Wilpert/Gührings Nachschlagewerk *Erstausgaben deutscher Dichtung*[309].

Max Brod berichtet eingehend, welche Mühe er hatte, Juncker überhaupt zu überreden, das Buch herauszubringen, das dem Verleger nicht gefiel, und das er, wenn er Brod schon gefällig war, wenigstens kürzen wollte[310]. Es ist deshalb schon nach diesem Bericht Brods geradezu absurd anzunehmen, daß Juncker für diese Erstlingsgedichte eine Auflage von 4 000 Exemplaren riskiert habe. Die Auflagen vergleichbarer Lyrikbände lagen allgemein zwischen 500 und 1 000 Exemplaren. Einem Brief Wolffs an den Vater Werfel vom 14. Oktober 1912 ist denn auch ein ziemlich eindeutiger Hinweis zu entnehmen, daß diese Auflage 600 Exemplare betrug[311].

Bedingung für den Druck war außerdem, daß Werfel erst ab der zweiten Auflage ein Honorar erhalten und sich mit seiner weiteren Produktion an den Verlag binden sollte. Mit dieser Bindung war der Vater, der für den minderjährigen Franz Werfel den Vertrag unterschreiben mußte, nicht einverstanden, und »infolge dieses Umstandes verschob Herr Juncker den Druck der zweiten Auflage, die schon hätte vor einigen Monaten erscheinen sollen, indem er mich immerwährend durch wiederholte Zuschriften dazu bewegen wollte, meine Unterschrift auf den ursprünglichen Vertrag zu setzen«[312]. Franz Werfel entschloß sich daraufhin nachzugeben und gestattete Juncker, eine zweite Auflage von 600 Exemplaren gegen ein Honorar von 300 Mark zu veranstalten, wenn er ihn von weiteren Verpflichtungen entbände[313]. Daraufhin druckte Juncker jedoch die zweite Auflage in Höhe von 1 000 Exemplaren, denn eine vertragliche Verpflichtung über die Auflagenhöhe war er nicht eingegangen. Von Wolff verlangte er 1 500 Mark für die Ablösung dieser Auflage, die dieser aber nicht zu zahlen bereit war[314]. Die zweite Auflage erschien noch vor Weihnachten 1912 in Berlin. Sie ist nachgewiesen im *Deutschen Bücherverzeichnis*, das merkwürdigerweise die erste Auflage nicht angibt.

Wie sah es aber aus mit dem Verkaufserfolg der ersten Auflage? Am 18. Mai 1914 berichtete Kurt Wolff, der den *Weltfreund* unbedingt in seinem Verlag haben wollte, Rudolf Werfel über eine neue Verhandlung mit Juncker: »Da behauptete Juncker nun auf einmal: er habe zur Zeit einen Vorrat von 1 000 Exemplaren des ›Weltfreund‹, die er mir nebenbei bemerkt, mit Mk. 2 000.- verkaufen will, eine ganz indiskutable und unerhörte Forderung. Als ich ihn fragte, daß das dann doch die 3. Auflage wäre, behauptete er, das wäre die 2. Auflage, von der noch nichts verkauft sei. Er habe die 2. Auflage schon gedruckt, als die 1. noch längst nicht vergriffen gewesen wäre und zwar nur auf Wunsch und aus Gefälligkeit für Franz Werfel, weil dieser gern das Honorar dafür gehabt hätte. [...] Mir persönlich erscheint es mehr wie unwahrscheinlich, daß er bei dem beispiellosen Erfolge des ›Weltfreund‹ davon bis heute noch nicht die 1. Auflage verkauft haben will.«[315]

Nun liegt es durchaus im Bereich des Wahrscheinlichen, daß Juncker die zweite Auflage in Angriff genommen hatte, als die erste noch nicht ganz verkauft war. Die gleiche Praxis hat Wolff bei Annette Kolb geübt[316], und René Schickele sagte Ähnliches von S. Fischer[317]. Georg Heinrich Meyer machte eine solche Praxis aus Werbe-

---

[308] Hellmut Thomke: Hymnische Dichtung im Expressionismus, S. 220.

[309] Gero von Wilpert und Adolf Gühring: Erstausgaben deutscher Dichtung. Stuttgart 1967, S. 1372.

[310] Max Brod: Streitbares Leben, S. 34.

[311] »Nur bitten wir Sie uns noch mitzuteilen, in wieviel Exemplaren Juncker diese zweite Auflage zu drucken berechtigt war oder berechtigt ist. Soviel wir Ihren Sohn hier verstanden haben, *darf auch diese zweite Auflage Junckers nur 600 Exemplare betragen*, was ja auch der geringen Honorierung von Mk. 300,- – nur entsprechen würde.« (Brief im KWA, Hervorheb. vom Verf.)

[312] Rudolf Werfel an Wolff, Brief vom 12. 10. 1912, KWA.

[313] Berichtet von Rudolf Werfel in dem Brief vom 12. 10. 1912.

[314] Axel Juncker an Rudolf Werfel, Brief vom 28. 10. 1912, Abschrift im KWA.

[315] Brief im KWA.

[316] Vgl. Wolff an Annette Kolb, Brief vom 10. 4. 1918, KWB, S. 188. Wolff druckte die 2. Aufl. von *Wege und Umwege* auf »besonderen Wunsch« der Autorin »unendlich frühzeitig und vorzeitig«, obwohl noch 400 Exemplare der ersten Aufl. vorhanden waren.

[317] Schickele an Jean Schwab, Brief vom 19. 1. 1914, KWA: »Stimmt es, daß das 1. Tausend von Benkal so gut wie verkauft ist? – Dann vergessen Sie ja nicht, ›2. Auflage‹ hineinzukorrigieren. – S. Fischer schreibt 2. Auflage, wenn, wie von Flakes Buch, erst 6 oder 700 Exemplare verkauft sind.«

gründen zeitweilig geradezu zum Prinzip. Wolff mag durch die Begeisterung der Kritik von dem *Weltfreund* den Verkauf überschätzt haben, wie er von der Forschung ja auch überschätzt wurde. Außerhalb von Berlin, Prag und Leipzig schien sich das Publikum wenig für das Buch zu interessieren.

Georg Heinrich Meyer, dem es im März 1915 im Zusammenhang mit den Übernahmeverhandlungen von Max Brods Gesamtwerk aus dem Axel Juncker Verlag endlich gelang, den *Weltfreund* freizukaufen, schrieb am 28. April an Werfel: »Unter den Bänden, die wir vom ›Weltfreund‹ von Axel Juncker übernommen haben, sind auch noch Exemplare mit dem entzückenden Bild von Szafranski.«[318] Also war die 1. Auflage, die allein dieses Bild enthielt, 1915 noch nicht ausverkauft! Die 2. Auflage wurde umgebunden, mit dem Vermerk »Zweite Auflage/Aus Axel Junckers Verlag in Charlottenburg-Berlin übernommen« versehen und als 3. Auflage inseriert[319]. Da diese Auflage eine Anzahl störender Druckfehler enthielt und die Zusammenstellung der Gedichte Werfel nicht mehr zusagte, plante er eine völlige Neufassung. Doch die insgesamt 1 600 Exemplare seines ersten Buches waren auch im nächsten Jahr noch nicht vergriffen. Am 5. Mai 1916 schrieb Wolff an seinen Autor: »Sie wissen, daß seit zwei Jahren der Verlag Sie ständig bittet, die Unterlagen einzusenden zu einem Neudruck vom ›Weltfreund‹. [...] es ist unmöglich, mit dem Druck der neuen Auflage länger zu warten [...]. Wohl haben wir noch Exemplare, aber wir müssen, soll wirklich etwas zu einer starken Verbreitung Ihrer Verse geschehen, auch erhebliche Mengen in Kommission versenden, und hierzu reicht es nicht mehr.«[320] Doch Werfel ließ sich nicht drängen, obwohl der Verlag mit dem Satz schon begonnen hatte. Am 17. Juli 1917 versprach er endlich: »Das Material für einen neuen Weltfreund stelle ich auch zusammen.«[321] 1918 erschien diese nur geringfügig überarbeitete Fassung als dritte Auflage. In dem großen Nachkriegserfolg Werfels erreichte das Buch 1920 das 9. bis 13. Tausend und lag damit noch knapp unter dem Erfolg der beiden anderen frühen Lyrikbände des Dichters: *Wir sind* (12. bis 16. Tsd. 1922) und *Einander* (14. Tsd. nach dem Katalog von 1922).

Alle diese Beispiele für die Absatzziffern frühexpressionistischer Bücher, so verschieden die Gründe für den geringen Verkaufserfolg auch sein könnten, wären nicht symptomatisch, ließen sich Gegenbeispiele eines eklatanten frühexpressionistischen Publikumserfolges finden. Erst während des Krieges veränderten sich diese Bilanzen unter dem Einfluß von Georg Heinrich Meyers Werbestrategie, und nach dem Kriege nahmen, wie das Beispiel des *Weltfreundes* schon andeutete, die Verkaufserfolge expressionistischer Literatur allgemein zu.

Die Publikumserfolge des Kurt Wolff Verlages, die in den Vorkriegsjahren, verglichen mit der Insel oder S. Fischer, ohnehin nicht sensationell waren, lagen auf einer anderen Ebene. Der Verlag war unter der Leitung Rowohlts zunächst durch seine buchkünstlerischen Ambitionen bekanntgeworden und war erfolgreich mit seinen *Drugulin-Drucken* der Weltliteratur[322]. Erfolge hatten auch das Märchenspiel von Gerdt von Bassewitz *Peterchens Mondfahrt* (1912) und das von Rowohlt deutlich als »humoristisch« angekündigte Buch von Hermann Harry Schmitz *Der Säugling und andere Tragikomödien* (1911)[323]. Die in dem Verlagsprogramm sehr zufällig anmutende Aufsatzsammlung von Anna Bahr-Mildenburg und Hermann Bahr über *Bayreuth* (1912) wurde in vier Auflagen gedruckt und ins Englische übersetzt. Der Verleger konnte mit dem Buch alljährlich bei den Festspielen in München und Bayreuth auf einen langfristigen Absatz hoffen. Auch das noch bei Rowohlt erschienene Buch von Rodin *Die Kunst. Gespräche des Meisters* (1912) verkaufte sich offensichtlich so gut, daß Wolff 1913 eine »Neue Volksausgabe« in viertausend Exemplaren druckte[324].

Da nur bei wenigen Vorkriegspublikationen genaue Verkaufszahlen vorliegen, sind wir bei der Erfolgsbeurteilung auf Auflagenzahlen angewiesen, obwohl sie für den tatsächlichen Verkauf nur als Indizien zu werten sind. In dem ersten Gesamtkatalog im *Bunten Buch* sind 1913 nur bei einer kleinen Anzahl von Büchern höhere Auflagen angegeben, sogar durch eine kräftige Unterstreichung hervorgehoben. Man darf deshalb davon ausgehen, daß Wolff überall da, wo eine höhere Auflage vor-

---

[318] Brief im KWA.
[319] Sie ist im *Deutschen Bücherverzeichnis* für 1915 als »Titelauflage« angezeigt. Eine Autopsie des Buches bestätigte im Vergleich mit der 2. Aufl. Junckers die Identität.
[320] KWB, S. 111.
[321] KWB, S. 117.

[322] Zum Erfolg der *Drugulin-Drucke* vgl. W. Göbel: Der Ernst Rowohlt Verlag. In: AGB XIV, Sp. 502 f.
[323] Das Märchenspiel von Bassewitz ist heute noch ein erfolgreiches Stück für das Kindertheater. Die Auflagenhöhen lassen sich nicht eindeutig ermitteln. 1919 lag jedoch schon das 31.-40. Tsd. in der Verlagsanstalt H. Klemm, Berlin, vor. Wolff dürfte vor allem an dem Bühnenvertrieb verdient haben, den er auch nach Abgabe des Buches behielt. – Bei dem Buch von Schmitz ist schon in dem Verlagsverzeichnis des *Bunten Buches*, S. 188, für 1913 die 4. Aufl. angegeben.
[324] Nach den Verlagskatalogen erreichte das Buch bis 1921 das 18. Tsd., bis 1927 das 23. Tsd.

lag, diese auch angab³²⁵. Und es paßt in das Bild, daß dies bei der expressionistischen Literatur – abgesehen von Heym – nicht der Fall war. Die Höhe der Auflagen betrug, wie aus den vorhandenen Verlagsverträgen und Autorenkorrespondenzen geschlossen werden kann, in der Regel 1 000 Exemplare. Lyrikbände gelegentlich etwas weniger. Ausnahmen bildeten lediglich der *Jüngste Tag* und die bibliophilen Drucke, deren Auflagenhöhe die Kataloge aber dezidiert vermerkten.

Höhere Auflagenangaben enthält das Verlagsverzeichnis von 1913 bei dem Reisebuch von Mechtild Lichnowsky *Götter, Könige und Tiere in Ägypten* (3. Aufl.), bei dem Sammelbuch *Vom Judentum* (4. Aufl.) und bei Dauthendey und Eulenberg. Die bei Dauthendey angegebenen zweiten und dritten Auflagen erweisen sich allerdings bei näherem Zusehen als Neuauflagen der teilweise vor 1900 erschienenen Erstauflagen anderer Verlage, die aus verkaufsstrategischen Gründen einfach mitgezählt wurden. Die bei Eulenberg verzeichneten Angaben »6. bis 10. Tausend« und »Dritte Auflage« beziehen sich auf Titel wie *Du darfst ehebrechen. Eine moralische Geschichte. Allen guten Ehemännern gewidmet; Das keimende Leben. Aus dem Nachlaß eines jungen jüdischen Rechtsanwalts* und auf die Vorträge Eulenbergs über *Schiller* und *Die Kunst in unserer Zeit*. Einerseits griffen diese Bücher Zeitfragen auf und wurden wegen der sozialethischen Thematik gekauft und nicht ihrer literarischen Substanz wegen, andererseits hatte Eulenberg durch seine *Schattenbilder* als Porträtist historischer Persönlichkeiten einen Namen und seine Vorträge waren weithin bekannt. Auch seine Prosa war seit dem Durchbruch mit den *Schattenbildern* erfolgreich³²⁶. Sein Roman *Katinka die Fliege* (1911) brachte es bis 1913 auf fünf Auflagen, die Novellen *Sonderbare Geschichten* (1910) auf die dritte Auflage. Ein erster Publikumserfolg für den Dramatiker Eulenberg zeichnete sich ab, als Eulenberg 1912 den Volks-Schiller-Preis für *Belinde* erhielt und das Stück an allen wichtigen deutschen Bühnen gespielt wurde. »[...] das bedeutet Auflagen von 20 000 Exemplaren für Belinde«, schrieb Elisabeth Wolff in der durch die Freude überschätzten Wirkung dieser Preisverleihung³²⁷. Immerhin druckte Wolff neun Auflagen, die sich, soweit abschätzbar, allmählich auch verkauften³²⁸.

Mit welchen bescheidenen Erfolgen der Verleger sich vor dem Krieg beschied, belegt eine Äußerung Wolffs gegenüber Clara Merck: »der Verlag Rowohlt hatte eben eine große Freude: Eulenbergs neues Drama ›Alles um Geld‹ [...] wurde als diesjährige Vereinsgabe vom ›Frauenbund zur Ehrung rheinischer [sic] Dichter‹ gewählt. [...] Der Verein bezieht vom Verlag 1 000 gebundene Exemplare³²⁹.«

Ein wirklicher Publikumserfolg gelang dem Verlag mit Rabindranath Tagores Werken, von denen bis Ende 1923 über eine Million Exemplare verkauft wurden. Doch dieser »für jene Zeit phantastische Bucherfolg fällt in die Kriegs- und Nachkriegsjahre«³³⁰. Über das Werk Tagores im Kurt Wolff Verlag, dessen erstes deutsches Buch *Gitanjali* unmittelbar vor der Nobelpreisverleihung an den Dichter im Jahre 1913 angenommen worden war, ist Legendäres berichtet worden. Noch 1971 hat Willy Haas *Gitanjali* zum sensationellen Bestseller hochgespielt. »Es wurde der gesuchte deutsche ›Bestseller‹. [...] Andere Bücher folgten, und auch ihnen blieb der explosionsartige Ersterfolg treu²³¹.« Wolff selbst schrieb in seinem letzten, nicht mehr gesendeten Rundfunkvortrag über *Rabindranath Tagore*: »Die deutsche Ausgabe von Gitanjali erschien und war ein großer, aber nicht überwältigender Erfolg – eben ein Nobelpreis-Erfolg³³².« 1914 wurde von dem Buch nach der ersten Auflage eine zweite bis vierte nachgedruckt, der Verlagskatalog von 1916 zeigt die zehnte Auflage an, das 38. bis 47. Tausend erschien 1921, in der Zeit der größten Wirkung Tagores, und der Katalog von 1922 zeigt das 67. Tausend an.

---

³²⁵ Ganz verläßlich sind die Angaben in den Katalogen sicher nicht. Doch finden sich bei den Büchern, die im *Bunten Buch* mit höheren Auflagen vermerkt sind, auch höhere Auflagenangaben im *Deutschen Bücherverzeichnis*.

³²⁶ Die *Schattenbilder* waren aus Vorträgen im Düsseldorfer Schauspielhaus entstanden und wurden, da sie durchschlagenden Erfolg hatten (1.–5. Aufl., Berlin: Bruno Cassirer 1910, 54–62. Aufl. 1920), mit ihren Fortsetzungen *Neue Bilder* und *Letzte Bilder* zu dem einzigen »Longseller«, der Eulenberg überlebte. (Zuletzt bei Econ in Düsseldorf 1965 erschienen.)

³²⁷ Elisabeth Wolff an Clara Merck, Brief vom 6. 11. 1912, NA.

³²⁸ Im Geschäftsjahr 1915/16 wurden 269 Exemplare verkauft, im folgenden Jahr 1916/17 180 Exemplare. Weitere Zahlen liegen nicht vor.

³²⁹ Wolff an Clara Merck, Brief vom 29. 6. 1911, NA.

³³⁰ Kurt Wolff: Rabindranath Tagore. Unveröff. Typoskript, S. 4. (Im Besitz von Helen Wolff, New York.)

³³¹ Caliban [d. i. Willy Haas]: Lesehilfen für notorisch faule Leser. In: *Die Welt*, vom 27. 12. 1971. – Willy Haas behauptet in diesem Aufsatz, daß *Gitanjali* der erste deutsche Bestseller gewesen sei, der von Wolff bewußt »gemacht« worden wäre. Das Buch sei zunächst abgelehnt und zurückgeschickt worden, der Verleger habe es nach der Nachricht über die Nobelpreisverleihung eigenhändig vom Postamt zurückgeholt. Georg Heinrich Meyer (der zu diesem Zeitpunkt noch nicht im Verlag war!) habe mit ungeheurem Reklameaufwand das Buch zu einem gesuchten deutschen Bestseller kreiert.

³³² Kurt Wolff: Rabindranath Tagore, S. 2. Wolffs Version wird durch die Auflagenzahlen gestützt.

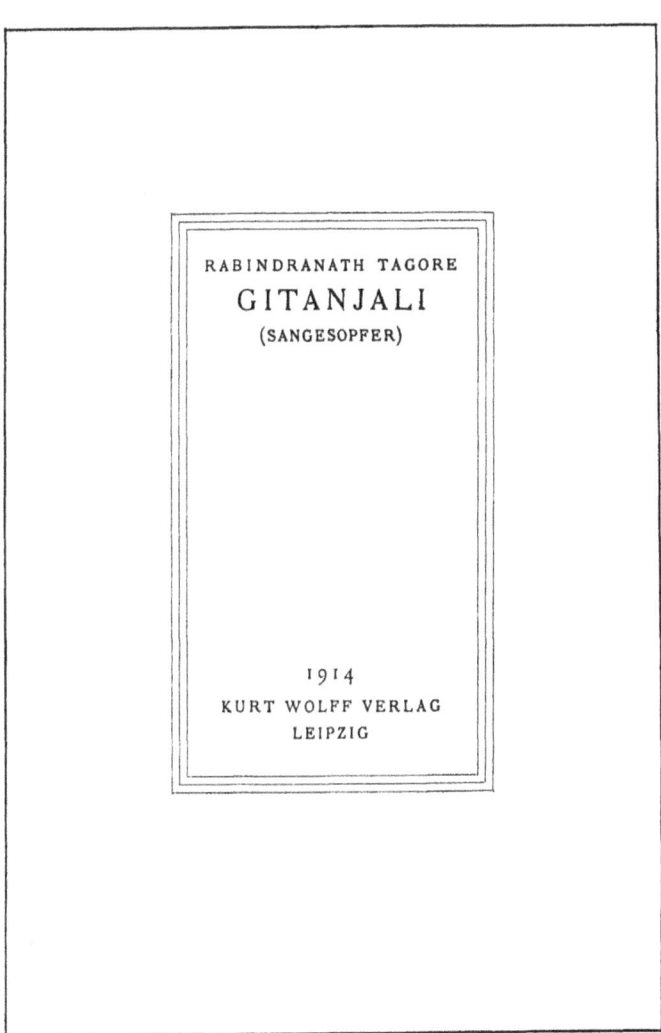

Ab. 12: *Rabindranath Tagore:* Gitanjali. – *Umschlagvorderseite und Innentitel*

Wolff war vermutlich von Franz Blei im Sommer 1913 auf den indischen Dichter aufmerksam gemacht worden, der seit 1913 in England publizierte und schlagartig das europäische Interesse gewann[333]. Wolff forderte das bei Macmillan erschienene Buch an, konnte sich aber nicht zur Verlagsannahme entschließen, die Urteile seiner Lektoren divergierten[334]. Unmittelbar vor der Nobelpreis-Verleihung erwarb er die Übersetzungsrechte. Sein Tagebuch vermerkt am 14. November 1913: »Tagore hat Nobelpreis erhalten KWV hat Autorisation erworben«, und Werfel gratulierte seinem Verleger »allerherzlichst zu dem Indisch-Unaussprechlichen, trommeln Sie und blasen die Reklameposaunen von Jericho!!! *Vielleicht geht das Buch trotzdem es gut ist, großartig*[335].« Durch den Nobelpreis animiert, verlegte Wolff noch 1914 das zunächst wenig erfolgreiche Schauspiel *Chitra* und die Liebesgedichte *Der Gärtner* (1. bis 3. Tsd. 1914), die erst 1917 die 4. Auflage erreichten. Erst nach dem Kriege stiegen auch hier die Auflagen sprunghaft in die Höhe[336].

---

[333] André Gide übersetzte Tagore ins Französische, Ezra Pound und William Butler Yeats setzten sich in England für Tagore ein. Im *Literarischen Echo* erschien nach ersten Hinweisen im April 1913 (15. Jg., 14. Heft, Sp. 1003–1005) im Juni-Heft ein weiterer Aufsatz über Tagore und Übersetzungsproben aus *Gitanjali*. (O. E. Lessing: Rabindra Nath Tagore, 17. Heft, Sp. 1184–1187).

[334] »GITANJALI ging also zu den Lektoren, und, wie üblich, war, was sie zu sagen hatten, so widerspruchsvoll, daß die gutachtlichen Äußerungen einander aufhoben. [...] Nach kurzer Unentschiedenheit entschloß ich mich zur Verlagsübernahme – nicht zuletzt, weil Übereinstimmung darüber herrschte, daß keine durch Reim oder komplizierte Formen verursachten Übersetzungsprobleme entstehen könnten.« (Kurt Wolff: Rabindranath Tagore, S. 2.) Wolff sprach zu dieser Zeit noch kein Englisch, mußte sich also ganz auf sein »Gefühl« und die divergierenden Urteile der Lektoren verlassen.

[335] Werfel an Wolff, Brief vom 23. 11. 1913, KWA.

[336] *Chitra. Ein Spiel in einem Aufzug:* 5.–6. Tsd. bis 1919, 16. Tsd. bis 1920, 21. Tsd. bis 1922; *Der Gärtner:* 25. bis 34. Tsd. bis 1919, 58. Tsd. bis 1920, 69–78. Tsd. 1921, 110. Tsd. bis 1922. (Angaben nach den Verlagskatalogen.)

Der erste Verkaufserfolg des Verlages, der sich über die Zehntausender Grenze bewegte, war der Verlagsalmanach *Das Bunte Buch*. Die Gründe für diesen Erfolg sind zunächst in dem erstaunlichen Preis von 60 Pfennigen für das kartonierte Buch von 207 Seiten zu suchen, das in dieser preisgünstigen Auswahl das Verlagsprogramm auch weniger bemittelten Käuferschichten nahebrachte. Entsprechend warb Wolff auch für dieses »unterhaltende Sammelbuch, meist u n v e r ö f f e n t l i c h t e r Beiträge erster Autoren. Das Buch spiegelt im wesentlichen die belletristische Richtung meines Verlages wider«[337]. Der bereits mitgeteilte Brief Franz Werfels aus Prag: »Das bunte Buch trägt hier jeder Gymnasiast in der Schultasche«[338], bestätigt die bewußte Abstimmung der Preisgestaltung auf die jugendlichen Käuferschichten neben der allgemeinen verkaufspsychologischen Absicht, Kostproben der Verlagsarbeit möglichst weit zu verbreiten. Der Almanach erschien im Herbst 1913 im 1. bis 10. Tausend und wurde 1914 im 11. bis 15. Tausend nachgedruckt.

Wie stark sich der Almanach und die »moderne« Produktion Wolffs an die junge Generation als Publikum wendeten, verdeutlichen die Stimmen der Zeitgenossen, die überwiegend die avantgardistische Literatur des Verlages hervorhoben. »Kurt Wolff [...] riskierte unentwegt, indem er junge oder unbekannte Begabungen entdeckte und förderte.«[339] War noch bei Rowohlt die technische Buchqualität als das hervorstechendste Merkmal des neuen Verlages gerühmt worden, waren es vor allem die Verlegerkollegen gewesen, die die *Drugulin-Drucke* als einfallsreiche Idee gerühmt hatten, so wurde dieser Verlag erst seit 1912 von den jungen Literaten aufmerksamer beobachtet. Wolffs neues Programm wurde von zwei Seiten lobend bewertet. Die »nichtexpressionistischen« Autoren wie Stefan Zweig rühmten vor allem Wolffs Bemühen um die Vermittlung ausländischer Kultur in der »längst verspürten Pflicht [...], Ihnen zu sagen, wie schön ich Ihren Verlag aufgebaut finde. Sie haben mit jungen Kräften hier in so kurzer Zeit Dauerhaftes gestaltet, und ich sehe überall, wo ich Gutes im Auslande weiß, schon Ihr Wirken emsig bemüht. (Rodin! Suarèz!).«[340] In das Bewußtsein der Expressionisten rückte Wolff – insbesondere durch den *Jüngsten Tag* – ausschließlich als ihr Förderer. Er nahm schon 1913/14 den Platz ein, den der junge S. Fischer um 1890, also ebenfalls nach etwa vierjährigem Verlagsbestehen als Mentor der umstrittenen, verlegerisch riskanten Naturalisten gehabt hatte.

Jakob Wassermann schrieb in der Erinnerung über den S. Fischer Verlag: »Um das Jahr 1890 war der Name Schlachtruf... Ich erinnere mich, wie ich als Neunzehnjähriger vor den Nürnberger Buchläden stand und sehnsüchtig die knallgelben Bände mit dem charakteristischen Zeichen betrachtete, die sich von allen anderen aufregend unterschieden. S. Fischer war eine Sesamsformel.«[341] Was den 1890 gerade 17jährigen Wassermann in Nürnberg beeindruckte, wiederholte Carl Zuckmayer – 1913 ebenfalls gerade 17 Jahre alt – über seine ersten Eindrücke der neuen Literatur in Mainz: »Auf einmal aber, so zwischen 1911 und 1913, lagen im Schaufenster der Buchhandlung Wilckens am Schillerplatz neuartig und einheitlich ausgestattete Druckschriften mit dem Aufdruck ›Kurt Wolff Verlag‹. Da tauchten unbekannte Namen auf, Werfel, Hasenclever, eine Erzählung, ›Der Heizer‹ von Kafka – und diese Heftchen, ›Der Jüngste Tag‹ erfüllten uns mit einem ganz neuen, revolutionären Elan, wie er von der bisherigen ›Moderne‹ nicht ausgegangen war. [...] Die apokalyptischen Visionen von Georg Heym, der ›Aufbruch‹ von Ernst Stadler [...], der erste Gedichtband von Trakl, [...] wirkten auf mich wie ein Sturmwind oder eine Schneeschmelze.«[342]

Oskar Loerke, als Lektor bei S. Fischer aufmerksam den Markt beobachtend, schrieb am 1. November 1913 besorgt in sein Tagebuch: »Ich lese Publikationen des Verlages Kurt Wolff. Neue Namen, neues Können. Wir müssen uns sehr anstrengen, um nicht in die Ecke zu fliegen.«[343] Auch Giovanni Mardersteig bestätigte dieses Bild des Verlages, die Erregung und Begeisterung seiner Studentenzeit über die Publikationen des Kurt Wolff Verlages, die in den Weimarer Buchhandlungen ausgelegt wurden[344]. Kasimir Edschmid in Darmstadt sah in Wolff ebenfalls den Verleger der Jugend. »[...] ich weiß, wie sehr Sie gerade Ihre Mission darin suchen, jungen Talenten den Durchbruch zu ermöglichen, [...] denn ich kenne ja von vielen Seiten her Ihre Tätigkeit.« Und er gab auf ein Verlagsangebot Wolffs hin zu erkennen, daß der Ver-

---

[337] Verlagsanzeige in: Die Weißen Blätter, 1. Jg., 1913/14, gelbe Beiblätter, S. 63.
[338] Vgl. Kapitel 3.6, Anm. 297.
[339] Hans Reimann: Mein blaues Wunder. Lebensmosaik eines Humoristen. München 1959, S. 179.
[340] Stefan Zweig an Wolff, undat. Brief [ca. 1913], KWA.

[341] Zit. nach Peter de Mendelssohn: S. Fischer, S. 152.
[342] Carl Zuckmayer: Als wär's ein Stück von mir. Frankfurt a. M. 1966, S. 172.
[343] Oskar Loerke: Tagebücher, unveröff., DLA. Zit. auch in KWB, S. XXVI.
[344] In einem Gespräch mit dem Verf. am 8. 11. 1971.

lag »als großzügiger Standort der Jungen« viel für ihn bedeute[345].

Es ist kein Zufall, daß sich überwiegend die Autoren der Avantgarde über den Kurt Wolff Verlag und seine »literarisch erfolgreiche« Literatur äußerten, die Literatur der »Publikumserfolge« aber verhältnismäßig unbeachtet blieb in dem Gesamtbild des Verlages. Man sah hier einen Verlag emporstreben, der es sich von den finanziellen Voraussetzungen her leisten konnte, Experimente einzugehen, und einen Verleger hatte, der sein Geld wagen wollte. Da die Verkaufserfolge vor dem Krieg, wie wir sahen, ein sich nur sehr langfristig amortisierendes Avantgardeprogramm nicht tragen konnten, mußte tatsächlich eine breite Kapitalbasis vorhanden sein. Schon der Produktionsumfang weist darauf hin.

3.7 Die materielle Verlagsbasis

Der Verlag vergrößerte sich seit 1910 sehr schnell. Das *Verlagsverzeichnis 1910–13* im *Bunten Buch* enthält bereits 153 Titel, und eine Produktionsübersicht über die ersten fünf Jahre weist die folgenden Zahlen aus: Von der Gründung Ende Juli 1910 wuchs die Produktion durch zahlreiche Übernahmen bis zum Jahresende auf 21 Titel an. 1911 wurden 35 Titel verlegt, 1912 waren es 31 und 1913 vergrößerte Wolff die Jahresproduktion noch einmal auf 63 Titel. 1914 waren es mit den Übernahmen aus dem Verlag Meyer & Jessen trotz der Stagnation bei Kriegsbeginn immerhin 43 Titel[346]. Ein kurzer Seitenblick auf die Produktion von S. Fischer zeigt, daß Wolff von seinem Produktionsumfang her schnell in die Reihe der großen Verlage aufgestiegen war. Fischer verlegte 1912 50 Einzeltitel, 1913 waren es 54 Titel und 1914 insgesamt 31[347].

Parallel mit der Produktionssteigerung verlief eine betriebliche Vergrößerung. Rowohlt hatte in seiner kleinen Wohnung im Vorderhaus der Druckerei Drugulin mit einem Zimmer als Kontor angefangen und einer dahinter befindlichen Kammer, in der eine Schreibhilfe saß. Das dritte Zimmer war Rowohlts Privatraum gewesen. Wolff übernahm dieses Verlagsdomizil in der Königstraße. Durch eine Wandklappe waren die Verlagsräume unmittelbar mit dem Büro der Druckerei verbunden. »Mit drei Angestellten erledigten wir in den beschränkten Räumen alle Arbeiten. [...] Der Verkehr zwischen Verlag und Druckerei ging durch diese Öffnung vor sich«, berichtet Arthur Seiffhart über die Anfangszeit 1912/13[348]. Diese drei Räume wurden dem expandierenden Verlag bald zu eng. Im Frühsommer 1913 war Wolff auf der Suche nach einem neuen Domizil, und im Juli 1913 zog der Verlag in ein Haus in der Kreuzstraße 3b um, wo genügend Räumlichkeiten vorhanden waren[349]. Bis Kriegsausbruch beschäftigte der Verlag schon 15 Angestellte. »Z. Zt. beschäftigen sich 3 Herren mit der Herstellung davon 2 ausschließlich und einer fast ausschließlich und trotzdem ist mir eine weitere Arbeitskraft hierfür dringend erforderlich«, schrieb Wolff im Juni 1914 an den Hersteller Hermann Vogel[350]. Hinzuzuzählen sind die Lektoren Werfel, Pinthus und Haas, Arthur Seiffhart als technischer Verlagsdirektor und seit dem Frühjahr 1914 Georg Heinrich Meyer als Stellvertreter Wolffs, der ihn während seiner zahlreichen Reisen vertreten sollte.

Ein Verlag, der so kometenhaft aufstieg, ohne daß in seiner Produktion ein gewinnträchtiger Bestseller gefunden werden konnte, mußte ja wohl einen reichen Inhaber haben. So erklärt Kurt Pinthus, warum die Autoren zu Wolff ›strömten‹. »Weil jeder wußte, die tun was, und die haben Geld.«[351] Es bildeten sich um Wolffs Vermögen Legenden, in denen er als reicher junger Erbe gesehen wurde, doch auch das Gegenteil kursierte als Gerücht. »Aus den kleinsten Anfängen – Wolff erzählte gern, daß er, als er sich in Leipzig etablierte, nicht mehr als fünfzig Mark in der Tasche gehabt habe – entstand der Kurt Wolff Verlag.«[352] Karl H. Salzmann konstatiert: »Wenn von Millionen gesprochen wird, die er in sein Unternehmen gesteckt haben soll, so entspricht das nicht den Tatsachen.« Er vermutet jedoch, daß das Gründungskapital »beträchtlich« war[353]. Bernhard Zeller schließt aus dem Umfang der in wenigen Jahren zusammengetragenen Wolffschen Bibliothek darauf, »daß Wolff aus dem Ver-

---

[345] Edschmid an Wolff, Brief vom 25. 12. 1913, KWB, S. 168.
[346] Eigene Zählung des Verf., die Vordatierungen wurden dabei nicht berücksichtigt.
[347] Vgl. Peter de Mendelssohn: S. Fischer, S. 703.
[348] Arthur Seiffhart: Inter folia fructus, S. 16.
[349] Zeller, KWB, S. XXI, irrt in der Nachfolge Seiffharts, der den Umzug auf Anfang 1914 datiert (Inter folia fructus, S. 20). Im Börsenblatt Nr. 168, vom 23. 7. 1913, S. 2176, wurde allerdings der schon vollzogene Umzug gemeldet.
[350] Wolff an Vogel, Brief vom 11. 6. 1914; Handschriften-Sammlung der Stadtbibliothek München.
[351] In einem mündlichen Gespräch mit dem Verf. am 29. 9. 1970.
[352] Erich Lichtenstein: Ein Wegbereiter des Expressionismus. Zum Tode von Kurt Wolff. In: *Der Tagesspiegel*, vom 27. 10. 1963, S. 4.
[353] Karl H. Salzmann: Kurt Wolff, der Verleger. In: AGB II, S. 381 f.

Abb. 13: *Gebäude der Offizin Drugulin (rechts), Leipzig, Königstraße 10. – Verlagssitz des ERV und des KWV bis 1914*

mögen der frühverstorbenen Mutter erhebliche Mittel zur Verfügung standen«[354]. Dieses, nach den Angaben der Tochter Wolffs, wie erwähnt, etwa 100 000 Goldmark betragende Vermögen stand Wolff zwar zur Verfügung, es war jedoch zum Teil in Wertpapieren festgelegt, und nur ein Teil konnte in den Verlag einfließen[355].

Auch der großbürgerliche Lebensstil Wolffs hat zur Überschätzung seines Vermögens geführt. Die Haushal-

---

[354] KWB, S. XIII. – Zeller mußte sich wohl auf die Angaben von Pinthus und Helen Wolff stützen. Auch die Summe, die Maria Stadelmayer-Wolff nennt, ist ja nur ein Schätzwert, denn es sind weder im KWA noch im NA irgendwelche Unterlagen darüber enthalten.

[355] So schrieb Wolff am 18. 6. 1912 an seine Schwiegermutter: »[...] könnte ich dann eventuell noch einmal eine Anleihe bei Dir aufnehmen? [...] Ich will Dir erklären, warum ich es nicht von meinem Vermögen nehmen möchte: die Papiere, die ich eben habe, sind recht gut.« (NA)

tung wurde aber vermutlich von den Tantiemen Elisabeth Wolffs aus dem Vermögen ihres verstorbenen Vaters bestritten. Nach allem, was wir wissen, hatte Wolff insgesamt 90 000 Mark in der Firma Ernst Rowohlt Verlag investiert, ein Teil davon war vermutlich von Clara Merck geliehen. »Werde Kommanditist bei Rowohlt Verlag mit 35 000 M Kommanditeinlage und ca. 55 000 M Darlehn«[356], verzeichnet Wolffs Tagebuch am 1. September 1912. Rowohlt selbst hatte kein Eigenkapital in den Verlag eingebracht, was seine geringe Abfindungssumme von 15 000 Mark erklärt, mit der Wolff die Autorenrechte und den Verlagsnamen bezahlte.

Ein Vergleich mit dem Gründungskapital einiger literarischer Verlage, die um die Jahrhundertwende entstanden, erweist die Wolffsche Ausgangsposition trotzdem als recht günstig. Der Verleger der Naturalisten, Wilhelm Friedrich, hatte mit »ein paar tausend Mark« seinen Verlag begonnen[357]. Dem scharf kalkulierenden Geschäftsmann S. Fischer standen genau 10 000 Mark zur Verfügung[358]. Der angebliche Millionenerbe Albert Langen gründete seinen Verlag, als er sein Erbe schon fast durchgebracht hatte[359]. Ähnliches wird von Hans von Weber berichtet, der seinen Verlag mit dem Vermögensrest begründete, der ihm nach seinen Fehlspekulationen noch blieb[360]. Reinhard Piper begann mit 18 000 Mark Eigenkapital und einer gleich hohen Einlage seines Kompagnons Georg Müller[361]. Der Lederhändlersohn Müller aus Mainz besaß für seinen Start 150 000 Mark, was das eminente Wachstum seines Verlages von der gesicherten finanziellen Basis her erklärt[362]. Der Insel-Verlag hatte bei dem Eintritt Anton Kippenbergs ein Stammkapital von 105 000 Mark[363].

Zu Wolffs Begabungen gehörte es nach Pinthus, »daß der schlanke, hochgewachsene Charmeur [...] stets junge Leute fand, die sich mit erheblichen Summen an seinem Verlag beteiligten und stolz waren, dort oder in Nebenverlagen untergebracht zu werden«[364]. Nun hat Pinthus sicher etwas übertrieben. Wolff sprach nur mit den allerengsten Vertrauten über finanzielle Dinge und ließ auch seine Lektoren im unklaren. So mögen manche Gerüchte entstanden sein. »Wir möchten furchtbar ungern noch einen Dritten hineinhaben mit Geld, weil sich dadurch immer Differenzen ergeben«[365], hatte der Verleger 1911 als Teilhaber bei Rowohlt an Clara Merck geschrieben. Am 4. Mai 1913 aber berichtete er nach Darmstadt: »also es hat sich ein sehr reicher, junger Mann [...] an mich gewandt und gefragt, ob er sich am Verlag beteiligen könne. [...] Ich habe ihm gesagt, daß ich einen Associé jetzt nicht aufnehmen wolle, sondern daß er sich höchstens als stiller Teilhaber (der garnichts zu sagen hat) beteiligen könne. Damit war er gleich einverstanden und hat sich unter den für mich allergünstigsten Bedingungen mit 300 000 Mark beteiligt. [...] Es ist alles schon vertraglich geregelt und zwar so, daß man mir nur gratulieren kann.«[366] Die Summe war nicht vor 14 Jahren zurückzuzahlen und auch dann nur nach langfristiger Kündigung.

Der reiche junge Mann war Erik-Ernst Schwabach, der uns im folgenden als Mäzen, Gründer der *Weißen Blätter* und Besitzer des Verlages der Weißen Bücher eingehender beschäftigen wird. Die Beteiligung ist nicht ganz so zufällig und spontan entstanden, wie Wolff es Clara Merck erklärte. Wolff hatte den 22jährigen Schwabach durch die Vermittlung von Franz Blei kennengelernt. Der junge Krösus mit einem Vermögen von 25 Millionen Goldmark[367] suchte für die technische und organisatorische Betreuung seiner Zeitschrift und seines Verlages ein bereits bestehendes Unternehmen, das ihm diese abnahm. Wolff, der sich dazu bereit erklärte, erhielt – als Gegenleistung – die Kapitaleinlage in den eigenen Verlag.

Wenn wir die Einlage Wolffs in den Ernst Rowohlt Verlag, die nach der Versteigerung seiner Bibliothek im November 1912 noch etwas erhöht worden sein dürfte (Erlös etwa 20 000 Mark), und die Einlage Schwabachs addieren, besaß der Kurt Wolff Verlag schon 1913 rund 400 000 Mark Stammkapital. Er bewegte sich dabei fast auf gleicher Höhe mit dem Insel-Verlag, dessen Gesell-

---

[356] Abgedruckt in Kurt Wolff: Autoren, Bücher, Abenteuer, S. 104.
[357] Vgl. Peter de Mendelssohn: S. Fischer, S. 60.
[358] a.a.O., S. 59.
[359] Ernestine Koch: Albert Langen. Ein Verleger in München. München und Wien 1969, S. 15 f. u. S. 31 f.
[360] Ernst Schulte Strathaus/Wolfgang von Weber: Hans von Weber und seine Hundertdrucke. In: Imprimatur. N. F. 6, S. 134.
[361] Reinhard Piper: Mein Leben als Verleger. München 1964, S. 238.
[362] a.a.O., S. 233.
[363] Nach einem Brief Anton Kippenbergs vom 15. 12. 1906 an das Königliche Amtsgericht in Leipzig. Das Stammkapital verteilte sich unter die Gesellschafter A. W. Heymel, Anton Kippenberg und Robert Voigt. (Brief im Insel-Archiv des Goethe- und Schiller-Archivs, Weimar.)

[364] Kurt Pinthus: In memoriam Kurt Wolff. In: Jahresring 64/65, S. 300.
[365] Wolff an Clara Merck, Brief vom 18. 6. 1911, NA.
[366] Wolff an Clara Merck, Brief vom 4. 5. 1913, NA.
[367] So Wolff an Clara Merck, im Brief vom 4. 5. 1913, NA.

schafter 1912 405 000 Mark Stammkapital hielten, 1913 auf 500 000 Mark erhöhten[368].

Die finanzielle Basis des Kurt Wolff Verlages ist mit dieser Summe bis in die zwanziger Jahre vervollständigt. Wir haben jedenfalls keinerlei Hinweise dafür, daß noch andere Teilhaber in den Verlag eingetreten seien. Erst als der Verlag 1921 in eine Aktiengesellschaft umgewandelt wurde, fand Wolff noch einmal »junge Leute, die sich mit erheblichen Summen an seinem Verlag beteiligten«.

3.8 Erster Exkurs: Zeitschriftenpläne und der Verlag der Weißen Bücher

Die Verleger des Expressionismus repräsentierten, wie in Kapitel 1 dargelegt, häufig selbst einen Literatentypus, der, politisch-literarisch engagiert, seinen Aktionsradius nicht allein auf die Veröffentlichung von Büchern anderer Autoren beschränken konnte und wollte. Deshalb gaben fast alle diese Buchverlage eine eigene Zeitschrift heraus, an der die Verleger als Herausgeber oder Beiträger publizistisch beteiligt waren. In mehreren Fällen, wie bei der *Aktion*, dem *Sturm* und dem späteren Malik-Verlag stand die Zeitschrift am Anfang; der Buchverlag, der meist die Beiträger in Einzelpublikationen zusammenfaßte, war das sekundäre Unternehmen. Auch der von Erik-Ernst Schwabach gegründete und von Wolff geführte Verlag der Weißen Bücher gruppierte sich zunächst um eine Zeitschrift, die *Weißen Blätter*.

Schon Georg Heym hatte Ernst Rowohlt Gründungspläne einer literarischen Zeitschrift vorgetragen und ihm – allerdings vergeblich – die verlegerische Betreuung nahegelegt[369]. Anfang 1912 schrieb Kurt Hiller, noch bei Pfemfert mitarbeitend, im Zusammenhang mit den Verhandlungen um Heyms Nachlaß erneut an Rowohlt: »À propos: ohne die Ehre zu haben, Sie persönlich zu kennen –: Sie sind der einzige Verleger in Deutschland, mit dem man die Zeitschrift, die Deutschland fehlt [...], ehrlich machen könnte.«[370]

Im Herbst 1912 endlich entschlossen sich die beiden Verleger Rowohlt und Wolff, im Ernst Rowohlt Verlag eine Zeitschrift unter dem Titel *Die Fahnenmasten* herauszugeben. Die Redaktion sollte Kurt Pinthus übernehmen. Dieses Projekt, über das nur Zufälliges zu ermitteln ist, zerschlug sich wahrscheinlich an der im letzten Augenblick erfolgten Ablehnung von Pinthus[371]. Auch die für 1914 geplante periodische Publikation des Kurt Wolff Verlages *Orion. Ein Jahrkreis in Briefen* blieb nur ein eigenwilliger Plan der Herausgeber. Mit dem *Orion* wollten Kurt Tucholsky und Kurt Szafranski neben der Vielfalt der bestehenden kulturellen und literarischen Zeitschriften eine neue Form der publizistischen Meinungsträger finden. *Orion* sollte etwa dreimal im Monat als faksimilisierter Brief eines »guten Europäers«, eines deutschen Repräsentanten aller Bereiche des Öffentlichen Lebens, einem Abonnentenkreis von 260 Mitgliedern zugesandt werden. Die Autoren sollten in ihren Briefen »eben jene Dinge aussprechen, die sich für eine breite Öffentlichkeit nicht eignen, sie werden Bekenntnisse und Erkenntnisse persönlicher Art niederschreiben [...] und werden Kulturerscheinungen und wirtschaftliche Verhältnisse weit offener besprechen, als dies anderswo möglich ist«[372]. Die ungewöhnliche Publikationsform, die sich gegen das Überangebot der Zeitschriften wandte – »Werden wir nicht überschwemmt mit Zeitschriften, und haben wir die allzugleichen nicht allmählich satt?« – und gegen die ästhetische Unverbindlichkeit der Zusammenstellung verschiedenartiger Beiträge in einer Zeitschriftennummer argumentierte – »Ein Stück stört das andere, und niemals kommt ein reiner Ton zustande«[373] –, war ähnlich wie der *Amethyst* und die erotisch gewagten *Opale* Franz Bleis für eine vorher abgegrenzte Lesergemeinde (in diesem Fall eine kulturell-politisch progressive Oberschicht) und nicht für eine breite Öffentlichkeit gedacht.

Das gescheiterte Projekt ist für die Charakterisierung des Verlagsprogramms insofern von Bedeutung, als Wolff

---

[368] Nach einem Brief Kippenbergs an das Königliche Amtsgericht in Leipzig vom 4. 1. 1912 und einem Brief an das Amtsgericht vom 15. 1. 1913. (Briefe im Insel-Archiv, Weimar.)

[369] Vgl. Heym an Rowohlt, undat. Brief (Ende August 1911) und Heym an Rowohlt, undat. Brief (etwa 15. 9. 1911). In: Georg Heym. Dichtungen und Schriften. Bd 3, S. 262 u. S. 265. Vgl auch den Bericht Paul Zechs über diese Gründungspläne, a.a.O., Bd 6, S. 97 f.

[370] Hiller an Rowohlt, Brief vom 12. 2. 1912, KWA.

[371] »In den ersten Oktoberwochen soll tatsächlich das erste Heft der Fahnenmasten erscheinen«, schrieb Wolff noch am 10. 9. 1912 in einem Brief an Hasenclever (KWA). – »Da Sie doch schon mal die Fahnenmasten machen wollten – jetzt ist die beste Gelegenheit; und wie Pinthus damals, lasse *ich* Sie nicht sitzen«, schlug Hasenclever Wolff am 26. 12. 1913 zur Projektierung einer – nicht verwirklichten – Theaterzeitschrift vor. (Brief im KWA) – Kurt Pinthus erinnerte sich in einem Gespräch mit dem Verf. am 7. 2. 1974 nur dunkel daran, daß Rowohlt, Wolff und er bei den *Fahnenmasten* an eine satirische Zeitschrift gedacht hatten, die das institutionalisierte Leipziger Kulturleben attackieren sollte.

[372] Undat. Verlagsprospekt, abgedruckt in: Kurt Tucholsky: Gesammelte Werke, Bd 4. Ausgewählte Briefe 1913-1935. Reinbek 1962, S. 23.

[373] a.a.O., S. 22.

mit dieser »Zeitschrift« ebenso wie mit dem verworfenen Plan der kulturkritischen Dokumentation *Das Zeitalter Wilhelms II.*[374] seinem Verlag neben der literarischen Avantgarde ein kulturpolitisches Programm gegeben hätte, wie er es mit der Übernahme des *Losen Vogels* in Ansätzen vollzog. Daß hier – typisch für den zutiefst unpolitischen Verleger Wolff der Vorkriegszeit – Politik mit bibliophiler Esoterik gepaart sein sollte, führte zum Scheitern des Plans[375].

Bis zu der nur in drei Nummern 1916 erschienenen Verlagszeitschrift *Die neue Literatur. Nachrichten und Anzeigen*[376], die zu Werbezwecken herausgegeben wurde, und der stärker auf dem Kunstprogramm akzentuierten Kunst- und Literaturzeitschrift *Genius* (1919–1921) hat Wolff keine eigene Zeitschrift gegründet, lediglich an zwei anderen Gründungen, dem *Losen Vogel* und den *Weißen Blättern* verlegerisch mittelbar partizipiert. Doch ist in keinem dieser Blätter ein redaktioneller Eingriff Wolffs oder ein eigener Beitrag nachweisbar. Wolffs Rückzug als aktiver Literat seit dem Frühjahr 1912 war konsequent und weist ihm eine passive, sich nur auf Herstellung und Vertrieb beschränkende Rolle zu. Seine Bedeutung für die expressionistischen Zeitschriften ist deshalb gering. Sie liegt lediglich in seiner Geschicklichkeit, Wortführer des Expressionismus mit ihren Zeitschriften an seinen Verlag zu binden und andere Verlagsunternehmen ohne finanzielles Risiko mit seinem eigenen zu verflechten, wobei ein unübersehbarer propagandistischer Gewinn abfiel.

Die Zeitschriftengründungen *Der lose Vogel* und *Die Weißen Blätter* sind in erster Linie mit den Namen Franz Bleis und des Mäzens Erik-Ernst Schwabach zu verknüpfen. Franz Blei, »eine der schillerndsten Gestalten der neueren deutschen Literatur«[377], »ein seltsames Chamäleon der Literatur«, wie Kasimir Edschmid urteilte[378], war als ideenreicher Anreger und unermüdlicher Förderer neuer Richtungen eine Zentralfigur des literarischen Lebens zwischen 1900 und 1914. Als Erotiker skandalumwittert, als Entdecker Claudels und Übersetzer von Gide, Suarès, Wilde, Chesterton und Marcel Schwob, als Förderer Kafkas, Sternheims, Robert Walsers, Brods und Musils, als Autor, Literaturkritiker, Herausgeber, Regisseur, Schauspieler, Vermittler und Verlagsberater Georg Müllers und Hans von Webers, Rowohlts und Wolffs, gründete er mit dem *Losen Vogel* seine fünfte Literaturzeitschrift[379].

Nach seinem Austritt aus der katholischen Kirche, einer sozialistischen Durchgangsstufe, einem Zwischenspiel bei *Pan* und *Insel*, einer »erotischen« und einer »bibliophilen« Phase in der Zusammenarbeit mit Hans von Weber hatte er München nach einem Bruch mit Weber 1912 verlassen und trat in den Kreis der *Aktion* in Berlin ein. René Schickele, später sein Nachfolger in der Redaktion der *Weißen Blätter,* beschrieb ihn in der *Aktion* 1913 »als einen ›repräsentativen‹ Zeitgenossen« und sagte von seiner Wirkung auf die Frühexpressionisten: »Er bekam die Jugend hier in Berlin. Die Jugend flog auf ihn.«[380] Einer der jungen Literaten, die seiner Faszination erlagen, war der reiche Erik-Ernst Schwabach, den er neben Alfred Walter von Heymel, Walther Rathenau, Carl Sternheim, Ludwig Hatvany und anderen Mäzenen zur finanziellen

---

[374] Auch hier ging die Intention nicht von dem Verleger, sondern von den Lektoren aus, die den politisch desinteressierten Wolff für ihren Plan nicht erwärmen konnten. Vgl. hierzu auch das Kapitel 3. 4.

[375] Die Herausgeber hatten bereits die Mitarbeiter verpflichtet, Werbebriefe und Prospekte wurden im Frühjahr 1914 verschickt, aber es konnten nicht genügend Subskribenten gewonnen werden, die bereit waren, die enorme Summe von 180 Mark im Jahr für diese »offenen Briefe« in Faksimile zu zahlen. »[...] es waren fast hundert, aber das genügt natürlich bei den hohen Spesen nicht. Wir müssen Ihnen [...] mitteilen, daß der ›Orion‹ das ist, was er vorher war: ein Sternbild, fern und unerreichbar«, resignierte Tucholsky, der durch seinen Beitrag in *Arkadia* mit Wolff in verlegerische Verbindung gekommen war und sich nun anderen Verlagen zuwandte. (Tucholsky an Hans Erich Blaich, Brief vom Juni 1914. In: K. Tucholsky: Gesammelte Werke. a.a.O., S. 25.) – Zu dem *Orion*-Projekt s. auch weitere Hinweise in KWB, S. 561.

[376] Zu dieser Zeitschrift vgl. auch Paul Raabe: Die Zeitschriften und Sammlungen, S. 62. Raabe hat zwei Nummern ermittelt, der Katalog des KWV *Verlagsverzeichnis 1909 bis 1916*, S. 143, gibt jedoch drei erschienene Nummern des Werborgans an, das literarische Einführungen und Vorabdrucke zu Wolff-Büchern brachte. Redakteur war Eugen Lohmann, ein Verlagsmitarbeiter, der auch 1915 vorübergehend die *Weißen Blätter* kommissarisch verwaltete.

[377] Albert Soergel – Curt Hohoff: Dichtung und Dichter der Zeit. Bd 2, S. 712.

[378] Kasimir Edschmid: Lebendiger Expressionismus. Wien, München, Basel 1961, S. 163.

[379] Blei arbeitete bei der *Insel* mit, er gab als Privatdruck den *Amethyst* heraus, gründete die *Opale*, gab in Hans von Webers Hyperion-Verlag die gleichnamige Zeitschrift heraus und war Redakteur der ersten drei Hefte des *Zwiebelfisch*. Zu der Rolle Bleis im literarischen Leben des Expressionismus vgl. auch Detlev Steffen: Franz Blei (1871–1942) als Literat und Kritiker der Zeit. Phil. Diss. (masch.), Göttingen 1966. Der Arbeit verdanke ich wesentliche Informationen.

[380] René Schickele: Franz Blei. In: Die Aktion, 3. Jg. 1913, Nr. 31, Sp. 753.

Unterstützung des *Losen Vogels* gewann[381]. Die Zeitschrift wurde ab Januar 1912 bei Demeter in Leipzig gedruckt, ab Heft 8/9 (ca. März 1913) übernahm Wolff den Verlag und gab sie nach Abschluß des 12. Heftes auch als Sammelband heraus[382].

Die Beziehungen Bleis zu Wolff waren in mehrfacher Weise gegeben: in der gemeinsamen Herkunft aus der Bibliophilenbewegung, in der gemeinsamen Protegierung des *Aktions*-Kreises und in dem Interesse Wolffs an der Dichtung Paul Claudels und der Übernahme der Bleischen Claudel-Übersetzung aus dem Hyperion-Verlag. Auch die freundschaftliche Protektion von Max Brod und Bleis Förderung des Prager Kreises fielen mit Wolffs verlegerischen Plänen zusammen[383]. Wolff ließ sich von Blei Robert Walser empfehlen; die Bleischen Ratschläge für Wolff zur französischen Dichtung, zu Musil und Sternheim wurden bereits mitgeteilt[384].

Der *Lose Vogel* kann in mehrfacher Hinsicht als Pendant zu Brods *Arkadia* im Kurt Wolff Verlag gesehen werden. In der vom Verlag als Sammelbuch vertriebenen Zeitschrift wurde deshalb auch mit dem Hinweis auf *Arkadia* geworben[385]. Gemeinsam waren beide intentional verbunden in dem »Gegenlauf« gegen den »Zeitlauf«[386]. *Arkadia* wendete sich gegen »eine gewisse giftige Polemik in unseren Tagen«[387], der *Lose Vogel* gegen die »in leere Phrasen verblasene allgemeine Aufregung revolutionärer Konventikel«[388]. *Arkadia* knüpfte an den Typus der klassischen und vorklassischen Zeitschrift an, der lediglich »den poetischen Bedürfnissen der Mitteilenden und Empfangenden entsprang«[389], der *Lose Vogel* nahm die Zeitschriftentradition des 18. Jahrhunderts in der Anonymität seiner Beiträge auf. Während *Arkadia* sich nur der Dichtkunst zuwandte und hier eine klassizistische Erhöhung über bloße Zeittendenzen erstrebte, wollte Blei in der bewußten Aufnahme zeitkritischer Tendenzen, die über reine Kulturkritik hinaus ins Politische wirkten, in den anonymen Essays, Glossen, Memoiren, Erzählungen, Gedichten und Buchkritiken eine über das Persönliche, Subjektive hinausgehende Versachlichung erreichen. In der eingestreuten Lyrik begegnen uns in Brod, Werfel und Robert Walser die gleichen Autoren wie in *Arkadia*. Von den im Vorwort der Buchausgabe nur den Namen nach aufgelösten anonymen Beiträgern begegnen uns in Alain, Annette Kolb, Robert Musil, Max Scheler und André Suarès Autoren des Verlags der Weißen Bücher und der *Weißen Blätter*.

Der *Lose Vogel* wurde – wie viele der spontan gegründeten Bleischen Zeitschriften – nicht weitergeführt, denn Blei hatte sich im Sommer 1913 schon als Redakteur der von Erik-Ernst Schwabach herausgegebenen *Weißen Blätter* engagiert, die dann unter René Schickeles Leitung neben *Aktion* und *Sturm* die wichtigste expressionistische Zeitschrift wurden. Franz Blei stellte die Verbindung Wolffs mit Schwabach her, der als 22jähriger Student selbst schriftstellerte und sich dem *Aktions*-Kreis genähert hatte. »Er kam aus der Bleichröder Bankfamilie, hatte viel zu viel Geld und wollte davon, was ich sehr richtig und begrüßenswert fand, ein bißchen wenigstens in der Literatur verlieren«, berichtet Wolff in *Porträt der Zeit im Zwiegespräch*[390].

Schwabach trug sich schon vor der Begegnung mit Blei und Wolff mit Gründungsplänen einer Zeitschrift. Über seinen Freund Axel Ripke, Herausgeber der nationalliberalen politischen Zeitschrift *Der Panther* verhandelte er mit Otto Flake über die Stiftung eines Fontane-Preises[391]. Flake erinnert sich: »Wir begegneten uns rasch, und nicht nur der Fontane-Preis kam zustande, bereits im Februar [d. i. 1913] schloß ich mit Schwabach einen Vertrag über die Gründung eines Verlages Die Weißen Blätter und einer Zeitschrift gleichen Namens, deren

---

[381] Blei nennt im Vorwort zur Buchausgabe des *Losen Vogels* nur die Initialen der Geldgeber, die vom Verf. versuchsweise aufgelöst wurden. In: Der Lose Vogel. Leipzig 1913, S. VI (fälschlich, richtig S. IV).

[382] Die Übernahme ist im Börsenblatt vom 22. 3. 1913, S. 3043, angezeigt. Paul Raabe irrt hier, wenn er annimmt, daß erst Nr. 10–12 im KWV erschienen seien. (P. Raabe: Die Zeitschriften und Sammlungen, S. 41.)

[383] Zu den Autorenfreundschaften Bleis und seiner Stellung in den literarischen Kreisen vor dem Krieg vgl. Detlev Steffen: Franz Blei. Teil B, Kapitel I: Von der Jahrhundertwende bis zum Krieg. S. 99–152.

[384] Vgl. Kapitel 3.2, Sp. 585 f. – Schon Rowohlt hatte mit Blei verhandelt und seine Vermittlung bei der Publikation von André Rouveyre: *Parisiennes* (ERV 1912) in Anspruch genommen. Blei hatte ihm bei dieser Gelegenheit die Übersetzung von vier Machiavelli-Komödien angeboten. (Nach zwei undat. Briefen 1911/12 im KWA.)

[385] Ganzseitige, einzige (!) Verlagsanzeige nach S. 352. In: Der Lose Vogel. Leipzig 1913.

[386] Vgl. das Vorwort zu Der Lose Vogel, S. VI, [d. i. S. IV].

[387] Max Brod: Vorbemerkung zu *Arkadia*.

[388] Der Lose Vogel, S. III f.

[389] Arkadia, Vorbemerkung.

[390] Kurt Wolff u. Herbert G. Göpfert: Porträt der Zeit im Zwiegespräch. In: Börsenblatt Nr. 84, 1964, S. 2058.

[391] Der Fontane-Preis für den besten modernen Erzähler wurde offiziell erstmals 1913 vom *Schutzverband deutscher Schriftsteller* vergeben, in dem Schwabach Mitglied wurde. Preisträger des bis 1922 mit Unterbrechungen jährlich verliehenen Preises waren: Annette Kolb, Leonhard Frank, Carl Sternheim, Alfred Döblin, Paul Adler, Max Brod, Gina Kaus, Albert Paris Gütersloh.

Herausgeber ich sein würde.«³⁹² Der junge Schwabach war, wie Wolff drei Jahre zuvor, von der Idee einer Verlagsgründung spontan begeistert, denn hier bot sich ihm ein breiter mäzenatischer Wirkungskreis für Literatur. Schwabach verstand aber von der kaufmännischen und buchhändlerischen Seite des Verlegertums wenig. Deshalb gewann er neben Ripke den Elsässer Buchhändler Jean Schwab für die Verlagsleitung und suchte einen bereits bestehenden Verlag, der Herstellung, Vertrieb und Buchführung für ihn übernahm. Flake hatte dafür Axel Juncker ausersehen und verhandelte bereits, als ihm Franz Blei das Projekt aus der Hand nahm³⁹³. Der jugendlich unsichere, »sehr haltlose«³⁹⁴ Schwabach ließ sich von dem gewandten Franz Blei überzeugen, daß Kurt Wolff der bessere Partner sei. Ende März 1913 avisierte Blei seinem Verleger Wolff Ripke als Unterhändler. Morgen »wird Sie Herr Ripke aufsuchen, und mit Ihnen eine Combination des neuen Verlages mit dem Ihren vorschlagend besprechen, dem neuen Verlag, den Herr Schwabach gründet, und in dem die neue Tribüne [d. i. *Die Weißen Blätter*] erscheinen soll.«³⁹⁵

Eine rein organisatorische Betreuung für einen Verlag, der sich zu einem Konkurrenzunternehmen entwickeln konnte, wäre für Wolff wenig verlockend gewesen. Deshalb dachte Blei an eine programmatische Verbindung. »Der Verlag Schwabach giebt alle jene Bücher bloß in seinem Verlage heraus, über deren Herausgabe eine Einigung mit Ihrem Verlag nicht zu erzielen ist, und umgekehrt. Worüber eine Einigung, das gemeinsam. Gemeinsam die beiden Zeitschriften, Neue Tribüne und Loser Vogel, beide aber getrennt.«³⁹⁶ Wolff akzeptierte dieses Angebot, schon im Hinblick darauf, daß Schwabach, der »zu seinen 200 000 Mark Renten in diesen Tagen von seiner Großmutter noch weitere 350 000 Mark geerbt«

hatte³⁹⁷, davon – wie erwähnt – 300 000 Mark als stiller Teilhaber in den Kurt Wolff Verlag einlegte. Von einer Beteiligung an der neuen Zeitschrift zusammen mit Flake und Schwabach nahm er – unter dem Einfluß Bleis – Abstand. »Flake ist ein großer Tor, der weder aus noch ein weiß und in Schwabachs eigenem Verlag deroutierend wirken wird. Wie Sie Schwabach, wenn Sie für seinen Verlag das Buchführende übernehmen, ihm nach einem und zwei Jahren ja an den Ziffern werden zeigen können.«³⁹⁸ Blei glaubte nicht »an das gute Gelingen von Flakes Zeitschrift« und fürchtete: »Bliebe es nur bei Schwabach plus Flake, so würde Schw. nach kurzer Zeit genug von den Sachen haben, eine Menge Geld wäre zwecklos vergeudet und ein Mensch mit den besten Absichten und sehr vielem Gelde (etwa 12 Millionen) wäre für das Gute verloren, das ein Verlag sein kann, der Geld zum Warten hat.« Deshalb spann er seine Intrige weiter aus. »Fl. ist glücklicherweise nicht in Berlin und auch sonst ohne Nachricht über die Verhandlungen zwischen Ihnen und Schw.«³⁹⁹

Es gelang Blei in kurzer Zeit, sich an die Stelle Flakes als Redakteur der neuen Zeitschrift zu setzen. »Kaum war ich abgereist«, erinnert sich Flake an seinen Besuch auf Schwabachs Gut in Märzdorf Anfang Mai 1913, »so traf Blei ein und trug Schwabach ganz andere Ideen vor. Als ich [...] in Berlin ankam, erreichte mich ein Brief Schwabachs, der anfragte, ob ich bereit sei, die ›Weißen Blätter‹ mit Blei zusammen herauszugeben. Ich wies den unerwarteten Vorschlag zurück. Im Verlauf der Auseinandersetzung bot ich den Rücktritt an.«⁴⁰⁰ Flake erhielt eine Abfindung, und die *Weißen Blätter* erschienen ab September 1913 unter der Herausgeberschaft Erik-Ernst Schwabachs und der Redaktion Franz Bleis.

Blei hatte als *Neue Tribüne* ursprünglich eine Zeitschrift konzipiert, die »nur der dichterischen Produktion nachgeht«⁴⁰¹. Doch nach Abschluß des *Losen Vogels* wurde ein Teil von dessen kulturkritischem Programm in das neue Organ integriert. Die *Weißen Blätter*, deren Titel auf einen voraussetzungslosen Beginn hinweisen sollte – in ähnlichem Sinne, wie Werfel es für den *Jüngsten Tag* gefordert hatte –, stellten sich in bewußten Gegensatz zur *Neuen Rundschau* S. Fischers. »Die weißen Blätter sollen das Organ der jüngeren Dichtergeneration sein, wie es

---

³⁹² Otto Flake: Es wird Abend. Bericht aus einem langen Leben. Gütersloh 1960, S. 199.

³⁹³ »Als ich Sch bei unserer ersten Besprechung eine Vereinigung mit Ihnen rieth, war Flake anwesend, der sofort sehr dagegen war, weil er zu einer Vereinigung mit – Axel Juncker alles mögliche schon unternommen hatte. So gelang es mir damals nur, Schw. zu überzeugen, daß das mit A. Juncker ein vollkommener Blödsinn sei, worauf er die Verhandlung mit A. J. abbrach.« (Blei an Wolff, undat. Brief, ca. Anfang April 1913, KWB, S. 75.) – Dies bestätigt Flake in seinen Erinnerungen: »Wohl aber nahm es Franz Blei übel auf, daß ich ihm bei Schwabach zuvorgekommen war. Auch er hatte, Gründer einer Reihe kleinerer Zeitschriften, für eine neue an Schwabach gedacht«. (Flake: Es wird Abend, S. 199).

³⁹⁴ Blei an Wolff, KWB, S. 75.

³⁹⁵ Blei an Wolff, undat. Brief (Ende März 1913), KWA.

³⁹⁶ a.a.O.

³⁹⁷ a.a.O.

³⁹⁸ Blei an Wolff, KWB, S. 75.

³⁹⁹ a.a.O.

⁴⁰⁰ Flake: Es wird Abend, S. 202.

⁴⁰¹ Blei an Wolff, undat. Brief (Ende März 1913), KWA.

für die Ältere die Neue Rundschau ist.«[402] Im Unterschied zur *Aktion* aber, die auch mit Erstlingsbeiträgen experimentierte, sollte Schwabachs Zeitschrift »bei aller Lebendigkeit und Aufmerksamkeit auf das, was unserer Zeit eigentümlich ist, ihre Leser doch nur mit dem Fertigen und Gelungenen bekannt machen. Die weißen Blätter werden an keinem Gebiete des heutigen Lebens ohne Stellungnahme vorübergehen; sie wollen nicht nur der künstlerische, sondern auch der sittliche und politische Ausdruck der neuen Generation sein.«[403]

In dem ersten Jahrgang (September 1913 – August 1914) trat Blei – ähnlich wie bei dem *Losen Vogel* – als Redakteur namentlich nicht in Erscheinung, deshalb ist seine redaktionelle Tätigkeit auch kaum bekannt. Taktische Gründe mochten dafür ausschlaggebend gewesen sein, den von vielen Seiten befehdeten Blei als den eigentlichen Programmatiker nicht in den Vordergrund zu stellen[404]. Schon der richtungweisende Eröffnungsaufsatz *Von dem Charakter der kommenden Literatur* erschien anonym aus der Feder Bleis und stammt nicht, wie meist angenommen, von Schwabach[405]. Die kommende Literatur, verkündete Blei das Programm der *Weißen Blätter*, werde sich nicht wie die moderne Literatur der vergangenen dreißig Jahre vorwiegend mit der sozialen Frage beschäftigen, ihr Wesen sei es, »in der Ordnung eines größeren Ganzen sich zu finden [...]; sie wird anfänglich sein und ohne Eloquenz« – und hier läßt sich wiederum die Parallele zu Werfels Programm im *Jüngsten Tag* erkennen –, »gar nicht sozial wird sie sein, aber brüderlich; garnicht erlöserisch aber fromm«, als Signum einer Zeit, »die vom vielfachen Leben zum einfachen abfallen wird, von der Vergötterung der Materie zur Liebe des Geistes, – einer Zeit, wo nicht mehr Gesellschaft sein wird, sondern Gemeinschaft«[406].

Bleis weitgespannten Beziehungen verdankte Schwabach es, daß schon im ersten Jahrgang der *Weißen Blätter* neben den Wolff-Autoren Hasenclever, Werfel, Robert Walser, Kafka, Brod, Meyrink und den Autoren des *Losen Vogels* auch Heinrich Mann, Hiller, Wilhelm Hausenstein, Rudolf Borchardt und Martin Buber Beiträge lieferten.

Eine genauere Verfolgung der literarischen Abdrucke gibt die Verflechtung der *Weißen Blätter* mit Wolffs Buchprogramm zu erkennen. Hasenclevers *Sohn* erschien durch Vermittlung Wolffs in den *Weißen Blättern*, Meyrinks Roman *Der Golem* wurde zunächst dort abgedruckt, Werfels *Troerinnen* wurden auszugsweise vorveröffentlicht, Sternheims *Busekow* erschien dort kurz vor der Buchausgabe des *Jüngsten Tages*; die Beispiele ließen sich vermehren. Auch der zweite Jahrgang 1915 bietet zahlreiche Hinweise, wie sehr die von Schwabach allein finanzierte Zeitschrift für Wolffs Autoren durch Vorabdrucke den Buchmarkt vorbereitete[407]. Zum Teil konn-

---

[402] Undat. Verlagsprospekt des Verlags der Weißen Bücher, Leipzig (1913), DLA.

[403] a.a.O. – Peter de Mendelssohn konstatiert allerdings, daß trotz der weltanschaulichen Gegensätze die Mehrzahl der Autoren der *Weißen Blätter* auch während des Krieges weiter in der *Neuen Rundschau* publizierte. Die Grenzen zwischen den Zeitschriften blieben, trotz vieler Unvereinbarkeiten, fließend. (Vgl. Peter de Mendelssohn: S. Fischer und sein Verlag, S. 680–686.)

[404] Ernst Rowohlt schrieb schon am 18. Januar 1909 an Anton Kippenberg über Bleis damalige Zeitschrift: »Ich glaube, daß der Hyperion wenig Aussichten hat, denn die ganze Art seiner Anlage ist nicht besonders günstig, und vor allem *Blei* hat zu viel Gegner! Sein Name kann einer Zeitschrift nur schaden.« (Peter Bramböck: Ein früher Briefwechsel Ernst Rowohlts mit Anton Kippenberg. In: AGB XIV, Sp. 583.) – Die Aversion gegen Blei wuchs auch bei Wolff-Autoren. So beglückwünschte Hasenclever Schwabach zu dem Entschluß, die *Weißen Blätter* im 2. Jahrgang »ohne Blei-Kanülen« erscheinen zu lassen. (Vgl. Anm. 413 zu diesem Kapitel.) – Der voraussetzungslose Beginn der Zeitschrift wurde auch aus psychologischen Gründen nicht mit einem Literaten angekündigt, den die »neuen Generationen« weitererbten. (Franz Werfel in seiner Blei-Parodie in: Barbara oder Die Frömmigkeit. Frankfurt am Main 1953, S. 317.) – Da Blei namentlich nicht in Erscheinung trat, erwähnen die Bibliographen der expressionistischen Zeitschriften seine redaktionelle Tätigkeit ungenau, so Fritz Schlawe: Literarische Zeitschriften. Teil II. 1910–1933, S. 11; oder überhaupt nicht wie Paul Raabe: Die Zeitschriften und Sammlungen, S. 47. Lediglich Lilian Schacherl: Die Zeitschriften des Expressionismus. Phil. Diss. (masch.) München 1957, S. 52 f., würdigt Bleis Tätigkeit.

[405] [Franz Blei:] Von dem Charakter der kommenden Literatur. In: Die Weißen Blätter, 1. Jg. 1913/14, Heft 1, S. 1 bis 5. – Noch Lilian Schacherl (a.a.O., S. 52) und Paul Raabe (in: Expressionismus. Literatur und Kunst 1910–1923, S. 138) hielten Schwabach für den Autor. Die Argumente von Detlev Steffen: Franz Blei, S. 136, lassen jedoch ziemlich zweifelsfrei Blei als Verfasser erkennen. Steffen führt als Zeugen Kasimir Edschmid an (Lebendiger Expressionismus, S. 122), eine Rezension Pfemferts in der *Aktion* (3. Jg. 1913, Sp. 973) und stellt wörtliche Übereinstimmungen mit anderen Arbeiten Bleis fest. – Es ist auch schwer einsichtig, warum Schwabach in die Anonymität hätte flüchten sollen. Um so begreiflicher ist es bei Blei!

[406] a.a.O., S. 4 f.

[407] Unter anderem: Max Brod: Tycho Brahes Weg zu Gott; Carl Sternheim: 1913; Gottfried Benn: Gehirne; Kasimir Edschmid: Joussuf; René Schickele: Aïssé; Carl Sternheim: Napoleon; ders.: Schuhlin; Franz Kafka: Die Verwandlung. Die meisten der Vorabdrucke erschienen kurz danach im *Jüngsten Tag*.

ten sogar mit dem stehengelassenen Satz die Buchausgaben hergestellt werden. Die *Weißen Blätter* übernahmen für den Kurt Wolff Verlag die Rolle der *Aktion,* mit dem Unterschied, daß nun nicht der Verlag die Zeitschriftenbeiträge aufgriff, sondern daß eine gewollte und bewußte Absprache bestand. Ja, die Autoren wandten sich zum Teil direkt an Wolff mit ihren Beiträgen für die *Weißen Blätter* und nicht an Blei oder Schwabach[408]. Wieweit Schwabach als Herausgeber tatsächlich in das Programm eingriff, ist schwer abschätzbar. Seine redaktionellen Beiträge jedenfalls sind geringfügig[409].

Bei Kriegsbeginn stellte der von der allgemeinen Kriegshysterie ergriffene Schwabach die Zeitschrift ein. In Anzeigen verkündete er – ohne Wissen Bleis – daß »die Redaktion der Ansicht sei, daß man jetzt für das Vaterland handeln und nicht schreiben müsse«[410]. Georg Heinrich Meyer, der nach dem kriegsbedingten Ausscheiden Ripkes und Schwabs als verantwortlicher Geschäftsführer den Verlag der Weißen Bücher führte, gab in einem Brief an René Schickele die allgemeine Verlagsstimmung wieder: »Ich meine noch immer, daß es jetzt, wo die Kanonen donnern, und hunderttausend verbluten, profan ist, von jemandem zu verlangen, sich um Literatur zu kümmern.«[411] Doch nach seiner vorläufigen Ausmusterung[412] hatte der häufig seine Pläne ändernde Mäzen Schwabach sich anders besonnen. »Ich beglückwünsche Sie zu dem Entschluß, die ›W. Bl.‹ wieder erscheinen zu lassen und zwar ohne Blei-Kanülen, mit hoffentlich desto mehr Angriffslust und Selbstvertrauen!«, schrieb Hasenclever am 1. Oktober 1914 an den Verleger[413]. Georg Heinrich Meyer blieb die »ziemlich diffizile Mission«[414], dem Redakteur Blei die Übernahme der Redaktion durch Schickele mitzuteilen und gleichzeitig Bleis weitere Mitarbeit zu sichern. Ihm blieb auch die Aufgabe vorbehalten, Schwabach Schickeles Forderungen und Wünsche nach einem »Mandat« für die Zeitschrift, nach der Zusicherung einer souveränen Herausgebertätigkeit vorzutragen, die Schickele denn auch erhielt[415]. Meyer als Verlagsleiter wurde in den nächsten Jahren die dominierende Schlüsselfigur zwischen den verhandelnden Partnern, deren uneingeschränktes Vertrauen er genoß.

Schickele als neuer Herausgeber setzte seine ganze Hoffnung für eine unabhängige, auch während des Krieges mutig dem Chauvinismus entgegentretende pazifistische Zeitschrift auf den reichen, durch keinerlei Finanzierungsprobleme und keine kulturpolitische Position gebundenen Privatier Schwabach. »Fischer ist verbraucht; Schwabach kann ihn ersetzen«, schrieb Schickele an Georg Heinrich Meyer. »Ich würde mich sehr freuen, mit Ihnen zusammen zu arbeiten [...]. Und Schwabach bliebe der Zeiger an der Waage.«[416] Unter Schickele wurde die Zeitschrift in der Tat das führende Organ der expressionistischen Antikriegsliteratur und eines »deutschen Imperialismus des Geistes«[417].

Über die kulturpolitische Aufgabe und die literarische Substanz der Zeitschrift unter Schickele ist mehrfach gehandelt worden[418], und es ist hier nicht der Ort, dem weiteres hinzuzufügen. Wenig bekannt ist jedoch das Schicksal der Zeitschrift aus verlagsgeschichtlicher Sicht und vor allem die finanziellen Probleme, mit denen die *Weißen Blätter* zu kämpfen hatten.

---

[408] So Annette Kolb in einem Brief an Wolff vom 14. 2. 1914, KWB, S. 185. Auch mit Mechtild Lichnowsky verhandelte Wolff direkt. Vgl. Wolff an Lichnowsky, Brief vom 2. 6. 1914, KWB, S. 157.

[409] Der knappe Beitrag am Ende des 1. Heftes, Jg. 1, S. 97 f. *Vom Beruf des Dichters* ist von Schwabach; ebenso die Erzählung *Peter van Pier, der Prophet* (Jg. 2, Heft 12, S. 1431 bis 1484) und *Das Puppenspiel der Liebe. Ein Akt.* (Jg. 1, Heft 3, S. 256–279.)

[410] Theodor Haecker: Satire und Polemik. München 1961, S. 98.

[411] Meyer an Schickele, Brief vom 23. 10. 1914, KWA.

[412] »Dazu kommt der Krieg, der ihn sehr erschüttert. Durch einen falsch gesetzten Beinbruch ist er untauglich geschrieben und auch das bedrückt ihn«, schreibt die Tochter, Gitta Gruenfeld, über den Eindruck bei der Lektüre von Schwabachs Tagebüchern. (In einem Brief an den Verf. vom 27. 6. 1973.)
Die Tagebücher, 2 Bde, die den Zeitraum 1914–1918 enthalten, befinden sich im Privatbesitz der Tochter in London. Sie enthalten überwiegend private Aufzeichnungen, vor allem Kriegseindrücke. Frau Gruenfeld hat mir freundlicherweise die wenigen, den Verlag und die Zeitschrift betreffenden Passagen für diese Arbeit mitgeteilt.

[413] KWA, abgedruckt in: Kasimir Edschmid: Briefe der Expressionisten. Frankfurt am Main 1964, S. 29.

[414] Meyer an Schickele, Brief vom 27. 11. 1914, KWA.

[415] Vgl. Schickele an Meyer, Brief vom 3. 11. 1914, KWB, S. 197 f. – Schickele erhielt ein monatliches Honorar von 500 Mark, das zum Teil mit den Honoraren seiner Bücher verrechnet wurde.

[416] a.a.O., S. 198.

[417] »Wie schön, mitten im Krieg schon mit dem Wiederaufbau zu beginnen und zu helfen, den geistigen Sieg vorzubereiten!« So sah Schickele seine Aufgabe in den *Weißen Blättern.* KWB, S. 198.

[418] Es seien nur zwei Arbeiten genannt; Horst Haase: Die Antikriegsliteratur in der Zeitschrift »Die Weißen Blätter«. Phil. Diss. (masch.) Berlin, Humboldt-Universität 1956; und Eva Kolinsky: Engagierter Expressionismus. Politik und Literatur zwischen Weltkrieg und Weimarer Republik. Stuttgart 1970.

Schickele, der von wenigen Eingriffen Schwabachs abgesehen[419], die Zeitschrift im zweiten Jahrgang allein leitete, mußte bald spüren, wie richtig Blei die Persönlichkeit des unsteten Schwabach eingeschätzt hatte. »Blei betrachtete den Verlag immer als eine Phantasieunternehmung Schwabachs.«[420] Schon 1915, als Schwabach doch noch Militärdienst leisten mußte, verlor er erstmals das Interesse an Zeitschrift und Verlag, den er im Kurt Wolff Verlag aufgehen lassen wollte[421]. Schickele sah sich für den dritten Jahrgang nach einem neuen Mäzen um. Die Existenz der Zeitschrift war schon im zweiten Jahrgang von verschiedenen Seiten bedroht. Ein Mäzen ließ sich nicht finden[422], durch eine Erkennung Schickeles im Herbst 1915 mußten die Weißen Blätter mehrere Monate lang kommissarisch durch einen Mitarbeiter des Kurt Wolff Verlages geführt werden, und Schickele entschloß sich, ehe seine interimistische Befreiung vom Militärdienst in Frage gestellt wurde und die Zensur sich im Herbst 1915 immer drückender bemerkbar machte[423], ganz in die Schweiz überzusiedeln. Das erste Quartal des 3. Jahrgangs erschien noch im Verlag der Weißen Bücher, ab April 1916 übernahm der Verlag Rascher & Cie. in Zürich, an dem der ebenfalls in die Schweiz geflüchtete Paul Cassirer beteiligt war[424], die Weißen Blätter. 1918 erschienen sie in einem eigenen Verlag in Bern-Bümplitz, und nach dem Fall der Zensur bei Kriegsende holte Paul Cassirer die Zeitschrift nach Berlin. Von der politischen Entwicklung der Nachkriegsjahre zutiefst enttäuscht, zog sich Schickele im März 1920 von den Weißen Blättern zurück. Cassirer gab die Zeitschrift vorübergehend selbst heraus, ehe sie, als Kampforgan der Avantgarde verbraucht, 1921 eingestellt wurde.

Kritik erhielt die Zeitschrift schon im ersten Jahr von Schickeles Leitung aus den eigenen Reihen der Expressionisten. Den radikalen Aktivisten und den Kommunisten war Schickele, der sich für einen christlichen Sozialismus engagierte und gegen einen radikalen Marxismus wandte, zu gemäßigt. Selbst Walter Hasenclever, der Schickele zunächst sehr geschätzt hatte, äußerte im August 1915 gegenüber Georg Heinrich Meyer, die Weißen Blätter unter Schickele »sind zu langweilig geworden, um noch sträflich zu sein. Möchten sie, gleich Schickele, baldigst einberufen werden.«[425] Am härtesten traf die Zeitschrift noch vor der äußeren Bedrohung durch die Zensur und die Polemik der Freunde die wirtschaftliche Situation und die ablehnende Reaktion des Buchhandels. Auch Schwabach als Verleger hat weder den Rang seiner Zeitschrift erkannt noch sich in irgendeiner Weise als politisch handelnde und kämpfende Person erwiesen, vielmehr hat er seiner Frau die Verhandlungsführung und finanzielle Entscheidung überlassen, ehe er sich ganz zurückzog[426].

In einer Kalkulation – beigelegt einem Brief Meyers vom 13. Juni 1915 – rechnet der Geschäftsführer Schickele vor, wie düster die finanzielle Lage der Weißen Blätter sei. Bei der Auflage von 3 000 Exemplaren betrügen die Gesamtkosten der umfangreichen Hefte etwa 3 500 Mark; bei dem durchschnittlichen Absatz von 500 (!) Exemplaren zu 1,20 Mark bleibe ein ungedeckter Rest von 2 900 Mark. Dabei arbeite der Verlag umsonst, belastet würden die Weißen Blätter bei dieser Aufstellung nur durch Honorare (1 800 Mark), Herstellungskosten und Spesen (Porti etc.). Meyer sah darin nur bestätigt, »wie richtig das ist, was ich schon im vorigen Herbst gesagt habe, daß, um die Weißen Blätter lebensfähig zu machen, M 200 000,– mindestens erforderlich sind. Das habe ich auch Frau Schwabach bei jeder Gelegenheit immer betont.«[427]

---

[419] Schwabach erteilte gelegentlich einzelne Autoren betreffende Direktiven. So schreibt Hermann Vogel (bei Wolff als Hersteller beschäftigt) am 6. 3. 1915 an Schickele: Carl Hauptmann »teilte mir mit, daß Herr Schwabach ihm versprochen hat, daß von jetzt ab seine Arbeiten, bevor sie in Buchform herauskommen, in den Weißen Blättern erscheinen. Ich gebe Ihnen das zu Ihrer gefl. Orientierung weiter.« (KWA)

[420] Schickele an Meyer, Brief vom 3. 11. 1914, KWB, S. 198.

[421] »Daß Schwabach beabsichtigte, den Verlag der Weißen Bücher im Kurt Wolff Verlag aufgehen zu lassen, mußte ich ihm [d. i. Max Scheler] sagen.« Meyer an Schickele, Brief vom 26. 7. 1915, KWA.

[422] Ich »bin bis vor vier Wochen z. B. in dem Glauben gewesen, daß Sie einen Geldmann für die ›Weißen Blätter‹ gefunden hätten«. Meyer an Schickele, Brief vom 20. 11. 1916, KWA. – Auch Carl Sternheim schien als Finanzier im Gespräch zu sein. Sternheim hielt sich jedoch zurück.

[423] »Schon im September 1915 nahm das Interesse der Kriminalpolizei für die Weißen Blätter quälende Formen an.« René Schickele, zit. nach Hermann Kesten: Grenzler und Europäer. In: Der Monat, 4. Jg., 1951/52, Nr. 45, S. 310. Vgl. auch Meyer an Schickele, Brief vom 17. 1. 1916, KWB, S. 203. »Ich habe an meinen acht Tagen Gefängnis gerade genug.«

[424] Zu der Beteiligung Cassirers an Rascher & Cie. und zu dem Züricher Milieu der Emigranten vgl. die Memoiren von Tilla Durieux: Meine ersten neunzig Jahre. Erinnerungen. München 1971, S. 259–278.

[425] Hasenclever an Meyer, Brief vom 16. 8. 1915, KWA.

[426] Tagebuchnotiz vom 21. 1. 1916: »Die W. B. verkaufte ich an Schickele«. – Lotte Schwabach übernahm – wie Elisabeth Wolff – im Krieg nach dem Einrücken ihres Mannes pro forma die Verlagsleitung, doch wohl ohne dieser Aufgabe ganz gewachsen zu sein. Georg Heinrich Meyer mußte ihr die Gründe für die Zuschüsse in den Verlag der Weißen Bücher bei immer neuen Reisen nach Berlin begreiflich machen.

[427] Meyer an Schickele, Brief vom 13. 6. 1915, zusammen mit der Aufstellung der Gesamtkosten im KWA.

Die Reaktion des Buchhandels deckt sich mit den Ergebnissen, die wir über die Auflageziffern und Verkaufszahlen der frühexpressionistischen Verlage erhielten, und stimmt mit dem überein, was über die finanziellen Schwierigkeiten der *Aktion* bekannt ist[428]. Zwar wurde von den *Weißen Blättern* über die 500 Exemplare hinaus noch einiges in Kommission verkauft, »aber wir wollen uns keinen allzu großen Illusionen hingeben; die Sortimenter schreiben sehr heftig schon, daß sie sich die Zusendung verbitten. Das wird aber am meisten seinen Grund darin haben, daß der unglückselige Roman [d. i. Max Brod: *Tycho Brahe*] den Verkauf der einzelnen Hefte immer erschwert, wenn nicht ganz unterbunden hat. Seien wir doch ehrlich: es würde uns selbst nicht einfallen, die Hefte zu kaufen.«[429] Zweifellos wurden die Hefte durch den Abdruck ganzer Dramen und umfangreicher Romane in Fortsetzungen verhältnismäßig dick und ließen vergleichsweise wenig Raum für andere Beiträge. Auch der Preis war – im Vergleich zu anderen Zeitschriften – durch den Umfang relativ hoch[430]. Doch mutet es wie eine Ironie der historischen Entwicklung an, daß gerade das Kennzeichen der Zeitschrift, das ihre heutige Beachtung als Dokument des Expressionismus ausmacht: der große Umfang der erstveröffentlichten Dichtung, die Verbreitung hemmte.

Noch nach dem Ausscheiden der *Weißen Blätter* aus dem Verlag der Weißen Bücher wurde die Zeitschrift immer wieder mit dem Kurt Wolff Verlag in Verbindung gebracht. Durch die Autoren war die Verbindung ohnehin gegeben, und die organisatorische Verflechtung der Verlage Schwabachs und Wolffs muß in den literarischen Kreisen bekannt gewesen sein. So schrieb ein damit beauftragter Verlagsangestellter am 13. Februar 1917 in gereiztem Ton an Schickele, der nicht deutlich genug auf die Trennung von Verlag und Zeitschrift hingewiesen hatte: »Wir werden unausgesetzt in die Lage gebracht, auf vielfache Anfragen [...] zu erklären, daß Redaktion und Verlag der ›Weißen Blätter‹ vollkommen unabhängig von der Firma Kurt Wolff Verlag sind. [...] Desgleichen sahen wir uns vielfach veranlaßt, Reklamationen der Sortimenter [...] mit dem Hinweis zu beantworten, daß die ›Weißen Blätter‹ weder mit der Firma Kurt Wolff Verlag noch mit den ›Weißen Büchern‹ den geringsten geschäftlichen Zusammenhang haben.«[431] – Wenn die *Weißen Blätter*, aber auch der Verlag der Weißen Bücher, so direkt in der Öffentlichkeit des Buchhandels mit Kurt Wolff in Verbindung gebracht wurden, fragt sich, welche Rolle der rechtmäßige Besitzer und Verleger Schwabach tatsächlich gespielt hat.

Erik-Ernst Schwabach ist so gründlich vergessen, daß selbst seine Lebensdaten in den einschlägigen Lexika nicht genau zu ermitteln sind[432]. Schwabach wurde am 24. Januar 1891 in Kronstadt (Siebenbürgen) als Sohn eines reichen Bankiers geboren, der in einem Haus der Bleichröder-Bankendynastie tätig war. Nach einem Studium (?) in Leipzig lebte er abwechselnd auf seinem Schloß Märzdorf bei Haynau in Schlesien und in einer Berliner Stadtwohnung, wo er mit dem literarischen Leben Berlins in Berührung kam. Schwabach gehörte wie Alfred Walter von Heymel, mit dem er in Berlin gesellschaftlichen Kontakt hielt, und Otto Julius Bierbaum zu dem Typus der reichen jungen Leute, die Literatur als modischen Zeitvertreib pflegten und von Franz Blei im *Hyperion* verspottet worden waren[433]. Reinhard Piper schrieb von ihnen: »Es gab in jenen Jahren in München viele junge vermögende Leute, die dies oder das studiert hatten, sich für alles mögliche interessierten, auch Gedichte machten, aber sich für keinen bestimmten Beruf entscheiden mochten.«[434]

Die Zeugnisse der Zeitgenossen über Schwabach sind nicht sehr zahlreich und widersprüchlich. Die Bilder aus der Zeit zwischen 1910 und 1920 zeigen einen sehr großen, schweren Mann, der sich von kostbarem Intereur umgeben oder vor dem Hauptportal seines bombastischen Schlosses Märzdorf fotografieren ließ und von dem Foto Ansichtskarten druckte; »der sich von seinem Besitztum bei Haynau in Schlesien eine Schmalspurbahn bis zur nächsten Station hatte legen lassen, ab und zu Leipzig unsicher machte, den Augustusplatz kaufen wollte und, weil der Magistrat nicht einverstanden war, statt

---

[428] Pfemfert selbst war mittellos. Er verzichtete anfangs völlig auf ein eigenes Honorar und konnte auch den anderen Mitarbeitern kein Honorar zahlen. Vgl. den Brief Hillers an Heym vom 14. 3. 1911. In: Georg Heym: Dichtungen und Schriften. Bd 3, S. 242.

[429] Meyer an Schickele, Brief vom 13. 6. 1915.

[430] Die *Aktion* kostete pro Einzelheft 0,30 Mark, der *Sturm* kostete 0,40 Mark.

[431] E [?, i. A. Georg Heinrich Meyers], Brief im KWA.

[432] Sein Todesdatum ist weder in Kürschners *Deutschem Literaturkalender* noch in Wilhelm Kosch: Deutsches Literatur-Lexikon, 2. Aufl. Bd 3, Bern 1956, S. 2649 verzeichnet. In der Mehrzahl der Autorenlexika des 20. Jahrhunderts ist Schwabach überhaupt nicht aufgeführt.

[433] Franz Blei: Drei Briefe an einen jungen Mann. In: Hyperion, 1. Jg. 1908, 3. Heft, S. 85–91.

[434] Reinhard Piper: Mein Leben als Verleger. München 1964, S. 247.

Abb. 14: *Schloß Märzdorf bei Haynau in Schlesien*

dessen sein Geld in andere Unternehmen steckte«⁴³⁵, wie Hans Reimann berichtet. Demgegenüber schreibt Else Lasker-Schüler in ihrer Philippika gegen Verleger: »Ein wohl angelegter bescheidener Mensch war Erik Ernst Schwabach«⁴³⁶. Und auch ein Freund der damaligen Zeit, Francis Kayser, hebt die bescheidene Lebensführung Schwabachs hervor⁴³⁷.

Eine psychologische Deutung aufgrund der Tagebücher gibt die Tochter Schwabachs, die sein Bild von der Herkunft her zeichnet: »Ich glaube, er war im ganzen ein unglücklicher Mensch. Er wuchs bei den Eltern seiner geschiedenen und jung verstorbenen Mutter auf. Sein Vater, der sich wohl nicht um ihn kümmerte, starb auch jung und hinterließ meinem Vater ein Riesenvermögen. Dieses, zusammen mit seinem literarischen Interesse, brachte ihn in Kreise, die ihm wohl oft schmeichelten und ihres eigenen Vorteils bedacht waren. [...] In seinen Tagebüchern findet man solche Aussprüche wie: ›Wenn mir doch nur einmal einer die Wahrheit sagen würde...‹ Es ist wirklich erschütternd, diese Aufzeichnungen eines sehr jungen Mannes zu lesen, der sich bereits viel zu viel Verantwortung aufgeladen hatte, [...] der viel eher väterlichen Halt und freundschaftliche Führung gebraucht hätte.«⁴³⁸

Der junge Schwabach wurde von verschiedensten Seiten um mäzenatische Spenden gebeten. Abgesehen von dem Fundus des Fontane-Preises stiftete er, wie Kayser sich erinnert, einen Betrag für »eine Forschungsreise ins Innere Asiens oder Afrikas. (Auf meine Frage, warum er da nicht mitgemacht habe: ›Denen liegt an meinem Geld mehr als an mir.‹) [...] Es ist nur zu verständlich, daß ein junger idealer Mensch in seinen Vermögensverhältnissen das Opfer jeglicher Bestrebungen wurde.«⁴³⁹

Betrachtet man die Rolle Schwabachs in dem Bleischen Intrigenspiel um die Gründung der *Weißen Blätter* und des Verlags der Weißen Bücher, so war Schwabach auch hier in erster Linie für die Beteiligten die Gans, die goldene Eier legte. Seine Rolle als Literat und Herausgeber war sekundär. Aus diesem Grunde ist auch die erste Charakteristik Wolffs von Schwabach nichtssagend in bezug auf seine literarische Persönlichkeit: »Der junge Mensch ist erst 22 Jahre alt und ganz sympathisch, Rittergutsbesitzer in Schlesien.«⁴⁴⁰ Und auch Hasenclever, den Wolff um seine Meinung befragte, stellte nur knapp

---

⁴³⁵ Hans Reimann: Mein blaues Wunder, S. 183. Bei der Schmalspurbahn handelte es sich allerdings, wie die Tochter Schwabachs, Gitta Gruenfeld, an den Verf. schrieb, um Gleise für Loren, die Kartoffeln, Rüben etc. transportierten. (Brief vom 13. 6. 1974.)
⁴³⁶ Else Lasker-Schüler: Ich räume auf. Meine Anklage gegen meine Verleger. Zürich 1925, S. 28.
⁴³⁷ In einem Brief an den Verf. vom 5. 12. 1973.

⁴³⁸ In einem Brief an den Verf. vom 27. 6. 1973.
⁴³⁹ Francis Kayser, in einem Brief an den Verf. vom 5. 12. 1973.
⁴⁴⁰ Wolff an Clara Merck, Brief vom 4. 5. 1913, NA.

fest: »Ich habe den Eindruck eines sehr sympathischen Menschen von Herrn Schwabach.«[441] Doch zugleich bewunderte er »maßlos Ihren Coup mit Schwabach«[442] in der Anspielung auf die Beteiligung Schwabachs am Kurt Wolff Verlag und riet Wolff: »denken Sie an Ihr klassisch-geniales Wort: ›Schw. muß es tragen!‹ Oft abends im Bett muß ich noch schrecklich darüber lachen.«[443] Auch in den Honorarforderungen für die Beiträge in den *Weißen Blättern* wird immer wieder auf den Reichtum Schwabachs angespielt: »[...] sollte Schwabach nicht ruhig für eine Seite Lyrik 20 M. bezahlen können?«[444]

In den folgenden Jahren trat Schwabach durch eine Reihe von Dramen, Romanen und Novellen hervor, die, meist unter dem Pseudonym »Sylvester« zwar konventionell, doch geschickt und spannungsreich geschrieben, im Verlag der Weißen Bücher, bei Wolff und im Hyperion-Verlag erschienen[445]. Else Lasker-Schüler urteilte über Schwabach, daß er »garnicht ohne dichtete«[446]. Nach dem Plan einer groß angelegten Enzyklopädie zusammen mit Wilhelm Herzog beteiligte er sich kurzfristig finanziell an der von Herzog geleiteten kommunistischen Zeitung *Die Republik* (1919). In der Inflation verlor Schwabach den größten Teil seines Vermögens; er schrieb Ende der zwanziger Jahre für Willy Haas' *Literarische Welt,* trat als Autor zweier Musicals hervor und arbeitete vorübergehend für den Breslauer Rundfunk. Er starb am 4. April 1938 nach einem kurzen Aufenthalt in London, wurde aber in Berlin begraben.

Schwabachs Bedeutung für die Literatur seiner Zeit liegt in erster Linie in seinen spontanen mäzenatischen Taten. Nach dem Bild, das wir von dem jungen Schwabach haben, war er jedoch nicht wie Walther Rathenau oder Harry Graf Kessler ein aus kulturpolitischem Bewußtsein handelnder und abwägender Geldgeber, sondern er wurde eher durch Freunde in seine Unternehmen hineingezogen, die ihm nach kurzer Zeit über den Kopf wuchsen. So ist sein nachweisbarer Einfluß im Verlag der Weißen Bücher auch nicht übermäßig groß, eher einige Fehlentscheidungen sind erkennbar denn eine leitende verlegerische Persönlichkeit. Dies bestätigt die Charakteristik Else Lasker-Schülers: »Hinter dem Kinderstuhl seines blutjungen Papstes, dem damaligen Ernst Erik Schwabach, flüsterte Dr. Franz Blei [...]. So unter dem Einfluß seines geistreichen Rampollos eröffnete Erik Ernst [...] seinen Verlag in Form eines Spielladens.«[447] Schwabach beschäftigte sich mehr mit seinen schriftstellerischen Plänen und mit dem zusammen mit Kurt Wolff 1914 erworbenen Theater[448] als mit Verlag und Zeitschrift, so daß René Schickele um die Existenz beider Institutionen fürchtete: »[...] mein Bedenken ist gerade

---

[441] Hasenclever an Wolff, Brief vom 23. 8. 1913, KWA.
[442] Hasenclever an Wolff, Brief vom 23. 4. 1913, KWB, S. 5.
[443] Hasenclever an Wolff, Brief vom 13. 8. 1913, KWA.
[444] Hasenclever an Wolff, Brief vom 2. 9. 1913, KWA.
[445] Es seien genannt: Das Puppenspiel der Liebe. Ein Akt. (KWV 1914); Peter van Pier, der Prophet. (KWV 1916); Nur eine Liebe. Ein Schauspiel. (Verlag der Weißen Bücher 1916); Das Puppenspiel. Szenen (KWV 1917); Die Stiftsdame. Novelle. (Hyperion-Verlag 1918); Von der armen Kreatur. Vier Novellen. (KWV 1922); Schwabach war Mitautor des Buches *Das Zaubertheater* (KWV 1915), er übersetzte für Wolff Paul Gauguin: Vorher und Nachher, (KWV 1920) und Guy de Maupassant: Peter und Hans. (KWV 1923).
[446] Else Lasker-Schüler: Ich räume auf, S. 27.
[447] a.a.O.
[448] Das Leipziger Schauspielhaus, bis Juni 1914 im Besitz von »Hartmanns Erben«, wechselte, wie die *Leipziger Neuesten Nachrichten* am 2. August 1914 in der Feuilletonbeilage meldeten, seine Eigentümer. »Die neue Direktion, die, wie wir früher schon mitteilten, aus den Herren Direktor Viehweg, Verlagsbuchhändler Kurt Wolff und Rittergutsbesitzer Schwabach sich zusammensetzt, wird voraussichtlich am 19. September ihre Tätigkeit beginnen.« Wolff hat diese Theaterübernahme später als einen »Spaß« bezeichnet, den er zusammen mit Schwabach unternommen habe, und den Kauf in die Inflationszeit verlegt. (Vgl. Kurt Wolff und Herbert G. Göpfert: Porträt der Zeit im Zwiegespräch. In: Börsenblatt Nr. 84, 1964, S. 2085.) – In Wolffs Tagebuch findet sich unter »Notizen« für Juni 1914 der Vermerk: »übernehme L-er Schauspielhaus / Fundus f. 50 000 / Caution 20 000«. Geplant war die Übernahme allerdings schon im Dezember 1913. »Ich bin erschlagen von Ihrem neusten Coup! [...] Ich gratuliere, Herr Theaterdirektor«. (Hasenclever an Wolff, Brief vom 22. 12. 1913, KWA). Die Beteiligung spielte für den Verlag nicht die Rolle, die sie hätte spielen können, denn Wolff nahm auf die Direktion keinen Einfluß. »Ich möchte mich durchaus nicht a priori irgendwie für Handlungen [...] des Herrn Viehweg verbürgen; (Sie wissen, daß ich auf das Schauspielhaus in keinem Sinne irgendwann Einfluß nehme und nehmen kann).« (Wolff an Hasenclever, 18. 5. 1917, KWA.) Der KWV hielt allerdings Matineen nach dem Vorbild Eulenbergs in Düsseldorf. (Vgl. dazu Hans Reimann: Mein blaues Wunder. S. 183 f.) Eröffnet wurde das Schauspielhaus »mit Lessing und Carl Hauptmann« am 31. 10. 1914 (TB). – Über den Typus dieses Theaters schreibt Schwabach an Egmond Farussi-Seyerlen: »Das Leipziger Schauspielhaus ist ein Durchschnitts-Provinz-Theater, wo Klassiker kaum gegeben werden. Das Repertoire wechselt zwischen modernen Stücken und Possen. [...] ich begrüße diese Verbindung umsomehr von dem Standpunkt aus, daß man aus dem großen Verdienst der Possen heraus Experimente auf literarischem Gebiete bringen kann.« (Brief vom 23. 6. 1914, DLA.) – Vermutlich hat Wolff seinen Anteil an dem Schauspielhaus 1920 verkauft. Tagebuchnotiz vom 2. 9. 1920: »Dr. Hoffmann aus Leipzig bei mir, will Schauspielhaus [...] kaufen.«

Abb. 15: *Erik-Ernst Schwabach, Sommer 1931*

auch, daß Herr Schwabach gar nicht die Zeit hat, diese Arbeit *ganz* zu tun. Besonders jetzt, wo das Theater, für das er immer eine besondere Vorliebe hatte, ihn derart in Anspruch nimmt.«[449] Trotzdem erschien die Verlagseröffnung zunächst vielversprechend.

Der Verlag begann etwa gleichzeitig mit dem Erscheinen der Zeitschrift mit seiner Buchproduktion, die ein breiteres Programm im Kontrast zu dem reinen Literaturverlag Kurt Wolffs verhieß: »Neben Werken belletristischen Charakters beabsichtige ich vornehmlich kulturelle, essayistische, politische, kunst- und kunsthistorische Werke zu edieren«, teilte Schwabach in einem Rundschreiben an den Buchhandel mit. »Die Leitung meines Geschäftes ist mit der des mir befreundeten Kurt Wolff Verlages, Leipzig, verbunden.«[450] Eröffnet wurde das Programm mit dem noch von Flake vermittelten Buch Hans Arps und Lucian H. Neitzels über *Neue französische Malerei*[451]. Geplant war außerdem die Edition von Voltaires *Kandide* mit 26 Federzeichnungen von Paul

---

[449] Schickele an Meyer, Brief vom 3. 11. 1913, KWB, S. 198.

[450] Undat. Verlagsrundschreiben des Verlags der Weißen Bücher, Leipzig (1913), Privatbesitz.
[451] Vgl. Otto Flake: Es wird Abend. S. 200 f.

Klee, die aber erst von Wolff 1920 verwirklicht wurde[452]. Ebenfalls durch Flake, der sich nach dem Scheitern seiner redaktionellen Tätigkeit bei Schwabach S. Fischer zuwandte, und René Schickele wurden die Elsässer Autoren Annette Kolb und Ernst Stadler in den Verlag gebracht. Auch durch Jean Schwab erhielt der Verlag vor dem Krieg eine Prägung deutsch-französischer Kultur, die durch die genannten Autoren und essayistische Schriften von Alain und André Suarès gekennzeichnet war. Der stärkste Einfluß auf die Programmauswahl ist jedoch, wie in den *Weißen Blättern*, zunächst Franz Blei zuzuschreiben. Er erreichte bei Schwabach die Annahme des zunächst Wolff empfohlenen Max Scheler, er empfahl Alain, übersetzte Suarès, der ursprünglich bei Wolff erscheinen sollte, und brachte Chesterton, den er ebenfalls zunächst Wolff vorgeschlagen hatte[453].

Wolff hat in einem Brief an René Schickele 1918 behauptet, der Verlag sei »Schwabachs Privateigentum und persönlichste Angelegenheit« gewesen, er sei daran »nicht im geringsten beteiligt« gewesen[454]. Dies trifft allerdings nur für die getrennte Kontenführung zu. Programmatisch lassen sich von Anfang an – analog zu den *Weißen Blättern* – Querverbindungen ziehen. Die mit Wolff getroffene Verabredung Bleis, daß Werke, die der Kurt Wolff Verlag nicht bringen wollte, bei Schwabach erscheinen sollten, wurde ganz offensichtlich eingehalten. »Ablehne Essaybuch Schickele«, lautet eine lakonische Tagebuch-Notiz Wolffs vom 26. Februar 1913. Schickele bot sein Buch *Schreie auf dem Boulevard* Paul Cassirer an, der es im Herbst 1913 herausbrachte, die Essays aber unmittelbar nach Erscheinen zusammen mit den älteren Büchern des Autors an Schwabach abgab[455]. Auch die Aphorismen Max Picards *Der Bürger* waren zuerst Wolff angeboten worden, ehe Schwabach den Aargauer Dichter in sein »elsässisches« Programm aufnahm. Gleiches gilt für Paul Zechs Arbeiterlyrik *Die eiserne Brücke*. Wolff hatte Zech zunächst an Juncker verwiesen, ehe der Verlag der Weißen Bücher seine Gedichte verlegte[456]. Auch die *Kritischen Gänge* Friedrich Theodor Vischers wurden erst durch Wolffs Vermittlung aus dem Verlag Meyer & Jessen von Schwabach übernommen.

Vor allem die Werke, bei denen Wolff das finanzielle Risiko scheute, wurden dem Millionärsfreund anvertraut, der Wolff als Startkapital zunächst 75 000 Mark überwiesen hatte[457]. So wurde das aufwendige zweibändige Werk von Georg Biermann über *Deutsches Barock und Rokoko* von Schwabach finanziert und verlegt, und Carl Einsteins *Negerplastik* mit 119 Lichtdrucken – von Wilhelm Hausenstein als »eine der allerwichtigsten Kunstpublikationen« der letzten Jahre begrüßt[458] – erschien zunächst bei Schwabach, ehe Wolff das Werk 1920 übernahm.

Zu Else Lasker-Schüler, die Wolff als ihren neuen Verleger schwärmerisch verehrte, fand der distinguierte Wolff keinen Kontakt. Die Dichterin hatte Rowohlt schon 1911 ein Manuskript »Essays und dergleichen« angeboten[459], das Wolff 1913 unter dem Titel *Gesichte* verlegte. Mit der Annahme des Buches entstand zugleich eine Autor-Verleger-Beziehung, die mit dem Eindringen der temperamentvollen Lasker-Schüler in die gesellschaftliche Sphäre Wolffs verbunden war. Else Lasker-Schüler erschien gelegentlich in Leipzig und versuchte in den für sie so typischen, zahlreichen, kaum lesbaren, mit Zeichnungen wirr bedeckten Briefen und Zettelchen, den Verleger zur Übernahme ihrer älteren Dichtungen zu bewegen. »Soll ich mal kommen? Kann ich den Tagüber bei Ihrer Frau Gemahlin sein? Ich reis am folgenden Tag wieder ab!«[460] Sie bedrängte Wolff, Benn zu verlegen[461], und wandte sich an Elisabeth Wolff, die ihren Mann überreden sollte,

---

[452] Am 7. 9. 1919 fragte Klee bei Wolff an, was mit seinen Zeichnungen sei. »Mein Vertrag mit Herrn Schwabach harrt der Ausführung«. (KWA) Er fühlte sich benachteiligt, daß sein Hauptwerk der Frühzeit irgendwo liegenbleibe, »zu einer Zeit, wo sich die Nachfrage nach meiner Graphik sehr gesteigert hat«. Hans Mardersteig veranlaßte daraufhin die Herausgabe 1920 im KWV.

[453] Vgl. Blei an Wolff, undat. Brief (Anfang April 1913), KWB, S. 75.

[454] Wolff an Schickele, Brief vom 2. 3. 1918, KWB, S. 205.

[455] Noch am 11. 10. 1913 (Nr. 41) inserierte Cassirer in der *Aktion* die *Schreie auf dem Boulevard*. Aber bereits am 25. 10. erschien in Nr. 43 eine Anzeige des Buches mit dem Verlagsvermerk »Verlag der Weißen Bücher«.

[456] Else Lasker-Schüler beklagte sich in einem undat. Brief (1913), daß Wolff Zech zu Juncker geschickt habe. (KWA)

[457] Lt. Tagebuchnotiz Wolffs vom 8. 12. 1913.

[458] Wilhelm Hausenstein: Negerplastik. (Rez.) In: März. Eine Wochenschrift, 9. Jg. 1915, Heft 31, S. 104.

[459] Else Lasker-Schüler an Rowohlt, undat. Brief (verm. März 1911, KWA).

[460] Undat. Brief an Wolff (Poststempel 2. 10. 1913), KWB, S. 71.

[461] Vgl. den undat. Brief, KWB, S. 68 f. Auch Kurt Pinthus setzte sich nach der mehrmaligen Intervention der Lasker-Schüler bei Wolff für Benn ein. (Vgl. Kapitel 3.4, Sp. 606.) Er schrieb am 26. 8. 1913 an die Dichterin: »Die Gedichte des Dr. Benn habe ich [...] Herrn Wolff so sehr empfohlen, daß es fast zu einem Zwist gekommen wäre, da Herr Wolff nicht wagte, die Gedichte anzunehmen.« (KWA) – Benn berichtet, daß Wolff die Gedichte »mit 3 kühlen Zeilen, daß jedes Interesse für meine Person ihm fernläge«, zurückgeschickt habe. (Brief an Albert Ehrenstein vom 22. 4. 1916. Zit. nach Paul Raabe: Der frühe Benn und die Veröffentlichung seiner Werke. In: Gottfried Benn: Den Traum alleine tragen, S. 26.)

Gedichte des 17jährigen Wieland Herzfelde anzunehmen. Die distanziert-freundliche Reaktion Wolffs in dem gedruckt vorliegenden Briefwechsel[462] zeigt bereits den indignierten Rückzug Wolffs vor den impulsiven Attacken der ständig um Geld bittenden Autorin. Anfang Mai 1913 schrieb Werfel etwas ratlos an Wolff: »Schreiben Sie doch vielleicht der Frau etwas beruhigendes. Sie schreibt mir die kläglichsten Briefe und liebt Sie sehr.«[463] Als die Vorschußforderungen flehender wurden: »Mir läge nun soviel daran monatlich ein festes zu haben«[464], entschloß Wolff sich kurzerhand, die Autorin Schwabach zu überlassen. Die *Gesichte* gingen Anfang 1914 in den Verlag der Weißen Bücher über, und auch die weiteren Bücher erschienen bei Schwabach. Die Enttäuschung E. Lasker-Schülers, die in Wolff den helfenden, mäzenatischen Verleger gesehen hatte: »Sire, wie Sie mich so schnell verkaufen konnten. Und lieben meine Verse doch? O, Welt! Ich verehrte Sie ehrlich«[465], führte zu dem späteren bitteren Urteil über Wolff in der *Anklage gegen meine Verleger*.

Die Anfangsjahre waren die fruchtbarsten des Verlages. Doch mit dem spürbaren Nachlassen des Interesses von Schwabach begann auch der Rückgang in der Produktion. Wo Schwabachs Eingreifen noch festzustellen ist, äußert es sich in großzügigen Honorarzusagen, die die Bilanzen durcheinander bringen, über die der verärgerte Meyer wiederum Rechenschaft ablegen muß, und in unüberlegten Verlagszusagen. Paul Zech ließ Schwabach sein Honorar in fünf monatlichen Raten zu 100 Mark zahlen. »Ich möchte Herrn Zech ja sehr gern Gutes tun, aber gerade Posten wie diese sind es zumeist, welche am unsinnigsten im Verlage der Weißen Bücher ausgegeben werden«, beklagte sich Meyer bei Schickele. Und über den schmalen Gedichtband *Wandlungen* von Maria Benemann: »[...] lesen Sie nur selbst einmal die Gedichte, auf die schon M 1 000,- und mehr Vorschüsse gezahlt sind! Übrigens werden Sie die Gedichte in den Weißen Blättern anzeigen müssen, jedenfalls wird Sie Herr Schwabach eines Tages fragen, weswegen Sie sie nicht besprochen haben.«[466]

Die Produktion, die von der Gründung bis Ende 1914 noch 25 Titel betragen hatte, betrug 1915 nur acht Bücher, 1916 und 1917 erschienen je fünf Titel, davon als wichtigster die *Dichterischen Werke* von Friedrich Theodor Vischer in fünf Bänden, die Meyers Fürsprache zu verdanken waren[467]. Nach 1915 ist ein Verlagsstil nicht mehr sichtbar. Von einem Verlag, der Fischer Konkurrenz machen sollte, blieb nur ein bescheidenes Unternehmen, das, von Georg Heinrich Meyer nebenbei betreut, die von den Freunden des Verlegers vermittelten Bücher herausbrachte. Auch Meyers und Schickeles Pläne eines Almanachs *Das Weiße Buch* und einer *Weißen Bücherei*, analog zu der gelben Bücherei *Der Neue Roman* im Kurt Wolff Verlag, verliefen im Sande. Der von Wolff in einem Brief an Schickele als überraschend dargestellte Entschluß Schwabachs, seinen Verlag an Wolff zu verkaufen, konnte deshalb keineswegs so unerwartet sein. »[...] diese Möglichkeit ist überhaupt erst Oktober 1917 erörtert, und dann mit Wirkung vom 1. Oktober ab sehr rasch in die Tat umgesetzt worden«[468].

Wolff nahm – wie er es nach der Gründung oder Übernahme anderer Unternehmen regelmäßig tat – eine Programmverschiebung vor, die die Profile seiner Verlage schärfer konturieren sollte. Soweit die Autoren sich in das expressionistische Programm des Kurt Wolff Verlages einfügten wie Ernst Stadler, Hanns Johst und Else Lasker-Schüler, erschienen ihre Bücher von nun an unter diesem Signet. Max Schelers Schriften wurden in den im Februar 1917 gegründeten Verlag Der Neue Geist transferiert. Auch Annette Kolb sollte als Autorin für diesen Verlag gewonnen werden[469], ihre *Wege und Umwege* gingen jedoch in den ebenfalls zu Wolffs Verlagen gehörenden Hyperion-Verlag über.

Wolff wollte vor allem René Schickele mit seinem Gesamtwerk in den Kurt Wolff Verlag übernehmen, zumal durch den Bühnenvertrieb für *Hans im Schnakenloch* und dichtes *England* (S. 86) beigefügt. (Man bedenke, daß der Verlag der Weißen Bücher den Charakter eines europäischen, dem Pazifismus gewidmeten Verlages trug!): »Nur dieses eine wollen wir erleben, / Herrgott, der auch den Haß in uns versenkte, / daß wir noch einmal unsre Häupter heben, / wenn unser Haß England im Meer ertränkte.«

[467] Dazu schreibt Wolff an Robert Vischer am 17. 12. 1919, daß »speziell die Sorge um die Friedrich Theodor Vischer-Ausgabe Herrn Georg Heinrich Meyer vorbehalten blieb, der Geschäftsführer des Verlags der Weißen Bücher ist und diese Gesamtausgabe stets als seine persönlichste Angelegenheit auffaßte, da ja die Publikation seinerzeit von seinem Verlage Meyer & Jessen an den Verlag der Weißen Bücher überging.« (KWA)

[468] Wolff an Schickele, Brief vom 2. 3. 1918, KWB, S. 205.
[469] Vgl. den Brief Wolffs an Annette Kolb, vom 7. 2. 1918, KWB, S. 186.

---

[462] KWB, S. 67–73.
[463] Werfel an Wolff, undat. Brief (Poststempel: 1. 5. 1913), KWA.
[464] Lasker-Schüler an Wolff, undat. Brief (1913), KWB, S. 72.
[465] Lasker-Schüler an Wolff, undat. Brief (Poststempel 17. 1. 1914), KWA.
[466] Meyer an Schickele, Brief vom 16. 4. 1915, KWA. Zur Illustration der Benemann-Gedichte sei der Anfang des Ge-

die Novelle *Aïssé* im *Jüngsten Tag* schon Verbindungen zu dem Wolffschen Stammunternehmen gegeben waren. Doch Schickele hatte aus Unmut über den spürbaren Zerfall des Verlages der Weißen Bücher und den Rückzug Schwabachs von den *Weißen Blättern* in Zürich mit seinem ehemaligen Verleger Paul Cassirer Kontakte angeknüpft. Dieser wollte neben den *Weißen Blättern* Schickele auch als Buchautor in seinem Verlag vertreten, und es gelang Wolff trotz aller Diplomatie nicht, Schickele zu halten. »Es hat mir leid getan zu erfahren, daß Sie sich entschlossen, für ihre zukünftige Produktion sich mit Paul Cassirer Verlag zu verbinden. Unsere letzte kurze Besprechung im Sommer 1917 in Berlin hatte mir die Hoffnung gegeben, daß Sie vor endgültiger Bindung sich mit mir ins Einvernehmen setzen würden.«[470] Ein direktes Angebot hatte Wolff im Sommer 1917 noch nicht gewagt: »So aber, wie ich mit Schwabach stand, war es ausgeschlossen, daß ich dem Verlag der Weißen Bücher einen Autor wegfing«, und Schickele glaubte die Zurückhaltung Wolffs als »gewisse Reserve« werten zu müssen[471]. Wolff mußte deshalb zusehen, wie auch die alten Bücher Schickeles mit sämtlichen Rechten an Paul Cassirer übergingen. 1921 kam Schickele allerdings mit seinem Werk zu Wolff zurück. Der Autor wird uns im Kurt Wolff Verlag noch beschäftigen.

Mit dem Weggang Schickeles und der Übernahme der Expressionisten des Verlages in den Kurt Wolff Verlag war der Verlag der Weißen Bücher als literarische Institution tot. 1918, als Wolff überwiegend mit dem Aufbau des Verlages Der Neue Geist, mit dem neu übernommenen Hyperion-Verlag und dem Kurt Wolff Verlag beschäftigt war, dessen Kunstprogramm er stärker auszubauen begann, ruhte die Produktion völlig. In den folgenden Jahren entschloß Wolff sich, alle älteren Titel, die das Gesicht des Kurt Wolff Verlages verzeichneten, in den Verlag der Weißen Bücher übergehen zu lassen. Es handelte sich bei dieser »Reinigungsaktion« vorwiegend um die Produktion aus dem alten Ernst Rowohlt Verlag wie die Dramen von Gerdt von Bassewitz, die Wolff schon 1913 Unbehagen bereitet hatten[472], einige Gelegenheitswerke aus dem Kurt Wolff Verlag wie das Buch Leonhard Wolffs über *J. Sebastian Bachs Kirchenkantaten* und einige alte Titel aus der Hyperion GmbH.

Diese »gewisse pedantische Prinzipienreiterei«, »zu der mich manigfache Erwägungen im Rahmen meines Verlages zwangen und auch weiterhin zwingen«, führte, wie sich der Verleger Annette Kolb gegenüber rechtfertigte, auch zur Ablehnung nichtbelletristischer Werke für den Kurt Wolff Verlag. Wolff vertrat der Kolb gegenüber den Standpunkt, daß er »innerhalb des Kurt Wolff Verlages entschlossen war und blieb, mein Programm durchzuführen: lediglich rein dichterische Produktion zu veröffentlichen«[473]. – Der Verlag der Weißen Bücher erhielt durch diese Transaktionen den Charakter eines Gemischtwarenlagers. Die Verlagsprospekte suggerierten allerdings noch lange einen lebendigen Verlag mit einem breiten Programm. Das Verlagsverzeichnis von 1922 umfaßt noch 64 Titel, und die Bücherzettel dieses Jahres zählen eine große Anzahl von Neuerscheinungen auf, obwohl seit der Übernahme des Verlages durch Wolff 1917 bis zum letzten Produktionsjahr 1924 nur 14 neue Bücher von vier Autoren erschienen waren! Die Mehrzahl der angezeigten Neuerscheinungen bestand überwiegend aus den oben erwähnten alten Büchern der anderen Verlage Wolffs. Sie waren meist vor gut einem Jahrzehnt in der Erstauflage erschienen und wurden wahrscheinlich nur umgebunden, denn eine Neuauflage ist bei keinem dieser Bücher bibliographisch zu ermitteln[474]. Kurt Wolff hatte, soweit sich in Erfahrung bringen läßt[475], jedes Interesse an der Verlagsdependance verloren, und Georg Heinrich Meyer, der seit 1914 immer die Geschäftsführung innegehabt hatte, blieb auch weiterhin die Betreuung des Verlages überlassen.

Es ist verblüffend zu sehen – und es wird uns bei der Beurteilung des Einflusses von Meyer im Kurt Wolff Verlag noch beschäftigen –, wie Georg Heinrich Meyer aus dem insgesamt niveaureichen Kulturverlag Schwabachs nun ein Unternehmen machte, das in einer Zeit des kulturellen Zusammenbruchs, politischer Wirren und äußerer Existenzbedrohung auf den Bedarf an spiritistischer,

---

[470] Wolff an Schickele, Brief vom 16. 2. 1918, KWB, S. 204.
[471] Wolff an Schickele, Brief vom 2. 3. 1918, KWB, S. 205.
[472] Wolff hatte sich noch während der Zusammenarbeit mit Rowohlt für Bassewitz (u. a. *Peterchens Mondfahrt*) eingesetzt. Rowohlt hatte ihm diese »Geschmacksverfehlung« vorgeworfen. (Vgl. Kapitel 3.4, Sp. 614.)

[473] Wolff an Annette Kolb, Brief vom 7. 2. 1918, KWB, S. 186.
[474] Die nicht beweisbare, aber durch verschiedene Indizien wahrscheinliche Vermutung liegt nahe, daß der in Werbemanipulationen unermüdliche und findige Georg Heinrich Meyer die Reste der nicht verkauften Auflagen umbinden ließ und als Neuausgabe deklarierte. Denn es erscheint befremdlich, daß eine erhebliche Anzahl von nur in der Erstauflage vorliegenden älteren Büchern unterschiedlichster Provenienz plötzlich unter neuem Verlagssignet neu gedruckt worden sein sollte.
[475] Alle noch lebenden Mitarbeiter, die vom Verf. befragt wurden, konnten sich nicht entsinnen, daß der Verlag der Weißen Bücher für Wolff nach 1918 noch eine Bedeutung gehabt hätte.

okkultistischer und mystisch-religiöser Lektüre spekulierte, der zweifellos vorhanden war. »Wenn nichts mehr gekauft wird, – diese Bücher werden gekauft!!«, schrieb Joseph Schneiderfranken an Meyer in der – wie seine Abrechnungen zeigen – richtigen Einschätzung seiner Bücher[476].

Der heute noch von der Koberschen Verlagshandlung in der Schweiz verlegte Schneiderfranken gab Georg Heinrich Meyer unter dem Pseudonym Bô Yin Râ zwischen 1919 und 1924 11 Bücher mit Erbauungsliteratur, meist pseudo-religionswissenschaftlichen Inhalts. Als illustrierende Kennzeichnung, mit welchem Genre man es zu tun hat, mag ein Auszug aus der Einleitung zu Bô Yin Râs *Buch vom Jenseits* (1920) gelten: »Diese drei Abhandlungen sollen dir in gedrängtester Form eine Vorstellung davon geben, was deiner erwartet, wenn der Tod dich aus dieser physisch-sinnlichen Erscheinungswelt entführt. [...] Die einzigen, die über diesen Gegenstand A u t h e n t i s c h e s zu sagen haben, halten es für geboten, ihr Wissen nicht mehr geheim zu halten. – Möge es dir zum Besten dienen!«[477]

Auch der Roman Fiona Macleods *Das göttliche Abenteuer* (1920), »modern-mystisch religiöse Betrachtungen«, »ein Buch religiöser Lebensweisheit«, wie ein Verlagsprospekt verkündete, das man »mit einer Freude liest, die okkulte Bücher selten geben«[478], und Julius Magnussens Geschichte der Bekehrung eines Skeptikers zum Spiritismus unter dem Titel *Gottes Lächeln* (1921) ritten auf dieser Welle mit. Der Verlag, der ehemals Wert legte auf Empfehlungen der *Neuen Rundschau* und der expressionistischen Zeitschriften, warb nun mit Rezensionen der konservativen *Deutschen Rundschau* und der *Wiener Freimaurerzeitung*.

1924 gingen die Bücher Bô Yin Râs zusammen mit seinen anderen Schriften, die der Baseler Rhein-Verlag herausgebracht hatte, an die Kobersche Verlagshandlung in Basel über. Der Verlag der Weißen Bücher stellte seine Produktion ein, verkaufte aber noch einige Jahre seine Büchervorräte. Aus dem Jahre 1927 ist eine Auslieferungsübersicht erhalten, die den bescheidenen Gesamtjahresbetrag von 5 434,53 Mark ausweist[479]. Das Adreßbuch des Deutschen Buchhandels verzeichnet auch nach dem Ausscheiden Meyers aus dem Kurt Wolff Verlag noch dessen Namen als Prokuristen des Verlags der Weißen Bücher neben Arthur Seiffhart bis 1931. Mit dem Verkauf des Kurt Wolff Verlages an Peter Reinhold ging auch der Verlag der Weißen Bücher in dessen Hände über. 1933 gibt das Adreßbuch als Inhaber die Kurt Wolff Verlag A.-G. in Berlin an, Geschäftsführer Dr. Paul Aron, 1934 Dr. Alfred Semank. In diesem Jahr ist der Verlag endgültig erloschen.

4 Expressionismus und Weltkrieg

Die Entwicklung des Verlages während des Krieges soll unter diese thematische Einschränkung gestellt werden, auch wenn erneut eingeräumt werden muß, daß Wolffs Programm nicht rein expressionistisch war, ja, sich während des Krieges weniger geschlossen und vielschichtiger aufgefächert darstellte als in den Vorkriegsjahren. Der Einfluß der Kriegssituation auf die expressionistische Literaturentwicklung, die zunehmende Politisierung der Literatur in Pazifismus und Aktivismus und die damit verbundene, gegen Kriegsende zunehmende Produktion von Antikriegsliteratur haben im Kurt Wolff Verlag ebenso ihren Niederschlag gefunden, wie das Kriegserlebnis die Persönlichkeit Wolffs prägte und ihn aus der bibliophil-mäzenatischen Vorkriegshaltung in ein – wenn auch nur interimistisches – kulturpolitisches, von Aktivismus und Sozialismus beeinflußtes Verlagsprogramm führte. Eine Rechtfertigung erfährt die thematische Einschränkung der Verlagsgeschichte auf die Entwicklung des Expressionismus dadurch, daß sich auch hier, wie in den Vorkriegsjahren, die Entwicklung des Verlages den gleichen Wandlungsprozessen unterworfen zeigt wie die expressionistische Literatur.

4.1 Die Bedeutung des Kriegsausbruchs für Verlag und Buchhandel

Die Kriegserklärung kam für die Mehrzahl der Deutschen trotz der jahrelangen internationalen Krisen wie ein Blitz aus heiterem Himmel. Wolff, der noch Mitte Juli arglos für den 1. August eine Reise nach Brüssel zu Carl Sternheim mit anschließenden Erholungstagen an der See plan-

---

[476] Schneiderfranken an Meyer, Brief vom 9. 7. 1920, KWA. – Eine Absatzzusammenstellung vom 1. 7. 1919 – 30. 6. 1920 gibt an: 1727 verkaufte Exemplare des »*Buches vom lebendigen Gott*« und 668 Exemplare der Neuerscheinung »*Das Buch vom Jenseits*«. (KWA)
[477] Bô Yin Râ: Das Buch vom Jenseits. München 1930, Einleitung.

[478] Undat. Verlagsprospekt (ca. 1921, DLA).
[479] KWA.

te¹, erhielt bei der ersten Mobilmachung seinen Stellungsbefehl und war bereits am 4. August als Soldat unterwegs nach Belgien².

Die allgemeine Kriegseuphorie, das paradoxe Aufatmen, das durch die Nationen ging, als sich die Spannung der diplomatischen Konflikte in der Kriegserklärung löste, die Siegesgewißheit der Deutschen, das patriotische Gemeinschaftsgefühl ergriffen auch die kritischsten und nüchternsten Geister. Der sonst so besonnene Max Weber »schrieb von ›diesem großen und wunderbaren Krieg‹, und daß es herrlich sei, ihn noch zu erleben«³, und der 47jährige Alfred Kerr und der 51jährige Richard Dehmel meldeten sich spontan als Freiwillige zur Front. Dieser Kriegsenthusiasmus machte auch vor den Verlegern und Autoren des Expressionismus als der eigentlichen Kriegsgeneration nicht halt. Die meisten der zwischen 20 und 30 Jahre alten Autoren und Verleger wurden eingezogen oder meldeten sich wie August Stramm und Rudolf Leonhard freiwillig, und ein Großteil der expressionistischen Literatur entstand in den folgenden Jahren in Schützengräben, Kasernen und Lazaretten.

Vor allem die expressionistischen Kleinverlage verwaisten jäh, sofern nicht einzelne Mitarbeiter vom Kriegsdienst verschont blieben. Alfred Richard Meyers letztes *Lyrisches Flugblatt* erschien Anfang 1915, als der Verleger schon im Feld war⁴; Ernst Rowohlt als Geschäftsführer der Hyperion GmbH meldete sich freiwillig, wurde abgelehnt, meldete sich erneut und wurde angenommen. Sein Kompagnon Julius Schröder rückte ebenfalls ein, und die Verlagsproduktion wurde bis zum Verkauf des Verlags an Kurt Wolff praktisch stillgelegt⁵. Erik-Ernst Schwabach wurde – wie berichtet – als Kriegsfreiwilliger zunächst ebenfalls abgelehnt. Als sich aber abzeichnete, daß der Krieg nicht, wie man allgemein glaubte, in wenigen Monaten beendet sein würde⁶, wurde auch er eingezogen. Heinrich F. S. Bachmair stand ebenso wie Paul Cassirer als Freiwilliger im Felde, und Anton Kippenberg bildete seit Kriegsbeginn in Halle an der Saale als Oberleutnant Rekruten aus. Hermann Meister war Soldat und mußte seine *Lyrische Bibliothek* einstellen; sein *Saturn* erschien erst wieder im Jahre 1919. Arthur Seiffhart als Wolffs rechte Hand in der Geschäftsführung wurde gleichzeitig mit Wolff eingezogen, geriet 1916 in französische Kriegsgefangenschaft und kehrte erst im Februar 1920 in den Verlag zurück. Die Frauen der Verleger mußten von einem auf den anderen Tag die Verlagsgeschäfte übernehmen wie Katharina Kippenberg, Lotte Schwabach und Elisabeth Wolff. »Im übrigen schafft Frau Wolff als Generalbevollmächtigte für den Verlag sehr eifrig und ebenso beim Roten Kreuz Tag und Nacht, so daß sie oft kaum zu erreichen ist«, schrieb Georg Heinrich Meyer kurz nach Kriegsausbruch an Hasenclever⁷. Er selbst wurde wie S. Fischer aus Altersgründen nicht eingezogen und führte die Wolffschen Geschäfte weiter.

Die Kriegsstimmung der deutschen Intellektuellen unterschied sich in den ersten Kriegsmonaten erheblich von den späteren Kriegsjahren. Zwar behauptete Iwan Goll 1921: »Kein einziger Expressionist war Reaktionär. Kein einziger war nicht Anti-Krieg«⁸, doch hatten sich zu Beginn des Krieges nicht nur die älteren Autoren wie Gerhart Hauptmann, Thomas Mann, Kerr und Dehmel auf kriegerischen Patriotismus eingestellt, auch die Mehrzahl der Expressionisten dachte und schrieb bei Kriegsausbruch in vaterländischem Geist⁹. Die geistige Elite Deutschlands war fast ausnahmslos begeistert, fühlte sich mit einem Male entwurzelt – wie Robert Musil die Stimmung beschrieb¹⁰ – und ließ sich in der ersten Betäu-

---

¹ Vgl. Wolff an Hasenclever, Brief vom 14. 7. 1914, KWB, S. 11.

² Wolff war bis April 1915 als Adjutant eines Feldartillerieregiments in der Nähe von Gent und Brüssel stationiert. Er war in der Etappe eingesetzt.

³ Zit. nach Golo Mann: Deutsche Geschichte des neunzehnten und zwanzigsten Jahrhunderts. Frankfurt am Main 36.–41. Tsd. 1963, S. 574.

⁴ Alfred Richard Meyer: Und ich sahe das Tier. Ein lyrisches Flugblatt. (Gedruckt im Januar 1915).

⁵ Zur Geschichte dieses Verlages vor und unter Wolff vgl. das Kapitel 5.3.

⁶ Als Dehmel sich freiwillig meldete, erklärte ihm ein General: »Bis Sie ausgebildet sind, ist der Krieg schon zu Ende, längstens in einem halben Jahr«. (Zit. nach: Peter de Mendelssohn: S. Fischer, S. 660). Auch Wolff äußerte in seinem Kriegstagebuch ähnliche Ansichten.

⁷ Meyer an Hasenclever, Brief vom 19. 9. 1914, KWA.

⁸ Iwan Goll: Der Expressionismus stirbt. In: Zenit. Jg. 1, 1921, Nr. 8, S. 8. Zit. nach Paul Raabe: Expressionismus. Der Kampf um eine literarische Bewegung, S. 180.

⁹ Von dieser sozialpsychologisch erklärbaren Kriegsbegeisterung ist die Kriegs- und Revolutionssehnsucht Georg Heyms und anderer Autoren zu scheiden, die den Krieg als »kollektives Abenteuer«, als Befreier von der »Verfallsschwüle« herbeisehnten. (Heinrich Eduard Jacob: Verse der Lebenden. Berlin 1924, S. 18). »Vielmehr geht es in Heyms Kriegs- oder Revolutionssehnsucht um den romantizistisch-sentimentalen Wunschtraum einer Unterbrechung des [...] sinn- und wertleer verrinnenden Alltags der bürgerlichen Erwerbsgesellschaft durch den befreiend-erfüllten Einbruch eines schicksalsträchtig Unerhörten und Ungeheuren.« (Klaus Ziegler: Dichtung und Gesellschaft im Deutschen Expressionismus. In: Imprimatur. N. F. 3, 1961/62, S. 102).

¹⁰ »Stimmung, wie es von allen Seiten herbrach ... Die entwurzelten Intellektuellen.« Robert Musil: Tagebücher, Aphorismen, Essays und Reden, S. 169.

bung durch den Druck der Ereignisse von der Massenhysterie mitreißen. Anders ist es kaum erklärlich, daß selbst ein so erklärter Pazifist wie René Schickele im August 1914 ein Kriegsgedicht schrieb, das mit den Worten endet: »Tod oder Sieg!«[11], anders ist es kaum verständlich, daß sogar Fritz von Unruh, Max Brod, Paul Zech, Rudolf Leonhard und Klabund von der Kriegseuphorie infiziert wurden. Auch im Ausland gab es schon in den ersten Wochen Anzeichen literarischen Fahnenwechsels, und sie machten bisher in Deutschland geschätzte Autoren wie Gabriele d'Annunzio, Emile Verhaeren und Romain Rolland für deutsche Verleger problematisch[12]. Die mit dem Vorkriegsexpressionismus begonnene Internationalisierung der Kunst wurde in den nächsten Jahren durch chauvinistische Ressentiments gebremst. Die ausländischen Abteilungen der Literaturverlage mußten sich auf die unverfänglichen skandinavischen Autoren zurückziehen.

Nur wenige Wortführer des Expressionismus wie Franz Pfemfert und der politisch abstinente Herwarth Walden, unter den Autoren Franz Werfel und Oskar Loerke, ließen sich nicht von der allgemeinen Stimmung beeindrucken[13]. Werfel als erklärter Antimilitarist bekannte am 1. November 1914: »Was meine lyrische Produktion anbetrifft, ist diese weder kriegerisch noch sehr zahlreich in diesen Monaten gewesen. Ich habe nicht die Gefühlsbereitschaft Anderer gehabt, um Begeisterung und Ja und Amen aufzubringen. Mein Gefühl ist heute Depression und Schmerz, und das Bewußtsein, daß die größere Hälfte der Menschheit lügt! Und das alles darf man jetzt, auch in den schönsten Versen nicht sagen.«[14] Walter Hasenclever machte seinem Unmut Luft in einem Brief an Schwabach über dessen *Weiße Blätter*: »Erfreulich konstatiert werden muß, daß keiner Ihrer bisherigen Mitarbeiter einen annähernd solchen Kriegs-Kitsch von sich gelassen hat wie die Herren Dehmel und Hauptmann.

Vielleicht sind wir doch eine bessere Generation!«[15] Wie bei Hasenclever, der sich im ersten Taumel ebenfalls freiwillig gemeldet hatte, setzte bei den meisten Autoren die Ernüchterung erst nach den ersten Monaten und nach den ersten Fronterlebnissen ein. Hasenclever schrieb sein erstes Anti-Kriegsstück *Der Retter* im Frühjahr 1915. Im Laufe des Krieges wuchs der innere Widerstand. In den Verlagen formierte sich die Anti-Kriegsliteratur erst in den Jahren 1916/17, vieles konnte aus Zensurgründen erst nach dem Krieg erscheinen.

Die Entwicklung in den literarischen Verlagen verlief parallel zur allgemeinen Bewußtseinslage. In den Verlagsdokumenten aus den ersten Kriegsmonaten ist auch im Kurt Wolff Verlag eine patriotische Kriegsstimmung unverkennbar. Georg Heinrich Meyer unterrichtete die Autoren auf besorgte Anfragen nicht nur darüber, daß die Verlagsführung in der gewohnten Weise weitergehe[16], sondern er nahm auch die Glückwunschtelegramme der Autoren zur Verleihung des Eisernen Kreuzes an Wolff entgegen[17] und gab Auskunft über Wolffs Befinden. »Seine Landwehr war bisher noch nicht ins Gefecht gekommen«, schrieb er am 19. September 1914, »sondern nur in der Reserve geblieben. Er sehnte sich vor die Front zu kommen, was aber inzwischen sicher der Fall gewesen ist«[18]. Schwabach freute sich für Walter Hasenclever: »Wie ich höre, sind Sie nun bei den Soldaten, wozu ich Sie herzlich beglückwünsche.«[19] Georg Heinrich Meyer, von Werfel als ein »stolzer deutscher Mann« bezeichnet[20], fand, daß die Ereignisse der Zeit die Literatur in den Hintergrund gedrängt hätten[21]. Im November 1914 machten sich auch bei ihm die ersten Anzeichen einer Kriegskritik bemerkbar. »Stadlers Tod ist mir sehr nahe gegangen«, schrieb er an Schickele. »Just eine halbe Stunde vorher bekamen wir ein Telegramm, daß der Tiroler Trakl im Militärlazarett von Krakau seinen Wunden erlegen ist. Man steht doch eigentlich jetzt täglich vor einem großen Fragezeichen: Ob das wirklich alles notwendig war?«[22] Auch S. Fischer, der schon durch seine familiären Bindungen an England die Bedrohung des Krieges von Anfang an unmittelbar zu spüren bekommen hatte, sah

---

[11] René Schickele: Erster August 1914. In: R. Schickele: Mein Herz, mein Land. Leipzig: Verlag der Weißen Bücher 1915, S. 100.

[12] Vgl. hierzu John Willett: Expressionismus. München 1970, S. 101 f.

[13] Pfemfert sah schon im Frühjahr und Sommer 1914 das kommende Unheil voraus und warnte vergeblich. (Über die Stellung Pfemferts zum Krieg vgl. Paul Raabe: Die Aktion. Geschichte einer Zeitschrift. In: Die Aktion, 1. Jg., 1911 (Reprogr. Nachdruck), Stuttgart 1961, S. 15-18). – Herwarth Walden nahm im *Sturm* von dem Kriegsgeschehen keine Notiz. (Über die Rolle des *Sturm* während des Krieges vgl. Eva Kolinsky: Engagierter Expressionismus, S. 45-48). – Zu Oskar Loerkes den Krieg ablehnender Haltung vgl. Peter de Mendelssohn: S. Fischer, S. 722.

[14] Werfel an Meyer, Brief vom 1. 11. 1914, KWA.

[15] Hasenclever an Schwabach, Brief vom 1. 10. 1914, KWA. Abgedruckt in: Kasimir Edschmid: Briefe der Expressionisten, S. 30.

[16] So an Trakl, Brief vom 2. 9. 1914, KWB, S. 88.

[17] So von Willy Haas, Telegramm vom 27. 9. 1914, KWA. Wolff erhielt das Eiserne Kreuz am 22. 9. 1914.

[18] Meyer an Hasenclever, Brief vom 19. 9. 1914, KWA.

[19] Schwabach an Hasenclever, Brief vom 23. 9. 1914, KWA.

[20] Werfel an Meyer, Brief vom 19. 4. 1915, KWA.

[21] Vgl. das Briefzitat zu Anm. 411, Kapitel 3.8.

[22] Meyer an Schickele, Brief vom 10. 11. 1914, KWA.

Ende Oktober die Lage eher düster als zuversichtlich. »Ich wollte Ihnen schon längst schreiben«, äußerte er gegenüber dem Verlegerfreund Peter Nansen, »aber ich hatte mit großen Depressionen zu kämpfen, die mir alle Lust und Fähigkeit zu ernsterer Arbeit nehmen... Die Welt hat sich verändert [...]. Aber hoffentlich dauert dieser große Krieg nicht allzu lange. Das wäre für die ganze Welt ein Unglück.«[23]

In den ersten Monaten des Krieges war das gesamte Verlagswesen jäh gelähmt. Georg Trakls zweiter Gedichtband *Sebastian im Traum* war bei Kriegsausbruch gerade fertig geworden. Aber es schien sinnlos, das Buch zu versenden, »denn momentan ruht der eigentliche Buchverlag so völlig, wie seit undenklicher Zeit nicht«, begründete Meyer seine Haltung gegenüber Trakl[24]. An René Schickele schrieb er im Oktober: »Prospekte, Anzeigen, Beilagen kann man eben heute über Bücher nicht machen und Rezensionsexemplare in ausgiebigem Maße jetzt zu versenden, hat doch wohl auch keinen großen Sinn, denn fast alle anständigen Zeitungen erscheinen heute ohne literarisches Feuilleton.«[25] Und zu Hasenclever äußerte er am 19. September: »Im Verlag sieht's natürlich ziemlich trostlos aus und ebenso im Bühnenvertrieb.«[26] Die Theater stellten ihr Programm auf patriotische Stücke und Klassiker um und lösten vor allem die Verträge über ausländische Werke. Meyer erhielt am 20. August ein Schreiben des Deutschen Theaters in Berlin, in dem kommentarlos mitgeteilt wurde, »daß unter den obwaltenden Umständen eine Aufführung der *aus Ihrem Verlage* angenommenen Stücke für uns unmöglich ist«[27]. Über das »Weihnachtsgeschäft« in Berlin berichtete Hedwig Fischer Ende Dezember: »In Berlin ist sonst nichts Neues. Bücher kauft man gar nicht, wenigstens keine literarischen, nur kitschige Kriegsbücher oder Zeitungen voll Politik werden gekauft. Für die Kunst ist eine traurige Zeit.«[28] Franz Blei riet Schwabach für den zweiten Jahrgang der *Weißen Blätter,* die schöne Literatur ganz fallen zu lassen, »denn das lesen die Leute jetzt höchstens im Wartezimmer des Zahnarztes«[29].

Die meisten Verlage verzeichneten einen abrupten Produktionsrückgang. Bei Kurt Wolff fiel die Herbstproduktion fast völlig aus. Der sonst in fast jeder Nummer des Börsenblatts inserierende Verlag gab im November und Dezember 1914 überhaupt keine Anzeigen auf. Das Jahrbuch *Arkadia* erschien nicht mehr, schon der Titel sprach ja der politischen Entwicklung Hohn. Ein geplanter Almanach für 1914 *Das glückhafte Schiff* wurde zurückgestellt und erschien erst 1916 als Almanach *Vom jüngsten Tag.* Die gleichnamige Buchreihe lief erst im Sommer 1915 zögernd wieder an. Noch im gesamten Jahr 1915 erschienen überwiegend Bücher von den bereits vor dem Kriege verpflichteten Autoren. Die von Wolff begonnene ausländische Abteilung ruhte in den ersten Kriegsjahren völlig.

Ähnlich sah die Lage im Sortiment aus. »Wie mit einem Schlage hatte der Kriegsausbruch den Geschäftsgang im Buchhandel unterbrochen. Die Läden waren verödet, es sei denn, daß ein Kunde sie zum Plaudern betrat. Die Post brachte eine Reihe von Abbestellungen und versiegte dann so gut wie gänzlich. [...] Dann kam die Nachfrage nach Landkarten, der kaum ein Geschäft genügen konnte. [...] Allmählich raffte sich dann der Verlag zu Kriegsbüchern und Flugblättern auf«[30]. Die meisten Verlage trugen der veränderten Situation Rechnung. Die Erholung des Buchmarktes von dem Kriegsschock begann zuerst mit einer Schwemme von Kriegsliteratur, an der fast alle Verlage, auch die traditionellen literarischen Institutionen, partizipierten. »Nur kurze Zeit herrschte Schweigen, und dann setzte eine Produktion an Kriegsliteratur ein, die in ihrer Überfülle für viele schon ordentlich beängstigend sein mag. [...] Es hagelte Kriegschroniken, Kriegsbroschüren, Kriegsausgaben, Feldpostbriefsammlungen«[31], schrieb Julius Zeitler in den *Weißen Blättern.* Das Kriegserlebnis führte vor allem zu einer Unzahl lyrischer Ergüsse, die zunächst in rasch zusammengestellten Flugblättern, dann in Anthologien gesammelt wurden. Julius Bab konnte schon bald nach Kriegsausbruch im *Literarischen Echo* erste Bilanz ziehen[32]. Die Zeitungen vor allem scheuten sich nicht, jede Reimerei, wenn sie nur patriotisch war, zu drucken, während Franz Blei fand, daß in der schönen Literatur »jetzt so gut wie nichts geleistet wird, noch weniger als vor dem Krieg.«[33]

---

[23] Zit. nach Peter de Mendelssohn: S. Fischer, S. 696. – Der ältere Bruder Fischers, Joseph Fischer, lebte als Kaufmann in London, und S. Fischer war über die Nachrichten von der Gefangennahme der Deutschen und Österreicher in England sehr bestürzt.
[24] Brief vom 2. 9. 1914, KWB, S. 88.
[25] Brief vom 23. 10. 1914, KWA.
[26] Brief im KWA.
[27] Brief im KWA.
[28] Hedwig Fischer an Aage Madelung, Brief vom 26. 12. 1914. Zit. nach Peter de Mendelssohn: S. Fischer, S. 699.
[29] Zitiert von Meyer in einem Brief an Schickele, vom 27. 11. 1914, KWA.

[30] Hans von Weber: Krieg und Buchhandel. In: Der Zwiebelfisch, 6. Jg., 1914/15, Heft 4/5, S. 171.
[31] Julius Zeitler: Kriegsbibliophilie. In: Die Weißen Blätter, 2. Jg., Heft 1, Januar 1915, Beilage: Die Bücherfreunde, S. 3.
[32] Julius Bab: Die Kriegslyrik heute. In: Das literarische Echo, 17. Jg., 1914/15, Sp. 5–8; Sp. 795–800; Sp. 858–864.
[33] Zitiert in einem Brief Meyers an Schickele, vom 27. 11. 1914, KWA.

Alfred Richard Meyers letzte drei *Lyrische Flugblätter* waren Kriegsflugblätter, unter anderem mit patriotischen Beiträgen der Wolff-Autoren Carl Hauptmann und Herbert Eulenberg. Eugen Diederichs verlegte *Kriegsflugblätter (für eine Singstimme mit Klavierbegleitung)* und *Kriegslieder fürs deutsche Volk (mit Noten)*[34]. Sogar der Insel-Verlag stellte sich überraschend schnell auf die neuen Marktbedingungen ein. »Mit Gesang stürzen sie sich auf den Feind«, schrieb Katharina Kippenberg im September 1914 an Rudolf Alexander Schröder, »ja, wenn sie nachts in den feuchten Schützengräben gestanden haben, ist von allen gemeinsam ›Ein feste Burg ist unser Gott‹ angestimmt worden. Mit frommen Herzen töten sie.« Der Verlag beschloß, diesem Bedürfnis mit einem Band *Deutsche Choräle* in der Insel-Bücherei Rechnung zu tragen. »[...] wir machen eine schöne Serie Inselbücherei, Kriegslieder und Vaterlandslieder«, berichtete die Verlegerin weiter in dem genannten Brief, ihr seien inzwischen »tausende von Versen durch die Hände gegangen«.[35]

Axel Juncker brachte in der *Orplidbücherei* als Band 11 *Lieder unserer Soldaten* und bestellte – vergeblich – Kriegslyrik bei Rilke[36]. Bei Albert Langen erschienen *Strophen im Krieg* von Bruno Frank und die schon kritischere Töne anschlagenden Gedichte *Gloria* von Wilhelm Klemm. Auch die Bibliophilie bemächtigte sich rasch der Kriegsthematik. Hans von Weber produzierte *Münchener Kriegsblätter* mit Originallithographien, darunter *Vier Kriegslieder* von Richard Dehmel. Andere Verlage gaben eine Anzahl aufklärend gemeinter, in wissenschaftlichem Gewand erscheinende Broschüren und Bücher über den Krieg heraus. So erschien bei Georg Müller eine Schrift *Der Krieg. Wirtschaftliches. Statistisches. Technisches*. Auch die von S. Fischer 1914 gegründete *Sammlung von Schriften zur Zeitgeschichte* nahm eine Anzahl solcher Titel auf[37]. Max Scheler schickte dem Verlag der Weißen Bücher seine Abhandlung *Der Genius des Krieges und der deutsche Krieg*, nach Georg Heinrich Meyer »das Tiefste«, was in dem ersten Kriegsjahr über den Krieg geschrieben worden sei[38]; von dem späteren Pazifisten Hermann Hesse als Apologie des Krieges, »als die Bejahung des Krieges durch den Geist der deutschen Jugend« gefeiert[39].

Wolffs literarisches Programm hielt sich von billiger Kriegslyrik und chauvinistischer Lektüre generell frei, doch die politischen Zeitbezüge sind neben der expressionistischen Literatur in der Produktion von 1914/15 unverkennbar. Im November 1914 druckte der Verlag als eines der wenigen Bücher, die zu Weihnachten erschienen, Herbert Eulenbergs *Der Morgen nach Kunersdorf*, mit dem bezeichnenden Untertitel *Ein vaterländisches Stückchen*. Eulenberg stellte hier, unübersehbar aus aktuellem Anlaß, einen Kriegsschauplatz aus dem Siebenjährigen Krieg auf die Bühne und verteilte unter der Hand chauvinistische Spitzen: »›Ehe du auf England baust, eher bau auf den Dreck, mein Sohn!‹ steht [...] im Testament meines Vaters. Und das ist sein bester *conseil* geblieben.« So sein Friedrich II.[40].

Carl Hauptmann hatte kurz vor Kriegsausbruch ein Tedeum *Krieg* bei Wolff erscheinen lassen und darin die kommenden Ereignisse vorweggenommen. 1915 erschienen dann seine sieben Szenen *Aus dem großen Kriege*, deren Schauplätze an die belgisch-französische und die polnisch-galizische Front verlegt sind. Auch sein Kriegsvortrag *Die uralte Sphinx*, im Januar 1915 vor Berliner Studenten gehalten, wurde bei Wolff gedruckt[41]. Mit der von Axel Ripke herausgegebenen Reihe *Zehn deutsche Reden* (1915) eröffnete der Verlag erstmals ein schmales, nach sechs Heften wieder eingestelltes, politisches Programm, das in die Gruppe der Aufklärungsschriften über den Krieg gehörte, die rechtfertigen und informieren wollten. In diesem Zusammenhang ist auch das singulär bleibende Buch von Dietrich Schäfer: *Deutschland und England in See- und Weltgeltung. Vier Beiträge zur Beurteilung der Zeitlage* zu sehen, das völlig bezugslos in dem auch 1915 von Werfel, Sternheim, Edschmid, Brod,

---

[34] Vgl. die Zusammenstellung von Kriegsliteratur bei Hans von Weber. In: Der Zwiebelfisch, 6. Jg., 1914/15, Heft 4/5, S. 166–169.

[35] Katharina Kippenberg an R. A. Schröder, Brief vom 20. 9. 1914. Zit. nach: Die Insel. Ausstellungskatalog Nr. 15 des Schiller-Nationalmuseums, Marbach am Neckar, S. 171.

[36] »So gern ich Ihnen allen erwünschten Gefallen thäte: ›Kriegslieder‹ sind keine bei mir zu holen, beim besten Willen.« Rilke an Axel Juncker, Brief vom 19. 10. 1914. In: Die Insel. Ausstellungskatalog, S. 173.

[37] Zu dieser Reihe vgl. Peter de Mendelssohn: S. Fischer, S. 704–707.

[38] Meyer an Schickele, Brief vom 10. 11. 1914, KWA.

[39] Hermann Hesse: Apologie des Krieges. (Rez.). In: März. Eine Wochenschrift., 9. Jg., 1915, Heft 20, S. 168.

[40] Herbert Eulenberg: Der Morgen nach Kunersdorf. Leipzig: KWV 1914, S. 44.

[41] In diesem Vortrag preist Carl Hauptmann die neue Zeit, den »Weltkrieg. Diese wundersame, beglückende Vision. Diese Wiedergeburt unseres Vaterlandes«, obwohl er durchaus sieht, daß der Krieg »die Idee der Menschlichkeit heute wieder nur in die engen Grenzen der Vaterländer verjagt« und die supranationalen Ideen der jungen Vorkriegsliteratur jäh beschnitten hatte. (Carl Hauptmann: Die uralte Sphinx. Leipzig: KWV 1915, S. 12 f.).

Carl Hauptmann und den Autoren des *Jüngsten Tages* bestimmten Programm blieb.

Es ist zu vermuten, daß dieses politische Programm unter dem Einfluß Axel Ripkes entstanden war, dessen *Panther* während des Krieges von Georg Heinrich Meyer verlegerisch, kurzfristig sogar redaktionell betreut wurde[42]. Die Autoren der *Zehn deutschen Reden* gehörten jedenfalls zu den häufigsten Beiträgen des *Panther*. Nach der ersten Begeisterungswelle knüpfte der Kurt Wolff Verlag wieder an sein Vorkriegsprogramm an und wies alle Verlagsangebote von Kriegsliteratur zurück. »Otto Pick reklamiert seine Soldatenlieder«, schrieb Meyer am 28. April 1915 an Werfel, der sie zur Beurteilung in Prag hatte. »Ich brenne nicht darauf, daß sie gedruckt werden, bin im Gegenteil der Letzte, der dazu drängt. Die köstlichste Kriegsliteratur, Bücher, von denen 10 und 20 000 Exemplare spielend verkauft werden dürften, habe ich zurückgewiesen und würde auch die tschechischen Soldatenlieder viel eher Georg Müller in München gönnen.«[43]

Bis zum Ostergeschäft 1915 hatte sich der Kurt Wolff Verlag mühsam von dem Tief im zweiten Halbjahr 1914 erholt. Es erschienen endlich die 1913/14 geschriebenen *Troerinnen* von Franz Werfel und Kasimir Edschmids Novellenband *Die sechs Mündungen*, über den die Verhandlungen bereits seit Ende 1913 liefen[44]. Max Brods Gesamtwerk wurde endlich im März 1915 durch den Kurt Wolff Verlag von Axel Juncker übernommen, der sich nun in der veränderten Situation des Buchmarktes nicht mehr sträubte, seinen Autor freizugeben. Die Auslieferung von Werfels drittem Gedichtband *Einander* wurde vorbereitet, als Italien am 23. Mai Österreich-Ungarn den Krieg erklärte. »Die Kriegserklärung hat geschäftlich ähnlich gewirkt, wenn auch in etwas kleinerem Maße, als die Kriegserklärung im August v. Js.«, schrieb Meyer am 1. Juni an Werfel. »Geschäftlich ist alles tot und töter wieder geworden und nach Literatur kräht kein Hahn mehr. Unter diesen Umständen mußte ich unsere Bücher, die allesamt fertig sind, einfach wieder zurückhalten.«[45] Allmählich begann jedoch der Krieg zum Normalzustand zu werden, und der Buchmarkt erholte sich völlig, ehe er im vorletzten Kriegsjahr durch die Papierverknappung erneut beschnitten wurde. Mit dem Weihnachtsgeschäft 1915 begann der Kurt Wolff Verlag seinen triumphalen Aufstieg und seine wirtschaftliche Expansion.

Der Verleger Wolff machte während seines militärischen Einsatzes eine den Erfahrungen der Autoren vergleichbare Wandlung durch, die sein Kriegstagebuch detailliert belegt. Das Bewußtsein »dieser Tage unendlicher Gemeinsamkeiten« bei Kriegsausbruch, in denen »ganz gewiß kein Individuum mehr das Recht zum Einzelschicksal« habe[46], ließ Verlag und Literatur völlig hinter dem militärischen Geschehen zurücktreten. »Und auf allen Gesichtern sieht man eine groß leuchtende Begeisterung, es gibt keine Unterschiede mehr zwischen Socialdemokraten, Elsässern und Patrioten, [...] nur freudigernste Verteidiger des Vaterlandes«, schrieb Ernst Wilhelm Lotz zu gleicher Zeit[47].

Wolffs hochgestimmte Erwartungen der ersten Kriegstage machten sehr rasch einer nüchternen, politisch und militärisch oft erstaunlich weitsichtigen Beurteilung Platz[48]. Ähnlich wie in Dehmels Kriegstagebuch, aber schon früher, macht sich eine zunehmende Erschütterung bemerkbar. »Welche Überhebung war diese kulturelle Einschätzung des zwanzigsten Jahrhunderts; das ist schlimmer, nicht besser als der dreißigjährige Krieg!«[49] Zunächst schiebt er seine Erschütterung über den ganzen »Irrsinn des Krieges und Schlachtens«[50] auf seinen nicht erfolgten Fronteinsatz: »Oft klage ich bitter, daß ich

---

[42] Der *Panther*, eine von der nationalliberalen Partei unterstützte politische Monatsschrift, war von Axel Ripke 1912 gegründet worden und vertrat vorwiegend eine imperialistische Politik. Während des Krieges zeigte die Zeitschrift eine unmißverständlich patriotische Linie. Beiträger waren u. a. der Wirtschaftswissenschaftler Dietrich Schäfer und Ernst Graf Reventlow, beide Autoren der *Zehn deutschen Reden*. Als Ripke einrücken mußte, übernahm ab Januar 1915 Meyer (vermutlich auf Drängen Schwabachs) kommissarisch die Schriftleitung. Die Redaktion blieb bei Leonore Ripke-Kühn. Ab November 1916 hatte die Zeitschrift eine eigene Geschäftsstelle, und Meyer war erleichtert, das »Rabenaas ›Panther‹«, dessen Tendenz sich immer weniger mit dem KWV vertrug, aus dem Hause zu bekommen. (Brief an Werfel, vom 1. 6. 1916, KWA).

[43] Brief im KWA.

[44] Vgl. den Briefwechsel in KWB, S. 168–172. Wolff hatte die Novelle *Maintonis Hochzeit* in den *Weißen Blättern* gelesen und forderte Edschmid am 24. 12. 1913 auf, weitere Arbeiten einzusenden.

[45] Brief im KWA.

[46] Einleitung des Kriegstagebuches (KTB).

[47] Ernst Wilhelm Lotz an Henny Lotz, Feldpostbrief vom 6. 8. 1914. In: Ernst Wilhelm Lotz: Prosaversuche und Feldpostbriefe. Hrsg. von Hellmut Draws-Tychsen. Diessen vor München 1955, S. 64.

[48] KTB, passim. In den zahlreichen Lageberichten, der Kritik an der irreführenden Berichterstattung der deutschen Presse und in der Kritik an strategischen und logistischen Unternehmungen.

[49] KTB, 27. 8. 1914.

[50] KTB, 25. 8. 1914.

Abb. 16: *Kurt Wolff als Leutnant.* – Nach Verleihung des Eisernen Kreuzes im September 1914

nicht inmitten meines lieben 25. Regiments in der vordersten Linie stehen darf. Und immer muß ich denken, welche unermeßlichen Unendlichkeiten zwischen Eurem Siegesjubel in Deutschland und dem Schlachtfeld liegen.«[51] Am 12. September 1914 hofft er noch: »Wenn nur vor Winteranfang alles zu Ende wäre!« Zwei Tage später: »Der Magen ist kaputt, rheumatische Schmerzen stellen sich ein ... Es wäre furchtbar für den Gesundheitszustand unserer Armee, wenn der Feldzug sich bis in den Winter hineinzöge.« Kurz darauf – im Oktober – eröffnete Franz Pfemfert zu Hause in der *Aktion* seine Rubrik *Verse vom Schlachtfeld,* die erste Anti-Kriegslyrik, erste erschreckte, ernüchterte und von Grauen gezeichnete Verse der auf dem Schlachtfeld kämpfenden Autoren brachte.

Bei Wolff begann die Wende zur Kriegsgegnerschaft im ersten Halbjahr 1915. »Man steht auf einmal vor der überraschenden Tatsache, daß man im verflossenen Halbjahr sich ganz wesentlich verändert hat und begreift, daß diese Wandlung weitergeht [...] und daß sie entscheidend ist.«[52] Am 2. Juni, als er als Oberleutnant in Galizien stand[53], zeigten sich erstmals Bitterkeit und Depression, die den späteren Einsatz für das »geistig-politische Leben der Zeit« im Verlag Der Neue Geist aus dem Kriegserlebnis heraus vorbereiteten[54]. »Manchmal fühlt man sich fast der heimatlichen Erde, dem Heim, den Menschen, die zu einem gehören, dem geliebten Beruf fremd und unwiederbringlich fern [...]. So lang dauert der Krieg schon. Ihr wißt nicht, wie lang er ist.« Und: »Wer will mir einen Vorwurf machen, daß ich mit dem Krieg fertig bin, aber der Krieg nicht mit mir?«[55] Am 23. Juli schließlich schrieb Georg Heinrich Meyer an Werfel: »K. W. ist ganz Aktion, auch die Weißen Blätter haben ihm nicht genug Rückgrat.«[56] Ungefähr zu diesem Zeitpunkt muß auch das verstärkte Interesse an der Verlagsarbeit zu Hause wieder erwacht sein.

Die in den bisherigen Darstellungen des Kurt Wolff Verlages vermutete »Alleinherrschaft« Georg Heinrich Meyers während des Krieges erweist sich bei genauerer Betrachtung der Quellen als unrichtig. Zweifellos hat sich Wolff in den ersten Monaten nach Kriegsausbruch, in denen der Verlag ohnehin brachlag, wenig um sein Unternehmen gekümmert, so daß Kurt Pinthus im Oktober 1914 nach einem flüchtigen Gespräch mit Wolff klagte, der Verleger habe jetzt »keinen Funken Sinn mehr für Literatur«[57]. Auch häuften sich in den ersten Kriegsmonaten die Klagen der Autoren über unzulängliche, verspätete oder mit Verlusten verbundene Postzustellung an Wolff, und die Antworten des Verlegers blieben gelegentlich aus. An eine unmittelbare Leitung des Verlages aus dem Feld war wohl kaum zu denken. Doch schon im Oktober 1914 besuchte Meyer den Verleger in Darmstadt, wo Wolff einen kurzen Erholungsurlaub mit seiner Frau verbrachte, die inzwischen zu ihrer Mutter übergesiedelt war, und erhielt Instruktionen für die nächsten Monate. Am 2. März 1915 vermerkt das Kriegstagebuch das Eintreffen Meyers in Gent. »Wir sind bis spät in die Nacht im Gespräch beisammen und ich bin dankbar und froh, daß er gekommen ist und mich zwingt, mich nach vier Monaten einmal wieder auf Berufliches einzustellen.« Nach der Versetzung Wolffs an die Balkanfront im April

[51] KTB, 8. 9. 1914.

[52] KTB, 7. 2. 1915.
[53] Wolff wurde im April 1915 an die Balkanfront versetzt, im Mai wurde er zum Oberleutnant befördert.
[54] Vgl. Wolff an Annette Kolb, Brief vom 7. 2. 1918, KWB, S. 186.
[55] KTB, 2. 6. 1915.
[56] Brief im KWA.
[57] Kolportiert von Meyer in einem Brief an Werfel vom 28. 10. 1914, KWA.

1915 sprach Meyer Manuskriptangebote mit Werfel durch und fragte Wolff brieflich um sein Plazet. Wolff wiederum beriet sich mit Hasenclever, der auf seine Veranlassung zunächst in Gent als Dolmetscher Dienst getan hatte und seit dem Frühjahr 1915 als Ordonanz dem gleichen Stabe wie Wolff in Galizien zugeteilt war.

Wolff hatte aus militärischen Gründen »häufiger Gelegenheit, mit dem Orient-Expreß zwischen Nisch und Frankfurt hin und her zu reisen«[58]. In Zwischenaufenthalten in Wien bereitete er mit Karl Kraus die Gründung des Verlages der Schriften von Karl Kraus vor, und er dürfte sich auch gelegentlich mit Meyer getroffen haben. Im April 1916 kam Wolff während eines längeren Urlaubs erstmals wieder nach Leipzig. Während des Sommers arbeitete er wiederholt im Verlag, verhandelte in München, Berlin und Darmstadt mit Autoren. Durch Fritz von Unruh und seinen Freund und späteren Schwager Jesko von Puttkamer, der dem gleichen Armeestab wie Wolff angehörte, gelang es ihm, Ernst Ludwig von Hessen für seine Verlagspläne zu interessieren. Nach einem erneuten längeren Urlaub im August 1916 forderte der Großherzog den Verleger nach Darmstadt an und erwirkte seine unbefristete Freistellung vom Militärdienst ab September 1916[59].

Bis zu diesem Zeitpunkt blieb die verlegerische Kleinarbeit, vor allem die Buchgestaltung und die Verlagswerbung, Georg Heinrich Meyer überlassen, der mit seiner Verkaufsstrategie die Phase des Publikumserfolges in der Geschichte des Kurt Wolff Verlages einleitete.

4.2 Georg Heinrich Meyer als Verlagsleiter

Georg Heinrich Meyer gehört zu den merkwürdigsten und originellsten Verlegergestalten unseres Jahrhunderts. Schon die Zahl und die Art der sich um ihn rankenden Anekdoten mögen als Gradmesser für die Exzentrik und Ungewöhnlichkeit dieses einseitig geniehaften, von persönlicher Tragik umschatteten Menschen gelten. Viele seiner verlegerischen Aktionen sind jedoch bis heute im Dunkel der Legende geblieben. Bertold Hack hat in einem dokumentarischen Abriß *Auf den Spuren von Georg Heinrich Meyer* 1968 erstmals die Zeugnisse der Zeitgenossen zusammengetragen und in einem biographischen Versuch 1972 aufgrund systematischer Nachforschungen Leben und verlegerisches Werk Meyers genauer beleuchtet[60].

Ehe Meyer im April 1914 Geschäftsführer bei Wolff und somit Verleger der Expressionisten wurde, hatte er bereits zweimal einen Verlag mit Autoren völlig anderer Provenienz gegründet und jedesmal, trotz überzeugender Anfangserfolge, nach wenigen Jahren seine Firma liquidieren müssen. Seinen ersten Verlag gründete der 27jährige 1895 in Leipzig und baute ihn bis 1899 in großem Stil aus. »Schon scheint der große Planer und der energische Initiator am Werk zu sein, dem es später gelang, den Kurt Wolff Verlag groß zu machen«, schreibt Bertold Hack. »Nicht *ein Buch* eines Autors erscheint in diesem Verlag, sondern jeweils das *Werk.*«[61] Wolff hat 1921 eine ähnliche Grundkonzeption gegenüber René Schickele geäußert[62], zeigt sich also hierin mit Meyer einig, vielleicht sogar von dessen verlegerischen Ideen beeinflußt.

Mit den Autoren Rudolf Huch, Adolf Pichler, Jakob Julius David, Hans Grasberger, Fritz Lienhardt und Wilhelm Weigand wandte sich Meyer in seinem ersten Verlag der Neuromantik und vor allem der Heimatliteratur zu, was auch die von Lienhardt redaktionell betreute Zeitschrift *Der Bote für deutsche Litteratur* – später in *Heimat* unbenannt – im Verlage Meyers bezeugt. Meyers verlegerisches Wirken berührte sich in vielen Punkten mit dem des befreundeten Eugen Diederichs, und noch im Kurt Wolff Verlag lassen sich rudimentär die Verbindungen Meyers zu Diederichs nachweisen[63].

Schon 1902 war nach den Ermittlungen Hacks das letzte Produktionsjahr des so vielversprechend begonnenen Verlages, der unter anderem Rilkes Gedichtsammlung *Mir zur Feier* (1900) herausgebracht hatte. Georg Müller übernahm die Heimatliteratur Meyers und begann mit dessen Autoren im Oktober 1903 seinen eigenen Verlag.

---

[58] Kurt Wolff: Autoren, Bücher, Abenteuer, S. 83.

[59] »Am 12. August ging in Darmstadt folgendes Telegramm an die Etappeninspektion ab: ›Ich bitte den dem dortigen Stab zugehörigen Oberleutnant d. R. Kurt Wolff nach Darmstadt zu überweisen. Großherzog von Hessen‹. Darauf erhielt ich heute von der Etappeninspektion die Weisung, mich nach Ablauf meines Erholungsurlaubs nach Darmstadt zu begeben.« (Wolff an Clara Merck, Brief vom 14. 8. 1916, NA).

[60] Bertold Hack: Auf den Spuren von Georg Heinrich Meyer. Problem eines Portraits nebst Quellentexten und einem unveröffentlichten Brief von Hermann Broch. In: Börsenblatt, Frankfurter Ausgabe, Nr. 52, vom 28. 6. 1968, S. 1558–1567; und ders.: Georg Heinrich Meyer. Versuch einer Biographie eines außergewöhnlichen Buchhändlers. Anhang V zu: Hermann Broch und Daniel Brody. Briefwechsel 1930–1951. In: AGB XII, Sp. 1193–1224.

[61] Bertold Hack: AGB XII, Sp. 1197.

[62] Vgl. Text zu Anm. 145, S. 49.

[63] So inseriert Meyer in dem 1. Heft der *Zehn deutschen Reden* (Karl Joel: Neue Weltkultur) die bei Diederichs erschienenen Werke des Diederichs-Autors, eine sonst wenig übliche Praxis des KWV.

Die Firma Georg Heinrich Meyers wurde 1904 im Handelsregister gelöscht. Meyer trat am 1. Januar 1905 in die Dienste der Deutschen Verlags-Anstalt Stuttgart. Der nicht genau klärbare Zusammenbruch seines Verlages muß, trotz der Findigkeit und des geschäftlichen Ideenreichtums des Verlegers, verheerend gewesen sein: Meyers Gehalt bei der DVA war auf Jahre hinaus verpfändet[64].

Meyers Tätigkeit bei der DVA liegt weitgehend im dunkeln. Er hat vorübergehend im Auftrag der Verlags-Anstalt Reisen unternommen, wie er es nach 1925 für Kurt Wolff tat, und sich bei Verhandlungen mit den Sortimentern vermutlich seine erstaunlichen Kenntnisse des Sortimentsbuchhandels angeeignet, die er in der Werbung des Kurt Wolff Verlages gezielt einsetzte. Ab 1908 arbeitete er offenbar in der Berliner Niederlassung des Verlagshauses. Schon aus dieser Zeit wird von seinen neuen Vertriebsmethoden berichtet, die den Hohenlohe-Memoiren zu großem Erfolg verhalfen[65].

Ebenfalls in Berlin gründete Meyer 1910 mit Hilfe eines offensichtlich finanzkräftigen Partners, Harro Jessen, einen zweiten Verlag: Meyer & Jessen. Dieser Verlag machte von sich reden durch seine buchkünstlerischen Ambitionen. Meyer war der Anreger einer neuen Einbandform, »ein Mittelding von Kartonage und biegsamem Pappband«[66], wie auch später die Idee des gelben Einbandes der Serie *Der Neue Roman* von ihm stammte, der zu dem Erfolg der optisch einprägsamen Reihe beitrug. In dem Programm knüpfte Meyer teilweise an seinen alten Heimatverlag an, widmete sich, wahrscheinlich unter Einfluß Jessens, aber auch österreichischen Autoren wie Ludwig Speidel und Alfred Berger. Als eines der ersten Bücher des groß angelegten Verlages mit einer weit ausholenden Produktion erschien 1910 *Die Hallig* des von Paul Ernst wiederentdeckten Heimaterzählers aus dem 19. Jahrhundert, J. C. Biernatzki, das Kurt Wolff 1914 ebenso übernahm wie Ulrich Braekers *Das Leben und die Abenteuer des armen Mannes im Tockenburg* (1910) und dessen Shakespeare-Betrachtungen *Etwas über William Shakespeares Schauspiele* (1911). Hauptautoren wurden Paul Ernst und der Meyer aus seinem ersten Verlag treu gebliebene Max Dreyer. Der Verlag Meyer & Jessen brachte darüber hinaus eine damals viel gelesene und gut verkäufliche vierbändige Auswahl aus Goethes Briefen von Philipp Stein, die der Goethe-Verehrer Wolff gerne übernahm, wobei er die fehlenden Teile der auf acht Bände berechneten Ausgabe aber nicht mehr herausgab.

Meyers Hauptverdienst war die Neuausgabe der Werke von Friedrich Theodor Vischer, die 1914 in den Verlag der Weißen Bücher übergingen und dort ihre Fortsetzung erfuhren[67]. Er muß sich in diesen Jahren erstmals für eine kunsthistorische Abteilung interessiert haben, denn es erschien, ausgehend von Anselm Feuerbach, eine Reihe größerer Kunstpublikationen. Meyer soll es später auch gewesen sein, der Wolffs Pläne für ein Kunstprogramm bestärkte und die Gründung der Kunstzeitschrift *Genius* befürwortete[68].

Schon Ende 1912 begannen sich erste finanzielle Schwierigkeiten in dem Verlag Meyer & Jessen abzuzeichnen. 1913 suchte Meyer vergeblich Anschluß an eine Aktiengesellschaft, ähnlich wie es Hans von Weber mit dem Verkauf des Hyperion-Verlages gelang. Für die gutverkäuflichen Feuerbach-Bücher gründete er einen eigenen Verlag »Feuerbach-Verlag GmbH« (Oktober 1913), dessen Bestände ab 1914 nach und nach an Wolff übergingen. Als der Verlagszusammenbruch sich als unaufhaltsam abzeichnete, mußte Meyer erneut das selbständige Verlegertum mit einem Angestelltenverhältnis vertauschen.

Schon etwas früher als Hack annimmt, muß die Verlagsauflösung beschlossen worden sein. Am 22. Januar 1914 schrieb Wolff an Werfel mit der Bitte um strengste Diskretion über die noch völlig offenen Verhandlungen: »Der Verlag Meyer & Jessen löst sich auf und es ist mir nahegelegt worden zu relativ günstigen Bedingungen eine Anzahl Bücher dieses Verlages zu übernehmen.«[69] Wir

---

[64] »Meine Schuld lastet bitter schwer auf mir, aber ich wußte bislang nicht, woher ich auch nur einen Pfennig hätte nehmen können. Von den M 125.-, die mir von meinem Salär bleiben (das andere ist ja leider Gottes auf Jahr und Tag hinaus verpfändet) mußte ich noch immer Gerichtskosten abbezahlen« (Meyer an Eugen Diederichs, Brief vom 1. 1. 1905, zit. nach Hack: AGB XII, Sp. 1201).

[65] So in zwei Nachrufen in *Prager Presse. Morgenausgabe* vom 25. 3. 1931; und *Goslarsche Zeitung* vom 26. 3. 1931. – *Des Fürsten Chlodwig zu Hohenlohe-Schillingsfürst Denkwürdigkeiten*. Im Auftrage des Prinzen Alexander zu Hohenlohe-Schillingsfürst hrsg. von Dietrich Curtius, erschienen 1906/1907 in 2 Bänden bei der DVA, Stuttgart.

[66] Sebastian Scharnagl [d. i. Heinrich F. S. Bachmair]: Kleine Nachlese. Bekannte und unbekannte deutsche Verleger aus der Zeit vor dem Weltkrieg. In: Imprimatur IX, Weimar 1940. Zit. nach Hack: AGB XII, Sp. 1202.

[67] Vgl. hierzu Kapitel 3.8.

[68] Mündl. Information von Giovanni Mardersteig, in einem Gespräch mit dem Verf. am 8. 11. 1971.

[69] Brief im KWA. Hack nimmt an, daß die Krise erst im Frühjahr 1914 offen ausbrach. (AGB XII, Sp. 1206).

wissen nicht, wer und was Meyer dazu bewog, sich mit seinen konservativen, teilweise an ein deutschtümelndes Bildungsbürgertum gerichteten Verlagswerken ausgerechnet an den jungen Avantgardeverleger zu wenden[70]. Wolffs Übernahmebereitschaft mag ihre Gründe überwiegend in kommerziellen Erwägungen gehabt haben. Er übernahm allerdings nur die Titel, bei denen sich Berührungspunkte mit seinem historisch-literarischen Programm ergaben, etwa bei Jean Paul oder Goethe[71]. Eine Verpflichtung gegenüber den zeitgenössischen Autoren des Verlages ging Wolff jedoch bewußt nicht ein. Er fand sich – auch auf Bitten Meyers – nicht bereit, Meyers Hauptautor Paul Ernst zu übernehmen. Im Falle Dreyers wußte Meyer, genauso wie der Autor selbst, »daß Kurt Wolff für Max Dreyer kein Verständnis besitzt und es ganz ausgeschlossen ist, daß Kurt Wolff jemals ein Buch von Max Dreyer verlegen wird.«[72]

Wolffs Vorschlag, Meyer solle als »Direktor« bei ihm eintreten, kam nicht von ungefähr. Er brauchte gerade zu dem Zeitpunkt, als ihm eine zweimonatige Militärübung bevorstand, dringend einen versierten Verlagsbuchhändler neben Seiffhart, der ihn vertreten konnte. Für Meyer war das Angebot eine Lösung aus einer verzweifelten Situation. Die Trennungsverhandlungen mit Jessen führten zu einem erbitterten Streit der Rechtsanwälte, und Meyer, der seine Schuldenlast von seinem ersten Verlag her noch nicht beglichen hatte, mußte erneut finanzielle Verpflichtungen übernehmen. »Pfingsten 1914 trat Harro Jessen aus dem Verlage von Meyer & Jessen aus und ich wurde handelsgerichtlich alleiniger Besitzer«, schrieb Meyer im Rückblick am 17. Mai 1918 an Paul Ernst. »Von Pfingsten 1914 an war aber de facto nicht ich, sondern Herr Jessen sen. der Inhaber des Verlages. Daß ich im Handelsregister als Besitzer fungierte, war nur eine Maßnahme des Jessen'schen Anwaltes, um Jessen aus der Haftung zu bringen und auf mich die Passiva abzuwälzen. Tatsächlich war Jessen sen. der Besitzer des Verlages, jedenfalls aller Aktiven, während ich nur die Passiven am Halse hatte«[73]. Anfang 1918 schien es Meyer gelungen zu sein, den Verlag tatsächlich wieder an sich zu bringen, und er plante, wie in Briefen an verschiedene Autoren Wolffs immer wieder zu lesen ist, den Verlag neu zu beleben, ja, er gründete sogar eine Zweigstelle in Wien. Die letzten Bände der Werke Vischers erschienen bei Meyer & Jessen und das Wolff angebotene Buch *Briefe und Telegramme Wilhelms II. an Nikolaus II.*[74]. 1919 verlegte Meyer den Verlagssitz nach dem Umzug Wolffs ebenfalls nach München, doch schon 1921 muß er den Verlag endgültig verkauft haben. Jessen strengte in den zwanziger Jahren noch einmal mit Erfolg einen Prozeß gegen Meyer an. Meyer, der in seinen letzten Lebensjahren mit Daniel Brody den Rhein-Verlag führte, mußte bis an sein Lebensende die Schulden abtragen und starb als 63jähriger im Jahre 1931 völlig mittellos[75].

In Wolff und Meyer begegneten sich zwei Partner, die sich glücklich ergänzten und deren Zusammenarbeit von Anfang an von gegenseitiger Wertschätzung getragen war. Ohne das Unglücksjahr 1913, schrieb Meyer am 1. März 1914 an Paul Ernst, »wäre ich nie mit Kurt Wolff zusammengekommen, und gerade so ein Verhältnis, wie ich's mit Kurt Wolff jetzt zu beginnen im Begriffe bin, ist mir schließlich doch immer schon seit zehn Jahren als das Ideal meines Lebens erschienen.« Und über den Verleger selbst: »Von allen jungen Verlagen ist Kurt Wolff der am besten fundierte. Dazu ist er persönlich ein feiner

---

[70] Hack vermutet, daß Ernst Rowohlt, der mit Meyer befreundet war, als Vermittler seine Hand im Spiel gehabt haben könne. (AGB XII, Sp. 1208).

[71] Wolff übernahm von Jean Paul: Doktor Katzenbergers Badereise, nachdem Rowohlt schon ein Buch von Jean Paul herausgegeben hatte. Auch Goethe war schon im Programm des ERV gewesen. Wolff übernahm von Meyer & Jessen Eugen Guglias *Buch von der Nachfolge Goethes*.

[72] Meyer an Paul Ernst, Brief vom 1. 3. 1914, zit. nach Hack: AGB XII, Sp. 1208.

[73] Zit. nach Hack: AGB XII, Sp. 1206. – Daß Meyer seine Schulden aus dem ersten Verlag noch 1920 nicht beglichen hatte, zeigt ein Brief Max Dreyers an Meyer vom 25. 1. 1920: »Es ist Ihnen bekannt, daß sich in meinen Händen noch zwei Wechsel von Ihnen: einer vom Januar 1903 über Mark zweitausend, einer vom 25. August desselben Jahres über Mark tausend befinden«, schrieb der Autor und drohte mit Einklage. (Unveröff. Brief, DLA).

[74] Vgl. hierzu die Korrespondenz Wolffs mit dem Herausgeber Hellmut von Gerlach, KWB, S. 358–362. Wolff wollte das Buch nicht mehr herausbringen, da in ausländischen Zeitungen überraschend Vorabdrucke erschienen. Da die deutsche Ausgabe von der Zensur bedroht war, gab Meyer die Briefe 1920 in seiner Wiener Filiale heraus.

[75] »In den letzten Jahren war sein Leben so von wirtschaftlichen Sorgen belastet, daß der Tod eigentlich für ihn eine Erlösung bedeutete«, schrieb Arthur Seiffhart am 14. April 1931 an Hans Mardersteig. »Ich weiß nicht, ob Sie von dem unglückseligen Aufwertungsprozeß wissen, den Georg Heinrichs früherer Teilhaber Jessen gegen ihn angestrengt hat und dessen Aufregungen wohl mit an seinem frühen Tode schuld waren. Er hat, ohne selbst genügend zum Leben zu haben, nach und nach an diesen Menschen 12 000 Mark zahlen müssen, so daß die Witwe jetzt vollständig mittellos dasteht.« (GMB)

Abb. 17: *Georg Heinrich Meyer, 1924*

»Herr G. Meyer auf dem Verlag ist übrigens ein sehr lieber und wahrhaft aus Güte guter Mensch«, äußerte Kasimir Edschmid nach einem ersten Besuch in Leipzig[77]. Der Lektor Pinthus schrieb 1956 an Karl H. Salzmann: »[...] er war einer der gütigsten, bescheidensten, hilfreichsten und dabei verlegerisch gescheitesten Menschen, die ich in meiner langen literarischen Tätigkeit getroffen habe.«[78] Er bewunderte Wolffs Fähigkeit, Menschen zu gewinnen, die dem Verlag durch vorbehaltlosen Einsatz nützten. »Der merkwürdigste und wirksamste Mensch dieser Art war Georg Heinrich Meyer, ›der freundliche Meyer‹ genannt, der, während Kurt Wolff im Kriegsdienst stand, den Verlag leitete und auch später, so wie Kurt Wolff der führende Geist blieb, der gute Geist des gesamten Unternehmens war. Stets still, aber stets wach [...], war er gütig und hilfreich zu jedem; trotz seiner Ruhe stets erfüllt von tollkühnen Ideen und Erfinder einer schlagkräftigen Propaganda im Buchwesen.«[79] Willy Haas berichtet, daß die Autoren und Verlagsmitarbeiter ihn »Vater Georg Heinrich« nannten[80], und diese liebenswürdige väterliche Pose, verbunden mit einer kaum glaublichen Aufopferung für seinen Beruf[81], war entscheidendes Kennzeichen der atmosphärisch wirkenden Persönlichkeit, die aber, wie bei vielen einseitig genialen Menschen, zugleich etwas Schrulliges, Bizarres an sich hatte. Den Autoren gegenüber strahlte Meyer unbeirrbaren Optimismus aus, war aber ein zutiefst mystizistischer, melancholischer Mensch, der erwog, Ferdinand von Saars *Wiener Elegien* bei Wolff neu aufzulegen und von Franz Werfel verspottet wurde: »Wie steht es mit Ihrem Trübsinn? Sind Sie schon ganz Grillparzer«?[82]

und für sein Alter wundervoll abgeschlossener und gereifter Mensch; trotzdem aber, wenn ihm auch die rein buchhändlerischen Praktiken fehlen, ein sehr routinierter Geschäftsmann.«[76] Diese buchhändlerischen Praktiken besaß Meyer im Übermaß, und er setzte sie – wie noch zu zeigen sein wird – unermüdlich ein, und Wolff ließ ihm hierin freie Hand. Wolff hatte nur wenige Monate Gelegenheit, seinen neuen Prokuristen kennenzulernen, vertraute ihm aber, soweit sich sehen läßt, beruhigt seinen Verlag an. Am 2. März 1915 schreibt er in sein Kriegstagebuch: »der treue Georg Heinrich Meyer« – und am folgenden Tag: »Nachmittags viel mit Meyer gesprochen, der klug und gut ist.«

Treue, Güte, Klugheit, diese Charakterzüge werden immer wieder genannt in den Charakteristiken von Meyer.

---

[76] Zit. nach Hack: AGB XII, Sp. 1208 f.

[77] Edschmid an Wolff, Brief vom 22. 3. 1915, KWB, S. 172.
[78] Zit. nach Karl H. Salzmann: Kurt Wolff, der Verleger. In: AGB 2, S. 386.
[79] Kurt Pinthus: Wie Literatur gemacht wurde. In: Kurt Wolff 1887–1963. Privatdruck. Frankfurt am Main und Pfullingen (1963). Zit. nach Hack: Auf den Spuren von Georg Heinrich Meyer. In: Börsenblatt Nr. 52, 1968, S. 1560. – Die weiteren von Hack zusammengetragenen Urteile stimmen weitgehend mit Pinthus überein. Selbst Else Lasker-Schüler nimmt in ihrer Philippika *Ich räume auf* Meyer als einzigen Verleger aus.
[80] Willy Haas: Georg Heinrich Meyer †. In: Die literarische Welt, 7. Jg., 1931, Nr. 14/15, S. 9.
[81] Wolff berichtet, Meyer sei ein fanatischer Arbeiter gewesen, »der mindestens zwölf Stunden des Tages im Büro verbrachte, von Kola-Pastillen lebte«. (Autoren, Bücher, Abenteuer, S. 36). – Die von Hack gesammelten Äußerungen (Auf den Spuren von Georg Heinrich Meyer, Börsenblatt Nr. 52, 1968, passim) stimmen damit überein, gehen, wohl übertreibend, zum Teil noch weiter. Meyer habe nie Urlaub genommen und sogar die Nächte im Verlag verbracht.
[82] Werfel an Meyer, undat. Brief, KWB, S. 107.

Meyers saloppe, in ihrer unkonventionellen, bildhaften Art bis zur stilistischen Unmöglichkeit gehenden Briefe zeigen einen trotz aller Findigkeit und beruflichen Gescheitheit naiven Menschen, dem es vor allem durch seine direkte und offene Arglosigkeit immer wieder gelang, Autoren zu überzeugen. Bei nicht ausbleibenden Differenzen mit empfindlichen Autoren versuchte er durch bis ans Absurde grenzende Schuldbekenntnisse und Manipulationen die Autoren zum Verlag zurückzuholen. »Man muß diesen Georg Heinrich Meyer gesehen haben, wie er die störrisch gewordenen Poeten immer wieder in die Höhle des Kurt Wolff zurückzutreiben versuchte, oder wie er am Bahnhof bis zum letzten Zugpfeifen einem verstimmten Autor gut zuredete wie eine alte Kinderfrau ihrem Nestquakelchen, um zu wissen, wie Gott sich eigentlich das Verhältnis vom Verleger zum Verfasser gedacht hat«, schrieb Herbert Eulenberg 1928 in der *Literarischen Welt*[83].

Heikle Verhandlungen führte Meyer durch geschickte Banalisierung und Vereinfachung buchhändlerisch komplizierter Sachverhalte und überzeugte die Autoren durch seinen zur Schau getragenen unverwüstlichen Optimismus und seine ehrlich gemeinte, rückhaltlose Begeisterung für das neue Werk, auch wenn diese Begeisterung mitunter nur aus dem Augenblick und mehr aus der Lust am Machen eines neuen Buches geboren wurde als aus der Überzeugung für den Autor. Anders ist es kaum verständlich, daß Meyer, nachdem er im Begriff war, »so etwas wie einen deutschen Kulturkonservatismus zu begründen«[84], mit gleicher Bereitschaft bei Wolff Avantgardeliteratur verlegte.

Meyer war ein in erster Linie kommerziell denkender Verleger, dem es darum ging, seine Autoren möglichst gut zu verkaufen. Man sagte ihm literarisches Gespür nach, das sich in einem erstaunlichen Instinkt für Absatzmöglichkeiten äußerte, weniger aber in einem literarischen Qualitätsgefühl. Deshalb ist Daniel Brodys Erinnerung, daß Meyer nie ein eingereichtes Manuskript gelesen habe, nicht ganz als Legende abzutun. »Er saß stundenlang mit dem Manuskript in der Hand, kaute fortwährend auf seinen Colapillen und wog das Manuskript in der Hand.«[85] Nach einiger Zeit habe er das Manuskript auf den Tisch gelegt und sein Urteil abgegeben.

In ähnlicher Weise schrieb Meyer 1915 an Franz Werfel: »Březina in Deutschland durchzusetzen, wird nicht leicht sein. Ich bemühe mich krampfhaft, mich in ihn zu vertiefen, aber wenn ich einen Bogen gelesen habe, bin ich nach dieser Arbeit meistens so kaputt, daß ich einschlafe.«[86] Werfels Votum für ein Buch von Ernst Blass begrüßte er: »Besonders hat es mich auch gefreut, daß Ihnen Blass gefällt. Er ist ein ganz anderer als Sie, aber er ist immerhin auch einer«[87]. Selbst wenn man diese Formulierung parodistisch auf Friedrich Theodor Vischers Roman *Auch Einer* bezieht, fragt man sich doch, wie Meyer seinen Autor Blass literarisch nun wirklich einschätzte. Seine gutgemeinten Ratschläge an Autoren verschlagen einem oft den Atem in dem Unvermögen, die Fähigkeiten des Autors richtig einzuschätzen. 1918 bedankte er sich bei Robert Walser für das Verlagsangebot der *Kammermusik*, vertröstete den Autor, da durch die Papiernot an einen Druck nicht zu denken sei, und riet dem Meister der kleinen Form: »Seien Sie guten Muts! Aber dann sollten Sie wirklich einmal mit der ›kleinen Münze‹ Schluß machen und daran denken, einen Roman wieder zu schreiben. Ich bin fest überzeugt, daß Sie dann bald ein ›gemachter Mann‹ sein würden.«[88]

Erich Mühsam schrieb er nach dessen Inhaftierung – und er meinte es allen Ernstes, arglos und ohne Ironie als Trost –: »Übrigens denke ich es mir für einen deutschen Dichter, der Erich Mühsam doch immer war und auch heute noch ist, garnicht so schlimm, fünfzehn Jahre lang so ganz seinen Phantasien und seiner Kunst ungestört leben zu können. Wer weiß, vielleicht kommt währenddem ein neuer Liederfrühling über Sie, so daß späte Enkel noch rühmen werden, daß der Staatsanwalt Erich Mühsam bester Mäcen gewesen ist.«[89] Andererseits darf man nicht übersehen, daß Meyer sich rastlos für die Autoren aufrieb und den Erfolg Werfels, Tagores und Heinrich Manns vorausgesagt und durch seine Werbeideen kräftig gefördert hat. Und dies – etwa im Falle Werfels – obwohl er seine innere Distanz zu dessen Büchern offen eingestand[90].

---

[83] Herbert Eulenberg: Georg Heinrich Meyer. In: Die literarische Welt, 4. Jg., Nr. 12 vom 23. 3. 1928, S. 4. – Vgl. auch die Anekdoten Seiffharts in: Arthur Seiffhart: Inter folia fructus (auch abgedruckt bei Hack: Börsenblatt Nr. 52, 1968, S. 1563 f.), die zweifellos eine reale Grundlage haben.
[84] Willy Haas: Georg Heinrich Meyer †. In: Die literarische Welt, 7. Jg., Nr. 14/15, S. 9.
[85] Zit. nach Hack: Börsenblatt Nr. 52, 1968, S. 1566.
[86] Meyer an Werfel, Brief vom 5. 7. 1915, KWA.
[87] A. a. O.
[88] Meyer an Walser, Brief vom 16. 5. 1918, KWA.
[89] Meyer an Mühsam, Brief vom 22. 7. 1919, KWA.
[90] Vgl. Werfel an Meyer, Brief vom 2. 3. 1916, KWB, S. 108.

In der Programmgestaltung war Meyer, dies ist gar zu offensichtlich, ein Verleger, der selbst der Führung bedrufte. Auch sein zweimaliges klägliches Scheitern mit dem eigenen Verlag weist darauf hin. Willy Haas hebt deshalb ein wichtiges Element von Meyers ungewöhnlicher Persönlichkeit hervor. »[...] er war nämlich bis zum letzten Tag ein Kind. Immer abwechselnd und durcheinander himmelhoch jauchzend und zu Tode betrübt – Mittelstimmungen gab es einfach bei ihm nicht.«[91] Die gewisse Maßlosigkeit, die in Meyers Betreuung der Autoren einerseits dem Verlag zugute kam und in seinen propagandistischen Erfindungen zum Verkaufserfolg führte, erwies sich andererseits als Unvermögen in der Verlagsorganisation und als Fehleinschätzung der eigenen Arbeitsökonomie. Seine phänomenalen Kenntnisse des Buchmarktes und des Sortiments – er war »der Freund aller Buchhändler«, schrieb Wolff[92] – verleiteten ihn dazu, möglichst alle organisatorischen Arbeiten im Verlag an sich zu ziehen und sich, bis hin zum physischen Zusammenbruch, zu übernehmen[93]. Albert Ehrenstein beklagte sich im April 1916, zu diesem Zeitpunkt Lektor des Verlages, bei Wolff über den verworren-traurigen »Zustand, in den [...] Ihr Verlag leider geraten ist. Der Betrieb ist Herrn Meyer, dem *viel* gute Eigenschaften keineswegs abzusprechen sind, einfach über den Kopf gewachsen. Nicht etwa, weil zuviel Arbeit da war, sondern weil Herr Meyer nicht fähig war, sie einzuteilen, zuzuteilen, nie gesonnen war, irgend eine Materie aus der Hand zu geben – lieber ließ er sie eigensinnig unter den Tisch fallen.«[94]

Sicherlich war Meyer, nachdem 1915 verstärkt Personal zum Kriegsdienst abberufen wurde, – von den 12 männlichen Mitarbeitern waren 10 eingezogen – überlastet. Doch Ehrensteins Vorwürfe waren berechtigt. Nach einer durch mehrere Klagebriefe von Autoren bestätigten Anekdote Hermann Vogels ließ Meyer, als ihm die Arbeit zu viel wurde, die ungeöffnete Geschäftspost in Schränken verschwinden, schließlich in Waschkörben auf den Speicher des Hauses in der Kreuzstraße tragen, wo Wolff sie später fand und aufarbeiten ließ[95]. Auf Meyers Schreibtisch häuften sich die Manuskripte, und er gestand Schickele auf dessen Frage nach seinem Manuskript *Hans im Schnakenloch*: »Das Manuskript habe ich auch hier allbereits [...] stundenlang gesucht. Es fiel mir erst nachträglich ein, denn der Suchereien sind so viele, daß man das Einzelne nicht so im Kopf behält.«[96]

Daß dennoch der Kurt Wolff Verlag während der Alleinherrschaft Meyers und durch ihn seinen Aufschwung erhielt, wird bei der Untersuchung von Meyers Werbestrategie und den Bestsellererfolgen von Gustav Meyrinks *Golem* und dem Werk Heinrich Manns näher zu verfolgen sein. Hier entwickelte dieser merkwürdige Verleger seine eigentliche Genialität, und hier liegen seine Verdienste, die ihn in Ergänzung zu Wolffs planender Führungslinie in den kommenden Jahren unersetzlich machten. Zunächst bestand jedoch seine Aufgabe darin, mit Hilfe Werfels nach den Anweisungen Wolffs den Neuaufbau des Verlages im Kriege vorzubereiten.

4.3 Sammlung und Neuaufbau

So spontan und vordergründig sich die Kriegsereignisse in der kommerziellen Auswertung durch die Buchverlage niederschlugen, die zweite Phase, in die nun der Expressionismus eintrat, brauchte fast zwei Jahre, ehe sie auch in den Buchverlagen nach außen wirkte. Die ersten Buchtitel, die anklagend das Leiden der gequälten Menschheit nachzeichneten, erschienen erst Anfang 1916 im Kurt Wolff Verlag; etwa Albert Ehrensteins *Der Mensch schreit* und der Almanach *Vom jüngsten Tag* mit zahlreichen Beispielen einer durch das Kriegserlebnis veränderten Lyrik. Die stilistischen Veränderungen der Dichtung, die aus der Neopathetik und der antibürgerlich-provokatorischen Haltung der Vorkriegsjahre zu den explosiven Wortkaskaden von Bechers *Verbrüderung* (KWV 1916) führten und aus dem gefühligen Menschheitspathos des *Weltfreundes* einen ganz der »Christli-

---

[91] Willy Haas: Georg Heinrich Meyer †. In: Die literarische Welt, 7. Jg., Nr. 14/15, S. 9.
[92] Kurt Wolff: Autoren, Bücher, Abenteuer, S. 36.
[93] Ein erster Zusammenbruch muß im November 1915 erfolgt sein. Vgl. den Brief des Verlages an Schickele vom 21. 11. 1915, KWB, S. 201. Noch am 2. März 1916 erkundigte sich Werfel besorgt nach Meyers Gesundheitszustand. (KWB, S. 108).
[94] Ehrenstein an Wolff, Brief vom 26. 4. 1916, KWB, S. 235.

[95] Vgl. die Anekdote Hermann Vogels bei Hack: Auf den Spuren von Georg Heinrich Meyer. In: Börsenblatt Nr. 52, 1968, S. 1564, die auch von Annemarie von Puttkamer in einem mündl. Gespräch mit dem Verf. bestätigt wurde. – Werfel schrieb am 23. 11. 1916 an Wolff: »Daß ich Ihnen nicht geschrieben habe, ist diesmal wirklich nicht meine Schuld, sondern die des Herrn Meyer, [...] der mir auf etwa 15 Briefe, Karten und Telegramme, worin ich Ihre Adresse erfragte, nicht geantwortet hat.« (KWB, S. 114).
[96] Meyer an Schickele, Brief vom 3. 5. 1915, KWA.

chen Sendung«[97] zugewandten rhapsodischen Stil Werfels entstehen ließen, zeigte sich bei anderen Wolff-Autoren vor allem in der Gesinnungsänderung.

Die politische Ausformung des Expressionismus in Aktivismus und Pazifismus[98] führte bei Hasenclever in *Tod und Auferstehung* (KWV 1917) zur Forderung des »politischen Dichters« und in Fritz von Unruhs Drama *Ein Geschlecht* (KWV 1917) zur radikalen Kriegsgegnerschaft. Hillers aktivistische *Ziel*-Jahrbücher erschienen ab 1916, dem Jahr, in dem Heinrich Mann, der mit *Geist und Tat* (1910) das erste zündende Manifest der vorprogrammatischen Phase des Aktivismus geschrieben hatte, sein Gesamtwerk Kurt Wolff übertrug. Die zweite expressionistische Generation mit Martin Gumpert, Hans von Flesch-Brunningen und Eugen Roth trat ebenfalls erst in der zweiten Kriegshälfte auf den Plan.

Zwar druckten die gegenüber der Bewußtseinsveränderung der Intellektuellen flexibler und rascher reagierenden Zeitschriften wie die *Aktion*, die *Weißen Blätter* und Wilhelm Herzogs 1915 verbotenes *Forum* schon im ersten Kriegsjahr Dokumente der neuen geistigen Lage ab, doch die Buchverlage mit ihrem langwierigen Prozeß der Manuskriptbeurteilung, Vertragsformulierung, Druckvorbereitung, Herstellung und Auslieferung reagierten phasenverschoben und ungleich schwerfälliger. Deshalb enthält das Programm des Kurt Wolff Verlages bis 1916 neben den in der ersten Kriegseuphorie angenommenen Patriotismen überwiegend Vorkriegsdichtung, die dem Verlag entweder nun erst angeboten wurde oder schon 1913/14 angenommen und durch den Kriegsausbruch zurückgehalten worden war, und stand ganz unter dem Zeichen einer Sammlung des vor dem Kriege Begonnenen. »Angebote kommen massenhaft«, umriß Georg Heinrich Meyer Mitte 1915 die Situation, »aber viel verlegen sollten wir jetzt nicht. Durch den Krieg ist die Situation jetzt so, daß jedes Stück im Verlage wirklich im wahrsten Sinne des Wortes neu wiedererobert werden muß.«[99]

Ein Seitenblick auf das Programm anderer großer Literaturverlage zeigt ein ähnliches Bild. Kippenbergs »moderner« Hauptautor Rilke verstummte während des Krieges gänzlich, und die expressionistische Literatur drang mit Däubler und Becher erst 1917 in das Verlagsprogramm ein[100]. S. Fischer, der wie Wolff zu Weihnachten 1914 »nur das Notwendigste« gedruckt hatte[101] und sich 1915 stark auf die Sachbücher seiner *Sammlung von Schriften zur Zeitgeschichte* konzentrierte, erhielt von seinen Hauptautoren Gerhart Hauptmann, Thomas Mann, Hesse, Hofmannsthal, Schnitzler und Wassermann nur wenige neue Bücher, die während des Krieges verlegt wurden[102]. Erst in der zweiten Kriegshälfte mehrten sich auch in seinem Verlag die kritischen Töne der jungen Generation, und erst 1916 erreichte seine Produktion wieder den Umfang der Friedensjahre 1912/13.

Erik-Ernst Schwabach hatte im Herbst 1914 schon von einer »Neuorientierung« gesprochen, die der Krieg erforderte, und Schickele wollte mit dem zweiten Jahrgang der *Weißen Blätter* »mitten im Krieg schon mit dem Wiederaufbau« beginnen und dazu beitragen, einen geistigen Sieg der Jugend und ihrer pazifistischen Ziele vorzubereiten[103]. Der Kurt Wolff Verlag begann seinen Wiederaufbau mit dem *Jüngsten Tag* und der sich um diese Reihe gruppierenden Dichtung. »Es ist der Wunsch des Verlages, das Unternehmen zu einem Bilde kämpfender und siegender Jugend auszugestalten, einem Bilde, das mitten im Ungeklärten jetziger Welt die Dauer einer künftigen Reife verbürge«, heißt es in einer Anzeige des *Jüngsten Tages*, die ankündigte, daß das Unternehmen »durch die ihm innewohnende Sammelkraft jetzt mehr und mehr in den Mittelpunkt des Verlages« getreten sei[104]. Nicht nur Werfel und Georg Heinrich Meyer, die mit spontaner Zustimmung Wolffs den Beschluß gefaßt hatten, die Reihe fortzusetzen[105], empfanden die Notwendigkeit der Fortsetzung nach der einjährigen Stagnation. Auch die expressionistischen Autoren hofften auf die Weiterführung dieses für sie als Experimentierfeld reservierten Forums. »Ja, es ist Zeit, hohe Zeit, den ›jüngsten Tag‹ heraufzuführen, uns zu erheben«, schrieb Rudolf Leonhard an Hasenclever, über dessen Fürsprache er Wolff einen

---

[97] Vgl. Franz Werfel: Die christliche Sendung. Ein offener Brief an Kurt Hiller. In: Die Neue Rundschau, 28. Jg., 1917, Bd 1, S. 92–105. In dieser wichtigsten programmatischen Äußerung Werfels während des Krieges bekennt sich der Autor vorbehaltlos zum Christentum gegen Hillers politischen Aktivismus.

[98] Wir schließen uns hier der Auffassung Erich von Kahlers an, daß in der Anlage des Expressionismus bereits die Konsequenz des Aktivismus gegeben sei, und fassen die politische Strömung ebenso wie den Pazifismus als folgerichtige Weiterentwicklung, nicht als parallel verlaufende neue Bewegung auf. (Vgl. auch Kapitel 1, Anm. 2).

[99] Meyer an Werfel, Brief vom 14. 7. 1915, KWA.

[100] Vgl. hierzu Kapitel 1, Sp. 545.
[101] Vgl. Peter de Mendelssohn: S. Fischer, S. 699 f.
[102] Vgl. a. a. O., S. 717–730.
[103] Schickele an Meyer, Brief vom 3. 11. 1914, KWB, S. 198.
[104] Anzeige im Börsenblatt, Nr. 267 vom 16. 11. 1915, S. 7009.
[105] »Für unsere gemeinsame Idee, für den Ausbau des ›Jüngsten Tages‹ ist er [Wolff] sehr begeistert.« (Meyer an Werfel, Brief vom 28. 4. 1915, KWA).

Band Aphorismen für den *Jüngsten Tag* anbot. »Unser ist die Arbeit, sei unser der Sieg. Er muß es sein. Wir sind die Zukunft, und rechte Zeit und Zukunft sind Ewigkeit.«[106]

Als erster der zukunftsweisenden Dichter wurde der 18jährige Paul Kraft aufgenommen, mit dessen *Gedichten* die 1914 unterbrochene dritte Serie abgeschlossen wurde. Im Herbst 1915 brachte Meyer mit den Nummern 19 bis 24 erstmals eine in sich geschlossene Folge heraus, die, wie die Anzeigen verkündeten, den »neuen deutschen Erzählern« gewidmet war: Sternheim, Kafka, Edschmid und Schickele. Vor allem mit Sternheim hoffte der unentwegt um höhere Absatzzahlen besorgte Georg Heinrich Meyer ein breiteres Publikum für die neue Dichtung zu gewinnen. Deshalb erschienen zwei Erzählungen von ihm zugleich in einer wesentlich höheren Erstauflage, als sie alle Bände zuvor hatten[107]. Bestärkt wurde Meyer durch die Verleihung des Fontane-Preises 1915 an Sternheim. Der Verleger versuchte zugleich, Kafka dazu zu bewegen, den mit diesem Preis verbundenen Geldbetrag anzunehmen, da der Millionär Sternheim die Summe weiterleiten wollte. Auch dadurch hoffte Meyer, die Beachtung des Publikums auf Kafka und somit wiederum auf den *Jüngsten Tag* zu lenken[108]. Kasimir Edschmid hatte mit seinem Novellenband *Die sechs Mündungen* im Frühjahr 1915 durch seine gewollt neue, abstruse Erzähltechnik umstrittenes Aufsehen erregt und wurde vielfach als Sternheims stilistischer Bruder angesehen[109]. Meyer gedachte deshalb, auch den zweiten Novellenband Edschmids, *Das rasende Leben*, der an eine verwässerte futuristische Technik Marinettis erinnert, in den *Jüngsten Tag* aufzunehmen und schrieb zuversichtlich an seinen Lektor Werfel: »Die Aussichten für den ›Jüngsten Tag‹ sind momentan sehr gut; es sind sehr zugkräftige Nummern in Aussicht.«[110]

Um der Reihe als dem Kern des Verlagsprogramms zum endgültigen Durchbruch zu verhelfen, schlug Meyer seinem Verleger Wolff die Herausgabe eines neuen Almanachs vor, der an den Erfolg des *Bunten Buches* anknüpfen sollte. Auch S. Fischer setzte seine 1914 unterbrochene Reihe der Jahrbücher 1915 wieder fort, und Hugo von Hofmannsthal gab im Insel-Verlag einen literarischen Almanach heraus, der ausschließlich den österreichischen Autoren gewidmet war, und für den auch Franz Werfel gewonnen werden sollte[111]. Wolff dachte aus Kriegsgründen eher an ein seinem bibliophil-historischen Programm gewidmetes Sammelbuch, das er schon 1914 unter dem Titel *Das glückhafte Schiff* hatte zusammenstellen wollen, doch ließ er sich von Meyer überzeugen, daß ein zeitloser Almanach gerade jetzt verfehlt sei. Wenn Meyer bei seiner Argumentation auch werbestrategische Aspekte in den Vordergrund schob: »Der Hauptzweck soll sein, die Leute auf den Kurt Wolff Verlag hinzuweisen und sie zu veranlassen, die Bücher des Kurt Wolff Verlags zu kaufen«[112], so sah der in seinem literarischen Geschmack konservative Werbetaktiker doch die eigentliche Stärke des Verlages in der neuen Dichtung um den *Jüngsten Tag*, die es zu propagieren galt, und Wolff ließ ihn gewähren. »Auch die Idee mit dem Almanach findet Kurt Wolff gut und will, daß er gemacht wird. [...] Wohl verstanden: es soll also ein Almanach vom ›Jüngsten Tag‹ werden, vom ›Jüngsten Tag‹, d. h. neuerer Dichter im Sinne des ›Jüngsten Tages‹.«[113]

Die Gestaltung des Almanachs wurde Max Brod und vor allem Franz Werfel übertragen, den einzigen für Meyer erreichbaren literarischen Beratern des Verlages. Der Almanach, der Anfang 1916 unter dem Titel *Vom jüngsten Tag. Ein Almanach neuer Dichtung* erschien, ist der Schlußstein des Lektorats von Franz Werfel und faßt noch einmal alle vor dem Krieg von ihm, Pinthus und Hasenclever initiierten Ziele des Verlages repräsentativ zusammen. So steht es auch in dem *Geleitwort*: »Unser Almanach will nicht den Krieg ›widerspiegeln‹ und wagt dennoch während des Krieges zu erscheinen, weil er die junge Dichtung, die kurz vor dem Kriege sich zu entfalten begann, durch den Krieg hinübergeleiten will in die künftige Epoche der Neuschöpfung und großen Verantwortung.«[114]

Die Almanache der zweiten Kriegshälfte lassen später eine veränderte Verlagspolitik erkennen, die sich in der Propagierung neuer Reihen, dem Erscheinen erster Gesamtausgaben und der Verlagerung auf den Roman als dem Träger des Verlagsgeschäfts niederschlug. Noch aber dominierte Werfel mit seiner Thematik der »Brü-

---

[106] Leonhard an Hasenclever, Brief vom 19. 4. 1915, KWA.
[107] Nach den Angaben von Dietz (Kurt Wolffs Bücherei ›Der jüngste Tag‹. In: Philobiblon 7, S. 115) für die Zweitauflage der beiden Bände *Napoleon* und *Schuhlin* hätte die Erstauflage 7000 Exemplare betragen.
[108] Vgl. Meyer an Kafka, Brief vom 11. 10. 1915, KWB, S. 34.
[109] Vgl. hierzu die Darstellung bei Armin Arnold: Prosa des Expressionismus. Stuttgart 1972, S. 108–130.
[110] Meyer an Werfel, Brief vom 14. 7. 1915, KWA.

[111] Österreichischer Almanach auf das Jahr 1916. Hrsg. von Hugo von Hofmannsthal. Leipzig: Insel-Verlag 1916. Trotz Zustimmung von Georg Heinrich Meyer verzichtete Werfel darauf, in dem 1915 vorbereiteten Almanach zu erscheinen.
[112] Meyer an Werfel, Brief vom 29. 7. 1915, KWA.
[113] Meyer an Werfel, Brief vom 19. 7. 1915, KWA.
[114] Vom jüngsten Tag. Ein Almanach neuer Dichtung. Leipzig 1916, Geleitwort.

Abb. 18: *Der Almanach* Vom jüngsten Tag. – *Umschlag mit einer Zeichnung von Walter Tiemann*

derlichkeit«. Nachdem seine Vorschläge, »Motti aus der Bibel« dem Almanach voranzustellen und auch Autoren außerhalb des Verlages aufzunehmen[115], sich nicht durchgesetzt hatten, wurde der Almanach mit Ernst Stadlers *Aufbruch* eröffnet und mit Otokar Březinas *Gebet für die Feinde* und Francis Jammes' *Gebet um einen letzten Wunsch* abgeschlossen. Nach den »drei Toten« (Stadler, Trakl, Heym) folgte ein geradezu klassischer Kanon der frühexpressionistischen Lyrik, und auch die Prosaproben sind – abgesehen von Brod und Tagore – ausnahmslos den Expressionisten des Kurt Wolff Verlages und des Verlages der Weißen Bücher gewidmet.

Wichtigster Beitrag des Almanachs, der »als ein Orientierungsversuch und eine Einführung in die Dichtung jüngster Tage gedacht« war[116], ist der Essay *Zur jüngsten Dichtung* von Kurt Pinthus. Pinthus gibt hier eine Standortsbestimmung der Dichtung im Kurt Wolff Verlag. Der programmatische Aufsatz, in den *Weißen Blättern* im Dezember 1915 vorabgedruckt, vermeidet zwar das uniforme Schlagwort »Expressionismus« und erwähnt mit keiner Silbe den Verlag Wolffs, doch fast alle der in diesem grundsätzlichen Dokument expressionistischer Selbstbestimmung besprochenen Dichter gehörten bereits zu den Autoren Wolffs oder wurden es in den nächsten Jahren.

Pinthus setzt an den Beginn der von ihm beschriebenen jüngsten Dichtkunst die Erkenntnis, daß Wirklichkeit und Kunst nicht von einander abhängig seien oder sich bedingten, sondern sich ausschlössen. Er versucht die Absichten der jüngsten Dichtung in der Überwindung der Wirklichkeit und der Gestaltung einer neuen Realität auf einen gemeinsamen Nenner zu bringen: »Die Wirklichkeit vom Umriß ihrer Erscheinung zu befreien, uns selbst von ihr zu befreien, sie zu überwinden nicht mit ihren eigenen Mitteln, nicht indem wir ihr entfliehen, sondern, sie um so inbrünstiger umfassend, durch des Geists Bohrkraft [...], durch des Gefühls Intensität und Explosivkraft sie zu besiegen und beherrschen, ... das ist der gemeinsamste Wille der jüngsten Dichtung.«[117]

Pinthus' Essay in dem Almanach ist eine breitere Wirkung beschieden gewesen als den in den auflagenschwachen Vorkriegszeitschriften erschienenen ersten theoretischen Bestimmungen der neuen Dichtung, und er bereitete die breitere Rezeption der Reihe *Der Jüngste Tag* in den nächsten Jahren vor. Dem 280 Seiten starken Almanach, aus Werbegründen zum gleichen Preis wie die Bändchen der Reihe abgegeben, wurde noch größerer Erfolg zuteil als dem *Bunten Buch*. Schon im November 1916 wurde das 11. – 20. Tausend in etwas veränderter Fassung ausgeliefert, das ebenfalls rasch vergriffen war[118]. Wir sehen darin ein Indiz für das Erwachen eines größeren Publikumsinteresses für den Expressionismus.

Der *Jüngste Tag* als programmatisches Hauptprojekt hätte den Verlag alleine nicht tragen können. Deshalb versuchte Georg Heinrich Meyer in der Jahresmitte 1915 die Richtung des Gesamtprogramms für die kommenden Jahre festzulegen. »Für den Verlag heißt es doch jetzt überhaupt von vorn anfangen auf der ganzen Linie. Es kann alles sehr gut werden, wenn ich jetzt schon in Ruhe mit diesem Wiederaufbau beginnen kann,« antwortete Meyer in seiner bedächtigen Art, als der Graphiker Ottomar Starke anfragte, ob der Verlag auch künftig Liebhaber- und Luxusausgaben zu produzieren gedenke. »Im-

---

[115] In einem Brief vom 21. 8. 1915, KWA, entwirft Werfel ein detailliertes Programm des Almanachs, das aber, bis auf die Vorschläge von Beiträgen Wolffscher Autoren nicht verwirklicht wurde.

[116] Vom jüngsten Tag, Geleitwort.

[117] Kurt Pinthus: Zur jüngsten Dichtung. In: Vom jüngsten Tag, S. 233.

[118] Schon in dem Verlagskatalog von 1919 nicht mehr angezeigt.

merhin aber hoffe ich, daß ich Ende August soweit sein werde, um [...] auf Grund eines Verlagsprogramms Ihnen greifbare Vorschläge unterbreiten zu können.«[119]

Die bibliophilen Editionen wurden zwar zurückgestellt, aber Meyer entwickelte zusammen mit Werfel drei andere Projekte, die das nächste Produktionsjahr bestimmen sollten. In einheitlichem Format sollte eine Anzahl von Büchern zeitgenössischer Dichtung herauskommen, die sich um den von Meyer besonders geförderten Werfel und den gut verkäuflichen Tagore gruppieren sollten. »Jetzt ist nun zunächst das A und O die ›Werfel-Tagore-Serie‹, in der dann auch demnächst Blass und Březina neu kommen und im Anschluß an diese Reihe der ›Chorus mysticus‹ von Buber«[120], schrieb Meyer im Juli 1915 an seinen Lektor nach Prag.

Mit dem *Chorus mysticus* wollte Meyer dem Verlag neben den bereits vorhandenen religionsphilosophischen Werken eine »mystische« Wende geben, die von dem Werk Meyrinks ergänzt wurde. »Als mitten im Krieg Meyrinks ›Golem‹ erschien [...] schlug dieses Erscheinen blitzhaft ein. Zahllose erfaßten den Sinn des mystischen Abenteuers, weil er, ungegoren, lange schon in ihnen vegetiert hatte, hier aber geformt mit einem Antlitz vor sie kam.«[121] So begründete Max Krell die Wirkung des *Golem*. Der Verlag erwies sich auch hier als Seismograph der aufkeimenden geistigen Strömungen. Viele der expressionistischen Zeitschriften publizierten Texte der Mystiker aus dem 14., 16. und 17. Jahrhundert. »Die Zeit des Expressionismus ist zugleich eine Zeit der ›Renaissance der Mystik‹.«[122] Die mystischen Neigungen der Expressionisten waren bei den Beratern Wolffs und Georg Heinrich Meyers besonders ausgeprägt. »Okkultismus und Astrologie sind auf dem Wege, wissenschaftlich bewiesen zu werden. Wir stehen an der Schwelle der vierten Dimension«[123], schrieb Wolffs Freund Hasenclever zu seinem Stück *Die Menschen* und übersetzte Swedenborg. Bei Werfel als dem Berater Meyers war das mystische Denken stärker ins Religiöse gewendet. Bei Meyer selbst führte das »mystische« Interesse, wie wir sahen, zu einer ins Triviale führenden Anpassung an den Publikumsgeschmack im Verlag der Weißen Bücher. Im Verlage von Eugen Diederichs führte das mystisch-spekulative Interesse der Zeit zur Aufnahme östlicher und fernöstlicher Lebensweisheit in das Verlagsprogramm, und auch im Hyperion-Verlag Wolffs sind diese Ansätze spürbar. Bei Wolff selbst war das Interesse wie bei Gottfried Benn mehr auf die Erkenntnisse der Tiefenpsychologie und der Jungschen Archetypenlehre verlagert und wirkte sich verlegerisch nicht aus[124].

In dem 1916 ausgegebenen Verlagskatalog sind die ersten beiden Bände der Reihe bereits angekündigt[125]. Neben Originalbeiträgen von Buber sollten Franz Werfel und Rainer Maria Rilke als Übersetzer mittelalterlicher Mystik tätig sein. Der *Chorus mysticus* ist jedoch nie erschienen, Buber wandte sich nach seinem Buch *Vom Geist des Judentums* (1916) vom Kurt Wolff Verlag ab. Woran die Reihe letztlich scheiterte, ist nicht zu ermitteln.

Bedeutsamer für die folgenden Jahre wurde deshalb die »Werfel-Tagore-Serie«, von der Meyer in dem erwähnten Brief sprach. Sie war eine Serie nur vom Format her und wurde nie so angezeigt, sondern schuf nur einen unverwechselbaren optischen Typus der Wolff-Bücher in einfarbigem, gelbbraunen oder graublauen Ganzpappeinband, auf dem nur der zweifarbige Titel (gelegentlich auch das Signet) gedruckt war. Häufig trat auch eine dunkelgraue Doppelumrahmung (bei Tagore in Girlandenform) hinzu – ähnlich wie bei den Innentiteln des *Jüngsten Tages*. In diesem Format war der *Chorus mysticus* geplant, in diesem Format erschienen neben den Werken Tagores und Werfels Trakls und Bechers Gedichtbücher, *Die Gedichte von Trennung und Licht* von Ernst Blass (1915), Max Pulvers *Selbstbegegnung* (1916) und Hasenclevers *Tod und Auferstehung* (1917).

Werfel wurde von Meyer in diesen Jahren neben Tagore als die tragende Säule des Kurt Wolff Verlages gesehen. Die Verlagszeitschrift *Die neue Literatur* wurde im

---

[119] Meyer an Starke, Brief vom 28. 6. 1915, KWA.
[120] Meyer an Werfel, Brief vom 14. 7. 1915, KWA.
[121] Max Krell: Die Entfaltung. Novellen an die Zeit. Berlin 1921, Vorbemerkung. Zit. nach: Paul Pörtner: Literaturrevolution I, S. 323.
[122] Christoph Eykman: Zur Theologie des Expressionismus. In: Ch. Eykman: Denk- und Stilformen des Expressionismus. München 1974, S. 98. Eykman geht den Zusammenhängen zwischen der expressionistischen Literatur und der Mystikrezeption in dem genannten Aufsatz ausführlicher nach.
[123] Begleit-Erklärung zu *Die Menschen*. Zit. nach: Walter Hasenclever: Gedichte, Dramen, Prosa. Hrsg. von Kurt Pinthus. Reinbek 1963, S. 29.

[124] Allerdings sympathisierte er in den zwanziger Jahren mit den Theorien des Paläontologen Edgar Dacqué, von dem er gerne ein Buch verlegt hätte. Dacqué forderte als Erkenntnisprinzip die Intuition, die sich bei ihm als Wesensschau, als mystischer Vorgang enthüllte. (Vgl. mehrere Briefe Wolffs an Dacqué vom 22. 2. 1925 – 13. 8. 1929, und mehrere Antworten Dacqués, KWA).
[125] Die Bücher und graphischen Publikationen des Verlages Kurt Wolff (Verlagsverzeichnis 1909–1916), S. 18 f. – Angekündigt sind für Frühjahr 1917: Bd 1: Die sieben Täler; Bd 2: Schwester Katrei.

Juni 1916 mit einem Bildnis Tagores eröffnet, dem Werfels *Ein Abendgesang* gegenübergestellt wurde. In einer Großanzeige in dieser Werbezeitschrift wurden beide als »Zwei Dichter der Güte und Menschlichkeit« mit den je vier Büchern, die von ihnen bis dahin bei Wolff erschienen waren, zusammen angezeigt[126]. Meyer hatte instinktiv erkannt, daß er den Erfolg Tagores, der sich mehr und mehr abzuzeichnen begann, für Werfel ausnutzen konnte und stellte beide Autoren während des Krieges mit den humanitären Zügen ihrer Dichtung heraus. Auch Jammes und Březina wurden als Ausländer bewußt gegen einen engstirnigen Nationalismus herausgestellt. Noch 1919 inserierte der Kurt Wolff Verlag Werfel, Tagore, Jammes, Březina und Max Brod in der Reihe *Das neue Gedicht* als »die Propheten der Menschenliebe und Güte aus allen Ländern«.[127]

Von dem dritten neuen Verlagsprojekt der ersten Kriegsjahre berichtete Meyer seinem Lektor Werfel im Zusammenhang mit zwei singulären Buchplänen. »Neue Unternehmungen des Verlages: Ein Gedichtband von Leonhard, den Herr Wolff, wohl stark unter dem Eindruck von Hasenclever, acceptiert hat. Ehrenstein's ›Der Mensch schreit‹ soll nun als große Liebhaber-Ausgabe [...] erscheinen. [...] Dann wird nun jetzt auch die ›Literatur‹ [...] neu galvanisiert und fortgeführt.«[128] In der 1904 gegründeten Reihe *Die Literatur,* ein Querschnitt von Monographien durch die Literaturgeschichte, die von dem 1915 liquidierten Berliner Verlag Marquardt & Co. zusammen mit einer ähnlichen Reihe *Die Kultur* übernommen wurde, sollte eine Anzahl von Titeln neu aufgelegt werden. So Hugo von Hofmannsthals *Unterhaltungen über literarische Gegenstände,* Alfred Kerrs *Schauspielkunst* und Otto Stoessls *Gottfried Keller.* Als neuen Band plante Meyer das schließlich außerhalb der Reihe erschienene Buch von Franz Blei *Über Wedekind, Sternheim und das Theater* (1915).

Die Reihe, auf Betreiben Meyers vermutlich günstig eingekauft, war als »Longseller« neben dem modernen Programm geplant. Sie wurde aber, ebenso wie *Die Kultur,* nicht mehr fortgesetzt und vermutlich verramscht[129].

Denn Meyers Sorge galt nach dem überraschend großen Erfolg des *Golem* im Weihnachtsgeschäft 1915 und der Übernahme des Gesamtwerks von Heinrich Mann diesen Autoren und den ersten nun veranstalteten Gesamtausgaben wie auch den in der folgenden Zeit neu aufgebauten Buchreihen neuer Dichtung. Der Verlag trat aus seiner mäzenatischen Vorkriegsphase in die »kommerzielle«, durch Meyers Werbestrategie und die ersten Bestseller gekennzeichnete Phase ein.

4.4 Meyers neue Werbestrategie und die Kommerzialisierung des Verlages

Als Georg Heinrich Meyer mit seinem Neuaufbau des Verlages begann, sah es in wirtschaftlicher Hinsicht düster aus. Zugkräftige Titel, vor allem Romane, gab es so gut wie gar keine, und die schmalen Lyrik- und Prosabände des *Jüngsten Tages* aus der Vorkriegszeit waren eher subventionsbedürftig. Bücher aus dem Ernst Rowohlt Verlag wurden von Wolff als Feldlektüre angefordert und verteilt, denn sie waren »Makulatur (wie Gildemeister, Pietsch, Ulbrich, Smigelski ect.) [...], die hier viele unterhalten u. erfreuen wird, u. bei uns doch nur als Ballast herumliegt.«[130] Durch die Kriegspolitik der Theater wurden auch die Dramen des Verlages wenig gespielt, und Wolff klagte noch Anfang 1917 gegenüber Mechtild Lichnowsky: »Ew. Durchlaucht dürften sich kaum Rechenschaft darüber abgelegt haben, wie gering im allgemeinen der Leserkreis eines Dramas ist, das keine oder nur einige vereinzelte Aufführungen erlebt. Aus meinem Verlag könnte ich als überraschendstes Beispiel von Teilnahmslosigkeit des Publikums an dramatischen Arbeiten auf den völlig ausbleibenden Absatz Sternheim'scher Dramen hinweisen.«[131]

---

[126] Die neue Literatur. Nachrichten und Anzeigen. Nr. 1, Leipzig 1916, ohne Zählung (S. 4).

[127] Undat. Verlagsprospekt (erstes Halbjahr 1919), DLA.

[128] Meyer an Werfel, Brief vom 23. 7. 1915, KWA.

[129] Mit diesen beiden Reihen wurden auch zwei weitere, *Die Musik* und *Die Kunst,* aus dem gleichen Verlage übernommen. Sie sind jedoch vom KWV in Katalogen nirgends angezeigt. Auch *Die Kultur* und *Die Literatur* sind nach 1916 im Programm nicht mehr nachweisbar. Die Rechte gingen an Martin Brandus, Berlin, und an Kistner & Siegel, Leipzig, über. Wolff hat schon 1915 Teile der Bestände als Lektüre für die Soldaten seiner Etappeninspektion nach Gent schicken lassen, zusammen mit anderen schwer verkäuflichen Büchern. (Lt. Feldpostbrief vom 13. 4. 1915 an Hermann Vogel, Handschriften-Sammlung der Stadtbibliothek München).

[130] Wolff an Hermann Vogel, Feldpostbrief vom 13. 4. 1915. – Bei solchen Spenden erwies sich Wolff als sehr großzügig, auch wenn er damit wohl meist nur das Lager von Ballast befreite. »Im Laufe der letzten Jahre sind vom Verlag fast 30 000 Bücher für die verschiedenen Feldbüchereien zur Verfügung gestellt worden. Es ist in der Tat augenblicklich nicht möglich, eine größere Anzahl von Bänden nochmals zu stiften«, schrieb Hans Mardersteig am 19. 9. 1917 (Brief im KWA) an Hermann Hesse, der die Bücherzentrale der Deutschen Kriegsgefangenen-Fürsorge in Bern leitete, bot aber Bücher mit einem Vorzugsrabatt von 50% weiterhin an.

[131] Wolff an Mechtild Lichnowsky, Brief vom 12. 1. 1917, KWA.

So sah sich Meyer in einem Verlag mit vollem Lager, dessen Bücher er durch propagandistische Aktionen neu zu beleben hatte, und in dem eine Reihe von Vorkriegsverträgen mit Autoren vorlagen, die erst einmal eingehalten werden mußten, ehe er an Neues denken konnte. In diesem Lager war neben Tagore, wie Meyer bildhaft formulierte, »Franz Werfel heute die einzige Fettperle auf dem öden Suppenteller von Kurt Wolff«[132]. Sein propagandistischer Einsatz begann deshalb zunächst mit dem Werk Werfels, es folgte eine Werbekampagne für Meyrinks *Golem*, für Max Brods *Tycho Brahe*, für den neuen Autor Heinrich Mann und für die im Sommer 1916 eröffnete Reihe *Der Neue Roman*, deren Anfangserfolg auch ältere, nun in dieser Reihe neu propagierte Bücher des Verlages mitriß. Im Herbst 1917 verkündete Meyer triumphierend in Anzeigen, daß die Bücherei *Der Neue Roman* bereits in rund 400 000 Bänden verbreitet sei[133]. Die Auflagen stiegen weiter, und der mit dem Weihnachtsgeschäft 1915 einsetzende Erfolg blieb dem Verlag bis in die zwanziger Jahre treu.

Es würde allerdings eine Simplifizierung der Zusammenhänge zwischen literarischem Erfolg, Verkaufserfolg und Werbung bedeuten, wollte man die Werbemethoden Meyers als das den wirtschaftlichen Aufstieg des Verlages allein bedingende Element ansehen. Die sich in der zweiten Kriegshälfte unaufhaltsam ausweitende antagonistische Stellung der Intellektuellen gegenüber der offiziellen Kriegs- und Kulturpolitik des Kaisers, die nun auch bürgerliche Kreise erfaßte, bereitete erst den Boden für die breite Rezeption des Expressionismus. Auch die Politisierung der Literatur aus dem Widerstand heraus traf auf ein aus der Saturiertheit der Vorkriegsjahre bitter erwachendes, allgemein sich ausbreitendes Bewußtsein der Kulturkrise im Bürgertum. Nur zu offensichtlich fällt der Zusammenbruch des Deutschen Reiches und seiner alten Ordnungen mit der geistigen Wurzellosigkeit der Nachkriegszeit, die literarische Überaktivität und das Suchen nach neuen ideologischen Ansätzen mit der verstärkten Rezeption und den höchsten Verkaufszahlen expressionistischer Literatur zusammen. Die formelhaften Parolen der revolutionären Phase des Expressionismus, die Reduktion der Sprache auf Schablonen und einhämmernde Schlagworte trugen selbst den plakativen Charakter kommerzieller Werbung in sich[134].

Meyers ungewöhnliche Verkaufspolitik konnte deshalb nur in diesem Klima erfolgreich sein. Den am Markt vorbeiproduzierenden Kurt Wolff Verlag der späten zwanziger Jahre konnte auch Meyers Verkaufsgenie nicht retten. Heinrich Mann, mißtrauisch gegenüber allen Verlagsbuchhändlern und durch Erfahrung mit mehr als einem halben Dutzend Verlegern gewitzt, sah dies sehr nüchtern, als Wolff über Kalkulationsschwierigkeiten bei seinen Büchern in der Reihe *Der Neue Roman* klagte: »Nehmen Sie meine Bücher aus Ihrer 3,50-Serie heraus und erhöhen Sie den Preis. Es müßte dem Geschäft nicht schaden; der Erfolg, den Sie mit meinen Büchern haben, liegt nicht am Preise [...]. Eins meiner, nach menschlichem Ermessen gangbarsten Bücher, Professor Unrat, ging durchaus nicht, und kostete sogar nur 3 M. [...] Ihr Erfolg beruht 1) auf Ihrer Sachkenntnis und glänzenden Arbeit, und 2) darauf, daß die Zeit anfängt, mich zu wollen. Glauben Sie mir, dies ist keine Frage von 3.50, sondern eine tieferliegende. Als ich anfing, hätte man mich zu 1,50 ausbieten können, und die Leute würden einen Heimatskünstler vorgezogen haben, der 12 Mk kostete. Heute kommen sie zu mir, voran die jungen Schriftsteller.«[135]

Die »glänzende« Arbeit bestand in Meyers Verkaufspolitik, die für das Verlagswesen der Zeit ungewöhnliche Züge trug. Meyer beschwor Wolff: »inserieren, inserieren, inserieren – nur so können wir Bücher verkaufen. Ich ging darauf ein. Es wurde, ohne jedes Budget, inseriert wie es im deutschen Verlagswesen wohl noch nie geschehen war. Ich ließ Meyer freie Hand«[136]. Die Verkaufsstrategie Meyers war aber mehr als nur eine intensivierte Anzeigenpolitik. Dahinter stand eine aus langjähriger Erfahrung geborene Verkaufspsychologie, die sich in der Verlagskorrespondenz mit Franz Werfel in Einzelzügen verfolgen läßt.

»Wenn ein Buch zu Weihnachten Erfolg haben soll, muß es, es ist dies eine alte Tradition, und die Erfahrung

---

[132] Meyer an Werfel, Brief vom 28. 2. 1915, KWA.
[133] U. a. in dem Almanach *Der Neue Roman*, Anhang, S. 3. – Meyer übertrieb allerdings etwas, denn er zählte die früheren Auflagen der Bücher, bevor sie in die Reihe aufgenommen wurden, einfach mit. Ein spontan einsetzender Verkaufserfolg der neuen Reihe bleibt dennoch unbestreitbar.
[134] Der Expressionismus wurde »zu einer Literatur in billigster Form: zum Massenartikel, zum Pamphlet, zum Aufruf, zum Plakat, zum Donnerschlag, der Herzen und Hirne öffnet. Jedes geschriebene oder gemalte Produkt soll in schlagwortartig vereinfachter Form erscheinen, sich wie ein Zeitungsblatt an alle wenden und von allen verstanden werden. [...] Überhaupt versteht sich die Literatur dieser Richtung mehr und mehr als Waffe, als Propaganda, als ›Florett‹.« (Jost Hermand: Expressionismus als Revolution. In: J. Hermand: Von Mainz nach Weimar. Stuttgart 1969, S. 303 f.).
[135] Mann an Wolff, Brief vom 29. 10. 1916, KWB, S. 229.
[136] Kurt Wolff: Autoren, Bücher, Abenteurer, S. 36.

hat das immer bestätigt, im Sommer erscheinen. Ich mache jetzt in einem fort, wie ich Ihnen schon schrieb, Propaganda«[137], kündigte Meyer Franz Werfel im Juni 1915, unmittelbar nach der Auslieferung von *Einander* und den *Troerinnen*, an. Denn wenn die Bücher im Sommer erschienen, wären die ja erst wesentlich später einsetzenden Kritiken rechtzeitig zum Weihnachtsgeschäft da. Ausgehend von der Überlegung, daß zunächst der Buchhändler für ein Buch gewonnen werden müsse, der, wenn er erst einmal genügend Exemplare auf Lager hätte, die Leserwerbung ohnehin übernehmen würde, inserierte Meyer zunächst ganz- oder mehrseitig im Börsenblatt[138]. Er bot einen Vorzugsrabatt von 50 Prozent an, in der Form, daß die Partie 7/6 zu 40 Prozent geliefert wurde, um die Buchhändler dazu zu bringen, sich mindestens eine Partie auf Lager zu halten – eine Taktik, die heute noch unter dem Begriff »Reizpartie« in der modernen Buchwerbung üblich ist[139].

Nachdem der Ansturm vor allem in Werfels Heimatstadt Prag nicht so groß war wie erwartet, schrieb Meyer in einer zweiten Aktion die Sortimenter persönlich an. Außerdem verhieß er Werfel: »Prospekte werden in den nächsten vierzehn Tagen hunderttausende und mehr von Ihnen verbreitet werden.«[140] Denn er war der Ansicht: »Gedichtbände kann man nicht, wie etwa neue Romane, durch Inserate verkaufen [...]. Ich habe es immer am wirkungsvollsten gefunden, einen neuen Gedichtband durch Prospekte bekannt zu machen, [...] selbst wenn diese Propaganda sehr viel kostspieliger ist als eine einfache Insertion.«[141] Aus diesem Grundsatz resultierte eine große Anzahl von Einzelprospekten für die Lyriker des Verlages, die in Buchhandlungen ausgelegt wurden. Schließlich fuhr Meyer – ein Vorläufer des modernen Verlagsvertreters – mit den Büchern mehrmals im Jahr persönlich nach Prag, Dresden und Berlin, besuchte jeden einzelnen Sortimenter und überwand durch seine unermüdliche Überzeugungskraft die konservative, der jungen Dichtung gegenüber sich ablehnend verhaltende Stellung vieler Buchhändler.

Mit vielen seiner Werbefeldzüge stand Georg Heinrich Meyer nicht allein und bewegte sich durchaus in den üblichen Bahnen der literarischen Buchwerbung. S. Fischer warb schon vor Meyer mit hunderttausenden von Prospekten, er rief bereits vor dem Krieg eine Werbezeitschrift seines Verlages ins Leben, die aber ebenso rasch wieder eingestellt wurde wie *Die neue Literatur* im Kurt Wolff Verlag[142], und seine Anzeigen im Börsenblatt waren genauso großformatig und geschickt wie die des Kurt Wolff Verlages, wenn auch nicht ganz so häufig und nicht ganz so mit Superlativen werbend. Entscheidender Schritt Meyers – und hiermit stand er zunächst allein – war seine Werbung für anspruchsvoll literarische Bücher in Tageszeitungen. Dies galt bis dahin als »unseriös«, und andere Verlage, zunächst S. Fischer, entschlossen sich nur sehr widerstrebend in der Nachfolge Wolffs, Ähnliches zu tun. Der aristokratische Wolff selbst schien gelegentlich Hemmungen bei Meyers Aktionen zu empfinden. »Kein Werk an sich erschien weniger geeignet, um zwischen neuzeitlicher Schönheitspflege und Metinpräparaten angepriesen zu werden, als das ›Gebet Gottes zum Menschen‹ oder ›Das Spiel vom Tod‹«, reagierte er auf eine Beschwerde Mechtild Lichnowskys über unzulängliche Propagierung ihrer Bücher[143].

Doch gerade diese Inseratenpropaganda Meyers verhalf dem Verlag binnen kurzer Zeit zu bisher ungeahnter Publizität. »Ich bin sehr glücklich, daß durch Ihre Wirksamkeit der Verlag noch während des Krieges so gewachsen ist«, schrieb Werfel im März 1916 begeistert. »Man hört und liest jetzt überall nur Kurt Wolff Verlag. Ihre Reklame (besonders die Inserate) war das Intensivste, was man sich nur denken kann.«[144] Werfels *Troerinnen* wurden im Abrechnungsjahr 1915/16 in 1903 Exemplaren verkauft, *Einander* in 760 Exemplaren und das Gedichtbuch *Wir sind*, von dem schon 1914 eine dritte(?) Auflage gedruckt worden war, in 383 Exemplaren[145]. Daß

---

[137] Meyer an Werfel, Brief vom 20. 6. 1915, KWA.

[138] Meyer beherzigte hier eine Regel, die noch heute im Selbstverständnis des Sortiments als gültig erachtet wird. Das Sortiment sieht sich neben der Literaturkritik in Presse, Funk und Fernsehen als dominierenden Faktor der Leserwerbung. (Vgl. hierzu: Hartmut Panskus: Buchwerbung in Deutschland. In: Heinz Ludwig Arnold: Literaturbetrieb in Deutschland. Stuttgart 1971, S. 85).

[139] Vgl. Hartmut Panskus: a. a. O., S. 87.

[140] Meyer an Werfel, Brief vom 15. 6. 1915, KWA.

[141] Meyer an Rudolf Fuchs, Brief vom 3. 2. 1920, KWA.

[142] Diese Werbezeitschrift unter dem Titel *S. Fischers Mitteilungen über neuere Literatur* erschien nur einmal im Frühjahr 1914. (Vgl. P. de Mendelssohn: S. Fischer, S. 633–635).

[143] Wolff an Mechtild Lichnowsky, Brief vom 1. 3. 1918, KWB, S. 165.

[144] Werfel an Meyer, Brief vom 2. 3. 1916, KWB, S. 108.

[145] Die Auflagenzählung dieses Bandes ist durch den Verlag verschleiert worden. Folgende Ausgaben liegen vor: 3. Aufl. 1914 (Autopsie), 2. Aufl. 1915 (Deutsches Bücherverzeichnis, Leipzig), 3. neu durchgesehene Aufl. 1917 (Autopsie). Die »3. Aufl. 1914« mag durch die beliebte Auflagenhalbierung, bzw. -drittelung entstanden sein. Denn im Juni 1917 schreibt Werfel an Meyer über *Wir sind* und *Einander*: »Die dritte Auflage wird dann die endgültige Form dieser beiden Bücher.« (Undat. Brief im KWA). – Jahresabrechnung 1915/16, datiert 12. 1. 1917, ebenfalls im KWA.

die Gedichtbände wesentlich schlechter abschnitten, führte Meyer auf den verhältnismäßig hohen Preis von 3.50 Mark zurück[146], denn die preisgünstige *Versuchung* (*Jüngster Tag*, Bd 1) war bis April 1916 total vergriffen und wurde rasch im 3. bis 5. Tausend nachgedruckt.

Um bessere Wirkungsmöglichkeiten für die Gedichtbände zu haben, schlug Meyer ein kleines Auswahlbändchen von Werfels Gedichten vor, »das zu ganz geringem Preise verkauft, an den Buchhandel mit enormem Rabatt abgegeben, im Grunde nichts sein soll als eine anständigere und vornehmere Art der Propaganda als sie eben ein Abdruck mehr oder weniger sinnloser Feuilletons und Rezensionen darstellt.«[147] Das Buch erschien nach anfänglichem Zögern Werfels als Bd 29/30 des *Jüngsten Tages* und mußte noch während des Krieges zweimal nachgedruckt werden.

Dieses Buch und die zu den Aufführungen der *Troerinnen* 1916 inszenierte Propaganda mit großformatigen Plakaten, Zeitungsinseraten, Prospekten und Rundschreiben an den Buchhandel und die Theater trugen zu dem steigenden Erfolg weiter bei[148]. Im März 1916 bat Meyer sogar: »Zu einer vornehmen Propaganda allergrößten Stils (so ungefähr in der Art der Golem-Propaganda) sollte ich eine gute künstlerische Photographie von Ihnen haben.«[149] Und im Mai versprach er: »Wir haben eine ganz umfassende Propaganda jetzt vor, wie sie gewiß noch für keinen lyrischen Dichter inszeniert ist«[150].

Meyer behielt mit seinen Erfolgsprognosen von 1915 recht, und sein unermüdlicher propagandistischer Einsatz schlug sich in unübersehbaren Zahlen nieder. Im Geschäftsjahr 1916/17 wurden 699 Exemplare *Einander* abgesetzt, 1945 *Troerinnen* und 745 *Wir sind*. Eine Abrechnung über die honorarpflichtigen Bücher Werfels zwischen dem 1. Juli 1918 und dem 30. Juni 1919 weist folgende Zahlen aus: *Einander* 1638; *Troerinnen* 2318; *Wir sind* 1772; *Der Weltfreund* 1928. Der endgültige Durchbruch erfolgte um 1920. Das Verlagsverzeichnis aus dem Jahre 1921 mit dem Stand vom Jahresende 1920 gibt als Auflagenzahlen an: *Einander* 10. Tsd., *Troerinnen* 15. Tsd.; *Wir sind* 11. Tsd.; *Der Weltfreund* 13. Tsd. und für die *Gesänge aus den drei Reichen* 12. Tsd.; – für Lyrik und Dramatik zweifellos imponierende Zahlen[151].

Neben den großen Werbekampagnen für Werfel und Tagore, deren Namen Meyer in Anzeigen gelegentlich verband, um die Erfolge der beiden Autoren sich gegenseitig tragen zu lassen, versuchte Meyer, wie Wolff 1921 an Schickele schrieb, »durch besondere propagandistische Maßnahmen, durch besondere Rabattverlockungen und durch unzählige Georg Heinrich Meyer-Mätzchen« den Verkauf älterer Produktion zu beleben[152].

Daß Carl Sternheim, wie berichtet, den von Erik-Ernst Schwabach gestifteten und von dem Freund Franz Blei verliehenen Fontane-Preis 1915 für seine Bücher im *Jüngsten Tag* erhielt, war zweifellos eine Personalpolitik des Kurt Wolff Verlages. Daß der Kleist-Preis des Jahres 1915 an Arnold Zweig vergeben wurde, störte sogar den Wolff-Lektor Albert Ehrenstein. »Verdächtig ist's jedenfalls, daß ein Herr Wiegler (Ullstein), der den Kleistpreis durch einen mattherzigen Herrn Arnold Zweig (Wolffautor) noch mehr befleckte, sofort darauf im Verlag der Weißen Bücher landete.«[153] Wie auch hier die heute kaum noch aufzudeckenden Zusammenhänge lagen, aufschlußreich ist die sofort auf diese Preise reagierende Werbestrategie Meyers.

Unter der Überschrift »Arnold Zweig wurde durch den diesjährigen Kleist-Preis ausgezeichnet« wurde im Börsenblatt rechtzeitig zum Weihnachtsgeschäft die zweite Auflage von Zweigs *Novellen um Claudia* angezeigt und mit dem bewährten Vorzugsrabatt (bei Vorausbestellung bis 1. Dezember 40 Prozent für die Partie 7/6) angeboten[154]. Das 1912 bei Rowohlt erschienene Buch stieg, nachdem Meyer es 1916 in die Reihe *Der Neue Roman* gegeben hatte (3. – 6. Tsd.) und durch die Gesamtwerbung für diese Sammlung tragen ließ, auf das 12. bis 18. Tsd. 1917 und erreichte bis 1924 das 74. bis 78. Tsd., ehe der Erfolg sich in den späten zwanziger Jahren verlangsamte.

---

[146] Meyer an Werfel, Brief vom 1. 5. 1916, KWA.

[147] Wolff an Werfel, Brief vom 2. 5. 1916, KWB, S. 109.

[148] Über die Uraufführung der *Troerinnen* (22. 4. 1916) schrieb Meyer an Werfel, »daß am Ostersonntag das Lessing-Theater verzweifelt leer war. Barnowsky selbst sagt, daß erst auf unsere verlegerische Propaganda die Sache in Fluß gekommen sei«. (Brief vom 5. 5. 1916, KWA).

[149] Meyer an Werfel, Brief vom 18. 3. 1916, KWA.

[150] Meyer an Werfel, Brief vom 5. 5. 1916, KWA.

[151] Jahresabrechnung 1916/17, datiert vom 1. 10. 1917, KWA. – Jahresabrechnung 1918/19, datiert vom 12. 11. 1919, KWA. – Verlagsverzeichnis *Bücher und graphische Publikationen. Kurt Wolff Verlag München und Leipzig 1921*, S. 41 f.

[152] Wolff an Schickele, Brief vom 17. 11. 1921, KWB, S. 210 f. – Für die Reihe *Der Neue Roman* führte Meyer z. B. die Partie 40/30 in den Buchhandel ein. (Vgl. Karl H. Salzmann: Kurt Wolff, der Verleger. In: AGB II, S. 388).

[153] Ehrenstein an Herwarth Walden, Brief vom 16. 3. 1916, Sturm-Archiv, Berlin, Staatsbibliothek Preußischer Kulturbesitz, früher Preußische Staatsbibliothek. – Von Paul Wiegler erschien im Verlag der Weißen Bücher 1916 der Essayband *Figuren*.

[154] Anzeige im Börsenblatt Nr. 268 vom 18. 11. 1915, S. 7048.

Zweigs Tragödie *Abigail und Nabal*, von Wolff 1913 nach Bedenken für den Autor in Kommission genommen[155], war ebenso wie Kafkas *Betrachtung* in den Lagerbeständen aus dem Ernst Rowohlt Verlag noch zahlreich vorhanden. Meyer ließ beide Bücher nach der Preisverleihung umbinden und als »Zweite Ausgabe« neu vertreiben. Bei Kafka vergaß Meyer nicht, in einer Großanzeige im Börsenblatt darauf hinzuweisen, daß der Fontane-Preisträger Sternheim »die mit dem Preise verbundene Preissumme an den jungen Prager Erzähler Franz Kafka [...] als ein Zeichen seiner Anerkennung« weitergegeben hatte[156]. Der Verkaufstrick Meyers, der das als einmalige Auflage von 800 numerierten Exemplaren 1912 gedruckte Buch gelegentlich auch als »Zweite Auflage« anzeigte, lohnte sich. Die Jahresabrechnung 1915/16 wies bei der *Betrachtung* 258 verkaufte Exemplare aus, und noch nach Erhalt der Abrechnung von 1916/17 wunderte sich Kafka: »Von Wolff heute Abrechnung über 102 Stück ›Betrachtung‹ 16/17, erstaunlich viel.«[157]

Der Umfang von Georg Heinrich Meyers Propaganda wäre kalkulatorisch kaum möglich gewesen, wenn Meyer nicht auf einen Ausweg verfallen wäre, den Wolff mit all seiner zur Verfügung stehenden Diplomatie seinen Autoren immer neu klar zu machen versuchte. René Schickele, der mit einem Vertragsentwurf Wolffs nicht einverstanden war, wurde darüber belehrt, »warum der Kurt Wolff Verlag mit heftigem Eigensinn, nicht ausschließlich aus schnöder Gewinnsucht, an einer 15%igen Honorierung auch gegenüber seinen ›namhaftesten‹ Autoren immer festgehalten hat: [...] Sie können, das weiß ich so gut wie Sie, heute Verleger finden, die Ihnen nicht nur 20%, die Ihnen 25% Honorar sogar geben. [...] was nützt Ihnen mehr: Wenn 3000 Exemplare eines Buches abgesetzt werden, von dem Sie 20% Honorar haben, oder wenn 10, 20 oder 40 000 Exemplare von Büchern abgesetzt werden, von denen Sie 10% bekommen. Wir wollen große Auflagen von Ihren Büchern drucken und vertreiben. Aber wir wollen Ihnen unter gar keinen Umständen mehr als 15% Honorar geben. Und zwar ganz einfach deswegen, weil hier der engste Kausalzusammenhang besteht: entweder wir haben Honorarvereinbarungen, die uns den Spielraum für Propaganda und diejenigen Vertriebsmaßnahmen überhaupt lassen, denen wir unsere Riesenauflagen verdanken, oder wir können diese Riesenauflagen unmöglich erzielen.«[158] René Schickele akzeptierte daraufhin die Vertragsbedingungen ebenso wie die anderen Wolff-Autoren, obwohl sie zumindest 1915, als Meyer diese Regelung einführte, ungewöhnlich waren. Die Verlagsverträge der Vorkriegszeit enthielten üblicherweise eine Honorarvereinbarung von 20 Prozent des Ladenpreises von der broschierten Ausgabe, und erst während der zweiten Kriegshälfte, als die Herstellungspreise gestiegen waren, und vor allem in der inflatorischen Nachkriegszeit mußten die Verlage allgemein zu niedrigerer Honorierung übergehen[159].

Die Verkaufswerbung wurde im Kurt Wolff Verlag ein so wesentliches Element der verlegerischen Arbeit, daß sie sogar als gesonderter Passus in die Verträge Eingang fand wie bei Heinrich Manns *Untertan*: Ich »verpflichte mich, die größtmögliche Propaganda für das Buch zu machen unter Berücksichtigung meiner Propaganda-Methoden.«[160] Zu diesen Methoden gehörte auch, was Armin Arnold im Falle Kasimir Edschmids näher untersucht hat, ein Verfahren, »das schon bei anderen Autoren zum Erfolg geführt hatte: nach einer kleinen ersten Auflage wurde sofort (ob sich die erste Auflage verkaufte oder nicht) eine zweite Auflage mit großem propagandistischem Geschrei auf den Markt gebracht. Die besten Kritiken der ersten Auflage wurden zitiert; dem Publikum wurde das Gefühl vermittelt, daß hier von selbst ein Bestseller geboren worden sei.«[161] Nun wäre diese Verkaufsmethode auf Dauer zu durchsichtig und deshalb wenig erfolgversprechend gewesen, wenn Meyer nicht zusammen mit Wolff eine neue Strategie entwickelt hätte, die sich an der Reihe *Der Neue Roman* ablesen läßt. In dieser Sammlung erschienen – ähnlich wie S. Fischer es seit 1908 in seiner *Bibliothek zeitgenössischer Romane* praktizierte – Parallelausgaben zu teureren Einzelausgaben in verbilligter Aufmachung. Mit einem Unterschied: S. Fischer gab erst dann Romane in seine Bibliothek, wenn der reguläre Absatz sich so vermindert hatte, daß er nur noch durch die Reihe zu beleben war. Meyer hingegen baute seine Reihe mit dem Bestseller *Der Golem*, dem unerwartet erfolg-

---

[155] Vgl. W. Göbel: Der Ernst Rowohlt Verlag. In: AGB XIV, Sp. 542 f.

[156] Anzeige im Börsenblatt Nr. 283 vom 6. 12. 1915, S. 7633.

[157] Jahresabrechnung 1915/16, datiert 13. 1. 1917, KWB, S. 41. – Kafka an Brod, undat. Brief (Anfang November 1917). In: Franz Kafka: Briefe 1902–1924. Hrsg. von Max Brod. Gesammelte Werke Bd 9, Frankfurt am Main 1958, S. 192.

[158] Wolff an Schickele, Brief vom 17. 11. 1921, KWB, S. 210.

[159] Wolff führte ebenfalls häufiger das Argument der gestiegenen Herstellungskosten ins Feld (Vgl. Brief an Heinrich Mann vom 28. 10. 1916, KWB, S. 227 f.). Zu den Honorarsätzen nach dem Kriege vgl. das Beispiel des S. Fischer Verlages bei de Mendelssohn: S. Fischer, S. 873–878.

[160] Meyer an Mann, Brief vom 14. 1. 1919, KWB, S. 232.

[161] Armin Arnold: Prosa des Expressionismus. Stuttgart 1972, S. 122.

reichen *Tycho Brahe* und den gut verkäuflichen Romanen Heinrich Manns auf. Einige ältere Romane wurden mit aufgenommen und durch die Erfolgsromane mitgerissen. Man darf diesen kommerziellen Werbeaspekt bei dem Begriff der »neuen Literatur« im Kurt Wolff Verlag nicht übersehen. Die in der Sammlung 1916/17 als »neu« angekündigten Romane waren durchaus nicht alle neu, sondern teilweise nur neu im Kurt Wolff Verlag, wie die 1915 übernommenen Romane Max Brods *Jüdinnen* (1911) und *Weiberwirtschaft* (1913), deren Verkauf durch den *Tycho Brahe* belebt wurde. Arnold Zweigs *Novellen um Claudia* waren buchhändlerisch gesehen ein »alter Hut«, seit fünf Jahren auf dem Markt und mit dem schreiend ausgewiesenen Etikett »neu« für den Verkauf in der billigen Reihe aktualisiert.

Herbert Eulenbergs Roman *Katinka die Fliege* (ERV 1911) war bis 1913 in fünf Auflagen zu je tausend Exemplaren gedruckt worden. Zunächst vorsichtig im 6. bis 8. Tausend 1916 in die neue Reihe gegeben, erreichte der Roman das 15. Tausend bis 1917, bis 1919 lag das 25. Tausend vor. Carl Hauptmanns von Marquardt & Co. 1912 übernommener Roman *Einhart der Lächler* (1907) lag bis 1915 in der 2. bis 4. Auflage vor, in der Reihe *Der Neue Roman* erreichte er bis 1922 das 35. Tausend. Kasimir Edschmids *Die sechs Mündungen*, nach der Erstauflage 1915 im Jahre 1916 bei den ersten Bänden der neuen Reihe, kletterte auf das 20. Tausend bis 1919. Der Erfolg von Max Brods *Tycho Brahe* wurde durch die Reihe beschleunigt: bis 1919 erreichte das Buch das 44. Tausend, bis 1922 das 52. Tausend. Spitzenreiter blieben die Romane Gustav Meyrinks und Heinrich Manns, mit denen wir uns noch gesondert zu beschäftigen haben.

Seit dem Beginn von Georg Heinrich Meyers propagandistischer Tätigkeit ist auch in der Korrespondenz Wolffs mit den Autoren mehr und mehr von Verkaufspolitik die Rede. Die Verleger-Autor-Beziehung wurde in weit stärkerem Maße auf das rein kaufmännische Element reduziert als in den Vorkriegsjahren, wenn sich das auch nicht generalisieren läßt; einigen Autoren gegenüber hielt Wolff weiterhin seine mäzenatische Rolle aufrecht[162].

Wolff war durch seine Kriegserlebnisse nüchterner, illusionsloser geworden. »Es steht dem Verleger, scheint mir, nicht an, von Dingen der Kunst zum Dichter zu sprechen«, schrieb er noch vom Balkan aus an Heinrich Mann. »Ich will als *Verleger* nicht begeistert sein, sondern Bücher verkaufen, will Ihre Bücher nicht als objets d'art meinem Verlag einreihen, will zu den cent liseurs, die da sind, cent mille hinzugewinnen, will für Sie und mit Ihnen viel Geld verdienen.«[163] Und an John Freeman schrieb er 1918: »Da ich kein dilettantischer Verleger, sondern ein ernsthafter Verleger bin, will und muß ich an einem Buch verdienen.«[164]

Meyer selbst reduzierte das verlegerische Denken noch stärker auf Absatzfragen. Kafka mußte einsehen, daß es verfehlt sei, einen Novellenband mit bereits gedruckten Erzählungen im Kurt Wolff Verlag herauszubringen, denn, wie er Meyer einräumte, »es ist jedenfalls höchst unwahrscheinlich, daß Sie das verkäufliche Buch, das Sie wollen, mit diesem Buch erhalten würden.«[165] Daß Meyer dennoch die Autoren offen und in geschäftlicher Nüchternheit beriet und durch seine Werbung versuchte, das finanziell Bestmögliche aus ihrem Werk herauszuholen, trug zu dem Vertrauen der Autoren in ihren Verleger bei. Die Autoren erhoben kaum Einwände gegen die Diktion der Werbung Meyers, der ihre Werke unter kommerziellen Aspekten als einer literarischen Gruppe zugehörig zusammenfaßte[166]. Meyer stilisierte in seiner Propaganda die Begriffe »neu« und »jung«, verbunden mit einem rigoro-

---

[162] So vor allem gegenüber Franz Werfel, dem der Verleger jeden Wunsch erfüllte (vgl. die Briefe KWB, S. 120–122). Auch gegenüber Alfred Brust und Hermann Essig verhielt sich Wolff mäzenatisch; und Franz Kafka schrieb schon am 5. 4. 1913 an Felice: »Aus dem beiliegenden Brief kannst Du sehn, einen wie liebenswürdigen Verleger ich habe. [...] dem Gott [...] Lust zum Verlagsgeschäft und wenig Verlegersinn gegeben hat.« (Franz Kafka: Briefe an Felice. Gesammelte Werke. Bd 10. Hrsg. von Erich Heller u. Jürgen Born. Frankfurt am Main 1967, S. 357). – Diese Haltung behielt Wolff Kafka gegenüber bis zu dessen Tode bei.

[163] Wolff an Mann, Feldpostbrief vom 1. 2. 1916, KWB, S. 222.

[164] Wolff an Freeman, Brief vom 8. 4. 1919, KWA.

[165] Kafka an Meyer, Brief vom 10. 8. 1916, KWB, S. 38.

[166] Meyer, der seine Anzeigentexte selbst verfaßte – gelegentlich schrieb Werfel einen Waschzettel, Brod und Edschmid verfaßten ihre Inserattexte in der Regel selbst – besaß ein subtiles Einfühlungsvermögen für die Reizschwellen buchhändlerischer Werbung. Zu dem zweiten Weihnachtsfest im Kriege inserierte er Tagore – fernab von aller pazifistischen Friedenspolitik – als einen Autor »der ein Dichter des Friedens in edelstem Sinne des Wortes ist«. Seine Schriften seien »rechte Weihnachtsbücher«. Er rief ein Assoziationskonglomerat von Friedenssehnsucht, gefühliger Weihnachtsstimmung und Marienmotiven hervor. Besonders das neue Buch *Der zunehmende Mond* bringe »die reinste menschliche Beziehung, das innige Aneinander von Mutter und Kind zum vollendeten Ausdruck«. (Börsenblatt Nr. 284 vom 7. 12. 1915, S. 7663). – Cornelius Gurlitts kulturgeschichtliche Stadtbeschreibung *Konstantinopel* wurde patriotisch umgemünzt: »Berlin – Wien – Konstantinopel ist heute keine bloße Schnellzugsverbindung mehr, sondern ein mit Blut, Eisen und Treue zusammengeschweißter Zug des Herzens.« (Börsenblatt Nr. 266 vom 15. 11. 1915, S. 6971). Die Beispiele solcher psychologischen Werbung ließen sich vermehren.

sen Generationsdenken, zu einem Wert an sich. Er trug damit indirekt zu dem Selbstverständnis des Expressionismus bei, sich Gruppen zugehörig zu fühlen und die vorderste Phalanx der geistigen Jugend zu bilden. In seinen Verlagsanzeigen fehlte selten der Hinweis »neu«, der sich nicht nur vordergründig an die von allen Verlegern beklagte Aktualitätssucht des Publikums richtete, sondern dem Publikum suggerierte, in dieser Literatur sei ein neuer Geist, seien neue Ansätze, neue Werte, neue Hoffnungen. Die ganze Verlagsproduktion wurde einprägsam klassifiziert: *Der Neue Roman, Die Neue Lyrik, Die Neue Dichtung, Neue Dramen, Neue Geschichtenbücher.* Daß dabei selbst der 1880 verstorbene Gustave Flaubert unter die »zeitgenössischen Erzähler« geriet[167], wer nahm das so genau! Entscheidend war das Bewußtsein der Zugehörigkeit zur »Jungen Dichtung«. Der *Jüngste Tag* trug als erste Reihe 1913 das Element des »Jungen« in sich, um 1916 gab sich der Verlag selbst den Beinamen »Verlag der Jüngsten«[168]. Erst in der Nachfolge des Kurt Wolff Verlages übernahmen andere Verlage diesen Werbeslogan wie der Dresdener Verlag von 1917 mit seinen Reihen *Das neueste Gedicht* und *Dichtung der Jüngsten* oder Kurt Pinthus mit dem Untertitel seiner *Menschheitsdämmerung*: »Symphonie jüngster Dichtung«.

Meyer ging soweit, daß er selbst da, wo er dem Publikum keinen jungen, kommenden Autor anbieten konnte, wie im Falle des über 50jährigen Carl Hauptmann, auf dessen Verwandtschaft mit der Dichtung der jungen Dichter verwies und Hauptmann – natürlich zu Recht – als Vorläufer der Jungen charakterisierte. Dies geschah in der pathetisch-formelhaften Werbesprache der Zeit: »Carl Hauptmann ist vielleicht der einzige Dichter einer älteren Generation, der ganz zur Jugend gehört. Nichts von seniler Abgeklärtheit lebt in seinen Werken, nein, nur das Feuer, die Verwandlungsfähigkeit, der große Atem des jungen Dichters. [...] Es ist nicht ohne Sinn, daß Carl Hauptmann gerade in dem Verlag der Jungen und Jüngsten erscheint, die mit Freuden ihm die Hand reichen.«[169] Auch bei Sternheim warb Meyer mit seinem Zauberwort »neu«: »Sternheim, längst anerkannt als der Schöpfer der neuen deutschen Komödie, hat in diesen konzentrierten kleinen Lebensromanen«, heißt es in einer Anzeige der Novellenbände des *Jüngsten Tages*, »auch Vorbilder einer – endlich – neuen Art der Erzählung geschaffen«[170].

So wenige Einwände von seiten der Autoren gegen diese Art der Werbung kamen, so mißtrauisch, ungeduldig und eifersüchtig verfolgten sie die Werbefeldzüge Meyers. »Wir verabredeten [...] Inserate in Berliner Tageblatt, Frankfurter Zeitung, Neue Freie Presse, Neue Rundschau. Obwohl ich keine direkte Nachricht von Herrn Meyer habe, warum er diese Propaganda (für die ich ja auf 5% meines Honorars verzichtet habe) unterläßt [...]«[171], schrieb Max Brod an Wolff, aufmerksam die Verkaufszahlen seines *Tycho Brahe* überwachend. Und Georg Heinrich Meyer mußte sich seiner Haut wehren: »Nur Geduld, nur Geduld! Ich werde für Sie noch Reklame machen«, antwortete er Edschmid auf dessen Drängen und wurde ärgerlich: »ich werde nächstens gar nichts mehr inserieren, denn bei jedem Inserat, was kommt, schreibt natürlich ein Dutzend anderer Autoren. Jetzt muß ich nun zunächst erst einmal meine Inventur-Arbeiten fertig machen, [...] und da müssen Sie sich schon noch ein paar Tage gedulden, wie sich auch Herr Sternheim und die anderen Autoren gedulden müssen. Seien Sie also deswegen nicht gleich wieder verschnupft!«[172]

Verschnupft blieben die Verlegerkollegen, denen ihre eigenen Autoren Vorhaltungen machten wegen ungenügender Werbung und die sehen mußten, wie der Kurt Wolff Verlag zum Magneten wurde, der alle Autoren an sich zog. Vor allem S. Fischer hatte Mühe, die von anderen Überlegungen ausgehende Werbestrategie seines Verlages den Autoren darzulegen. Bei Wolffs Konzept, der sich Meyers Anregungen ganz zu eigen machte, und Fischers Grundsätzen standen sich zwei konträre Auffassungen gegenüber, die tiefer gingen als nur um die Frage der Seriosität von Plakatwerbung und Zeitungsinseraten für Belletristik.

Wolff vertrat den Standpunkt, daß durch Meyers Werbekampagnen »der Kurt Wolff Verlag – man mag den einzelnen Autor und das einzelne Buch beurteilen wie immer man will – schließlich der erste deutsche Verlag war und bis zu einem gewissen Grade auch der einzige deutsche Verlag blieb, der ullsteinhafte Auflagen von literarisch einwandfreien Büchern erzielte.«[173] Wolff glaubte nicht an einen Wertinstinkt des Publikums oder an die Steuerungsfunktion der Kritik. So wie er, politisch von Hiller beeinflußt, für die Herrschaft des Geistes eintrat und diese Thesen im Verlag Der Neue Geist förderte, so war er davon überzeugt, daß gute Bücher durch jeden

---

[167] Vgl. den Almanach *Der Neue Roman*, Anhang, S. 3 f.
[168] Vgl. Text zur folgenden Anm.
[169] Börsenblatt Nr. 271 vom 22. 11. 1915, S. 7176.
[170] Börsenblatt Nr. 283 vom 6. 12. 1915, S. 7633.

[171] Brod an Wolff, Brief vom 22. 2. 1916, KWB, S. 179.
[172] Meyer an Edschmid, Brief vom 10. 7. 1916, KWB, S. 173 f.
[173] Wolff an Schickele, Brief vom 17. 11. 1921, KWB, S. 210.

möglichen Einsatz des Verlages gefördert werden müßten, um weiteste Verbreitung zu erlangen. »Und ich denke, wenn ich hier von ›Nutzen‹ spreche, nicht einmal lediglich an den wirtschaftlichen Nutzen für den Autor«, schrieb er an Schickele, »sondern genau so an den moralischen: die hohe Auflageziffer bringt neben dem wirtschaftlichen Nutzen dem Autor doch auch eine ganz außerordentlich erhöhte publizistische Bedeutung und Resonanz, potenziert den Wert, den der Schriftsteller für Presse, Zeitungen, Zeitschriften, für das Ausland usw. hat.«[174] Rilke gegenüber sprach er von dem Kampf, den er aufgenommen habe »gegen den Moloch Dummheit und Publikum«[175], und John Freemann gegenüber äußerte er: »allzuleicht errungene Erfolge machen weniger Freude als Erfolge, die man der trägen und schwerfälligen Masse, Publikum genannt, erst kämpfend abringt!«[176]

Fischer hingegen war davon überzeugt, daß ein gutes Buch sich von selbst durchsetze, daß das Publikum, durch verantwortungsvolle Kritik geleitet, auf Dauer den Wert eines Buches erkennen würde. Unbestreitbar hatte Fischer mit seiner leiseren Art der Werbung eine Reihe von Erfolgsromanen herausgebracht, die sich durchaus mit Wolffs Auflagenzahlen messen konnten. Kellermanns *Tunnel* hatte ohne Litfaßsäulenwerbung »ullsteinhafte« Auflagen erreicht, und der gerade zur Zeit von Meyers ersten großen Erfolgen 1916 bei S. Fischer erschienene Roman *Horns Ring* von Otto Flake erreichte rasch das 30. Tausend ohne große Stützung des Verlages[177].

»Ich bin aber nicht der Meinung, daß es etwas sehr Erstrebenswertes sein könnte, Bücher mit Reklamemitteln gewaltsam hochzupeitschen, die in sich eine Wirkung auf einen großen Leserkreis nicht tragen«, begründete Fischer seine Haltung gegenüber Aage Madelung. »Mit einem guten Schlagwort kann man ein Haarfärbemittel, auch wenn es noch so wenig taugt, bekannt machen, warum sollte man das mit einem Buch nicht können, wenn man es darauf anlegt? Ob der Autor davon einen materiellen und moralischen Gewinn hat, der im Verhältnis zum momentanen Erfolg lohnt, ist eine andere Frage. Und so bewundere ich durchaus nicht die Reklamen für ›Schlaraffenland‹ [d. i. der Roman Heinrich Manns im *Neuen Roman*], die dem Verleger und dem Autor keinen Segen bringen werden«. Die Geschichte seines Verlages sei ein Beispiel dafür, »daß die verantwortungsvolle Einpflanzung geistiger Werte der richtigere Weg ist, um dem Autor, dem Verleger und nicht zuletzt der Literatur gute Dienste zu leisten«[178]. Und deshalb brächte das Publikum den Neuerscheinungen seines Verlages ein solches Vertrauen entgegen, daß auch der unbekannte Autor daraus seinen Nutzen ziehen könne.

Fischer mußte sich dennoch der Zeit beugen. In der Nachfolge Wolffs gründete er 1917 eine ähnliche Reihe wie *Der Neue Roman* und in einem Brief an Schnitzler spricht er davon, daß wir »dabei den wenig verlockenden Weg von Zeitungsreklamen betreten müssen, um nicht überschrien zu werden, denn Reklamen dieser Art scheinen die neueste Methode zu sein, um schnelle (und wie ich glaube schnell vorübergehende) Erfolge zu erzielen«.[179] Auf die Breite des literarischen Verlagswesens hin gesehen, blieb der Kurt Wolff Verlag jedoch ziemlich allein mit seinen Werbemethoden.

Nur wenige Autoren lehnten die Werbemethoden des Verlages ab. Und hier waren es vor allem die älteren, dem Expressionismus generell distanziert gegenüberstehenden Autoren. So riet Hugo von Hofmannsthal Leopold von Adrian dringend ab, eine Maupassant-Übersetzung für Wolff zu übernehmen. »Herr Wolf[f] mag persönlich ein netter Mensch sein. Der Verlag ist doch recht häßlich, mit all seinem expressionistischen mit Reclame fast schamloser Art herausgebrachten Zeug.«[180] Gegenstimmen kamen aber auch aus dem eigenen Lager der Expressionisten. Albert Ehrenstein, Meyers Methoden grundsätzlich ablehnend, nahm Wolff gegenüber Herwarth Walden in Schutz, der im *Sturm* 1915 und 1916 mehrfach den Kurt Wolff Verlag angriff: »Sie tun übrigens Unrecht den *Verlag* Kurt Wolff (der Heinrich Mann propagieren wird) mit einem [...] wiederholt pleitegegangenen Herrn Meyer zu identifizieren, der ihn [...] hanebüchen, buchhändlerhaft u. Golembesessen leitet. Kurt Wolff steht seit Kriegsbeginn im Feld [...] u. dürfte mit der unliterarischen Richtung des Herrn Meyer absolut nicht einverstanden sein!«[181]

Walden, seit Jahren die Literaturpolitik der großen Verlage ironisch glossierend, hatte den Kurt Wolff Verlag 1915 erstmals aufs Korn genommen, ausgehend von

---

[174] KWB, S. 211.
[175] Wolff an Rilke, Brief vom 10. 12. 1917, KWB, S. 147.
[176] Wolff an Freeman, Brief vom 27. 3. 1919, KWA.
[177] Vgl. de Mendelssohn: S. Fischer, S. 746 f.
[178] Fischer an Aage Madelung, Brief vom 29. 11. 1916. Zit. nach de Mendelssohn: S. Fischer, S. 746.
[179] Fischer an Arthur Schnitzler, Brief vom 19. 12. 1916. Zit. nach de Mendelssohn: S. Fischer, S. 747.
[180] Hofmannsthal an Leopold von Andrian, Brief vom 5. 6. 1923. In: Hugo von Hofmannsthal – Leopold von Andrian. Briefwechsel. Frankfurt am Main 1968, S. 346.
[181] Ehrenstein an Walden, Brief vom 16. 3. 1916, Sturm-Archiv.

Meyers Werbung für den von Walden als »Modeschriftsteller« abgeurteilten Franz Werfel. »Herr Franz Werfel wird dadurch nicht lebendig, daß ihn Herr Kurt Wolff den Zukunftsdichter der neuen Jugend nennt.«[182] Und über eine Anzeige Meyers für Johannes R. Becher witzelte er: »Herr Kurt Wolff, Verlagsbuchhändler zu Leipzig, ruft, und die Berufenen erscheinen.«[183] Massiv wurde seine Kritik – und darauf bezog sich Ehrensteins Brief – an den Werbemethoden für den *Golem* Gustav Meyrinks, der nach vierjährigen Verhandlungen zu Weihnachten 1915 endlich erschienen war.

4.5 Die ersten Bestseller: Gustav Meyrink und Heinrich Mann

Mit Gustav Meyrink und Heinrich Mann wurden Autoren der älteren Generation in den Kurt Wolff Verlag aufgenommen, die bis zu Meyers verlegerischem Einsatz keine nennenswerten Publikumserfolge verzeichnen konnten. Ihr fast gleichzeitig mit der Verlagsübernahme einsetzender Durchbruch und die Bedeutung ihrer Bücher für den Kurt Wolff Verlag als wirtschaftliche Stütze veranlaßt uns, die Druckgeschichte ihrer Werke gemeinsam zu betrachten; wobei in Gustav Meyrink ein Satiriker mit trivialen Tendenzen mit einem literarisch anspruchsvoll ambitionierten Zeitkritiker in Heinrich Mann zusammentrifft, – beider Werke nach dem Erscheinen bei Wolff aber ähnlich rasch und breit rezipiert werden.

Die Druckgeschichte des *Golem* als einem der beliebtesten Romane der Kriegs- und Nachkriegszeit ist mehrfach berichtet worden, auch von Rowohlt und Wolff, doch widersprechen sich die Darstellungen in unfreiwilliger Mythenbildung. »Ich hörte, daß Gustav Meyrink an einem Roman schrieb,« berichtet Rowohlt, »fuhr zu ihm nach Starnberg, wo er damals ein reizendes, am See gelegenes Häuschen hatte. Er arbeitete hoch oben in einem Baum, in den er ein Holzhäuschen eingebaut hatte«. Meyrink habe ihm die ersten 40 Seiten des Manuskripts zu lesen gegeben, und er sei so entzückt davon gewesen, daß er sofort einen Vertrag über das Buch abgeschlossen habe. Meyrink habe einen verhältnismäßig hohen Vorschuß für das Buch erhalten, das, in einen Parlographen diktiert, erst 1914 fertiggestellt worden sei. »Dies wurde dann der erste große Bucherfolg meines damaligen Verlages, an dem ich persönlich aber nicht teilhatte.«[184]

Manche »Autoren stellten sich nicht brieflich ein, sondern erschienen plötzlich unerwartet lebendig. Was oder wer den am Starnberger See seßhaften Gustav Meyrink veranlaßte, eines Tages im Verlag in Leipzig zu erscheinen, weiß ich nicht«, erzählte Wolff in einer Rundfunkplauderei 1964. »Ich erinnere mich gut an Meyrinks Besuch [...]. Er beehre sich, die Verlagsübernahme seines ersten Romans vorzuschlagen, der abgeschlossen sei.« Das erste Kapitel des Romans *Der ewige Jude* [d. i. *Der Golem*] habe Meyrink in der Handschrift damals mitgebracht, berichtete Wolff weiter, und er als Verleger habe sofort über Annahme oder Ablehnung entscheiden sollen. Meyrink habe ein sofort auszuzahlendes Pauschalhonorar von zehntausend Mark als einmalige Abfindung für alle Rechte verlangt. »Ich fand die Situation absurd, wollte mich ihr gewachsen zeigen – und sagte *Ja*. Das tut man wohl gern als Sechsundzwanzigjähriger.«[185] Was zu Jubiläen und Geburtstagen des Dichters geschrieben wurde, ist noch legendärer und umgibt den spukhaften Roman zusätzlich mit einer Aura des Geheimnisvollen[186]. Die Verlagskorrespondenz zeigt jedoch einen völlig anderen, weit nüchterneren Sachverhalt.

Ein Bruchstück des Romans, an dem Meyrink schon mehrere Jahre arbeitete, war am 16. September 1911 in der Zeitschrift *Pan* unter dem Titel *Der Trödler Wassertrum* erschienen, mit der Ankündigung, Meyrink sei dabei, einen Ghettoroman *Der Stein der Tiefe* zu vollenden, der aber zunächst nicht in Deutschland, sondern in einer englischen Ausgabe erscheinen solle. Noch am gleichen Tage fragte Rowohlt, unermüdlich auf der Suche nach neuen Autoren für seinen jungen Verlag, brieflich bei Meyrink an, ob er die deutsche Ausgabe für seinen Verlag erwerben könne[187]. Meyrink antwortete eine Woche später hinhaltend, wenn er daran gehe, eine deutsche Ausgabe seines Romans zu veranstalten, was aber frühe-

---

[182] Herwarth Walden: Von Zeit und Ewigkeit. In: Der Sturm, 6. Jg., 1915, S. 101.
[183] Herwarth Walden: Gepreßte Stimmen. Der Herr neben Werfel. In: Der Sturm, 6. Jg., 1915, S. 105.
[184] Ernst Rowohlt: Von Paul Scheerbart zu Siegfried von Kardorff. In: Ernst Rowohlt zum Gedächtnis, S. 29 f.
[185] Kurt Wolff: Autoren, Bücher, Abenteuer, S. 17 f.
[186] So schrieb Alfred Schmid-Noerr zum 80. Geburtstag des Dichters, Georg Heinrich Meyer habe aufgrund von Erzählungen des Autors über seinen neuen Roman gutmütigerweise 10 000 Mark Vorschuß gezahlt. In einer Verlagskonferenz des Münchener Verlagshauses (!) im Oktober 1915 seien alle Lektoren gegen den Druck gewesen, den Meyer dann alleine verantwortet hätte. Bald nach Erscheinen seien 200 000 Exemplare verkauft gewesen. (Friedrich Alfred Schmid-Noerr: Die Geschichte vom »Golem«. In: Münchner Merkur, 3. Jg., Nr. 5 vom 16. 1. 1948, S. 5).
[187] Rowohlt an Meyrink, Brief vom 16. 9. 1911, KWA.

stens ein Jahr nach Erscheinen der englischen Ausgabe sein könne, würde er sich auch an den Verlag Rowohlt wenden. Am 27. Januar 1912 unternahm der Verlag – diesmal vermutlich Wolff – einen neuen Vorstoß und machte gleichzeitig ein Angebot für den Bühnenvertrieb des von Meyrink zusammen mit RodaRoda verfaßten Lustspiels *Bubi*[188]. Die Antwort Meyrinks ist nicht erhalten. Am 14. März 1912 unterzeichnete Rowohlt jedoch in Leipzig einen Vertrag über den *Golem*, dem zufolge Meyrink bei Ablieferung des Manuskripts (Frist bis 1. 10. 1912) ein Honorar von 8500 Mark erhalten sollte, bei Vertragsunterzeichnung zusätzlich einen Vorschuß von 1500 Mark. Die erste Auflage sollte 6000 Exemplare betragen, nach Erscheinen der ersten 10 000 Exemplare seien jede weiteren 3000 bei Erscheinen im Handel zu honorieren. Eingeschlossen waren die Vorabdrucksrechte, Übersetzungsrechte und das Vorkaufsrecht für fünf Jahre[189]. Am 8. Oktober 1912 verhandelte Rowohlt erneut persönlich mit Meyrink im Münchener Volkstheater anläßlich der Premiere des nun in seinem Bühnenvertrieb befindlichen *Bubi* und gestand eine Verlängerung der Ablieferungsfrist bis Februar 1913 zu[190].

Ende Januar 1913 forderte Meyrink die ersten fünf im Verlage befindlichen Kapitel dringend zurück, weil er das Manuskript für die Fertigstellung des zweiten Teils benötige, »da ich kein anderes [...] mehr besitze, und eine große Arbeit damit hätte, aus meinen ursprünglichen Notizmanuscripten [– also kein Parlograph? –] die ersten Kapitel wieder druckfähig zusammenzustellen«[191].

Im Februar droht die Verlagsverbindung bereits zu scheitern, von einem Prozeß ist die Rede, der die kontroversen Standpunkte klären soll. Wolff gibt die Kapitel nicht heraus und besteht auf sofortiger Ablieferung des fehlenden Teils, da laut Vertrag der 1. Februar der letzte Ablieferungstermin gewesen sei, und der Roman im Frühjahr erscheinen solle. Meyrink beharrt, obwohl der Roman im Prinzip abgeschlossen sei, auf einem Ablieferungstermin im September, der ihm von Rowohlt in München zugesagt worden sei. Die Zeit brauche er noch zum Überarbeiten. Der Roman könne dann im Frühherbst erscheinen. Wenn Wolff aber zurücktreten wolle, solle er ihm zu dem bereits gezahlten Vorschuß von 1500 Mark noch weitere 1500 zahlen, das sei weniger kostspielig als ein Prozeß und die neben den Druckkosten für 10 000 Exemplare zu zahlenden weiteren 8500 Mark. »Sie werden, wie Sie vielleicht befürchten, einige Jahre brauchen, bis Sie diesen Betrag wieder herein haben werden, und sähen es gern, wenn Sie nicht immerwährend bar Geld hergeben müssen. – Sehr begreiflich, zumal vielleicht Herr Rowohlt in geschäftlichem Eifer andererseits ein wenig tief in Engagements mit Autoren hineingestiegen ist.«[192]

»Sie müssen mich für einen sehr schlechten Kaufmann halten,« empörte sich Wolff, »wenn Sie mir in allem Ernst vorschlagen, ich solle Ihnen zu den im voraus gezahlten M 1500.– noch weitere M 1500.– zahlen und dann auf alle Rechte auf Ihren Roman verzichten [...]. Davon kann natürlich keine Rede sein.«[193] Der Verleger fand sich aber bereit, den späteren Ablieferungstermin zu akzeptieren. Im Oktober sandte Wolff das vollständige Manuskript zu Werfel nach Prag, um dessen Urteil einzuholen[194], und es wurde beschlossen, den vollständigen Roman in den *Weißen Blättern* vorabzudrucken, beginnend im Dezember 1913. Im Januar 1914 erhielt der Roman dort schon die ersten Vorschußlorbeeren von Hans von Weber, der schrieb, ihn »interessierte im Januarheft besonders der Roman ›Der Golem‹ von Meyrink, der eine der bedeutendsten epischen Dichtungen unserer Zeit zu sein verspricht.«[195] Am 25. Juli 1914 notierte Wolff in seinem Tagebuch: »Golem liegt in Corr. Bogen fertig vor«. Da brach der Krieg aus.

Für Georg Heinrich Meyer war *Der Golem* in seiner Mischung aus Schauerromantik, kabbalistischen, okkultistischen und jüdischen Elementen der erste Roman des Verlages, der, unerhört spannungsreich und geschickt geschrieben, von vornherein auf einen breiten Absatz rechnen konnte. Vor allem in der jüdischen Kulturschicht, besonders in Prag, wo der Mythos des *Golem* historisch wurzelte, mußte bei geschickter Propagierung entsprechendes Interesse zu wecken sein. Zumal Paul Wegener 1913 einen Film *Der Golem* über diesen Stoff gedreht hatte und durch diesen Film und den Vorabdruck das Publikumsinteresse vorbereitet war.

Meyer setzte deshalb durch, daß das Buch bis zum Weihnachtsgeschäft 1915 zurückgehalten wurde, wo er es mit großem Theaterdonner in einer wohldurchdachten

---

[188] Wolff – Rowohlt befand sich zu diesem Zeitpunkt wahrscheinlich noch im Urlaub – an Meyrink, Brief vom 27. 1. 1912 (nicht unterzeichneter Durchschlag im KWA).
[189] Verlagsvertrag vom 14. 3. 1912, KWA.
[190] Lt. Brief Meyrinks an Wolff vom 30. 1. 1913, KWA. Friständerung im Vertrag vom 14. 3. 1912 eingetragen.
[191] Meyrink an Wolff, Brief vom 28. 1. 1913, KWA.

[192] Meyrink an Wolff, Brief vom 12. 2. 1913, KWA.
[193] Wolff an Meyrink, Brief vom 15. 2. 1913, KWA.
[194] Vgl. den Text zu Anm. 227, Kapitel 3.4.
[195] Hans von Weber: Von Büchern und anderen Dingen. In: Der Zwiebelfisch, 6. Jg., 1914, Heft 1, S. 32.

 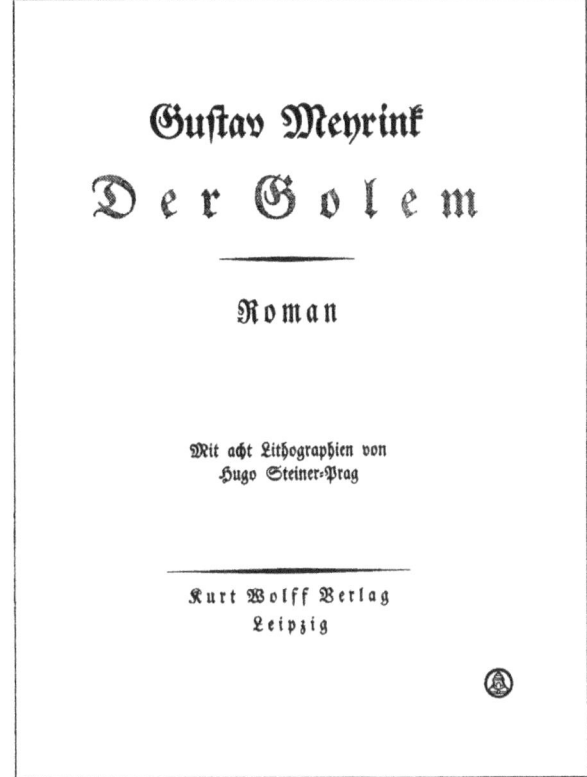

Abb. 19: Der Golem *in der von Hugo Steiner-Prag illustrierten Ausgabe (1916). – Umschlag (Vignette in Silberprägung auf schwarzer Leinenimitation) und Innentitel*

Werbekampagne[196] ankündigte. In seit Mitte November pausenlos folgenden Anzeigen im Börsenblatt und in Tageszeitungen wies Meyer darauf hin, daß der Roman schon bei seinem Vorabdruck großes Aufsehen erregt habe, und verhieß, daß *Der Golem* in den nächsten Monaten »im Mittelpunkt des Interesses aller literarisch Gebildeten« stehen würde. Das Buch sei eines »der buntesten, spannendsten und gedankentiefsten Werke der deutschen Literatur«, ein »ethischer Kriminalroman«, das »visionärste Phantastenbuch der letzten zwanzig Jahre«[197]. – »Inserate wie dieses erscheinen in den nächsten Tagen in fast allen großen Tageszeitungen«, war im Börsenblatt vom 8. Dezember zu lesen. »Die Nachfrage wächst täglich. Wir bitten um Beachtung der glänzenden Vorzugsbedingungen.«[198] Die dick aufgetragene Werbung zeigte rasch ihre Wirkung. Am 11. Dezember mußte der Verlag bereits mitteilen, daß die erste Auflage vergriffen sei und er kurzfristig nicht liefern könne. Am 13. und 14. Dezember wurde der Buchhandel mit der Ankündigung einer »einmaligen Feldpostausgabe« in 10 000 Exemplaren überrascht[199].

Diese Feldpostausgabe war einer der zahlreichen genialen Werbeeinfälle Georg Heinrich Meyers. Bis zum Januar 1916 gab es nämlich keine Feldbuchhandlungen, die

---

[196] Es ist eine beachtenswerte Marginalie, daß Meyers Werbekampagne sich erstaunlich mit der Strategie der »Sales Promotion« deckt, die der Verleger Fritz Molden für seinen Bestseller Hildegard Knef: Der geschenkte Gaul. München 1970, veranstaltet hat und deren Einzelschritte er bekanntgab. Sie seien hier kurz aufgeführt, in Klammern zum Vergleich Georg Heinrich Meyer: Januar 1970 Leseprobe (Vorabdruck in den *Weißen Blättern*); Mai 1970 doppelseitige Anzeigenwerbung im Börsenblatt (November 1915 doppelseitige Werbung im Börsenblatt); Ende Mai Promotion-Package (an dessen Stelle mag die »Feldpostausgabe« treten); Bulletins an Presse, Funk und Fernsehen, ab August mehrmonatige Publikumswerbung in großformatigen Anzeigen (Rezensionsexemplarversand, Zitate der bereits erschienenen Rezensionen in Anzeigen, Anzeigen in Tageszeitungen und Plakatwerbung); Tournee quer durch Deutschland mit Signierstunden und abendlichen Gala-Empfängen für Buchhandel und Presse (–). Es ist völlig unrichtig, daß Moldens Werbeteam erstmals einen genau abgestuften Werbeplan für einen Bestseller entwickelt habe. (Vgl. Hartmut Panskus: Buchwerbung in Deutschland. In: H. L. Arnold: Literaturbetrieb in Deutschland, S. 78 f.). Nur die völlige Ausklammerung des historischen Aspekts der Buchmarktforschung führt zu solchen Legendenbildungen.

[197] Aus den Anzeigen im Börsenblatt Nr. 269 vom 19. 11. 1915, S. 7086 und Nr. 283 vom 6. 12. 1915, S. 7632.
[198] Börsenblatt Nr. 285 vom 8. 12. 1915, S. 7711.
[199] Börsenblatt Nr. 289 vom 13. 12. 1915, S. 7852 u. Nr. 290 vom 14. 12. 1915, S. 7891.

die Soldaten mit Lektüre versorgten. Und auch nach Gründung dieser Feldbuchhandlungen, die überwiegend an geschäftstüchtige Großbuchhändler vergeben worden waren, mußte man sich anspruchsvollere Lektüre aus der Heimat schicken lassen. Denn die Feldbuchhandlungen führten zunächst überwiegend Groschenhefte und Schundliteratur und wurden von Verlegern wie Hans von Weber im *Zwiebelfisch* erbittert bekämpft[200].

Der Buchversand ins Feld war allerdings durch die Postbestimmungen eingeschränkt, die als Höchstgewicht für Feldpostsendungen nur 500 Gramm zuließen. Hierfür waren die meisten Romane, wie auch *Der Golem*, zu schwer. Meyer inserierte nun seine »einmalige« verbilligte Feldpostausgabe des *Golem*, die »feldmäßig versandfertig in Karton 480 Gramm« wog. Er hatte damit einen solchen Erfolg, daß Werfel Meyer zugestand: »Den Golem hat der Verlag mehr als der Autor gemacht.«[201] Eindrucksvollste Werbung müssen wohl die knallroten Plakate gewesen sein – *Der Golem* war selbst rot gebunden –, die Meyer zur Leipziger Messe 1916 anschlagen ließ, mit dem Slogan »Meßfremde lest den Golem!«[202]

An dem übertriebenen Stil und vor allem an den Halbwahrheiten von Meyers Werbung entzündete sich die Kritik Waldens, der auch an dem Buch selbst kein gutes Haar ließ. Bis zum Mai hatte der Nachdruck das 65. bis 100. Tausend erreicht. »Solch einen Druck kann man durch sechsspaltige Inserate erreichen. Wenn man Poe oder E. Th. A. Hoffmann verwässert, reicht das Wasser natürlich für hunderttausend Leser«, schrieb Walden im *Sturm*. Der Kurt Wolff Verlag habe »den Golem, der einst sagenhaft war, zu dem Leben eines Geschäftsreisenden erweckt. [...] Jetzt braucht er nur noch von Herrn Werfel ins Griechische übersetzt zu werden und der neue Euripides ist fertig.«[203] Meyer hatte den Buchhandel wiederholt in Anzeigen dazu animiert, schnell zuzugreifen, denn die 10 000 Exemplare der Feldpostausgabe würden rasch vergriffen sein und ein Neudruck fände auf keinen Fall statt. Walden empörte sich über das unseriöse Geschäftsgebaren Meyers, der nach Verkauf der Feldpostausgabe dem Sortiment mitteilte: »Um eine praktische Versendung als Feldpostbrief zu ermöglichen, sah ich mich g e z w u n g e n, diese Exemplare auf leichterem Papier zu drucken, also doch noch eine Ausgabe fürs Feld zu machen.«[204] Tägliche Zuschriften und Wünsche hätten ihn dazu veranlaßt, da es »engherzig und kleinlich wirken müßte, wenn ich diese fortwährenden Wünsche nicht doch noch zu befriedigen trachten würde.«[205]

Auch die Auflagenangaben des Verlages zum *Golem* sind widersprüchlich. In dem Almanach *Der Neue Roman* ist gleichlautend mit dem Verlagsverzeichnis von 1916 das 101. bis 110. Tausend angegeben. 1917 erschienen die *Gesammelten Werke in sechs Bänden*. *Der Golem* erreichte hier das 120. bis 150. Tausend. Eine illustrierte Ausgabe mit acht Lithographien von Hugo Steiner-Prag – die auch als Mappenwerk gesondert zu beziehen waren – trug den Vermerk: 141. bis 150. Tausend der Gesamtauflage[206]. In dem Verkaufskatalog vom Herbst 1919 ist das 180. bis 190. Tausend angegeben. 1922 gibt der Verlag in seinem Katalog an: »Neuauflage mit 8 Lithographien v. Hugo Steiner-Prag. 165. Tausend.« 1925 bietet der Verlag dann das 150. Tausend an und 1927 wiederum das 168. Tausend[207]. Sind diese Angaben durch eine irgendwann beginnende Neuzählung, durch Nachlässigkeit der Verlagsmitarbeiter zu erklären, die die Kataloge zusammenstellten, oder trifft zu, was Edith Zenker im Falle Heinrich Manns konstatiert: »Sporadische, einander widersprechende oder bewußt irreführende Angaben kapitalistischer Verlage, die bestrebt waren, durch Vortäuschung hoher Auflagenziffern den Absatz des Buches zu steigern, sind bei Cassirer und Wolff an der Tagesordnung?«[208]

---

[200] Auch die Vereinigung Münchener Verleger, die *Süddeutschen Monatshefte*, die *Frankfurter Zeitung* und die Volksbildungsvereine liefen Sturm gegen die monopolistische Stellung der Feldbüchereien und deren Programm. Im Frühjahr 1917 wurden unter dem Druck der Verbände (auch der Reichstag beschäftigte sich mit diesem Gegenstand) vom Börsenverein Vertrauensleute entsandt und die Feldbüchereien unter Kontrolle gestellt. (Vgl. hierzu die Jge. 8, 1916/17, und 9, 1918, des *Zwiebelfisch*, passim).

[201] Werfel an Meyer, Brief vom 2. 3. 1916, KWB, S. 108.

[202] Information von Kurt Pinthus an den Verf. – Neben dem repräsentativen leuchtend roten Halbleinenband gab es eine schwarze Leinenausgabe mit aufgeklebtem gelben Titelschild, ähnlich wie bei den Bänden des *Jüngsten Tages*.

[203] Herwarth Walden: Ein großer Traum zu meiner Freude. In: Der Sturm, 7. Jg., 1916/17, S. 22 f.

[204] Zit. nach Walden: a. a. O., S. 23.

[205] Zit. nach Walden: a. a. O., S. 23 – Damit das Publikum nicht verärgert würde, inserierte Meyer im Börsenblatt: »Dem Sortimenter stelle ich in Form einer ›Erklärung‹ einen sehr wirkungsvollen Prospekt kostenfrei in jeder Anzahl zur Verfügung. Eine öffentliche Ankündigung der Feldpostausgabe wird nicht erfolgen, da ihr Absatz mich verlegerisch – wie ich nur nochmals wiederholen kann – nicht weiter interessiert und ich nur täglich geäußerte Wünsche noch einmal hiermit erfüllen wollte.« (Zit. nach Walden: a. a. O., S. 23).

[206] Lt. Deutsches Bücherverzeichnis, Leipzig.

[207] Vgl. die Almanache *1925* u. *1927*.

[208] Edith Zenker: Heinrich Mann Bibliographie. Werke. Berlin u. Weimar 1967, S. VI.

Eindeutig ist die Auflagenfolge und -höhe nicht zu ermitteln. Man kann jedoch annehmen, daß der Roman die Auflage von 200 000 kaum überschritten haben dürfte. Auf jeden Fall bedeutete dies in der Buchmarktsituation dieser Zeit einen sensationellen Erfolg, der in den zwanziger Jahren rasch verebbte. Ein ähnliches Schicksal hatten auch die nach dem Anfangserfolg des *Golem* 1917 erschienenen weiteren Romane *Das grüne Gesicht* und *Walpurgisnacht*. Sie wurden von dem Nimbus des *Golem* zunächst mitgetragen, erreichten aber auch in der rasch folgenden Gesamtausgabe (1917) nicht mehr dessen Verbreitung[209]. Schon die zeitgenössische Kritik wertete Meyrink bald ab. Richard Müller-Freienfels verglich den *Golem* mit Alfred Kubins *Die andere Seite*, der ein Traumreich schilderte, das sich in grausigen Visionen auflöste. »Einen lauten Publikumserfolg aber errang diese Art erst neuerdings in den beiden vielgelesenen Romanen von M e y r i n k [...], die ein wenig stark auf den Effekt gearbeitet sind und deshalb und dank einer raffinierten Reklame einen grellen Erfolg errangen. Im ›Golem‹ wie im ›Grünen Gesicht‹ entfaltet sich eine kinematographenhaft aufgeputzte Phantastik, bei der man ein willkommenes Gruseln lernen kann. [...] aber die sonstige Gestaltungskraft bleibt gering und die Mystik flach und ohne innere Überzeugungskraft.«[210]

Das grüne Gesicht wurde von Wolff selbst später als »schlechter Roman« bezeichnet, und der Verlag zog sich von seinem Autor zurück[211]. Zwar schloß Wolff 1921 auf Bitten des Autors einen neuen Generalvertrag, in dem er alle Urheberrechte, ausgenommen der Übersetzungs- und Filmrechte, des erschienenen Werkes ablöste, doch hatten der Verleger und seine Berater wohl rechtzeitig erkannt, daß die erzählerische Substanz Meyrinks, der sich verstärkt dem Okkultistischen zuwandte, nachgelassen hatte und der *Golem*-Erfolg sich nicht wiederholen ließ. Der Wolff angebotene Roman *Der weiße Dominikaner* erschien bereits im Rikola-Verlag, Wien. Ein Prozeß trennte schließlich die Vertragspartner[212].

Ein länger anhaltender, nach Kriegsende mit dem Hauptwerk der frühen Phase *Der Untertan* erst voll einsetzender Erfolg war Heinrich Mann beschieden, der ebenfalls Georg Heinrich Meyer seine Anerkennung und Durchsetzung bei dem breiten Publikum verdankte und ihm dafür in seiner Autobiographie *Ein Zeitalter wird besichtigt* ein Denkmal setzte[213].

Heinrich Manns Autorenschicksal verlief in eigenartiger Parallele zu dem Carl Hauptmanns. Beide begannen im Schatten eines jüngeren großen Bruders mit ihrem Schaffen, beide wechselten von Verleger zu Verleger, ehe sie ihre Lesergemeinde in der jungen Generation nach 1910 fanden, die beide mehr schätzte als die berühmten Brüder Thomas und Gerhart. Und beide fanden im »Verlag der Jüngsten« ihren eigentlichen Betreuer. Bei beiden veranstaltete der Verlag Gesamtausgaben. Beide galten schon zu Lebzeiten als Vorläufer und Wegbereiter der Expressionisten. Carl Hauptmann geriet nach seinem Tode 1921 jedoch rasch in Vergessenheit und seine Werke wurden bei Wolff nicht mehr neu aufgelegt. Heinrich Mann wechselte in der Nachfolge Franz Werfels während der Inflation zu dem Wiener Verlag Paul Zsolnays, dem er bis zur Emigration und der erzwungenen Publikation in Exilverlagen treu blieb.

Durch eine Buchhandelslehre und kurzfristige Verlagstätigkeit bei S. Fischer war Mann mit branchenspezifischen Fragen wohlvertraut. Seine Beziehung zu dem Kurt Wolff Verlag war auch aus diesem Grunde nüchtern, sich auf Sachfragen beschränkend, während von seiten Wolffs ein starkes inneres Engagement bestand. »Ich bin der Überzeugung, daß von den Schriftstellern, die um eine Generation älter sind als ich selbst, nur zweien die Zukunft gehört«, schrieb er an den Autor, nämlich Heinrich Mann und Karl Kraus[214], und an Georg Heinrich Meyer über den *Untertan*: »[...] ich habe die Lektüre des Buches eben beendet und bin hingerissen. Hier ist der Anfang dessen, was ich immer suchte: der deutsche Roman der Nach-Gründer-Zeit.«[215]

Georg Heinrich Meyer, mit Heinrich Mann eng befreundet, wie Wolff im Rückblick Karl H. Salzmann gegenüber äußerte[216], überwand das durch langjährige Erfahrungen zutiefst verwurzelte Mißtrauen Manns gegenüber Verlegern, das so weit ging, daß Mann seine Verlagskorrespondenz jahrelang durch den mit ihm befreunde-

---

[209] *Das grüne Gesicht*, 106. Tsd. bis 1926; *Walpurgisnacht*, 90. Tsd. bis 1926, lt. Almanach 1927.
[210] Richard Müller-Freienfels: Die Literatur um 1915 (Der sogenannte »Expressionismus«). In: Das literarische Echo, 19. Jg., 1916/17, Heft 18, Sp. 1108.
[211] Kurt Wolff: Autoren, Bücher, Abenteuer, S. 18.
[212] In diesem Prozeß ging es, soweit sich das aus der rudimentären Korrespondenz im KWA erkennen läßt, um Rückzahlung von Vorschüssen und unterschiedliche Standpunkte in der Valorisierung von Abrechnungen. Soweit sich dies ansatzweise sehen läßt, kam es zu einem Vergleich. Das alte Werk Meyrinks blieb bei Wolff.

[213] Heinrich Mann: Ein Zeitalter wird besichtigt. Berlin 1947, S. 233.
[214] Wolff an Mann, Brief vom 1. 2. 1916, KWB, S. 222.
[215] Wolff an Meyer, Brief vom 8. 4. 1916, KWB, S. 224.
[216] Wolff an Karl H. Salzmann, Brief vom 14. 8. 1956. In: K. H. Salzmann: Kurt Wolff, der Verleger. In: AGB II, S. 387.

ten Rechtsanwalt Maximilian Brantl[217] führen ließ. Der Kurt Wolff Verlag ist seit 1908 der erste Verlag, soweit sich sehen läßt, mit dem Mann direkt verhandelte[218].

Heinrich Mann hatte seine ersten Romane nach einem kurzen Vorspiel bei Schuster & Loeffler und anderen kleineren Verlagen bei Albert Langen erscheinen lassen, war aber mit der Betreuung dieses Verlages unzufrieden und machte deshalb über Maximilian Brantl dem Insel-Verlag ein Übernahmeangebot. »Auch wir halten Heinrich Mann für einen unserer ersten Dichter und würden außerordentlich erfreut darüber sein, wenn es uns gelänge, Herrn Mann dauernd an den Insel-Verlag zu fesseln«[219], erwiderte Kippenberg auf die Anfrage und übernahm *Die Bösen* (1908), *Die kleine Stadt* (1909) und zwei Novellenbände bis 1911.

Die mit vielen Hoffnungen begonnene neue Verlagsverbindung zerbrach jedoch bald, als Kippenberg sich nicht entschließen konnte, Heinrich Mann eine feste Jahresrente zu zahlen. Auch über die Höhe der Übernahmesumme für die Werke bei Langen konnte keine Einigung erzielt werden. Heinrich Mann war enttäuscht über die Erfolglosigkeit seiner Bücher im Insel-Verlag: »Von der Kl. St. [Kleinen Stadt] sind nach 2 Monaten noch nicht 1000 Ex. verkauft ... Ich sehe immer deutlicher, daß meine Verbindung mit dem Insel-Verlag ein schwerer Irrthum war. Solchen Grad hat meine Erfolglosigkeit bei Langen nie erreicht.«[220] Mann war verärgert, als Kippenberg einen Prospekt von ihm beanstandete, der das Wort »Demokratie« enthielt[221], er war nicht einverstanden mit der Werbung, mit der Aufmachung seiner Bücher, fand Kippenberg kleinlich in Honorarfragen und verhandelte schließlich hinter dem Rücken Kippenbergs erneut mit Langen, 1910 endlich mit Georg Müller[222]. Kippenberg konnte sein Mißtrauen gegenüber dem unsteten, im bürgerlichen Sinne unzuverlässigen Autor trotz aller Wertschätzung seines Werkes nicht überwinden. Auch er war von den geringen Verkaufszahlen enttäuscht und nicht bereit, mehr Geld in den Autor zu investieren.

Noch während der von Brantl geführten Verhandlungen mit Müller zur Übernahme des Gesamtwerks bot sich ein überraschender Ausweg. Paul Cassirer, der seinen jungen Verlag in diesen Jahren rasch verbreitete, fand sich auf die Vermittlung Wilhelm Herzogs hin ohne Zögern bereit, Mann die geforderte jährliche Rente zu zahlen, die Bestände bei Langen abzulösen und die »Gesammelten Werke« Manns herauszugeben, die in vier Bänden erschienen. Cassirer trat als der Mäzen Heinrich Manns auf, und so wurde er auch in der Autobiographie *Ein Zeitalter wird besichtigt* gewürdigt. »Der Kunsthändler Paul Cassirer war mir gegenüber ein Kenner mehr als ein Kaufmann. [...] Fünf Jahre, von 1910 bis 1914, bezahlte er meine längst vorliegenden Leistungen reichlich, ohne auf Gewinn oder nur Ersatz zu achten.«[223]

Doch auch diese Verlagsbeziehung war nicht von Dauer. Schon Anfang 1911 kam es zwischen dem reizbaren, hitzköpfigen Verleger und dem argwöhnischen Autor zu einer ersten Auseinandersetzung, die nur durch die Vermittlung Brantls beigelegt wurde. »Ein offener Bruch mit Cassirer hätte Ihnen nicht nur in der Öffentlichkeit

---

[217] Maximilian Brantl (1881–1951), Münchener Rechtsanwalt und Freund der Brüder Thomas und Heinrich Mann, war selbst literarisch tätig. Er war einer der ersten Autoren Alfred Richard Meyers (*Von einer Toten* 1908 = Lyrische Flugblätter 9) und veröffentlichte zwischen 1935 und 1947 mehrere Gedichtbände bei H. F. S. Bachmair. Seine Erzählung *Pierrot* (Die Schaubühne, 4. Jg., 1908, S. 172–174) widmete er Heinrich Mann. 1912 wurde er zum Vorsitzenden der *Gesellschaft der Münchner Bibliophilen* gewählt. (Vgl. Horst Stobbe: Die ›Gesellschaft Münchner Bibliophilen‹. 1907–1913. In: Imprimatur. N. F. Bd VI, 1969, S. 33–50). Er war nicht nur Rechtsberater Manns, sondern beriet ihn auch in literarischen Dingen und verfaßte mehrere Aufsätze über das Werk H. Manns.
Die gesamte Korrespondenz seines Büros mit den Verlegern H. Manns 1908–1917 ist in Form von Kopierbüchern erhalten, die das Deutsche Literaturarchiv, Marbach am Neckar, aufbewahrt. Die mehr als 500 Briefe umfassende Korrespondenz wird ergänzt durch zahlreiche Antwortschreiben der Verleger Manns. Neben den Unterlagen für Prozesse, die Brantl im Auftrage Manns (u. a. mit Piper, Hegner und Rothbarth) führte, gibt die Korrespondenz wertvolle Aufschlüsse über die soziale Lage Manns, sein Geschäftsgebaren und sein inneres Verhältnis zu seinen Verlegern. Einen ersten Hinweis auf die weitgehend unausgewertete Korrespondenz gab Paul Schroers: Heinrich und Thomas Mann und ihre Verleger. Hinweise auf zwei Briefe und eine Briefsammlung. In: Philobilon, 11. Jg. 1958, Heft 4, S. 310–314.
[218] Deshalb enthalten die Kopierbücher Brantls auch kaum Korrespondenz mit dem Kurt Wolff Verlag und brechen 1917 ab.
[219] Kippenberg an Brantl, Brief vom 10. 8. 1908. Zit. nach Paul Schroers: Heinrich und Thomas Mann und ihre Verleger. In: Philobiblion, 11. Jg., S. 312.

[220] Mann an Brantl, Brief vom 11. 1. 1910. Zit. nach Schroers, a. a. O., S. 313.
[221] »Aber Langen würde es mir auch nicht unmöglich gemacht haben, einen Prospekt erscheinen zu lassen, weil das Wort ›Demokratie‹ darin vorkommt. [...] Kippenberg beanstandete, im Namen seiner eigenen Principien und der des Verlages, das Wort, worauf Alles zugespitzt war«. Mann an Brantl, Brief vom 11. 1. 1910. A. a. O.
[222] In einem ausführlichen Brief vom 3. 6. 1910 begründet Brantl gegenüber Georg Müller den Wunsch Manns, von einem »rührigeren« Verleger vertreten zu werden, als Langen einer gewesen sei, und bietet eine Gesamtausgabe an. (DLA).
[223] Heinrich Mann: Ein Zeitalter wird besichtigt, S. 222.

sehr geschadet, sondern hätte Ihnen auch die empfindlichsten finanziellen Nachteile verursacht. Ich habe die aufrichtige Überzeugung, daß Cassirer – trotz allem – bereits heute hundertmal mehr für Sie getan hat als alle Ihre bisherigen Verlage zusammen.«[224] Cassirers Unterpfand für die jährliche Rente von 6000 Mark war weniger die Gesamtausgabe, die sich mäßig verkaufte[225], als der im *März,* im *Simplicissimus* und in der Berliner Wochenschrift *Zeit im Bild* in Teilen vorabgedruckte Roman *Der Untertan.* Als der Krieg ausbrach, wurde der Vorabdruck eingestellt. Cassirers Verlag ruhte, und der Verleger stand, wie berichtet, im Feld und konnte sich nicht um seine Autoren kümmern.

Die Übernahme des Werks von Heinrich Mann in den Kurt Wolff Verlag im Jahre 1916 geschah nicht unvermittelt. Wolffs Tagebuch vermerkt schon am 22. August 1911: »Rowohlt in München bei H. Mann«. Möglicherweise hat Rowohlt bereits damals erste, ergebnislose Verhandlungen geführt. Wolff jedenfalls betont in seinem ersten Brief an Heinrich Mann, nun gehe sein »alter, großer Wunsch, verlegerisch für Ihr Werk tätig sein zu dürfen«, in Erfüllung[226], und schon im Januar 1914 ließ Mann seinen Vertrag mit Cassirer auf die juristischen Bedingungen eines Verkaufs hin überprüfen[227].

Inzwischen war der Kurt Wolff Verlag »das einzige Literaturinstitut, das der heutigen Literaturjugend zur Verfügung steht«, geworden, wie Albert Ehrenstein äußerte[228], und Heinrich Mann wünschte: »hoffentlich ist es auch nicht ohne Bedeutung, daß ich mich in Ihrem Verlag mit der literarischen Zukunft zusammenfinde.«[229] Während das Werk Gustav Meyrinks nur ein modischer Bestsellererfolg war, der den Verlag bei der literarischen Jugend als vordergründigen Geschäftemacher in Mißkredit brachte, bedeutete Mann einen literaturpolitischen Zugewinn, der die Position des Verlages im literarischen Leben festigte und sein Ansehen erneut hob. Neben Werfel als dem dominierenden Lyriker und Sternheim als dem führenden Dramatiker hatte der Kurt Wolff Verlag nun endlich in Mann den hervorstechenden Romancier, der den, wie man glaubte, im Roman noch nicht gewonnenen Anschluß an die große europäische Literatur herstellen sollte[230]. Deshalb wurde auch die erste Romanreihe des Verlages mit seinen Romanen begründet, und deshalb feierte ihn der Verlag in seinem Katalog von 1916: »hier ist – und hier allein in der neuen Literatur – das leidenschaftliche Tempo, der große Atem des Romanciers, hier sind die Abenteuerromane, die Zeit- und Seelenromane ganz großen Stils, wie sie große Franzosen, große Russen in früherer Zeit schufen. Hier ist ein expressionistischer Erzähler im besten Sinne des Wortes, [...] Heinrich Mann ist der Schöpfer des neuen deutschen Romans«.[231]

Als eigentliches Verlagsobjekt galt eine auf zehn Bände berechnete Gesamtausgabe, über die im Februar 1916 zwischen Heinrich Mann und Georg Heinrich Meyer ein erster Vertrag abgeschlossen wurde[232], deren endgültige Bedingungen jedoch erst nach der Rückkehr Wolffs im Herbst 1916 ausgehandelt wurden. Der Insel-Verlag, der den Verkauf seiner Mann-Ausgaben gefährdet sah, erhob zunächst Einspruch gegen die Einzelabgabe der Bände aus der Gesamtausgabe, und Brantl wurde noch einmal als Vermittler bemüht[233]. Wolff übernahm schließlich die Restauflagen des Insel-Verlages. Mann erhielt einen Zehnjahresvertrag mit einer jährlichen Rente von 7200 Mark.

Die frühen Romane Manns, *Die Göttinnen* (1903), *Die Jagd nach Liebe* (1903), *Zwischen den Rassen* (1907) und *Professor Unrat* (1905) erreichten alle mit Hilfe von Meyers Werbemethoden bis 1919 Auflagen, die um 30 000 lagen[234]. Am erfolgreichsten wurden jedoch die gesellschaftskritischen Romane Manns. Der früheste dieser Romane, *Im Schlaraffenland. Ein Roman unter feinen Leuten,* schon 1900 erschienen, erreichte in der neuen Ausgabe des Kurt Wolff Verlages kurz nach Kriegsende eine Auflage von 60 000 Exemplaren. Nach dieser Satire auf das Berliner Bürgertum erschien der erste Roman einer

---

[224] Brantl an H. Mann, Brief vom 20. 2. 1911, DLA.

[225] Die *Gesammelten Werke* wurden in 5000 Exemplaren gedruckt und Kurt Wolff übernahm noch 1916 größere Restbestände.

[226] Wolff an Mann, Brief vom 1. 2. 1916, KWB, S. 222.

[227] Brantl an Mann, Brief vom 7. 1. 1914, DLA.

[228] Ehrenstein an Wolff, Brief vom 26. 4. 1916, KWB, S. 235.

[229] Mann an Wolff, Brief vom 29. 10. 1916, KWB, S. 229.

[230] Vgl. auch Kapitel 4.8. Sp. 778.

[231] Die Bücher und graphischen Publikationen des Verlages Kurt Wolff zu Leipzig. Verlagsverzeichnis 1909–1916, S. 73.

[232] Der endgültige Vertrag wurde nach Entwürfen von Brantl im November/Dezember 1916 geschlossen. Entwürfe vgl. DLA.

[233] Wolff wollte einen Prozeß mit Kippenberg unter allen Umständen vermeiden und bemühte deshalb die schlichtende Diplomatie Brantls. (Korrespondenz Wolff/Brantl, Oktober bis Dezember 1916, DLA).

[234] Am 7. 11. 1916 schrieb Wolff an Brantl: »Nachdem es mir nun inzwischen gelungen ist, in die älteren Romane von Herrn Heinrich Mann durch Aufnahme in meine Sammlung zeitgenössischer Erzähler ›Der neue Roman‹ und Fixierung der Preise auf 3½ Mark für das geheftete Buch, einen ganz außerordentlich regen Umsatz zu bringen, einen Umsatz, der sich innerhalb weniger Wochen auf 15 000 Bände belief [...]«. (DLA).

Abb. 20: *Der Roman* Die Armen, *Leipzig 1917. – Umschlag mit einer Kohlezeichnung von Käthe Kollwitz*

Trilogie über das Wilhelminische Zeitalter *Die Armen* (1917). Diese Ausgabe mit der Umschlagillustration von Käthe Kollwitz stieg noch im Jahr des Erscheinens auf das 50. Tausend und mußte bereits 1919 nachgedruckt werden (51. – 60. Tausend). Den breitesten Erfolg erlangte jedoch der zweite Roman der Trilogie, *Der Untertan*, von dem Wolff schon 1916 einen Privatdruck hatte herstellen lassen[235]. Der Roman, der unmittelbar nach Zusammenbruch des Reiches im November 1918 erschien, traf in die Atmosphäre der größten Aufnahmebereitschaft für kritische Darstellungen des Kaiserreiches. »Heinrich Mann ist der Dichter des neuen Deutschland schlechtweg«, schrieb Georg Heinrich Meyer im Februar 1919. »Sein ›Untertan‹, die erste Fanfare der neuen Zeit, hat es in zwei Monaten zu hunderttausend Auflage gebracht und wird es trotz der Ungunst der Zeitverhältnisse auch zu einer Viertelmillion bringen, denn die Nachfrage ist noch ständig im Steigen.«[236] Hier hatte Meyer sich verschätzt. Zwar wurde um 1922 noch einmal eine »Volksausgabe« in der Reihe *Der europäische Roman* veranstaltet[237], doch der Höhepunkt des Mannschen Erfolges war überschritten. Mit den zunehmenden innenpolitischen Problemen der jungen Republik ließ das Publikumsinteresse an dem versunkenen Kaiserreich nach. Heinrich Mann gehörte zwar zu den gefeiertsten Schriftstellern der Weimarer Republik, doch schon der letzte, bei Zsolnay 1925 erschienene Roman der Trilogie, *Der Kopf*, stieß auf geringes Verständnis und geringe Aufnahmebereitschaft des Publikums.

Mann, der seinen Verleger nach kaufmännischem Kalkül wählte, verließ Wolff während der Inflation. »Die Verlage produzieren kaum noch; wenn ich meinen Roman jetzt fertig hätte [d. i. *Der Kopf*], würde ich meinen Verleger in Verlegenheit setzen«, schrieb er im Oktober 1923 an Arthur Schnitzler. »Ich erstrebe Valorisierung meines Vertrages mit Wolff, der mir seit Jahr und Tag so gut wie nichts gezahlt hat. Ich habe ein Gutachten eines Valorisations-Spezialisten erreicht, das mir günstig ist. Wenn Wolff infolgedessen seine Sache nicht verloren giebt, werde ich wohl klagen müssen.«[238] Ob Wolff auf die Forderungen Manns nicht eingehen konnte oder wollte, bleibt im Dunkel des verlorenen Verlagsarchivs. Der junge, finanzkräftige österreichische Verleger Paul Zsolnay konnte und wollte jedenfalls mehr bieten, als es die deutschen, durch die wirtschaftlichen Verhältnisse angeschlagenen Verlage tun konnten.

4.6 Unfreiwillige Abwerbung: Der Verlag als Magnet für Autoren

»In den erfolgsarmen Jahren war der Zustrom neuer Autoren spärlich, in erfolgreichen übergroß. Das haben wir damals beim ›Golem‹ erlebt, wenig später bei Heinrich Mann und Tagore«, beschreibt Wolff die Reaktion der Autoren auf die Bücher der Jahre 1915/16. »Wenn auch im einzelnen natürlich nicht nachzuweisen, so besteht doch kein Zweifel, daß die ungewöhnlichen Erfolge, die der Kurt Wolff Verlag mit Meyrink, Heinrich Mann, Tagore, auch mit den frühen Gedichtbänden

---

[235] Der Privatdruck wurde mit dem seit 1914 vorhandenen Satz der Druckerei Imberg & Lefson auf der Handpresse abgezogen und an Persönlichkeiten des Öffentlichen Lebens versandt. (Vgl. hierzu: Karl H. Salzmann: Kurt Wolff, der Verleger. In: AGB II, S. 386).

[236] Meyer an die Firma Albert Bonnier, Stockholm, Brief vom 28. 2. 1919, Heinrich Mann-Archiv der Deutschen Akademie der Künste zu Berlin. – Bonnier interessierte sich für die schwedischen Rechte am Gesamtwerk Manns.

[237] Vgl. Die Bücher und graphischen Publikationen des Kurt Wolff Verlages München und Leipzig 1922, S. 36.

[238] Mann an Arthur Schnitzler, Brief vom 4. 10. 1923. Zit. nach: Heinrich Mann 1871–1950. Werk und Leben in Dokumenten und Bildern. Berlin u. Weimar 1971, S. 197.

Werfels und seinem Drama ›Die Troerinnen‹ erzielte, eine Fülle von Manuskripten und Verlagsvorschlägen brachten, die sonst nicht gekommen wären. Daß hier ein neuer, der jungen Generation offenstehender Verlag vorhanden war, [...] veranlaßte zahllose begabte und unbegabte junge Schriftsteller, Manuskripte einzusenden.«[239]

Martin Gumpert reichte seine Verse ein, die er als 16jähriger geschrieben hatte, Wolff las sie noch im Feld, akzeptierte sie und publizierte sie im *Jüngsten Tag*[240]. Klabund bot einen Zyklus *Die Sonette des Spielers* an[241], und sogar Walter von Molo und Georg Queri hätten ihre Bücher gern im Kurt Wolff Verlag gesehen[242]. Berthold Viertel bot ein Buch über Karl Kraus an und Felix Braun eine Dichtung *Der Tod und das Mädchen*, die von Werfel als »tiefempfundener Kitsch« rigoros abgelehnt wurde[243]. Georg Heinrich Meyer klagte: »Kölwel, der Verfasser der ›Gesänge gegen den Tod‹ schickt in einem fort Manuskripte, die aber meist wenig taugen«[244], und Werfel bestätigte, Kölwels *Schweizerreise* sei »lyrischer Schmucknotizen Journalismus«[245]. Gustav Sacks Roman *Ein Namenloser* lag 1915 bis 1916 ein volles Jahr im Verlag, ehe er durch Intervention eines Rechtsanwaltes zurückgeholt wurde[246].

Viele der unbekannteren Autoren wagten nicht, direkt bei Wolff anzufragen, sondern ließen ihre bei Wolff verlegten Kollegen für sie sprechen: so fragte Ernst Feigl über Franz Kafka, Alfred Wolfenstein über Max Brod, Charlot Strasser über Franz Werfel und Friedrich Burschell über Ernst Blass[247].

Charakteristisch für das gestiegene Ansehen des Verlages war aber vor allem der um 1916 einsetzende Zustrom prominenter Autoren, die plötzlich glaubten, Wolff könne mehr für sie tun als ihre alten Verleger. S. Fischer hatte sich 1906 schon einmal über Albert Langen erregt, »der sich das Verlegen ein wenig bequem macht, indem er auf echt amerikanische Art davon ausgeht, erfolgreiche Autoren wegzuschnappen«[248], und dem »Gentleman-Verleger« Wolff wurde nun ebenfalls »grausamer, brutaler Geschäfts-Amerikanismus« vorgeworfen[249]. Fischer erschien die Bedrohung durch Wolff so massiv, daß er ernsthaft eine Fusion der beiden Verlage als Lösung aus dem Konflikt erwog.

In seinem Rundfunkvortrag *Vom »Abwerben« oder: Wie kommen Autoren und Verleger auseinander* hat Wolff sich grundsätzlich zu dem Problem fester vertraglicher Bindungen eines Autors an einen Verlag geäußert. Er kommt zu dem Ergebnis, daß Optionen auf neue Bücher »unmoralisch« seien im Verkehr zwischen Autor und Verleger. Der schöpferische Mensch »darf doch nicht Gegenstand eines Kuhhandels werden. [...] Er soll nach eigenem Ermessen, nach eigener Laune, ja warum nicht auch wegen tausend Mark Vorschuß mehr, den Verleger wechseln, er soll frei sein«. Trotz dieses Plädoyers für die Autorenfreiheit, deren Konsequenz der Verleger, auch wenn sie mitunter schmerzlich sei, hinzunehmen habe, empfindet er unterschwellig den Makel des geschäftlichen Unseriösen von Abwerbungsversuchen, die offen vom Verleger ausgehen, und behauptet, daß er »niemals und bei keinem Autor irgendeines Verlages den ersten Schritt getan haben würde«[250].

---

[239] Kurt Wolff: Autoren, Bücher, Abenteuer, S. 18 f.
[240] Martin Gumpert: Verkettung. Gedichte. 1917 = Der Jüngste Tag 38. – Zur Druckgeschichte vgl. M. Gumpert: Hölle im Paradies. Selbstdarstellung eines Arztes. Stockholm 1939, S. 79 f.
[241] Klabund an Wolff, undat. Postkarte (Stempel 17. 6. 1916), KWA. Am 11. 5. 1918 bot er, ebenfalls vergeblich, ein lyrisches Porträt *François Villon* für den *Jüngsten Tag* an. (Brief im KWA).
[242] Walter von Molo an Meyer, Postkarte vom 26. 4. 1916. Molo bot ein gerade vollendetes Drama vergeblich an. – Georg Queri bot in einem Brief vom 6. 2. 1919 Wolff seinen *Kapuzinerroman* an. Wolff lehnte ab.
[243] Zu Viertel vgl. Wolff an Kraus, Brief vom 5. 12. 1917, KWB, S. 131. – Werfel an Meyer, Brief vom 21. 7. 1915, KWA.
[244] Meyer an Werfel, Brief vom 19. 7. 1915, KWA.
[245] Werfel an Meyer, Brief vom 21. 7. 1915, KWA.
[246] Vgl. hierzu: Paula Sack: Das Gustav-Sack-Archiv. In: Literaturwissenschaftliches Jahrbuch. Im Auftrage der Görres-Gesellschaft hrsg. von Hermann Kunisch, N. F. 10, 1969, S. 265. Nach der Darstellung Paula Sacks hatte Meyer in einem Brief vom 12. 10. 1915 die Annahme als möglich erachtet. Nachdem der Verlag auf mehrere Anfragen nicht mehr reagierte, beauftragte Sack Maximilian (?) Brantl mit der Einreichung einer Klage gegen Wolff. (Brief Sacks vom 30. 6. 1916). Nach dem Bericht Hans Harbecks (Bruder von Paula Sack) vom 25. 1. 1917 war es Johannes R. Becher, der den Roman Sacks abgelehnt, bzw. nicht zurückgeschickt hatte. Becher war zu dieser Zeit Lektor bei Wolff.

[247] Vgl. in der Reihenfolge der Namen: Kafka an Wolff, Brief vom 11. 10. 1916, KWB, S. 41; Max Brod an Wolff, Brief vom 15. 1. 1914, KWB, S. 175; Wolff an Werfel, Brief vom 15. 4. 1918, KWB, S. 120; Blass an Meyer, Brief vom 2. 3. 1917, KWB, S. 221.
[248] Fischer an Hermann Hesse, Brief vom 26. 5. 1906. Zit. nach Peter de Mendelssohn: S. Fischer, S. 368.
[249] Wolff an Rilke, Brief vom 10. 12. 1917, KWB, S. 147.
[250] Kurt Wolff: Autoren, Bücher, Abenteuer, S. 26 u. S. 32. Vgl. auch Wolffs Brief an Carl Zuckmayer vom 25. 10. 1920, KWB, S. 371, der diese im Alter geäußerten Ansichten auch für die Frühzeit bestätigt.

Tatsächlich läßt sich aus allen Quellen auch keine einzige offene Abwerbung Wolffs aus der Verlagsära 1913 bis 1930 finden, wohl aber eine Zahl von Abwanderungen seiner Autoren, bei denen Wolff zweifellos großzügig die Verträge gelöst hat, auch wenn ihm dies, vor allem bei den Freunden Hasenclever und Werfel, schwer fiel. Diese Haltung mußte im umgekehrten Falle bei den Verlegerkollegen zu Mißgunst und Verärgerung führen. Vor dem Krieg waren Wolff vertragliche Bindungen von Autoren an andere Verlage noch tabu, vor allem im Falle des Insel-Verlages. Jetzt, in der Aufstiegsphase des Verlages, nahm er Autoren, wenn sie zu ihm kamen, an, ohne Rücksicht auf die Interessen der Verlegerkollegen. In seinem verlegerischen »Credo«, in einem Brief an Rilke 1917, begründete er diese Prinzipien eingehend. »Der Insel-Verlag etwa entschloß sich die neueren Bücher der Dichter Becher, Schaeffer, Gildemeister, Pulver in Verlag zu nehmen, die ältere Verträge mit mir verbanden, ohne mich zu fragen, ob es mir angenehm sei. [...] Ich schloß Verträge mit Dichtern, die vorher der Insel (Sternheim) Juncker (Werfel, Brod) S. Fischer (Aage Madelung) u.s.w. verpflichtet waren [...]. Wir taten alle sehr recht, einander nicht um Erlaubnis zu fragen [...]; wäre es anders, es wäre vor allem schlimm für die Autoren, die sonst einen trusthaften Verlegerring sich gegenüber sähen.«[251]

Vor allem der ehemals väterliche Freund Kippenberg, besonders empfindlich auf »Abwerbungen« reagierend, sah in Wolff nun den Konkurrenten, der, ohne selbst erste Schritte zu tun, seine Pläne durchkreuzte. Als Georg Müller an seinem 40. Geburtstag am 29. Dezember 1917 überraschend starb und man in Verlegerkreisen vermutete, daß der Verlag nun verkauft würde, telegraphierte Anton Kippenberg am 1. Januar 1918 an seine Frau: »scheint angebracht alles tun um lupus zuvorzukommen«[252]. Und der 58jährige Senior der großen literarischen Verlage, S. Fischer, fuhr am 15. März 1917 persönlich zu dem 28 Jahre jüngeren Wolff, um ihn um die Aufhebung eines gerade geschlossenen Vertrages mit einem seiner langjährigen Autoren zu bitten.

Diese Episode, von Wolff selbst und von Peter de Mendelssohn ausführlich berichtet[253], ist bezeichnend für die Stellung, die der Kurt Wolff Verlag im literarischen Leben der Zeit errungen hatte. Fünf Monate nach Wolffs Rückkehr aus dem Krieg, am 28. Januar 1917, fragte Alfred Kerr mit der Bitte um vertrauliche Behandlung bei Wolff an, ob er bereit sei, seine gesammelten Schriften in sieben Bänden herauszugeben[254]. Kerr kannte Wolff seit längerer Zeit persönlich, verkehrte auf gesellschaftlicher Ebene mit ihm[255], und ihm imponierte die »offen und in großen Linien rasch arbeitende Tatkraft« Wolffs[256]. Wolff telegraphierte denn auch am folgenden Tag zurück: »Herzlich erfreut über vertrauensvolles Anerbieten, zusage gerne«[257]. In detaillierter Korrespondenz wurden in den kommenden Wochen die vertraglichen Einzelheiten festgelegt. Man war sich rasch einig, und bereits am 15. Februar sandte Kerr den unterschriebenen Vertrag zurück[258]. Er erhielt einen Vorschuß von 5 000 Mark à conto eines Gesamtvorschusses von 30 000 Mark und alles schien – bis auf eine kleine juristische Klippe – geregelt.

Kerr hatte 1904 sein erstes Buch mit gesammelten Theaterkritiken unter dem Titel *Das neue Drama* bei S. Fischer erscheinen lassen und gehörte als über 20jähriger Mitarbeiter der *Neuen Rundschau* zur engeren »Verlagsfamilie« S. Fischers. In dem Jubiläumsalmanach *Das XXVte Jahr* war *Das neue Drama* schon als Beginn einer Kerr-Gesamtausgabe angezeigt worden[259]. Kerr hätte dieses Buch nun gerne in der Gesamtausgabe bei Wolff gehabt, doch Fischer besaß die Rechte. Getreu seinen Grund-

---

[251] Wolff an Rilke, Brief vom 10. 12. 1917, KWB, S. 148.
[252] Telegramm im Insel-Archiv des Goethe- und Schiller-Archivs, Weimar. In Insel-Archiv, Weimar, liegt noch ein ausführlicher, etwa 250 Blatt umfassender Briefwechsel der Insel-Verlages mit Kurt Wolff aus den Jahren 1908–1930. Diese Korrespondenz konnte hier aus verschiedenen Gründen jedoch nicht ausgewertet werden.

[253] Kurt Wolff: Autoren, Bücher, Abenteuer, S. 33–35; und Peter de Mendelssohn: S. Fischer, S. 749–754. Peter de Mendelssohn standen die unveröffentlichten Briefe aus dem KWA nicht zur Verfügung. Seine Darstellung irrt gelegentlich in der Nachfolge Wolffs, der sich großenteils auf sein Gedächtnis verläßt. Die Irrtümer sind hier, soweit möglich, korrigiert.
[254] Vgl. KWB, S. 279 f. Diesem Brief war eine Anfrage Kerrs vorausgegangen, ob Wolff in Leipzig sei (Brief vom 26. 1. 1917, KWA) und eine Antwort Wolffs vom 27. 1. 1917 (KWA). Vermutlich wollte Kerr zunächst mündlich mit Wolff verhandeln.
[255] Vgl. Hasenclever an Schickele, Brief vom 29. 11. 1914. In: Kasimir Edschmid: Briefe der Expressionisten, S. 31: »Persönlich hörte ich von Ihnen [...] gelegentlich einer Gesellschaft bei Kurt Wolff mit Kerr und Fürstin Lichnowsky«.
[256] Kerr an Wolff, Brief vom 2. 3. 1917, KWB, S. 282.
[257] Wolff an Kerr, Telegrammdurchschlag vom 29. 1. 1917, KWA. – Vgl. auch den Brief Wolffs vom gleichen Tage, KWB, S. 280 f.
[258] Kerr an Wolff, Brief vom 15. 2. 1917, KWA.
[259] Vgl. hierzu auch Peter de Mendelssohn: S. Fischer, S. 750.

sätzen, nie von sich aus in das Gehege anderer einzubrechen, bat Wolff Kerr, selbst bei Fischer zu intervenieren. »Aus bestimmten Gründen möchte ich mich nicht gern meinerseits an die Firma S. Fischer wenden [...]. Sagt Fischer nicht grundsätzlich und radikal ›nein‹, so würde ich dann von Seiten des Verlags mit ihm gern in Verhandlung treten.«[260]

Darauf folgte am 2. März 1917 ein überraschender Brief Kerrs, in dem der Autor mitteilte, daß S. Fischer »die Veröffentlichung meines Hauptwerks in Ihrem Verlage nicht nur kränkt, sondern daß er sie als einen menschlichen Schlag empfindet und wahrhaft erschüttert ist.« Fischer wünschte den Übergang der Gesamtausgabe in seinen Verlag mit Beteiligung für Wolff. Doch seine Vorschläge gingen darüber hinaus, und er schaltete Kerr als Mittler ein. »Herr Fischer hält Ihren Verlag für feindlich [...]. Er hat nun die Überzeugung erlangt, daß ein Zusammenschluß hier unter Umständen fruchtbarer sei als Wettbewerb. [...] Ich bin von Herrn S. Fischer, Berlin, Bülowstraße 90, ermächtigt bei Ihnen die Vereinigung des Gesamtverlages S. Fischer und des Gesamtverlages Kurt Wolff anzuregen.« Fischer hielt diese Fusion für wünschenswert, »weil gegen den erstarkenden Buchverlag der Zeitungsinhaber Ullstein, Mosse usw. ein Zusammenschluß zweier starker Privatverleger nützen kann.«[261] Wolff, der am 11. März von einer Reise zurückkehrte und den Brief Kerrs vorfand, schrieb sofort an S. Fischer, daß er gern bereit sei, »in weiteren Beratungen die Form zu finden, die den beiden Verlagen anstatt des bisherigen Nebeneinander- oder gar Gegeneinander-Arbeitens eine festere oder lockerere Möglichkeit des Miteinander-Arbeitens ermöglicht.«[262] Daraufhin erschien S. Fischer in Leipzig, um die Einzelheiten der Fusion zu besprechen. Was dabei verhandelt wurde und welche Bedingungen Wolff stellte, der ja von sich aus keinen Anlaß sehen konnte, seine Souveränität als Inhaber eines aufstrebenden Verlages aufzugeben, ist nicht überliefert[263]. Kerr fragte in einem Telegramm vom 17. März zweifelnd an: »fischer behauptet sie haetten ihm vertrag cediert stimmt das«?[264] Und Wolff bestätigte in einem unmittelbar nach der Besprechung mit Fischer diktierten Brief, daß er, um S. Fischer und dem Autor einen Gefallen zu tun, vorbehaltlos von dem Vertrag zurückgetreten sei[265]. Die Fusionspläne wurden mit keinem Wort mehr erwähnt. Möglicherweise wurden den beiden Verlegern die gravierenden Gegensätze ihrer beiden Programme bewußt. Man weiß nicht, wie die beiden verfeindeten Brüder Thomas und Heinrich Mann reagiert hätten, wenn sie sich plötzlich in einem Verlagshause gegenüber gestanden wären. Autoren wie Hofmannsthal hätten wohl kaum begeistert zugestimmt, sich unter einem Dach mit den Expressionisten zu vereinen, und nicht alle Autoren Wolffs wären einverstanden gewesen, in dem Verlag Gerhart Hauptmanns zu erscheinen.

Kurz nach Kerrs Verlagsangebot, am 9. April 1917, drahtete Mechthild Lichnowsky ihrem Verleger: »emil ludwig moechte gern von fischer zu ihnen uebergehen. falls sie prinzipiell bereit moechten sie es ihm ascona schweiz drahten«[266]. Wolff reagierte nicht. Es seien nicht moralische Hemmungen gegenüber Fischer gewesen, bekannte er später, sondern die Abneigung gegen Emil Ludwigs Bücher[267]. Doch merkwürdigerweise ging er auch auf den Vorschlag Werfels nicht ein, Peter Altenberg als Autor zu gewinnen, obwohl er doch sonst meist dem Rat seines Lektors folgte. Altenberg war Zimmernachbar Werfels im Wiener Kriegspressequartier, wo dieser zwischen August 1917 und Januar 1918 arbeitete, und »sehr gesonnen von Fischer wegzugehn, wenn er einen Verlag wüßte, der für seine Bücher mehr Liebe und Arbeit aufwendete [...]. Ich hatte da sofort den Einfall, daß gerade ein oder das andere Buch von Altenberg unerhört gut in die Serie ›Neue Dichtungen‹ passen würde.«[268] Auch die geringen Schwierigkeiten, die Fischer entgegensetzen konnte, da er keinen Vertrag mit Altenberg hatte, verlockten Wolff nicht, erneut die Kreise Fischers zu stören.

Mit dem einzigen Fischer-Autor, der noch vor Kerr mit Wolff Verhandlungen aufgenommen hatte, mit Aage Madelung, hatte Wolff, trotz erfolgreichen Vertragsabschlusses, wenig Glück. Sein Roman *Zirkus Mensch*, von Wolff mit 10 000 Mark Vorschuß honoriert, erschien 1918[269], erreichte zwar bis 1919 das 21. bis 50. Tausend,

---

[260] Wolff an Kerr, Brief vom 24. 2. 1917, KWA.
[261] Kerr an Wolff, Brief vom 2. 3. 1917, KWB, S. 282 f.
[262] Wolff an Kerr, Brief vom 12. 3. 1917, KWA. – Mendelssohn: S. Fischer, S. 752, nimmt in der Nachfolge Wolffs (Autoren, Bücher, Abenteuer, S. 35) an, daß der Verleger auf diesen Vorschlag überhaupt nicht reagiert habe. Fischers Besuch sei deshalb völlig überraschend gewesen.
[263] Wolff, a. a. O., S. 35, berichtet nur, daß Fischer außer sich gewesen wäre über den Verlust des Autors und Wolff um den Transfer des Vertrages gebeten hätte. Die Fusionsverhandlungen, auf die Kerr in einem Brief vom 18. 3. 1917 (KWB, S. 283 f.) noch einmal zu sprechen kam, übergeht er.

[264] Telegramm im KWA.
[265] Wolff an Kerr, Brief vom 15. 3. 1917, KWB, S. 283.
[266] KWB, S. 159.
[267] Kurt Wolff: Autoren, Bücher, Abenteuer, S. 36.
[268] Werfel an Wolff, undat. Brief (Eingangsvermerk 7. 8. 1917), KWB, S. 118.
[269] Vgl. hierzu auch Peter de Mendelssohn: S. Fischer, S. 755.

doch schien Wolff die Absatzchancen des nicht ganz geglückten Buches, das die Versklavung des Menschen im kommenden Massenzeitalter schilderte, überschätzt zu haben. Die geplanten drei weiteren Bände des Werkes wurden nicht mehr geschrieben, und es kam zu einem Zerwürfnis zwischen Autor und Verlag. In der bruchstückhaft erhaltenen Verlagskorrespondenz mit Madelung ist ein Brief Daniel Brodys vom 23. September 1921 erhalten, in dem der im Kurt Wolff Verlag tätige Brody versucht, eine Versöhnung herbeizuführen, und vorschlägt, die Restauflage des Buches in die neue Reihe *Der europäische Roman* einzureihen[270]. Dort ist das Buch ab 1922 angezeigt, doch Madelung ging zurück zu S. Fischer.

Auch mit einem anderen Autor kam Wolff zu keinem Vertragsabschluß. Frank Wedekind, der schon 1910 mit Rowohlt verhandelt hatte, dann aber zu Georg Müller gegangen war[271], besprach mit Wolff im Januar 1917 die Übernahme seines Gesamtwerks von Georg Müller. Wolff ließ die Verträge des Autors mit Müller durch seinen Rechtsberater Siegfried Adler überprüfen und schlug Wedekind ein festes Jahreshonorar vor[272], das Müller zu diesem Zeitpunkt offensichtlich nicht bieten konnte. Denn am 17. Februar teilte Wolff seinem potentiellen Autor mit: »Wie ich aus zuverlässiger Quelle erfahren habe, sind die anscheinend vorhanden gewesenen finanziellen Schwierigkeiten des Müllerschen Verlages durch Zuschuß eines beträchtlichen Betrages (es handelt sich um über ½ Million) von finanziell sicherster und zuverlässigster Seite behoben worden.« Und Wolff mußte einräumen, »daß durch diese Umstände die Verwirklichung meiner Hoffnung, Ihr Gesamtwerk für meinen Verlag zu gewinnen, erschwert erscheinen muß.«[273] Zwar sollte trotzdem zunächst die neue Produktion bei Wolff erscheinen, doch alle weiteren Verhandlungen wurden durch den frühen Tod Wedekinds im März 1918 zunichte. Wolff hatte lediglich die Verlagsrechte für eine Neuausgabe von *Mine-Haha* erworben, verwertete sie aber nicht mehr.

Mehr Glück hatte Wolff mit Fritz von Unruh, der nach der persönlichen Bekanntschaft mit Wolff in Darmstadt in ihm seinen zukünftigen Verleger sah. Von Unruh, der der Meinung war, »daß ein Verleger nicht nur der Agent von Geschäftsinteressen ist, sondern in höherem Sinne der Johannes wirklicher Evangelien«[274], war von Wolffs innerem Engagement für sein Werk zunächst vorbehaltlos überzeugt. Er löste kurzerhand seine Verbindung zu Erich Reiß und ließ sich auch durch die larmoyant-vorwurfsvollen Briefe seines alten Verlegers nicht beeindrucken. »Sie werden es sich vorstellen, wie es mich berühren muß, wenn die Firma Kurt Wolff Ihr Werk ›Ein Geschlecht‹ anzeigt – daß Sie ihr gegeben haben, trotzdem ich Ihnen dasselbe Honorar bot [...]. Ich habe immerhin Ihnen eine weit längere Zeit Ihre Sorgen tragen helfen als Ihr neuer Verleger, der für sein – nunmehr da Sie durchgesetzt sind – nicht sehr kühnes Handeln sofort die künstlerische und kaufmännische Quittung erhält.«[275] Wolff handelte sich mit Fritz von Unruh seine – neben den Beziehungen zu Sternheim – schwierigste Verleger-Autor-Beziehung ein, von der in anderem Zusammenhang noch zu handeln sein wird[276].

Nicht nur literarische Autoren trugen dem Kurt Wolff Verlag ihr Werk an. Der Philosoph und Soziologe Georg Simmel, durch die Übernahme der Sammlung *Die Kultur* mit seinem Buch über *Kant und Goethe* (Bd 10) mit dem Verlag in Verbindung gekommen, bot seinen kunstphilosophischen Versuch über *Rembrandt* (1916) an. Ernst Bloch gab nach Meinungsverschiedenheiten mit S. Fischer seinen *Thomas Münzer* (1921) in den Kurt Wolff Verlag, kehrte aber, da er bei Wolff wenig Interesse für sein Gesamtwerk zu sehen glaubte[277], wieder zu S. Fischer zurück. Albert Ehrenstein verhandelte während seines Lektorats mit dem Psychologen Alfred Adler über eine Gesamtausgabe seiner Werke, doch Wolff lehnte das Projekt schließlich ab[278].

Die Ablehnung eines der einflußreichsten kulturphilosophischen Werke der Zeit hat Wolff später bedauert. Oswald Spengler bot am 12. April 1917 seinen *Untergang des Abendlandes* dem Kurt Wolff Verlag an[279]. Wolff schickte das Manuskript ungelesen zurück. »Erstens einmal mißfiel mir die banale Handschrift des Briefes – das mag ein törichtes Vorurteil geschaffen haben«, erklärte er diese Fehlentscheidung später[280]. Und zweitens habe er, dem kein qualifizierter Lektor für dieses Gebiet

---

[270] Brief im KWA.
[271] Vgl. W. Göbel: Der Ernst Rowohlt Verlag. In: ABG XIV, Sp. 525.
[272] Wolff an Wedekind, Brief vom 1. 2. 1917, KWA.
[273] Brief im KWA.
[274] Unruh an Wolff, Brief vom 16. 8. 1917, KWB, S. 293.
[275] Reiß an Unruh, Briefabschrift vom 17. 4. 1917, KWA.
[276] Vgl. das Kapitel 7.1, Sp. 891–893.
[277] »Immerhin glaube ich auch zu sehen, wie die sieben Wochen, die mein neues Manuskript bei Ihnen war, nicht ausgereicht haben, sich ein Urteil über mein Gesamtwerk zu bilden«. (Bloch an Wolff, Brief vom 9. 12. 1921, KWA).
[278] Vgl. Wolff an Werfel, Brief vom 15. 4. 1918, KWB, S. 120.
[279] KWB, S. 284–286.
[280] Kurt Wolff: Autoren, Bücher, Abenteuer, S. 53.

zur Verfügung gestanden habe, vermutet, daß Spengler sein Buch sicher schon all den wissenschaftlichen Verlagen angeboten habe, die zunächst dafür in Frage gekommen wären. Der Kurt Wolff Verlag als belletristischer Verlag sei für dieses Buch ungeeignet gewesen, und Spengler habe dies eigentlich wissen müssen.

So völlig verfehlt, wie Wolff das Angebot Spenglers darstellt, kann es dennoch nicht gewesen sein. Der Kurt Wolff Verlag hatte mit den philosophischen Werken von Brod, Buber und Simmel bewiesen, daß er nicht nur Belletristik verlegte. Außerdem hätte Wolff das Buch in seinem Tochterverlag Der Neue Geist erscheinen lassen können, in dessen Programm es sich durchaus eingefügt hätte. Auch das Argument, ein kompetenter Lektor sei nicht zur Hand gewesen, ist nicht ganz stichhaltig. Wolff hätte das Manuskript, wie er es in anderen Fällen ja auch tat, einem kompetenten Fachgelehrten zur vertraulichen Beurteilung vorlegen können. 1923 schließlich verhandelte Wolff, den die Ablehnung inzwischen reute, mit Spengler über eine Luxusausgabe des Buches, die aber im Höhepunkt der Inflation nicht mehr zustande kam[281].

Erstaunlich bei dieser magnetischen Wirkung, die der Verlag auf das Gros der zeitgenössischen Autoren ausübte, bleibt dennoch, daß er, insgesamt gesehen, sein Profil behielt. Die Verbindungen mit den »nichtexpressionistischen« deutschen Autoren kamen, wie gezeigt, nicht zustande oder blieben so rudimentär, daß das Übergewicht der Avantgarde, der expressionistische Kern, erhalten blieb. Den Programmwucherungen, die durch die aus verschiedensten, oft pekuniären Aspekten erfolgten Aufkäufe der Produktion anderer Verlage entstanden, begegnete Wolff durch eine strenge Gliederung der Gesamtproduktion in Reihen, die das Programm der zweiten Kriegshälfte kennzeichnete[282].

Der Verlag zeigte noch auf eine andere, von der Öffentlichkeit unbemerkte Weise eine anziehende Wirkung auf Autoren, die das aufstrebende Unternehmen als Retter aus sozialer Notlage betrachteten. »Es wird Ihnen bekannt sein, in welch große Verlegenheit ich dadurch in meinem Verlag geraten bin, daß fast sämtliche Mitarbeiter militärisch einberufen sind, so daß der Verlag heute völlig ohne Lektor arbeiten muß«, schrieb Wolff im März 1917 an Rudolf Werfel. Er sähe keinen Ausweg aus dieser Lage, als einen der drei vor dem Kriege bei ihm tätigen Lektoren Pinthus, Haas oder Werfel vom Militärdienst freistellen zu lassen. »Und aus mannigfachen Gründen wäre es mir weitaus am erfreulichsten, wenn es Franz sein könnte.«[283] Auch in den anderen Verlagsabteilungen begann sich der Krieg drohend bemerkbar zu machen. »Es sieht in allen Betrieben völlig trostlos aus. Ohne Rücksicht auf die schon vorhandenen wahnsinnigen Schwierigkeiten, hat man gerade jetzt in den Wochen vor Weihnachten noch rücksichtslos den größten Teil der bisher reklamierten Arbeiterschaft eingezogen«[284], klagte Wolff am 14. November 1916. In den Kriegsjahrgängen des Börsenblatts findet man nur noch Stellenangebote, kaum Gesuche.

Trotzdem ist der Brief an Rudolf Werfel insofern verblüffend, weil Wolff über mangelnde Lektoratsangebote von Autoren nicht klagen konnte. Mittellose Autoren fragten in dieser Zeit häufiger verschämt, verzweifelt und bittend bei den Verlagen an, ob diese ihre Existenzgrundlage nicht garantieren könnten, sei es durch feste Rentenzahlungen oder, wo das Werk gar zu schmal war, durch Lektoratsaufträge.

Der von Wolff reklamierte Franz Werfel wurde durch Intervention von Harry Graf Kessler zwar vom Dienst mit der Waffe freigestellt, doch als Mitarbeiter des Wiener Kriegspressequartiers war er für Wolff als Lektor unerreichbar. – Die erste überlieferte Anfrage nach einer Lektoratsstelle kam von Max Hermann-Neisse. Der Mitarbeiter der *Weißen Blätter* schrieb im Juni 1915 einen verzweifelten Brief an René Schickele, in dem er dem Herausgeber der Zeitschrift seine finanzielle Notlage schilderte und ihn um Vermittlung für eine wenn auch noch so bescheidene Stelle im Verlag bat. »Gott, was ich kann, ist ja nicht viel: ein bißchen redigieren, eingehende Manuskripte prüfen, Korrekturen lesen, ›Waschzettel‹ und Voranzeigen oder dergleichen abfassen, die Korrespondenz erledigen, registrieren, ein ganz klein wenig und nur so für den Hausbedarf Schreibmaschine und was halt so ein Mensch, der nach sieben Semestern Germanistik und zwei Jahren Provinzzeitungsmitarbeiterei erfolglos seine eigenen Wege zu gehen versuchte [, kann] (ohne Examen, Doktor, Zeugnis und sonstige Bestätigung)?«[285] Georg Heinrich Meyer hatte keine Verwendung für Max Hermann-Neisse, und zwei Jahre später nahm der Autor »der Not gehorchend eine subalterne,

---

[281] Wolff an Spengler, Brief vom 9. 2. 1923, KWA. (Auszugsweise wiedergegeben in: Autoren, Bücher, Abenteuer, S. 54 f.).
[282] Vgl. hierzu das Kapitel 4.8, Sp. 776 f.
[283] Wolff an Rudolf Werfel, Brief vom 13. 3. 1917, KWA.
[284] Wolff an Hasenclever, Brief vom 14. 11. 1916, KWB, S. 252.
[285] Hermann-Neisse an Schickele, Brief vom 27. 6. 1915. In: Kasimir Edschmid: Briefe der Expressionisten, S. 26.

klägliche bezahlte Stellung im Verlage S. Fischer an, die ich unter den entwürdigendsten Umständen bis Oktober 1919 ertrug.«[286]

Helene von Nostitz und der Verlagspartner im Verlag Der Neue Geist, Kurt Thesing, versuchten, den österreichischen Insel-Autor Felix Braun an Stelle Franz Werfels 1915 als Lektor im Kurt Wolff Verlag unterzubringen[287], doch Meyer setzte sich zur Wehr. Wohl aber gab Johannes R. Becher ein kurzes Gastspiel als Lektor bei Wolff, als der Verlag 1916 seine Bücher übernahm, ging aber schon im gleichen Jahr zum Insel-Verlag über[288]. Mit Becher kam Albert Ehrenstein. Ehrenstein, mit Wolff seit Sommer 1915 in Verhandlungen zur Übernahme seiner Werke aus dem Georg Müller Verlag stehend, konnte sich im Oktober 1915 von seiner Tätigkeit im österreichischen Kriegsarchiv befreien und traf im November 1915 als Lektor in Leipzig ein. Ihm verdankte der Verlag die *Rönne*-Novellen Gottfried Benns, die unter dem Titel *Gehirne* als 35. Band des *Jüngsten Tages* 1916 erschienen[289]. Im Mai 1916 schied Ehrenstein jedoch wieder aus dem Verlag aus. Eine Zusammenarbeit der konträren Partner Meyer und Ehrenstein war auf die Dauer nicht möglich. Schon im Juli 1915 hatte Meyer Werfel gestanden, er sei froh, »daß wir mit Ehrenstein keinen Dauervertrag haben. Ich gebe ja zu, er mag ein guter Mensch und ein noch besserer Dichter sein, aber als Autor ist er übel, unpraktisch bis dort hinaus, ein Mann, mit dem man einfach verlegerisch nicht arbeiten kann.«[290] Ehrenstein sah bei Meyer eine »nicht jedermann behagende Süßlichkeit«, war mit seinen Verkaufsmethoden nicht einverstanden, die er »unsinnig altmodisch« fand, und kritisierte zu Recht die mangelnde Organisation Meyers[291]. Mit Wolff, der sich hinter seinen Verlagsleiter stellte, überwarf er sich schließlich auch, trennte sich in Unfrieden von dem Verlag und ging im Herbst 1916 als Lektor zu S. Fischer.

Wieder ohne literarischen Berater, nahm Wolff im Juni 1916 das Angebot Max Brods an, »mich womöglich gleich in Ihren Verlag zu übernehmen, – so daß ich eventuell eine größere Zeit des Jahres in Leipzig verbringen müßte. [...] Ich stelle mir eine Tätigkeit ähnlich der von Moritz Heimann für S. Fischer vor. – Als Lektor habe ich für junge Talente bereits eine glückliche Hand bewiesen.«[292] Es wurde ein neuer Vertrag geschlossen, der Brod die Möglichkeit gab, seine ungeliebte Tätigkeit als Postbeamter aufzugeben, was er Anfang Oktober 1916 zwar tat, jedoch hat er, soweit sich sehen läßt, keine Lektorenstelle in Leipzig angetreten. Auch Kafka, der, ähnlich wie vor dem Kriege Werfel und Haas, an einen Wegzug aus dem Prager Ghetto dachte und das Gefesseltsein an den Brotberuf als unerträglich empfand, baute auf Wolff. »Ich werde meinen Posten aufgeben (dieses Aufgeben des Postens ist überhaupt die stärkste Hoffnung, die ich habe), werde heiraten und aus Prag wegziehn«, schrieb er an seinen Verleger. Er glaubte zwar, auch dann nicht ganz auf den Ertrag seiner literarischen Arbeit angewiesen zu sein, aber »ich hoffe nur, daß Sie, verehrter Herr Wolff, mich dann, vorausgesetzt natürlich, daß ich es halbwegs verdiene, nicht ganz verlassen.«[293]

Nach den Autoren kamen die Illustratoren, denen der Krieg, vor allem in der zweiten Hälfte, die Arbeitsmöglichkeiten beschnitt. Mit der Papierpreissteigerung und der Rohstoffverknappung trat auch eine Qualitätsverschlechterung ein, und viele Verlage verzichteten nun auf Illustrationen. Ottomar Starke, seit Rowohlts Anfängen regelmäßig als Buchausstatter für Wolff tätig, fragte am 9. Januar 1917 an[294], ob Wolff ihn nicht als Angestellten beschäftigen könne, der sowohl für Herstellung als auch für Lektoratsfragen zuständig sein würde. Wolff lehnte das Angebot ab und behalf sich mit dem in Magdeburg stationierten Pinthus als Lektor weiter, ehe nach dem Krieg eine Reihe neuer Mitarbeiter in den Verlag eintrat. Ausschlaggebend für die Ablehnung neuer literarischer Mitarbeiter war auch die Interessenverschiebung des Verlegers, der nach dem Eintritt Hans Mardersteigs in den Verlag Anfang 1917 sich stärker mit seiner Kunstabteilung zu beschäftigen begann und – ebenfalls in den ersten Monaten des Jahres 1917 – an dem Aufbau des kulturpolitisch-zeitgeschichtlich ausgerichteten Verlages Der Neue Geist beteiligt war. Diese Interessenverschiebung und die 1917 erfolgende weitere Verzweigung und Ausdehnung seiner Unternehmen mögen Wolff auf der anderen Seite veranlaßt haben, ältere Projekte zu reduzieren. So gab er etwa gleichzeitig mit der endgültigen Über-

---

[286] Max Hermann-Neisse in: Hans Daiber: Vor Deutschland wird gewarnt. Gütersloh 1967, S. 52.
[287] Lt. Meyer an Werfel, Brief vom 5. 7. 1915, KWA.
[288] Über das Lektorat sind keine Unterlagen erhalten. Becher selbst berichtet allerdings davon in seiner Autobiographie: Auf andere Art so große Hoffnung, Berlin 1951, S. 258.
[289] Vgl. Paul Raabe: Der frühe Benn und die Veröffentlichung seiner Werke. In: Gottfried Benn: Den Traum alleine tragen, S. 26–31.
[290] Meyer an Werfel, Brief vom 23. 7. 1915, KWA.
[291] Ehrenstein an Wolff, Brief vom 26. 4. 1916, KWB, S. 235–238.

[292] Max Brod an Wolff, Brief vom 7. 6. 1916, KWB, S. 180.
[293] Kafka an Wolff, Brief vom 27. 7. 1917, KWB, S. 43.
[294] Starke an Wolff, Brief im KWA.

Abb. 21: *Ottomar Starke*: Schippeliana. Ein bürgerliches Bilderbuch, *Leipzig 1917. Aus der Reihe* Die schwarzen Bücher. – *Umschlag (Vignette in Goldprägung auf schwarzer Leinenimitation)*

nahme des Verlages der Weißen Bücher seinen großzügig aufgebauten Bühnenvertrieb an den Drei-Masken-Verlag ab.

4.7 »Das neue Drama« im Bühnenverlag

Zur Rolle der Theaterverlage im literarischen Leben des 20. Jahrhunderts gibt es – abgesehen von der diese Lücke erstmals verkleinernden Dissertation von Susanne Jährig-Ostertag[295] – nur spärliche Literatur. Vor allem die den literarischen Verlagen angegliederten Bühnenvertriebe und ihre Bedeutung für die Dramatiker der Buchverlage sind bisher wenig erforscht[296]. Die Existenz des Wolffschen Bühnenverlages ist bis heute, wenn nicht unbekannt, so doch so gut wie unerwähnt geblieben. Der Bühnenvertrieb ist jedoch ein weiterer Beweis für den Anspruch Wolffs, die Werke seiner Autoren unter Ausschöpfung aller Möglichkeiten zu betreuen, durchzusetzen und zu verwerten.

[295] Susanne Jährig-Ostertag: Das dramatische Werk: Seine künstlerische und kommerzielle Verwertung. Ein Beitrag zur Geschichte der Theaterverlage in Deutschland. Phil. Diss. (masch.) Köln 1971.
[296] Unter den wenigen Darstellungen ist wiederum Peter de Mendelssohn: S. Fischer, S. 408–443 zu nennen.

Der Bühnenverlag Wolffs war – soweit datierbar – im Herbst 1910 von Ernst Rowohlt zunächst für Herbert Eulenberg gegründet und von Wolff übernommen und weiter ausgebaut worden. Rowohlts verlegerisches Interesse hatte in seinem ersten Verlag nach seinen eigenen Aussagen vorwiegend den Gattungen Lyrik und Dramatik gegolten[297], wenn auch eine Reihe von Prosabüchern in diesem Verlag erschienen war. Das kaufmännische Kalkül war sicher zunächst neben dem Anspruch der Gesamtvertretung eines Autors bei der Gründung des Bühnenvertriebes mitbestimmend. Denn das verlegerische Risiko von Buchdramen, vor allem unbekannter Autoren, war erheblich. Es ließ sich jedoch vermindern, wenn der Verlag den Bühnenvertrieb in eigener Organisation übernahm. Zwar wurde der Aufwand des Bühnenvertriebes mit üblicherweise 10 Prozent Provision der eingehenden Autortantiemen nicht übermäßig hoch abgegolten, doch die Kombination der Verlagswerbung mit den Aufführungen stützte den Verkauf der Bücher. Durch geschickt plazierte Inserate und Auslagen der Dramen in Buchhandlungen vor und nach den Aufführungen ließ sich der Absatz steigern, und Georg Heinrich Meyer machte von dieser Möglichkeit reichlich Gebrauch.

Rowohlt hatte schon bald versucht, auch Autoren, deren Buchdramen in anderen Verlagen erschienen, für seinen Bühnenvertrieb zu gewinnen, denn nicht alle belletristischen Verlage unterhielten einen Bühnenvertrieb; entweder weil sie den personellen Aufwand scheuten oder nicht über die notwendigen Beziehungen zu den Theatern verfügten. Sowohl Herbert Eulenberg wie auch Hugo Ball und Franz Ulbrich als die ersten Bühnenautoren Rowohlts waren selbst Dramaturgen und konnten sich vermittelnd für den Verlag einsetzen. Carl Sternheim, Buchautor bei Kippenberg, der selbst keinen Bühnenvertrieb unterhielt, wurde von Rowohlt für seinen eigenen Bühnenverlag gewonnen, und Rowohlt legte damit den Grundstock für die Übernahme des Gesamtwerks von Sternheim in den Kurt Wolff Verlag, die während des Krieges vollzogen wurde[298].

[297] Vgl. Ernst Rowohlt: Von Paul Scheerbart zu Siegfried von Kardorff. In: Ernst Rowohlt zum Gedächtnis, S. 28.
[298] Aufgrund eines Vertrages vom 26. Oktober 1911 erwarb der Ernst Rowohlt Verlag die Bühnenrechte für alle älteren Werke Sternheims und die dramatische Produktion der nächsten fünf Jahre. (Vgl. KWB, S. 20). Wolff war von Anfang an an den Verhandlungen mit Sternheim beteiligt. Die neuen Dramen erschienen ab 1915 im KWV, 1916 und 1917 gingen die Bücher Sternheims aus dem Insel-Verlag in den KWV über.

In den Anfängen seiner selbständigen Verlegertätigkeit setzte Wolff die mit den Dramen Herbert Eulenbergs begonnene neuromantische Linie zunächst fort, denn von den Frühexpressionisten lagen in dem Verlag Rowohlts kaum nennenswerte Dramen vor. Hugo Balls Tragikomödie *Die Nase des Michelangelo* war ein eher konventionelles Stück, Dauthendeys Dramen fielen ausnahmslos durch, und auch mit den Stücken der heute vergessenen Hanna Rademacher, dem *Rastaquär* von Rudolf John von Gorsleben (KWV 1913) und den Erstlingen von Wolfgang Goetz (*Kreuzerhöhung* und *Der böse Herzog*, ERV 1911) wurde der Bühnenverlag weder profiliert noch existenzfähig. Neben Carl Sternheim mit seinen Theaterskandalen[299] war es vor allem Herbert Eulenberg, der nach der Volks-Schiller-Preisverleihung für *Belinde* (1912) bekannt und gespielt wurde.

Noch kurz vor dem Ausscheiden Rowohlts knüpfte Wolff deshalb Verbindungen mit Wilhelm Schmidtbonn an, der, ebenfalls Rheinländer wie Eulenberg, ebenfalls unter Luise Dumont Dramaturg am Düsseldorfer Stadttheater, auch in seinen Dramen die geistige Verwandtschaft zu Eulenberg nicht leugnete. »Ich glaube, daß sich mein Verlag immer mehr in einer Richtung erweitert, die sich sehr gut mit der Art Ihres Schaffens verträgt«, warb der Verleger im Oktober 1913 erneut, nachdem Schmidtbonn 1912 wegen anderer vertraglicher Verpflichtungen abgesagt hatte. »Es ist mein Bestreben, den Bühnenvertrieb speziell möglichst beschränkt und klein zu erhalten, da meine Erfolge meiner ursprünglichen Idee recht gegeben haben: daß ein Bühnenvertrieb dann am wirksamsten arbeiten wird, wenn er eine ganz bestimmte Physiognomie hat«[300]. Alle »nicht wirklich zur Literatur gehörigen Elemente« sollten nicht in den Bühnenvertrieb aufgenommen werden, wobei Wolff dennoch Zugeständnisse machte wie bei Bassewitz' Märchenspiel *Peterchens Mondfahrt*, auf dessen reichlich fließende Tantiemen er nicht verzichten wollte.

Diese strenge Physiognomie, die ganz dem neuen (expressionistischen) Drama gewidmet war, erhielt der Bühnenvertrieb jedoch erst während des Krieges. Vor dem Krieg sind neben den Dramen Eulenbergs und den Werken Schmidtbonns, deren Vertretung Wolff um die Jahreswende 1913/14 übernahm[301], kaum Stücke enthalten, die in der expressionistischen Dramatik bahnbrechend wirkten, sieht man von den Stücken Sternheims einmal ab. Die frühesten expressionistischen Dramen wie Reinhard Johannes Sorges *Der Bettler* (1912) oder Georg Kaisers *Die Bürger von Calais* (1914) erschienen bei S. Fischer, der seit 1903 einen eigenen Bühnenvertrieb besaß. Hasenclevers *Der Sohn* und Werfels *Die Troerinnen* bei Wolff konnten durch den Kriegsausbruch zunächst nicht in den Bühnenvertrieb übernommen werden. Ihnen erging es ähnlich wie Barlach mit seinem Drama *Der tote Tag* (1912) und Kaiser mit seinen *Bürgern von Calais*, die erst Jahre nach der Buchausgabe eine Uraufführung erlebten.

Kokoschkas Sammelband *Dramen und Bilder* wurde von Wolff zwar als Buch herausgegeben[302], nachdem er Kokoschka anläßlich der Publikation des Essays von Karl Kraus *Die Chinesische Mauer* (KWV 1914) als Autor gewonnen hatte, doch wagte Wolff nach den Skandalen der ersten Aufführung 1909[303] offensichtlich nicht, diese Stücke in den Bühnenvertrieb zu übernehmen. Die Dramen, von Horst Denkler zu den expressionistischen Vorläuferdramen gerechnet[304], wurden zwar in den Gruppen der Wiener, Berliner und Münchener Künstler um Adolf Loos, Herwarth Walden und Hugo Ball geschätzt, doch drangen sie erst mit dem Einsetzen der offiziellen Kritik und die Aufnahme in die Spielpläne der Bühnen um 1916/17 ins allgemeine Bewußtsein[305]. Die Zweitfassung

---

[299] Vor allem die Komödien *Die Hose* (Premiere am 25. 2. 1911 in Berlin) und *Die Kassette* (Premiere am 24. 11. 1911 in Berlin) erlebten – auch in München – tumultarische Aufführungen.

[300] Wolff an Schmidtbonn, Brief vom 14. 10. 1913, Stadtarchiv Bonn.

[301] Lt. Korrespondenz 1913/14 im Stadtarchiv Bonn. Mit *Der Geschlagene* (1920) und *Die Schauspieler* (1921) wurde Schmidtbonn auch Buchautor bei Wolff. Sein für die Reihe *Der Neue Roman* vorgesehener Roman *Der neue Fortunatus* wurde abgelehnt.

[302] Oskar Kokoschka: Dramen und Bilder. Leipzig 1913. Inhalt: Hoffnung der Frauen / Sphinx und Strohmann / Schauspiel (= Der brennende Dornbusch).

[303] Horst Denkler: Drama des Expressionismus. München 1967, S. 45 f. schreibt, daß Kokoschka für die Buchfassung 1913 bereits allzu provokante Textstellen, vor allem allzu grobe Bilder aus dem Sexualleben bereits gemildert hatte. Trotzdem sind die Dramen Kokoschkas im Bühnenkatalog Wolffs vor 1917 noch nicht verzeichnet.

[304] Vgl. Horst Denkler: Drama des Expressionismus. Erstes Kapitel: Vorläuferdramen.

[305] So berichtete Hasenclever über die Kokoschka-Aufführung 1917 in Dresden: »Mittlerweile war hier die Aufführung von Kokoschka, die in jeder Hinsicht ein ungewöhnlich interessantes Ergebnis war; Zeiss, Seebach, Karl Hauptmann, Köster, Witkowski, Barnowsky, die Reinhardtleute, Fritz Engel, Faktor, Stefan Grossmann, Bing von den Münchener Kammerspielen und noch viele auswärtige Zeitungsleute und Theaterdirektoren waren hier.« (Brief an Wolff vom 7. 6. 1917, KWA).

Der brennende Dornbusch und *Mörder, Hoffnung der Frauen* erschien 1917 im *Jüngsten Tag* (Bd 41) und wurde gleichzeitig auch in den Bühnenvertrieb übernommen[306].

Nachdem Carl Hauptmann mit seinem Tedeum *Krieg* (KWV 1914) ein weiteres »Vorläuferdrama« in Wolffs Bühnenvertrieb gegeben hatte – die früheren Dramen Hauptmanns sollten von dem Bühnenvertrieb Oesterheld & Co. übernommen werden, die Übernahme kam jedoch nicht zustande –, lag der Bühnenvertrieb der expressionistischen Dramen nach Kriegsausbruch zunächst bis 1915 brach. Ähnliches, was für die Verbreitung expressionistischer Literatur vor dem Kriege festgestellt wurde, gilt auch für das expressionistische Theater. Der Durchbruch begann erst während des Krieges, und der Höhepunkt wurde in den Nachkriegsjahren erreicht. 1916 war in Wolffs Bühnenvertrieb ein erster Aufschwung zu verzeichnen. Griff die Zensur am Anfang des Krieges noch rücksichtslos durch, wo sie auch nur die leisesten Anzeichen unpatriotischer Gesinnung zu spüren glaubte, und versuchten die Theater, der Not gehorchend, ihre Säle durch abrupten Wechsel des Programms wieder zu füllen[307], so gelang es dem Verlag Wolffs in der zweiten Kriegshälfte häufiger, die regional vorgenommene Zensur durch Verhandlungen mit Theatern in verschiedenen Teilen des Reiches zu umgehen. Die Intendanten in Berlin, München, Frankfurt, Hamburg und Dresden begannen von sich aus, die neueste Dramatik auf die Bühne zu bringen. Vor allem Max Reinhardt am Deutschen Theater und Viktor Barnowsky am Lessing-Theater in Berlin und Gustav Hartung in Frankfurt wagten sich an Uraufführungen der expressionistischen Stücke und setzten diese durch.

Der Bühnenverlag erfuhr seine erste Belebung mit Meyers Werbekampagne für die Buchausgabe von Werfels *Troerinnen*. Anfang Juli 1915 bot Georg Kaiser Wolff seine dramatische Produktion an[308]. Warum der Autor seinen Verleger S. Fischer verlassen wollte, läßt sich nur vermuten. Kaiser stand mit Erik-Ernst Schwabach in freundschaftlichem Kontakt. Möglicherweise hat dieser die Verbindung zu Wolff hergestellt. Es kam jedoch zu keiner Einigung zwischen Autor und Verleger. Kaiser wechselte erst 1919, nach einer heftigen Auseinandersetzung mit S. Fischer, zu Kiepenheuer in Potsdam über[309].

Bei Wolff wurden nun neben den verlagseigenen Dramatikern auch die Autoren des Verlags der Weißen Bücher im Bühnenverlag mit betreut: Hanns Johst, Erik-Ernst Schwabach und René Schickele, für dessen pazifistisches Stück *Hans im Schnakenloch* erstaunlicherweise die Freigabe zur Uraufführung im Dezember 1916 erwirkt werden konnte[310]. Im gleichen Jahr übernahm Wolff die bisher im Selbstverlag erschienenen Dramen des in der Wedekind-Nachfolge stehenden Gesellschaftssatirikers Hermann Essig in den Bühnenvertrieb[311], er übernahm Stücke von Friedrich Sebrecht, von Paul Kornfeld – die theatergeschichtlich bedeutsame *Verführung* erschien allerdings bei S. Fischer[312] – und Heinrich Lautensacks *Das Gelübde*. Im Bühnenvertrieb Wolffs befanden sich die Stücke Rabindranath Tagores, Heinrich Manns[313], Arnold Zweigs, Max Brods, Mechthild Lichnowskys *Ein Spiel vom Tod*, Otto Erich Schmidts *Abschied. Ein Bühnenspiel vom Kriege*, Arno Dvořáks *Volkskönig* in der Übersetzung Brods und mehrere Dramen Max Pulvers. Sogar der *Sturm*-Mitarbeiter Lothar Schreyer ließ sein Drama *Otsint* von Wolffs Bühnenvertrieb betreuen. Lediglich für den neben Fritz von Unruh bedeutendsten Dramatiker des Verlages, Carl Sternheim, konnte sich der Bühnenvertrieb nicht einsetzen, denn die Aufführung seiner Dramen, vor allem der neuen Stücke *Der Kandidat* und *1913*, war während des Krieges untersagt.

1916 war der Arbeitsanfall im Bühnenvertrieb so groß geworden, daß Wolff sich entschloß, ab 1. April einen eigenen Leiter des Bühnenvertriebs, den langjährig erfahrenen Arthur Langen, einzusetzen. »Sie handeln wirklich großzügig, daß Sie sich sogar in dieser Zeit eine besondere erste Kraft für den Bühnenvertrieb nehmen«[314], begrüßte Heinrich Mann diese Maßnahme und gab damit die allge-

---

[306] Vgl. Impressum des Bandes im *Jüngsten Tag*.

[307] Vgl. hierzu auch Kapitel 4.1, Sp. 685.

[308] Tagebuchnotiz Wolffs vom 2. 7. 1915: »Georg Kaiser anbietet seine dramat. Produktion«.

[309] Vgl. Peter de Mendelssohn: S. Fischer, S. 863.

[310] Uraufführung am 18. 12. 1916 im Neuen Theater, Frankfurt am Main. – Im März 1917 konnte das Stück auch in Berlin aufgeführt werden.

[311] Die Übernahme erfolgte im Zusammenhang mit dem Aufkauf der Verlagsproduktion von Paul Cassirer, bei dem die Dramen *Furchtlos und treu, Die Glückskuh, Die Weiber von Weinsberg* und *Mariä Heimsuchung* erschienen waren. Bei Wolff erschienen weiterhin *Pastor Rindfleisch* (1916) und der Roman *Der Taifun* (1919).

[312] Von Paul Kornfeld befand sich im Bühnenvertrieb *Die Rache des Pafnuzius. Eine Tragödie in vier Akten*. (Buchausgabe nicht zu ermitteln).

[313] Hierzu schrieb Wolff am 22. 3. 1917 an Mann: »Inzwischen las ich mit großer Freude, daß auch Ihre Einakter in den Münchner Kammerspielen einen starken und einstimmigen Erfolg fanden, und hoffe, daß die Münchner Bühnenerfolge zu einer Reihe weiterer führen werden, um deren Zustandekommen von Seiten des Bühnenvertriebs meines Verlages alles Mögliche geschehen soll.« (KWB, S. 230).

[314] Mann an Meyer, Brief vom 28. 3. 1916, KWB, S. 226.

Abb. 22: *Das Drama* Die Troerinnen, *Leipzig 1915. – Umschlag mit einer Zeichnung von Emil Preetorius*

meine Stimmung unter den Autoren wieder, die sich nicht nur im Buchverlag, sondern auch im Bühnenvertrieb bei Wolff ungewöhnlich rührig und tatkräftig vertreten sahen.

Erster großer Erfolg des Bühnenverlages im Krieg war die Freigabe von Werfels *Troerinnen* durch die Berliner Zensur und die Annahme durch Barnowsky. Für den Erfolg eines Dramas im Reich war die Aufnahme des Stücks beim Berliner Publikum und bei der Berliner Kritik von größter Bedeutung, denn das Berliner Theaterleben bildete den Maßstab für das gesamte Deutschland. Deshalb trachtete jeder Autor danach, die Uraufführung in einem Berliner Theater, insbesondere bei dem im Mittelpunkt stehenden Deutschen Theater Max Reinhardts, zu erreichen. »[...] eine Premiere bei Reinhardt heißt auch materiell so viel, wie das ganze übrige Deutschland zusammengenommen«, bedeutete der unentwegt in Auflagen und Tantiemen rechnende Georg Heinrich Meyer dem Dramatiker Wilhelm Schmidtbonn[315].

[315] Meyer an Schmidtbonn, Brief vom 22. 9. 1915, Stadtarchiv Bonn.

Die Folge war, daß Reinhardt mit Angeboten überschwemmt wurde und sich zwar bei vielen Wolffschen Angeboten bereit fand, die Stücke zu spielen, jedoch die übliche Verpflichtung, die Uraufführung bis zu einem bestimmten Termin vorzunehmen, nicht einging[316]. Da er aber das Recht der Uraufführung erworben hatte, konnte das Stück nicht gespielt werden, bis es über die Bühne des Deutschen Theaters gelaufen war. Wolff beklagte diese Praxis in einem Brief an Schmidtbonn: »Was Sie Reinhardt verdanken, wissen Sie besser als ich. Seit aber ich mich verlegerisch mit Ihrem Werk beschäftige und für seine Wirkung bemüht bin, ist Reinhardt – das weiß ich bestimmt – die stärkste Hemmung für Sie zu Wirkung und Erfolg. [...] für das Geschäft Reinhardt sind Sie nach meiner Auffassung heute einer der vielen Autoren, die man an sich fesselt, deren Stücke man mit vielen guten Redensarten ohne bestimmte Terminverpflichtung erwirbt, um dann die mündlichen Versprechungen nicht zu halten und auf die Nichtexistenz der schriftlichen hinzuweisen; einer der Vielen, um die man wirbt, damit kein Anderer mehr um sie werben soll.«[317]

Deshalb versuchte Wolff zunehmend, die Premieren an andere Theater zu vergeben. Die Uraufführungen der Stücke Fritz von Unruhs beispielsweise fanden in Frankfurt bei Gustav Hartung statt. Bei Werfels *Troerinnen* kam es durch mangelnde Koordination zwischen Franz Werfel, dem Vater Werfels und dem Verlag versehentlich gleichzeitig zu einem – unbefristeten – Uraufführungsvertrag mit Max Reinhardt und einem – befristeten – mit Viktor Barnowsky. Meyer, der sich für die terminierte Uraufführung bei Barnowsky entschied, konnte nur mit Mühe einem Rechtsstreit und einer drohenden Konventionalstrafe entgehen[318].

Nach der Uraufführung am 22. April 1916 ging das Drama in den nächsten Jahren über alle wichtigen deutschen Bühnen und begründete Werfels Ruhm als Dramatiker. Der Bühnenvertrieb verschickte am 6. September 1916 Bühnenexemplare an 32 verschiedene deutsche

[316] Üblicherweise wurde ein Termin innerhalb der kommenden oder laufenden Saison vereinbart. Vgl. auch Susanne Jährig-Ostertag: Das dramatische Werk, S. 81 f.
[317] Wolff an Schmidtbonn, Brief vom 19. 5. 1916, Stadtarchiv Bonn.
[318] Im KWA liegen zahlreiche Briefe aus dem Zeitraum März/April 1916, die die Versuche der Beteiligten illustrieren, sich zu rechtfertigen. Dr. Lewenstein, Mitarbeiter des Verlages während dieser Zeit, konnte Reinhardt zum Einlenken bewegen. Ganz so ausschließlich, wie Albert Ehrenstein (KWB, S. 236 f.) es darstellt, lag die Schuld nicht bei Georg Heinrich Meyer.

Theater[319], allein von Hamburg, wo das Stück im Januar 1917 Premiere hatte, erhielt Werfel über den Bühnenvertrieb 402,80 Mark Tantiemen[320]. Eine Wiener Truppe wollte das Stück in Stockholm spielen und erbat von Wolff die Genehmigung[321]. In Zürich wurde die Tragödie Anfang 1918 aufgeführt und Werfel, der zu gleicher Zeit Dichterlesungen in der Schweiz hielt, mit Beifall überschüttet.

Hasenclevers revolutionäres Drama *Der Sohn* hatte nach ersten Lesungen in Hillers *Gnu*, vor der *Literarhistorischen Gesellschaft* in Bonn, nach einem Aufsatz von Kurt Pinthus in der *Schaubühne*[322] und durch irrtümliche Pressemeldungen als das »erste deutsche futuristische Drama« schon im Juli 1914 vom Autor ungewolltes Aufsehen erregt[323]. »Die Pressenotizen über den ›Sohn‹ gingen nicht von mir aus, können also nur vom Büro des Deutschen Theaters ausgegangen sein«, schrieb Wolff an Hasenclever und vermutete, daß Reinhardt ernste Absichten habe, das Stück mit Moissi in der Hauptrolle bald uraufzuführen[324]. »[...] der Reklame-Antrieb ist herrlich; ein Stück, noch lange nicht aufgeführt, kaum erschienen, als Buch noch *gar nicht ausgegeben* – und schon wird gepöbelt, Enten in die Presse gesetzt, Skandal gemacht, Reinhardt ›kommentiert‹ – mein Lieber, wir sind auf dem besten Wege, ein gutes Geschäft zu machen«[325], schrieb Hasenclever an Wolff, begeistert über die Reaktionen der Presse.

Für das Drama, über das Hasenclever Anfang April 1914 einen Bühnenvertrag mit Wolff abgeschlossen hatte, interessierten sich aufgrund des Vorabdrucks in den *Weißen Blättern* Max Reinhardt, Berthold Viertel (Wien) und Heinrich Teweles (Prag) sofort für die Uraufführung. Ernst Deutsch, mit Hasenclever befreundet, bat den Autor, die Hauptrolle in dem Stück in Prag spielen zu dürfen[326], Hasenclever erwog vorübergehend, selbst als »Sohn« in Leipzig aufzutreten[327], und die Frankfurter Bühnen fragten beim Autor direkt um ein Exemplar des *Sohnes* an. Schließlich wünschte Max Martersteig, Intendant des Alten Theaters in Leipzig, ebenfalls die Uraufführung. Am 14. Juli 1914 konnte Wolff seinem Autor mitteilen, daß das Stuttgarter Schauspielhaus die Aufführungsrechte für den *Sohn* erworben habe[328].

Der Kriegsausbruch zerschlug diesen sich so deutlich abzeichnenden ersten Erfolg eines expressionistischen Dramas. Der Verkauf der Buchausgabe schleppte sich mühsam dahin – im Abrechnungsjahr 1915/16 waren es ganze 32 Exemplare![329] –, »und bis zum September 1916 glaubte im K. W. V. ernstlich kein Mensch daran, daß das Stück jemals aufgeführt werden könnte; stets hieß es: ›Nach dem Kriege!‹«[330]. Hasenclever bemühte sich während eines Heimaturlaubs im Mai 1916 selbst um eine Aufführung, erreichte aber nur eine öffentliche Inszenierung des im Reich verbotenen Stückes im Landestheater Prag am 30. September 1916. Als Uraufführung wurde allerdings auch die historisch bedeutsamere einmalige, geschlossene Vorstellung in Dresden bezeichnet, die am 8. Oktober 1916 stattfand. »Aus alter Freundschaft wird Sie freuen zu hören, daß Walter Hasenclever nicht nur in Prag, sondern namentlich auch in Dresden [...] mit einer vor geladenem Publikum veranstalteten Aufführung mit Ernst Deutsch in der Titelrolle einen sehr echten und warmen Erfolg hatte. Ich selbst war ganz überrascht, wie ergreifend, wie jung und ehrlich das Stück auf der Bühne wirkte«, schrieb Wolff an Werfel, von der »außerordentlich bedeutenden« Leistung Ernst Deutschs angetan[331]. In dem österreichischen Wien wurde das Stück von der Zensur ebenfalls nicht beanstandet und am 22. Januar 1917 aufgeführt. Stefan Zweig schrieb noch am gleichen Tage an Hasenclever über die erfolgreiche Aufführung: »Im Theater gute Leute, Peter Altenberg und die junge Literatur, soweit sie nicht im Feld ist.«[332]

Die allgemeine Verschiebung der Bewußtseinslage in der zweiten Kriegshälfte kam zunächst dem Bucherfolg des Dramas zugute und bewirkte schließlich die Freigabe für die Bühnen. »Die politische Lage hat sich nach zwei

---

[319] Lt. Aufstellung des Verlages, datiert vom 8. 9. 1916, KWA.
[320] Lt. Abrechnung des Verlages vom 19. 3. 1917, KWA.
[321] Lt. Brief Hans Mardersteigs an Werfel vom 22. 9. 1917, KWA.
[322] Kurt Pinthus schrieb in der *Schaubühne*, 10. Jg., 1914, S. 391, unter der Überschrift *Versuch eines zukünftigen Dramas*: »›Der Sohn‹ muß als das erste Drama erachtet werden, welches auf dramatischem Gefilde zu dem von der neuesten Malerei und auch der Musik bereits erstrebten Ziel hinwill. Da man diese Bestrebungen [...] mit dem allzu uniformen Wort ›Expressionismus‹ bedacht hat, so wäre also hier der Versuch eines expressionistischen, exhibitiven – kühne Jünglinge werden sogar sagen: metaphysischen – Dramas nachzuweisen.«
[323] Lt. Brief Hasenclevers an Wolff vom 18. 7. 1914, KWA.
[324] Wolff an Hasenclever, Brief vom 10. 7. 1914, KWA.
[325] Hasenclever an Wolff, Brief vom 13. 7. 1914, KWA.
[326] Vgl. Hasenclever an Wolff, Brief vom 1. 7. 1914, KWB, S. 9.
[327] Hasenclever an Wolff, Brief vom 13. 7. 1914, KWA.
[328] KWB, S. 11.
[329] Lt. Abrechnung des Verlages vom 12. 1. 1917, KWA.
[330] Hasenclever an Wolff, Brief vom 17. 5. 1917, KWA.
[331] Wolff an Werfel, Brief vom 12. 10. 1916, KWA.
[332] Zweig an Hasenclever, Brief vom 26. 1. 1917, KWA.

Jahren völlig verändert«, schrieb Hasenclever im November 1917. »Dinge, die damals kaum in Privatgesprächen berührt werden konnten, werden heute durch die Zeitungen geschleift. Was vor zwei Jahren nahezu als verräterisch angesehen wurde, die Friedensidee, ist heute im besten Sinne patriotisch geworden.«[333] Nach dem 3. bis 4. Tausend wurde 1917 noch das 6. bis 10. Tausend des Buches ausgegeben, eine auf 1000 Exemplare berechnete Luxusausgabe erschien 1918 und 1919 hatte die Buchausgabe das 15. Tausend erreicht. Fritz von Unruh beklagte sich am 1. Januar 1919 bei Wolff, daß man den *Sohn* in jeder Buchhandlung auslegen sähe, seine Tragödie *Ein Geschlecht* aber nicht[334]. Es gelang Hasenclever, die erste öffentliche deutsche Aufführung am 18. Januar 1918 in Mannheim zu erreichen. Am 24. März endlich wurde das Stück an dem begehrten Deutschen Theater in Berlin als Vorstellung des *Jungen Deutschland* aufgeführt, und ab 22. November wurde es dort mit Deutsch in der Hauptrolle 38 mal gegeben.

Der Bühnenvertrieb Wolffs hatte jedoch keinen Anteil mehr an diesem Durchbruch Hasenclevers als Dramatiker. Kurz nach der Dresdener Aufführung sandte Paul Cassirer seinen Verlagsdirektor Leo Kestenberg zu Hasenclever und bot ihm einen so günstigen Fünfjahresvertrag für seine künftige Produktion an, daß Hasenclever Wolff um Freigabe bat, die dieser spontan und freundschaftlich gewährte[335]. Das Antikriegsstück *Antigone* erschien 1917 schon bei Cassirer. Tilla Durieux, die sich nicht nur für die Rolle der Antigone, sondern auch für die Person des charmanten Autors interessierte, erreichte, daß Hasenclever Wolff auch um die Freigabe des Bühnenvertriebs für den *Sohn* bat, der ab 1917 mit der *Antigone* zusammen bei Cassirer vertrieben wurde. Auch Hasenclevers von der Zensur verbotenes Drama *Der Retter*, das als Privatdruck von Wolff 1916 in 20 Exemplaren hergestellt worden war, konnte erst 1919 aufgeführt werden, als Hasenclever mit diesem Stück inzwischen Autor bei Ernst Rowohlt in dessen neuem Verlag geworden war.

Der Wolffsche Bühnenvertrieb existierte nur bis 1. Oktober 1917. Erich Reiß, der nebenberuflich Dramaturg am Deutschen Theater war, übergab im gleichen Jahr seinen Bühnenvertrieb dem Drei-Masken-Verlag, der schon vorher den Theatervertrieb von Georg Müller verwaltet hatte. Wolff schloß sich im Zuge seiner Pläne der Umorganisation seiner Verlagsunternehmen diesen beiden Verlegern an, und es entstanden aufgrund eines Generalvertrages vom 21. September 1917 die »Vereinigten Bühnenvertriebe Drei Masken / Georg Müller / Erich Reiß / Kurt Wolff Verlag, Berlin«. Geschäftsführend war der 1910 als Musik- und Theaterverlag gegründete Drei Masken-Verlag, der bis in die dreißiger Jahre hinein die Bühnenrechte der Wolff-Autoren verwaltete[336]. Hier wurden nun die Dramen von Herbert Alberti, Ludwig Berger, Paul Eger, Reinhard Koester, Fritz von Unruh und Carl Zuckmayer neben den früher im Wolffschen Bühnenvertrieb befindlichen Autoren betreut. Der Kurt Wolff Verlag wurde nur als Vermittler eingeschaltet, sofern sich Unstimmigkeiten zwischen Autoren und Bühnenvertrieb ergaben[337].

Die spätexpressionistischen Dramen waren häufig Lesedramen und nicht für die Bühne gedacht[338]. So erschien Alfred Brusts Drama *Der ewige Mensch* zwar im *Jüngsten Tag* (Bd 78, 1919), wurde aber nicht in den Bühnenvertrieb aufgenommen. Anfang der zwanziger Jahre nahm Wolff kaum noch Dramen an – von den Expressionisten wären nur noch Brust und Werfel zu nennen – und zog sich von dieser Gattung zunehmend zurück. Dies hing jedoch nicht nur mit dem Zerfall der expressionistischen Bewegung zusammen. Georg Heinrich Meyer versuchte im April 1923 Wilhelm Schmidtbonn die verschobene Buchmarktsituation zu erklären. »Dramen werden heute überhaupt nicht mehr in Buchform gekauft. [...] Ein Drama zu drucken kostet heute über eine Million Mark, die der Verlag aber gleich als Verlust abbuchen kann und muß, denn die Drucklegung eines Dramas hat heute nur den einen Sinn, daß der Autor Bücher für den Bühnenvertrieb bekommt. Das Buch als solches ist heute so teuer, daß es wenig Menschen geben wird, die das Drama als Buch, wenn sie das Stück auf der Bühne gesehen haben, auch noch werden kaufen können.«[339] Wolff verzichtete deshalb und überließ die Autoren reinen Theateragenturen, die die Stücke als Manuskripte vervielfältigten.

---

[333] Hasenclever an Wolff, Brief vom 2. 11. 1917, KWB, S. 256 f.

[334] Brief im KWA.

[335] Vgl. Hasenclever an Wolff, Brief vom 6. 11. 1916, KWB, S. 248; und die Antwort Wolffs vom 8. 11. 1916, KWB, S. 249.

[336] Lt. Schreiben des KWV an Wolff vom 12. 7. 1933, NA, bestand zu diesem Zeitpunkt noch der Generalvertrag von 1917. – Der Drei Masken-Verlag spaltete sich 1919 in den Berliner Musik- und Theater-Verlag und eine Münchener Firma (gegr. am 1. 10. 1919), die ein breites, viele Sachgebiete umfassendes Buchprogramm führte.

[337] Vor allem Wilhelm Schmidtbonn beklagte sich 1922 häufig über die »Bevormundung« des Drei Masken-Verlages (Brief vom 21. 3. 1922, Stadtarchiv Bonn) und bat Wolff zu intervenieren.

[338] Vgl. hierzu Karl Otten: Schrei und Bekenntnis. Expressionistisches Theater. Neuwied 1959, S. 7–9.

[339] Meyer an Schmidtbonn, Brief vom 4. 4. 1923, Stadtarchiv Bonn.

4.8 Das Programm der zweiten Kriegshälfte: Der Verlag in Reihen

In den Jahren 1917 und stärker noch 1918 griffen die Kriegsumstände, tiefergreifend als man 1914/15 geahnt hatte, spürbar hemmend in die Programmgestaltung des Verlages ein. Es lohnt deshalb, zunächst einen Blick auf die materiellen und die politischen Bedingungen der Wolffschen Buchproduktion in der zweiten Kriegshälfte zu werfen.

Nachdem mit Wirkung vom 1. Mai 1917 die Ausfuhrbestimmungen verschärft worden waren und alle Bücher einen Zensurstempel tragen mußten, der den Export freigab[340], verlor Wolff einen Teil seines Absatzmarktes, denn nicht alle Bücher blieben unbeanstandet. Die *Schlesischen Lieder* von Peter Bezruč mit einer Vorrede von Franz Werfel erschienen 1916 bei Wolff, aber die Österreichische Militärzensur verbot die Einfuhr, nachdem sie schon vorher die tschechische Ausgabe aufgekauft und im Keller der Prager Polizeibehörde eingelagert hatte[341]. Wolff mußte immer wieder sein diplomatisches Geschick und seine Verbindungen spielen lassen, um mißliebige Autoren freizubekommen. »Ich werde das Buch auf alle Fälle herausgeben«, schrieb er Ende 1916 an Hasenclever über dessen *Tod und Auferstehung,* »aber ich muß Ihnen heute um Ihretwillen sagen, daß – wenn schon Bechers schwerverständliches, um nicht zu sagen unverständliches Schreiben beanstandet wurde – eigentlich keine Hoffnung besteht, daß Ihr Buch um seines letzten Teiles willen, die Zensur passiert.«[342] Das aufreizend Anarchische, das unverhüllt Revolutionäre der Verse sei für jeden Zensor schon um der grammatikalisch verständlichen Zusammenhänge klar. Das Buch wurde 1917 schließlich freigegeben.

Georg Heinrich Meyer wehrte sich heftig gegen einige politische Formulierungen der Annette Kolb, die er in den Korrekturfahnen der *Weißen Blätter* las, und warnte den Herausgeber Schickele: »Meinerseits möchte ich jedenfalls die Verantwortung ablehnen, denn ich habe an meinen acht Tagen Gefängnis gerade genug und möchte nicht noch ein paar Monate haben.«[343] Als die Zensur im Reich selbst allmählich aufgeweicht wurde, war der Verlag in seiner Produktion um so mehr von einem anderen kriegsbedingten Umstand bedroht.

Die Papierpreise waren seit Kriegsbeginn kontinuierlich gestiegen, bis 1916 etwa um 25 Prozent, und sie stiegen weiter. Im Jahre 1917, als der Verlag sich in seinem größten Aufschwung befand und von der allgemeinen Belebung des Buchmarktes stärker noch als andere Verlage profitierte, wurde die Zwangsbewirtschaftung des Papiermarktes eingeführt. Als Stichjahr wurde die Produktion von 1916 zugrunde gelegt[344], und es kam Wolff zugute, daß er in diesem Jahr verhältnismäßig hohe Auflagen produziert hatte. Doch verschlangen die Gesamtausgaben Manns, Meyrinks und *Der Neue Roman* in ihren hohen Auflagen große Papierkontingente.

»Die gegenwärtigen Verhältnisse auf dem Gebiete des Verlagswesens machen jede neue Herstellung, jedes Beginnen neuer Unternehmungen völlig unmöglich. Ausschließlich muß ich versuchen, alle Kräfte anspannend«, schrieb Wolff Anfang 1917 an Ottomar Starke, »die vor langer Zeit schon eingegangenen Verpflichtungen des Verlages einigermaßen pünktlich zu erfüllen, und die Bücher fertig zu stellen, die bereits seit langer Zeit in Angriff genommen sind. Weiterhin aber vor allen Dingen auch unter möglichster Vermeidung großer Verzögerungen erfreulicherweise vielfach notwendig gewordene und immer wieder notwendig werdende Neuauflagen herzustellen.«[345]

Die Lage verschlimmerte sich bis 1918, man mußte zu schlechtem, holzhaltigen Papier übergehen und die Produktion drosseln. Am 6. April 1918 schrieb Wolff an seinen neuen Autor John Freeman, als er sich zögernd entschloß, den von Theodor Wolff empfohlenen Roman

---

[340] »[...] nach einer militärischen Verfügung, die am 1. Mai in Kraft getreten ist, müssen fortan alle Bücher aus den Jahren 1914–1917, die in das neutrale Ausland versandt werden, die Ausfuhrgenehmigung des einheimischen Generalkommandos haben.« (Meyer an Schickele, Brief vom 16. 5. 1917, KWA). An Hasenclever schrieb Meyer am 10. 6. 1917: »Das Buch auszugeben ohne den Zensurstempel, was wir bis zum 1. April ohne weiteres getan haben würden, ist jetzt unmöglich, da strenge Strafe darauf ruht.« (KWA).

[341] Vgl. Otto F. Babler: Rudolf Fuchs als Bezruč-Übersetzer. In: Weltfreunde, S. 322. – Noch am 22. 11. 1917 schrieb Wolff an den Übersetzer Rudolf Fuchs, er könne keine Propaganda für das Buch machen, weil Werfel sonst die größten Unannehmlichkeiten bekommen würde. Am 30. 11. teilte er Fuchs mit, er würde alles unternehmen, sobald Werfel in der Schweiz sei. Am 21. 1. 1918 schrieb er, daß in Prag immer noch das Zensurverbot bestünde, das Buch aber nach Österreich-Ungarn ausgeführt werden dürfe, jedoch nicht in die Schweiz und das neutrale Ausland. (Briefe im KWA).

[342] Wolff an Hasenclever, Brief vom 15. 11. 1916, KWB, S. 253.

[343] Meyer an Schickele, Brief vom 17. 1. 1916, KWB, S. 203.

[344] Vgl. Hans von Weber: Papiernot. In: Der Zwiebelfisch, 9. Jg., 1918, Heft 1/2, S. 45.

[345] Wolff an Starke, Brief vom 10. 1. 1917, KWA.

Michel zu verlegen, daß er »eigentlich im Augenblick neue Bücher neuer Autoren gar nicht annehmen dürfte, da mich die außerordentlichen Herstellungsschwierigkeiten, insbesondere die Papiernot, schon außer Stande setzen, einen Teil der dringend erforderlichen Neuauflagen der ständigen Verlagsautoren fertig zu stellen.«[346] Drei Wochen später schrieb S. Fischer an Schnitzler: »Bei Cotta sollen die meisten Werke fehlen. Man erzählt mir, daß der Verlag Wolff die Werke von Heinrich Mann nicht drucken kann.«[347] Bevorzugt wurden in erster Linie die Stammautoren. »Was die Herstellung an sich angeht, so ist es doch selbstverständlich, daß für ein solches Buch unter allen Umständen Papier freigemacht werden muß und kann«[348], beruhigte Wolff Franz Werfel, als dieser ihm im Mai 1918 die Vollendung seines *Gerichtstages* mitteilte. Werfels Vater als Lederhandschuhfabrikant wurde von Wolff eingeschaltet, um das rar gewordene Leder für Bucheinbände zu beschaffen, und, da die Ausfuhr dieses knappen Rohstoffes aus dem österreichischen Böhmen verboten war, schlug Wolff vor, die Bücher gleich dort zu binden, zumal ein Teil ja in Österreich selbst verkauft werden sollte[349].

Etwas später als S. Fischer[350] verfiel Wolff schließlich auf den Ausweg, eine Filiale in Wien zu gründen. Georg Heinrich Meyer erläuterte Kafka in einem Brief vom 13. September 1918 diesen Ausweg, die Schwierigkeiten der Buchherstellung zu lösen. »Diese Schwierigkeiten [...] sind bestimmend gewesen, daß wir eine Zweigstelle in Österreich unter der Firma ›Kurt Wolff Verlag in Wien‹ errichten werden. Hierdurch hoffen wir in die Lage zu gelangen, wieder einige Bewegungsfreiheit in unserer Produktion zu bekommen. Unter der Firma ›Kurt Wolff Verlag in Wien‹ wollen wir namentlich die neuen Bücher unserer österreichischen Autoren auf den Markt bringen [...]. Dem *deutschen Buchhandel* gegenüber läuft alles unter der Firma Kurt Wolff Verlag weiter. Die Wiener Zweigstelle soll in erster Linie eine Handhabe sein, daß wir auch in Österreich ein Papierkontingent bekommen.«[351] Meyer, der im Oktober 1918 diese Errichtung einer Filiale noch ernsthaft betrieb, gründete zwar seine Zweigstelle des Verlages Meyer & Jessen[352], doch der Wolffsche Gründungsplan wurde bei dem kurz darauf folgenden Kriegsende vermutlich fallen gelassen.

Da zugesagte Papierzuteilungen nicht rechtzeitig eintrafen und die herstellenden Betriebe, personell unterbesetzt, mit den Aufträgen nicht zurechtkamen, konnten die Auslieferungstermine oft nicht eingehalten werden. Peinliche Pannen führten zu Unmutsäußerungen der Autoren und Prozeßdrohungen. So klagte Albert Ehrenstein, daß von seinem in 300 numerierten Exemplaren gedruckten Lyrikband *Der Mensch schreit* Nummern über 300 im Handel kursierten, fühlte sich um sein Honorar betrogen und wollte den Schutzverband anrufen. Wolff mußte dem aufgebrachten Autor klarmachen, daß der Verlag durch diesen »Unfug«, der in der Buchbinderei Hübel & Denck durch ungeschultes Aushilfspersonal angestellt worden sei, ja selbst in seinem Ansehen bei den Käufern geschädigt würde. »Vor diesen nämlich ist der Verlag ziemlich blamiert, wenn es im Druckvermerk heißt: ›einmalige Auflage von 300 numerierten Exemplaren, von denen dies das Exemplar Nr. 318‹.«[353] In der Zählung waren versehentlich 45 Nummern ausgelassen worden, die zu der Numerierung über 300 führten.

Vielen Autoren konnten die Herstellungsschwierigkeiten nicht recht begreiflich gemacht werden, sie fühlten sich vom Verlag vernachlässigt und zurückgesetzt, wenn ihre Bücher verspätet erschienen oder zurückgestellt wurden. John Freeman, dem zunächst die »alle Eventualitäten ins Auge fassende Schnelligkeit in der Abwicklung der Geschäftskorrespondenz« bei Wolff imponiert hatte[354], beschwerte sich bei Wolff in einem groben Brief: »Es ist heute also glücklich der 13. Dezember! Ist mein Roman ›Michel‹ erschienen? Keine Ahnung. Diese permanente Obstruktion ist das Unglaublichste, was ich jemals erlebt habe. [...] Aber ist denn das auch anders denkbar, wenn dort, wie mir das am 28. Oktober unumstößlich klar geworden ist, das Interesse für meinen Roman total erlahmt, das Verständnis erloschen ist. Das ist für mich unwiderleglich.«[355] Erst nach Erscheinen des Buches (Dezember 1918) fand der Autor zu einem sach-

---

[346] Brief im KWA.
[347] Fischer an Schnitzler, Brief vom 23. 4. 1918. Zit. nach Peter de Mendelssohn: S. Fischer, S. 773.
[348] Wolff an Werfel, 17. 5. 1918, KWB, S. 121 f.
[349] Korrespondenz Wolffs mit Rudolf Werfel zwischen 16. 10. 1917 und 5. 11. 1917, KWA.
[350] Zu der österreichischen Zweigstelle S. Fischers vgl. Peter de Mendelssohn: S. Fischer, S. 774–777.
[351] KWB, S. 47 f.

[352] Am 11. 10. 1918 schrieb Wolff noch an Luise Vogel: »Die Angelegenheit der Errichtung einer Wiener Zweigstelle des Kurt Wolff Verlags wird von Herrn Meyer bearbeitet«. (Handschriften-Sammlung der Stadtbibliothek München). Zu der Wiener Filiale Meyers vgl. Kapitel 4.2, Anm. 74.
[353] Wolff an Hasenclever, der zwischen dem aufgebrachten Autor und dem Verleger vermittelte. Brief vom 9. 7. 1918, KWA.
[354] Freeman an Wolff, Brief vom 7. 4. 1918, KWA.
[355] Freeman an den KWV, Brief vom 13. 12. 1918, KWA.

licheren Geschäftston zurück und gab schließlich im März 1919 zu, daß Wolff sich für eine schnelle Fertigstellung des Buches eingesetzt habe, und sein moralisches Schuldkonto bei dem Verleger deshalb hoch sei[356].

Gegen einen dritten kriegsbedingten Faktor der Buchproduktion führte Wolff einen verzweifelten Kampf, den er unweigerlich verlieren mußte. Die Herstellungspreise waren 1917 schon so weit gestiegen, daß Hans von Weber im Januar 1918 im *Zwiebelfisch* folgende Bilanz zog: »Für das Papier zahlt man je nach Stoff drei- bis sechsmal so viel wie im Frieden. – Besonders schöne Sorten wie Bütten- und Japanpapiere werden überhaupt nur noch zu Phantasiepreisen hergegeben. – Alle Rohstoffe des Buchbinders sind ebenso wie die Arbeitslöhne bis zur Unmöglichkeit im Preise gestiegen. Leim z. B. kostet das 200- oder 300fache gegen früher, Leinen oder gar Leder und Pergament zu erhalten ist fast nur noch im Traum möglich.«[357] Noch wußte niemand, was in den nächsten Jahren an Preissteigerungen folgen sollte, und noch war der Begriff »Inflation« unbekannt.

Der Sortimentsbuchhandel begann Ende 1917 einen Teuerungszuschlag von 10 Prozent zu erheben, und auch die Verlage sahen sich gezwungen, durch ähnliche Teuerungszuschläge ihre gestiegenen Produktions- und Vertriebskosten auszugleichen. Wolff versuchte noch 1918, seine Preise konstant zu halten[358]. Die Serie *Der Neue Roman* war schon 1916 so kalkuliert worden, daß zwischen Bücher, die mit einem prozentualem Honorar von jedem abgesetzten Exemplar belastet wurden, Bände eingefügt wurden, die kein Honorar oder nur ein geringes Pauschalhonorar kosteten[359]. Die Almanache von 1918 wiesen für die broschierten Exemplare noch den gleichen Preis aus wie 1916, lediglich das gebundene Exemplar war von 4,50 Mark auf 5,- Mark angehoben worden. Die Reihe *Der Jüngste Tag* war zunächst durch den uniformen Kartonumschlag 1917 in der Herstellung verbilligt worden. Am 20. August 1918 bekannte Wolff, daß diese, in der broschierten Ausgabe unverändert 80 Pfennige kostende Reihe »tatsächlich aus einer Marotte von mir unter dem Herstellungspreis verkauft wird«[360]. Auch die *Neuen Geschichtenbücher* waren 1918 im Preis unverändert geblieben, doch Wolff konnte die Entwicklung nicht aufhalten. Im Juni 1918 schrieb Heinrich Mann schon beunruhigt: »Der Buchhändler Herr Jaffe macht mich darauf aufmerksam, daß der Absatz meiner Bücher neuerdings nachlasse – wie er sagte, durch die Schuld der theuren Einbände, besonders der ausgelieferten zu 12 Mark.«[361] Im Herbst 1919 kostete der *Jüngste Tag,* der nur noch in der gehefteten Ausgabe geliefert wurde, 1,25 Mark, der *Neue Roman* broschiert 5,- Mark (geb. 7,50 Mark) und die *Neuen Geschichtenbücher* 3,- Mark (geb. 5,50 Mark). Und dies war erst der Anfang der kommenden Preisentwicklung.

Daß Wolff gerade in dem ersten Jahr der ernsthaften wirtschaftlichen Bedrohung, 1917, seinen Aktionskreis erweiterte, indem er die Gewinne seines Verlages durch Aufkäufe anderer Firmen und Verlagsbestände band, wird uns in den folgenden Kapiteln beschäftigen. Doch hatten diese Aufkäufe ebenfalls Rückwirkungen auf das Verlagsprofil und machten eine Straffung und Neugliederung des bedrohlich in die Nähe von Georg Müllers »Literaturwarenhaus« rückenden Verlages notwendig. Franz Kafka, der den Literaturwissenschaftler Josef Körner wegen einer Publikation für den Kurt Wolff Verlag beriet, äußerte: »Irgendwie muß man aufschreien, damit ein solcher unter Autoren begrabener Verleger zuhört.«[362]

Im Jahre 1916 war nach dem ersten Gesamtverzeichnis von 1913 ein zweites erschienen, mit einem Umfang von 150 Seiten. Zwar wurde hier für einzelne Titel durch Abdruck von Rezensionen viel Raum beansprucht, doch enthält das Verzeichnis immerhin über 410 erschienene oder als Neuerscheinung angekündigte Einzeltitel, und sogar Werfel, der die Verlagsproduktion doch kennen mußte, fand, der Katalog sei »ja unheimlich in diesen paar Jahren angeschwollen«[363]. Nur etwa die Hälfte davon war jedoch Eigenproduktion, denn aus dem Ernst Rowohlt Verlag waren 107 Bücher und Mappenwerke übernommen worden, und die Übernahmen von Meyer & Jessen, Paul Cassirer, Axel Juncker, dem Insel-Verlag und vor allem die Reihen von Marquardt & Co. ergaben noch einmal rund 100 Titel. Allein von Paul Cassirer waren im Zuge der Übernahme von Heinrich Manns Gesamtwerk auf Wunsch Cassirers weitere 20 Bücher pauschal in den Besitz Wolffs gelangt, »Titel, deren Ein-

---

[356] Freeman an Wolff, Brief vom 19. 3. 1919, KWA.

[357] Hans von Weber: Der Tanz um's teure Buch. In: Der Zwiebelfisch, 9. Jg., 1918, Heft 1/2, S. 16 f.

[358] Einen generellen Teuerungszuschlag mußte er allerdings auch erheben. Nach einer Tagebuchnotiz Ende Februar 1918 betrug der Zuschlag auf die 3,50 Mark-Serie *Der Neue Roman* + 1,- Mark.

[359] Vgl. Wolff an Mann, Brief vom 28. 10. 1916, KWB, S. 227.

[360] Wolff an Hasenclever, Brief vom 20. 8. 1918, KWA.

[361] Mann an den KWV, Brief vom 14. 6. 1918, DLA.

[362] Kafka an Körner, undat. Brief (Ende Januar 1918). In: Franz Kafka. Briefe 1902–1924. = Gesammelte Werke 9, S. 228.

[363] Werfel an Meyer, undat. Brief (nach 21. 6. 1917), KWA.

zelübernahme für KWV an sich nie in Frage gekommen wäre.«³⁶⁴ So kam Erich Mühsam zu Kurt Wolff, Hermann Bahrs *Tagebuch*, Peter Baum und Ludwig von Hatvany, Walter Netto und Arthur Neustadt, Joachim Zimmermann und die *Gesammelten Schriften* von Georg Büchner.

Der Verlag der jungen deutschen Literatur drohte aus den Fugen zu gehen und sein charakteristisches Gesicht zu verlieren. »[...] glauben Sie nicht auch, daß es vor Gott hoch an der Zeit ist, daß wir etwas Zusammenhängenderes und Absoluteres tun müßten, als wir bisher getan haben«, schrieb Werfel in einem recht delphischen Brief im November 1916 an Wolff: »Es ist Schuld der Generation, und nicht Ihre, wenn der Verlag an diesem und jenem Punkt ohne die letzte einheitliche Straffheit ist.«³⁶⁵ Sicher war es Schuld der Generation, daß der Expressionismus sich nicht zu einer einheitlichen Stoßrichtung entwickelte, sondern sich zersplitterte, doch lag die Wucherung des Verlages an der Führung Wolffs, der erst nun, gezwungen durch die Produktionsbedingungen, dem Autorenzustrom Einhalt gebot.

In einem Brief an Siegfried Jakobsohn, den Herausgeber der *Schaubühne*, versuchte Wolff den inneren Wandel seines Verlages zu begründen. Jakobsohn trug Wolff im Juni 1917 die Verlagsübernahme seines Jahrbuches *Das Jahr der Bühne* an, und Wolff lehnte ab: »Während der letzten zwei Jahre, der Zeit einer mich fast erschreckenden raschen Entwicklung meines Verlages, war es mein persönlichstes besonderes Bemühen, dem Verlag das zu geben, was man eine Physiognomie nennt. [...] ich selbst bin mit dem Ergebnis noch nicht annähernd zufrieden. Aus der ersten Zeit der Verlagstätigkeit schleppe ich noch Manches mit, was in den Rahmen *des* Verlages, den ich vor mir sehe, und den ich auch einmal auf- und auszubauen hoffe, nicht hineinpaßt.«³⁶⁶ Der Wunsch, diese Physiognomie zu verdeutlichen, habe zu dem Grundsatz geführt, nur noch dichterische Produktion zu veröffentlichen, auch wenn diese selbst gewählte Einseitigkeit ihn, den Verleger, zum Verzicht auf manches gute Buch gezwungen habe.

Wolff begann nun in der zweiten Kriegshälfte energisch, seinen Verlag zu straffen, was die beiden Almanache des Jahres 1918, *Das Neue Geschichtenbuch* und *Die Neue Dichtung* verdeutlichen. Bei den Beiträgen der nur noch 11, beziehungsweise 15 Autoren handelt es sich – abgesehen von Hermann Harry Schmitz, Ossip Dymow und Max Brod – ausnahmslos um die »klassischen« expressionistischen Autoren des Verlages: Werfel, Kafka, Hasenclever, Robert Walser, Trakl und den Vorläufer Carl Hauptmann. Hinzu kamen die Neuerwerbungen der letzten Jahre: Heinrich Mann, Gustav Meyrink, Petr Bezruč, Kasimir Edschmid, Franz Jung, Martin Gumpert, Rudolf Leonhard, Gottfried Benn, Johannes R. Becher, Ludwig Meidner, Hans von Flesch und Fritz von Unruh. Mynona, Arnold Zweig und der inzwischen aus dem Verlag ausgeschiedene Herbert Eulenberg waren ebenfalls mit je einem Beitrag vertreten.

Kunsthistorische Beiträge, die die späteren Almanache auszeichneten, Proben aus bibliophiler Produktion, aus Neudrucken älterer Literatur, aus Gesamtausgaben ausländischer Autoren fehlen völlig in diesen Almanachen, die das Verlagsprofil repräsentieren sollten. Vielmehr vermittelten diese Almanache eine kleine, aber bewußte Auswahl der »expressionistischen Generation«, deren Einheit Kurt Pinthus noch einmal in seinem Nachwort *Rede an junge Dichter* beschwor. Gemeinsamkeit der Bewegung, die, ungebrochen durch das Kriegserlebnis, gegen die Zeit schreibe, sei es, den Menschen zu ändern. Auch die entschiedene Hinwendung zum Politischen sei gemeinsamer Zug der Generation. »Ihre Aufgabe also ist: durch das Mittel des Worts den Geist auf den Menschen wirksam werden zu lassen, um den Menschen zur Tat zu bewegen. Das Reich des Geists durch Gefühlserregung und Vernunft in der Wirklichkeit zu manifestieren.«³⁶⁷

Auffälliger noch als die Reduktion der Almanache auf wenige Beiträger ist die Gliederung des Verlagsprogramms in den angehängten Verlagsverzeichnissen der Almanache. Hatte schon 1916 der Almanach *Vom jüngsten Tag* die – auch durch andere Zeugnisse bestätigte – Dominanz der gleichnamigen Reihe im Verlagsprogramm angezeigt, so verschob sich das Gewicht 1917 auf den *Neuen Roman*, was ebenfalls durch einen Almanach hervorgehoben wurde. 1918 waren es die *Neuen Geschichtenbücher*, die gleichwertig neben dem *Neuen Roman* standen. Neben diesen Verlagsreihen, denen noch die Rubriken *Neue Dramen*, *Neue Lyrik* und die Reihe *Die schwarzen Bücher*

---

³⁶⁴ Wolff in den Anmerkungen zu dem *Alphabetischen Verzeichnis der Bücher, Mappenwerke, Zeitschriften, Graphik, sowie der Verlagsrechte, die der Kurt Wolff Verlag und die ihm angegliederten Betriebe [...] bis Ende 1930 veröffentlicht, vertrieben oder erworben haben.* S. 2. Typoskript im Besitz von Maria Stadelmayer-Wolff.
³⁶⁵ Werfel an Wolff, Brief vom 23. 11. 1916, KWB, S. 116.
³⁶⁶ Wolff an Jacobsohn, Brief vom 15. 6. 1917, KWA. Auszugsweise abgedruckt in KWB, S. XXXV.

³⁶⁷ Kurt Pinthus: Rede an junge Dichter. In: Die neue Dichtung. Ein Almanach. KWV 1918, S. 141. – S. auch Kapitel 6.1, Sp. 827 f.

Abb. 23: *Die drei Almanache der zweiten Kriegshälfte. – Umschlagzeichnungen von Emil Preetorius. Die Einbände unterscheiden sich nur durch die Farben:* Der Neue Roman *1917 (gelb),* Das Neue Geschichtenbuch *1918 (rot),* Die Neue Dichtung *1918 (grün)*

hinzuzufügen wären, wurden außer den Gesamtausgaben Carl Hauptmanns, Heinrich Manns und Gustav Meyrinks nur noch wenige Bücher von Mechtild Lichnowsky und Robert Walser angezeigt. Handelte es sich bei diesen Verzeichnissen zwar nur um eine Auswahl, macht sie dennoch den Gegenschlag des Pendels deutlich: durch die wirtschaftlichen Verhältnisse zu bewußterer, sparsamer Produktion gedrängt, besann sich der Verlag auf seine eigentlichen Schwerpunkte.

Außerhalb dieser Reihengruppierung, die alle, bis auf die *Schwarzen Bücher*, den Charakter der Avantgarde trugen, erschienen 1917 nur sechs Titel. Und hier handelte es sich um Bücher wie *Drei Briefe an einen Knaben* von Lou Andreas-Salomé, die Wolff Rilke zu Gefallen verlegte[368], drei Titel von und über Ernst Ludwig von Hessen, den Gönner und Förderer von Wolffs Verlagsplänen, das seit 1915 vorbereitete Buch Auguste Rodins über *Die Kathedralen Frankreichs* und eine von Albert Ehrenstein vermittelte kleine Auflage von Victor von Dirsztays *Lob des hohen Verstandes*[369]. 1918 war dieses strenge Klassifikationsprinzip zwar wieder aufgelockert, doch wurden die außerhalb der Reihen erschienenen Bücher auch in den nächsten Jahren in Prospekten thematisch – meist in einer fiktiven Gruppenbildung – vorwiegend unter dem werblichen Aspekt zusammengefaßt, dem Publikum durch diese Einordnung die Auswahl zu erleichtern.

Was als »Markenzeichen«, als fester Begriff sich einbürgern sollte, die nach dem *Jüngsten Tag* wichtigste Verlagsreihe *Der Neue Roman*, ist nicht nur vordergründig als Werbemaßnahme Meyers zu verstehen: diese in Massen ausgestoßene billige Buchreihe des modernen Romans ist auch unter literarhistorischem Aspekt bedeutsam. Die literaturwissenschaftliche Forschung in der Soergel-Nachfolge hat die expressionistische Prosa lange als dem Drama und der Lyrik nachstehend und als unbedeutender behandelt. Erst in jüngster Zeit wird dieses Bild revidiert. Armin Arnold hat gezeigt, daß die Beachtung der Zeitgenossen sich entgegensetzte zur Wertung retrospektiver Literaturgeschichtsschreibung vollzog. »Der Prosa, speziell dem Roman, wandte man hingegen die größte Aufmerksamkeit zu. In Sachen Drama und Lyrik hatte man kein Inferioritätsgefühl, kein Nachholbedürfnis. Was aber den Roman betraf – da wußte man nur allzugut, daß man es bisher mit den Russen, Franzosen und Engländern nicht hatte aufnehmen können. [...] Der Expressionismus sollte ihn nachliefern: den deutschen Roman. [...] Um 1915 hielten die meisten Kritiker ihre Fühler in Richtung Expressionismus ausgestreckt.«[370]

---

[368] Vgl. Kurt Wolff: Lou Andreas-Salomé. In: gehört gelesen. Die interessantesten Sendungen des Bayerischen Rundfunks. Nr. 10, Oktober 1963. S. 1180 f.

[369] Wolff ließ sich gelegentlich von Freunden dazu überreden, solche essayistischen Publikationen zu verlegen. Eugen Loewensteins *Nervöse Leute* (1914) gehört ebenfalls zu diesen, aus dem Rahmen des literarischen Programms fallenden Büchern.

[370] Armin Arnold: Prosa des Expressionismus, S. 17.

Vor allem Heinrich Mann galt vielen als Vorbild und als der deutsche Nachfolger Flauberts, Zolas und Dostojewskijs. »Der neue Roman, europäisch, unbürgerlich und revolutionär, hat im Werk Heinrich Manns die Idee auf sich genommen: die Renaissance der Menschheit, die Auferstehung«, verhieß Rudolf Leonhard in dem Almanach *Der Neue Roman*[371].

Wolff lieferte nun die Reihe, die dieser Vorstellung des großen europäischen Romans deutscher Prägung entsprechen sollte. »Nicht eingeengt durch Vorurteile literarischer, politischer, nationaler Art«, war sie von vornherein dazu ausgerichtet, den Anschluß an die europäische Literatur zu finden und mit der vorausgegangenen deutschen Literatur zu brechen. »Heute bedeuten die ›gelben Romane‹ das Programm einer neuen bedeutsamen Bewegung, die sich unter Wahrung aller individuellen Willensrichtungen und Ziele bewußt von der naturalistischen Literatur-Epoche ablöst: neuen romantischen, tiefen, geistigen Zielen zu.«[372] Neben den Romanen Heinrich Manns, Gustav Meyrinks, Carl Hauptmanns, Herbert Eulenbergs, Arnold Zweigs und Kasimir Edschmids Novellen wurde der Akzent schon bei der Gründung der Reihe auf ausländische Literatur gesetzt. Gustave Flauberts Roman *November*, 1914 erstmals in französischer Sprache erschienen, war unter den ersten 25 Bänden. Der Russe Ossip Dymow wurde aufgenommen und Maxim Gorkis *Drei Menschen*. Von Anatole France erschienen mehrere Romane. Die Anschlußsuche an die europäische Literatur zeigte sich verstärkt nach dem Kriege. Die Reihe wandte sich vom Expressionismus immer mehr ab und dem realistischen Gesellschaftsroman zu.

Noch bevor Rowohlt mit seiner Balzac-Ausgabe Triumphe feiern konnte, erschien hier *Der Vetter Pons*; Wolff gab Aage von Kohl, Nikolaus Leskow, den Roman *Die Reliquie* des portugiesischen Erzählers Eça de Queiroz, Maurice Renards *Doktor Lerne* und den *Storchkalif* des Ungarn Michael Babits heraus. Schließlich erschienen Anfang der zwanziger Jahre Romane von Knut Hamsun, Charles Louis Philippe und Romain Rolland. Zwar publizierten Carl Sternheim, Franz Werfel und Ernst Weiß noch im *Neuen Roman*, doch das Übergewicht der Übersetzungen war so stark, daß Wolff um 1922 die Reihe teilte und eine zweite *Der europäische Roman* begann, ehe 1924 beide Reihen eingestellt wurden.

Die 1917 ins Leben gerufene Reihe der *Neuen Geschichtenbücher* unterschied sich in der Auswahl und der Ausstattung durch nichts von dem *Neuen Roman*. Lediglich »der ein wenig geringere Textumfang der einzelnen Bände ermöglichte es dem Verlage jedoch, den Preis der Bücher erheblich niedriger anzusetzen.«[373] Tatsächlich war es wohl eher eine Frage der Preiskalkulation, daß der Roman Hermann Kessers *Die Stunde des Martin Jochner* unter *Neue Geschichtenbücher* lief, während Kasimir Edschmids Novellen *Die sechs Mündungen* im *Neuen Roman* erschienen. Originalbeiträge erschienen nur wenige in dieser Sammlung; sie war vielmehr eine Zusammenfassung der seit der Ära Rowohlt erschienenen kürzeren Prosabücher über Herbert Eulenbergs *Sonderbare Geschichten* (ERV 1910), Georges Rodenbach und Frána Šrámek (ERV 1913) bis Ernst Sylvester (*Peter van Pier* 1916) und Mechtild Lichnowsky (*Der Stimmer* 1917), deren Absatz durch die Aufnahme in die Reihe neu belebt werden sollte.

Auch im *Jüngsten Tag* nahm der Anteil der Prosa gegenüber der Lyrik während des Krieges zu. Verzeichnete die Reihe noch 1916 Einschläge zum Surrealistischen, zur Groteske – etwa bei Brods Gespenstergeschichte *Die Stunde nach dem Tode*, bei Mynona mit seinen bizarren, tiefgründigen Erzählungen, bei Kafkas *Verwandlung* und dem *Urteil*, bei Hans Reimanns Grotesken *Kobolz* – so nahmen gegen Kriegsende die mystisch-religiöse, die messianische Dichtung des Expressionismus und die Legendendichtung zu. Sie blieben bestimmend bis zum Ende der Reihe 1921. Aus der großen Zahl der über 40 zwischen 1917 und 1921 erschienenen Bändchen seien nur einige, schon im Titel charakteristische Beispiele genannt: Franz Jung: *Gnadenreiche, unsere Königin* (Bd 42), Mechtild Lichnowsky: *Gott betet* (Bd 56), Francis Jammes: *Das Paradies* (Bd 58/59), Alexej Remisow: *Legenden und Geschichten* (Bd 60/61), Hans Arthur Thies: *Die Gnadenwahl* (Bd 70), Oskar Schürer: *Versöhnung. Gesänge und Psalmen* (Bd 71), Johannes R. Becher: *Zion* (Bd 82) und schließlich Rudolf Kayser: *Moses Tod. Legende* (Bd 86).

Die in den Verzeichnissen der Almanache von 1918 angegebene Rubrik *Neue Lyrik* war ebensowenig wie die *Werfel-Tagore-Serie*[374] und die von Werfel in einem Brief an Wolff 1917 erwähnte Serie *Neue Dichtungen*[375] eine

---

[371] Rudolf Leonhard: Das Werk Heinrich Manns. In: Der Neue Roman. Ein Almanach, S. 108.

[372] Die neue Dichtung. Verlagsverzeichnis. In: Der Neue Roman. Ein Almanach, S. 3.

[373] A. a. O., S. 20.

[374] Vgl. Kapitel 4.3, Sp. 712.

[375] Die *Neuen Dichtungen* (Vgl. Werfel an Wolff, undat. Brief – Eingangsvermerk: 7. 8. 1917 –, KWB, S. 118) wurden in den Katalogen nie als »Serie« angezeigt. Wolff ließ aber vermutlich zwischen 1917 und 1920 für eine Reihe von Büchern blaue Schutzumschläge drucken, die diesen Aufdruck trugen. So schrieb der Hersteller Seybicke am 16. 7. 1920 an

NIKOLAUS GOGOL
DER ZAUBERER

*Mit Holzschnitten von
Karl Thylmann*

LEIPZIG

KURT WOLFF VERLAG

Abb. 24: *Die Erzählung* Der Zauberer *mit 10 Holzschnitten von Karl Thylmann, Leipzig 1918.* – Frontispiz *(Holzschnitt von Karl Thylmann und Innentitel)*

wirkliche Buchreihe oder Sammlung. Der Verlag versuchte hier lediglich – wie auch bei den *Neuen Dramen* – durch einheitliche Preisgestaltung der zwischen 1913 und 1918 individuell erschienenen Bücher eine einprägsame Übersicht für Sortiment und Publikum zusammenzustellen, die 1919/20 bereits wieder aufgegeben wurde. Eine echte Reihe war jedoch die Serie der *Schwarzen Bücher*, die die einzige bibliophile Produktion des Verlages im Krieg darstellte, sieht man von den parallel zu den Normalausgaben veranstalteten Vorzugsausgaben einzelner Dichter einmal ab.

Die beiden letzten Kriegsjahre wie auch die Inflationsjahre waren eine ausgesprochene Hochkonjunktur für Luxusdrucke. Die Verleger mußten allgemein überrascht feststellen, daß der Absatz ihrer Bücher durch die Preissteigerungen nicht litt, und Heinrich Manns Sorge über den zu hohen Preis seiner Bücher war sicher unbegründet. Lebensmittel, Heizmaterial, Dinge des täglichen Bedarfs waren knapp oder unerhältlich, und das Publikum legte sein von der Entwertung bedrohtes Geld in »Sachwerten« an und war bereit, auch für Bücher mehr Geld auszugeben als in normalen Zeiten. So herrschte die paradoxe Situation, daß die Verleger ihre Produktion drosseln mußten, weil sie kein Herstellungsmaterial hatten, zugleich aber Bücher, vor allem teure Bücher, mehr gefragt waren als je zuvor. »Auf dem Büchermarkte ist ein wahrer Wahnsinn ausgebrochen. Preise werden verlangt und geboten von schwindelnder Höhe, Neuausgaben werden gedruckt, für die ein Bedürfnis kaum vermutet werden kann, die aber trotzdem den Verlegern nur so aus den Händen gerissen werden«[376], konstatierte Hans von Weber und wetterte, wie immer eifrig über das buchkünstlerische Niveau des Buchmarktes wachend, gegen

Werfel: »Der blaue Schutzumschlag ›Neue Dichtungen‹, den wir bisher verwendet haben, fällt schon jetzt fort und wir sind schon dabei, in der Druckerei Satzproben für einen einheitlichen Werfel Umschlag machen zu lassen.« (KWA).

[376] Hans von Weber: Der Tanz um's teure Buch. In: Der Zwiebelfisch, 9. Jg., 1918, Heft 1/2, S. 16.

die *Luxusdruckfabriken*, gegen schlecht gemachte, rasch die Konjunktur ausnutzende pseudo-bibliophile Ausgaben[377].

Wolff hatte sich schon 1914 für eine Dostojewskij-Ausgabe interessiert, kam damit aber Reinhard Piper ins Gehege, der eine Gesamtausgabe herausbrachte, und entschloß sich deshalb, nur die Erzählung *Das junge Weib* als Luxusdruck mit Radierungen von Wilhelm Thöny 1918 herauszugeben[378]. Seit dem Eintritt Hans Mardersteigs in den Verlag wurden die illustrierten Ausgaben verstärkt gefördert und vor allem zeitgenössische Künstler herangezogen. So fragte Mardersteig im Oktober 1917 bei Ludwig Meidner an, ob er nicht Lust habe, ein Buch für Wolff zu illustrieren. »Unser Wunsch entspringt nämlich dem Gedanken, daß wir in unsrer Zeit merkwürdig wenig gut illustrierte Bücher haben. Aus der alten Generation gibt es noch Slevogt, der ja ein genialer Illustrierer ist [...]. Warum sollte man nicht ein Buch aus unserer Zeit mit Illustrationen von einem Künstler, der auch in unserer Zeit steht, schmücken können?«[379] Deutlichster Ausdruck dieser Bemühungen um das illustrierte Buch während des Krieges war die Reihe *Die schwarzen Bücher,* die ihren Namen nach dem schwarzen, mit Goldprägung versehenen Einband trugen. Diese limitierten Luxusausgaben waren mit Originalgraphiken des mit 29 Jahren gefallenen Karl Thylmann ausgestattet; Ottomar Starke mit seinen Illustrationen zu Sternheim[380], Hugo Steiner-Prag mit seinen *Golem*-Illustrationen und später Richard Seewald, Emil Preetorius, Alfred Kubin, Paul Klee, George Grosz, Karl Caspar und Rudolf Großmann beteiligten sich an der Reihe, die 1919 einprägsamer umbenannt wurde in *Die graphischen Bücher. Eine Sammlung illustrierter Werke in Luxusaustattung*. Literarisch brachte die Reihe sowohl moderne Verlagsproduktion wie romantische deutsche und ausgewählte ausländische Literatur.

Zusammenfassend läßt sich sagen, daß das Programm der zweiten Kriegshälfte mit der erneuten Öffnung nach der europäischen Literatur hin an die vor dem Krieg für den *Jüngsten Tag* formulierten Ziele anknüpfte: die neue, junge, nicht an Landesgrenzen gebundene Literatur als Spiegel der Zeit zu verlegen. Dies war während der ersten Kriegshälfte nicht möglich gewesen. In der Programmgestaltung ist eine Verschiebung der Gewichte von der Lyrik auf die Prosa, vor allem den Roman, zu erkennen. Neben den »jüngsten« Dichtern konnte Wolff inzwischen auf einen (kleinen) Autorenstamm und einige »renommierte« Namen zurückgreifen. Auffällig ist die Straffung und Gliederung des Programms in Reihen und Sammlungen, die das Verlagsprofil wieder konturieren sollten, das durch die wuchernde Produktion und die Übernahmen etwas verlorengegangen war. Erste Verschiebungen weg von der expressionistischen Literatur lassen sich in der Gründung einer Kunstabteilung (1917) und in dem Neuaufbau eines schmalen bibliophilen Programms erkennen. Noch deutlicher ist die Interessenverlagerung Wolffs in den Verlagsdependancen zu erkennen, deren Gründung ebenfalls in die zweite Kriegshälfte fällt.

5 Expansionstendenzen

Das erste Jahr nach Wolffs Rückkehr aus dem Krieg, das Jahr 1917, wurde die Zeit der aktivsten und vielseitigsten verlegerischen Pläne und Neuansätze. Zwar wurde die literarische Produktion des Kurt Wolff Verlages gedrosselt und das Programm von Ballast befreit[1], doch hatte Wolff seine Arbeitsenergie und seinen Expansionsdrang durch den Krieg keineswegs eingebüßt, sondern nur auf andere Unternehmungen verlagert. In einem Interview von 1962 erklärte Wolff die Motive für die damalige Ausweitung seiner verlegerischen Pläne: »Ich wollte – das liegt ja an den jungen Jahren – ›mehr, mehr‹ machen. Und so viele Autoren gab's nun auch nicht für den belletristischen Verlag. Das Mehr aber hätte das Gesicht des originalen Kurt Wolff Verlags irgendwie verändert,

---

[377] Hans von Weber: Luxusdruckfabriken. In: Der Zwiebelfisch, 9. Jg., 1918, Heft 1/2, S. 6 f.

[378] Wilhelm Thöny hatte die Radierungen zu der Novelle *Das junge Weib* schon 1914 gemacht. Die Ausgabe mußte bei Kriegsausbruch liegen bleiben. Als es Ärger mit Piper gab, wollte Wolff das Projekt zunächst aufgeben, da aber auch andere Verlage mit Dostojewskij-Ausgaben begannen und der Vertrag mit Thöny vorlag, entschloß er sich, die Novelle doch herauszubringen. Piper gestattete schließlich sogar den Abdruck seiner Übersetzung. (Meyer an Ottomar Starke, Brief vom 28. 6. 1915, KWA).

[379] Mardersteig an Meidner, Brief vom 23. 10. 1917, KWA.

[380] Ottomar Starke: Schippeliana. Ein bürgerliches Bilderbuch. Mit einem Vorwort von Carl Sternheim. KWV 1917.

[1] Erstaunlicherweise hat Wolff ältere, schlechtgehende Bücher, die in sein Verlagsprofil nicht mehr paßten, nur in den seltensten Fällen verramscht. Meist schob er sie in die Seitenverlage Verlag der Weißen Bücher und Hyperion-Verlag ab.

verdünnt, verschoben. Das war der Grund, daß ich nach anderen Namen, Formen suchte.«[2]

Experimentierfreude, eine grundsätzliche Neugier und Aufgeschlossenheit für noch nicht Erprobtes, eine Witterung für Dinge, die in der Luft lagen und auf der Kehrseite ein ebenso rasches Fallenlassen von Eingefahrenem, Konsolidiertem – im Zusammenhang mit dem Exodus der Autoren aus dem Kurt Wolff Verlag werden wir noch davon zu handeln haben[3] – waren kennzeichnend für die Persönlichkeit Wolffs in diesen Jahren. Krisenjahre, und das Jahr 1917 war sowohl politisch-militärisch wie für den deutschen Buchhandel eine Tendenzwende zum Schlechten hin, Krisenjahre wirkten auf Wolff anspornend und führten zu Neuplanungen, so als wollte er seine Kräfte unter erschwerten Bedingungen besonders erproben und messen. Auch die Gründung des internationalen Kunstverlages *Pantheon Casa Editrice* fiel in eine Krisenzeit, in das Jahr 1924, in dem andere Verleger auf Absicherung und Rückzug, nicht auf weitere Ausdehnung ihrer Verlage bedacht waren.

Der Entschluß, dem Verlag eine Kunstabteilung anzugliedern, war nur der Auftakt zu der fast erschreckenden Ausdehnung der Wolffschen Verlagsfirmen im Jahre 1917. Um den Kernverlag Kurt Wolff als dem führenden Verlag der jungen Literatur gruppierte Wolff den Verlag Der Neue Geist als kulturpolitischen und zeitgeschichtlichen Verlag (Februar 1917) und den Hyperion-Verlag als ein der Bibliophilie und dem illustrierten Buch gewidmetes Unternehmen (Juli 1917). Der Hyperion-Verlag war bereits eine Fusion aus den Verlagen Hans von Webers und Julius Zeitlers und verfügte schon über ein breites Programm, das von Wolff weiter vertrieben und ausgebaut wurde. Schließlich ging am 1. Oktober 1917 der Verlag der Weißen Bücher ganz in Wolffs Besitz über.

Mit dem Verlag der Weißen Bücher gingen allerdings nicht, wie mehrfach behauptet, auch die Geschäftsanteile dieses Verlages an dem Tempel-Verlag an Wolff über. Die Anteile blieben im Besitz von Schwabach[4]. Seit 1916 betrieb Wolff jedoch als Seitenunternehmen den Verlag der Schriften von Karl Kraus, und 1924 wurde der Pantheon-Verlag als letzte Neugründung den Wolffschen Verlagen hinzugefügt. Der am 1. November 1918 in München gegründete Musarion-Verlag soll ebenfalls vorübergehend zu den Wolffschen Verlagsbetrieben gehört haben oder doch zumindest wirtschaftlich mit dem Kurt Wolff Verlag verflochten gewesen sein. Doch ist über Wolffs genaue Beteiligung an diesem Verlag nichts Definitives zu ermitteln. Im Jahre 1919 schließlich verhandelte der Verleger mit Georg Bondi wegen der Übernahme von dessen Verlag, die jedoch nicht zustande kam[5]. Ein verblüffender Gedanke: Kurt Wolff, der Verleger des Expressionismus, als Verleger Stefan Georges und seines Kreises ...

Wolffs unternehmerischer Expansionsdrang ging über den Ausbau und die Verzweigung seiner Verlagsfirmen noch hinaus. Es sei nur daran erinnert, daß er seit 1914 Teilhaber des Leipziger Schauspielhauses war. Er war, wie Kippenberg und S. Fischer, Mitglied der *Gesellschaft der Bibliophilen* und der bedeutsameren *Deutschen Gesellschaft*[6] und konnte aus den von dieser Vereinigung hergestellten Verbindungen zwischen Regierung und Parlamentsmitgliedern, Journalisten, Großindustriellen, Bankiers und Persönlichkeiten aus allen Gebieten des öffentlichen Lebens manches Kapital für seinen Verlag schlagen.

1918 übernahm Wolff zusammen mit Erich Noether die für ihn seit Rowohlts Anfängen häufiger arbeitende, wegen ihrer hervorragenden Leistungen berühmte Offizin Drugulin[7]. Die Druckerei war durch den Krieg, vor allem

---

[2] Kurt Wolff u. Herbert G. Göpfert: Porträt der Zeit im Zwiegespräch. In: Börsenblatt, 1964, S. 2057.

[3] Vgl. das Kapitel 7.1.

[4] Der Tempel-Verlag war 1909 von S. Fischer, Hans von Weber, Julius Zeitler und Eugen Diederichs als reiner Klassiker-Verlag gegründet worden, um die sogenannte »Doublettenmacherei« der konkurrierenden Verlage zu vermeiden. 1914 schied Hans von Weber aus, und an seine Stelle trat der Verlag der Weißen Bücher als Gesellschafter. Als Schwabach seinen Verlag an Wolff 1917 verkaufte, blieb er aber als persönlicher Gesellschafter am Tempel-Verlag beteiligt. (Hinweise aus den Adressbüchern des Deutschen Buchhandels 1909–1919).

Irrtümlich berichtet u. a. Georg Kurt Schauer (Deutsche Buchkunst 1890–1960, Hamburg 1963, Bd 1, S. 105), Wolff sei vorübergehend anstelle von Weber und Zeitler Gesellschafter gewesen.

[5] TB, Notizen im September 1919: »Versuche Übernahme Bondi Verlag«.

[6] Die *Deutsche Gesellschaft 1914*, eine Vereinigung aller führenden Kräfte des öffentlichen Lebens, spielte hinter den Kulissen eine nicht unwesentliche Rolle, da durch die laufenden und zwanglosen Beziehungen ihrer Mitglieder untereinander die deutsche Politik gerade in Krisensituationen oft wirksamer beeinflußt wurde als durch die zensurierte Presse. Neben Vertretern aus Literatur, Kunst und Musik wurden auch die Verleger Diederichs, Kiepenheuer, Kippenberg, Mosse, Ullstein, S. Fischer und Paul und Bruno Cassirer Mitglied.

[7] Die Offizin W. Drugulin, 1868 von Wilhelm Eduard Drugulin gegründet, spezialisierte sich zunächst auf Fremdsprachendruck. Sie wurde durch ihren Ruf als Schriftgießerei und mit ihrem hervorragenden, vielfältigen Schriftmaterial zur Druckerei der Münchener Renaissance-Bewegung in der Buchkunst der Gründerzeit. Unter Egbert Johannes Baensch-Dru-

wegen der während des Krieges abgerissenen Auslandsverbindungen in wirtschaftliche Schwierigkeiten geraten und wurde in eine GmbH umgewandelt. 1919, als Wolff sich von dem Verlag Der Neue Geist zurückzog, überließ er seinem Schwager Peter Reinhold auch die Anteile an der Druckerei. Reinhold führte sie bis 1930 weiter, in dem Gebäudekomplex Drugulin in Leipzig war auch sein Verlag untergebracht. Wolff ließ von Drugulin 1919/20 seine zehn *Neuen Drugulin-Drucke* herstellen, die mit Werken seiner modernen Verlagsautoren an die »alten« *Drugulin-Drucke* aus dem Ernst Rowohlt Verlag anknüpften[8].

Neben der Erweiterung des verlegerischen Aktionsradius' auf zeitgeschichtliche und politische Thematik nahm Wolffs Interesse an bibliophiler Produktion auch außerhalb des Hyperion-Verlages wieder zu. Durch Fritz von Unruh und die Familie Merck im großherzoglichen Haus in Darmstadt eingeführt, beschloß Wolff schon Ende 1916, den Kurt Wolff Verlag nach Darmstadt zu verlegen, die Privatpresse des Großherzogs zu pachten und sich nach dem Ankauf eines Verlagshauses ganz in der Heimatstadt seiner Frau niederzulassen.

Der bis 1918 regierende Großherzog Ernst Ludwig von Hessen gehörte zu den wenigen großen fürstlichen Mäzenen seiner Zeit. Er war selbst künstlerisch tätig, zeichnete, komponierte, schrieb Dramen und Verse und zog Künstler verschiedener Provenienz nach Darmstadt. Das Jugendstilzentrum auf der Mathildenhöhe und eine von ihm errichtete Künstlerkolonie zeugen noch heute von seiner Wirkung. Seine besonderen Neigungen galten neben der Architektur der Buchkunst, die sich in der Errichtung einer eigenen Privatpresse, der *Ernst-Ludwig-Presse* (1907), und später in der Gründung einer *Gesellschaft hessischer Bücherfreunde* (1918) manifestieren.

gulin wurde sie die Druckerei der neuen Buchkunstbewegungen der Jahrhundertwende. *Insel*, *Pan*, die *Zeitschrift für Bücherfreunde* wurden hier gedruckt. Vor allem Verlage, die auf drucktechnische Qualität hohen Wert legten, ließen bibliophile Ausgaben hier drucken. Zahlreiche Bücher des ersten Ernst Rowohlt Verlages und von Kurt Wolff sind hier gedruckt. 1928 verschmolz Reinhold die Druckerei mit der Druckerei F. E. Haag. 1930 übernahm Koehler & Volckmar die *Offizin Haag-Drugulin*. Seit 1949 arbeitet sie als volkseigener Betrieb.

[8] Folgende Titel wurden aufgenommen: (1919) Wilhelm Klemm: Ergriffenheit; Reinhard Koester: Peregrinus; August Schmehl: Die Bekehrung der Äbte; Franz Kafka: In der Strafkolonie; Rabindranath Tagore: Der Frühlingskreis; Franz Janowitz: Auf der Erde. – (1920) Paul Zech: Das Terzett der Sterne; Charles Péguy: Die Litanei vom schreienden Christus; Otokar Březina: Winde von Mittag nach Mitternacht; Otokar Březina: Baumeister am Tempel.

Ernst Ludwig war einer der letzten typischen liberalkonstitutionellen Landesfürsten, der in seiner europäischen Denkart konträr zur Reichspolitik seines Vetters Wilhelm II. stand. Vergeblich versuchte er 1916, hinter dem Rücken des Kaisers, einen Frieden mit Rußland zu erwirken. Er gehörte zu den zehn Persönlichkeiten des öffentlichen Lebens, denen Wolff den Privatdruck des *Untertan* zustellen ließ, und er stand auch dem Expressionismus aufgeschlossen gegenüber. Im Darmstädter Theater ließ er expressionistische Stücke aufführen, und er muß sich wohl lebhaft für Wolffs Verlagspläne interessiert haben. Seine *Verse* erschienen 1917 anonym in Wolffs Verlag, ebenso eine Festschrift zu seinem 25jährigen Regierungsjubiläum und ein Monumentalwerk über *Die Miniaturensammlung seiner Königlichen Hoheit des Großherzogs Ernst Ludwig von Hessen und bei Rhein*.

Im Herbst 1916, als Ernst Ludwig Wolffs Militärbefreiung erwirkte, traf Wolff sich wiederholt mit dem Fürsten[9]; hier muß wohl schon die Übersiedlung des Verlages nach Darmstadt erörtert worden sein. Mitte Januar 1917 erwarb Wolff ein Verlagsdomizil auf der Marienhöhe[10], und am 20. Februar schloß er einen mehrjährigen Pachtvertrag mit der Ernst Ludwig-Presse[11].

Die Ernst Ludwig-Presse war im Jahre 1907 als zweite deutsche Privatpresse kurz nach der Leipziger Janus-Presse (1907) nach englischem Vorbild gegründet worden. Betrieben wurde die Presse von den Brüdern Friedrich Wilhelm und Christian Heinrich Kleukens. Die Presse, persönliches Eigentum des Großherzogs, druckte bis 1914 vorwiegend Werke für den Insel-Verlag, der die Drucke aber nur in Kommission übernahm. Als der Vertrag mit Kippenberg abgelaufen war und Christian Heinrich Kleukens sich weigerte, weiterhin mit dem Insel-Verlag zu arbeiten[12], bot Wolff mit seinem Pachtvertrag schon während der kriegsbedingten Pause eine materielle Sicherung, sehr zum Ärger Kippenbergs, der sich einer weiteren Domäne durch Wolff beraubt sah.

Die Handpresse produzierte dennoch nach dem Kriege eine Anzahl einzelner Drucke für den Insel-Verlag, und erst in den Jahren 1920–1922 erschienen als geschlossene Reihe die zehn *Stundenbücher der Ernst Ludwig-Presse* im Kurt Wolff Verlag, die neben Goethe, Claudius, Hölty, Eichendorff, Hölderlin und Mörike eine Auswahl aus

[9] Verschiedene TB-Notizen und Privatkorrespondenz weisen darauf hin.
[10] TB 14. 1. 1917: »Marienhöhe-Kauf ist perfekt«.
[11] Lt. TB.
[12] Vgl. Wolff an Rilke, Brief vom 10. 12. 1917, KWB, S. 146 f.

Abb. 25: *Elizabeth Duncan-Schule in Darmstadt, Marienhöhe. – Gesamtansicht mit der Gartenanlage des Wiener Architekten Franz Lebisch*

Trakl, Werfel, Tagore und Jammes brachten[13]. Noch ehe diese Drucke erschienen, verhandelte Wolff 1919 mit Ludwig Wolde wegen einer Übergabe der Bremer Presse an den Kurt Wolff Verlag. Die Bremer Presse, 1911 von den beiden Bremern Wolde und Willy Wiegand gegründet, saß seit 1918 in dem Tölzer Landhaus Thomas Manns, ehe sie im April 1921 nach München-Schwabing verlegt wurde. Wolde, der 1922 ausschied, mußte wohl einen finanzkräftigen Mäzen im Münchener Raum gesucht haben, der die Presse weiter unterhielt. Die Übernahme durch Wolff scheiterte[14].

Die Interessenverlagerung des Jahres 1917 läßt schon in ersten Ansätzen eine Abwendung von dem literarischen Expressionismus als der eigentlichen verlegerischen Aufgabe erkennen. Zugleich zeigen die folgenden Jahre etwas Ruheloses in der Entwicklung Wolffs. Wolff, der sich ständig neuen Ideen zuwandte, sie bald wieder fallen ließ, engagierte sich finanziell bis zur äußersten Grenze und gab immer mehr das Bild eines agilen Geschäftsmannes ab, der, ständig auf Reisen, seine Unternehmen nur mit Mühe zusammenhielt. Schon ab 1919, auf der Höhe des Erfolges, wurden deshalb gelegentliche Äußerungen der Resignation und Müdigkeit laut. Walter Hasenclever gestand er in einem vertraulichen Brief, er habe »das Gefühl, rascher gealtert zu sein«[15], und Ende 1920 bekannte er: »Kurt Wolff ist mehr denn je ein Sklave vom Kurt Wolff Verlag.«[16]

Vor allem die Darmstädter Pläne erwiesen sich als Fehlentscheidung. Das nach dem kurz entschlossenen Verkauf des Leipziger Bauplatzes[17] teuer erworbene klassizistische Palais der Elizabeth Duncan auf der Marienhöhe war als Tanzschule konzipiert und für die Bedürfnisse des Verlages völlig ungeeignet. Es wurde kostspielig umgebaut, mußte jedoch, als nach der Abdankung Ernst Ludwigs die hoffnungsvoll angeknüpften Beziehungen zum Hofe zerschlagen waren, 1920 mit Verlust verkauft werden[18]. Elisabeth Wolff war bald nach Kriegsausbruch ganz nach Darmstadt zu ihrer Mutter gezogen, wo sich Wolff nach der Rückkehr aus dem Feld ebenfalls meist aufhielt. Im April 1918 wurde der gesamte Hausstand von Leipzig nach Darmstadt geholt, wo man eine Wohnung in der Allee bezog. Erst im März 1920 fand die private Übersiedlung nach München statt, wohin der Verlag im Herbst 1919 verlegt worden war. Seit der Rückkehr aus dem Krieg 1916 bis 1920 reiste Wolff unstet zwischen den Verlagssitzen und der Privatwohnung hin und her; in Leipzig hatte er lediglich ein ständiges Absteigequartier gemietet[19].

Die Buchhändlermetropole Leipzig hatte Wolff als Stadt nie geschätzt, das Sächsische und die trockene, ungeistige Nüchternheit, das Philisterhafte, das der Stadt anhaftete, als unangenehm empfunden. Herbert Ihering schrieb über das kulturelle Leben des ehemaligen *Klein-Paris*: »Leipzig ist eine Geschäftsstadt und kennt nur zweckvolle Arbeit. Seine Bewohner [...] werden der Literatur fern stehen, weil die mit ihrem Material an die Wirklichkeit des Tages erinnert. Sie werden nicht die Phantasie aufbringen, um das Wort von seinem Zweck, von seiner rationalistischen Bedeutung zu lösen [...]. Die Geschäftigkeit Leipzigs ist kleinbürgerlich geblieben – im Gegensatz zu Berlin.«[20]

Berlin war der kulturelle Mittelpunkt der zwanziger Jahre, zu dem alles strömte. Die Verlegung des Verlages nach München entsprang denn auch mehr privaten Wünschen des Verlegers und seiner Frau als geschäftlichen Überlegungen, die Rowohlt dazu bestimmten, seinen Verlag in Berlin anzusiedeln. Und Georg Heinrich Meyer erhob, noch als der Umzug des Verlages nach München schon teilweise vollzogen war, seine warnende Stimme: »Gewiß verkenne ich keinen Augenblick, daß es für Elisabeth und Kurt Wolff keinen anderen oder doch keinen besseren Aufenthaltsort jetzt gab, aber wir wollen uns darüber klar bleiben, daß für K.W.V., wenn er sich so wie bislang weiterentwickeln soll, eigentlich Berlin und nur Berlin der Platz sein könnte, heute mehr denn je. Gewiß, dieses Berlin ist gräßlich, [...] aber wir kommen nicht darum herum, das Schicksal der Welt, sicher aber

---

[13] Zur Geschichte der Ernst Ludwig-Presse vgl. auch Georg Kurt Schauer: Deutsche Buchkunst. Bd 1, S. 65–68.

[14] TB-Notiz vom 28. 8. 1919: »Wolde absagt Übergabe Bremer Presse an KWV«. – Schließlich erwarb der Verlag, was nur am Rande vermerkt sei, Anfang 1923 eine kleine Buchbinderwerkstatt, die vor allem für Wolffs Privatbibliothek beschäftigt wurde. (Lt. Brief Wolffs an Demeter, vom 14. 2. 1923, GMB).

[15] Wolff an Hasenclever, Brief vom 14. 11. 1919, KWB, S. 259.

[16] Wolff an Hasenclever, Brief vom 9. 11. 1920, KWB, S. 265.

[17] Das Leipziger Grundstück war im Sommer 1914 erworben worden (TB vom 12. 6. 1914), Wolff wollte dort ein Verlagsdomizil errichten.

[18] Schon 1919 versuchte Wolff durch Carl Happich, einen Freund und Mitarbeiter, das Palais zu verkaufen (TB vom 10. 2. 1919), doch erst am 20. 4. 1920 gelang der Verkauf. (TB).

[19] Vgl. Wolff an Fritz von Unruh, Telegrammdurchschlag vom 25. 1. 1919, KWB, S. 301.

[20] Herbert Ihering: Leipziger Stadttheater. In: Die Schaubühne, 10. Jg. 1914, Nr. 19, S. 524.

das Deutschlands, wird in Berlin entschieden. Und wie ein führender französischer Verlag heute nur in Paris, ist mir ein deutscher Verlag, der führen will, nur in Berlin denkbar.«[21]

Die von Kerr bewunderte rasche, in großen Linien arbeitende Tatkraft Wolffs mit ihrem kühn und schnell neue Ideen verwirklichenden Elan, die darin liegende Neigung zur Expansion, dürfen nicht übersehen lassen, daß gerade sie ein organisches, stetiges Wachstum des Verlages mit einem festen, sicheren Autorenstamm auf Dauer verhinderten. Die verhängnisvolle Neigung Wolffs, »mehr zu machen«, unentwegt Neues aufzubauen und Altes abzustoßen, brachliegen zu lassen, bildete bereits in den letzten Leipziger Jahren die Wurzel zu dem Verlagszerfall, auch wenn Wolff in München noch einige Jahre produktiver Arbeit und äußeren Glanzes beschieden waren.

5.1 Zweiter Exkurs: Der Verlag der Schriften von Karl Kraus – Ausdruck einer Verleger-Autor-Beziehung

Der *Verlag der Schriften von Karl Kraus (Kurt Wolff)*, wie die Firma etwas umständlich benannt wurde, war nur formal-juristisch ein selbständiger Verlag, der von den Mitarbeitern Wolffs im Rahmen des Kurt Wolff Verlages geführt wurde; ein Kuriosum, das der entschiedenen Weigerung von Kraus, gemeinsam mit den Berliner und Prager Expressionisten im Kurt Wolff Verlag zu erscheinen, seine Entstehung verdankte.

Wolff mußte während seiner verlegerischen Laufbahn nur um wenige Autoren kämpfen. Die jungen Literaten kamen meist von selbst, und auch die bekannten Autoren ließen sich von der magnetischen Wirkung, die der Verlagsname und die charmante Persönlichkeit seines Verlegers ausübten, nur zu bereitwillig anziehen. Zwar gab es schwierige Verbindungen: Fritz von Unruh in seinem ambitiösen, exaltierten Sendungsbewußtsein bedurfte der ständigen Versicherung verlegerischer Treue, des unbedingten Glaubens an sein Werk, und die Beziehung zu Carl Sternheim erwies sich mehr und mehr als eine fast 15jährige Nervenprobe mit dem zunehmend schizoiden Autor[22]. Doch es gab unter den rund 200 Autoren Wolffs nur zwei, die sich dem Werben des Verlegers durch Gleichgültigkeit an der Publikation ihrer Bücher, durch Bedenken, die Manuskripte zur Veröffentlichung bei Wolff freizugeben, immer wieder entzogen: Karl Kraus und Franz Kafka.

Kafka, der zu Wolff bei der ersten Begegnung sagte: »Ich werde Ihnen immer viel dankbarer sein für die Rücksendung meiner Manuskripte als für deren Veröffentlichung«[23], mußte von dem Freund Brod und seinem Verleger zur Preisgabe seiner Dichtungen immer wieder gedrängt werden. Wolff, der sich auch durch die finanziellen Mißerfolge mit Kafka unbeeindruckt zeigte, war von der Bedeutung seines Autors überzeugt und hing mit einer echten menschlichen Zuneigung an dem Dichter und mit literarischer Bewunderung an dessen Werk[24]. Im November 1921 zog er fast resigniert das Fazit einer knapp zehnjährigen Verlagsbeziehung: »Unser Briefaustausch ist selten und spärlich. Keiner der Autoren, mit denen wir in Verbindung stehen, tritt so selten mit Wünschen und Fragen an uns heran wie Sie und bei keinem haben wir das Gefühl, daß ihm das äußere Schicksal der veröffentlichten Bücher so gleichgültig sei wie Ihnen.«[25]

Zu diesem Zeitpunkt war die Verbindung mit Karl Kraus bereits zerbrochen, der Wolff in einem Telegramm vom 3. Januar 1918 – und dies nicht zum ersten Mal – lakonisch mitteilte: »wenn was voraussagte ganzes unternehmen unrentabel verzichte jederzeit gern da mir gleichgiltig ob und wann buecher erscheinen«[26]. Der unbedingte, bis zur persönlichen Aufopferung maßlose publizistische Einsatz von Kraus galt in erster Linie seiner *Fackel,* die Publikation von Büchern, die häufig nur Nachdrucke der Essays, Glossen, Gedichte und Theaterstücke aus dieser Zeitschrift waren, blieb sekundär. Zweifellos lag in diesem auf den Kopf gestellten Autor-Verleger-Verhältnis (der Autor ist an dem Erscheinen seiner Bücher uninteressiert, der Verleger drängt zur Publikation) ein gewisser Reiz, die auch bei Kraus geschäftlich völlig unergiebige Verlagsbeziehung aufrechtzuerhalten. Bei diesen beiden Autoren, Kafka und Kraus, tritt am stärksten das missionarische Element in Wolffs Verlegertum hervor, sein Ehrgeiz, Autoren in der Öffentlichkeit durchzusetzen, von deren Werk er überzeugt war, auch wenn er nicht nur den Widerstand des Publikums, sondern auch den der Autoren selbst überwinden mußte.

Franz Werfel, der später den Anlaß zu dem Bruch mit Kraus gab, stellte den ersten Kontakt zwischen Ver-

---

[21] Meyer an Elisabeth Wolff, Brief vom 12. 11. 1919, NA.
[22] Vgl. auch das Kapitel 7.1.
[23] Kurt Wolff: Autoren, Bücher Abenteuer, S. 68.
[24] Vgl. hierzu auch den Rundfunkessay Wolffs über *Franz Kafka*. In: Autoren, Bücher, Abenteuer, S. 67–74.
[25] Wolff an Kafka, Brief vom 3. 11. 1921, KWB, S. 54.
[26] Kraus an Wolff, Telegramm vom 3. 1. 1918, KWB, S. 132.

leger und Autor her. Wolff hat darüber verschiedentlich selbst aus der Erinnerung berichtet[27], und wir können uns auf die Rektifizierung und Ergänzung dieser sich gelegentlich widersprechenden Berichte aus Tagebuchaufzeichnungen und Korrespondenzen beschränken. – Als Franz Werfel im November 1912 bei Wolff als Lektor in Leipzig eintrat, war Kraus für den Verleger eine kaum bekannte literarische Größe[28]. Werfel, der sich wie alle Literaten des Prager Kreises noch in einer ersten Phase schwärmerischer Kraus-Verehrung befand[29], riß Wolff in seiner Begeisterung für Kraus mit. Wolff fuhr jedoch nicht, wie er es darstellt, sogleich (schon 1912) nach Wien, verhandelte dort mit Kraus zwei Tage (und Nächte) und erhielt dort die erste konkrete Verlagszusage – so hübsch sich diese Episode in Wolffs Rundfunkplauderei auch liest[30] –, sondern sein Lektor übernahm die ersten Verhandlungen.

Kraus hatte 1911 in der *Fackel* Gedichte von Werfel veröffentlicht und den *Weltfreund* dort empfohlen. Spätestens seit Sommer 1912 kannte Werfel den verehrten Dichter persönlich und hatte mehrfach mit ihm korrespondiert[31]. Es lag nahe, daß deshalb Werfel mit der ersten Sondierung des verlegerischen Terrains bei Kraus beauftragt wurde. Der erste Tagebucheintrag Wolffs über Kraus vom 26. Februar 1913 lautet denn auch: »Verhandle via Werfel mit Kraus – Kokoschka wegen ›Chinesischer Mauer‹«. Und in einem Brief vom gleichen Tage teilte er Werfel mit: »Kraus hat telegraphiert, daß er persönlich mit der Herausgabe des Textes einverstanden ist [...]. Wollen Sie so gut sein *umgehend* an Kraus ein paar Zeilen zu schreiben, er möchte doch auch darauf hinweisen, daß Kokoschka nicht durch sinnlos hohe Honorarforderungen das Zustandekommen des Werkes unmöglich macht.«[32] Wenn Wolff Kraus zu diesem Zeitpunkt schon in Wien besucht hatte, brauchte er den Umweg über Werfel wohl kaum noch zu wählen!

Am 4. März 1913 las Karl Kraus in Prag. Einen Tag vor dieser Lesung schrieb Wolff erneut an Werfel: »Es ist mir sehr angenehm, wenn Sie Kraus in Prag persönlich sprechen.« Er gab zu erkennen, warum er den Luxusdruck *Die Chinesische Mauer* (mit dem Titelessay aus dem 1910 bei Albert Langen erschienenen Essayband) von Oskar Kokoschka illustrieren lassen wollte. »Sie wissen, daß mir daran liegt, durch diesen kleinen Druck, der recht schön werden soll, mit Kraus in Verbindung zu treten.«[33] Deshalb war Wolff bereit, mit dem Honorar für Kokoschka so hoch zu gehen, »daß ein Verdienst für den Verlag an diesem Unternehmen nicht herausspringt.« Und im gleichen Brief heißt es weiter: »Dankbar wäre ich Ihnen, wenn Sie dies Zusammensein mit Kraus benutzen würden, um einmal zu sondieren, wie er eigentlich darüber denkt, sich vom Verlag Langen ab und mir zuzuwenden.«

In dem Verlag Albert Langen waren seit 1909 die *Ausgewählten Schriften* von Kraus in vier Bänden erschienen[34], und Kraus war zeitweise Beiträger der bei

---

[27] Am ausführlichsten in dem Funkessay *Karl Kraus*. In: Autoren, Bücher, Abenteuer, S. 75–99. Weitere Veröffentlichungen vgl. im Literaturverzeichnis.

[28] In: Autoren, Bücher, Abenteuer, S. 77, schreibt Wolff, daß er bis zu Werfels Eintritt in den Verlag »noch nie ein Heft der ›Fackel‹ gesehen, noch nie ein Buch des Autors Karl Kraus gelesen« habe. In dem Aufsatz *Begegnung mit dem Absoluten* schrieb er jedoch: »Bis zum Herbst 1912 hatte ich ›Die Fackel‹ kaum zu Gesicht bekommen, aber ich kannte und bewunderte ›Sprüche und Widersprüche‹ und ›Die chinesische Mauer‹.« (Kurt Wolff: Begegnung mit dem Absoluten. In: Forum, 3. Jg. 1956, Heft 30, S. 223). Sicher scheint zu sein, daß erst Werfel seinen Verleger auf Kraus als »Verlagsobjekt« aufmerksam machte.

[29] Zu dieser Kraus-Verehrung des Prager Kreises, die später in blinden Haß umschlug, vgl. u. a. die Dissertation von Eduard Haueis: Karl Kraus und der Expressionismus. (masch.), Erlangen-Nürnberg 1968, Kapitel 2, 3 u. 5 passim. Dort auch weitere biographische Zeugnisse.

[30] Kurt Wolff: Karl Kraus. In: Autoren, Bücher, Abenteuer, S. 77–81. – Vermutlich hat Wolff sich in der Erinnerung nicht nur im Datum versehen, sondern auch inhaltlich eine spätere Unterredung vorverlegt. Wolff erwähnt, daß Kraus ihm aus Gedichten von Matthias Claudius begeistert vorgelesen habe. (A. a. O., S. 79). Friedrich Pfäfflin hat jedoch darauf hingewiesen, daß Kraus vermutlich erst durch die Auswahl Hermann Hesses (Der Wandsbecker Bote. Leipzig: Insel-Verlag 1915) mit dem Werk von Claudius bekannt geworden war. Denn bis 1917 wird Claudius in der Fackel nicht erwähnt, »in den folgenden Jahren aber immer wieder als einer der ›größten‹ Lyriker‹ gefeiert und öffentlich vorgelesen.« (Karl Kraus: Briefe an Sidonie Nadherny von Borutin. 1913–1936. Bd 2. Editorischer Bericht. Bildteil, Erläuterungen von Friedrich Pfäfflin. München 1974, S. 256).

[31] Vgl. Eduard Haueis: Karl Kraus, S. 48, der ein persönliches Kennenlernen nach vorausgegangener Korrespondenz aus einem Brief Werfels an Kraus vom 27. 6. 1912 für den unmittelbar vorhergehenden Zeitraum belegt. – Friedrich Pfäfflin nimmt an, daß Werfel Kraus sogar schon am 12. 12. 1910 bei dessen erster Prager Vorlesung kennengelernt habe. (A. a. O., S. 128). Die Vorlesung am 12. 12. 1910 fand auf Einladung von Studenten in der *Lese- und Redehalle der deutschen Studenten zu Prag* statt. Eingeladen hatte Willy Haas. S. Willy Haas: Die literarische Welt. München 1960, S. 25.

[32] Wolff an Werfel, Brief vom 26. 2. 1913, KWA.

[33] Brief im KWA.

[34] Karl Kraus: Ausgewählte Schriften. München: Albert Langen 1909–1912. Der erste, 1908 bei Leopold Rosner in Wien erschienene Band wurde von Langen übernommen.

Langen erscheinenden Zeitschriften *Simplizissimus* und *März* gewesen, ehe er sich von allen Zeitschriften zurückzog und seit November 1911 auch seine *Fackel* allein verfaßte. Ähnlich wie Heinrich Mann war er von der Verlagsführung nach dem Tod des Verlegers (1909) enttäuscht. Er empfand den Verlag als »farblos« und »energielos«, wie er Wolff im Dezember 1913 schrieb[35].

Werfels Unterredung mit Kraus in Prag muß wohl positiv verlaufen sein, und Wolff ist möglicherweise daraufhin nach Wien gefahren, aber ohne ein festes Verlagsangebot zu erhalten. Noch am 2. Juli 1913, kurz nach der Genesung von einer längeren Krankheit, schickte der Verleger die Korrektur des Luxusdruckes an Kraus und fügte erneut ein werbendes Schreiben bei: »Ich benutze die Gelegenheit, bei Ihnen nochmals anzufragen, ob ich hoffen darf, daß die angebahnte Verlagsverbindung [durch die ›Chinesische Mauer‹] Ihnen auch fernerhin willkommen wäre. [...] Man spricht davon, daß Sie ein neues Werk vollendet hätten. Vielleicht geben Sie mir durch Überlassung dieses neuen Werkes Gelegenheit, für Sie das zu tun, was bisher noch nicht geschehen ist«, nämlich, »Ihrem Werke in Deutschland und Österreich die Stellung zu schaffen, die seiner Bedeutung angemessen ist.«[36]

In den folgenden Monaten muß eine Besprechung Wolffs mit Kraus in Wien stattgefunden haben – belegt durch einen Brief Werfels[37] –, und am 22. Oktober 1913 wurde ein Vertrag über zwei Bücher abgeschlossen. Eines davon war vermutlich das nie erschienene, seit sieben Jahren im Satz stehende Buch *Kultur und Presse*, das Kraus Langen nicht geben wollte. Doch es sollte zu keiner Publikation im Kurt Wolff Verlag kommen. Kraus, der zunächst den Expressionisten wohlwollend und fördernd gegenübergestanden hatte, hatte schon 1912 begonnen, sein Verhältnis zu den jungen Autoren zu revidieren. Seit der öffentlichen Lesung des Essays *Heine und die Folgen* (1910) und der Polemik gegen Alfred Kerr 1911[38] stand die *Aktion* Kraus feindselig gegenüber, und auch das Verhältnis zu Walden wurde zunehmend gespannter.

Als Max Brods Jahrbuch *Arkadia* im Frühjahr 1913 erschien, in dessen Vorwort von einer »gewissen giftigen Polemik in unseren Tagen« die Rede war, fühlte Kraus sich getroffen, vor allem aber durch den Satz: »Wir schließen daher auch jene Essais aus, welche wissenschaftliche Fragen in halbwissenschaftlicher Form, mit willkürlicher Teminologie, mit Witzen und Wortspielen an Stelle der Argumente behandeln.«[39] Und lediglich die Versicherung des erschrockenen Wolff, daß er »von der Richtung dieses Angriffs keine Kenntnis gehabt« habe, genügte Kraus, »um mich Ihrem freundlichen und wiederholt erneuerten Verlagsangebot geneigt zu machen.«[40] Als aber im Spätherbst Hillers dem Verlag von Werfel empfohlene »Zeit- und Streitschrift« *Die Weisheit der Langenweile* erschien, in der Hiller, für Kerr Partei ergreifend, Kraus vorwarf, sein Urteil über Kerrs Stil sei »ahnungslos oder *unaufrichtig*« gewesen[41], fühlte Kraus sich zutiefst beleidigt und angegriffen. In einem grundlegenden Brief setzte er Wolff auseinander, daß er, der nie einen Verleger gesucht habe, nur durch den »Eindruck Ihrer ungewöhnlichen und begeisterten Hilfsbereitschaft« sich habe überwinden können, Wolff eine Verlagszusage zu geben. Er habe Wolff seine Bedenken mitgeteilt, in die Umgebung des »fürchterlichsten Literaturmißwachses« zu geraten. »Ich sprach den Wunsch aus, in meiner Nähe lieber nichts zu sehen als die Mißgeburten des jüngsten Deutschland«. Lediglich die »besondere, ja opferwillige Liebenswürdigkeit des Hausherrn hat mir über die schweren Bedenken bei diesem Eintritt hinweggeholfen«[42].

Die Bezichtigung der Unaufrichtigkeit seiner Urteile durch einen Wolff-Autor, der ihn öffentlich angriff, zu-

---

[35] Kraus an Wolff, Brief vom 9. 12. 1913, KWB, S. 124.
[36] KWB, S. 123.
[37] In einem undat. Brief an Kraus (14. 12. 1913, Wiener Stadtbibliothek) schrieb Werfel über Hillers Buch *Weisheit der Langenweile*, »daß das Buch lange vor der Besprechung in Wien schon im Druck war«. Wolff schrieb am gleichen Tage, er habe das Manuskript im Juni während seiner Krankheit in der Klinik gelesen und mit der Auflage, »alles Polemische persönlicher Art« zu streichen, zurückgegeben. »Das Manuskript kam nach einigen Wochen [also Juli/August] zurück und ging in Satz.« (Wolff an Kraus, Brief vom 14. 12. 1913, KWA. – Der größere Teil des Briefes ist publiziert in KWB, S. 127 f.) Da der Verlagsvertrag am 22. Oktober unterzeichnet wurde, ist anzunehmen, daß Wolff kurz vorher in Wien war, um mit Kraus persönlich zu verhandeln.

[38] Alfred Kerr hatte aus einem plumpen Annäherungsversuch des Berliner Polizeipräsidenten von Jagow gegenüber der Frau Paul Cassirers, Tilla Durieux, im *Pan* eine öffentliche Affäre heraufbeschworen, obwohl die Angelegenheit mit dem Ehemann privat bereits bereinigt war. Kraus hatte sich in der *Fackel* gegen das Moraldogma Kerrs und den Versuch, die öffentliche Person durch Preisgabe ihrer Intimsphäre zu treffen, gewehrt. Er beschwor dadurch eine literarische Fehde herauf, in der die *Aktion* für Kerr Partei ergriff.
[39] Max Brod: Arkadia. Ein Jahrbuch für Dichtkunst. Vorbemerkung.
[40] Kraus an Wolff, Brief vom 9. 12. 1913, KWB, S. 123.
[41] Zit. nach Kraus, Brief an Wolff vom 9. 12. 1913, KWB, S. 124.
[42] Brief an Wolff vom 9. 12. 1913, KWB, S. 123-125.

gleich aber in einem persönlichen Brief vergötterte – »Gestern habe ich Sie zum ersten Male lesen hören; und weiß nun, daß sie christushaft sind«[43] –, konnte der gegen Korruption um Wahrhaftigkeit kämpfende Satiriker nicht hinnehmen. »Ich zweifle keinen Augenblick daran«, schrieb er an Wolff, »daß Sie, sehr geehrter Herr, von dem besten Bestreben erfüllt sind, die Grundsätze des Gentleman, als den ich Sie kennen gelernt habe, selbst in der Sphäre des Literatentums, in die Sie Ihr Beruf geführt hat, zur Geltung zu bringen«. Doch da Wolff als Hausherr auf unsaubere Gäste wie Hiller nicht verzichten wolle und nicht verhindern könne, daß diese Gesellschaft »mich gleich beim Eintritt anstinkt«, bat er den Verleger, »auf mein Gastspiel in Ihrem Verlag zu verzichten.«[44]

Wolffs Erklärung, daß er von dieser »unerhörten Beschimpfung, die sich auf Seite 221 des I. Bandes gegen Sie findet, erst Kenntnis erhalte durch Ihren Brief«[45], und die Zusage, da erst 25 Bücher verkauft seien, aus der Restauflage die Seite zu entfernen, konnten Kraus nicht mehr umstimmen. In einem Dokument vom April 1914, »das eine volle Klarstellung des Gegensatzes enthielt zugleich mit der Anerkennung seiner Freundschaft, der ich das Opfer bringen wollte, in keinem andern deutschen Verlag zu erscheinen«, bat Kraus erneut um Aufhebung des Vertrages, »denn ich wäre statt eines günstigen Kontrakts einen heillosen Kontrast eingegangen.«[46]

Karl Kraus war für Wolff die »am leidenschaftlichsten umstrittene literarische Figur des deutschen Sprachraums«[47], die Begegnung mit ihm war für den Verleger seine »erste und einzige Begegnung mit der Inkarnation des Absoluten, Kompromißlosen«[48]. Kraus war für ihn »das *Gewissen* der Zeit«[49], und er, der Mentor der von Kraus mißachteten Literatur, war von dem Menschen und Publizisten in Bann geschlagen. Man darf deshalb auch bei dem zweiten Versuch Wolffs, Verleger von Kraus zu werden, jedes kommerzielle Kalkül getrost außer acht lassen. Die Lesergemeinde von Kraus' Büchern war und blieb weiterhin verhältnismäßig klein, vorwiegend auf den österreichischen Raum beschränkt. Die Hartnäckigkeit Wolffs war wohl einfach der Wunsch, in der einzigen dem Verleger gemäßen Form an dem Werk des verehrten Autors zu partizipieren: ihn zu verlegen.

Während des Militärdienstes auf dem Balkan seit April 1915 reiste Wolff öfter nach Frankfurt und nach Darmstadt. Bei einem der ersten Zwischenaufenthalte in Wien, die ausschließlich dem Besuch von Karl Kraus galten, schlug Wolff dem Gastgeber im Sommer 1915 vor, einen separaten Verlag zu gründen, in dem nur seine eigenen Werke verlegt werden sollten. Kraus stimmte – Wolffs Bericht zufolge – diesem Vorschlag nach kurzem Zögern zu[50]. Er schien dies jedoch nach wie vor aus Freundschaft dem Verleger zuliebe zu tun. Als Georg Heinrich Meyer am 4. September 1915 Oskar Andreas, einen Mitarbeiter des Kurt Wolff Verlages, zu konkreteren Verhandlungen über den neuen Verlag in Wien avisierte[51], schrieb Kraus kurz darauf an Sidonie Nadherny: »Heute war ein Mann bei mir, den der Verlag Wolff aus Leipzig sandte. Die wollen, da mir dieser Verlag als solcher nicht gepaßt hat, jetzt einen eigenen Verlag für die Schriften von K. K. gründen.« Und er fügte in einem Nachsatz, dessen Bedeutung im Kontext hier vernachlässigt werden kann, hinzu: »Aber was der Hellseher [d. i. der Graphologe Raphael Schermann] mir gesagt hat, war mir eine frohe Botschaft!«[52] Das Mißbehagen, in der Nachbarschaft der Wolff-Autoren zu »speisen«, wie Kraus seine Verlagsbeziehung in der Glosse *Dorten* beschrieb[53], ließ sich auch durch ein eigens für ihn vom Hausherrn eingerichtetes »Nebenzimmer« nicht ganz ausräumen.

Die einzelnen Stadien der von Meyer geführten Gründungsverhandlungen sind rasch berichtet. In einem Brief vom 1. Oktober 1915 gab Meyer die bindende Bestätigung, »den Verlag Ihrer Gesammelten Schriften, wie er in den vollzogenen Verlagsverträgen vom Oktober 1913 festgelegt ist, durch eine neue Firma zu besorgen, die [...] lediglich zum Vertriebe Ihrer Bücher von mir als Inhaber in Leipzig errichtet und finanziert wird.«[54] Am 15. November dankte Meyer für »das Verlagsangebot des außerhalb der Reihe [der *Gesammelten Schriften*] in anderer Ausstattung erscheinenden Gedichtbandes«, des Buches *Worte in Versen I*, sagte die Fertigstellung

---

[43] Hiller an Kraus, Brief vom 23. 11. 1913, Abschrift im KWA.
[44] Kraus an Wolff, Brief vom 9. 12. 1913, KWB, S. 125 f.
[45] Wolff an Kraus, Brief vom 14. 12. 1913, KWA.
[46] Karl Kraus. Dorten. In: Die Fackel, Nr. 445–453, S. 144.
[47] Kurt Wolff: Autoren, Bücher, Abenteuer, S. 75.
[48] Kurt Wolff: Begegnung mit dem Absoluten. In: Forum, 3. Jg. 1956, S. 223.
[49] Autoren, Bücher, Abenteuer, S. 95.
[50] Vgl. Autoren, Bücher, Abenteuer, S. 85.
[51] Meyer an Kraus, Brief im Karl Kraus-Archiv, Wiener Stadtbibliothek.
[52] Kraus an Sidonie Nadherny, Brief vom 7. 9. 1915. In: Karl Kraus: Briefe an Sidonie Nadherny von Borutin 1913–1936. Hrsg. von Heinrich Fischer und Michael Lazarus. Bd 1, S. 194.
[53] Karl Kraus: Dorten. In: Die Fackel, Nr. 445–453, vgl. S. 142–146.
[54] Brief im Karl Kraus-Archiv, Wiener Stadtbibliothek.

von Autorexemplaren noch vor Weihnachten zu und leitete die handelsrechtlichen Schritte der Gründung ein[55]. Im Januar erschien dieses Buch als das erste des neuen Verlages, dem noch vier weitere Bände *Worte in Versen* bis 1919 folgen sollten.

In dem *Verlag der Schriften von Karl Kraus (Kurt Wolff)* erschienen zwischen 1916 und 1920 außerdem die Aphorismen *Nachts* (1918), die Essays *Weltgericht* in zwei Bänden (1919) und ein Band *Ausgewählte Gedichte* (1920). Die von Wolff erbetenen *Die letzten Tage der Menschheit* ließ Kraus jedoch als Sonderdruck der *Fackel* erscheinen[56]. Am 1. Mai 1916, kurz vor der handelsgerichtlichen Eintragung der Firma (31. Mai 1916), verhandelte Woff persönlich in München mit dem Langen Verlag wegen der Übernahme der *Ausgewählten Schriften*[57]. Mit der Übernahme dieser Bücher und den Übernahmen von Jahoda & Siegel (*Nestroy und die Nachwelt*, 1912) und dem Essay *Heine und die Folgen* (1910) wurden insgesamt 14 Bücher von Kraus angeboten.

Das Arbeiten mit Kraus blieb schwierig. Er wachte streng darüber, daß kein anderer Autor in seinem Verlag erschien. Als Berthold Viertel seine Kraus-Aufsätze aus der *Schaubühne* in einem kleinen Buch bei Wolff herausgeben wollte, und Wolff vorsichtshalber bei Kraus anfragte, ob dieser Einwände habe, telegraphierte Kraus lakonisch zurück: »habe gar nichts dagegen nur nicht im verlag meiner schriften«[58]. Lediglich der von Kokoschka illustrierte Essayband durfte in dem Verlag der Schriften von Karl Kraus angezeigt werden[59].

Der Autor, der von einer bescheidenen Familienrente lebte, gab sein Honorar für wohltätige Zwecke weiter und war an jeder verlegerischen Propaganda für sein Werk desinteressiert. Wie der Fackel-Verlag den Leipziger Verlagsmitarbeitern auseinandersetzte: »Er selbst wünscht nicht, gefördert zu werden« und er erkläre, »daß ihm überhaupt in gar keinem Fall eine Rezension erwünscht sei und daß er nur, um dem Verleger die Möglichkeit der Publizierung eines Verlagswerkes nicht ganz zu nehmen, der Abgabe von Rezensionsexemplaren an ihm persönlich fernstehende, mit der Fackel nicht irgendwie verbundene [...] Bewerber« zustimme[60].

Andererseits verfolgte Kraus sehr genau die Herstellung seiner Bücher. Er suchte selbst Einband, Papier und Schrift mit aus und wachte peinlichst über die Korrekturen, die er von Leopold Liegler, seinem ersten Biographen, vornehmen ließ. Bei geringsten Druckfehlern bestand er darauf, daß der Bogen neu gedruckt wurde[61]. Wolff, der in zahlreichen Telegrammen und Briefen Kraus immer neu seiner Bewunderung versicherte und in Besuchen sein freundschaftliches Verhältnis vertiefte[62], bekam jedoch immer wieder zu spüren, auf welch tönernen Füßen die Verlagsverbindung stand. Als ihm die monatliche Zahlung von 150 Kronen an Liegler zuviel wurde und er bei Kraus anfragte, ob dies denn auch weiterhin notwendig sei, telegraphierte Kraus, wie eingangs zitiert, lakonisch zurück: »geschaeftliches kann nicht entscheiden meine wertung lieglers unermuedlicher hilfe ohne die gesamtausgabe kaum fortschritte unveraendert wenn was voraussagte ganzes unternehmen unrentabel verzichte jederzeit gern«[63]. Doch finanzielle Dinge sollten die Verlagsbeziehung nicht gefährden. Der Bruch zwischen Kraus und Wolff hatte schwererwiegende Gründe.

Der Verlag der Schriften von Karl Kraus begann mit seiner Produktion in dem Jahr, in dem das gespannte Verhältnis Werfel – Kraus in seine öffentliche Phase eintrat. Eduard Haueis hat darauf hingewiesen, daß sich die persönlichen Beziehungen zwischen Werfel und Kraus seit Ende 1913 zunehmend verschlechterten; eine Klatsch-

---

[55] Brief im Karl Kraus-Archiv, Wiener Stadtbibliothek. Die Eintragung ins Handelsregister Leipzig zog sich jedoch – vermutlich wegen des Zusammenbruchs von Georg Heinrich Meyer (vgl. Sp. 703) – bis zum Mai 1916 hinaus. Erstmals angezeigt wurde der Eintrag in der *Wöchentlichen Übersicht über geschäftliche Einrichtungen und Veränderungen* im Börsenblatt Nr. 130 vom 7. 6. 1916, S. 718. Prokurist wurde der Wolff-Mitarbeiter Eduard Oswald Wachsmuth.
[56] Vgl. Wolff an Kraus, Telegramm vom 2. 12. 1918, KWB, S. 134.
[57] TB-Notiz vom 1. 5. 1916: »München / bei Langen wegen Karl Kraus«.
[58] Wolff an Kraus, Brief vom 5. 12. 1917, KWB, S. 131; und Kraus an Wolff, Telegramm vom 10. 12. 1917, KWB, S. 132.
[59] So in: Ludwig von Ficker: Rundfrage über Karl Kraus. Innsbruck 1917. Anzeigenanhang.

[60] Verlag *Die Fackel* an den Verlag der Schriften von Karl Kraus, Brief vom 28. 8. 1917, KWB, S. 129 f.
[61] Ein umfangreicher Teil des erhaltenen Briefwechsels mit dem Verlag der Schriften von Karl Kraus beschäftigt sich deshalb vorwiegend mit diesen Fragen.
[62] Vor allem jeweils nach Erhalt eines *Fackel*-Heftes sandte Wolff enthusiastische Danktelegramme. (Zahlreiche Durchschläge im KWA, einige abgedruckt in KWB, S. 130, 133, 135.) Mehrere Besuche sind belegt. Am 29. 1. 1920 las Kraus im Vortragssaal des KWV im Georg Hirth-Haus in München. Eine ebenfalls von Wolff vorbereitete Lesung in Leipzig im Dezember 1916 fand nicht statt.
[63] Vgl. Anm. 26 dieses Kapitels.

geschichte des Jahres 1913, die einen Einbruch in das von Kraus sorgsam gehütete Privatleben bedeutete – es betraf das Verhältnis von Kraus zu Sidonie Nadherny –, versteckte Anspielungen in Aphorismen von Kraus auf der anderen Seite, trugen zu wachsender Feindseligkeit bei[64].

Als Kraus in einer Glosse in der *Fackel* die Betriebsamkeit angriff, die um die *Troerinnen* nach der Uraufführung im Lessing-Theater aufgekommen war, schrieb Werfel an Kraus: »Es scheint mir ein außerordentliches Unrecht zu sein, mich durch eine Sphäre hindurch zu treffen, an der, (wie Sie sehr genau wissen), nichts von mir Teil hat. [...] Warum werfen Sie nicht mein Gedicht um? Warum packen Sie mich nicht selbst?«[65] Kraus ging auf diese Anregung seines Gegners zur offenen Polemik ein. Am 16. November erschien in der *Fackel* das Gedicht *Elysisches. Melancholie an Kurt Wolff*, das zwar Werfels Name nicht nannte, aber schon in der formalen Parodie auf dessen Gedicht *Vater und Sohn* auf ihn gemünzt war[66], zugleich auch an Schillers *Melancholie an Lauren* erinnerte. Der Inhalt war noch deutlicher von Kraus als »jüdelnde Satire« auf Werfel bezogen, wenn er von Prag spricht, »wo neukatholische Christen heimisch sind, teils aber Pantheisten«, wenn von dem »andern Schiller« aus dem Café Arco die Rede ist. Jeder, der in dem damaligen Literaturbetrieb auf dem laufenden war, mußte Werfel erkennen. Kraus beklagte, »daß der Literaten heutige Rotte / ihr Elysium / findet, denn wer nur am Worte reibt sich, / wird gedruckt bei Drugulin in Leipzich. / Edler Jüngling Wolff, ich klage drum.«

Der Eklat war da, und Werfel reagierte mit einem törichten Brief an Kraus, in dem er ihm mangelnde sprachliche Könnerschaft vorwarf und beklagte, daß Wolff in diese Querelen mit hineingezogen wurde. »Ich weiß nicht, ob es von einem besonderen Feingefühl zeugt, wenn ein Gast an die Adresse des gemeinsamen Hausherrn eine Melancholie über einen anderen Gast richtet«[67]. Wolff reagierte klüger, nämlich gar nicht. Elisabeth Wolff sandte ein wortspielerisches Telegramm, das versteckt Kraus der weiteren Freundschaft versicherte: »Es ist schön, daß eine Melancholie bleiben und ein Jüngster Tag vergehen wird«[68].

Kraus führte seinen vernichtenden Schlag gegen Werfel in der Glosse *Dorten* in der *Fackel* vom 18. Januar 1917, in der er Werfels Brief abdruckte und in der folgenden Polemik die Argumente seines Gegners widerlegte. Kraus ging in dieser Glosse zugleich erstmals öffentlich auf die Hintergründe der Verlagsgründung des Separatverlages ein und stellte klar, daß die Melancholie nicht dem verlegerischen Unternehmer galt, sondern dem Freund Wolff, den er gerne frei von solchen Bindungen gesehen hätte, ohne jedoch sich das Recht anzumaßen, die Aufgabe dieser Verpflichtungen zu verlangen. Kraus konnte und wollte Wolff nichts anderes vorwerfen, als daß er Autoren verlegte, die er, Kraus, nicht schätzte. »Daß ich zu dem ›Hausherrn‹ gar keine anderen Beziehungen habe, als die, daß ich ihn gern habe, für einen der seltenen deutschen Menschen halte, deren Seele noch an den Wundern des neuen Deutschland Schaden nehmen kann; [...] und daß ich ihn beklage, weil er, ehe er mein Wirken kannte, aus dem reinen Glauben an jungdeutsche Möglichkeiten Opfer für deren furchtbarste Erfüllungen gebracht hat.«[69]

Kraus hatte durch dieses offene Bekenntnis den Namen Wolffs aus der weiteren Fehde ausgeschlossen. Und als Werfel auf die Glosse *Dorten* in der *Aktion* vom 3. März 1917 in einem offenen Brief *Die Metaphysik des Drehs* reagierte, bedankte sich Wolff auch bei diesem Autor »für den verständnisvollen Takt, der Sie veranlaßte, in Ihrem ›offenen Brief an Karl Kraus‹ meinen Namen und meine Person völlig aus der Diskussion auszuschalten.«[70] Ja, er bekannte später, daß er sogar ahnungslos gewesen sei, daß das Gedicht *Einem Denker* aus dem *Gerichtstag* (1919, Erstdruck in der *Neuen Rundschau* 1916), das er im Manuskript las, Kraus gegolten habe[71].

Else Lasker-Schüler schien 1919 noch einmal einen Versöhnungsversuch herbeizuführen[72], doch waren die Gegensätze unüberwindlich. Im gleichen Jahr begann Werfel mit der Niederschrift seiner Trilogie *Der Spiegelmensch*, in der er die namensgleiche Figur an einer Stelle

---

[64] Vgl. Eduard Haueis: Karl Kraus und der Expressionismus, S. 97-102.

[65] Werfel an Kraus, Brief vom Juni 1916. Zit. nach Haueis, S. 101.

[66] Die Fackel, Nr. 443-444 vom 16. 11. 1916, S. 26 f. – Franz Werfels *Vater und Sohn* (aus: Wir sind. KWV 1913) wurde vor allem bekannt als Einleitungsgedicht des weitverbreiteten Almanachs *Das Bunte Buch*, KWV 1914, S. 7 f.

[67] Feldpostbrief vom 25. 11. 1916. Abgedruckt in: Die Fackel, Nr. 445-453, S. 133.

[68] Überliefert in dem Brief von Kraus an Sidonie Nadherny vom 23./24. 11. 1916. In: Karl Kraus: Briefe an Sidonie Nadherny von Borutin, Bd 1, S. 396 f.

[69] Karl Kraus: Dorten. In: Die Fackel, Nr. 445-453, S. 143.

[70] Wolff an Werfel, Brief vom 13. 3. 1917, KWA.

[71] Vgl. Autoren, Bücher, Abenteuer, S. 94.

[72] Vgl. E. Haueis: Karl Kraus und der Expressionismus, S. 115.

sagen läßt: »Ich will unter die Propheten gehn, natürlich unter die größeren Propheten! – Das Erste ist, ich gründe ... eine Zeitschrift und nenne sie: Die Leuchte? Nein! Der Kerzenstumpf? Nein! Die Fackel? Ja! [...] Ich will den Stadtklatsch zu einem kosmischen Ereignis machen und die kosmischen Ereignisse zu einem Stadtklatsch. Ich will mit Kalauer und Pathos so trefflich jonglieren, daß jeder, der bei der einen Zeile konstatiert, ich sei ein spaßiger Denunziant und Fürzefänger, bei der nächsten zugeben muß, daß ich doch der leibhaftige Jesaja bin. [...] Mein leider allzu abhängiger Charakter hat ein großes Talent auch zum akustischen Spiegel. Kurz und gut, weil ich zwar den Menschen aus den Augen, doch nicht in die Augen sehen kann, will ich ihnen lieber gleich in den Hintern schaun, ob dort ihr Ethos in Ordnung ist.«[73]

Wolff, der Werfel damals noch so sehr schätzte, daß er ihn als »einzigen lebenden deutschen Dichter« in seine *Zehn Stundenbücher* neben den von Kraus so geliebten Claudius aufnahm[74], war zunächst der Ansicht, daß es nicht Aufgabe des Verlages sei, Werfel zu zensurieren, »weil ich auch nicht von fern den Anschein erwecken wollte, als fürchte der Inhaber des Verlages der Schriften von Karl Kraus die Drucklegung und Veröffentlichung dieser Stelle im Kurt Wolff Verlag.«[75] In einem diplomatischen Brief, den er nach einem Gespräch mit Werfels Gönnerin, Bertha Zuckerkandl, schrieb, versuchte er schließlich am 5. November 1920, Werfel mit dem Hinweis auf das Unorganische, künstlerisch Mißglückte dieser Stelle zur Streichung aus dem bereits imprimierten und in der Bühnenausgabe schon vervielfältigten Drama zu veranlassen. Werfel telegraphierte in altem Haß zurück: »lassen wir lieber freund das extempore ruhig bestehen«[76]. Der Rettungsversuch Wolffs kam ohnehin zu spät. Werfels Telegramm traf am 8. November in München ein, am 7. November notierte Wolff in seinem Tagebuch: »Spiegelmensch ausgedruckt«.

Wolff erwartete nach Erscheinen der Trilogie, wie er später schrieb, »den Blitzstrahl Jupiters«[77]. Doch Kraus reagierte überhaupt nicht persönlich. Als Wolff im März 1921 von einer Reise aus Berlin zurückkehrte, fand er das Märzheft der *Fackel* mit der Glosse *Aus der Sudelküche* vor, in der Kraus Stellung nahm: »Herr Wolff hat gewußt, was Herr Werfel tat, und ihn dennoch gewähren lassen. [...] Er nehme auf diesem Wege – und ein anderer schien weder dem persönlich Beleidigten noch dem Vertreter der allgemeinen Sache literarischen Anstands gangbar – zur Kenntnis, daß der ›Verlag der Schriften von Karl Kraus‹ mit dem nächsten Buch einen neuen Inhaber anzeigen wird.«[78]

In der »magischen Operette« *Literatur oder Man wird doch da sehn*, mit der Kraus das Wiener Publikum noch vor der Aufführung des *Spiegelmenschen* am Burgtheater im April 1921 überraschte, rechnete er erneut mit Werfel ab. Und hier wird auch Wolff in Seitenhieben nicht verschont. (Der Onkel: »Er hat Aussicht, Lektor zu wern bei Kurt Wolff.«)[79]

In einem Privatbrief an Sidonie Nadherny vom 15./16. März verbarg Kraus seine menschliche Enttäuschung und Verletzung nicht: »Zu dem obigen Thema will ich nur noch sagen, daß der Herr in München, in dessen Brust gleichfalls zwei ziemlich wertlose Seelen wohnen (wie in der seines Autors), bisher keinen Ton hat verlauten lassen.«[80] Wolff versuchte zwar in einem Schreiben vom 19. März die menschliche Beziehung zu retten: »Was mir Ihr Werk bedeutet, wissen Sie. Die Lösung verlegerischer Beziehungen kann daran nichts ändern.«[81] In einem zweiten Schreiben aus Wien bemühte er sich noch einmal, eine mündliche Aussprache herbeizuführen[82], doch Kraus hüllte sich in Schweigen. An Sidonie Nadherny schrieb er: »Korrespondenzen der beiden W. [...] Der eine hat sich inzwischen gemeldet, aus München und aus Wien; er wurde nicht empfangen und hat keine Antwort bekommen, da es keine persönliche Angelegenheit mehr ist. [...] Natürlich: wo ›zwei Seelen‹, ists zumeist nur eine, wertlose. Das zeigt sich im Fall jenes W. exemplarisch. Er ist angeblich ›ganz gebrochen‹.«[83]

---

[73] Franz Werfel: Der Spiegelmensch. Eine magische Trilogie. München: KWV 1920. Dritter Teil. Fenster. III. Bild, S. 189.

[74] Die Zehn Stundenbücher der Ernst Ludwig-Presse. Bd 9: Franz Werfel: Arien. München: KWV 1922. – Vgl. auch Wolff an Werfel, Brief vom 5. 1. 1920, KWB, S. 340 f.: »Als einzigen lebenden deutschen Dichter möchte ich ein kleines Bändchen von Franz Werfel und zwar die ›Arien‹ bringen.«

[75] Wolff an Werfel, Brief vom 5. 11. 1920, KWB, S. 343.

[76] Brief Wolffs s. Anm. 75; Telegramm Werfels vom 8. 11. 1920, KWB, S. 585.

[77] Autoren, Bücher, Abenteuer, S. 97.

[78] Karl Kraus: Aus der Sudelküche. In: Die Fackel, Nr. 561 bis 567, März 1921, S. 61 u. 64.

[79] Karl Kraus: Literatur oder Man wird doch da sehn. Magische Operette. In: Werke Bd 14. Hrsg. von Heinrich Fischer. München 1966, S. 17.

[80] Brief vom 15./16. März 1921. In: Karl Kraus: Briefe an Sidonie Nadherny von Borutin. Bd 1, S. 495.

[81] Wolff an Kraus, Brief vom 19. 3. 1921, KWB, S. 136.

[82] Wolff an Kraus, Brief vom 23. 3. 1921, KWB, S. 136.

[83] Brief vom 7./8. März 1921. In: Karl Kraus: Briefe an Sidonie Nadherny. Bd 1, S. 501 f.

Mit der juristischen Auflösung des Verlages ließ Kraus sich Zeit. Erst im Oktober 1923 wurde den Lesern der Fackel mitgeteilt: »Der ›Verlag der Schriften von Karl Kraus‹ (Kurt Wolff), München und Leipzig, ist im August aufgelöst worden und seine Rechte sind auf den Verlag ›Die Fackel‹, Wien und Leipzig, übergegangen. Die Neuauflagen der vergriffenen Werke werden vorbereitet.«[84]

5.2 Dritter Exkurs: Zeitgeschichtliches Zwischenspiel – Der Neue Geist Verlag

Kurt Wolff hat nie ein Hehl daraus gemacht, daß er im Grunde seiner Persönlichkeit ein unpolitischer Mensch gewesen sei. In einem Interview mit Herbert G. Göpfert äußerte er in diesem Sinne über seine Autoren Hiller und Becher: »Es gab einige, die ich als Autoren durchaus bejahte, aber mit denen der Umgang mich einfach nur deswegen nicht so freute, weil sie rabiat politisch interessiert waren. Da gab es Stunden halb weltanschaulicher, halb politischer Diskussion, die mich, der ich nie politisch interessiert war, leider auch sehr wenig historisch, ungeheuer ödeten, um das Wort zu gebrauchen.«[85] Dennoch gab es in der verlegerischen Laufbahn Wolffs ein kurzes, etwa drei Jahre dauerndes Zwischenspiel der Hinwendung zum politischen Verlag. Wolff war durch das Fronterlebnis aus seiner ästhetisch-bibliophilen Vorkriegshaltung herausgerissen worden. Zeigte schon das Kriegstagebuch ein aufmerksam-kritisches Verfolgen der politisch-militärischen Ereignisse, finden sich auch in der Verlags- und Privatkorrespondenz, vor allem nach der Novemberrevolution, bis Anfang der zwanziger Jahre gelegentliche Äußerungen zur politischen Lage, aus denen sich jedoch keine politische Tätigkeit erkennen läßt, wohl aber ein sorgsam beobachtendes Registrieren des politisch-gesellschaftlichen Zeitstrudels.

Kurt Wolff vollzog in diesen Jahren eine innere Wendung, wie sie fast alle Intellektuellen, vor allem die Literaten des Expressionismus vollzogen: die Öffnung der Kunst zur Politik, die sich bei ihm, dem Verleger, umsetzte in der Gründung eines »politischen« Verlages. Daß dieses, der Grundkonstitution seiner geistigen Persönlichkeit widersprechende politische Engagement mit der Enttäuschung der Intellektuellen in der Restaurationsphase der Weimarer Republik erlöschen mußte, war konsequent. Kurt Hiller schrieb darüber: »Kurt Wolff war ein völlig unpolitischer Kultivierter, der durch Krieg, allgemeine vorrevolutionäre Gefühlslage und tragisch verpatzten Umsturz in ein politoides Stimmungs-Interim gezerrt worden war und diesem seiner Wesensart gründlich fremden Zustand bald wieder enttrat. Als er im Winter 1917/18 zu meiner Freude meinen Vorschlag unverzüglich annahm [d. i., die Ziel-Jahrbücher zu verlegen], war er in jenem Zwischen noch befangen«[86].

Symbolisch für die politischen Absichten Wolffs von 1917 stand der Name des neuen Verlags – *Der Neue Geist* –, in dem der »Imperialismus des Geistes« aus Schickeles *Weißen Blättern* seine Fortsetzung fand, die sich schon darin zeigte, daß ein Teil der pazifistischen Autoren von Schickeles Zeitschrift sich auch als Autoren an dem neuen Verlag Wolffs beteiligten. Es ließe ihn »seit langer Zeit unbefriedigt«, schrieb Wolff im Februar 1918 an Annette Kolb, daß er durch den Grundsatz, im Kurt Wolff Verlag nur dichterische Produktion zu veröffentlichen, »aus diesen Erwägungen heraus gezwungen war, verlegerisch am geistig-politischen Leben der Zeit keinen unmittelbaren Anteil zu haben. So habe ich mich inzwischen entschlossen, unter dem Namen ›Der Neue Geist. Verlag. Leipzig.‹ einen besonderen Verlagsrahmen zu schaffen, in dem ich mich für die wesentlichsten Äußerungen zeitgenössischen *Denkens* einsetzen will. In diesem Verlag sind erschienen oder erscheinen unmittelbar [...] u. a. Bücher von Foerster, Leonhard Nelson, Schücking, Eulenburg etc. etc.; sein weiterer Ausbau liegt mir besonders am Herzen.«[87]

Den äußeren Anstoß zur Konkretisierung dieser Verlagspläne gab vermutlich der Verleger des *Leipziger Tageblatts*, Peter Reinhold, der 1917 die jüngere Schwester Elisabeth Wolffs, Caroline Merck, heiratete. Der mit Wolff gleichaltrige Reinhold hatte Nationalökonomie, Geschichte und Kunstgeschichte studiert, nach der Promotion 1909 über ein politisch-historisches Thema und nach ausgedehnten Auslandsreisen 1913 den Verlag des *Leipziger Tageblattes* gekauft. Er war jedoch nicht nur verlegerisch, sondern auch publizistisch bis zu dem Verkauf an Ullstein (Sommer 1921) in seiner Zeitung tätig. In den zwanziger Jahren schrieb er in der *Vossischen Zeitung*. Gegen Ende des Weltkrieges war Reinhold in den Sächsischen Landtag gewählt worden, er schloß sich im November 1918 der neugegründeten Deutschen Demokratischen Partei an und war 1920 und 1924–1926 sächsischer Finanzminister. 1926 übernahm er in dem

---

[84] Die Fackel, Nr. 632–639, Mitte Oktober 1923, S. 84.
[85] Kurt Wolff u. Herbert G. Göpfert: Porträt der Zeit im Zwiegespräch. In: Börsenblatt, 1964, S. 2056 f.
[86] Kurt Hiller: Leben gegen die Zeit. Reinbek 1969, S. 105.
[87] Wolff an Annette Kolb, Brief vom 7. 2. 1918, KWB, S. 186.

Abb. 26: *Peter Reinhold, August 1916*

zweiten Kabinett Luthers das Reichsfinanzministerium. 1928 bis 1932 war er Reichstagsabgeordneter seiner Partei. Nach Ausscheiden Wolffs aus dem Kurt Wolff Verlag übernahm er dessen gesamte Verlagsunternehmen und führte sie während des Dritten Reiches in bescheidenem Umfang weiter.

Reinhold traf sich mit Wolff in seinen kunsthistorischen Interessen, war aber im Gegensatz zu Wolff ein ausgesprochen politisch engagierter Verleger, dessen Einfluß in dem Verlag Der Neue Geist zunehmend dominierte. Die Firma *Der neue Geist Verlag (Kurt Wolff & Co.)* wurde am 25. Februar 1917 von den beiden Schwägern zusammen als Kommanditgesellschaft gegründet[88]. Weiterer Kommanditist war Curt Thesing, der jedoch schon 1918 wieder ausschied und sich an einem Münchener *Verlag für Kulturpolitik* beteiligte[89].

Die Autoren des Verlages Der Neue Geist, meist Hochschullehrer und Politiker, setzten sich aus Pazifisten und Aktivisten zusammen, die oft der nationalliberalen Partei oder den Sozialdemokraten nahestanden. Radikal sozialistische, kommunistische und anarchistische Tendenzen waren in dem Verlag nicht vertreten. Max Scheler, von Georg Heinrich Meyer für Wolff und Schwabach gewonnen[90], wurde neben dem Göttinger Neufriesianer Leonhard Nelson philosophischer Hauptautor des Verlages. Schelers »nationalpädagogische Erörterung« *Die Ursachen des Deutschenhasses* (1917) erschien zunächst im Kurt Wolff Verlag, wurde aber noch im gleichen Jahr in der zweiten Auflage im Neuen Geist Verlag herausgebracht. Daneben erschienen als erste Publikationen die »Kriegsaufsätze eines Pazifisten« *Der Dauerfriede* von Lothar Schücking und ein Buch Eduard Bernsteins über *Sozialdemokratische Völkerpolitik*. 1918 erschienen insgesamt fünf Bücher der Autoren Schücking, Bernoulli, Foerster und Leopold von Wiese.

Wolff, dem, wie sogar ein Brief Kafkas Ende Januar 1918 bestätigt, sein neues Unternehmen sehr »am Herzen« lag[91], gab neben diesen wenigen Einzelveröffentlichungen zusammen mit Reinhold drei Schriftenreihen heraus, die in Heften von 40 bis 120 Seiten Umfang ein breit gestreutes reformpolitisches Programm anboten. In der Reihe *Der Neue Geist* wurden vor allem Reden und Vorlesungen führender Politiker und Wissenschaftler zur Wirtschaftslage, zur Außen-, Kultur- und Sozialpolitik

---

[88] Angezeigt im Börsenblatt, Nr. 189 vom 15. 8. 1917, S. 970.

[89] Über Thesing, in dessen Haus schon 1914 der erste »pazifistische Salon« in Leipzig gegründet wurde, wo u. a. Werfel und Däubler lasen (mdl. Information von Kurt Pinthus), ist wenig zu ermitteln. Thesing, der nebenher als Übersetzer und schriftstellerisch tätig gewesen sein soll, gründete 1919 in dem Münchener Verlag für Kulturpolitik eine politische Bücherei *Die soziale Revolution*, die Autoren mit dem Neuen Geist Verlag gemeinsam hatte.

[90] Die Korrespondenz im KWA ist deshalb überwiegend an Georg Heinrich Meyer gerichtet. Am 26. 3. 1962 schrieb Wolff an O. Bihalji-Merin: »Es waren schon einige Bücher von Max Scheler [...] im KWV erschienen, ich war aber dem Autor noch nicht persönlich begegnet. Sein Verlagskontakt war mit einem älteren Prokuristen, G. H. Meyer.« (Brief im Besitz von Helen Wolff, New York).

[91] Kafka an Josef Körner, undat. Brief (Ende Januar 1918), vgl. Kapitel 4.8, Anm. 362.

verlegt. Hier erschien auch die Programmschrift Hillers *Ein Deutsches Herrenhaus*, in welcher er, an Nietzsche anknüpfend, eine Herrschaft der Aristoi, eine »Kammer der Geistigen« forderte, die mit den gewählten Volksvertretern zusammen und diese kontrollierend das Parlament bilden sollten.

Weniger bedeutsam als diese Reihe, in der bis 1919 20 Hefte, insgesamt 55 Publikationen bis 1926 erschienen, waren die beiden anderen Reihen, die beide nur 1918 bestanden. In der Reihe *Öffentliches Leben* erschienen sechs Vorlesungen der Autoren Nelson, Mühlestein und Oehlkers zur Hochschulpolitik und zum Völkerrecht; in der nur drei Bände umfassenden Reihe *Die neue Reformation* Schriften von Nelson und Mühlestein.

Ende 1917 trugen die drei Wolff-Autoren Leo Matthias, Rudolf Leonhard und Kurt Hiller ihrem Verleger den Plan einer politisch-kulturellen Wochenzeitung für den Neuen Geist Verlag vor, nachdem Georg Müller dieses Projekt abgelehnt hatte. »Was die ›Richtung‹ des Blattes anlangt«, schrieb Hiller, der die Verhandlungen führte, an Wolff, »so können Sie sich denken: radikaler Pazifismus; im übrigen ›Sozial-Aristokratismus‹. Mit einem zu nichts verpflichtenden Schlagwort: Synthese aus Nietzsche und ... Friedrich Adler dem Denker, nicht dem Täter! Also: Nähe der Linkssozialisten (im Taktischen), doch starke Fundament-Abweichungen von ihnen. Kein Paktieren mit bestimmten Parlamentsparteien; eher: langsames Vorbereiten einer neuen.«[92] Von den – teils schon gewonnenen – Mitarbeitern nannte Hiller eine Reihe der 1918 im Verlag Der Neue Geist vertretenen Professoren und Politikern, die Mitarbeiter seiner beiden *Ziel*-Jahrbücher, die Wolff-Autoren Hasenclever und Schickele, Annette Kolb und: »Unser großer Schutzherr wird, wenn mich nicht alles täuscht, Heinrich Mann sein.«[93]

Wolff, bei dem sich Hiller im Februar 1918 bedankte, »daß Sie diese dringendste aller Forderungen zu der Ihren machen«[94], war ernsthaft an solchen Zeitungsplänen interessiert, führte jedoch zunächst eine Besprechung mit Reinhold, Hiller und Leo Matthias in Berlin herbei. Nach dieser Besprechung schrieb Hiller an Wolff: »Noch rasch die Mitteilung, daß mir Herr Dr. Reinhold äußerst sympathisch war und durchaus unbürgerlich, zugleich un-romantisch erschien, also der denkbar geeignetste Mitarbeiter in der Verwirklichung unserer Pläne.«[95]

Doch Reinhold, der zu sehr Realpolitiker war, um sich von der Schwärmerei Hillers – »wir sind Politiker neuen Schlages, insofern wir Litteraten sind. Und Litteraten neuen Schlages, insofern wir Politiker sind«[96] – und seinen politischen Theorien mitreißen zu lassen, schien sich für diese Wochenzeitung nicht zu erwärmen.

Wolff, im Laufe des Jahres 1918 immer mehr Hillers Aktivistenbund zugeneigt, übernahm jedoch die beiden bei Georg Müller erschienenen *Ziel*-Jahrbücher in den Verlag Der Neue Geist[97]. Nach dem Tode Georg Müllers Ende 1917 war das Interesse der Nachfolger an der Schriftenreihe erloschen, zumal der erste Band (1916) nach Erscheinen von der Zensur verboten worden war und nur unter der Hand weitervertrieben werden konnte. Auch der Doppelband 1917/18 mit dem Titel *Tätiger Geist* wurde von der Zensur beanstandet. Das Jahrbuch war allerdings schon vor der Auslieferung an Wolff übergegangen.

Politisch begannen die Ansichten der beiden Schwäger Wolff und Reinhold Ende 1918 deutlich zu divergieren. Reinhold, aus der nationalliberalen Bewegung kommend, bekannte sich zu der demokratischen Tradition des Liberalismus und setzte sich in seiner neuen Partei für einen entschiedenen Parlamentarismus ein. Als Wolff sich im November 1918 dem nebulosen Rätesystem Hillers zuwandte und zusammen mit seinen Autoren Heinrich Mann, Fritz von Unruh, René Schickele, Ludwig Meidner, Kasimir Edschmid und Leo Matthias den Aufruf des *Politischen Rates Geistiger Arbeiter, Berlin* unterschrieb, war dies zugleich das Ende seiner Beteiligung am Verlag Der Neue Geist. Seinen Austritt als Kommanditist vollzog er im April 1919. Hillers *Ziel*-Jahrbücher übernahm er in den Kurt Wolff Verlag, in dem 1919/20 noch einige politische Schriften erschienen. Seine politische Haltung wird uns dort noch näher beschäftigen.

Der Neue Geist Verlag wurde von Reinhold unter dem Namen *Der Neue Geist Verlag Dr. Peter Reinhold* weitergeführt. Hauptautoren blieben Scheler und Nelson. 1925 trat der Scheler-Schüler Erich Meyer-Bachem als Verlagsleiter ein. Bachem versuchte, weitere philosophische Autoren heranzuziehen[98]. Es erschienen Schriften

---

[92] Hiller an Wolff, Brief vom 29. 11. 1917, KWB, S. 312.
[93] Hiller an Wolff, vom 5. 12. 1917, KWB, S. 314.
[94] Hiller an Wolff, Brief vom 18. 2. 1918, KWB, S. 316.
[95] Hiller an Wolff, Brief vom 27. 3. 1918, KWA.

[96] Hiller an Wolff, Brief vom 5. 12. 1917, KWB, S. 315.
[97] Die Bücher trugen zwar den Verlagsvermerk »Georg Müller«, wurden aber von dem Verlag Der Neue Geist als bei ihm verlegt angezeigt. (So in: Kurt Hiller: Ein Deutsches Herrenhaus. Leipzig: Der Neue Geist 1918, 2. u. 3. Umschlagseite). Wolffs Tagebuchnotizen vom März 1918 bestätigen die Übernahme: »Übernahme G. Müller ›Ziel‹ und ›Tät. Geist‹«. – Erst 1919 gingen die Jahrbücher in den KWV über, wo die folgenden beiden Bände ebenfalls erschienen.
[98] Erich Meyer-Bachem an den Verf., Brief vom 18. 1. 1974.

des Phänomenologen Alexander Pfänder, des Psychiaters Hans Prinzhorn und des Pädagogen Gustav Wynecken. 1928 ging der Verlag in den Besitz der Drugulin-GmbH über, Reinhold blieb aber als Gesellschafter an dem Verlag beteiligt. 1931 übernahm er wieder selbst die Geschäftsführung des Verlages, der nach Berlin verlegt wurde. 1933 ließ er den Verlag Der Neue Geist in dem Kurt Wolff Verlag aufgehen.

5.3 Vierter Exkurs: Bibliophilie und Weltliteratur – Der Hyperion-Verlag

Mit dem Kauf der Geschäftsanteile an der Hyperion-Verlag GmbH am 1. Juli 1917 erwarb Wolff nicht nur einen Verlag mit einer elfjährigen, wechselvollen Geschichte, sondern zugleich ein umfangreiches Lager und zahlreiche Verlagsrechte. Die wechselnden Konzepte der verschiedenen Inhaber trugen dazu bei, daß der Verlag ein buntgemischtes Programm führte, obwohl Wolff versuchte, seinem vierten Unternehmen ebenso ein charakteristisches Profil zu geben, wie es der Kurt Wolff Verlag, der Verlag der Schriften von Karl Kraus und der Neue Geist Verlag zeigten.

Gegründet wurde der Verlag am 22. September 1906 von Hans von Weber in München. »Die erste Aufgabe, die der Verlag sich stellte«, schrieb Hans von Weber in seinem Fünfjahresbericht über die Tätigkeit seines Verlages, »war die Neubelebung des illustrierten Buches.«[99] Am Anfang noch stark in der Sphäre des Fin de Siècle und dem Jugendstil verhaftet, brachte der Verlag neben erotischer Literatur des Barock und Rokoko Übersetzungen von André Gide und Paul Claudel und zeitgenössische russische und englische Literatur, wobei hier ein Zug zum Außenseiterhaften, zum spukhaft Grotesken und der erotische Einschlag unverkennbar waren. Mit der Zeitschrift, die dem Verlag den Namen gab, *Hyperion*, wollte Weber an die Tradition von *Pan* und *Insel* anknüpfen. Unter der Redaktion von Franz Blei erschienen hier erstmals einige junge Dichter, die später Wolff-Autoren wurden: Kafka, Brod, Sternheim und Carl Einstein. Der Anteil der modernen deutschen Literatur in diesem Verlag blieb jedoch gering, wenn auch Carl Sternheims Drama *Ulrich und Brigitte* 1908 bei Hans von Weber erschien und der Verleger sich vorübergehend für Heinrich Mann interessierte[100]. Vor allem als Weber 1909 seine *Hundertdrucke* begründete, bibliophile Drucke der Weltliteratur in je 100 numerierten Exemplaren, nahm der Verlag verstärkt bibliophile und esoterische Züge an. »Hans von Weber war kein erfolgreicher Verleger«, schreibt Georg Kurt Schauer. »Die besondere Art, für ganz kleine Kreise zu publizieren, machte jede Unternehmung zu einem gewagten und oft verlustreichen Abenteuer, mochten auch einzelne seiner Verlagswerke zweite und dritte Auflagen erreichen.«[101] Deshalb entschloß sich Hans von Weber 1913 zum Verkauf, wohl aus dem Bewußtsein heraus, daß seine finanzielle Basis für die Weiterführung dieses Verlages zu schmal war[102]. Er behielt nur die *Hundertdrucke* und die Zeitschrift *Der Zwiebelfisch*[103], die er unter eigenem Namen weiterführte. Der Name Hyperion-Verlag und die etwa 40 produzierten Bücher wurden mit allen Rechten in eine am 1. Oktober 1913 gegründete GmbH eingebracht, die auch den kompletten Verlagsbestand des Julius Zeitler Verlages übernahm.

Julius Zeitler, der als Professor in Leipzig Kunstgeschichte lehrte, hatte zwischen 1904 und 1912 einen ähnlich außenseiterhaften Verlag aufgebaut wie Hans von

---

[99] Hans von Weber: Fünf Jahre Hyperion-Verlag. Bericht über die Tätigkeit des Verlages, seine Ziele und Neuerscheinungen. Weihnacht 1911. München: Hyperion-Verlag 1911, S. 5.

[100] Am 26. 2. 1909 schrieb Maximilian Brantl an seinen Klienten Heinrich Mann, daß Hans von Weber (mit dem Brantl gut bekannt war) vertraulich angefragt habe, ob er den neuen Roman Manns (vermutl. *Die kleine Stadt*. Leipzig: Insel-Verlag 1909) nicht haben könne. Der Roman könne auch im *Hyperion* vorabgedruckt werden. Mann verwendete dieses Angebot als »Druckmittel« in den Verhandlungen mit Kippenberg.

[101] Georg Kurt Schauer: Deutsche Buchkunst 1890–1960. Bd 1, S. 104.

[102] Hans von Weber hatte seinen Verlag gegründet, als er sein etwa 400 000 Goldmark betragendes Vermögen durch Fehlinvestitionen bereits verloren hatte. Der Verlag wurde jedoch nicht aus akuten finanziellen Schwierigkeiten heraus verkauft, sondern Webers Interesse hatte sich um 1912 auf seine Zeitschrift und eine rein bibliophile Produktion (in den *Hundertdrucken*) verlagert. (Nach einer mdl. Auskunft des Sohnes, Wolfgang von Weber). Vgl. auch: Ernst Schulte Strathaus u. Wolfgang von Weber: Hans von Weber und seine Hundertdrucke. In: Imprimatur. N. F. 6, S. 132–142.

[103] Mit seiner Zeitschrift *Der Zwiebelfisch* (1909–1934) erwies sich Hans von Weber als ein leidenschaftlicher Kämpfer für das geschmacklich einwandfrei ausgestattete Buch, gegen Schund und Pseudobibliophilie und als unermüdlicher, gelegentlich konservativer, aber oft treffsicherer Beobachter der zeitgenössischen Literatur. Vor allem bedeutsam sind die frühen Jahrgänge als Fundgrube von Informationen über das literarische Verlagswesen und die Bewegungen des Buchmarktes.

Weber, in dem er selbst unter verschiedenen Pseudonymen als Autor auftrat. Auch sein Programm war ähnlich buntgemischt wie das Hans von Webers. Neben Brief- und Gedichtsammlungen gab Zeitler unter dem Pseudonym *Robert Rehlen* – ebenfalls in Form der Anthologie – damals beliebte Sammlungen von Zitaten historischer Persönlichkeiten heraus. Zeitler edierte die erste moderne Ausgabe der Werke Villons, die Hauptwerke der Brüder Goncourt und Zolas *Experimentalroman*, den er selbst übersetzte. Reihentitel wie die *Deutsche Literatur-Pasquille* (von Franz Blei herausgegeben) und *Editionen merkwürdiger und berühmter Romane der Weltliteratur* zeigen die preziöse Note des Verlages, in dem, von Walter Tiemann und Carl Ernst Poeschel in der Buchausstattung betreut, auch erotische Literatur und literarische Kuriosa erschienen. Sowohl bei diesem Verlag wie auch bei Hans von Webers Programm ist der beratende und die Verbindung beider Programme herstellende Einfluß Franz Bleis unverkennbar, der auch während der Ära Wolffs erneut für den Hyperion-Verlag tätig wurde. Insgesamt wurden, wie die Bibliographie des Zeitler Verlages nachweist[104], 91 Bücher verlegt, deren Rechte und Bestände in die Hyperion-GmbH übergingen.

Die Hyperion-GmbH wurde, wie das *Adressbuch des Deutschen Buchhandels* angibt, von den Gesellschaftern Julius Schröder, Dr. jur. J. Schröder und dem schon an mehreren Verlagsfirmen beteiligten Walter de Gruyter[105] gegründet. Julius Schröder war, wie Paul Mayer berichtet, ein rheinischer Industrieller, der für seinen Sohn (Dr. jur. Julius Schröder) einen Wirkungskreis suchte[106]. Als Geschäftsführer neben Dr. Julius Schröder wurde Ernst Rowohlt berufen. Rowohlt, als Hersteller und Werbeleiter bei S. Fischer tätig[107], hatte noch im Juli 1913 Gerüchte von seinem Ausscheiden bei S. Fischer energisch dementiert[108], aber das vermutlich von Hans von Weber vermittelte Angebot, den Hyperion-Verlag zu leiten, der Tätigkeit unter dem autokratisch regierenden S. Fischer vorgezogen. Der Fischer-Lektor Oskar Loerke notierte am 14. September 1913 in seinem Tagebuch: »Rowohlt, der einen Verlag macht, würde mich als Lektor nehmen sofort, wenn ich sein Autor würde, was natürlich nicht geht. Treue um Treue.«[109]

Lektor wurde der Dramatiker Wolfgang Goetz, dessen erste Einakter in Rowohlts eigenem Verlag erschienen waren. Mit Peter Baums Rokokoroman *Kammermusik* knüpfte Rowohlt zwar noch einmal an die Tradition des alten Hyperion-Verlages an, gab dem Verlag aber insgesamt eine energische Wendung zur jungen deutschen Literatur hin. Johannes R. Becher und Paul Mayer, Hermann Kesser und Arnold Zweig gehörten zu den zwölf neuen Autoren, die Rowohlt in dem ersten Halbjahr 1914 verlegte. Rowohlt war im Begriff, einen modernen literarischen Verlag aus dem esoterischen Hyperion-Verlag zu machen, der eine ernsthafte Konkurrenz für Wolff geworden wäre, wenn nicht der Krieg den schnellen Ausbau zerschlagen hätte. »Ernst Rowohlt hat die Geschäftsführung im Hyperion-Verlag niedergelegt. Wenn Dr. Schröder aus dem Feldzug glücklich heimkehrt, wird alles wieder ins alte Gleis kommen. Rowohlt selbst ist Kriegsfreiwilliger Artillerist und exerziert hier in Leipzig«, unterrichtete Georg Heinrich Meyer im Oktober 1914 seinen Lektor Werfel[110].

Doch es kam anders. Der Hyperion-Verlag ruhte zunächst völlig – ein Drama von Joachim Zimmermann, *Das neue Leben*, war gerade gedruckt, wurde aber erst 1918 durch Wolff ausgegeben. 1916 erschienen zwar noch einmal zwei Bücher[111], dann entschlossen sich die Gesellschafter zum Verkauf. Wolff, der in seinen Tagebuchnotizen aufmerksam die Arbeit seines ehemaligen Kompagnons Rowohlt verfolgt hatte und noch 1913 durch einen Novellenband Carl Einsteins unbeabsichtigt

---

[104] Abraham Horodisch: Die Bücher des Verlages Julius Zeitler in Leipzig. 1904-1912. Berlin 1933.
[105] Walter de Gruyter, ein ähnlich expandierender Verleger wie Wolff, war an folgenden Verlagen beteiligt: Inh. von Georg Reimer, Berlin; Karl J. Trübner Verlagsbuchh. Straßburg (Els.). – Geschäftsf. von G. J. Göschen'sche Verlagsbuchh. Berlin u. Leipzig; J. Guttentag, Verlagsbuchh. GmbH, Berlin; Hyperion-Verlag GmbH, Berlin. (Nach dem Adressbuch des Deutschen Buchhandels 1915).
[106] Paul Mayer: Ernst Rowohlt in Selbstzeugnissen und Bilddokumenten, S. 55.
[107] Vgl. Paul Mayer: Ernst Rowohlt, S. 52. – Rowohlt, der, wie Peter de Mendelssohn (S. Fischer, S. 622) schreibt, auch als »Prokurist und Geschäftsführer« bei Fischer arbeitete, war möglicherweise nach dem Tode von Fischers Sohn Gerhart (Anfang September 1913) als Nachfolger ausersehen (a. a. O., S. 646), doch die Verschiedenartigkeit der Charaktere führte vermutlich zur baldigen Trennung.

[108] Rowohlt an Kippenberg, Brief vom 12. 7. 1913: »Nein, Herr Doktor, die Gerüchte von meinem Weggehen von Fischer sind unrichtig. [...] Da meine Stellung ab 1. Oktober eine mehr meinen ganz persönlichen Wünschen entsprechende sein wird, so glaube ich, daß ich noch sehr lange bei S. F. V. bleiben werde.« (Peter Bramböck: ein früher Briefwechsel Ernst Rowohlts mit Anton Kippenberg. In: AGB XIV, Sp. 606).
[109] Oskar Loerke: Tagebücher 1903-1939. Hrsg. von Hermann Kasack. Darmstadt 1955, S. 67.
[110] Meyer an Werfel, Brief vom 28. 10. 1914, KWA.
[111] Lisel Rupp: Wiesenlieder; und Ludwig Strauß: Der Mittler. Novellen.

erneut in Kollision mit Rowohlts Plänen gekommen war¹¹², übernahm im Juli 1917 ein zweites Mal eine Firma, an deren Aufbau Rowohlt beteiligt war.

»Das schöne Buch, das illustrierte Buch, Fragen der Buchgraphik und Probleme der Typographie haben den Verleger, den Bibliophilen und den Ästheten Wolff zu allen Zeiten gefesselt«, schreibt Bernhard Zeller in seiner Biographie des Verlegers Kurt Wolff¹¹³ und zielt damit auf die im Jahre 1917 wieder hervortretende, im Kurt Wolff Verlag nur zurückgedrängte spielerisch-ästhetische Freude am Buch als Gegenstand. Wenn es schien, als habe Wolff mit dem entschlossenen Verkauf seiner kostbaren Bibliothek 1912 einen Schlußstrich unter eine bibliophile Jugendentwicklung gesetzt, so wurde diese Neigung nun im Hyperion-Verlag erneut verlegerisch umgesetzt. Folgerichtig verschob sich die Sammelleidenschaft Wolffs, seit er selbst »kostbare« und »seltene« Bücher des 18. und 19. Jahrhunderts verlegte, auf Inkunabeln des 15. und 16. Jahrhunderts, die er, vor allem während der Inflationszeit, in beachtlichem Umfang zusammentrug¹¹⁴.

Wolffs Konzeption des Hyperion-Verlages war aus diesem Grunde weniger literarisch programmatisch – wie im Kurt Wolff Verlag – als an dem Begriff des *Schönen Buches* orientiert. »[...] da konnte ich nun nach Lust und Liebe schöne Bücher machen, Luxusdrucke, illustrierte Bücher, Übersetzungen«, hat er später als Motivation für den Kauf des Verlages angegeben¹¹⁵. Es kam Wolff zustatten, daß gegen Kriegsende die Flucht in Sachwerte begann, die Bereitschaft des Publikums, teure Bücher in größerem Umfang als bisher zu erwerben. Daß 1918, als die Materialien für bibliophile Herstellung kaum noch aufzutreiben waren, ein umfangreiches Lager mit Vorkriegsbeständen vorhanden war, begünstigte den Start des Verlages, der in den Almanachen des Kurt Wolff Verlages von 1918 erstmals wieder mit einem eigenen Verlagsverzeichnis vorgestellt wurde.

Dieses beigefügte Verlagsverzeichnis kündigte die Anknüpfung an die Tradition des Verlages Zeitlerscher und Hans von Weberscher Prägung nur zu deutlich an. »Der Hyperion-Verlag hat von jeher das schöne Buch in vorbildlicher Form gepflegt und eine Anzahl von wertvollsten Literaturwerken deutschen und fremdsprachlichen Ursprungs in Ausgaben veröffentlicht, die textlich sorgfältig gearbeitet, in ihrer äußeren Gestalt den Ansprüchen verwöhntester Bücherliebhaber gerecht werden.« Wolff hob vor allem hervor, daß alle aufgeführten Werke »zu Geschenkzwecken in jeder Linie hervorragend geeignet« und »ausnahmslos auf edelste Papierstoffe (vor dem Kriege gefertigt) gedruckt« seien¹¹⁶.

Ein Überblick über die angebotene Literatur bestätigt, daß das Geschenkbuchprinzip Leitlinie war, und sich der Hyperion-Verlag überwiegend an ein bürgerlich-traditionelles Lesepublikum richtete. Von daher hob sich der Verlag zunächst kraß von dem Kurt Wolff Verlag ab. In Rubriken geordnet, inserierte Wolff die umgebundenen Bücher Zeitlers und wenige Neuausgaben: »Liebesbriefe und andere Briefbücher« (Anthologien europäischer Liebes- und Freundschaftszeugnisse aus mehreren Jahrhunderten, darunter auch *Dr. Martin Luthers deutsche Briefe* und die von Annette Kolb bei Zeitler 1906 herausgegebenen *Briefe der heiligen Catarina von Siena*); »Illustrierte Bücher und Romane« (wie Hebbels *Judith*, 1907 von Thomas Theodor Heine für Hans von Weber illustriert, und Friedrich von Sallets Roman *Kontraste und Paradoxen);* »Romane und Novellen« von Claude Tillier, Valerius Brjussoff, Remy de Gourmont und G. K.

---

¹¹² Rowohlt beschwerte sich in einem (nicht abgesandten) Brief vom 4. 11. 1913 (KWA) bei Einstein darüber, daß er die Novellen *Das Mädchen auf dem Dorfe* Wolff gegeben habe, wie er in der BZ lesen müsse, und forderte die geleisteten Vorschüsse zurück. Rowohlt verständigte sich mit Wolff, das Buch erschien nicht im KWV. – Albert Ehrenstein bot am 13. 10. 1913 Rowohlt das Buch von Eugen Loewenstein *Nervöse Leute* für den Hyperion-Verlag an, das dann 1914 bei Wolff erschien. (Brief vom 13. 10. 1913, KWA).
¹¹³ KWB, S. XXXVIII.
¹¹⁴ »Für das Sammeln von Wiegendrucken bildeten diese Jahre« nach dem Kriege, schreibt Bernhard Zeller, »eine von Wolff sogleich erkannte Konjunktur, da viele europäische Bibliotheken sich damals gezwungen sahen, ihre Doubletten abzustoßen. In verhältnismäßig kurzer Zeit war es Wolff gelungen, eine ungewöhnlich schöne und umfangreiche Sammlung hervorragender Stücke zusammenzubringen [...]. Durch Ankäufe bei in- und ausländischen Auktionen war schließlich eine Sammlung von 3000 Druckwerken aus dem 15. und 16. Jahrhundert entstanden. 830, mit wenigen Ausnahmen vollständige Wiegendrucke wurden nun, am 5. und 6. Oktober 1926, von Joseph Baer in Frankfurt versteigert.« (KWB, S. XLVI). – Über weitere Versteigerungen von Wolffs Sammlungen vgl. auch: Roland Folter: Bedeutende Buchauktionen in Frankfurt am Main. In: Aus dem Antiquariat, 29. Jg., 1973, Nr. 9, S. A 413 f.

¹¹⁵ Kurt Wolff u. Herbert G. Göpfert: Porträt der Zeit im Zwiegespräch. In: Börsenblatt 1964, S. 2057.
¹¹⁶ Verlagsverzeichnis des Hyperion-Verlages im Anhang zu: Das neue Geschichtenbuch. Ein Almanach. Leipzig: KWV 1918, S. 1. (Ebenfalls beigefügt dem Almanach: *Die Neue Dichtung*. Leipzig: KWV 1918).

Chesterton, Ludwig Strauß und Oskar Wilde. Es folgten die beliebten *Rehlen-Bücher,* Reisebücher, ein Kunstprogramm und die Enschedé-Luxusdrucke Hans von Webers: *Kudrun* und *Der Nibelunge Not* in Monumentalausgaben, die in Konkurrenz zu den Luxusdrucken des Insel-Verlages standen.

Der Verlag bot außerdem eine Auswahl »Galanter Literatur« und »Liebeslyrik« an: Jacques Cazotte, Choderlos de Laclos und Franz Bleis *Lesebuch der Marquise.* In die gleiche Richtung ging die von Wolff 1918/19 in zwei Folgen zu je 12 Bänden ausgegebene *Dionysos-Bücherei,* Neuausgaben erotischer Literatur des Zeitler-Verlages, darunter Titel wie: *Der Pornograph* von Rétif de la Bretonne, *Die Hetärengespräche* des Lucian von Samostrata, *Deutsche Schwänke* und eine Auswahl aus Boccaccio und Carlo Gozzi. Wolff, der selbst eine erotische Bibliothek besessen haben soll[117], knüpfte hier noch einmal an einen Verlagszweig Zeitlers und Hans von Webers an, die die erotische Literatur unter historischen und künstlerischen Aspekten fördern wollten und den unter dem Ladentisch verkauften pornographischen Schund bekämpften. Eine Protesthaltung, die sich gegen die doppelbödige Moral und die schwüle Atmosphäre des Kaiserreichs richtete, wie sie Stefan Zweig in seiner *Welt von Gestern* beschreibt[118], die in den zwanziger Jahren jedoch an Bedeutung verlor.

Die bibliophilen Ausgaben des Ernst Rowohlt Verlages und die von Meyer & Jessen übernommenen Bücher gingen 1918 in den Hyperion-Verlag über[119], die modernen Autoren des Hyperion-Verlages wie Johannes R. Becher, Paul Mayer und Hermann Kesser waren längst zu anderen Verlagen abgewandert oder wurden in den Kurt Wolff Verlag übernommen. 1917 und 1918 erschienen insgesamt sechs neue Titel, darunter ein Novellenband von Schwabach, Oskar Wildes *Ballade von Reading Goal* und Max von Boehns französische Kulturgeschichte des 19. Jahrhunderts *Vom Kaiserreich zur Republik.*

Wolff beließ den Verlag zunächst in seinem Berliner Domizil, suchte aber bereits 1918 einen Lektor für die Verlagsführung[120]. 1919 wurde der Verlag zusammen mit dem Kurt Wolff Verlag nach München verlegt, behielt aber eine Zweigstelle in Berlin. In Lothar Mohrenwitz fand Wolff im gleichen Jahr den geeigneten Mitarbeiter, der als Verlagsleiter und Partner Wolffs in die Firma eintrat[121]. 1921, als der Kurt Wolff Verlag zusammen mit dem Hyperion-Verlag in eine Aktiengesellschaft umgewandelt wurde, beteiligte Mohrenwitz sich als Aktionär und gehörte bis 1924 der Gesellschaft als Vorstandsmitglied an.

Lothar Mohrenwitz (1886–1960) war der Sohn einer wohlhabenden Frankfurter Bürgerfamilie. Er hatte in München bei Heinrich Wölfflin Kunstgeschichte studiert und als Soldat am 1. Weltkrieg teilgenommen. Unter seiner Leitung erlebte der Hyperion-Verlag eine zweite Blütezeit; vor allem baute Mohrenwitz das Kunstprogramm des Verlages aus, das sich, wie auch die literarische Abteilung, immer mehr dem Programm des Kurt Wolff Verlages näherte. Das zwischen 1904 und 1918 verlegte Konglomerat aus Kunst- und Kulturgeschichte, Erotika, Schauerliteratur, Kuriosa, Luxusdrucken und illustrierten Ausgaben europäischer Literatur wurde stärker in Reihen gegliedert und der Akzent auf skandinavische und östliche Literatur verlegt.

1920 erschien eine »Sammlung der schönsten romantischen Novellen aller Länder«, die *Romantische Taschenbücherei,* in 15 farbig illustrierten Bänden, wobei das Schwergewicht auf der deutschen Romantik lag mit Arnim, Brentano, Eichendorff, Hauff, E. T. A. Hoffmann, Jean Paul, Heine, Kleist und Tieck. Bedeutsamer als diese fehlkonzipierte Reihe[122] waren die *Dichtungen des Ostens* und die *Skandinavische Bibliothek.* In den von Emil Preetorius illustrierten zwischen 1920 und 1926 erschienenen sieben Bänden der *Dichtungen des Ostens* zeigte sich die Öffnung des Publikumsinteresses für orientalische und fernöstliche Dichtung, die sich während des expressionistischen Jahrzehnts vollzogen hatte. Getreu

---

[117] Vgl. Roland Folter: Bedeutende Buchauktionen. In: Aus dem Antiquariat, 1973, S. A 414.

[118] Stefan Zweig: Die Welt von Gestern. Erinnerungen eines Europäers. Frankfurt am Main 1947, vor allem das Kapitel *Eros Matutinus,* S. 87–114.

[119] So bot der Hyperion-Verlag gleich zweimal Jean Paul: *Doktor Katzenbergers Badereise* an. Einmal mit den Illustrationen von Paul Scheurich (Meyer & Jessen 1912) und einmal mit den Radierungen von Hanns Alexander Müller (Julius Zeitler 1910).

[120] In einem Schreiben an das *Stellvertretende Generalkommando III A.-K.* vom 25. 5. 1918 ersuchte der Hyperion-Verlag um Freistellung von John Freeman, da der Verlag ihn als »Literarischen Berater und Lektor« benötige. Freeman ist wahrscheinlich nicht im Hyperion-Verlag tätig gewesen.

[121] Mohrenwitz muß sich schon bei seinem Eintritt finanziell an der GmbH beteiligt haben, denn am 15. 4. 1920 spricht Wolff in einem Brief an Alfred Kubin von seinem »Mitarbeiter und Sozius im Hyperionverlag«, Dr. Mohrenwitz. (KWB, S. 365).

[122] Die Reihe wurde mit ihren Beständen an die Wertbuchhandel GmbH, Berlin verkauft, wo sie verramscht wurde.

der Verlagslinie erschienen hier nur ausgesuchte Werke in bibliophiler Aufmachung[123].

In der von dem schwedischen Erzähler und Dramatiker Gustav af Geijerstam begründeten *Skandinavischen Bibliothek* berührten sich erstmals der Kurt Wolff Verlag und der Hyperion-Verlag. Hier erschienen, von der Übersetzerin Else von Hollander betreut, Romane von Hermann Bang, Geijerstam, Jonas Lie und Aage von Kohl. Aage von Kohls Roman *Im Palaste der Mikroben* war von Wolff 1919 aus dem Verlag Haupt & Hammon übernommen worden. Seine Erzählungen *Die roten Namen* waren ebenfalls in der ersten Ausgabe 1920 im Kurt Wolff Verlag erschienen, dann aber 1921 in die *Skandinavische Bibliothek* gegeben worden. Im Kurt Wolff Verlag erschienen 1922 zwei Romane Knut Hamsuns, eine fünfbändige Ausgabe der Romane Strindbergs jedoch in der *Skandinavischen Bibliothek*. 1924 wurden sie wiederum im Kurt Wolff Verlag angezeigt.

Diese Strindberg-Ausgabe war neben der Publikation von mehreren Werken der Brüder Goncourt das literarische Hauptwerk des Hyperion-Verlages unter Mohrenwitz. Die Werke Strindbergs, dessen Dramen während des Krieges unzählige Male auf deutschen Bühnen gespielt worden waren, lagen bisher geschlossen nur in der wegen ihrer Mängel umstrittenen Übersetzung Emil Scherings bei Georg Müller vor. Der Hyperion-Verlag brachte nun 1919 die *Ausgewählten Dramen* in fünf Bänden in der Neuübersetzung Else von Hollanders und eine, von Georg Müller und Schering in einem Prozeß angefochtene Ausgabe der *Ausgewählten Romane*[124].

Wie der Kurt Wolff Verlag wurde der Hyperion-Verlag mehr und mehr zum Kunstverlag. Neben einer achtbändigen *Entwicklungsgeschichte des Stils* von Robert West (1922/23) erschienen kunstgeschichtliche Arbeiten von Wilhelm Hausenstein, Friedrich Knapps *Italienische Plastik vom 15. bis 18. Jahrhundert* und Va-

[123] Darunter die Titel: Sadis Rosengarten; Arabische Erzählungen aus der Zeit der Kalifen; Indische Liebeslyrik; Ghaselen des Hafis (in der Übersetzung Friedrich Rückerts).

[124] Der Georg Müller Verlag behauptete, Else von Hollander haben einige Passagen von Schering abgeschrieben, und der Sohn des berühmten norwegischen Dichters, Björn Björnson, wurde um ein Gutachten bemüht. Im Laufe des Prozesses, in dem Müller Wolff die Übersetzungsrechte aus der bei Bonnier in Stockholm erschienen Originalausgabe bestritt, brachte der Hyperion-Verlag einen Strindberg-Prospekt heraus, der durch Belegzitate die Qualität der Schering-Übersetzung in Zweifel zog. (Im DLA). Soweit sich sehen läßt, wurde Wolff gezwungen, seine Ausgabe *Sämtliche Romane in 5 Bänden* abzuändern und in *Ausgewählte Romane in 5 Bänden* umzunennen. An Stelle des Romanes *Das rote Zimmer* traten die Novellen *Ehegeschichten* als 1. Bd.

Abb. 27: *Sainte Beuve:* Madame de Pompadour *aus der Reihe* Kleine Jedermannsbücherei, *München 1922. – Umschlag mit einer Zeichnung von Emil Preetorius (Originalgröße)*

lerian de Logas *Spanische Plastik vom 15. bis 18. Jahrhundert*, Publikationen, die schon deutlich auf das Programm der Pantheon Casa Editrice hinweisen. Außerdem erschienen im Hyperion-Verlag eine Reihe von Mappenwerken und Originalgraphiken von Rudolf Grossmann, Alfred Kubin, Otto Müller, Karl Schmidt-Rottluff, Max Pechstein und Max Unold.

1922 waren die Programme des Hyperion-Verlages und des Kurt Wolff Verlages bereits soweit angeglichen, daß Albert Ehrenstein bei Georg Heinrich Meyer anfragte, ob ein von Ehrenstein vermittelter Roman Victor von Dirsztays nicht im Kurt Wolff Verlag o d e r im Hyperion-Verlag erscheinen könne[125], und Kurt Wolff über das Werk von Loga an Hans Mardersteig schrieb: »Mich würde Ihre Meinung interessieren, ob wir die Bände im Kurt Wolff Verlag oder Hyperionverlag bringen sollten.«[126] Nach dem Ausscheiden von Mohrenwitz 1924[127]

[125] Ehrenstein an Meyer, Brief vom 29. 4. 1922, KWB, S. 239.
[126] Wolff an Mardersteig, Brief vom 14. 2. 1922, KWB, S. 390.
[127] Der Grund des Ausscheidens ist nicht bekannt. Vermutlich begann Wolff allerdings in diesem Jahre auch schon den Umfang der Betriebsführung im Hyperion-Verlag abzubauen. – Mohrenwitz ging nach Berlin, wo er einige Zeit Chefredak-

erlitt der Hyperion-Verlag das gleiche Schicksal wie die anderen Unternehmen Wolffs. Es wurde kaum noch etwas produziert und die Bestände allmählich ausverkauft.

Lediglich eine Reihe war von diesem Schicksal zunächst ausgenommen. Die *Kleine Jedermannsbücherei.* Diese, schon im Titel sich an alle Käuferschichten richtende Reihe war einem Bericht Herbert Eulenbergs zufolge von Georg Heinrich Meyer »erfunden« worden[128]. Die von Emil Preetorius ausgestattete Buchserie im Miniaturformat brachte eine bunte Sammlung von literarischen Kurzformen der Weltliteratur und Auszüge aus Künstler- und Musikerschriften. In dieser gängigen Reihe wurden zwischen 1920 und 1926 insgesamt 67 Bändchen produziert.

1927 war das letzte Produktionsjahr des Hyperion-Verlages. Es wurden zwar von beliebten Titeln später noch Neuauflagen hergestellt, doch wurde nichts Neues mehr verlegt. Die Firma wurde 1929 an Peter Reinhold abgegeben, der sie von den Geschäftsführern der Drugulin-GmbH von Leipzig aus führen ließ. 1931 saß die Firma im gleichen Berliner Hause wie Der Neue Geist Verlag und der Verlag der Weißen Blätter. Sie wurde von Reinhold wie die anderen Verlage Wolffs nach und nach ausverkauft. Am 1. August 1936 verkaufte Reinhold den Verlagsnamen und die Bestände mit allen Rechten an Hermann Luft, der die Firma zunächst noch in Berlin, nach dem Krieg in Freiburg im Breisgau weiterführte, wo sie heute noch existiert. Die *Kleine Jedermannsbücherei* wurde – zum Teil mit den unter Wolffs Ägide verlegten Titeln – fortgeführt, aber in *Hyperion Bücherei* umbenannt. Sie umfaßt heute über 180 Titel.

6 Von der Revolution zur Inflation

Die Jahre von der Novemberrevolution 1918 bis zum Ende der Inflation im November 1923 waren die letzten fünf Jahre literarischer Bedeutung des Kurt Wolff Verlages. In diesen Jahren wandelte sich der Verlag zunehmend zu einem Verlag europäischer Literatur mit einem ausgedehnten Kunstprogramm. Die Versuche Wolffs, nach einer Amerikareise im Jahre 1924 ein internationales Literaturprogramm mit einem stärkeren Anteil amerikanischer Autoren aufzubauen, mißlangen in dem Maße, in dem Wolff sich für die Pantheon Casa Editrice engagierte. Damit war das Ende des literarischen Verlages besiegelt.

Die Kassandrarufe vom Tod des Expressionismus, die von Iwan Goll, René Schickele und Kasimir Edschmid 1920 und 1921 ausgestoßen wurden, bestätigten sich zuerst im Kurt Wolff Verlag. Während Paul Steegemann in Hannover gerade begann, Dadaismus, Expressionismus und Surrealismus in den *Silbergäulen* zu sammeln und den Expressionismus in die Provinz zu tragen, wurden in München bei Wolff die Akten geschlossen. Schon 1920 wurden im *Jüngsten Tag* nur noch vier neue Bändchen herausgegeben; Ernst Toller, Ferdinand Hardekopf und Rudolf Kayser schlossen 1921 die Reihe und damit die mit dem *Jüngsten Tag* begonnene expressionistische Bewegung im Kurt Wolff Verlag im wesentlichen ab.

Der verzweifelte Kampf des Verlages mit der Inflation, die zu spät einsetzende und dann aus Resignation unterlassene Suche nach jungen deutschen Schriftstellern führten zu einem anhaltenden Exodus der Autoren aus dem vor wenigen Jahren noch so magnetisch wirkenden Sammelzentrum des Expressionismus, das sich nur noch im Bereich der bildenden Künste einige wenige Jahre länger am Leben erhielt.

6.1 Der politische Expressionismus und sozialistische Einflüsse

Die »Epoche der Neuschöpfung und großen Verantwortung«, die im Almanach *Vom jüngsten Tag* 1916 erhofft wurde[1], und die das Ziel aller Expressionisten während

---

teur der deutschen *Vogue* war. Er beriet einige deutsche Verleger bei der Vergabe deutscher Rechte ins Ausland (unter anderem den seit seiner Tätigkeit bei Wolff mit ihm befreundeten Daniel Brody; vgl. hierzu: Hermann Broch – Daniel Brody. Briefwechsel 1930–1951. In: AGB XII, Sp. 132). 1933 wanderte Mohrenwitz über die Schweiz nach London aus, wo er mit der Vermittlung englischer und amerikanischer Rechte ins deutsche Sprachgebiet, vor allem in die Schweiz, begann. 1950 übersiedelte Mohrenwitz nach Zürich, wo er zusammen mit Rainer Heumann seit 1951 die Literarische Agentur *Mohrbooks* betrieb. Diese Agentur existiert heute noch in Zürich, geführt von Heumann. (Rainer Heumann an den Verf., Brief vom 22. 8. 1974).

[128] Herbert Eulenberg: Glossarium. Georg Heinrich Meyer. In: Die literarische Welt, 4. Jg., Nr. 12 vom 23. 3. 1928, S. 4.

[1] Vgl. Kapitel 4.3, Sp. 708.

des Krieges war, brach mit dem chaotischen Strudel der Novemberrevolution an. Mit einem Schlage war die politische Zensur weggefallen, Heinrich Manns *Untertan* wurde mit Hochdruck fertiggestellt und noch im November 1918 ausgeliefert. Am gleichen Tage, als Philipp Scheidemann in Berlin die Republik ausrief, schrieb Wolff aus Darmstadt über Hasenclevers *Retter*, »daß zwar theoretisch bisher eine Freigabe des ›Retter‹ nicht erfolgt ist, daß aber praktisch keine Zensurbehörde existiert, die sich heute noch durch ein Verbot lächerlich machen würde.«[2] Einen Tag zuvor hatte der Aktivistenbund in Berlin nach einer zweitägigen Konferenz sein Programm verabschiedet, mit dessen Unterschrift Wolff sein erstes öffentliches politisches Bekenntnis ablegte.

Der Begeisterungswelle, die 1914 die Nation in den Kriegstaumel gerissen und auch die Intellektuellen ergriffen hatte, folgte 1918 eine Woge der politischen Solidarisierung der Expressionisten im Aktivismus und Sympathiekundgebungen mit kommunistischem, bolschewistischem und sozialistischem Gedankengut. Kurt Wolff und seine Mitarbeiter erwiesen sich hier durchaus als mit der Zeitströmung schwimmend. Auch Paul Cassirer als USPD-Mitglied, Gustav Kiepenheuer als Verleger der politischen Dramatiker des Spätexpressionismus und Ludwig Rubiners *Kameraden der Menschheit. Dichtungen zur Weltrevolution*, Ernst Rowohlt, sogar S. Fischer mit Alfred Wolfensteins Jahrbüchern *Die Erhebung* entzogen sich nicht dem Sog der neuen Zeit – und sie alle schwenkten ebenso rasch wieder um, oft schneller als ihre Autoren, deren Programmschriften manchmal erst erschienen, als die Verleger politisch schon eine distanziertere Position zur Revolution bezogen. Cassirer zog sich dahin zurück, wo er mit seinem Verlag begonnen hatte, auf den Sektor der bildenden Kunst, Ernst Toller klagte nach dem frühen Tode Rubiners (1920) – dem eigentlich politischen Mentor bei Kiepenheuer –, seine »Beziehungen zu Kiepenheuer« seien »gespannt«[3], und Hiller stellte noch knapp 50 Jahre später resigniert fest: »Kurt Wolff hatte die Hauche des Aktivismus in Wahrheit nie verspürt, er hielt ihn für eine literarische Richtung, für eine von vielen (mit der er vorübergehend sympathisierte), er war zutiefst ein Ästhet. [...] Und als sein Ästhe-

tizismus, der nach Georg Müllers frühem Tode unter dem Druck des Zeitgeschehens bloß intermittiert hatte, nach dem halbkonservativen deutschen Arrangement von 1920 wieder einsetzte, hat er mich, meinen Menschenkreis, unsere Gesinnung, unsere Bewegung, unsere Seele und Sache, unser Ziel glatterdings verraten.«[4]

Die Verwechselung der »Geistpolitik« des Aktivismus mit den humanistischen Zielen der Verbrüderung und des Erlösungsgedankens des literarischen Expressionismus durch den Verleger ist, wenn Hiller hier recht hat, begreiflich. Die Führerrolle, die Hiller den Geistigen zuwies, korrespondierte mit dem Führungsanspruch des Dichters als Messias und Erzieher zum »neuen Menschen« in der expressionistischen Literatur. Die Isolation des Aktivismus von allen politischen Parteien, die Tatsache, daß die meisten Aktivisten gleichzeitig expressionistische Dichter waren und deren poetologische Intentionen sich kaum von ihren literatur- und realpolitischen Zielen trennen lassen, machten, wie wiederholt betont wurde, den Aktivismus zu einer speziellen Ausformung expressionistischen Gedankengutes. Das »Literatenhafte«, die rein geistig-theoretische, utopische Haltung der im Aktivistenbund versammelten Expressionisten führte zu der Unfähigkeit zur politischen Veränderung. Auch wenn mit Toller und Landauer zwei aktivistische Literaten an der Spitze der bayerischen Räterepublik standen, blieb der Aktivismus ohne konkretpolitische Wirkung. Gerade das »Literatenhafte«, das Theoretisierende machten es dem unpolitischen Ästheten Wolff leicht, sich in der ersten Erregung über den Anbruch der neuen Zeit mit Hiller und seiner Gruppe zu solidarisieren[5]. Hillers Abwehr des Postulats der Gleichheit in der Demokratie durch die Behauptung, es gebe »Mehrwertige« und »Minderwertige«, wobei die Geistigen auf der Seite der »Mehrwertigen« stünden und deshalb als die Berufenen die politische Herrschaft übernehmen müßten[6], korrespondierte mit Wolffs gesellschaftlichem Elitebewußtsein. Nur unter dieser Voraus-

---

[2] Wolff an Hasenclever, Brief vom 9. 11. 1918, KWA.

[3] Toller an Annemarie von Puttkamer, Brief vom 22. 5. 1921, KWB, S. 326 f. Dort heißt es weiter: »Kiepenheuer paßte die innere ›sozialistische Gerichtetheit‹ meiner Werke, solange Sozialismus als Kündung und Verkündung ›Konjunktur‹ war und dem Verleger sozialistischer Autoren keine gesellschaftlichen Unzuträglichkeiten als Fährnis drohten.«

[4] Kurt Hiller: Leben gegen die Zeit, S. 106.

[5] Zweifellos war der Aktivismus keine geschlossene, einheitliche Richtung, vielmehr stellte er »mit seinen Zeitschriften, Jahrbüchern, Anthologien eine einzige Gedankenwerkstatt dar, [...] eine Bühne, auf der jedermann seine gute, konkrete, reale Utopie darbieten und durchspielen konnte.« Gerade die Häupter der Bewegung, Hiller und Rubiner, standen sich konträr gegenüber. (Wolfgang Rothe: Der Aktivismus 1915 bis 1920. München 1969, S. 12 f.). Wesentlich für Wolff war aber dieses Element des intellektuellen Forums, des literarischen Anspruchs.

[6] Kurt Hiller: Ein Deutsches Herrenhaus, S. 12–18.

setzung ließ die sozialaristokratische Idee der Logokratie von Hillers *Herrenhaus* den Verleger in seiner bürgerlich-aristokratischen Grundhaltung zu einem »Kameraden der Menschheit« werden. Wolff, der noch bis 1918 den Anschluß an den Darmstädter Hof gesucht hatte, war von seiner bürgerlichen Herkunft her alles andere als ein mit dem Proletariat sympathisierender, eine »Krethi- und Pleti-Verbrüderung« ersehnender Sozialist. Vielmehr verstand er sich – wie die meisten Expressionisten und Aktivisten – als elitehafter Vermittler einer wahren Menschlichkeit[7], zu der sein Verlag beitragen sollte.

Noch kurz nach dem Umsturz steckte die Furcht vor einem Komunismus nach russischem Vorbild tief in ihm. »Im übrigen sehe ich politisch fast hoffnungslos schwarz«, schrieb er an Clara Merck. »Die jetzige Regierung schon will keine Nationalversammlung einberufen. Wir haben keine demokratische, sondern eine socialistische-kommunistische Republik, und das bedeutet den Untergang alles Bürgerlichen und Geistigen.«[8] Seine gleichzeitige Ablehnung demokratisch-liberaler Prinzipien führte 1919 zu einem politisch unreflektierten Edelsozialismus, der sich vor allem in den Sozialisierungsplänen seines Verlags und dem Plan einer Schriftenreihe unter dem bezeichnend religiös-missionarischen Titel *Die Evangelisten der Revolution* niederschlug. Daß beides nicht verwirklicht wurde, zeigt seine rasche Abkehr von jeder politischen Bewegung.

Die politische Dichtung im Kurt Wolff Verlag hatte schon während des Krieges begonnen. Seit dem Erscheinen von Hasenclevers *Tod und Auferstehung* hatte Wolff die Mehrzahl der sich als »politische« Dichter verstehenden Expressionisten der *Ziel*-Jahrbücher, meist im *Jüngsten Tag* als Autoren des Kurt Wolff Verlages gesammelt[9]. Kurt Pinthus hatte, um dies noch einmal in Erinnerung zu rufen, in dem Almanach *Die Neue Dichtung* in seiner *Rede an junge Dichter* die Hinwendung der Literatur zur Politik – im Sinne von *Geist und Tat* Heinrich Manns – gefordert[10] und 1919 in seiner *Rede an die Weltbürger* im ersten Heft des *Genius* erneut die politisch verstandene Idee der Gemeinschaft bekräftigt[11]. Fritz von Unruh schrieb Ende November 1918 an Wolff: »Unsere Aufgaben der Zukunft liegen jedenfalls in der dichterischen Gestaltung Marxischer Probleme.«[12]

Ende März, als die Wirkungslosigkeit des *Rates geistiger Arbeiter*, wie der Aktivistenbund sich nun nannte, sich schon abzuzeichnen begann – der erste Versuch der Aktivisten, dem »Vollzugsrat« der Berliner Arbeiter- und Soldatenräte die Mitarbeit anzutragen, war kläglich gescheitert[13] – begann Wolff im Alleingang seine Vorstellungen von Sozialismus in die Tat umzusetzen. Am 1. April brachten gleichzeitig das *Berliner Tageblatt* und der *Berliner Börsencourier* eine Meldung, die im Sturm durch fast alle deutschen Blätter ging und am 9. April auch im Börsenblatt erschien. »Wie wir erfahren, soll infolge freier Entschließung des jetzigen Inhabers der K u r t W o l f f V e r l a g i n L e i p z i g ›sozialisiert‹ werden. Der Gesamtverlag wird am 1. Oktober nach München übersiedeln und in den Gemeinbesitz seiner Angestellten einschließlich seiner Lektoren und des derzeitigen Inhabers übergehen.«[14] Mit der Durchführung der Sozialisierung sei der Soziologe und Herausgeber der *Räte-Zeitung*, Alfons Goldschmidt, beauftragt.

Die Diskussion um Beteiligung der Autoren am Verlag war schon während des Krieges aufgelebt und hatte in dem Dresdener Verlag von 1917 einen ersten konkreten Niederschlag gefunden[15]. Kurz nach der Meldung

---

[7] Vgl. hierzu: Jost Hermand: Expressionismus als Revolution. In: J. Hermand: Von Mainz nach Weimar, bes. S. 349. Hermand sieht diese Haltung von den meisten Spätexpressionisten vertreten.

[8] Wolff an Clara Merck, Brief vom 14. 11. 1918, NA.

[9] Es seien von den Beiträgern der ersten beiden *Ziel*-Jahrbücher als Wolff-Autoren genannt: Max Brod, Kurt Hiller, Ernst Joël, Rudolf Kayser, Rudolf Leonhard, Heinrich Mann, Ludwig Rubiner, Franz Werfel, Alfred Wolfenstein, Samuel Friedlaender, Hermann Kesser, Leo Matthias, Carl Maria Weber, Felix Weltsch.

[10] »Mehr als durch alles andere aber wird Ihre Gemeinschaft bezeugt durch Ihre plötzliche und entschiedene Hinwendung zum Politischen. Sie erkannten, daß das wirklich Politische nicht die Realpolitik des Tages [...] ist, sondern eine edlere, wirksamere Politik, die sich direkt an den Menschen wendet. Es ist eine Politik, die nicht durch Zustände den Menschen, sondern durch den Menschen die Zustände ändert, weil sie überzeugt ist, daß der aufgerüttelte, erkennende, bessere Mensch [...] ein lebenswerteres Leben schafft!« (Kurt Pinthus: Rede an junge Dichter In: Die neue Dichtung, S. 140 f. – Vgl. auch Sp. 776).

[11] Kurt Pinthus: Rede an die Weltbürger. In: Genius. Zeitschrift für alte und werdende Kunst. Erstes Buch. KWV 1919, S. 162–176.

[12] Unruh an Wolff, Brief vom 30. 11. 1918, KWA.

[13] Vgl. Wolfgang Rothe: Der Aktivismus 1915–1920, S. 20.

[14] Kleine Mitteilungen. Sozialisierung eines Verlagsunternehmens. In: Börsenblatt Nr. 69 vom 9. 4. 1919, S. 247.

[15] Zu diesem Verlag schreibt Wilhelm Moufang: »Es sei hier nur auf einen und wohl einzigartigen Versuch der Sozialisierung eines Einzelunternehmens hingewiesen. Dabei handelt es sich um den Dresdener Verlag von 1917, der im Jahre 1919 in das Eigentum der Autoren als der Produzenten über-

über den Kurt Wolff Verlag verschickte der Genossenschaftsverlag, Wien, den Statutenentwurf dieses Verlags, der forderte: »Das Ziel des Genossenschaftsverlags ist die vollkommene Sozialisierung der Autoren, das heißt die Sicherung des vollen Lebensunterhaltes aller Genossenschaftler«. In einem vorangestellten Aufruf heißt es in der typischen idealistisch-utopischen Schwärmerei der Expressionisten: »Das Wort muß frei werden, Gemeinbesitz aller. Unsere Arbeit gehört der Menschheit. Der von uns Gefährten verwirklichte Genossenschaftsverlag stellt die Dichter endlich in die Reihe der Arbeiter: die Ernte aus ihren Werken dient endlich nicht mehr dem Wucher der Zwischenhändler, sondern dem Lebensunterhalt der Mitschaffenden.«[16] Ähnliche Vorstellungen, wie sie hier von den Wolff-Autoren und Gründungsmitgliedern Albert Ehrenstein und Franz Werfel verkündet wurden, vertraten die meisten Autoren, wenn sie an Sozialisierung dachten. Die von wissenschaftlicher und buchhändlerischer Seite dieser Zeit vertretenen und in zahlreichen Broschüren, im Börsenblatt und Vorträgen verteidigten Sozialisierungstheorien gingen, so unterschiedlich die Positionen waren[17], alle von der Gesamtheit des Buchhandels als Wirtschaftszweig aus und versuchten ihre Reformansätze in das global zu erneuernde volkswirtschaftliche System zu stellen.

Wolffs Versuch erregte nicht nur ungewöhnliches Aufsehen, weil hier einer der führenden deutschen Verleger den Anfang damit machte, aus Eigeninitiative auf einen Teil seines Gewinns zu verzichten, sondern weil hier von den Autoren als den Literaturproduzenten überhaupt nicht die Rede war. Fritz von Unruh erkundigte sich denn auch besorgt, »was die Sozialisierung des Verlages für mich bedeutet? Was es in meinem Verhältnis zu Ihnen ändert«[18], und Wolff beruhigte ihn mit einem Telegramm: »Sozialisierung ändert nicht das Geringste in unseren persönlichen und geschäftlichen Beziehungen, sie bedeutet praktisch nur gerechtere Gewinnverteilung zwischen Verlagsangestellten und mir«[19].

Schon in der Meldung des Börsenblatts war die erste Kritik an dem Schritt Wolffs zu lesen, nämlich »daß der Begriff Sozialisierung hier in einer Weise aufgefaßt und ausgelegt ist, die sich [...] nicht mit den Anschauungen des revolutionären Zentralrats Bayerns, der neuen Heimat des Kurt Wolff Verlags, deckt. Da nach dessen Auffassung in Zukunft a l l e s der Gemeinschaft gehören soll, so ist jede selbständige Sozialisierung ausgeschlossen und schlechtweg jeder [...] an jedem Unternehmen, also auch an dem Kurt Wolff Verlag, beteiligt.«[20]

Leopold von Wiese, Vorkämpfer für ein liberales Wirtschaftssystem, versuchte in einem langen Aufsatz 1922 mit wohltuender Klarheit das kursierende Begriffskonglomerat von Sozialismus und Sozialisierung des Literaturverlages zu entwirren und auf seine Durchführbarkeit hin abzuklopfen. Er kam zu dem Ergebnis: »Wenn ein Verlag wie der von Kurt Wolff seinen Betrieb ›sozialisierte‹, so war in diesem Falle Gewinnbeteiligung gemeint. Aber jede Form von Syndikalisierung, von Vergenossenschaftung eines e i n z e l n e n Unternehmers gehört nicht zu den strengeren Formen der Sozialisierung.« An die Stelle des einzelnen Eigentümers trete nur eine bestimmte Anzahl anderer Eigentümer. An dem unternehmerischen Prinzip würde sich bei dieser Pseudoform der Sozialisierung nichts ändern[21].

Wolff selbst müssen wohl solche Bedenken gekommen sein, vor allem als sich im Herbst 1919 die Restauration bereits abzuzeichnen begann. Es existierte zwar ein verlagsinterner Statutenentwurf zur Sozialisierung, den Georg Heinrich Meyer noch im Dezember 1919 Hans Mardersteig zuschickte[22], doch dann verlieren sich die Spuren. In der Praxis durchgeführt wurde die Sozialisierung nie.

Der Höhepunkt der Sympathisierung mit den Ideen der Revolution im Kurt Wolff Verlag fiel in das Frühjahr 1919. Vor allem Georg Heinrich Meyer hatte eine Kehrt-

---

geführt und hinsichtlich seiner Erträgnisse vergesellschaftet wurde; am Reingewinn wurden sowohl Produzenten wie Angestellte beteiligt.« (W. Moufang: Die gegenwärtige Lage des deutschen Buchwesens. Eine Darstellung der Spannungen und Reformbewegungen am Büchermarkt. München, Berlin u. Leipzig 1921, S. 47). – Das Sozialisierungsstatut wurde in der von diesem Verlag herausgegebenen Zeitschrift *Menschen*, 2. Jg., 1919, Heft 10, S. 68 f. abgedruckt.

[16] Im KWA. Der Statutenentwurf war ursprünglich vorgesehen als Anhang zu: Der neue Daimon. Heft 3/4, April 1919.

[17] Resümierende Darstellungen der einzelnen Ansätze finden sich bei Moufang, a. a. O.; und bei Leopold von Wiese: Die Sozialisierung des Buchverlages. In: Die geistigen Arbeiter. Erster Teil. Freies Schriftstellertum und Literaturverlag. = Schriften des Vereins für Sozialpolitik. Bd 152, München u. Leipzig 1922, S. 385–414.

[18] Unruh an Wolff, Brief vom 15. 5. 1919, KWA.

[19] Wolff an Unruh, Telegramm vom 21. 5. 1919, KWA.

[20] Börsenblatt vom 9. 4. 1919, S. 247.

[21] Leopold von Wiese: Die Sozialisierung des Buchverlages, a. a. O., S. 399.

[22] Meyer an Mardersteig, Brief vom 4. 12. 1919, KWA. Der Entwurf selbst ist nicht erhalten. Nach mdl. Auskunft von Giovanni Mardersteig hat sein Vater, der Jurist war, versucht, Wolff diesen Plan auszureden. Auch Georg Heinrich Meyer schien nicht überzeugt von diesem Projekt zu sein.

wendung vollzogen. An Werfel schrieb er, daß er, »der ich früher mich nicht schämte, konservativ zu sein, heute, wo ich wirklich Neulande sehe, mich nicht schäme, die Konsequenzen zu ziehen und radikal denke, wie das jeder Verständige mit einiger Überlegung meines Erachtens heute tun müßte.«[23] Und über die gerade erfolgte Trennung Wolffs von dem Neuen Geist Verlag schrieb er im Mai 1919: »Er war uns etwas gar zu bürgerlich-demokratisch-kapitalistisch geworden und paßte nicht mehr recht zu uns. Nur das Radikale, wie Hillers Ziel-Jahrbücher haben wir übernommen und werden eine stark sozialistische Richtung fortan dem K. W. V. angliedern, die Ihnen gewiß sympathisch sein wird.«[24] Und am 11. Juni noch einmal: »Unsere Linie muß radikal in Dichtung, Politik und Geist sein und bleiben!«[25]

Wolff stand zu diesem Zeitpunkt stark unter dem Einfluß eines Denkers, der ihm die Sorge vor dem Untergang des Geistigen durch die Revolution genommen hatte und ihn darin bestärkte, daß gerade vom Geist der Anstoß kommen und die Geistigen mit dem Proletariat paktieren müßten: Alfons Paquet. – Am 15. März hatte Wolff Gustav Landauer, der seit Jahren für ihn Tagore übersetzte und an einer Whitman-Ausgabe für Wolff arbeitete[26], gefragt, ob der inzwischen als Mitglied der bayerischen Räteregierung wirkende Sozialist bereit sei, die geplante Bücherei *Die Evangelisten der Revolution* herauszugeben. Drei Bände sollten zuerst in Angriff genommen werden, je ein Band Rußland, Frankreich und Deutschland. »Der russische Band würde die wesentlichsten Dokumente aus den Schriften der Dekabristen, Dostojewskis, Tolstois usw. bis Lenin; der französische: Auszüge aus den Werken des Babœuf, Saint-Simonisten, Voltaires, Proudhons, Fouriers etc. bis Jaurès oder Longuet; der deutsche im wesentlichen wohl Auszüge aus Lassalle, Engels, Marx bis Mehring und Landauer, enthalten.«[27] Zwei Tage später kam die Absage des Paul Cassirer verpflichteten Autors, und Wolff trug am 22. März den gleichen Plan Alfons Paquet an, den er erst kurz zuvor überhaupt kennengelernt hatte.

Der Journalist und Schriftsteller Alfons Paquet, der sich seit 1910 auf Reisen, in Zeitungsberichten, Romanen und Dramen intensiv mit Rußland beschäftigt hatte, war Ende Juni 1918 als erster Korrespondent deutscher Blätter während des Krieges nach Moskau gegangen. Er stand in Verbindung mit dem Bolschewisten Vorovskij und mit Karl Radek, der nach der Novemberumwälzung in Berlin inhaftiert wurde und der als Mitglied der russischen Regierung Wolff den Briefwechsel zwischen Wilhelm II. und Nikolaus II. zuspielte[28]. Ein Buch *In den Reihen der deutschen Revolution* von Radek erschien 1921 im Kurt Wolff Verlag. – Während der fünf Monate in Rußland bis November 1918 wurde Alfons Paquet zu einem begeisterten Befürworter »eines vermeintlich befreienden neuen Weltgeistes« der Revolution[29], wenn er auch die Methoden der Bolschewisten verabscheute und in seinen Artikeln verdammte. Nach der Rückkehr nach Deutschland hielt Paquet Anfang des Jahres 1919 drei große, mitreißende Reden über den *Geist der russischen Revolution*, die er in einem Schreiben am 3. März dem ihm persönlich unbekannten Wolff zum Verlag anbot. Die letzte der Reden sollte am 13. März in Darmstadt gehalten werden, wo Paquet im mündlichen Gespräch mit dem Verleger noch am gleichen Tage die Vertragsbedingungen erörtern wollte[30].

In diesen Reden, die auch in der Buchausgabe großen Erfolg hatten[31], sah Paquet die russische Revolution »als das Urbild der Revolution schlechthin. [...] Sie erscheint mir, trotz des Meeres von Tränen, Blut und Trümmern,

---

[23] Meyer an Werfel, Brief vom 31. 5. 1919, KWA.
[24] Meyer an Werfel, Brief vom 3. 5. 1919, KWA.
[25] Meyer an Werfel, Brief vom 11. 6. 1919, KWA.
[26] Vgl. hierzu den Briefwechsel KWB, S. 242–244. Wolff hatte den Wunsch nach einer neuen Whitman-Übersetzung Landauer 1916 vorgetragen, und Landauer hatte den Auftrag sofort übernommen. Die Ablieferung des Manuskripts zog sich jedoch bis 1919 hinaus. (Mehrere Briefe im KWA). Die Übersetzung, die eine Auswahl aus den *Grashalmen* sein sollte, kam jedoch zu spät. Im Herbst 1919 erschienen die *Grashalme* in der Übersetzung Hans Reisigers als Auswahlband bei S. Fischer. Reisiger gab in den folgenden Jahren das ganze Werk Whitmans bei Fischer heraus. (Vgl. Peter de Mendelssohn: S. Fischer, S. 833 f.). Die Landauer-Übersetzung erschien 1921 bei Wolff unter dem Titel: *Gesänge und Inschriften*. Landauer hatte das Manuskript noch kurz vor seiner Ermordung (1919) abgeliefert.

[27] Wolff an Landauer, Brief vom 15. 3. 1919, KWA.
[28] Zu diesem Briefwechsel und der Rolle Radeks vgl. auch Kurt Wolff: Autoren, Bücher, Abenteuer, S. 47–49.
[29] Vgl. Winfried Baumgart: Von Brest-Litowsk zur deutschen Novemberrevolution. Aus den Tagebüchern, Briefen und Aufzeichnungen von Alfons Paquet, Wilhelm Groener und Albert Hopman März bis November 1918. Göttingen 1971, Einleitung, S. 22.
[30] Vgl. Paquet an Wolff, Brief vom 3. 3. 1919, KWB, S. 353 f. Die letzte Rede wurde jedoch am 17. 3. in Heidelberg gehalten. (Vgl. Alfons Paquet: Der Geist der russischen Revolution. KWV 1919, Vorwort S. V). Wo und wann Wolff sich mit Paquet getroffen hat, ist nicht zu ermitteln.
[31] Das im Herbst 1919 erschienene Buch (1.–6. Tsd.) mußte bereits 1920 im 7.–11. Tsd. nachgedruckt werden. »Ihr Büchlein ›Über den Geist der russischen Revolution‹ geht gut«, schrieb Wolff am 20. 10. 1919 an Paquet. (KWB, S. 354).

das ihren Weg besudelt, als eines der gewaltigsten Geschehnisse der menschlichen Geschichte«[32], das unaufhaltsam sei. Bestechend an Paquets Reden war seine intellektuelle Geschicklichkeit, die Ideen der Revolution philosophisch über Plato, Thomas More und Marx literarisch-historisch über Tolstoij und Gogol zu verwurzeln und sich damit unmittelbar an das Bildungsbürgertum zu wenden, das völlig verunsichert zwischen der Furcht vor dem Rechtsradikalismus und der Angst vor dem Bolschewismus russischer Prägung schwebte. Paquet verdammte den russischen Bolschewismus, der nicht der Bolschewismus der Idee sei, und forderte – das Rätesystem nur als Zwischenstation sehend – eine »Diktatur der Vernünftigen« als Ziel[33]. »Ich stehe hier als einer aus dem Bürgertum. Ich will nicht Proletarier sein und nicht das ganze deutsche Volk, wie in Rußland, zu Proletariern werden sehen, sei es in einer Gleichheit des Elends oder des Glückes. Erstrebenswert scheint mir ein Welt-Bürgertum des deutschen Volkes, dem ehemalige Großherzöge wie ehemalige Demagogen mit der gleichen Grandezza angehören«[34]. Mit der Idee des »Weltbürgertums« anstelle des Weltproletariats gewann er das bürgerliche Lager. Mit seiner »Diktatur der Vernünftigen« berührte er sich mit Hillers Aktivismus, blieb aber ebenso wie jener die praktischen Rezepte einer gewaltlosen Durchführung seiner Ideen schuldig, blieb ebenso idealistisch verschwommen.

Trotzdem muß Wolff von Paquet ungeheuer fasziniert gewesen sein. Nicht nur, daß wenige Tage nach der persönlichen Begegnung schon der Vertrag unterzeichnet und das Manuskript der Reden im Satz war[35], auch die Sozialisierungspläne mögen unmittelbar von dem »Erlebnis Paquet« ausgelöst worden sein. Am 24. April schrieb Wolff an Paquet: »Zwei Tage nach unserem Frankfurter Gespräch, das mich sehr angeregt hatte, war ich mit dem Ehepaar Nostitz in Leipzig zusammen, und bemühte mich im Lauf der Unterhaltung auch von Ihren Gedankengängen dem für die politische Entwicklung in einer mir überaus sympathischen [...] Weise interessierten [...] Nostitz Kenntnis zu geben.«[36] Wolffs Briefe an Paquet wiesen bald einen selbst bei diesem immer verbindlichen Verleger ungewohnt herzlichen Tonfall auf, und Paquet gehörte zu den ersten Autoren, denen Wolff seinen Münchener Vortragssaal im Georg Hirth-Haus öffnete[37].

Als der Schriftsteller Hermann Herrigel Wolff im Juli 1919 aufforderte, seinen Namen unter eine Erklärung zu setzen, die Paquet in einer Versammlung der KPD in Frankfurt verfaßt hatte, antwortete Wolff direkt an Paquet: »Ich freue mich aufrichtig über Ihre Aufforderung und bitte Sie, mich selbstverständlich zu denen zu zählen, die sich zu dem Geist und Inhalt dieser Erklärung bekennen.«[38] Diese von Martin Buber, Paquet, Otto Dibelius, Paul Natorp, Wilhelm Schäfer und einigen wenigen Professoren, einem Pfarrer, einem Arzt, Schriftstellern und dem Verleger Kurt Wolff unterzeichnete Erklärung zeigt ein letztes Mal das verworrene Gemisch aus Humanismus, expressionistischem Vokabular und Sozialismus, zu dem Wolff sich impulsiv bekannte, das jedoch ohne konkretes Ziel im abstrakt Ethischen blieb. An die »Arbeiter!«, an die »Brüder im Proletariat!«, an die »Geistigen des Proletariats, an die Denkenden, Entflammten, die für die Sache des werktätigen Volkes sorgen, kämpfen und arbeiten«, war der Aufruf gerichtet. Die untergegangene Zeit habe die Grundlage jeden Zusammenlebens zerstört: »die Gemeinschaft«. Um diese »edlere Kultur, als Gemeingut aller« wieder zu erlangen, sei die Vereinigung der Geistigen im Proletariat und im Bürgertum nötig. Dies sei ein »Ziel der höchsten Menschlichkeit, des Friedens und der Güte«. Der Kampf dazu dürfe nicht mit den Waffen der Gewalt geführt werden, nur »einig müssen wir sein: Eurer Hunger nach Freiheit muß sich vereinen mit dem Wissen um ihre geistigen Voraussetzungen, mit dem reinen Willen der Wahrheit und des Rechts. Dann kommen wir zur lebendigen, schaffenden Tatgemeinschaft, dann sind wir die Macht! [...] Dann ist es keine sinnvolle Frage mehr, ob Bürger oder Proletarier: TOT SIND DANN DIE KLASSEN, FREI DER WEG ZUM FREIEN VOLK, GLEICHE WIR ALLE UND BRÜDER!«[39]

---

[32] Alfons Paquet: Der Geist der russischen Revolution, S. 1.
[33] A. a. O., S. 22.
[34] A. a. O., S. 27.
[35] Wolff an Paquet, Brief vom 22. 3. 1919, KWA.
[36] Brief im KWA.
[37] Paquet wurde von Wolff im Oktober 1919 zu einem Vortrag eingeladen, der am 30. 1. 1920 gehalten wurde.
[38] Wolff an Paquet, Brief vom 10. 7. 1919, KWA.
[39] Aufruf im KWA. Bezeichnend für die ästhetisierende Haltung Wolffs ist folgende Episode: Paquet schickte Wolff den Aufruf, der in einer Gebrauchsfraktur im Block abgesetzt war. Im typographischen Bild eher einer Buchseite ähnelnd, waren nur wenige Wörter halbfett hervorgehoben. Wolff schrieb nach Erhalt des Manifests an Paquet: »Ich bin kein Ästhet: Aber solch abscheuliche Drucksache sollte man nicht einmal in diesem Falle versenden, in dem es auf das Ästhetische gewiß nicht ankommt. – Soll ich Ihnen den Text einmal anständig absetzen lassen«? (Brief vom 23. 7. 1919, KWA). –

Wolff begann spätestens Anfang 1920, sich von der Politik zurückzuziehen. Der Aktivismus brach nach dem ersten und einzigen öffentlichen Aktivistenkongreß im Juli 1919 auseinander. Im November schrieb Leo Matthias aufgebracht über die säumige Korrespondenz des Verlages, nach einer Erklärung suchend, an Wolff: »Allerdings bin ich nicht mehr Aktivist, aber sollten Sie die Menschen in Aktivisten und Non-Aktivisten teilen?«[40] Wolff, dem lediglich das angebotene Drama von Matthias nicht zusagte, bezog aber selbst schon eine distanziertere Position. Im Juli 1919 war in Paris von Henri Barbusse, für den der Kurt Wolff Verlag sich während des Krieges interessiert hatte[41], die internationale pazifistische Intellektuellenbewegung Clarté gegründet worden, der sich von deutscher Seite Stefan Zweig, Andreas Latzko, Max Krell und René Schickele anschlossen. Noch am 11. Dezember 1919 hielt Paul Colin, ebenfalls im Komitee der Clarté-Bewegung, einen Vortrag über die Ziele der Clarté im Georg Hirth-Haus, und am 29. Januar 1920 vermerkte Wolff in seinem Tagebuch aufmerksam: »Schickele gründet bayerische Gruppe der ›Clarté‹«. Als aber Schickele als französischer Staatsbürger während des Kapp-Putsches Bayern verlassen mußte und Wolff Anfang April 1920 bat, die Clarté in München »sozusagen gesellschaftlich zu organisieren, indem Sie einen kleinen Kreis persönlich heranziehen«[42], sagte Wolff fünf Wochen später (!) kühl ab. »Abgesehen davon, daß meiner Meinung nach ein Verleger von solchen Dingen die Finger lassen sollte, weil man ihn nie für desinteressiert halten wird, habe ich nun einmal der Clarté gegenüber das Gefühl, daß sie bisher [...] ihrem Namen keine Ehre gemacht hat, vielmehr eine durchaus verschwommene und unklare Angelegenheit wurde«[43].

Schon im August 1919 hatte Wolff für das Programm des Verlages eine differenziertere Linie eingeschlagen. Zwar bestand noch der Plan einer politischen Verlagsgruppe, doch, schrieb Wolff an Paquet, er sei »an und für sich durchaus nicht gewillt, einseitig links radikal Publizistisches zu vertreten. Im Gegenteil: Es reizt mich gerade, durchaus jenseits parteipolitischer Gesichtspunkte Manifeste wirklich bedeutsamer, klarer, starker Persönlichkeiten herauszubringen, ohne in jedem Falle nach der politischen Gesinnung zu fragen.«[44] Von dem Projekt einer Reihe Die Weltrevolution zeugt nur noch ein schmaler Prospekt (um 1921), der die politischen Bücher des Kurt Wolff Verlages anzeigte: Paquets Der Geist der russischen Revolution, Ernst Tollers Gedichte der Gefangenen, die Briefe aus der Verbannung des englischen Sozialisten Douglas Goldring, Ernst Blochs Thomas Münzer, Karl Radeks In den Reihen der deutschen Revolution und Karl Liebknechts postum von seiner Witwe erworbene Studien über die Bewegungsgesetze der gesellschaftlichen Entwicklung.

Weitere Pläne des Jahres 1919 blieben rudimentär und versandeten. Die holländische Autorin Henriette Roland-Holst bot ihr 1918 in Holland veröffentlichtes Buch über Die revolutionäre Massenaktion an und ein Buch über Garibaldi. Es erschien aber lediglich eine Rousseau-Biographie von ihr bei Wolff[45]. Martin A. Nexö bot im September 1919 eine Märchenübersetzung »mit starker sozialer Note« an, Die Passagiere der leeren Plätze, für die der Verlag keine Verwendung hatte[46]. Wohl aber bewarb sich Wolff um die sozialkritischen Romane von Herbert George Wells, von denen er 1922 zusammen mit Ernst Rowohlt eine Gesamtausgabe plante[47]. Es erschienen allerdings nur zwei Titel: Hoffnung auf Frieden und der Roman Die Geheimkammern des Herzens. In Rudimenten wurde der sozialkritische Einschlag der Zeit sogar im Hyperion-Verlag spürbar. 1920 erschien die im Frühjahr 1919 vorbereitete deutsche Ausgabe von Rétif de la Bretonnes Revolutionsnächten und eine Neuauflage des »Roman eines Dienstmädchens« der Brüder Goncourt Germinie Lacerteux aus dem Zeitler-Verlag.

Nach der Unterzeichnung der Weimarer Verfassung am 11. August 1919 durch Ebert begann der Verlag nach außen hin deutlicher für die Republik zu werben. Für Heinrich Manns Macht und Mensch machte Georg Heinrich Meyer Propaganda mit einer Bauchbinde über dem

---

Daraufhin wurde der Text in einer lichten Antiqua auf drei Seiten auseinandergezogen, sprachlich überarbeitet und mit vielen Einzelüberschriften versehen. »[...] haben Sie vielen Dank [...] für Ihre Stiftung des Aufrufes, der auf den ersten Blick luxuriöser ist als sein Inhalt«, bedankte sich Paquet am 18. 8. 1919. (Brief im KWA).

[40] Matthias an Wolff, Brief vom 19. 11. 1919, DLA.
[41] Vgl. Mardersteig an Schickele, Brief vom 16. 5. 1917, KWB, S. 203. Wolff wollte den Roman Le Feu von Barbusse herausbringen, von dem 2 Kapitel in den Weißen Blättern (4. Jg., April- u. Mai-Heft) erschienen waren.
[42] Schickele an Wolff, Brief vom 2. 4. 1920, KWB, S. 207.
[43] Wolff an Schickele, Brief vom 11. 5. 1920, KWB, S. 207.

[44] Wolff an Paquet, Brief vom 26. 8. 1919, KWA.
[45] Henriette Roland-Holst: Jean Jacques Rousseau. Ein Bild seines Lebens und seiner Werke. KWV 1921.
[46] Nexö an den KWV, Brief vom 15. 9. 1921, KWA.
[47] Rowohlt hatte sich unabhängig von Wolff um das Werk von Wells beworben. Um einen Konflikt zu vermeiden, sollte die Gesamtausgabe im gemeinsamen Verlag erscheinen. (Mehrere Briefe 1921/22 von Catherine Wells, der Frau des Autors, im KWA).

Schutzumschlag: »Heinrich Mann für die deutsche Republik! Die politische Ergänzung zum Roman ›Der Untertan‹«. Das im Herbst ausgegebene Buch trug auf dem Schutzumschlag selbst den Text: »Noch nirgends aber auch ist so warm und hoffnungsvoll geworben worden für die Republik, die, mit allen ihren vorläufigen Unzulänglichkeiten, nun doch zum Inhalt die ganze innere und äußere Zukunft der Deutschen und viel Verantwortung auch für die Menschheit hat.«[48] Die 1919 wieder aufgefrischten Verbindungen zu dem inhaftierten Anarchisten Erich Mühsam und die Anfang des Jahres angeknüpften Verbindungen zu dem seit Sommer ebenfalls in Festungshaft befindlichen Ernst Toller wurden in dem Maße, in dem der Verlag sich der politischen Restauration anpaßte, gelockert.

Erich Mühsams 1914 bei Kriegsausbruch untergegangenes Gedichtbändchen *Wüste – Krater – Wolken*, das bei den Cassirerbeständen lag, wurde auf Bitten des Autors im Juli 1919 neu angezeigt und ein weiteres von Mühsam angebotenes Gedichtbuch »ausschließlich rebellischen Inhalts«[49] angenommen. Es erschien 1920 unter dem Titel *Brennende Erde*. Ein im Sommer 1920 angebotenes Drama lehnte Wolff bereits ab[50], und der sich in jeder Weise im Stich gelassen fühlende Autor schaltete sich 1924 erbittert in die von Eulenberg und Sternheim öffentlich geführte Fehde mit dem Kurt Wolff Verlag ein[51].

Auch die Verlagsbeziehung zu Toller blieb nur Episode. Die Beziehung bestand zunächst auf menschlich-freundschaftlicher Ebene, wie der bruchstückhafte Briefwechsel deutlich zeigt. Wolff sandte Toller gelegentlich Proben der Verlagsproduktion, er besuchte ihn, empört über die bayerischen Zustände, im Gefängnis[52], korrespondierte mit ihm über sein Werk und beriet ihn bei Verträgen mit Kiepenheuer[53]. Als die Verbindung mit Kiepenheuer 1921 unerfreulich wurde – »Es ist nicht unwahrscheinlich, daß ich von ihm – auch mit den dort verlegten Dramen ›Wandlung‹ und ›Masse Mensch‹ – fortgehe«[54] –, fragte Toller in einem vertraulichen Brief die Wolff-Lektorin Annemarie von Puttkamer, ob sie es für richtig hielte, Wolff das nächste Drama anzubieten und das erschienene Werk in den Kurt Wolff Verlag zu transferieren. »Sie wissen, daß ich nach Überwindung mancher Hemmung meine Verse an Kurt Wolff schickte, weil ich aufrichtigen Wert auf reine ›ungetrübte‹ menschliche Beziehungen zu K. W. lege und ihm selbst eine Verlegenheit, die er bei Ablehnung einer meiner Arbeiten empfinden könnte, ersparen möchte.«[55] Die *Gedichte der Gefangenen* erschienen als drittletzter Band 1921 im *Jüngsten Tag*, die weitere Produktion lehnte Wolff jedoch ab.

Noch am 12. November 1921 schrieb Toller an Wolff, daß Kiepenheuer endlich die Bühnenrechte der Dramen *Wandlung* und *Masse Mensch* freigegeben habe und schickte das Manuskript des *Hinkemann*[56]. Am 27. November intervenierte er noch einmal bei Annemarie von Puttkamer: »Ich habe Herrn Wolff geschrieben, daß mir an einem Verleger liegt, der wirklich zu meinen Werken ›steht‹«[57], doch Wolff erklärte sich lediglich bereit, den Bühnenvertrieb dem Drei-Masken-Verlag zu übergeben, die alte und neue dramatische Produktion lehnte er für den Kurt Wolff Verlag am 30. November unmißverständlich ab[58]. Trotzdem zerbrach das freundschaftliche Verhältnis nicht, das noch 1923 durch einen Brief Tollers belegt ist. Die Verbindung zu Alfons Paquet zerbrach jedoch, wie die Beziehungen zu den politischen Schriftstellern überhaupt Anfang der zwanziger Jahre abrissen. Paquet reichte im Sommer 1920 ein Romanmanuskript ein, das auch nach der geforderten Umarbeitung abgelehnt wurde. Auch ein im Herbst vorgelegtes Drama nahm Wolff nicht mehr an. Der Absatz von Paquets Buch *Der Geist der russischen Revolution* hatte ebenso wie der Absatz seines zweiten Buches im Kurt Wolff Verlag *Der Rhein als Schicksal* 1920/21 merklich nachgelassen, und das Rheinbuch wurde an den Friedrich Cohen Verlag in Bonn abgegeben, das Revolutionsbuch nicht mehr aufgelegt. Ein von Alfons Goldschmidt 1920 angebotenes Buch über den Kommunismus hatte Wolff ebenfalls nicht mehr angenommen, und als Hiller nach seinem

---

[48] Der volle Wortlaut ist abgedruckt bei Edith Zenker: Heinrich Mann-Bibliographie, S. 26.
[49] Mühsam an Meyer, Brief vom 30. 7. 1919, KWB, S. 288.
[50] TB-Notiz vom 2. 9. 1920: »ablehne Mühsam-Drama«.
[51] Vgl. das Kapitel 7.1, Sp. 894 f.
[52] Lt. einem Brief Tollers an Wolff vom 23. 8. 1919. Am 25. 9. 1919 schrieb Wolff an Toller, daß er ihn gerne in der Klinik besucht hätte, er sei zweimal im Justizpalast gewesen, um eine Sprecherlaubnis zu erhalten, doch vergeblich. (Beide Briefe im KWA).
[53] Vgl. Wolff an Toller, Brief vom 2. 12. 1919, KWB, S. 322 f.
[54] Toller an A. von Puttkamer, Brief vom 22. 5. 1921, KWB, S. 327.
[55] Ebd., S. 326.
[56] KWB, S. 328.
[57] Brief im KWA.
[58] TB-Notiz vom 30. 11. 1921: »ablehne Toller alte u. neue Produktion (Hinkemann etc.)«.

vierten *Ziel*-Jahrbuch (1920) ein fünftes plante, spielte auch hier der Verleger nicht mehr mit[59]. Zwar brachte Wolff mit der achtbändigen Ausgabe von Maxim Gorkis *Gesammelten Werken* (1924), die gemeinsam mit dem Berliner Verlag Ladyshnikow verlegt wurden[60], noch einmal einen sozialistischen Autor heraus, doch diese Ausgabe ging 1926 an den Malik-Verlag über, der sich zu dem führenden Verlag sowjetischer Belletristik in der Weimarer Republik entwickelt hatte.

6.2 Geschäftliche Veränderungen. Fusionspläne mit S. Fischer

»Im übrigen haben wir eine schwere Zeit hinter uns und stecken auch noch darin«, klagte Georg Heinrich Meyer Mitte Oktober 1919. »Es ist ein schlechter Sommer und Herbst gewesen. Im August und September war in Leipzig der große Buchhändlerstreik, der alles lahm legte«[61]. Schon im März hatte ein mehrwöchiger Generalstreik in Leipzig das Verlagsgetriebe zum Stillstand gebracht, und die politischen Wirren spiegelten sich auch in der Betriebsführung des Verlages wider. Die Post ging verloren, Abrechnungen wurden verzögert, Bücher konnten nicht fertiggestellt und ausgeliefert werden. Der Buchhändlerstreik im September traf den Verlag besonders hart, denn er fiel gerade in die Umzugsvorbereitungen, die den normalen Geschäftsablauf ohnehin zum Stocken brachten. Es dauerte bis Anfang 1920, ehe Buchhaltung und Vertrieb wieder normal arbeiteten, und Wolff gestand Hasenclever: »Ich hatte mir die Übersiedlung des Verlages von Leipzig nach München doch etwas einfacher gedacht, als es nachher in Wirklichkeit wurde.«[62]

Wolff mußte sich von einigen seiner alten Mitarbeiter trennen, einerseits weil sie Leipzig nicht verlassen wollten, andererseits, weil die Familien in München keine Wohnung fanden[63]. Georg Heinrich Meyer, der noch bis Dezember 1919 die Stellung in Leipzig hielt, und die Familie Seiffharts mußten zunächst im Hause Wolffs behelfsmäßig untergebracht werden.

In Leipzig verblieb nur ein mit zehn Angestellten besetztes Auslieferungslager, für das Wolff Anfang Mai 1922 ein Anwesen im Buchhändlerviertel erwarb, in dem das Lager etabliert wurde[64]. Die Gesamtzahl der Mitarbeiter betrug nach einem Brief Wolffs vom November 1923 etwa 100, wobei hier jedoch die freien Mitarbeiter und die Angestellten des Hyperion-Verlages mitgezählt waren[65]. Eine Gehaltsabrechnung der Münchener Verlagsangestellten vom Dezember 1923 enthält 37 Namen; nicht aufgeführt sind hier allerdings die Leitenden Angestellten, so daß die von Wolff 1930 Werfel gegenüber genannte Zahl von »40 bis 50 Köpfen« bis zur Inflation wohl zutreffend ist[66].

In dem 1880 von dem Architekten Rommeis im italienischen Barockstil erbauten Haus des 1916 verstorbenen Verlegers Georg Hirth in der Luisenstraße 31 entwickelte der Verlag sich zu einem kulturellen Mittelpunkt Münchens. Die *Münchner Sonntagszeitung* schrieb im April 1920 über den neu angesiedelten Verlag in dem Hirthschen Patrizierhaus: »Es ist sicher nicht Phrase oder Sentimentalität, daß man in hohen, mit Täfelungen und prächtigen Kaminen reich ausgestatteten Räumen freudiger arbeitet. Und es mag nicht uninteressant sein, von dem vom Erdgeschoß bis zum ersten Stockwerk reichenden Festsaal zu erfahren, in dem vor geladenen Gästen Vortragsabende der Verlagsautoren stattfinden, die mehr

---

[59] Vgl. hierzu Kurt Hiller: Leben gegen die Zeit, S. 105–107. Die letzten beiden Bände seien schon schlecht gegangen, schreibt Hiller. Der Verlag hätte kaum noch für das *Ziel* geworben. Georg Heinrich Meyer hätte sich persönlich für die Fortsetzung der Jahrbücher eingesetzt und den Wiener *Ziel*-Verlag gegründet, in dem 1923 der letzte Band erschien.

[60] Der *Bühnen- und Buchverlag russischer Autoren Iwan Ladyshnikow* war 1905 in Berlin im Auftrag des ZK der Russischen Sozialdemokratischen Arbeiterpartei gegründet worden. Hauptzweck der Gründung war der Schutz von Rechten russischer Autoren vor dem Nachdruck in anderen Ländern. Wolff erwarb von diesem Verlag die Veröffentlichungsrechte Gorkis. (Vgl. hierzu: Christa Schwarz: Die Stellung der sowjetischen Belletristik im deutschen Verlagsschaffen 1917–1933. In: Beiträge zur Geschichte des Buchwesens. Bd 4, Leipzig 1969, S. 116 f.)

[61] Meyer an Werfel, Brief vom 10. 10. 1919, KWA.

[62] Wolff an Hasenclever, Brief vom 4. 11. 1919, KWB, S. 260.

[63] So schrieb die *Münchner Sonntagszeitung* am 11. 4. 1920, S. 5: »[...] die Tatsache, daß einige seiner langjährigen, aus Leipzig mitgezogenen Mitarbeiter ausscheiden mußten und müssen, weil sie für ihre Familien keine Wohnung finden können, mag als Illustration dafür dienen, daß die Münchner Behörden, die in der letzten Zeit eine mehr und mehr befremdende Interesselosigkeit gegenüber allem, was Kunst oder Geistigkeit bekundet, zeigen, auch für die Bedeutung eines solchen Verlages innerhalb ihrer Stadt, wenig Verständnis zu haben scheinen.«

[64] Zu dem Kauf dieses Anwesens *Drei Mohren* vgl. Wolff an Mardersteig, Brief vom 6. 5. 1922, KWB, S. 394.

[65] Wolff an Rudolph Perard, Brief vom 26. 11. 1923, NA.

[66] Gehaltsabrechnung im Besitz des Verf.; Brief Wolffs an Werfel vom 23. 6. 1930, vgl. KWB, S. 352. Der Verlag hatte in diesen Jahren eine Ausdehnung, wie sie Peter de Mendelssohn für den S. Fischer Verlag 1925 angibt, der insgesamt 55 Mitarbeiter einschließlich der Geschäftsleitung beschäftigte. (Vgl. de Mendelssohn: S. Fischer, S. 989).

Abb. 28: *Das Georg Hirth-Haus, Gartenansicht. – Sitz des KWV in München, Luisenstr. 31*

den Charakter einer Aussprache als den einer Veranstaltung tragen und vor allem von dieser Idee getragen sind. Von einem prachtvollen Gobelin an der Stirnseite geschmückt, mit einer in vielen Regalen aufgestellten, mehrtausendbändigen Privatbibliothek, reich an Kunstwerken und Altertümern, bietet der Saal durch einen eingebauten Treppenaufgang, der zu einem galerieartigen Obergeschoß führt, den Eindruck einer Bibliothekshalle, wie sie in fürstlichen Schlössern oder Palästen gesehen werden konnten.«[67]

Im Vergleich zu den nüchternen Leipziger Geschäftsräumen gab sich der Verlag in München nun auch äußerlich das Aussehen eines breit angelegten Kunst- und Literaturverlages, zu dem er sich Anfang der zwanziger Jahre entwickelte. Der Vortragssaal war nicht nur den literarischen Autoren des Verlags vorbehalten. Gelehrte und Künstler verschiedenster Provenienz waren in den kommenden Jahren Gäste des Verlages, der seinen Saal auch der *Münchner Gesellschaft der Bücherfreunde* zur Verfügung stellte, die 1923 neu gegründet wurde und in den Räumen des Kurt Wolff Verlages ihre erste Festversammlung abhielt[68].

Der Umzug nach München brachte auch eine Verschiebung in der Geschäftsleitung mit sich. Georg Heinrich Meyer blieb vor allem die Werbeabteilung vorbehalten, während Arthur Seiffhart nach seiner Rückkehr aus der Gefangenschaft im Februar 1920 mehr die technische Organisation und die Vertriebsleitung vorbehalten blieb[69]. Ende 1920 trat Daniel Brody als Verlagsdirektor ein. Der gebürtige Ungar Brody sprach mehrere Sprachen und kümmerte sich vor allem um das ausländische Lektorat neben seinen Aufgaben als kaufmännischer Berater Wolffs[70].

---

[67] Münchner Sonntagszeitung vom 11. 4. 1920, S. 5.

[68] Vgl. hierzu: Horst Stobbe: Die Gesellschaft der Münchner Bücherfreunde 1919–1931. In: Imprimatur N. F. 7, S. 47 f. u. S. 62 f. Den Festvortrag hielt der buchkünstlerische Berater Wolffs, Emil Preetorius. (Vgl. E. Preetorius: Geheimnis des Sichtbaren. München (1963), S. 192.

[69] Die Verlagskompetenzen waren nicht in dem Maße abgegrenzt, wie das heute in größeren Verlagen üblich ist. Vielmehr wurden, soweit rekonstruierbar, gewisse Schwerpunkte gesetzt, wobei sich die Bereiche durchaus überschneiden konnten und einzelne Projekte von Fall zu Fall von Meyer, Seiffhart oder Brody betreut wurden. – Wolff selbst übernahm gelegentlich die Betreuung einzelner Autoren wie bei Wilhelm Schmidtbonn und Herbert Eulenberg. »Selbstverständlich habe ich persönlich gerade Ihre Manuskripte gelesen«, schrieb er am 3. 5. 1921 an Wilhelm Schmidtbonn, »aber nie habe ich, einem seit Jahren strikte durchgeführten Prinzip folgend, die Entscheidung über die Annahme einer Arbeit getroffen, ohne mit meinen literarischen Mitarbeitern mich verständigt zu haben.« (Brief im Stadtarchiv Bonn). Und am 16. 2. 1920 schrieb der Verleger an Herbert Eulenberg: »Aber meine eigene Einstellung zu dem Manuskript besagt so, wie die Arbeitsteilung im Verlag seit längerer Zeit schon vorgenommen ist, wenig. Gewiß: Es wird nichts gegen mein Votum gedruckt, aber auch nichts gegen das Votum der Anderen«. (Brief im KWA).

[70] Daniel Brody (1883–1969) wurde nach seiner juristischen Promotion (1907) Direktor des *Neuen Pester Journals* und der dazugehörigen Druckerei, die er mit seinen beiden Brüdern von dem Onkel Siegmund Brody geerbt hatte. Nach der Revolution 1918 verließ Brody Ungarn 1920 endgültig, und nach einem Schweizer Zwischenspiel »bin ich nun in München fest gelandet und arbeite seit etlichen Monaten als Direktor des Kurt Wolff Verlages«, wie er am 23. 9. 1921 an Aage Madelung schrieb (Brief im KWA). Ende 1925 schied er aus dem KWV aus und kaufte 1929 den Rhein-Verlag, den er mit Georg Heinrich Meyer zusammen führte. Brody wurde hier vor allem bekannt als Verleger von James Joyce und Hermann Broch sowie der *Eranos*-Jahrbücher (seit 1934) und psychologischer Literatur aus dem Kreis um C. G. Jung. (Zur Biographie Brodys und der Verlagsgeschichte des Rhein-

Abb. 29: *Die neuen Mitarbeiter in München. Aufnahme im Garten des Georg Hirth-Hauses während des Besuches von Rabindranath Tagore in München, Juni 1921.* – Von links: Daniel Brody, Kurt Wolff, Lothar Mohrenwitz. (Sitzend: L. Bomay und Tagore)

Hans Mardersteig war Anfang 1917 als Leiter der Herstellung und als Berater Wolffs in der Kunstproduktion in den Verlag eingetreten[71]. Er mußte jedoch aus Gesundheitsgründen 1921 in die Schweiz übersiedeln und schied 1922 ganz aus dem Verlag aus. Auch Hermann Vogel als Hersteller, Bruno August Jakobi als Prokurist und Oswald Wachsmuth schienen in der Münchener Zeit nicht mehr dem Verlag anzugehören[72]. An ihre Stelle tra-

---

Verlages vgl. auch: Hermann Broch Daniel Brody. Briefwechsel 1930–1951. Anhang IV u. Anhang VI. In: AGB XII).

[71] Hans Mardersteig (geb. 1892) trat nach seiner Promotion zum Dr. jur. 1915 eine Referendariatszeit an, in der er schon zusammen mit Carl Georg Heise einen Plan zu einer Kunstzeitschrift entwarf. Mit Wolff erörterte er diese Pläne Weihnachten 1916 und trat Anfang 1917 in den KWV ein. Nach seinem Ausscheiden aus dem KWV gründete er 1922 die Officina Bodoni, die zunächst in Montagnola geführt, später nach Verona verlegt wurde. Mardersteig, der heute unter dem Namen Giovanni Mardersteig in Verona lebt, erreichte mit seinen Handpressendrucken der Officina Bodoni Weltruhm. (Zu der Verbindung Mardersteigs mit Wolff vgl. auch: Carl Georg Heise: Der junge Hans Mardersteig: In: Imprimatur N. F. 3, S. 24–28; und das Kapitel 6.4, Sp. 873 f.).

[72] Ihre Namen tauchen in der Münchener Korrespondenz nicht mehr auf. Vogel schied schon kurz nach seiner Rückkehr aus dem Krieg Mitte 1919 aus und wechselte zu dem Delphin-Verlag, München, über. (Vgl. Hermann Vogel: Einiges aus der Vorgeschichte der BAG. In: AGB, Bd 3, Sp. 1649).

ten als Prokuristin Else Drischel und als Hersteller Erwin Disterer.

Kurt Pinthus, nach dem Kriege wieder in Leipzig für Wolff als Lektor tätig, vor allem jedoch als Mitherausgeber des *Genius*, zog nicht mit nach München, sondern ging 1920 als Dramaturg zu Max Reinhardt nach Berlin. Hier wandte er sich wieder stärker Ernst Rowohlt als Berater zu. Annemarie von Puttkamer, Schwester von Wolffs Regimentskameraden Jesko von Puttkamer, war nach dem Krieg als Lektorin in den Leipziger Verlag eingetreten und blieb auch in München bis Mitte der zwanziger Jahre festangestellte Lektorin Wolffs[73]. Vorübergehend war Dr. med. Carl Happich, ein Freund Wolffs, der Bücher über Meditation schrieb und auf psychotherapeutischem Gebiet arbeitete, im Jahre 1919 für den Verlag tätig. Unter den Bewerbern um eine Lektoratsstelle im Oktober 1919 war auch ein von Korfiz Holm empfohlener ehemaliger Volksschullehrer, der nach Kriegsende das Begabtenabitur abgelegt hatte und in München Germanistik studierte: Peter Suhrkamp. Wolff konnte Suhrkamp nicht einstellen, war aber immerhin von der Persönlichkeit Suhrkamps so beeindruckt, daß er diese Begegnung in seinem Tagebuch festhielt[74].

Die »schwere Zeit«, über die Georg Heinrich Meyer im Herbst 1919 klagte, hielt auch noch 1920 an. Zwar umfaßte die Produktion dieses Jahres über 50 neue Titel, und der Absatz, vor allem der Bücher Werfels und Tagores, war so lebhaft, daß immer wieder Neudrucke erforderlich waren[75]. Was die Zeiten schwer machte, waren die Herstellungsschwierigkeiten und vor allem die gestiegenen Kosten. »Wenn Sie wüßten, welch fieberhafte Sorge wir um dies Buch haben!«, schrieb Wolff am 1. Dezember 1919 über Werfels Erzählung *Nicht der Mörder, der Ermordete ist schuldig*. »Es druckt in diesen Tagen in Leipzig aus, trotzdem die Buchdruckerei- und Buchbinderei-Betriebe auf eine Arbeitszeit von nur wenigen Stunden am Tage beschränkt sind, da man ihnen neuerdings den Verbrauch von elektrischem Strom für die Kraftanlagen und elektrischem Strom für Beleuchtungszwecke auf ein Minimum infolge der Kohlennot beschränkt hat.«[76] Und im August 1920 lehnte Wolff ein Manuskript von Leo Matthias ab mit dem Hinweis, daß er unter den derzeitigen Verhältnissen nicht in der Lage sei, »auch nur in einem einigermaßen befriedigenden Tempo den übernommenen Verpflichtungen gerecht zu werden, die Übernahme neuer Verpflichtungen daher für eine geraume Zeit wenigstens ausnahmslos nicht in Frage kommen kann. [...] Es ist nicht nur für diejenigen Autoren, die Wert darauf legen, im Rahmen meines Verlages an die Öffentlichkeit zu gelangen, eine bedauerliche Situation, sondern es ist auch für einen Verlag von der Art des meinigen katastrophal, wenn er verhindert ist, selbst ihm unbedingt wichtig erscheinendes Neue zu bringen.«[77] Mit ähnlicher Begründung hatte Annemarie von Puttkamer am 30. Juni einen Roman von James Joyce zurückgeschickt, den dieser im Mai für die Sammlung *Der Neue Roman* angeboten hatte[78]. Wenn diese Argumentation auch nicht ganz der Wahrheit entsprach – es erschien eine ganze Anzahl von Neuproduktionen in diesem und auch in den nächsten Jahren –, so gibt sie die wirtschaftlichen Sorgen Wolffs im Kern doch wieder. Die Sorgen resultierten aus den gestiegenen Herstellungspreisen, deren Vorfinanzierung die Kapitalgrundlage des Verlages allmählich nicht mehr gewachsen war.

Die Mark war während des Krieges auf ein Drittel ihrer Vorkriegskaufkraft gesunken. Vor dem Krieg erhielt man für einen US-Dollar 4,20 Mark, im März 1919 war der Dollar 10 Mark wert und ein Jahr später kostete er 100

---

[73] Annemarie von Puttkamer (geb. 1891 in Ohlau, Schlesien) studierte während des Krieges in Leipzig und München Germanistik, Anglistik und Geschichte. Der Bruder Jesko von Puttkamer, der 1919 die Schwester Elisabeth Wolffs, Annemarie Merck, heiratete, stellte die Verbindung zu Wolff her. Als freie Mitarbeiterin war Annemarie von Puttkamer bis zur Auflösung des KWV 1930 in München tätig. Im KWV erschienen zwei Romane von ihr: *Die Chronik von Sankt Johann* (anonym 1924) und *Die Schwestern* 1923. Bekannt wurde die Autorin, die auch später zahlreiche Romane und Übersetzungen verfaßte, durch eine Monographie über *Franz Werfel. Wort und Antwort*. Würzburg 1952. Annemarie von Puttkamer lebt heute in Pullach bei München.

[74] TB-Notiz vom 16. 10. 1919: »Suhrkamp, von Korfiz Holm empfohlen, bei mir, um Lektor zu werden«.

[75] Vgl. das Kapitel 6.3, Sp. 858–862.

[76] Wolff an Werfel, Brief im KWA.

[77] Wolff an Matthias, Brief vom 14. 8. 1920, KWA.

[78] Joyce bot am 1. 5. 1920 einen Roman, vermutlich *Portrait of the Artist as a Young Man* »für Ihre Sammlung ›Moderne Bücher‹« an. (Brief im KWA). Eine solche Sammlung gab es im KWV nicht, Joyce meinte vermutlich den *Neuen Roman*. Annemarie von Puttkamer lehnte ab: »Leider müssen wir Ihnen mitteilen, daß die augenblicklichen Herstellungsschwierigkeiten uns kaum noch erlauben, den Ansprüchen unserer ständigen Autoren gerecht zu werden, und wir uns das Eingehen neuer Verlagsverbindungen augenblicklich ganz versagen müssen.« (Brief im KWA). Joyce war zu diesem Zeitpunkt ein noch völlig unbekannter Autor. Der *Ulysses* erschien erst 1922. Am 13. 5. 1922 fragte Annette Kolb bei Wolff an, ob er nicht Interesse für ein Joyce-Übersetzung habe, Joyce sei »ein fabelhafter Autor«. (Brief im KWA). Wolff hat die Ablehnung später bedauert. (Vgl. Kurt Wolff: Autoren, Bücher, Abenteuer, S. 49–51).

Mark. Bis zum Sommer 1921 trat jedoch zunächst eine gewisse Festigung ein, die Mark schwankte zwischen 40 und 80 Mark pro Dollar. An der Serie *Der Neue Roman* lassen sich die Preissteigerungen besonders deutlich ablesen. Die mit 3,50 Mark für das geheftete Exemplar begonnene Serie (geb. 4,50 Mark) kostete im Herbst 1919 5,– Mark (geb. 7,50 Mark). Am 11. Dezember 1920 hielt Wolff den weiter gestiegenen Preis in seinem Tagebuch fest: »Der neue Roman kostet jetzt M. 9.– ord.«, gebunden kostete er bereits 18 Mark. Der Verlag ging dazu über, mehrmals im Jahr neue Preislisten auszugeben. Dem Verlagskatalog von 1921 (Stand: Ende 1920) mußte schon bei der Auslieferung ein roter Zettel eingeklebt werden: »Der neue Roman [...] kostet ab 1. Febr. 1921 jed. Band geheftet M. 12,– geb. M. 20,–«. Die *Münchner Sonntagszeitung* veranschlagte bereits im April 1920 für einen auf holzfreiem Papier gedruckten Roman des Kurt Wolff Verlages im kommenden Weihnachtsgeschäft einen Ladenpreis von 40 Mark. »Die zwölfbändige Ausgabe der Romane von Heinrich Mann erfordert z. B. 3 Millionen Bogen, also heute um etwa 1½ Millionen Mark Papier!« Allein die jährlichen Portospesen Wolffs seien mit mindestens 30 000 Mark veranschlagt[79]. Das war ein Drittel dessen, was Wolff 1912 als Kommanditist in den Ernst Rowohlt Verlag eingelegt hatte[80].

Wolff entschloß sich deshalb im November 1920 schweren Herzens, seine Selbständigkeit aufzugeben und dem Verlag durch Umwandlung in eine Aktiengesellschaft eine breitere finanzielle Basis zu verschaffen. Über diesen einschneidenden Schritt, über dessen Einzelheiten keine Unterlagen vorhanden sind, berichtete er Clara Merck am 15. Dezember 1920: »Meine Auffassung[en] von den schweren Erschütterungen, die dem deutschen wie dem gesamten europäischen Wirtschaftsleben noch vor einer Wiedergesundung bevorstehen, erfüllen mich seit längerer Zeit mit einer gewissen Sorge, trotz des Optimismus, den ich mir für meine Verlagsunternehmungen bewahrt habe. Aber meine Auffassung von der wirtschaftlichen Gesamtsituation hat mir die Überzeugung gegeben, daß die Finanzierung eines Unternehmens von der Ausdehnung des Kurt Wolff Verlages und Hyperionverlages durch einen Einzelnen allein für die Zukunft ausgeschlossen sein muß. Und so habe ich mich nach sehr reiflichen Überlegungen entschlossen, in Verhandlungen einzutreten, die darauf hinzielen, den Kurt Wolff Verlag durch Umwandlung in eine Aktiengesellschaft, die auch den Hyperionverlag übernimmt, auf eine breitere Basis zu stellen.« Über die Form der Durchführung schrieb er: »Es ist in Aussicht genommen, die Kurt Wolff Verlags-A.G. mit einem Kapital von 5 Millionen Mark zu begründen, in der Form, daß die gründende Finanzgruppe 2½ Millionen Mark Aktien bar übernimmt, die andere Hälfte der Aktien mir zur Verfügung gestellt wird, und zwar zum größten Teil als Gegenwert für die von mir einzubringenden Verlagswerke, der kleinere Teil dadurch, daß ich ihn zu pari übernehme. Außerdem wird den Verlagen sofort bei der Gründung zu ungewöhnlich günstigen Bedingungen ein unkündbarer Kredit von 2½ Millionen zur Verfügung gestellt.« Dadurch, daß der halbe Aktienbesitz in seinen Händen verbleibe, dadurch daß der Aufsichtsrat paritätisch von der Finanzgruppe und ihm als alleinvertretungsberechtigtem Vorstand der A.G. zusammengesetzt werde, sei ihm die Gewähr geboten, »daß ich in Zukunft mit der gleichen Freude wie bisher im Verlag arbeiten kann, ohne durch die neue Form eine Majorisierung meiner Interessen oder meiner Willensrichtungen in leitendem Sinne befürchten zu müssen. [...] Als Leiter des Unternehmens werde ich mit der Gesellschaft [...] einen Vertrag abschließen, der ebenfalls in Vorbesprechungen festgelegt ist, der in sehr großzügiger und befriedigender Weise meine Bezüge in Form von Gehalt, Aufwandsentschädigung und Tantieme regelt, und auf die Dauer von 15 Jahren abgeschlossen wird.«[81]

Nach außen hin wurden die Transaktionen durch das renommierte Münchener Bankhaus H. Aufhäuser, die Bank S. Bleichröder, München, und Wolffs bisheriges Geldinstitut L. & E. Wertheimer in Frankfurt durchgeführt. Hauptaktionär wurde Árpád Spitz, der Schwiegervater von Daniel Brody, der – wohl unter Einfluß seines Schwiegersohnes – sein Vermögen auch späterhin in Verlagsunternehmungen anlegte[82]. Weiterer Aktionär wurde Lothar Mohrenwitz und Nebenaktionäre wurden die Schwester Wolffs, Else Grafe und Wolffs Tante, Johanna Marx, die jedoch bald wieder ausschieden[83]. Außerdem hielt ein persönlicher Freund Wolffs, der Bankier

---

[79] *Münchner Sonntagszeitung* vom 11. 4. 1920, S. 5 f.
[80] Vgl. das Kapitel 3.7, Sp. 649.

[81] NA.
[82] Árpád Spitz (1860–1941) war Jahrgangskollege von S. Fischer. Er soll Fischer von gemeinsamer Schulzeit her gekannt haben. Der Industrielle Spitz verwaltete ein weitverzweigtes Familienvermögen und war der Hauptaktionär des Rhein-Verlages nach Brodys Eintritt. (Zur Biographie vgl. Hermann Broch Daniel Brody. Biefwechsel 1930–1951. In: AGB XII, Sp. 1189 f.).
[83] TB-Notiz Wolffs vom 8. 6. 1923: »Zahle (aus eigener Initiative) an Joe [d. i. Johanna Marx] u. Else Aktionäre KWV 500% aus«.

Guido Regendanz, einen Teil des Aktienkapitals. Regendanz war Inhaber des Transmare-Verlags, Berlin, der nach 1927 einen Teil der Wolffschen Buchproduktion übernahm. Vorsitzender des Aufsichtsrates wurde der ehemalige Botschafter Johann Graf Bernstorff, dem neben den Vertretern der Bankhäuser auch der Schwager Wolffs, Jesko von Puttkamer, angehörte. Das Gründungskapital betrug, wie das Börsenblatt am 8. Februar 1921 mitteilte, nicht fünf, sondern nur 4½ Millionen Mark und mußte bereits im Frühsommer 1922 infolge der Inflation auf 10 Millionen erhöht werden[84].

Die Anfang Februar schrittweise vollzogene Umwandlung[85] des Verlages in eine Aktiengesellschaft mit Übernahme der Anteile der Hyperion-GmbH wurde dem Sortiment in einem Rundschreiben Ende Februar mitgeteilt, wobei der Verlag besonders darauf hinwies, daß »durch die Umwandlung weder die Ziele noch die Führung des Verlages eine Änderung erfahren haben. Herr Kurt Wolff und die bisherigen Mitarbeiter werden nach wie vor ihre Tätigkeit in ihrer alten Stellung ausüben.«[86] Wie notwendig die Information der Öffentlichkeit war, erwies sich bald. Unter den Autoren, die noch die Nachricht über die Sozialisierung des Verlages im Gedächtnis hatten, kursierte bald das Gerücht, daß Wolff sich von dem Verlag zurückziehen wolle, und Hans Mardersteig mußte noch im November 1921 die Befürchtungen Friedrich Perzyńskýs zerstreuen: »Die Aktiengesellschaft ist keine Gründung, um Herrn Wolff persönlich zu entlasten, sondern sie ist notwendig gewesen, um bei den heute so immens gestiegenen Herstellungskosten der Bücher einen entsprechenden Kapitalsmehrwert in den Verlag einzuführen. Herr Wolff denkt nicht daran, vom Geschäfte zurückzutreten.«[87]

Ein anderes Gerücht, das Mitte November 1918 von der *Vossischen Zeitung* verbreitet wurde, wäre 1921 fast zur Wirklichkeit geworden. Die *Vossische Zeitung* hatte damals berichtet: »Wie wir von unterrichteter Seite erfahren, ist zwischen der Verlagsanstalt S. Fischer in Berlin, dem Kurt Wolff Verlag in Leipzig und der Druckerei Drugulin in Leipzig eine Interessengemeinschaft abgeschlossen worden, die [...] in absehbarer Zeit aber auch eine geschäftliche Beteiligung vorsieht.« Und die Verlage dementierten energisch in der *Deutschen Allgemeinen Zeitung*, »daß eine geschäftliche Vereinigung unserer beiden Firmen weder besteht noch beabsichtigt ist.«[88] Völlig aus der Luft gegriffen war diese Notiz jedoch nicht. Seit dem Vorstoß Alfred Kerrs 1917 war eine Geschäftsverbindung der beiden Verlage im Gespräch[89]. Sie rückte im Frühjahr 1921 in greifbare Nähe und wurde nur durch einen im letzten Augenblick erfolgten Rückzug S. Fischers nicht verwirklicht.

Wie 1917 im Falle Kerr war es auch diesmal wieder ein Autor, der von Fischer zu Wolff strebte, und Fischer die drohend-magnetische Wirkung des Münchener Verlages bewußt machte. Jakob Wassermann, von äußeren und inneren Sorgen gequält, glaubte sein außerordentlich erfolgreiches Werk bei dem alten Freund S. Fischer nach außen hin nicht gebührend vertreten. Vor allem schien Fischer in der schwierigen Marktlage vor einer repräsentativen Gesamtausgabe zurückzuschrecken, die Wassermann wünschte. Wassermann lernte Wolff, wie Peter de Mendelssohn berichtet, auf der Durchreise im November 1920 bei einer Gesellschaft im Georg Hirth-Haus persönlich kennen und knüpfte eine geschäftliche Verbindung an. Er empfahl Wolff einen Roman seiner Frau, Martha Karlweis, den Fischer freigegeben hatte, und bot Wolff einen Essayband *Imaginäre Brücken* (KWV 1921) an[90]. Für die Verhandlungen mit Fischer über die Gesamtausgabe war Wolff – der sich durchaus geneigt zeigte, den erfolgreichen Autor in seinen Verlag zu bekommen – wissentlich oder unwissentlich Mittel zum Zweck. So sehr Wassermann von Wolffs Persönlichkeit beeindruckt war, ganz wollte er die Verbindungen zu seinem Duz-Freund nicht lösen. »In bezug auf mich kann ich nur Gesagtes wiederholen«, schrieb er am 9. Dezember 1920 an Wolff, »nämlich daß mir wichtiger als aktuelle Verhandlungen oder zweckhafte Zusagen die Beziehung zu Ihnen an sich war und ist; sie hat mir gleichsam das Zukunftsbild des verlegerischen Menschen, wenn sie das Miswort [sic] gestatten wollen, gegeben; eine Verbindung zwischen Ihnen und Fischer, also des Mutes mit der bewährtesten

---

[84] Börsenblatt Nr. 32 vom 8. 2. 1921, S. 147. – Zu der Kapitalerhöhung vgl. auch Wolff an Mardersteig, Brief vom 6. 5. 1922, KWB, S. 394 f.
[85] TB-Notizen: 25. 1. 1921 »Abschluß des Syndikatsvertrages betr. KWV A. G.«: 2. 2. 1921 »Gründungsvertrag KWV-AG wird abgeschlossen«; 5. 2. 1921 »[...] Gründung der KWV AG mit 4½ Mill Kap. erfolgt«.
[86] Gedrucktes Rundschreiben, GMB.
[87] Mardersteig an Perzyńský, Brief vom 17. 11. 1921, KWA.

[88] Vossische Zeitung vom 15. 11. 1918; und Deutsche Allgemeine Zeitung vom 2. 11. 1918. Zit. nach Peter de Mendelssohn: S. Fischer, S. 756 f.
[89] In diesem Sinne schrieb Wolff am 25. 5. 1921 über die Fusionspläne an Gerhart Hauptmann, sie seien »von Herrn Fischer ausgehend, seit Jahren schon locker diskutiert«. (KWB, S. 407).
[90] Vgl. die ausführliche Darstellung der Beziehungen Wolff-Wassermann bei de Mendelssohn: S. Fischer, S. 841–847.

Erfahrung, würde mir nicht blos im Hinblick auf meine Sache erfreulich sein.«[91] Deshalb schlug er Fischer vor, wie er Wolff berichtete, »daß er die Gesamtausgabe mit Ihnen machen möge; er schrieb er sei nicht abgeneigt«[92].

Wolff, der seit November seine Fühler nach allen Seiten ausstreckte, um die günstigste Lösung seiner finanziellen Schwierigkeiten zu finden, verhandelte am 12. Dezember 1920 mit S. Fischer in Berlin[93]. Hierbei wurde zwar auch über die Gesamtausgabe Wassermanns verhandelt, doch sie war wohl nur Vorwand. Beide Verleger waren sich über die Bedrohung privat geführter Betriebe klar und beide wußten, daß sie die führenden deutschen literarischen Verleger waren. Auf dem alternden S. Fischer lastete die ungeklärte Frage nach einem Nachfolger für seine Firma, und Wolff, jung und tatkräftig, begann allmählich zu spüren, daß sein expressionistischer Literaturverlag in eine Sackgasse geriet, aus der Fischers tragender Autorenstamm helfen konnte[94]. So konnte er denn auch leichten Herzens auf die Wassermannsche Gesamtausgabe verzichten und die gespannten Beziehungen Wassermann-Fischer einrenken[95], denn er nahm ein anderes Ergebnis mit nach München, über das Fischer Gerhart Hauptmann am 22. Januar 1921 berichtete, nämlich die Umstellung auch des S. Fischer Verlages in eine Aktiengesellschaft. »Unter dem strengsten Siegel der Verschwiegenheit möchte ich dir anvertrauen, daß eine Kombination besteht, wonach diese Aktiengesellschaft in Gemeinschaft mit dem Kurt Wolff Verlag gegründet wird. Ich glaube damit mein Werk auch für die Zukunft sowohl kapitalistisch wie verlegerisch so gefestigt zu haben, daß allen kommenden Evolutionen eine feste und zielsichere Verlagspolitik gegenübersteht.« Beide Verlage sollten »miteinander und nebeneinander bei vollkommener Interessengemeinschaft arbeiten«, eine gemeinsame Vertriebsabteilung sollte gegründet werden[96].

Die Verhandlungen über den Zusammenschluß zogen sich noch bis ins Frühjahr 1921 hin, inzwischen hatte Wolff die Umwandlung seiner Firma im Alleingang durchgeführt. Fischer schien nicht ganz entschlossen. Moritz Heimann riet in einem klugen und sich als sehr weitsichtig erweisenden Brief zu einer lockeren Verbindung und keinesfalls zur Fusion. »Die letzere hielt ich für ein großes Unglück. So sonderbar es scheint, sage ich Ihnen: wir sind jünger, d. h. lebenslänger nach der Zukunft, wenn auch nicht nach der Vergangenheit, als Kurt Wolff. Wir haben uns [...] den Weg nicht verrammelt. Unsere schwankende und abwartende Stellung kann, das liegt nur an uns, fruchtbarer selbst für einen neuen Radikalismus werden als der Radikalismus quand même, der nur seine Wollust ausgerast hat und in der Tat zu Ende ist ... Eine Fusion mit Wolff wäre nur möglich, wenn der eine oder andere der beiden Kontrahenten sich ganz aufgäbe und resignierte, und so weit sind beide doch wohl nicht.« Er riet zu Absprachen von Fall zu Fall, gemeinsamer Preis- und Tantiemepolitik und zur Vermeidung des Abjagens von Autoren[97].

Nun schaltet sich ein weiterer Duz-Freund und seit 30 Jahren mit Fischer verbundener Autor in die Verhandlungen ein. Gerhart Hauptmann, der durch den Brief Fischers vom 22. Januar 1921 in die Fusionsüberlegungen eingeweiht war, arrangierte ein Treffen in München bei dem Freund Wolffs, Björn Björnson, der auch zu Fischers langjährigen Bekannten zählte. Hauptmann gab an diesem Abend Wolff zu verstehen, daß er einer Fusion der beiden Verlage sehr positiv gegenüber stehe[98]. Aus der Korrespondenz dieses, mit Wolff in den kommenden Jahren auf gesellschaftlicher Ebene häufiger und freundschaftlich verkehrenden Autors ist auch der weitere Verlauf der Verhandlungen zu entnehmen. Am 23. April war Fischer in München, um mit Wolff weiter zu verhandeln[99], die Ergebnisse müssen trotz des abratenden Briefes von Heimann so konkret im Sinne einer Fusion gewesen

---

[91] Wassermann an Wolff, 2. Brief vom 9. 12. 1920, KWB, S. 375.
[92] Wassermann an Wolff, 1. Brief vom 9. 12. 1920, KWB, S. 375.
[93] TB-Notiz vom 12. 12. 1920: »Berlin/bei S. Fischer, über Wassermann verhandelt«.
[94] So schrieb Wolff nach dem Scheitern der Fusionsverhandlungen am 8. 8. 1922 noch einmal an Gerhart Hauptmann: »Sachlichste Überlegung hat mich in meiner Überzeugung bestärkt, daß nur eine Verbindung *unserer* Verlagsfirmen die Würde des Autorenkreises wahrt, seine Resonanz fördert und praktisch das große von S. F. geschaffene Werk in die kommenden Generationen hinein verankert. Ich selbst bin unbescheiden genug zu glauben, daß tatsächlich kein anderer Verlag für einen Zusammenschluß in Frage kommen kann«. (KWB, S. 409). – Allerdings erwog auch Ernst Rowohlt vorübergehend eine Fusion mit S. Fischer und Bruno Cassirer, die aber letzten Endes ebenso wie die Verhandlung Fischers mit Wolff an dem Widerstand Fischers scheiterte. (Vgl. hierzu Ernst Rowohlt: Der Verleger S. Fischer. In: Ernst Rowohlt zum Gedächtnis, S. 19 f.).
[95] Vgl. de Mendelssohn, S. 845 f.
[96] Zit. nach de Mendelssohn, S. 848.
[97] Moritz Heimann an S. Fischer, Brief vom 21. 4. 1921. Zit. nach de Mendelssohn, S. 850.
[98] Vgl. Kurt Wolff: Autoren, Bücher, Abenteuer, S. 31 f. – Wolff geht hier auf die Rolle Hauptmanns bei den Fusionsverhandlungen genauer ein.
[99] TB-Notiz vom 23. 4. 1921: »S. Fischer pp. in M[ünchen].«

sein, daß eine abschließende Verhandlung im Mai in Berlin stattfinden konnte. Über deren überraschendes Ergebnis schrieb Wolff am 25. Mai 1921 an Hauptmann: »Heute habe ich zu meinem Bedauern mitzuteilen, daß die geführten Fusionsverhandlungen als völlig gescheitert zu betrachten sind.« Und Wolff fügte eine merkwürdige, nicht ganz plausible Begründung hinzu: »Trotz mancher Schwierigkeiten konnten die verlagsorganisatorischen und finanztechnischen Fragen [...] zur Lösung gebracht werden; Herr Fischer stellte mir beim Auseinandergehen in Berlin die formulierten Verträge für die nächsten Tage schon in Aussicht, alles schien auf dem besten Wege: da kam statt der versprochenen Verträge eine Absage, verursacht durch Unentschlossenheit, begründet mit mangelndem Vertrauen.«[100]

Wolff hat in diesem Brief und auch später die wahren Gründe verschwiegen, die rein privater Natur waren und mit Fischers dynastischem Denken zusammenhingen, das weder er noch seine Frau nach dem jähen Tode des Sohnes Gerhart überwunden hatten[101]. In Gottfried Bermann fand Fischer 1925 schließlich einen Schwiegersohn, der den Verlag der Familie erhielt und die Tradition fortsetzte. Hauptmann versuchte zwar noch 1922 und 1923 die Fusion erneut anzuregen, wobei er sich vorstellte, daß Wolff die literarische Leitung des S. Fischer Verlages übernehmen und vor allem für eine dynamische Propaganda Sorge tragen sollte[102], doch die Wege der Verlage trennten sich; auch die von Heimann befürwortete lockere Zusammenarbeit kam nicht zustande.

6.3 Die Auswirkungen der Inflation

Der Erdrutsch im Preisgefüge begann im August 1921 und zeigte für die Führung der literarischen Verlage geradezu groteske Folgen. Wolff, der noch im Dezember 1919 zäh an einer Politik der niedrigen Preise festhielt – »Ich kann und mag nicht die Buchpreise ins Phantastische erhöhen; bei ›schönen‹ Büchern gewiß, bei Luxusausgaben meinetwegen ins Phantastische; bei Büchern dagegen, die in die Breiten und Tiefen des Publikums dringen sollen, aber nicht«[103] –, war ab der zweiten Jahreshälfte 1921 gezwungen, Kataloge und Prospekte ohne Preisangaben zu drucken und versandte Preislisten nur noch auf Wunsch.

Der *Neue Roman*, der am 1. November noch 18 Mark broschiert kostete, mußte im Oktober 1922 für 500 Mark verkauft werden. Herbert George Wells' Buch *Hoffnung auf Frieden*, das ebenfalls im Oktober 1922 zum gleichen Preis abgegeben werden konnte, kostete am 11. Dezember bereits 3000 Mark[104]. Der Romanpreis des Kurt Wolff Verlages stieg im Februar 1923 auf 10 000 – 12 000 Mark, Ende August betrug er bereits fünf Millionen. Im gleichen Monat bezahlte Wolff 3½ Milliarden an Gehältern. Der als stabile Währung begehrte Schweizer Franken kostete im August 1,2 Millionen, am 11. Oktober bereits eine Milliarde Reichsmark[105]. Der Dollar kostete schließlich im November 1923 4,2 Billionen Papiermark, als mit der Währungsumstellung diesem Spuk ein Ende bereitet wurde.

»Hinter diesen Zahlen liegen Katastrophen und Tragödien und Sie haben genug Fantasie, sie sich auszumalen«, schrieb Wolff Anfang Februar 1923 an Mardersteig in die Schweiz. »Es trifft, betrifft Alle. Ich denke nicht daran, mich speziell zu beklagen, aber da man nun einmal doch nicht n u r um der Poesie willen [...] allein arbeitet und da man vor allen Dingen doch die Möglichkeit einer fruchtbaren gesicherten Arbeitszukunft sehen möchte, deprimiert einen diese katastrophale Zerstörung der geschäftlichen Betriebsmittel und des kleinen Privatvermögens sehr.«[106] Im Juni schrieb Wolff lakonisch an Clara Merck: »Die Zeiten sind schlecht. Der Verlag geht den Zeiten entsprechend.«[107]

Härter noch als die Verlage traf die wirtschaftliche Situation die Autoren, die ihre Tantiemen trotz beschleunigtem Abrechnungsmodus meist erst erhielten, wenn sie kaum noch etwas wert waren. Neue Bücher konnten die Autoren 1923 kaum noch unterbringen, denn, wie Wolff Mardersteig im August berichtete, »wir haben unsere Produktion auf ein Minimum beschränkt, manche laufenden Arbeiten einfach eingestellt. Es ist ein unhaltbarer Zustand. Wir müssen Papierlieferanten, Buchdrucker und

---

[100] KWB, S. 408.
[101] Wolff schien dieser Brief an Hauptmann ungewöhnlich schwer zu fallen. Es existiert dazu eine handschriftliche durch zahlreiche Streichungen gekennzeichnete Fassung vom 24. 5. 1921. Hier hieß es nicht, die Absage sei mit mangelndem Vertrauen von Fischer begründet, sondern »eine Absage, die sich nur aus Unentschlossenheit, deutlicher noch aus mangelndem Vertrauen erklären läßt«. (KWA). – Ein weiterer Hinweis dafür, daß Wolff den eigentlichen Grund verschleiert hat.
[102] Vgl. die Briefe KWB, S. 409–412; und Kurt Wolff: Autoren, Bücher, Abenteuer, S. 32.

[103] Wolff an Hasenclever, Brief vom 19. 12. 1919, KWA.
[104] TB-Notiz Wolffs.
[105] TB-Notizen Wolffs. Vgl. auch Wolff an Mardersteig, Brief vom 23. 8. 1923, KWB, S. 399.
[106] Wolff an Mardersteig, Brief vom 1. 2. 1923, GMB.
[107] Wolff an Clara Merck, Brief vom 5. 6. 1923, NA.

Buchbinder in Goldmark, umgerechnet zum Kurs des Zahlungstages in Papiermark bezahlen und zwar mit Unsummen, während die Zahlungseingänge vom Sortiment verschleppt in schlechter Papiermark erfolgen.«[108]

Auch der Börsenverein mit seinen Notverordnungen konnte den Buchmarkt nicht mehr regeln. In der Zeit nach dem Krieg hatten viele Sortimente einen Teuerungszuschlag erhoben, unabhängig von dem Teuerungszuschlag, den einzelne Verlage festsetzten und den Wolff zu vermeiden suchte[109]. Die erste Notverordnung des Börsenvereins vom 8. Januar 1920 führte zwar zunächst zu einer einheitlichen Regelung dieses Zuschlags, doch nützte dies den Autoren wenig, die davon keine Tantieme erhielten, und die ständig steigenden Verlegerpreise machten das Abrechnungsverfahren schließlich zu einer Geheimwissenschaft. Der Börsenverein führte deshalb am 13. September 1922 eine weitere Notmaßnahme ein. Er setzte für alle Bücher Grundpreise fest, die mit einer sich der Inflation ständig anpassenden Schlüsselzahl multipliziert wurden. Begonnen wurde mit der Schlüsselzahl 60. Der *Neue Roman,* der die Grundzahl »fünf« hatte, kostete also im September 1922 300 Mark. Innerhalb eines Jahres stieg die Schlüsselzahl auf über tausend Milliarden, ein Band des *Neuen Romans* hatte demnach den Ladenpreis von über 5 Billionen Mark.

Kaum ein Autor konnte sich in diesem Preisgefüge zurechtfinden, und Klagen und Vorwürfe wegen angeblich zu wenig gezahlter Honorare blieben nicht aus[110]. Da das bisher übliche jährliche Abrechnungsverfahren sinnlos geworden war, entschlossen die Verleger sich zunächst zu kürzeren, schließlich nach dem Vorbild der Bühnenvertriebe zu laufenden Abrechnungen. Wolff honorierte, wie übrigens schon früher, teilweise einzelne Auflagen bei Erscheinungstermin im voraus. Im März 1923 entschlossen sich zehn große deutsche Verlage, darunter Wolff, Rowohlt, Bondi, Bruno Cassirer, S. Fischer und Kippenberg zu *Richtlinien für die Honorierung schönwissenschaftlicher Bücher*[111]. Da vor allem die bei der Honorierung bisher nicht berücksichtigten Einbandpreise unverhältnismäßig gestiegen waren, und die unablässig kletternde Schlüsselzahl eine Festsetzung des Ladenpreises für die Abrechnung kaum noch zuließ, wurde nun der Gesamterlös des Verlegers für die Honorarabrechnung zugrunde gelegt. Die Autoren erhielten von diesem Erlös 15 Prozent des broschierten, 10 Prozent des gebundenen Exemplars. Als Wolff in der Endphase der Inflation dazu überging, seine Angestellten täglich zu bezahlen, damit sie am Abend noch etwas für das am nächsten Tag entwertete Geld kaufen konnten, wurde auch dieser Abrechnungsmodus zur Farce. Einzelnen Autoren war schwer begreiflich zu machen, daß auch die Gewinne der Verleger in der Endphase der Inflation der gleichen Entwertung unterlagen. Kafka schrieb Anfang November an Max Brod, daß Brod ja nun endlich wertbeständiges Geld von Wolff bekommen müsse, »der übrigens wahrhaftig ungeheuerliches Geld verdient haben muß.«[112] Die im System liegende Benachteiligung der Autoren als den letzten, die ihr Honorar erhielten, trug zur Vergiftung der Atmosphäre zwischen Autor und Verleger in den ersten Jahren der Weimarer Republik bei, die sich unter anderem in der Fehde Eulenberg–Sternheim–Mühsam–Wolff 1924 ein Ventil suchte.

Das Sortiment hatte schon nach dem Krieg, die steigenden Preise ausnutzend, begonnen, Bücher zu hamstern, und die Lager waren 1923 schließlich voll, was sich zusätzlich erschwerend auf den Absatz auswirkte. Die traditionelle Abwicklung des Geschäftsverkehrs zwischen Verlag und Sortiment funktionierte nicht mehr, was besonders den literarischen Verlag und dessen Autoren traf. Georg Heinrich Meyer versuchte Wilhelm Schmidtbonn im April 1923 auseinanderzusetzen, warum ein Autor in Deutschland vom Erlös seiner Bücher nicht mehr leben könne, »selbst wenn ihm seine Verleger noch so relativ anständige Honorare zahlen.« Vor allem um Dramen und Lyrik zu verkaufen, müsse der Verlag Bücher in Kommission versenden, was bis vor einigen Jahren üblich gewesen, heute aber ausgeschlossen sei. »Sehen Sie, wenn wir im Sommer vorigen Jahres, als wir für die Dramen wohl 12,– M. Ladenpreis verlangten, sie in Kommission verschickt hätten, so wäre dieses Geld [...] im günstigsten Falle zur buchhändlerischen Ostermesse [...] an uns bezahlt worden; also zu einer Zeit, in der der Herstellungspreis eines Dramas mindestens M. 1000,– ausmacht, würden wir vielleicht M. 8,– bekommen haben.« Der Buchhändler wäre gut beraten gewesen, die

---

[108] Brief vom 23. 8. 1923, KWB, S. 399.

[109] Noch in dem Verlagskatalog von 1921 (Stand Ende 1920) wies der Verlag ausdrücklich darauf hin, daß ein Verlagsteuerungszuschlag nicht erhoben werde. Fischer hingegen erhob einen Zuschlag von 25 Prozent. (Vgl. de Mendelssohn: S. Fischer, S. 875 f.).

[110] Vgl. u. a. Annette Kolb an Wolff, Brief vom 26. 2. 1923, KWB, S. 189 und die Antwort Wolffs vom 3. 3. 1923, KWB, S. 189 f.

[111] Der Wortlaut dieser gedruckten und als Rundschreiben versandten Richtlinien ist teilweise wiedergegeben bei de Mendelssohn: S. Fischer, S. 915 f.

[112] Kafka an Brod, Brief vom 2. 11. 1923 (Poststempel). In: Franz Kafka. Briefe 1902–1924, S. 461.

unverkauften Bücher zu vermakulieren, denn der Makulaturwert sei inzwischen höher gewesen als der Preis, den der Verleger von ihm bekommen hätte. – Meyer sah darin eine Frage von »einschneidender Bedeutung für den literarisch ernst zu nehmenden Verlag«, für die er, der erfahrene und findige Praktiker, keine Lösung sah. »Nehmen wir an, es schickt uns ein junger Dichter, er mag ein junger Goethe oder ein junger Franz Werfel sein, ein Erstlingswerk. Wir wollen annehmen, daß unsere Lektoren den Wert der Arbeit gleich erkennen. Wir verlegen das Buch. Aber wie soll es nun durch den Buchhandel seinen Weg zum Publikum finden? Denn der Buchhändler wird sich schön hüten, das Buch eines unbekannten jungen Dichters für sein Lager zu bestellen.«[113]

Erschwerend kam hinzu, daß die Hauptstärke von Meyers verlegerischer Propaganda, die gezielte Inseratenpolitik in Tageszeitungen, sich seit 1922 nicht mehr auszahlte. »Wenn eine kleine Petit-Zeile in einer großen Zeitung 60–70 Mark kostet, so kann man eben nicht mehr die Bücher durch Inserate vertreiben«, antwortete er auf eine Anfrage von Ernst Weiß[114]. Und Wolff schrieb Anfang 1923 erneut an Schickele: »Bei den gegenwärtigen Preisen der Tageszeitungen müßte der Erfolg schon ungefähr der Absatz von je mehreren hundert Stücken sein, damit sich das einzelne Inserat bezahlt macht. Und das scheint mir mehr als zweifelhaft.«[115]

Diese wirtschaftliche Ausnahmesituation war – neben der unentwegten Klage über das fehlende junge literarische Talent – entscheidend dafür, daß Kurt Wolff in den Jahren 1922 und 1923 keinen jungen Autor mehr förderte – abgesehen von Alfred Brust – und seine Produktion auf die besser verkäufliche repräsentativ ausgestattete Kunstproduktion und ausländische Autoren verlagerte, deren Bücher er auch in der Schweiz und Österreich abzusetzen hoffte, um dafür die begehrten und für Honorarzahlungen ins Ausland wichtigen Devisen zu erlangen.

Das Widersinnige an der literarischen Marktsituation während der Inflationsphase war jedoch, daß bis Anfang 1923 über Absatzprobleme durchaus nicht zu klagen war. »Bisher war die Kauflust und Kaufkraft des Publikums in Zeiten so toller Bewegungen unserer Valuta, wie wir sie jetzt wieder erleben, angeregt und stark«, schrieb Wolff 1923[116], und Georg Heinrich Meyer begründete die Kaufwut des Publikums: »Die Zeiten sind ja allerdings wahnsinnig. Bücher sind nie soviel gekauft wie heute, aber nie so wenig gelesen wie heute. Und Bücher werden gekauft eben als Anlagen- und Spekulationsobjekte, aber nicht zur Lektüre.«[117]

Begonnen hatte dieser Boom mit dem Geschäft mit Luxusdrucken im letzten Kriegsjahr, und nach dem schlechten Sommer und Herbst 1919 begann auch für den Kurt Wolff Verlag noch einmal eine letzte Phase des Verkaufserfolgs, der vor allem von Franz Werfel und Tagore getragen wurde und der der expressionistischen Literatur allgemein höhere Absatzziffern brachte.

Werfels *Gerichtstag*, seit 1916 dem Verlag immer wieder angekündigt, Anfang 1918 fertiggestellt, erschien endlich nach einigen Umarbeitungen Werfels, die den Druck verzögerten, im Herbst 1919. Mit diesem Buch schloß Werfel seine lyrische Phase der Frühzeit ab, aber der große Erfolg beim Publikum setzte erst jetzt voll ein. Neuauflagen der *Troerinnen*, von *Wir sind* und *Einander* wurden im Herbst 1919 vorbereitet, und von dem *Weltfreund* mußte im Sommer 1920 das 9. bis 13. Tausend nachgedruckt werden. Auch der Absatz des *Gerichtstages* war, vor allem nachdem die ersten Kritiken erschienen waren, so rege, daß der Kurt Wolff Verlag im August 1920 Werfel mitteilen konnte: »Wir werden im Laufe des Winters die Neuauflage des Buches vorbereiten müssen.«[118] 1922 waren nur noch Ganzlederbände zu haben, und 1923 erschien das 6. bis 7. Tausend einer neuen, gekürzten Ausgabe.

»Ich habe in den letzten Monaten sehr viel gearbeitet. Ich habe nichts anderes getan als gearbeitet – und ich hoffe, Sie alle bald überraschen zu dürfen«, kündigte Werfel Georg Heinrich Meyer im Mai 1919 an[119]. Werfel, der seit 1917 mit Alma Mahler, seiner späteren Frau, befreundet war, wurde von dieser energisch zupackenden Frau nach den unsteten Kriegsjahren endlich eine ruhige Arbeitsatmosphäre ermöglicht[120]. Kurt Wolff erhielt noch 1919 die ersten Prosamanuskripte Werfels; Dramenpläne wurden angekündigt. Die Phantasie *Spielhof*, zunächst für den *Jüngsten Tag* vorgesehen, erschien 1920 in den *Dichtungen und Dramen*. Die gleichzeitig abgelieferte, von dem Verleger und seinen Mitarbeitern enthusiastisch begrüßte Novelle *Nicht der Mörder, der Ermordete ist schuldig* wurde noch 1919 in 10 000 Exemplaren ausge-

---

[113] Meyer an Schmidtbonn, Brief vom 4. 4. 1923, Stadtarchiv Bonn.
[114] Meyer an Weiß, Brief vom 9. 10. 1922, KWA.
[115] Wolff an Schickele, Brief vom 1. 2. 1923, KWB, S. 212.
[116] Wolff an Schickele, Brief vom 6. 6. 1923, KWB, S. 215.

[117] Meyer an Ernst Weiß, Brief vom 9. 10. 1922, KWA.
[118] KWV an Werfel, Brief vom 27. 8. 1920, KWA.
[119] Werfel an Meyer, undat. Brief [Ende Mai 1919], KWA.
[120] Vgl. Alma Mahler-Werfel: Mein Leben. Frankfurt am Main 1960, S. 124 f. u. passim.

liefert[121]. Vor allem mit diesem ersten größeren Prosawerk Werfels erhoffte sich Wolff einen größeren finanziellen Erfolg. Das Buch, das sich glänzend verkaufte, wurde in den *Neuen Roman* gegeben und kletterte dort auf das 18. bis 22. Tausend im Herbst 1922, in den nächsten Jahren auf das 27. Tausend.

In rascher Folge erschienen nun die spätexpressionistischen Dramen Werfels bei Wolff: *Spiegelmensch* (1920), *Bocksgesang* (1921) und *Schweiger* (1922). In den *Neuen Drugulin-Drucken* erschien die mit Emil Saudek verfaßte Březina-Nachdichtung *Winde von Mittag bis Mitternacht* (1920) und 1923 noch einmal in gemeinsamer Übersetzung Březinas *Musik der Quellen*. Für die *Stundenbücher* der Ernst Ludwig-Presse stellte Werfel seine *Arien* zusammen, und im Frühjahr 1923 erschienen Werfels letzte Gedichte im Kurt Wolff Verlag, die *Beschwörungen*. Um die günstige Konjunktur für den Dichter auszunutzen, veranstaltete der Verlag ab 1920 die Gesamtausgabe *Dichtungen und Dramen in 10 Bänden,* die allerdings nur eine Zusammenstellung der in einheitlicher Aufmachung erschienenen Einzelbände war[122].

Wolff, der Werfel in einem von Herbert Eulenberg verschickten Fragebogen an Verleger als seinen größten dramatischen Erfolg neben Fritz von Unruh bezeichnete[123], verlor seinen Autor in der Endphase der Inflation. Schon im September 1920 hatte der Verlag mit Sorge beobachten müssen, daß die Bestellungen aus Österreich nachgelassen hatten, und führte dies auf den ungünstigen Valutastand zurück[124]. Werfels noch immer in monatlichen Raten überwiesene Honorare waren schließlich so weit

Abb. 30: *Otokar Březina:* Winde von Mittag bis Mitternacht. *Drugulin-Druck, Neue Folge Band 9. – Druckvermerk mit dem Signet von Walter Tiemann*

entwertet, daß Werfel, der zusätzlich noch von seinem Vater Zuwendungen erhielt, von Alma Mahler unterstützt werden mußte. Der Autor, der unter diesem Zustand sehr litt[125], stimmte endlich unter Einfluß Alma Mahlers zu, seinen Wolff schon 1920 versprochenen *Verdi*-Roman dem befreundeten Paul von Zsolnay zu übertragen, der mit diesem Buch im Mai 1924 seinen Wiener Verlag eröffnete[126]. Wolff, der schon Werfels Beteiligung an dem Wiener Genossenschaftsverlag zugestimmt hatte, gab seinen Autor resigniert, aber großzügig frei[127].

Hauptträger des Verlagsgeschäfts der Inflationsjahre war jedoch das Werk Rabindranath Tagores, das 1921 in einer achtbändigen Gesamtausgabe zusammengefaßt wurde. Daneben blieben alle anderen Autoren zurück. Zwar waren Fritz von Unruhs Dramen *Ein Geschlecht* (25. Tausend bis 1919) und *Platz* (21. Tausend bis 1922) in den unmittelbaren Nachkriegsjahren im Rahmen dramatischer Literatur ungewöhnlich erfolgreich, und Max Brod erzielte mit seinem Bekenntnisbuch *Heidentum, Christentum, Judentum* (1921) kurzfristig einen den Ver-

---

[121] Vgl. auch Wolff an Werfel, Brief vom 14. 10. 1919, KWB, S. 336 f. Auch in mehreren Briefen von Meyer u. anderen Mitarbeitern wird immer wieder begeistert von dieser Novelle gesprochen. (Briefe im KWA).

[122] Hierzu schrieb Werfel an Seybicke [Hersteller im KWV] am 15. 7. 1920 (Eingangsstempel): »ich habe seinerzeit mit Kurt Wolff besprochen, daß meine dichterischen Werke (alles was kein größerer Roman, oder Neben-Arbeit ist) in einer eigenen Serie (Dichtungen von F. W.) erscheint. Sie sehen die ersten sieben Bände auf dem Anzeigenteil, den ich selbst zusammengestellt habe. Ich möchte, daß diese Tatsache schon bei den jetzt neuen, oder neuaufgelegten Bänden zum Ausdruck kommt.« Werfel schlug vor, den Schutzumschlag *Neue Dichtungen* zu ersetzen durch einen Umschlag *Dichtungen von Franz Werfel*, Band ... Auf diese Weise wurde die Gesamtausgabe zusammengestellt. Erst die Neuauflagen erhielten in den folgenden Jahren auch den Titeleindruck *Dichtungen und Dramen* und die Bandzählung. (Brief im KWA).

[123] Undat. Fragebogen (um 1928), Herbert Eulenberg-Archiv, Düsseldorf-Kaiserswerth.

[124] Seybicke an Rudolf Werfel, Brief vom 30. 9. 1920, KWA.

[125] »Sie wissen sicher nicht, daß es Werfel materiell schlecht geht«, schrieb Alma Mahler am 1. 6. 1922 an Wolff. »Er bezieht von Ihnen eine Rente von 3500 Mk d. h. 105 000 Kr., eine Summe, mit der man nicht einmal in Linz in Pension gehen kann. *Mir ist es gleichgiltig.* Er bezahlt seine Zigarren davon und ich sorge für sein übriges Leben. [...] *Ihm* ist das *nicht* gleichgiltig. [...] Seit Monaten trägt er dieses alles auf dem Herzen gegen Sie – und ist nicht im Stande endlich die volle Wahrheit über dieses alles zu sagen.« (KWA)

[126] Vgl. hierzu auch Alma Mahler-Werfel: Mein Leben, S. 161 f.

[127] Wolff konnte, selbst wenn er gewollt hätte, Werfel nicht die finanziellen Vorteile bieten, die Zsolnay bot. Er erreichte aber, daß die alten Bücher im KWV blieben.

lag überraschenden regen Verkauf[128], Sternheims polemische Schrift *Berlin oder Juste Milieu* (1920) wurde sogleich in 50 000 Exemplaren ausgegeben, – doch verblassen diese Zahlen alle im Vergleich mit den in die hunderttausend gehenden Absatzziffern einzelner Tagore-Bücher. »›Heim und Welt‹ geht nicht noch, sondern geht besser wie je, wie überhaupt der ganze Tagore, und es werden eben 50 000 neu gedruckt«[129], schrieb Wolff im März 1921 an Mardersteig über den Roman *Das Heim und die Welt* (1920), der innerhalb von zwei Jahren die Auflage von 190 Tausend erreichte.

In der branchentypischen Sommerflaute, im August 1921, schrieb Georg Heinrich Meyer: »Im Verlag ist es allgemein [...] still, aber da wir Tagore haben, so erzielten wir im Juni sogar einen Umsatz, der über 1 Million hinausgeht.«[130] Als Tagore im Sommer 1921 Deutschland besuchte und in Wolffs Vortragssaal und im Auditorium Maximum der Münchener Universität las, wurde er stürmisch gefeiert, Menschentrauben bildeten sich vor seinem Hotel. Wolff hat diese Wirkung Tagores in einem späteren Rundfunkvortrag zu analysieren versucht.

Durch den Zusammenbruch des Reiches sei die schon vor dem Krieg beginnende Untergangsstimmung des Abendlandes, die zunehmende Ablehnung des Orthodoxen in den christlichen Konfessionen und das Suchen nach neuen religiösen Positionen in der östlichen Literatur verstärkt worden. »Ich sehe noch die Studenten damals in den Anlagen und Cafés, Ladenmädchen in der Straßenbahn, mit der Lektüre der Buddha-Reden beschäftigt [...]. Es gab ein halbes Dutzend verschiedener Übersetzungen des Laotse, und sie wurden alle gelesen. Ex Oriente lux war die deutsche Hoffnung.«[131] Wolff brachte selbst eine Dünndruckausgabe der *Reden des Buddha* 1922 heraus. Doch dieser Lesestoff, den die Verlage anboten, gehörte einer fernen Vergangenheit an. »In diesem Zeitmoment erscheint nun ein Heutiger, ein Dichter, eine weltoffene Persönlichkeit, ein religiöser Mensch, aber kein Proselytenmacher, eine moralische Gestalt, die nicht moralisiert. [...] Und mit dem gedruckten Wort verbindet sich ein entscheidender Vorgang, magisch, irrational: ›Man‹, die Masse, spürt, von geheimen, rätselhaften Wellen berührt, daß der Dichter dieser Verse der ach so Seltene ist, bei dem Schöpfer und Schöpfung eins sind. Das ist ein Wunder, das jede Verszeile über sich hinaushebt, dem Erscheinen des Dichters eine fast messianische Bedeutung verleiht.«[132]

Wolff zeichnet hier ein letztes Mal eine expressionistische Welthaltung auf, mystisch-religiös, am Dichter als Seher orientiert. Die erstaunliche Koinzidenz von Inflationsende und jäh stagnierendem Absatz von Tagores Werken[133] zeigt die Abwendung des Publikums von mystisch-spekulativer Dichtung zu einer neuen Sachlichkeit, die zusammenfiel mit der Ablösung einer Zeit wirtschaftlicher Spekulation und politischer Wirren durch den Versuch einer Neuordnung.

Neben vorübergehend einsetzender Papierknappheit und deshalb verzögerten Auslieferungsterminen und dem Rückgang des Absatzes der literarischen Produktion ins Ausland – »Tatsächlich haben wir einen irgendwie ins Gewicht fallenden Absatz ins Ausland nur bei Kunstpublikationen und da nur in kleinstem Maße zu verzeichnen«[134] – plagten den Verleger Absatzsorgen seiner Kriegsbestände. Im Dezember 1921 versuchte Georg Heinrich Meyer Herbert Eulenberg zu erklären, warum seine älteren Romane so schlecht gingen. Hauptgrund sei der Abscheu der Käufer vor allen Büchern, die auf schlechtes, holzhaltiges Kriegspapier gedruckt seien[135]. Der Kunde wollte, wenn sein Geld schon entwertet wurde, einen beständigen Wert im Buch erwerben und jedenfalls nicht an den Krieg erinnert werden. Das hatte vor allem auch ein Abwenden von der vormals so beliebten broschierten Ausgabe zur Folge, die jetzt oft nicht mehr hergestellt wurde, und ein Vordringen des Halbleder- und des Leinenbandes.

Meyer entwarf deshalb einen Plan, den *Neuen Roman*, von dem noch zahlreiche Kriegsbestände vorrätig waren, »auf den Krücken Tagore's« wieder zu beleben. »Wie ›Das Heim und die Welt‹ bringen wir alle leicht verkäuflichen alten Bücher in besserer Ausstattung (Tagore-Papier und Druck, Halbleinenband) neu heraus [...]. Die alten gar zu schoflen Ausgaben werden allmählich in Kollektionen auf den Bahnhöfen etc. vertrieben und

---

[128] Das Werk wurde in 3000 Exemplaren gedruckt, mußte aber schon im Sommer 1922 in weiteren 5000 Exemplaren nachgedruckt werden.
[129] Wolff an Mardersteig, Brief vom 17. 3. 1921, GMB.
[130] Meyer an Mardersteig, Brief vom 10. 8. 1921, GMB.
[131] Kurt Wolff: Rabindranath Tagore. (nicht gesendeter Funkessay von 1962, aus dem Nachlaß bei Helen Wolff), Typoskript, S. 15.
[132] A. a. O., S. 15 f.
[133] Dazu schrieb Wolff am 23. 6. 1930 an Werfel über die Zeit nach Inflationsende: »Geld war keines da, die überwiegende Masse der Vorräte war schwer absetzbar wegen völliger Veränderung im Geschmack des Publikums (weder der Tagore, von dem Riesenvorräte da waren, ging mehr [...]).« (KWB, S. 352).
[134] Wolff an Paul Zech, Brief vom 21. 11. 1922, KWA.
[135] Meyer an Eulenberg, Brief vom 15. 12. 1921, KWA.

die nicht gängigen Bestände der Ausländer, von Queiroz bis Madelung, kommen in eine etwas billigere Reihe ›Der Europäische Roman‹. Die Hauptsache wird ja sein, den ›Neuen Roman‹, der das Rückgrat des Verlages bildet, neu zu beleben und die alten Kriegs-Makulaturbestände möglichst sinnvoll abzustoßen.«[136]

Dies gelang jedoch nur halb. Die Reihe, die 1919 37 Titel enthalten hatte, wuchs bis Ende 1920 auf 47 Titel und erreichte bis Juli 1922 (mit dem *Europäischen Roman* zusammen) 58 Einzeltitel – »Sie werden gleich uns allen entsetzt sein, welche Quantitäten wir uns hier aufgebürdet haben«, schrieb Wolff im Januar 1922 über sein Jahresprogramm an Mardersteig, den noch lebhaften inflationären Absatz einkalkulierend[137] – doch die Kriegsbestände ließen sich schwer absetzen. »Ich bin, wie viele andere, natürlich ohne Geld, aber mit einem immensen Lager von Büchern, die zumeist auf schlechtem Papier gedruckt waren, aus der Inflation in die stabile Währungszeit hineingegangen«, konstatierte Wolff später[138]. Seit Anfang 1923 ging der Absatz der Belletristik des Verlages ständig zurück. An Schickele schrieb Wolff im Juni: »wir haben für die belletristischen Publikationen des Verlages Absatzziffern, die einfach fantastisch niedrig sind. Bei anderen Verlagen liegen die Dinge genau so, wie ich zuverlässig weiß.«[139] Gekauft wurden nur noch »Anlagewerte«: Klassiker-Gesamtausgaben, Handbücher, Nachschlagewerke und kunstwissenschaftliche Publikationen.

Wolff, der an der politischen Situation Deutschlands im Sommer 1923 verzweifelte und erwog, Frau und Kinder in die Schweiz zu bringen[140], verlegte zur Zeit der Ruhrbesetzung und der höchsten chauvinistischen Wogen in Deutschland nach dem Krieg Romain Rolland und Frans Masereel, seine pazifistische, europäische Gesinnung zwar noch einmal dokumentierend, aber schon in Resignation. Im September, als im Reich der Ausnahmezustand herrschte, fuhr er nach einem Besuch Werfels in Wien nach Deutschland zurück, »das z. Z. einem großen überheizten Zuchthaus gleicht [...]. Wie bitter recht hatte ich: das Chaos ist noch viel rascher gekommen als ich befürchtete. Und das Schlimmste, Unvermeidliche: Auseinanderfallen des Reiches und Bürgerkrieg steht noch bevor.«[141] Zwar fing sich die labile Republik wieder, doch als Wolff 1924 in der konsolidierten Atmosphäre seinen Verlag neu ordnete, hatte er sich von der deutschen Literatur abgewandt.

6.4 Rückzug vom Expressionismus: Die Wende zum Kunstverlag

Die Führung eines überwiegend auf Dichtung gestellten Verlages sei seit vielen Jahren nicht so schwer gewesen wie gerade jetzt, schrieb Wolff im Hinblick auf S. Fischer im Juni 1923 an Gerhart Hauptmann. »Wir unsererseits versuchen diese Schwierigkeit dadurch zu parieren, daß wir unsere geistige und materielle Stoßkraft in diesen Zeiten, die für deutsche Dichter und deutsche Dichtung so schwer sind, durch eine Erweiterung der publizistischen Tätigkeit auf Kunstwissenschaftliches und dergleichen aufrecht erhalten. Das scheint uns das Beste, was wir zu Nutz und Frommen des Verlages und der Autoren tun können, und mir persönlich macht es Freude, während ich den Ausweg leichterer Unterhaltungsliteratur grundsätzlich ablehne.«[142]

Die Wendung zum Kunstverlag begann jedoch schon früher. Die Anfänge einer bescheidenen Kunstproduktion gingen zurück bis in die Zeit des Ernst Rowohlt Verlages[143], eine kunstgeschichtliche Abteilung wurde seit 1917/18 eingerichtet, und sie wuchs in dem Maße, in dem sich die Klagen des Verlages über fehlende neue Autoren mehrten. Schon im April 1919 klagte Wolff gegenüber Fritz von Unruh: »Wir sind hier so deprimiert, daß uns die neue Zeit noch nicht ein Blatt angeweht hat, aus dem ein zukunftsstarkes, junges, neues Talent zu uns spricht«[144]. Werfel, von dem Hermann Bahr meinte, er sei »wohl überhaupt die stärkste Hoffnung auf ein neues Deutschland«[145], wurde von seinem Verleger im September 1919 gebeten: »Wenn Sie können helfen Sie dem Verlag indem Sie uns gelegentlich auf einen Autor aufmerksam machen der wahrhaftig und notwendig ist.«[146] Und im März 1921 schrieb der Lektor Pinthus: »Die Dürre in der Literatur hält an, und das was gut ist, oder wenigstens hoffnungsvoll, ist so sehr von einer pathologischen

---

[136] Meyer an Mardersteig, Brief vom 10. 8. 1921, GMB.
[137] Wolff an Mardersteig, Brief vom 2. 1. 1922, GMB.
[138] Wolff an Werfel, Brief vom 23. 6. 1930, KWB, S. 352.
[139] Wolff an Schickele, Brief vom 6. 6. 1923, KWB, S. 215.
[140] Vgl. Wolff an Mardersteig, undat. Brief [August 1923], KWB, S. 398.
[141] Wolff an Mardersteig, Brief vom 8. 9. 1923, GMB.

[142] Wolff an Hauptmann, Brief vom 15. 6. 1923, KWB, S. 412.
[143] Vgl. hierzu Wolfram Göbel: Der Ernst Rowohlt Verlag, AGB XIV, Sp. 544.
[144] Wolff an Unruh, Brief vom 1. 4. 1919, KWA.
[145] Bahr an Wolff, Postkarte vom 9. 12. 1921, KWA.
[146] Wolff an Werfel, Telegrammdurchschlag vom 12. 9. 1919, KWA.

Erotik durchschwängert, daß man es garnicht drucken kann.«[147] Wenige Monate später zog Wolff in einem Brief an Werfel das Fazit: »Ich empfinde immer stärker [...]: daß Ihre Generation, die ich auch die meine nennen darf, keinen jungen schöpferischen Nachwuchs hat; wenigstens kann ich trotz größter Aufmerksamkeit weit in der Runde nichts erblicken, und finde, daß das deutsche Schrifttum heute auf einem unbeschreiblich sterilen Niveau angekommen ist.«[148]

Aus dieser Einsicht heraus vollzog Wolff in seinem Verlag die letzten aufflammenden Bewegungen spätexpressionistischen literarischen Lebens nur noch am Rande mit. Die zahlreichen Anthologien des Spätexpressionismus, die das innere Chaos dieser Jahre widerspiegeln, sind in anderen Verlagen erschienen. Die ersten Gesamtausgaben der Frühexpressionisten im Kurt Wolff Verlag, Georg Trakls *Die Dichtungen* (1919) und Georg Heyms *Dichtungen* (1922), waren bereits ein Überblick über Abgeschlossenes, Vergangenes. Mit Georg Heyms Gedichtband *Umbra vitae* (1924), von Ernst Ludwig Kirchner illustriert, erschien – abgesehen von Kafkas posthum verlegten Romanen – das letzte expressionistische Buch des Verlages, das zugleich eines seiner frühesten gewesen war (ERV 1912).

Zwar verlegte Wolff bis 1922 noch eine Reihe von spätexpressionistischen Werken, doch war dies vorwiegend die Neuproduktion seiner alten Autoren Werfel, Brod, Heinrich Mann und Carl Sternheim. Und geht man der Druckgeschichte der in diesen Jahren bei Wolff erstmals verlegten deutschsprachigen Autoren genauer nach, stellt man zunächst einmal fest, daß diese Autoren zur »alten« expressionistischen Generation gehörten wie Oskar Maurus Fontana, Walter Mehring und Rudolf Fuchs, die schon während des Krieges und vorher publiziert hatten; in anderen Fällen erweisen sich die neuverlegten Werke sogar als umgearbeitete Neuausgaben und Übernahmen aus anderen Verlagen wie die Romane von Ernst Weiß[149] und die 1920 bei Alfred Richard Meyer erschienenen Gedichtbände *Kuttel Daddeldu* und *Turngedichte* von Ringelnatz (KWV 1923).

Einige der sich in einer tiefen Bewußtseinskrise befindenden Autoren (manche Expressionisten verstummten völlig in den zwanziger Jahren!) boten Wolff nun weniger ihre neuen Dichtungen als ihre Übersetzerdienste an[150], schnell erfassend, daß der Verlag sich immer stärker am Ausland orientierte, was vor allem an der Reihe *Der Neue Roman* ablesbar war. Wenn neue Manuskripte kamen wie der mißglückte Roman *Der neue Fortunatus* von Wilhelm Schmidtbonn, mußte Wolff häufig enttäuscht ablehnen: »Wir hatten ja gerade so sehnlich gewünscht, im Rahmen des ›Neuen Romans‹, der in der letzten Zeit wenig neue Nahrung und vor allem kein rechtes deutsches neues Blut bekam, Ihr Buch zu veröffentlichen.«[151]

Das literarische Chaos der ersten Weimarer Jahre spiegelte sich weniger in der von Wolff verlegten expressionistischen Dichtung als in dem undurchsichtiger werdenden, zwar vielseitigeren, aber zufälligeren Programm des Verlages. Dies veranlaßte auch Autoren, Wolff ihre Werke anzubieten, die früher andere Verlage vorgezogen hatten. Gustav Wyneken bot Wolff seine Aufsätze *Der europäische Geist* an, die bisher in der *Freien Schulgemeinde* erschienen waren[152]; die publizistische Vertretung von Steiners dreigliedrigem Sozialismus wurde Wolff angetragen[153], und der seit 1921 von Wolff verlegte Dramatiker Ludwig Berger schlug Wolff vor, eine Serie unter dem Motto »Neubeginn« oder »Mensch, wandle dich!« zu eröffnen, die Werke von ihm, Carl Zuckmayer und Bruno Taut enthalten sollte, dazu Aufsätze von Herbert Ihering, Alfred Wolfenstein und Berger selbst, schließlich Lyrik aus dem Darmstädter Kreis von Hans Schiebelhuth und dem Berliner Frank Wohlfarth[154]. Aus einer Dramatikersammlung, die der in Berlin als Regisseur tätige Autor im Jahre 1920 mit Wolff entwarf, konnte infolge der Inflation keine größere Reihe werden. Wolff verlegte aber die beiden von Berger vorgeschlagenen Dramen von Heinrich Anton *Blut du bist Blut* (1922) und Carl Zuckmayers *Kreuzweg* (1921). Der Plan einer neuen »dichterischen« Shakespeare-Übersetzung, für die Franz Werfel *Romeo und Julia* und Fritz

---

[147] Pinthus an Mardersteig, Brief vom 2. 3. 1922, GMB.
[148] Wolff an Werfel, Brief vom 24. 8. 1921, KWB, S. 344.
[149] Wolff übernahm den Autor von S. Fischer im Jahre 1921. Er kaufte das Drama *Tanja* (1920) und die Romane *Die Galeere* (1913) und *Tiere in Ketten* (1918) von Fischer auf. Neu erschienen bei Wolff der Roman *Nahar* (1922) und die Novellen *Atua* (1923).

[150] So vor allem Annette Kolb und der Autor Stefan Klein, der den Roman *Der Storchkalif* von Michael Babits übersetzt hatte. Ebenso Hasenclever u. Ferdinand Hardekopf.
[151] Wolff an Schmidtbonn, Brief vom 14. 3. 1923, Stadtarchiv Bonn.
[152] In einem Brief vom 23. 7. 1921 und erneut in einem Brief vom 27. 2. 1922, KWA.
[153] Lt. Brief Wolffs vom 11. 8. 1919 an Alfons Paquet, KWA.
[154] Berger an Wolff, undat. Brief »Sonntag im Oktober 1920« ca. 10. 10. 1920, KWB, S. 370.

von Unruh den *König Lear* übersetzen sollten, blieb auf dem Papier[155].

Die Zufälligkeit seines Programms, die in der Struktur der Zeit lag, wurde von Wolff selbst empfunden, als er Mardersteig seine Überlegungen mitteilte, den literarischen Teil des *Genius* aufzugeben. Er empfand diese Zusammenhanglosigkeit der Literatur im *Genius,* das Fehlen eines tieferen geistigen Prinzips, »als natürlich und selbstverständlich im Sinne unserer Zeit, weil es nämlich keinerlei dichterische Bindungen gibt, aus denen heraus eine organische literarische Zeitschrift überhaupt möglich ist. Aus der Tatsache dieses Unnotwendigen und Zufälligen, das der literarische Teil des Genius an sich hat [...], sollten wir nun meiner Meinung nach die Konsequenz ziehen«[156]. Auch in dieser Äußerung ist die versteckte Resignation unverkennbar, die zur verstärkten Hinwendung zum Kunstverlag führte.

Versuche, eine andere literarische Richtung der Zeit, den Dadaismus, in den Verlag aufzunehmen, endeten mit Enttäuschung und Verärgerung. Die Dadaisten, die kurz vor Kriegsende bis Anfang der zwanziger Jahre im Berliner Malik-Verlag und in Paul Steegemanns *Silbergäulen* ihre publizistischen Zentren fanden, trugen auch Wolff ihre Publikationen an[157]. Der Verleger akzeptierte einen Roman Richard Huelsenbecks *Doctor Billig am Ende* (1921), und im *Jüngsten Tag* erschien eine Erzählung *Dada* (Bd 73/74) von Adolf Knoblauch, deren Held Dada allerdings nur den Namen mit der Richtung gemeinsam hatte. Die beziehungsreiche Symbolik dieser Erzählung erwies sich überwiegend als Parodie auf Theodor Däubler, worüber dieser sich empört bei Wolff beklagte und verlangte, die Schrift aus dem Handel zu ziehen[158].

Richard Huelsenbeck hielt am 10. Februar 1920 im Georg Hirth-Haus einen Vortrag über den Dadaismus, der allerdings ein negatives Echo fand und in den *Münchner Neuesten Nachrichten* vom 11. Februar unter der Überschrift *Was nennt sich Dadaismus?* vernichtend kritisiert wurde[159]. Einen Tag später wurde als Ergebnis einer mündlichen Verhandlung mit Huelsenbeck schriftlich bestätigt, daß der Kurt Wolff Verlag von der bereits in der Herstellung befindlichen Publikation *Dadaco* zurücktrete und alle Kosten übernehme[160].

Wolff hatte sich im September 1919 bereit erklärt, einen »dadaistischen Weltatlas Dadaco«, ein breit angelegtes Sammelwerk mit dadaistischen Zeugnissen, anzunehmen, das vor allem von Huelsenbeck, John Heartfield, George Grosz und Tristan Tzara gestaltet werden sollte. Doch durch Uneinigkeit der Dadaisten über die Auswahl der teilweise untereinander verfeindeten Beiträger, immense Klischeekosten der von Heartfield mit kostspieligen typographischen Neuerungen versehenen Reproduktionen, Abrechnungsunklarheiten mit der Druckerei und ausbleibende Textbeiträge war das Projekt so fragwürdig geworden, daß Wolff sich entschloß aufzugeben. Meinungsverschiedenheiten über die Eigentumsrechte an den Klischees, über die Veröffentlichungsrechte der von Wolff erworbenen Beiträge und Nachzahlungsforderungen Tzaras für photographische Vorlagen beendeten das dadaistische Gastspiel.

Wolff, der sich von dem Dadaismus einen »schöpferischen Spaß«, ein Element des Absurden, Komischen, Grotesken für sein Verlagsprogramm erhofft hatte[161], brachte ab 1922 eine neue Reihe *Die Groteske. Sammlung moderner Satiriker* heraus, die der Verlag Ende 1921 im *Zwiebelfisch* ankündigte[162]. So sehr bezeichnend es scheint, daß Wolff am Ende der zerfallenden expressionistischen Bewegung das groteske Element fördern wollte, so offensichtlich erweist sich hier der Begriff des Grotesken als vordergründig. Eine ästhetische Bestimmung, wie Wolfgang Kayser sie versucht hat[163], wäre verfehlt. Wolff stellte hier lediglich ältere humoristische, pa-

---

[155] Berger an Wolff, Brief vom 18. 6. 1920, KWA. – Auch der Plan, die Briefwechsel, die im KWV publiziert wurden, zu einer eigenständigen Reihe auszubauen, für die ein Verlagsvertrag über den Briefwechsel Gustav Mahlers mit Alma Mahler abgeschlossen wurde (im KWA), wurde nicht realisiert. Der Mahler-Briefwechsel erschien bei Zsolnay.

[156] Wolff an Mardersteig, Brief vom 10. 8. 1921, KWB, S. 384.

[157] Vgl. Kurt Wolff: Autoren, Bücher, Abenteuer, S. 20–23; und den ergänzenden Bericht Richard Huelsenbecks in: Dada. Eine literarische Dokumentation. Hrsg. von --. Reinbek 1964, S. 20.

[158] Wolff, dem dies äußerst unangenehm war, schrieb hierzu an Däubler: »Der Absatz des Büchleins ›Dada‹ ist schwach und hat zu keiner Zeit irgendwie den Anschein erweckt, als sollte mit dem Bändchen ein sensationeller Erfolg – sei es des Titels, sei es des Inhaltes wegen – beschieden sein. Von der peinlichen Form, in der die Schrift Ihren Angaben nach Persönlichkeiten der Dresdner Gesellschaft bloßzustellen sucht, war mir bei der Verlagsübernahme nicht das geringste bekannt.« (Brief vom 12. 5. 1920, KWA).

[159] Ein Auszug dieses Textes ist wiedergegeben bei Kurt Wolff: Autoren, Bücher, Abenteuer, S. 22.

[160] Wolff an Huelsenbeck, Brief vom 12. 2. 1920, KWA.

[161] Autoren, Bücher, Abenteuer, S. 21.

[162] Anzeige in: Der Zwiebelfisch, 13. Jg., Heft 1/3, November 1921, im Anhang.

[163] Wolfgang Kayser: Das Groteske. Seine Gestaltung in Malerei und Dichtung. Oldenburg 1957.

rodistische und satirische Bücher wie die *Kriminal-Sonette* Rubiners und Eisenlohrs und die Bücher von Hermann Harry Schmitz mit den Gedichten von Ringelnatz und den – echten – Grotesken Mynonas und den Schauergeschichten *Der unheimliche Abend* von Alexander Moritz Frey zusammen. Auch Walter Mehrings Kabarettprogramm *Das Ketzerbrevier* und Hans Reimanns Parodien *Von Karl May bis Max Pallenberg in 60 Minuten* waren hier vertreten.

Diese 1924 schon wieder auslaufende Reihe war der letzte Versuch des Verlages, noch einmal eine Sammlung mit deutscher Literatur aufzubauen, so wie der Verlag unter den über 200 zwischen 1919 und 1923 verlegten Büchern nur zwei wirkliche deutsche literarische Neuentdeckungen aufweisen konnte: Alfred Brust und Carl Zuckmayer.

Richard Dehmel hatte Alfred Brust noch wenige Monate vor seinem Tode Kurt Wolff empfohlen und sich bemüht, dem in tiefster Armut in einem Dorf im Memelgebiet lebenden Dichter durch Vorschlag für die Kleist- oder Schiller-Stiftung zu einer finanziellen Zuwendung zu verhelfen[164]. »Es fällt mir leicht, auf Ihre Anregung einzugehen, denn mein Interesse für den Dichter Alfred Brust ist aufrichtig und groß«, beantwortete Wolff Dehmels Brief[165], denn zu diesem Zeitpunkt hatte er bereits das Drama *Der ewige Mensch* für den *Jüngsten Tag* (Bd 78) angenommen.

Vor allem Kurt Pinthus setzte sich für den erst in unseren Jahren durch eine neue Werk- und Briefausgabe gewürdigten Spätexpressionisten ein[166], und Wolff zahlte in der folgenden Zeit, auf den neuen Stern am Autorenhimmel hoffend, eine monatliche Rente, sich ein letztes Mal als Mäzen erweisend. Die Verlagskorrespondenz mit dem weltfremden Dramatiker, der an einer großen dramatischen Dichtung *Cordatus* arbeitete, erstreckte sich vorwiegend auf pekuniäre Fragen und gibt ein oft erschütterndes Dokument der verzweifelten menschlichen Situation Brusts.

Der völlig zurückgezogen lebende Autor, dem vertragliche Abmachungen gleichgültig waren – »Verträge sind mir überhaupt ein Greuel. Tun Sie doch stets, was Sie für richtig befinden«, schrieb er an Wolff[167] – gestand seinem Verleger, daß er noch nie ein richtiges Theater gesehen habe[168], und schlug sich mit gelegentlichen Aushilfsarbeiten durch. Wolff versuchte zwar, dem Autor weit über das übliche Maß hinaus zu helfen: »Der Verlag hat, gestützt auf das ganz ungewöhnliche Vertrauen, daß wir in die Bedeutsamkeit Ihres Werks setzen, nach Maßgabe seiner Möglichkeiten Ihnen finanziell geholfen, soweit es ging, und hat Sie bisher in besonders dringlichen Fällen nicht im Stich gelassen«[169], doch mußte der Verleger gegen Ende der Inflation die monatlichen Zahlungen und die in besonderen Notlagen Brusts erfolgten spontanen zusätzlichen Überweisungen einstellen und dem Autor begreiflich machen, daß »im heutigen Deutschland [...] eine dem Publikumsgeschmack so fernliegende esoterisch-exklusive künstlerische Produktion wie die Ihre unmöglich ihren Autor und seine Familie ernähren« könne[170].

Bis 1924 erschienen fast alle Werke Brusts bei Wolff: die Dramen *Spiele* (1920), *Der Tag des Zorns* (1921), die Trilogie *Tolkening* (1921–23) und die Erzählungen *Himmelsstraßen* (1923). Der Bühnenvertrieb, von dem sich Wolff vor allem Zahlungen für Brust erhoffte, erwies sich als vollständiges Fiasko. Im September 1923, als Wolff, selbst durch die Inflation paralysiert, Brust keine weiteren höheren Vorschüsse mehr überweisen konnte, kam es zu ersten bitteren Vorwürfen gegenüber dem Verleger, die in dem letzten überlieferten Schreiben der Korrespondenz vom 6. Dezember 1923 auf den Bühnenvertrieb ausgedehnt wurden[171]. Brust wechselte daraufhin in den nächsten Jahren zu dem Leipziger Horen-Verlag über.

Auch die Verbindung zu Carl Zuckmayer scheiterte während der Inflationszeit. Ludwig Berger hatte Zuckmayers erstes Drama *Kreuzweg* für das Berliner Staatstheater zur Uraufführung angenommen und empfahl das Stück Wolff, der es akzeptierte, dem jungen Autor einen

---

[164] Dehmel an Wolff, Brief vom 12. 9. 1919, KWA. – Vgl. auch den Brief Dehmels an Albert Köster vom 19. 10. 1919: »Am angelegentlichsten empfehle ich Ihnen Alfred Brust«. Brust sei völlig mittellos, aber »Unterstützung nimmt er trotzdem nicht an; die Stiftung müßte ihm also das Geld als reinen Ehrenpreis, als Belohnung seiner dichterischen Arbeiten darbieten.« In: Richard Dehmel: Dichtungen. Briefe. Dokumente. Hrsg. von Paul Johannes Schindler. Hamburg 1963, S. 232 f.

[165] Wolff an Dehmel, Brief vom 8. 10. 1919, KWA.

[166] Alfred Brust: Ausgewählte Werke und Briefe in Einzelausgaben. Hrsg. von Horst Denkler und Manfred Durzak. München 1971. Ein angekündigter Briefband steht noch aus.

[167] Brust an Wolff, Brief vom 22. 2. 1920, KWA.

[168] »Ich kann Ihnen auch gestehen, daß ich außer zwei ganz kleinen Provinztheatern (Schmieren) keine Bühne kenne, daß ich also im Grunde genommen niemals in einem ordentlichen Theater gewesen bin.« (Brust an Wolff, Brief vom 7. 12. 1920, KWA).

[169] Wolff an Brust, Brief vom 18. 8. 1921, KWA.

[170] Wolff an Brust, Brief vom 11. 8. 1920, KWA.

[171] Brief im KWA.

großzügigen Vertrag anbot und 1000 Mark Vorschuß bewilligte[172]. An der Uraufführung in Berlin am 10. Dezember 1920, die von der Kritik sehr gemischt beurteilt wurde[173], nahm Wolff teil und schickte Zuckmayer ein aufmunterndes Telegramm[174]. Mitte Februar 1921 teilte Zuckmayer Wolff mit, daß er in dem Berliner Winter zwei weitere Dramen geschrieben habe; das wichtigere von beiden ginge Wolff in längstens acht Tagen zu. »Außerdem habe ich eine große Zahl Gedichte liegen; wenn ich jetzt etwas mehr innere Muße nach Vollendung der beiden Stücke habe, möchte ich sehr gern die besten davon gründlich durcharbeiten, um sie in Ihrem Verlag zu veröffentlichen«. Da er augenblicklich von Schulden lebe, bat er Wolff um einen »Wechsel auf die Zukunft« von 5–6000 Mark. »Von der kurzen Bekanntschaft mit Ihnen habe ich das Gefühl, daß Sie meine Lage verstehen und mir helfen werden, falls es in Ihrer Macht steht.«[175]

Daraufhin verlangte Wolff zunächst die neue Arbeit zu sehen, ehe er sich zu weiteren Vorschußzahlungen bereit erklärte. Auf ein flehendes Telegramm vom 2. März 1921 schickte Wolff schließlich 1000 Mark und Zuckmayer sagte zu, sein neues Drama noch vor Ostern zuzusenden[176]. Eine Anfrage des Verlages vom 8. April nach dem neuen Manuskript blieb unbeantwortet. Erst Anfang Juni teilte der Autor mit, daß er die Zwischenzeit auf der Kurischen Nehrung verbracht und die beiden im Winter geschriebenen Stücke inzwischen verworfen habe. Ein neues sei allerdings fast fertig[177]. Verständnisvoll schrieb Wolff zurück: »Ich bin Ihnen garnicht böse, daß Sie die Manuskripte zurückbehalten haben, um weiter daran zu arbeiten und Distance zu gewinnen. Ich nehme also ausdrücklich die Mahnungen um Ablieferungen zurück und bitte Sie, sich in keinem Sinne gehetzt zu fühlen.«[178] Im August, antwortete Zuckmayer Ende Juli 1921, sei er wieder in München und wolle Wolff dann aus dem neuen Stück vorlesen. Bei diesem Drama handelte es sich vermutlich um die *Wiedertäufer*, ein nie vollendetes Schauspiel, dessen Stoff Zuckmayer nicht bewältigte[179].

Wolff hat sich später erinnert, daß nach den vielen Ankündigungen Zuckmayers plötzlich dessen nächstes – ungeheuer erfolgreiches – Stück *Der fröhliche Weinberg* »ohne Verständigung mit mir« bei Ullstein erschienen sei[180], und Zuckmayer hat in seinem Lebensbericht die Generosität Wolffs festgehalten, der nie eine Rückzahlung der Vorschüsse verlangt habe[181]. Beides bedarf der Ergänzung. Den in den Jahren 1922/23 geradezu lächerlichen Betrag von 1000 Mark (der erste Vorschuß betraf ja den erschienenen *Kreuzweg*) zurückzuverlangen, war sicher unter der Würde Wolffs. Und Zuckmayer ging nicht ohne Verständigung zu dem Propyläen-Verlag des Ullstein-Konzerns. Denn im Spätherbst des Jahres 1923 schrieb Zuckmayer ein weiteres Stück *Kiktahan oder Die Hinterwäldler*, das von Bertolt Brecht gelobt wurde. Zuckmayer berichtet darüber: »Da es von einem Lektor des Kurt-Wolff-Verlags – Kurt Wolff selbst war verreist – abgelehnt wurde, schickte Brecht es an seinen Verleger Gustav Kiepenheuer nach Potsdam [...]. Kiepenheuer nahm es für seinen Bühnenvertrieb an und zahlte mir sogar einen Vorschuß.«[182]

Der Lektor Wolffs (Georg Heinrich Meyer oder Annemarie von Puttkamer?) mußte Zuckmayer wohl bedeutet haben, daß der Verlag zu diesem Zeitpunkt ohnehin keine Dramen mehr annahm; und als Zuckmayer im Herbst 1925 seinen bei allen Theatern zunächst abgelehnten *Fröhlichen Weinberg* Ullstein zum Verlag anbot, wußten die deutschen Schriftsteller längst, daß Kurt Wolff sich in erster Linie mit seinem Kunstverlag beschäftigte und kaum noch ein in Mundart geschriebenes deutsches Lustspiel verlegen würde.

Kurt Wolff hatte sich seit je neben der als väterliches Erbe übernommenen Leidenschaft für Musik auch für die darstellenden Künste interessiert. Im Bereich des Beruflichen blieb das Interesse für Kunst jedoch zunächst

---

[172] KWV an Zuckmayer, Brief vom 3. 11. 1920, KWA.
[173] Herbert Ihering lobte den Erstling behutsam: »Als Carl Zuckmayer gestern zum erstenmal auf die Bühne gelangte, wurde man ergriffen von einem Dichtertum (das menschlich begründet und gehirnlich unverfälscht schien).« (H. Ihering: Von Reinhardt bis Brecht. Bd 1. Berlin 1958, S. 168). – Kerrs Kritik war vernichtend. Vgl. auch die Zusammenstellung bei Carl Zuckmayer: Als wär's ein Stück von mir, S. 323.
[174] Wolff schickte einen Dank für den Abend, »der mich im Glauben an Möglichkeiten neuen Dramas und Theaters in höchstem Maße bestärkte«. (Telegrammdurchschlag vom 11. 12. 1920, KWA).
[175] Zuckmayer an Wolff, Brief vom 20. 2. 1921, KWB, S. 372.
[176] Telegramm im KWA. – Brief Zuckmayers an Wolff vom 7. 3. 1921, KWB, S. 373.
[177] Zuckmayer an Wolff, Brief vom 3. 6. 1921, KWA.
[178] Wolff an Zuckmayer, Brief vom 6. 6. 1921, KWA.
[179] Zuckmayer an Wolff, undat. Brief [Ende Juli 1921], KWA. – Zu dem Scheitern des Wiedertäuferstückes vgl. Carl Zuckmayer: Als wär's ein Stück von mir, S. 342.
[180] Kurt Wolff: Autoren, Bücher, Abenteuer, S. 27.
[181] Als wär's ein Stück von mir, S. 326.
[182] A. a. O., S. 387.

spielerische Liebhaberei und eng mit den bibliophilen Neigungen gekoppelt. Schon in der Zeit der Zusammenarbeit mit Rowohlt erschienen einige Mappenwerke von Emil Preetorius, Alastair und Reinhold Rudolf Junghanns, denen in den nächsten Jahren kleine Auflagen von Originalgraphiken von Richard Seewald, Ludwig Meidner, Erwin Vollmer, Ludwig Kainer und Walther Böttcher folgten. Wolff verlegte zwei Bücher Rodins und führte seit Herbst 1913 eine langjährige Korrespondenz mit Pola Gauguin, dem Sohn Paul Gauguins, über das nachgelassene Manuskript *Avant et après,* das er erwarb und im Jahre 1918 als faksimilierten Luxusdruck herausgab[183]. Das Original ging in den Besitz Schwabachs über, der für den Kurt Wolff Verlag eine 1920 erschienene Übersetzung veranstaltete.

Der Anstoß zu der 1917/18 explizit erfolgten Gründung einer Kunstabteilung des Kurt Wolff Verlages[184] kam jedoch von außen, von dem jungen Kunsthistoriker Carl Georg Heise und dessen Freund Hans Mardersteig, die Wolff für den von Georg Heinrich Meyer lebhaft unterstützten Plan einer repräsentativen, sowohl historisch ausgerichteten als auch die Gegenwart umfassenden Kunstzeitschrift gewannen. Carl Georg Heise hat über diese Gründung in einem Aufsatz über den jungen Hans Mardersteig berichtet. Mardersteig, der nach väterlichem Wunsch Jurist geworden war, nach eigenen Neigungen jedoch zur Kunstgeschichte tendierte, war während des Studiums kurz Mitarbeiter bei Kiepenheuer in Weimar gewesen und hatte ursprünglich an die Gründung eines Photo-Verlages gedacht, der Aufnahmen aller bedeutenden Kunstwerke der Welt sammeln und vertreiben sollte. Während des Krieges faßten die beiden Freunde Zeitschriftenpläne, für die sie einen Verleger suchten. Anknüpfungspunkte mit Kurt Wolff boten sich durch den Onkel Hans Mardersteigs, Max Mardersteig, der als Leipziger Intendant bei Wolff vermittelte. »Kurz entschlossen fuhr ich nach Leipzig, um dem damals schon renommierten Verleger Kurt Wolff unsere Pläne zu entwickeln«, berichtet Heise. »Nach anfänglichem Zögern gegenüber den unbekannten jungen Leuten – ich war damals 28, H. M. 26 Jahre – gelang es mir, ihn soweit zu interessieren, daß wir detaillierte Pläne vorlegen durften.«[185]

Mardersteig traf sich mit Wolff an Weihnachten 1916 in Heidelberg und besprach eingehend die Zeitschriftenpläne. Anfang 1917 trat er als Hersteller in den Verlag ein und förderte im Einverständnis mit Wolff vor allem das illustrierte Buch[186]. Er war außerdem als Übersetzer und als literarischer Berater für Wolff tätig. Im *Genius* widmete er sich in erster Linie der »alten Kunst«, während Heise die »werdende Kunst« vorbehalten blieb. Kurt Pinthus, der auch den Titel der an den Vorbildern *Pan, Insel* und *Hyperion* orientierten Zeitschrift fand[187], übernahm den literarischen Teil. Georg Heinrich Meyer hatte für die Mischform von Kunst und Literatur plädiert, um beide Käuferschichten zu gewinnen. Im Juni 1918 bereitete Mardersteig ein Programmbuch vor, das die vollständige Konzeption der Zeitschrift für zwei Jahrgänge enthielt[188], die endlich im April 1919 in einer Auflage von 4000 Exemplaren erscheinen konnte, von Drugulin aufwendig im Folioformat gedruckt und mit zahlreichen Originalgraphiken und Reproduktionen versehen.

Die Zeitschrift, als Vierteljahresschrift geplant, durch die immensen Herstellungsschwierigkeiten der Nachkriegszeit, die ein pünktliches Erscheinen teilweise unmöglich machten, insgesamt sechsmal als Halbjahresschrift ausgegeben, atmete im ersten Jahrgang noch ganz den Geist der Revolutionszeit. »Neue Zeit fordert verschärftes Gewissen«, heißt es in der *Ankündigung* des ersten Heftes. »Die revolutionäre Haltung der Geistigen darf sich nicht in blinder Hingabe an alles Werdende genügen. [...] Überzeugt von der Notwendigkeit, daß geistige und künstlerische Werte in der Zeit des Neubeginns uns allen Rückhalt und Förderung geben müssen, stellt sich der Verlag gerade jetzt die Aufgabe, die seit Jahren geplante Herausgabe einer umfassenden Zeitschrift für werdende und alte Kunst zu verwirklichen. [...] Die neue Zeitschrift soll alles, was mit dem Wort ›Das geistige Werk des Menschen‹ bezeichnet wird, soll Schaffen, Kritik und Forderung in zwei Hauptabteilun-

---

[183] Vgl. hierzu den ausführlichen Bericht Wolffs in: Autoren, Bücher, Abenteuer, S. 41–47.

[184] Am 15. 6. 1917 schrieb Wolff an Siegfried Jacobson, daß er »augenblicklich dem modernen literarischen Verlag eine Gruppe moderner Kunst anzugliedern beginne, die naturgemäß nicht nur Produktives, [...] sondern auch Bücher über neuere Kunst« enthalten müsse. (KWB, S. XXXV). Die ersten Bücher erschienen 1918.

[185] Carl Georg Heise: Der junge Hans Mardersteig. In: Imprimatur N. F. 3, S. 25.

[186] Nach Auskunft Mardersteigs. Vgl. auch seinen Bericht in: Giovanni Mardersteig: Ein Leben den Büchern gewidmet. Mainz: Verlag der Gutenberg-Gesellschaft 1968, S. 4 f.

[187] TB-Notiz vom 28. 12. 1918: »Der Titel ›Genius‹ wird geboren.« Pinthus hat sich später als der Erfinder dieses Titels bekannt.

[188] Mardersteig an Henry van de Velde, Brief vom 25. 6. 1918, KWA.

Abb. 31: *Innentitel der Zeitschrift* Genius *mit dem Signet von Emil Preetorius, das auch auf den Schutzumschlägen verwandt wurde*

gen ›Die bildende Künste‹ und ›Dichtung und Menschheit‹ umfassen.«[189]

Übergewicht hatte von Anfang an der der bildenden Kunst gewidmete Teil und hier der Anteil des Expressionismus, wobei die Zeitschrift jedoch keine Anfängerarbeiten und Experimente veröffentlichte, sondern ihren exklusiven Charakter durch kritische Auswahl des Besten zu wahren versuchte. »Es gibt eine höchste Ebene, in der Politik und Kunst sich berühren«, schrieb Heise in seinem einleitenden Aufsatz *Die Aufgabe*. »Daß eine solche Kunst höchster Ordnung [...] unter uns aufwächst, wird langsam selbst dem Widerstrebenden deutlich. [...] Die Zeit ist reif, um allem Wirrwarr der Richtungen zum Trotz Nuancen zu vergessen, das Einigende bewußt zu unterstreichen, an Stelle fanatischer Propaganda die besonnene Auswahl des Besten zu setzen, mit dem Herzen leidenschaftlich dem Neuen zugetan«[190].

Mardersteig, der mit Henry van de Velde und Harry Graf Kessler in Verbindung stand, entdeckte den flämischen Holzschneider Frans Masereel und brachte vor allem Ernst Ludwig Kirchner, den er in Davos kennenlernte, zu Wolff. Heise stellte den Kontakt zu Erich Heckel und Karl Schmidt-Rotluff her[191]. Es gelang den beiden Herausgebern, die führenden Kunsthistoriker der Zeit zur Mitarbeit zu gewinnen: Ludwig Curtius, Wilhelm Worringer, Wilhelm Pinder, Ernst Gosebruch, Karl Ernst Osthaus, Friedrich Ahlers-Hestermann, Wilhelm Hausenstein, Max Sauerlandt, um nur die wichtigsten zu nennen[192]. Die Lithographien, Holzschnitte und Zeichnungen stammten – neben den Reproduktionen alter Kunst und Architektur – vorwiegend von expressionistischen Künstlern. Zu den Künstlern des *Genius* gehörten Emil Nolde, Ernst Barlach, Carl Kaspar, Paul Cézanne, Vincent van Gogh, Ferdinand Hodler, Oskar Kokoschka, Georg Kolbe, August Macke, Franz Marc, Henri Matisse, Edvard Munch, Henri Rousseau und Richard Seewald. Picasso und Paul Klee fehlen erstaunlicherweise im *Genius*; Heise räumt im Rückblick ein, beide damals »nicht rechtzeitig hoch genug gewertet« zu haben[193].

Der literarische Teil fiel gegen den der bildenden Künste ab. Schon Werfel kritisierte die Auswahl im Herbst 1919 heftig: »[...] die poetische Beilage scheint mir ziemlich zusammengewürfelt und sinnlos zu sein. Bei solchem Aufwand müßte doch mehr Einheitlichkeit und Wert erzielt werden! [...] Das moderne Verlagswesen ist leider überrumpelt durch eine Meute mit Jugend, Menschlichkeit und verhurten Phrasen auftrumpfender Halb- und Nichtskönner, schwachsinniger Nachläufer und Bravorufer. Ich sehe es ein! Es ist schwer für den Verleger heute zwischen Sinn und Unsinn die rechte Wahl zu treffen.«[194]

Die Namen der vertretenen Autoren zeigen in der Tat eine reichlich bunte Auswahl. Neben den Expressionisten sind Friedrich Nietzsche, Ernst Bloch, Ernst Robert Curtius und Richard Wilhelm mit essayistischen Beiträgen aufgenommen. Neben Alfred Döblin stehen Johannes R. Becher, Anatole France, Waldemar Bonsels, Maxim Gorki, Hermann Hesse, Franz Kafka, Alfred Kurella, Wilhelm Klemm und Romain Rolland. Kurt Pinthus gab die Leitung des literarischen Teils bereits Ende 1919 ab, und Wolff gestaltete diesen Teil nun gemeinsam mit Mardersteig und der als Lektorin für den *Genius* arbeitenden Schriftstellerin Hanna Kiel. Doch ehe Wolff »die ehrliche und richtige Konsequenz« ziehen konnte, »dieses litera-

---

[189] Ankündigung, vorgebunden dem 1. Heft, 1. Jg. 1919.
[190] [Carl Georg Heise:] Die Aufgabe. In: Genius, 1. Jg. 1919, 1. Heft, S. 1.
[191] Vgl. Carl Georg Heise: Der junge Hans Mardersteig. In: Imprimatur N. F. 3, S. 26.
[192] Vollständig aufgeführt sind alle Beiträger bei Paul Raabe: Die Zeitschriften und Sammlungen, S. 102 f.
[193] Der junge Hans Mardersteig, S. 26.
[194] Werfel an Meyer, Brief vom 2. 9. 1919, KWB, S. 332 f.

rische Gewürge vom 7. Heft an in Fortfall kommen [zu] lassen und den Genius als reine Kunstzeitschrift« zu führen[195], war der *Genius* durch Ausscheiden der tragenden Mitarbeiter Mardersteig und Heise zum Sterben verurteilt. Mardersteig konnte von der Schweiz aus, wo er seit Ende 1921 lebte, die Gesamtaufsicht über die Herstellung nicht mehr übernehmen, und Heise hatte einen Museumsposten in dem fernen Lübeck angenommen. Zwar wollten sowohl der Verleger als auch die Herausgeber die Zeitschrift unbedingt weiterführen, Pläne einer kritischen Jahrbuchreihe, eines Kunstzeitungsblattes und einer Serie von Einzelheften, die jeweils einem Kunst- und Kulturkreis gewidmet sein sollten, wurden diskutiert[196], ließen sich jedoch nicht realisieren.

Hans Mardersteig blieb jedoch ebenso wie Carl Georg Heise weiterhin Berater Wolffs in dem Kunstprogramm des Verlages. Wolff verfügte zwar über eine literarhistorische Schulung, und seine ungewöhnliche Belesenheit wurde von den Mitarbeitern hervorgehoben, doch auf dem Gebiet des Kunstverlages war er Laie. Auch sein Geschmacksurteil in künstlerischen Dingen galt als nicht so sicher wie in literarischen[197]. Deshalb ließ er sich auf diesem Gebiet stärker noch als in seinem Literaturprogramm beraten und war vor allem in den ersten Jahren auf fachkundige Hilfe angewiesen.

Am Anfang des thematisch von Heise und Mardersteig bestimmten Kunstprogramms stand neben einer Arbeit von Heise über *Norddeutsche Malerei* (1918), einer bibliophilen Ausgabe der *Bamberger Apokalypse*, die von Heinrich Wölfflin betreut und auf Kosten der Bayerischen Akademie der Wissenschaften gedruckt wurde, und neben dem *Genius* die Reihe *Das neue Bild*. Diese von Heise seit 1919 herausgegebene Reihe mit dem Untertitel »Bücher für die Kunst der Gegenwart« wurde eröffnet mit Gustav Friedrich Hartlaubs Buch über die Möglichkeiten neuer religiöser Kunst *Kunst und Religion* und der Monographie Gustav Paulis über *Paula Modersohn-Becker*. Es folgte die Studie Max Sauerlandts über *Emil Nolde*. Die angekündigten Bände von Wilhelm Waetzold über *Der Weg zum monumentalen Stil* und Heises Buch über *Das junge Deutschland* gingen in den Inflationswirren wie die ganze Reihe unter. »Der künstlerische Ausdruck, den wir als Expressionismus zu bezeichnen uns gewöhnt haben, fängt an herrschend zu werden«, hatte der Verlag in einem Prospekt 1919 die Reihe angekündigt. »Die ›Richtung‹ ist anerkannt – es gilt jetzt, die Qualität des einzelnen Werkes zu erweisen und das Beste herauszuheben.«[198] Es sei geplant, das gesamte Gebiet der bildenden Künste der Gegenwart zu umfassen.

Doch nicht nur die wirtschaftlichen Umstände stellten sich diesem Plan in den Weg. Wolff begann bald zu spüren, daß sein Ausbau eines Kunstprogramms verspätet kam. Nicht nur das Ende des Expressionismus machte ihm zu schaffen, sondern auch die Tatsache, daß die meisten der namhaften Künstler und Kunsthistoriker bereits an andere Verlage gebunden waren. »Wenn ich mir die Möglichkeiten kunsthistorischer Publikationen heute in Deutschland überlege, so muß ich eigentlich feststellen, daß die Welt aufgeteilt ist«, schrieb er im März 1921 an Heise: »die schönen und qualitätvollen Bücher um den Expressionismus herum sind die Domäne von Piper; dazu treten ergänzend und erweiternd um die deutsche Gruppe mit und um Slevogt und Liebermann die beiden Cassirer; die Publikationen über jüngste Kunst, die durch Thema und Stoff von Aktualität und einer gewissen sensationellen Absatzfähigkeit sind, bringt im Wesentlichen Kiepenheuer (Kokoschka bis Kandinsky); die Publikationen über asiatische Kunst bringt Bruno Cassirer mustergiltig; die billigen Kunstbücher [...] unter Führung von Tietze der Verlag E. A. Seemann«. Lediglich die rein wissenschaftlichen Publikationen würden aus kalkulatorischen Gründen allgemein etwas vernachlässigt. »Da bleiben für K. W. V. kaum mehr direkt programmatisch dankbare Möglichkeiten, sondern nur die Möglichkeit zur Veröffentlichung einzelner guter und absatzfähiger Bücher.«[199]

Aus diesem Grunde blieben die Veröffentlichungen des Kurt Wolff Verlages über zeitgenössische Kunst zufällig. Es erschienen Wilhelm Hausensteins Studien über *Bild und Gemeinschaft. Entwurf einer Soziologie der Kunst* (1920), über *Kairuan, oder eine Geschichte vom Maler Klee und von der Kunst dieses Zeitalters* (1921), die Arbeit Will Grohmanns über *Das Werk Ernst Ludwig Kirchners* (1926) und eine Monographie Wilhelm R. Valentiners über *Georg Kolbe* (1922).

Die in der Feuerbach Verlag GmbH Georg Heinrich Meyers erschienenen Bücher von und über Anselm Feuerbach wurden ab 1920 neu aufgelegt, Carl Einsteins Ne-

---

[195] Wolff an Mardersteig, Brief vom 23. 7. 1921, KWB, S. 383.
[196] Vgl. hierzu den Brief Mardersteigs an Wolff vom 20. 1. 1922, KWB, S. 386 f.
[197] Nach übereinstimmenden Aussagen von Mardersteig und Heise in Gesprächen mit dem Verf. am 30. 9. 1970 (Heise) und am 8. 11. 1971 (Mardersteig).

[198] Undat. Verlagsprospekt [erste Hälfte 1919], DLA.
[199] Wolff an Heise, Brief vom 5. 3. 1921, Abschrift, GMB.

gerplastik erschien ebenfalls 1920 in einer neuen Auflage, und Paula Modersohn-Beckers *Briefe und Tagebuchblätter* wurden von der Buchhandlung F. Leuwer in Bremen übernommen und in dritter Auflage 1920 neu gedruckt. Bedeutung und Popularität unter den Büchern moderner Kunst erlangten vor allem die Holzschnitte Frans Masereels, besonders dessen Bilder-Romane *Die Sonne* (1921), *Die Passion eines Menschen*, *Die Idee* (1924), *Die Stadt* (1925) und *Gesichter und Fratzen* (1927), die zu den letzten Veröffentlichungen expressionistischer Kunst im Kurt Wolff Verlag gehörten und von denen preiswerte Volksausgaben mit Einleitungen von Thomas Mann, Hermann Hesse, Max Brod und Carl Georg Heise veranstaltet wurden. Hans Mardersteig hatte in Genf Masereels *Stundenbuch* entdeckt und Heise mitgebracht. »Mich interessierte vor allem daran die revolutionäre Gesinnung, die freie und edle Menschlichkeit, und die Möglichkeit billiger Massenpropaganda«, schreibt Heise. »So schlugen wir dem Kurt Wolff-Verlag preiswerte Ausgaben jener Holzschnitt-Geschichten ohne Worte vor mit Reproduktionen statt der Originalgraphik. Sie fanden weiteste Verbreitung«[200].

In dem Maße, in dem Heises Einfluß auf die Kunstproduktion des Verlages nachließ, in dem Maße, in dem Wolff sich von der expressionistischen Literatur abwandte, wurde auch sein Kunstprogramm historisierend. Noch im letzten Inflationsjahr erschien Adolf Feulners Bildband über *Bayerisches Rokoko*, für den Mardersteig aus seiner Photographiensammlung des geplanten Photo-Verlages Material beisteuerte. Ab 1924 erschien die siebenbändige Reihe *Deutsche Plastik in Einzeldarstellungen* mit einem Überblick über die Plastik des 11.–18. Jahrhunderts, deren letzte Bände bereits im Pantheon-Verlag herausgebracht wurden.

Mit der Verlagerung des Literaturprogramms auf die ausländische Literatur lief eine internationale Ausweitung des Kunstprogramms parallel. Bereits 1921 erschien ein Buch Otto Fischers, *Chinesische Landschaftsmalerei*, und als bewußtes Pendant dazu 1922 *Die Kunst der japanischen Holzschnittmeister*, eine Arbeit des Wölfflin-Schülers Ludwig Bachhofer. Nach der allgemeinen Welle der Beschäftigung mit asiatischer Kunst wandte Wolff sich dem europäischen Mittelalter zu. 1925 erschienen vier Bände *Die Maler der Renaissance* von Bernard Berenson und Erika Tietze-Conrats *Der französische Kupferstich der Renaissance*.

In Zusammenarbeit mit dem Münchner Forschungsinstitut für Kulturmorphologie erschien 1926 die Untersuchung des Ethnologen Leo Frobenius und des Prähistorikers Hugo Obermaier über »Urzeitliche Felsbilder Kleinafrikas«, *Hadschra Maktuba*. Vor Heises *Die Malerei der deutschen Romantiker* (1928) war dies die letzte größere Kunstpublikation des Verlages, der nicht nur im literarischen Bereich, sondern auch auf dem Gebiet des Kunstverlags kein bewußtes Programm mehr aufbauen konnte.

7 Der Niedergang des Verlages

Ende 1924 erschien nach sechsjähriger Pause wieder ein Almanach *1925. Ein Almanach für Kunst und Dichtung aus dem Kurt Wolff Verlag*. Die Priorität, die schon der Untertitel dem Kunstprogramm einräumte, wurde unterstrichen durch den einleitenden Aufsatz *Die Forderung des Tages*, der diesmal nicht mehr von einem literarischen Autor, sondern von dem Kunsthistoriker Heise verfaßt wurde. Heise schrieb hier: »Es kann keinem Zweifel unterliegen: gegenwärtig steht alle Beschäftigung mit geistigen Dingen unter dem Zeichen tiefster Resignation. [...] alles das, was wir in Kunst und Leben als expressionistisch zu bezeichnen uns gewöhnt haben, [...] bricht in sich zusammen. [...] Expressionismus ist zu einer Angelegenheit der Provinz geworden, zu einer Sensation statt zu einer Bewegung, zu einer Mode statt zu einer Weltanschauung. Sein Schicksal ist besiegelt, er ist tot.«[1] Heise, der es in einer gewundenen, etwas ratlosen Argumentation schließlich als Forderung des Tages ansah, sich neuen künstlerischen Ansätzen zu öffnen, wußte damals nicht, daß er mit seinem Überblick über den Untergang des Expressionismus das Schlußwort zu der literarischen Geschichte des Kurt Wolff Verlages geschrieben hatte.

Der Almanach, in dem fast die Hälfte aller Beiträge der Kunstproduktion des Verlages gewidmet waren, war umfangreicher als alle Wolffschen Almanache zuvor. Er war jedoch nur künstlich aufgebläht. Kein einziger neuer deutscher Autor wurde vorgestellt, neben den alten be-

---

[200] Der junge Hans Mardersteig, S. 27.

[1] Carl Georg Heise: Die Forderungen des Tages. In: 1925. Ein Almanach für Kunst und Dichtung aus dem Kurt Wolff Verlag. München o. J., S. 5 f.

währten Autoren Brod, Schickele, Werfel, Kafka und Heinrich Mann griff Wolff auf das frühexpressionistische Dreigestirn Heym, Stadler und Trakl zurück; er scheute sich nicht, Kostproben aus Baudelaire und Verlaine, den 1910/1911 erschienenen, inzwischen neu aufgelegten Drugulin-Drucken zu geben, den Abschluß seines literarischen Programms damit unübersehbar dokumentierend.

Noch unmißverständlicher ließ der *Almanach der Münchner Verleger 1926* den Niedergang des Kurt Wolff Verlages erkennen. Dieser Almanach enthielt ein 127 Seiten starkes Verzeichnis der *Neuerscheinungen Münchner Verlagsbuchhandlungen Anno 1925*, in dem Wolff drei (!) Titel seiner Kunstproduktion und seinen Almanach *1925* anzeigte. Albert Langen brauchte immerhin 21 Seiten und Reinhard Piper 11 Seiten, um die Neuerscheinungen unterzubringen[2].

Zwar besaß der Kurt Wolff Verlag große Vorräte aus der Inflationszeit, und am »Anfang blieb der Umsatz groß und gab mir wie so vielen Anderen die Fiktion, ein großes Geschäft zu haben, das einen großen Apparat benötigte«, schrieb Wolff 1930 an Werfel. »Es war auch eine soziale Selbstverständlichkeit, die Angestelltenschaft, die einen durch die schwere Inflationszeit begleitet hatte, so lange wie möglich weiter zu behalten.« Doch die verspätete Suche nach neuen Autoren begann sich zu rächen. »Geld war keines da, die überwiegende Masse der Vorräte war schwer absetzbar wegen völliger Änderung im Geschmack des Publikums [...]. Der Erlös des Umsatzes wurde aufgefressen von den Regiekosten, die Neuproduktion brachte nicht das investierte Kapital zurück [...]; der einzige Erfolg, Romain Rolland, konnte die Passivität der gesamten übrigen Masse nicht paralysieren.«[3]

Als Lothar Mohrenwitz 1924 aus der Geschäftsführung ausschied, zog er sein Kapital zurück. Daniel Brody, der vorübergehend an die Stelle von Mohrenwitz im Hyperion-Verlag trat (möglicherweise übernahm er das Aktienpaket von Mohrenwitz), sah Ende 1925 keine Wirkungsmöglichkeit mehr für sich im Kurt Wolff Verlag, und Wolff war gezwungen, die Geschäftsanteile der Spitz-Gruppe zu übernehmen. »Damit haben sich natürlich meine Sorgen für die Entspannung der sehr schwierigen Situation des Kurt Wolff Verlages wesentlich erhöht«, schrieb der Verleger an den Freund Mardersteig. Er hoffte, durch Verkauf des Berliner Hauses des Hyperion-Verlages und durch Verkauf des Leipziger Anwesens, in dem sich das Auslieferungslager befand, eine finanzielle Entspannung zu erzielen, »denn Umsätze lassen sich jetzt nicht forcieren.«[4]

Zwar versuchte Georg Heinrich Meyer »gehörig Umtrieb zu machen, was ja doch das einzig Mögliche ist, damit der KWV wieder in Gang kommt«[5], indem er, bei der kleinen Produktion im Verlag selbst entbehrlich, unermüdlich als Verlagsvertreter umherreiste und für den Verlag warb[6]. Doch gelang dies dem alternden, immer häufiger Anzeichen innerer Resignation zeigenden Werbegenie zunehmend weniger.

Nach außen hin spielte Wolff die Rolle des mit Elan und Optimismus seine weitverzweigten Unternehmen dirigierenden Verlegers weiter. »Der Hauch eines unsichtbaren Salons umgibt den Mann«, schrieb Siegfried Jakoby 1928 im Berliner Tageblatt[7]. Eine Parodie auf Wolff in der Faschingszeitung *Die Chronik von Sankt Luisen* aus dem Jahre 1925 wirft – gerade in der parodistischen Übertreibung – ein bezeichnendes Licht auf diese äußere Erscheinung: »Herr W. begrüßt mich. Strahlend. ›In 5 Sekunden stehe ich zu Ihrer Verfügung. Sie versäumen doch Ihren Zug nicht?‹ Er drückte auf den Knopf einer elektrischen Stoppuhr. Verabschiedet in herzlichster Form den größten deutschen Dichter Fairfax. [...] Bespricht rasch mit dem Baumeister der Kathedrale von St. Johann die Verlagspläne für das nächste Dezennium, diktiert gleichzeitig in 7 Diktaphone (technisch grandios), gibt dem Chef der Privatsekretäre Weisungen für den Kauf der ersten Auflagen der Gutenberg-Bibel, hört den Vortrag von 2 Abteilungsleitern an, prüft den Einband eines eben erschienenen mehrbändigen Monumentalwerkes, ohne ein anscheinend verwickeltes Gespräch am Fernsprecher zu unterbrechen.«[8]

Doch der äußere Glanz der Geschäftsführung, die kulturelle Stellung in München, die Wolff durch seine Vor-

---

[2] Almanach der Münchner Verleger 1926. Gedruckt für die Vereinigung der Münchner Verleger, München 1925.

[3] Wolff an Werfel, Brief vom 23. 6. 1930, KWB, S. 352.

[4] Wolff an Mardersteig, Brief vom 15. 1. 1926, KWB, S. 404 f.

[5] Meyer an Mardersteig, Brief vom 29. 9. 1926, GMB.

[6] So schrieb er im gleichen Brief an Mardersteig: »Zwischendurch bin ich sehr oft unterwegs, weil ich immer mehr finde, daß man wichtige Dinge am besten mündlich persönlich verhandelt. So war ich in den letzten 10 Tagen drei Tage in Wien und einen Tag in Leipzig, und heute fliege ich nochmals nach Wien und gleich nach meiner Rückkehr [... nach] Hannover, wo der Kunstverein 6500 Exemplare Paula Modersohn, Briefe und Tagebuchblätter abnehmen will. Trotzdem komme ich, so sehr ich mich hetze, nicht so weit, als ich möchte, und nach Lugano zu Bo Yin Ra werde ich wohl erst Ende Oktober reisen können.«

[7] Siegfried Jakoby: Der Weg des deutschen Buches. Verlagsort München. In: *Berliner Tageblatt* vom 6. 1. 1928.

[8] N. N.: In: Die Chronik von Sankt Luisen. Das neue Kurt Wolff Magazin. Privatdruck. München, Fasching 1925, S. 6.

Abb. 32: *Die Bibliothek im Privathaus Wolffs, München, Königinstr. 29. – Kassettendecke und Wandverzierungen von dem Jugendstilarchitekten Josef Hoffmann, Wien*

tragsveranstaltungen im Georg Hirth Haus aufrecht erhielt, lassen nicht übersehen, daß sich in der Endphase der Inflation ein unaufhaltsamer Exodus der Autoren vollzog, der durch die wenigen Getreuen wie Schickele und Brod und die einzige wichtige Neuerwerbung der späten zwanziger Jahre, Joseph Roth, nicht aufgefangen wurde.

7.1 Die Abwanderung der Autoren

Eine gewisse Fluktuation im Autorenstamm hatte es immer gegeben. Doch sie blieb im Bereich des bei allen Verlagen üblichen, und es ist daran nichts Ungewöhnliches zu beobachten. Auffällig bleibt dabei lediglich, daß einige der während des Krieges abgewanderten Autoren es bald bedauerten, den Verlag verlassen zu haben, und Wolff Anfang der zwanziger Jahre erneut ihre Arbeiten anboten. Bis 1921/22 blieb der Verlag das literarische Zentrum moderner Literatur und wirkte attraktiv. Dann verkehrten sich die Verhältnisse rasch.

Einer der ersten Autoren, die Wolff den Rücken kehrten, war Herbert Eulenberg. Wolff hatte sich, nachdem Eulenbergs Vorschußkonto den Betrag von 10 000 Mark überschritten hatte, 1916 geweigert, weitere regelmäßige Zahlungen zu leisten, und der verärgerte Autor ging, nachdem die beiden Kontrahenten sich nach langem Briefwechsel über den weiteren Zahlungsmodus nicht einigen konnten, 1917 zu dem jungen, ehrgeizigen Verleger Wolfgang Gurlitt. 1920 bot Eulenberg allerdings, von Gurlitts Verlagsführung enttäuscht, wiederum Wolff seine neue dramatische Produktion an, die dieser nun ablehnte⁹. In einem persönlichen Schreiben an Wolff Anfang des Jahres 1922 bedauerte der Autor, »daß wir, Sie und ich, ohne meine Schuld um ein paar lumpige Silberlinge, die längst eingebracht worden sind, geschäftlich im wesentlichsten auseinander gekommen sind. Schade!«[10] Doch die Ablehnung mag dazu beigetragen haben, daß Eulenberg später zu einem erbitterten Kritiker Wolffs wurde.

Mechtild Lichnowsky war die nächste langjährige Autorin, die Wolff unvermittelt mitteilte, daß sie sich einen Berliner Verlag suchen wollte, Leipzig sei zu weit. »Die Gründe weshalb ich weg möchte werden Sie mir auf's beste widerlegen – mein Wunsch bliebe doch.«[11] Im Jahre 1921 schrieb sie, daß sie ihrem neuen Verleger Erich Reiß zwar noch einen zugesagten Roman abliefern müsse: »Aber dann – wenn Sie noch Lust haben – kehre ich wieder zu Ihnen zurück.«[12] Sie kehrte nicht zurück, doch ihre alten Bücher wurden noch in den dreißiger Jahren in dem Berliner Kurt Wolff Verlag neu aufgelegt.

Spannungen und Zerwürfnisse blieben auch mit Freunden nicht aus, trotz der sorgsamen Trennung von privat-freundschaftlicher und geschäftlicher Sphäre. Wolff mußte die Richtigkeit der Rowohltschen Verlegerregel erfahren: »Bist du mit deinem Autor menschlich befreundet, so empfiehl ihn einem anderen Verleger, denn das sicherste Mittel, deinen Freund zu verlieren ist, ihn zu verlegen.«[13] Wolff zog im Falle Hasenclevers und Werfels die Freundschaft vor und gab die Autoren frei.

Zwischen Hasenclever und Wolff war es, noch nachdem der Autor zu Paul Cassirer übergewechselt war, zu einer ernsthaften Kontroverse über einen Luxusdruck des *Retter* gekommen, der von dem Autor seit 1917 geplant war, und für den Wolff die technische Betreuung zugesagt hatte. Nach dem Kriege sollte das Stück dann in 10 000 Exemplaren im *Jüngsten Tag* erscheinen. Oskar Kokoschka hatte zu der auf 30 Exemplare berechneten Luxusedition bereits eine Zeichnung angefertigt und war von Hasenclever mit 1000 Mark honoriert worden. Drugulin hatte den Druck begonnen, als Wolff im Oktober 1918 Hasenclever mitteilte, daß das Kriegsende die Konjunktur für Luxusdrucke so verschlechtert habe, daß er die ganze Veranstaltung für sinnlos halte[14]. Hasenclever solle sich durch Angebote bei Antiquaren und Privatpersonen selbst von der Unmöglichkeit eines Verkaufs der auf 250 Mark veranschlagten Luxusausgabe überzeugen. Hasenclever fühlte sich von seinem Freund im Stich gelassen, zumal er wohl spürte, daß der *Retter* von Anfang an im Verlag nicht begeistert aufgenommen worden war[15], und schrieb unmutig zurück: »[...] so sehr ich hoffe, mit Ihnen weiter menschlich befreundet zu sein, so fest bin ich entschlossen, mit Ihnen nie wieder im Leben Geschäfte zu machen.«[16] Wolff, tief erschrocken über den Brief Hasenclevers, erklärte sich daraufhin zwar bereit, die Angelegenheit zu Ende zu führen, doch Hasenclever hatte inzwischen anderweitig über das Buch verfügt. »Da ich nun seit den letzten Wochen mit dem Luxusdruck des Retter *völlig in der Luft schwebte* und nicht einmal wußte, woher ich die Druckkosten bei Drugulin decken sollte, so habe ich Rowohlt, den ich am Tage der Revolution hier in Berlin wiedersah, die Angelegenheit anvertraut.«[17] Damit war die seit 1913 abgerissene verlegerische Verbindung zu Rowohlt wieder hergestellt, der Hasenclever als Autor in seinen neu gegründeten Verlag übernahm.

René Schickele war, soweit sich sehen läßt, der einzige Autor, der nach seinem Weggang von dem Verlag der Weißen Bücher 1918 zu Wolff zurückfand[18]. Der Generalvertrag, den Schickele mit dem neuen Verleger Paul Cassirer auf fünf Jahre geschlossen hatte, erwies sich nach Cassirers Abkehr von der Politik und der Forcierung des Kunstverlages als wenig befriedigend für den

---

[9] Dazu schrieb Eulenberg am 6. 3. 1920 an Wolff: »Ich habe sehr bedauert, daß Sie das Stück ›Die Welt ist krank‹ refüsirt haben und zwar hauptsächlich aus folgenden Gründen. Ich hätte nämlich damit eine Möglichkeit gesehen, daß der Verlag Kurt Wolff eventuell [...] meine ganzen Dramen vom Verlag Gurlitt zurückerworben hätte. Gurlitt will nämlich die Dramen abstoßen, wenn es geht, da er keine Zeit hat, sich um diesen Zweig der Literatur besonders zu kümmern.« (KWA).
[10] Eulenberg an Wolff, Postkarte vom 21. 1. 1922, DLA.
[11] Lichnowsky an Wolff, Brief vom 26. 2. 1918, KWB, S. 164.
[12] Lichnowsky an Wolff, Brief vom 23. 1. 1921, KWB, S. 167.
[13] Ernst Rowohlt: Fingerzeige über Umgang mit Autoren. In: Ernst Rowohlt zum Gedächtnis, S. 39.

[14] Wolff an Hasenclever, Brief vom 17. 10. 1918, KWA.
[15] Vgl. hierzu Werfel an Meyer, undat. Brief [1915], KWB, S. 107, der das Drama für mißlungen hielt. Dazu schrieb Hasenclever am 30. 10. 1918 an Wolff: »Für mich ist jetzt die Erfahrung wichtiger als jede Dialektik, zumal die Geschichte des ›Retter‹ in Ihrer Hand seit dem Frühjahr 1915 bis zum heutigen Tage über Ermessen viel von ›politischen‹ Constellationen abhängig war.« (KWA).
[16] Hasenclever an Wolff, Brief vom 30. 10. 1918, KWA.
[17] Hasenclever an Wolff, Brief vom 16. 11. 1918, KWA.
[18] Zu Schickele im Verlag der Weißen Bücher vgl. auch Kapitel 3.8.

Autor, und so bot Schickele bereits 1921 wieder Wolff eine neue Arbeit, das Drama *Die neuen Kerle*, an. Wolff war bereit, Schickele als Autor wieder anzunehmen, drängte aber auf klare Verhältnisse. »Es hat für Sie und für uns keinen Zweck, daß wir heute ein Stück von Ihnen verlegen und morgen Ihre Produktion wieder bei Cassirer oder sonstwo erscheint. Sind Sie wieder frei, um über Ihre Arbeiten zu verfügen, so sagen Sie, ob Sie dem Kurt Wolff Verlag für die Zukunft angehören wollen.«[19]

Schickele erreichte die Aufhebung des Generalvertrages von Cassirer, und seine Prosawerke der zwanziger Jahre erschienen bei Wolff. Allerdings erwies sich die erneuerte Verbindung für Autor und Verleger als finanziell wenig fruchtbar. Der Essayband *Wir wollen nicht sterben* (1922) fiel noch in das Ende der Inflationszeit und wurde ein geschäftlicher Mißerfolg. Aber auch die Romantrilogie *Das Erbe am Rhein*, zunächst als zweibändiger Roman *Ein Erbe am Rhein* 1925 erschienen, 1926 und 1927 umgearbeitet als *Maria Capponi* (Bd 1) und *Blick auf die Vogesen* (Bd 2) neu ausgegeben, brachte das vom Verleger investierte Kapital nicht zurück. Der dritte Band, *Der Wolf in der Hürde* (1931), erschien bereits bei S. Fischer, der die Trilogie von Wolff übernahm.

Bis zum Ende der Inflation hatte Wolff fast alle seine wichtigen literarischen Autoren des expressionistischen Jahrzehnts verloren. Viele hatte der Krieg geraubt, und aus dem meist schmalen Nachlaß waren keine größeren Dichtungen mehr zu erwarten, für die sich ein Publikum fand. Es hatten – von dem Verleger gern oder ungern gesehen – den Verlag verlassen: Kasimir Edschmid, Herbert Eulenberg, Walter Hasenclever, Kurt Hiller, Annette Kolb, Mechtild Lichnowsky, Heinrich Mann, Gustav Meyrink, Alfons Paquet, Wilhelm Schmidtbonn, Robert Walser, Franz Werfel und Ernst Weiß. 1924 folgten Fritz von Unruh und Carl Sternheim. Rudolf Leonhard hatte dem Verlag schon im Dezember 1922 mitgeteilt, daß er seine Bücher zurückkaufen wolle. Er habe genug von allen Verlegern, und er ließe fortan seine Dichtungen nur noch in Kommission vertreiben[20].

Carl Hauptmann war 1921 gestorben, und von dem lungenkranken Kafka, der im Juni 1924 ebenfalls starb, schrieb Wolff bereits Anfang 1922: »Von *Kafka*, der fortgesetzt gesundheitlich laboriert, ist – wie mir Max Brod schreibt – trotz aller Bemühungen nichts zu bekommen. Seit Jahr und Tag gibt er überhaupt kein Manuskriptblatt aus den Händen und lehne auch vorläufig für alle Zukunft ab, etwas drucken zu lassen.«[21] Erst 1926 und 1927 verlegte Wolff trotz finanzieller Bedenken die beiden großen Romane aus dem Nachlaß *Das Schloß* und *Amerika*, noch einmal seine Verehrung Kafkas erweisend[22]. Den Roman *Der Prozeß* (1925) hatte Max Brod dem Berliner Verlag Die Schmiede überlassen, der auch Kafkas letzte von dem Autor betreute Publikation, den Sammelband *Ein Hungerkünstler*, verlegt hatte[23].

Der Exodus der Autoren war symptomatisch. Nicht nur das Ende der expressionistischen Bewegung ist dafür verantwortlich zu machen. Die Abwanderung hing auch nur zum Teil mit dem allgemeinen Unwillen der Autoren gegenüber dem buchhändlerischen Abrechnungssystem zusammen, das sie in der Inflationszeit kraß benachteiligte, und in vielen das Bewußtsein hervorrief, von ihrem Verleger betrogen worden zu sein. »Es herrscht wohl unter sämtlichen Beteiligten keine Meinungsverschiedenheit darüber, daß sich von allen Unternehmern in Deutschland nach dem Kriege die Verleger das Tollste an Ausbeutung geleistet haben. Wenn unter den skrupellosen Herrschaften, die nach unsrer militärischen Niederlage noch unsern wirtschaftlichen Ruf zu Grabe getragen haben, eine Höchstleistung zu erbringen war: unsre Verleger haben sie geschafft«, schrieb Herbert Eulenberg in der *Weltbühne* im Januar 1924 und leitete eine große Kontroverse zwischen Verlegern und Autoren über Abrechnungen und Verlegergewinne während der Inflation ein, in die sich auch Wolff als einer der Angegriffenen einschaltete[24]. Mit diesen Vorwürfen hatten alle Verleger – zu Recht oder zu Unrecht – zu kämpfen, und sogar bei S. Fischer war das Vertrauensverhältnis zu seinen treuesten Autoren vorübergehend empfindlich gestört[25].

---

[19] Wolff an Schickele, Brief vom 29. 3. 1921, KWB, S. 208.
[20] Leonhard an den KWV, Brief vom 13. 12. 1922, KWA.
[21] Wolff an Mardersteig, Brief vom 26. 1. 1922, KWB, S. 389.
[22] In dem Fragebogen Herbert Eulenbergs an Verleger gab er auf die Frage nach dem größten Mißerfolg an: »Die Bücher des großen Dichters Franz Kafka waren geschäftlich der größte Mißerfolg – trotz fabelhafter Besprechungen führender deutscher Geister u. trotz Ludwig Hardts Vortragskunst.« (Herbert-Eulenberg-Archiv, Düsseldorf-Kaiserswerth).
[23] Vgl. hierzu auch Ludwig Dietz: Kafkas letzte Publikation. Probleme des Sammelbandes »Ein Hungerkünstler«. Zum 50. Todestag des Dichters am 3. Juni 1974. In: Philobiblon, 8. Jg., Heft 2, Juni 1974, S. 119–128.
[24] Herbert Eulenberg: Unsre Verleger. Zur Diskussion. In: Die Weltbühne, 20. Jg., Nr. 2 vom 10. 1. 1924, S. 48.
[25] Vgl. bei Peter de Mendelssohn: S. Fischer, das Kapitel: Zwist mit Schnitzler, S. 928–931.

Bei Wolff kam ein durch seine Persönlichkeit bedingtes Element hinzu, das die ehemalige Begeisterung über den persönlichen Einsatz des Verlegers in Enttäuschung, bisweilen tiefe Erbitterung umschlagen ließ. Wolffs Fähigkeit, andere Menschen durch seinen Charme zu bezaubern, zeigte auf Dauer gesehen eine negative Wirkung. »Ich sehe jetzt erst die wunderbare Wechselwirkung zwischen Verleger und Autor. Aber welcher Verleger, oder welcher Mensch überhaupt würde einen anderen so für sich einzunehmen wissen wie Sie!«, schrieb John Freeman nach der ersten Begegnung mit Wolff. »Als ich zu Ihnen kam, ging ich wie zu einem Geschäft und ich kehrte heim von einem Fest.«[26] »Wie arm wäre dieses Leben, zumal in dieser Zeit, ohne die Existenz Ihres Verlages! [...] Daß Sie sind u. wirken, notwendiger u. einziger Erfüller u. mehr: Gestalter der Zeit in Ihrem Verlage«, bekannte Wilhelm Schmidtbonn 1917[27]. Doch beide Autoren wurden im Laufe der brieflichen, geschäftlichen Verhandlungen ernüchtert, sahen, daß Wolff kein Magier war, sondern nach dem Kriege mit wirtschaftlichen Schwierigkeiten zu kämpfen hatte, die für großzügige Gesten wenig Spielraum ließen.

Der instinktsichere Georg Heinrich Meyer schien die bisweilen gefährliche Wirkung, die von Wolffs Persönlichkeit ausging, richtig einzuschätzen. Wolff berichtete 1962 eine in diesem Zusammenhang bezeichnende Episode um Max Scheler, den er erst nach langer Verlagsbeziehung in München kennengelernt habe. Als Scheler etwa ein Jahr später zu einer Besprechung in den Verlag gekommen sei, habe Meyer allein mit ihm verhandelt. Er, Wolff, habe Meyer daraufhin gefragt, warum er Scheler nicht zu ihm gebracht habe. »›Aber Herr Wolff‹, war die Antwort, ›Sie haben Scheler so charmiert, er spricht so positiv von Ihnen zu jedermann – Sie müssen doch verstehen, daß Sie ihn nicht wiedersehen sollten, es könnte nur zu einem anti-Climax führen.‹«[28]

Dieses Umschlagen der Begeisterung in Enttäuschung zeigte sich bei vielen Autoren in den Inflationsjahren, als Wolff häufiger als früher Arbeiten aus finanziellen und technischen Gründen ablehnen mußte, und vor allem, als sichtbar wurde, daß der Verleger sich von der deutschen Literatur abzuwenden begann. Herbert Eulenberg hat dies in einem – vermutlich nicht publizierten – Aufsatz in einer Distanzlosigkeit kritisiert, die seine Enttäuschung kaum verhüllt.

Das hübsche Verlagssignet des Kurt Wolff Verlages, schrieb Eulenberg, zeige die säugende kapitolinische Wölfin. »Aber die Wolffsmilch, die der Inhaber des Verlages seinen Autoren zu versetzen hatte, scheint der Mehrzahl von ihnen nicht gut bekommen zu sein. Die meisten, um nicht zu sagen fast alle, sind nach wenigen Jahren [...] von dem Verlag abgewandert. [...] Dabei ließen alle, die sich später von dem Verlag trennten, ein Stück ihres Werkes in den Klauen des Wolffes zurück. Aber es gelang diesem aus irgend welchen verborgenen Gründen seines Wesens nicht, das Gesamtwerk seiner Autoren an sich zu ziehen und sich ihre Liebe zu erhalten. Dabei hat er zweifellos seinen Verlag mit vielem Geschmack geleitet [...]. Aber ihm fehlt jene unbeirrbare Stetigkeit, jener verbohrte Eigensinn, der die tüchtigsten Verleger an ihren Projekten wie an ihren Dichtern festhalten läßt. Darum hat man bei allem und jedem, was er herausbringt, leicht das bange Gefühl: Wie lange noch? Selbst bei den Kunstbüchern, die er neuerdings mit vorzüglichem Buchschmuck ediert hat, denkt man: Wird er auch hieran nicht bald die Lust verlieren?«[29]

Eulenberg, der ja einmal in Rowohlts Anfängen der erste Autor des Verlages gewesen war, warf Wolff vor allem vor, daß er »seine Seele niemals völlig einem seiner Autoren verschrieben« habe. Die persönliche Generosität Wolffs, sein eleganter, aufwendiger Lebensstil, der in den zwanziger Jahren gelegentlich snobistische Züge annahm, die Tatsache, daß er sich mehrere Monate im Jahr auf Reisen befand – »Reisen und Chauffieren« gab er für Eulenbergs Verleger-Fragebogen als Lieblingsbeschäftigung an[30] –, und die Autoren mit seinen Stellvertretern verhandeln mußten, wirkten in den Jahren des allgemeinen Elends, in denen der großzügige Wolff seine literarische Produktion drosselte, negativ auf die Autoren. Nur so ist das allgemeine Umschlagen der Stimmung zu erklären. Eulenberg sah in seinem Aufsatz weder, daß der Expressionismus als Bewegung verbraucht war, er sah weder die wirtschaftliche Situation des Verlages noch

---

[26] Freeman an Wolff, Brief vom 12. 4. 1918, KWA.
[27] Schmidtbonn an Wolff, Brief vom 27. 11. 1917, KWA.
[28] Wolff an O. Bihalji-Merin, Brief vom 26. 3. 1962, Privatbesitz Helen Wolff.

[29] Herbert Eulenberg: Kurt Wolff Verlag. Undat. Manuskript im Herbert Eulenberg-Archiv, Düsseldorf-Kaiserswerth. Die Veröffentlichung dieses Aufsatzes konnte nicht nachgewiesen werden. Möglicherweise handelte es sich um ein Verlagsporträt, das Eulenberg 1928 für die *Literarische Welt* schrieb, das aber wegen der persönlich gefärbten Kritik von Haas nicht publiziert wurde. In der *Literarischen Welt* erschienen 1928 eine Reihe von Verlagsporträts aus der Feder Eulenbergs, aber kein Porträt des KWV.
[30] Fragebogen, den Eulenberg für seine Verlagsporträts verschickt hatte, im Herbert Eulenberg-Archiv.

dessen (vergebliche) Versuche, in der neuen Situation des veränderten Publikumsgeschmackes Fuß zu fassen.

Charakteristisches Beispiel für das Zerbrechen einer Beziehung zu einem expressionistischen Autor ist die Verbindung zu Fritz von Unruh, die von dem Autor 1924 gelöst wurde. Fritz von Unruh, der das hohe Pathos seiner Tragödien innerlich durchlebte und in Stil und Denkart seiner Verlagskorrespondenz übertrug, fühlte sich seit seinem Eintritt in den Kurt Wolff Verlag 1917 als dessen erster Dramatiker[31]. »Meine schwere Aufgabe, der ich aus gleichem Blute stamme, wie Kleist, und das wurde mir nun zur unumstößlichen Gewißheit, besteht darin, Deutschland und die Menschheit von diesem Preußen zu erlösen und in ein neues ethisches Gesetz zu führen«[32], verhieß er Wolff, der die Trilogie *Ein Geschlecht* verlegte, und von Unruh zunächst in der Tat für einen der führenden deutschen Dramatiker hielt. Mit dieser Ansicht stand der Verleger nicht allein, und der Erfolg der beiden ersten Teile der Trilogie *Ein Geschlecht* (1917) und *Platz* (1920) schien ihm recht zu geben[33].

Fritz von Unruh sah die Verbindung zu Wolff von Anfang an als geradezu schicksalhaft an: »[...] so könnte es sein, daß in der Literatur- und Menschheitsgeschichte der ganz seltene Fall eingetreten ist, daß aus dem zunächst rein ganz materiellen Verleger sich der geistige Verleger entwickelt, ebenso wie sich in mir, aus dem zunächst in der Materie wurzelnden Dichter, jener Führer allmählich hoch entwickelte, der seine Gesetze aus der Weltvernunft erhält. [...] Wenn Sie, als mein geistiger Verleger, wirklich gewillt sind, dem einsetzenden Sturme von links und rechts, von Kirche und Atheismus die Stirn zu bieten, so werden wir einen Sieg erleben, wie er gewaltiger nicht denkbar ist.«[34]

Wolff mußte dem zweifelnden Autor unermüdlich verlegerische Treue und unbedingten Glauben an sein Werk versichern, zumal der Autor spürte, daß seine Dramen bei den anderen Autoren Wolffs und der dem Kurt Wolff Verlag positiv gegenüber stehenden Kritik auf Widerspruch stießen. »[...] und fünftens erkläre ich Ihnen, daß ich Sie, trotzdem Sie Unruh verlegt haben, immer noch von Herzen liebe«, schrieb Hasenclever 1925 scherzhaft[35]. Und Franz Blei, dem Wolff, wie zu vermuten ist, das Schauspiel *Stürme* zur Begutachtung für einen eventuellen Druck im Georg Müller Verlag vertraulich vorgelegt hatte, schrieb zurück: »Das schauderbare neue Gymnasiastenstück von Unruh bekommen Sie auch in diesen Tagen. Wir wollens nicht drucken. Es ist zu albern. Das Publikum lacht sich schief bei dieser pathetischen Coitustragödie«[36].

Um 1921, als dieser Brief geschrieben wurde, begann Wolff sich schon von seinem schwierigen Autor zu distanzieren, der Ablieferungstermine um Jahre verzögerte – der dritte Teil der Trilogie, *Dietrich,* ist nie erschienen –, der die fertig gesetzten Akte seiner Stücke aus den Fahnen mehrmals umschrieb und der eifersüchtig darüber wachte, daß kein anderer Autor des Verlages bevorzugt werde: »[...] wenn Sie irgendwo ein Inserat für Mann oder Werfel sahen, erschien Ihnen das eigene Werk zurückgesetzt«[37].

Die unbedingte Gefolgschaft, die Unruh von dem Verleger forderte, erschien Wolff auf die Dauer untragbar, zumal *Stürme* (1922), wie Blei richtig vermutete, ein völliger Mißerfolg wurde. Es gelang dem Drei Masken-Verlag trotz aller Bemühungen nicht, das Stück an einer Bühne unterzubringen, und Wolff sah sich gezwungen, weitere Vorschüsse zu verweigern. Auch Fritz von Unruh fühlte sich deshalb von dem Verleger verraten, beklagte die Untätigkeit des Verlages, mangelnde Werbung und führte darauf seinen Mißerfolg zurück. In einem bittern Brief vom 23. Oktober 1924 rechnete er mit seinem Verleger ab. »Ich ersehne ein Verhältnis, wie es frühere Dichter zu Cotta hatten, Ihre Wege sind anders gegangen, die Entwicklung der deutschen Kunst und Dichtung ist nicht mehr Ihre Sorge. [...] Sie haben selten geglaubt, wie ich aus den Äußerungen Ihrer nächsten Freunde erfuhr, nicht nur nicht geglaubt, sondern mein Werk verachtet. [...] Jedesmal, wenn ich mit Ihnen zusammen bin, erstaune ich wieder, mit welcher lebemännischen Sicherheit Sie den Gentleman in Augenblicken spielen, wo die menschliche Tragik aufschreiend nach einer Unterredung verlangt. [...] aber in diesen Zeilen mögen Sie es fühlen, wie tief menschlich erschüttert ich bin, daß all mein Vertrauen so von Ihnen mißbraucht

---

[31] »Auch möchte ich darauf bestehen, daß ich als Dramatiker Ihres Verlages die erste Stellung [...] einnehme«, Fritz von Unruh an Wolff, Brief vom 30. 8. 1917, KWA.

[32] Von Unruh an Wolff, Brief vom 3. 2. 1920, KWA.

[33] Für Eulenbergs Fragebogen gab Wolff – wie erwähnt – Fritz von Unruh neben Werfel als seinen größten Dramenerfolg an. Von *Ein Geschlecht* lag bis Herbst 1919 das 19. bis 25. Tsd. vor; von *Platz* war bis Sommer 1922 das 21. Tsd. gedruckt. (Vgl. a. das Kapitel 6.3, Sp. 860.)

[34] Von Unruh an Wolff, Brief vom 3. 2. 1920, KWA.

[35] Hasenclever an Wolff, Brief vom 9. 1. 1925, KWA.
[36] Blei an Wolff, Brief vom 12. 8. 1921, KWA.
[37] Wolff an von Unruh, Brief vom 2. 11. 1924, KWB, S. 309.

wurde, so, daß Sie mit einer lachenden Geste unser Auseinandergehen zwischen Fisch und Braten erledigen.«[38]

Wolff rechtfertigte sich zwar in einem langen Antwortschreiben, und von Unruh nahm einen Teil seiner Vorwürfe zurück: »Und immer habe ich gefühlt, daß hinter der Maske Kurt Wolff, ein suchender Mensch sich verbirgt«[39], doch hat er den »Abfall« Wolffs nie verwunden und noch 1929 in einem privaten Brief an den Verleger beklagt[40].

Der Bruch mit Carl Sternheim vollzog sich nicht lautlos in persönlicher Korrespondenz, sondern wurde von dem Autor in einem unerquicklichen Streit um Honorare, mangelnde Propaganda und zu spät gedruckte Neuauflagen in die Öffentlichkeit gezogen. Die Argumente beider Seiten lassen sich aufgrund der verlorenen Verlagskorrespondenz nicht nachprüfen, doch zeigen die echauffierten, wütenden Angriffe Sternheims, abgedruckt in verschiedenen Folgen der Weltbühne 1924, Züge eines krankhaften Bewußtseins, während der Verlag sich durch sachliche Argumente und die wiederholte Aufforderung, die Geschäftsbücher einzusehen oder den Weg der gerichtlichen Klage zu beschreiten, gegen diese Polemik wehrte.

»Der Umgang mit Sternheim hörte nie auf, mich zu entzücken [...]. Die phantastischste Selbst-Einschätzung, der ich je begegnet bin, die Persönlichkeitsspaltung, die sich innerhalb Minuten in paradoxester Weise zu manifestieren vermochte, sicherte immer wieder Überraschungen unvergeßlicher, einmaliger Art«, schrieb Wolff später über seinen Autor[41], verschwieg aber die unentwegten Auseinandersetzungen, die aus dieser Persönlichkeitsspaltung resultierten, und die die Verlagsbeziehung von Anfang an begleiteten. Ein Prozeß wegen eines nicht eingehaltenen Vertrages stand am Anfang der noch in der Ära Rowohlt geknüpften Beziehungen, und ein Prozeß beendete 1924 die zwölfjährige Verbindung[42].

Auf den Brief Eulenbergs *Unsre Verleger* in der *Weltbühne* hatten Gustav Kiepenheuer, Bruno Cassirer und Kurt Wolff ebenso reagiert, wie eine Reihe von Schriftstellern sich zur Verteidigung und zu Angriffen auf ihre Verleger veranlaßt fühlten. Wolff hatte in der Antwort auf Eulenbergs Vorwürfe der Diskussion eine neue Wendung zu geben versucht mit der Frage, warum »weite Schichten deutscher Leser, und nicht die schlechtesten, die vor ein paar Jahren noch mit ehrlichem Enthusiasmus Neues und Werdendes aufnahmen, achteten, beachteten, sich von der gegenwärtigen Literatur enttäuscht zurückziehen«[43], doch war er damit nicht durchgedrungen.

Siegfried Jacobsohn, der selbst für die Verleger Partei ergriff, druckte wenige Wochen nach Wolffs Antwort drei von Sternheim eingereichte Briefe aus der Verlagskorrespondenz mit Wolff ab, deren Tenor ein kurzes Zitat ausreichend belegen mag: »Vergessen Sie nicht, daß Ihr Verhalten gegen mich historisch gerichtet werden wird, und Sie ins Licht kommen müssen, ein noch fürchterlicherer Mensch als Julius Campe gewesen zu sein. Schlagen Sie in Ihren Büchern nach, welche Honorare Sie mir seit Jahren gezahlt haben, und Sie werden erröten müssen. Sehen Sie nach, was Sie propagandistisch für mich taten, und Sie müssen sich totschießen!«[44]

Der in Festungshaft sitzende Erich Mühsam schien nur auf diesen offenen Angriff gegen Wolff gewartet zu haben. Er schrieb zwei Wochen später in der *Weltbühne*: »Auch ich gehöre zu den vielleicht allerunglücklichsten deutschen Autoren, die sich bei der Jagd nach dem Verleger einen Kurt Wolff gelaufen haben.«[45] Mühsam hatte nicht vergessen, daß der Verlag sich 1920 von der politischen Dichtung abgewandt hatte, und er konnte nicht vergessen, daß Wolff nach seinen beiden Gedichtbänden die weitere Produktion abgelehnt hatte. Mühsam warf dem Verlag nun vor, den Verkauf seiner Gedichtbände

---

[38] KWB, S. 306 f.

[39] Von Unruh an Wolff, Brief vom 5. 11. 1924, KWB, S. 310.

[40] »Da ich die letzten Jahre wiederholt erfahren habe, wie gehässig und abfällig Sie sich über mein Werk geäußert haben – so erstaunt mich Ihr Brief doppelt. Aber ich will gerne an die Gesinnung glauben, die Sie mir im letzten Schreiben bekunden. Einmal verband uns ja ein tiefer Glaube – damals in Darmstadt – und ich habe sehr gelitten unter Ihrem Abfall, weil ich fühlte, daß Ihr Weg ins Leere ging.« (Von Unruh an Wolff, Brief vom 6. 12. 1929, KWA).

[41] Autoren, Bücher, Abenteuer, S. 64.

[42] In dem ersten, von Wolff begonnenen Rechtsstreit (vgl. Sternheim an Wolff, Brief vom 2. 7. 1913, KWB, S. 22) ging es um Einhaltung des Verlagsvertrages vom 26. Oktober 1911, nach dem Sternheim verpflichtet war, dem KWV (ERV) seine dramatische Produktion der kommenden fünf Jahre zuerst für den Bühnenvertrieb anzubieten. Sternheim drängte auf einen Vergleich. – 1924 reichte der Autor eine Klage ein. Sie bezog sich auf die Fortsetzung des Verlagsverhältnisses. Sternheim forderte eine Neuauflage der *Kassette* (Vgl. die Kontroverse in der Weltbühne, 20. Jg., 1924, S. 561 u. S. 664).

[43] Kurt Wolff: Brief an Eulenberg. In: Die Weltbühne, 20. Jg., Nr. 5 vom 31. 1. 1924, S. 137.

[44] Carl Sternheim: Briefe an meinen Verleger. In: Die Weltbühne, 20. Jg., Nr. 10 vom 6. 3. 1924, S. 304.

[45] Erich Mühsam: Autor und Verleger. Brief an Siegfried Jacobsohn. In: Die Weltbühne, 20. Jg., Nr. 12 vom 20. 3. 1924, S. 384.

unterdrückt zu haben. Der Kurt Wolff Verlag, von Jacobsohn zu einer Antwort aufgefordert, wies in seiner Erwiderung nach, daß die beiden Bücher regulär abgesetzt worden seien. Der von Cassirer übernommene Band sei nicht nur von Cassirer 1914 voraushonoriert worden, Wolff habe ihn, den gestiegenen Preisen nach dem Kriege Rechnung tragend, jeweils nach Verkauf noch einmal vergütet. Dies gelte auch für das zweite Buch, das während der Inflation nicht mit wertlosem Papiergeld, sondern mit Büchern an die Frau Mühsams honoriert worden sei; – was Mühsam in seiner Entgegnung *Kurt Wolff und wir* wiederum bestritt[46].

Carl Sternheim schließlich verstieg sich zu der Behauptung, daß Kurt Wolff, »nachdem er in der ›Weltbühne‹ in dem gegen die Verleger entbrannten Streit als das von allen Angreifern übereinstimmend markierteste Opfer auf der Walstatt geblieben, für das bessere Publikum der Gegenwart, für die Nachwelt durch meine in nichts von ihm widerlegten Anklagen als Schädling und Schmarotzer an der deutschen Literatur erledigt« sei[47]. Kurt Wolff, der im Mai von einer zweimonatigen Amerikareise zurückkam und die »Erledigungen« Sternheims und die Antworten seines Verlages vorfand, entschloß sich in einem abschließenden Beitrag, das durch Zitate aus Briefen Sternheims belegte hysterische Auf und Ab der zwölfjährigen Verlagsbeziehung nachzuzeichnen, die von unentwegten Attacken des Autors über angebliche Sabotage seines Werkes begleitet war. Trotz unaufhörlicher Drohungen Sternheims, sich einen anderen Verlag zu suchen, habe er immerhin 22 Bücher dem Kurt Wolff Verlag gegeben, fast das gesamte dramatische Werk. Der Grund für die plötzlichen öffentlichen Angriffe sei wohl die Ablehnung der Bücher *Fossil*, *Fairfax* und *Paul und Vincent* gewesen.

»Das war zuviel und wurde mit der persönlich an mich gerichteten Aufforderung beantwortet, mich zu erschießen. Ich weiß: viele Leser werden alle diese Zitate spaßhaft finden. [...] Aber ich habe den Sinn für diese Komik im Lauf der Jahre verloren. Ich frage mich mitunter, was seit langem Freunde mich fragen: Verpflichtet mich die Verantwortlichkeit des Berufes, in diesem Fall die hohe Schätzung eines dramatischen Oeuvre, wirklich, ein solches Maß von Hysterie und Ekelhaftigkeit jahrzehntelang zu ertragen?«[48]

[46] Erich Mühsam: Kurt Wolff und wir. In: Die Weltbühne, 20. Jg., Nr. 16 vom 17. 4. 1924, S. 524–526.
[47] Carl Sternheim in: Die Weltbühne, 20. Jg., Nr. 15 vom 10. 4. 1924, S. 493.
[48] Kurt Wolff: In Sachen Sternheim. In: Die Weltbühne, 20. Jg., Nr. 20 vom 15. 5. 1924, S. 664.

Mit Mißklang und emotionalen Vorwürfen endete die Beziehung Wolffs zu einigen seiner Autoren, und es blieb ein bitterer Rest in der Erinnerung Wolffs an den Expressionismus, dessen Verleger gewesen zu sein er später heftig ablehnte[49]. Nicht alle Autoren verurteilten Wolff so hart wie Sternheim, Mühsam und von Unruh, den negativen Äußerungen ließen sich die positiven noch einmal gegenüberstellen[50]. Doch gerade die Heftigkeit der Autorreaktionen auf Wolffs Abkehr vom Expressionismus weist – deutlicher als alle positiven Urteile – auf seine ehemals dominierende Stellung im literarischen Leben des Expressionismus hin.

7.2 Gesamtausgaben und ausländische Literatur

Die Programmverschiebung des Kurt Wolff Verlages auf ausländische Literatur vollzog sich ebenso wie die Wendung zum Kunstverlag nicht abrupt im Jahre 1924, die

[49] »Jahrelang habe ich geglaubt, Verleger junger Dichter zu sein und älterer Autoren, die ich mit Recht oder Unrecht für gut hielt. Nie habe ich einem Schlagwort, einer Richtung gedient – aber im Lauf der Jahre hat man das mehr und mehr abstreiten wollen. Es wurde mein verfluchter, verhaßter Ruhm, Verleger des *Expressionismus* gewesen zu sein.« (Kurt Wolff: Autoren, Bücher, Abenteuer, S. 23; vgl. auch Kapitel 3.1, Sp. 569).
[50] Vor allem die Kunsthistoriker, mit denen Wolff dann besonders in der Pantheon Casa Editrice zu tun hatte (vgl. Kapitel 7.3), beurteilten den Verleger anders. Unter diesen Professoren fühlte Wolff sich sicherer, eher »zu Hause« als unter den Literaten, es war schließlich die Welt seines Elternhauses. Hier genoß er den besten Ruf. So schrieb Erwin Panofsky, der für seine scharfe Zunge berüchtigt war, nach dem Tode des Verlegers an Helen Wolff: »[...] es ist *mir* ein Bedürfnis, Ihnen zu sagen, wie sehr ich Ihren Mann – den ich vor genau vierzig Jahren kennenlernte – geschätzt und bewundert habe. Er war einer der begabtesten, gebildetsten und, vor allem, edelsten Menschen, denen ich je begegnet bin – vielleicht der letzte der ›großen‹ Verleger, die Bücher nicht als Ware und Autoren nicht als ›business acquaintances‹ betrachteten, und zu denen die Autoren mit Liebe und Verehrung aufblicken konnten. Ich habe ihm nie vergessen, daß er in der Zeit der deutschen Inflation, als wir wirklich arm geworden waren, mir (und, wie ich annehme, auch anderen) *aus freien Stücken* eine ›Aufwertung‹ des festgesetzten Honorars anbot; ich werde mich stets der liebevollen Sorgfalt erinnern, die er persönlich unseren Veröffentlichungen entgegenbrachte; und ich glaube, daß es kaum noch einen Verleger gibt, dem einer seiner Autoren für einen wissenschaftlichen Hinweis danken muß.« (Brief im Besitz Helen Wolffs).

Übergänge sind fließend. Trotzdem kann ein innerer Wandel Wolffs in diesem Jahr registriert werden, der sich während der Inflation allmählich vorbereitet hatte. Das Zerbrechen der meisten Autorenbeziehungen, das wachsende Desinteresse an der »neuen« deutschen Literatur und kühne Gründungspläne eines internationalen Kunstverlages hatten diesen Wandel ausgelöst[51]. Darstellende Kunst und ausländische Literatur bestimmten die folgenden Produktionsjahre des Verlages.

Wolff hatte jedoch – woran noch einmal erinnert werden soll – nie einen rein deutschen Literaturverlag geführt, sondern seit Bestehen seines Verlages den Blick ins Ausland gerichtet. Neben seinem expressionistischen deutschen Programm hatte er verwandte ausländische Strömungen, vor allem die tschechische und die französische Literatur, gefördert. In der zweiten Kriegshälfte, als das Verlegen französischer Literatur nach der erzwungenen fast dreijährigen Pause wieder möglich zu werden begann, erwarb Wolff zunächst zwei Romane des späteren Nobelpreisträgers (1921) Anatole France *Die Götter dürsten* und die *Komödiantengeschichte* von dem Verlag Albert Langen. Heinrich Mann, der die *Komödiantengeschichte* 1904 für diesen Verlag übersetzt hatte, war der Vermittler und Anreger gewesen. Rudolf Leonhard übersetzte *Aufruhr der Engel*, den dritten der großen Romane von France, die zu den ersten 25 Bänden des *Neuen Romans* gehörten. Hans Mardersteig vermittelte Anfang der zwanziger Jahre aus der Schweiz weitere Romane von France an Wolff[52].

In den Nachkriegsjahren galt der besondere verlegerische Einsatz Wolffs vier großen französischen Romanciers: den drei Naturalisten Maupassant, Zola und Charles Louis Philippe und dem Nobelpreisträger (1915) und Pazifisten Romain Rolland, dessen Romane die einzigen langjährigen Erfolge des Verlages nach der Inflation blieben. Der Versuch, Balzac zu verlegen, scheiterte nach dem ersten Buch. Wolff hatte 1919 auf die Anregung Hasenclevers hin den *Vetter Pons* herausgegeben, dessen unglückliche Übersetzung von Bruno Frank in dem bei Ernst Rowohlt verlegten *Tagebuch* angegriffen wurde[53]. Wolff konnte zwar die erste Auflage von 10000 Exemplaren absetzen, schrieb aber im Juni 1922 an Hasenclever über dessen Freund Fritz Neuberger, »daß seine Übersetzung von ›Vetter Pons‹ schlechthin mangelhaft und unzulänglich« sei, »daß sich der Verlag mit der Drucklegung dieser Übertragung blamierte und daß bei einer Neuauflage das Buch auf das sorgfältigste revidiert werden« müßte[54]. Hasenclever, der die Überarbeitung vornehmen sollte, lehnte ab, und der *Vetter Pons* erschien in den folgenden Jahren bei Rowohlt, der 1924 eine 44bändige Gesamtausgabe Balzacs herausgab, die eine ungeheure Popularität erlebte und auf Jahre hinaus die tragende Stütze des Rowohltschen Verlagsgeschäftes blieb.

Die Konkurrenz der Verlage mit Übersetzungen ausländischer Literatur, vor allem der großen französischen Gesellschaftsromane, war in diesen Jahren groß. Die von Pinthus beklagte allgemeine »Dürre« der deutschen Literatur veranlaßte auch andere Verleger, sich an der ausländischen Literatur zu orientieren, und konkurrierende Parallelausgaben häuften sich, vor allem von den Autoren, deren Nachdrucksrechte frei waren. In gleichem Maße wie das Ausland sich wieder der deutschen Literatur zu öffnen begann und Kenntnis nahm von der literarischen Entwicklung der vergangenen Jahre[55], bestand auch in der Weimarer Republik ein gewisser Nachholbedarf, auf den das Interesse an der ausländischen Literatur zum großen Teil zurückzuführen ist.

Wolff gab von Guy de Maupassant, über den in der Reihe *Die Literatur* eine Monographie erschienen war[56], 1923/24 eine 12bändige Ausgabe *Gesammelte Romane und Novellen* heraus, die sämtliche Romane und eine Novellenauswahl enthielt. Der Münchener Musarion-Verlag, der kurz vor Wolff eine dreibändige Novellensammlung herausgegeben hatte, überließ Wolff diese Edition. Auch mit seinem größten Projekt einer Gesamtausgabe, dem Werk Emile Zolas, kollidierte Wolff mit einem anderen Verlag. Der Berliner Verleger Benjamin

---

[51] Äußerlich ablesbar ist die veränderte verlegerische Einstellung Wolffs an einem sehr persönlichen Dokument, dem Tagebuch, bei dem Kurt Wolff nicht nur seit dem Jahreswechsel 1923/24 das seit 1906 beibehaltene Format wechselte, sondern auch Inhalt und Diktion plötzlich veränderte. Die Eintragungen wurden nun privater, zugleich erhielt das Tagebuch mehr den Charakter eines Terminkalenders. Die Schrift wurde gedrängter, schwerer lesbar.
[52] So den Roman *Der kleine Peter* (1921), den von Arthur Seiffhart übersetzten Roman *Die Blütezeit des Lebens* (1923) und die Novellen *Der fliegende Händler* (1921).

[53] Bruno Frank: Sünde an Balzac. In: Das Tagebuch. Hrsg. von Stefan Großmann. 3. Jg., 1922, Heft 16, S. 634–636.
[54] Wolff an Hasenclever, Brief vom 16. 6. 1922, KWA.
[55] Vgl. hierzu auch Peter de Mendelssohn: S. Fischer, das Kapitel *Weltbedürftigkeit*, S. 816–818.
[56] Edouard Maynial: Maupassant. Das Buch wurde 1915 vom KWV übernommen. In dieser Reihe erschien auch eine Monographie von Georg Brandes über *Anatole France*. Zu der Reihe vgl. auch den Schluß des Kapitels 4.3.

Harz brachte 1923 eine 15bändige Ausgabe des Zolaschen Hauptwerks, *Die Rougon-Macquart*, heraus[57], als Wolff die ersten zehn Bände der »Geschichte einer Familie unter dem zweiten Kaiserreich«, *Die Rougon-Macquart*, erscheinen ließ. Die von der Frau Zolas autorisierte Ausgabe Wolffs wurde mit weiteren zehn Bänden 1924 vervollständigt. 1925 traten noch einige Romane ergänzend für die Gesamtausgabe hinzu, geplante Novellenbände erschienen nicht mehr.

Die Ausgabe der *Rougon Macquart* trat in bewußte Konkurrenz zu der Balzac-Ausgabe Rowohlts. Ein Prospekt aus dem Jahre 1927, der sich an »die Besitzer des Rowohltschen Balzac« wendete[58], kündigte eine Neuausgabe der *Rougon-Macquart* an, die im Taschenformat (wie die Rowohlt-Ausgabe) in gemeinsamem Verlag mit der Hyperion-GmbH erschien. Doch ließ sich der Balzac-Erfolg mit dieser Zola-Edition nicht wiederholen. Wolff verkaufte um 1928 die Restbestände an Th. Knaur Nachfolger in Berlin, wo die Bücher verschleudert wurden, während die Harz-Ausgabe noch 1930 normal zu beziehen war.

Die von Tolstoij und Dostojewskij beeinflußten Milieuromane von Charles Louis Philippe hatte Wolff schon vor dem Kriege in der sechsbändigen Ausgabe des Egon Fleischel Verlages gelesen[59], die der Insel-Verlag 1918 übernahm. Zwei dieser Romane, die Kippenberg nicht mehr neu auflegte, *Bübü vom Montparnasse* (1920) und *Der alte Perdrix* (1923) erschienen in neuer Übersetzung bei Wolff, mit Holzschnitten von Frans Masereel illustriert. Hans Mardersteig und Annette Kolb übersetzten zwei Novellenbände *Die gute Madeleine* und *Das Bein der Tiennette* (beide 1923), die Masereel ebenfalls illustrierte, während die *Jugendbriefe an Henri Vandeputte* und *Charles Blanchard* 1922 im Insel-Verlag erschienen.

Hans Mardersteig führte auch weitgehend die Korrespondenz mit Romain Rolland, der während des Weltkrieges in Genf mit Wilhelm Herzog Verbindung aufgenommen und diesem die Autorisationsrechte an seinem Werk übertragen hatte. »Mein Plan war seit längerer Zeit, Ihrem Verlage diese Werke Rollands anzubieten; scheute jedoch davor zurück, weil ich Sie zu überlastet glaubte«, schrieb Herzog im Januar 1917 auf eine Anfrage nach diesen Rechten an Wolff. Vor allem Heinrich

Abb. 33: *Der erste Roman von Philippe im KWV, München 1920. – Umschlag mit einem Holzschnitt von Frans Masereel*

Mann hätte ihm zum Kurt Wolff Verlag geraten. »Ob es gelänge, Rütten & Loening sowohl wie Georg Müller zum Verkauf ihrer Rechte zu bewegen, und ob vor allem Sie sich als Verleger von Romain Rolland als europäischem Dichter so viel versprechen, daß Sie sich mit aller Kraft für ihn einsetzen würden – davon hängt alles ab.«[60]

Die deutschen Verleger gaben ihre Rechte an dem Nobelpreisträger begreiflicherweise nicht frei, und es konnte erst 1921 eine Erzählung Rollands, *Peter und Lutz*, bei Wolff erscheinen, illustriert von Masereel und übersetzt von dem Freund Rollands, Paul Amann. Rolland arbeitete auf wiederholte Bitten Mardersteigs im *Genius* mit und schätzte die europäisierende Tendenz des Kurt Wolff Verlages gerade in der Zeit eines engstirnigen Nationalismus hoch ein. »Vous donnez au monde un exemple frappant de l'extraordinaire vitalité

---

[57] Emile Zola: Die Rougon-Macquart. Übertr. von A. Schwarz. 15 Bde, Berlin 1923/1924.
[58] Im DLA.
[59] Nach einer Tagebuchnotiz von Elisabeth Wolff lasen sie und Kurt Wolff gemeinsam aus dem *Alten Perdrix*. TB-Notiz Elisabeth Wolffs vom Frühjahr 1914.

[60] Herzog an Wolff, Brief vom 9. 1. 1917, KWA.

intellectuelle de l'Allemagne, qui a pu, en ces rudes années, maintenir, dans tous les ordres de l'esprit, son activité de production et d'édition, belle et féconde. Je m'en réjouis comme de tout ce qui fait honneur à la civilisation d'Europe«[61], schrieb er im Januar 1922 an Wolff, der dem Dichter eine Auswahl aus seiner Verlagsproduktion hatte zugehen lassen.

Als Rolland im Sommer 1922 seinem Freund Amann mitteilte, daß der erste Band eines großen Romanwerkes mit dem Titel *Annette et Sylvie* im Oktober in Paris bei Ollendorf erscheinen würde, fügte er deshalb hinzu: »Voulez-vous écrire à Kurt Wolff pour l'avertir que ce nouveau roman est encore libre, et que s'il désire l'acquérir, il écrive aussitôt à Ollendorf.«[62] Eile war vor allem geboten, weil auch Rascher in Zürich die Übersetzungsrechte erwerben wollte. Wolff gelang es jedoch, die Übersetzungsrechte auch für die Fortsetzungen des Romans zu kaufen, die unter dem deutschen Gesamttitel *Verzauberte Seele* vertrieben wurden. *Annette und Sylvia* und der Roman *Sommer* erschienen 1924 im *Neuen Roman*, 1927 folgte als dritter Band *Mutter und Sohn*.

»Wenn im heutigen Frankreich vielleicht auch keine überwältigend großen schöpferischen Genies heranwachsen, so ist die Qualität insbesondere der epischen Produktion der Schriftsteller, die sich um die ›Nouvelle Revue Française‹ und andere Zeitschriften gruppieren, doch so überraschend gut, daß man etwa sagen könnte: diese Literatur steht so hoch über dem, was die Mitläufer der deutschen Moderne à la Rudolph Leonhard, Kasack, und wie die Namen alle heißen mögen [produzieren], wie ein Roman von Anatole France an Qualität und Niveau ein Buch von Ompteda oder Stratz übertrifft«[63], schrieb Wolff im August 1921 an Werfel. Aber auch die Literatur der anderen europäischen Länder schien ihm nun eher wert, gedruckt zu werden als die Mitläufer der deutschen Moderne. Der *Neue Roman* hatte deshalb, wie dargestellt[64], seit Anfang der zwanziger Jahre verstärkt ausländische Beiträge aufgenommen, und Wolff zeigte sich den Anregungen seiner Übersetzer für weitere Werke aufgeschlossen und dankbar. Von dem Engländer Elmer Rice, der die expressionistische Linie im Ausland fortführte, waren die Übersetzungsrechte für *Meine Abenteuer mit Deinem Geld* erworben worden, das Buch wurde wohl auch in Angriff genommen, ist aber merkwürdigerweise nicht erschienen. Die Übersetzerin Hermynia zur Mühlen empfahl Wolff neue englische Autoren: John Masefield, Eden Phillpotts, als Pendant zu Francis Jammes Francis Thompson und endlich Joseph Conrad, dessen Gesamtwerk, nachdem Wolff sich nicht entschließen konnte, von Fischer in 22 Bänden zwischen 1926 und 1939 ediert wurde[65].

Mit einzelnen seiner ausländischen Bücher hatte Wolff unerwartete Mißerfolge erlebt, und er suchte deshalb nach einem neuen, abgerundeteren Programm, als es im *Neuen Roman* und im *Europäischen Roman* erschienen war. Der Portugiese Eça de Queiroz verkaufte sich schlecht, Novellen des Ungarn Babits wollte Wolff nicht mehr verlegen, weil sie das Niveau des Romanes *Der Storchkalif* nicht erreichten; und als zur Mühlen nach Douglas Goldrings *Briefen aus der Verbannung* einen Roman dieses Autors anbot, winkte Wolff auch hier ab. Die nach Abflauen der sozialistischen Welle zu spät erschienenen Briefe waren, »wie Ihnen wohl bekannt sein wird, ein vollständiger Mißerfolg. Regulär sind im ganzen Geschäftsjahr [1922/23] 14 Exemplare verkauft worden.«[66]

Wolff versuchte es zunächst mit Gesamtausgaben ausländischer Autoren wie Tagore, Maupassant, Zola, Tschechow und Gorki[67]. Die zwanziger Jahre brachten allgemein eine Flut solcher Gesamtausgaben, wobei es sich meist um *Gesammelte Werke* handelte, eine Zusammenfassung der wichtigsten oder beliebtesten Werke eines Autors, der dem Publikum in der vom Verlag vorgenommenen Auswahl preisgünstiger vorgestellt wurde, als wenn der Leser sich die einzelnen Bände hätte selbst zusammenstellen müssen. Eine zweite Form waren die *Gesammelten Werke in Einzelausgaben*, die vor allem für die jüngeren Dichter galten, deren Werk noch nicht abgeschlossen vorlag. Auch bei Fischer und Kippenberg war dieses Prinzip beliebt, da es eine Aufstockung auf eine höhere Bandzahl ermöglichte, wenn dies nach einigen Jahren erforderlich werden sollte und die gewöhnliche Einzelausgabe gleich mitgedruckt werden konnte.

Wolff gab vor allem von seinen expressionistischen Autoren, die auf ein halbwegs abgeschlossenes Oeuvre einer Entwicklungsphase zurückblicken konnten, solche

---

[61] Rolland an Wolff, Brief vom 22. 1. 1922, KWB, S. 421.
[62] Rolland an Paul Amann, mitgeteilt in einem Brief Amanns an Wolff, vom 10. 8. 1922, KWA.
[63] Wolff an Werfel, Brief vom 24. 8. 1921, KWB, S. 344 f.
[64] Vgl. Kapitel 4.8, Sp. 779.

[65] Zur Mühlen an Wolff, Brief vom 1. 2. 1922, KWA.
[66] Wolff an zur Mühlen, Brief vom 17. 10. 1923, KWA.
[67] Rabindranath Tagore: Gesammelte Werke in 8 Bänden, KWV 1921; Guy de Maupassant: Gesammelte Romane und Novellen. 12 Bde, KWV 1923/24; Anton Tschechow: Gesammelte Romane und Novellen. 5 Bde, KWV 1920; Maxim Gorki: Gesammelte Werke. 8 Bde, KWV gemeinsam mit J. Ladyshnikow, Berlin 1924.

Gesammelten Werke heraus. Oft waren dies, wie bei Werfel, nur nachträgliche Zusammenfügungen einzelner Bände, die mit neuem Schutzumschlag versehen wurden[68]. Nach den ersten Werkausgaben von Carl Hauptmann, Heinrich Mann und Gustav Meyrink während des Krieges folgten Anfang der zwanziger Jahre Werfel, Max Brod und Carl Sternheim, deren Werke meist in einer oder mehreren zu Geschenkzwecken aufgemachten Kassetten preisgünstiger als die Gesamtzahl der identischen Einzelausgaben angeboten wurden. Eine wirklich umfassende Gesamtausgabe eines Autors, die alle gedruckten Werke in Neuübersetzungen enthalten sollte, versuchte Wolff lediglich bei Zola. Doch waren die Autorisationsschwierigkeiten erheblich. Aus diesem Grunde – und möglicherweise auch aus finanziellen Erwägungen – erschienen die restlichen Bände der Novellen nicht mehr.

Anfang 1924 entschloß sich Wolff ziemlich unvermittelt und plötzlich, wie er an Clara Merck schrieb[69], für einige Wochen nach New York zu fahren, um die amerikanischen Verlagsverhältnisse aus eigener Anschauung kennenzulernen und Kontakte zu knüpfen. Wolff arrangierte dort eine Buchausstellung des Kurt Wolff Verlages und des Hyperion-Verlages[70] und nahm Verbindungen auf zu etwa 150 verschiedenen Verlegern, Künstlern, Schriftstellern und Mäzenen. In einem privaten Arbeitspapier hielt er die Ergebnisse dieses 27tägigen Geschäftsbesuches fest. Die Ausstellung, zu der 1500 Einladungen verschickt worden waren, habe das Interesse vor allem der Fachkreise auf den Kurt Wolff Verlag gelenkt, »und man sieht heute in N. Y. im KWV *den* deutschen führenden Verlag auf dem Gebiet der Literatur u. Kunst.«[71]

In Gesprächen mit Autoren und Verlegern orientierte sich Wolff über den amerikanischen Buchermarkt und

Abb. 34: *Roman aus der Reihe* Amerika-Bücher, *München 1928. – Umschlag*

die »dort zweifellos vorhandenen großen Absatz-Möglichkeiten für das deutsche Buch, speciell für KWV« und er orientierte sich über den Stand der amerikanischen Literatur und deren Übertragbarkeit auf den deutschen Markt[72]. Mit der Atlantic Book-Art Corporation verabredete Wolff die Edition englisch-amerikanischer Ausgaben von Kurt Wolff-Büchern, und er erwarb einige Autorisationsrechte amerikanischer Autoren, so von Sinclair Lewis und Percy Marks. Mit diesen Autoren, zu denen noch John Erskine und Samuel von Ornitz hinzu kamen, baute Wolff seine letzte Reihe ausländischer Literatur auf, die *Amerika-Bücher*.

In einem Aufsatz *Der amerikanische Roman* in Wolffs letztem Almanach 1927 sah Ernst Brant den Ausweg aus der von Heise in seiner *Forderung des Tages* beklagten Resignation über die Beschäftigung mit geistigen Dingen in der Auseinandersetzung mit der amerikanischen Kultur. »Dieser Resignation stellt sich der amerikanische Roman gerade im rechten Zeitpunkt entgegen.« Was

---

[68] Vgl. auch Kapitel 6.3, Anm. 122.
[69] Wolff an Clara Merck, Brief vom 30. 1. 1924, NA. Wolff war vom 10. 3. bis 5. 4. 1924 in New York.
[70] Diese Ausstellung fand breite Beachtung in der New Yorker Presse. »At the Art Center in East Fifty-Sixth Street, New York, there is an interesting exhibit of rare and fine books, brought to this country by Kurt Wolff of Munich, one of the great German publishers. The business of Kurt Wolff Verlag lies especially in the works of the new generation of German writers and in fine art and *de luxe* books. Such an exhibit freshly selected for display purposes gives the New York trade an interesting opportunity to study the bookmaking of another country. In the printing and decoration of books, the Germans have a *flair* for fine handlettering, bold use of color and fine open pages that gives much pleasure to the eye«, schrieb *Publishers' Weekly* am 2. März 1924. (Ausschnitt im Besitz von Helen Wolff, New York).
[71] *New York*, Arbeitspapier, S. 3, im Privatbesitz von Helen Wolff.

[72] *New York*, Arbeitspapier, S. 2 f.

dem Deutschen versagt geblieben sei, habe der Roman in Amerika vermocht. »Er hat erfolgreich die ersten Schanzen aufgeworfen und gewinnt dem geistflachen Lande immer mehr geistigen Boden ab.«[73]

Doch der langsame Ausbau der Wolffschen Reihe – bis 1927 erschienen insgesamt sechs Romane – weist schon auf die zunehmenden finanziellen Schwierigkeiten des Verlages hin, die durch die hoffnungsvoll in New York angeknüpften amerikanischen Kontakte nicht aufgefangen werden konnten. Der Erwerb der beiden Romane *Babbitt* und *Dr. med. Arrowsmith*, der in der New Yorker Presse während Wolffs Besuch aufmerksam verfolgt wurde[74], blieb das spektakulärste Ergebnis der Reise. Etwa gleichzeitig mit der von Daisy Brody übersetzten deutschen Ausgabe der Romane (1925) erschien bei Tauchnitz in Leipzig die englische Fassung[75]. Von Wolffs Plänen, selbst amerikanische Literatur in englischer Sprache zu edieren, wurde nur eine 1924 erschienene Anthologie *American Poets* realisiert. Es gelang Wolff in den folgenden Jahren nicht, nach Sinclar Lewis die führenden amerikanischen Autoren für seinen Verlag zu gewinnen. Ernest Hemingway, William Faulkner, Thomas Wolfe und schließlich auch Lewis wurden Autoren Ernst Rowohlts, dessen Berliner Verlag Kurt Wolff die Führung auf dem Gebiet der ausländischen und der neuen deutschen Literatur aus der Hand nahm.

Wolff, der 1922 zwei Romane Knut Hamsuns verlegt hatte und Hamsun um 1928 als den von ihm am meisten geschätzten lebenden Autor bezeichnete[76], konnte auch mit der brillanten italienischen Gesellschaftssatire von Ugo Ojetti *Mein Sohn, der Herr Parteisekretär* und dem von Alastair vermittelten und übersetzten Roman der Comtesse de Noailles *Die Unschuldigen* kein Terrain mehr gewinnen. Auch die Ausgabe von Charles de Costers *Tyll Ulenspiegel und Lamme Goedzak* war in ihrer luxuriösen Aufmachung ein gewagtes Unternehmen, zumal bereits mehrere Ausgaben bei Eugen Diederichs, dem Leipziger Verleger Matthes und in der Deutschen Buchgemeinschaft vorlagen[77].

Wolff hatte diese letzte bibliophile Ausgabe des Kurt Wolff Verlages, die zum 100. Geburtstag de Costers 1926 erschien, mit Frans Masereel bei einem Besuch in Paris im November 1924 verabredet. Karl Wolfskehl hatte den sprachlich schwierigen Text neu übersetzt, Romain Rolland eine Einführung geschrieben, und Masereel schnitt 150 Holzschnitte für das zweibändige Werk. »Wir haben ganz unabhängig von dem noch abzuwartenden äußeren Erfolg eine große Freude über dieses Buch, das uns als eines der gelungensten erscheint, das der Kurt Wolff Verlag je herausgebracht hat«, schrieb Wolff zu Weihnachten 1926 an Hans Mardersteig[78].

Doch war die Zeit nach der Inflation für Luxusausgaben ungünstig. Viele der ehemals reichen Bibliophilen waren in der Inflation verarmt, und Bücher als Anlageobjekte waren in der Phase des stabilen Geldwertes weniger gefragt als noch vor wenigen Jahren. Der *Ulenspiegel* kostete in der einfachen Ausgabe Wolffs 60 Mark, in der numerierten Vorzugsausgabe 250 Mark. Zum Vergleich: Die Bücher des *Neuen Romans* wurden gleichzeitig in der gebundenen Ausgabe für 3,50 Mark verkauft. 1927 erschien die Wolfskehl-Übersetzung im Paul List Verlag, bei Hesse & Becker in Leipzig erschien im gleichen Jahr eine Übersetzung von Georg Gärtner, und der Volksverband der Bücherfreunde und die Büchergilde Gutenberg veranstalteten 1929 und 1930 eine Ausgabe für ihre Mitglieder[79]. Es sind zwar keine Verkaufszahlen für die Wolffsche Ausgabe zu ermitteln, doch wurden die Bestände bald an den Transmare-Verlag abgegeben.

Daß der Markt für teure, gewichtige Editionen bibliophiler und kunstgeschichtlicher Art während der späten zwanziger Jahre nicht aufnahmefähig war, mußte Wolff auch in seinem letzten Verlagsprojekt spüren, das er nach seiner Abwendung vom Expressionismus in internationalem Stil aufzubauen versuchte.

---

[73] Ernst Brant: Der amerikanische Roman. In: 1927. Ein Almanach für Kunst und Dichtung aus dem Kurt Wolff Verlag. München 1926, S. 139 u. S. 143.

[74] U. a. in der *New York Tribune*, die Mitte März ein längeres Interview mit Wolff unter der Überschrift *Americans Not Babbitts, Says German Editor* brachte. (Ausschnitt im Besitz von Helen Wolff, New York).

[75] Sinclair Lewis: Babbitt. Leipzig: Bernh. Tauchnitz 1922 = Collection of British authors; ders.: Arrowsmith. Leipzig: Bernh. Tauchnitz 1925 = Collection of British authors.

[76] In Herbert Eulenbergs Verlegerfragebogen, Herbert Eulenberg-Archiv, Düsseldorf-Kaiserswerth.

[77] Die Mär von Ulenspiegel und Lamme Goedzak. Übersetzt von Georg C. Lehmann. Deutsche Buchgemeinschaft 1924; Ulenspiegel und Lamme Goedzak. Deutsch von A. Odin. Holzschnitte von Karl Stratil. Monumentalausgabe. Leipzig: Erich Matthes 1924; Tyll Ulenspiegel und Lamme Goedzak. Deutsch von F. v. Oppeln-Bronikowski. Titelholzschnitt u. Buchausstattung von F. H. Ehmke. Mit 15 Bildern von Felicien Rops. Jena: Eugen Diederichs 1922.

[78] Wolff an Mardersteig, Brief vom 13. 12. 1926, KWB, S. 406.

[79] Der Hyperion-Verlag – nicht mehr im Besitz Wolffs – veranstaltete 1929 eine Neuauflage der Ausgabe bei Matthes.

7.3 Letzter Exkurs: Der internationale Kunstverlag Pantheon Casa Editrice

Die Pläne zur Gründung eines separaten Kunstverlages gingen bis in die Inflationszeit zurück. Im Januar 1923 schrieb Wolff, ungeduldig über die wirtschaftlichen Verhältnisse in Deutschland, bei denen keine Besserung abzusehen war, daß er »allen sich entgegenstemmenden politischen und wirtschaftlichen Umständen zum Trotz ja diesen Italienplan verwirklichen« wolle. »Wenn wir sonst nichts gelernt haben, soviel müssen wir doch allmählich einsehen: mit dem Warten auf bessere Zeiten und auf den Tag, wo die Lire 80 Pfennig kostet, werden wir alt, stumpf und grau.«[80]

Als Verlagssitz der Pantheon Casa Editrice S.A. war bewußt Italien, und hier eine der kunsthistorisch bedeutendsten Städte, Florenz, gewählt worden, wo auch Eugen Diederichs seinen Verlag zunächst gegründet hatte. Ein Verlagssitz in dem an Kunstschätzen reichsten Land Europas, das überdies nicht die politische Hypothek Deutschlands, den Krieg verschuldet zu haben, mit sich schleppte, gab einer Firma, die zu einem großen Teil auf Auslandsabsatz bedacht war, ein gewisses internationales Flair. Daß Wolff sich in dem politisch gärenden und wirtschaftlich unsicheren Deutschland nicht mehr wohl fühlte, und eine ganz persönliche Liebe zu Italien kamen als Gründe ergänzend hinzu.

Während des New Yorker Aufenthaltes 1924 suchte Wolff unter den Bibliophilen und Kunstmäzenen der amerikanischen Hochfinanz – ein großer Teil der Ausstellung war bewußt der Kunstproduktion des Kurt Wolff Verlages und des Hyperion-Verlages gewidmet worden – Geldgeber, die bereit waren, Aktien für das Florentiner Unternehmen zu zeichnen. Ein Exposé über Programm und Struktur des neuen Verlages hatte Wolff mitgebracht, das verschiedenen Mäzenen vorgelegt wurde[81]. Es gelang Wolff während dieser Wochen, den Bankier Edgar Speyer und den großen Kunstmäzen Otto H. Kahn zur Zeichnung von insgesamt 300 000 Lire zu bewegen, weitere Aktionäre wurden interessiert. Ende 1924 hatte Wolff das wirtschaftliche Fundament des Verlages so weit gefestigt, daß die Firmeneintragung vorgenommen werden konnte.

Wolff ging bei seiner Verlagsgründung davon aus, daß für Kunstpublikationen stärker noch als für die Nationalliteraturen ein internationaler Markt vorhanden sein müsse. Es gab bis dahin in Europa zwar eine Reihe bedeutender kunstwissenschaftlicher Verlagsfirmen, doch versuchten diese Verlage meist nur unter der Mitarbeit von Gelehrten des eigenen Landes, Kunstpublikationen in der Landessprache zu publizieren und erreichten darum selten internationale Wirkung. Wolff wollte deshalb einen neuen Typus des Kunstbuches schaffen, der sowohl von der exklusiven Aufmachung als auch vom Inhalt her die Voraussetzungen einer internationalen kunstwissenschaftlichen Publikation erfüllen sollte.

Über die redaktionellen Gesichtspunkte dieser Editionen unterrichtete ein Prospekt, der von Mardersteig in der Handpresse seiner Officina Bodoni in dem originalen Quartformat der Pantheon-Bände auf Bütten gedruckt und in deutscher, englischer, französischer, italienischer und spanischer Sprache ausgegeben wurde. Hier heißt es in der deutschen Fassung:

»Der neue Verlag will international sein; nicht nur in dem Sinne, daß er im Rahmen eines weitgespannten Planes jeden Verfasser über die Kunst seines Landes in seiner eigenen Sprache reden läßt und dieselben Werke zugleich in mehreren Sprachen veröffentlicht, sondern in dem tieferen Sinne, daß dieser Plan auch international gesehen wird. Er unternimmt es, die Geschichte der europäischen Kunst als eine geschlossene Einheit zu umfassen, deren einzelne Teile in ihrem beziehungsreichen Zusammenhang mit dem Ganzen und mit anderen Teilen das Grundgesetz gemeinsamer Entwicklung enthüllen. Das schicksalmäßige Verbundensein, das [...] sich in der Geschichte überall offenbart, hat auch im schöpferisch künstlerischen Leben der einzelnen Nationen seine tiefen und fruchtbaren Spuren und Zeichen hinterlassen. Sie deutlich herauszuheben und im Licht einer gereiften Kunstforschung allen in ihrer Sprache aufleuchten zu lassen – das ist das Ziel, um dessentwillen der Verlag international sein will.«[82]

So kühn und neu der internationale Verlagsstil in diesen Jahren war – auch auf dem Sektor des literarischen Marktes begannen sich internationale Geschäfte über Agenturen erst zaghaft zu entwickeln – so wenig nahm Wolff die Chancen des internationalen Marktes wahr. Er druckte seine mit je 100 Lichtdrucken ausgestatteten Bücher nicht in hohen Auflagen, die den Druck verbilligt hätten – unter Hinzufügung der jeweiligen Übersetzung –, sondern er wahrte einen esoterischen Charak-

---

[80] Wolff an Mardersteig, Brief vom 24. 1. 1923, GMB.
[81] *An International Publishing House for Art and Science.* Exposé im Besitz von Helen Wolff, New York. In diesem Programmentwurf werden im wesentlichen schon die Grundsätze vertreten, die der Verlag in seinen späteren Prospekten der Öffentlichkeit vorlegte. (Vgl. den Text zu Anm. 82 u. Anm. 83 dieses Kapitels.)

[82] Verlagsprospekt des Pantheon-Verlages (um 1926), DLA.

ter. »Im allgemeinen soll auf Massenauflagen, auf Popularität, auf kleine Auswahlbände etc. verzichtet werden; es ist vielmehr beabsichtigt, endgültige Ausgaben von hohem wissenschaftlichem Rang zu bringen.«[83] Qualität sollte vor Quantität stehen. Selbst die von Mardersteig gedruckten Werbeprospekte wurden zunächst in der Minimalauflage von 300 Stück an ausgewählte Interessenten verschickt[84].

Wolff, der sich im Frühsommer 1925 für drei Monate in Florenz einmietete, um die Institutionalisierung des Verlages voranzutreiben und Verbindungen zu den führenden italienischen Kunsthistorikern zu knüpfen[85], gelang es tatsächlich rasch, ein internationales beratendes Kuratorium namhafter Kunsthistoriker zu gewinnen, dem unter anderen Bernard Berenson, Wilhelm von Bode, Arduino Colasanti, Hofstede de Groot, Raymond Koechlin, Eric Maclagan, Wilhelm R. Valentiner, Adolfo Venturi, Paul Vitry und Heinrich Wölfflin angehörten.

Da die Kapitalbasis für die Produktionspläne nicht ausreichte, entschloß Wolff sich im Frühjahr 1926, seine Inkunabel-Sammlung zu verkaufen[86]. Erst im Sommer 1926 wurden die ersten Bände bei Mardersteig in Verona gedruckt, der während der ganzen Existenz der Pantheon Casa Editrice Wolffs typographischer Berater blieb. – Die Vorbereitungszeit der einzelnen Publikationen war groß – »Französische Manuskripte werden vor 1928 nicht vorliegen«, schrieb Wolff im Januar 1926[87] –, und deshalb erschienen zunächst die Bände der *Deutschen Plastik in Einzeldarstellungen* als Übernahmen aus dem Kurt Wolff Verlag und Herzog Luitpold von Bayerns *Die fränkische Bildwirkerei*, ein zweibändiges Tafelwerk, das erst 1925 im Kurt Wolff Verlag veröffentlicht worden war.

Der Kurt Wolff Verlag blieb auch bis 1930 die deutsche Hersteller- und Vertriebsfirma der Pantheon-Bücher, auch der Verlagsname des Kurt Wolff Verlages erschien im Impressum der deutschen Ausgaben neben dem Pantheon-Signet. Die französische und englische Auslieferung besorgte die Pegasus-Press in Paris, deren Inhaber, John Holroyd Reece, Teilhaber am Pantheon-Verlag wurde. Die amerikanische Auslieferung übernahm Harcourt, Brace & Co., New York, und die spanische die Firma Gili in Barcelona. Die Bücher selbst liefen nicht über das Sortiment, sondern wurden auf Subskriptionsbasis direkt vertrieben.

In dem Florenzer Verlag erschienen zwischen 1926 und 1930 23 Titel, die in beachtlichem Umfang die Versprechungen des Prospektes einlösten. Es erschienen Werke über die deutsche, englische und spanische Buchmalerei verschiedener Jahrhunderte, über *Die gotische Plastik in Frankreich,* eine Monographie über Giovanni Pisano, Querschnitte durch die italienische Malerei vom 14. bis 18. Jahrhundert, eine Arbeit über *Denkmäler islamischer Buchkunst.* Die Texte und die Bildauswahl stammten von Gelehrten, die internationalen Ruf genossen[88].

Trotzdem mußte Wolff zunehmend feststellen, daß der Zeitpunkt für das Unternehmen falsch gewählt war. Die wirtschaftliche Scheinblüte nach der Inflation war rasch vorbei. Die teuren, zwischen 40 und 385 Mark kostenden Prachtbände ließen sich nicht absetzen. Bereits 1926, als die Produktion anzulaufen begann, hatte Mardersteig gewarnt: »Die Verhältnisse für den Buchhandel scheinen noch nicht wesentlich verändert zu sein. Man hört manchmal, daß es sich in Germanien zu bessern beginne, aber ich glaube, daß die größere Geldflüssigkeit eher darauf zurückzuführen ist, daß man ungern sein Geld festlegt, wenn man es einmal freibekommen hat.«[89]

Als die Weltwirtschaftskrise im Oktober 1929 ausbrach, war die Weiterführung der Pantheon Casa Editrice in Frage gestellt. Dies und geschäftliche Differenzen mit Holroyd Reece führten zum endgültigen Ausscheiden Wolffs im Frühjahr 1930. Holroyd Reece war, den Berichten der Zeitgenossen zufolge, eine zwielichtige Figur. Sohn eines bayerischen Rabbiners namens Ries, heiratete er eine Engländerin Holroyd und nannte sich fortan John Holroyd Reece. Ähnlich abenteuerlich wie diese

---

[83] A. a. O.

[84] Vgl. Wolff an Mardersteig, Brief vom 15. 1. 1926, KWB, S. 405.

[85] Vgl. Wolff an Mardersteig, Brief vom 11. 5. 1925, KWB, S. 403 f. – Dort lernte Wolff auch Ugo Ojetti kennen und erwarb dessen Roman *Mein Sohn, der Herr Parteisekretär*.

[86] Wolff an Mardersteig, Brief vom 16. 4. 1926, KWB, S. 406: »Dann wird eben die Auktion doch wohl unvermeidlich sein. Ich meine, wenn ich sage und sichtbar mache, was ja der tatsächliche Grund der ganzen Maßnahme ist, nämlich die Erfordernis großer Mittel für den Florentiner Verlag, so muß man die Maßnahme verstehen.« Zu der Sammlung und der Auktion selbst vgl. Kapitel 5.3, Anm. 114.

[87] Wolff an Mardersteig, Brief vom 15. 1. 1926, KWB, S. 405.

[88] Es seien nur einige Namen aufgeführt: Adolf Feulner, Erwin Panowsky, Wilhelm Pinder, Adolfo Venturi, Adolph Goldschmidt, Arthur Kingsley Porter, Paul Vitry, Marcel Aubert, Corrado Ricci, Giuseppe Fiocco, Adolf Grohmann, Aldo de Rinaldis.

[89] Mardersteig an Wolff, Brief vom 2. 5. 1926, GMB.

Namensbildung müssen seine Geschäftspraktiken gewesen sein, und es scheint, daß Wolff bei der Trennung vom Pantheon-Verlag viel Geld verlor.

Der Verlag wurde von dem Alleinbesitzer Reece noch kurze Zeit weitergeführt. 1930 erschienen noch sieben Kunstbände, die nun von der Brandusschen Verlagshandlung, Berlin, als eine Reihe *Pantheon-Edition* vertrieben wurden. Weitere acht Bände, die ein Prospekt aus dem Jahre 1930 ankündigte[90], erschienen nicht mehr. Die italienischen Restbestände übernahm der Mailänder Verlag Mondadori, in den dreißiger Jahren tauchten die deutschen Ausgaben auch als Pantheon-Kunstbücher in dem Pantheon-Verlag für Kunstwissenschaft von H. Schmidt & C. Günther in Leipzig auf.

8 Das Ende einer Ära

Um Kurt Wolff und seinen Verlag wurde es Ende der zwanziger Jahre still. Noch 1925 hatte sich Kurt Tucholsky darüber erregt, daß die großen deutschen Verleger nichts gegen das völkische Treiben des Börsenvereins im Börsenblatt unternähmen, und hatte dabei Kurt Wolff als führenden Verleger vor Ernst Rowohlt und S. Fischer an erster Stelle genannt[1]. Ende 1927 entzündete Wolff ein letztes Mal eine längere Diskussion in der *Frankfurter Zeitung* mit einem offenen Brief über die Novitätensucht des Publikums und die Stagnation des Büchermarktes[2]. Auch hier wurde Wolff in den Diskussionsbeiträgen noch als einer der »führenden« und »namhaften« deutschen Verleger bezeichnet[3]. Im April 1928 schließlich gab Klaus Herrmann in der *Neuen Bücherschau* ein kritisches Porträt des Verlages, dann verlieren sich die öffentlichen Zeugnisse aus dem literarischen Leben der Zeit.

Herrmann rügte in seinem Beitrag vor allem, daß der Verlag in den unmittelbar zurückliegenden Jahren Bücher herausgebracht habe, »deren Notwendigkeit nicht zu erkennen ist: Neuausgaben von de Coster, nicht immer gut gemachter Unterhaltungskitsch, Kunstpublikationen, die aus dem Rahmen dieses in der Hauptsache literarischen Verlages fallen. Dafür sind zwei junge Autoren vertreten, Joseph Roth und Paula Schlier, die den Willen des Verlages erkennen lassen, nach dem Abflauen des Expressionismus, zu dessen Propagierung er an erster Stelle beigetragen hat, mitzuhelfen an dem Aufbau einer neuen, wirklichkeitsnahen Dichtung.«[4] Herrmann hatte zwar die veränderte verlegerische Haltung Wolffs zur Kunstproduktion übersehen, gab aber ein treffendes Bild der öffentlichen Meinung wieder, die dem Verlag immer noch das Etikett anheftete, der literarische Verlag des Expressionismus gewesen zu sein, von dem er sich auch nicht mehr lösen konnte. Denn die Vermutungen Herrmanns über die Intentionen des Verlages, an der Förderung der als »neue Sachlichkeit« bezeichneten Dichtung mitzuwirken, erwiesen sich schon am Jahresende 1928 als unberechtigt. – Ein Blick auf die Produktionsstatistik nach der Inflationszeit zeigt zunächst eine Stagnation und schließlich eine Umfangsverkleinerung, die – verglichen mit den zwischen 40 und 60 Titeln liegenden Produktionszahlen der vorhergehenden Jahre – geradezu erschreckend ist. 1924 wurden insgesamt 16 Einzeltitel verlegt, 1925 waren es 20, dann schrumpfte die Produktion noch stärker. 1926 erschienen 14 Publikationen, 1927 schließlich 13, 1928 waren es neun Bücher, und für das Jahr 1929 läßt sich lediglich ein einziges, vermutlich vordatiertes Buch ermitteln, das in gemeinsamer Produk-

---

[90] Prospekt im DLA (Datierung erschlossen).

[1] Kurt Tucholsky: Wo. Glosse. In: Kurt Tucholsky: Gesammelte Werke. Hrsg. von Mary Gerold-Tucholsky u. Fritz J. Raddatz. Bd 2, Reinbek 1961, S. 153.

[2] Der Verleger hat das Wort. Ein Brief von Kurt Wolff. In: Frankfurter Zeitung vom 13. 2. 1927. – Wolff ging in diesem Brief auf die Gründe ein, warum seit geraumer Zeit zu wenig Bücher gekauft würden und der Absatz sich in erster Linie auf die »Novität« konzentrieren würde. Er sah die Gründe vor allem in dem Vordringen neuer Freizeitbeschäftigungen, vor allem dem Radio und einer »unverkennbaren Zeittendenz, die uns eine starke, weit übers Ziel schießende Bewegung vom geistig Betonten fort zum überbetont Leiblichen erleben läßt«. Für die »Novitätensucht« fand er keine Erklärung, sah aber darin die »ganz große Gefahr«. Auf diesen Beitrag, der auch im Börsenblatt (Nr. 271 vom 22. 11. 1927, S. 1365 f.) nachgedruckt wurde, reagierten zahlreiche Verleger, Buchhändler und Kritiker. Die Diskussion wurde auch in anderen Zeitungen fortgesetzt.

[3] F. Hi.: Das gute Buch hat zu wenig Freunde! In: 8 Uhr Abendblatt, Berlin, vom 19. 11. 1927; und E. Sch.: Krise des Lesens. Eines Buchhändlers Klage. In: Neues Wiener Journal, vom 20. 11. 1927.

[4] Klaus Herrmann: Deutschland im Spiegel seiner Verleger. Kurt Wolff Verlag. In: Die Neue Bücherschau, 6. Jg., 4. Heft, April 1928, S. 199.

Abb. 35: *H. A. Strauß:* Astrologie. Grundsätzliche Betrachtungen, *München 1927.* – Umschlag mit einer Zeichnung von Emil Preetorius

tion mit dem Transmare-Verlag erschien[5]. Dann lieferte der Verlag nur noch aus.

Der fortschreitende Verlagszerfall und die Aushöhlung des literarischen Programms durch Anpassung an den breiten Publikumsgeschmack sind unübersehbar durch die Art der Produktion. Neben Kafkas nachgelassenen Romanen und Max Pulvers *Himmelpfortgasse* (1927) erschienen im gleichen Jahr John Erskines Unterhaltungsroman *Das Privatleben der schönen Helena*, der okkulte Roman von Dion Fortune *Liebe aus dem Jenseits* und ein Buch von Heinz Arthur Strauß über *Astrologie*. 1928 erschienen neben den letzten Kunstbänden schließlich zwei Bücher für Feinschmecker[6] und ein Fotoband *Die Welt ist schön* des Fotografen Albert Renger-Patsch, dessen Werk in den vergangenen Jahren in Deutschland wiederbelebt wurde.

Die Resignation über die Entwicklung des literarischen Lebens in Deutschland, die Wolff während der Inflationszeit befallen hatte, vermochte der Verleger auch in den letzten Jahren seiner verlegerischen Tätigkeit in Deutschland nicht zu durchbrechen. Im Januar 1926 schrieb er an Mardersteig, wie schwer es sei, in Deutschland zu arbeiten: »[...] die psychologische Problematik unseres Arbeitens hier liegt ja darin, daß wir uns sagen, daß wir schon zehn Jahre unter dem Druck von Krisen stehen, mit deren langer Dauer wir nie rechnen wollten, und daß wir heute einsehen, einer Besserung der Verhältnisse noch fern zu sein.«[7] Zwar hoffte Wolff gerade in diesem Jahr, als die Pantheon Casa Editrice mit ihrer Produktion begann, dem Verlag neuen Auftrieb zu geben. Auch Georg Heinrich Meyer nährte noch solche Hoffnungen[8]. Doch gelang es Wolff nicht mehr, wesentliche neue Autoren zu verpflichten. Selbst der bis dahin »treue« Max Brod wechselte nach seinem letzten Buch *Rëubeni, Fürst der Juden* (1925) ganz zu Zsolnay über, der sich als der eigentliche Erbe und Nachfolger Wolffs erwies. Dort erschienen neben Werfels und Heinrich Manns Bücher ab 1927 die mondänen Frauenromane Brods, die dieser Mitte der zwanziger Jahre mit großem Publikumserfolg zu schreiben begonnen hatte.

Die von Herrmann genannte Autorin Paula Schlier war keine große Neuerwerbung. *Choronoz. Ein Buch der Wirklichkeit in Träumen*, in der bescheidenen Auflage von 3000 Exemplaren 1927 herausgebracht, blieb ein singuläres Werk bei Wolff. Und Joseph Roth, der einzige Schriftsteller von Rang, der in den letzten Produktionsjahren des Verlages erworben werden konnte, wurde von Georg Heinrich Meyer zu Wolff gebracht[9]. Zwar erwies Wolff hier noch einmal seinen Instinkt für bedeutende Autoren – »Kurt Wolff hat seinem Direktor Meyer [...] von der Notwendigkeit, mich zu verlegen, gesprochen«, schrieb Roth an Benno Reifenberg[10] – doch

---

[5] August Sander: Antlitz der Zeit. 60 Aufnahmen deutscher Menschen des 20. Jahrhunderts. München, Berlin 1929.

[6] Carl Georg von Maaßen: Weisheit des Essens. Ein gastronomisches Vademekum. München 1928; und: Paul Reboux: Der neue Gourmet. Ein Buch für Feinschmecker. München 1928.

[7] Wolff an Mardersteig, Brief vom 15. 1. 1926, KWB, S. 404.

[8] So in einem Brief an Mardersteig, vom 29. 9. 1926, vgl. auch Kapitel 7, Text zu Anm. 5 u. die Anm. 6.

[9] Am 30. 5. 1928 schrieb Roth an Meyer: »Ich danke Ihnen für Ihre Versprechungen, mich berühmt zu machen, obwohl Sie es selbst wissen, wie dankbar ich Ihnen bin und wie ich zu Ihnen stehe. Wenn ich es wiederhole, so geschieht es nur, weil ich mich selbst freue, wenn ich Ihnen gelegentlich sagen kann, wie groß mein Zutrauen zu Ihnen ist.« (DLA). – Zu den Beziehungen Roths zu Wolff vgl. auch bei David Bronsen: Joseph Roth. Eine Biographie. Köln 1974, das Kapitel: Die wachsende Entfremdung, besonders S. 327 f.

[10] Roth an Reifenberg, Brief vom 23. 4. 1927. In: Joseph Roth: Briefe 1911–1939. Hrsg. von Hermann Kesten. Köln, Berlin 1970, S. 102.

galt es für Roth nicht mehr wie für die Autoren des *Jüngsten Tages* als Ehre, im Kurt Wolff Verlag zu erscheinen. Roth spielte Fischer und Wolff gegeneinander aus und lehnte Brods Empfehlung für Zsolnay nur ab, weil er bei Wolff eine monatliche Rentenzahlung erwirken konnte[11]. An Félix Bertaux schrieb er: »Mit S. Fischer verhandle ich über meine nächsten Bücher, ich hoffe, daß ich mit ihm zu einem Resultat kommen werde, obwohl ich dadurch Kurt Wolff keinen Gefallen erweise. Es scheint mir aber, daß ich in Deutschland die Unterstützung der ganzen Autorität Fischers brauche.«[12] Und Wolff selbst mußte sich 1930 enttäuscht eingestehen, daß er an dem berechnenden Autor viel Geld verloren habe[13].

Der Verlag, der seit 1926 nur noch einen Hersteller beschäftigte[14] und kein ständiges Lektorat mehr hatte, wurde durch die ersten Anzeichen der Wirtschaftskrise ab 1926 zunehmend bedrängt. Die Sortimentsbuchhändler, aus der Inflationszeit an hohen Absatz gewöhnt, hatten sich in diesen Jahren häufig verkalkuliert und konnten ihre vollen Lager nicht räumen. Viele Buchhändler mußten Konkurs anmelden, und die oft hohen Außenstände Wolffs mußten abgeschrieben werden[15]. Wolff war deshalb in den Jahren 1927 bis 1929 zunehmend damit beschäftigt, durch Abstoßung von Rechten und Lagerbeständen an andere Verlage und Einsatz des Privateigentums den Verlag vor dem drohenden Konkurs zu retten.

Es gibt leider nur spärliche Quellen, die Einzelheiten der finanziellen Transaktionen dieser Jahre erkennen lassen. Im letzten Produktionsjahr 1928 schien die Situation sich zugespitzt zu haben. Am 7. Dezember 1928 ist in einem Privatbrief an die Schwiegermutter von dem Freund Guido Regendanz die Rede, der als Bankier vermutlich noch einmal Kapital zur Verfügung stellen sollte; am 8. Januar 1929 schrieb Wolff, daß er Buchenried, einen umfangreichen Gebäudekomplex mit riesigem Grundstück in Leoni am Starnberger See, wohl werde verkaufen müssen[16].

Auch privat geriet Wolff zunehmend in Isolation. Das aufwendige hektische Leben der vergangenen Jahre, das von beruflichen Mißerfolgen und einer gewissen Ziellosigkeit begleitet war – »Warum aufgehört: Da war nix Neues mehr sichtbar«, notierte er einmal lakonisch[17] – führte zur Entfremdung in der Ehe. In den Tagebüchern 1928 und 1929 finden sich häufig Notizen wie »1 Uhr allein – nachmittags Verlag – abends allein«, »vormittags zu Haus – allein – abends allein«, »7.30 allein, nach Tisch eine Stunde spazieren«. Am 28. Dezember 1928 schrieb Wolff an Mardersteig: »Liebster Freund: der Weihnachtstag brachte mir einen einzigen Brief – Deinen. Und der trug soviel freundschaftliche Wärme zu mir, daß er viele viele Briefe aufwog und zum besten Weihnachtsgeschenk wurde«[18].

Das Jahr 1929 brachte die entscheidenden Schicksalsschläge, die den endgültigen Entschluß reifen ließen, den Verlag zu liquidieren. Eine Aussprache über »vielerlei ernste Sorgen«[19] mit der engsten Vertrauten dieser Jahre, Clara Merck, kam nicht mehr zustande, die Schwiegermutter starb überraschend. Elisabeth Wolff erkrankte lebensgefährlich. Schließlich wurde die Ehe noch 1929 getrennt. Wolff überließ die Verlagsführung Arthur Seiffhart, der mit vier Angestellten die Auslieferung weiterführte, Georg Heinrich Meyer baute mit Daniel Brody den Rhein-Verlag neu auf.

Im Dezember 1928 hatte Wolff noch gewünscht, »daß nicht ein ›Total-Ausverkauf‹ das Ende des KWV bedeuten sollte. Und wie sehr bemühe ich mich, darauf hinzuarbeiten, daß es nicht ganz so trostlos wird. [...] Ich hoffe so sehr, daß es möglich sei, eine Basis zu erhalten, auf der späterhin auch wieder etwas an- und aufgebaut werden könnte.«[20]

Doch das Scheitern in der Privatsphäre, die hereinbrechende Weltwirtschaftskrise im Oktober 1929 und der Mißerfolg im Pantheon-Verlag ließen keine Hoffnung mehr. Wolff, der sich während ausgedehnter Reisen über seine weitere Zukunft klarzuwerden versuchte, zog sich

---

[11] »Da ich inzwischen einen wehmütigen Entschuldigungsbrief von Zsolnay bekommen habe, [...] rechne ich mit einigem Recht auf Zsolnays Verlangen, mein nächstes Buch zu erwerben und also durch sein Angebot 800–1000 M. monatlich bei Kurt Wolff zu erzielen. Köpfchen! Also bin ich die nächsten 7 Monate zumindest mit Essen gesichert«. Roth an Reifenberg, Brief vom 28. 12. 1927, a. a. O., S. 114.

[12] Roth an Bertaux, Brief vom 13. 2. 1928, a. a. O., S. 123.

[13] Vgl. Wolff an Werfel, Brief vom 23. 6. 1930, KWB, S. 352.

[14] So schrieb Meyer am 29. 9. 1926 an Mardersteig: »Nachdem die Herstellung des Kurt Wolff Verlages jetzt sehr klein geworden ist, werden wir uns wahrscheinlich von Herrn Rösch [...] trennen müssen, da Herr Disterer für die Herstellung auf absehbare Zeit hinaus wohl genügen dürfte.« (GMB).

[15] »Jetzt ist es wirklich verflucht schwer. Böhme in Hannover z. B. hat den Offenbarungseid geleistet und als Vermögensverzeichnis angegeben: Geld M 10. – [...]. Da ist natürlich nichts zu wollen.« Meyer an Mardersteig im gleichen Brief vom 29. 9. 1926.

[16] Beide Briefe im NA.

[17] Zit. nach Autoren, Bücher, Abenteuer, S. 107.

[18] GMB.

[19] Wolff an Clara Merck, Brief vom 8. 1. 1929, NA.

[20] Wolff an Mardersteig, Brief vom 28. 12. 1928, GMB.

Abb. 36: *Arthur Seiffhart, Anfang der dreißiger Jahre*

im Sommer 1930 zu Freunden auf ein Sanatorium in Mecklenburg zurück. Von dort schrieb er an Werfel, warum er den Verlag nach zwanzigjähriger Tätigkeit aufgeben wolle, ohne jedoch für sich selbst schon konkrete Zukunftspläne zu haben. Es sei nicht allgemeine Müdigkeit oder mangelndes Vertrauen in das deutsche Schrifttum. »Mag ichs nun lediglich durch eigenes Verschulden falsch angefaßt haben, mag ich Pech gehabt haben [...], Tatsache ist, daß ich mich in den letzten sechs Jahren praktisch und materiell an diesem Verlag aufgerieben, verblutet habe. [...] Was ich privat hatte, ist zugesetzt, von Frau Elisabeths nicht großem Vermögen ein nicht unerheblicher Teil. [...] Ich habe keine Vorbedingungen mehr finden können, die mir die Weiterarbeit möglich oder auch nur erlaubt erscheinen lassen; ›gewurstelt‹ haben wir in der letzten Zeit genug, und entschlußlos einen als unhaltbar erkannten Interimszustand fortzuführen scheint mir unwürdig und sinnlos.«[21]

Wolff wollte nicht durch seine Zahlungsschwierigkeiten wie andere Verleger während der Weltwirtschaftskrise – darunter auch Rowohlt[22] – in Abhängigkeit von Gläubigern, Druckern und Buchbindern geraten. Er zog es vor, dem seit dem Rückzug der Autoren 1924 anhaltenden Zersetzungsprozeß des Verlages, der bis in das Privatleben übergegriffen hatte, konsequent ein Ende zu setzen. »Was jetzt geschieht? [...] ich verkaufe soweit aus, daß wir schuldenfrei werden (was jetzt schon eigentlich der Fall ist, [...]) und dann wird es sich zeigen müssen, ob sich jemand findet, der Lust hat, den verbleibenden Kern des Verlags, in dem doch das Beste und Wichtigste verblieben ist, wieder neu auf- und auszubauen.«[23]

Der Käufer fand sich wie bei dem Hyperion-Verlag und dem Verlag der Weißen Bücher in dem Schwager Peter Reinhold. Reinhold übernahm den Torso 1931 und verlegte den Verlagssitz bei Produktionsbeginn 1933 nach Berlin. Dort wurde die Firma mit dem Neuen Geist Verlag fusioniert. Dieser neue Kurt Wolff Verlag führte während der dreißiger Jahre allerdings nur noch ein bescheidenes Dasein. 1940 wurde er in Genius-Verlag umbenannt, produzierte aber seit 1942 nicht mehr und erlosch endgültig im Jahre 1946[24].

Die Jahre 1931 und 1932 verbrachte Wolff auf Reisen, meist in Südfrankreich, England und Italien lebend. Berufliche Pläne, mit denen er wieder in Deutschland Fuß fassen wollte, zerschlugen sich. Walter Hasenclever be-

---

[21] Wolff an Werfel, Brief vom 23. 6. 1930, KWB, S. 352.
[22] Rowohlt »war zeitweise nicht mehr ganz Herr im eigenen Hause«, schreibt Paul Mayer über die Zeit der Wirtschaftsdepression Anfang der dreißiger Jahre. »Als Repräsentant der Gläubiger wurde Direktor Gerschel eingesetzt [...]. Ihm mußte das Verlagsprogramm vorgelegt werden.« (Paul Mayer: Ernst Rowohlt, S. 107).
[23] Wolff an Werfel, Brief vom 23. 6. 1930, KWB, S. 352 f.
[24] Der Verlag eröffnete sein Programm mit Elias Auerbachs *Wüste und gelobtes Land*. Reinhold plante von diesem Buch ausgehend eine Geschichte der Juden, die aber durch die politische Entwicklung scheiterte. Statt dessen verlegte Reinhold Graf Arthur Gobineaus *Die Ungleichheit der Menschenrassen* (1934), um dem Verlag ein »arisches« Gepräge zu geben. Immer weniger der alten Wolff-Bücher konnten vertrieben werden. Aus politischen Gründen entschloß Reinhold sich auch, den Verlag nach der unverfänglicheren Zeitschrift *Genius* zu benennen. Es erschienen während der dreißiger Jahre einige Bücher von Eulenberg, ein Opernführer und kleinere Nachschlagewerke. Bedeutendstes Projekt war eine 12bändige Geschichte der Malerei, die Werner R. Deusch herausgab. Es konnten allerdings nur vier Bände erscheinen. Geschäftsführer 1933 war Paul Aron, ein jüdischer Intellektueller, der bereits 1933 emigrieren mußte. An seine Stelle trat Alfred Semank. Heinrich Scheffler, als Lehrling in den Verlag eingetreten, berichtet, daß der Verlag, der ohne feste Programmkonzeption arbeitete, in bescheidenstem Umfang von dem Geschäftsführer, dessen Frau als Sekretärin, einem Buchhändler und ihm als Lehrling betrieben wurde. (In einem mdl. Gespräch vom 28. 12. 1973.) Während des Krieges mußte der Verlag die Produktion einstellen, das Verlagshaus in Berlin-Schmargendorf wurde zerstört. Nach dem Tode Reinholds 1946 wurde der Verlag liquidiert.

Ladislaus Somogyi, seit 1937 Lehrling und später Angestellter des Verlages, übernahm 1945 kurzfristig die Leitung des

trieb die Gründung eines Uraufführungstheaters mit einem angeschlossenen Bühnenvertrieb, dessen Leitung Wolff übernehmen sollte. Doch beide sahen die kommende politische Entwicklung verhältnismäßig früh. »Tucho [Kurt Tucholsky] und ich sehen düster mit unserem Vaterlande«, schrieb Hasenclever am 1. Dezember 1931 an Wolff. »Die Partie ist verloren. Uns droht Verbannung, Verbot, Ächtung – Auf nach Frankreich! Zusammenschluß der Heimatlosen!!«[25] Auch von der im Gespräch befindlichen Annahme einer Rundfunkintendantur in Berlin sah Wolff aus politischen Gründen ab. Anfang 1933 fiel die definitive Entscheidung zur Emigration. Am 27. Februar brannte der Reichstag ab, am 28. Februar verzeichnete Wolffs Tagebuch: »Packen [bis] $^1/_2$ 2«. In der Nacht zum 2. März verließ der Verleger Deutschland für immer. Auch nach dem Kriege kehrte er nur noch zu Besuchen zurück.

Mit 43 Jahren stand Wolff am Ende einer ehemals glanzvollen Karriere, die ihm die wichtigste verlegerische Position im literarischen Leben des Expressionismus eingebracht hatte, was unsere Abhandlung im einzelnen darzulegen sich bemühte. Mit 54 gelang es dem Verleger nach 11jährigem Privatisieren im europäischen Exil, in den USA, in einem fremden Land, unter fremden Arbeitsbedingungen noch einmal einen neuen Verlag der Weltliteratur aufzubauen, Pantheon Books, Inc., der ihm den späten Ruhm eintrug, der »internationalste« Verleger gewesen zu sein, den Deutschland je hervorgebracht habe[26].

Die Renaissance des Expressionismus nach dem Kriege hat Wolff in den Anfängen noch miterlebt. Und es liegt ein rätselhaftes Fatum über seiner Biographie, daß ihn der Tod an der Stätte ereilte, zu der er zurückgekehrt war, um noch einmal die Zeugnisse seiner Verlagstätigkeit zwischen 1910 und 1930 anzuschauen. Im Oktober 1963 fuhr Wolff nach Marbach am Neckar, um in dem Deutschen Literaturarchiv die dortigen Sammlungen literarischer Dokumente des Expressionismus zu besichtigen und sich mit Freunden zu treffen. Er starb, noch ehe er diese Dokumente gesehen hatte, am 21. Oktober 1963 durch einen Autounfall in Ludwigsburg. Auf dem Nachttisch in seinem Ludwigsburger Hotel lag der Marbacher Expressionismuskatalog.

1917, auf der Höhe seines verlegerischen Wirkens, hatte Kurt Wolff an Rainer Maria Rilke geschrieben: »Wir Verleger bleiben, haben wir überhaupt je gelebt, nur kurze Jahre lebendig.«[27] Im hohen Alter schrieb er zweifelnd an dem Rang seiner Verlegerrolle an den Freund Curt von Faber du Faur: »[...] wer fragt noch übermorgen danach (und mit Recht), wer der Verleger von Kafka oder Trakl war«[28]. Eine gültige Antwort auf diese Frage und auf das verlegerische Werk im Kurt Wolff Verlag hatte Franz Werfel seinem Verleger allerdings schon 1930 gegeben:

»*Der K. W. Verlag war das literarische Instrument der letzten dichterischen Bewegung, die es in Deutschland gegeben hat. Wie hoch oder niedrig man die Namen, die ihn gebildet haben, heute veranschlagen mag, eines steht fest, es waren dichterisch gesinnte Elemente, die letzten Dichter, die der Krieg aufgeopfert hat. – Das Bild der Welt ist heute so sehr verändert, daß erst eine künftige Zeit jenen Menschen gerecht werden kann, zu denen wir beide auch gehören.*«[29]

Genius-Verlages und gründete mit dessen Beständen und Autorenrechten 1946 in Berlin einen *Neuen Geist Verlag*, der das Programm des alten, 1917 gegründeten Verlages fortsetzen sollte. Der Verlag produzierte zwischen 1946 und 1950 einige schmale Bände, darunter Bücher von Johannes R. Becher, Francis Jammes (Titel aus dem KWV) und Max Scheler. 1972 wurde er im Handelsregister gelöscht. (Nach einem Gespräch mit Ladislaus Somogyi vom 2. 9. 1973.)

[25] Brief im KWA.
[26] Heinrich Scheffler: Kurt Wolff-Marginalien. In: Börsenblatt, Frankfurter Ausgabe, Nr. 95, vom 26. 11. 1963, S. 2212. – Zur Geschichte der Pantheon-Books vgl. KWB, S. L–LIV. Eine ausführlichere Darstellung dieses Verlages ist im Rahmen der amerikanischen Exilliteraturforschung geplant. (Vgl. Klaus W. Jonas: Amerikas Beitrag zur Erforschung der deutschsprachigen Exilliteratur. In: Aus dem Antiquariat Nr. 9, Beilage zum Börsenblatt Nr. 77 vom 27. 9. 1974, S. A 285.)

[27] Wolff an Rilke, Brief vom 10. 12. 1917, KWB, S. 148.
[28] Wolff an Faber du Faur, Brief vom 11. 5. 1958, KWB, S. 482.
[29] Werfel an Wolff, Brief vom 25. 3. 1930, KWB, S. 350.

9 Literaturverzeichnis

Benutzte Archive und Nachlässe

Deutsches Literaturarchiv, Marbach am Neckar
Richard Dehmel-Archiv der Universitätsbibliothek Hamburg
Herbert Eulenberg-Archiv, Düsseldorf-Kaiserswerth
Handschriftensammlung der Stadtbibliothek München
Insel-Archiv der Nationalen Forschungs- und Gedenkstätten der klassischen deutschen Literatur in Weimar – Goethe- und Schiller-Archiv
Karl Kraus-Archiv der Wiener Stadtbibliothek
Giovanni Mardersteig, Briefwechsel mit dem Kurt Wolff Verlag (Privatbesitz Giovanni Mardersteig, Verona)
Nachlaß Elisabeth Albrecht (Privatbesitz Maria Stadelmayer-Wolff, München)
Nachlaß Wilhelm Schmidtbonn, Stadtbibliothek Bonn
Staatsbibliothek Preußischer Kulturbesitz, früher Preußische Staatsbibliothek, Berlin (Sturm-Archiv u. Nachlaß Gerhart Hauptmann)
Tagebücher u. Nachlaß Kurt Wolffs (Privatbesitz von Helen Wolff, New York)
Kurt-Wolff-Archiv der Yale University, New Haven, Conn.

Nachschlagewerke und Bibliographien

Adressbuch des Deutschen Buchhandels. Leipzig, verschiedene Jahrgänge 1910–1942
BECKER, Eva D. u. DEHN, Manfred: Literarisches Leben. Eine Bibliographie. Hamburg 1968 = Schriften zur Buchmarkt-Forschung 13
BILETTA, Rudolf: Sternheim-Bibliographie. Verzeichnis der Schriften Sternheims. Typoskript im Deutschen Literaturarchiv, Marbach o. J.
HILLER, Helmut: Wörterbuch des Buches. 2. erw. Aufl., Frankfurt am Main 1958
HORODISCH, Abraham: Die Bücher des Verlages Julius Zeitler in Leipzig 1904–1912. Berlin 1933
JOHANN, Ernst: S. Fischer Verlag. Vollständiges Verzeichnis aller Werke, Buchserien und Gesamtausgaben mit Anmerkungen zur Verlagsgeschichte 1886–1956. Frankfurt am Main 1956
KERRY, Otto: Karl-Kraus-Bibliographie. Mit einem Register der Aphorismen, Gedichte, Glossen und Satiren. München 1970
KOSCH, Wilhelm: Deutsches Literatur-Lexikon, 2. Aufl., Bd 1–4, Bern 1949–1958
Kürschners Deutscher Literatur-Kalender. Berlin 1910–1915
Lexikon des Buchwesens. Hrsg. von Joachim Kirchner. Bd 2, Stuttgart 1953
RAABE, Paul: Die Zeitschriften und Sammlungen des literarischen Expressionismus. Repertorium der Zeitschriften, Jahrbücher, Anthologien, Sammelwerke, Schriftenreihen und Almanache 1910–1921. Stuttgart 1964
[RODENBERG, Julius:] Deutsche Bibliophilie in drei Jahrzehnten. Verzeichnis der Veröffentlichungen der deutschen bibliophilen Gesellschaften und der ihnen gewidmeten Gaben 1898–1930. Hrsg. von der Deutschen Bücherei, Leipzig 1931
–, –: Deutsche Pressen. Eine Bibliographie. Wien 1925
SARKOWSKI, Heinz: Fünfzig Jahre Insel-Bücherei 1912–1962. Frankfurt am Main 1962
–, –: Der Insel-Verlag. Eine Bibliographie 1899–1969. Bearb. u. hrsg. von – –. Frankfurt am Main 1970
SCHLAWE, Fritz: Literarische Zeitschriften. Bd 1 1885–1910; Bd 2 1910–1933. Stuttgart 1961–1962
SCHRAMM, Albert: Deutschlands Verlagsbuchhandel. Leipzig 1925
STERN, Desider: Werke von Autoren jüdischer Herkunft in deutscher Sprache. 3. Aufl., Wien 1970
WILPERT, Gero von, u. GÜHRING, Adolf: Erstausgaben deutscher Dichtung. Eine Bibliographie zur deutschen Literatur 1600–1960. Stuttgart 1967
WOLFF, Kurt: Alphabetisches Verzeichnis der Bücher, Mappenwerke, Zeitschriften, Graphik, sowie der Verlagsrechte, die der Kurt Wolff Verlag und die ihm angegliederten Betriebe [...] bis Ende 1930 veröffentlicht, vertrieben oder erworben haben. Nicht veröffentl. masch. Ms. (um 1933)
ZENKER, Edith: Heinrich-Mann-Bibliographie. Werke. Bearb. von – –. Hrsg. von der Deutschen Akademie der Künste zu Berlin. Berlin u. Weimar 1967

Almanache und Verlagskataloge

Das Bunte Buch. Almanach des Kurt Wolff Verlages. Mit einem Verlagsverzeichnis 1910–1913. Leipzig 1914
Vom jüngsten Tag. Ein Almanach neuer Dichtung. Leipzig: KWV 1916 u. 2. veränd. Aufl.. Leipzig: KWV 1917
Der neue Roman. Ein Almanach. Leipzig: KWV 1917
Die neue Dichtung. Ein Almanach. Leipzig: KWV 1918
Das neue Geschichtenbuch. Ein Almanach. Leipzig: KWV 1918
1925. Ein Almanach für Kunst und Dichtung aus dem Kurt Wolff Verlag. Mit einem Verlagsverzeichnis aller lieferbaren Titel 1924. München 1924
1927. Ein Almanach für Kunst und Dichtung aus dem Kurt Wolff Verlag. Mit einem Verzeichnis aller lieferbaren Titel 1926. München 1926
Neuerscheinungen 1911/1912. Leipzig: Ernst Rowohlt o. J.
Die Bücher und graphischen Publikationen des Verlages Kurt Wolff zu Leipzig. Verlagsverzeichnis 1909–1916. Leipzig o. J.
Die Bücher und graphischen Publikationen von Kurt Wolff Verlag. München und Leipzig, Herbst 1919 (Verlagsverzeichnis)
Bücher und graphische Publikationen Kurt Wolff Verlag München und Leipzig 1921 (Verlagsverzeichnis)
Die Bücher und graphischen Publikationen des Kurt Wolff Verlages München und Leipzig 1922 (Verlagsverzeichnis)
Bücher und Graphik des Kurt Wolff Verlages. München, Berlin, Leipzig 1925 (Verlagsverzeichnis)
Verlag der Weißen Bücher, München 1921 u. 1922 (Verlagsverzeichnisse)
Bücher und graphische Publikationen Hyperion-Verlag München/Berlin 1921 (Verlagsverzeichnis)
Die Bücher und graphischen Publikationen des Hyperion-Verlages München und Berlin 1922 (Verlagsverzeichnis)

Bücher und Graphik des Hyperion-Verlages 1925. München/ Berlin/Leipzig (Verlagsverzeichnis)

Almanach der Münchner Verleger 1926. Gedruckt für die Vereinigung Münchner Verleger, München 1925

Fünf Jahre Hyperion-Verlag. (22. Sept. 1906–1911). Bericht über die Tätigkeit des Verlages, seine Ziele und Neuerscheinungen. München 1911

Fünfundzwanzig Jahre Georg Müller Verlag. 1903–1928. München 1928

Das XXVte Jahr. Almanach des S. Fischer Verlages, Berlin 1911

HINTERMEIER, Mara, u. RADDATZ, Fritz J.: Rowohlt Almanach 1908–1962. Hrsg. von – –. Mit einem Vorwort von Kurt Pinthus und einer vollst. Bibliographie 1908–1961. Reinbek 1962

Das Jahrzehnt 1908–1918. Ein Almanach. Berlin: Erich Reiß 1919

KIEPENHEUER, N.: Vierzig Jahre G. Kiepenheuer Verlag 1910 bis 1950. Almanach. Hrsg. von – –. Weimar 1951

Österreichischer Almanach auf das Jahr 1916. Hrsg. von Hugo von Hofmannsthal. Leipzig: Insel 1916

Stationen. Piper-Almanach 1904–1964. München 1964

VERÖFFENTLICHUNGEN KURT WOLFFS

Drei ungedruckte Briefe von Ludwig Tieck an Jean Paul Richter, mitgeteilt von Kurt Wolff. In: Beilage der Münchner Neuesten Nachrichten vom 12. 7. 1908

Johann Heinrich Mercks Schriften und Briefwechsel. In Auswahl hrsg. von Kurt Wolff. 2 Bde. Mit einem Vorwort des Hrsgs. Bd 1, S. VII–XVI, Leipzig: Insel-Verlag 1909

SCHOPENHAUER, Adele: Tagebücher. Zum ersten Male nach der Handschrift hrsg. von Kurt Wolff. Leipzig: Insel-Verlag 1909

Briefe und Verse aus Goethes Zeit. Hrsg. von Kurt Wolff. (Privatdruck). Leipzig 1910

Herbert Eulenberg. In: Literarische Neuigkeiten. Eine Rundschau für Bücherfreunde. XI. Jg., 1911, Nr. 1, S. 2 f. (Buchhändlerkatalog von K. F. Köhler, Barsortiment, Leipzig)

J. H. Mercks Briefe. (Rez. von: Johann Heinrich Merck: Briefe an die Herzogin-Mutter Anna Amalia und an den Herzog Carl August von Sachsen Weimar. Hrsg. von H. G. Gräf. Leipzig 1911). In: Darmstädter Tageblatt vom 4. 3. 1911

Goethe: Götter, Helden und Wieland. Eine Farce. Nach der Hs. hrsg. u. mit einem Nachwort versehen von Kurt Wolff. Leipzig: Ernst Rowohlt 1911

Der Dramatiker Herbert Eulenberg. In: Mitteilungen der literarhistorischen Gesellschaft Bonn, 7. Jg., 1912, Heft 1.2, S. 3–51

Eulenberg. In: Die Schaubühne, 8. Jg., 1912, Heft 16, S. 437 bis 442

Vorwort. In: Deutsche Literatur des 18. und 19. Jahrhunderts. [...] Bibliothek Kurt Wolff. Versteigerungskatalog Joseph Baer, Frankfurt am Main 1912, S. III f.

Friedrich Maximilian Klinger: Dramatische Jugendwerke. In drei Bänden hrsg. und mit e. Nachwort versehen von Kurt Wolff u. Hans Berendt. Leipzig: Ernst Rowohlt 1912/13

Rezensionen und Aufsätze in der Zeitschrift für Bücherfreunde

Zur Goethe-Bibliographie. NF 1, Heft 12. März 1910, Beiblatt S. 156

Von einem Exemplar des ersten »Werther«. NF 2, 1910/11, S. 231 f.

Deutsche Buchkünstler der Gegenwart II. Emil Preetorius. NF 2, 1910/11, S. 373–387

Vally Wygodzinski: Im Kampf um die Kunst. Bruno Cassirer 1910. (Rez.), NF 2, Heft 3, Juni 1910, Beiblatt S. 96

Richard Schaukal: Vom Geschmack. Georg Müller 1910. (Rez.), NF 2, Heft 3, Juni 1910, Beiblatt S. 97 f.

Herbert Eulenberg: Schattenbilder. Bruno Cassirer 1910 (Rez.), NF 2, Heft 3, Juni 1910, Beiblatt S. 100

»Der Verlag A. R. Meyer«. Lyrische Flugblätter. (Rez.), NF 2, Heft 5/6, August/September 1910, Beiblatt S. 188 f.

Die Lebensbeschreibung des Ritters Götz von Berlichingen. Langen 1910 (Rez.), NF 2, Heft 5/6, August/September 1910, Beiblatt, S. 190

Licht und Schatten. (Rez.) der Nrn. 1–4 dieser Wochenschrift. NF 2, Heft 9, Dezember 1910, Beiblatt, S. 309

Fritz Schlossers Bibliothek. NF 3, 1911/12, S. 58–61

Intime Bücher. NF 3, 1911/12, S. 232–235

Soeur Jeanne. Memoiren einer Besessenen. Hrsg. von H. H. Ewers und Heinrich Conrad. Robert Prutz 1911. (Rez.), NF 3, Juli 1911, Heft 4. Beiblatt S. 151

Dauthendey round the world. (Rez.) von M. Dauthendeys Büchern: Die geflügelte Erde; Lingam; Die acht Gesichter am Biwasee. NF 3, Heft 4, Juli 1910, Beiblatt, S. 153

Beiträge in anderen Büchern und Zeitschriften

Brief an Herbert Eulenberg. In: Die Weltbühne, 20. Jg., Nr. 5 vom 31. 1. 1924, S. 133–137

In Sachen Sternheim. In: Die Weltbühne, 20. Jg., Nr. 20 vom 15. 5. 1924, S. 661–664

Der Verleger hat das Wort. Ein Brief von Kurt Wolff. In: Frankfurter Zeitung vom 13. 11. 1927. Auch in: Börsenblatt für den Deutschen Buchhandel, Nr. 271 vom 22. 11. 1927, S. 1365 f.

Thomas Manns neuer Roman. [Rez. von *Lotte in Weimar*] In: Die Zukunft. Ein neues Deutschland. Journal Anti-Hitlerien, Stockholm, vom 15. 12. 1939, S. 5

On Franz Kafka. In: Twice a Year, 1942, Heft 8/9, S. 273 bis 279

Tausend Jahre deutscher Dichtung. Hrsg. von Curt von Faber du Faur und Kurt Wolff. New York 1949

Brief an Erich Kahler. In: Erich Kahler. New York 1951, S. 48 f.

Gruß an Kasimir Edschmid. In: Kasimir Edschmid. Stuttgart 1955, S. 29

Begegnung mit dem Absoluten. Erinnerungen an Karl Kraus. In: Forum. Österreichische Monatsschrift für kulturelle Freiheit, 3. Jg., Heft 30, Juni 1956, S. 223 f.

Walter Hasenclever. In: Blätter des Deutschen Theaters in Göttingen. Spielzeit 1957/58, Heft 115

Worte des Danks. [Rede bei der Verleihung der Goldenen Ehrenmedaille des deutschen Buchhandels am 15. 5. 1960]. In: Börsenblatt, Frankfurter Ausgabe, Nr. 40, vom 20. 5. 1960

An Jakob Hegner. In: Rückblick und Ausblick. Jakob Hegner zum 80. Geburtstag. Köln, Olten 1962, S. 66–68

Einsamer Kämpfer, liebenswerter Mensch. Aus den Erinnerungen des »Verlegers der Schriften von Karl Kraus«. In: Forum, 11. Jg. 1964, Heft 124, S. 197–201

Begegnung mit Robert Walser. In: Dichten und Trachten. F. 24, 1964, S. 74 f.

Brief an Walter Hasenclever (undat.). In: Der Monat 16, 1964, Heft 191, S. 61–62

–, –: u. Herbert G. Göpfert: Porträt der Zeit im Zwiegespräch. (Interview). In: Börsenblatt, Frankfurter Ausgabe, 20. Jg., Heft 84 vom 20. Oktober 1964, S. 2053–2067

Autoren, Bücher, Abenteuer. Betrachtungen und Erinnerungen eines Verlegers. Berlin 1965

Brief an Rainer Maria Rilke vom 10. Dezember 1917. In: Imprimatur NF 5, 1967, Beilage nach S. 236

Rundfunksendungen Wolffs

Lesebuch des Expressionismus. Ausgewählt u. begründet von Kurt Wolff. NDR, Nachtprogramm

1. Folge: Expressionismus I (27. 1. 1962)
2. Folge: Expressionismus II (16. 2. 1962)
3. Folge: Kurt Wolff – Franz Kafka (10. 3. 1962). Abgedruckt in: Autoren, Bücher, Abenteuer
4. Folge: Kurt Wolff – Carl Sternheim (14. 4. 1962). Abgedruckt in: Autoren, Bücher, Abenteuer
5. Folge: Kurt Wolff – Franz Werfel (19. 5. 1962)
6. Folge: Kurt Wolff – Boris Pasternak (4. 12. 1962)
7. Folge: Kurt Wolff – Karl Kraus (2. 1. 1963). Abgedruckt in: Autoren, Bücher, Abenteuer

Kurt Wolff erzählt. WDR, 2. Programm, Kulturelles Wort

(I) Vom Verlegen im allgemeinen und von der Frage: Wie kommen Verleger und Autoren zusammen (7. 3. 1964). Abgedruckt in: Autoren, Bücher, Abenteuer. Auch in: Sprache im technischen Zeitalter, 1964, Heft 13, S. 894–904

(II) Vom Abwerben oder: Wie kommen Verleger und Autoren auseinander (29. 3. 1964). Abgedruckt in: Autoren, Bücher, Abenteuer

(III) Abenteuer (6. 5. 1964). Abgedruckt in: Autoren, Bücher, Abenteuer

Lou Andreas-Salomé. Ein Porträt aus Erinnerungen und Dokumenten (BR 4. 9. 1963). Abgedruckt in: gehört gelesen. Die interessantesten Sendungen des Bayerischen Rundfunks, Nr. 10, Oktober 1963, S. 1180–1190

Erinnerungen an Bonn und Musik (WDR 27. 10. 1963). Abgedruckt in: Die Welt, vom 15. 2. 1964

Rabindranath Tagore. Unveröff., nicht gesendetes Funkmanuskript aus dem Nachlaß (1962)

VERÖFFENTLICHUNGEN ÜBER KURT WOLFF
UND SEINEN VERLAG*

* Erfaßt wurden neben zeitgenössischen Beiträgen vor allem Gedenkaufsätze, Nachrufe und die wichtigsten Rezensionen zu dem Briefband *Kurt Wolff. Briefwechsel eines Verlegers* und der Neuausgabe des *Jüngsten Tages* von Heinz Schöffler.

BACHMAIR, Heinrich F. S.: Münchner Brief. In: Philobiblon 1, 1928, S. 83 f.

BENDER, Hans: Irgendein Ausdruck der Zeit. Zum Neudruck einer Buchreihe aus dem expressionistischen Jahrzehnt. (Rez.). In: Süddeutsche Zeitung, 26. Jg., Nr. 27 vom 31. 1./ 1. 2. 1970, S. 140

BERMANN-FISCHER, Gottfried: Grabrede für Kurt Wolff. In: Neue Rundschau 74, 1963, S. 517

Bilder von Kurt Wolff anläßlich der Verleihung der Ehrenmedaille am 15. 5. 1960. Beilage zu Börsenblatt, Frankfurter Ausgabe, Nr. 44 vom 3. Juni 1960

BUSSMANN, Hadumod: Von der Passion des Büchermachens. Der Briefwechsel des Verlegers Kurt Wolff. In: Stuttgarter Zeitung Nr. 208 vom 9. 11. 1967, S. 68

BÜTOW, Hans: Ein großer Verleger – in Briefen gespiegelt. In: Sonntagsblatt, Nr. 49 vom 4. 12. 1966

Catalogue de la Bibliothèque Kurt Wolff. Incunables [...] Vente aux enchères publiques à Cannes Galerie Alexandre III. Cannes: (Robaudy) 1934

Die Chronik von Sankt Luisen. Das neue Kurt Wolff Magazin. [Faschingszeitung des Verlages 1925, mit Anekdoten über Wolff und seine Mitarbeiter]

DIETZ, Ludwig: Kurt Wolffs Bücherei ›Der jüngste Tag‹. Seine Geschichte und Bibliographie. In: Philobiblon 7, 1963, Heft 2, S. 96–118

DURZAK, Manfred: Dokumente des Expressionismus: Das Kurt-Wolff-Archiv. In: Euphorion 60, 1966, Heft 4, S. 337 bis 369

–, –: Der Jüngste Tag – Die Bücherei einer Epoche. (Rez.). In: Die Zeit, Nr. 9, vom 27. 2. 1970, S. 23

–, –: Kurt Wolff. Briefwechsel eines Verlegers 1911–1963. (Rez.). In: Neue deutsche Hefte 14, 1967, Heft 115, S. 190 bis 193

–, –: Kurt Wolff – ein Grandseigneur der Literatur. In: Neue deutsche Hefte 13, 1966, Heft 1, S. 118–124

–, –: Wer fragt nach dem Verleger. (Rez.). In: Die Zeit, Nr. 42, vom 14. 10. 1966, S. 26 f.

EPPELSHEIMER, Hanns W.: Abschied von Kurt Wolff. In: Börsenblatt, Frankfurter Ausgabe, 19. Jg., Nr. 89 vom 5. 11. 1963, S. 1981 f.

–, –: Eine Generation im Bogen eines Verlegerlebens. In: Merkur 17, 1963, S. 1228–1232

–, –: Gedenkwort für Kurt Wolff. In: Jahrbuch der Akademie für Sprache und Dichtung, Darmstadt 1963, S. 178–180

FABER DU FAUR, Curt von: Modern Literature in Letters to Kurt Wolff. In: The Yale University Library Gazette, Vol. 23, No. 1, July 1948, P. 25 ff.

–, –: Rainer Maria Rilke's Letters to the Publisher Kurt Wolff. In: Yale University Library Gazette, Vol. 24, No. 3, January 1950, P. 114 ff.

FRATZSCHER, Arnold: Ausklang des ersten Göttinger Buchhandel-Seminars mit Kurt Wolff. In: Börsenblatt, Frankfurter Ausgabe, 17. Jg., Nr. 33, vom 25. 4. 1961, S. 628 bis 630

Ein Freund, ein Mäzen, ein König. Der Verleger Kurt Wolff und seine Autoren. [Auswahl aus Kurt Wolff. *Briefwechsel eines Verlegers 1911–1963*]. In: Die Welt vom 3. 9. 1966

FRÜHWALD, Wolfgang: Kurt Wolff. Briefwechsel eines Verlegers. 1911–1963. (Rez.). In: Literaturwissenschaftliches Jahrbuch. Im Auftrag der Görres-Gesellschaft hrsg. von Hermann Kunisch. NF 10, 1969, S. 418–425

GEIGER, Hannsludwig: Der Verleger Kurt Wolff. (Rez.). In: Evangelischer Literaturbeobachter 64, 1966, S. 1366

GROSSMANN, Rudolf: Der Verleger Kurt Wolff. (Zeichnung). In: Die literarische Welt, 2. Jg., 1926, Nr. 13, S. 3

GÜNTHER, Alfred: Abschied von Kurt Wolff. Eine ganze Generation hat ihren Verleger verloren. In: Stuttgarter Zeitung vom 23. 10. 1963, S. 2

HAAS, Willy: Kurt Wolff. 3. März 1887 – 22. Oktober 1963. In: Die Welt vom 28. 12. 1963

hai [d. i. Hannes JAKOBI]: Erinnerungen an Kurt Wolff: In: Neue Zürcher Zeitung, Fernausgabe Nr. 111, vom 24. 4. 1965

HEINOLD, Erhardt: Kurt Wolff. Briefwechsel eines Verlegers 1911–1963. (Rez.). In: Buchmarkt, 1966, Nr. 2, S. 105 bis 109

HELWIG, Werner: Kurt Wolff. Briefwechsel eines Verlegers. (Rez.). In: Rheinischer Merkur, Nr. 44, vom 3. 11. 1967

HEMMERLE, Joachim: Er besaß den Blick für die Zukunft. Zum Tode von Kurt Wolff. In: Allgemeine Wochenzeitung. Nr. XVIII/31, vom 1. 11. 1963

HERMANN, Klaus: Deutschland im Spiegel seiner Verleger. Kurt Wolff Verlag. In: Die neue Bücherschau, 6. Jg., 4. Heft, April 1928, S. 198 f.

JACOBY, Siegfried: Der Weg des deutschen Buches. Verlagsort München. [Über Albert Langen, Kurt Wolff, Georg Müller und Reinhard Piper]. In: Berliner Tageblatt vom 6. 1. 1928

JOHANN, Ernst: Der Verleger Kurt Wolff. In: Frankfurter Allgemeine Zeitung vom 24. 10. 1963, S. 16

JONAS, Klaus W.: Notes on a creative publisher. In: American German Review 31, 1964/65, Nr. 5, S. 11–14

Katalog der Inkunabeln-Sammlung Kurt Wolff, München. Teil 1. Frankfurt am Main 1926

LACHNER, Johann: Besessen von der Idee des Büchermachens. Zum 75. Geburtstag des Verlegers Kurt Wolff. In: Süddeutsche Zeitung, Nr. 54, vom 3./4. März 1962, S. 16

–, –: Nachruf auf einen Verleger. Zum Tode von Kurt Wolff. In: Süddeutsche Zeitung, Nr. 255, vom 24. 10. 1963, S. 16

LICHTENSTEIN, Erich: Ein Wegbereiter des Expressionismus. Zum Tode von Kurt Wolff. In: Der Tagesspiegel (Berlin), vom 27. 10. 1963, S. 4

LIEPMANN, Heinz: Ein wahrer Grandseigneur der Literatur. Erinnerung an Kurt Wolff. In: Die Welt vom 24. 10. 1963

LISSNER, Erich: Verleger und Weltmann. Gedenkwort für Kurt Wolff. In: Frankfurter Rundschau, vom 24. 10. 1963

LUDWIG, Max: Münchener Köpfe in Ur-Steindrucken. 12 Bildnisse Münchener Verleger. [Dabei Kurt Wolff]. München: Hans von Weber (1923)

MÜHSAM, Erich: Autor und Verleger. Brief an Siegfried Jacobsohn. In: Die Weltbühne, 20. Jg., Nr. 12, vom 20. 3. 1924, S. 384–386

–, –: Kurt Wolff und wir. In: Die Weltbühne, 20. Jg., Nr. 16, vom 17. 4. 1924, S. 524–526

OLIASS, Heinz Günther: Kurt Wolff. In: Welt und Wort. Literarische Monatsschrift, 5. Jg. 1950, S. 58 f.

PINTHUS, Kurt: Wie Literatur gemacht wurde. Zur Erinnerung an meinen Freund Kurt Wolff. In: Die Zeit, Nr. 44, vom 1. 11. 1963, S. 14

–, –: In memoriam Kurt Wolff. In: Jahresring 64/65. Beiträge zur deutschen Literatur und Kunst der Gegenwart. Stuttgart 1964, S. 298–302

PORENA, Ida: Kurt Wolff. Briefwechsel eines Verlegers 1911 bis 1963. (Rez.). In: Studici Germanici 6, 1968, S. 109–115

W[illi] R[EICH]: Der Jüngste Tag. Zum Neudruck einer Buchreihe. In: Neue Zürcher Zeitung, Fernausgabe, vom 31. 1. 1970, S. 61

–, –: Kurt Wolff und Karl Kraus. In: Neue Zürcher Zeitung, Fernausgabe Nr. 300, vom 1. 11. 1963, Blatt 9

ROEDER, Eva Maria: Kurt Wolff. (Nachruf). In: Forum 10, 1963, S. 538

SALZMANN, Karl H.: Kurt Wolff, der Verleger. Ein Beitrag zur Verlags- und Literaturgeschichte. In: AGB II, 1958/60, S. 375–403. [Erweiterte Fassung des Aufsatzes: Der Verleger Kurt Wolff. Ein Beitrag zur Verlags- und Literaturgeschichte. In: Imprimatur. Ein Jahrbuch für Bücherfreunde. Bd XI, Hamburg 1952/53, S. 26–48]

SARKOWSKI, Heinz: Ein Verlegerleben in Briefen. In: Imprimatur. Ein Jahrbuch für Bücherfreunde. NF 5, Frankfurt am Main 1967, S. 237–239 (Rez.)

SAUTOY, Peter du: Kurt Wolff – a great Publisher. In: The Times, London, vom 29. 10. 1963

SCHEFFLER, Heinrich: Kurt-Wolff-Marginalien. In: Börsenblatt, Frankfurter Ausgabe, 19. Jg., Nr. 95, vom 26. 11. 1963, S. 2211 f.

SCHNEIDER, Lambert: Laudatio auf Kurt Wolff. In: Börsenblatt, Frankfurter Ausgabe, Nr. 40, vom 20. 5. 1960

SCHÖFFLER, Heinz: Der Jüngste Tag. Die Bücherei einer Epoche. Neu hrsg. u. mit einem dokumentarischen Anhang versehen von – –. Faksimile-Ausgabe. 2 Bde, Frankfurt am Main 1970

STERNHEIM, Carl: Briefe an meinen Verleger. In: Die Weltbühne, 20. Jg., Nr. 10, vom 6. 3. 1924, S. 304

TAU, Max: Erinnerung an Kurt Wolff. In: Sonntagsblatt, Hamburg, vom 3. 11. 1963

Theater, Kunst und Literatur. Im Hause Georg Hirths. (Anonym). In: Münchner Sonntagszeitung vom 11. 4. 1920

TORBERG, Friedrich: Eine Literaturgeschichte in Briefen. In: Süddeutsche Zeitung, 23. Jg., Nr. 84, vom 8./9. 4. 1967, S. 78

VINDOBONENSIS: Inkunabelsammlung Kurt Wolff. In: Die Bücherstube, 5. Jg., 1926/27, S. 146 f.

VOIS, Paul: Deutsche Verleger. [Darin auch über Kurt Wolff]. In: Deutsche Allgemeine Zeitung vom 28. 11. 1926

WAGENBACH, Klaus: Marginalien. Funksendung im WDR, vom 29. 10. 1963, 2. Programm

WEBER, Hans von: Der Verleger Kurt Wolff [...] (Anekdote). In: Der Zwiebelfisch, 10. Jg., 1919, Heft 3/4, S. 138

WI.: Entdecker des Genialen. Zum Tode des Expressionistenverlegers Kurt Wolff. In: Stuttgarter Nachrichten, Nr. 248, vom 24. 10. 1963, S. 9

Kurt Wolff tödlich verunglückt. Abschied von dem 76jährigen Verleger einer Literaturepoche. In: Münchener Merkur, 18. Jg., Nr. 254 vom 23. 10. 1963, S. 9

Kurt Wolff. [Kurzbiographie] In: Merckscche Familien-Zeitschrift, Bd VII, Darmstadt 1919, S. 106

Kurt Wolff. 1887–1963. Hrsg. von den Verlagen Heinrich Scheffler, Frankfurt am Main u. Günter Neske, Pfullingen (Gedenkschrift für Kurt Wolff, Privatdruck)

Wolff-Briefe. Mal was verdienen. In: Der Spiegel, Nr. 49, 1966, S. 156 f.

[WOLFF, Maria]: Selbstgespräche mit dem Vater. In: Die Gegenwart, 3. Jg., Nr. 1/2, vom 5. 1. 1948, S. 13–16

ZELLER, Bernhard: Zum Gedächtnis an Kurt Wolff. Ansprache bei der Trauerfeier in Marbach am 24. 10. 1963. In: Jahrbuch der Deutschen Schillergesellschaft, 8. Jg., 1964, S. 429-431

–, –: Kurt Wolff. In: Literaturrundschau Nr. 260. In: Deutsche Zeitung vom 9. 11. 1963, S. 17

LEBENSZEUGNISSE: MEMOIREN, TAGEBÜCHER UND BRIEFWECHSEL

BECHER, Johannes R.: Auf andere Art so große Hoffnung. Tagebuch 1950. Berlin 1951

BRAMBÖCK, Peter: Ein früher Briefwechsel Ernst Rowohlts mit Anton Kippenberg. In: AGB XIV, Sp. 565-606

BROCH, Hermann, u. Daniel BRODY: Briefwechsel 1930-1951. Hrsg. von Bertold Hack u. Marietta Kleiß. AGB XII, 1971/1972, Sp. 1-1278

BROD, Max: Streitbares Leben 1884-1968. Vom Autor überarb. u. erw. Neuausgabe. München, Berlin 1969

DEHMEL, Richard: Dichtungen, Briefe, Dokumente. Hrsg. von Paul Johannes Schindler, Hamburg 1963

DIEDERICHS, Eugen: Aus meinem Leben. 3. Aufl., Leipzig 1942

–, –: Selbstzeugnisse und Briefe von Zeitgenossen. Mit einer Vorrede von Rüdiger Robert Beer. Zusammengestellt von Ulf Diederichs

DURIEUX, Tilla: Meine ersten neunzig Jahre. Erinnerungen. München, Berlin 1971

EDSCHMID, Kasimir: Briefe der Expressionisten. Hrsg. von – –. Frankfurt am Main, Berlin 1964

–, –: Lebendiger Expressionismus. Auseinandersetzungen, Gestalten, Erinnerungen. Wien, München, Basel 1961

EULENBERG, Hedda: Im Doppelglück von Kunst und Leben. Düsseldorf [1952]

EULENBERG, Herbert: So war mein Leben. Düsseldorf-Kaiserswerth 1948

FLAKE, Otto: Es wird Abend. Bericht aus einem langen Leben. Gütersloh 1960

FONTANE, Theodor: Briefe. Bd II: Briefe an die Tochter und an die Schwester. Hrsg. von Kurt Schreinert. Zu Ende geführt von Charlotte Jolles. Berlin 1969

Stefan GEORGE. Friedrich GUNDOLF. Briefwechsel. Hrsg. von Robert Boehringer mit Georg Peter Landmann. München und Düsseldorf 1962

GUMPERT, Martin: Hölle im Paradies. Selbstdarstellung eines Arztes. Stockholm 1939

HAAS, Willy: Die literarische Welt. Erinnerungen. München 1960

HAUPTMANN, Carl: Leben mit Freunden. Gesammelte Briefe. Hrsg. von Will-Erich Peuckert. Berlin 1928

HERZFELDE, Wieland: Immergrün. Merkwürdige Erlebnisse und Erfahrungen eines fröhlichen Waisenknaben. Berlin 1949

HILLER, Kurt: Leben gegen die Zeit. Bd 1. Logos. Reinbek 1959

HOFMANNSTHAL, Hugo von – Leopold von ANDRIAN. Briefwechsel. Hrsg. von Walter H. Perl. Frankfurt am Main 1968

HOFMANNSTHAL, Hugo von – Helene von NOSTITZ. Briefwechsel. Hrsg. von Oswalt von Nostitz. Frankfurt am Main 1965

HOLM, Korfiz: Ich, kleingeschrieben. München u. Wien 1966

JACOB, Hans: Kind meiner Zeit. Lebenserinnerungen. Köln u. Berlin 1962

KAFKA, Franz: Briefe 1902-1924. Hrsg. von Max Brod. Frankfurt am Main o. J. = Gesammelte Werke Bd 9

–, –: Briefe an Felice und andere Korrespondenz aus der Verlobungszeit. Hrsg. von Erich Heller u. Jürgen Born. Frankfurt am Main 1967 = Gesammelte Werke Bd 10

–, –: Tagebücher 1910-1923. Hrsg. von Max Brod. Frankfurt am Main 1967

KRAUS, Karl: Briefe an Sidonie Nadherny von Borutin. 1913 bis 1936. Hrsg. von Heinrich Fischer u. Michael Lazarus. Redaktion: Walter Methlagl u. Friedrich Pfäfflin. 2 Bde, München 1974

LÖFFLER, Fritz: Expressionismus in Dresden. In: Imprimatur. Ein Jahrbuch für Bücherfreunde. NF 3, 1961/62, S. 235 bis 239

LOERKE, Oskar: Tagebücher 1903-1939. Hrsg. von Hermann Kasack. Darmstadt 1955

MAHLER-WERFEL, Alma: Mein Leben. Mit einem Vorwort von Willy Haas. Frankfurt am Main 1960

MANN, Heinrich: Ein Zeitalter wird besichtigt. Berlin 1947

Heinrich Mann 1871-1950. Werk und Leben in Dokumenten und Bildern. Berlin u. Weimar 1971

MAYER, Paul: Lebendige Schatten. Hamburg 1969

MUSIL, Robert: Tagebücher, Aphorismen, Essays und Reden. Hrsg. von Adolf Frisé. Hamburg 1955

PIPER, Reinhard: Mein Leben als Verleger. München 1964

RAABE, Paul: Expressionismus. Aufzeichnungen und Erinnerungen der Zeitgenossen. Hrsg. u. mit Anmerkungen versehen von – –. Olten u. Freiburg im Breisgau 1965

–, –: »Morgenrot – Die Tage dämmern!« Zwanzig Briefe aus dem Frühexpressionismus 1910-1914. Mitgeteilt von – –. In: Der Monat 16, 1964, Heft 191, S. 52-70

REIMANN, Hans: Mein blaues Wunder. Lebensmosaik eines Humoristen. München 1959

ROTH, Joseph: Briefe 1911-1939. Hrsg. u. eingeleitet von Hermann Kesten. Köln u. Berlin 1970

[ROWOHLT, Ernst]: Ernst Rowohlt zum Gedächtnis 1. 12. 1961. Den Freunden Ernst Rowohlts und seines Verlages zugeeignet. Privatdruck. Reinbek 1962

SEIFFHART, Arthur: Inter folia fructus. Aus den Erinnerungen eines Verlegers. Berlin (1948)

STERNHEIM, Carl: Vorkriegseuropa im Gleichnis meines Lebens. Amsterdam 1936

STOBBE, Horst: Die Gesellschaft der Münchner Bücherfreunde 1919-1931. Aus unveröffentlichten Erinnerungen. In: Imprimatur. Ein Jahrbuch für Bücherfreunde. NF 7, Frankfurt am Main 1972, S. 45-72

TUCHOLSKY, Kurt: Ausgewählte Briefe. = Gesammelte Werke Bd 4. Hrsg. von Mary Gerold-Tucholsky u. Fritz J. Raddatz. Reinbek 1962

VOGEL, Hermann: Erinnerungen an Georg Heinrich Meyer. In: Börsenblatt, Frankfurter Ausgabe, Nr. 92, vom 17. 11. 1959, S. 1589 f.

ZWEIG, Stefan: Die Welt von Gestern. Erinnerungen eines Europäers. Frankfurt am Main 1947

ZUCKMAYER, Carl: Als wär's ein Stück von mir. Horen der Freundschaft. Frankfurt am Main 1966

ZELLER, Bernhard, u. Ellen OTTEN: Kurt Wolff. Briefwechsel eines Verlegers 1911–1963. Hrsg. von – – u. – –. Frankfurt am Main 1966

WEITERE LITERATUR ZUR VERLAGS- UND LITERATURGESCHICHTE*

* Nicht aufgeführt sind die im Text genannten Bücher des KWV selbst. Diese werden vollständig in einer gesonderten Bibliographie im AGB verzeichnet. Außerdem wurde darauf verzichtet, die in den Anmerkungen genau aufgeführten, nur einmal zitierten Kurzartikel und Rezensionen aus zeitgenössischen Zeitschriften noch einmal wiederzugeben.

ARNOLD, Armin: Die Literatur des Expressionismus. Sprachliche und thematische Quellen. Stuttgart 1966

–, –: Prosa des Expressionismus. Herkunft, Analyse, Inventar. Stuttgart 1972

BAHR, Hermann: Expressionismus. München 1916

BAUER, Roger: Kraus contra Werfel. Eine nicht nur literarische Fehde. In: Sprache und Bekenntnis. Sonderband des Literaturwissenschaftlichen Jahrbuchs. Hermann Kunisch zum 70. Geburtstag. 27. Oktober 1971. Hrsg. von Wolfgang Frühwald und Günter Niggl. Berlin 1971, S. 315 bis 334

BAUMGART, Winfried: Von Brest-Litowsk zur deutschen Novemberrevolution. Aus den Tagebüchern, Briefen und Aufzeichnungen von Alfons Paquet, Wilhelm Groener und Albert Hopman. März bis November 1918. Hrsg. von – –. Göttingen 1971

BRINKMANN, Richard: Expressionismus. Forschungsprobleme 1952–1960. Stuttgart 1961

BROD, Max: Franz Kafka. Eine Biographie. Erinnerungen und Dokumente. New York 1946

–, –: Der Prager Kreis. Stuttgart 1966

BRONSEN, David: Joseph Roth. Eine Biographie. Köln 1974

BRUST, Alfred: Ausgewählte Werke und Briefe in Einzelausgaben. Hrsg. von Horst Denkler und Manfred Durzak. München 1971 ff.

BRY, Carl Christian: Buchreihen. Fortschritt oder Gefahr für den Buchhandel? Gotha 1917

BURSCHELL, Friedrich: *Revolution* und *Neue Erde*. In: Imprimatur. Ein Jahrbuch für Bücherfreunde. NF 3, 1961/62, S. 244–248

CLEMM, Ludwig: Ernst Ludwig, Großherzog von Hessen und bei Rhein. In: Neue Deutsche Biographie, Bd 4, Berlin 1959, S. 613 f.

DAIBER, Hans: Vor Deutschland wird gewarnt. 17 exemplarische Lebensläufe. Gütersloh 1967

DAUNICHT, Richard: Lessing im Gespräch. Berichte und Urteile von Freunden und Zeitgenossen. München 1971

DENKLER, Horst: Drama des Expressionismus. München 1967

DIETZ, Ludwig: Kafkas letzte Publikation. Probleme des Sammelbandes »Ein Hungerkünstler«. Zum 50. Todestag des Dichters am 3. Juni 1974. In: Philobiblon. Eine Vierteljahresschrift für Buch- und Graphiksammler. 8. Jg., Heft 2, Juni 1974, S. 119–128

–, –: Zur Druck- und Textgeschichte der Dichtungen Georg Trakls. In: Jahrbuch der Deutschen Schillergesellschaft. Hrsg. von Fritz Martini, Walter Müller-Seidel u. Bernhard Zeller, 6. Jg., Stuttgart 1962, S. 340–352

DREWS, Jörg: Die Lyrik Albert Ehrensteins. Wandlungen in Thematik und Sprachstil von 1910–1931. Ein Beitrag zur Expressionismus-Forschung. Phil. Diss. (masch.), München 1969

ERKEN, Günther: Der Expressionismus – Anreger, Herausgeber, Verleger. In: Handbuch der deutschen Gegenwartsliteratur. Unter Mitwirkung von Hans Hennecke hrsg. von Hermann Kunisch. 2. Aufl. Bd 2, München 1970, S. 335 bis 364

EYKMAN, Christoph: Denk- und Stilformen des Expressionismus. München 1974

FAULSTICH, Werner: Bestseller – ein chronologischer Abriß bisheriger Erklärungsversuche. In: Archiv für Soziologie und Wirtschaftsfragen des Buchhandels XXVII = Börsenblatt, Frankfurter Ausgabe, Nr. 77, vom 28. 9. 1973, S. 1509–1523

FICKER, Ludwig von: Rundfrage über Karl Kraus. Innsbruck 1917

FISCHER, Carl: Heinrich F. S. Bachmair – unvergessen. In: Der Junge Buchhandel, Nr. 7a/1965 = Beilage zum Börsenblatt, Frankfurter Ausgabe, Nr. 59 vom 27. 7. 1965, S. J 132 bis J 137

FLEMMER, Walter: Verlage in Bayern. Geschichte und Geschichten. Pullach b. München 1974

FOLTER, Roland: Bedeutende Buchauktionen in Frankfurt am Main. In: Aus dem Antiquariat, 29. Jg., 1973, Nr. 9, S. A 410–A 415

FOLTIN, Lore B.: Franz Werfel. Stuttgart 1972

FRANK, Eduard: Gustav Meyrink. Werk und Wirkung. Büdingen-Gettenbach 1957

FRIEDMANN, Hermann, u. Otto MANN: Expressionismus – Gestalten einer literarischen Bewegung. Heidelberg 1956

GLOTZ, Peter, u. Wolfgang LANGENBUCHER: »Buchwissenschaft?« Ein Diskussionsbeitrag. In: Publizistik 10, 1965, S. 302–313

GÖBEL, Wolfram: Der Ernst Rowohlt Verlag 1910–1913. Seine Geschichte und seine Bedeutung für die Literatur seiner Zeit. In: AGB XIV, Sp. 465–556

GÖPFERT, Herbert G.: Buchhandel und Literaturwissenschaft. In: Buchhandel und Wissenschaft. Hrsg. von Friedrich Uhlig. Gütersloh 1965, S. 118–134

–, –: Der expressionistische Verlag. Versuch einer Übersicht. In: Brannenburger Vorträge 1962. Gräfelfing b. München 1963, S. 41–69

–, –: Wissenschaft vom Buchhandel – Wissenschaft für den Buchhandel. In: Bertelsmann-Briefe. Heft 52, Gütersloh 1967, S. 3–5

GÜNTHER, Herbert: Alfred Richard Meyer (Munkepunke), der Mensch, der Dichter, der Verleger. Mit unveröffentlichten Gedichten und Briefen. Mit fünfzehn Abbildungen im Text und drei auf Tafeln. In: Imprimatur. Ein Jahrbuch für Bücherfreunde. NF VI, Frankfurt am Main 1969, S. 163 bis 191

HACK, Bertold: Auf den Spuren von Georg Heinrich Meyer. Problem eines Porträts nebst Quellentexten und einem unveröffentlichten Brief von Hermann Broch. In: Börsenblatt, Frankfurter Ausgabe, 24. Jg., Nr. 52, vom 28. 6. 1968, S. 1558–1567

HAECKER, Theodor: Satire und Polemik. Der Geist des Menschen und die Wahrheit. München 1961

HASENCLEVER, Walter: Gedichte, Dramen, Prosa. Unter Benutzung des Nachlasses hrsg. von Kurt Pinthus. Reinbek 1963

HAUEIS, Eduard: Karl Kraus und der Expressionismus. Phil. Diss. (masch.), Erlangen-Nürnberg 1968

HEISE, Carl Georg: Der junge Hans Mardersteig. In: Imprimatur. Ein Jahrbuch für Bücherfreunde. NF 3, 1961/62, S. 24–28

HELLGE, Manfred: Fontane und der Verleger Wilhelm Friedrich. In: Fontane-Blätter, Bd 3, Heft 1 (Heft 17 der Gesamtreihe). Potsdam 1973, S. 9–53

Herder-Blätter. Faksimile-Ausgabe zum 70. Geburtstag von Willy Haas. Hamburg 1962

HERMAND, Jost: Expressionismus als Revolution. In: J. Hermand: Von Mainz nach Weimar (1793–1919). Studien zur deutschen Literatur. Stuttgart 1969, S. 298–355

HERZFELDE, Wieland: Der Malik-Verlag 1916–1947. Ausstellungskatalog. Hrsg. von der Deutschen Akademie der Künste zu Berlin. Berlin u. Weimar 1967

HEYM, Georg: Dichtungen und Schriften. Gesamtausgabe. Hrsg. von Karl Ludwig Schneider. Hamburg und München 1960 ff.

HILLER, Helmut: Zur Sozialgeschichte von Buch und Buchhandel. Bonn 1966

HOHOFF, Curt: Schnittpunkte. Gesammelte Aufsätze. Stuttgart 1963

HOMEYER, Fritz: Deutsche Juden als Bibliophilen und Antiquare. Tübingen 1963

HUELSENBECK, Richard: Dada. Eine literarische Dokumentation. Hrsg. von – –. Reinbek 1964

IHERING, Herbert: Von Reinhardt bis Brecht. Vier Jahrzehnte Theater und Film. Bd 1. 1909–1923. Berlin 1958

JÄHRIG-OSTERTAG: Susanne: Das dramatische Werk: seine künstlerische und kommerzielle Verwertung. Ein Beitrag zur Geschichte der Theaterverlage in Deutschland. Phil. Diss. (masch.) Köln 1971

JAKOB, Heinrich Eduard: Verse der Lebenden. Deutsche Lyrik seit 1910. Hrsg. von – –. Berlin [1924]

JANOUCH, Gustav: Gespräche mit Kafka. Aufzeichnungen und Erinnerungen. Frankfurt am Main u. Hamburg 1961

JAUSS, Hans Robert: Literaturgeschichte als Provokation der Literaturwissenschaft. Konstanz 1967

JOHANN, Ernst: Die deutschen Buchverlage des Naturalismus und der Neuromantik. Weimar 1935

JONAS, Klaus W.: Amerikas Beitrag zur Erforschung der deutschsprachigen Exilliteratur. In: Aus dem Antiquariat Nr. 9, Beilage zum Börsenblatt, Frankfurter Ausgabe, Nr. 77, vom 27. 9. 1974, S. A 281–A 286

KAPP, Friedrich, u. Johann GOLDFRIEDRICH: Geschichte des Deutschen Buchhandels. 4 Bde, Leipzig 1896–1913

KAYSER, Wolfgang: Das Groteske. Seine Gestaltung in Malerei und Dichtung. Oldenburg 1957

–, –: Das literarische Leben der Gegenwart. In: Deutsche Literatur in unserer Zeit. Mit Beiträgen von W. Kayser u. a., 4. durchges. u. erw. Aufl., Göttingen 1966, S. 5–31

KERR, Alfred: Die Welt im Drama. Bd 2, Berlin 1917

KESTEN, Hermann: Grenzler und Europäer. Gedanken über René Schickele. In: Der Monat, 4. Jg., 1951/52, Nr. 45, S. 309–313

KIAULEHN, Walther: Mein Freund der Verleger. Ernst Rowohlt und seine Zeit. Reinbek 1967

KOCH, Ernestine: Albert Langen. Ein Verleger in München. München und Wien 1969

KOLINSKY, Eva: Engagierter Expressionismus. Politik und Literatur zwischen Weltkrieg und Weimarer Republik. Eine Analyse expressionistischer Zeitschriften. Stuttgart 1970

KRAUS, Karl: Werke. Bd 14. Hrsg. von Heinrich Fischer. München u. Wien 1966

KREUZER, Helmut: Die Boheme. Beiträge zu ihrer Beschreibung. Stuttgart 1968

KROJANKER, Gustav: Juden in der deutschen Literatur. Essays über zeitgenössische Schriftsteller. Hrsg. von – –. Berlin 1922

KUTSCHER, Arthur: Wedekind. Leben und Werk. Bearb. u. neu hrsg. von Karl Ude. München 1964

LASKER-SCHÜLER, Else: Ich räume auf. Meine Anklage gegen meine Verleger. Zürich 1925

LAUTENSACK, Heinrich: Das verstörte Fest. Gesammelte Werke. Hrsg. von Wilhelm Lukas Kristl. München 1966

Dem Lebendigen Geiste. Ein Gedenkbuch zu »Dachstube« und »Tribunal«. Heft 7/8 der Zeitschrift »Agora«. Hrsg. vom Ludwig-Georgs-Gymnasium Darmstadt, 1957

LÖHNEYSEN, Wolfgang Freiherr von: Paul Cassirer – Beschreibung eines Phänomens. In: Imprimatur. Ein Jahrbuch für Bücherfreunde. NF VII. Frankfurt am Main 1972, S. 153 bis 180

LOTZ, Ernst Wilhelm: Prosaversuche und Feldpostbriefe. Aus dem bisher unveröffentlichten Nachlaß. Hrsg. von Hellmut Draws-Tychsen. Diessen vor München 1955

LUKÁCS, Georg: ›Größe und Verfall‹ des Expressionismus. In: G. Lukács: Werke. Bd 4: Probleme des Realismus I. Neuwied u. Berlin 1971, S. 109–149

MAHRHOLZ, Werner: Deutsche Literatur der Gegenwart. Probleme, Ergebnisse, Gestalten. Durchges. u. erw. von Max Wieser. Berlin 1932

MANN, Golo: Deutsche Geschichte des neunzehnten und zwanzigsten Jahrhunderts. Frankfurt am Main, 36.–41. Tsd., 1963

MARDERSTEIG, Giovanni: Ein Leben den Büchern gewidmet. (Ansprache, gehalten anläßlich der Verleihung des Gutenberg-Preises der Stadt Mainz und der Gutenberg-Gesellschaft in Mainz am 23. Juni 1968.) Main 1968 = Kleiner Druck der Gutenberg-Gesellschaft 84

MAYER, Hans: Zur deutschen Literatur der Zeit. Zusammenhänge, Schriftsteller, Bücher. Reinbek 1967

MAYER, Paul: Ernst Rowohlt. In Selbstzeugnissen und Bilddokumenten. Dargestellt von – –. Reinbek 1968

MEISSNER, Karl: Der Individualverlag. Am Beispiel des Verlages Ernst Heimeran. Beiträge zu einer Soziologie des Verlagswesens. Phil. Diss. (masch.), München 1953

MENDELSSOHN, Peter de: S. Fischer und sein Verlag. Frankfurt am Main 1970

MEYER, Alfred Richard: die maer von der musa expressionistica, zugleich eine kleine quasi-literaturgeschichte mit über 130 praktischen beispielen. Düsseldorf-Kaiserswerth 1948)

MEYER, Jochen: Der Paul Steegemann Verlag (1919–1935 und 1949–1960). Geschichte, Programm, Bibliographie. Stuttgart 1975 = Bibliographien des Antiquariats Fritz Eggert, Bd 5

MICHAEL, Friedrich: Geschichte des deutschen Theaters. Stuttgart 1969

MOUFANG, Wilhelm: Die gegenwärtige Lage des deutschen Buchwesens. Eine Darstellung der Spannungen und Reformbewegungen am Büchermarkt. München, Berlin u. Leipzig 1921

MUSCHG, Walter: Von Trakl zu Brecht. Dichter des Expressionismus. München 1961

OTTEN, Karl: Schrei und Bekenntnis. Expressionistisches Theater. Neuwied 1959

PANSKUS, Hartmut: Buchwerbung in Deutschland. In: Literaturbetrieb in Deutschland. Hrsg. von Heinz Ludwig Arnold. Stuttgart 1971, S. 78–90

PAZI, Margarita: Max Brod. Werk und Persönlichkeit. Bonn 1970

PINTHUS, Kurt: Das Kinobuch. Hrsg. u. eingel. von – –. Dokumentarische Neuausgabe. Zürich 1963

–, –: Der Zeitgenosse. Literarische Porträts und Kritiken von Kurt Pinthus, ausgewählt zu seinem 85. Geburtstag. Hrsg. vom Deutschen Literaturarchiv im Schiller-National-Museum, Marbach am Neckar 1971

–, –: Menschheitsdämmerung. Symphonie jüngster Dichtung. Hrsg. von – –. Berlin 1920

PÖRTNER, Paul: Literaturrevolution 1910–1925. 2 Bde. Darmstadt 1960

PREETORIUS, Emil: Geheimnis des Sichtbaren. Gesammelte Aufsätze zur Kunst. München (1963)

PROSS, Harry: Literatur und Politik. Geschichte und Programme der politisch-literarischen Zeitschriften im deutschen Sprachgebiet seit 1870. Olten u. Freiburg im Breisgau 1963

RAABE, Paul: Expressionismus. Der Kampf um eine literarische Bewegung. München 1965

–, –: Expressionismus. Eine Literaturübersicht. In: Der Deutschunterricht, 16. Jg., 1964, Beilage zu Heft 2

–, –: Der frühe Benn und die Veröffentlichung seiner Werke. In: Gottfried Benn: Den Traum alleine tragen. Neue Texte, Briefe, Dokumente. Hrsg. von Paul Raabe und Max Niedermayer. München 1969, S. 15–40

–, –: Ich schneide die Zeit aus. Expressionismus und Politik in Franz Pfemferts »Aktion« 1911–1918. München 1964

–, –: Der späte Expressionismus 1918–1922. Bücher, Bilder, Zeitschriften, Dokumente. Ausstellungskatalog. Biberach an der Riss 1966

RASCH, Wolfdietrich: Was ist Expressionismus? In: W. Rasch: Zur deutschen Literatur seit der Jahrhundertwende. Gesammelte Aufsätze. Stuttgart 1967, S. 221–227

ROTHE, Wolfgang: Der Aktivismus 1915–1920. München 1969

–, –: Expressionismus als Literatur. Gesammelte Studien. Hrsg. von – –. Bern u. München 1969

SACK, Paula: Das Gustav Sack-Archiv. Ein Nachlaßbericht. In: Literaturwissenschaftliches Jahrbuch. Im Auftrage der Görres-Gesellschaft hrsg. von Hermann Kunisch. N. F. 10, 1969, S. 231–271

SALZMANN, Karl H.: Egbert Johannes Baensch-Drugulin, Buchdrucker. In: Neue Deutsche Biographie, Bd 1, Berlin 1953, S. 522 f.

–, –: Wilhelm Eduard Drugulin, Buchdrucker. In: Neue Deutsche Biographie, Bd 4. Berlin 1958

–, –: Bruno Cassirer. In: Börsenblatt, Frankfurter Ausgabe, Beilage Aus dem Antiquariat, 6. Jg., 1950, Nr. 76, S. A 757 f.

SALZMANN, Karl H.: Paul Cassirer. In: Börsenblatt, Frankfurter Ausgabe. Beilage »Aus dem Antiquariat«, 6. Jg., 1950, Nr. 75, S. A 749 f.

–, –: Der Malik-Verlag. Verlagsgeschichte als Zeitgeschichte. In: Neue Deutsche Literatur. Monatsschrift für schöne Literatur und Kritik, 4. Jg., 1956, Nr. 4, S. 88–92

SARKOWSKI, Heinz: J. C. C. Bruns in Minden. Hinweis auf einen fast vergessenen Verlag. In: Imprimatur. Ein Jahrbuch für Bücherfreunde. NF 6, Frankfurt am Main 1969, S. 121–131

SCHACHERL, Lilian: Die Zeitschriften des Expressionismus. Versuch einer zeitungswissenschaftlichen Strukturanalyse. Phil. Diss. (masch.), München 1957

SCHARFFENBERG, Renate: Rilke und sein Verleger Axel Juncker. In: Imprimatur. Ein Jahrbuch für Bücherfreunde. NF 5, Frankfurt am Main 1967, S. 67–80

SCHARNAGL, Sebastian: Kleine Nachlese. Bekannte und unbekannte deutsche Verleger aus der Zeit vor dem Weltkrieg. In: Imprimatur. Ein Jahrbuch für Bücherfreunde. Bd IX, Weimar 1940

SCHAUER, Georg Kurt: Deutsche Buchkunst 1890–1960. 2 Bde. Hamburg 1963

SCH[EFFLER], H[einrich]: Arthur Seiffhart zum Gedächtnis. In: Börsenblatt, Frankfurter Ausgabe, 15. Jg., Nr. 50 vom 23. 6. 1959, S. 757

SCHERER, Wilhelm: Poetik. Hrsg. von Richard M. Meyer. Berlin 1888

SCHICK, Paul: Karl Kraus in Selbstzeugnissen und Bilddokumenten. Dargestellt von – –. Reinbek 1965

SCHICKELE, René: Werke. Hrsg. von Hermann Kesten unter Mitarbeit von Anna Schickele. 3 Bde. Köln u. Berlin 1959

SCHNEIDER, Karl Ludwig: Der bildhafte Ausdruck in den Dichtungen Georg Heyms, Georg Trakls und Ernst Stadlers. Studien zum lyrischen Sprachstil des Expressionismus. Heidelberg 1954

SCHROERS, Paul: Heinrich und Thomas Mann und ihre Verleger. Hinweise auf zwei Briefe und eine Briefsammlung. In: Philobiblon, 11. Jg., 1958, Heft 4, S. 310–314

SCHÜCKING, Levin L.: Soziologie der literarischen Geschmacksbildung. 3. neubearb. Aufl. Bern u. München 1961

SCHULTE STRATHAUS, Ernst, u. Wolfgang von WEBER: Hans von Weber und seine Hundertdrucke. In: Imprimatur. Ein Jahrbuch für Bücherfreunde, NF 6, Frankfurt am Main 1969, S. 132–142

SCHULZ, Friedrich: Der deutsche Buchhandel und die geistigen Strömungen der letzten hundert Jahre. Leipzig 1925

SCHWARZ, Alice: Max Brod – Kolumbus der Kunst, Humanist und Zionist. In: Literatur und Kritik. Österreichische Monatsschrift, Heft 46, 1970, S. 366–369

SCHWARZ, Christa: Die Stellung der sowjetischen Belletristik im deutschen Verlagsschaffen 1917–1933. In: Beiträge zur Geschichte des Buchwesens Bd 4. Hrsg. von Karl-Heinz Kahlhöfer u. Helmut Rötzsch. Im Auftrage der Historischen Kommission des Börsenvereins der Deutschen Buchhändler zu Leipzig. Leipzig 1969, S. 7–161

SCHWARZ, Falk: Literarisches Zeitgespräch im Dritten Reich. Dargestellt an der Zeitschrift »Neue Rundschau«. Phil. Diss. München 1970. In: AGB XII, 1972, Sp. 1281–1484

SOERGEL, Albert u. Curt HOHOFF: Dichtung und Dichter der Zeit. Vom Naturalismus bis zur Gegenwart. Bd 1 u. 2. Düsseldorf 1961 u. 1964

SOKEL, Walter H.: Der literarische Expressionismus. Der Expressionismus in der deutschen Literatur des zwanzigsten Jahrhunderts. München 1970

STEFFEN, Detlev: Franz Blei (1871–1942) als Literat und Kritiker der Zeit. Phil. Diss. (masch.) Göttingen 1966

THOMKE, Hellmut: Hymnische Dichtung im Expressionismus. Bern u. München 1972

TRAKL, Georg: Dichtungen und Briefe. Historisch-kritische Ausgabe. Hrsg. von Walther Killy und Hans Szklenar. 2 Bde, Salzburg 1969

UMLAUFF, Ernst: Beiträge zur Statistik des Deutschen Buchhandels. Leipzig 1934

WAGENBACH, Klaus: Franz Kafka. In Selbstzeugnissen und Bilddokumenten dargestellt von –. Reinbek 1964

WALDEN, Nell, u. Lothar SCHREYER: Der Sturm. Ein Erinnerungsbuch an Herwarth Walden und die Künstler aus dem Sturmkreis. Hrsg. von –. Baden-Baden 1954

WALSER, Robert: Das Gesamtwerk. Bd 1 ff. Hrsg. von Jochen Greven. Genf 1966 ff.

Weltfreunde. Konferenz über die Prager deutsche Literatur. Hrsg. von Eduard Goldstücker u. a., Prag 1967

WIESE, Leopold von: Die Sozialisierung des Buchverlages. In: Die geistigen Arbeiter. Erster Teil. Freies Schriftstellertum und Literaturverlag. = Schriften des Vereins für Sozialpolitik Bd 152, München u. Leipzig 1922, S. 385–414

WILLETT, John: Expressionismus. München 1970

ZELLER, Bernhard: Expressionismus. Literatur und Kunst 1910 bis 1923. Ausstellungskatalog des Schiller-Nationalmuseums Marbach am Neckar, Nr. 7. Hrsg. von –. Marbach 1960

–,–: Die Insel. Eine Ausstellung zur Geschichte des Verlages unter Anton und Katharina Kippenberg. Ausstellungskatalog des Schiller-Nationalmuseums Marbach am Neckar, Nr. 15. Hrsg. von –. Marbach 1965

ZIEGLER, Klaus: Dichtung und Gesellschaft im deutschen Expressionismus. In: Imprimatur. Ein Jahrbuch für Bücherfreunde. NF 3, Frankfurt am Main 1961/62, S. 98–114

QUELLENNACHWEIS DER ABBILDUNGEN

Folgende Institutionen und Privatpersonen stellten die Reproduktionsvorlagen freundlicherweise zur Verfügung: Deutsches Literaturarchiv (Marbach a. N.): Abb. 8 (Aufnahme von Erna Prenzlau), Abb. 9, 10; Gitta Gruenfeld (London): Abb. 14, 15; Maria Stadelmayer-Wolff (München): Abb. 1, 2, 11, 13, 16, 26, 28, 29, 32; Helen Wolff (New York): Abb. 36. – Abb. 27 u. 31 wurden dem Aufsatz von K. H. Salzmann: *Kurt Wolff, der Verleger* (AGB 2, S. 391) entnommen, Abb. 17 aus *Hermann Broch und Daniel Brody. Briefwechsel 1930–1951* (AGB XII, Sp. 22). Abb. 25 wurde dem Buch *Elizabeth Duncan-Schule, Marienhöhe/Darmstadt,* Jena: Eugen Diederichs 1912, Anhang, entnommen, die Vorlagen zu den Reproduktionen der Buchtitel des KWV aus der KWV-Privatsammlung Brigitta Ricke (München).

11 Register

REGISTER DER PERSONEN UND DER ERWÄHNTEN ODER BEHANDELTEN WERKE

Adler, Alfred 752
Adler, Friedrich 811
Adler, Paul 546, 603, 656
Adler, Siegfried 751
Ahlers-Hestermann, Friedrich 876
Alain 656, 673
Alastair 873, 905
Alberti, Herbert 768
Albrecht, Elisabeth s. unter Wolff, E.
Altenberg, Peter 537, 750, 766
Amann, Paul 900f.
Andreas, Oskar 800
Andreas-Salomé, Lou 777
– 3 Briefe an einen Knaben 777
Andrian, Leopold von 728
Annunzio, Gabriele d' 552, 596, 683
Anton, Heinrich 866
– Blut du bist Blut 866
Apollinaire, Guillaume 585
Arnim, Achim von 820
Arnold, Armin 722, 778
Arnold, Thomas W. s. Grohmann, Adolf
Aron, Paul 680, 918
Arp, Hans 672
– Neue französische Malerei 672
Artzybaschew, Michael 596

Aubert, Marcel 910
– Die gotische Plastik in Frankreich (mit Paul Vitry) 910
Auerbach, Elias 918
– Wüste und gelobtes Land 918

Bab, Julius 686
Babits, Michael 779, 866, 902
– Der Storchkalif 779, 866, 902
Babœuf, François Noël
Bach, Johann Sebastian 551
Bachhofer, Ludwig 880
– Die Kunst der japanischen Holzschnittmeister 880
Bachmair, Heinrich F. S. 538f., 600, 621, 682, 739
Baensch-Drugulin, Egbert Johannes 786f.
Baer, Joseph 817
Bahr, Hermann 544, 561, 586, 597, 632, 638, 864
– Bayreuth (mit Anna Bahr-Mildenburg) 638
– Expressionismus 544
– Tagebuch 775

Bahr-Mildenburg, Anna 638
– Bayreuth (mit Hermann Bahr) 638
Ball, Hugo 543, 561, 569, 621, 758f., 760
– Die Nase des Michelangelo 759
Balzac, Honoré de 779, 897f., 899
– Vetter Pons 779, 897f.
Bang, Herman 577, 821
Barbusse, Henri 835
– Le Feu 835
Barlach, Ernst 548, 760, 876
– Der tote Tag 760
Barnowsky, Viktor 719, 761, 763f.
Barrès, Maurice 581, 585, 589
– Der Mord an der Jungfrau 583 (Abb.)
Bartels, Adolf 536
Bassermann, Ludwig 557
Bassewitz, Gerd von 614, 638, 677, 759
– Peterchens Mondfahrt 638, 677, 759
Baudelaire, Charles 596, 881
Baum, Oskar 593, 626
Baum, Peter 775, 816
– Kammermusik 816
Beardsley, Aubrey 596
Becher, Johannes R. 538, 545, 550, 704, 706, 712, 729, 745, 747, 755, 769, 776, 780, 807, 816, 819, 876, 919

- Verbrüderung 704
- Zion 780
Becker, Eva D. 533
Benemann, Maria 675 f.
- Wandlungen 675
Benn, Gottfried 537, 548, 550, 606, 632, 660, 674, 712, 755, 776
- Gehirne 660, 755
- Morgue 537, 632
Berendt, Hans 599
Berenson, Bernard 880, 909
- Die Maler der Renaissance 880
Berger, Alfred 695
Berger, Ludwig 768, 866, 870
Bergson, Henri 598 f.
Bermann, Gottfried 853
Bernoulli, Carl Albrecht 810
Bernstein, Eduard 548, 810
- Sozialdemokratische Völkerpolitik 810
Bernstorff, Johann Graf 849
Bertaux, Félix 915
Bezruč, Petr 596, 629, 769, 776
- Die schlesischen Lieder 596, 769
Bhudda 861
- Die Reden des Bhudda 861
Bierbaum, Otto Julius 666
Biermann, Georg 674
- Deutsches Barock und Rokoko 674
Biernatzky, Johann Christoph 696
- Die Hallig 695
Bihalji-Merin, Oto 810
Björnson, Björn 596, 821, 852
Blass, Ernst 541, 561 f., 567, 573, 603, 621, 702, 711 f., 746
- Die Gedichte von Trennung und Licht 712
- Die Straßen komme ich entlang geweht 541
Blei, Franz 566, 571, 585 f., 592, 595, 598, 612, 621, 627, 632 f., 641, 650, 654 ff., 657 ff., 660 f., 662 f., 666, 670, 673, 685 f., 713, 720, 813, 815, 819, 892
- Drei Briefe an einen jungen Mann 566, 666
- Vom Charakter der kommenden Literatur 659
- Das Lesebuch der Marquise 819
- Über Wedekind, Sternheim und das Theater 713
Bloch, Ernst 541, 543, 752, 836, 876
- Thomas Münzer 752, 836
Bô Yin Râ 882
- Das Buch vom Jenseits 679
- Das Buch vom Lebendigen Gott 679
Boccaccio, Giovanni 819
Bode, Wilhelm von 909
Boehn, Max von 819
- Vom Kaiserreich zur Republik 819
Bötticher, Walther 873
Boldt, Paul 580, 588, 624

Bonsels, Waldemar 876
Bondi, Georg 535, 786, 855
Borchardt, Rudolf 566, 660
Boutroux, Emile 598
Braeker, Ulrich 571, 696
- Das Leben des armen Mannes im Tockenburg 696
- Über Shakespeares Schauspiele 696
Brahms, Johannes 551
Brandes, Georg 898
- Anatole France 898
Brant, Ernst 904
Brantl, Maximilian 739 f., 742, 745, 814
- Pierrot 739
- Von einer Toten 739
Braun, Felix 595, 745, 755
- Der Tod und das Mädchen 745
Braun, Hanns 524
Brecht, Bertolt 872
Brentano, Clemens 820
Bretonne, Rétif de la 819, 836
- Der Pornograph 819
- Revolutionsnächte 736
Březina, Otokar 581, 585 f., 589, 596 f., 629, 702, 709, 711, 713, 788, 859
- Baumeister am Tempel 788
- Gebet für Feinde 709
- Musik der Quellen 859
- Winde von Mittag nach Mitternacht 788, 859
Brinkmann, Richard 531
Brjussoff, Valerius 818
Brod, Max 542, 557, 561, 565 f., 568, 570, 573, 586 f., 592–596, 600 f., 609, 616, 624, 626–629, 634 f., 637, 654 f., 656, 660, 665, 683, 688 f., 708 f., 713, 715, 723 f., 726, 746 f., 753, 755 f., 762, 776, 788, 794, 798, 813, 827, 856, 860, 881, 883, 887 f., 903, 914 f.
- Anschauung und Begriff (mit Felix Weltsch) 628, 634
- Das gelobte Land 601
- Heidentum, Christentum, Judentum 601, 860
- Die Höhe des Gefühls 628, 634
- Jüdinnen 723
- Die Retterin 628
- Rëubeni, Fürst der Juden 914
- Schloß Nornepygge 557
- Die Stunde nach dem Tode 780
- Tycho Brahes Weg zu Gott 601, 660, 665, 715, 723, 726
- Über die Schönheit häßlicher Bilder 634
- Weiberwirtschaft 723
Broch, Hermann 842
Brody, Daniel 698, 701, 751, 823, 842 f., 843 (Abb.), 848, 881, 916
Brody, Siegmund 842
Bruns, J. C. C. 896
Brust, Alfred 723, 768, 857, 869 f.

- Cordatus 869
- Der ewige Mensch 768, 869
- Himmelsstraßen 870
- Spiele 870
- Tag des Zorns 870
- Tolkening 870
Bry, Carl Christian 575 f.
Buber, Martin 573, 600 f., 660, 711 f., 753, 834
- Chorus Mystikus 711 f.
Büchner, Georg 775
- Gesammelte Schriften 775
Burschell, Friedrich 541, 620, 746
Buschbeck, Erhard 584

Campe, Julius 534, 894
Carossa, Hans 537
Caspar, Karl 784
Cassirer, Bruno 639, 786, 851, 855, 878
Cassirer, Paul 542, 547 f., 603, 609, 663 f., 673, 677, 682, 736, 740 f., 762, 767, 774, 786, 798, 825, 832, 836, 878, 885 f., 887, 894 f.
Catharina von Siena 818
- Briefe 818
Cazotte, Jacques 819
Cézanne, Paul 876
Chesterton, Gilbert Keith 586, 654, 673, 818 f.
Claudel, Paul 573, 597 f., 654 f., 813
- Mittagswende 598
- Die Musen 898
- Der Tausch 598
- Verkündigung 598
Claudius, Matthias 788, 795, 805
Cob, Carl Maria 537
Cohen, Friedrich 838
Colasanti, Arduino 909
Colin, Paul 835
Collignon, (Verleger), 538
Conrad, Joseph 902
Coster, Charles de 905 f., 912
- Ulenspiegel 905 f.
Cotta 602 771, 892
Curtius, Ernst Robert 876
Curtius, Friedrich 695
Curtius, Ludwig 876

Dacqué, Edgar 712
Däubler, Theodor 542, 544, 545 f., 706, 810, 867
Dauthendey, Max 555, 561, 563, 565 f., 639, 789
- Spielereien einer Kaiserin 566
David, Jakob Julius 694

Dehmel, Richard 537, 542, 552, 557, 593, 681f., 683, 687, 690, 869
Dehn, Manfred 533
Denkler, Horst 760
Deusch, Werner R. 530, 918
Deutsch, Ernst 765f.
Dibelius, Otto 834
Diederichs, Eugen 534, 535, 536, 539, 558f., 616, 624, 687, 694, 712, 785f., 905f., 907
Dietz, Ludwig 584, 891f.
Disterer, Erwin 845, 915
Disztay, Viktor von 777, 822
— Lob des Verstandes 777
Dix, Otto 546
Döblin, Alfred 544, 547, 625, 656, 876
— Die drei Sprünge des Wang-lun 625
Dohren, Albert 557
Dostojewskij, Fedor M. 596, 779, 783, 831, 899
— Das junge Weib 783
Dreyer, Max 696f., 698
Drischel, Else 845
Drugulin, Wilhelm Eduard 786
Dumont, Luise 759
Durieux, Tilla 767, 798
Durzak, Manfred 528, 529, 613
Dvořák, Arno 596, 762
— Der Volkskönig 596, 762
Dymow, Ossip 776, 779

Eça de Queiroz, José Maria 779, 863, 902
— Die Reliquie 779
Edschmid, Kasimir 544, 546, 548, 559, 644f., 654, 660, 688f., 700, 707, 722f., 724, 726, 776, 779f., 812, 887
— Joussuf 660
— Maintonis Hochzeit 689
— Das rasende Leben 707
— Die sechs Mündungen 689, 707, 723, 780
Eger, Paul 768
Ehrenbaum-Degele, Hans 545
Ehrenstein, Albert 541, 544f., 626f., 633, 674, 703f., 713, 720, 728f., 741, 752, 755, 764, 772, 777, 817, 822, 829
— Der Mensch schreit 704, 713, 772
Ehrenstein, Carl 580, 583f., 633
— Klagen eines Knaben 583f.
Eichendorff, Joseph von 788, 820
Einstein, Carl 540, 597, 608, 623, 631, 633, 674, 813, 816, 823, 878
— Bebuquin 540, 632f.
— Das Mädchen auf dem Dorfe 608, 817
— Negerplastik 674, 878f.
Eisenlohr, Friedrich 624, 869
Eisner, Kurt 548
Engels, Friedrich 832

Ernst Ludwig von Hessen 777, 787, 791, 693
— Verse 788
Ernst, Paul 595, 696f., 698
Erskine, John 904, 913
— Adam und Eva 904 (Abb.)
— Das Privatleben der schönen Helena 913
Essig, Hermann 723, 762
— Furchtlos und treu 762
— Die Glückskuh 762
— Mariä Heimsuchung 762
— Pastor Rindfleisch 762
— Der Taifun 762
— Die Weiber von Weinsberg 762
Ester, Karl d' 524
Eulenberg, Herbert 548, 555, 557, 561f., 563, 565f., 594f., 609, 614f., 616, 639, 640, 670, 687f., 701, 723, 758, 776, 779f., 823, 837, 842, 856, 859, 862, 884f., 887f., 889f., 894, 918
— Alles um Geld 640
— Belinde 639, 759
— Du darfst ehebrechen 639
— Katinka die Fliege 563, 639, 723
— Das keimende Leben 639
— Die Kunst in unserer Zeit 639
— Letzte Bilder 639
— Der Morgen nach Kunersdorf 688
— Neue Bilder 639
— Schattenbilder 639
— Schiller 639
— Sonderbare Geschichten 639, 780
— Unsere Verleger 894
— Die Welt ist krank 885
Eulenburg, Franz 808
Eykman, Christoph 711

Faber du Faur, Curt von 528, 920
Falk, Walter 532
Falke, Gustav 537
Farussi-Seyerlen, Egmont 670
Faulkner, William 905
Feigl, Ernst 746
Feigl, Hans 537
Felixmüller, Conrad 546
Feuerbach, Anselm 696, 878
Feulner, Adolf 879, 910
— Bayerisches Rokoko 879
Ficker, Ludwig von 584, 627
Fiocco, Giuseppe 910
Fischer, Gerhart 815, 853
Fischer, Hedwig 685
Fischer, Joseph 685
Fischer, Otto 880
— Chinesische Landschaftsmalerei 880
Fischer, S. 534, 535, 536, 541f., 544, 548, 559, 577f., 595, 600, 603, 612, 623f., 625, 631, 636, 638, 644f., 649, 658, 662, 673, 675, 682, 684, 687, 706f., 718, 722, 726f., 738, 746, 747f., 749, 750f., 752, 755f., 760f., 762, 771, 785f., 815f., 825, 831, 848, 850f., 852f., 855, 864f., 887f., 902, 911, 915
Flake, Otto 618, 656f., 658, 672f., 727
— Horns Ring 727
Flaubert, Gustave 596, 725, 779
— November 779
Flesch(-Brunningen), Hans von 705, 776
Foerster, Friedrich Wilhelm 808, 810
Fontana, Oskar Maurus 865
Fontane, Theodor 551, 577, 633
— Schach von Wuthenow 633
Fortune, Dion 913
— Liebe aus dem Jenseits 913
Fourier, Charles 831
France, Anatole 779, 876, 897, 901
— Aufruhr der Engel 897
— Die Blütezeit des Lebens 897
— Der Fliegende Händler 897
— Die Götter dürsten 897
— Der kleine Peter 897
— Komödiantengeschichte 897
Frank, Bruno 687, 898
— Strophen im Krieg 687
Frank, Leonhard 544, 656
Fred, W. 562
Freeman, John 724, 727, 770, 772, 820, 889
— Michel 771f.
Frey, Alexander Moritz 869
— Der unheimliche Abend 869
Friedell, Egon 542
Friedlaender, Samuel 537, 827
Friedrich, Wilhelm 535, 633, 649
Frobenius, Leo 880
— Hadschara Maktuba 880
Fuchs, Rudolf 626f., 865

Gärtner, Georg 906
Gauguin, Paul 669, 873
— Vorher und Nachher 669, 873
Gauguin, Pola 873
Geijerstam, Gustav af 821
George, Stefan 552f., 557, 566, 594, 786
Gide, André 596f., 641, 654, 813
Gildemeister, Andreas 714, 747
Gobineau, Arthur Graf 918
— Die Ungleichheit der Menschenrassen 918
Göpfert, Herbert G. 530, 533, 807
Goering, Reinhard 550
Goethe, Johann Wolfgang von 535, 696f., 788, 857
Goethe, Ottilie von 555
Goetz, Wolfgang 621, 759, 816
— Der böse Herzog 759
— Kreuzerhöhung 753

Gogh, Vincent van 876
Gogol, Nikolaus 596, 833
- Der Zauberer 781 f. (Abb.)
Gold, Alfred 548
Goldfriedrich, Johann 525
Goldring, Douglas 836, 902
- Briefe aus der Verbannung 836, 902
Goldschmidt, Adolph 910
Goldschmidt, Alfons 828, 838
Goll, Iwan 682, 823
Goncourt, Edmond und Jules de 815, 821, 836
- Germinie Lacerteux 836
Gorki, Maxim 779, 839, 876, 902
- Drei Menschen 779
- Gesammelte Werke 839, 902
Gorsleben, Rudolf John von 759
- Der Rastaquär 759
Gosebruch, Ernst 876
Gothein, Eberhard 540
Gourmont, Remy de 818
Gozzi, Carlo 819
Grafe, Else 848
Grasberger, Hans 694
Grillparzer, Franz 700
Grimm, Jacob 571
Gruenfeld, Gitta 530, 661, 667
Grohmann, Adolf 910
- Denkmäler islamischer Buchkunst (mit Thomas W. Arnold) 910
Grohmann, Will 878
- Das Werk Ernst Ludwig Kirchners 878
Groot, Hofsteede de 909
Grossmann, Rudolf 784, 822
Grosz, George 784, 868
Gruyter, Walter de 815
Gühring, Adolf 635
Günther, Alfred 558
Günther, Herbert 538
Gütersloh, Albert Paris 656
Guglia, Eugen 697
- Das Buch von der Nachfolge Goethes 697
- Knaben 612
Gumpert, Martin 705, 745, 776
Gundolf, Friedrich 540, 553
Gurlitt, Cornelius 724
- Konstantinopel 724

Haas, Willy 530, 559, 604, 605 (Abb.), 606, 609, 613, 626 f., 640, 646, 669, 684, 700, 703, 754, 756, 890
Hack, Bertold 693 f., 696 f, 700
Haller, Albrecht von 562 f.
Hamsun, Knut 577, 596, 779, 821, 905
Happich, Carl 792, 845
Harbeck, Hans, 745
Hardekopf, Ferdinand 580, 583, 589, 621, 824, 866
- Der Abend 583

Hardt, Ludwig 888
Hartlaub, Gustav Friedrich 877
- Kunst und Religion 877
Hartung, Gustav 761, 763
Harz, Benjamin 898 f.
Hasenclever, Walter 528, 543, 546, 548, 550, 564, 570, 573 f., 576, 579 f., 583, 586, 588 f., 591, 604, 606-609, 607 (Abb.), 611-614, 616, 622, 624 f., 628, 630, 633 f., 644, 652, 659 f., 662, 664, 668-685, 693, 705 f., 708, 711 f., 713, 747, 760, 765 f., 767, 769, 776, 791, 811, 825, 827, 866, 885 f., 887, 892, 897 f., 918 f.
- Antigone 767
- Der Jüngling 607, 634
- Die Menschen 711
- Nirwana 580
- Der Retter 543, 589, 684, 767, 825, 885 f.
- Der Sohn 608, 760, 765 f., 767
- Städte, Nächte und Menschen 580
- Tod und Auferstehung 705, 712, 769, 827
- Das unendliche Gespräch 589, 591, 607
Hatvany, Ludwig von 654, 775
Haubach, Theo 546
Haueis, Eduard 802
Hauff, Wilhelm 820
Hauptmann, Carl 542, 557, 561, 563, 565 f., 594, 663, 670, 687 f. 689, 725, 738, 761, 776 f., 779, 887, 903
- Aus dem großen Krieg 688, 761
- Einhart der Lächler 542, 723
- Krieg 688
- Die uralte Sphinx 688
Hauptmann, Gerhart 530, 536, 561, 594, 682 f., 706, 738, 750, 850 f., 852 f., 864
Hausenstein, Wilhelm 660, 674, 821, 876, 878
- Bild und Gemeinschaft 878
- Kairuan 878
Heartfield, John 868
Hebbel, Christian Friedrich 818
- Judith 818
Heckel, Erich 876
Hegner, Jakob 546, 597 f., 603, 627, 739
Heimann, Moritz, 592, 603, 756, 852 f.
Heine, Heinrich 820
Heine, Thomas Theodor 818
Heinrich, Karl Borromaeus 584
Heise, Carl Georg 530, 606, 843, 873-880, 904
- Die Aufgabe 875
- Die Forderung des Tages 879, 904
- Das junge Deutschland 877
- Die Malerei deutscher Romantiker 880
- Norddeutsche Malerei 877
Hemingway, Ernest 905
Henckel, Carl 537

Hennings, Emmy 580, 583 f., 587 f., 589, 621, 624
- Die letzte Freude 581 (Abb.)
Herder, Johann Gottfried 627
Hermann-Neisse, Max 543, 754
Herrigel, Hermann 834
Hertlein, Monika 530
Herzfelde, Wieland 545 f., 675
Herzog, Wilhelm 669, 705, 740, 899
Hesse, Hermann 542 f., 577, 688, 706, 714, 795, 876
Heumann, Rainer 530, 823
Heymel, Alfred Walter von 557, 649, 654, 666
Heym, Georg 531, 550, 561 f., 566 f., 573 f., 580, 589, 613, 622 f., 624, 631 f., 633, 639, 644, 651, 655, 709, 865, 881
- Dichtungen 865
- Der ewige Tag 574, 633
- Umbra Vitae 633, 865
Hiller, Helmut 524
Hiller, Kurt 536, 539, 541, 543 f., 567, 573, 586, 593 f., 616, 621, 622 f., 624, 627, 651, 660, 665, 705, 726, 765, 797 f., 799, 807 f., 811 f., 825 f., 827, 831, 833, 838, 887
- Ein Deutsches Herrenhaus 811, 827
- Die Weisheit der Langenweile 594, 797 f.
Hirth, Georg 840
Hoddis, Jakob van 550, 567, 574, 586, 630
- Weltende 574
Hodler, Ferdinand 876
Hölderlin, Friedrich 788
Hoffmann, Camill 568
Hoffmann, E. T. A. 599, 735, 820
Hofmannsthal, Hugo von 535, 536, 548, 556, 566, 590, 594, 706 f., 713, 728, 750
- Unterhaltungen über literarische Gegenstände 713
Hollander, Else von 821
Holm, Korfiz 566, 603, 845
Huch, Rudolf 693
Huebner, Friedrich Markus 543
Huelsenbeck, Richard 867 f.
- Doctor Billig am Ende 867
Hünich, Fritz Adolf 603
Hummelsheim, Walter 530

Ibsen, Henrik 596
Ihering, Herbert 792, 866, 871

Jagow, von (Polizeipräsident) 798
Jacob, Heinrich Eduard 585
Jacobson, Siegfried 775, 873, 894 f.
Jährig-Ostertag, Susanne 757

Jaffe, (Buchhändler) 774
Jakobi, Bruno August 844
Jakoby, Siegfried 882
Jammes, Francis 573, 581, 589f., 597f., 709, 713, 780, 902, 919
– Gebet um einen letzten Wunsch 709
– Der Hasenroman 598
– Das Paradies 780
Janowitz, Franz 626f., 788
– Auf der Erde 788
Jaurès, Jean 831
Jauss, Hans Robert 524
Jean Paul 599, 697, 819f.
– Dr. Katzenbergers Badereise 687, 819
Jessen, Harro 695, 697f.
Joachim, Josef 551
Joël, Ernst 827
Johann, Ernst 534, 543
Johst, Hanns 676, 762
Jost, Dominik 532
Joyce, James 842, 846
– Portrait of the Artist 846
– Ulysses 846
Juncker, Axel 539, 542, 580, 597, 603, 609f., 628, 635f., 637, 657, 673f., 687, 689, 747, 774
Jung, Carl Gustav 842
Jung, Franz 523, 776, 780
– Gnadenreiche, unsere Königin 780
Junghanns, Reinhold Rudolf 873

Kafka, Franz 550, 561f., 565–568, 573, 578, 580, 583, 588, 593, 610, 612, 614f., 629, 632, 644, 654, 660, 707, 721, 724, 746, 756, 771, 774, 776, 780, 788, 794, 810f., 856, 865, 876, 881, 887f., 913
– Amerika 583, 888
– Betrachtung 580, 632, 721
– Der Heizer 583, 588, 612, 644
– Ein Hungerkünstler 888
– In der Strafkolonie 788
– Der Prozeß 888
– Das Schloß 888
– Über Kleists Anekdoten 578
– Das Urteil 780
– Die Verwandlung 660, 780
Kahler, Erich von 531, 705
Kahn, Otto H. 907
Kainer, Ludwig 600, 873
Kaiser, Georg 542f., 760f.
– Die Bürger von Calais 542, 760
Kandinsky, Wassily 878
Kapp, Friedrich 525
Karlweis, Martha 850
– Imaginäre Brücken 880
Kasack, Hermann 901
Kaspar, Carl 876
Kaus, Gina 656

Kautsky, Karl 548
Kayser, Francis, 530, 667f.
Kayser, Rudolf, 536, 780, 824, 827
– Moses Tod 780
Kayser, Wolfgang 523, 534, 868
Kellermann, Bernhard 727
– Der Tunnel 727
Keller, Philipp 568
Kerr, Alfred 616, 681f., 713, 748f., 793, 798, 850
– Schauspielkunst 713
Kesser, Hermann 780, 816, 819, 827
– Die Stunde des Martin Jochner 780
Kessler, Harry Graf 669, 754, 875
Kestenberg, Leo 767
Kiel, Hanna 876
Kiepenheuer, Gustav 539, 761, 786, 825, 837f., 872f., 878, 894
Kippenberg, Anton 535, 536, 545, 556f., 558, 571, 575, 578, 591, 595f., 600, 603, 649, 651, 659, 682, 706, 739f., 742, 747, 758, 786, 788, 855, 902
Kippenberg, Katharina 545, 603, 682, 687
Kirchner, Ernst Ludwig 865, 875
Kirchner, Joachim 602
Kitir, Josef 537
Klabund 548, 683, 745
– Die Sonette eines Spielers 745
Klee, Paul 672f., 784, 876
Klein, Stefan 866
Kleist, Heinrich von 820, 891
Klemm, Wilhelm 687, 788, 876
– Egriffenheit 788
– Gloria 687
Kleukens, Christian Heinrich 788
Kleukens, Friedrich Wilhelm 788
Klinger, Friedrich Maximilian 599
Knapp, Friedrich 821
– Italienische Plastik 821
Knef, Hildegard 733
– Der geschenkte Gaul 733
Knoblauch, Adolf 867
– Dada 867
Koechlin, Raymond 909
Kölwel, Gottfried 580, 588f., 745
– Schweizer Reise 745
– Gesänge gegen den Tod 745
Körner, Josef 774
Köster, Albert 557, 563
Koester, Reinhard 768, 788
– Peregrinus 788
Kohl, Aage von 779, 821
– Im Palaste der Mikroben 821
– Die roten Namen 821
Kokoschka, Oskar 546, 548, 626, 760, 796, 801, 876, 878, 886
– Der brennende Dornbusch 761
– Dramen und Bilder 760
– Mörder, Hoffnung der Frauen 761
Kolb, Annette 636, 656, 661, 673, 676, 678, 770, 808, 811, 818, 846, 866, 887, 899
– Wege und Umwege 636, 676
Kolbe, Georg 876
Kollwitz, Käthe 600, 743
Kornfeld, Paul, 544, 586, 762
– Die Rache des Pafnuzius 762
– Die Verführung 762
Kraft, Paul 707
– Gedichte 707
Kraus, Karl 559, 569, 571, 584, 615, 621, 625, 627f., 632, 693, 738, 745, 760, 786, 793–807, 813
– Aus der Sudelküche 806
– Ausgewählte Gedichte 801
– Ausgewählte Schriften 796, 801
– Die chinesische Mauer 760, 795f., 796
– Dorten 800, 804
– Elysisches. Melancholie an Kurt Wolff 628, 803
– Gesammelte Schriften 800
– Heine und die Folgen 798, 801
– Kultur und Presse 797
– Die letzten Tage der Menschheit 801
– Literatur 806
– Nachts 801
– Nestroy und die Nachwelt 801
– Sprüche und Widersprüche 795
– Das Weltgericht 801
– Worte in Versen I 800f.
Krell, Max 711, 835
Kubin, Alfred 627, 737, 783, 820, 822
– Die andere Seite 737
Kunisch, Hermann 533
Kurella, Alfred 876

Laclos, Choderlos de 819
Ladyshnikow, J. 902
Laforgue, Jules 585, 598
Landauer, Gustav 548, 623, 826, 831f.
Langbehn, Adolf 536
Langen, Albert 534, 535, 536, 542, 566, 576, 595, 603, 649, 687, 739f., 746, 796f., 881
Langen, Arthur 762
Langewiesche, Karl Robert 536
Lassalle, Ferdinand 832
Lasker-Schüler, Else 538, 542, 546, 559, 573, 615, 621f., 624, 634, 667, 669f., 674f., 676, 700, 804
– Essays 674
– Gesichte 674f.
– Ich räume auf 559, 615, 667, 669, 675
– Malik 546
Latzko, Andreas 835
Lautensack, Heinrich 537, 585f., 590, 593, 625, 762
– Das Gelübde 762
– Via Crucis 585
Lenin, Wladimir Iljitsch 831
Lenz, Jakob Michael Reinhold 599

Leonhard, Rudolf 543, 608, 614, 619, 681, 683, 706f., 713, 776, 779, 811, 827, 887, 897, 901
Leskow, Nikolaus 779
Lessing, Gotthold Ephraim 670
Lewenstein, Dr. 764
Lewis, Sinclair 904f.
- Babbitt 905
- Dr. med. Arrowsmith 905
Lichnowsky, Mechtild 557, 565, 572f. 615f., 639, 661, 714, 718, 750, 762, 777, 780, 885, 887
- Götter, Könige und Tiere in Ägypten 639
- Gott betet 718, 780
- Das Spiel vom Tod 718, 762
- Der Stimmer 780
Lichtenstein, Alfred 567, 630f.
Lie, Jonas 821
Liebermann, Max 878
Liebknecht, Karl 836
- Studien über die Bewegungsgesetze 836
Liegler, Leopold 802
Lienhard, Friedrich 536, 694
Liliencron, Detlev von 537
Lingg, Hermann 537
Loerke, Oskar 603, 644, 683, 816
Loewenstein, Eugen 777, 817
- Nervöse Leute 777, 817
Loga, Valerian de 821f.
- Spanische Plastik 822
Lohmann, Eugen 653
Longuet, Charles 831
Loos, Adolf 760
Lotz, Ernst Wilhelm 690
Ludwig, Emil 548, 750
Luft, Hermann 824
Luitpold, Herzog von Bayern 909
- Die Fränkische Bildwirkerei 909
Lukács, Georg 560
Luther, Martin 809
- Deutsche Briefe 818
Luxemburg, Rosa 548

Machiavelli, Niccolò 655
Macke, August, 876
Maceagan, Eric 909
Macmillan 641
Macleod, Fiona 679
- Das göttliche Abenteuer 679
Madelung, Aage 685, 727, 747, 750f., 842, 863
- Zirkus Mensch 750
Maeterlinck, Maurice 596
Magnussen, Julius 680
- Gottes Lächeln 680
Mahler, Alma 858, 860, 867
Mahler, Gustav 867
Mahrholz, Werner 523

Mann, Heinrich, 542f., 548, 627, 660, 702, 704f., 714f., 716, 722f., 724, 727f., 729, 736, 738-744, 750, 762, 770f., 774, 776f., 779, 781, 796, 811-814, 825, 827f., 836f., 847, 865, 881, 887, 892, 897, 899f., 903, 914
- Die Armen 743, 743 (Abb.)
- Die Bösen 739
- Geist und Tat 705, 827
- Die Göttinnen 742
- Die Jagd nach Liebe 742
- Die kleine Stadt 739f, 814
- Der Kopf 744
- Professor Unrat 716, 742
- Das Schlaraffenland 727, 742
- Der Untertan 543, 722, 738, 741, 743, 788, 825, 837
- Ein Zeitalter wird besichtigt 738, 740
- Zwischen den Rassen 742
Mann, Thomas 535, 536, 577, 682, 706, 738f., 750, 791
Marc, Franz 876
Mardersteig, Giovanni [d. i. Hans M.] 530, 644, 696, 830, 844
Mardersteig, Hans [d. i. Giovanni M.] 599, 606, 633f., 673, 698, 714, 756, 783, 822, 830, 843f., 849, 854, 861, 863, 867, 873ff., 876f., 881f., 897, 899f., 906, 908ff., 910, 914f., 916
Marinetti, Filippo Tommaso 540, 625, 707
Marks, Percy 904
Martersteig, Max 557, 766, 873
Marx, Johanna 848
Marx, Karl 832f.
Masefield, John 902
Masereel, Frans 863, 875, 879, 899f., 906
- Gesichter und Fratzen 879
- Die Idee 879
- Mein Stundenbuch 879
- Die Passion eines Menschen 879
- Die Sonne 879
- Die Stadt 879
Matisse, Henri 876
Matthes, Heinrich 906
Matthias, Leo 588f., 811f., 827, 835, 846
- Der jüngste Tag 589
Maupassant, Guy de 669, 897f., 902
- Gesammelte Romane und Novellen 898, 902
- Peter und Hans 669
Mayer, Paul 603, 815f., 819, 917
Mehring, Walter 832, 865, 869
- Das Ketzerbrevier 869
Meidner, Ludwig 776, 783, 812, 873
Meister, Hermann 540f., 592, 627, 682
Mell, Max 592, 595
Mendelssohn, Peter de 544, 601, 659, 748, 840, 850
Merck, Annemarie 845

Merck, Caroline 808
Merck, Clara 529, 554, 564, 640, 649f., 668, 827, 847, 854, 903, 916
Merck, Elisabeth s. u. Wolff, Elisabeth
Merck, Johann Heinrich 553f.
Meyer, Alfred Richard 537f., 540f., 577, 585, 592, 597, 600, 620f., 622, 625, 681, 687, 739, 865
Meyer, Georg Heinrich 567, 589, 613, 632, 636-638, 646, 661-665, 671, 675f. 678-680, 682-687, 689f., 692f., 697-708, 699 (Abb.), 710-725, 727-730, 732-736, 738, 742-745, 754f., 758, 761, 763f., 768, 770f., 778, 792, 800f., 810, 822f., 830, 836, 839f. 842, 845, 693f., 856, 857f., 861f., 872, 873f., 878, 882, 889, 914, 916
Meyer-Bachem, Erich 530, 812
Meyrink, Gustav 601, 606, 660, 704, 711, 715, 723, 729-732, 737, 741, 744, 770, 776f., 779, 887, 903
- Bubi 731
- Gesammelte Werke 606, 736
- Der Golem 601, 612, 660, 704, 711, 714f., 719, 722, 729-732, 733f., (Abb.) 734, 735f., 737, 744, 783
- Das grüne Gesicht 737
- Der Trödler Wassertrum 730
- Walpurgisnacht 737
- Der weiße Dominikaner 737
Michael, Friedrich 603
Michel, Albert 538
Mierendorff, Carlo 546
Mießner, Wilhelm 563
Modersohn-Becker, Paula 879, 882
- Briefe und Tagebuchblätter 879, 882
Mörike, Eduard 788
Mohr & Zimmer 534
Mohrenwitz, Lothar 820ff,. 823, 843f. (Abb.), 848, 881
Moissi, Alexander 765
Molden, Fritz 733
Molière, Jean Baptiste 588
Molo, Walter von 745
Mombert, Alfred 541f.
More, Thomas 833
Mosse, Rudolf 749, 786
Moufang, Wilhelm 828f.
Mühlen, Hermynia zur 902
Mühlestein, Hans 811
Mühsam, Erich 548, 606, 702, 775, 837, 856, 894f., 896
- Brennende Erde 837
- Kurt Wolff und wir 895
- Wüste – Krater – Wolken 837
Müller-Freienfels, Richard 737
Müller, Friedrich 599
Müller, Georg 534, 535, 536, 539, 541, 543, 544, 559, 596, 600, 625, 649, 654, 687, 689, 740, 747, 751, 767f. 774, (811f., 821, 826, 694, 900)

Müller, Hanns Alexander 819
Müller, Otto 822
Munch, Edvard 876
Mundt, Albert 549
Muschg, Walter 532, 550
Musil, Robert 543f., 558, 612, 654f. 656, 682
Mynona 621, 776, 780, 869

Nadherny, Sidonie 800, 803, 806
Nansen, Peter 544, 685
Natorp, Paul 834
Neitzel, Lucian H. 672
- Französische Malerei 672
Nelson, Leonhard 808, 810f., 812
Netto, Walter 775
Neuberger, Fritz 898
Neumann, Fritz 540f.
Neustadt, Arthur 775
Nexö, Martin. A. 836
- Die Passagiere der leeren Plätze 836
Ney, Elly 616
Nietzsche, Friedrich 599, 811, 876
Noailles, Comtesse de 905
- Die Unschuldigen 905
Noether, Erich 786
Nostitz, Helene von 556, 755, 833

Obermaier, Hugo 880
- Hadschara Maktuba 880
Oehlkers, Friedrich 811
Ojetti, Ugo 905, 909
- Mein Sohn, der Herr Parteisekretär 905, 909
Ollendorf, Paul 901
Ompteda, Georg Freiherr von 901
Ornitz, Samuel von 904
Osthaus, Karl Ernst 876
Otten, Ellen 527, 528
Otten, Karl 523

Panofsky, Erwin 896, 910
Paquet, Alfons 831f., 833, 834,f., 836, 838, 887
- Der Geist der russischen Revolution 832, 836, 838
- Der Rhein als Schicksal 838
Pascoli, Giovanni 573, 597f.
Pasternak, Boris 553
Pauli, Gustav 877
- Paula Modersohn-Becker 877
Pechstein, Max 822
Péguy, Charles 598, 788
- Die Litanei vom schreienden Christus 788
Perzyński, Friedrich 849
Pfäfflin, Friedrich 530, 795f.

Pfänder, Alexander 813
Pfemfert, Franz 537, 539f., 541, 543, 570, 597, 621, 623f., 630f., 651, 660, 665, 683, 691
Philippe, Charles-Louis 597f., 779, 897, 899
- Der alte Perdrix 899
- Das Bein der Tienette 899
- Bübü vom Montparnasse 899, 900
- Charles Blanchard 899
- Die gute Madeleine 899
- Jugendbriefe an Henri Vandeputte 899 (Abb.)
Phillpotts, Eden 902
Picard, Jakob 541
Picard, Max 673
- Der Bürger 673
Picasso, Pablo 876
Pichler, Adolf 694
Pick, Otto 586, 593, 597, 609, 626f., 689
Pietsch, Otto, 561, 714
- Das Abenteuer der Lady Glane 561
Pinder, Wilhelm 876, 910
Pinthus, Kurt 530, 544, 548, 558, 564, 567, 573f., 588, 603, 605f. 608, 612, 622f., 625, 630, 646, 649f., 674, 692, 700, 708f., 710, 725, 754, 756, 765, 776, 810, 827, 845, 864, 869, 874, 876, 898, 604 (Abb.)
- Die jüngste Dichtung 544, 579, 606, 709
- Menschheitsdämmerung 548, 725
- Rede an die Weltbürger 828
- Rede an junge Dichter 776, 827
- Versuch eines zukünftigen Dramas 765
Piper, Reinhard 539, 596, 649, 666, 739, 783, 878, 881
Pisano, Giovanni 910
Platon 833
Poe, Edgar Allan 596, 735
Poeschel, Carl Ernst 815
Pollak, Fritz 610
Porter, Arthur Kingsley 910
Pound, Ezra 641
Preetorius, Emil 600, 783, 820, 823, 873
Prinzhorn, Hans 813
Pritzel, Lotte 595
Proudhon, Pierre Joseph 831
Pulver, Max 712, 747, 762, 913
- Himmelpfortgasse 913
- Selbstbegegnung 712
Puschkin, Alexander 596
Puttkamer, Annemarie von 530, 704, 738, 845f., 872
- Die Chronik von Sankt Johann 845
- Franz Werfel 845
- Die Schwestern 845
Puttkamer, Jesko von 693, 845, 849

Queri, Georg 745
- Kapuzinerroman 745

Raabe, Paul 531, 533, 536, 539f., 541, 544, 547f., 549, 562, 577, 592, 653, 655
Radek, Karl 832, 836
- In den Reihen der deutschen Revolution 736
Rademacher, Hanna 565, 759
Rasch, Wolfdietrich 532
Rascher, Max 901
Rathenau, Walter 654, 669
Reece, John Holroyd 910f.
Regendanz, Guido 849, 916
Reifenberg, Benno 914
Reimann, Hans, 667, 780, 869
- Von Karl May bis Max Pallenberg 869
- Kobolz 780
Reinhardt, Max 761, 763f., 765, 845
Reinhold, Karoline 530
Reinhold, Peter 564, 680, 787, 808f., 809 (Abb.), 810-813, 824, 918
Reisiger, Hans 831
Reiß, Erich 539, 548, 752, 767f., 885
Remisow, Alexej 780
- Legenden und Geschichten 780
Renard, Maurice 779
- Doktor Lerne 779
Renger-Patsch, Albert 913
- Die Welt ist schön 913
Reuter, Gabriele 577
Reventlow, Ernst Graf 689
Ricci, Corrado 910
Rice, Elmer 901
- Meine Abenteuer mit deinem Geld 901
Ricke, Brigitta 530
Rilke, Rainer Maria 535, 536, 569, 590, 595, 600, 603, 687, 694, 706, 712, 727, 747, 777, 920
- Mir zur Feier 694
Rimbaud, Arthur 596
Rinaldis, Aldo de 910
Ringelnatz, Joachim 865, 869
- Kuttel Daddeldu 865
- Turngeschichte 865
Ripke-Kühn, Eleonore 689
Ripke, Axel 656f., 661, 688f.
Roda-Roda 621, 731
- Bubi 731
Rodenbach, Georges 780
Rodin, Auguste 638, 643, 777, 873
- Die Kathedralen Frankreichs 777
- Die Kunst 638
Rösch, Eckard 915
Rötzer, Hans Gerd 531
Roland-Holst, Henriette 836
- Garibaldi 836
- Jean Jacques Rousseau 836
- Die revolutionäre Massenaktion 836
Rolland, Romain 683, 779, 863, 881, 897, 899f., 901, 906
- Annette und Sylvia 901

- Mutter und Sohn 901
- Peter und Lutz 900
- Sommer 901
- Verzauberte Seele 901

Romain, Jules 586, 598
- Der Pensionatsspaziergang 586

Rommeis, Architekt 840
Rousseau, Henri 876
Rousseau, Jean-Jacques 599
Roth, Eugen 705
Rothbarth, 739
Rothe, Wolfgang 531, 532
Roth, Joseph 883, 912, 914f.
Rouveyre, André 655
- Parisiennes 655

Rowohlt, Ernst 536, 539–542, 548, 556, 559f., 561–565, 567, 577, 580, 586, 599f., 603, 605f., 612f., 613, 620, 622f., 627f., 633, 638, 643, 645, 649, 651 654f., 659, 674, 677, 681, 697, 720, 729–732, 741, 751, 756, 758f., 767, 779, 786, 792, 815, 816f., 825, 836, 845, 851, 855, 873, 885f., 890, 893, 898f., 905, 911, 917f.

Rubiner, Ludwig 573, 623, 825f., 827, 869
- Kameraden der Menschheit 825
- Kriminal-Sonette 869

Rückert, Friedrich 821
Ruest, Anselm 625

Saar, Ferdinand von 700
- Wiener Elegien 700

Sack, Gustav 544, 567, 745
- Ein Namenloser 745

Sack, Paula 745
Sainte Beuve 822
- Madame de Pompadour 822 (Abb.)

Sallet, Friedrich von 818
- Kontraste und Paradoxen 818

Salzmann, Karl H., 527, 553, 700, 738
Samostrata, Lucian von 819
- Hetärengespräche 819

Saudek, Emil 859
Sauerlandt, Max 876f.
- Emil Nolde 877

Schäfer, Dietrich 688f.
- Deutschland und England 688

Schäfer, Wilhelm 834
Schaeffer, Albrecht, 747
Scharffenberg, Renate 603
Schauer, Georg Kurt 814
Schaukal, Richard 555
Scheerbart, Paul 561, 563, 633
- Das Perpetuum Mobile 633

Scheffler, Heinrich 530, 918
Scheidemann, Philipp 825

Scheler, Max 656, 663, 673, 676, 687, 810, 812, 889, 919
- Der Genius des Krieges 687
- Die Ursachen des Deutschenhasses 810

Scherer, Wilhelm 523
Schering, Emil 821
Schermann, Raphael 800
Schickele, René 542f., 548, 616, 621, 636, 654, 656, 660–665, 670f., 673, 675f., 677, 683f., 685, 694, 703f., 706f., 720f. 722, 727, 754, 762, 770, 808, 811f., 823, 835
- Aïssé 660, 677
- Blick auf die Vogesen 887
- Das Erbe am Rhein 887
- Hans im Schnakenloch 676, 704, 762
- Maria Capponi 887
- Die neuen Kerle 887
- Wir wollen nicht sterben 887
- Der Wolf in der Hürde 887

Schiebelhuth, Hans 866
Schiller, Friedrich 803
- Melancholie an Lauren 803

Schilling, Heinar 546
Schlaf, Johannes 596
Schlier, Paula 912, 914
- Choronoz 914

Schmehl, August 788
- Die Bekehrung der Äbte 788

Schmid-Noerr, Alfred 730
Schmidtbonn, Wilhelm 530, 595, 759f., 763f., 768, 842, 856, 866, 887, 889
- Fortunatus 760, 866
- Der Geschlagene 760
- Schauspieler 760

Schmidt, Otto Erich 762
- Abschied 762

Schmidt-Rottluff, Karl 822, 876
Schmitz, Hermann Harry 565, 638, 776, 869
- Der Säugling 638

Schneider, Karl Ludwig 531, 567
Schneiderfranken, Joseph (s. auch Bô Yin Râ) 679
Schnitzler, Arthur 535, 542, 706, 728, 744, 771
Schöffler, Heinz 590
Scholz, Wilhelm von 595
Schopenhauer, Adele 555
Schreinert, Kurt 551
Schreyer, Lothar 762
- Otsint 762

Schröder, Julius (jun.) 681, 815f.
Schröder, Julius (sen.) 815
Schröder, Rudolf Alexander 545, 566, 687
Schroers, Paul 739
Schücking, Levin L. 523, 535
Schücking, Lothar 808, 810
- Der Dauerfriede 810

Schürer, Oskar 780
- Versöhnung 780

Schwabach, Erik-Ernst 600, 608, 650, 654, 656–678, 671f. (Abb.), 681, 683f., 685, 689, 706, 720, 761f., 785, 810, 819, 873
- Die arme Kreatur 669
- Nur eine Liebe 669
- Peter van Pier 661, 669
- Das Puppenspiel. Szenen 669
- Das Puppenspiel der Liebe. Ein Akt 661, 669
- Die Stiftsdame 669
- Vom Beruf des Dichters 661
- Das Zaubertheater 669

Schwab, Jean 636, 657, 661, 673
Schwabach, Lotte 664, 682
Schwager, Johann Moritz 599
Schwarz, Falk 524
Schwob, Marcel 586, 598, 654
- Der Kinderkreuzzug 582 (Abb.)

Sebrecht, Friedrich 762
Seewald, Richard 783, 873, 876
Seiffhart, Arthur 564, 568, 576, 586, 646, 680, 682, 697f., 840, 842, 897, 916, 917 (Abb.)
Semank, Alfred 529, 680, 918
Seybicke, (Hersteller) 780, 859
Shakespeare, William 866
- König Lear 867
- Romeo und Julia 866

Simmel, Georg 752f.
- Kant und Goethe 752
- Rembrandt 752

Sinsheimer, Hermann 541
Slevogt, Max 783, 878
Smigelski-Atmer, Ernst 714
Soergel, Albert 778
Sokel, Walter H. 599
Somogyi, Ladislaus 530, 918f.
Sorge, Johannes R. 542f., 760
- Der Bettler 542, 760

Speidel, Ludwig 612, 695
Speier, Wilhelm 593
Spengler, Oswald 752f.
- Der Untergang des Abendlandes 752

Speyer, Edgar 907
Spitz, Árpád 848
Šrámek, Fráňa 596f., 780
Stadelmayer-Wolff, Maria 529, 530, 556, 614
Stadler, Ernst 531, 567, 590, 597, 623, 644, 673, 676, 684, 709, 881
- Aufbruch 644, 709

Starke, Ottomar 600, 710, 756, 770, 783
- Schippeliana 757 (Abb.)

Steegemann, Paul 549, 614f., 824, 867
Steffen, Detlev 660
Stein, Philipp 696
Steiner, Rudolf 866
Steiner-Prag, Hugo 557, 736, 783

Sternheim, Carl 545, 558, 565, 567, 571, 581, 585, 588, 591f., 623, 654f., 656, 660, 663, 680, 688, 707, 720f., 725f., 741, 747, 752, 758f., 760, 762, 779, 783, 793, 813, 837, 856, 861, 865, 887, 893–896, 903
– Berlin 861
– Busekow 571, 588, 591, 660
– Fairfax 895
– Das Fossil 895
– Die Hose 789
– Der Kandidat 762
– Die Kassette 759, 894
– Meta 592
– Napoleon 582 (Abb.) 592, 660, 707
– Paul und Vincent 895
– Schuhlin 592, 660, 707
– Ulrich und Brigitte 813
Stiemer, Felix 546
Stoessl, Otto 627, 713
– Gottfried Keller 713
Strache, Eduard 549
Stramm, August 536, 540, 681
Strasser, Charlot 746
Stratz, Rudolf 901
Strauß, Emil 542
Strauß, Heinz Arthur 913
– Astrologie 913 (Abb.)
Strauß, Ludwig 819
Strauß, Victor 571
Strindberg, August 821
– Ausgewählte Dramen 821
– Ausgewählte Romane 821
– Ehegeschichten 821
– Das rote Zimmer 821
Suarès, André 573, 598, 643, 654, 656, 673
Suhrkamp, Peter 845
Swedenborg, Emanuel 711
Sylvester, Ernst 780
– Peter van Pier 780
Szafranski, Kurt 637, 652

Tagore, Rabindranath 573, 595, 640f., 702, 709, 711f., 713, 715, 720, 724, 744, 762, 780, 788, 791, 831, 844 (Abb.), 845, 860f., 862, 902
– Chitra 642
– Der Frühlingskreis 788
– Der Gärtner 642
– Gesammelte Werke 902
– Gitanjali 595, 640f., 641f. (Abb.)
– Das Heim und die Welt 861f.
– Der zunehmende Mond 724
Taut, Bruno 866
Teubner, Benedictus Gotthelf 564
Teweles, Heinrich 765
Thesing, Kurt 755, 810
Thies, Hans Arthur 780
– Die Gnadenwahl 780

Thöny, Wilhelm 783
Thomke, Hellmut 635
Thompson, Francis 902
Thylmann, Karl 783
Tieck, Ludwig 820
Tiemann, Walter 600, 815
Tietze-Conrat, Erika 878, 880
– Der französische Kupferstich der Renaissance 880
Tillier, Claude 818
Toller, Ernst 548, 824f., 826, 836f., 838
– Gedichte der Gefangenen 836, 838
– Hinkemann 838
– Masse Mensch 837f.
– Wandlung 837f.
Tolstoi, Leo 596, 831, 833, 899
Trakl, Georg 531, 536, 550, 567f., 573, 576, 579f., 584f., 588f., 612f., 614, 623, 644, 684f., 709, 712, 776, 791, 865, 881
– Die Dichtungen 865
– Gedichte 584, 588, 644
– Sebastian im Traum 685
Tschechow, Anton 902
– Gesammelte Romane und Novellen 902
Tucholsky, Kurt 593, 652f., 911, 919
Turgenjew, Iwan Sergejewitsch 596
Tzara, Tristan 868

Uhlig, Friedrich 526
Ulbrich, Franz 714, 758
Ullstein, Gebrüder 577f., 749, 786, 808, 872
Unold, Max 822
Unruh, Fritz von 615, 683, 705, 751f., 762, 764, 767, 768, 776, 787, 793, 812, 828f., 693, 859f., 864, 866f., 887, 891f., 893
– Dietrich 892
– Ein Geschlecht 705, 752, 767, 860, 891
Platz 860, 891
– Stürme 892

Valentiner, Wilhelm R. 878, 909
– Georg Kolbe 878
Velde, Henry van de 875
Venturi, Adolfo 909f.
Verhaeren, Emile 589, 596, 683
Verlaine, Paul 596, 881
Viehweg, Direktor 670
Viertel, Berthold 580, 626f., 745, 765, 801
Vischer, Friedrich Theodor 674, 676, 696f., 702
– Auch Einer 702
– Dichterische Werke 676
– Kritische Gänge 674

Vischer, Robert 676
Vitry, Paul 909f.
– Die gotische Plastik in Frankreich (mit Marcel Aubert) 910
Vogel, Hermann 530, 646, 663, 703, 843f.
Vogel, Luise 772
Voigt, Robert 649
Vollmer, Erwin 873
Voltaire 672, 831
– Kandide 672
Vorovskij 832

Wachsmuth, Oswald 844
Waetzold, Wilhelm 877
– Der Weg zum monumentalen Stil 877
Wagenbach, Klaus 583
Walden, Herwarth 536f., 540f., 621, 625, 629f., 683, 720, 728f., 735f., 760, 798
Walser, Robert 565, 573, 593, 523, 528, 654, 655f., 660. 702, 776f. 887
– Kammermusik 702
Wassermann, Jakob 535, 542, 561, 577f., 644, 706, 850f.
Weber, Carl Maria 827
Weber, Hans von 538f., 560, 578, 598, 600, 649, 654, 687, 696, 732, 735, 773, 782, 785, 813–816, 818f.
Weber, Max 540, 681
Weber, Wolfgang von 530, 814
Wedekind, Frank 561, 751, 762
– Mine-Haha 751
Wegener, Paul 732
Weigand, Wilhelm 694
Weiß, Emil Rudolf 562, 600
Weiß, Ernst 543, 779, 857, 865, 887
– Atua 865
– Die Galeere 865
– Nahar 865
– Tanja 865
– Tiere in Ketten 865
Weissbach, Richard 540f., 562, 620
Wells, Catherine 836
Wells, Herbert George 596, 836, 854
– Die Geheimkammern des Herzens 836
– Hoffnung auf Frieden 836, 854
Weltsch, Felix 626f., 628, 827
– Anschauung und Begriff (zus. mit Max Brod) 628, 634
Werfel, Franz 528, 541f., 565f., 567, 570, 573f., 576, 578, 580, 583–591, 593–596, 598, 600f., 604, 608 (Abb.), 608–614, 622–630, 632, 635f., 637, 642, 643f., 646, 656, 659f., 675, 683f., 688f., 690, 692, 696, 700, 702f., 704–708, 711f., 713, 715–720, 723f., 729, 732, 735, 738, 741, 745f., 747, 750, 754f., 756, 760f., 763f., 765f., 768f.,

771, 775f., 779, 791, 794–797, 802–806, 810, 827, 829, 831, 840, 845, 857–860, 862f., 865f., 876, 887, 892, 901, 903, 914, 917
- Ein Abendgesang 713
- Arien 805, 859
- Beschwörungen 859
- Dichtungen und Dramen 858f.
- Einander 637, 689, 717f., 719, 858
- Einem Denker 804
- Der Gerichtstag 771, 804, 858
- Gesänge aus drei Reichen 720
- Die Metaphysik des Drehs 804
- Nicht der Mörder, der Ermordete ist schuldig 845, 858f.
- Schweiger 859
- Der Spiegelmensch 804, 806, 859, 881, 885
- Spielhof 858
- Die Troerinnen 660, 689, 717f. 719, 745, 760f., 763f., 803, 858
- Über den Krieg 589
- Verdi 860
- Die Versuchung 589, 591, 622, 632, 719
- Der Weltfreund 573, 580, 609, 611, 635–638, 704, 719, 795, 858
- Wir sind 660, 689, 717f., 719, 745, 760f., 763f., 803, 858
Werfel, Rudolf 636, 753f., 769
West, Robert 821
- Entwicklungsgeschichte des Stils 821
Whitman, Walt 589, 831
- Gesänge und Inschriften 831
- Grashalme 831
Wiegand, Willy 791
Wiegler, Paul 720
Wiese, Leopold von 810, 829f.

Wilde, Oscar 596, 654, 819
- Die Ballade vom Reading Goal 819
Wilhelm, Richard 876
Wilpert, Gero von 635
Winckelmann, Johann Joachim 571
Witkowski, Georg 557
Wölfflin, Heinrich 820, 877, 909
- Bamberger Apokalypse 877
Wolde, Ludwig 791
Wohlfarth, Frank 866
Wolfenstein, Alfred 543, 746, 825, 827, 866
Wolfe, Thomas 905
Wolff, Elisabeth 529, 530, 553, 556, 556 (Abb.), 557, 564, 614, 618 (Abb.), 649, 664, 674, 682, 792, 803, 808, 845, 916f.
Wolff, Helen 528, 529, 530, 896, 907
Wolff, Kurt; passim 552 (Abb.), 556 (Abb.), 617 (Abb.), 691 (Abb.), 843f. (Abb.)
- Adele Schopenhauer: Tagebücher 555
- Autoren, Bücher, Abenteuer 528, 649
- Begegnung mit dem Absoluten 795
- Der Dramatiker Herbert Eulenberg 557
- Drei ungedruckte Briefe 554
- Johann Heinrich Merck: Schriften und Briefwechsel 555
- Rabindranath Tagore 640
Wolff, Leonhard 551, 677
- J. Sebastian Bachs Kirchenkantaten 677
Wolff, Maria 551 (s. auch Stadelmayer-Wolff, Maria)
Wolff, Theodor 770
Wolfskehl, Karl 553, 557, 906
Worringer, Wilhelm 876

Würth, Joseph 546
Wynecken, Gustav 813, 866
- Der europäische Geist 866

Yeats, William Butler 641

Zech, Paul 537, 673f., 675, 683, 788
- Die eiserne Brücke 673
- Das Terzett der Sterne 788
Zeitler, Julius 571, 600, 686, 785, 814f., 818f.
- Oeser und die Seinen 571
Zeller, Bernhard 527, 528, 536, 553, 555, 571, 646, 817
Zenker, Edith 736
Zimmermann, Joachim 775, 816
- Das neue Leben 816
Zola, Emile 779, 815, 897f., 902f.
- Der Experimentalroman 815
- Die Rougon-Macquart 899
Zsolnay, Paul 738, 744, 860, 867, 914f.
Zuckerkandl, Bertha 805
Zuckmayer, Carl 644, 768, 866, 869–872
- Der fröhliche Weinberg 872
- Kiktahan 872
- Kreuzweg 866f., 872
- Die Wiedertäufer 872
Zweig, Arnold 536, 565f., 601, 720f., 723, 762, 776, 779, 816
- Abigail und Nabal 601, 721
- Novellen um Claudia 536, 720
- Die Sendung Semaëls 601
Zweig, Stefan 561, 643, 766, 819, 835
- Die Welt von Gestern 819

Register der Anthologien, Jahrbücher, Reihen, Sammelwerke und Zeitschriften

Adressbuch des deutschen Buchhandels 815
Die Aktion 539f., 543, 570, 580, 583, 589, 590, 597, 623f., 627, 651, 654, 655f., 659f., 661, 665, 673, 691f, 705, 798, 804
Almanach der Münchner Verleger 881
[Almanach] 1925. Ein Almanach für Kunst und Dichtung aus dem Kurt Wolff Verlag 879
American Poets 905
Amerika-Bücher 904
Der Amethyst 652, 654
Die Argonauten 541, 573, 620
Arkadia 573, 586f., 592f., 594, 616, 653, 655f., 686, 798
Berliner Börsencourier 828
Berliner Tageblatt 561, 630, 726, 828, 882

Bibliothek zeitgenössischer Romane 722
Der Bildermann 548
Blätter des Deutschen Theaters 609
Der Bote für deutsche Litteratur 694
Der Brenner 580, 627
Die Bücherei Maiandros 537f., 625
Das Bunte Buch 572, 572 (Abb.), 586, 597, 632f., 638f., 643, 645, 707, 710, 803

Charon 542
Die Chronik von Sankt Luisen 882

Die Dachstube 546
Dadaco 868
Der Demokrat 539f., 580, 622

Deutsche Allgemeine Zeitung 850
Deutsche Choräle 687
Die Deutsche Plastik 880, 909
Deutsche Rundschau 680
Deutsche Schwänke 819
Deutsches Bücherverzeichnis 636, 639
Dichtung der Jüngsten 547
Dichtungen des Ostens 820
Dichtungen und Bekenntnisse 548
Die Dionysos-Bücherei 819
Drugulin-Drucke 560, 578f., 596, 600, 637, 643, 787, 881

Eranos-Jahrbücher 842
Die Erhebung 825
Europäische Bücher 543

Der europäische Roman 744, 751, 779, 863, 902
Die Evangelisten der Revolution 827, 831

Die Fackel 627f., 794f., 796, 801f., 803f., 806f.
Die Fahnenmasten 652
Fanale 541
Die Flut 541
Das Forum 705
Frankfurter Tageblatt 630
Frankfurter Zeitung 726, 735, 911
Die freie Schulgemeinde 866
Das XXV. Jahr 748

Genius 530, 606, 625, 653, 696, 828, 845, 867, 874, 875 (Abb.), 876f., 900, 918
Das glückhafte Schiff 686, 708
Das Gnu 765
Die graphischen Bücher 784
Die Groteske 868

Heidelberger Zeitung 541
Heimat 694
Herder-Blätter 580, 597, 627
Hundert-Drucke 560, 814
Hyperion 566, 666, 814, 874
Hyperion-Bücherei 824

Die Insel 787, 813, 874
Das Jahr der Bühne 775
Der Jüngste Tag 527, 541, 565, 573f., 576, 578f., 580, 581f. (Abb.), 583 (Abb.), 584–588, 590f., 592, 594, 598, 608, 612, 616, 623, 630, 639, 643f., 658, 660, 677, 689, 706f., 710, 712, 714, 720, 725, 735, 745, 755, 761, 768, 773f., 778, 780, 784, 824, 827, 838, 858, 867, 869, 886

Das Kinobuch 573, 606
Die kleine Jedermannsbücherei 823f.
Der Kondor 541, 561, 586, 616
Der Krieg 687
Kriegsflugblätter 687
Kriegslieder für das deutsche Volk 687
Kriegszeit. Künstlerflugblätter 548
Die Kultur 713, 752
Die Kunst 713

Leipziger Neueste Nachrichten 630, 670
Leipziger Tageblatt 630, 808
Lieder unserer Soldaten 687
Das literarische Echo 590, 641, 686
Die literarische Welt 669, 701, 890
Die Literatur 713, 898

Der lose Vogel 634, 653–660
Lyrische Bibliothek 541, 592, 682
Lyrische Flugblätter 537, 538, 577, 592, 681, 687

März 608, 741, 796
Masken 608f.
Menschen 829
Der Mistral 538
Münchener Kriegsblätter 687
Münchner Neueste Nachrichten 868
Münchner Sonntagszeitung 840, 847
Die Musik 713

Das neopathetische Cabaret 536
Das neue Bild 877
Neue Blätter 580, 597f., 627
Die neue Bücherschau 911
Die Neue Dichtung 725, 775, 777 (Abb.), 827
Neue Dichtungen 780, 859
Das neue Drama 748
Neue Dramen 725, 776, 781
Neue Drugulin-Drucke 787, 859
Neue Freie Presse 726
Das neue Gedicht 713
Das Neue Geschichtenbuch 776, 778 (Abb.)
Neue Geschichtenbücher 725, 774, 776, 779f.
Neue Jugend 545, 616
Die neue Kunst 538
Die neue Literatur 653, 712, 718
Die Neue Lyrik 725, 776, 780
Das neue Pathos 580
Neue Reformation 811
Der Neue Roman 676, 695, 715f., 720, 722f., 725, 727f., 736, 770, 773f., 776, 777f. (Abb.), 778f., 780, 846f., 854f., 859, 862f., 866, 897, 901f., 906
Die Neue Rundschau 524, 598, 658f., 680, 726, 748, 804
Das neue Pester Journal 842
Neue Tribüne 657f.
Das neueste Gedicht 547, 725
New York Tribune 905
Nouvelle Revue Française 901

Öffentliches Leben 811
Die Opale 652, 654
Orion 595, 652f.
Orplidbücherei 687

Pan 548, 730, 787, 798, 813, 874
Pantheon-Edition 911
Der Panther 656, 689
Die Pforte 541

Poetische Flugblätter 537
Publisher's Weekly 903

Räte-Zeitung 828
Die Republik 669
Revolution 538
Die romantische Taschenbücherei 820

Der Saturn 541, 627, 630, 682
Die Schaubühne 630, 765, 775, 801
Schriften zur Zeitgeschichte 687, 706
Die Schwarzen Bücher 776f., 781, 783
Die Silbergäule 824, 867
Simplicissimus 741, 796
Die skandinavische Bibliothek 820f.
Sonnenblumen 537
Die soziale Revolution 810
Der Sturm 540, 625, 629, 651, 656, 665, 683, 728, 735, 762
Süddeutsche Monatshefte 735

Tätiger Geist 811
Das Tagebuch 898
Tribüne der Kunst und Zeit 548
Das Tribunal 546

Umsturz und Aufbau 548

Vogue 823
Vom Judentum 639
Vom Jüngsten Tag 590, 592, 606, 686, 704, 708, 709 (Abb.), 776, 824
Vossische Zeitung 808, 849

Das Weiße Buch 676
Die Weiße Bücherei 676
Die Weißen Blätter 543, 548, 576, 595, 606, 614, 624, 643, 650f., 653f., 656–666, 668f., 673, 675, 677, 683, 685f., 689, 692, 705f., 709, 732, 754, 765, 770, 808, 835
Die Weltbühne 888, 893f., 895
Die Weltrevolution 836
Wiener Freimaurerzeitung 680

Zehn deutsche Reden 688f., 694
Zehn Stundenbücher der Ernst-Ludwig-Presse 788, 805
Zeit im Bild 741
Das Zeitalter Wilhelms II. 608, 613, 653
Zeitschrift für Bücherfreunde 537, 554, 560, 579, 630, 787
Das Ziel 543, 593, 705, 808, 811f., 827, 831, 839
Der Zwiebelfisch 538f., 578, 654, 735, 773, 814, 868

Zusammenfassung

Der Kurt Wolff Verlag – 1913 aus dem 1910 gegründeten Ernst Rowohlt Verlag, Leipzig, hervorgegangen – war einer der führenden literarischen Verlage seiner Zeit und zunächst der Hauptverlag des literarischen Expressionismus. In den zwanziger Jahren wandte sich der Verleger Wolff stärker ausländischer Literatur und Kunstpublikationen zu, ehe er sein Unternehmen im Zuge der Weltwirtschaftskrise 1930 verkaufte. Neben seinem Hauptverlag führte Wolff mehrere Seitenverlage (Verlag der Weißen Bücher, Verlag der Schriften von Karl Kraus, Verlag der Neue Geist, Hyperion-Verlag, Pantheon Casa Editrice), die programmatisch und wirtschaftlich mehr oder weniger mit dem Stammhaus verflochten waren.

Die vorliegende Abhandlung zeichnet aufgrund umfangreichen Quellenmaterials die Geschichte des Kurt Wolff Verlages und seiner Dependancen nach und erschließt zahlreiche, bisher unbekannte verlagshistorische Fakten des expressionistischen Zeitraums. Verlagsgeschichte in der Modellsituation der Monographie wird hier bewußt als Teil der zeitgenössischen Wirkungsgeschichte von Literatur verstanden. In der Darlegung der Verlagsentwicklung soll deshalb der Einfluß des Verlegers und seiner Mitarbeiter auf die Produktion der Autoren deutlich werden; die literarischen Auswahlkriterien Wolffs werden untersucht, ebenso seine Werbemethoden und somit der Anteil des Verlages an den äußeren Wirkungsbedingungen expressionistischer Literatur. Es wird nach der Bedeutung des Verlages für literarische Gruppenbildung innerhalb des Expressionismus und für die Durchsetzung bestimmter Tendenzen oder Autoren gefragt.

Die Studie ist insofern ein propädeutischer Beitrag für den Literaturwissenschaftler, der die soziokulturellen Bedingungen literarischen Lebens in seine Interpretation expressionistischer Dichtung einbeziehen will; sie kann zugleich eine vorbereitende Einzelstudie zu einer Gesamtdarstellung des Verlagswesens im 20. Jahrhundert sein.

The Kurt Wolff publishing firm – which had emerged in 1913 from the Ernst Rowohlt Verlag, founded in Leipzig in 1910, – was one of the leading publishers of his time; primarily, Kurt Wolff had been engaged as the chief publisher of works of literary expressionism. Prior to the sale of the firm in 1930 as a consequence of the world economic crisis, Wolff publishers had begun to concentrate more upon foreign literary works and art publications. In addition to being head of his own main publishing company, Wolff had been in charge of several subsidiary companies (»Verlag der Weißen Bücher«, »Verlag der Schriften von Karl Kraus«, »Verlag der Neue Geist«, »Hyperion Verlag«, »Pantheon Casa Editrice«) which both in terms of their programming characteristics and their economic activities were more or less connected with the main publishing firm.

The present study traces the history of the Kurt Wolff publishing firm and its subsidiaries on the basis of extensive source material, revealing a number of heretofore unknown facts in the realm of publishing history covering the period of Expressionism. The history of publishing viewed as a model situation in the field of monography is conceived in this context as part of contemporary history of literary activity as such. The portrayal of the historical development of this publishing establishment is designed to demonstrate the influence of the publisher and his colleagues upon the products of the authors; subject to investigation are also the literary criteria of selection employed by Wolff as well as his methods of advertising; interest also focuses upon the role played by the publisher in the external conditions under which expressionist literature has to operate. Finally light is shed upon the significance of this publisher for the formation of literary groups within the expressionist movement as well as upon the realization of certain trends or views of certain authors.

Consequently, this study is to be considered as an introductory contribution to the field of literature, since one of intended goals is the incalcation of socio-cultural conditions within the realm of literature serving the interpretation of expressionist writing in its portrayal conceived as general introduction and history of a single publisher the study also seeks to pave the way for a summary account of the history of publishing in the 20th century.

Издательство «Курт Вольфф», основанное в 1913 г. взамен существовавшего с 1910 г. издательства «Эрнст Ровольт», играло одну из ведущих ролей в издании художественной литературы своего времени, прежде всего — произведений экспрессионистов. В 20-х годах, до тех пор, пока из-за всемирного экономического кризиса он не продал предприятие, К. Вольфф более активно занимался выпуском иностранной художественной литературы и публикациями по различным вопросам искусства. Кроме основного, у К. Вольффа были и некоторые дочерние издательства, имевшие более или менее тесные программные и экономические связи с основным издательством (Verlag der Weißen

Bücher, Verlag der Schriften von Karl Kraus, Verlag der Neue Geist, Hyperion-Verlag, Pantheon Casa Editrice).

Опираясь на многочисленные источники, настоящая работа излагает историю издательства «Курт Вольфф» и его филиалов и раскрывает различные, до сих пор неизвестные издательско-исторические факты периода экспрессионизма. История издательства (прообразом которой является монография) здесь сознательно понимается как часть истории духовного влияния, оказываемого литературой на современное ей общество. Поэтому показ развития издательства и должен продемонстрировать влияние издателя и его сотрудников на творчество автора; мы анализируем критерии, по которым он выбирал издаваемую литературу и его методы в области рекламы. Таким образом, становится ясным, в какой мере издательство оказывало влияние на внешние условия для воздействия экспрессионистской литературы, на формирование группировок среди экспрессионистов и на преобладание определенных тенденций.

Поэтому можно считать эту работу подготовительным исследованием для литературоведа, желающего включить социально-культурные условия литературной жизни в анализ экспрессионистской литературы, и одновременно — предварительным отдельным вкладом в общее исследование издательского дела XX века.

Bibliographie des Kurt Wolff Verlages und der ihm angeschlossenen Unternehmen 1910 – 1930

Inhalt

	Zur Anlage der Bibliographie	1300
1	Die Publikationen des Ernst Rowohlt Verlages, Leipzig	1305
1.1	Allgemeine Buchproduktion	1305
1.2	Graphik und Mappenwerke	1315
1.3	Kataloge	1315
1.4	Die Reihen und Sammlungen	1315
2	Die Publikationen des Kurt Wolff Verlages . . .	1315
2.1	Allgemeine Buchproduktion und Periodika . . .	1316
2.2	Graphik und Mappenwerke	1372
2.3	Almanache und Kataloge	1376
2.4	Die Reihen und Sammlungen	1377
2.5	Bühnenverlagswerke	1388
3	Die Publikationen des Verlages der Schriften von Karl Kraus (Kurt Wolff)	1395
4	Die deutschen Ausgaben der Pantheon Casa Editrice S. A.	1395
4.1	Allgemeine Buchproduktion	1397
4.2	Kataloge	1400
5	Die Publikationen des Verlages der Weißen Bücher	1399
5.1	Allgemeine Buchproduktion und Periodika . . .	1399
5.2	Kataloge	1404
6	Die Publikationen des Neuen Geist Verlages . .	1405
6.1	Allgemeine Buchproduktion	1405
6.2	Die Reihen	1408
7	Die Publikationen des Hyperion-Verlages . . .	1409
7.1	Allgemeine Buchproduktion	1409
7.2	Graphik und Mappenwerke	1429
7.3	Kataloge	1432
7.4	Die Reihen und Sammlungen	1432
8	Alphabetischer Gesamtindex	1435

Zur Anlage der Bibliographie

In der hier vorgelegten Bibliographie wird erstmals versucht, einen vollständigen Überblick über das verlegerische Wirken Kurt Wolffs in Deutschland zu geben. Die ursprünglich vorgesehene Beschränkung ausschließlich auf Publikationen des Kurt Wolff Verlages verbot sich aus verschiedenen Gründen. Zunächst erschien es wenig sinnvoll, die während der Teilhaberschaft Wolffs im *Ernst Rowohlt Verlag 1910-1913* produzierten Bücher nicht aufzunehmen, da dessen Produktion von Wolff nach der Umbenennung in *Kurt Wolff Verlag 1913* ausnahmslos übernommen wurde und den Kern des neuen Verlages bildete. Eine Ausgliederung des *Verlages der Schriften von Karl Kraus (Kurt Wolff)* erschien ebenfalls wenig plausibel, denn die Gründung dieser Verlagsdependance ist nur als Entgegenkommen gegenüber einem schwierigen Autor zu verstehen, die Produktion gehört aber streng genommen zu dem verlegerischen Werk Wolffs innerhalb des Kurt Wolff Verlages. Dies gilt auch für die deutschen Ausgaben der *Pantheon Casa Editrice, S.A.*, Florenz, die vom Kurt Wolff Verlag vertrieben wurden und teilweise nur Neuausgaben der in dem Hauptverlag Wolffs erschienenen Kunstbücher darstellen.

Darüber hinaus zeigte sich, daß die Produktion der Verlage *Verlag der Weißen Bücher, Der Neue Geist Verlag* und *Hyperion-Verlag* so eng mit dem Kurt Wolff Verlag verflochten war, daß nur die vollständige Aufnahme der Titel aller Verlagsunternehmen Wolffs eine Erklärung für die kurz aufeinander folgenden Ausgaben eines Buches unter verschiedenen Signets geben konnte und die Breite des verlegerischen Wirkens von Wolff tatsächlich erhellt.

Um die Entwicklung des Kurt Wolff Verlages und der ihm angeschlossenen Unternehmen zu kennzeichnen – die sich ja unmittelbar aus der Produktion ablesen läßt –, wurde das chronologische Prinzip dem rein alphabetischen vorgezogen. In dem chronologischen Verzeichnis wurden alle Buchpublikationen und Periodika aufgenommen, jeweils nach Verlagen gegliedert. Eine Ausnahme bilden lediglich die Mappenwerke und die Druckgraphik, die in einem gesonderten Verzeichnis aufgeführt werden. Dies gilt auch für den Bühnenvertrieb des Kurt Wolff Verlages, der gesondert verzeichnet ist. Um die zahlreichen Reihen und die (meist erst nachträglich) in Sammlungen zusammengefaßte Produktion nach ihrer vom Verlag vorgenommenen thematischen Gliederung sichtbar zu machen, folgt im Anschluß an das chronologische Verzeichnis der Verlage ein Überblick über die Reihen und Sammlungen in Kurztiteln. Ergänzend hinzugefügt ist ein Nachweis der Verlagskataloge und der Verlags-Almanache, die ebenfalls Verlagsverzeichnisse enthalten. Es werden allerdings nur die Kataloge aufgeführt, die jeweils ein Gesamtverzeichnis der Produktion eines bestimmten Zeitraums enthalten. Auf die Aufnahme der zahlreichen Bücherkarten, Werbeprospekte und Sonderkataloge zu Buchreihen und Einzelwerken wurde verzichtet[1].

Als Grundlage zum Nachweis aller in den Verlagen Wolffs produzierten Titel wurde, ergänzend zu den Verlagskatalogen und Almanachen, ein von Kurt Wolff selbst angefertigtes maschinenschriftliches Verzeichnis benutzt, das – weitgehend vollständig – die Produktion alphabetisch in Kurztiteln nachweist[2]. Eine systematische Autopsie jedes Einzeltitels verbot sich in Anbetracht der Titelfülle von vornherein. Die Datierung der Verlagswerke wurde deshalb bis 1911 nach Christian Gottlob Kayser: *Vollständiges Bücherlexikon* und für die folgenden Jahre nach den Fünfjahresverzeichnissen des *Deutschen Bücherverzeichnisses*, Leipzig, vorgenommen. Das *Deutsche Bücherverzeichnis* erwies sich in zahlreichen Fällen als unzureichend, was die Datierung, die Titelaufnahme und die Vollständigkeit der Nachweise angeht[3]. Deshalb mußten in Einzelfällen die unten angegebenen einschlägigen Bibliographien ergänzend herangezogen werden[4]. Die Verlagskorrespondenz, Verlagsanzeigen und gelegentliche Autopsie konnten die restlichen Lücken weitgehend schließen.

Die Datierung der Buchproduktion des Zeitraums 1910–1930 erweist sich als allgemeines Problem, denn die Gepflogenheit der Verlage seit der Jahrhundertwende, die Herbstproduktion aus Aktualitätsgründen vorzudatieren, verschleiert die tatsächliche Chronologie. In den Nachkriegsjahren, deren verworrene wirtschaftliche Situation die Planung von Erscheinungsterminen erschwerte, ging Wolff, wie viele Verleger, dazu über, Erscheinungsjahre überhaupt nicht mehr anzugeben. Notgedrungen wird deshalb die Datierung des Deutschen Bücherverzeichnisses als verbindlich zugrunde gelegt. Lediglich offensichtliche Irrtümer[5] und Lücken wurden stillschweigend nach den Spezialbibliographien berichtigt und ergänzt.

Bei der Ermittlung von Erstausgaben zeigten sich zusätzliche Schwierigkeiten. Nicht immer entspricht die erste Auflage eines Titels in den Verlagen Wolffs der Erstausgabe, denn die Angaben im Impressum der Bücher

---

[1] Eine reichhaltige Sammlung dieser Werbematerialien aus dem Nachlaß Wolffs liegt im Deutschen Literaturarchiv, Marbach/Neckar.

[2] Kurt Wolff hat dieses *Alphabetische Verzeichnis der Bücher, Mappenwerke, Zeitschriften, Graphik sowie der Verlagsrechte, die der Kurt Wolff Verlag und die ihm angegliederten Betriebe: Hyperion-Verlag, Verlag der Weißen Bücher, Der Neue Geist Verlag, Verlag der Schriften von Karl Kraus (Kurt Wolff), Pantheon Casa Editrice S. A., Florenz – bis Ende 1930 veröffentlicht, vertrieben oder erworben haben*, im Herbst 1933 während seines Exils in Südfrankreich nach Unterlagen, die ihm Arthur Seiffhart aus dem Verlagstorso verschaffte, und nach dem eigenen Gedächtnis erstellt. Es konnten nur wenige Titel über dieses Verzeichnis hinaus ermittelt werden. Es ist heute in Privatbesitz von Maria Stadelmayer-Wolff, München. Eine Kopie und die handschriftliche Urfassung befinden sich im Deutschen Literaturarchiv, Marbach/Neckar.

[3] Dies gilt in besonderem Maße für Verlagsübernahmen, die zwar vereinzelt angezeigt, aber nicht datiert sind. Auch die Titelaufnahme von Reihen erwies sich als uneinheitlich. So ist zwar der *Jüngste Tag* als Reihe verzeichnet, die *Kleine Jedermannsbücherei* aber nur unter den Einzeltiteln. Hinweise auf die Sammlung *Der Neue Roman* erwiesen sich ebenfalls als nur sporadisch. Titel wie Gerdt von Bassewitz: Pips der Pilz (vgl. Nr. 231) oder die Werke von Maxim Gorki (KWV in gemeinsamem Verlag mit J. Ladyschnikow, Berlin 1923) waren in den Fünfjahresverzeichnissen nicht zu ermitteln.

[4] Carl, Georg und Leopold Ost: Schlagwort-Katalog. Bd 1–7. Hannover (Bd 7: Leipzig) 1889–1913. – Berliner Titeldrucke. Berlin 1892–1944. – Gesamtkatalog der Preußischen Bibliotheken. (Bd 9–14 m. d. Titel:) Deutscher Gesamtkatalog. Berlin 1931–1939. – British Museum. General catalogue of printed books. Vol. 1–263. London 1959–1966. – Catalogue général des livres imprimés de la Bibliothèque nationale: Auteurs. Vol 1 ff. Paris 1897 ff. – A catalog of books represented by Library of Congress printed cards issued to Juli 31, 1942. Vol. 1–167. Ann Arbor/Mich. 1942–1948. – The national union catalog. Pre–1956 imprints. Vol. 1 ff. London, Chicago 1967 ff. – Außerdem wurden die Kataloge der Bayerischen Staatsbibliothek, München, und der Bayerische Zentralkatalog herangezogen.

[5] So ist für Franz Werfel: *Der Weltfreund* als Erstauflage angezeigt: »Berlin, Leipzig 1912 Kurt Wolff«. Tatsächlich erschien die erste Auflage 1911 in Berlin bei Axel Juncker. Die zweite (hier angegebene) Auflage erschien 1912 ebenfalls bei Juncker und wurde von Wolff 1915 übernommen und als Titelauflage weitervertrieben.

wurden bei Verlagsübernahmen unterschiedlich gehandhabt. Einerseits wurden die Neuausgaben wie Erstauflagen behandelt, andererseits wurden – wie bei den Werken Heinrich Manns – die früheren Ausgaben in der Zählung der Auflagen mitgerechnet. Deshalb werden alle Verlagsübernahmen in dieser Bibliographie durch ein [Ü.] gekennzeichnet, zusätzlich wird der Originalverlag und dahinter das Erscheinungsjahr des übernommenen Werkes angegeben. Sofern das Werk mehrere Verlage durchlief, ehe es bei Wolff weitervertrieben wurde, ist darauf hingewiesen, soweit dies feststellbar war. Der Titel selbst wird innerhalb des chronologischen Verzeichnisses im Jahr der Übernahme aufgenommen. Das Jahr der Übernahme ließ sich in den meisten Fällen aus der Verlagskorrespondenz und Anzeigen gesichert ermitteln. Sofern ein kompletter Verlagsbestand übernommen wurde, wie im Falle Meyer & Jessen oder Paul Cassirer, wurden die Übernahmen innerhalb der Chronologie gesondert zusammengestellt, um die Provenienz der Bücher in dem Wolffschen Gesamtprogramm deutlicher zu kennzeichnen. Dies gilt auch für die vier »Sammlungen illustrierter Einzeldarstellungen« *Die Kultur*, *Die Kunst*, *Die Literatur* und *Die Musik*, die seit 1903 ff. in dem Berliner Verlag Marquardt & Co. erschienen waren und von Wolff seit 1915 weitervertrieben wurden, aber nicht zur eigentlichen Produktion des Kurt Wolff Verlages gehörten[6].

Bei den Übernahmen konnte nicht immer festgestellt werden, ob Wolff eine Neuauflage druckte – also nur die Rechte übernahm – oder eine Titelauflage veranstaltete, indem er lagernde Planobogen mit einem neuen Titelbogen versah, oder nur das Impressum überklebte[7]. Soweit sich eine Neuauflage feststellen ließ, ist sie hinter der Übernahme angegeben. Dort sind auch die weiteren Auflagenzahlen vermerkt. Der Titel wird allerdings nur einmal (im Jahr der Übernahme) in das chronologische Verzeichnis aufgenommen. Die Übernahmen von einem Verlag Wolffs in ein anderes seiner Unternehmen werden behandelt wie die Übernahmen aus Fremdverlagen. Diese Titel sind einmal im Originalverlag im Jahr des Ersterscheinens aufgeführt und zum zweiten im Jahr der Übernahme in dem übernehmenden Verlag vermerkt, um die ständigen Programmverschiebungen Wolffs zu kennzeichnen.

Der Versuch, die Auflagenhöhen und -zahlen der Bücher in den Verlagen Wolffs insgesamt nachzuweisen, erwies sich in Anbetracht der unzulänglichen Hilfsmittel als undurchführbar. Wenn dennoch nicht auf die Angabe von Auflagenhöhen und -zahlen verzichtet wurde, so deshalb, weil es sinnvoller erschien, die Breitenwirkung einzelner Bücher anhand der höheren Auflagen zu kennzeichnen, als ganz auf diese Indizien zu verzichten. Diese Angaben erfolgen nach den Verlagskatalogen und nach dem *Deutschen Bücherverzeichnis* in [ ] hinter dem Titel. Daß die Angaben des Verlages möglicherweise nicht immer richtig sind, muß dabei hingenommen werden. Abweichungen der Angaben in den Katalogen von dem *Deutschen Bücherverzeichnis* und den Lücken zwischen einzelnen Auflagenangaben konnte nicht weiter nachgegangen werden.

Die Mappenwerke und die graphischen Publikationen des Kurt Wolff Verlages und des Hyperion-Verlages konnten nicht immer eindeutig datiert werden. Hier mußten die Datierungen teilweise erschlossen werden. Wo dies (vor allem beim Hyperion-Verlag) nicht möglich war, mußte auf eine Datierung verzichtet werden.

Für die Nachweise des Bühnenvertriebs wurde ein undatierter Bühnenvertriebskatalog (vgl. Nr. 746) benutzt, dessen Titelbestand durch ein maschinenschriftliches Verzeichnis aus der Verlagskorrespondenz ergänzt wurde[8]. Eine Datierung der Bühnenverlagswerke erwies sich als undurchführbar. Soweit sich eine Buchausgabe ermitteln ließ, wurde sie ergänzend in ( ) als ungefähre Orientierungshilfe beigefügt.

Um die Benützung der Bibliographie zu erleichtern, wurde weitgehend auf Abkürzungen und die Verwendung besonderer Siglen verzichtet.

Dankbar wurde über die genannten Nachschlagewerke hinaus die Bibliographie von Ludwig Dietz: Kurt Wolffs Bücherei ›Der jüngste Tag‹. In: Philobiblon 7, 1963, Heft 2, S. 113–118, für die Nachweise der Auflagen des *Jüngsten Tages* benutzt. Geringfügig ergänzt konnte für den Ernst Rowohlt Verlag die Bibliographie von Mara

---

[6] Wolff selbst wollte dies so verstanden wissen. Denn er gliedert in seinem *Alphabetischen Verzeichnis* diese vier Sammlungen als einzige Buchserien aus und stellt sie gesondert an den Schluß.

[7] Die Praxis des Überklebens war üblich. In Einzelfällen konnte durch Autopsie festgestellt werden, daß das Impressum überklebt, das alte Erscheinungsdatum aber beibehalten wurde. So bei den beiden 1909 bei Erich Reiß in Berlin erschienenen Büchern Herbert Eulenbergs *Du darfst ehebrechen* und *Der natürliche Vater*. Die Exemplare der Bayerischen Staatsbibliothek, München, tragen das aufgeklebte Signet des Ernst Rowohlt Verlages. Auch das Einkleben neuer Titelblätter war üblich. So trägt ein Exemplar des *Losen Vogels* (Kurt Wolff Verlag 1913) der Bayerischen Staatsbibliothek ein eingeklebtes Titelblatt »Kurt Wolff Verlag 1914«.

[8] Beigefügt einem Brief des Kurt Wolff Verlages an Kurt Wolff vom 12. Juli 1933. In Besitz von Maria Stadelmayer-Wolff, München.

Hintermeier und Fritz J. Raddatz übernommen werden. (In: Rowohlt Almanach 1908–1962. Reinbek 1962, S. 601–604.) Die Bücher des Verlages Julius Zeitler wurden ermittelt nach Abraham Horodisch: Die Bücher des Verlages Julius Zeitler in Leipzig 1904–1912. Berlin 1933. (Privatdruck des Berliner Bibliophilen-Abends.) Julius Rodenberg: Deutsche Pressen. Eine Bibliographie. Wien 1925, sind die Nachweise der *Drugulin-Drucke* und der *Stundenbücher der Ernst-Ludwig-Presse* zu verdanken. Die bibliographischen Angaben der Bücher Heinrich Manns sind weitgehend aus Edith Zenker: Heinrich-Mann-Bibliographie. Werke. Berlin und Weimar 1967, entnommen. Die Bücher des Verlages der Schriften von Karl Kraus sind nach Otto Kerry: Karl-Kraus-Bibliographie. München 1970, ermittelt. Die Buchveröffentlichungen Carl Sternheims konnten aus Rudolf Billetta: Sternheim-Bibliographie. Verzeichnis der Schriften Sternheims. (Typoskript im Deutschen Literaturarchiv, Marbach) nachgewiesen werden.

Angesichts der ungewöhnlich komplizierten bibliographischen Ermittlungen durch die zahlreichen Übernahmen und Parallelausgaben, die Aufkäufe ganzer Verlagsbestände und den mehrfachen Wechsel der Verlagssitze durch Wolff beabsichtigte der Verfasser ursprünglich, auf die vollständige bibliographische Aufnahme der Titel zu verzichten. Die Angaben über Verlagsort, Seitenzahl, Formatangabe und Einbandart sollten weggelassen werden, da nur eine Autopsie hier letzte Zuverlässigkeit gewährleistet hätte. Auf Wunsch der Redaktion des AGB wurden diese Angaben jedoch noch nachträglich ergänzt, auch wenn hier erhebliche Fehlerquellen und eine gewisse Unzuverlässigkeit in Kauf genommen werden mußte. Die nachträgliche Einfügung dieser Daten in das fertige Manuskript erklärt auch das gelegentliche Abweichen in der Reihenfolge der bibliographischen Angaben von den üblichen Konventionen.

Mit der Ermittlung dieser Ergänzungen wurde Karsten Trzcionka, München, beauftragt, der nach den genannten Bibliographien vorging und gleichzeitig den Wortlaut der Titel noch einmal überprüfte; den alphabetischen Gesamtindex stellte Max Müller, München, zusammen. Ihnen beiden sei herzlich gedankt.

1 Die Publikationen des Ernst Rowohlt Verlages, Leipzig

Der unter der Teilhaberschaft Wolffs am 30. Juli 1910 gegründete Ernst Rowohlt Verlag, Leipzig, ging bei der Umbenennung in Kurt Wolff Verlag, Leipzig (15. Februar 1913), vollständig in die neue Firma über. Auch die vor der Verlagsgründung von Rowohlt verlegten Bücher (vgl. Nr. 1 und 2) wurden unter neuem Signet vertrieben. Soweit größere Restbestände vorhanden waren, wurden neue Titelbogen gedruckt, bzw. das Signet überklebt; die neuen Auflagen tragen im Copyright in der Regel die Herkunftsangabe »Ernst Rowohlt Verlag, Leipzig«.

1.1 Allgemeine Buchproduktion

1908

1. EDZARD, Gustav C.: Lieder der Sommernächte. [Gedichte.] (Einbandzeichnung von Rolf Donandt.) – [In 270 numerierten Exemplaren gedruckt, Nr. 1–20 auf Strathmore vom Verf. signiert.] (Druckvermerk: Gedruckt für Ernst Rowohlt, München 1908). 36 S., 8°, kart. u. geb., Luxusausgabe.

1909

2. SCHEERBART, Paul: Kater-Poesie. [Gedichte.] (Geschrieben in den Jahren 1898 u. 1899.) [Aufl.: 800 Exemplare]. (Druckvermerk: Paris–Leipzig / 1909 / Ernst Rowohlt / in Kommission bei W. Drugulin in Leipzig). VII, 55 S., kl. 8°, geb.

1910

3. BRENTANO, Clemens: Spanische und italienische Novellen. Übertragen von – –. [Einmalige Aufl. von 1050 Exemplaren.] 2 Bde. [Ü. Karlsruhe: Drei-Lilien-Verlag 1910]. Leipzig: Rowohlt 1910. XIV, 212 u. 274 S., kl. 8°, kart.

4. DAUTHENDEY, Max: Schwarze Sonne. Phallus. (Den Einband zeichnete Walter Tiemann.) – [120 Exemplare auf handgeschöpftem Bütten]. Leipzig: Rowohlt 1910. 41 S., 32×26,5 cm, Pappbd., Ganzperg. Ganzsaff.

5. EULENBERG, Herbert: Alles um Liebe. Eine Komödie. – [Vorzugsausgabe: 200 signierte Exemplare für Subskribenten, davon 10 Exemplare auf Kaiserlich Japan.] Leipzig: Rowohlt 1910. 164 S., Lex 8°, kart., Büttenausg., Japanausg. [Von Rowohlt übernommener, bei W. Drugulin gedruckter Privatdruck. – 2. Aufl. in 8° bis ca. 1913].

6. –, –: Anna Walewska. Eine Tragödie. [Zweite, gänzlich umgearbeitete und mit einem Vorwort versehene Aufl. – Ü., 1. Aufl. Berlin: Sassenbach 1899; Ü. er-

folgte von Marquardt & Co, Berlin]. Leipzig: Rowohlt 1910. XII, 70 S., geb.

7. –, –: Der natürliche Vater. Ein bürgerliches Lustspiel [Ü. Berlin: Erich Reiß 1909=Titelaufl.]. Leipzig: Rowohlt (o. J.). 91 S., geb.

8. –, –: Deutsche Sonette. [Großquartausgabe, in 500 Exemplaren gedruckt. – Vorzugsausgabe: 100 Exemplare auf echt Bütten in Gold und Grau gedruckt = Drugulin-Druck 7. 2. Aufl. s. Nr. 62]. Leipzig: Rowohlt 1910. 50 S., 31,5×27,5 cm, geb. in Halbperg.

9. –, –: Dogenglück. Eine Tragödie in fünf Aufzügen. [Ü. Berlin: Sassenbach 1899; Ü. erfolgte von Marquardt & Co, Berlin]. Leipzig: Rowohlt 1910. 168 S., 8°, geb.

10. –, –: Du darfst ehebrechen! Eine moralische Geschichte. Allen guten Ehemännern gewidmet. [Ü. Berlin: Erich Reiß 1909, 6.–10. Tsd. bis 1913]. Leipzig: Rowohlt 30 S., 8°, kart.

11. –, –: Künstler und Katilinarier. Ein Schauspiel in vier Aufzügen. [Ü. Berlin: Sassenbach 1902; Ü. wie bei Nr. 9]. Leipzig: Rowohlt 1910. 74 S., 8°, geb.

12. –, –: Schiller. Eine Rede zu seinen Ehren. [Vorzugsausgabe: 25 Exemplare auf echt Bütten, vom Autor signiert. 2.–3. Tsd. 1911]. Leipzig: Rowohlt 1910. 28 S., 8°.

13. –, –: Simson. Eine Tragödie nebst einem Satyrspiel. [Ü. Berlin: Erich Reiß 1910; Neue (Titel) Ausgabe]. Leipzig: Rowohlt. 91 S., 8°, geb.

14. –, –: Sonderbare Geschichten. [Novellen.] (Einbandzeichnung von Emil Preetorius.) [2. Aufl. 1911, 3. Aufl. bis 1913; 4.–6. Tsd. 1916 = Der Neue Roman; 7.–13. Tsd. bis 1919, 15.–19. Tsd. 1920]. Leipzig: Rowohlt 1910. IV, 223 S., 8°, geb., Ldrbd.

15. [GOETHE, Johann Wolfgang von:] Die Briefgedichte des jungen Goethe. [=Drugulin-Druck 3]. Leipzig: Rowohlt 1910. 53 S., gr. 8°, Pappbd., Leinw., Schweinsldr.

16. –, –: Torquato Tasso. Ein Schauspiel. [Vorzugsausgabe: Fünf Exemplare auf bestes englisches Pergament gedruckt, von Carl Sonntag jun. in Ganzmaroquin gebunden = Drugulin-Druck 1]. Leipzig: Rowohlt 1910. III, 123 S., Lex. 8, Pappbd., in Perg.

17. MOLIÈRE: Les Précieuses ridicules. Comédie en 1 acte. [= Drugulin-Druck 5]. Leipzig: Rowohlt 1910. III, 38 S., kl. 8°, in Leinw., in Seide.

18. PLATEN, August Graf: Venezianische Sonette. [= Drugulin-Druck 2]. Leipzig: Rowohlt 1910. 19 S., 8°, Pappbd., Pergbd.

19. SCHEERBART, Paul: Das Perpetuum mobile. Die Geschichte einer Erfindung. [Mit 1 Faltplan und Zeichnungen des Verfassers. Einbandzeichnung von Ottomar Starke. 1.–5. Aufl. = 2500 Exemplare]. 1.–4. Aufl. Leipzig: Rowohlt 1910. 43, bzw. 44 S. m. je 1 Taf., 8°, geb.

20. SHAKESPEARE, William: Sonnets. [Vorzugsausgabe: Fünf Exemplare auf bestes englisches Pergament gedruckt und von Carl Sonntag jun. in Ganzmaroquin gebunden = Drugulin-Druck 6]. Leipzig: Rowohlt 1910. 83 S., Lex. 8°, Pappbd., Pergbd.

21. VERLAINE, Paul: Vers. (Edité par Georges A. Tournoux.) [Vorzugsausgabe: 100 Exemplare auf Strathmore von Carl Sonntag jun. in Ganzmaroquin gebunden = Drugulin-Druck 4.–3. Aufl. KWV 1923]. Leipzig: Rowohlt 1910. 198 S., gr. 8°, Pappbd., Halbldrbd., Ganzldrbd. [Von der 3. Aufl. erschienen 200 Exemplare als Widmungsexemplare Wolffs für die Gesellschaft der Münchner Bücherfreunde.]

1911

22. Anakreontische Oden und Lieder. (Von Fritz Adolf Hünich aus der deutschen Lyrik des 18. Jahrhunderts ausgewählt.) [= Drugulin-Druck 10]. Leipzig: Rowohlt 1911. 144 S., 8°, Pappbd., Halbldrbd., Ldrbd.

23. BALL, Hugo: Die Nase des Michelangelo. Tragikomödie. Leipzig: Rowohlt 1911. 71 S., 8°, geb.

24. BASSEWITZ, Gerdt von: Judas. Eine Tragödie. Leipzig: Rowohlt 1911. 110 S., 8°, geb.

25. –, –: Schahrazade. Ein Schauspiel in drei Aufzügen. [Vorzugsausgabe: 20 numerierte Exemplare auf Hadernpapier]. Leipzig: Rowohlt 1911. IV, 116 S., gr. 8°, geb.

26. BAUDELAIRE, Charles: Les fleurs du mal. (Édité par Georges A. Tournoux.) [= Drugulin-Druck 9.–2. Aufl. KWV 1920]. Leipzig: Rowohlt 1911. VIII, 282 S., gr. 8°, Pappbd., Halbldrbd., Ldrbd., Vorzugsausg.: 100 Exemplare auf Strathmore in Ganzmaroquin.

27. DAUTHENDEY, Max: Der Venusinenreim. Auszug der Frau Venusine aus dem Hörselberg und Venusinens Abenteuer. Eine schalkhaft heroische Liebesmär in zwölf Reimen. [Einmalige Subskriptionsauflage von 650 numerierten Exemplaren]. Leipzig: Rowohlt 1911. VI, 128 S., geb., Vorzugsausg.: 50 Exemplare von Carl Sonntag jun. in Ganzleder geb.

28. –, –: Ein Schatten fiel über den Tisch. Schauspiel in drei Akten. Leipzig: Rowohlt 1911. 72 S., 8°, geb.

29. –, –: Frau Raufenbarth. Bürgerliche Tragödie in drei Akten. Leipzig: Rowohlt 1911. 82 S., 8°, geb.

30. –, –: Lachen und Sterben. Fünfuhrtee. Zwei tragische Akte. Leipzig: Rowohlt 1911. 56 S., 8°, geb.

31. –, –: Madame Null. Schwank in drei Akten. [Einbandzeichnung von Ottomar Starke]. Leipzig: Rowohlt 1911. 88 S., 8°, geb.

32. DAUTHENDEY, Max: Maja. Skandinavische Boheme-Komödie in drei Akten. Leipzig: Rowohlt 1911. V, 116 S., 8°, geb.

33. -, -: Menagerie Krummholz. Jahrmarktskomödie in drei Akten. [Umschlagzeichnung von Ottomar Starke]. Leipzig: Rowohlt 1911. 76 S., 8°, geb.

34. EULENBERG, Herbert: Alles um Geld. Ein Stück. 2. u. 3. Aufl. [1. Aufl. = 1000 Exemplare für die Mitglieder des Frauenbundes zur Ehrung rheinländischer Dichter]. Leipzig: Rowohlt 1911. V, 92 S., 8°, geb.

35. -, -: Das keimende Leben. Aus dem Nachlaß eines jungen jüdischen Rechtsanwalts. (Herausgegeben von einem Freunde.) [Umschlagzeichnung von Emil Preetorius]. 2. Aufl. [3. Aufl. bis 1913. - Ü. München: Georg Müller 1910. Die 1. Aufl. erschien bei Müller anonym]. Leipzig: Rowohlt 1911. 78 S., 8°, kart.

36. -, -: Die Kunst in unserer Zeit. Eine Trauerrede an die deutsche Nation. [1.-3. Tsd.] Leipzig: Rowohlt 1911. 47 S., 8°.

37. -, -: Katinka die Fliege. Ein zeitgenössischer Roman. [Einband- u. Titelzeichnung von F. H. Ehmcke. - 5. Aufl. bis 1913; Neue Ausgabe 6.-8. Tsd. 1916 = Der neue Roman, 15. Tsd. 1917, 16.-25. Tsd. bis 1919]. Leipzig: Rowohlt 1911. 373 S., 8°, geb., Ldrbd.

38. -, -: Ulrich, Fürst von Waldeck. Ein Schauspiel. [Ü. Berlin: Marquardt & Co. 1907]. Leipzig: Rowohlt 1911. VII, 110 S. 8°, geb.

39. Die Geschichte des Zauberers Merlin. (Aus dem Altfranzösischen übertragen von Dorothea Schlegel.) [Mit einer Heliogravüre nach Burne-Jones. Titelzeichnung von F. H. Ehmcke. - Ü. Karlsruhe: Drei Lilien-Verlag 1911]. Leipzig: Rowohlt. 264 S., kl. 8°, Lwbd., Luxusausg.

40. GILDEMEISTER, Andreas: Gedichte. Leipzig: Rowohlt 1911. 90 S., geh., geb., Ldrbd.

41. GOETHE, Johann Wolfgang von: Götter, Helden und Wieland. Eine Farce. [Faksimile der Reichsdruckerei nach der Goetheschen Reinschrift in 150 Exemplaren. Aus dem Nachlaß Johann Heinrich Mercks, mit einem wortgetreuen Abdruck dieser ersten Fassung herausgegeben und eingeleitet von Kurt Wolff. Einmalige Auflage]. Leipzig: Rowohlt 1911. 51 S. u. 33 S. Faks., kl. 8°. In Hülse.

42. -, -: Iphigenie auf Tauris. Ein Schauspiel. [= Drugulin-Druck 11]. Leipzig: Rowohlt 1911. V, 83 S., Lex. 8°, Pappbd., Pergbd., Vorzugsausg.: 6 Ex. auf engl. Perg. in Ganzmaroquin geb.

43. GOETZ, Wolfgang: Kreuzerhöhung. Der böse Herzog. Zwei Einakter. Leipzig: Rowohlt 1911. 74 S., 8°, geb., Ldrbd.

44. HAMECHER, Peter: Herbert Eulenberg. Ein Orientierungsversuch. Leipzig: Rowohlt 1911. 73 S., 8°, geheftet.

45. HEYM, Georg: Der ewige Tag. [Gedichte. - 2. Aufl. 1912]. Leipzig: Rowohlt 1911. 70 S., 8°, geheftet, Halbpergbd.

46. KLEIST, Heinrich von: Anekdoten. (Hrsg. von Jul[ius] Bab.) [= Drugulin-Druck 12]. Leipzig: Rowohlt 1911. 59 S., 8°, Pappbd., Halbldrbd., Ldrbd.

47. LOEWENFELD, Hans: Unser Opernrepertoire. Ein Vortrag. Leipzig: Rowohlt 1911. 40 S., 8°, geh.

48. PLATEN, August Graf: Sonette an Freunde (Die Auswahl folgt d. Ausg. letzter Hand v. J. 1834.) [= Drugulin-Druck 8]. Leipzig: Rowohlt (1911). 33 S., 8°, Pappbd., Pergbd.

49. PRÉVOST [d'Exiles], [Antoine François]: Histoire de Manon Lescaut et du Chevalier des Grieux. (Édité par Georges A. Tournoux.) [= Drugulin-Druck 13]. Leipzig: Rowohlt 1911. 298 S., 8°, kart., Halbldrbd., Vorzugsausg. in Ganzldr.

50. RADEMACHER, Hanna: Johanna von Neapel. Drama in vier Akten. Leipzig: Rowohlt 1911. 79 S., 8°, Pappbd.

51. ROUSSEAU, Jean-Jacques: Der Dorfwahrsager. Ein Singspiel. (In d. dtsch. Übersetzung von Carl Dielitz, rev. u. eingel. von Paul Prina.) Leipzig: Rowohlt 1911. 45 S., 8°.

52. SCHMITZ, Hermann Harry: Der Säugling und andere Tragikomödien. (Umschlagzeichnung von Emil Preetorius.) [4. Aufl. bis 1913; ab 1917 = Neue Geschichtenbücher, 25. Tsd. bis 1921]. Leipzig: Rowohlt 1911. 250 S., 8°, geb.

53. SERVAES, Franz: Im Knospendrang. Ein Stück Jugend. [Roman. Einbandzeichnung von Richard Teschner. - 2. Aufl. bis 1912]. Leipzig: Rowohlt 1911. 325 S., 8°, geb.

54. ULBRICH, Franz: Du gleichst dem Geist... Ein Totentanz. Leipzig: Rowohlt 1911. 49 S., 8°, Lwbd., Ldrbd.

1912

55. Aucassin et Nicolette. (Édité par Georges A. Tournoux.) [Nach der Handschrift der Nationalbibliothek zu Paris hrsg. von G. A. Tournoux. Druck von Enschede en Zonen, Harlem, in den Originalschnitten der Civilité vom Ende des 16. Jahrhunderts auf echtem Van Geldern-Bütten. Einmalige Aufl. von 250 numerierten Exemplaren]. Leipzig: Rowohlt 1912. 63 u. 14 S., 8°, kart., geb.

56. BAHR-MILDENBURG, Anna u. Hermann BAHR: Bayreuth. [1. Aufl. u.] 2.-4. Aufl. Leipzig: Rowohlt 1912. 1913. 114 S., 8°, Ldrbd.

57. BAHR-MILDENBURG, Anna u. Hermann BAHR: Bayreuth and the Wagner Theatre. Translated by T. W. Makepeace. London: (1912). Leipzig: Rowohlt. 96 S., 8°, Lwbd.
58. BASSEWITZ, Gerdt von: Peterchens Mondfahrt. Ein Märchenspiel. Leipzig: Rowohlt 1912. 127 S., Lex. 8°, geb.
59. -, -: Die Sunamitin. Ein Drama in einem Vorspiel und drei Aufzügen. Leipzig: Rowohlt 1912. 114 S., gr. 8°, geb.
60. BURGHAUSER, Wolfgang: Philuzius Süßmeyers alltägliche Geschichte. [Roman. Umschlagzeichnung von Ludwig Kainer]. Leipzig: Rowohlt 1912. 289 S., 8°, geb.
61. DAUTHENDEY, Max: Singsangbuch. Liebeslieder. [Vom Dichter neu durchgesehene] 2. Aufl. [Einbandzeichnung von Emil Rudolf Weiß. Ü. 1. Aufl. München: E. W. Bonsels & Co. 1907]. Leipzig: Rowohlt 1912. 104 S., 8°, Halbldrbd.
62. EULENBERG, Herbert: Deutsche Sonette. Zweite [bedeutend vermehrte] Auflage. [Titel- und Einbandzeichnung von Walter Tiemann. 1. Aufl. Lex. 8°, vgl. Nr. 8]. Leipzig: Rowohlt 1912. 78 S., gr. 8°, Halbperg., Luxusausg.
63. -, -. Ein halber Held. Drama. [Ü. Leipzig: Reclam 1903 = Universalbibliothek 4202]. [Nur in Verlagskatalogen angezeigt. Bibliographisch nicht zu ermitteln.]
64. -, -: Ikarus und Dädalus. Ein Oratorium. [In einer einmaligen Auflage von 1200 Exemplaren gedruckt]. Leipzig: Rowohlt 1912. 50 S., gr. 8°, geb., Ldrbd.
65. -, -: Kassandra. Ein Drama. (Neue Ausgabe). [Ü. 1. Aufl. Berlin: Fontane 1903]. Leipzig: Rowohlt (1912). VII, 124 S., 8°, geb.
66. -, -: Ritter Blaubart. Ein Märchenstück in fünf Aufzügen. [Ü. Berlin: Fleischel 1905]. (Neue Ausg.) Leipzig: Rowohlt 1912. VIII, 115 S., 8°, geb.
67. FRED, W. [d. i. Alfred Wechsler]: Impressionen. Aus dem Notizbuch eines Wanderjournalisten. Leipzig: Rowohlt 1912. V, 327 S., 8°, geb.
68. HAUPTMANN, Carl: Einhart der Lächler. Roman. Zwei Bände. [Ü. Berlin: Marquardt & Co. 1907; 2.-4. Aufl. 1915, ab 1916 auch als Ausgabe in einem Band; 1916 = Der Neue Roman, vgl. Nr. 247; 30.-35. Tsd. 1922]. Leipzig: Rowohlt 1912. 311 u. 247 S., 8° geh., geb.
69. -, -: Nächte. [Erzählungen]. [2. Aufl. bis 1913, 3. Aufl. bis 1916, 4.-5. Tsd. bis 1919, ab 1920 = Neue Geschichtenbücher]. Leipzig: Rowohlt 1912. 247 S., 8°, geb., Ldrbd.
70. HEYM, Georg: Umbra Vitae. Nachgelassene Gedichte. [Vermutlich 2 Aufl. zu je 500 Exemplaren; Neudruck mit Holzschnitten von E. L. Kirchner 1924, vgl. Nr. 624]. Leipzig: Rowohlt 1912. 71 S., 8°, geb.
71. HIORTH-SCHØYEN, Rolf: Der Herrscher. [Roman.] (Aus dem Norwegischen autor. Übers. von Helene Klepetar). [Umschlag- und Einbandzeichnung von Olaf Gulbransson]. Leipzig: Rowohlt 1912. 280 S., 8°, geb. [ab 1918 im Hyperion-Verlag, vgl. Nr. 957].
72. KLINGER, Friedrich Maximilian: Dramatische Jugendwerke. In drei Bänden herausgegeben von Hans Berendt und Kurt Wolff. Bd. I. [Einmalige Aufl. von 800 Exemplaren. – Vorzugsausgabe: 50 Exemplare auf Bütten in Ganzleder gebunden]. Leipzig: Rowohlt 8°, Halbldrbd., Vorzugsausg.
Bd. 1: Otto. Das leidende Weib. Die Zwillinge. (LXIII, 371 S. m. 2 Faks. u. 1 Bildnis.) 1912.
73. LANDSBERGER, Arthur: Jüdische Sprichwörter. Leipzig: Rowohlt 1912. 88 S., 8°, Pappbd., Ldrbd.
74. LUTHER, Martin: Von der Freiheit eines Christenmenschen. (Die Herausgabe besorgte Theodor Lockemann.) [= Drugulin-Druck 14]. Leipzig: Rowohlt (1912). 45 S., 8°, Pappbd., Ldrbd.
75. MIESSNER, Wilhelm: Der Mann im Spiegel. [Roman]. Leipzig: Rowohlt 1912. 348 S., kl. 8°, geb.
76. MORECK, Curt: Jokaste die Mutter. Roman. Leipzig: Rowohlt 1912. 209 S., 8°, geb.
77. MÜLLER, [Friedrich] MAHLER: Der Faun Molon. Eine Idylle. Nach d. Hs. hrsg. u. eingeleitet v. Otto Heuer. [In 500 Exemplaren gedruckt, mit drei Radierungen von Mahler Müller, einmalige Aufl.]. Leipzig: Rowohlt 1912. XXXIX, 224 S. m. 1 Taf., kl. 8°, Hldrbd., Ldrbd. (= Aus dem Frankfurter Goethemuseum. II.)
78. PAUL, Jean: [d. i. Jean Paul Friedrich Richter]: Des Feldpredigers Schmelzle Reise nach Fläz, m. fortgehenden Noten (mit 8 Kupfern v. Karl Thylmann). [Gedruckt in 850 Exemplaren. – Vorzugsausgabe: 50 Exemplare in Ganzleder, vom Künstler signiert]. [ab ca. 1918 = Die graphischen Bücher]. Leipzig: Rowohlt 1912. XII, 119 S., kl. 8°, in Halbldr., kart., Luxusausg.
79. RODIN, Auguste: Die Kunst. Gespräche des Meisters, gesammelt von Paul Gsell. [Aus dem Französischen] (Übers. v. Paul Prina, ausgestattet v. Walter Tiemann.) [Mit über 100 Abbildungen. Neue Volksausgabe 1913, vgl. Nr. 140]. Leipzig: Rowohlt 1912. 336 S. m. Abb., 8°, Lwbd., Halbldrbd., Ldrbd.
80. SCHAEFFER, Albrecht: Die Meerfahrt. [Gedichte]. [Vorzugsausgabe: 50 Exemplare auf Bütten in Ganzpergament]. Leipzig: Rowohlt 1912. 162 S., 8°, Halbpergbd., Pergbd.
81. SMIGELSKI-ATMER, Ernst: Einer von den Vielen. Ein Priesterroman. [Umschlagzeichnung von E. Moxter]. Leipzig: Rowohlt 1912. 224 S. kl. 8°, Pappbd.

82. TOURNOUX, Georges A.: Bibliographie Verlainienne. Contribution critique à l'étude des littératures étrangères et comparées. Préface de F. Piquet. Leipzig: Rowohlt 1912. XVI, 172 S., 8°. (= Collection bibliographique pour servir à l'histoire du mouvement littéraire contemporain. Publiées sous la direction de Georges A. Tournoux.)

83. ZWEIG, Arnold: Die Novellen um Claudia. [Roman]. [2. Aufl. 1915; 3. Aufl. 1916 = 6.–9. Tsd. = Der neue Roman; 12.–18. Tsd. 1917, 38.–49. Aufl. 1921. 74.–78. Tsd. 1924]. Leipzig: Rowohlt 1912. III, 220 S., 8°, geb.

1913

84. BROD, Max: Die Höhe des Gefühls. Szenen, Verse, Tröstungen. [Vorzugsausgabe: 25 Exemplare auf Bütten, vom Autor signiert. Neue Aufl. vgl. auch Der Jüngste Tag 57, Nr. 357]. Leipzig: Rowohlt 1913. 119 S., gr. 8°, Ldrbd.

85. DAUTHENDEY, Max: Die Ammenballade. Acht Liebesabenteuer, gedichtet von acht Ammen am Sarge des Herrn Heinz. – Neun Pariser Moritaten. [Vom Dichter neu durchgesehene] zweite Aufl. [Ü. 1. Aufl. München: E. W. Bonsels & Co. 1907]. Leipzig: Rowohlt 1913. 162 S., gr. 8°, geb.

86. EULENBERG, Herbert: Belinde. Ein Liebesstück in fünf Aufzügen. [Vorzugsausgabe: 100 Exemplare auf Bütten in Ganzleder, vom Autor signiert]. (2.–8. Aufl.) [9. Aufl. 1913]. Leipzig: Rowohlt 1913. 96 S., 8°, geb., Ldrbd.

87. –, –: Drei Einakter. Inhalt: Moderner Prolog. – Die Welt will betrogen werden. – Die Geschwister. – Die Wunderkur. [Nur für Freunde und Bühnen als Manuskript gedruckt. Buchhandelsausgabe vgl. Nr. 121]. Leipzig: Rowohlt 1913 [© 1912]. 68 S., 8°.

88. HAUPTMANN, Carl: Ismael Friedmann. [Roman]. [2. Tsd. bis 1916, 3.–6. Aufl. 1917, 8.–17. Tsd. bis 1919; ab 1920 = Der neue Roman]. Leipzig: Rowohlt 1913. 399 S., 8°, geb.

89. –, –: Die lange Jule. Drama in fünf Akten. Leipzig: Rowohlt 1913. 122 S., 8°, geb.

90. HEYM, Georg: Der Dieb. Ein Novellenbuch. Leipzig: Rowohlt 1913. 145 S., 8°, geb.

91. KAFKA, Franz: Betrachtung. [Einmalige Aufl. von 800 in der Presse numerierten Exemplaren, ersch. 1912. Identisch mit »2. Ausgabe« oder »2. Aufl.« KWV 1916]. Leipzig: Rowohlt 1913. V, 99 S., gr. 8°, Halbldrbd.

92. KELLER, Philipp: Gemischte Gefühle. [Roman]. Leipzig: Rowohlt 1913 [ersch. 1912]. 156 S., 8°, geb.

93. KLINGER, Friedrich Maximilian: Dramatische Jugendwerke. In drei Bänden herausgegeben von Hans Berendt und Kurt Wolff. Bd. 2. 3. [Einmalige Aufl. von 800 Exemplaren. – Vorzugsausgabe: 50 Exemplare auf Bütten in Ganzleder. Vgl. auch Nr. 73]. Leipzig: Rowohlt. 8°, Halbldrbd., Vorzugsausg.
Bd. 2: Die neue Arria. Simone Grisaldo. Sturm u. Drang. Pyrrhus. (469 S.) 1913. (Umschlag 1914).
Bd. 3: Stilpo und seine Kinder. Der verbannte Göttersohn. Prinz Seiden-Wurm. Der Derwisch. (353 S.) 1913.

94. LATZKO, Adolf Andreas: Der wilde Mann. Roman. Leipzig: Rowohlt 1913. 387 S. 8°, geb.

95. LICHNOWSKY, [Fürstin] Mechtild: Götter, Könige und Tiere in Ägypten. (Ill. nach Zeichn. d. Verf. u. fotograf. Aufnahmen d. Originale.) [1.–3. Aufl. 1913, 4. Aufl. 1914, 5. Aufl. 1921]. Leipzig: Rowohlt 1913. 257 S. m. Vollbildern. 8°, Halbldrbd., Ldrbd.

96. MALLINCKRODT, Max von: Mären und Märchen. [Einbandzeichnung von Karl Walser]. 1.–5. Tsd. Leipzig: Rowohlt 1913, 180 S., 8°, Pappbd.

97. PIETSCH, Otto: Das Abenteuer der Lady Glane. Roman. Leipzig: Rowohlt 1913. 228 S., 8°, geb.

98. –, –: Italienische Reise. Ein Buch Sonette. Leipzig: Rowohlt 1913. 65 S., 8°, geb., Halbperg.

99. POPPENBERG, Felix: Taschenbuch für die Damen. Leipzig: Rowohlt 1913. III, 217 S. m. 3 Bildn., kl. 8°, Pappbd., geb. in Seide.

100. RODENBACH, Georges: Das tote Brügge. (Roman.) Übertragen v. Friedrich v. Oppeln-Bronikowski. [Ü. 1. Aufl. Karlsruhe: Drei Lilien-Verlag 1911, 2. (Titel-) Aufl., 10. Tsd. bis 1920 = Neue Geschichtenbücher]. Leipzig: Rowohlt 1913. 145 S. kl. 8°, Pappbd.

101. SCHWAGER, Johann Moritz: Die Leiden des jungen Franken, eines Genies. Minden, bey Justus Henrich Körber, 1777. [Neudruck nach dem einzigen nachweisbar erhaltenen Exemplar der Münchner Universitätsbibliothek]. (Die Herausg. d. Neudr. bes. Carl Schüddekopf.) [100 numerierte Exemplare auf Bütten]. Leipzig: Rowohlt 1913. 150 S., kl. 8°, geb.

102. ŠRÁMEK, Fráňa: Flammen. [Novellen. Mit einem Vorwort von Hermann Bahr]. (Dtsch. Übertr. v. Otto Pick). [bis 1920 = Neue Geschichtenbücher]. Leipzig: Rowohlt 1913. VIII, 141 S., 8°, geb.

103. ZWEIG, Arnold: Abigail und Nabal. Tragödie in drei Akten. [2. Ausgabe 1916, 3. umgearbeitete Aufl. 1920]. Leipzig: Rowohlt 1913. 124 S., 8°, geb.

1.2 Graphik und Mappenwerke

1911

104. PREETORIUS, Emil: Zehn Blatt lithographische Original-Zeichnungen. [90 Blatt zur Subskription gedruckt. – Vorzugsausgabe mit einer Handzeichnung]. Leipzig: Rowohlt [1911?] 1 S., 10 Bl., 2°.
105. ALASTAIR [d. i. Hans Henning von Voigt]: Sechs Zeichnungen in Mappe. Mit einer Vorzugsausgabe. [Aus den Verlagskatalogen, bibl. nicht zu ermitteln.]

1912

106. JUNGHANNS, Reinhold Rudolf: Zwölf Radierungen. [Einmalige Aufl. von 50 Exemplaren. – Vorzugsausgabe: 10 Exemplare auf China gedruckt]. Leipzig: Rowohlt (1912). 12 Taf. 37×28,5 cm. Halbperg.-Mappe, Luxusausg.
107. ROUVEYRE, André: Parisiennes. Dessins. Avec une préface de Remy de Gourmont. [Einmalige Aufl. von 330 numerierten Exemplaren. – Vorzugsausgabe: 30 Exemplare auf Kaiserlich Japan in Ganzmaroquin. Erweiterte Neuaufl. »Pariserinnen« KWV 1922, vgl. Nr. 722]. Leipzig: Rowohlt 1912. 30 Taf. m. VI S. Text. 32×24,5 cm. Lwbd., Maroquinbd.

1.3 Kataloge

108. Neuerscheinungen 1911/12. Ernst Rowohlt Verlag Leipzig. 24 ungezählte Seiten, undatiert (ca. Mitte 1912), enthält nur eine Auswahl der Verlagsproduktion. Einziger bisher ermittelter größerer Katalog.

1.4 Die Reihen und Sammlungen

Von den drei im Ernst Rowohlt Verlag begonnenen Reihen sind nur die *Drugulin-Drucke* von Bedeutung. Diese Reihe war nach dem Vorbild der nach der Jahrhundertwende in Mode gekommenen Handpressendrucke konzipiert. In ihr wurden maschinell gedruckte Werke der Weltliteratur in vergleichbarer Aufmachung und Qualität wie die Handpressen-Drucke, jedoch zu wesentlich niedrigeren Preisen angeboten. Die individuell ausgestatteten, auch in Luxusausgaben zu beziehenden Drucke fanden sowohl beim Publikum als auch im Buchhandel und bei der Kritik als verlegerische Neuheit eine gewisse Beachtung.

Aus dem Frankfurter Goethemuseum

2. Müller, Mahler: Der Faun Molon. (Vgl. Nr. 77). Mehr nicht erschienen.

Collection bibliographique pour servir à l'histoire du mouvement littéraire contemporain. Publiée sous la direction de Georges A. Tournoux.

Tome I: Bibliographie Verlainienne. (Vgl. Nr. 81). Mehr nicht erschienen.

Drugulin-Drucke

1. Goethe: Torquato Tasso. (Vgl. Nr. 16)
2. August Graf Platen: Venezianische Sonette. (Vgl. Nr. 18)
3. Die Briefgedichte des jungen Goethe. (Vgl. Nr. 15)
4. Verlaine: Vers. (Vgl. Nr. 21)
5. Molière: Les précieuses ridicules. (Vgl. Nr. 17)
6. Skakespeare: Sonnets. (Vgl. Nr. 20)
7. Herbert Eulenberg: Deutsche Sonette. (Vgl. Nr. 8)
8. August Graf Platen: Sonette an Freunde. (Vgl. Nr. 48)
9. Charles Baudelaire: Les fleurs du mal. (Vgl. Nr. 26)
10. Anakreontische Oden und Lieder. (Vgl. Nr. 22)
11. Goethe: Iphigenie auf Tauris. (Vgl. Nr. 42)
12. Heinrich von Kleist: Anekdoten. (Vgl. Nr. 46)
13. Abbé Prévost: Historie de Manon Lescaut et du Chevalier des Grieux. (Vgl. Nr. 49)
14. Martinus Luther: Von der Freiheit eines Christenmenschen. (Vgl. Nr. 74)
15. Klopstock: Oden. Bd. 1; 1. Druck des KWV 1913. (Vgl. Nr. 134)
16. Klopstock: Oden. Bd. 2; 2. Druck des KWV 1913. (Vgl. Nr. 134)
17. Walther von der Vogelweide: Gedichte. 3. Druck des KWV 1913. (Vgl. Nr. 146)

2 Die Publikationen des Kurt Wolff Verlages

Der am 15. Februar 1913 in das Leipziger Handelsregister eingetragene Kurt Wolff Verlag siedelte im Herbst 1919 nach München um. Ab diesem Zeitpunkt tragen die Bücher den Verlagsvermerk »KWV München«. Der Verlag produzierte bis 1929. Er wurde von Wolff 1931 an Peter Reinhold verkauft, der den Verlag im Februar 1931 nach Berlin verlegte. 1940 wurde der Verlag in »Genius-Verlag« umbenannt, produzierte aber nur noch wenige Kunstbände bis 1942. Die Produktion nach der Ära Wolff ist hier nicht mehr nachgewiesen.

2.1 Allgemeine Buchproduktion und Periodika

1913

109. Arkadia. Ein Jahrbuch für Dichtkunst. [1. Ausg.] Hrsg. von Max Brod. [Buchausstattung von Emil

Rudolf Weiß. – Mit Beiträgen von Oskar Baum, Martin Beradt, Franz Blei, Max Brod, Moritz Heimann, Heinrich Eduard Jakob, Franz u. Hans Janowitz, Franz Kafka, Heinrich Lautensack, Max Mell, Otto Pick, Willy Speyer, Otto Stoeßl, Kurt Tucholsky, Robert Walser, Franz Werfel u. Alfred Wolfenstein]. Leipzig: Wolff 1913. 241 S., 8°, geb.

110. BARRÈS, Maurice: Der Mord an der Jungfrau. (Berechtigte Übersetzung von H[einrich] Lautensack.) [Umschlagzeichnung von Wilhelm Wagner]. (Gedruckt im August 1913.) [= Der Jüngste Tag 10; 2. Aufl. 1918]. Leipzig: Wolff 1913. 30 S., 8°, geb.

111. BŘEZINA, Ottokar: Hymnen. (Berechtigte Übertragung von Otto Pick.) [Umschlagzeichnung von Wilhelm Wagner]. (Gedruckt im Oktober 1913.) [= Der Jüngste Tag 12; 2. Aufl. 1917]. Leipzig: Wolff 1913. 39 S., 8°, geb.

112. BROD, Max: Über die Schönheit häßlicher Bilder. Ein Vademekum für Romantiker unserer Tage. Leipzig: Wolff 1913. 213 S., 8°, geb., Ldrbd.

113. –, –: und Felix WELTSCH: Anschauung und Begriff. Grundzüge eines Systems der Begriffsbildung. Leipzig: Wolff 1913. XV, 247 S., gr. 8°, geh.

114. CASANOVA, Giacomo: Correspondance avec J[ean] F[erdinand] Opiz. Publiée d'après le manuscrit de J. F. Opiz par Fr. Khol et Otto Pick. Avec un épilogue des éditeurs. 2 Bde. [Einmalige numerierte Aufl. von je 850 Exemplaren]. [bis 1919 Ü. in Hyperion-Verlag, vgl. Nr. 952]. Leipzig: Wolff 1913. 210 u. 183 S., m. 15 Taf., 8°, geb.

115. CLAUDEL, Paul: Mittagswende. [Ein Drama in drei Akten]. Deutsch von Franz Blei. [Mit einer Luxusausgabe von 50 numerierten Exemplaren auf Van Geldern in Halbpergament. Ü. München: Hans von Weber 1908]. Leipzig: Wolff [Titelausg.] 1913. III, 66 S., gr. 8°, Luxusausg., geb. in Halbperg.

116. –, –: Der Tausch. [Ein Drama in drei Akten]. Deutsch von Franz Blei. [Mit einer Luxusausgabe von 50 numerierten Exemplaren auf Van Geldern in Halbpergament. Ü. München: Hans von Weber 1910; 2. Aufl. KWV 1915, erschien tatsächlich erst Sommer 1917]. Leipzig: Wolff [Titelaufl.] 1913. 114 S., 8°, geb., Luxusausg.

117. DAUTHENDEY, Max: Reliquien. Gedichte. [Buchausstattung von E. R. Weiß]. [angezeigt als Neue Ausgabe u. 3. Aufl.; Ü. 2. Aufl. Minden: Bruns 1900]. (3. Aufl.) Leipzig: Wolff 1913. 109 S., 8°, geb.

118. EHRENSTEIN, Carl: Klagen eines Knaben. (Gedruckt im Mai 1913.) [= Der Jüngste Tag 6; 2. Aufl. 1916]. Leipzig: Wolff 1913. 48 S., 8°, geb.

119. EULENBERG, Herbert: Münchhausen. Ein deutsches Schauspiel [in fünf Akten]. – Leidenschaft. Ein Trauerspiel [in fünf Akten]. – Kurt von der Kreith (Ein halber Held). Eine Tragödie [in fünf Akten]. [Ausstattung von E. R. Weiß. – Vorzugsausgabe: 25 numerierte Exemplare auf echt Bütten in Ganzleder. Ü. Leipzig: Philipp Reclam]. Leipzig: Wolff 1913. 291 S., 8°, geb. Halbldr., Vorzugsausg.

120. –, –: Der Krieg. Eine bürgerliche Begebenheit in einem Aktus. [In den Verlagskatalogen nicht aufgeführt]. Leipzig: Wolff 1913. 30 S., 8°.

121. –, –: Ernste Schwänke. Vier Einakter. [2. Aufl., enthält u. a. Nr. 87 = 1. Aufl.]. Leipzig: Wolff 1913. 103 S., 8°, geb.

122. FLAUBERT, Gustave: In Memoriam Gustave Flaubert. [Ein Buch des Gedenkens von] Caroline Franklin-Grout, Guy de Maupassant, Edmond et Jules de Goncourt, Emile Zola. Hrsg. [und übersetzt] von E. W. Fischer. [Einbandzeichnung u. Titelholzschnitt von Walter Tiemann]. Leipzig: Wolff 1913. V, 159 S., 8°, geb.

123. GORSLEBEN, Rudolf John von: Der Rastaquär. Eine ernsthafte Komödie in drei Aufzügen. [Bühnentitel: Der Freibeuter]. Leipzig: Wolff 1913. 85 S., 8°, geb.

124. HARDEKOPF, Ferdinand: Der Abend. Ein kleines Gespräch. (Gedruckt im Mai 1913.) [= Der Jüngste Tag 4; 2. Aufl. 1918/19]. Leipzig: Wolff 1913. 19 S., 8°, geb.

125. HASENCLEVER, Walter: Der Jüngling. [Gedichte]. [Luxusausgabe: 15 numerierte Exemplare in Ganzleder. 3.-4. Tsd. bis 1919, 6. Tsd. 1922]. Leipzig: Wolff 1913. 64 S., 8°, geb.

126. –, –: Das unendliche Gespräch. Eine nächtliche Szene. (Gedruckt im Mai 1913.) [= Der Jüngste Tag 2; 2. Aufl. 1917, 3. Aufl. 1918/19]. Leipzig: Wolff 1913. 14 S., 8°, geb.

127. HAUPTMANN, Carl: Die armseligen Besenbinder. Altes Märchen in fünf Akten. [2.-5. Tsd. bis 1919]. Leipzig: Wolff 1913. 123 S., 8°, geb.

128. HENNINGS, Emmy: Die letzte Freude. (Gedruckt im Mai 1913.) [= Der Jüngste Tag 5; 2. Aufl. 1917/18]: Leipzig: Wolff 1913. 15 S., 8°, geb.

129. HILLER, Kurt: Die Weisheit der Langenweile. Eine Zeit- und Streitschrift. 2 Bde. Leipzig: Wolff 1913. 250 u. 199 S., 8°, geb., Ldrbd.

130. HOFFMANN, E[rnst] T[heodor] A[madeus]: Der goldene Topf. Ein Märchen aus der neuen Zeit. Mit 13 Lithographien von Karl Thylmann. [Einmalige Aufl. von 875 numerierten Exemplaren. – Vorzugsausgabe: 25 Exemplare auf schweren Japanbütten in Ganz-

leder. = Die graphischen Bücher]. Leipzig: Wolff 1913. 160 S., Lex. 8°, Pappbd., Ldrbd., Luxusausg.

131. JAMMES, Francis: Die Gebete der Demut. (Autor. Übertr. von Ernst Stadler.) [Umschlagzeichnung von Wilhelm Wagner]. (Gedruckt im August 1913.) [= Der Jüngste Tag 9; 2. verm. Aufl. 1917, 3. Aufl. 1920]. Leipzig: Wolff 1913. 24 S., 8°, geb.

132. Vom Judentum. Ein Sammelbuch. Hrsg. vom Verein jüdischer Hochschüler Bar-Kochba in Prag. (Hrsg. Hans Kohn.) [Einbandzeichnung von Wilhelm Wagner]. [Mit Beiträgen von Hugo Bergmann, Nathan Birnbaum, Adolf Böhm, Max Brod, Martin Buber, Moses Calvary, Oskar Epstein, Moritz Goldstein, Josef bin Gorion, Moritz Heimann, Hugo Herrmann, Erich Kahler, Hans Kohn, Gustav Landauer, Ernst Müller, Elijahu Rappeport, Arthur Salz, Kurt M. Singer, Wilhelm Stein, Ludwig Strauß, Margarete Susmann, Jakob Wassermann, Robert Weltsch, Alfred Wolff, Karl Wolfskehl, Arnold Zweig]. [4. Aufl. bis 1916]. 1.-(3.) Aufl. Leipzig: Wolff 1913. IX, 284 S., gr. 8°, geb.

133. KAFKA, Franz: Der Heizer. Ein Fragment. [Frontispiz von G. K. Richardson, nach W. H. Bartlett]. (Gedruckt im Mai 1913.) [= Der Jüngste Tag 3; 2. Aufl. 1916, 3. Aufl. 1917/18]. Leipzig: Wolff 1913. 47 S., 8°, geb.

134. KLOPSTOCK, Friedrich Gottlieb: Oden. 2 Bde. (Die Herausg. besorgte Paul Merker.) [= Drugulin-Druck 15 u. 16]. Leipzig: Wolff (1913). 346 u. 316 S., 8°, geb., Ldrbd.

135. KOKOSCHKA, Oskar: Dramen und Bilder. Mit einer Einleitung von Paul Stefan. Leipzig: Wolff 1913. 63 S. m. 26 Taf., gr. 8°, geb.

136. LASKER-SCHÜLER, Else (Else Walden): Gesichte. Essays und andere Geschichten. [2. (Titel-) Aufl. Verlag der Weißen Bücher 1914, vgl. Nr. 836]. Leipzig: Wolff 1913, 173 S., 8°, geb.

137. Der geistliche Mai. Marienlieder aus der deutschen Vergangenheit. (Hrsg. v. F[ranz] K[arl] Becker.) [1. u. 2. Aufl. 1913; bis 1919 Ü. in Hyperion-Verlag, vgl. Nr. 959]. Leipzig: Wolff 1913. 151 u. Geleitworte VIII S. m. 11 Taf., 8°, Pappbd., geb.

138. PASCOLI, Giovanni: Die ausgewählten Gedichte. Deutsch von Benno Geiger. (Berecht. Übertr. aus d. Ital.) [Limitierte Aufl. von 800 Exemplaren. - Vorzugsausgabe: 15 Exemplare auf Kaiserlich Japan in Ganzleder]. Leipzig: Wolff 1913, 87 S., Lex. 8°, geb., Ldrbd.

139. RIEGER, M[ax]: Friedrich Maximilian Klinger. Sein Leben und seine Werke. 3 Bde. gr. 8°, geb.

[Bd. 1]: Klinger in der Sturm- und Drang-Periode dargestellt. Mit vielen Briefen. XII, 440 S., m. einem Lichtdruck.
[Bd. 2]: Klinger in seiner Reife. XI, 643 S.
[Bd. 3]: Briefbuch [zu Bd. 2]. 296 S.
[Ü. Darmstadt: Bergsträssersche Buchhandlung 1880–1896, vermutl. Titelaufl.]

140. RODIN, Auguste: Die Kunst. Gespräche des Meisters. Gesammelt von Paul Gsell. (Übers. von Paul Prina. [Mit 70 Bildertafeln.] Ausstattung von Walter Tiemann.) [Neue Volksausgabe von Nr. 79 = 4. Tsd; 9.–13. Tsd. bis 1919, 14.–18. Tsd. bis 1921, 19. bis 23. Tsd. 1925]. (3. Aufl.) Leipzig: Wolff 1913. 183 S., m. Taf., 8°, Halbpergbd.

141. RUBINER, Ludwig, Friedrich EISENLOHR und Livingstone HAHN: Kriminal-Sonette. [Umschlagzeichnung von Kurt Szafanski]. [später, ca. 1924 = Die Groteske]. Leipzig: Wolff 1913. 53 S., 8°, geb.

142. TRAKL, Georg: Gedichte. [Umschlagzeichnung von Wilhelm Wagner]. (Gedruckt im Mai 1913.) [= Der Jüngste Tag 7/8; 2. Aufl. 1917]. Leipzig: Wolff 1913. 65 S., 8°, geb.

143. VIERTEL, Berthold: Die Spur. [Umschlagzeichnung von Wilhelm Wagner]. (Gedruckt im Oktober 1913.) [= Der Jüngste Tag 13; 2. Aufl. 1918]. Leipzig: Wolff 1913. 58 S., 8°, geb.

144. Der lose Vogel. [Ein Sammelbuch]. [Mit Beiträgen von Alain, H. Belloc, F. Blei, M. Brod, S. Butler, E. von Gebsattel, G. Hecht, A. Kolb, W. Krug, R. Musil, P. Scheffer, H. Schott, R. Stadler, A. Suarès, W. Vogelstein, O. Vrieslander, R. Walser, F. Werfel. – Buchausgabe der Zeitschrift, die ab Heft 8/9, ca. März 1913, in den KWV übernommen wurde. Es erschien nur ein Jahrgang, im Anschluß der gebundene Jahrgang als Sammelbuch]. [Titel-Aufl. 1914]. Leipzig: Wolff 1913. VII, 351 S., gr. 8°, geb.

145. WALSER, Robert: Aufsätze. [Mit 14 Vignetten und mehrfarbiger Einbandzeichnung von Karl Walser. – Luxusausgabe: 25 Exemplare auf Bütten in Ganzpergament]. Leipzig: Wolff 1913. 237 S., 8°, geb., Luxusausg.

146. WALTHER VON DER VOGELWEIDE: Gedichte. (Auf Grund der Lachmannschen Ausg. von Hans Berendt hrsg.) [= Drugulin-Druck 17; 2. Aufl. 1920]. Leipzig: Wolff 1913. 204 S., gr. 8°, geb., Schweinsldrbd.

147. WERFEL, Franz: Die Versuchung. Ein Gespräch des Dichters mit dem Erzengel und Luzifer. (Gedruckt im Mai 1913.) [= Der Jüngste Tag 1; 3.–5. Tsd. 1917, 3. Aufl. 1918/19]. Leipzig: Wolff 1913. 31 S., 8°, geb.

148. –, –: Wir sind. Neue Gedichte. [Vorzugsausgabe: 15 vom Autor signierte, numerierte Exemplare auf schwerem Japanbütten in Ganzleder. – 3. Aufl. 1914

(Autopsie), 2. Aufl. 1915, 3. neu durchgesehene Aufl. 1917 (Autopsie), 5.-8. Tsd. bis 1919, 11. Tsd. bis 1920, 12.-16. Tsd. 1922]. Leipzig: Wolff 1913. 127 S., gr. 8°, Pappbd., Halbldrbd.

149. Wolff, Leonhard: J. Sebastian Bachs Kirchenkantaten. Ein Nachschlagebuch für Dirigenten und Musikfreunde. Leipzig: Wolff 1913. 240 S., 8°, geb.

1914

150. Boldt, Paul: Junge Pferde! Junge Pferde! (Gedruckt im Januar 1914.) [= Der Jüngste Tag 11; 2. Aufl. 1918]. Leipzig: Wolff 1914. 47 S., 8°, geb.

151. Brod, Max: Die Retterin. Schauspiel in vier Akten. Leipzig: Wolff 1914. 102 S., 8°, geb.

152. Das Bunte Buch. [Ein Sammelbuch. Umschlagzeichnung von Wilhelm Wagner. Mit Beiträgen von Hermann Bahr, Charles Baudelaire, Franz Blei, Otokar Březina, Max Brod, Max Dauthendey, Herbert Eulenberg, Walter Hasenclever, Carl Hauptmann, Georg Heym, Francis Jammes, Franz Kafka, Else Lasker-Schüler, Giovanni Pascoli, Auguste Rodin, André Suarès, Georg Trakl, Paul Verlaine, Berthold Viertel, Robert Walser, Jakob Wassermann, Franz Werfel, Emile Zola, Arnold Zweig. Mit Reproduktionen von Reinhold Rudolf Junghanns, Ludwig Kainer, Oskar Kokoschka, Mechtild Lichnowsky, Richard Seewald, Karl Thylmann, Karl Walser]. [Erster Verlagsalmanach mit einem vollständigen Verlagsverzeichnis 1910-1913; erschien im Herbst 1913, 11.-15. Tsd. 1914]. Leipzig: Wolff 1914. 144 S. m. 15 Taf., 8°, geh., geb.

153. Charles d'Orléans: Poésies. Édité par Georges Tournoux. [Druck von Enschedé en Zonen, Harlem, in einer alten gotischen Schrift auf echtem Van Geldern-Bütten. Einmalige Aufl. von 300 numerierten Exemplaren]. Leipzig: Wolff 1914. CCXXXIV S., Lex. 8°, Luxusausg.

154. Dvořák, Arno: Der Volkskönig. Drama in fünf Akten. Deutsch von Max Brod. Leipzig: Wolff 1914. 127 S., 8°, geb.

155. Eulenberg, Herbert: Der Frauentausch. Ein Spiel in fünf Aufzügen. [Umschlag: 1915; nach Börsenblatt vom 30. 8. 1915, S. 4949 »Soeben erschienen«]. Leipzig: Wolff 1914. 88 S., 8°, geb.

156. -, -: Der Morgen nach Kunersdorf. Ein vaterländisches Stückchen. In erster Aufl. hergestellt für den Frauenbund zur Ehrung rheinländischer Dichter. (Gedruckt im November 1914.) [2. u. 3. Aufl. im Handel]. Leipzig: Wolff 1914. 61 S., 8°.

157. -, -: Zeitwende. Ein Schauspiel in fünf Akten. [Umschlagzeichnung von Wilhelm Wagner. - Luxusausgabe: 50 Exemplare auf Bütten in Ganzleder]. Leipzig: Wolff 1914. (Umschlag: 1913). 96 S., 8°, geb.

158. Hasenclever, Walter: Der Sohn. Ein Drama in fünf Akten. [3.-4. Tsd. 1917; 6.-10. Tsd. 1917; einmalige Vorzugsausgabe (zweifarbiger Drugulin-Druck) in 985 Exemplaren, Nr. 1-85 auf Bütten in Ganzleder 1918; 15. Tsd. bis 1919]. Leipzig: Wolff 1914. V, 80 S., gr. 8°, geb.

159. Hauptmann, Carl: Krieg. Ein Tedeum. [Neue Aufl. 1919]. Leipzig: Wolff 1914. 103 S., gr. 8°, geb.

160. -, -: Schicksale. [Novellen]. [Einbandzeichnung von Wilhelm Wagner]. [1920 = Neue Geschichtenbücher; 4.-5. Tsd. bis 1919]. Leipzig: Wolff 1914. 289 S., 8°, geb.

161. Das Kinobuch. Kinodramen von Max Brod, Albert Ehrenstein, Heinrich Lautensack, Walter Hasenclever, Elsa Asenijeff, R. A. Bermann, Arnold Höllriegel, Philipp Keller, Kurt Pinthus, J. Jolowicz, Else Lasker-Schüler, L. Rubiner, Frantisek Langer, Otto Pick, Paul Zech. Mit einem Brief von Franz Blei und einer Einführung von Kurt Pinthus. [Lithographische Umschlagzeichnung von Ludwig Kainer]. Wolff 1914. [ersch. 1913]. III, 162 S., 8°, geb.

162. Kölwel, Gottfried: Gesänge gegen den Tod. (Gedruckt im März 1914.) [= Der Jüngste Tag 17; 2. Aufl. 1917/18].

163. Kraus, Karl: Die chinesische Mauer. [Mit acht Lithographien von Oskar Kokoschka. Einmalige Aufl. von 200 numerierten Exemplaren. Sonderdrucke der Lithographien vgl. Nr. 705]. Leipzig: Wolff 1914. 29 S., 52,5×40 cm, geb., Pergbd.

164. Lenz, Jakob Michael Reinhold: Über Soldatenehen. Nach der Handschrift der Berliner Königlichen Bibliothek zum ersten Male hrsg. von Karl Freye. [250 numerierte Exemplare]. Leipzig: Wolff 1914. XVI, 122 S., kl. 8°, Halbldrbd.

165. Loewenstein, Eugen: Nervöse Leute. Gedanken eines Laien. [Mit einem Vorwort des Verfassers]. [2. Aufl. ca. 1914; bis 1918 Ü. in Hyperion-Verlag, vgl. Nr. 958]. Leipzig: Wolff 1914. 280 S., gr. 8°, geb.

166. Matthias, Leo: Der jüngste Tag. Ein groteskes Spiel. (Gedruckt im Januar 1914.) [= Der Jüngste Tag 15; 2. veränderte Aufl. 1920]. Leipzig: Wolff 1914. 64 S., 8°, geb.

167. Müller, [Friedrich] Mahler: Idyllen. Vollständige Ausgabe in 3 Bdn. unter Benutzung des handschriftlichen Nachlasses. Hrsg. und eingeleitet von O[tto] Heuer. Mit 3 Porträts und 10 Bildbeigaben nach Radierungen und Zeichnungen Müllers. [Einmalige Aufl. von 800 numerierten Exemplaren]. Leipzig:

Wolff 1914. LXXI, 281; V, 234 u. V. 316 S., kl. 8°, geb.
168. RADEMACHER, Johanna: Golo und Genovefa. Drama in drei Aufzügen. Leipzig: Wolff 1914. 71 S., 8°, geb.
169. SCHWABACH, Erik-Ernst: Das Puppenspiel der Liebe. Ein Akt. Leipzig: Wolff 1914. 29 S., gr. 8°.
170. SCHWOB, Marcel: Der Kinderkreuzzug. (Berechtigte Übertragung von Arthur Seiffhart). (Gedruckt im Februar 1914.) [= Der Jüngste Tag 16; 2. Aufl. 1917]. Leipzig: Wolff 1914. 33 S., 8°, geb.
171. [Seebach-Festschrift]. Ehrengabe dramatischer Dichter und Komponisten. Sr. Excellenz dem Grafen Nikolaus von Seebach zum zwanzigjährigen Intendanten-Jubiläum 1914. Mit einem Vorwort von Karl Zeiß. (Dies Werk wurde als Privatdruck im März 1914 in der Offizin Poeschel & Trepte in Leipzig in einer Auflage von 600 Exemplaren gedruckt. Nr. 1 bis 25 wurden auf van Geldern-Bütten abgezogen.) Leipzig: Wolff 1914. 187 S. m. Faks. 28,5×22,5 cm.
172. STERNHEIM, Carl: Busekow. Eine Novelle. (Gedruckt im Januar 1914.) [= Der Jüngste Tag 14; 4.-8. Tsd. 1916, 3. Aufl. 1918/19?]. Leipzig: Wolff 1914. 29 S., 8°, geb.
173. TAGORE, Rabindranath: Chitra. Ein Spiel in einem Aufzug. (Einzig autorisierte deutsche Ausgabe. Nach der von Rabindranath Tagore selbst veranstalteten englischen Ausgabe ins Deutsche übertragen von Elisabeth Wolff-Merck). [Einbandzeichnung von Walter Tiemann]. [Vorzugsausgabe: 100 numerierte Exemplare, zweifarbig auf Kaiserlich Japan gedruckt in Ganzleder]. [5.-6. Tsd. bis 1919, 16. Tsd. bis 1920, 21. Tsd. bis 1922]. Leipzig: Wolff 1914. 79 S., gr. 8°.
174. –, –: Der Gärtner. (Einzig autorisierte deutsche Ausgabe. Nach der von Rabindranath Tagore selbst veranstalteten englischen Ausgabe ins Deutsche übertragen von Hans Effenberger). [Einbandzeichnung von Hans Reimann]. [Vorzugsausgabe: 100 numerierte Exemplare, zweifarbig auf Kaiserlich Japan gedruckt, in Ganzleder; 3. Tsd. 1914, 4. Aufl. 1917, 6. Aufl. o. J., 25.-34. Tsd. bis 1919, 58. Tsd. bis 1920, 69.-78. Tsd. 1921, 110. Tsd. bis 1922]. (1. u. 2. Aufl.) Leipzig: Wolff 1914. 184 S., gr. 8°.
175. –, –: Hohe Lieder. (Gitanjali). (Deutsche Nachdichtung von Marie Luise Gothein.) Einzig autorisierte deutsche Ausgabe. [Einbandzeichnung von Marcus Behmer]. [Vorzugsausgabe: 200 numerierte Exemplare, zweifarbig auf Kaiserlich Japan gedruckt, in Ganzleder; 2.-4. Aufl. 1914, 9. Tsd. 1914, 10. Aufl. bis 1916. 10.-13. Tsd. bis 1919, 37. Tsd. bis 1920, 38.-47. Tsd. 1921, 67. Tsd. bis 1922]. 1. Aufl. Leipzig: Wolff 1914. 132 S., gr. 8°, geb., Japanpap., Ldrbd. [2.-4. Aufl. 1914: 136 S.]

176. WALSER, Robert: Geschichten. Mit Zeichnungen von Karl Walser. [Luxusausgabe: 100 Exemplare auf Strathmore abgezogen, mit handkolorierten Zeichnungen und handschriftlich numeriert in Ganzkalbleder]. Leipzig: Wolff 1914. IV, 231 S., 8°, geb., Vorzugsausg.
177. –, –: Kleine Dichtungen. [Einbandzeichnung von Karl Walser]. [Luxusausgabe: 50 numerierte Exemplare auf echt Bütten]. (1. Aufl. hergestellt für den Frauenbund zur Ehrung rheinländischer Dichter.) [2. Aufl. 1915 im Handel]. Leipzig: Wolff 1914. 312 S., 8°, geb., Vorzugsausg.
178. ZEITLER, Julius: Oeser und die Seinen. Ein Künstlerfestspiel [in zwei Akten zum 7. März 1914] zur Feier des hundertfünfzigjährigen Bestehens der Königlichen Akademie für graphische Künste und Buchgewerbe zu Leipzig. [Im Handel: 100 numerierte Exemplare]. Leipzig: Wolff 1914. 73 S. Lex. 8°.

Übernahmen aus dem Verlag Meyer & Jessen, Berlin

Wolff übernahm im Frühjahr 1914 einen Teil der Bestände des sich auflösenden Verlages Meyer & Jessen. Die Übernahme mit allen Rechten ist im Börsenblatt, Nr. 103 vom 6. Mai 1914, S. 4056 angezeigt. Die Bücher gingen ca. 1917/18 in den Hyperion-Verlag über. (Vgl. Hyperion-Verlag Nrn. 949–951, 953–956, 960–962).

179. BIERNATZKI, J[ohann] C[hristoph]: Die Hallig oder die Schiffbrüchigen auf dem Eiland in der Nordsee. Neu hrsg. von Paul Ernst. (Titel und Einband zeichnete Lucian Bernhard.) Berlin: Meyer & Jessen 1910. 274 S., 8°, kart.
180. [BRAEKER, Ulrich:] Das Leben und die Abenteuer des armen Mannes im Tockenburg, von ihm selbst erzählt. (Mit einer Einführung von Adolf Wilbrandt.) [Titel- und Einbandzeichnung von Lucian Bernhard]. (4. durchges. Aufl.) Berlin: Meyer & Jessen 1910. XII, 224 S., 8°, kart., geb.
181. [–, –:] Etwas über William Shakespeares Schauspiele, von einem armen ungelehrten Weltbürger, der das Glück genoß, ihn zu lesen. (Von Ulrich Bräker, hrsg. von Hermann Todsen.) [Titel- und Einbandzeichnung von Lucian Bernhard]. Berlin: Meyer & Jessen 1911. XII, 180 S., 8°, kart., Lwbd.
182. Goethe-Briefe. Hrsg. von Philipp Stein. [4 der auf 8 Bde. berechneten Ausgabe. Einbandzeichnung von Lucian Bernhard. (1913/14)] 1.-4. Bd. Berlin: Meyer & Jessen 1913. 8° Pappbd., Ldr.- oder Halbpergbd.

Bd. 1: Der junge Goethe 1764-1775. Berlin 1913. 378 S.
Bd. 2: Weimar, Sturm und Drang 1775-1783. Berlin 1913. 380 S.
Bd. 3: Weimar und Italien 1784-1792. Berlin 1913. 380 S.
Bd. 4: Weimar und Jena 1792-1800. Berlin 1914. 376 S.

183. GRIMM, Jacob u. Wilhelm GRIMM: Schriften in einer Auswahl für das deutsche Volk. Aus den kleineren Schriften von Jacob Grimm. (Mit einer Einführung von Ludwig Speidel.) [Titel- und Einbandzeichnung von Lucian Bernhard]. Berlin: Meyer & Jessen 1911. XIII, 405 S., kart., Lwbd.

184. [GUGLIA, Eugen:] Das Buch von der Nachfolge Goethes. (Von Eugen Guglia.) [Titel- und Einbandzeichnung von Lucian Bernhard. 2. Aufl. 1913]. (1.-10. Tsd.) Berlin: Meyer & Jessen 1911. XVI, 188 S., 8°, kart., Halbldrbd.

185. GUHL, Ernst: Künstlerbriefe der Renaissance. Ausgewählt auf Grund des Werkes von Guhl. Mit Einführungen und einer Einleitung von Wilhelm Miessner. Berlin: Meyer & Jessen 1913. XV, 350 S., 8°, geb.

186. PAUL, Jean: Doktor Katzenbergers Badreise. (Farbige) Bilder von Paul Scheurich. Berlin: Meyer & Jessen 1912. 261 S., kl. 8°, geb., Pappbd.

187. STRAUSS, Victor von: Mitteilungen aus den Akten betreffend den Zigeuner Tuvia Panti aus Ungarn und Anderes. [Hrsg. mit einer Vorrede von Lulu von Strauss und Torney. Mit einem Bildnis von Strauss]. Berlin: Meyer & Jessen 1912. 238 S., 8°, kart., geb.

188. WINCKELMANN, Johann: Geschichte der Kunst des Altertums. Hrsg. und eingeleitet von Victor Fleischer. (1913) [Nicht im Börsenblatt vom 6. 5. 1914 angezeigt, aber später in den Hyperion-Verlag übernommen.] (Als Titelvignette ein Porträt-Kupfer von dem Schnitzerschüler Quirin Marck.) Berlin: Meyer & Jessen 1913. III, XVIII, 420 S., gr. 8°, Halblwbd., Halbfrzbd.

1915

189. BAUMGARTEN, Otto: Die lebendige Religion. [= Zehn deutsche Reden 6]. Leipzig: Wolff 1915. 62 S., geh.

190. BLASS, Ernst: Die Gedichte von Trennung und Licht. Leipzig: Wolff 1915. 47 S., gr. 8°, geb., Hldrbd.

191. BLEI, Franz: Über Wedekind, Sternheim und das Theater. Fünfzehn Kapitel. Leipzig: Wolff 1915. (Umschlag 1916) 131 S., 8°, geb.

192. BROD, Max: Abschied von der Jugend. Ein romantisches Lustspiel in drei Akten. [Ü. Berlin: Axel Juncker 1912]. Leipzig: Wolff [Titelaufl. 1915?]. 113 S., 8°.

193. –, –: Arnold Beer. Das Schicksal eines Juden. Roman. [Ü. Berlin: Axel Juncker 1912]. Leipzig: Wolff [Titelaufl. 1915?]. 176 S., 8°.

194. BROD, Max: Die Erziehung zur Hetäre. Ausflüge ins Dunkelrote. [Zwei Novellen.] (Umschlag u. Einband zeichnete L. Bernhard.) [Ü. Berlin: Axel Juncker 2. Aufl. 1909]. Leipzig: Wolff [Titelaufl. 1915?]. 153 S., 8°.

195. –, –: Experimente. Vier Geschichten. [Umschlag von Lucian Bernhard]. [Ü. Berlin: Axel Juncker 1907]. Leipzig: Wolff [Titelaufl. 1915?]. 129 S., kl. 8°.

196. –, –: Jüdinnen. [Ein Roman]. [Umschlagzeichnung von Lucian Bernhard]. [Ü. Berlin: Axel Juncker 1.-4. Aufl. 1911; 5. Aufl. bis 1916, 3.-12. Tsd. 1917 = Der Neue Roman, 13.-20. Tsd. bis 1919, 25. Tsd. bis 1922]. Leipzig: Wolff [Titelaufl. 1915?]. 339 S., 8°, kart., Pappbd.

197. BROD, Max: Schloß Nornepygge. Der Roman des Indifferenten. (Umschlagzeichnung von Lucian Bernhard.) [Ü. 2. Aufl. Berlin: Axel Juncker 1908; 3.-8. Tsd. bis 1919, ab 1920 = Der Neue Roman.] Leipzig: Wolff. [Titelaufl. 1915?]. 511 S., 8°, geb.

198. –, –: Tagebuch in Versen. [Gedichte]. [Luxusausgabe: 20 numerierte und signierte Exemplare auf Hadernpapier. Ü. Berlin: Axel Juncker 1910]. Leipzig: Wolff [Titelaufl. 1915?]. 92 S., 8°.

199. –, –: Tod den Toten. [Elf Novellen]. (Umschlagzeichnung von W. Senker.) [Ü. Berlin: Axel Juncker 1906]. Leipzig: Wolff [Titelaufl. 1915?]. 198 S., 8°

200. –, –: Ein tschechisches Dienstmädchen. Kleiner Roman. (Den Umschlag zeichnete Lucian Bernhard.) [Ü. Berlin: Axel Juncker 1. u. 2. Aufl. 1909]. Leipzig: Wolff [Titelaufl. 1915?]. 124 bzw. 127 S., 8°.

201. –, –: Der Weg des Verliebten. Gedichte. [Mit handkoloriertem Umschlag von Lucian Bernhard. Ü. Berlin: Axel Juncker 1908]. Leipzig: Wolff [Titelaufl. 1915?]. 87 S., kl. 8°.

202. –, –: Weiberwirtschaft. [Sechs Erzählungen]. [Ü. Berlin: Axel Juncker 1913; 3.-12. Tsd. 1917 = Der Neue Roman; 15.-24. Tsd. bis 1919]. Leipzig: Wolff [Titelaufl. 1915?]. 367 S., 8°, kart., geb.

203. EDSCHMID, Kasimir: Die sechs Mündungen. Novellen. [Luxusausgabe: 25 numerierte Exemplare auf Bütten in Leder. 2.-5. Tsd. u. 6.-9. Tsd. 1917 = Der Neue Roman, 10.-20. Tsd. bis 1919]. Leipzig: Wolff 1915. III, 219 S., 8°, kart. geb.

204. EULENBERG, Herbert: Messalina. Ein Zwiegespräch über die Ehe, weiland »Sketch« genannt. Leipzig: Wolff 1915. 24 S., gr. 8°. Nicht im Handel.

205. GRABBE, Christian Dietrich: Scherz, Satire, Ironie und tiefere Bedeutung. Lustspiel in drei Akten. (Mit 12 Originalholzschnitten von Karl Thylmann.) [Gedruckt in 500 numerierten Exemplaren = Die schwarzen Bücher. 2. Aufl. 1920 in 1300 numerierten Exem-

plaren]. Leipzig: Wolff 1915. 120 S., 8°, Pappbd., Halbpergbd., 2. Aufl. geb.
206. HARMS, Paul: Das soziale Gewissen. [= Zehn deutsche Reden 5]. Leipzig: Wolff 1915. 34 S., 8°, geb.
207. HAUPTMANN, Carl: Aus dem großen Kriege. Dramatische Szenen. [1. u. 2. Aufl.] Leipzig: Wolff 1915. 160 S., 8°, Lwbd.
208. -, -: Die uralte Sphinx. Kriegsvortrag. (Gehalten vor der Freien Studentenschaft der Universität Berlin am 15. Januar 1915.) Leipzig: Wolff 1915. 31 S. 8°, geh.
209. -, -: Neuere Prosadichtungen. (Gesamtausgabe in sechs Bänden. In Leinwand gebunden in einem Karton. Einbände nach Entwürfen von Walter Tiemann.) [Unter diesem Titel sind von Kurt Wolff folgende Werke zusammengestellt:]
[Bd. 1:] Einhart der Lächler. Roman in 2 Bänden. (2. Aufl.) 1. Bd (2 Bl., 312 S.)
[Bd. 2:] 2. Bd 1915. (2 Bl., 248 S.)
[Bd. 3:] Ismaël Friedmann. Ein Roman. (3. Aufl.) 1915. 399 S.
[Bd. 4:] Nächte. Novellen. (3. Aufl.) 1915 (2 Bl., 247 S.)
[Bd. 5:] Schicksale. Novellen. 1914. 289 S.
[Bd. 6]: Rübezahlbuch. 1915. (190 S., 1 Bl.)
210. -, -: Rübezahlbuch. [Neun Rübezahlabenteuer.] [3.-5. Tsd. bis 1919, ab 1920 = Neue Geschichtenbücher]. Leipzig: Wolff 1915. 190 S., 8°, geb.
211. JOËL, Karl: Neue Weltkultur. [= Zehn deutsche Reden; 1. geh. Aufl. u. neue geb. Ausgabe 1915]. Leipzig: Wolff 1915. 90 S., 8°, geh.
212. KAFKA, Franz: Die Verwandlung. [Mit einer Umschlagzeichnung von Ottomar Starke]. (Gedruckt im November 1915.) [= Der Jüngste Tag 22/23; 2. Aufl. 1918]. Leipzig: Wolff o. J., 73 S., 8°, geb.
213. KRAFT, Paul: Gedichte. [= Der Jüngste Tag 18; 2. unveränd. Aufl. 1920]. Leipzig: Wolff 1915. 39 S., 8°, geb.
214. LICHNOWSKY, Mechtild: Ein Spiel vom Tod. Neun Bilder für Marionetten. [2. Aufl. bis 1916]. Leipzig: Wolff 1915. 203 S., 8°, Pappbd. Hldrbd., Ldrbd.
215. MALLINCKRODT, Max von [d. i. Max Wetter]: Mären und Märchen. Neue Folge. [Einbandzeichnung von Karl Walser]. Leipzig: Wolff 1915. [nach 1918 im Verlag der Weißen Bücher, vgl. die Einleitung zu 5, Sp. 1399]. 288 S., 8°, geb. [I. Folge s. Nr. 96].
216. MEYRINK, Gustav: Der Golem. Ein Roman. [Die Auflagenangaben des Verlages und der Bibliographien sind sehr widersprüchlich: 1.-10. Aufl. 1915, 9. Aufl. (= 10000 Ex.) = Feldpostausgabe 1915, 15.-16. Tsd. 1915, 6. Abdruck 1916, 1916 = Der Neue Roman; 6. Abdruck 1916, 120.-150. Tsd. = Bd. 1 der Gesamtausgabe (Vgl. Nr. 338), 141. Tsd.-150. Tsd. der Gesamtausgabe mit 8 Lithographien von Hugo Steiner-Prag = Die graphischen Bücher, 156.-165. Tsd. München o. J., 180.-190. Tsd. bis 1919, 150. Tsd. (lt. Katalog 1924), 168. Tsd. (lt. Almanach 1927)]. Leipzig: Wolff 1915. [wechselnde Seitenangaben] 8°, geb., Halbldrbd., Pappbd., Halbpergbd.

217. ONCKEN, Hermann: Wie ehrt ein Volk seine großen Männer. [= Zehn deutsche Reden 4]. Leipzig: Wolff 1915. 19 S., 8°, geh.
218. REVENTLOW, Ernst Graf von: Landwirtschaft und Volkskraft. [= Zehn deutsche Reden 3]. Leipzig: Wolff 1915. 40 S., 8°, geh.
219. SCHÄFER, Dietrich: Deutschland und England in See- und Weltgeltung. Vier Beiträge zur Beurteilung der Zeitlage. Leipzig: Wolff 1915. VII, 192 S., gr. 8°, geb.
220. -, -: Staat und Volk. [= Zehn deutsche Reden 2]. Leipzig: Wolff 1915. 52 S., 8°, geh.
221. STERNHEIM, Carl: 1913. Schauspiel in drei Aufzügen. [Einmalige Ausgabe mit Textzeichnungen von Ernst Stern. Luxusausgabe: 40 Exemplare auf echt Bütten in Halbleder; 4.-6. Tsd. (ohne Ill.) 1920, 8°, 80 S., geb.]. Leipzig: Wolff 1915. 100 S., Lex. 8°, geb., Halbldrbd., Vorzugsausg.
222. -, -: Das leidende Weib. Drama [in vier Aufzügen] nach Friedrich Maximilian Klinger. [Ü. Leipzig: Insel 1915]. Leipzig: Wolff [Titelaufl. 1915?]. 96 S., 8°, geb.
223. -, -: Napoleon. Eine Novelle. (Mit drei Lithographien von Ottomar Starke.) (Gedruckt im Juli 1915.) [= Der Jüngste Tag 19; 8.-12. Tsd. 1918]. Leipzig: Wolff 1915. 42 S., 8°, geb.
224. -, -: Der Scharmante. Lustspiel mit Benutzung einer fremden Idee. [Drei Aufzüge]. (Der Gesellschaftsspiele erstes Stück.) [Luxusausgabe: 40 Exemplare auf echt Bütten in Halbleder]. Leipzig: Wolff 1915. 99 S., 8°, geb.
225. TAGORE, Rabindranath: Der zunehmende Mond. [Śiśu, Ausz.] (Berechtigte Übertragung von Hans Effenberger nach der von Rabindranath Tagore selbst veranstalteten englischen Ausgabe.) [Einbandzeichnung von Walter Tiemann]. [7.-11. Tsd. bis 1919, 26. Tsd. bis 1920, 27.-36. Tsd. 1921, 46. Tsd. bis 1922]. Leipzig: Wolff 1915. 118 S., gr. 8°, Pappbd., Hlwbd., Hldrbd.
226. TRAKL, Georg: Sebastian im Traum. [Gedichte und Prosa.] Leipzig 1915. [ersch. 1914]. 92 S., gr. 8°, geb., Vorzugsausg., Ldrbd.
227. WERFEL, Franz: Einander. Oden, Lieder, Gestalten. [Vorzugsausgabe: 100 numerierte Exemplare auf Bütten in Ganzleder. - 1. u. 2. Aufl. 1915, 3. Aufl.

1917, 4. Aufl. = 7.-10. Tsd. 1920, 11.-12. Tsd. 1922, 14. Tsd. 1923]. Leipzig: Wolff 1915. 107 S., gr. 8°, Hldrbd., Vorzugsausgabe, 7.-10. Tsd. geb.

228. -,-: Die Troerinnen [des Euripides]. In deutscher Bearbeitung [und einer Vorbemerkung] von Franz Werfel. [Vorzugsausgabe: 100 numerierte Exemplare auf Büttenpapier in Halbleder. - 3.-5. Tsd. 1916, 119 S., gr. 8°, geb.; 8.-11. Tsd. bis 1919., 15. Tsd. bis 1920, 16.-17. Tsd. 1923, 18. Tsd. 1928]. 1. u. 2. Tsd. Leipzig: Wolff 1915. 127 S., Pappbd., Hldrbd.

229. -,-: Der Weltfreund. [Gedichte.] [Ü. 2. Aufl. Berlin: Axel Juncker 1912, (Titel)-Aufl. 1915, als 3. Aufl. angezeigt, 3. Aufl. 1918, 4. Aufl. 1920 = 9.-13. Tsd.]. 3. (Titel-)Aufl. Leipzig: Wolff 1915. 118 S., 8°, Pappbd., Hldrbd.

230. Das Zaubertheater. Von Medardus, Prokop und Sylvester. Mit einer Einleitung von Franz Blei. [Medardus = Franz Blei, Prokop = Max Brod, Sylvester = Erik-Ernst Schwabach]. Leipzig: Wolff 1915. 305 S., 8°, geb.

1916

231. BASSEWITZ, Gerdt von: Pips, der Pilz. Märchenspiel. Leipzig: Wolff 1916. 140 S., 8°.

232. BECHER, Johannes R.: Verbrüderung. Gedichte. (Gedruckt im Februar 1916.) [= Der Jüngste Tag 25]. Leipzig: Wolff 1916. 47 S., 8°, Pappbd.

233. -,-: An Europa. Neue Gedichte. Leipzig: Wolff 1916. 134 S., gr. 8°, Hldrbd.

234. BENN, Gottfried: Gehirne. Novellen. (Gedruckt im Oktober 1916.) [= Der Jüngste Tag 35]. Leipzig: Wolff 1916 (Umschlag: 1917). 55 S., 8°, geb.

235. BEZRUC, Petr: Die schlesischen Lieder. Verdeutscht von Rudolf Fuchs. Vorrede von Franz Werfel. [2. Aufl. 1917, 3. Aufl. 1926]. Leipzig: Wolff [o. J.]. XXII, 63 S., gr. 8°, Pappbd., Hldrbd.

236. BROD, Max: Die erste Stunde nach dem Tode. Eine Gespenstergeschichte. Mit drei Zeichnungen von Ottomar Starke. (Gedruckt im September 1916.) [= Der Jüngste Tag 32; 2. Aufl. 1917/18]. Leipzig: Wolff 1916 (Umschlag: 1917). 47 S., 8°, geb.

237. -,-: Tycho Brahes Weg zu Gott. Ein Roman. [5.-8. Tsd. 1916 = Der Neue Roman; 26.-32. Tsd. 1917, 33.-42. Tsd. bis 1919, 52 Tsd. bis 1920]. Leipzig: Wolff 1916. III, 426 S., 8°, Pappbd.

238. BUBER, Martin: Vom Geist des Judentums. Reden und Geleitworte. [Luxusausgabe: 50 numerierte Exemplare auf Bütten in Liebhaberband; 4.-5. Tsd. 1919, 6.-8. Tsd. 1921]. Leipzig: Wolff 1916. 1935, gr. 8°, Pappbd.

239. BYRON [d. i. Georg Noël Gordon], Lord: Kain. Ein Mysterium. Deutsch von Paul Eger. Leipzig: Wolff 1916. Geh., geb. (Bibl. mehr nicht zu ermitteln.)

240. EDSCHMID, Kasimir [d. i. Eduard Schmid]: Das rasende Leben. Zwei Novellen. Umschlagzeichnung von Ottomar Starke. (Gedruckt im November 1915.) [= Der Jüngste Tag 20. - 2. Aufl. 1917?, 3. Aufl. 1918/19?]. Leipzig: Wolff 1916. 42 S., 8°, geb.

241. -,-: Timur. Novellen. (Der Gott. - Die Herzogin. - Der Bezwinger.) [1. Tsd., 2.-3. Tsd. 1917, 4.-8. Tsd. 1918, 10. Tds. bis 1920 = Der Neue Roman]. Leipzig: Wolff [1916]. V, 222 S., 8°, kart., geb.

242. EGER, Paul: Adam, Eva und die Schlange. Komödie in drei Akten [2. Aufl. München, Wolff 1920, 127 S., 8°, Pappbd.]. Leipzig: Wolff [1916]. (Wurde vermutlich gleichzeitig als Bühnenmanuskript verwandt.)

243. EHRENSTEIN, Albert: Der Mensch schreit. [Gedichte aus den Jahren 1914 und 1915. Mit einer Original-Lithographie von Oskar Kokoschka. Einmalige Luxusausgabe in 300 numerierten und signierten Exemplaren für Subskribenten gedruckt]. Leipzig: Wolff 1916. 61 S., 30 cm.

244. -,-: Nicht da, nicht dort. [Novellen. Umschlagzeichnung von Oskar Kokoschka. = Der Jüngste Tag 27/28]. Leipzig: Wolff 1916. 76 S., 8°, geb.

245. ESSIG, Hermann: Pastor Rindfleisch oder Pharaos Traum. Lustspiel in drei Akten. [Ü. Leipzig: Eckstein ⟨1916⟩; dort u. d. Titel: Pharaos Traum. Lustspiel von Richard Teuerkorn ⟨Pseud.⟩] Leipzig: Wolff [1916]. 1 Bl., 96 S., 8°. [Titelaufl.?].

246. HASENCLEVER, Walter: Der Retter. [Privatdruck in zwanzig Exemplaren, davon fünfzehn numeriert.] Vorbemerkung des Verfassers: »Dieses Werk wurde im Frühjahr 1915 geschrieben, auf Veranlassung des Verfassers im Herbst 1916 in einer einmaligen Auflage von fünfzehn Exemplaren hergestellt und zur Kenntnisnahme an folgende Personen gesandt: Reichskanzler Dr. Bethmann Hollweg, Berlin / Dr. Max Brod, Prag / Schauspieler Ernst Deutsch, Dresden / Dr. Kurt Hiller, Berlin / Dr. Hans Laut, Cöln / Landtagsabgeordneter Korfanty, Berlin / Geheimrat Professor Dr. Albert Köster, Leipzig / Rud. Leonhard, Göttingen / Heinr. Mann, München / Wilhelm Merck, im Felde / Dr. Kurt Pinthus, Magdeburg / Oberleutnant von Puttkamer, im Felde / Frau Elisabeth Wolff, Darmstadt / Oberleutnant Kurt Wolff, im Felde / Chefredakteur Theodor Wolff, Berlin.«

247. HAUPTMANN, Carl: Einhart der Lächler. Ein Roman. Neue Ausgabe in einem Bande. [= Der Neue Roman. 11. - 20. Tsd. 1917, 21.-29. Tsd. ca. 1919. (Vgl. auch

Nr. 68)]. Leipzig: Wolff, geh., kart., geb. [Bibliographisch nicht näher zu ermitteln.]

248. –, –: Tobias Buntschuh. Eine burleske Tragödie in fünf Akten. Leipzig: Wolff 1916. 128 S., gr. 8°, geh., geb.

249. –, –: Die Rebhühner. Komödie in fünf Akten. Leipzig: Wolff 1916. 146 S., gr. 8°, geb.

250. –, –: Dort, wo im Sumpf die Hürde steckt. Sonette. Leipzig: Wolff 1916, 29 S., 23,5 cm.

251. [HOETGER, Bernhard:] Galerie Erich Cüpper (-Aachen). Die Sammlung der Werke von Bernhard Hoetger. Mit einem Vorwort von Georg Biermann und einer Einleitung über Hoetger von Kasimir Edschmid. [500 Exemplare. Luxusausgabe A Nr. 1–30. Ausgabe B Nr. 31–100, handsigniert]. Leipzig: Wolff 1916. 29 S. u. 16 S. Abb. 8°.

252. JOHST, Hanns: Der Ausländer. Ein bürgerliches Lustspiel. Leipzig: Wolff 1916. 100 S., 1 Bl., 8°, geh., geb.

253. KAFKA, Franz: Das Urteil. Eine Geschichte. (Gedruckt im September 1916.) [= Der Jüngste Tag 34; 2. Aufl. 1919/20]. Leipzig: Wolff 1916 (Umschlag: 1917). 29 S., 8°, geb.

254. LAUTENSACK, Heinrich: Das Gelübde. Schauspiel in vier Aufzügen. Leipzig: Wolff 1916. 91 S., 23 cm, geh., geb.

255. Die neue Literatur. Nachrichten und Anzeigen. [Werbezeitschrift des Kurt Wolff Verlages. (Erschienen sind drei Nummern: Nr. 1 Juni 1916, Nr. 2 u. 3 Herbst? 1916)]. Zeitungsformat, je ca. 8 ungezählte S.

256. MANN, Heinrich: Das Herz. Novellen. [Ü. Leipzig: Insel-Verlag, 2. Aufl. 1911, als »3. Aufl.« 1916 angezeigt, dann in Bd. 10 der Gesammelten Romane und Novellen, vgl. Nr. 334]. [Möglicherweise nicht selbständig bei Wolff erschienen, sondern nur in Nr. 334.]

257. –, –: Die Rückkehr vom Hades. Novellen. [Ü. Leipzig: Insel-Verlag 1911, dann in Bd. 10 der Gesammelten Romane und Novellen, vgl. Nr. 334]. [Möglicherweise nicht selbständig bei Wolff erschienen, sondern nur in Nr. 334.]

258. –, –: Der Untertan. (Privatdruck.) Das Buch enthält die Vorbemerkung: »Von diesem Buch, dessen Herausgabe während des Krieges nicht beabsichtigt ist, wurden auf Veranlassung von Kurt Wolff im Mai 1916 zehn Exemplare hergestellt und – nur zur persönlichen Kenntnisnahme – übersandt an: Ernst Ludwig, Großherzog von Hessen und bei Rhein, Karl Kraus, Fürstin Mechtild Lichnowsky, Oberstleutnant im Generalstab Madlung, Helene von Nostitz-Wallwitz, Jesko von Puttkamer, Peter Reinhold, Fürst Günther zu Schönburg-Waldenburg, Joachim von Winterfeldt, M.D.R., Elisabeth Wolff-Merck.« Leipzig: Wolff 1916. 453 S., 8°. [Öffentliche Ausgabe vgl. Nr. 381.]

259. –, –: Die kleine Stadt. Ein Roman. [Ü. Leipzig: Insel-Verlag 1909, 4. Aufl. 1910, 5.–9. Tsd. KWV 1916, 10.–19. Tsd. 1917 = Der Neue Roman, 20.–29. Tsd. bis 1919, 40. Tsd. bis 1922]. Leipzig: Wolff 1916 [10.–19. Tsd. 1917, 540 S., 8°, geb.].

260. MEYRINK, Gustav: Fledermäuse. Sieben Geschichten (Inhalt: Meister Leonhard. – Das Grillenspiel. – Wie Dr. Hiob Paupersum seiner Tochter rote Rosen brachte. – Amadeus Knödlseder. Der unverbesserliche Lämmergeier. – J. H. Obereits Besuch bei den Zeitegeln. – Der Kardinal Napellus. – Die vier Mondbrüder.) [1. Aufl. 1916, 21.–30. Tsd. 1916, 31.–40. Tsd. = Gesamtausgabe Bd. 6, 1917, vgl. Nr. 338; ab 1920 = Der Neue Roman]. Leipzig: Wolff 1916. 238 S., 8°, geh., kart., geb.

261. MYNONA [d. i. Salomo Friedländer]: Schwarz-Weiß-Rot. Grotesken. Mit zwei Zeichnungen von L[udwig] Meidner. (Gedruckt im September 1916.) [= Der Jüngste Tag 31; 2. Aufl. 1919 oder später]. Leipzig: Wolff 1916 (Umschlag: 1917). 45 S., 8°, geb.

262. PULVER, Max: Selbstbegegnung. Gedichte. [2. Aufl. bis 1919]. Leipzig: Wolff 1916. 61 S., gr. 8°, Hldrbd.

263. REIMANN, Hans: Die schwarze Liste. Ein heikles Bilderbuch. Leipzig: Wolff 1916. 133 S. m. 93 Abb., 8°, geh.

264. RUBINER, Ludwig: Das himmlische Licht. (Gedichte). (Gedruckt im September 1916.) [= Der Jüngste Tag 33; 2. Aufl. 1920]. Leipzig: Wolff 1916 (Umschlag: 1917). 47 S., 8°, geb.

265. SCHICKELE, René: Aïssé. Novelle. (Mit einer Umschlagzeichnung und zwei Bildbeigaben nach Originallithographien von Ottomar Starke.) (Gedruckt im November 1915.) [= Der Jüngste Tag 24. 2. Aufl. 1917/18, 3. Aufl. 1918/19]. Leipzig: Wolff 1916. 31 S., 8°, geb.

266. SCHMITZ, Hermann Harry: Buch der Katastrophen. Mit einem Geleitwort von Herbert Eulenberg, hrsg. von Viktor M. Mai. [Umschlagzeichnung von Emil Preetorius. = Neue Geschichtenbücher; ca. 1924 in der Sammlung Die Groteske; 5.–11. Tsd. bis 1918, 12.–21. Tsd. 1918]. Leipzig: Wolff 1916. 230 S., 8°, kart., geb.

267. SIMMEL, Georg: Rembrandt. Ein kunstphilosophischer Versuch. [3.–5. Tsd. 1917, 2. Aufl. 1919 = 6.–10. Tsd., 15. Tsd. bis 1926]. Leipzig: Wolff 1916. VIII, 205 S., gr. 8°, geb.

268. STERNHEIM, Carl: Der Geizige. Komödie in fünf Aufzügen nach Molière. Leipzig: Wolff 1916. 157 S., 8°, geb.

269. –, –: Tabula rasa. Ein Schauspiel. (»Auf Rechnung von Kurt Wolff Verlag, Leipzig in tausend numerierten Exemplaren für Subskribenten gedruckt bei W. Drugulin in Leipzig. Die ersten hundert Exemplare sind auf van Geldern Bütten abgezogen worden und in Ganzlederband unter Leitung von Professor W. Tiemann in Leipzig gebunden.«) [Lex. 8°, 2. Aufl. 8°, 1919]. Leipzig: Wolff 1916. 133 S., Lex. 8°, geb. u. Luxusausg., Ldrbd., Liebhaber-Erstausg. Hpergbd.

270. –, –: Die drei Erzählungen. (Busekow. – Napoleon. – Schuhlin.) Mit 14 Original-Lithographien und Einbandzeichnung von Ottomar Starke. [= Die schwarzen Bücher; 1. Tsd., 6.–8. Tsd. u. 9.–12. Tsd. 1916]. Leipzig: Wolff 1916. V, 107 S., Lex 8°, Pappbd., Hldrbd.

271. –, –: Meta. Eine Erzählung. (Umschlagzeichnung von Ottomar Starke.) [= Der Jüngste Tag 26; 1.–10. Tsd. 1916]. Leipzig: Wolff 1916. 42 S., 8°, geb.

272. –, –: Schuhlin. Eine Erzählung. (Umschlagzeichnung von Ottomar Starke.) (Gedruckt im Oktober 1915.) [= Der Jüngste Tag 21; 2. Aufl. 1916/17 = 8.–12.? Tsd.]. Leipzig: Wolff 1916. 32 S., 8°, geb.

273. SYLVESTER, Ernst: Peter van Pier, der Prophet. [3.–8. Tsd. 1918]. Leipzig: Wolff 1916. 160 S., 8°, geb.

274. Vom jüngsten Tag. Ein Almanach neuer Dichtung. [Mit einer Vignette von Karl Walser]. [Erschien Anfang 1916, 2., veränderte Aufl. = 11.–20. Tsd. Gedruckt im November 1916 mit Jahreszahl 1917]. Leipzig: Wolff 1916. 262 S., 8°, Pappbd.

Übernahmen aus dem Verlag Paul Cassirer, Berlin

Im Zusammenhang mit den Verhandlungen über die Übernahme der Werke Heinrich Manns aus dem Paul Cassirer Verlag in den KWV 1916 ging auf Wunsch Cassirers der größte Bestandteil des damaligen Paul Cassirer Verlages an Wolff über, da Cassirer aus Kriegsgründen seinen Verlag nicht aktiv weiterzuführen vermochte. Wolff bemerkt zu dieser Übernahme: »[...] das erklärt gewisse Titel, deren Einzelübernahme für KWV an sich nie in Frage gekommen wäre.« (Kurt Wolff: *Alphabetisches Verzeichnis*, S. 2). In dem *Verlagsverzeichnis 1909–1916* sind die Cassirer-Bücher bereits innerhalb der Kurt Wolff Verlags-Produktion angezeigt.

275. BAHR, Hermann: Tagebuch. [Berlin: Cassirer 1909.] 268 S., 8°, geb.

276. BAUM, Peter: Im alten Schloß. Novellen. [Berlin: Cassirer 1908.] 118 S., 8°, geb.

277. BLAU, Albrecht: Blätter aus eines Luftschiffers Tagebuch. Mit Zeichnungen von Rudolf Großmann. [Berlin: Cassirer 1912.] 144 S., kl. 8°, Lwbd.

278. BÜCHNER, Georg: Gesammelte Schriften. In zwei Bänden. Hrsg. von Paul Landau. [Berlin: Cassirer 1909.] 254 u. 207 S., 8°, kart., geb.

279. ESSIG, Hermann: Furchtlos und treu. Drama in fünf Aufzügen. [Berlin: Cassirer 1911.] 138 S., 8°.

280. –, –: Die Glückskuh. Lustspiel in fünf Aufzügen. [Berlin: Cassirer 1910]. 174 S., 8°.

281. – – Mariä Heimsuchung. Tragödie in fünf Aufzügen. [Berlin: Cassirer 1909.] 204 S., 8°

282. – –: Die Weiber von Weinsberg. Lustspiel in fünf Aufzügen. [Berlin: Cassirer 1909]. 180 S., 8°.

283. GUTHMANN, Johannes: Eurydikes Wiederkehr. In drei Gesängen. Mit (9) Steinzeichnungen von Max Beckmann. [= Edition der Pan-Presse]. [Berlin: Cassirer 1909.] Luxusausgabe: 78 S., Lex. 8°, u. einfache Ausgabe ohne Steinzeichnungen: 92 S., 8°.

284. –, –: Romantische Novellen. [Berlin: Cassirer 1911.] 230 S., 8°, geb.

285. HATVANY, Ludwig von: Ich und die Bücher. (Selbstvorwürfe des Kritikers.) [Berlin: Cassirer 1910.] 127 S., 8°, geb.

286. KYSER, Hans: Einkehr. Lieder und Gedichte. [Berlin: Cassirer 1909.] 139 S., kl. 8°.

287. LENZ, Jakob Michael Reinhold: Gesammelte Schriften. (In 4 Bdn.) Hrsg. von Ernst Lewy. [Berlin: Cassirer 1909.] [Neuausgabe bei Wolff 1917].
Bd. 1: Dramen. XII, 325 S., 8°, geb.
Bd. 2: Gedichte. XVI, 159 S., 8°, kart.
Bd. 3: Plautus. Fragmente. IX, 340 S., 8°, kart., geb.
Bd. 4: Prosa. X, 392 S., 8°, geb.

288. LEWY, Ernst: Zur Sprache des alten Goethe. Ein Versuch über die Sprache des Einzelnen. [Berlin: Cassirer 1913.] 32 S., 8°.

289. MANN, Heinrich: Schauspielerin. Drama in drei Akten. [Berlin: Cassirer 1911.] 145 S., 8°, Pappbd.

290. –, –: Variété. Ein Akt. [Berlin: Cassirer 1910.] 96 u. Musikbeil. 4 S., 8°. [Von Wolff nicht mehr aufgelegt.]

291. –, –: Eine Freundschaft. Gustave Flaubert u. George Sand. [München: E. W. Bonsels & Co. 1905/06, Ü. von Cassirer.] 52 S., 8°. [Von Wolff nicht mehr aufgelegt.]

292. –, –: Flöten und Dolche. Novellen. [München: Albert Langen 1905, Ü. von Cassirer.] 143 S., 8°, geb. [Von Wolff nicht mehr aufgelegt.]

293. MANN, Heinrich: Stürmische Morgen. Novellen. [München: Albert Langen 1906, Ü. 3. Tsd. Cassirer 1907.] 150 S., 8°. [Von Wolff nicht mehr aufgelegt.]
294. –, –: Im Schlaraffenland. Ein Roman unter feinen Leuten. [5.-8. Tsd. KWV 1916 identisch mit der Ausgabe von Cassirer 1909, 17.-20. Tsd. 1916; 26.-40, Tsd. 1917, 41.-50. Tsd. 1917 = Der Neue Roman. 51.-60. Tsd. bis 1919]. III, 494 S., 8°, geb., später auch kart.
295. –, –: Die Göttinnen oder die drei Romane der Herzogin von Assy. [3 Bde: Diana – Minerva – Venus; 5.-9. Tsd. 1916, 10.-12. Tsd. 1916, 13.-17. Tsd. 1917 = Der Neue Roman; 18.-27. Tsd. 1917, 38.-47. Tsd. 1922; vgl. auch Nr. 334.] Wohlfeile Ausgabe in 1 Bde. 3. u. 4. Tsd. [München: Langen 1907. Ü. von Cassirer]. 1006 S., 8°, geb.
296. –, –: Die Jagd nach Liebe. Ein Roman. [München: Albert Langen 1903, Ü. von Cassirer, 11.-15. Tsd. KWV 1916, 16.-25. Tsd. 1917 = Der Neue Roman, 26.-37. Tsd. bis 1919, 47. Tsd. bis 1920]. 11.-15. Tsd. Leipzig: Wolff 1916. III, 601 S., 8°, geb.
297. –, –: Professor Unrat oder das Ende eines Tyrannen. Roman. [München: Albert Langen 1905, Ü. von Cassirer, 2. Aufl. 1906, 5.-7. Tsd. KWV 1916, 8.-12. Tsd. 1917; 13.-16. Tsd. 1917 = Der Neue Roman, 23.-32. Tsd. bis 1919, 43. Tsd. bis 1922]. 8.-12. Tsd. Leipzig: Wolff o. J. [1917]. 279 S., 8°, geb.
298. –, –: Zwischen den Rassen. Ein Roman. [München: Albert Langen 1907, 4. Tsd. 1908, Ü. von Cassirer; 5.-9. Tsd. KWV 1916, 10.-14. Tsd. 1916, 15.-24. Tsd. 1917 = Der Neue Roman, 26.-35. Tsd. bis 1919]. 10.-14. Tsd. Leipzig: Wolff 1916. 577 S., 8°, geb.
299. MOORE, George: Der Apostel. Ein Szenarium. Nach zwei Entwürfen bearbeitet von Max Meyerfeld. [Berlin: Cassirer 1911.] 84 S., kl. 8°, Halbpergbd.
300. MÜHSAM, Erich: Wüste – Kratzer – Wolken. Gedichte. [Berlin: Cassirer 1912.] 157 S., 8°, Lwbd.
301. NETTO, Walter: Die Augen der Angeline Perza. Roman. [Berlin: Cassirer 1912.] 157 S., 8°, Lwbd.
302. NEUSTADT, Arthur: Japanische Reisebriefe. Berichte über eine Fahrt durch Japan. Mit 15 Abbildungen nach photographischen Aufnahmen des Verfassers. [Berlin: Cassirer 1913.] 181 S., Lex. 8°, geb.
303. ZIMMERMANN, Joachim: Eigentlich eine reizende Frau. Komödie in drei Akten. [Im Verlagsverzeichnis des KWV 1909–1916 angezeigt, bibliographisch nicht zu ermitteln, nach Kürschners Literaturkalender von 1914 wohl 1912 ersch., möglicherweise nur als Bühnenmanuskript.]
304. –, –: Ein Idealist. Tragikomödie in vier Akten. [Berlin: Cassirer 1911.] 152 S., 8°.

1917

305. ANDREAS-SALOMÉ, Lou: Drei Briefe an einen Knaben. Leipzig: Wolff 1917. 79 S., 8°.
306. ARNIM, Achim von: Die Majoratsherren. Novelle. Mit 7 Lithographien von Karl Thylmann. [500 numerierte Exemplare = Die schwarzen Bücher.] Leipzig: Wolff 1917. 56 S., gr. 8°, Pappbd., Hpergbd. [2. Aufl. von 500 numerierten Exemplaren ebenfalls 1917].
307. CLAUDEL, Paul: Die Musen. Eine Ode. Deutsch von Franz Blei. (Gedruckt im Sommer 1917.) [= Der Jüngste Tag 43]. Leipzig: Wolff 1917. 22 S., 8°, geb.
308. DIRSZTAY, Victor von: Lob des hohen Verstandes. Ein Umriß zur Morphologie des Menschen nebst Anmerkungen und einer Einführung. Mit sechs Lithographien und einer Titelvignette von Oskar Kokoschka. [Einmalige Aufl. von 200 Exemplaren]. Leipzig: Wolff 1917. 31 S., 34×26 cm, geb., Pergbd.
309. DYMOW, Ossip [d. i. Osip Isidorovič Perelman]: Der Knabe Wlaß. Ein Roman. (Vom Verfasser autorisierte Übersetzung von Soja Wermer.) (Umschlagzeichnung von Emil Preetorius.) [2.-11. Tsd. = Der Neue Roman, 1. Aufl. nicht zu ermitteln]. Leipzig: Wolff o. J. [1917]. 294 S., 8°, kart., Pappbd., geb., Hldrbd.
310. [ERNST LUDWIG VON HESSEN]: Verse. [Anonym erschienen in 230 numerierten Exemplaren]. Leipzig: Wolff 1917. 68 S., 3 Bl., 4°.
311. Festschrift zum 25jährigen Regierungsjubiläum des Großherzogs Ernst Ludwig von Hessen und bei Rhein. [500 numerierte Exemplare.] (Dargebracht von F. Back u. a.) (Umschlagzeichnung von Emil Preetorius.) Leipzig: Wolff 1917. 175 S., m. Abb., Lex. 8°, Pappbd.
312. FLAUBERT, Gustave: November. Ein Roman. Mit sechs Lithographien [und einer Umschlagzeichnung] von Ottomar Starke. (Autor. Übers. von E. W. Fischer.) [Ausgegeben im Oktober 1916 = Der Neue Roman; 11.-15. Tsd. 1917, 16.-25. Tsd. bis 1919, 33. Tsd. bis 1922]. Leipzig: Wolff o. J. [1917]. 192 S., 8°, kart., geb.
313. FLESCH-BRUNNINGEN, Hans von: Das zerstörte Idyll. Novellen. [= Der Jüngste Tag 44/45]. Leipzig: Wolff o. J. [1917]. 68 S., 8°, geb.
314. FRANCE, Anatole: Der Aufruhr der Engel. [La révolte des anges.] Roman. Deutsch von Rudolf Leonhard. [= Der Neue Roman; 1.-10. Tsd. 1917, 11.-20. Tsd. bis 1919]. Leipzig: Wolff o. J. [1917]. 480 S., 8°, geb.
315. –, –: Die Götter dürsten. Roman aus der Französischen Revolution. (Berechtigte Übertragung von Friedrich von Oppeln-Bronikowski.) [Ü. München:

Georg Müller 1912; 4.-13. Tsd. KWV 1917 = Der Neue Roman, 14.-23. Tsd. bis 1919]. Leipzig: Wolff o. J. [1917]. 443. S., 8°, Pappbd., 14.-23. Tsd. geb.

316. –, –: Komödiantengeschichte. [Histoire comique.] Roman. Deutsch von Heinrich Mann. Einführung von Georg Brandes. (Einzig autorisierte deutsche Ausgabe. Die Übers. der Essays von Georg Brandes, 1904 zuerst ersch., hat Ida Anders besorgt.) [Einbandzeichnung von Emil Preetorius.] [Ü. München: Albert Langen 1904; 2.-11. Tsd. KWV 1917 = Der Neue Roman, 12.-21. Tsd. bis 1919]. Leipzig: Wolff o. J. [1917]. LXXVI, 309 S. m. 1 Bildn., 8°, kart. Pappbd., 12.-21. Tsd. geb.

317. GORKI, Maxim: Drei Menschen. Roman. (Einzig autorisierte deutsche Ausgabe. Übersetzung von August von Scholz.) [1. Tsd. nicht zu ermitteln, 2.-11. Tsd. KWV 1917 = Der Neue Roman, 12.-21. Tsd. bis 1919]. Leipzig: Wolff o. J. [1917]. 529 S., 8°, geb.

318. GUMPERT, Martin: Verkettung. Gedichte. (Gedruckt im Januar 1917.) [= Der Jüngste Tag 38. – 2. Aufl. 1920]. Leipzig: Wolff 1917. 41 S., 8°, geb.

319. HAHN, Victor: Warbeck. Ein Trauerspiel in fünf Akten und einem Vorspiel. Frei nach Schillers Fragment. Leipzig: Wolff 1917. 187 S., 8°, geb.

320. HASENCLEVER, Walter: Tod und Auferstehung. Neue Gedichte. [3.-6. Tsd. bis 1919]. Leipzig: Wolff 1917. 93 S., gr. 8°, geb. Hldrbd.

321. HAUPTMANN, Carl: Gaukler, Tod und Juwelier. Spiel in fünf Akten. Leipzig: Wolff 1917. 121 S., 8°, geb.

322. KESSER, Hermann [d. i. H. A. Kaeser-Kesser]: Die Stunde des Martin Jochner. Ein Roman aus der vorletzten Zeit. [1. Tsd. nicht zu ermitteln, 2.-3. Tsd. 1917 = Neue Geschichtenbücher]. Leipzig: Wolff 1917. 209 S., 8°, kart., geb.

323. KOKOSCHKA, Oskar: Der brennende Dornbusch. Schauspiel (1911). Mörder, Hoffnung der Frauen. Schauspiel (1907). [= Der Jüngste Tag 4.1.- 2. Aufl. 1918/19]. Leipzig: Wolff o. J. [1917]. 45 S., 8°, geb.

324. –, –: Die träumenden Knaben. [Mit acht farbigen Lithographien und einer Einbandzeichnung des Künstlers.] [275 Exemplare]. [Ü. Verlag der Wiener Werkstätte, Wien 1908]. Wien: Wiener Werkstätte 1908. 24,5×30 cm. – (Ausgegeben: Leipzig: Wolff 1917.) Lwbd.

325. LEONHARD, Rudolf: Äonen des Fegefeuers. Aphorismen. [Aufl. 800 Exemplare]. Leipzig: Wolff 1917. 139 S., gr. 8°, Hlwbd., geb., Hldrbd.

326. LICHNOWSKY, Mechtild: Der Stimmer. [1.-3. Tsd., Neue Ausgabe = 4.-8. Tsd. 1918]. Leipzig: Wolff 1917. 164 S., 8°, geb.

327. LOTZ, Ernst Wilhelm: Wolkenüberflaggt. Gedichte. (Nachwort von Henny Lotz.) (gedruckt im Herbst 1916.) [= Der Jüngste Tag 36. 2. Aufl. 1919 oder später]. Leipzig: Wolff 1917. 59 S., 8°, geb.

328. MANN, Heinrich: Die Armen. Roman. [Umschlagzeichnung von Käthe Kollwitz.] [1.-30. Tsd. u. 31.-50. Tsd. 1917; 51.-60. Tsd. bis 1919]. Leipzig: Wolff 1.-50. Tsd. o. J. [1917]. 296 S., 8°, Pappbd., Hldrbd.

329. –, –: Brabach. Drama in drei Akten. [1. u. 2. Aufl. 1917]. Leipzig: Wolff 1917. 197 S., 8°, geb.

330. –, –: Madame Legros. Drama in drei Akten. [Ü. Berlin: Paul Cassirer 1913, 3.-5. Tsd. KWV 1917]. Leipzig: Wolff (3.-5. Tsd.) o. J. [1917]. 142 S., 8°, geb.

331. –, –: Die große Liebe. Drama in drei Akten. [Umarbeitung von: Die große Liebe. Drama in vier Akten. Berlin: Paul Cassirer 1912]. Leipzig: Wolff o. J. [1917]. (Mehr nicht zu ermitteln.)

332. –, –: Die kleine Stadt. Ein Roman. [Ü. Leipzig: Insel-Verlag 4. Aufl. 1910; 10.-20. Tsd. KWV 1917, 20.-29. Tsd. bis 1919, 40. Tsd. bis 1922]. Leipzig: Wolff 10.-20. Tsd. o. J. [1917]. 540 S., 8°, Pappbd.

333. –, –: Der Tyrann. [Sonderdruck aus: H. Mann: Die Bösen. Leipzig: Insel-Verlag 1908, Ü. 1917, nicht mehr aufgelegt] (Bühnenmanuskript), S. 70-105, kl. 8°, geh.

334. –, –: Gesammelte Romane und Novellen. [Zehn Bände, ausgestattet von Emil Preetorius, 12 Bände angegeben, nach der Umfangsangabe jedoch nur 10]. Leipzig: Wolff o. J. [1917]. 8°, geb.
Bd. 1: Im Schlaraffenland. Ein Roman unter feinen Leuten. V, 494 S.
Bd. 2: Diana. (Der erste Roman der Trilogie *Die Göttinnen oder die drei Romane der Herzogin von Assy*). 341 S.
Bd. 3: Minerva. (Der zweite Roman der Trilogie *Die Göttinnen oder Die drei Romane der Herzogin von Assy*). 335 S.
Bd. 4: Venus. (Der dritte Roman der Trilogie *Die Göttinnen oder Die drei Romane der Herzogin von Assy*). 318 S.
Bd. 5: Die Jagd nach Liebe. Ein Roman. 601 S.
Bd. 6: Professor Unrat oder das Ende eines Tyrannen. Ein Roman. 279 S.
Bd. 7: Zwischen den Rassen. Ein Roman. 577 S.
Bd. 8: Die kleine Stadt. Ein Roman. 540 S.
Bd. 9: Novellen I. Das Wunderbare. Flöten und Dolche. Stürmische Morgen. [3.-5. Tsd. 1917; 6.-15. Tsd. unter dem Titel *Die Novellen Band 1* außerhalb der *Gesammelten Romane und Novellen*. 16.-25. Tsd. 1917 = Gesammelte Romane und Novellen, Bd 9]. V, 276 S.
Bd.10: Novellen II. Das Herz. Die Rückkehr vom Hades. [Aufl. wie bei Bd. 9]. V, 409 S.

335. MANN, Heinrich: Die Novellen. (6.–15 .Tsd.) 2 Bde. [6.–15. Tsd. der Gesamtauflage außerhalb der *Gesammelten Romane und Novellen* unter diesem Titel, Inhalt wie Bd. 9 und Bd. 10 der Gesamtausgabe].
    Bd. 1: Das Wunderbare. Flöten und Dolche. Stürmische Morgen. Novellen. Leipzig: Wolff o. J. [1917]. V, 257 S., 8°, geb.
    Bd. 2: Das Herz. Die Rückkehr vom Hades. Novellen. Leipzig: Wolff o J. [1917]. V, 409 S. 8°, geb.
336. MEYRINK, Gustav: Das grüne Gesicht. Ein Roman. [1.–30. Tsd. u. 31.–60. Tsd. 1917; 61.–90. Tsd. = Gesammelte Werke Bd. 2]. 31.–60. Tsd. Leipzig: Wolff o. J. [1917]. 336 S., 8°, geb.
337. –, –: Walpurgisnacht. Phantastischer Roman. [Umschlagzeichnung von Emil Preetorius.] [1.–50. Tsd. 1917, 61.–75.Tsd. bis 1919, 90. Tsd. bis 1920]. (1.–50. Tsd.) Leipzig: Wolff o. J. [1917]. III, 278 S., 8°, Pappbd., 51.–90. Tsd. geb.
338. –, –: Gesammelte Werke. (Umschlagtitel: Gesammelte Romane und Novellen.) 6 Bde. Ausstattung von Emil Preetorius. Leipzig: Wolff o. J. [1917]. 8°, Pappbd., Hldrbd.
    Bd. 1: Der Golem. Ein Roman. V, 350 S.
    Bd. 2: Das grüne Gesicht. Ein Roman. 336 S.
    Bd. 3: Walpurgisnacht. Phantastischer Roman. V, 278 S.
    Bd. 4: Des deutschen Spießers Wunderhorn I. V, 255 S.
    Bd. 5: Des deutschen Spießers Wunderhorn II. V, 276 S.
    Bd. 6: Fledermäuse. Sieben Geschichten. V, 382 S.
339. MENZ, Ada: Hol' über! Novelle. Leipzig: Wolff 1917. 157 S., kl. 8°, geb.
340. Die Miniaturensammlung seiner Königlichen Hoheit des Großherzogs Ernst Ludwig von Hessen und bei Rhein. (Bearbeitet von Georg Biermann und Albert Erich Brinckmann.) Mit 148 z. Teil farb. Tafeln, mit je 1 Bl. Erklärungen u. VIII, 38 S. Text. [Monumentalausgabe in 350 numerierten Exemplaren, davon 25 Exemplare als Fürstenausgabe]. Leipzig: Wolff o. J. [1917]. 38,5×28 cm. Hldrbd., Fürstenausgabe, Halbmaroquin.
341. PULVER, Max: Alexander der Große. Schauspiel in einem Vorspiel und fünf Aufzügen. Leipzig: Wolff 1917. 128 S., gr. 8°, geb.
342. –, –: Robert der Teufel. Ein Drama in einem Vorspiel und fünf Akten. Leipzig: Wolff 1917. 86 S., gr. 8°, geb.
343. REIMANN, Hans: Kobolz. Grotesken. [= Der Jüngste Tag 39/40; 2. Aufl. 1920]. Leipzig: Wolff 1917. 8°, 92 S., geh.
344. RODIN, Auguste: Die Kathedralen Frankreichs. [Les cathédrales de France.] (Berechtigte Übertragung von Max Brod.) Mit Handzeichnungen Rodins auf 32 Tafeln (Umschlag irrtümlich 40 Tafeln). [6.–10. Tsd. bis 1919]. Leipzig: Wolff 1917. IV, 207 S., gr. 8°, Hlwbd., Hldrbd.
345. Der Neue Roman. Ein Almanach. Mit Bildbeigaben [1.–30. Tsd.] (8 Tafeln). Leipzig: Wolff 1917. IV, 270 S., kl. 8°, kart.
346. SCHELER, Max: Die Ursachen des Deutschenhasses. Eine nationalpädagogische Erörterung. [1. Aufl. KWV 1917, 2. durchges. u. verm. Aufl.: Der Neue Geist 1919, vgl. Nr. 890]. Leipzig: Wolff 1917. 192 S., 8°.
347. STARKE, Ottomar: Schippeliana. Ein bürgerliches Bilderbuch. Mit einem Vorwort von Carl Sternheim. [Mit 50 Lithographien Starkes = Die schwarzen Bücher]. Leipzig: Wolff 1917. 15 S. Text u. 50 Bl. Abb., mit Text auf d. Rückseite, gr. 8°, Pappbd., Hpergbd.
348. STERNHEIM, Carl: Mädchen. Drei Erzählungen. [Anna. Geschwister Stork. Meta.] Mit 14 Originallithographien und einer Einbandzeichnung von Ottomar Starke. [Vorzugsausgabe 100 numerierte Exemplare auf Bütten in Leder = Die schwarzen Bücher, 1.–5. Tsd.]. Leipzig: Wolff 1917. 151 S., gr. 8°, Pappbd., Hpergbd.
349. –, –: Perleberg. Komödie in drei Aufzügen. [Im Verlagsverzeichnis 1926 unter dem Titel «Der Stänker» angezeigt, vgl. Nr. 669]. Leipzig: Wolff. 112 S., 8°, geb.
350. STRINDBERG, August: Die Schlüssel des Himmelreichs [Himmelrikets nycklar] oder Sankt Peters Wanderung auf Erden. Märchenspiel in fünf Akten. (Autor. Übers. aus dem Schwedischen von Erich Holm.) [= Der Jüngste Tag 47/48; 2. Aufl. 1917, 3. Aufl. um 1920]. Leipzig: Wolff 1917. 138 S., 8°, geb.
351. SYLVESTER, Ernst: Das Puppenspiel. Szenen. Mit Originallithographien (im Text und auf Tafeln) von Albert Stüdemann. [250 numerierte Exemplare]. Leipzig: Wolff 1917. 56 S., 34×25,5 cm, Pappbd.
352. UNRUH, Fritz von: Ein Geschlecht. Tragödie. [Zweifarbiger Drugulindruck in 750 numerierten Exemplaren. Einbandzeichnung von Emil Preetorius. Vorzugsausgabe Nr. 1–35 auf Bütten. 2.–6. Tsd. u. 7.–8. Tsd. 1918, 19.–25. Tsd. bis 1919]. Leipzig: Wolff 1917, 87 S., 8°, 2.–6. Tsd. 69 S., 8°, geb.
353. WERFEL, Franz: Gesänge aus den drei Reichen. Ausgewählte Gedichte von ––. [= Der Jüngste Tag 29/30]. [2. Aufl. 1917; weitere Aufl. ebenfalls deklariert als »2. Aufl.«, 1918/19] ([1. u.] 2. Aufl.) Leipzig: Wolff o. J. [1917]. 110 S., 8°, geb.

1918

354. BAUM, Oskar: Zwei Erzählungen. [Der Geliebte. Unwahrscheinliches Gerücht vom Ende eines Volksmannes.] [= Der Jüngste Tag 52]. Leipzig: Wolff o. J. [1918]. 29 S., 8°, geb.

355. BECHER, Johannes R.: Päan gegen die Zeit. Gedichte. Leipzig: Wolff 1918. 144 S., gr. 8°, geb., Hldrbd.
356. BLASS, Ernst: Die Gedichte von Sommer und Tod. [= Der Jüngste Tag 46]. Leipzig: Wolff 1918. 31 S., 8°, geh.
357. BROD, Max: Die Höhe des Gefühls. Ein Akt. [= Der Jüngste Tag 57]. Leipzig: Wolff o. J. [1918]. 42 S., 8°, geb.
358. -, -: Eine Königin Esther. Drama in einem Vorspiel und drei Akten. Leipzig: Wolff 1918. 139 S., 8°, geb.
359. -, -: Das gelobte Land. Ein Buch der Schmerzen und Hoffnungen. [Gedichte.] [3.-6. Tsd. 1921]. Leipzig: Wolff o. J. [1918]. 85 S., gr. 8°, geb. Hldrbd., 2. Aufl. Hlwbd.
360. -, -: Das große Wagnis. Roman. [= Der Neue Roman]. [1.-18. Tsd. bis 1919]. [bibliographisch nur erfaßt als Bd 6 der Ausgewählten Romane und Novellen, vgl. Nr. 407.]
361. Die neue Dichtung. Ein Almanach. Mit 9 Bildbeigaben von Ludw. Meidner. (1.-15. Tsd.) Leipzig: Wolff 1918. IV, 157 S., 8°, Kart.
362. DOSTOJEWSKI: Das junge Weib. [Eine Erzählung.] Mit Radierungen von Wilhelm Thöny. (Der Text ist der bei R. Piper & Co. in München erschienenen Gesamtausgabe der Werke entnommen.) [800 numerierte Exemplare, Vorzugsausgabe Nr. 1-100]. Leipzig: Wolff 1918. 131 S. mit 6 Taf., gr. 8°, Hlwbd.; Vorzugsausg., Ldrbd.; Japanausg.
363. EINSTEIN, Carl: Der unentwegte Platoniker. [Roman.] [850 Exemplare]. Leipzig: Wolff o. J. [1918]. 177 S., gr. 8°, Hldrbd.
364. FONTANA, Oskar Maurus: Marc. Ein Schauspiel. Leipzig: Wolff 1918. 104 S., 8°, kart., geb.
365. FREEMAN, John: Michel. [Roman. Umschlagzeichnung von Emil Preetorius]. [1.-10. Tsd. = Der Neue Roman]. Leipzig: Wolff o. J. [1918]. 355 S., 8°, Pappbd.
366. GAUGUIN, Paul: Avant et áprès. [Faksimile nach der Originalhandschrift Gauguins. Einmalige Ausgabe in 100 Exemplaren.] Leipzig: Wolff o. J. [1918]. 213 S. mit Abb. 30,5 × 22,5 cm. Pappbd.
367. Das Neue Geschichtenbuch. Ein Almanach. 1.-15 Tsd. Leipzig: Wolff 1918. III, 172 S., 8°, kart.
368. GOGOL, Nikolaus: Der Zauberer. Übertragen von Philipp Löbenstein. Mit [10] Holzschnitten von Carl Thylmann. [Vorzugsausgabe: 50 numerierte Exemplare auf Bütten; 1.-5. Tsd. = Die graphischen Bücher]. Leipzig: Wolff o. J. [1918]. 103 S., gr. 8°, Pappbd., Hldrbd., auf Bütten, Ldrbd.
369. GOLL, Iwan: Dithyramben. [= Der Jüngste Tag 54]. Leipzig: Wolff o. J. [1918]. 38 S., 8°, geb.
370. HEISE, Carl Georg: Norddeutsche Malerei. Studien zu ihrer Entwicklungsgeschichte im 15. Jahrhundert von Köln bis Hamburg. Leipzig: Wolff 1918. V, 192 S. mit 100 Taf., Lex. 8°, Hpergbd.
371. HERRMANN[-NEISSE], Max: Empörung, Andacht, Ewigkeit. (Gedichte.) [= Der Jüngste Tag 49, 1917/18]. Leipzig: Wolff o. J. [1918]. 51 S., 8°, geb.
372. JAMMES, Francis: Der Hasenroman. [Le Roman du Lièvre.] (Übertr. von Jakob Hegner. Die Lithographien und den Einband zeichnete Richard Seewald.) [1.-3. Tsd. = Die graphischen Bücher]. Leipzig: Wolff o. J. [1918]. 75 S. mit Abb. u. Taf., Lex 8°, Pappbd., Hldrbd., Vorzugsausg. auf Bütten, Ldrbd.; Nr. 1-30, Lithogr. in Sondermappe; Nr. 31-100, ohne Sondermappe.
373. JUNG, Franz: Gnadenreiche, unsere Königin. [Erzählungen. = Der Jüngste Tag 42]. Leipzig: Wolff 1918. 39 S., 8°, geb.
374. KELLER, Gottfried: Die drei gerechten Kammacher. Mit acht (eingedruckten) Holzschnitten von Ernst Würtenberger. [Vorzugsausgabe: 60 numerierte Exemplare in Ganzleder.] [= Die graphischen Bücher; 2. Aufl. 1920]. (1. Aufl. von 1918 bibliographisch nicht zu ermitteln). 2. Aufl. 72 S., Lex. 8°, Hldrbd., Hlwbd.
375. LASKER-SCHÜLER, Else: Die gesammelten Gedichte. [Ü. aus dem Verlag der Weißen Bücher, Vgl. Nr. 864, 2. Aufl., 3. Aufl. 1920].
376. LENZ, Jakob Michael Reinhold: Briefe von und an J. M. R. Lenz. Gesammelt und hrsg. von Karl Freye und Wolfgang Stammler. 2 Bde. Leipzig: Wolff 1918. XV, 331 u. 312 S., 8°, geb.
377. LEONHARD, Rudolf: Polnische Gedichte. [= Der Jüngste Tag 37]. Leipzig: Wolff 1918. 38 S., 8°, geb.
378. LICHNOWSKY, Mechtild: Gott betet. [Eine Dichtung.] [= Der Jüngste Tag 56; auch als Drugulindruck in 200 numerierten Exemplaren; Nr. 1-50 von der Verf. signiert in Ganzpergament, Nr. 51-100 in Halbpergament). Leipzig: Wolff o. J. [1918]. 46 S., 8°, geb.
379. MADELUNG, Aage: Zirkus Mensch. Roman. (Deutsche Original-Ausgabe von Else von Hollander u. Aage Madelung.) [1.-20. Tsd. = Der Neue Roman, 21.-50. Tsd. bis 1919]. Leipzig: Wolff o. J. [1918]. 366 S., 8°, geb.
380. MANN, Heinrich: Drei Akte. Der Tyrann. – Die Unschuldige. – Varieté. Leipzig: Wolff o. J. [1918]. 133 S. u. 4 S. Noten. 8°, geb.
381. -, -: Der Untertan. Roman. [Ill. von Käthe Kollwitz.] [= Der Neue Roman; 1.-7. Tsd. (Nov.) 1918, 8.-12. Tsd. 1918, 53. Tsd. Leipzig, Wien 1918, 100. Tsd. 1918, Volksausgabe = Der Europäische

Roman 1922]. Leipzig: Wolff o. J. [1918]. 530 S., 8°, geb., Hldrbd.

382. MEIDNER, Ludwig: Im Nacken das Sternemeer. Mit 12 Zeichnungen des Autors auf Tafeln. [= Die graphischen Bücher, 1.-3. Tsd.] Leipzig: Wolff o. J. [1918]. 82 S., Lex. 8°, Pappbd., Hldrbd.

383. OTTEN, Carl: Der Sprung aus dem Fenster. (Erzählungen.) [= Der Jüngste Tag 55]. Leipzig: Wolff o. J. [1918]. 41 S., 8°, geb.

384. REIMANN, Hans: Tyll. [Roman.] [Umschlagzeichnung von Emil Preetorius.] [1.-10. Tsd., ab 1920 = Der Neue Roman]. Leipzig: Wolff o. J. [1918]. 330 S., 8°, geb.

385. RENARD, [Maurice]: Der Doktor Lerne. Ein Schauerroman. (Deutsch von Heinrich Lautensack.) [Umschlagzeichnung von Emil Preetorius.] [1.-20. Tsd. = Der Neue Roman, Ü. der Rechte von Hyperion Verlag, München 1909; ab ca. 1922 in der Reihe: Der Europäische Roman]. Leipzig: Wolff o. J. [1918]. 301 S., 8°, geb.

386. REMISOW, Alexej [Aleksěj Remizov]: Legenden und Geschichten. [= Der Jüngste Tag 60/61]. Leipzig: Wolff o. J. [1918]. 88 S., 8°, geh.

387. ROTH, Eugen: Die Dinge, die unendlich uns umkreisen. (Gedichte.) [= Der Jüngste Tag 53]. Leipzig: Wolff o. J. [1918]. 42 S., 8°, geb.

388. SCHMID-NOERR, [Friedrich Alfred]: Ecce Homo. [Drama.] [In den Verlagskatalogen nicht angezeigt.] Leipzig: 1918 [später München: Meyer & Jessen]. 302 S., 8°.

389. SEBRECHT, Friedrich: David. Tragödie. Leipzig: Wolff 1918. 118 S., 8°, geb.

390. SIL-VARA [d. i. Geza Silberer]: Ein Tag. Lustspiel in 3 Akten. [Ü. Verlag der Weißen Bücher 1915, vgl. Nr. 857]. Leipzig: Wolff 1918. 103 S., 8°, geb. [bibl. bei Wolff nicht zu ermitteln, wahrscheinlich Titelauflage).

391. STERNHEIM, Carl: Chronik von des zwanzigsten Jahrhunderts Beginn. 2 Bde. [Inhalt: Bd 1: Napoleon. Die Exekution. Anna. Ulrike. Die Laus. – Bd 2: Busekow. Yvette. Schuhlin. Die Schwestern Stork. Meta. Heidenstam.] [1.-10. Tsd. = Der Neue Roman, 20. Tsd. bis 1920]. Leipzig: Wolff (1918). 4 Bl., 252 S. u. 3 Bl., 258 S., 8°, geh., geb.

392. –,–: Der Kandidat. Komödie in vier Aufzügen nach Flaubert. [Ü. Insel-Verlag, Leipzig 1914, 1918/19 nach den Katalogen im KWV erschienen, möglicherweise Titelaufl.]. Leipzig [?]: Wolff 1918[?]. 107 S., 8°, geb.

393. –,–: Die Marquise von Arcis. Schauspiel in fünf Aufzügen nach Diderot. [2. Aufl. 1919, 4.-7. Tsd.

1920]. Leipzig: Wolff [1. Aufl. 1918 bibl. nicht zu ermitteln]. 118 S., 8°, geb.

394. –,–: Ulrike. Eine Erzählung. [= Der Jüngste Tag 50]. Leipzig: Wolff 1918. 42 S., 8°, geb.

395. SUSMAN (Einband: Susmann), Margarete: Die Liebenden. Drei dramatische Gedichte. [Gedruckt in 800 Exemplaren.] Leipzig: Wolff o. J. [1918]. 96 S., gr. 8°, Pappbd.

396. TAGGER, Theodor: Der zerstörte Tasso. Ausgewählte Gedichte. [= Der Jüngste Tag 62/63]. Leipzig: Wolff o. J. [1918]. 86 S., 8°, geh.

397. TAGORE, Rabindranath: Erzählungen. (Deutsche Übertragung von Annemarie von Puttkamer.) [= Neue Geschichtenbücher; 7.-11. Tsd. bis 1919, 12.-16. Tsd. 1920]. Leipzig: Wolff [1. Aufl. 1918 bibl. nicht zu ermitteln]. 12.-16. Tsd. o. J. [1920]. 163 S., 8°, geb., Hlwbd., Hldrbd.

398. –,–: Fruchtlese. [Gedichte.] (Berecht. deutsche Übertragung von Annemarie von Puttkamer, nach der von Rabindranath Tagore selbst veranstalteten englischen Ausgabe [Fruitgathering].) [6.-9. Tsd. bis 1919, 19. Tsd. bis 1920, 20.-29 Tsd. 1921, 39. Tsd. bis 1922]. Leipzig: Wolff o. J. [1918]. 146 S., gr. 8°, geb. Hlwbd., Hldrbd.

399. –,–: Das Postamt. [Dák ghar.] Ein Bühnenspiel. (Berechtigte deutsche Übertragung nach der von Rabindranath Tagore selbst veranstalteten englischen Ausgabe von Gustav Landauer und Hedwig Lachmann.) [2.-3. Tsd. bis 1919, 8. Tsd. bis 1920, 9.-13. Tsd. 1921, 23. Tsd. bis 1922]. Leipzig: Wolff o. J. [1918]. 104 S., gr. 8°, Pappbd., Hldrbd.

400. WOLFENSTEIN, Alfred: Die Nackten. Eine Dichtung. [= Der Jüngste Tag 51]. Leipzig: Wolff o. J. [1918]. 22 S., 8°, geb.

401. WÖLFFLIN, Heinrich: Die Bamberger Apokalypse. Eine Reichenauer Bilderhandschrift vom Jahr 1000. Gedruckt auf Kosten der Königlich Bayerischen Akademie der Wissenschaften. [2. vermehrte Aufl. mit 65 Lichtdrucken 1921]. München: Akademie der Wissenschaften u. Leipzig: Wolff 1918. 20 S. mit 53 [2farb.] Tafeln. 33,5×25 cm. Pappbd., 2. verm. Aufl. Hlwbd.

402. ZWEIG, Arnold: Die Sendung Semaëls. Jüdische Tragödie in fünf Aufzügen. (2. veränderte Auflage von: *Ritualmord in Ungarn*. Hyperion-Verlag 1914). Leipzig: Wolff 1918. 143 S., 8°, geb.

403. ZOLA, Emile: Briefe an Freunde. (Berechtigte Übertragung von Auguste Foerster.) Leipzig: Wolff 1918. III, 314 S., 8°, Hlwbd.

1919

404. BABITS, Michael: Der Storchkalif. Roman. (Einzig berechtigte Übertragung aus dem Ungarischen von Stefan J. Klein.) [= Der Neue Roman; 1.-5. Tsd.]. Leipzig: Wolff o. J. [1919]. 310 S., 8°, geb.

405. BALZAC, Honoré de: Der Vetter Pons. Roman. (Deutsche Übertragung von Fritz Neuberger. [= Der Neue Roman; 1.-10. Tsd.]. Leipzig: Wolff o. J. [1919]. 294 S., 8°, geb.

406. BECKER, Julius Maria: Gedichte. [= Der Jüngste Tag 72]. Leipzig: Wolff o. J. [1919]. 294 S., 8°, geh.

407. BROD, Max: Ausgewählte Romane und Novellen. [1. Reihe]. 6 Bde. Leipzig: Wolff o. J. [1919]. 8°, Hperg., geb.
   Bd. 1: Die Einsamen. (3.-8. Tsd.), 505 S.
   Bd. 2: Schloß Nornepygge. (13.-20. Tsd.), 339 S.
   Bd. 3: Jüdinnen. (15.-24. Tsd.), 367 S.
   Bd. 4: Weiberwirtschaft. (33.-42. Tsd.), 426 S.
   Bd. 5: Tycho Brahes Weg zu Gott. (16. u. 17. Tsd. Ungekürzte Ausg.), 339 S.
   Bd 6: Das große Wagnis. (1.-8. Tsd.), 365 S.

408. -, -: Die Einsamen. [Kleine Romane.] [= Der Neue Roman; 1.-8. Tsd.]. München: Wolff (1919). 362 S., 2 Bl., 8°., geb.

409. BRUST, Alfred: Der ewige Mensch. Drama in Christo. [= Der Jüngste Tag 78]. München: Wolff o. J. [1919]. 48 S., 8°, geh.

410. ČAPEK, Karel: Kreuzwege. (Novellen.) (Einzig berechtigte Übertragung aus dem Tschechischen von Otto Pick.) [= Der Jüngste Tag 64]. Leipzig: Wolff o. J. [1919]. 36 S., 8°, geh.

411. CHAMISSO, Adalbert von: Peter Schlemihls wundersame Geschichte. (Mit vielen Vignetten und 11 farbigen Vollbildern von Emil Preetorius.) [Neue Ausgabe.] [Ü. München: Hans von Weber 1908 = Die graphischen Bücher]. Leipzig: Wolff o. J. [1919?]. 89 S., 8°, Pappbd., Hldrbd.

412. DREY, Arthur: Der unendliche Mensch. Gedichte. [= Der Jüngste Tag 68/69]. Leipzig: Wolff o. J. [1919]. 79 S. 8°, geh.

413. DYMOW, Ossip [d. i. Osip Isodorovič Perelman]: Haschen nach dem Wind. Roman. Deutsche Übertragung von Arthur Luther. [= Der Neue Roman; 1.-10. Tsd.]. Leipzig: Wolff o. J. [1919]. 330 S., 8°, geb.

414. EÇA DE QUEIROZ, José Maria: Die Reliquie. [Roman.] Deutsche Übertragung von Richard A. Bermann. [= Der Neue Roman, ab 1922 = Der europäische Roman; 1.-10. Tsd.] Leipzig: Wolff o. J. [1919, möglicherweise schon 1918]. 367 S., 8°, geb.

415. ESSIG, Hermann: Der Taifun. Roman. [= Der Neue Roman; 1.-10. Tsd.]. Leipzig: Wolff o. J. [1919]. 367 S., 8°, geb.

416. FLAUBERT, Gustave: Drei Erzählungen. [Trois contes.] Deutsche Übertragung von Ludwig Wolde. Mit 14 Lithographien von Albert Hoppler. [Vorzugsausgabe: 100 numerierte Exemplare auf Bütten, vom Buchkünstler signiert. = Die graphischen Bücher; 1.-4. Tsd.]. Leipzig: Wolff o. J. [1919]. 155 S., 8°, Pappbd., Hpergbd., Hldrbd.

417. FONTANA, Oskar Maurus: Erweckung. Ein Roman. Leipzig: Wolff o. J. [1919]. 177 S., 8°, geb.

418. FUCHS, Rudolf: Die Karawane. Gedichte. Leipzig: Wolff o. J. [1919]. 127 S., 8°, geh.

419. Genius. Zeitschrift für alte und werdende Kunst. (Teil für bildende Künste, geleitet von Carl Georg Heise; literar. Teil geleitet von Kurt Pinthus. Verantw.: Hans Mardersteig.) 1. Jg. 1919. (2 Bücher.) München: Wolff 1919. VIII, 319 S. mit Abb. u. zum Teil farb. Tafeln. - Ab 2. Jg. mit dem Untertitel: Bilder und Aufsätze zu alter und neuer Kunst. Hrsg. von Carl Georg Heise und Hans Mardersteig. 2. Jg. 1920. (2 Bücher.) München: Wolff 1920. 332 S. - 3. Jg. 1921. (2 Bücher.) München: Wolff (1922). VIII, 356 S. mit Abb. u. z. Teil farb. Tafeln. Alle Bände 35,5×26,5 cm. Kart., Hpergbde.

420. HARTLAUB, Gustav Friedrich: Kunst und Religion. Ein Versuch über die Möglichkeit neuer religiöser Kunst. (Das neue Bild. Bücher für die Kunst der Gegenwart. Hrsg. von Carl Georg Heise. Bd 2). München: Wolff 1919. 119 S. mit 76 Tafeln, Lex 8°, Pappbd., Hldrbd.

421. HAUPTMANN, Carl: Musik. (Ein) Spiel in vier Akten. Neue Dramen. Leipzig: Wolff o. J. [1919]. 59 S., gr. 8°, geb.

422. -, -: Die goldnen Straßen. Eine Trilogie. [Erster Teil: Tobias Buntschuh. Eine burleske Tragödie. Zweiter Teil: Gaukler, Tod und Juwelier. Spiel in fünf Akten. Dritter Teil: Musik. Spiel in vier Akten]. [Einbandzeichnung von Emil Preetorius.] [Einmalige numerierte Ausgabe von 750 Exemplaren. Vorzugsausgabe: Nr. 1-75 in Ganzleder]. o. O., Wolff o. J. [1919]. 257 S., Lex 8°, Hldrbd., Luxusausg.

423. HEISE, Carl Georg: Die Sammlung des Freiherrn August von der Heydt. Elberfeld. Ausgewählte Werke der Kunst der Gegenwart. Hrsg. u. eingeleitet von —. [Einband von Emil Preetorius.] [500 numerierte Exemplare]. Leipzig: Wolff o. J. [1919]. XXVII, 46 S. mit 50 Tafeln Reproduktionen moderner Meister. Lex 8°, Pappbd.

424. JAMMES, Francis: Das Paradies. Geschichten und Betrachtungen. (Berechtigte Übertragung von E. A. Rheinhardt.) [= Der Jüngste Tag 58/59]. Leipzig: Wolff o. J. [1919]. 79 S., 8°, geh.

425. JANOWITZ, Franz: Auf der Erde. Gedichte. [Mit einem Vorwort von Karl Kraus.] (Gedruckt im Dezember 1919.) [= Drugulin-Drucke, Neue Folge; 1000 Exemplare]. München: Wolff o. J. [1919]. 94 S., Lex 8°, Hldrbd.
426. KAFKA, Franz: Ein Landarzt. Kleine Erzählungen. München: Wolff o. J. [1919]. 191 S., gr. 8°, geh., geb., Hldrbd.
427. –,–: In der Strafkolonie. (Erzählung.) (Gedruckt im Mai 1919.) [= Drugulin-Drucke, Neue Folge; 1000 Exemplare]. Leipzig: Wolff 1919. 69 S., geh., Hldrbd.
428. KLEMM, Wilhelm: Ergriffenheit. Gedichte. (Gedruckt im Dezember 1919.) [= Drugulin-Drucke, Neue Folge; 1000 Exemplare]. München: Wolff o. J. [1919]. 129 S., Hldrbd.
429. KNOBLAUCH, Adolf: Dada. (Mit einem Holzschnitt von Lyonel Feininger.) [= Der Jüngste Tag 73/74]. Leipzig.: Wolff o. J. [1919]. 77 S., 8°, geh.
430. KOESTER, Reinhard: Komödie der Lüge. Ein Spiel in vier Aufzügen. Leipzig: Wolff o. J. [1919]. 96 S., gr. 8°, geb.
431. –,–: Peregrinus. Drama in neun Bildern. (Gedruckt im Frühjahr 1919.) [= Drugulin Drucke, Neue Folge; 1000 Exemplare]. München: Wolff 1919. 120 S., gr. 8°, Hldrbd.
432. KOHL, Aage von: Im Palaste der Mikroben. [Roman.] (Übersetzt aus dem Dänischen von Mathilde Mann.) [= Der Neue Roman; Ü. Leipzig: Haupt & Hammon 1909]. 3 Bde. Leipzig: Wolff [1919?] [bibl. nicht genau zu ermitteln.] 300, 326 u. 400 S., 8°.
433. KRZYZANOWSKI, Otfried: Unser täglich Gift. Gedichte. [= Der Jüngste Tag 67]. Leipzig: Wolff o. J. [1919]. 27 S., 8°, geh.
434. MANN, Heinrich: Macht und Mensch. [Essays.] [1.–5. Tsd. 1919, erw. Ausgabe = 6.–10. Tsd. 1919]. München: Wolff o. J. [1920]. V, 278 S., gr. 8°, geb., Hldrbd.
435. –,–: Der Weg zur Macht. Drama in drei Akten. Leipzig: Wolff 1919. 142 S., 22 cm.
436. PAQUET, Alfons: Der Geist der Russischen Revolution. [1.–6. Tsd., 2. veränderte Aufl. = 7.–11. Tsd. 1920]. Leipzig: Wolff 1919. XV, 109 S., 8°, geb.
437. PAULI, Gustav: Paula Modersohn-Becker. [= Das Neue Bild. Bücher für die Kunst der Gegenwart, Hrsg. von Carl Georg Heise Bd. 1; Neue Aufl. ca. Frühjahr 1921, vermutlich 3.–6. Tsd.]. Leipzig: Wolff 1919. 91 S. mit 58 Abb. u. 1 farb. Tafel. Lex 8°, Pappbd., Hldrbd.
438. PEGUY, Charles: Die Litanei vom schreienden Christus. [Le mystère de la charité de Jeanne d'Arc, Ausz.] [Gedichte]. In der Übertragung von Otto Pick. (Gedruckt im Dezember 1919.) [= Drugulin-Drucke, Neue Folge; 1000 Exemplare]. München: Wolff o. J. [1919]. 58 S., Lex 8°, Hldrbd.
439. RÉVÉSZ, Béla: Beethoven. Eine Phantasie. (Einzig berechtigte Übertragung aus dem Ungarischen von Stefan Klein.) [= Der Jüngste Tag 80]. München: Wolff o. J. [1919]. 32 S., 8°, geh.
440. SCHMEHL, Augustus: Die Bekehrung der Äbte. Preziöse Geschichten. (Gedruckt im Frühjahr 1919.) [= Drugulin-Drucke, Neue Folge; 1000 Exemplare]. (Leipzig), München: Wolff (1919). 65 S., 8°, Hldrbd.
441. SCHÜRER, Oskar: Versöhnung. Gesänge und Psalmen. [= Der Jüngste Tag 71]. München: Wolff 1919. 45 S., 8°, geh.
442. SIEMSEN, Hans: Auch ich. Auch du. Aufzeichnungen eines Irren. [= Der Jüngste Tag 75]. München: Wolff o. J. [1919]. 23 S., 8°, geh.
443. SUARÈS, André: Die Fahrten des Condottiere. Eine italienische Reise. (Berechtigte Übersetzung von Franz Blei.) [Neuauflage von Nr. 847, Verlag der Weißen Bücher 1914]. [München]: Wolff o. J. [1919]. 266 S. mit Tafeln, gr. 8°, Pappbd., Hlwbd., Hldrbd.
444. TAGORE, Rabindranath: Der Frühlingskreis. Drama in vier Akten. (Deutsche Übertragung von Emil Engelhardt. (Gedruckt im Dezember 1919.) [= Drugulin-Drucke, Neue Folge; 1000 Exemplare, 2.–11. Tsd. 1921]. München: Wolff o. J. [1919]. 110 S., Hldrbd.
445. –,–: Der König der dunklen Kammer. [Rājā.] (Berechtigte deutsche Übertragung nach der von Tagore selbst veranstalteten englischen Ausgabe [The king of the dark chamber.] von Gustav Landauer und Hedwig Lachmann.) [6. Tsd. bis 1920, 9.–18. Tsd. 1921, 28. Tsd. bis 1922]. Leipzig: Wolff o. J. [1919]. 236 S., gr. 8°., geb, Hlwbd., Hldrbd.
446. –,–: Nationalismus. (Übertragen von Helene Meyer-Franck.) [10. Tsd. bis 1920, 11.–15. Tsd. 1921, 35. Tsd. bis 1922, 25. Tsd.(!) bis 1924]. Leipzig: Wolff o. J. [1919]. 171 S., 8°, Hlwbd., Hldrbd.
447. THIES, Hans Arthur: Die Gnadenwahl. Erzählung. [= Der Jüngste Tag 70]. Wolff o. J. [1919]. 40 S., 8°, geh.
448. TRAKL, Georg: Die Dichtungen. Erste Gesamtausgabe. [Die Anordnung und Überwachung besorgte Karl Röck. Vorzugsausgabe: 100 numerierte Exemplare auf Bütten in Ganzleder]. Leipzig: Wolff o. J. [1919]. 207 S., gr. 8°. Pappbd., Hlderbd., Ldrbd.
449. URZIDIL, Johannes: Sturz der Verdammten. Gedichte. [= Der Jüngste Tag 65]. Leipzig: Wolff o. J. [1919]. 43 S., 8°, geh.

450. WEBER, Carl Maria: Erwachen und Bestimmung. Eine Station. Gedichte. [= Der Jüngste Tag 66]. Leipzig: Wolff o. J. [1919, möglicherweise aber auch schon 1918]. 35 S., 8°, geh.

451. WEISS, Conrad: Tantum dic verbo. Gedichte. Mit Steinzeichnungen von Karl Caspar. [Einmalige Aufl. von 500 Exemplaren. Vorzugsausgabe: 50 Exemplare von Weiss und Caspar signiert = Die graphischen Bücher]. Leipzig: Wolff [1919]. 75 S., gr. 8°, Pappbd., Ldrbd.

452. WERFEL, Franz: Der Gerichtstag. In 5 Büchern. [Gedichte.] [5. Tsd. bis 1920, Neuaufl. ca. 1922]. Leipzig: Wolff [1919]. 309 S., Lex 8°, Hldrbd., Ldrbd.

453. ZECH, Paul: Der schwarze Baal. Novellen. [3.-8. Tsd. = 3. erw. Neuauflage von Nr. 867, Verlag der Weißen Bücher 1917 = Neue Geschichtenbücher]. Leipzig: Wolff [1919?]. [Es existiert auch eine 2. umgest. Aufl. Leipzig: Wolff 1917, 203 S.]

454. Ziel-Jahrbücher. Hrsg. von Kurt Hiller. München: Wolff, 8°.
   1. Das Ziel. Aufrufe zu tätigem Geist. [Ü. Verlag Der Neue Geist, vgl. Nr. 909]. 1. u. 2. Aufl. 1916. V, 222 S., gr. 8°, geb.
   2. Tätiger Geist! 1917/18 [Ü. Verlag der Neue Geist, vgl. Nr. 909]. VII, 431 S., Hlwbd.
   3. Das Ziel. Jahrbücher für geistige Politik. 1919. 224 S., gr. 8°, geb.
   4. Das Ziel. Jahrbücher für geistige Politik. 1920. 252 S., gr. 8°, geb.

1920

455. BAUM, Oskar: Die Tür ins Unmögliche. Roman. [= Der Neue Roman; 1.-5. Tsd.]. München: Wolff [1920]. 263 S., 8°, geb.

456. BECHER, Johannes R.: Zion. Gedichte. [= Der Jüngste Tag 82]. München: Wolff o. J. [1920]. 28 S., 8°.

457. BEHNE, Adolf: Die Wiederkehr der Kunst. [Essay.] [München]: Wolff [1920]. 114 S., gr. 8°, geb.

458. BERGER, Ludwig: Spielgeist. Eine Phantasie. [= Der Jüngste Tag 81]. München: Wolff o. J. [1920]. 31 S., 8°, geh.

459. BŘEZINA, Otokar: Baumeister am Tempel. [Einzig berechtigte Übertragung von Otto Pick.] (Gedruckt im Juni 1920.) [= Drugulin-Drucke, Neue Folge]. München: Wolff [1920]. 51 S., Lex 8°, geb., Hldrbd.

460. -, -: Winde von Mittag nach Mitternacht. In der deutschen Nachdichtung von Emil Saudek und Franz Werfel. (Gedruckt im Mai 1920.) [= Drugulin-Drucke, Neue Folge]. München: Wolff [1920]. 55 S., Lex 8°, geb., Hldrbd.

461. BROD, Max: Die Fälscher. Schauspiel in vier Akten. München: Wolff 1920. 111 S., gr. 8°, geb.

462. BRUST, Alfred: Spiele. [Dramen.] [Inhalt: Südseespiel / Das Indische Spiel / Das Spiel Jenseits / Ein Bauspiel / Frühlingsspiel / Höllenspiel / Ostrom / Der singende Fisch]. München: Wolff 1920. 161 S., gr. 8°, Hlwbd.

463. EINSTEIN, Carl: Negerplastik. Mit 116 Abbildungen. (2. Aufl.) [in 3000 Exemplaren; 1. Aufl. Verlag der Weißen Bücher 1915, vgl. Nr. 851]. München: Wolff 1920. XXVII S. u. 108 S., Lex 8°, Hlwbd., Hldrbd.

464. FEUERBACH, Anselm: Briefe an seine Mutter. In einer Auswahl von Hermann Uhde-Bernays. Mit biographischen Einführungen u. Wiedergaben seiner Hauptwerke. [Ü. Meyer & Jessen 1912, neue Aufl. 1920, 16.-20. Tsd. 1926]. [Neue Aufl.] München: Wolff 1920. 306 S. mit 16 Tafeln, gr. 8°, Hpergbd., Hldrbd.

465. -, -: Ein Vermächtnis. Hrsg. von Henriette Feuerbach. [Ü. Meyer & Jessen 1913, 40. Aufl. 1920, 41.-45. Tsd. 1926]. München: Wolff [ca. 1920]. 300 S., mit 8 Bildbeigaben. 8°, kart., geb., Pergbd.

466. FEUERBACH, Henriette: Ihr Leben in ihren Briefen. Hrsg. von Hermann Uhde-Bernays. [Ü. Meyer & Jessen 1912; 4.-8. Aufl. 1920, 15.-19. Aufl. 1926]. (4.-8. Aufl.) München: Wolff 1920. 491 S. mit 1 Bildnis, gr. 8°, Hpergbd., Hldrbd.

467. GAUGUIN, Paul: Vorher und Nachher. Aus dem Manuskript übertragen von Erik-Ernst Schwabach. [Mit 22 Bildtafeln nach Zeichnungen des Meisters]. München: Wolff 1920. 240 S., gr. 8°, Lwbd.

468. GOLDRING, Douglas: Briefe aus der Verbannung. [Letters written in exile, dt.] (Deutsch von Hermynia zur Mühlen.) München: Wolff 1920. 146 S., 8°, geb.

469. GOETHES Lieder. (Gedruckt im Juli 1920.) [= Zehn Stundenbücher der Ernst Ludwig-Presse 2]. (München: Wolff 1920.) 135 S., 8°, kart.

470. HARTMANN, Walther Georg: Wir Menschen. Gedichte. [= Der Jüngste Tag 79]. München: Wolff o. J. [1920]. 46 S., 8°, geh.

471. HAUPTMANN, Carl: Ephraims Tochter. Schauspiel in fünf Akten. (2. durchgesehene Aufl.) [Ü.; 1. Aufl. unter dem Titel: Ephraims Breite. Berlin: S. Fischer 1900]. München: Wolff 1920. 96 S., 8°, Pappbd.

472. HAUSENSTEIN, Wilhelm: Bild und Gemeinschaft. Entwurf einer Soziologie der Kunst. [Umschlagzeichnung von Emil Preetorius]. München: Wolff 1920. 108 S., 8°, kart.

473. HEYNICKE, Kurt: Das namenlose Angesicht. Rhythmen aus Zeit und Ewigkeit. [Gedichte.] [München]: Wolff [1920]. 96 S., gr. 8°, Pappbd., Hldrbd.

474. KOKOSCHKA, Bohuslav: Adelina oder Der Abschied vom neunzehnten Lebensjahr. Aufzeichnungen. [Mit einer Zeichnung von Oskar Kokoschka und einer Notenbeilage.] [= Der Jüngste Tag 76/77]. München: Wolff o. J. [1920]. 85 S. u. 4 S. Musikbeilage, 8°, kart.
475. Die Kunstmuseen und das deutsche Volk. Hrsg. vom deutschen Museumsbund. München: Wolff [1920]. 267 S., gr. 8°, Hlwbd.
476. LESKOW, Nikolaus: Die Klerisei. Roman. (Deutsche Übertragung von Arthur Luther.) [= Der Neue Roman; 1.–10. Tsd.]. München: Wolff [1920]. 461 S., 8°, geb.
477. MASEREEL, Frans: Mein Stundenbuch. 167 [Original-] Holzschnitte. [Vorzugsausgabe: Nr. 1–50 auf Kaiserlich Japan vom Künstler signiert: Nr. 51–700 auf Bütten. Volksausgabe mit einer Einleitung von Thomas Mann 1926 mit 165 Holzschnitten; 11.–15. Tsd. 1928]. (München): Wolff [1920]. kl. 8°. Auf Bütten Hldrbd., auf Kaiserlich Japan Ldrbd.
478. MODERSOHN-BECKER, Paula: Briefe und Tagebuchblätter. Hrsg. und biographisch eingeführt von S[ophie] D[orothee] Gallwitz. [Neue = 3. Aufl.; 1. u. 2. Aufl. unter dem Titel: Eine Künstlerin. Paula Becker-Modersohn. Briefe – Tagebuchblätter. Hrsg. im Auftrag der Kestner-Gesellschaft E.V. Einleitung von S. D. Gallwitz, Hannover u. Bremen: F. Leuwer 1917; 4. ill. Aufl. 1921 mit 8 Bildbeigaben, 5. Aufl. 1922, 8. Aufl. mit 16 Lichtdrucken 1925]. München: Wolff 1920. XIV, 247 S. mit 7 Tafeln, gr. 8°, Hlwbd., Hldrbd.
479. MÜHSAM, Erich: Brennende Erde. Verse eines Kämpfers. München: Wolff 1920. 94 S., 8°, geb.
480. MYNONA [d. i. Salomo Friedländer]: Der Antichrist und Ernst Bloch. Sonderdruck aus *Ziel* 4 [vgl. Nr. 454; bibl. nicht zu ermitteln.]
481. –, –: Die Bank der Spötter. Ein Unroman. (1.–3. Tsd.) München: Wolff [1920]. 450 S., 8°, geb.
482. –, –: Der Schöpfer. Phantasie. Mit 18 Federzeichnungen von Alfred Kubin. [= Die graphischen Bücher]. München: Wolff [1920]. 92 S., 4°, Hldrbd.
483. PAQUET, Alfons: Der Rhein als Schicksal oder Das Problem der Völker. Mit Aufsätzen von Theodor Rümelin und Erwin Hanslik nebst einem Kapitel aus dem Unum Necessarium des Joh. Amos Comenius. München: Wolff 1920. 159 S., 8°, geb.
484. PERZYNSKI, Friedrich: Von Chinas Göttern. Reisen in China. Mit 80 Bildtafeln. [Vorzugsausgabe: 100 numerierte Exemplare auf Bütten]. München: Wolff [1920]. 261 S., Lex. 8°. Lwbd., Hldrbd., auf Bütten Ldrbd.

485. PHILIPPE, Charles Louis: Bübü vom Montparnasse. Mit zwanzig Holzschnitten von Frans Masereel. (Deutsch von Camill Hoffmann.) [Vorzugsausgabe: 100 numerierte Exemplare auf Bütten = Die graphischen Bücher. Normalausgabe = Der Neue Roman; 25. Tsd. bis 1922]. München: Wolff 1920. 208 S., 8°.
486. RECK-MALLECZEWEN, Fritz von: Johannes. Eine dramatische Passion. München: Wolff [1920]. 173 S., 8°, geb.
487. REIMANN, Hans: Die Kloake. Ein heikles Lesebuch. München: Wolff 1920. XVI, 175 S. mit Abb., gr. 8°, geb.
488. RÉVÉSZ, Béla: Der große Kerker. Erzählungen. (Einzig berechtigte Übertragung von Stefan J. Klein.) [= Neue Geschichtenbücher]. München: Wolff 1920. 191 S., 8°, geb.
489. ROSENOW, Emil: Gesammelte Dramen. Mit einer biographischen Einleitung von Christian Gaehde. (Hrsg. von seiner Frau.) [Ü. Berlin-Lichterfelde: Hermann Essig 1912]. [München: Wolff 1920?]. XIV, 409 S. mit Bildn., 8°, Pappbd. mit Ldrrücken. [später an Meyer & Jessen].
490. SCHAUMANN, Ruth: Die Kathedrale. Gedichte. [= Der Jüngste Tag 83]. München: Wolff o. J. [1920]. 47 S., 8°, Pappbd.
491. SCHMIDTBONN, Wilhelm: Der Geschlagene. Schauspiel in drei Aufzügen. (1.–3. Tsd.). München: Wolff [1920]. 106 S., 8°, Pappbd.
492. SIEMSEN, Hans: Wo hast du dich denn herumgetrieben? Erlebnisse. München: Wolff 1920. 111 S., 8°, geb.
493. STERNHEIM, Carl: Berlin oder Juste Milieu. (1.–50. Tsd.). München: Wolff 1920. 100 S., 8°, geb.
494. –, –: Bürger Schippel. Komödie (in fünf Aufzügen.) [Ü. Insel-Verlag 1913.] (4.–6. Tsd.). München: Wolff 1920. 121 S., 8°, geb.
495. –, –: Don Juan. Eine Tragödie. [Ü. Leipzig: Insel-Verlag 1909, Neue Ausgabe = 4.–7. Tsd. 1921, Insel-Ausgabe wurde vermutlich 1920 übernommen.] (4.–7. Tsd.). München: Wolff 1921. 244 S., 8°, Pappbd., Hldrbd.
496. –, –: Europa. Roman. 2 Bde. [= Der Neue Roman; Bd. 1 Ü. München: Musarion-Verlag 1920; Bd. 2 2.–10. Tsd. 1920]. München: Wolff [1920]. 229 u. 233 S., 8°, geb.
497. –, –: Die Hose. Ein bürgerliches Lustspiel. [Ü. 2. Aufl. Leipzig: Insel-Verlag 1919; Ü. erfolgte vermutlich 1920; 10.–12. Tsd. 1926]. München: Wolff [1920?]. 148 S., 8°, geb.

498. STERNHEIM, Carl: Die Kassette. Komödie in fünf Aufzügen. [Ü. Leipzig: Insel-Verlag 1912; Ü. erfolgte vermutlich 1920; 6.–8. Tsd. 1926]. München: Wolff[?]. 137 S., 8°, geb.

499. –, –: Der Snob. Komödie (in 3 Aufzügen.) [Ü. Leipzig: Insel-Verlag 1914]. (4.–6. Tsd.) München: Wolff 1920. 106 S., 8°, geb.

500. –, –: Ulrich und Brigitte. Ein dramatisches Gedicht. [Ü. Leipzig: Insel-Verlag 1911 = 2. Aufl.; eigentlich Hans von Weber 1908, ab 1920 in den Katalogen des KWV angezeigt, bibl. nicht zu ermitteln bei Wolff]. 140 S., 8°.

501. –, –: Der entfesselte Zeitgenosse. Ein Lustspiel (in drei Aufzügen.) (1.–3. Tsd.) München: Wolff 1920. 89 S., 8°.

502. TAGORE, Rabindranath: Die Gabe des Liebenden. (Deutsch von Helene Meyer-Franck.) [= Zehn Stundenbücher der Ernst Ludwig-Presse 3; 350 Exemplare]. München: Wolff 1920. 52 S., kl. 8°, Ldrbd., mit Goldschn.

503. –, –: Das Heim und die Welt. [Ghoré bahiré.] Roman. (Aus dem Englischen [The home and the world] übertragen von Helene Meyer-Franck.) [1.–20. Tsd., 55. Tsd. 1920, 76.–99. Tsd. 1921, 101.–190. Tsd. 1921]. München: Wolff 1920. 375 S., kl. 8°, Hlwbd., Hldrbd., Vorzugsausg., Ldrbd.

504. –, –: Das Opfer und andere Dramen. [Visarjana.] (Deutsch von Helene Meyer-Franck und Heinrich Meyer-Benfey.) [1.–8. Tsd.]. München: Wolff 1920. 156 S., gr. 8°, geb., Hlwbd., Hldrbd.

505. TOLSTOI, Leo: Für alle Tage. Ein Lebensbuch. Hrsg. von E. H. Schmitt und A. Skaravan. 2 Bde. [Ü. Dresden: Karl Reißner 1906–1907; bibl. bei Wolff nicht zu ermitteln.] VIII, 572 u. 712 S., 8°.

506. TRAKL, Georg: Der Herbst des Einsamen. (Gedruckt im Februar 1920 in 350 Exemplaren.) [= Zehn Stundenbücher der Ernst Ludwig-Presse 1]. München: Wolff 1920. 45 S., kl. 8°, Ldrbd. mit Goldschn.

507. TSCHECHOW, Anton: Gesammelte Romane und Novellen in fünf Bänden. Hrsg. von Alexander Eliasberg. [Bd 1–3 Ü. München: Musarion-Verlag 1920]. (1.–5. Tsd.). München: Wolff [1920]. 8°, geb., Hlwbd.
    Bd 1: Schatten des Todes. Ein Zweikampf. Zwei kleine Romane. 265 S.
    Bd. 2: Geschichten in Grau. [Novellen.] 239 S.
    Bd. 3: Die russischen Bauern. [Novellen.] 238 S.
    Bd. 4: Von Frauen und Kindern. [Novellen.] 212 S.
    Bd. 5: Lustige Geschichten. [Novellen.] 231 S.

508. UNRUH, Fritz von: Platz. Ein Spiel. 2. Teil der Trilogie. Ein Geschlecht. [1. Aufl. u. 5.–19. Tsd. 1920, 21. Tsd. bis 1922]. (5.–19. Tsd.). München: Wolff 1920. V, 159 u. 4 S., 8°, geb.

509. VOLTAIRE: Kandide oder die beste Welt. [Candide ou l'optimisme.] Eine Erzählung. Mit 26 Federzeichnungen von Paul Klee [= Die graphischen Bücher]. München: Wolff [1920]. 90 S., Lex 8°, Hlwbd.

510. WELTSCH, Felix: Gnade und Freiheit. Untersuchungen zum Problem des schöpferischen Willens in Religion und Ethik. München: Wolff 1920. 157 S., gr. 8°, geb.

511. WERFEL, Franz: Der Besuch aus dem Elysium. Romantisches Drama in einem Aufzug. [= Sonderdruck der Weißen Blätter]. München: Wolff 1920. 23 S., gr. 8°, kart.

512. –, –: Nicht der Mörder, der Ermordete ist schuldig. Eine Novelle. [17. Tsd. 1920, 27. bis 1922]. München: Wolff 1920. 269 S., 8°, geb., Hldrbd.

513. –, –: Spiegelmensch. Magische Trilogie. [1.–10. Tsd., 13. Tsd. bis 1924, 15. Tsd. 1928]. (1.–10. Tsd.) München: Wolff 1920. 224 S., gr. 8°, Hlwbd., Hldrbd.

514. –, –: Spielhof. Eine Phantasie. [5. Tsd. bis 1922]. München: Wolff 1920. 61 S., gr. 8°, geb.

515. ZECH, Paul: Die eiserne Brücke. Neue Gedichte. [Ü. Verlag der Weißen Bücher 1914, vgl. Nr. 848, vermutlich Neuauflage, bibl. allerdings nicht nachweisbar].

516. –, –: Das Terzett der Sterne. Ein Bekenntnis in drei Stationen. [Gedichte.] (Gedruckt im Dezember 1919.) [= Drugulin-Drucke, Neue Folge; 1000 Exemplare]. München: Wolff 1920. 48 S., gr. 8°, geb.

1921

517. BERGER, Ludwig: Copernicus. Hymnen und Mythen. München: Wolff (1921). 91 S. mit Abb., 8°., geb.

518. –, –: Griseldis. Ein Volksstück in vier Akten. München: Wolff (1921). 109 S., 8°, geb.

519. BLOCH, Ernst: Thomas Münzer als Theologe der Revolution. München: Wolff (1921). 297 S., 8°.

520. BROD, Max: Das Buch der Liebe. Gedichte. (1.–3. Tsd.). München: Wolff (1921). 128 S., 8°, geb.

521. –, –: Heidentum, Christentum, Judentum. Ein Bekenntnisbuch. 2 Bde. München: Wolff (1921). 319 u. 359 S., 8°, geb.

522. BRUST, Alfred: Der Tag des Zorns. Tragödie für das große Theater. München: Wolff (1921). 38 S., 8°, geb.

523. –, –: Die Wölfe. Ein Winterstück. München: Wolff (1921). 48 S., 8°.

524. CLAUDIUS, Matthias: Gedichte des Wandsbecker Boten. (Gedruckt im August 1921.) [= Zehn Stundenbücher der Ernst Ludwig-Presse 7]. (München: Wolff 1921). 89 S., 8°, Ldrbd.

525. EICHENDORFF, Joseph von: Lieder. (Gedruckt im Mai 1921.) [= Zehn Stundenbücher der Ernst Ludwig-Presse 5]. (München: Wolff 1921). 81 S., 8°, Ldrbd.

526. FISCHER, Otto: Chinesische Landschaftsmalerei. Mit 63 Bildwiedergaben (im Text und auf Tafeln.) [4.-6. Tsd. Winter 1922]. München: Wolff 1921. 174 S., 4°, Lwbd.

527. FRANCE, Anatole [d. i. Anatole Thibault]: Der fliegende Händler [Crainquebille, dt.] und mehrere andere nützliche Erzählungen. (Übers. von Gertrud van Grootheest.) [= Der Neue Roman] 1.-10. Tsd. München: Wolff (1921). 283 S., 8°, geb.

528. –, –: Der dürre Kater. [Jocasta et le chat maigre, dt.] Mit 24 Originallithographien von Rudolf Großmann. (Übers. von Irene von Guttry.) [Vorzugsausgabe: Nr. 1–50 signiert u. mit einer Originalzeichnung; Nr. 51–170 in Ganzleder = Die graphischen Bücher]. München: Wolff [1921]. 135 S., gr. 8°.

529. –, –: Der kleine Peter. [Le petit Pierre, dt.] Roman. (Übertr. von Beatrice Sacks.) [= Der Neue Roman]. (1.-10. Tsd.) München: Wolff (1921). 308 S., 8,° Lwbd.

530. HARDEKOPF, Ferdinand: Privatgedichte. [= Der Jüngste Tag 85]. München: Wolff (1921). 37 S., 8°, geh.

531. HAUSENSTEIN, Wilhelm: Kairuan oder eine Geschichte vom Maler Klee und von der Kunst dieses Zeitalters. Mit 43 (4farb.) Abbildungen (im Text und auf Tafeln.) München: Wolff 1921. VI, 136 S., gr. 8°, Hlwbd.

532. HUELSENBECK, Richard: Doctor Billig am Ende. Ein Roman. Mit 8 Zeichnungen von George Grosz. [= Die graphischen Bücher]. München: Wolff 1921. 129 S., gr. 8°, Hlwbd.

533. JAMMES, Francis: Gebete der Demut. (Berechtigte Übertragung von Ernst Stadler.) (Gedruckt im April 1921.) [= Zehn Stundenbücher der Ernst Ludwig-Presse 4]. München: Wolff 1921. 41 S. 8°, Ldrbd.

534. KAYSER, Rudolf: Moses Tod. Legende. [= Der Jüngste Tag 86.] München: Wolff (1921). 31 S., 8°, geh.

535. MASEREEL, Frans: Die Passion eines Menschen. 25 Holzschnitte. [Numerierte Ausgabe in 750 Exemplaren von den Originalholzstöcken gedruckt. Volksausgabe 1924]. München: Wolff (1921). 25 Bl., 4°, Nr. 1–50: Kaiserlich Japan, Ldrbd.; Nr. 51–750: Hadernpapier, Hldrbd.

536. –, –: Die Sonne. 63 Originalholzschnitte. [800 numerierte Exemplare. Nr. 1–50 auf Kaiserlich Japan vom Künstler signiert, Nr. 51–800 auf Bütten in Halbleder. Volksausgabe = 1.-5. Tsd. 1926 mit einer Einleitung von Carl Georg Heise]. (München): Wolff [1921]. 65 Bl., kl. 8°, Hldrbd.

537. MEHRING, Walter: Das Ketzerbrevier. Ein Kabarettprogramm. [= Die Groteske]. München: Wolff (1921). 130 S., kl. 8°, Pappbd.

538. MÖRIKE, Eduard: Gedichte. (Gedruckt im Juni 1921.) [= Zehn Stundenbücher der Ernst Ludwig-Presse 6]. (München: Wolff 1921). 69 S., 8°, Ldrbd.

539. MYNONA [d. i. Salomo Friedländer]: Das widerspenstige Brautbett und andere Grotesken. [Umschlagzeichnung von Emil Preetorius.] [= Die Groteske]. (1.-3. Tsd). München: Wolff (1921). 80 S., kl. 8°, Pappbd.

540. –, –: Mein Papa und die Jungfrau von Orléans nebst anderen Grotesken. [= Die Groteske]. (1.-3. Tsd.) München: Wolff (1921). 79 S., kl. 8°, Pappbd.

541. RADEK, Karl: In den Reihen der deutschen Revolution. 1909-1919. Gesammelte Aufsätze und Abhandlungen. München: Wolff (1921). 464 S., 4°, geb.

542. ROLAND-HOLST, Henriette: Jean Jacques Rousseau. Ein Bild seines Lebens und seiner Werke. München: Wolff [1921]. VII, 225 S., 5 Tafeln, gr. 8°, geb.

543. ROLLAND, Romain: Peter und Lutz. [Pierre et Luce, dt.] Eine Erzählung. (Deutsch von Paul Amann.) [1.-8. Tsd.; Neue Ausgabe mit 16 Holzschnitten von Frans Masereel = Der Neue Roman, 16. Tsd. bis 1922, 27.-32. Tsd. 1927]. München: Wolff (1921). 182 S., 8°, Hlwbd.

544. SANDMEIER, Julius: Das Gebirge. Drei Novellen. [Ü. München: Georg Müller 1919.] (1.-5. Tsd.) München: [Wolff?, bibl. bei Wolff nicht zu ermitteln, aber in den Katalogen ab 1921 angezeigt.] 60 S. 8°.

545. SAUERLANDT, Max: Emil Nolde. (Mit 100 Tafeln.) [= Das neue Bild. Bücher für die Kunst der Gegenwart Bd. 3]. München: Wolff 1921. 85 S. mit Abb. 4°, Lwbd.

546. SCHMIDTBONN, Wilhelm: Die Schauspieler. Ein Lustspiel in drei Aufzügen. München: Wolff [1921]. 120 S., 8°, geb.

547. SUARÈS, André: Dostojewski. (Berechtigte Übertragung von Franz Blei.) München: Wolff [1921]. 138 S., 8°, Hlwbd., Hldrbd.

548. TAGORE, Rabindranath: Gesammelte Werke. (Die deutsche Gesamtausgabe der Werke wurde in Verbindung mit dem Dichter verantwortlich hrsg. von Heinrich Meyer-Benfey und Helene Meyer-Franck. Einzig autorisierte Ausgabe. 8 Bde.). München: Wolff (1921). 8°, Lwbd., Hldrbd.
Bd. 1: Der Gärtner. (Liebesgedichte.) / Gitanjali. (Sangesopfer.) 250 S.

Bd. 2: Fruchtlese. / Der zunehmende Mond. (Mutter und Kind.) / Die Gabe des Liebenden. 356 S.
Bd. 3: Sanyasi. / Chitra. (Ein Spiel.) / Der König der dunklen Kammer. (Ein Akt.) / Das Postamt. (Ein Bühnenspiel.) 329 S.
Bd. 4: Die Nacht der Erfüllung. (Erzählungen.) 216 S.
Bd. 5: Der Schiffbruch. (Roman.) [Nur in der Gesamtausgabe 1921]. 630 S.
Bd. 6: Das Heim und die Welt. (Roman.) 409 S.
Bd. 7: Sadhana, Der Weg zur Vollendung / Nationalismus. 387 S.
Bd. 8: Persönlichkeit. (Aufsätze.) / Flüstern der Seele. (Vorträge.) / Verirrte Vögel. (Aphorismen.) [Dazu eine einführende Biographie von Heinrich Meyer-Benfey]. 393 S.

549. –, –: Flüstern der Seele. (Auszüge aus Vorträgen. Deutsch von Helene Meyer-Franck.) [ab 1925 Ü. in den Hyperion-Verlag vgl. Nr. 1114]. (1.–10. Tsd.) München: Wolff (1921). 109 S., kl. 8°.

550. –, –: Persönlichkeit. (Aufsätze.) (Deutsch von Helene Meyer-Franck nach der von Tagore selbst veranstalteten englischen Ausgabe.) (1.–40. Tsd.). München: Wolff (1921). 223 S., 8°, geb., Hldrbd.

551. –, –: Sadhana. Der Weg zur Vollendung. (Deutsch von Helene Meyer-Franck nach der von Tagore selbst veranstalteten englischen Ausgabe.) (1.–30. Tsd.) [80. Tsd. bis 1924] München: Wolff (1921). 223 S., 8°, Hlwbd., Hldrbd.

552. –, –: Die Nacht der Erfüllung. Erzählungen. (Deutsch von Helene Meyer-Franck nach der von Tagore selbst veranstalteten englischen Ausgabe. (1.–20. Tsd.) [60. Tsd. bis 1922]. München: Wolff (1921). 216 S., 8°, geb., Hldrbd.

553. TOLLER, Ernst: Gedichte der Gefangenen. Ein Sonettenkreis. [= Der Jüngste Tag 84; 4.–6. Tsd. 1923]. München: Wolff [1921]. 31 S., 8°, geh.

554. VOLLARD, Ambroise: Paul Cézanne. (Deutsch von Erich Klossowski.) Mit 24 Abbildungen. München: Wolff (1921). 171 S., gr. 8°.

555. WASSERMANN, Jakob: Imaginäre Brücken. Studien und Aufsätze. München: Wolff (1921). 189 S., 1 Bl., 8°.

556. WEISS, Ernst: Die Galeere. Roman. [Ü. Berlin: S. Fischer 1919, Ü. ca. 1921/22; bibl. nicht zu ermitteln.]

557. –, –: Tanja. Drama in drei Akten. [Ü. Berlin: S. Fischer 1.–3. Aufl. 1920, Ü. ca. 1921/22]. (1.–3. Aufl.) 115 S., 8°, [Ü. bibl. nicht zu ermitteln].

558. WERFEL, Franz: Bocksgesang. In fünf Akten. [2. Aufl. 1928]. München: Wolff (1921). 160 S., gr. 8°, geb.

559. –, –: Dramaturgie und Deutung des Zauberspiels Spiegelmensch. In 30 Exemplaren erschienen und bald nach Erscheinen auf Wunsch Werfels eingestampft. [bibl. nicht zu ermitteln.]

560. WHITMAN, Walt: Gesänge und Inschriften. [Leaves of grass, Ausz., dt.] Deutsch von Gustav Landauer. München: Wolff 1921. 62 S., gr. 8°, Hlwbd.

561. ZUCKMAYER, Carl: Kreuzweg. Drama. München: Wolff (1921). 122 S., 8°.

1922

562. ANTON, Heinrich: Blut du bist Blut. Ein Spiel in drei Teilen. München: Wolff (1922). 93 S., 8°, geb.

563. BACHHOFER, Ludwig: Die Kunst der japanischen Holzschnittmeister. Mit 69 Bildwiedergaben [im Text u. auf Tafeln]. München: Wolff (1922). 125 S., 4°, Lwbd., Hldrbd.

564. BERGER, Ludwig: Marie und Martha. Ein Spiel von Zufall und Bestimmung. München: Wolff [1922]. 87 S., 8°, geb.

565. BROD, Max: Franzi oder Eine Liebe zweiten Ranges. (Ein Roman. [= Der Neue Roman]. 1.–10. Tsd.) München: Wolff (1922). 345 S., 8°.

566. FEUERBACH, Anselm: Briefe an seine Mutter. Aus dem Besitz der (königlichen) Nationalgalerie (zu Berlin) hrsg. von G. J. Kern und Hermann Uhde-Bernays. 2 Bde. [Ü. Meyer & Jessen 1911, Ü. bibl. nicht zu ermitteln, vermutlich nur Verkauf der Restbestände.]

567. HAMSUN, Knut: Unter Herbststernen. [Under hoststjernen.] Roman. (Berechtigte Übertragung von J. Sandmeier.) [= Der Neue Roman; Ü. der Rechte von Albert Langen München]. (1.–25. Tsd.) München: Wolff [1922]. 268 S., 8°, geb.

568. –, –: Gedämpftes Saitenspiel. [En vandrer spiller med sordin, dt.] Roman. (Berechtigte Übertragung von J. Sandmeier.) [= Der Neue Roman; Ü. der Rechte von Albert Langen, München]. [1.–25. Tsd] München: Wolff [1922]. 268 S., 8°, geb.

569. HEYM, Georg: Dichtungen. (Besorgt von Kurt Pinthus und Erwin Loewenson.) [Inhalt: Der Ewige Tag / Umbra vitae / Der Himmel Trauerspiel. Gedichte aus dem Nachlaß / Der Dieb. Ein Novellenbuch.] München: Wolff 1922. 308 S., gr. 8°, Hlwbd.

570. HILLER, Kurt: Der Aufbruch zum Paradies. Sätze. München: Wolff 1922. 163 S., 8°, geb.

571. HÖLDERLIN, Friedrich: Gedichte. (Gedruckt im Januar 1922.) [= Zehn Stundenbücher der Ernst Ludwig-Presse 10; 350 Exemplare]. (München: Wolff 1922). 91 S., 8°.

572. HÖLTY, Ludwig: Gedichte. (Gedruckt im Herbst 1921.) [= Zehn Stundenbücher der Ernst Ludwig-Presse 8; 350 Exemplare]. (München: Wolff) [vordatiert 1922]. 87 S., 8°.

573. LIEBKNECHT, Karl: Studien über die Bewegungsgesetze der gesellschaftlichen Entwicklung. (Aus dem wissenschaftlichen Nachlaß hrsg. von [William] Morris.) München: Wolff (1922). 368 S., gr. 8°, Hlwbd.

574. MENDELSSOHN, Erich von: Die Heimkehr. Roman. [= Der Neue Roman, Ü. Verlag der Weißen Bücher 1914, vgl. Nr. 839, Ü. bibl. nicht zu ermitteln.]

575. -, -: Nacht und Tag. Roman. [= Der Neue Roman; Ü. Verlag der Weißen Bücher 1914, vgl. Nr. 840, Ü. bibl. nicht zu ermitteln.]

576. OLDENBERG, Hermann: Reden des Buddha. Lehre, Verse, Erzählungen. Übersetzt und eingeleitet von - -. (Aus dem Nachlaß von Hermann Oldenberg hrsg.) [Dünndruck-Ausgabe]. München: Wolff (1922). LVI, 473 S., 8°, Hlwbd., Lwbd.

577. REINHARDT, Georg: Katalog meiner Sammlung. (Gedruckt von Giovanni Mardersteig.) [Erschienen in Winterthur 1922, nicht im Handel, der KWV übernahm vermutlich einen Teil der Auflage.]

578. SCHICKELE, René: Der neunte November. Essays. [Ü. Berlin: Erich Reiß 1919, Ü. von Paul Cassirer, vermutlich nur Restauflage oder nur Rechte, bibl. nicht zu ermitteln].

579. -, -: Wir wollen nicht sterben. Essays. [1.-3. Tsd.] München: Wolff (1922). 269 S., 8°, Hlwbd.

580. SCHWABACH, Erik-Ernst: Vier Novellen. Von der armen Kreatur. München: Wolff (1922). 211 S., 8°, geb.

581. THARAUD, J[érôme] u. J[ean]: Der Schatten des Kreuzes. [L'ombre de la croix, dt.] Roman. (Deutsch von Charlotte Grunberg.) [= Der Neue Roman] (1.-10. Tsd.) München: Wolff 1922. 246 S., gr. 8°, Hlwbd.

582. UNRUH, Fritz von: Stürme. Ein Schauspiel. (1.-10. Tsd.) München: Wolff 1922. 242 S., gr. 8°, Hlwbd.

583. VALENTINER, Wilhelm R.: Georg Kolbe. Plastik und Zeichnung. Mit 64 Abbildungen. [Tafeln]. München: Wolff (1922). 50 S., 4°, Hlwbd.

584. WEISS, Ernst: Nahar. Roman. [2. Teil des Romans *Tiere in Ketten*.] [= Der Neue Roman.] (1.-10. Tsd.) München: Wolff 1922. 230 S., 1 Bl., 8°.

585. -, -: Tiere in Ketten. Roman. [= Der Neue Roman.] [Ü. Berlin: S. Fischer 1.-10. Tsd. 1918; Neue Fassung = 11.-21. Tsd. KWV 1922]. (11.-21 Tsd.) München: Wolff (1922). 342 S., 8°

586. WELLS, H[erbert] G[eorge]: Hoffnung auf Frieden. [Washington and the hope of peace.] (Deutsch von Robert West.) (1.-10. Tsd.) München: Wolff (1922). VII, 375 S., 8°, Pappbd.

587. WERFEL, Franz: Arien. (Gedruckt im Herbst 1921.) [= Zehn Stundenbücher der Ernst Ludwig-Presse 9; 350 Exemplare]. (München: Wolff [1922]). 43 S., 8°, Ldrbd.

588. -, -: Schweiger. Ein Trauerspiel in drei Akten. [= Bd. 9 der Dichtungen; vgl. Nr. 617]. (1.-3. Tsd.) München: Wolff (1922). 155 S., gr. 8°, Hlwbd.

589. Das Wessobrunner Gebet. Faksimile-Ausgabe der Handschrift in 400 Exemplaren, hergestellt von Annette von Eckardt. Nebst einem Geleitwort von Carl von Kraus. München: Wolff 1922. 196 faks. S., 23 S., 8°.

Ausg. A: Original-Faksimile-Ausgabe mit handkolorierten Textillustrationen, ganz handbearbeiteter Ldrbd. mit Beschlägen, Geleitwort, geh.

Ausg. B: Faksimile-Lichtdruck-Ausgabe, handkoloriert, in Schweinsleder, mit Lederschließen, Geleitwort, geh.

Ausg. C: Einfache Faksimile-Lichtdruck-Ausgabe, in roh Hldr. mit Perg.-Überzug geb., Geleitwort, geh.

1923

590. BŘEZINA, Otokar: Musik der Quellen. Deutsch von Emil Saudek unter Mitwirkung von Franz Werfel. München: Wolff (1923). 80 S., 4°, Pappbd., Hldrbd.

591. BROD, Max: Klarissas halbes Herz. Lustspiel in drei Akten. München: Wolff (1923). 80 S., 8°, Pappbd.

592. -, -: Leben mit einer Göttin. Roman. [= Der Neue Roman.] (1.-5. Tsd.) München: Wolff (1923) 225 S., 8°, Hlwbd.

593. -, -: Sternenhimmel. Musik- und Theatererlebnisse. [Essays.] [1.-3. Tsd.; verlegt gemeinsam mit Orbis-Verlag, Prag]. Prag: Orbis-Vl.; München: Wolff 1923. 263 S., 8°, geb.

594. BRUST, Alfred: Himmelsstraßen. [Erzählungen.] (1.-3. Tsd.) München: Wolff (1923). 147 S., 8°, Pappbd.

595. DIRSZTAY, Victor von: Der Unentrinnbare. Roman. Mit acht Zeichnungen von Oskar Kokoschka. München: Wolff (1923). 129 Bl. [in Blockform]. 8°, Pappbd.

596. FEULNER, Adolf: Bayerisches Rokoko. [Großquartausgabe] mit 328 Abbildungen [auf Tafeln.] München: Wolff (1923). V, 139 S., 197, 30 [8 farb.] Tafeln, S. 198-212. Lwbd., Hldbd.

597. FRANCE, Anatole [d. i. Anatole Thibault]: Die Blütezeit des Lebens. [La vie en fleurs.] [Roman.] Übertragen aus dem Französischen von Arthur Seiffhart. [= Der Neue Roman (?)]. (1.-5. Tsd.) München: Wolff (1923). 366 S., 8°, Lwbd.

598. FREY, A[lexander] M[oritz]: Der unheimliche Abend. [Grotesken.] [= Die Groteske.] (1.–3. Tsd.) München: Wolff (1923). 99 S., 8°, kart.

599. GOETHE, Johann Wolfgang von: Marienbader Elegie. [vom 12. September 1823. Für den Kurt Wolff Verlag in 155 Exemplaren gedruckt von der Officina Bodoni in Montagnola. Gedruckt im September 1923, 140 Exemplare im Handel.] (München: Wolff 1923.) 14 S., 4°. In franz. Broschur.

600. GORKI, Maxim [d. i. Aleksej Maksimovič Peškov]: Erzählungen. 2 Bde. (Einzige autorisierte Übersetzung von August Scholz.) [Gemeinsam verlegt mit J. Ladyschnikow, Berlin]. Berlin: Ladyschnikow; München: Wolff o. J. [1923]. 507, 493 S., 8°, Hlwbd., Hldrbd.

601. –, –: Gesammelte Werke. Reihe 1 in 8 Bänden. [Gemeinsam verlegt mit J. Ladyschnikow, Berlin]. [bibl. bei Wolff nicht zu ermitteln.] 8°, Hlwbd., Hldrbd.
  Bd. 1: Erzählungen I. (Einzige autorisierte Übersetzung von August Scholz.) 507 S. [Einzelausgabe vgl. Nr. 700].
  Bd. 2: Erzählungen II. (Einzige autorisierte Übersetzung von August Scholz.) 493 S. [Einzelausgabe vgl. Nr. 700].
  Bd. 3: Foma Gordejew. Roman. (Einzige autorisierte Übersetzung von Erich Böhme.) 410 S. [Einzelausgabe vgl. Nr. 723].
  Bd. 4: Drei Menschen. Roman. (Einzige autorisierte Übersetzung von August Scholz.) 463 S. [Einzelausgabe vgl. Nr. 317].
  Bd. 5: Die Mutter. (Einzige autorisierte Übersetzung von Adolf Hess.) 476 S.
  Bd. 6: Der Spitzel. (Einzige autorisierte Übersetzung von Fred Balte.) 314 S.
  Bd. 7: Eine Beichte. / Ein Sommer. (Einzige autorisierte Übersetzung von August Scholz.) 467 S.
  Bd. 8: Dramen. 389 S.

602. HAUSENSTEIN, Wilhelm: Fra Angelico. [Einbandzeichnung von Emil Preetorius.] Mit 55 Tafeln in Lichtdruck. (1.–3. Tsd.) München: Wolff (1923). VII, 108 S., 54 Bl. Erkl., 4°, Lwbd.

603. MAUPASSANT, Guy de: Gesammelte Novellen. Bd. 1–3. (Hrsg. und durchgesehen von Ulrich und Marguerite Steindorff, Bd. 3 von Ulrich Steindorff.) [Ü. Bd. 1 u. 2 Hyperion-Verlag 1919, vgl. Nr. 980 München: Wolff [1923]. 8°, Hlw., Hldr.
  Bd. 1: Das große Paris. Novellen. 241 S.
  Bd. 2: Das kleine Paris. Novellen. 261 S.
  Bd. 3: Französische Kleinstädter. Novellen. 221 S.

604. –,–: Romane und Novellen. [Umschlagzeichnung von Emil Preetorius.] [Je sechs Bände in Kassette]. München: Wolff (1922–1924). 8°, Hlw, Hldr.
  [Bd. 1]: Stark wie der Tod. [Fort comme la mort.] Roman (1.–6. Tsd.) 327 S.
  [Bd. 2]: Der schöne Freund. [Bel ami.] Roman. Deutsch von Friedrich von Oppeln-Bronikowski.) 1.–6. Tsd. der 2. neu durchgesehenen Ausg.) 426 S.
  [Bd. 3]: Unser Herz. [Notre coeur.] Roman. (1.–6. Tsd.) 235 S.
  [Bd. 4]: Mondschein. [Clair de Lune.] Novellen. (1.–4. Tsd.) 1922. 188 S.
  [Bd. 5]: Peter und Hans. [Pierre et Jean.] Roman. (Deutsch von Erik-Ernst Schwabach.) (1.–3. Tsd.) 193 S.
  [Bd. 6]: Ein Leben. [Une vie.] Roman. (Deutsch von Paul Amann.) (1.–6. Tsd.) 312 S.
  [Bd. 7]: Ungenützte Schönheit. [L'inutile Beauté.] Novellen. (Deutsch von R. Michel.) (1.–4. Tsd.) 191 S.
  [Bd. 8]: Miss Harriet. Novellen. (Deutsch von Leopold von Andrian.) (1.–4. Tsd.] 263 S.
  [Bd. 9]: Mont Oriol. Roman. (Deutsch von K. L. Ammer.) (1.–4. Tsd.) 330 S.
  [Bd. 10]: Geschichten aus Tag und Nacht. [Contes du jour et de la nuit.] Novellen. (1.–4. Tsd.) 239 S.
  [Bd. 11]: Fräulein Fifi. [Mlle Fifi.] Novellen. (Deutsch von Paul Amann.) (1.–4. Tsd.) 201 S.
  [Bd. 12]: Die kleine Roque. [La petite Roque.] Novellen. (1.–4. Tsd.) 189 S.

605. PHILIPPE, Charles Louis: Das Bein der Tiennette. [Contes du matin.] Mit 24 Holzschnitten von Frans Masereel. (Berechtigte Übersetzung von Annette Kolb.) [= Der Neue Roman.] (1.–5. Tsd.) München: Wolff 1923. 206 S., 8°, geb.

606. –, –: Die gute Madeleine und die arme Mutter. Vier Geschichten armer Liebe. [La bonne Madeleine et la pauvre Marie.] Mit 9 Holzschnitten von Frans Masereel. (Deutsch von Hans Mardersteig.) [= Der neue Roman.] (1.–5. Tsd.) München: Wolff 1923. 273 S., 8°, geb.

607. –, –: Der alte Perdrix. [Le père Perdrix.] Mit 12 Holzschnitten von Frans Masereel. (Deutsch von Mario Spiro.) [= Der Neue Roman.] (1.–5. Tsd.) München: Wolff 1923. 272 S., 8°, Hlwbd.

608. PUTTKAMER, Annemarie von: Die Schwestern. Roman. [= Der Neue Roman.] (1.–3. Tsd.) München: Wolff (1923). 317 S., 8°, Hlwbd.

609. REIMANN, Hans: Von Karl May bis Max Pallenberg in 60 Minuten. [Umschlagzeichnung von Emil Preetorius.] [= Die Groteske; 1.–5. Tsd. 1923, 6.–15. Tsd. 1924]. München: Wolff (1923). 96 S., 8°, Pappbd.

610. RINGELNATZ, Joachim: Kuttel-Daddeldu. Mit 25 Zeichnungen von Karl Arnold. [= Die Groteske. – Ü., ursprüngliche Fassung bei Alfred Richard Meyer, Berlin 1920]. (1.–5. Tsd.) München: Wolff (1923). 124 S., 8°, Pappbd., Vorzugsausgabe: 100 numerierte und vom Verfasser und vom Künstler signierte Exemplare in Ganzpergament.

611. –, –: Turngedichte. Mit 17 Zeichnungen von Karl Arnold. [Ü., ursprüngliche Fassung bei Alfred Ri-

chard Meyer, Berlin 1920]. (1.–5. Tsd.) München: Wolff (1923). 88 S., 8°, Pappbd., Vorzugsausgabe: 100 numerierte und vom Verfasser und vom Künstler signierte Exemplare in Ganzpergament.

612. STRINDBERG, August: Ausgewählte Romane. (Aus dem Schwedischen übertragen von Else von Hollander.) [Ü. Hyperion-Verlag 1919, vgl. Nr. 990]. (19.–23. Tsd.) München: Wolff (1923). 8°, Hlw.
  [Bd. 1]: Das rote Zimmer. 446 S.
  [Bd. 2]: Die Leute auf Hemsö. 215 S.
  [Bd. 3]: Am offenen Meer. 285 S.
  [Bd. 4]: Die gotischen Zimmer. 366 S.
  [Bd. 5]: Schwarze Fahnen. 357 S.

613. TAGORE, Rabindranath: Meine Lebenserinnerungen. [My reminiscenses.] (Deutsch von Helene Meyer-Franck nach der von Tagore veranstalteten englischen Ausgabe.) (1.–10. Tsd.) München: Wolff (1923). 374 S., kl. 8°, Hlwbd., Hldrbd.

614. –, –: Die hungrigen Steine. [Hungry stones, dt.] Alte und neue Erzählungen. (Deutsch von Helene Meyer-Franck und Annemarie von Puttkamer, nach der von Tagore selbst veranstalteten englischen Ausgabe.) [Erweiterte Ausgabe von Nr. 397]. (1.–10. Tsd.) München: Wolff (1923). 296 S., 8°, Hlwbd., Hldrbd.

615. WEISS, Ernst: Atua. Drei Erzählungen. (1.–3. Tsd.) München: Wolff (1923). 185 S., 8°, Hlwbd.

615a. WELLS, H[erbert] G[eorge]: Geheimkammern des Herzens. [The secret places of the heart.] Übertragen von Hans Reisiger. [= Der Neue Roman.] (1.–6. Tsd.) München: Wolff (1923). 426 S., 8°, Hlwbd.

616. WERFEL, Franz: Beschwörungen. [= Bd. 10 der Dichtungen]. (1.–3. Tsd.) München: Wolff (1923). 109 S., gr. 8°, Hlwbd.

617. WERFEL, Franz: Dichtungen [und Dramen in 10 Bänden. Sammlung der Einzelausgaben Werfels 1920–1923]. München: Wolff (1920–1923). 8°.
  [Bd. 1]: Der Weltfreund. Erste Gedichte ⟨1908–1910⟩. (9.–13. Aufl.) 1920. 114 S.
  [Bd. 2]: Wir sind. [Neue Gedichte.] (12.–16. Tsd.) 1922. 127 S.
  [Bd. 3]: Einander. Oden / Lieder / Gestalten. (4. Aufl.) 1920. 109 S.
  [Bd. 4]: Die Troerinnen des Euripides. (16.–17. Tsd.) 1923. 135 S.
  [Bd. 5]: Der Gerichtstag. In 5 Büchern. 1919. 309 S.
  [Bd. 6]: Die Mittagsgöttin. Ein Zauberspiel. (6.–7. Tsd.) (1923). 75 S.
  [Bd. 7]: Spiegelmensch. Magische Trilogie. (1.–10. Tsd.) 1920. 226 S.
  [Bd. 8]: Bocksgesang. In fünf Akten. (1921). 162 S.
  [Bd. 9]: Schweiger. Ein Trauerspiel in 3 Akten. (1.–3. Tsd. 1922.) 153 S.
  [Bd.10]: Beschwörungen. [Letzte Gedichte.] (1.–3. Tsd. 1923.) 109 S.
  [Bd. 11]: Spielhof. Eine Phantasie. 1920. 61 S. [später hinzugefügt?]

618. –, –: Mittagsgöttin. Ein Zauberspiel. (Sonderausgabe = 6. u. 7. Tsd.) [= Bd. 6 der Dichtungen; ursprünglich als Teil 2 des Werkes Der Gerichtstag erschienen.] München: Wolff (1923). 75 S., gr. 8°, Hlwbd.

619. ZOLA, Emile: Die Rougon-Macquart. [Les Rougon-Macquart]. Geschichte einer Familie unter dem 2. Kaiserreich. (Deutsche Gesamtausgabe, autorisiert durch Frau Emile Zola und Eugen Fasquelle.) Bd. 1–20. [Neuausgabe im Taschenformat in gemeinsamem Verlag mit Hyperion-Verlag 1927, vgl. Nr. 1118; Ausstattung von Emil Preetorius.] München: Wolff 1923, 1924. 8°, Hlw., Hldr.
  Bd. 1: Das Glück der Familie Rougon. [La fortune des Rougon.] (Deutsch von Hermine Mache.) (1.–10. Tsd.) 1923. XIV, 500 S.
  Bd. 2: Die Jagdbeute. [La curée. (Deutsch von Max und Elsa Brod.) (1.–3. Tsd.]u. 4.–5. Tsd.) 1923. 408 S.
  Bd. 3: Der Bauch von Paris [Le ventre de Paris.] (Deutsch von Arthur Ernst Rutra.) (1.–5. Tsd.) 1923. 462 S.
  Bd. 4: Die Eroberung von Plassans. [La conquête de Plassans.] (Deutsch von Wilhelm Printz.) (1.–3. Tsd.) 1923. 434 S.
  Bd. 5: Die Sünde des Abbé Mouret. [La faute de l'abbé Mouret.] (Deutsch von Alastair.) (1.–10. Tsd.) 1923. 456 S.
  Bd. 6: Seine Excellenz Eugen Rougon. [Son excellence Eugène Rougon.] (Deutsch von Rosa Schapire.) (1.–8. Tsd.) 1923. 526 S.
  Bd. 7: Der Totschläger. [L'assommoir.] (Deutsch von Franz Blei.) (1.–4. Tsd.) [Neue Ausgabe in der Gesamtausgabe als Bd. 7 unter dem Titel Die Schnapsbude. Deutsch von Arthur Ernst Rutra 1925]. 1923. XIV. 575 S.
  Bd. 8: Ein Blatt der Liebe. [Une page d'amour.] (Deutsch von Gertrud Ouckama Knoop.) (1.–4. Tsd.) 1923. XIV, 450 S.
  Bd. 9: Nana. (Deutsch von Lucy von Jacobi.) (1.–13. Tsd.) 1923. 614 S.
  Bd.10: Am häuslichen Herd. [Pot-bouille.] (Deutsch von Franz Arens.) 1923. 590 S.
  Bd.11: Das Paradies der Damen. [Au bonheur des dames.] (Deutsch von Franz Franzius.) (1.–3. Tsd.) 1923. 632 S.
  Bd.12: Die Lebensfreude. [La joie de vivre.] (Deutsch von Hans Kauders.) (1.–4. Tsd.) 1923. 492 S.
  Bd.13: Germinal. (Deutsch von Johannes Schlaf.) (1.–5. Tsd.) 1923. 712 S.
  Bd.15: Mutter Erde. [La terre.] (Deutsch von Johannes Schlaf.) (1.–5. Tsd.) 675 S.
  Bd.19: Der Zusammenbruch. (Deutsch von Franz Franzius.) (1.–3. Tsd.) 1923. 759 S.

1924

620. BROD, Max: Prozeß Bunterbart. Schauspiel aus dieser Zeit in drei Akten. München: Wolff [1924]. 79 S., 23 cm.

621. BRUST, Alfred: Tolkening. Trilogie.
   2. Die Würmer. Tragödie im Feuerofen (32 S.).
   3. Der Phönix. Ein Märchenstück. (32 S.).
   Teil 1 der Trilogie unter dem Titel *Die Wölfe* 1921, vgl. Nr. 523.
   Teil 2 und 3 (München: Wolff 1924). 8°, Hlw.

622. FROBENIUS, Leo: Der Kopf als Schicksal. (1.-3. Tsd.) München: Wolff (1924). 189 S. mit 1 Abb., 12 Tafeln, 4°, Lwbd; Vorzugsausgabe: 100 numerierte Exemplare, vom Autor signiert, auf Bütten, Hldrbd.

623. GORKI, Maxim: Foma Gordejew. Roman. (Autorisierte deutsche Ausgabe, übersetzt von Erich Boehme.) München: Wolff [1924]. 410 S., 8°, Hlwbd. [ging an den Malik-Verlag, Berlin.]

624. HEYM, Georg: Umbra vitae. Nachgelassene Gedichte. Mit 47 Original-Holzschnitten von Ernst Ludwig Kirchner. München: Wolff 1924. 66 S., gr. 8°. [Numerierte Auflage von 510 Exemplaren.] Vorzugsausgabe: Nr. 1-10 auf Japanbütten, mit 1 Originalradierung, dem Bildnis des Dichters, Ldrbd., vom Künstler signiert; Nr. 11-510 auf Doosmühlenbütten, Lwbd.

625. HUYSMANS, J[oris] K[arl]: Die Kathedrale. [La cathédrale.] Roman. (Deutsch von Hedda Eulenberg.) [= Der Neue Roman.] (1.-3. Tsd.) 2 Bde. München: Wolff [1924]. 230, 263 S., 8°, Hlwbd.

626. KOETSCHAU, Karl: Rheinisches Steinzeug. Mit 73 Bildtafeln in Lichtdruck. (Bei der Abfassung des Textes und der Auswahl der Abbildungen ist der Verfasser von der Sammlung rheinischen Steinzeugs im Museum Hetjens zu Düsseldorf ausgegangen.) München: Wolff (1924). 53 S., Tafeln, 1 Bl., 4°, Lwbd.

627. MASEREEL, Franz: Die Idee. 83 Holzschnitte. [800 numerierte Exemplare. Nr. 1-50 auf Kaiserlich Japan, vom Künstler signiert in Ganzleder, Nr. 51-800 auf Bütten in Halbleder]. (München): Wolff (1924). 86 Bl., kl. 8°.

628. PANOFSKY, Erwin: Die deutsche Plastik des 11. bis 13. Jahrhunderts. (Mit 137 Tafeln in Lichtdruck.) 2 Bde. [= Die deutsche Plastik in Einzeldarstellungen 1/2. Auch im Pantheon-Verlag, vgl. Nr. 799]. (1.-3.Tsd.) München: Wolff (1924). X, 183 S. mit Abb., 12 Tafeln; 10 S., 125 Tafeln, 4°, Lw.

629. PINDER, Wilhelm: Die deutsche Plastik des 15. Jahrhunderts. (Mit 105 Tafeln in Lichtdruck) [= Die deutsche Plastik in Einzeldarstellungen 4. Auch im Pantheon-Verlag, vgl. Nr. 801]. (1.-3. Tsd.) München: Wolff (1924). 42 S., 105 Tafeln, 105 Bl. Erklärungen, 4°, Lwbd.

630. [PUTTKAMER, Annemarie von]: Die Chronik von Sankt Johann. [Anonym erschienen.] (Buchschmuck von Emil Preetorius.) München: Wolff (1924). VII, 285 S., Lwbd.

631. ROLLAND, Romain: Annette und Sylvia. [L'âme enchantée. I. Anetté et Sylvie.] Ein Roman. (Deutsch von Paul Amann.) [= Der Neue Roman; Bd. 1 des Romanwerkes *Verzauberte Seele*; 1.-3. Tsd., 51. Tsd. bis 1926, 65.-69. Tsd. 1928]. München: Wolff [1924]. 322 S., 8°, Hldrbd.

632. —, —: Sommer. [L'été.] Roman. (Deutsch von Paul Amann.) [Bd. 2 des Romanwerkes *Berzauberte Seele*; 11.-20. Tsd. 1924, 21.-26. Tsd. 1925, 41. Tsd. bis 1926]. München: Wolff (1924). 573 S., Hlwbd., Hldrbd.

633. SPEYER, Leonora: American Poets. An anthology of contemporary verse. München: Wolff [1924]. 133 S., gr. 8°, Lwbd., Hldrbd.

634. Symbolum Apostolicum. Farbige Blockbuchwiedergabe nach dem Unicum der Wiener Nationalbibliothek, eingeleitet von Ottokar Smital. [400 Exemplare]. München: Wolff 1924. 12 Bl. Faks., 21 S., 8°, Hpergbd. u. geh., Ldrbd.

635. ZOLA, Emile: Die Rougon-Macquart. [Fortsetzung von Nr. 619].
   Bd. 14: Das Werk. [L'œuvre.] (Deutsch von Johannes Schlaf.) 1924, 528 S.
   Bd. 16: Der Traum. [Le rêve.] (Deutsch von Lucy von Jacobi.) (1.-4. Tsd. 1924). 264 S.
   Bd. 17: Die Bestie im Menschen. [La bête humaine.] (Deutsch von Max Pulver.) (1.-5. Tsd. 1924). 460 S.
   Bd. 20: Doktor Pascal .[Le docteur Pascal.] (Deutsch von Rosa Schapire.) (1.-3. Tsd. 1924). 447 S.

1925

636. 1925. Ein Almanach für Kunst und Dichtung aus dem Kurt Wolff Verlag. [Mit einem vollständigen Verzeichnis der lieferbaren Titel 1924.] [Jg. 1]. 1925. [München]: Wolff [1924 ersch.]. 314, 40 S., mit Abb., 1 Tafel, 8°, Pappbd.

637. BERENSON, Bernhard: Die Maler der Renaissance. 4 Bde. (Deutsch von Robert West.) (1.-3. Tsd.) München: Wolff 1925. 8°, Lw.
   Bd. 1: Die Florentiner Maler der Renaissance. Mit 42 Bildtafeln. 157 S.
   Bd. 2: Die mittelitalienischen Maler der Renaissance. Mit 42 Bildtafeln. 209 S.
   Bd. 3: Die oberitalienischen Maler der Renaissance. Mit 42 Bildtafeln. 253 S.
   Bd. 4: Die venezianischen Maler der Renaissance. Mit 42 Bildtafeln. 129 S.

638. BROD, Max: Rëubeni, Fürst der Juden. Ein Renaissanceroman. [6.-10. Tsd., 1925, 20. Tsd. bis 1926]. München: Wolff (1925). 524 S., 8°, Hlwbd., Lwbd.

639. Die Chronik des Kreuzfahrer-Königreiches Jerusalem. (»Les Croniques des Jherusalem abregies«.) Faksimile der Burgundisch-Flämischen Miniaturhandschrift der Wiener Nationalbibliothek Nr. 2533. Eingeleitet von Ottokar Smital. [Mit 25 Lichtdrucken. Einmalige Auflage in 200 numerierten Exemplaren. Ausgabe A: mit handausgemalten Tafeln in Ganzpergament; Ausgabe B: In Halbpergament]. München: Wolff [1925]. 35 S. in Faksimiledruck, 34 S. mit 8 Abb., 56×29 cm u. 4°.

640. Die Chronik von Sankt Luisen. Das neue Kurt Wolff Magazin. (Faschingszeitung des KWV. Privatdruck in 200 numerierten Exemplaren. München, Februar 1925). 8 S., 4°, mit einer Kordel geh. Mit einer »Sportsbeilage zur Chronik von Sankt Luisen« *Der Biceps* 4 ungez. S., 4°.

641. KENNEDY, Marguerite: Die treue Nymphe. [The constant nymph.] Roman. (Deutsch von E. L. Schiffer.) (1.–4. Tsd.) München: Wolff (1925). 400 S., 8°, Lwbd.

642. LEWIS, Sinclair: Babbitt. Roman. (Deutsch von Daisy Brody.) [= Amerika-Bücher.] (1.–5. Tsd.) München: Wolff [1925]. 603 S., 8°, Lwbd.

643. –, –: Dr. med. Arrowsmith. Roman. 2 Bde. (Deutsch von Daisy Brody.) [= Amerika-Bücher.] (1.–5. Tsd.) [6.–10. Tsd. 1927] München: Wolff (1925). V, 342, 459 S., 8°, Lwbd.

644. LUITPOLD, Herzog von Bayern: Die fränkische Bildwirkerei. Mit 41 Tafeln in Farblichtdruck und 14 einfarbigen Lichtdrucktafeln. Hrsg. von —. 2 Bde. [ab 1926 als Ausgabe der Pantheon Casa Editrice, vgl. Nr. 797]. München: Wolff (1925). 2°.
[1.] Textband. 3 Bl., 96 S., 1 Bl.
[2.] Tafelband. 3 Bl., 55 Tafeln, 55 Erl. Bl., 3 Zwischenbl.

645. MANN, Heinrich: Die Branzilla. Mit [7] Radierungen von Hans Meid. (Sonderdruck in 100 Exemplaren aus Nr. 335, Bd. 2). (München: Wolff 1925). 57 S., 4°.

646. MARKS, Percy: Studentenjahre. [Plastic age.] Roman aus dem amerikanischen Universitätsleben. [= Amerika-Bücher.] (1.–5. Tsd.) München: Wolff (1925). 332 S., 8°, Lwbd.

647. MASEREEL, Frans: Die Stadt. 100 Holzschnitte. [Gemeinsam mit Éditions A. Moranée, Paris. 250 Exemplare auf handgeschöpftem Bütten, 25 Exemplare auf Kaiserlich Japan.] München, Paris: Wolff; Moranée 1925. 3 Bl., 100 Tafeln, 3 Bl., 4°.

648. OJETTI, Ugo: Mein Sohn, der Herr Parteisekretär. [Roman.] (Einzig berechtigte Übertragung aus dem Italienischen von C[urt] S[igmar] Gutkind und Laura Maria Kutzer.) (1.–5. Tsd.) München: Wolff (1925). 343 S., 8°, Lwbd.

649. [ORNITZ, Samuel von]: Herr Fettwanst. [Haunch Paunch and jowl.] Eine amerikanische Autobiographie. (Deutsch von Erich Posselt.) [= Amerika-Bücher.] (1.–5. Tsd.) [6.–8. Tsd. 1926] München: Wolff [1925]. 262 S., 8°, Lwbd.

650. PINDER, Wilhelm: Die deutsche Plastik des 14. Jahrhunderts. (Mit 104 Tafeln in Lichtdruck.) [Umschlagzeichnung vom Emil Preetorius.] [= Die deutsche Plastik in Einzeldarstellungen 3. Auch im Pantheon-Verlag, vgl. Nr. 800]. (1.–3. Tsd.) München: Wolff (1925). 86 S., 104 Tafeln mit je 1 Bl. Erkl., 4°, Lwbd.

651. SCHICKELE, René: Ein Erbe am Rhein. Roman in 2 Bdn. Umschlagzeichnung von Emil Preetorius. [Neuaufl. vgl. Nr. 668 und Nr. 679].

652. TAGORE, Rabindranath: Gora. Roman in 2 Bdn. (Deutsch von Helene Meyer-Franck nach der von Tagore selbst veranstalteten englischen Ausgabe.) (1.–5. Tsd.) München: Wolff (1925). 364, 349 S., 8°, Hlw.

653. TIETZE-CONRAT, (Erika): Der französische Kupferstich der Renaissance. 50 Bildtafeln in Lichtdruck mit einer Einleitung. [ab 1926 als Ausgabe der Pantheon Casa Editrice, vgl. Nr. 803]. München: Wolff (1925). III, 38 S., 50 Tafeln, 50 Bl. Erkl., 4°, Lwbd.

654. ZOLA, Emile: Die Rougon-Macquart. [Fortsetzung von Nr. 619].
Bd. 18: Das Geld. [L'argent.] (Deutsch von Thassilo von Scheffer.) (1.–4. Tsd.) 1925. 617 S., Hlwbd., Hldrbd.

655. –, –: Werke. Deutsche Gesamtausgabe. Autorisiert durch Frau Emile Zola und Eugen Fasquelle. [Umschlagzeichnung von Emil Preetorius.] München: Wolff 1925. 8°, Lwbd., Hldrbd.
Claudes Beichte. [La confession de Claude.] Roman. (Übertragen von W. von Huhn.) (1.–3. Tsd.) XIII, 200 S.
Therese Raquin. Roman. (Übertragen von E. Hardt.) (1.–3. Tsd.) 287 S.
Das Vermächtnis. Roman. (Übertragen von F. Hardekopf.) (1.–3. Tsd.) VIII, 168 S.

1926

656. BEZRUČ, Petr: Schlesische Lieder [2]. Lieder eines schlesischen Bergmanns. Deutsch von Rudolf Fuchs. München: Wolff (1926). 65 S., gr. 8°, Pappbd.

657. COSTER, Charles de: Die Geschichte von [Thyl] Ulenspiegel und Lamme Goedzak und ihren heldenmäßigen, fröhlichen und glorreichen Abenteuern im Lande Flandern und anderwärts. Deutsch von Karl Wolfskehl. Mit [150] Holzschnitten von Frans Masereel und einer Einführung von Romain Rolland. 2 Bde. [Aufl.: 1600 Exemplare. Vorzugsausgabe:

100 numerierte Exemplare in Ganzpergament.] München: Wolff (1926). XL, 496 S., 1 Bl., 3 Bl. 534 S., 3 Bl., 4°, Lwbd.

658. FEULNER, Adolf: Die deutsche Plastik des 16. Jahrhunderts. Mit 91 Tafeln in Lichtdruck. [= Die deutsche Plastik in Einzeldarstellungen 5. Auch im Pantheon-Verlag, vgl. Nr. 795]. (1.-3. Tsd.) München: Wolff (1926). 62 S., 91 Tafeln, 91 Bl· Erkl. 4°.

659. –, –: Die deutsche Plastik des 17. Jahrhunderts. Mit 63 Tafeln in Lichtdruck. [= Die deutsche Plastik in Einzeldarstellungen 6. Auch im Pantheon-Verlag, vgl. Nr. 796]. (1.-3. Tsd.) München: Wolff (1926). 66 S., 63 Tafeln, 63 Bl. Erkl., 4°.

660. FROBENIUS, Leo und Hugo OBERMAIER: Hádschra Máktuba. Urzeitliche Felsbilder Kleinafrikas. Mit 55 mehrfarbigen, 105 einfarbigen Bildtafeln und 11 [10 eingedr., 1 farb.] Karten. München: Wolff 1925. VII, 67 S., 160 Tafeln, 160 Bl. Erkl., 4°. (Veröffentlichung des Forschungsinstituts für Kulturmorphologie.) Lwbd.

661. FUCHS, Rudolf: Ein Erntekranz aus hundert Jahren tschechischer Dichtung. Übersetzt und hrsg. von – –. München: Wolff (1926). 119 S. gr. 8°, Pappbd.

662. GROHMANN, Will: Das Werk Ernst Ludwig Kirchners. [800 numerierte Exemplare und eine Monumentalausgabe in 50 Exemplaren, mit einem Original-Holzschnitt und einer Original-Radierung, von Kirchner signiert.] München: Wolff [1926]. 59 S. mit Abb., 100 [4 farb.] Tafeln, 100 Bl. Erkl., 28×28 cm, Lwbd., Ldrbd.

663. KAFKA, Franz: Das Schloß. Roman. [Mit einem Nachwort von Max Brod.] München: Wolff (1926). 504 S., 8°, Lwbd.

664. MASEREEL, Frans: Bilder der Großstadt. [Mit einer Einführung von Romain Rolland und einer Selbstdarstellung des Künstlers.] [Gemeinsam mit Carl Reissner Verlag, Dresden, verlegt, bibl. bei Wolff nicht zu ermitteln, aber in den Katalogen angezeigt.] Mit 112 [eingedr.] Zeichnungen. Dresden: Reissner 1926. 127 S., 4°, geb.

665. NOAILLES, Comtesse de: Die Unschuldigen. (Deutsch von Alastair.) [Umschlagzeichnung von Emil Preetorius.] München: Wolff 1926. 255 S., 8°, Lwbd.

666. Der Romain Rolland Almanach. Zum 60. Geburtstag des Dichters gemeinsam hrsg. von seinen deutschen Verlegern. Literarische Anstalt Rütten & Loening, Frankfurt am Main / Georg Müller Verlag, München / Rotapfel-Verlag Zürich / Kurt Wolff Verlag, München, [Copyright by Rütten & Loening]. 1926. 106 S., mehrere Tafeln, 8°.

667. SAUERLANDT, Max: Die deutsche Plastik des 18. Jahrhunderts. Mit 108 Tafeln in Lichtdruck. [= Die deutsche Plastik in Einzeldarstellungen 7. Auch im Pantheon-Verlag, vgl. Nr. 802]. (1.-3. Tsd.) München: Wolff (1926). 4 Bl., 46 S., 2 Bl., 108 Tafeln mit 108 Bl. Erl., 4°.

668. SCHICKELE, René: Maria Capponi. [= erster Roman der Trilogie *Das Erbe am Rhein*. Neue, vollständig neu bearbeitete Aufl. des Romans *Ein Erbe am Rhein*, vgl. Nr. 651; [6.-15. Tsd. 1926, 16-18. Tsd. 1928]. München: Wolff (1926). 480 S., 2 Bl., 8°.

669. STERNHEIM, Carl: Dramen aus dem bürgerlichen Heldenleben. 8 Bde. in Kassette. [um 1926 zusammengestellt, vermutlich aus bereits vorhandenen Auflagen. Bibl. nicht zu ermitteln.]
Bd. 1: Der Stänker. Komödie in drei Aufzügen. [Neuauflage von *Perleberg* 1917, vgl. Nr. 349].
Bd. 2: Die Hose. Lustspiel.
Bd. 3: Die Kassette. Komödie.
Bd. 4: Bürger Schippel. Komödie.
Bd. 5: Der Snob. Komödie in drei Aufzügen.
Bd. 6: Der Kandidat. Komödie in vier Aufzügen.
Bd. 7: 1913. Schauspiel.
Bd. 8: Tabula rasa. Schauspiel.

1927

670. 1927. Ein Almanach für Kunst und Dichtung aus dem Kurt Wolff Verlag. [Einbandzeichnung von Emil Preetorius. Umschlagbild von Frans Masereel. Mit einem vollständigen Verzeichnis der lieferbaren Titel 1926]. [Jg. 2.] 1927. (München): Wolff [1926 ersch.]. 160, 40 S., 16 Tafeln, 8°, geh.

671. ERSKINE, John: Das Privatleben der schönen Helena. (Übertragen von Helene Meyer-Franck.) [= Amerika-Bücher]. (1.-5. Tsd.) München: Wolff (1927). 323 S., 8°, Lwbd.

672. FORTUNE, Dion: Liebe aus dem Jenseits. [The demon lover.] [Okkulter Roman.] (Aus dem Englischen von Else Baronin Werkmann.) München: Wolff (1927). 289 S., 8°.

673. KAFKA, Franz: Amerika. Roman. München: Wolff (1927). 392 S., 8°.

674. MASEREEL, Frans: Geschichte ohne Worte. 60 Holzschnitte. [800 numerierte Exemplare. Nr. 1-50 auf Kaiserlich Japan, vom Künstler signiert, Nr. 51-800 auf Bütten. Volksausgabe mit einer Einleitung von Max Brod 1927. [Umschlaggestaltung von Emil Preetorius.] 1.-5. Tsd. München: Wolff (1927). 20 S., 2 Bl., 60 Taf., 8°, Hldrbd.

675. –, –: Gesichter und Fratzen. 60 Holzschnitte. [Vorzugsausgabe: 50 Exemplare auf Japan; Einfache Ausgabe: 200 Exemplare kartoniert oder in Halb-

leder.] [München]: Wolff (1926). 2 Bl., 60 Tafeln, kart., Hldrbd.

676. PULVER, Max: Himmelpfortgasse. Roman. (1.–3. Tsd.) München: Wolff (1927). 328 S., 8°.

677. ROLLAND, Romain: Mutter und Sohn. Roman. [= Bd. 3 des Romanwerkes *Verzauberte Seele*; Bd. 1 vgl. Nr. 631; Bd. 2 vgl. Nr. 632]. 1.–[20. Tsd.] München: Wolff (1927). 573 S., 8°, Hlwbd., Hldrbd.

678. ROTH, Joseph: Die Flucht ohne Ende. Ein Bericht. (1.–4. Tsd.) München: Wolff (1927). 253 S., 8°, Lwbd.

679. SCHICKELE, René: Blick auf die Vogesen. Roman. [= Bd. 2 der Trilogie *Das Erbe am Rhein*, Bd. 1 vgl. Nr. 668]. (1.–10. Tsd.) München: Wolff (1927). 2 Bl., 508 S., 8°.

679a –, –: Hans im Schnakenloch. Schauspiel in vier Aufzügen. [Ü. Verlag der Weißen Bücher 1915, vgl. Nr. 852]. (5.–7. Tsd.) München: Wolff (1927). 260 S., 8°.

680. SCHLIER, Paula: Choronoz. Ein Buch der Wirklichkeit in Träumen. (1.–3. Tsd.) München: Wolff [1927]. VII, 307 S., 8°, Lwbd.

681. STRAUSS, Heinz Arthur: Astrologie. Grundsätzliche Betrachtungen. München: Wolff (1927). 77 S., gr. 8°.

1928

682. ERSKINE, John: Adam und Eva. (Übertragen von Karoline Renner.) [= Amerika-Bücher.] (1.–5. Tsd.) München: Wolff (1928). 356 S., 8°.

683. HEISE, Carl Georg: Die Malerei der deutschen Romantiker und Nazarener, im besonderen Overbecks und seines Kreises. Text von Kurt Karl Eberlein. Einleitung von Carl Georg Heise. Mit 100 Bildtafeln. München: Wolff (1928). 45 S., 100 gez. Abb., 4°, Lwbd.

684. –, –: Overbeck und sein Kreis. 100 Bildertafeln mit dem Festvortrag »Kunst und Kunstgeist der Nazarener« von Kurt Karl Eberlein. München: Wolff 1928. 46 S., 100 Tafeln mit je 1 Deckbl., 4°, Lwbd. [vermutlich identisch mit Nr. 683.]

685. MAASSEN, Carl Georg von: Weisheit des Essens. Ein gastronomisches Vademekum. [Umschlagzeichnung von Emil Preetorius.] München: Wolff (1928). XI, 324 S., 8°.

686. MASEREEL, Frans: Das Werk. 60 Holzschnitte. Einleitung von Hans Reisiger. (1.–5. Tsd.) München: Wolff (1928). 26 S., 1 Bl., 60 Tafeln, 8°.

687. PILON, Edmond: La vie de famille au XVIIIe Siècle. Edition revue augmontée et précédée d'une introduction par G. Lenotre. Paris: Henri Jonquières 1928. [Bibliographisch im KWV nicht zu ermitteln, möglicherweise gemeinsamer Verlag oder Übernahme?]

688. REBOUX, Paul: Der neue Gourmet. [Plates nouveau.] Ein Buch für Feinschmecker. (Übertragen von Paul Föhr.) [Einbandzeichnung von Emil Preetorius.] München: Wolff (1928). XIV, 440 S., 8°, Lwbd.

689. RENGER-PATSCH, [Albert]: Die Welt ist schön. 100 photographische Aufnahmen. Hrsg. und eingeleitet von Carl Georg Heise. München: Wolff (1928). 264 S., 8°, Lwbd.

690. ROTH, Joseph: Zipper und sein Vater. [Roman.] (1.–4. Tsd.) München: Wolff (1928). 264 S., 8°, Lwbd.

691. SCHLUMP: Geschichte und Abenteuer aus dem Leben des unbekannten Musketiers Emil Schulz, genannt »Schlump«. Von ihm selbst erzählt. München: Wolff (1928). 280 S., kl. 8°.

1929

692. DE KAY, John WESLEY: Love, and other songs [in prose]. With which is published a version in German by Gretchen Louisa Rogers. München: Wolff 1929. 63 S., 8°. [Vermutlich auf Wunsch des Autors in Kommission genommen.]

693. –, –: The maid of Bethany. A tragedy in three acts. München: Wolff [1929]. 155 S., 1 Porträt, 8°. [Vermutlich auf Wunsch des Autors in Kommission genommen.]

694. SANDER, August: Antlitz der Zeit. 60 Aufnahmen deutscher Menschen des 20. Jahrhunderts. Mit einer Einführung von Alfred Döblin: Von Gesichtern, Bildern und ihrer Wahrheit. [Gemeinsam verlegt mit Transmare-Verlag, Berlin, oder unmittelbar nach Erscheinen an diesen Verlag verkauft]. München: Wolff; Berlin: Transmare Verl. (1929). 18 S., 60 Tafeln, 4°, Lwbd.

2.2 Graphik und Mappenwerke

1913

695. JUNGHANNS, R[einhold] R[udolf]: Variationen über ein weibliches Thema. [Opus II. Neun Radierungen (Kaltnadel) und zwei Lichtdrucke. Einmalige Auflage von 90 Exemplaren]. (11 farb. Tafeln unter Passepartout.) 58×41,5 cm. Leipzig: Wolff (1913).

696. KAINER, Ludwig: Russisches Ballett. [14 Zeichnungen.] (8 farbige Original-Lithographien und 6 handkolorierte Lichtdrucke.) Mit einem Geleitwort von Karsavina und Nijinsky. (Mit 4 S. in franz. Sprache.) [Einmalige numerierte Auflage von 250

Exemplaren; Vorzugsausgabe: 14 Exemplare vom Künstler handkoloriert und signiert mit farbiger Originalzeichnung; 6 Exemplare ebenfalls vom Künstler handkoloriert, ohne Originalzeichnung.] Leipzig: Wolff 1913. 53×39 cm.

1914

697. SEEWALD, Richard: Die fröhlichen Städte. [Einmalige Aufl. von 200 numerierten Exemplaren.] 12 (6 farb.) Zeichnungen. Leipzig: Wolff 1914. 30,5×38 cm. In Halbperg.-Mappe.
698. SEGANTINI, Gotthardo: Engadina. [Sechs Radierungen in Mappe. 250 numerierte Exemplare. Vorzugsausgabe: Nr. 1–12 auf kaiserlich Japan vom Künstler signiert.] Leipzig: Wolff 1914. 6 Tafeln, 29×36,5 cm. In Halbldr.-Mappe, Luxusausg.
699. VRIESLANDER, John Jack: Rose Mirliton. 20 Zeichnungen [in Mappe. Einmalige numerierte Aufl. von 1050 Exemplaren. Vorzugsausgabe: Nr. 1–50 auf kaiserlich Japan, vom Künstler signiert.] Leipzig: Wolff 1914. 20 Bl. u. III S. 40×30,5 S.
700. –,–: Schlafende Frauen. [15 Zeichnungen in Mappe. Einmalige Aufl. von 900 numerierten Exemplaren. Vorzugsausgabe: Nr. 1–50 auf kaiserlich Japan, vom Künstler signiert.] Leipzig: Wolff (1914). 15 Tafeln, 39×28,5 cm.

1915

701. VOLLMER, Erwin: Sommerbilder. [Sechs Algraphien in Mappe. Einmalige Aufl. von 90 numerierten Exemplaren]. Leipzig: Wolff 1915. 6 Bl. 29×35,5 cm.

1916

702. BÖTTICHER, Walther: Die Genesis. Sechs Original-Holzschnitte. [Vorzugsausgabe: Vom Künstler gedruckt und signiert; vermutlich Ü. Horen-Verlag, Worpswede-Charlottenburg, dort mit dem Vermerk: »Zum 25. IV. 1913«; Ü. vermutlich 1916.] Charlottenburg: Horen-Verl. (1913). 6 Tafeln, 35,5×26,5 cm.
703. MEIDNER, Ludwig: Straßen und Cafés. 8 Zeichnungen in Mappe. [140 Exemplare im Handel; bibl. nicht zu ermitteln.]
704. STEINER-PRAG, Hugo: Der Golem. Prager Phantasien. Lithographien zu Gustav Meyrinks Roman. [Ausgabe A: 25 numerierte und signierte Original-Lithographien auf kaiserlich Japan in Goldbrokatmappe; 35 Exemplare. Ausgabe B: 25 numerierte und signierte Original-Lithographien auf kaiserlich Japan in Halbpergament-Mappe; 265 Exemplare. Einmalige Ausgabe.] Leipzig: Wolff 1916. 25 Tafeln in Passepartout, mit III S. Text. 51×37 cm.

1919

705. KOKOSCHKA, Oskar: Die chinesische Mauer. Acht Lithographien [Sonderdrucke] zu einem Essay von Karl Kraus. [30 numerierte Exemplare auf Japan abgezogen, alle Blätter vom Künstler signiert. In Halbpergamentmappe, Buchausgabe 1914, vgl. Nr. 163]. Leipzig, München: Wolff [1919]. 8 Bl. in Passepartout. 68×54 cm.
706. PREETORIUS, Emil: Bildnisse. Sieben Originallithographien. [Vorzugsausgabe: Nr. 1–25 auf echtem Japan vom Künstler signiert u. mit Begleittext versehen. Normalausgabe: Nr. 26–175 auf imitiertem Japan, jeweils das erste Blatt signiert.] [Um 1919, bibl. nicht zu ermitteln.]
707. SCHMIDT-ROTTLUFF, [Karl]: Neun Holzschnitte. [Kuß in Liebe / Gang nach Emmaus / Christus flucht dem Feigenbaum / Petri Fischzug / Christus und die Ehebrecherin / Maria / Christus und Judas / Jünger]. 75 numerierte Exemplare auf Bütten. Alle Blätter vom Künstler signiert. [Leipzig], München: Wolff [1919]. Titel u. 9 Bl. in Passepartout. 68,5×54 cm, Halbperg.-Mappe.

1920

708. MASEREEL, Frans: Rauch. Original-Holzschnitt. Einzelblatt in 50 Exemplaren. 33×36 cm.

1921

709. EYCK, Hubert van, u. Jan van: Der Genter Altar. 16 Tafeln in Lichtdr. Mit einer Einführung von Max J. Friedländer. München: Wolff (1921). 16 Tafeln; Einf.: 26 S. mit 8 aufgekl. Lichtdr., 65×48 cm u. 48×32 cm. In Lw.-Mappe.
710. MASEREEL, Frans: Begierde. Original-Holzschnitt. Einzelblatt in 30 Exemplaren. 26,5×19 cm.
711. –,–: Der Boxer. Original-Holzschnitt. Einzelblatt in 30 Exemplaren. 26,5×19 cm.
712. –,–: Erinnerung. Original-Holzschnitt. Einzelblatt in 25 Exemplaren. 26,5×19 cm.

1922

713. MASEREEL, Frans: Die Blumen. Original-Holzschnitt. Einzelblatt in 25 Exemplaren. 26,5×19 cm.
714. –,–: Das Gebet. Original-Holzschnitt. Einzelblatt in 30 Exemplaren. 26,5×19 cm.
715. –,–: Das Holzpferd. Original-Holzschnitt. Einzelblatt in 25 Exemplaren. 26,5×19 cm.
716. –,–: Der Ingenieur. Original-Holzschnitt. Einzelblatt in 20 Exemplaren. 26,5×19 cm.

717. MASEREEL, Der Parvenu. Original-Holzschnitt. Einzelblatt in 25 Exemplaren. 26,5×19 cm.
718. –, –: Der Reisende. Original-Holzschnitt. Einzelblatt in 25 Exemplaren. 26,5×19 cm.
719. –, –: Der Überfahrene. Original-Holzschnitt. Einzelblatt in 25 Exemplaren. 26,5×19 cm.
720. –, –: Die Verliebten. Original-Holzschnitt. Einzelblatt in 25 Exemplaren. 26,5×19 cm.
721. –, –: Der Zuhälter. Original-Holzschnitt. Einzelblatt in 30 Exemplaren. 26,5×19 cm.
722. ROUVEYRE, André: Pariserinnen. 34 Zeichnungen. Mit einem Vorwort von Remy de Gourmont und einem Bildnis des Künstlers von Henri Matisse. [Erweiterte Neuauflage von Nr. 107, ERV 1912].

1923

723. MASEREEL, Frans: Der Feinschmecker. Original-Holzschnitt. Einzelblatt in 25 Exemplaren. 26,5×19 cm.
724. –, –: Golgatha. Original-Holzschnitt. Einzelblatt in 19 Exemplaren. 52×30,5 cm.
725. –, –: Kluge Jungfrau: Original-Holzschnitt. Einzelblatt in 15 Exemplaren. 24×14 cm.
726. –, –: Die Liebenden. Original-Holzschnitt. Einzelblatt in 20 Exemplaren. 26×19 cm.
727. –, –: Der Redner. Original-Holzschnitt. Einzelblatt in 20 Exemplaren. 25×24 cm.
728. –, –: Die Sängerin. Original-Holzschnitt. Einzelblatt in 25 Exemplaren. 26,5×19 cm.
729. –, –: Törichte Jungfrau. Original-Holzschnitt. Einzelblatt in 15 Exemplaren. 24×14 cm.
730. –, –: Der Zeuge: Original-Holzschnitt. Einzelblatt in 20 Exemplaren. 51×29 cm.

1924

731. MASEREEL, Frans: Das Gespensterschiff. Original-Holzschnitt. Einzelblatt in 28 Exemplaren. 47×32 cm.
732. –, –: Der Kuß. Original-Holzschnitt. Einzelblatt in 28 Exemplaren. 47×32 cm.
733. –, –: Melancholie. Original-Holzschnitt. Einzelblatt in 28 Exemplaren. 45×30 cm.
734. –, –: Spleen. Original-Holzschnitt. Einzelblatt in 30 Exemplaren. 46×29 cm.

1925

735 MASEREEL, Frans: Die Angeklagte. Original-Holzschnitt. Einzelblatt in 20 Exemplaren. 44×31 cm.
736. –, –: Schatten. Original-Holzschnitt. Einzelblatt in 30 Exemplaren. 44×31 cm.
737. –, –: Die Terrasse. Original-Holzschnitt. Einzelblatt in 30 Exemplaren. 40×29,5 cm.

2.3 Almanache und Kataloge

Das Bunte Buch. Ein Sammelbuch. 1914. Mit einem vollständigen alphabetischen Verlagsverzeichnis 1910–1913. (Vgl. Nr. 152).

738. Die Bücher und graphischen Publikationen des Verlages Kurt Wolff zu Leipzig. [1913]. Einzelausgabe des Verzeichnisses in dem Almanach *Das Bunte Buch*. 63 S., 8°, geh.

Vom jüngsten Tag. Ein Almanach neuer Dichtung. 1916. Mit einem Verlagsverzeichnis in Auswahl. (Vgl. Nr. 274).

739. Verlagsverzeichnis 1909–1916. (Umschlagtitel: Die Bücher und graphischen Publikationen des Verlages Kurt Wolff zu Leipzig.) [Enthält alle bei Rowohlt 1908–1913 erschienenen und alle von Wolff von anderen Verlagen erworbenen und selbst verlegten Bücher bis einschließlich 1916.] [Leipzig: Wolff 1916]. 150 S., 8°, geh.

Der neue Roman. Ein Almanach. 1917. Mit einem Verlagsverzeichnis in Auswahl. (Vgl. Nr. 345).

Die neue Dichtung. Ein Almanach. 1918. Mit einem Verlagsverzeichnis in Auswahl. (Vgl. Nr. 361).

Das neue Geschichtenbuch. Ein Almanach. 1918. Mit einem Verlagsverzeichnis in Auswahl. (Vgl. Nr. 367).

740. Die neue Dichtung / Kurt Wolff Verlag / Leipzig. [1918] = Einzelausgabe des Verzeichnisses der Almanache *Die neue Dichtung* und *Das neue Geschichtenbuch*. 47 S., 8°, geh.

741. Die Bücher und graphischen Publikationen von Kurt Wolff Verlag. München und Leipzig. Herbst 1919. (Ausgegeben am 1. September 1919). [Vollständiges Verzeichnis aller lieferbaren Titel]. [München: Wolff 1919]. kl. 8°, 64 S., geh.

742. Bücher und graphische Publikationen. Kurt Wolff Verlag. München und Leipzig 1921. »Dieses Verzeichnis enthält die zur Zeit vorrätigen oder bis Ende 1920 neu oder in neuen Auflagen erscheinenden Bücher«. 58 S., 12°, geh.

743. Die Bücher und graphischen Publikationen des Kurt Wolff Verlages München und Leipzig 1922. »Dieses Verlagsverzeichnis enthält alle zur Zeit vorrätigen und die bis Ende des Jahres neu oder in neuen Auflagen erscheinenden Werke. [...] München, 1. Juli 1922«. 44 S., 8°, geh.

1925. Ein Almanach für Kunst und Dichtung aus dem Kurt Wolff Verlag. Mit einem vollständigen Verzeichnis der lieferbaren Titel bis 1924. (Vgl. Nr. 636).

744. Verlagsverzeichnis Kurt Wolff Verlag A.-G. München. [Innentitel, Umschlag des autopsierten Exemplars fehlt. = Einzelausgabe des Verlagsverzeichnisses in dem Almanach 1925. Stand der Produktion bis 1924]. 53 S., 8°, geh.

1927. Ein Almanach für Kunst und Dichtung aus dem Kurt Wolff Verlag. (1926 ausgegeben). Mit einem vollständigen Verzeichnis der lieferbaren Titel bis 1926. (Vgl. Nr. 670).

745. Bücher und Graphik Kurt Wolff Verlag München / Berlin / Leipzig. [= Einzelausgabe des Verlagsverzeichnisses in dem Almanach 1927, Verzeichnis der lieferbaren Titel bis 1926]. 40 S., 8°, geh.

Sonderverzeichnisse des Kurt Wolff Verlages

746. Bühnenvertriebs-Katalog. Kurt Wolff Verlag Leipzig / Abteilung Bühnenvertrieb. [undatiert, ca. 1916/17]. 8 ungezählte S., 8°, geh.

747. Mappenwerke im Verlage von Kurt Wolff Leipzig. [o. J.], 16 S., 8°, geh.

2.4 Die Reihen und Sammlungen

Die Produktion des Kurt Wolff Verlages wurde bereits während des Krieges sehr stark in Reihen und Sammlungen eingegliedert. Dabei erfolgte die Zusammenfassung oft erst nachträglich und war nicht frei von Willkür. Hier aufgenommen wurden deshalb nur die bewußt geplanten Reihen wie *Der Jüngste Tag*, die *Drugulin-Drucke, Neue Folge* und die *Zehn Stundenbücher der Ernst Ludwig-Presse* sowie die Sammlungen, die einen geschlossenen, programmatischen Charakter tragen wie *Der Neue Roman*, die *Neuen Geschichtenbücher* und *Die Groteske*. Auf die Aufnahme der in den Prospekten ausgewiesenen Rubriken *Die neue Dichtung, Neue Dramen* und *Neue Lyrik* wurde verzichtet, da es sich lediglich um eine lockere Zusammenstellung aller nicht in den »echten« Sammlungen und Reihen befindlichen Verlagstitel handelte.

Der Jüngste Tag

Die 1913 gegründete Reihe existierte bis 1921 und umfaßte 86 Nummern. Sie gilt als die wichtigste expressionistische Buchreihe, die vorwiegend Erstlingswerke junger Dichter, meist kürzere Dichtungen aller Gattungen, umfaßte. Sie stellt einen repräsentativen Querschnitt durch die expressionistische Literatur dar. Neben einzelnen älteren, bereits erfolgreichen Autoren wurden auch ausländische, der expressionistischen Strömung verwandte Dichtungen aufgenommen.

1. Franz Werfel: Die Versuchung. (Vgl. Nr. 147)
2. Walter Hasenclever: Das unendliche Gespräch. (Vgl. Nr. 126)
3. Franz Kafka: Der Heizer. (Vgl. Nr. 133)
4. Ferdinand Hardekopf: Der Abend. (Vgl. Nr. 124)
5. Emmy Hennings: Die letzte Freude. (Vgl. Nr. 128)
6. Carl Ehrenstein: Klagen eines Knaben. (Vgl. Nr. 118)
7./8. Georg Trakl: Gedichte. (Vgl. Nr. 142)
9. Francis Jammes: Die Gebete der Demut. (Vgl. Nr. 131)
10. Maurice Barrès: Der Mord an der Jungfrau. (Vgl. Nr. 110)
11. Paul Bold: Junge Pferde! Junge Pferde! (Vgl. Nr. 150)
12. Ottokar Březina: Hymnen. (Vgl. Nr. 111)
13. Berthold Viertel: Die Spur. (Vgl. 143)
14. Carl Sternheim: Busekow. (Vgl. Nr. 172)
15. Leo Matthias: Der jüngste Tag. (Vgl. Nr. 166)
16. Marcel Schwob: Der Kinderkreuzzug. (Vgl. Nr. 170)
17. Gottfried Kölwel: Gesänge gegen den Tod. (Vgl. Nr. 162)
18. Paul Kraft: Gedichte. (Vgl. Nr. 213)
19. Carl Sternheim. Napoleon. (Vgl. Nr. 223)
20. Kasimir Edschmid: Das rasende Leben. (Vgl. Nr. 203)
21. Carl Sternheim: Schuhlin. (Vgl. Nr. 272)
22/23. Franz Kafka: Die Verwandlung. (Vgl. Nr. 212)
24. René Schickele: Aissé. (Vgl. Nr. 265)
25. Johannes R. Becher: Verbrüderung. (Vgl. Nr. 232)
26. Carl Sternheim: Meta. (Vgl. Nr. 271)
27/28. Albert Ehrenstein: Nicht da, nicht dort. (Vgl. Nr. 244)
29/30. Franz Werfel: Gesänge aus den drei Reichen. (Vgl. Nr. 353)
31. Mynona: Schwarz-Weiß-Rot. (Vgl. Nr. 261)
32. Max Brod: Die erste Stunde nach dem Tode. (Vgl. Nr. 236)
33. Ludwig Rubiner: Das himmlische Licht. (Vgl. Nr. 264)
34. Franz Kafka: Das Urteil. (Vgl. Nr. 253)
35. Gottfried Benn: Gehirne. (Vgl. Nr. 234)
36. Ernst Wilhelm Lotz: Wolkenüberflaggt. (Vgl. Nr. 327)
37. Rudolf Leonhard: Polnische Gedichte. (Vgl. Nr. 377)
38. Martin Gumpert: Verkettung. (Vgl. Nr. 318)
39/40. Hans Reimann: Kobolz. (Vgl. Nr. 343)
41. Oskar Kokoschka: Der brennende Dornbusch. Mörder, Hoffnung der Frauen. (Vgl. Nr. 323)
42. Franz Jung: Gnadenreiche, unsere Königin. (Vgl. Nr. 373)
43. Paul Claudel: Die Musen. (Vgl. Nr. 307)
44/45. Hans von Flesch-Brunningen: Das zerstörte Idyll. (Vgl. Nr. 313)
46. Ernst Blass: Die Gedichte von Sommer und Tod. (Vgl. Nr. 356)
47/48. August Strindberg: Die Schlüssel des Himmelreichs oder Sankt Peters Wanderung auf Erden. (Vgl. Nr. 350)
49. Max Herrmann: Empörung, Andacht, Ewigkeit. (Vgl. Nr. 371)
50. Carl Sternheim: Ulrike. (Vgl. Nr. 394)
51. Alfred Wolfenstein: Die Nackten. (Vgl. Nr. 400)
52. Oskar Baum: Zwei Erzählungen. (Vgl. Nr. 354)
53. Eugen Roth: Die Dinge, die unendlich uns umkreisen. (Vgl. Nr. 387)
54. Iwan Goll: Dithyramben. (Vgl. Nr. 369)
55. Karl Otten: Der Sprung aus dem Fenster. (Vgl. Nr. 383)
56. Mechtild Lichnowsky: Gott betet. (Vgl. Nr. 378)
57. Max Brod: Die Höhe des Gefühls. (Vgl. Nr. 357)
58/59. Francis Jammes: Das Paradies. (Vgl. Nr. 424)
60/61. Alexej Remisow: Legenden und Geschichten. (Vgl. Nr. 386)
62/63. Theodor Tagger: Der zerstörte Tasso. (Vgl. Nr. 396)
64. Karel Čapek: Kreuzwege. (Vgl. Nr. 410)
65. Johannes Urzidil: Sturz der Verdammten. (Vgl. Nr. 449)

66. Carl Maria Weber: Erwachen und Bestimmung. (Vgl. Nr. 450)
67. Otfried Krzyzanowski: Unser täglich Gift. (Vgl. Nr. 433)
68/69. Arthur Drey: Der unendliche Mensch. (Vgl. Nr. 412)
70. Hans Arthur Thies: Die Gnadenwahl. (Vgl. Nr. 447)
71. Oskar Schürer: Versöhnung. (Vgl. Nr. 441)
72. Julius Maria Becker: Gedichte. (Vgl. Nr. 406)
73/74. Adolf Knoblauch: Dada. (Vgl. Nr. 429)
75. Hans Siemsen: Auch ich. Auch du. (Vgl. Nr. 442)
76/77. Bohuslav Kokoschka: Adelina oder Der Abschied vom neunzehnten Lebensjahr. (Vgl. 474)
78. Alfred Brust: Der ewige Mensch. (Vgl. Nr. 409)
79. Walther Georg Hartmann: Wir Menschen. (Vgl. Nr. 470)
80. Béla Révész: Beethoven. (Vgl. Nr. 439)
81. Ludwig Berger: Spielgeist. (Vgl. Nr. 458)
82. Johannes R. Becher: Zion. (Vgl. Nr. 456)
83. Ruth Schaumann: Die Kathedrale. (Vgl. Nr. 490)
84. Ernst Toller: Gedichte der Gefangenen. (Vgl. Nr. 553)
85. Ferdinand Hardekopf: Privatgedichte. (Vgl. Nr. 530)
86. Rudolf Kayser: Moses Tod. (Vgl. Nr. 534)

Zehn deutsche Reden

Von Axel Ripke, dem Herausgeber der nationalliberalen Zeitschrift *Der Panther* und Mitarbeiter im Verlag der Weißen Bücher, 1915 herausgegebene Reihe. Die Reihe sollte Stellung nehmen zu gesellschaftlichen Zeitfragen, sie wurde aber bereits nach sechs Heften eingestellt.

(Heft 1) Karl Joël: Neue Weltkultur. (Vgl. Nr. 211)
(Heft 2) Dietrich Schäfer: Staat und Volk. (Vgl. Nr. 220)
(Heft 3) Graf Ernst von Reventlow: Landwirtschaft und Volkskraft. (Vgl. Nr. 218)
(Heft 4) Hermann Oncken: Wie ehrt ein Volk seine großen Männer? (Vgl. Nr. 217)
(Heft 5) Paul Harms: Das soziale Gewissen. (Vgl. Nr. 206)
(Heft 6) Otto Baumgarten: Die lebendige Religion. (Vgl. Nr. 189)

Sammlungen illustrierter Monographien

Der Kurt Wolff Verlag übernahm im Jahre 1915 von dem liquidierten Verlag Marquardt & Co., Berlin, vier Sammlungen von Monographien: *Die Kultur; Die Kunst; Die Literatur* und *Die Musik*. Diese Sammlungen waren seit 1902 aufgebaut worden, sie wurden von Wolff jedoch nicht fortgesetzt, sondern nur weitervertrieben, zum Teil verramscht bzw. an andere Verlage abgegeben. Bereits 1916 sind diese Sammlungen im Programm des KWV nicht mehr nachweisbar. Nur wenige Titel hat Wolff neu aufgelegt und in seinem Verlagsprogramm behalten. Diese Titel sind durch die Ziffern der fortlaufenden Zählung gekennzeichnet.

Die Kultur. Sammlung illustrierter Einzeldarstellungen
(Hrsg. von Cornelius Gurlitt)

1. Houston Stewart Chamberlain: Arische Weltanschauung. (1905)
2. Oscar Bie: Der gesellschaftliche Verkehr. (1905)
3. Wilhelm Uhde: Der Alte Fritz. (1905)
4. Hermann Bahr: Dialog vom Marsyas. (1905)
5. Georg Jakob Wolf: Ulrich von Hutten: (1906)
6. Franz Blei: Von amourösen Frauen. (1906, 2. Aufl. 1908)
7. Marg. N. Zepler: Erziehung zur Körperschönheit. Turnen und Tanzen. Ein Beitrag zur Mädchenerziehung. (1906)
8. Hans Ostwald: Landstreicher. (1903)
9. Lothar Schmidt: Frauenbriefe der Renaissance. (1906)

748. 10. Georg Simmel: Kant und Goethe. Zur Geschichte der modernen Weltanschauung. (1906) (3. Aufl.) [KWV 1916; 16.–25. Tsd. bis 1919.] Leipzig. Wolff 1916. 117 S., 8°.

11. Oskar Bie: Moderne Musik und Richard Strauss. (1906)
12. A. von Gleichen-Russwurm: Schillers Weltanschauung und seine Zeit. (1907)
13. Arthur Holitscher: Leben mit Menschen. (1906)
14. Jarno Jessen: Die Kaiserin Friedrich. (1907)
15/16. Käthe Schirmacher: Deutschland und Frankreich seit 35 Jahren. Ein Beitrag zur Kulturgeschichte. (1906)
17/18. Johannes Tews: Die deutsche Volksschule. (1908)
19/20. Ed. von Mayer: Fürsten und Künstler. Zur Soziologie der Kunst. (1907)
21. Johannes Schlaf: Der Krieg. (1907)
22. W. Fred: Salzburg. (1907)
23/24. Cornelius Gurlitt: Dresden. (1907)
25. Andrew Carnegie: Deutschland und Amerika in ihren wirtschaftlichen Beziehungen zueinander unter besonderer Berücksichtigung Englands. Deutsch von J. M. Grabisch. (1908)
26/27. Werner Sombart: Kunstgewerbe und Kultur. (1908)
28. Wilhelm von Scholz: Deutsche Mystiker. (1908) Ü. in Verlag der Weißen Bücher 1916, vgl. Nr. 860
29/30. Th. Knappstein: Moderne Theologie und Kultur. Essay. (1908)

749. 31/32. Cornelius Gurlitt: Konstantinopel. (1908) Mit 32 Vollbildern in Tondr. Neue Ausg. Leipzig: Wolff [1915]. 118 S. Kl. 8°

Die Kunst. Sammlung illustrierter Monographien
(Hrsg. von Richard Muther)

1. Richard Muther: Lucas Cranach. (1902)
2. Cornelius Gurlitt: Die Lutherstadt Wittenberg. (1902)
3. Malcolm Bell: Burne-Jones. Deutsch von Rudolf Klein. (1902)
4. Franz Servaes: Max Klinger. (1902)
5. Rudolf Klein: Aubrey Beardsley. (1902)
6. Alb. Zacher: Venedig als Kunststätte. (1903)
7. Julius Meier-Graefe: Manet und sein Kreis. (1903)
8. Richard Muther: Die Renaissance der Antike. (1903)
9. Richard Muther: Leonardo da Vinci. (1904)
10. Rainer Maria Rilke: Auguste Rodin. (1904)

11. Julius Meier-Graefe: Der moderne Impressionismus. (1903)
12. Jarno Jessen: Wilhelm Hogarth. (1903)
13. Friedrich Perzynski: Der japanische Farbholzschnitt. Seine Geschichte – sein Einfluß. (1904)
14. Hermann Ubell: Praxiteles. (1903)
15. Erich Klossowski: Die Maler von Montmartre. (1903)
16. Emil Schaeffer: Botticelli. (1903)
17. Richard Muther: J. F. Millet. (1903)
18. Alb. Zacher: Rom als Kunststätte. (1904)
19. Hans W. Singer: James Mc. N. Whistler. (1904)
20. Paul Landau: Giorgione. (1903)
21. Max Martersteig: Giovanni Segantini. (1904)
22. Oscar Bie: Die Wand und ihre künstlerische Behandlung. (1904)
23. Richard Muther: Velasquez. (1903)
24. Hermann Uhde-Bernays: Nürnberg. (1906)
25. Karl Scheffler: Constantin Meunier. (1903)
26. Cornelius Gurlitt: Über Baukunst. (1904)
27. Otto Julius Bierbaum: Hans Thoma. (1904)
28. W. Fred: Psychologie der Mode. (1904)
29. Georg Biermann: Florenz und seine Kunst. (1904)
30. Richard Muther: Francisco Goya. (1904)
31. Hermann Ubell: Phidias. (1904)
32. Hans Bethge: Worpswede. (1904)
33. W. Fred: J. H. Fragonard. (1904)
34. Oscar Bie: Handzeichnungen alter Meister. (1904)
35. Emil Schaeffer: Andrea del Sarto. (1904)
36. Oscar Bie: Die moderne Zeichenkunst. (1906)
37. Wilhelm Uhde: Paris. Eine Impression. (1904)
38. Eduard von Mayer: Pompeji in seiner Kunst. (1905)
39. Otto Grautoff: Moritz von Schwind. (1905)
40. Richard Muther: Rembrandt. (1906)
41. Hans W. Singer: Dante Gabriele Rossetti. (1905)
42. Franz Servaes: Albrecht Dürer. (1905)
43. Oscar Bie: Der Tanz als Kunstwerk. (1905)
44. W. Fred: Benvenuto Cellini. (1905)
45. Jarno Jessen: Präraffaelismus. (1906)
46. Willy Pastor: Donatello. (1906)
47. Franz Blei: Félicien Rops. (1906)
48. Richard Muther: Courbet. (1908)
49. W. Fred: Madrid. (1906)
50. Oscar Bie: Das Fest der Elemente. (1909)
51. Oscar Bie: Was ist moderne Kunst? (1906)
52/53. Georg Jakob Wolf: Augsburg. (nicht erschienen)
54. nicht erschienen
55/56. Rudolf Klein: Max Liebermann. (1906)
57/58. Felix Poppenberg: Buchkunst. (1908)
59/60. Fr. Matthies-Masuren: Künstlerische Photographie. Entwicklung und Einfluß in Deutschland. Vorwort und Einleitung von Alfr. Lichtwark. (1907)
61/62. E. W. Bredt: München als Kunststadt. (1907)
63/64. Friedrich Perzynski: Korin und seine Zeit. (1907)
65/66. A. von Ende: New York. (1909)

Die Literatur. Sammlung illustrierter Einzeldarstellungen
(Hrsg. von Georg Brandes)

1. Hugo von Hofmannsthal: Unterhaltungen über literarische Gegenstände. (1904)
2. Fritz Mauthner: Aristoteles. Ein unhistorischer Essay. (1904)
3. Franz Blei: Die galante Zeit und ihr Ende. Piron, Abbé Galiani, Rêtif de la Bretonne, Grimod de la Reynière, Choderlos de Laclos. (1904)
4. Hans Ostwald: Maxim Gorki. (1904)
5. Otto Hauser: Die japanische Dichtung. (1904)
6. Franz Blei: Novalis. (1904)
7. Oskar Levertin: Selma Lagerlöf. Berechtigte Übersetzung von Francis Marco. (1904)
8. Jakob Wassermann: Die Kunst der Erzählung. (1904)
9. Alfred Kerr: Schauspielkunst. (1904)
10. Otto Stoessl: Gottfried Keller. (1904)
11. Felix Poppenberg: Nordische Porträts aus vier Reichen. (Hermann Bang, Knut Hamsun, Sigbjörn Obstfelder, Gustav af Geyerstam, Juani Aho.) (1904)
12. Arthur Holitscher: Charles Baudelaire. (1904)
13. Franz Blei: Fünf Silhouetten in einem Rahmen. J. J. Bodmer, Wieland, Heinse, H. P. Sturz, C. Ph. Moritz. (1904)
14. Wolfgang Golther: Richard Wagner als Dichter. (1904)
15. Oscar Bie: Das Ballett. (1905)
16. Arthur Eloesser: Heinrich von Kleist. (1905)
17. Hermann Ubell: Die griechische Tragödie. (1905)
18. Joseph Ettlinger: Theodor Fontane. Ein Essay. (1904)
19. Gabriele Reuter: Annette von Droste-Hülshoff. (1905)
20. Georg Brandes: Anatole France. Deutsch von Ida Anders. (1905)
21. Samuel Lublinski: Friedrich Schiller. Seine Entstehung und seine Zukunft. (1905)
22. Johannes Schlaf: Maurice Maeterlinck. (1906)
23. Rudolf Kassner: Denis Diderot. (1906)
24. Max Messer: Max Stirner. (1907)
25. Otto Stoessl: Conrad Ferdinand Meyer. (1906)
26. Max Burckhard: Das Nibelungenlied. (1906)
27. Karl Federn: Dante. (1907)
28. Michael Georg Conrad: Emile Zola. (1906)
29/30. Edouard Maynial: Maupassant. (1907)
31. Hanns Holzschuher: Hans Sachs in seiner Bedeutung für unsere Zeit. (1906)
32/33. Georg Brandes: Henrik Ibsen. (1906)
34. Otto Hauser: Die chinesische Dichtung. (1908)
35. nicht erschienen
36. Felix Salten: Aus einem Wiener Kreise. (nicht erschienen)
37/38. Karl Henckell: Deutsche Dichter seit Heinrich Heine. Ein Streifzug durch fünfzig Jahre Lyrik. (1906)

Die Musik. Sammlung illustrierter Einzeldarstellungen
(Hrsg. von Richard Strauss)

1. August Göllerich: Beethoven. (1904)
2. Oscar Bie: Intime Musik. (1904)
3. Hans von Wolzogen: Wagner-Brevier. (1906)
4. Alfred Bruneau: Geschichte der französischen Musik. Übertragen von Max Graf. (1904)
5. Hans von Wolzogen: Bayreuth. (1904)
6. Oscar Bie: Tanzmusik. (1905)
7. Wilhelm Klatte: Zur Geschichte der Programm-Musik. (1905)

8. nicht erschienen
9. Alfred Bruneau: Die russische Musik. Übertragen von Max Graf. (1905)
10. nicht erschienen
11. Romain Rolland: Paris als Musikstadt. Übertragen von Max Graf. (1905)
12. Max Graf: Die Musik im Zeitalter der Ranaissance. (1905)
13/14. Philipp Wolfrum: Joh. Seb. Bach. (1906)
15. nicht erschienen
16/17. H. Bischoff: Das deutsche Lied. (1906)
18. Richard Batka: Die Musik in Böhmen. (1906)
19. Ernst Wolff: Robert Schumann. (1906)
20. nicht erschienen
21. James Simon: Faust in der Musik. (1906)
22/23. Wilhelm Klatte: Franz Schubert. (1907)
24/25. Adolf Weißmann: Bizet. (1907)
26/27. Siegmund von Hausegger: Alexander Ritter. Ein Bild seines Charakters und Schaffens. (1907)
28/29. Louis Schneider: Das französische Volkslied. (nicht erschienen)
30. Richard Specht: Johann Strauss. (1909)

Der Neue Roman

Die 1916 gegründete Reihe *Der Neue Roman* war neben dem *Jüngsten Tag* die literarhistorisch bedeutsamste Reihe des Kurt Wolff Verlages, jahrelang auch der größte Verkaufserfolg. In dieser Reihe erschienen neben Originalausgaben vor allem die erfolgreichen Romane des Verlages in neuer Auflage, die damit der Gesamtreihe zu breiterer Beachtung verhalfen. Anfang der zwanziger Jahre erschienen bereits weniger expressionistische Romane in dieser Reihe, die nun mehr auf ausländische Literatur ausgerichtet wurde. 1922 wurde die Reihe *Der Europäische Roman* ausgegliedert. Beide Reihen stagnierten jedoch nach der Inflation und wurden 1925 ganz eingestellt.

Babits, Michael: Der Storchkalif. Roman (Vgl. Nr. 404)
Balzac, Honoré de: Der Vetter Pons. Roman (Vgl. Nr. 405)
Baum, Oskar: Die Tür ins Unmögliche. Roman (Vgl. Nr. 455)
Brod, Max: Die Einsamen. Kleine Romane (Vgl. Nr. 408)
Brod, Max: Franzi oder Eine Liebe zweiten Ranges. Roman (Vgl. Nr. 565)
Brod, Max: Jüdinnen. Roman (Vgl. Nr. 196)
Brod, Max: Leben mit einer Göttin. Roman (Vgl. Nr. 592)
Brod, Max: Schloß Nornepygge. Roman (Vgl. Nr. 197)
Brod, Max: Tycho Brahes Weg zu Gott. Roman (Vgl. Nr. 237)
Brod, Max: Das große Wagnis. Roman (Vgl. Nr. 360)
Brod, Max: Weiberwirtschaft. Sechs Erzählungen (Vgl. Nr. 202)
Dymow, Ossip: Der Knabe Wlaß. Roman (Vgl. Nr. 309)
Dymow, Ossip: Haschen nach dem Wind. Roman (Vgl. Nr. 413)
Eça de Queiroz, José Maria: Die Reliquie. Roman (Vgl. Nr. 414)
Edschmid, Kasimir: Die sechs Mündungen. Novellen (Vgl. Nr. 203)
Edschmid, Kasimir: Timur. Novellen (Vgl. Nr. 241)
Essig, Hermann: Der Taifun. Roman (Vgl. Nr. 415)
Eulenberg, Herbert: Katinka die Fliege. Roman (Vgl. Nr. 37)
Flaubert, Gustave: November. Roman (Vgl. Nr. 312)
France, Anatole: Der Aufruhr der Engel. Roman (Vgl. Nr. 314)
France, Anatole: Die Götter dürsten. Roman (Vgl. Nr. 315)
France, Anatole: Komödiantengeschichte. Roman (Vgl. Nr. 316)
France, Anatole: Der kleine Peter. Roman (Vgl. Nr. 529)
France, Anatole: Der fliegende Händler. Novellen (Vgl. Nr. 527)
Freeman, John: Michel. Roman (Vgl. Nr. 365)
Gorki, Maxim: Drei Menschen. Roman (Vgl. Nr. 317)
Hamsun, Knut: Gedämpftes Saitenspiel. Roman (Vgl. Nr. 568)
Hamsun, Knut: Unter Herbststernen. Roman (Vgl. Nr. 567)
Hauptmann, Carl: Einhart der Lächler. Roman (Vgl. Nr. 247)
Hauptmann, Carl: Ismael Friedmann. Roman (Vgl. Nr. 88)
Kohl, Aage von: Im Palaste der Mikroben. Roman (Vgl. Nr. 432)
Leskow, Nikolaus: Die Klerisei. Roman (Vgl. Nr. 476)
Madelung, Aage: Zirkus Mensch. Roman (Vgl. Nr. 379)
Mann, Heinrich: Die Armen. Roman (Vgl. Nr. 328)
Mann, Heinrich: Die Göttinnen oder Die drei Romane der Herzogin von Assy (Vgl. Nr. 295)
Mann, Heinrich: Die Jagd nach der Liebe. Roman (Vgl. Nr. 296)
Mann, Heinrich: Novellen. (Vgl. 335)
Mann, Heinrich: Zwischen den Rassen. Roman (Vgl. Nr. 298)
Mann, Heinrich: Im Schlaraffenland. Ein Roman unter feinen Leuten (Vgl. Nr. 294)
Mann, Heinrich: Die kleine Stadt. Roman (Vgl. Nr. 332)
Mann, Heinrich: Professor Unrat oder Das Ende eines Tyrannen. Roman (Vgl. Nr. 297)
Mann, Heinrich: Der Untertan. Roman (Vgl. Nr. 381)
Mendelssohn, Erich von: Die Heimkehr. Roman (Vgl. Nr. 574)
Mendelssohn, Erich von: Nacht und Tag. Roman (Vgl. Nr. 575)
Meyrink, Gustav: Fledermäuse. Novellen (Vgl. Nr. 260)
Meyrink, Gustav: Das grüne Gesicht. Roman (Vgl. Nr. 336)
Meyrink, Gustav: Der Golem. Roman (Vgl. Nr. 216)
Meyrink, Gustav: Walpurgisnacht. Roman (Vgl. Nr. 337)
Philippe, Charles Louis: Bübü vom Montparnasse. Roman (Vgl. Nr. 485)
Philippe, Charles Louis: Die gute Madeleine. (Vgl. Nr. 606)
Philippe, Charles Louis: Das Bein der Tiennette. (Vgl. Nr. 605)
Philippe, Charles Louis: Der alte Perdrix. (Vgl. Nr. 607)
Puttkamer, Annemarie von: Die Schwestern. Roman (Vgl. Nr. 608)
Reimann, Hans: Tyll. Roman (Vgl. Nr. 384)
Renard, Maurice: Der Doktor Lerne. Roman (Vgl. Nr. 385)
Rolland, Romain: Peter und Lutz. Roman (Vgl. Nr. 543)
Rolland, Romain: Annette und Sylvia. Ein Roman (Vgl. Nr. 631)
Sternheim, Carl: Chronik von des zwanzigsten Jahrhunderts Beginn. (Vgl. Nr. 391)
Sternheim, Carl: Europa. Roman (Vgl. Nr. 496)
Tagore, Rabindranath: Das Heim und die Welt. Roman (Vgl. Nr. 503)
Tharaud, J. u. J.: Der Schatten des Kreuzes. (Vgl. Nr. 581)
Weiß, Ernst: Tiere in Ketten. Roman (Vgl. Nr. 585)
Weiß, Ernst: Nahar. Roman (Vgl. Nr. 584)
Weiß, Ernst: Die Galeere. Roman (Vgl. Nr. 556)

Wells, Herbert George: Geheimkammern des Herzens. Roman (Vgl. Nr. 615 a)
Werfel, Franz: Nicht der Mörder, der Ermordete ist schuldig. Eine Novelle (Vgl. Nr. 512)
Zweig, Arnold: Die Novellen um Claudia. Roman (Vgl. Nr. 83)

Der Europäische Roman

Die Reihe wurde 1922 ins Leben gerufen und existierte nur kurz. Sie war eine Zusammenfassung der ausländischen Literatur aus dem *Neuen Roman* und einiger deutscher Novellen und Romane. War der *Neue Roman* eine eigenständige Reihe mit Originalausgaben, so war diese Reihe lediglich ein verkaufspolitisches Instrument der Absatzbelebung älterer Romane.

Babits, Michael: Der Storchkalif. Roman (Vgl. Nr. 404)
Baum, Oskar: Die Tür ins Unmögliche. Roman (Vgl. Nr. 455)
Dymow, Ossip: Haschen nach dem Wind. Roman (Vgl. Nr. 413)
Dymow, Ossip: Der Knabe Wlaß. Roman (Vgl. Nr. 309)
Eça de Queiroz, José Maria: Die Reliquie. Roman (Vgl. Nr. 417)
Edschmid, Kasimir: Die sechs Mündungen. Novellen (Vgl. Nr. 203)
Edschmid, Kasimir: Timur. Novellen (Vgl. Nr. 241)
Eulenberg, Herbert: Katinka die Fliege. Roman (Vgl. Nr. 37)
Flaubert, Gustave: November. Roman (Vgl. Nr. 312)
Fontana, Oskar Maurus: Erweckung. (Vgl. Nr. 417)
Hauptmann, Carl: Ismael Friedmann. Roman (Vgl. Nr. 88)
Kohl, Aage von : Im Palaste der Mikroben. Roman (Vgl. Nr. 432)
Leskow, Nikolaus: Die Klerisei. Roman (Vgl. Nr. 476)
Madelung, Aage: Zirkus Mensch. Roman (Vgl. Nr. 379)
Mann, Heinrich: Der Untertan. Roman (Vgl. Nr. 381)
Meyrink, Gustav: Walpurgisnacht. Roman (Vgl. Nr. 337)
Renard, Maurice: Der Doktor Lerne. Roman (Vgl. Nr. 385)
Sternheim, Carl: Europa. Roman (Vgl. Nr. 496)

Neue Geschichtenbücher

Unter ähnlichen Gesichtspunkten wie *Der Neue Roman* 1916/17 gegründete Reihe, die kürzere Romane und Erzählungen aufnahm und wegen des geringeren Umfangs der Bände preisgünstiger als *Der Neue Roman* abgegeben werden konnte.

Edschmid, Kasimir: Timur. Drei Novellen (Vgl. Nr. 241)
Eulenberg, Herbert: Sonderbare Geschichten. Novellen (Vgl. Nr. 14)
Fontana, Oskar Maurus: Erweckung. Roman (Vgl. Nr. 417)
Hauptmann, Carl: Nächte. Novellen (Vgl. Nr. 69)
Hauptmann, Carl: Schicksale. Novellen (Vgl. Nr. 160)
Hauptmann, Carl: Rübezahlbuch. Neun Rübezahlabenteuer (Vgl. Nr. 210)
Kesser, Hermann: Die Stunde des Martin Jochner. Roman (Vgl. Nr. 322)
Lichnowsky, Mechtild: Der Stimmer. Erzählung (Vgl. Nr. 326)
Meyrink, Gustav: Fledermäuse. Novellen (Vgl. Nr. 260)
Reimann, Hans: Tyll. Roman (Vgl. Nr. 384)
Révész, Béla: Der große Kerker. Erzählungen (Vgl. Nr. 488)
Rodenbach, Georges: Das tote Brügge. Roman (Vgl. Nr. 100)
Schmitz, Hermann Harry: Das Buch der Katastrophen. Erzählungen (Vgl. Nr. 266)
Schmitz, Hermann Harry: Der Säugling und andere Tragikomödien. Erzählungen (Vgl. Nr. 52)
Šrámek, Fráňa: Flammen. Novellen (Vgl. Nr. 102)
Sylvester, Ernst: Peter van Pier, der Prophet (Vgl. Nr. 273)
Tagore, Rabindranath: Erzählungen. Novelle (Vgl. Nr. 397)
Zech, Paul: Der schwarze Baal. Novellen (Vgl. 453)

Die graphischen (schwarzen) Bücher

Eine während des Krieges (ca. 1917) ins Leben gerufene Reihe illustrierter Bücher in Luxusausstattung, meist mit Originalgraphik zeitgenössischer Künstler. Die Reihe hieß zunächst *Die schwarzen Bücher* (nach dem schwarzen Einband mit Goldprägung und Pergamentrücken), wurde aber um 1919 allgemeiner umbenannt in *Die graphischen Bücher*.

Arnim, Achim von: Die Majoratsherren (Vgl. Nr. 306)
Chamisso, Adalbert von: Peter Schlemihls wundersame Geschichte. (Vgl. Nr. 411)
Flaubert, Gustave: Drei Erzählungen (Vgl. Nr. 416)
France, Anatole: Der dürre Kater (Vgl. Nr. 528)
Gogol, Nikolaus: Der Zauberer (Vgl. Nr. 368)
Grabbe, Christian Dietrich: Scherz, Satire, Ironie und tiefere Bedeutung (Vgl. Nr. 205)
Hoffmann, E. T. A.: Der goldene Topf (Vgl. Nr. 130)
Huelsenbeck, Richard: Doctor Billig am Ende (Vgl. Nr. 532)
Jammes, Francis: Der Hasenroman (Vgl. Nr. 372)
Jean Paul: Des Feldpredigers Schmelzle Reise nach Fläz (Vgl. Nr. 78)
Keller, Gottfried: Die drei gerechten Kammacher (Vgl. Nr. 374)
Meidner, Ludwig: Im Nacken das Sternemeer (Vgl. Nr. 382)
Meyrink, Gustav: Der Golem. Illustrierte Ausgabe (Vgl. Nr. 216)
Mynona: Der Schöpfer (Vgl. Nr. 482)
Philippe, Charles Louis: Bübü vom Montparnasse (Vgl. Nr. 485)
Starke, Ottomar: Schippeliana (Vgl. Nr. 347)
Sternheim, Carl: Die drei Erzählungen. Busekow, Napoleon, Schuhlin (Vgl. Nr. 270)
Sternheim, Carl: Mädchen. Drei Erzählungen (Vgl. Nr. 348)
Voltaire: Kandide oder Die beste Welt (Vgl. Nr. 509)
Weiss, Conrad: Tantum dic verbo (Vgl. Nr. 451)

Das neue Bild. Bücher für die Kunst der Gegenwart (Hrsg. von Carl Georg Heise)

1919 gegründete Reihe, die die kunstwissenschaftliche Produktion des Verlages vereinigen sollte. Die Reihe wurde während der Inflation jedoch nicht mehr fortgesetzt.

Bd. 1: Gustav Pauli: Paula Modersohn-Becker (Vgl. Nr. 437)
Bd. 2: Gustav Friedrich Hartlaub: Kunst und Religion (Vgl. Nr. 420)
Bd. 3: Max Sauerlandt: Emil Nolde (Vgl. Nr. 545)

Drugulin-Drucke, Neue Folge

Reihe, die an die Drugulin-Drucke Ernst Rowohlts anknüpfte, jedoch im Gegensatz zu dieser Reihe nicht mehr Weltliteratur, sondern ausgewählte Dichtungen der modernen Verlagsautoren brachte. Die Auflage betrug jeweils 1000 Exemplare.

1. Wilhelm Klemm: Ergriffenheit (Vgl. Nr. 428)
2. Reinhard Koester: Peregrinus (Vgl. Nr. 431)
3. August Schmehl: Die Bekehrung der Äbte (Vgl. Nr. 440)
4. Franz Kafka: In der Strafkolonie (Vgl. Nr. 427)
5. Rabindranath Tagore: Der Frühlingskreis (Vgl. Nr. 444)
6. Franz Janowitz: Auf der Erde (Vgl. Nr. 425)
7. Paul Zech: Das Terzett der Sterne (Vgl. Nr. 516)
8. Charles Péguy: Die Litanei vom schreienden Christus (Vgl. Nr. 438)
9. Otokar Březina: Winde von Mittag nach Mitternacht (Vgl. Nr. 460)
10. Otokar Březina: Baumeister am Tempel (Vgl. Nr. 459)

Zehn Stundenbücher der Ernst Ludwig-Presse

Von dem Leiter der Presse, Christian Kleukens, eigenhändig gesetzte und gedruckte bibliophile Ausgaben für den KWV. Die Bücher in einheitlichem Oktavformat waren in je 350 Exemplaren auf Bütten gedruckt und trugen eine Umschlagzeichnung von Emil Preetorius.

1. Georg Trakl: Der Herbst des Einsamen (Vgl. Nr. 506)
2. Johann Wolfgang von Goethe: Lieder (Vgl. Nr. 469)
3. Rabindranath Tagore: Die Gabe des Liebenden (Vgl. Nr. Nr. 502)
4. Francis Jammes: Gebete der Demut (Vgl. Nr. 533)
5. Joseph von Eichendorff: Lieder (Vgl. Nr. 525)
6. Eduard Mörike: Gedichte (Vgl. Nr. 538)
7. Matthias Claudius: Gedichte des Wandsbecker Boten (Vgl. Nr. 524)
8. Ludwig Hölty: Gedichte (Vgl. Nr. 572)
9. Franz Werfel: Arien (Vgl. Nr. 587)
10. Friedrich Hölderlin: Gedichte (Vgl. Nr. 571)

Die Groteske. Sammlung moderner Satiriker

1922 bis 1924 existierende Sammlung, die neben einigen Originalausgaben vorwiegend die ältere humoristische Dichtung des Verlages programmatisch neu gliederte.

Frey, Alexander Moritz: Der unheimliche Abend. Grotesken (Vgl. Nr. 598)
Mehring, Walter: Das Ketzerbrevier. Ein Kabarettprogramm (Vgl. Nr. 537)
Mynona: Mein Papa und die Jungfrau von Orléans nebst anderen Grotesken (Vgl. Nr. 540)
Mynona: Das widerspenstige Brautbett. Grotesken (Vgl. Nr. 539)
Reimann, Hans: Von Karl May bis Max Pallenberg in 60 Minuten (Vgl. Nr. 609)
Ringelnatz, Joachim: Kuttel-Daddeldu (Vgl. Nr. 610)
Ringelnatz, Joachim: Turngedichte (Vgl. Nr. 611)
Rubiner, Ludwig, Friedrich Eisenlohr und Livingstone Hahn: Kriminal-Sonette (Vgl. Nr. 141)
Schmitz, Hermann Harry: Das Buch der Katastrophen (Vgl. Nr. 266)
Schmitz, Hermann Harry: Der Säugling und andere Tragikomödien (Vgl. Nr. 52)

Deutsche Plastik in Einzeldarstellungen

1924 bis 1926 herausgebrachte Kunstbuch-Reihe, die ab 1926 in die Pantheon Casa Editrice S. A., Firenze, übernommen wurde. Der Vertrieb der deutschen Ausgaben blieb beim KWV.

I./II. Erwin Panofsky: Die deutsche Plastik des 11. bis 13. Jahrhunderts. 2 Bde (Vgl. Nr. 628)
III. Wilhelm Pinder: Die deutsche Plastik des 14. Jahrhunderts (Vgl. Nr. 650)
IV. Wilhelm Pinder: Die deutsche Plastik des 15. Jahrhunderts (Vgl. Nr. 629)
V. Adolf Feulner: Die deutsche Plastik des 16. Jahrhunderts (Vgl. Nr. 658)
VI. Adolf Feulner: Die deutsche Plastik des 17. Jahrhunderts (Vgl. Nr. 659)
VII. Max Sauerlandt: Die deutsche Plastik des 18. Jahrhunderts (Vgl. Nr. 667)

Amerika-Bücher

Nach einer Amerikareise Wolffs im Jahre 1924 ins Leben gerufene Sammlung, die zeitgenössische amerikanische Romane in Übersetzungen vereinigte. Sie existierte bis 1928.

Erskine, John: Adam und Eva (Vgl. Nr. 682)
Erskine John: Das Privatleben der schönen Helena (Vgl. Nr. 671)
Lewis, Sinclair: Babbitt (Vgl. Nr. 642)
Lewis, Sinclair: Dr. med. Arrowsmith (Vgl. Nr. 643)
Marks, Percy: Studentenjahre (Vgl. Nr. 646)
[Ornitz, Samuel von]: Herr Fettwanst (Vgl. Nr. 649)

2.5 Bühnenverlagswerke

Der Bühnenvertrieb des KWV ging aus der von Ernst Rowohlt im Herbst 1910 gegründeten Bühnenvertriebsabteilung des Ernst Rowohlt Verlages hervor. Neben den eigenen Verlagsautoren wurden auch verlagsfremde Autoren, vorwiegend aus dem Insel-Verlag, vertrieben, da der Insel-Verlag keinen eigenen Bühnenverlag besaß. Wolff übergab am 1. Oktober 1917 seinen Bühnenvertrieb dem Drei-Masken-Verlag, der unter dem Namen »Vereinigte Bühnenvertriebe Drei Masken / Georg Müller / Erich Reiß / Kurt Wolff Verlag, Berlin« die Geschäfte weiterführte. Die Verbindung zwischen Drei-Masken-Verlag und KWV blieb bis in die dreißiger Jahre bestehen.

750. ALBERTI, Herbert: Agrippina. Ein Trauerspiel in fünf Aufzügen (Buchausgabe Leipzig: Insel-Verlag 1914).

ANTON, Heinrich: Blut, du bist Blut. Ein Spiel in drei Teilen (Buchausgabe KWV 1922, vgl. Nr. 562).

BALL, Hugo: Die Nase des Michelangelo. Eine Tragikomödie in vier Auftritten (Buchausgabe Ernst Rowohlt Verlag 1911, vgl. Nr. 23).

BASSEWITZ, Gerdt von: Die Sunamitin. Ein Drama in einem Vorspiel und drei Aufzügen (Buchausgabe Ernst Rowohlt Verlag 1912, vgl. Nr. 59).

–, –: Judas. Eine Tragödie in vier Akten (Buchausgabe Ernst Rowohlt Verlag 1911, vgl. Nr. 24).

–, –: Peterchens Mondfahrt. Ein Märchenspiel in vier Bildern (Buchausgabe Ernst Rowohlt Verlag 1912, vgl. Nr. 58).

–, –: Pips, der Pilz. Märchenspiel (Buchausgabe KWV 1916, vgl. Nr. 231).

–, –: Schahrazade. Ein Schauspiel in drei Aufzügen (Buchausgabe Ernst Rowohlt Verlag 1911, vgl. Nr. 25).

751. –, –: Bathseba (Buchausgabe nicht zu ermitteln).

752. BERGER, Ludwig: Genofeva. Drama (Buchausgabe nicht zu ermitteln).

–, –: Griseldis. Ein Volksstück in vier Akten (Buchausgabe KWV 1921, vgl. Nr. 518).

–, –: Marie und Martha. Ein Spiel von Zufall und Bestimmung (Buchausgabe KWV 1922, vgl. Nr. 564).

BROD, Max: Abschied von der Jugend. Ein romantisches Lustspiel in drei Akten (Buchausgabe Berlin: Axel Juncker 1912, Ü. KWV 1915, vgl. Nr. 192).

–, –: Die Fälscher. Schauspiel in vier Akten (Buchausgabe KWV 1920, vgl. Nr. 461).

BROD, Max: Die Höhe des Gefühls. Ein Akt (Buchausgabe KWV 1918, vgl. Nr. 357).

–, –: Die Retterin. Schauspiel in vier Akten (Buchausgabe KWV 1914, vgl. Nr. 151).

–, –: Eine Königin Esther. Drama in einem Vorspiel und drei Akten (Buchausgabe KWV 1918, vgl. Nr. 358).

–, –: Klasissas halbes Herz. Lustspiel in drei Akten (Buchausgabe KWV 1923, vgl. Nr. 591).

–, –: Prozeß Bunterbart. Schauspiel aus dieser Zeit in drei Akten (Buchausgabe KWV 1924, vgl. Nr. 620).

BRUST, Alfred: Der ewige Mensch. Drama in Christo (Buchausgabe KWV 1919 = Der Jüngste Tag 78, vgl. Nr. 409).

–, –: Der Tag des Zorns. Tragödie für das große Theater (Buchausgabe KWV 1921, vgl. Nr. 522).

–, –: Die Wölfe. Ein Winterstück (Buchausgabe KWV 1921, vgl. Nr. 523).

–, –: Spiele. Dramen (Buchausgabe KWV 1920, vgl. Nr. 462).

753. BURCKHARDT, Max; Das Moselgretchen. Oper (Buchausgabe nicht zu ermitteln)

754. BUSCH, Bernhard A.: Die Rivalen von Sheridan (Buchausgabe nicht zu ermitteln)

BYRON, Lord: Kain. Ein Mysterium. Deutsch von Paul Eger (Buchausgabe KWV 1916, vgl. Nr. 239).

DAUTHENDEY, Max: Ein Schatten fiel über den Tisch. Schauspiel in drei Aufzügen (Buchausgabe ERV 1911, vgl. Nr. 28).

–, –: Frau Raufenbarth. Bürgerliche Tragödie in drei Akten (Buchausgabe ERV 1911, vgl. Nr. 29).

DAUTHENDEY, Max: Lachen und Sterben. Fünfuhrtee Zwei tragische Akte (Buchausgabe ERV 1911, vgl. Nr. 30).

–, –: Madame Null. Schwank in drei Akten (Buchausgabe ERV 1911, vgl. Nr. 31).

–, –: Maja. Skandinavische Boheme-Komödie in drei Akten (Buchausgabe ERV 1911, vgl. Nr. 32).

–, –: Menagerie Krummholz. Jahrmarktskomödie in drei Akten (Buchausgabe ERV 1911, vgl. Nr. 33).

DVORÁK, Arno: Der Volkskönig. Drama in fünf Akten. Deutsch von Max Brod (Buchausgabe KWV 1914, vgl. Nr. 154).

EGER, Paul: Adam, Eva und die Schlange. Eine Komödie in drei Akten (Buchausgabe KWV 1916, vgl. Nr. 242).

755. ERNST, Paul: Preußengeist. Schauspiel in drei Aufzügen. (Buchausgabe Reclam's Universal-Bibliothek, Nr. 5796 [1915]).

ESSIG, Hermann: Die Glückskuh. Lustspiel in fünf Aufzügen (Buchausgabe Berlin: Paul Cassirer 1910, Ü. KWV 1916, vgl. Nr. 280)

–, –: Die Weiber von Weinsberg. Lustspiel in fünf Aufzügen (Buchausgabe Berlin: Paul Cassirer 1909, Ü. KWV 1916, vgl. Nr. 282).

–, –: Furchtlos und treu. Drama in fünf Aufzügen (Buchausgabe Berlin: Paul Cassirer 1911, Ü. KWV 1916, vgl. Nr. 279).

–, –: Mariä Heimsuchung. Tragödie in fünf Aufzügen (Buchausgabe Berlin: Paul Cassirer 1909, Ü. KWV 1916, vgl. Nr. 281).

–, –: Pastor Rindfleisch oder Pharaos Traum. Lustspiel in drei Akten (Buchausgabe KWV 1916, vgl. Nr. 245).

EULENBERG, Herbert: Alles um Geld. Ein Stück in fünf Akten (Buchausgabe ERV 1911, vgl. Nr. 34).

–, –: Alles um Liebe. Eine Komödie in fünf Akten (Buchausgabe ERV 1910, vgl. Nr. 5).

–, –: Anna Walewska. Eine Tragödie in fünf Akten (Buchausgabe ERV 1910, vgl. Nr. 6).

–, –: Belinde. Ein Liebesstück in fünf Aufzügen (Buchausgabe ERV 1913, vgl. Nr. 86).

–, –: Dogenglück. Eine Tragödie in fünf Aufzügen (Buchausgabe ERV 1910, vgl. Nr. 9).

–, –: Der Frauentausch. Ein Spiel in fünf Aufzügen (Buchausgabe KWV 1914, vgl. Nr. 155).

–, –: Kassandra. Ein Drama in fünf Aufzügen (Buchausgabe ERV 1912, vgl. Nr. 65).

–, –: Der Krieg. Eine bürgerliche Begebenheit in einem Aktus (Buchausgabe ERV 1913, vgl. Nr. 120).

–, –: Künstler und Katilinarier. Ein Schauspiel in vier Akten (Buchausgabe ERV 1910, vgl. Nr. 11).

–, –: Kurt von der Kreit. (Ein halber Held). Eine Tragödie in fünf Akten. (Buchausgabe vgl. ERV 1912, Nr. 63 u. KWV 1913, Nr. 119).

–, –: Leidenschaft. Ein Trauerspiel in fünf Akten (Buchausgabe KWV 1913, vgl. Nr. 119).

–, –: Der Morgen nach Kunersdorf. Ein vaterländisches Stückchen (Buchausgabe KWV 1914, vgl. Nr. 156).

–, –: Münchhausen. Ein deutsches Schauspiel in fünf Akten (Buchausgabe KWV 1913, vgl. Nr. 119).

–, –: Der natürliche Vater. Ein bürgerliches Lustspiel in fünf Akten (Buchausgabe ERV 1910, vgl. Nr. 7).

EULENBERG, Herbert: Ritter Blaubart. Ein Märchenstück in fünf Aufzügen (Buchausgabe ERV 1912, vgl. Nr. 66).

–, –: Ernste Schwänke. Vier Einakter (Buchausgabe KWV 1913, vgl. Nr. 121).

–, –: Simson. Eine Tragödie in fünf Akten nebst einem Satyrspiel (Buchausgabe ERV 1910, vgl. Nr. 13).

–, –: Ulrich, Fürst von Waldeck. Ein Schauspiel in fünf Akten (Buchausgabe ERV 1911, vgl. Nr. 38).

–, –: Zeitwende. Ein Schauspiel in fünf Akten (Buchausgabe KWV 1914, vgl. Nr. 157).

FONTANA, Oskar Maurus: Marc. Ein Schauspiel (Buchausgabe KWV 1918, vgl. Nr. 364).

756. FRANZOS, Marie: Marionettenspiele. (Ein Schatten. Der Harlekin des Todes. Herr Schneemann kommt). (Buchausgabe nicht zu ermitteln).

GOETZ, Wolfgang: Kreuzerhöhung. Der böse Herzog. Zwei Einakter (Buchausgabe ERV 1911, vgl. Nr. 43).

GORSLEBEN, Rudolf John von: Der Freibeuter. Eine ernsthafte Komödie in drei Aufzügen (Buchausgabe KWV 1913, vgl. Nr. 123).

757. HAHN, Victor: Die Byzantiner. Drama (Buchausgabe nicht zu ermitteln).

–, –: Warbeck. Ein Trauerspiel in fünf Akten und einem Vorspiel. Frei nach Schillers Fragment (Buchausgabe KWV 1917, vgl. Nr. 319).

HASENCLEVER, Walter: Der Retter. Drama in einem Aufzug (Privatdruck KWV 1916, vgl. Nr. 246).

–, –: Der Sohn. Ein Drama in fünf Akten (Buchausgabe KWV 1914, vgl. Nr. 158).

HAUPTMANN, Carl: Aus dem großen Kriege. Dramatische Szenen (Der Wächter auf den Bergen. Kosaken. Im galizischen Dorfe. Allerseelennacht. Die Kathedrale. Hokkende Vampire. Genie und Gespenster) (Buchausgabe KWV 1915, vgl. Nr. 207).

–, –: Die lange Jule. Drama in fünf Akten (Buchausgabe ERV 1913, vgl. Nr. 89).

–, –: Die Rebhühner. Komödie in fünf Akten (Buchausgabe KWV 1916, vgl. Nr. 249).

–, –: Ephraims Tochter. Schauspiel in fünf Akten (Buchausgabe KWV 1920, vgl. Nr. 471).

–, –: Gaukler, Tod und Juwelier. Spiel in fünf Akten (Buchausgabe KWV 1917, vgl. Nr. 321).

–, –: Krieg. Ein Tedeum (Buchausgabe KWV 1914, vgl. Nr. 159).

–, –: Musik. Ein Spiel in vier Akten (Buchausgabe KWV 1919, vgl. Nr. 421).

–, –: Tobias Buntschuh. Eine burleske Tragödie in fünf Aufzügen (Buchausgabe KWV 1916, vgl. Nr. 248).

758. HERCZEG, Franz: Byzanz. Schauspiel in drei Aufzügen. Übersetzung von Julius von Elischer (Buchausgabe nicht zu ermitteln).

JOHST, Hanns: Der Ausländer. Ein bürgerliches Lustspiel (Buchausgabe KWV 1916, vgl. Nr. 252).

–, –: Die Stunde der Sterbenden. Drama (Buchausgabe Verlag der Weißen Bücher 1914, vgl. Nr. 834).

–, –: Stroh. Eine Bauernkomödie in drei Aufzügen (Buchausgabe Verlag der Weißen Bücher 1916, vgl. Nr. 858).

759. KAUS, Otto: Dies Illa (Buchausgabe nicht zu ermitteln).

760. KAUS, Otto: Die ferne Heimat (Buchausgabe nicht zu ermitteln).

760a. –, : Phaëthon. Tragödie in einem Aufzug (Buchausgabe Hyperion-Verlag 1914).

KOESTER, Reinhard: Komödie der Lüge. Ein Spiel in vier Aufzügen (Buchausgabe KWV 1919, vgl. Nr. 430).

–, –: Peregrinus. Drama in neun Bildern (Buchausgabe KWV 1919, vgl. Nr. 431).

KOKOSCHKA, Oskar: Der brennende Dornbusch. Mörder, Hoffnung der Frauen (Buchausgabe KWV 1917, vgl. Nr. 323).

761. KORNFELD, Paul: Die Rache des Pafnuzius. Eine Tragödie in vier Akten (Buchausgabe nicht zu ermitteln).

LAUTENSACK, Heinrich: Das Gelübde. Schauspiel in vier Aufzügen (Buchausgabe KWV 1916, vgl. Nr. 254).

LICHNOWSKY, Mechtild: Ein Spiel vom Tod. Neun Bilder für Marionetten (Buchausgabe KWV 1915, vgl. Nr. 214).

MANN, Heinrich: Brabach. Drama in drei Akten (Buchausgabe KWV 1917, vgl. Nr. 329).

–, –: Die große Liebe. Drama in drei Akten (Buchausgabe KWV 1917, vgl. Nr. 331).

–, –: Die Unschuldige. Ein Akt (Buchausgabe KWV 1918, vgl. Nr. 380).

–, –: Der Tyrann (Buchausgabe Leipzig: Insel-Verlag 1908, Ü. KWV 1917, vgl. Nr. 333 u. Nr. 380).

–, –: Der Weg zur Macht. Drama in drei Akten (Buchausgabe KWV 1919, vgl. Nr. 435).

–, –: Madame Legros. Drama in drei Akten (Buchausgabe KWV 1917, vgl. Nr. 330).

–, –: Schauspielerin. Drama in drei Akten (Buchausgabe Berlin: Paul Cassirer 1911, Ü. KWV 1916, vgl. Nr. 289).

–, –: Varieté. Ein Akt (Buchausgabe Berlin: Paul Cassirer 1910, Ü. KWV 1916, vgl. Nr. 290 u. Nr. 380).

MATTHIAS, Leo: Der jüngste Tag. Ein groteskes Spiel (Buchausgabe KWV 1914, vgl. Nr. 166).

762. MEYRINK, Gustav, und RODA RODA: Bubi. Lustspiel in drei Akten (Buchausgabe Berlin: Schuster & Loeffler 1913).

763. MEYRINK, Gustav, und RODA RODA: Der Sanitätsrat. Eine Komödie in drei Akten. (Buchausgabe Berlin: Schuster & Loeffler 1912).

PULVER, Max: Alexander der Große. Schauspiel in einem Vorspiel und fünf Aufzügen (Buchausgabe KWV 1917, vgl. Nr. 341).

764. –, –: Christus im Olymp. Eine Epiphanie (Buchausgabe München, Neu-Ulm: Hans Sachs-Verlag 1918).

765. –, –: Das große Rad. Komödie in einem Vorspiel und neun Bildern (Buchausgabe München: Drei-Masken-Verlag 1921).

766. –, –: Der bekehrte Polyphem (Buchausgabe in: Max Pulver: Zwischenspiele. Zürich: Rascher & Cie. 1919).

767. –, –: Igernes Schuld. Ein Kammerspiel in vier Aufzügen (Buchausgabe Leipzig: Insel-Verlag 1918).

–, –: Robert der Teufel. Ein Drama in einem Vorspiel und fünf Akten (Buchausgabe KWV 1917, vgl. Nr. 342).

RADEMACHER, Johanna: Golo und Genovefa. Drama in drei Aufzügen (Buchausgabe KWV 1914, vgl. Nr. 168).

–, –: Johanna von Neapel. Drama in vier Akten (Buchausgabe ERV 1911, vgl. Nr. 50).

RECK-MALLECZEWEN, Fritz von: Johannes. Ein dramatische Passion (Buchausgabe KWV 1920, vgl. Nr. 486).

SCHICKELE, René: Hans im Schnakenloch. Schauspiel in vier Aufzügen (Buchausgabe Verlag der Weißen Bücher 1915, vgl. Nr. 854).

SCHMIDT, Otto Erich: Abschied. Ein Bühnenspiel vom Kriege (Buchausgabe Verlag der Weißen Bücher 1915, vgl. Nr. 856).

SCHMIDTBONN, Wilhelm: Der Geschlagene. Schauspiel in drei Aufzügen (Buchausgabe KWV 1920, vgl. Nr. 491).

768. –, –: Der Graf von Gleichen. Ein Schauspiel (Buchausgabe Berlin: Fleischel 1908).

769. –, –: Der spielende Eros. Vier Schwänke (Buchausgabe Berlin: Fleischel 1911).

770. –, –: Der verlorene Sohn. Ein Legendenspiel (Buchausgabe Berlin: Fleischel 1912).

771. –, –: Der Zorn des Achilles. Tragödie (Buchausgabe Berlin: Fleischel 1909).

–, –: Die Schauspieler. Ein Lustspiel in drei Aufzügen (Buchausgabe KWV 1921, vgl. Nr. 546).

772. –, –: Die Stadt der Besessenen. Ein Wiedertäuferspiel in drei Aufzügen (Buchausgabe Stuttgart: Deutsche Verlagsanstalt 1915).

773. –, –: Hilfe, ein Kind ist vom Himmel gefallen. Tragikkomödie (Buchausgabe Berlin: Fleischel & Co. 1910).

SCHMID-NOERR, Friedrich, Alfred: Ecce Homo. Drama (Buchausgabe KWV 1918, vgl. Nr. 388).

774. SCHREYER, Lothar: Otsini. Drama (Buchausgabe nicht zu ermitteln).

SEBRECHT, Friedrich: David. Tragödie (Buchausgabe KWV 1918, vgl. Nr. 389).

775. –, –: Die Sünderin. Tragödie in fünf Akten (Buchausgabe Leipzig: A. M. van den Broecke 1918).

776. –, –: Don Juans Erlösung (Buchausgabe unter dem Titel »Don Juan und Maria. Ein Spiel in drei Aufzügen«. Leipzig: A. M. van den Broecke [1919]).

777. –, –: Frau XY und ihre goldenen Kälber (Buchausgabe nicht zu ermitteln).

778. –, –: Gold (Buchausgabe nicht zu ermitteln).

779. –, –: Götzendienst. Drama in drei Aufzügen (Buchausgabe Leipzig: A. M. van den Broecke 1918).

780. –, –: Saul: Tragödie in fünf Aufzügen (Buchausgabe Leipzig: A. M. van den Broecke [1919].

781. –, –: Zwischen Erde und Schatten (Buchausgabe nicht zu ermitteln).

SIL-VARA: Ein Tag. Lustspiel in drei Akten (Buchausgabe Verlag der Weißen Bücher 1915, vgl. Nr. 857).

782. SOULAGES, Gabriel: Der Herr Baron: Tragödie in einem Akt. Deutsche Bühnenbearbeitung von Erich Oesterheld (Buchausgabe nicht zu ermitteln).

STERNHEIM, Carl: 1913. Schauspiel in drei Aufzügen (Buchausgabe KWV 1915, vgl. Nr. 221).

–, –: Bürger Schippel. Komödie in fünf Aufzügen (Buchausgabe Leipzig: Insel-Verlag 1913, Ü. KWV 1920, vgl. Nr. 494).

–, –: Das leidende Weib. Drama in vier Aufzügen nach Friedrich Maximilian Klinger (Buchausgabe Leipzig: Insel-Verlag 1915, Ü. KWV 1915, vgl. Nr. 222).

–, –: Der entfesselte Zeitgenosse. Ein Lustspiel in drei Aufzügen (Buchausgabe KWV 1920, vgl. Nr. 501).

–, –: Der Geizige. Komödie in fünf Aufzügen nach Molière. (Buchausgabe KWV 1916, vgl. Nr. 268).

–, –: Der Kandidat. Komödie in vier Aufzügen (Buchausgabe KWV 1918/19, vgl. Nr. 392).

–, –: Der Scharmante. Lustspiel mit Benutzung einer fremden Idee. Drei Aufzüge (Buchausgabe KWV 1915, vgl. Nr. 224).

–, –: Der Snob. Komödie (Buchausgabe Leipzig: Insel-Verlag 1914, Ü. KWV 1920, vgl. Nr. 499).

–, –: Die Hose: Ein bürgerliches Lustspiel (Buchausgabe Leipzig: Insel-Verlag 1919, Ü. KWV 1920, vgl. Nr. 497).

–, –: Die Kassette. Komödie in fünf Aufzügen (Buchausgabe Leipzig: Insel-Verlag 1912, Ü. KWV 1920, vgl. Nr. 498).

–, –: Die Marquise von Arcis. Schauspiel in fünf Aufzügen nach Diderot (Buchausgabe KWV 1918, vgl. Nr. 393).

–, –: Don Juan. Eine Tragödie (Buchausgabe Leipzig: Insel-Verlag 1909, Ü. KWV 1920, vgl. Nr. 495).

–, –: Perleberg. Komödie in drei Aufzügen (Buchausgabe KWV 1917, vgl. Nr. 349).

783. SYLVESTER, Ernst: Durchhalten. Drama (Buchausgabe nicht zu ermitteln).

–, –: Nur eine Liebe. Ein Schauspiel (Buchausgabe Verlag der Weißen Bücher 1916, vgl. Nr. 861).

TAGORE, Rabindranath: Chitra. Ein Spiel in einem Aufzug (Buchausgabe KWV 1914, vgl. Nr. 173).

–, –: Das Postamt. Ein Bühnenspiel (Buchausgabe KWV 1918, vgl. Nr. 399).

–, –: Der Frühlingskreis. Drama in vier Akten (Buchausgabe KWV 1919, vgl. Nr. 444).

–, –: Der König der dunklen Kammer. Ein Akt (Buchausgabe KWV 1919, vgl. Nr. 445).

ULBRICH, Franz: Du gleichst dem Geist... Ein Totentanz (Buchausgabe ERV 1911, vgl. Nr. 54).

UNRUH, Fritz von: Ein Geschlecht. Tragödie (Buchausgabe KWV 1917, vgl. Nr. 352).

–, –: Platz. Ein Spiel (Buchausgabe KWV 1920, vgl. Nr. 508).

WERFEL, Franz: Bocksgesang. In fünf Akten (Buchausgabe KWV 1921, vgl. Nr. 558).

–, –: Der Besuch aus dem Elysium. Romantisches Drama in einem Aufzug (Buchausgabe KWV 1920, vgl. Nr. 511).

–, –: Die Troërinnen des Euripides (Buchausgabe KWV 1915, vgl. Nr. 228).

–, –: Schweiger. Ein Trauerspiel in drei Akten (Buchausgabe KWV 1922, vgl. Nr. 588).

–, –: Spiegelmensch. Magische Trilogie (Buchausgabe KWV 1920, vgl. Nr. 513).

ZUCKMAYER, Carl: Kreuzweg. Drama (Buchausgabe KWV 1921, vgl. Nr. 561).

ZWEIG, Arnold: Abigail und Nabal. Tragödie in drei Akten (Buchausgabe ERV 1913, vgl. Nr. 103).

–, –: Die Sendung Semaëls. Jüdische Tragödie in fünf Aufzügen (Buchausgabe KWV 1918, vgl. Nr. 402).

784. –, –: Laubheu und keine Bleibe. Lustspiel (Buchausgabe nicht zu ermitteln, in dem Katalog des KWV von 1922 als in Vorbereitung angekündigt).

3 Die Publikationen des Verlages der Schriften von Karl Kraus (Kurt Wolff)

Dieser Verlag wurde am 31. Mai 1916 als Verlagsdependance des Kurt Wolff Verlages gegründet, da Kraus sich weigerte, mit den anderen Autoren Wolffs unter einen Verlagssignet zu erscheinen. Wolff sammelte in diesem Verlag die bis dahin bei anderen Verlagen erschienenen Buchpublikationen von Karl Kraus und die neuen Werke des Autors. Die Rechte des Verlages der Schriften von Karl Kraus gingen nach dem Bruch mit Wolff (1921) an den Fackel-Verlag über. Dort erschienen ab 1921 die künftigen Bücher von Kraus und die weiteren Auflagen der alten Werke. Der Verlag der Schriften von Karl Kraus wurde im August 1923 aufgelöst.

785. KRAUS, Karl: Heine und die Folgen. Essay. [Ü. München: Albert Langen, 3. Tsd. 1911]. (Titelaufl. ?) Leipzig: Verlag der Schriften von Karl Kraus 1916. 45 S., 8°.

786. –, –: Nestroy und die Nachwelt. Zum 50. Todestage. Gesprochen im großen Musikvereinssaal in Wien. [Ü. Wien: Jahoda & Siegel 1912]. (Titelaufl. ?) Leipzig: Verlag der Schriften von Karl Kraus 1916. 25 S., 8°.

–, –: Ausgewählte Schriften in vier Bänden. Titelaufl. Leipzig: Verlag der Schriften von Karl Kraus 1916. (Die Bände wurden von Wolff nur unter den Einzeltiteln angezeigt.)

787. [Bd. 1]: Sittlichkeit und Kriminalität. Essays. [Ü. Wien: Leopold Rosner 1908; 2. (Titel-) Aufl. 1908]. 387 S., 8°.

788. [Bd. 2]: Sprüche und Widersprüche. Aphorismen. [Ü. München: Albert Langen, 3. veränd. Aufl. 1914]. 262 S., 8°, Lwbd., Hfrzbd.

789. [Bd. 3]: Die chinesische Mauer. Essays. [Ü. München: Albert Langen, 2. Aufl. 1912, 3. veränd. Aufl. 1917, 4. Aufl. 1918]. 460 S., 8°.

790. [Bd. 4]: Pro domo et mundo. [Ü. München: Albert Langen 1912, 2. Aufl. 1918, 3. Aufl. 1919]. V, 178 S., geb., 8°, Hfrzbd.

791. KRAUS, Karl: Worte in Versen. Gedichte. 5 Bde., 1916–1920, gr. 8°.

Bd. 1: Worte in Versen I. [Vorzugsausgabe: 30 Exemplare auf Bütten. – 2. Aufl. 1919] Leipzig: Verlag der Schriften von Karl Kraus 1916. 70 S., Lwbd., Ldrbd.

Bd. 2: Worte in Versen II. [Vorzugsausgabe: 30 Exemplare auf Bütten.] Leipzig: Verlag der Schriften von Karl Kraus 1917. 70 S., Lwbd., Ldrbd.

Bd. 3: Worte in Versen III. 1. u. 2. Aufl. Leipzig: Verlag der Schriften von Karl Kraus 1918. 85 S., Pappbd.

Bd. 4: Worte in Versen IV. Leipzig: Verlag der Schriften von Karl Kraus 1919. 77 S., Pappbd.

Bd. 5: Worte in Versen V. 1. u. 2. Aufl. Leipzig: Verlag der Schriften von Karl Kraus 1919.

792. –, –: Nachts. Aphorismen. Leipzig: Verlag der Schriften von Karl Kraus [1918]. 204 S., 8°, geb.

793. –, –: Weltgericht. Essays. 2 Bde. Leipzig: Verlag der Schriften von Karl Kraus 1919. 251 u. 336 S. mit Abb., Tafeln u. Faksimiles, kl. 8°, Lwbd.

794. –, –: Ausgewählte Gedichte. Leipzig: Verlag der Schriften von Karl Kraus 1920. 91 S., 8°.

–, –: Die chinesische Mauer. [Mit acht Lithographien von Oskar Kokoschka. Einmalige Aufl. von 200 numerierten Exemplaren]. KWV 1914 (vgl. Nr. 163), wurde von Wolff ab 1916 unter *Verlag der Schriften von Karl Kraus* inseriert.

4 Die deutschen Ausgaben der Pantheon Casa Editrice S. A.

Die Pantheon Casa Editrice S. A., Firenze, wurde von Wolff 1924 als internationaler Kunstverlag in Florenz gegründet. Ab 1926 erschienen dort Kunstbände im Quartformat in italienischer, französischer, spanischer, englischer und deutscher Sprache. Ein Teil der Produktion bestand zunächst aus Übernahmen aus dem KWV, der auch den Vertrieb der deutschen Ausgaben übernahm. Im Impressum der deutschen Ausgaben sind bis 1930 beide Verlage aufgeführt. Wolff schied 1930 aus diesem Verlag aus. Sein Teilhaber Holroyd Reece liquidierte das Unternehmen wenig später.

4.1 Allgemeine Buchproduktion

1926

795. FEULNER, Adolf: Die deutsche Plastik des 16. Jahrhunderts. [Ü. KWV 1926, vgl. Nr. 658].
796. -,-: Die deutsche Plastik des 17. Jahrhunderts. [Ü. KWV 1926, vgl. Nr. 659].
797. LUITPOLD, Herzog von Bayern: Die fränkische Bildwirkerei. Hrsg. von —. 2 Bde. [Ü. KWV 1925, vgl. Nr. 644].
798. MELLER, Simon: Die deutschen Bronzestatuetten der Renaissance. (Mit 90 Tafeln.) Firenze: Pantheon (1926). 50 S., Tafeln, 90 Bl. Erkl., 4°, Lwbd., Hldrbd.
799. PANOFSKY, Erwin: Die deutsche Plastik des 11. bis 13. Jahrhunderts. 2 Bde. [Ü. KWV 1924; vgl. Nr.628].
800. PINDER, Wilhelm: Die deutsche Plastik des 14. Jahrhunderts. [Ü. KWV 1925, vgl. Nr. 650].
801. -,-: Die deutsche Plastik des 15. Jahrhunderts [Ü. KWV 1924, vgl. Nr. 629].
802. SAUERLANDT, Max: Die deutsche Plastik des 18. Jahrhunderts. [Ü. KWV 1926, vgl. Nr. 667].
803. TIETZE-CONRAT, (Erika): Der französische Kupferstich der Renaissance. Mit 50 Tafeln in Lichtdruck [Ü. KWV 1925, vgl. Nr. 653].

1927

804. BORENIUS, Tancred und E. W. TRISTRAM: Englische Malerei des Mittelalters. (Deutsch von Hanna Kiel.) (Mit 101 Tafeln in Lichtdruck.) Firenze: Pantheon (1927). VII, 72 S. mit Abb., 101 Tafeln, 101 Bl. Erkl., 4°, Hldr.
805. HADELN, Detlev Freiherr von: Handzeichnungen des G. B. Tiepolo. Firenze: Pantheon (1927). 200 Tafeln, 4°, Hldrbd.
806. VENTURI, Adolfo: Giovanni Pisano. Sein Leben und sein Werk. 2 Bde. (Deutsch von Alda von Anrep.) (Mit 120 Tafeln in Lichtdruck.) Firenze: Pantheon (1927). 70 S., 120 Tafeln; 120 Bl. Erkl., 4°, Hldrbd.

1928

807. BANGE, Ernst Friedrich: Die Kleinplastik der deutschen Renaissance in Holz und Stein. (Mit 110 Tafeln in Lichtdruck.) Firenze: Pantheon [1928]. VII, 114 S., 4°, Hldrbd.
808. GOLDSCHMIDT, Adolph: Die deutsche Buchmalerei. 2 Bde. Firenze: Pantheon (1928). 4°, Hldrbd.
    Bd. 1: Die karolingische Buchmalerei. (Mit 88 Tafeln in Lichtdruck.) 68 S., 88 Tafeln, 88 Bl. Erkl.
    Bd. 2: Die ottonische Buchmalerei. (Mit 112 Tafeln in Lichtdruck.) 86 S., 112 Tafeln, 112 Bl. Erkl.
809. PORTER, Arthur Kingsley: Romanische Plastik in Spanien. 2 Bde. (Deutsch von Hilde Weigelt.) (Mit 160 Tafeln in Lichtdruck.) Firenze: Pantheon (1928). XI, 135 S., 62 Tafeln, 62 Bl. Erkl.; 65 S., Tafeln 63–160, Erkl. - Bl. 63–160, 4°, Hldrbd.
810. SAUNDERS, O. Elfrida: Englische Buchmalerei. [English illumination.] (Deutsch von Hilde Weigelt.) (Mit 129 Tafeln in Lichtdruck.) 2 Bde. Firenze: Pantheon (1928). 171 S., 129 Tafeln, 129 Bl. Erkl., 4°, Hldrbd.

1929

811. AUBERT, Marcel und Paul VITRY: Die gotische Plastik Frankreichs. 2 Bde. (Deutsch von Alexandra Zoege von Manteuffel.) Firenze: Pantheon (1929). 4°, Hldr.
    Bd. 1: Marcel Aubert: Die gotische Plastik Frankreichs 1140–1225. (Mit 88 Tafeln in Lichtdruck.) XIV, 137 S., 88 Tafeln, 88 Bl. Erkl.
    Bd. 2: Paul Vitry: Die gotische Plastik Frankreichs 1226–1270. (Mit 50 Tafeln in Lichtdruck.) XIII, 113 S., 90 Tafeln, 90 Bl. Erkl.
812. BACHHOFER, Ludwig: Die frühindische Plastik. 2 Bde. (mit 161 Tafeln in Lichtdruck.) Firenze: Pantheon (1929). VII, 137 S., 161 Tafeln, 161 Bl. Erkl., 4°, Hldrbd.
813. FIOCCO, Giuseppe: Die venezianische Malerei des siebzehnten und achtzehnten Jahrhunderts. (Deutsch von Hilde Weigelt.) (Mit 88 Tafeln in Lichtdruck.) Firenze: Pantheon (1929). X, 124 S., 88 Tafeln, 88 Bl. Erkl., 4°, Hldrbd.
814. GROHMANN, Adolf und Thomas W. ARNOLD: Denkmäler islamischer Buchkunst. (Deutsche Ausg. mit [eingekl. Abb. und] 104 [z. Teil farb.] Tafeln in Lichtdruck.) Firenze: Pantheon (1929). XIII, 143 S., 104 Tafeln, 104 Bl. Erkl., 4°, Hldrbd.
815. RICCI, Corrado: Die Malerei des sechzehnten Jahrhunderts in Oberitalien. Ligurien. Piemont. Lombardei. Emilia. (Mit 84 Tafeln in Lichtdruck.) (Übertragen aus dem Italienischen von Hilde Weigelt.) Firenze: Pantheon (1929). XII, 73 S., 84 Tafeln, 4°, Hldrbd.
816. RINALDIS, Aldo de: Die süditalienische Malerei des siebzehnten Jahrhunderts. (Deutsch von Hilde Weigelt.) (Mit 80 Tafeln in Lichtdruck.) Firenze: Pantheon (1929). XI, 66 S., 80 Tafeln, 80 Bl. Erkl., 4°, Hldrbd.
817. TOESCA, Pietro: Die florentinische Malerei des vierzehnten Jahrhunderts. Firenze: Pantheon (1929). XV, 92 S., 119 Tafeln in Lichtdruck, 119 Bl. Erkl., 4°, Hldrbd.

1930

818. BAKER, Charles Henry Collins, und W. G. CONSTABLE: Die Malerei des sechzehnten und siebzehnten Jahrhunderts in England. (Deutsch von H[elene] Mosel. Mit 82 Tafeln in Lichtdruck.) Firenze: Pantheon (1930). X, 97 S., 82 Tafeln, 82 Bl. Erkl., 4°, Hldrbd.

819. DOMINGUEZ, Bordona, J[esus]: Die spanische Buchmalerei vom siebten bis siebzehnten Jahrhundert. (Deutsch von Rudi Schmidt.) Bd. 1 u. 2. Mit 160 Tafeln. Firenze: Pantheon (1930). XXIII, 47 S., XXI, 79 S., 4°, Hldr.

820. WEIGELT, Curt H.: Die sienesische Malerei des vierzehnten Jahrhunderts. (Mit 120 Tafeln in Lichtdruck.) Firenze: [Pantheon] (1930). XV, 123 S., 4°.

821. DESCHAMPS, Paul: Die romanische Plastik Frankreichs [La sculpture Romane en France], elftes und zwölftes Jahrhundert. (Mit 96 Tafeln in Lichtdruck. Die Übertragung aus dem Französischen besorgte H[elene] Mosel.) Firenze: Pantheon (1930). XVII, 163 S., 96 Deckbl., 4°, Hldrbd.

822. HASELOFF, Arthur: Die vorromanische Plastik in Italien. (Mit 80 Tafeln in Lichtdruck.) Firenze: Pantheon (1930). XII, 92 S., 80 Tafeln, 80 Bl. Erkl., 4°.

823. VENTURI, Adolfo: Die Malerei des fünfzehnten Jahrhunderts in Oberitalien. (Die Übersetzung aus dem Italienischen besorgte Maria Ditha Santifaller.) Firenze: Pantheon. 4°, Hldrbd.
  Bd. 1: Lombardei, Piemont, Ligurien. (Mit 80 Tafeln in Lichtdruck.) (1930). IX, 118 S., 80 Tafeln, 80 Bl. Erkl.
  Bd. 2: Die Malerei des fünfzehnten Jahrhunderts in der Emilia. (1931). VIII, 110 S., 80 Tafeln.

4.2 Kataloge

824. Die deutschen Ausgaben der Pantheon Casa Editrice S. A. Florenz im Kurt Wolff Verlag, München, Luisenstraße 31. Undatiert [ca. 1929/30]. 4°.

5 Die Publikationen des Verlages der Weißen Bücher

Der Verlag der Weißen Bücher wurde von Erik-Ernst Schwabach im September 1913 in Leipzig gegründet. Er war von Anfang an programmatisch und organisatorisch mit dem Kurt Wolff Verlag verbunden. Am 1. Oktober 1917 übernahm Wolff den Verlag ganz und ließ einen Teil der Produktion in den Kurt Wolff Verlag übergehen, um dessen Programm stärker zu profilieren. Aus diesem Grunde führte er auch einen Teil seiner eigenen Produktion in den Verlag der Weißen Bücher über. Der Verlag produzierte bis 1924 neue Titel und verkaufte dann die Bestände aus. Peter Reinhold übernahm ihn zusammen mit dem Kurt Wolff Verlag 1931. 1934 ist der Verlag erloschen. Der Bühnenvertrieb des Verlages der Weißen Bücher wurde vom Bühnenvertrieb des KWV besorgt. Die folgenden Nummern des Kurt Wolff Verlages wurden in den Verlag der Weißen Bücher übernommen und sind in den Verlagsverzeichnissen von 1921 und 1922 (Nr. 882 und 883) aufgeführt. Der Zeitpunkt der Übernahme ist nicht zu ermitteln: 24, 25, 40, 47, 50, 54, 58, 59, 60, 67, 96, 98, 149, 168, 215, 231, 242, 283–285, 299, 301–305, 311, 319. Bibliographisch sind diese Titel im Verlag der Weißen Bücher nicht nachweisbar. Wahrscheinlich handelt es sich um Titelauflagen schlecht gehender älterer Bestände.

5.1 Allgemeine Buchproduktion und Periodika

1913

825. ARP, Hans: Neue französische Malerei. Ausgewählt von – –. Eingeleitet von Lucian H. Neitzel. Leipzig: Verlag der Weißen Bücher (1913). 10 S. mit 15 Tafeln, Lex. 8°, Pappbd.

826. MYNONA [d. i. Salomo Friedländer]: Rosa, die schöne Schutzmannsfrau. (Grotesken.) Leipzig: Verlag der Weißen Bücher (1913). 202 S., 8°, geb.

827. SCHICKELE, René: Der Fremde. Ein Roman. [Ü., 1. Aufl. Berlin: Morgen-Verlag 1909]. 2. Aufl. Leipzig: Verlag der Weißen Bücher 1913. 384 S., 8°.

828. –,–: Schreie auf dem Boulevard. Pariser Erinnerungen eines Journalisten. [Ü. Berlin: Paul Cassirer 1913, dort unter dem Titel: Schreie auf dem Boulevard. Pariser Bilderbuch.] 297 S., 8°. [Bibl. im Verlag der Weißen Bücher nicht zu ermitteln.]

829. –,–: Weiß und Rot. Gedichte. [Ü. Berlin: Paul Cassirer 1910]. 148 S., kl. 8°, Pappbd. [Bibl. im Verlag der Weißen Bücher nicht zu ermitteln.]

830. Die Weißen Blätter. Eine Monatsschrift. Leipzig: Verlag der Weißen Bücher. Jg. 1, September 1913 – August 1914. Hrsg. von Erik-Ernst Schwabach; ab Jg. 2 (Januar–Dezember 1915) hrsg. von René Schickele. Nach dem 1. Quartal des 3. Jgs. (Januar–März 1916) nicht mehr im Verlag der Weißen Bücher.

1914

831. ALAIN [d. i. Emile Chartier]: Vorschläge und Meinungen zum Leben. (Umschlagtitel: Kleine Vorschläge zum Leben.) Leipzig: Verlag der Weißen Bücher 1914. 98 S., 8°, kart.

832. BIERMANN, Georg: Deutsches Barock und Rokoko. Hrsg. im Anschluß an die Jahrhundert-Ausstellung deutscher Kunst 1650–1800, Darmstadt 1914, von – –. [2 Bde, je 1200 numerierte Exemplare, Nr. 1–75 als Luxusausgabe.] Leipzig: Verlag der Weißen Bücher 1914. 5 Bl., LXIX, 385 S., 17 Tafeln u. 5 B., XCVIII S., 2 Bl., S. 389–745, 15 Tafeln, 4°.

833. BOTTOM: Die Bemerkungen Jerobeams oder Das Geschäft in Aktien. (Umschlagtitel: Die Aussprüche Jerobeams.) (Berechtigte Übertragung von Vico Muralto.) Leipzig: Verlag der Weißen Bücher 1914. 101 S., 8°, kart.

834. JOHST, Hanns: Die Stunde der Sterbenden. [Drama.] Leipzig: Verlag der Weißen Bücher 1914. 39 S., 8°, Pappbd.

835. KOLB, Annette: Wege und Umwege. [2. u. 3. Aufl. = 2.–3. Tsd. im Hyperion-Verlag 1919, vgl. Nr. 978]. Leipzig: Verlag der Weißen Bücher 1914. 362 S., 8°, Lwbd.

836. LASKER-SCHÜLER, Else: Gesichte. Essays und andere Geschichten. [2. Aufl. = Titelaufl.(?), Ü. KWV 1913, Vgl. Nr. 136]. 2. Aufl. Leipzig: Verlag der Weißen Bücher 1914. 173 S., 8°, geb.

837. –, –: Meine Wunder. Gedichte. [Ü. Karlsruhe: Dreililien-Verlag 1911]. (Neue [Titel-]Ausg.) Leipzig: Verlag der Weißen Bücher (1914). 68 S., 8°, geb.

838. –, –: Der Prinz von Theben. Ein Geschichtenbuch. Mit 25 Abb. nach Zeichnungen der Verf. und 3 farbigen Bildern von Franz Marc. Leipzig: Verlag der Weißen Bücher 1914. 98 S., 8°.

839. MENDELSSOHN, Erich von: Die Heimkehr. Roman. Leipzig: Verlag der Weißen Bücher 1914. 259 S., mit Bildn., 8°, geb.

840. –, –: Nacht und Tag. Roman. [Mit einem Vorwort hrsg. von Thomas Mann.] Leipzig: Verlag der Weißen Bücher 1914. XVI, 283 S., 8°, geb.

841. PICARD, M[ax]: Der Bürger. [Aphorismen.] Leipzig: Verlag der Weißen Bücher 1914. 50 S., 8°, kart.

842. SCHICKELE, René: Benkal, der Frauentröster. Roman [1. u. 2. Aufl. 1914, 2.–4. Tsd. 1917]. Leipzig: Verlag der Weißen Bücher 1914. 194 S., 8°, geb.

843. –, –: Die Leibwache. [Neue] Gedichte. Leipzig: Verlag der Weißen Bücher 1914. 102 S., gr. 8°, geb.

844. –, –: Meine Freundin Lo. Eine Geschichte aus Paris. [Ü. Berlin: Paul Cassirer 1911; 2.–4. Tsd. 1917]. (Neue [Titel-]Ausg.) Leipzig: Verlag der Weißen Bücher 1914. 166 S., 8°, geb.

845. –, –: Trimpopp und Manasse. Eine Erzählung. [1. u. 2. Aufl.] Leipzig: Verlag der Weißen Bücher 1914. 146 S., 8°.

846. STADLER, Ernst: Der Aufbruch. Gedichte. Leipzig: Verlag der Weißen Bücher 1914. 84 S., gr. 8°, geb.

847. SUARÈS, André: Eine italienische Reise. (Berechtigte Übertragung von Franz Blei.) [Neue Aufl. unter dem Titel: Die Fahrten des Condottiere. Eine italienische Reise. KWV 1919, vgl. Nr. 443]. Leipzig: Verlag der Weißen Bücher 1914. 265 S., mit 31 Tafeln, gr. 8°, Lwbd.

848. ZECH, Paul: Die eiserne Brücke. Neue Gedichte. Leipzig: Verlag der Weißen Bücher 1914. 10 S., gr. 8°, geb.

849. VISCHER, Friedrich Theodor: Kritische Gänge. Hrsg. von Robert Vischer. 2 Bde., 2. vermehrte Aufl. [Ü. Berlin: Meyer & Jessen 1914]. Leipzig: Verlag der Weißen Bücher 1914. XXI, 543 u. XXIX, 546 S., gr. 8°, geb., Halbfrzbd.

1915

850. BENEMANN, Maria: Wandlungen. Gedichte. Leipzig: Verlag der Weißen Bücher 1915. 93 S., 8°, Lwbd.

851. EINSTEIN, Carl: Negerplastik. [Aufl.: 1200 Exemplare; 2. Aufl. KWV 1920, Vgl. Nr. 463]. Leipzig: Verlag der Weißen Bücher 1915. XXVII, 111 S. mit 119 Abb. in Lichtdruck. Lex 8°, Hpergbd.

852. SCHELER, Max: Abhandlungen und Aufsätze. 2 Bde. [2., durchgesehene Aufl. unter dem Titel: Vom Umsturz der Werte. Der Neue Geist Verlag 1919, vgl. Nr. 919]. Leipzig: Verlag der Weißen Bücher 1915. XI, 367 u. 411 S., Hlwbd.

853. –, –: Der Genius des Krieges und der deutsche Krieg [1. Aufl. u. 2.–4. Tsd. 1915; 3. neu durchgesehene Aufl. = 5.–6. Tsd. in Der Neue Geist Verlag 1917, vgl. Nr. 888]. Leipzig: Verlag der Weißen Bücher 1915. 442 S., 8°, geb.

854. SCHICKELE, René: Hans im Schnakenloch. Schauspiel in vier Aufzügen. [2.–4. Tsd. 1917; 5.–7. Tsd. KWV 1927, vgl. Nr. 679a] Leipzig: Verlag der Weißen Bücher 1915. 234 S., 1 Bl., 8°.

855. –, –: Mein Herz, Mein Land. Ausgewählte Gedichte. Leipzig: Verlag der Weißen Bücher 1915. 105 S., 8°, Pergbd.

856. SCHMIDT, Otto-Erich: Abschied. Ein Bühnenspiel vom Kriege. Leipzig: Verlag der Weißen Bücher 1915. 27 S., 8°.

857. SIL-VARA [d. i. Geza SILBERER]: Ein Tag. Lustspiel in drei Akten. Leipzig: Verlag der Weißen Bücher 1915. 103 S., 8°, geb.

1916

858. JOHST, Hanns: Stroh. Bauernkomödie in drei Aufzügen. Leipzig: Verlag der Weißen Bücher 1916. 89 S., 8°, geb.

859. SCHELER, Max: Krieg und Aufbau. [Ü. in Der Neue Geist Verlag 1917/18, vgl. Nr. 889] Leipzig: Verlag der Weißen Bücher 1916. VII, 431 S., 8°, geb.
860. SCHOLZ, Wilhelm von: Deutsche Mystiker. [6.–8. Tsd., Ü. aus *Die Kultur. Sammlung illustrierter Einzeldarstellungen*, Bd 28, Marquardt & Co. 1908, vgl. auch Sp. 1280]. Leipzig: Verlag der Weißen Bücher 1916. 61 S. mit 10 Bildtafeln.
861. SYLVESTER, Ernst [d. i. Erik-Ernst Schwabach]: Nur eine Liebe. Ein Schauspiel. Leipzig: Verlag der Weißen Bücher 1916. 104 S., 8°.
862. WIEGLER, Paul: Figuren. Essays. [2. Aufl. Hyperion-Verlag 1918, vgl. Nr. 946]. Leipzig: Verlag der Weißen Bücher 1916. 243 S., gr. 8°.

1917

863. CHESTERTON, Gilbert Keith: Verteidigung des Unsinns, der Demut, des Schundromans und anderer mißachteter Dinge. Leipzig: Verlag der Weißen Bücher 1917. 149 S., 8°, kart.
864. LASKER-SCHÜLER, Else: Die gesammelten Gedichte. [1. u. 2. Aufl.; 3. Aufl. KWV 1920, vgl. Nr. 375]. Leipzig: Verlag der Weißen Bücher 1917. 225 S., gr. 8°.
865. SCHMID-NOERR, Alfred: Straßen und Horizonte. Gedichte. Leipzig: Verlag der Weißen Bücher 1917. 125 S., Lex 8°, geb.
866. VISCHER, Friedrich Theodor: Dichterische Werke. 5 Bde. Leipzig: Verlag der Weißen Bücher 1917. 8°, Hldr.
    Bd. 1: Auch einer. Roman. 1. Teil. VII. 393 S.
    Bd. 2: Auch einer. Roman. 2. Teil. 407 S.
    Bd. 3: Lyrische Gänge. 410 S.
    Bd. 4: Dramatisches. VII, 440 S.
    Bd. 5: Allotria. 372 S.
867. ZECH, Paul: Der schwarze Baal. Novellen. [ab 1919 = Neue Geschichtenbücher, KWV, vgl. Nr. 453]. Leipzig: Verlag der Weißen Bücher 1917. III, 95 S., 8°, geb.

1918

Kein Titel zu ermitteln.

1919

868. BÔ YIN RÂ [d. i. Joseph SCHNEIDERFRANKEN]: Das Buch vom lebendigen Gott. Mit einem Vorwort von Gustav Meyrink. Leipzig: Verlag der Weißen Bücher [1919]. XXII, 169 S., 8°, geb.

1920

869. BÔ YIN RÂ: Das Buch der Gespräche. München: Verlag der Weißen Bücher 1920. 119 S., 8°, geb.
870. –, –: Das Buch vom Glück. München: Verlag der Weißen Bücher 1920. 94 S., 8°.
871. –, –: Das Buch vom Jenseits. München: Verlag der Weißen Bücher 1920. III, 86 S., 8°, Pappbd.
872. –, –: Das Buch von der königlichen Kunst. München: Verlag der Weißen Bücher 1920. 123 S., 8°, geb.
873. –, –: Das Buch vom Menschen. München: Verlag der Weißen Bücher 1920. 96 S., 8°, geb.
874. MACLEOD, Fiona [d. i. William SHARP]: Das göttliche Abenteuer. Berechtigte Übertragung von Aga Selve. München: Verlag der Weißen Bücher 1920. 128 S., 8°.

1921

875. BÔ YIN RÂ: Das Reich der Kunst. Ein Vademekum für Kunstfreunde und bildende Künstler. (1.–5. Tsd.) München: Verlag der Weißen Bücher 1921. VI, 170 S., 8°, geb.
876. MAGNUSSEN, Julius: Gottes Lächeln. [Gods smil, dt.] (Berechtigte Übertragung von Else von Hollander.) München: Verlag der Weißen Bücher 1921. 154 S., 8°, Pappbd.
877. SINSHEIMER, Hermann: Heinrich Manns Werk. München: Verlag der Weißen Blätter 1921. 61 S., 8°.

1922

878. BÔ YIN RÂ: Das Buch der Liebe. [Bibl. nicht zu ermitteln, entnommen dem Verlagskatalog. 2. Aufl. Basel: Kleber 1931, möglicherweise im Verlag der Weißen Bücher nicht erschienen.]

1923

879. BÔ YIN RÂ: Das Geheimnis. (1.–5. Tsd.) München: Verlag der Weißen Bücher 1923. 238 S., 8°.

1924

880. BÔ YIN RÂ: Das Buch des Trostes. (1.–5. Tsd.) München: Verlag der Weißen Bücher 1924. 73 S., 8°, Hlwbd.
880a. –, –: Psalmen. (1.–5. Tsd.) München 1924. 64 S., 2 Bl., 4°.

5.2 Kataloge

881. Neuerscheinungen 1913. Verlag der Weißen Bücher / Leipzig [1913]. 8 ungezählte Seiten, 8°, geh.
882. Verlag der Weißen Bücher / München 1921. »Das vorliegende Verzeichnis wurde am 1. Dezember 1920 ausgegeben.« 7 ungezählte Seiten, kl. 8°. [Gesamtverzeichnis der lieferbaren Titel].
883. Verlag der Weißen Bücher / München 1922. »Dieses Verlagsverzeichnis enthält alle zur Zeit vorrätigen und die bis Ende des Jahres neu oder in neuen Auflagen erscheinenden Werke. [...] München, 1. Juli 1922 / Luisenstraße 31.« 4 ungezählte Seiten, kl. 8°.

6 Die Publikationen des Neuen Geist Verlages

Die Firma *Der Neue Geist Verlag (Kurt Wolff & Co.)* wurde am 25. Februar 1917 von Kurt Wolff und seinem Schwager Peter Reinhold als Kommanditgesellschaft gegründet. Der Verlag brachte vorwiegend politische Schriften von Pazifisten und Aktivisten heraus, die meist der nationalliberalen Partei oder den Sozialdemokraten nahestanden. Wichtig wurden vor allem die Schriftenreihen des Verlages, in denen ein breitgestreutes reformpolitisches Programm angeboten wurde. Wolff, der bereits Ende 1918 politisch anders dachte als Reinhold, schied im April 1919 aus dem Verlag aus. Reinhold führte den Neuen Geist Verlag alleine weiter und legte ihn 1933 mit dem inzwischen in seinen Besitz übergegangenen Kurt Wolff Verlag zusammen. Die Verlagsproduktion ist hier nur bis zum Ausscheiden Wolffs nachgewiesen.

6.1 Allgemeine Buchproduktion

1917

884. ADLER, Paul: Vom Geist der Volkswirtschaft. [Ü. Berlin: Heinz Barger, 1917, dort ursprünglich ersch. als Heft 2 der *Schriften gegen die Zeit.* = Der Neue Geist. Eine Schriftenreihe 6.] Leipzig: Der Neue Geist 1917. 39 S., gr. 8°, geh.
885. BERNSTEIN, Eduard: Sozialdemokratische Völkerpolitik. Die Sozialdemokratie und die Frage Europas. Gesammelte Aufsätze. [auch in Verlag »Naturwissenschaften«, Leipzig 1917.] Leipzig: Der Neue Geist 1917. 39 S., gr. 8°, geh.
886. LEMM, Alfred [d. i. Alfred LEHMANN]: Vom Wesen der wahren Vaterlandsliebe. [Ü. Berlin: Heinz Barger 1917, dort ursprünglich ersch. als Heft 3 der *Schriften gegen die Zeit.* = Der Neue Geist. Eine Schriftenreihe 7.] Leipzig: Der Neue Geist 1917. 25 S., gr. 8°, geh.
887. LEONHARD, Rudolf: Bemerkungen zum Reichsjugendwehrgesetz. [Ü. Berlin: Heinz Barger 1917. = Der Neue Geist. Eine Schriftenreihe 5.] Leipzig: Der Neue Geist 1917. 29 S., gr. 8°, geh.
888. SCHELER, Max: Der Genius des Krieges. [Ü., 1. Aufl. vgl. Verlag der Weißen Bücher, Nr. 853; 3., neu durchgesehene Aufl. =] 5.–6. Tsd. Leipzig: Der Neue Geist 1917. XV, 443 S., 8°.
889. –,–: Krieg und Aufbau. Leipzig: Der Neue Geist 1917. VII, 431 S., 8°, geb. [Ü. Verlag der Weißen Bücher 1916, vgl. Nr. 859, wahrscheinlich Titelaufl.]
890. –,–: Die Ursachen des Deutschenhasses. Eine nationalpädagogische Erörterung. [Ü. KWV 1917, vgl. Nr. 346; 2., durchgesehene u. vermehrte Aufl. Leipzig: Der Neue Geist 1919.] [Leipzig: Der Neue Geist 1917.] 192 S., 8°. (Bibliographisch im Verlag Der Neue Geist nur als 2. Aufl. 1919, 158 S., 8° zu ermitteln.)
891. SCHÜCKING, Walther: Der Dauerfriede. Kriegsaufsätze eines Pazifisten. Leipzig: Der Neue Geist 1917. VII, 91 S., gr. 8°, geb.

1918

892. BERNOULLI, Carl Albrecht [d. i. Ernst KILCHNER]: Die Kultur des Evangeliums. Leipzig: Der Neue Geist. gr. 8°. Bd. 1: Johannes der Täufer und die Urgemeine. 504 S. [1918]. geb. (mehr nicht erschienen.)
893. FOERSTER, Friedrich Wilhelm: Die deutsche Jugend und der Weltkrieg. Kriegs- und Friedensaufsätze. [1. Aufl. Kassel: Furche 1915; ebd. 11.–15. Tsd. 1916; Verlag »Naturwissenschaften«, Leipzig 1917.] Neue Ausgabe Leipzig: Der Neue Geist 1918. 130 S., gr. 8°.
894. HILLER, Kurt: Ein Deutsches Herrenhaus. [= Der Neue Geist. Eine Schriftenreihe 4.] Leipzig: Der Neue Geist 1918. 47 S., gr. 8°, geh.
895. MENDELSSOHN-BARTHOLDY, Albrecht: Irland, ein Beispiel der Machtpolitik. [= Der Neue Geist. Eine Schriftenreihe 2.] Leipzig: Der Neue Geist 1918. 35 S., gr. 8°, geh.
896. MÜHLESTEIN, Hans: Der neue Geist im Völkerbund und seine Durchsetzung im Friedensschluß. [= Öffentliches Leben 2.] Leipzig: Der Neue Geist 1918. 45 S., gr. 8°.
897. –,–: Die Herrschaft der Weisen. [= Öffentliches Leben 3.] Leipzig: Der Neue Geist 1918. 64 S., gr. 8°.
898. NELSON, Lonhard: Öffentliches Leben. [= Öffentliches Leben 1.] Leipzig: Der Neue Geist 1918. 35 S., gr. 8°.
899. –,–: Vom Beruf der Philosophie in unserer Zeit für die Erneuerung des öffentlichen Lebens. [= Öffentliches Leben 5.] Leipzig: Der Neue Geist 1918. 22 S. gr. 8°.
900. –,–: Die Reformation der Gesinnung durch Erziehung zum Selbstvertrauen. Bd. 1. [= Die Neue Reformation 1.] Leipzig: Der Neue Geist 1918. 255 S., gr. 8°.
901. –,–: Die Reformation der Philosophie durch die Kritik der Vernunft. [= Die Neue Reformation 2.] Leipzig: Der Neue Geist 1918. 256 S., gr. 8°.
902. –,–: Vom Staatenbund. Schlußvorlesung, gehalten am 31. Juli 1914. [= Öffentliches Leben 6.] Leipzig: Der Neue Geist 1918. 19 S., gr. 8°.

903. OEHLKERS, Friedrich: Gedanken zur Neuorientierung der Hochschulen. Erläutert an einem Lehrfach der beschreibenden Naturwissenschaften. [= Öffentliches Leben 4.] Leipzig: Der Neue Geist 1918. 24 S., gr. 8°.

904. PLENGE, Johann: Revolutionierung der Revolutionäre. Leipzig: Der Neue Geist 1918. XVI, 184 S., gr. 8°.

905. SCHÜCKING, Walther: Der Bund der Völker. Studien und Vorträge zum organischen Pazifismus. Leipzig: Der Neue Geist 1918. V, 172 S., gr. 8°.

906. TAGORE, Rabindranath: Der Geist Japans. (Übertragen von Helene Meyer-Franck.) [= Der Neue Geist. Eine Schriftenreihe 1.] Leipzig: Der Neue Geist 1918. 30 S. gr. 8°, geh.

907. WELTSCH, Felix: Organische Demokratie. (Eine rechtsphilosophische Studie über das Repräsentativsystem und das parlamentarische Wahlrecht.) [= Der Neue Geist. Eine Schriftenreihe 3.] Leipzig: Der Neue Geist 1918. 62 S., gr. 8°.

908. Wiese, Leopold von: Freie Wirtschaft. Leipzig: Der Neue Geist [1918, 1919?]. 8 S., gr. 8°.

909. Ziel-Jahrbücher. Hrsg. von Kurt Hiller.
   1. Das Ziel. Aufrufe zu tätigem Geist. [München: Georg Müller 1916, Ü. in Der Neue Geist 1918, ab 1919 im KWV, vgl. Nr. 454.]
   2. Tätiger Geist. Doppelband 1917/18. [München: Georg Müller, dort nicht ausgeliefert. Ü. 1918, ab 1919 im KWV, vgl. Nr. 454.].

1919

910. ADLER, Fritz: Die deutsche Volkshochschule. [= Der Neue Geist. Eine Schriftenreihe 20.] Leipzig: Der Neue Geist 1919. 32 S., gr. 8°, geh.

911. BLÜHER, Hans: Familie und Männerbund. [= Der Neue Geist. Eine Schriftenreihe 12.] Leipzig: Der Neue Geist 1919. 37 S., gr. 8°, geh.

912. DINGLER, Hugo: Die Kultur der Juden. Eine Versöhnung zwischen Religion und Wissenschaft. Leipzig: Der Neue Geist 1919. 144 S., gr. 8°.

913. EULENBURG, Franz: Neue Wege der Wirtschaft. [= Der Neue Geist. Eine Schriftenreihe 9.] Leipzig: Der Neue Geist 1919. 40 S., gr. 8°, geh.

914. LAMMASCH, Heinrich: Der Friedensverband der Staaten. [= Der Neue Geist. Eine Schriftenreihe 8.] Leipzig: Der Neue Geist [1919]. 43 S., gr. 8°, geh.

915. LEDERER, Emil: Einige Gedanken zur Soziologie der Revolutionen. [= Der Neue Geist. Eine Schriftenreihe 10.] Leipzig: Der Neue Geist [1919]. 40 S., gr. 8°, geh.

916. LEMM, Alfred [d. i. Alfred LEHMANN]: Der Weg der Deutschjuden. Eine Skizzierung. [= Der Neue Geist. Eine Schriftenreihe 13.] Leipzig: Der Neue Geist 1919. 52 S., gr. 8°, geh.

917. MENDELSSOHN-BARTHOLDY, Albrecht: Der Völkerbund als Arbeitsgemeinschaft. (Vortrag in der politischen Gesellschaft in München, 28. Oktober 1918.) [= Der Neue Geist. Eine Schriftenreihe 11.] Leipzig: Der Neue Geist 1919. 24 S., gr. 8°, geh.

918. MÜHLESTEIN, Hans: Europäische Reformation. Philosophische Betrachtungen über den moralischen Ursprung der politischen Krisis Europas. [= Die Neue Reformation 4.] Leipzig: Der Neue Geist 1919. XXVIII, 261 S., gr. 8°.

919. SCHELER, Max: Vom Umsturz der Werte. 2. Aufl. von *Abhandlungen und Aufsätze*. [Ü. aus Verlag der Weißen Bücher 1915, vgl. Nr. 852.] 2., durchgesehene Aufl., 2 Bde. Leipzig: Der Neue Geist 1919. 313 u. 345 S., gr. 8°, geb.

920. VORST, Hans: Das bolschewistische Rußland. Leipzig: Der Neue Geist 1919. 264 S., 8°.

921. WESTPHAL, Otto: Deutsche National Versammlung. [= Der Neue Geist. Eine Schriftenreihe 14.] Leipzig Der Neue Geist 1919. 31 S., gr. 8°, geb.

6.2 Die Reihen

Der Neue Geist. Eine Schriftenreihe

Die 1917 gegründete Reihe existierte bis 1921. Es erschienen insgesamt 26 Hefte. Hier werden nur die während der Teilhaberschaft Wolffs erschienenen Hefte aufgeführt (Heft 1–14 und Heft 20). Ein Teil der Hefte erschien ohne Heftangabe und ohne Sammeltitel.

1. Rabindranath Tagore: Der Geist Japans. (Vgl. Nr. 906).
2. Albrecht Mendelssohn-Bartholdy: Irland, ein Beispiel der Machtpolitik. (Vgl. Nr. 895).
3. Felix Weltsch: Organische Demokratie. (Vgl. Nr. 907).
4. Kurt Hiller: Ein Deutsches Herrenhaus. (Vgl. Nr. 894).
5. Rudolf Leonhard: Bemerkungen zum Reichsjugendwehrgesetz. (Vgl. Nr. 887).
6. Paul Adler: Vom Geist der Volkswirtschaft. (Vgl. Nr. 884).
7. Alfred Lemm: Vom Wesen der wahren Vaterlandsliebe. (Vgl. Nr. 886).
8. Heinrich Lammasch: Der Friedensverband der Staaten. (Vgl. Nr. 914).
9. Franz Eulenburg: Neue Wege der Wirtschaft. (Vgl. Nr. 913).
10. Emil Lederer: Einige Gedanken zur Soziologie der Revolutionen. (Vgl. Nr. 915).
11. Albrecht Mendelssohn-Bartholdy: Der Völkerbund als Arbeitsgemeinschaft. (Vgl. Nr. 917).
12. Hans Blüher: Familie und Männerbund. (Vgl. Nr. 911).
13. Alfred Lemm: Der Weg der Deutschjuden. (Vgl. Nr. 916).

14. Otto Westphal: Deutsche National-Versammlung. (Vgl. Nr. 921).
...
20. Fritz Adler: Die deutsche Volkshochschule. (Vgl. Nr. 910).

Öffentliches Leben

1918 begonnene Reihe von Schriften staatsphilosophischen, soziologischen und politischen Inhalts, die sich vor allem um das Werk Leonhard Nelsons gruppierte. Bis 1923 erreichte die Reihe die Nummer 44; in einer neuen Folge erschienen zwischen 1927 und 1932 noch einmal zehn Hefte. Hier sind nur die Titel während der Teilhaberschaft Wolffs nachgewiesen.

1. Leonhard Nelson: Öffentliches Leben. (Vgl. Nr. 898).
2. Hans Mühlestein: Der neue Geist im Völkerbund und seine Durchsetzung im Friedensschluß. (Vgl. Nr. 896).
3. Hans Mühlestein: Die Herrschaft der Weisen. (Vgl. Nr. 897).

4. Friedrich Oehlkers: Gedanken zur Neuorientierung der Hochschulen. (Vgl. Nr. 903).
5. Leonhard Nelson: Vom Beruf der Philosophie in unserer Zeit für die Erneuerung des öffentlichen Lebens. (Vgl. Nr. 899).
6. Leonhard Nelson: Vom Staatenbund. (Vgl. Nr. 902).

Die Neue Reformation

Die 1918 gegründete, 1919 wieder eingestellte Reihe entlehnte ihren Namen dem Eröffnungstitel von Leonhard Nelson. Mehr als die hier aufgeführten Titel konnten nicht ermittelt werden.

1. Leonhard Nelson: Die Reformation der Gesinnung durch Erziehung zum Selbstvertrauen. (Vgl. Nr. 900).
2. Leonhard Nelson: Die Reformation der Philosophie durch die Kritik der Vernunft. (Vgl. Nr. 901).
3. nicht zu ermitteln.
4. Hans Mühlestein: Europäische Reformation. (Vgl. Nr. 918).

7 Die Publikationen des Hyperion-Verlages

Der Hyperion-Verlag ging am 1. Juli 1917 in den Besitz Kurt Wolffs über. Der seit 1906 existierende Verlag war 1913 in eine GmbH umgewandelt worden, die neben einer geringen Neuproduktion die Bestände des Hyperion-Verlages (Hans von Weber) und des Verlages Julius Zeitler übernommen hatte. Wolff vertrieb die gesamte Produktion weiter, sofern noch Bestände am Lager waren. Um die vorliegende Bibliographie nicht über Gebühr aufzuschwellen, sind jedoch – außer der Neuproduktion während der Inhaberschaft Wolffs – nur die Bücher der alten Hyperion-GmbH aufgenommen, von denen nach 1917 eine Neuauflage bzw. Neuausgabe veranstaltet wurde. Die Gesamtproduktion des Hyperion-Verlages bis 1917 ist in den Verlagskatalogen und in der Bibliographie von Abraham Horodisch (vgl. Sp. 1305) nachgewiesen.

7.1 Allgemeine Buchproduktion

1917

922. D'ANNUNZIO, Gabriele [d. i. Antonio RAPAGNETTA]: Feuer. [Roman.] Einzig auth. Übers. aus dem Italienischen von M. Gagliardi. [Ü. Hans von Weber 1909]. 11. Tsd. o. J. [1917?], 518 S., 8°; 12.–16. Tsd. ca. 1921; 17.–19. Tsd. 1929, 400 S.

923. BLEI, Franz: Das Lesebuch der Marquise. Ein Rokokobuch. Ill. von Constantin Somoff. [Ü. Hans von Weber 1907, 3. u. 4. Aufl. o. J., vermutlich 1917/18]. Berlin: Hyperion-Verlag o. J. 144 S. (mit Abb. u. 8 [z. T. handkolor.] Tafeln), 8°, Pappbd., Ganzldrbd.

924. BOEHN, Max von: Vom Kaiserreich zur Republik. Eine französische Kulturgeschichte des 19. Jahrhunderts. Berlin: Hyperion-Verlag 1917. XVI, 491 S. (mit 224 Abb. u. 24 [10 farb.] Tafeln), Lex 8°, Hlwbd., Hldrbd.

925. MELCHERS, Gustav Adolf: Die neue Sintflut. Roman. (1.–3. Tsd.) Berlin: Hyperion-Verlag 1914 (ausgegeben 1917). 308 S., 8°, Pappbd.

926. WILDE, Oscar: Die Ballade von Reading Gaol. Deutsche Nachdichtung. [The Ballad of Reading Gaol]. Nachdichtung von Felix Grafe. Ill. von Alfred Kubin. [950 numerierte Exemplare. Als neue Ausgabe 1920 in der *Kleinen Jedermannsbücherei*, vgl. Nr. 1060]. Berlin: Hyperion-Verlag o. J. [1917]. (42 Bl. mit Titelbl.), gr. 8°.

1918

927. ANDERSEN, Hans Christian: Märchen. [Eventyr.] Übers. vom Dichter selbst. Die Bilder zeichnete Walo v. May. [Ü. der Rechte Hans von Weber 1909]. Berlin: Hyperion-Verlag o. J. [1918]. 179 S., 8°, Pappbd., Ldrbd., Pergbd.

928. BARRÈS, Maurice: Vom Blute, von der Wollust und vom Tode. [Du sang, de la volupté et de la mort.] (Neuausgabe in der Übertragung von A[nnette] Kühlmann). [Ü. der Rechte Julius Zeitler 1907]. Berlin: Hyperion-Verlag o. J. [1918]. 309 S., 8°, geb.

929. BOCCACCIO, Giovanni di: Das Labyrinth der Liebe [Labirinto d'amore.] Eine Schmähschrift gegen ein übles Weib. (Herausgegeben von Wilhelm Printz.)

[Ü. der Rechte Julius Zeitler 1907.] [Neudr. = Dionysos-Bücherei, Reihe 1, Bd. 4]. Berlin: Hyperion-Verlag o. J. [1918]. 112 S. mit 8 Taf., 8°, Pappbd., Hldrbd.; Luxusausg. auf Bütten, Hldrbd., Pergbd.

930. CELANDER [d.i. Johann Georg GRESSEL]: Der verliebte Studente. In annehmlichen und wahrhafftigen Liebes-Geschichten, welche sich in einigen Jahren in Teutschland zugetragen. Der galanten Welt zu vergönnter Gemüths-Ergetzung vorgestellt. Cölln, bey Pierre Martaux [richtig: Hamburg, Liebezeit] 1709. [Ü. der Rechte Julius Zeitler 1906.] [Neudr. = Dionysos-Bücherei, Reihe 1, Bd. 2]. Berlin: Hyperion-Verlag o. J. [1918]. 223 S., 8°. Pappbd., Hldrbd.; Luxusausg. auf Bütten, Hldrbd., Pergbd.

931. Deutsche Schwänke. (Gesammelt von Leonhard Frischlin.) [Ü. der Rechte Julius Zeitler 1906.] [= Dionysos-Bücherei, Reihe 1, Bd. 8]. Berlin: Hyperion-Verlag o. J. [1918]. 259 S. mit 8 Taf., 8°, Pappbd., Hldbd.; Luxusausg. auf Bütten, Hldrbd., Pergbd.

932. GODARD D'AUCOURT, [Claude]: Themidor. Meine Geschichte und die meiner Geliebten. (Deutsch von Heinrich Töpfer. Vorwort: Guy de Maupassant.) [Ü. der Rechte Julius Zeitler 1907. 2. Aufl. 1915] [Neudr. = Dionysos-Bücherei, Reihe 1, Bd. 5]. Berlin: Hyperion-Verlag o. J. [1918]. 179 S. mit 6 Taf., 8°, Pappbd., Hldrbd.; Luxusausg. auf Bütten, Hldrbd., Pergbd.

933. GODWIN, Catarina: Begegnungen mit mir. [Ü. Hans von Weber 1910] (4. u. 5. Aufl.) [6.–8. Aufl. 1922]. Berlin, München: Hyperion-Verlag o. J. [1918]. 155 S., 8°, Pappbd., Ldrbd.

934. GOETHE, Johann Wolfgang [von]: Das Tagebuch. (Textrevision von Otto Deneke.) [= Dionysos-Bücherei, Reihe 1, Bd. 6]. Berlin: Hyperion-Verlag o. J. [1918]. 55 S., 8°, Pappbd., Hldrbd.; Luxusausg. auf Bütten, Hldrbd., Pergbd.

935. GOURMONT, Remy de: Die Physik der Liebe. [Physique de l'amour.] (Übertr. von Rudolf Brettschneider). [Ü. der Rechte Hans von Weber 1909]. [Neue Ausg.] Berlin: Hyperion-Verlag o. J. [1918]. 266 S., 8°, Pappbd., Hldrbd.

936. HARTLIEB, Wladimir Freiherr von: Du. Gedichte. [300 numerierte Exemplare]. Berlin: Hyperion-Verlag 1918. 44 S., gr. 8°, Hpergbd.

937. LACLOS, [Pierre Ambroise Françoise] Choderlos de: Gefährliche Liebschaften. [Liaisons dangereuses.] (Dtsch. von Franz Blei.) [Ü. der Rechte Hans von Weber 1909]. [Neue Liebhaber-Ausg.] 2 Bde., Berlin: Hyperion-Verlag o. J. [1918]. 305 u. 300 S., mit 11 Tafeln, 8°, geb., Hldrbd.

938. LOUYS, Pierre: Lieder der Bilitis. [Les chansons de Bilitis.] (Deutsch von Rich. Hübner.) [Ü. der Rechte Julius Zeitler 1907.] [= Dionysos-Bücherei, Reihe 1, Bd. 1]. Berlin: Hyperion-Verlag o. J. [1918]. 175 S., 8°, Pappbd., Hldrbd.; Luxusausg. auf Bütten, Hldrbd., Pergbd.

939. LUCIAN V. SAMOSATA: Die Hetärengespräche. [Dialogi meretricii.] (Übertragen von Christoph Martin Wieland und Paul Hansmann.) [= Dionysos-Bücherei, Reihe 1, Bd. 7]. Berlin: Hyperion-Verlag o. J. [1918]. 119 S., 8°, Pappbd., Hldrbd.; Luxusausgabe auf Bütten, Hldrbd., Pergbd.

940. RÉTIF DE LA BRETONNE, [Nicolas Edmonde]: Der Pornograph. [Le Pornographe.] (Übersetzt von Alfred Semerau.) [= Dionysos-Bücherei, Reihe 1, Bd. 9]. Berlin: Hyperion-Verlag o. J. [1918]. 183 S., 8°, Pappbd., Hldrbd.; Luxusausgabe auf Bütten, Hldrbd., Pergbd.

941. SALE, Antoine de la [La Salle. Angebl. Verf.]: Die fünfzehn Freuden der Ehe. [Les 15 joies de mariage.] [Deutsch von Franz Blei. Ü. der Rechte Julius Zeitler 1906.] [= Dionysos-Bücherei, Reihe 1, Bd. 3]. Berlin: Hyperion-Verlag o. J. [1918]. 222 S., 8°, Pappbd., Hldrbd.; Luxusausg. auf Bütten, Hldrbd., Pergbd.

942. SCHWABACH, Erik-Ernst: Die Stiftsdame. Eine Novelle. Berlin: Hyperion-Verlag 1918. 58 S., 8°.

943. Schwänke vom Bosporus. (Herausgegeben von Paul Hansmann.) [= Dionysos-Bücherei, Reihe 1, Bd. 11]. Berlin: Hyperion-Verlag o. J. [1918]. 208 S., 8°, Pappbd., Hldrbd.; Luxusausgabe auf Bütten, Hldrbd., Pergbd.

944. VILLON, François: Des Meisters Werke. Ins Deutsche übertr. von K. L. Ammer. [Ü. der Rechte Julius Zeitler 1907]. [Neue Ausg.] Berlin: Hyperion-Verlag o. J. [1918]. V, 116 S., gr. 8°, geb. Ldrbd., Hpergbd.

945. [VOISENON, Claude Henride]: 3 galante Erzählungen [Contes légers, Auszüge] des Abbé von Voisenon. (Übertragen von Alfred Semerau.) [= Dionysos-Bücherei, Reihe 1, Bd. 10]. Berlin: Hyperion-Verlag o. J. [1918]. 201 S. mit 6 Taf., 8°, Pappbd., Hldrbd.; Luxusausgabe auf Bütten, Hldrbd., Pergbd.

946. WIEGLER, Paul: Figuren, Essays. [Ü. Verlag der Weißen Bücher 1916, vgl. Nr. 862]. (2. Aufl.) Berlin: Hyperion-Verlag o. J. [1918]. 291 S., 8°, geh., geb.

947. Die Zauberflöte. Eine Sammlung von erotischen Novellen, Märchen und Liedern der asiatischen Literatur. (Herausgegeben von Paul Hansmann.) [= Dionysos-Bücherei, Reihe 1, Bd. 12]. Berlin: Hyperion-Verlag o. J. [1918]. 263 S. mit 8 farb. Taf., 8°, Pappbd., Hldrbd.; Luxusausgabe auf Bütten, Hldrbd., Pergbd.

948. ZIMMERMANN, Joachim: Das neue Leben. Schauspiel in 5 Akten. Berlin: Hyperion-Verlag 1914 [ausgegeben 1918]. 94 S., 8°.

Übernahmen aus dem Kurt Wolff Verlag

Die folgenden Titel gingen 1917/18 aus dem KWV in den Hyperion-Verlag über. Sie sind in dem Verlagsverzeichnis *Die Bücher und graphischen Publikationen von Kurt Wolff Verlag*, Herbst 1919, als im Hyperion-Verlag befindlich angezeigt.

949. BIERNATZKI, J[ohann] C[hristoph]: Die Hallig oder die Schiffbrüchigen auf dem Eiland in der Nordsee. [KWV 1914; Ü. Meyer & Jessen 1910, vgl. Nr. 179.]

950. [BRAEKER, Ulrich:] Das Leben und die Abenteuer des armen Mannes im Tockenburg, von ihm selbst erzählt. [KWV 1914; Ü. Meyer & Jessen 1910, vgl. Nr. 180.]

951. [-, -:] Etwas über William Shakespeares Schauspiele. [KWV 1914; Ü. Meyer & Jessen 1911, vgl. Nr. 181.]

952. CASANOVA, Giacomo: Correspondance avec J[ean] F[erdinand] Opiz. [KWV 1913; vgl. Nr. 114.]

953. Goethe-Briefe. Bd. 1–4. [KWV 1914; Ü. Meyer & Jessen 1913, vgl. Nr. 182.]

954. GRIMM, Jacob u. Wilhelm GRIMM: Schriften in einer Auswahl für das deutsche Volk. Aus den kleineren Schriften von Jacob Grimm. [KWV 1914; Ü. Meyer & Jessen 1911, vgl. Nr. 183.]

955. [GUGLIA, Eugen:] Das Buch von der Nachfolge Goethes. [KWV 1914; Ü. Meyer & Jessen 1911, vgl. Nr. 184.]

956. GUHL, Ernst: Künstlerbriefe der Renaissance. [KWV 1914; Ü. Meyer & Jessen 1913, vgl. Nr. 185.]

957. HIORTH-SCHÖYEN, Rolf: Der Herrscher. [Ernst Rowohlt Verlag 1913, vgl. Nr. 71.]

958. LOEWENSTEIN, Eugen: Nervöse Leute. [KWV 1914, vgl. Nr. 165.]

959. Der geistliche Mai. Marienlieder aus der deutschen Vergangenheit. [KWV 1913, vgl. Nr. 137].

960. PAUL, Jean [d. i. Johann Paul Friedrich RICHTER]: Dr. Katzenbergers Badreise. Bilder von P. Scheurich. [Ü. 1918 aus dem KWV, dort Ü. 1914 von Meyer & Jessen 1912, vgl. Nr. 186]. [Neue Aufl.] München: Hyperion-Verlag o. J. [1922]. 261 S., kl. 8°, Pappbd.

961. STRAUSS, Victor von: Mitteilungen aus den Akten betreffend den Zigeuner Tuvia Panti aus Ungarn und Anderes. [KWV 1914; Ü. Meyer & Jessen 1912, vgl. Nr. 187.]

962. WINCKELMANN, Johann: Geschichte der Kunst des Altertums. [KWV 1914?; Ü. Meyer & Jessen 1913 vgl. Nr. 188.]

1919

963. BORCHARDT, Rudolf: Das Gespräch über Formen und Platons Lysis deutsch. [Ü. Julius Zeitler, 1. Aufl. 1905]. (2. Aufl.) Berlin: Hyperion-Verlag o. J. [1919]. VI, 78 S., gr. 8°, geb.

964. –, –: Rede über Hofmannsthal. [Öffentlich gehalten am 8. September 1902 zu Göttingen. Ü. Julius Zeitler, 1. Aufl. 1905]. (2. Aufl.) Berlin: Hyperion-Verlag o. J. [1919]. 86 S., gr. 8°, Hpergbd.

965. (BOURSAULT, Edme): Die Liebesbriefe der Babet. [Lettres de respect, d'obligation et d'amour, dt.] Hrsg. von Wilhelm Printz. [Ü. Julius Zeitler, 1. Aufl. 1908]. 2. Aufl. Berlin: Hyperion-Verlag (1919). 144 S., kl. 8°.

966. BRANTÔME, Pierre de Bourdeille Seigneur de: Das Leben der galanten Damen. [Ü. Julius Zeitler 1905, Ü. erfolgte vom Insel-Verlag.] [= Dionysos-Bücherei, Reihe 2, Bd. 2.3.]. 2 Bde. Berlin: Hyperion-Verlag o. J. [1919]. LVI, 366 u. 349 S. mit je 7 Bildn., Pappbd., Hldrbd.; Luxusausg. auf Bütten, Hldrbd., Pergbd.

967. Briefschatulle der Madame Gourdan, genannt die Gräfin. (Übersetzt von Paul Hansmann.) [= Dionysos-Bücherei, Reihe 2, Bd. 9]. Berlin: Hyperion-Verlag o. J. [1919]. 233 S., 8°, Pappbd., Hldrbd.; Luxusausgabe auf Bütten, Hldrbd., Pergbd.

968. [DELICADO, Francisco]: Die schöne Andalusierin. Nach der Original-Ausgabe von 1528 ins Deutsche übertragen von Paul Hansmann.) 2 Bde. [= Dionysos-Bücherei. Reihe 2, Bd. 11/12]. Berlin: Hyperion-Verlag o. J. [1919]. 263 u. 287 S., 8°, Pappbd., Hldrbd.; Luxusausgabe auf Bütten, Hldrbd., Pergbd.

969. DUMAS SOHN, Alexandre [Alexandre Dumas fils]: Die Kameliendame. [La dame aux camélias.] (Übertragung von Otto Flake.) [Ü. der Rechte Julius Zeitler 1907]. Berlin: Hyperion-Verlag o. J. [1919]. 311 S., 8°, Pappbd., Hldrbd.

970. Eros der Sieger. Griechische Liebesgedichte. (Zusammengestellt von Alfred Semerau.) [= Dionysos-Bücherei, Reihe 2, Bd. 6]. Berlin: Hyperion-Verlag o. J. [1919]. 279 S., mit 18 Taf., 8°, Pappbd., Hldrbd.; Luxusausgabe auf Bütten, Hldrbd., Pergbd.

971. GIDE, André: Der schlechtgefesselte Prometheus. [Le Prométhée mal enchaîné.] (Deutsche Übertr. von Franz Blei. Zeichn. von Pierre Bonnard.) [Ü. der Rechte Hans von Weber 1908]. (2. Aufl.) Berlin: Hyperion-Verlag o. J. [1919]. 51 S. mit 6 Tafeln, gr. 8°, geb., Hldrbd.

972. GOETHE, Johann Wolfgang [von]: Venezianische Epigramme. (Hrsg. von Otto Deneke.) [Ü. der Rechte Julius Zeitler 1909]. [= Dionysos-Bücherei. Reihe 2,

Bd. 4]. Berlin: Hyperion-Verlag o. J. [1919]. 169 S., 8°, Pappbd., Hldrbd.; Luxusausg. auf Bütten, Hldrbd., Pergbd.

973. GONCOURT, Edmond (Louis Antoine) de und J[ules Alfred-Huot] de GONCOURT: Gavarni. Der Mensch und das Werk. [Gavarni, l'homme et l'oeuvre, dt.] (Die Übertragung besorgte Stefanie Strizek; Einleitung: Max v. Boehn.) 2 Bde. Mit 107 ganzseit. u. 36 Textill. München: Hyperion-Verlag o. J. [1919]. 263 u. 189 S., gr. 8°, geb., Hlwbd., Hldrbd.

974. GOZZI, Carlo: Venezianische (Einbd.: Venetianische) Liebesabenteuer. (Übertragen von W. Kastner.) [Ü. der Rechte Julius Zeitler 1905.] [= Dionysos-Bücherei, Reihe 2, Bd. 1]. Berlin: Hyperion-Verlag o. J. [1919]. 110 S. mit 8 Taf., 8°, Pappbd., Hldrbd.; Luxusausg. auf Bütten, Hldrbd., Pergbd.

975. HOFMANNSTHAL, Hugo von: Das Gespräch über Gedichte. [Bezifferter Enschedé-Druck.] Berlin: Hyperion-Verlag o. J. [1919]. 32 S., 36×28 cm, Hldrbd.

976. 150 [Hundertfünfzig] Jahre deutscher Kunst. ⟨1650–1800⟩. 76 Bildtafeln mit einer Einführung von Wilhelm Hausenstein. Berlin: Hyperion-Verlag o. J. [1919]. 39 S. mit 76 Tafeln, Lex. 8°, Hlwbd.

977. [KATHARINA V. SIENA]: Die Briefe der Heiligen Catarina von Siena. Hrsg. u. eingeleitet von Annette Kolb. [Ü. der Rechte Julius Zeitler 1906]. In neuer Ausg. Berlin: Hyperion-Verlag o. J. [1919]. 272 S., 8°, Pappbd.

978. KOLB, Annette: Wege und Umwege. [Ü. Verlag der Weißen Bücher 1914, vgl. Nr. 835]. (2. u. 3. Aufl.) [2.–3. Tsd.] München: Hyperion-Verlag 1919. 351 S., 8°, geh. geb.

979. Liebesbriefe aus dem Rokoko. (Auswahl, Übers. u. Einleitung von Alfred Semerau). Berlin: Hyperion-Verlag o. J. [1919]. 214 S., gr. 8°, Pappbd., Hldrbd.

980. MAUPASSANT, Guy de: Gesammelte Novellen. (Hrsg. und durchgesehen von Ulrich und Marguerite Steindorff). (1. u. 2. Tsd.) München: Hyperion-Verlag o. J. [1919]. 8°, geh., geb.
Bd. 1: Das große Paris. 241 S.
Bd. 2: Das kleine Paris. 261 S.
[3.–5. Tsd. nur unter den Einzeltiteln der Bände, München: Hyperion-Verlag o. J.; ab 1923 im KWV, vgl. Nr. 603].

981. MIRABEAU, Honoré Gabriel Riquetti Graf von: Erotica biblion. (Übertragen von Paul Hansmann.) [= Dionysos-Bücherei, Reihe 2, Bd. 10]. Berlin: Hyperion-Verlag o. J. [1919]. 173 S. mit 1 Bildn., 8°, Pappbd., Hldrbd.; Luxusausgabe auf Bütten, Hldrbd., Pergbd.

982. (MOREAU le Jeune): Suite d'estampes, pour servir à l'histoire des moeurs et du costume des François, dans le XVIIIe siècle. Année 1774. Paris, de l'imprimerie de Prault, 1784. [Berlin]: (Hyperion-Verlag) [1919]. 12 Tafeln mit 18 Bl. u. S. Text. 49×37 cm, Hldrbd.

983. –,–: Seconde suite d'estampes, pour servir à l'histoire des modes et du costume en France, dans le XVIIIe siècle. Année 1776. Paris, de l'imprimerie de Prault, 1777. [Berlin]: (Hyperion-Verlag) [1919]. 12 Tafeln mit 12 Bl. Text. 49×37 cm. Hldrbd.

984. [NAPOLEON I.]: Berühmte Aussprüche und Worte Napoleons von Corsika bis St. Helena. [Ü. Julius Zeitler 1906]. (In 3. durchges. und verm. Aufl. gesammelt und hrsg. von Robert Rehlen [d. i. Julius Zeitler]. Die Original-Radierung gegenüber dem Titel machte Bruno Héroux nach dem Napoleon-Porträt Delaroches). (5.–6. Tsd.) Berlin: Hyperion-Verlag o. J. [1919?]. IV, 325 S., kl. 8°, Ldrbd., Vorzugsausgabe.

985. Des älteren Philostratos erotische Briefe, nebst den Hetärenbriefen des Alkiphron. (Herausgegeben von Paul Hansmann.) [= Dionysos-Bücherei, Reihe 2, Bd. 5]. Berlin: Hyperion-Verlag o. J. [1919]. 202 S., 8°, Pappbd., Hldrbd.; Luxusausgabe auf Bütten, Hldrbd., Pergbd.

986. Das sinkende Rom. Römische Liebesgedichte. (Zusammengestellt von Alfred Semerau.) [= Dionysos-Bücherei, Reihe 2, Bd. 7]. Berlin: Hyperion-Verlag o. J. [1919]. 262 S., 8°, Pappbd., Hldrbd.; Luxusausgabe auf Bütten, Hldrbd., Pergbd.

987. (SCHEFFNER, Joh. George): Gedichte im Geschmack des Grécourt. Frankfurt und Leipzig bey Dodsley und Compagnie, 1773. [= Dionysos-Bücherei, Reihe 2, Bd. 8]. Berlin: Hyperion-Verlag o. J. [1919]. XVI, 216 S., 8°, Pappbd., Hldrbd.; Luxusausgabe auf Bütten, Hldrbd., Pergbd.

988. SINSHEIMER, Hermann: Die 3 Kinder. Roman. [1.–] 4. Aufl. Berlin, München: Hyperion-Verlag o. J. [1919]. 280 S., 8°, geb.

989. STRINDBERG, August: Ausgewählte Dramen. (Deutsch von Else v. Hollander.) 5 Bde. Berlin: Hyperion-Verlag 1919.
I. [Märchendramen]. Die Kronbraut. [Kronbruden.] Schwanenweiß. – Ein Traumspiel. 234 S., kl. 8°.
II. Nach Damaskus. VIII, 271 S., 8°, geb., Hldrbd.
III. Naturalistische Dramen. Totentanz. – Der Vater. – Fräulein Julie. – Kameraden. 342 S., 8°, geb., Hldrbd.
IV. Geschichtliche Dramen. Folklungersage. – Gustav Adolf. – Kristina. VI, 372 S., 8°, geb., Hldrbd.
V. Kammerspiele und Jahresfestspiele. Wetterleuchten. Brandstätte. Gespenstersonate. Pelikan. Advent. Ostern. Johannistag. 486 S., kl. 8°, geb., Hldrbd.

990. –, –: Ausgewählte Romane. [Ursprünglich angezeigt u. d. Titel *Sämtliche Romane*.] (Deutsch von Else von Hollander.) [= Die skandinavische Bibliothek]. 5 Bde. Berlin, München: Hyperion-Verlag (1919/20). 8°, Pappbde. [Erschienen auch in Einzelausgaben. Hldrbde. Ab 1923 im KWV, vgl. Nr. 612].
   1. Das rote Zimmer. Roman. 1919. 446 S. [Später anstelle dieses Romans als Bd. 1 die Erzählungen *Heiraten*, vgl. Nr. 991].
   2. Die Leute auf Hemsö. [Hemsöborna.] Roman. 1920. 215 S.
   3. Am offenen Meer. [J. Hausbandet.] Roman. 1920. 285 S.
   4. Die gotischen Zimmer. [Götiska rummen.] Roman. 1919. 366 S.
   5. Schwarze Fahnen. Svarta faner. 1919. 338 S.

991. –, –:: Heiraten. Ehegeschichten [Giftgas]. (Deutsch von Else v. Hollander.) [Anstelle des Romans *Das rote Zimmer* später als Bd. 1 der *Ausgewählten Romane*, vgl. Nr. 990]. Berlin, München: Hyperion-Verlag 1919. Geb., Hldrbd.

992. –, –: Inferno. Autorisierte Übersetzung von Christian Morgenstern. Berlin, München: Hyperion-Verlag o. J. [1919]. 268 S., 8°, geb., Hldrbd.

993. –, –: Sünde. Komödie. (Deutsch von Else v. Hollander.) Berlin, München: Hyperion-Verlag 1919. 90 S., 8°.

1920

994. ALASTAIR [d. i. Hans Henning v. VOIGT]: Das flammende Tal. Gedichte. München: Hyperion-Verlag o. J. [1920]. 69 S., Lex 8°.

995. Altenglische Balladen. Übertragen von J[ohann] [G[ottfried] v. Herder. [= Die kleine Jedermannsbücherei (15)]. München: Hyperion-Verlag (1920). 95 S., 16°, Pappbd.

996. Die Ammen-Uhr. Aus des Knaben Wunderhorn. In: Holzschnitten nach Zeichnungen von Dresdner Künstlern. Neu herausgegeben. München: Hyperion-Verlag o. J. [1920]. 9 Tafeln mit 4 S. Text. kl. 8°.

997. Arabische Erzählungen aus der Zeit der Kalifen. (Von Eduard Sachau aus dem Urtext übersetzt und bearbeitet.) [= Dichtungen des Ostens (Bd. 2)]. München: Hyperion-Verlag (1920). 118 S., kl. 8°, Pappbd.

998. ARISTOPHANES: Lysistrata. Ein Lustspiel. (Neu herausgegeben nach der im Jahr 1806 erschienenen Übertragung von D. Aug. Chr. Borheck.) [= Die kleine Jedermannsbücherei (11)]. München: Hyperion-Verlag (1920). 192 S., 16°, Pappbd. [6.–10. Tsd. 1923].

999. ARNIM, Achim von: Der tolle Invalide auf Fort Ratonneau. Mit [20] Zeichnungen von Wilhelm Plünnecke. [= Romantische Taschenbücherei (Bd. 1)]. München: Hyperion-Verlag (1920). 72 S., 8°, Lwbd.; auf Bütten, Pergbd.

1000. BANG, Herman: Ein herrlicher Tag. Erzählungen. (Übertragen von R. Blumenreich.) [= Die skandinavische Bibliothek]. (5.–9. Tsd.) Berlin, München: Hyperion-Verlag (1920). 186 S., 8°, Pappbd.

1001. BENDA, [Julien]: Die Berufung. [L'ordination.] Roman. (Berechtigte Übertragung aus dem Französischen.) München: Hyperion-Verlag o. J. [1920]. 248 S., 8°, Pappbd.

1002. BRENTANO, Clemens: Die Geschichte vom braven Kasperl und dem schönen Annerl. Mit [12] Zeichnungen von Juliette Fischer. [= Romantische Taschenbücherei (Bd. 2)]. München: Hyperion-Verlag (1920). 76 S., 8°, Lwbd.; auf Bütten, Pergbd.

1003. BÜRGER, Gottfried August: Münchhausen. Mit 27 Holzschnitten von Karl Rössing. München: Hyperion-Verlag o. J. [1920]. 186 S., kl. 8°, Pappbd.; Luxusausgabe, Ldrbd.

1004. (Chin ku ch'i kuan [1.]): Der Ölhändler und die Blumenkönigin. (Aus dem chinesischen Urtext übertragen von Walter Strzoda.) [= Dichtungen des Ostens (Bd. 3)]. München: Hyperion-Verlag (1920). 176 S., kl. 8°, Pappbd.

1005. DENON, Vivant: Eine einzige Nacht. [Point de Laindemain.] [= Die kleine Jedermannsbücherei (1)]. München: Hyperion-Verlag (1920). 87 S., 16°, Pappbd.

1006. EICHENDORFF, Joseph von: Das Marmorbild. Mit [15] Zeichnungen von Flora Palyi. [= Romantische Taschenbücherei (Bd. 3)]. München: Hyperion-Verlag (1920). 97 S., 8°, Lwbd. auf Bütten, Pergbd.

1007. FESTENBERG, Gustav v., gen. Packisch: Das Buch vom Tanz. München: Hyperion-Verlag o. J. [1920]. 61 S., Lex 8°.

1008. FLAUBERT, Gustave: Erinnerungen eines Narren. (Einzig berechtigte Übertr. von Rudolf Sommer.) [Ü. Julius Zeitler, 1. Aufl. 1907]. (2. Aufl.) München: Hyperion-Verlag o. J. [1920]. 99 S., 8°, geb. Hldrbd.

1009. GAUTIER, Théophile: Die 1002. Nacht. Mit [11] Zeichnungen von Suzanne Carvallo-Schülein. (Ins Deutsche übertragen von Lucy v. Jacobi.) [= Romantische Taschenbücherei (Bd. 4)]. München: Hyperion-Verlag (1920). 76 S., 8°, Lwbd.; auf Bütten, Pergbd.

1010. GEIJERSTAM, Gustaf af: Die Geschichte eines Unglücklichen. Roman. (Übertragen von Gustav Morgenstern.) [= Die skandinavische Bibliothek]. (2.-6. Tsd.) Berlin, München: Hyperion-Verlag (1920). 155 S., 8°, Pappbd.

1011. GOBINEAU, Graf [Joseph] Arthur: Die Tänzerin von Shamakha. (Übertragen von Elisabeth Borchardt.) [= Die kleine Jedermannsbücherei (12)]. München: Hyperion-Verlag (1920). 152 S., 16°, Pappbd.

1012. –, –: Das rote Tuch. Mit [18] Zeichnungen von Hans Scheller. (Ins Deutsche übertragen von Isolde Kurz.) [= Romantische Taschenbücherei (Bd. 5)]. München: Hyperion-Verlag (1920). 66 S., 8°, Lwbd.; auf Bütten, Pergbd.

1013. GODWIN, Catherina: Die Frau im Kreise. München: Hyperion-Verlag o. J. [1920]. 234 S., 8°, geb., Hldrbd.

1014. GOETHE, Johann Wolfgang von: Balladen. [= Die kleine Jedermannsbücherei (2)]. München: Hyperion-Verlag (1920). 91 S., 16°, Pappbd.

1015. –, –: Unterhaltungen deutscher Ausgewanderten. [= Die kleine Jedermannsbücherei (3)]. München: Hyperion-Verlag (1920). 267 S., 16°, Pappbd.

1016. GOETZ, Wolfgang: Die Reise ins Blaue. Eine Erzählung. (Mit 19 handkol. Textabb. von J[aqui] Freyberg-Gleistein.) München: Hyperion-Verlag o. J. [1920]. 221 S., 8°, Pappbd.

1017. GONCOURT, Edmond (Louis Antoine) de: Der Roman eines Dienstmädchens. ⟨Germinie Lacerteux.⟩ [Deutsch von Paul Prina.] [Ü. 1. Auflage Leipzig: Julius Zeitler 1907]. (2. Aufl.) München: Hyperion-Verlag o. J. [1920]. 343 S., 8°, geb., Hldrbd.

1018. –, – u. J[ules Alfred-Huot] de GONCOURT: Die Frau im 18. Jahrhundert. [La femme au 18ᵉ siècle.] [Deutsch von Paul Prina.] (Die Auswahl und Anordnung der Bilder besorgte Max v. Boehn.) [Ü. der Rechte Julius Zeitler 1905 u. 1907]. 2 Bde. München: Hyperion-Verlag o. J. [1920]. gr. 8°, Pappbd., Hlwbd., Hldrbd.
   1. Mit 30 ganzseit. (z. Teil farb.) Bildtafeln, VII, 232 S.
   2. Mit 35 ganzseit. (z. Teil farb.) Bildtafeln, 278 S.

1019. GOURMONT, Remy de: Ein jungfräuliches Herz. [Un Coeur virginal.] Roman. (Ins Dtsch. übertr. von Wilhelm Printz). [Ü. Julius Zeitler, 1. Aufl. 1908]. 3.-5. Aufl. München: Hyperion-Verlag 1920. 165 S., kl. 8°, geb., Hldrbd.

1020. –, –: Komödien einer Frau. [Le songe d'une femme, dt.] Ein Roman in Briefen. (Berecht. Übertr. von Anna Sophie Gasteiger.) [Ü. der Rechte Hans von Weber 1908]. 3.-5. Aufl. München: Hyperion-Verlag (1920). 176 S., kl. 8°, geb. Hldrbd.

1021. GRIMM, Jacob u. Wilhelm GRIMM: 6 Märchen. [= Die kleine Jedermannsbücherei (4)]. München: Hyperion-Verlag (1920). 155 S., 16°, Pappbd.

1022. HAFIS: Eine Sammlung persischer Gedichte. (Deutsche Nachdichtung von Georg Friedrich Daumer.) [= Die kleine Jedermannsbücherei (13)]. München: Hyperion-Verlag (1920). 172 S., 16°, Pappbd.

1023. HAUFF, Wilhelm: Das kalte Herz. Mit [16] Zeichnungen von Karl Rössing. [= Romantische Taschenbücherei (Bd. 8)]. München: Hyperion-Verlag (1920). 114 S., 8°, Lwbd.; auf Bütten, Pergbd.

1024. HAUSENSTEIN, Wilhelm: Die Kunst in diesem Augenblick. München: Hyperion-Verlag 1920. 54 S., 8°.

1025. HEINE, Heinrich: Die Harzreise. Mit [25] Zeichnungen von Chr. Ch. Engelhorn. [= Romantische Taschenbücherei (Bd. 13)]. München: Hyperion-Verlag (1920). 156 S., 8°, Lwbd.; auf Bütten, Pergbd.

1026. –, –: Hebräische Melodien. [= Die kleine Jedermannsbücherei (14)]. München: Hyperion-Verlag (1920). 104 S., 16°, Pappbd.

1027. –, –: Die Nordsee. [= Die kleine Jedermannsbücherei (5)]. München: Hyperion-Verlag (1920). 104 S., 16°, Pappbd.

1028. HÖLDERLIN, Friedrich: Empedokles. [= Die kleine Jedermannsbücherei (16)]. München: Hyperion-Verlag (1920). 240 S., 16°, Pappbd.

1029. HOFFMANN, E. T. A.: Doge und Dogaresse. Mit [23] Zeichnungen von Grete Pohl. [= Romantische Taschenbücherei (Bd. 12)]. München: Hyperion-Verlag (1920). 118 S., 8°, Lwbd.; auf Bütten, Pergbd.

1030. –, –: Das Fräulein von Scuderi. Mit [17] Zeichnungen von Wilhelm Heise. [= Romantische Taschenbücherei (Bd. 10)]. München: Hyperion-Verlag (1920). 126 S., 8°, Lwbd; auf Bütten, Pergbd.

1031. IGNACIO DE LOYOLA: Geistliche Übungen. [= Die kleine Jedermannsbücherei (21)]. München: Hyperion-Verlag o. J. [1920]. 138 S., 16°, Pappbd.

1032. JOHANNES SECUNDUS: Die Küsse des Johannes Secundus. (Nach der Ausgabe und in der Übersetzung von Franz Passow.) München: Hyperion-Verlag o. J. [1920]. 55 S., Lex 8°.

1033. KANT, Immanuel: Träume eines Geistersehers. [= Die kleine Jedermannsbücherei (17)]. München: Hyperion-Verlag (1920). 169 S., 16°, Pappbd.

1034. KLEIST, Heinrich von: Die Marquise von O... Mit [22] Zeichnungen von Marta Worringer. [= Romantische Taschenbücherei (Bd. 14)]. München: Hyperion-Verlag (1920). 116 S., 8°, Lwbd.; auf Bütten, Pergbd.

1035. KOHL, Aage von: Die roten Namen. Erzählungen. (Übertragen von Wilhelm Thal.) [Einbandzeichnung von Emil Preetorius.] [= Die skandinavische Bibliothek]. (2.–6. Tsd.) Berlin, München: Hyperion-Verlag (1920). 170 S., 8°, Pappbd.

1036. Legenden vom heiligen Franz von Assisi. (Nachwort von Johannes Bühler.) [= Die kleine Jedermannsbücherei (18)]. München: Hyperion-Verlag (1920). 155 S., 16°, Pappbd.

1037. LENAU, Nikolaus [d. i. Nikolaus NIEMBSCH EDLER v. STREHLENAU]: Don Juan. [= Die kleine Jedermannsbücherei (19)]. München: Hyperion-Verlag (1920). 135 S., 16°, Pappbd.

1038. LIE, Jonas: Aus Urgroßvaters Haus. Roman. [= Die skandinavische Bibliothek]. (2.–6. Tsd.) Berlin, München: Hyperion-Verlag (1920). 221 S., 8°, Pappbd.

1039. LOGAU, Friedrich von: Die tapfere Wahrheit. Sinngedichte. (Auswahl nach der von Lessing und Ramler veranstalteten Ausgabe von 1759.) [= Die kleine Jedermannsbücherei (20)]. München: Hyperion-Verlag (1920). 111 S., 16°, Pappbd.

1040. LUTHER, Martin: An den christlichen Adel deutscher Nation. [= Die kleine Jedermannsbücherei (22)]. München: Hyperion-Verlag (1920). 242 S., 16°, Pappbd.

1041. MÉRIMÉE, Prosper: Die Venus von Ille. Mit [9] Zeichnungen von Bea Fock. (Ins Deutsche übertragen von Richard Schaukal.) [= Romantische Taschenbücherei (Bd. 6)]. München: Hyperion-Verlag (1920). 100 S., 8°, Lwbd.; auf Bütten, Pergbd.

1042. NESTROY, Johann: Freiheit in Krähwinkel. (Posse). [= Die kleine Jedermannsbücherei (23)]. München: Hyperion-Verlag (1920). 184 S., 9,3×6,4 cm, Pappbd.

1043. NOVALIS [d. i. Friedrich Leopold v. HARDENBERG]: Die Christenheit oder Europa. [= Die kleine Jedermannsbücherei (24)]. München: Hyperion-Verlag (1920). 91 S., 16°, Pappbd.

1044. PAUL, Jean [d. i. Jean Paul Friedrich RICHTER]: Mußteil für Mädchen. Mit [11] Zeichnungen von May Purtscher.[=Romantische Taschenbücherei(Bd.15)]. München: Hyperion-Verlag (1920). 71 S., 8°, Lwbd; auf Bütten, Pergbd.

1045. PLATO: Das Gastmahl. [Convivium.] (Deutsche Übertragung von Friedrich Schleiermacher.) [= Die kleine Jedermannsbücherei (25)]. München: Hyperion-Verlag (1920). 163 S., 16°, Pappbd.

1046. –: Die Verteidigung des Sokrates. (Mit Einleitung von Friedrich Schleiermacher.) [= Die kleine Jedermannsbücherei (6)]. München: Hyperion-Verlag (1920). 127 S., 16°, Pappbd.

1047. Die Psalmen. (1.–66. Psalm, neu gedruckt nach der Übertragung Martin Luthers.) [= Die kleine Jedermannsbücherei (26)]. München: Hyperion-Verlag (1920). 144 S., 16°, Pappbd.

1048. PUSCHKIN, Alexander: Pique Dame. Mit [13] Zeichnungen von Mark Kallin. (Ins Deutsche übertragen von Joh. von Guenther.) [= Romantische Taschenbücherei (Bd. 9)]. München: Hyperion-Verlag (1920). 74 S., 8°, Lwbd.; auf Bütten, Pergbd.

1049. RÉTIF DE LA BRETONNE [Nikolas Edmonde]: Revolutionsnächte. [Nuits de Paris.] Deutsch von Else v. Hollander. München: Hyperion-Verlag o. J. [1920]. 226 S. mit Tafeln, Lex. 8°, geb., Hldrbd.

1050. Sadis' Rosengarten. (Nach dem Texte und dem arabischen Commentare Sururi's von Karl Heinrich Graf aus dem Persischen übersetzt. Neudruck.) [= Dichtungen des Ostens (Bd. 1)]. München: Hyperion-Verlag (1920). 298 S. mit 6 Taf., kl. 8°, Pappbd.

1051. SALLET, Friedrich von: Kontraste und Paradoxe. [Roman.] (Ill. von Alfons Woelfle.) [Ü. Hans von Weber, 1. Aufl. 1909]. (4. u. 5. Aufl.) München: Hyperion-Verlag o. J. [1920]. 303 S., 8°, geb., Hldrbd.

1052. SCHOPENHAUER, Arthur: Über den Tod. [= Die kleine Jedermannsbücherei (27)]. München: Hyperion-Verlag (1920). 187 S., 16°, Pappbd.

1053. –, –: Über die Weiber. Psychologische Bemerkungen. [= Die kleine Jedermannsbücherei (28)]. München: Hyperion-Verlag (1920). 148 S., 16°, Pappbd.

1054. STIFTER, Adalbert: Das Heidedorf. [= Die kleine Jedermannsbücherei (7)]. München: Hyperion-Verlag (1920). 100 S., 16°, Pappbd. [11.–20. Tsd. 1924].

1055. SUETON[IUS TRANQUILLUS, Gaius]: Tiberius, Nero, Cäsar. (Einband: Kaiser Nero.) [= Die kleine Jedermannsbücherei (8)]. München: Hyperion-Verlag (1920). 152 S., 16°, Pappbd. [2. Aufl. u. d. Titel: Nero, Claudius, Cäsar. (1923). 126 S., 16°, Pappbd.]

1056. TIECK, Ludwig: Der blonde Eckbert. Mit [20] Zeichnungen von G. Königer. [= Romantische Taschenbücherei (Bd. 7)]. München: Hyperion-Verlag (1920). 86 S., 8°, Lwbd.; auf Bütten, Pergbd.

1057. –, –: Der Runenberg. Mit [42] Zeichnungen von Hanna Kiel. [= Romantische Taschenbücherei (Bd. 11)]. München: Hyperion-Verlag (1920). 64 S., 8°, Lwbd.; auf Bütten, Pergbd.

1058. (VORAGINE, Jacobus a). – Alte Legenden von Jungfrauen und Büßerinnen. (Auswahl aus dem Passional nach einer Handschrift von 1458 der Münchener Staatsbibliothek. Nachwort von Johannes Bühler.) [= Die kleine Jedermannsbücherei (10)]. München: Hyperion-Verlag o. J. [1920]. 133 S., 16°, Pappbd.

1059. WAGNER, Richard: Eine Pilgerfahrt zu Beethoven. [= Die kleine Jedermannsbücherei (9)]. München: Hyperion-Verlag (1920). 91 S., 16°, Pappbd.

1060. WILDE, Oscar: Die Ballade von Reading Gaol. Deutsche Nachdichtung. [The Ballad of Reading Gaol.] Nachdichtung von Felix Grafe. [= Die kleine Jedermannsbücherei (29)]. München: Hyperion-Verlag (1920). 64 S., 16°, Pappbd. [11.–20. Tsd. 1924].

1061. ZOFF, Otto: Das Anekdotenbuch. Die schönsten und unterhaltendsten Anekdoten aus allen Zeiten. München, Berlin: Hyperion-Verlag o. J. [1920]. 254 S., kl. 8°.

1921

1062. BALZAC, Honoré de: Weibliche Logik. (Illustriert nach Holzschnitten von Bertall. Übertragen von Camill Hoffmann.) [= Die kleine Jedermannsbücherei (38)]. München: Hyperion-Verlag (1921). 64 S., 16°, Pappbd.

1063. DOWSON, Ernest: Einen Augenblick Pierrot. [The Pierrot of the minute.] (Deutsch von J. v. Guenther. Einzige autorisierte Ausgabe.) Mit Zeichnungen von Aubrey Beardsley. München: Hyperion-Verlag 1931. 44 S., 4°, Hpergbd., Pergbd.

1064. Das Gelbbuch der Münchener Mappe. München: Hyperion-Verlag 1921. 87 S. mit Zeichnungen, 7 Taf., 4° (Publikation der Vereinigung Münchner Graphiker. Die Mappe 2.)

1065. GONCOURT, Edmond de, u. J[ules] de GONCOURT: Die Kunst des achtzehnten Jahrhunderts. [L'Art du dix-huitième siècle.] Mit 42 ganzs. Abb. [Taf.] [2 Bde.] [Ü. der Rechte Julius Zeitler 1908]. München: Hyperion-Verlag (1921). VII, 252; 272 S., gr. 8°, Hlw.

1066. Indische Liebeslyrik. (Eingeleitet und herausgegeben von Helmuth Glasenapp und übertragen von Friedrich Rückert.) [= Dichtungen des Ostens (Bd. 4)]. München: Hyperion-Verlag (1921). 288 S., 10 Taf., kl. 8°, Pappbd.

1067. KELLER, Gottfried: Spiegel, das Kätzchen. Ein Märchen. [= Die kleine Jedermannsbücherei (33)]. München: Hyperion-Verlag (1921). 134 S., 16°, Pappbd.

1068. Alte deutsche Liebeslieder von unbekannten Dichtern. [= Die kleine Jedermannsbücherei (32)]. München: Hyperion-Verlag (1921). 135 S., 16°, Pappbd.

1069. Das Lied der Lieder. Sirha-širim. [Canticum canticorum Salomonis.] Neu übertragen aus dem Hebräischen von Max Brod. [= Die kleine Jedermannsbücherei (30)]. München: Hyperion-Verlag o. J. [1921]. 67 S., Pappbd.

1070. Alte Marienlieder. Mit Scherenschnitten (von Felicitas Schreiber.) [= Die kleine Jedermannsbücherei (39)]. München: Hyperion-Verlag (1921). 93 S., 16°, Pappbd.

1071. (MASIUS, Johannes Carolus): Die letzte Seele. Aufzeichnungen aus dem 17. Jahrhundert. Hrsg. von Otto v. Leixner. [Ü. 1. Ausg. Leipzig: Wiegand 1907]. (Neue Ausg.) München: Hyperion-Verlag 1921. 79 S., 8°, Hlwbd.

1072. PLUTARCH: Über die Liebe. [Werke, Auszüge, dt.] [= Die kleine Jedermannsbücherei (34)]. München: Hyperion-Verlag (1921). 137 S., 16°, Pappbd.

1073. POE, Edgar Allan: Drei mystische Erzählungen. [Werke, Teilsammlung.] (Übertragen von Guido Fuchs.) [= Die kleine Jedermannsbücherei (35)]. München: Hyperion-Verlag (1921). 128 S., 16°, Pappbd.

1074. Venus-Gärtlein: oder viel schöne außerlesene weltliche Lieder, allen züchtigen Jungfrawen und Jungen-Gesellen zu Ehren, vnd durch Vermehrung etlicher newer Lieder auffs Neue zum Druck befodert. [50 Exemplare Vorzugsausgabe]. München: Hyperion-Verlag 1921. 308 S., 8°, Pappbd.

1075. VOLTAIRE, [François Marie Arouet de]: Drei satirische Erzählungen. (Übertragen von Hans Kauders.) [= Die kleine Jedermannsbücherei (36)]. München: Hyperion-Verlag (1921). 124 S., 16°, Pappbd.

1076. Die treulose Witwe. Eine chinesische Novelle. (Übertragung und Nachwort von Eduard Grisebach.) [= Die kleine Jedermannsbücherei (31)]. München: Hyperion-Verlag (1921). 99 S., 16°, Pappbd.

1077. (Yüan Tschen und Po Hsing Tschien): Fräulein Tsui und Fräulein Li. 2 chinesische Novellen. (Übersetzt von Franz Blei.) [= Die kleine Jedermannsbücherei (37)]. München: Hyperion-Verlag (1921). 106 S., 16°, Pappbd.

1922

1078. BALZAC, Honoré de: Kleine Leiden des Ehestandes. Ill. von Bertall, übersetzt von Camille Hoffmann. [München: Hyperion-Verlag 1922.] (In den Ver-

1079. –, –: Theorie des Bettes. (Übertragen von Dorette von Graevenriesbach.) [= Die kleine Jedermannsbücherei (43)]. München: Hyperion-Verlag (1922). 95 S., 16°, Pappbd.

1080. BARBEY D' AUREVILLY, J[ules Amédée]: Don Juans schönstes Liebesabenteuer. (Übertragen von Hans Kauders.) [= Die kleine Jedermannsbücherei (42)]. München: Hyperion-Verlag (1922). 123 S., 16°, Pappbd.

1081. BRILLANT-SAVARIN, [Anthelme]: Die Freuden der Tafel. (Physiologie du gout.) (Übertragen von G. v. Helmstatt.) [= Die kleine Jedermannsbücherei (40)]. München: Hyperion-Verlag (1922). 104 S. mit Abb., 16°, Pappbd.

1082. (Chin ku ch'i kuan [2.]). Die gelben Orangen der Prinzessin Dschau. Aus dem chinesischen Urtext von Walter Strzoda. [= Dichtungen des Ostens (Bd. 5)]. München: Hyperion-Verlag (1922). 290 S., kl. 8°, Pappbd.

1083. FEIST, Hans u. Leonelleo VINCENTI: Frühe italienische Dichtung. Übertr. und mit dem Urtext hrsg. München: Hyperion-Verlag (1922). 230 S., 4°, Hldrbd.

1084. Altrussische Heiligenlegenden. Ausgewählt und übertragen von Lia Calmann. München: Hyperion-Verlag (1922). 125 S., 16 Tafeln, 4°, Pappbd., Lwbd.

1085. JESUS [Christus]. – Die versprengten Worte Jesu. (Vorbemerkung: Benedikt Godeschalk.) München: Hyperion-Verlag 1922. 161 S., kl. 8°, Hpergbd., Hldrbd.

1086. MAUPASSANT, Guy de: Die Schwestern Rondoli. [Les soeurs Rondoli.] [= Die kleine Jedermannsbücherei (4)]. München: Hyperion-Verlag (1922). 132 S., 16°, Pappbd.

1087. MUSSET, Alfred de: Pariser Grisetten. ⟨Mimi Pinson.⟩ (Illustriert nach Holzschnitten von Gavarni. Deutsche Übertragung von Emmi Hirschberg.) [= Die kleine Jedermannsbücherei (41)]. München: Hyperion-Verlag (1922). 84 S., 16°, Pappbd.

1088. RILKE, Rainer Maria, [u.] Lotte PRITZEL: Puppen. München: Hyperion-Verlag o. J. [1922]. 19 S., 16 farb. Taf., 4°, Halbseidenbd., Ldrbd.

1089. SAINTE-BEUVE, Charles-Augustin de: Madame de Pompadour. (Übertragen von Stefanie Strizek.) [= Die kleine Jedermannsbücherei (45)]. München: Hyperion-Verlag (1922). 98 S., 16°, Pappbd. – Wurde der zweibändigen Ausgabe der Frauenbildnisse [Portraits de femmes] entnommen.

1090. TILLIER, Claude: Mein Onkel Benjamin. [Mon oncle Benjamin.] (Übers. von O. Wolfskehl; Schattenrisse, Porträts [Tafeln] und den Umschlag zeichnete E. Preetorius.) [Ü. Hans von Weber, 1. Aufl. 1909, 2. Aufl. bis 1914 in der Hyperion GmbH]. (3. Aufl.) München: Hyperion-Verlag (1922). 330 S., 8°, Lwbd.

1091. WEST, Robert: Entwicklungsgeschichte des Stils. 8 Bde. München: Hyperion-Verlag o. J. [1922/23]. 8°. Pappbde. im Karton.
  1. Die klassische Kunst der Antike. [1922]. 107 S., 24 Taf.
  2. Frühchristliche Antike und Völkerwanderungskunst. [1922]. 95 S., 24 Taf.
  3. Die romanische Periode. [1922]. 119 S., 24 Taf.
  4. Gotik und Frührenaissance. [1922]. 131 S., 24 Taf.
  5. Italienische Renaissance. 1500–1600. [1923]. 152 S., Taf.
  6. Nordische Reformationskunst. 1500–1600. [1923]. 167 S., Taf.
  7. Barock. [1923]. 308 S., Taf.
  8. Rokoko und Empire. [1923]. 261 S., 24 Taf.

1923

1092. BUONARROTI, Michelangelo: Briefe. [= Die kleine Jedermannsbücherei (47)]. München: Hyperion-Verlag(1923). 144 S., 16°.

1093. CHRISTOFFEL, Ulrich: Deutsche Kunst 1650–1800. 84 Bildtaf. Mit e. Vorwort. München: Hyperion-Verlag (1923), 32 S., Taf., 8°, Pappbd.

1094. (DANDIN: Daçaku maracaritam.) Die Abenteuer der zehn Prinzen. (Übertragen von Michael Haberlandt.) [= Dichtungen des Ostens (Bd. 6)]. München: Hyperion-Verlag (1923). XIV, 310 S., kl. 8°, Pappbd.

1095. KNAPP, Friedrich F[ritz]: Italienische Plastik vom 15. bis 18. Jahrhundert. (1.–3. Tsd.) München: Hyperion-Verlag (1923). 130 S., 160 Taf., 4°, Hlwbd. (Neue Ausgabe des erstmalig in der von Ludwig Justi herausgegebenen *Geschichte der Kunst* erschienenen Werkes.)

1096. LICHTENBERG, Georg Christoph: Aphorismen und Anekdoten. [= Die kleine Jedermannsbücherei (48)]. [München: Hyperion-Verlag 1923?]. (Bibl. nicht zu ermitteln. In den Verlagsverzeichnissen so aufgeführt.)

1097. LOGA, Valerian van: Spanische Plastik vom 15. bis 18. Jahrhundert. (1.–4. Tsd.) München: Hyperion-Verlag (1923). 32 S., 32 Taf., 4°, Hlwbd. (Neue Ausgabe des erstmalig in der von Ludwig Justi herausgegebenen *Geschichte der Kunst* erschienenen Werkes.)

1098. Räuberlieder. [= Die kleine Jedermannsbücherei (49)]. [München: Hyperion-Verlag 1923?]. (Bibl.

nicht zu ermitteln. In den Verlagsverzeichnissen so aufgeführt.)

1099. TURGENJEFF, Iwan: Die Geschichte des Leutnants Jergunoff. [= Die kleine Jedermannsbücherei (46)]. [München: Hyperion-Verlag 1923?]. (Bibl. nicht zu ermitteln. In den Verlagsverzeichnissen so aufgeführt.)

1924

1100. THURN, Fritz: Ein Mann von gestern. Die Geschichte seines Liebeslebens und seines Liebestodes. München: Hyperion-Verlag o. J. [1924]. 496 S., gr. 8°, Hlwbd.

1925

1101. ANGELUS SILESIUS [d. i. Johann Scheffler]: Von Gottes und des Menschen Wesen. Aus den Spruchbüchern des Cherubinischen Wandermanns. Eine Auslese und Zusammenschau von Willy Arndt. [= Die kleine Jedermannsbücherei 59]. München: Hyperion-Verlag (1925). 120 S., 16°, Pappbd., Ldr.

1102. [ARNIM, Ludwig Achim von und Clemens BRENTANO]: Die schönsten Gedichte aus des Knaben Wunderhorn. (Ausgewählt von Werner Juker.) [= Die kleine Jedermannsbücherei 60]. München: Hyperion-Verlag (1925). 134 S., 16°, Pappbd., Ldr.

1103. DROSTE-HÜLSHOFF, [Anna Elisabeth] Annette [Freiin] von: Gedichte. (Ausgewählt von Werner Juker.) [= Die kleine Jedermannsbücherei 54]. München: Hyperion-Verlag (1925). 148 S., 16°, Pappbd., Ldr.

1104. EICHENDORFF, [Josef Freiherr von]: Gedichte. (Ausgewählt von Werner Juker.) [= Die kleine Jedermannsbücherei 55]. München: Hyperion-Verlag (1925). 159 S., 16°, Pappbd., Ldr.

1105. GIBRAN, Kahlil: Der Prophet. (Übertragen von G. E. Freiherr v. Stietencron.) München: Hyperion-Verlag (1925). 90 S., gr. 8°, Lwbd.

1106. HEBEL, Johann Peter. – Geschichten aus J. P. Hebels Schatzkästlein des Rheinischen Hausfreundes. (Ausgewählt von Werner Juker.) [= Die kleine Jedermannsbücherei 62]. München: Hyperion-Verlag (1925). 151 S., 16°, Pappbd., Ldr.

1107. KEATS, John: Gedichte in Auswahl. (Deutsche Nachdichtung von Edgar Speyer.) [= Die kleine Jedermannsbücherei (50)]. München: Hyperion-Verlag (1925). 78 S., 1 Bl., 16°, Pappbd.

1108. KELLER, Gottfried: Gedichte. (Ausgewählt von Werner Juker.) [= Die kleine Jedermannsbücherei 56]. München: Hyperion-Verlag (1925). 153 S., 16°, Pappbd., Ldr.

1109. MEYRINK, Gustav: Meister Leonhard. [= Die kleine Jedermannsbücherei 51]. München: Hyperion-Verlag (1925). 152 S., 16°, Pappbd.

1110. MÖRIKE, Eduard: Gedichte. (Ausgewählt von Werner Juker.) [= Die kleine Jedermannsbücherei 57]. München: Hyperion-Verlag (1925). 142 S., 16°, Pappbd., Ldr.

1111. PAULI, Gustav: Die Hamburger Meister der guten alten Zeit. Mit 127 Abb. [darunter 1 Titelbild]. München: Hyperion-Verlag (1925). V, 110 S., 126 S. Abb., 4°, Lwbd.

1112. ROSSETTI, Dante Gabriel: Sonette. (Deutsche Nachdichtung von Else Schenkl.) [= Die kleine Jedermannsbücherei 61]. München: Hyperion-Verlag (1925). 79 S., 16°, Pappbd., Ldr.

1113. STORM, Theodor: Gedichte. (Ausgewählt von Werner Juker.) [= Die kleine Jedermannsbücherei 58]. München: Hyperion-Verlag (1925). 146 S., 16°, Pappbd., Ldr.

1114. TAGORE, Rabindranath: Flüstern der Seele. (Deutsche Ausgabe nach der von Rabindranath Tagore selbst veranstalteten englischen Ausgabe. Übertragung von Helene Meyer-Franck.) [Ü. KWV 1921, vgl. Nr. 549]. [= Die kleine Jedermannsbücherei 52]. München: Hyperion-Verlag (1925). 149 S., 16°.

1926

1115. HAFIS, (Muhamed Schemseddin): Ghaselen. (Diese von Friedrich Rückert übertragenen Ghaselen wurden mit zweiundvierzig bisher ungedruckten Übersetzungen Hafisscher Ghaselen aus Rückerts handschriftlichem Nachlaß zum ersten Male gesammelt herausgegeben von Herman Kreyenborg.) [= Dichtungen des Ostens (Bd. 7)]. München: Hyperion-Verlag (1926). 164 S., kl. 8°, Pappbd.

1927

1116. GUTKIND, Kurt Sigmar, u. K(arl) WOLFSKEHL: Das Buch vom Wein. Aus allen Zeiten und Breiten gesammelt. (Mit 70 [z. Teil farb.] Tafeln und 65 Abbildungen.) München, Berlin: Hyperion-Verlag (1927). VIII, 527 S., gr. 8°, Lwbd.

1117. RÉTIF de la BRETONNE, [Nicolas Edmonde]: Madame Parangon. (Mit 7 [eingedr.] Original-Radierungen von Marie Elisabeth Wrede.) München, [Berlin]: Hyperion-Verlag o. J. [1927]. 131 S., gr. 8°. In 400 numer. Ex.: Nr. 1–80 handsign., Ldr.; Nr. 81–400 handsign., Hldr.

1118. ZOLA, Emile: Die Rougon-Macquart. Geschichte einer Familie unter dem 2. Kaiserreich. 20 Bde. [Einzeltitel vgl. Nr. 619, 635 und 654]. München: [Hyperion-Verlag gemeinsam mit dem Kurt Wolff Verlag] (1927). kl. 8°, Lwbde., Ldrbde. (Neue Ausgabe der 1923–1925 im KWV erschienenen Ausgabe.)

7.2 Graphik und Mappenwerke

Im Hyperion-Verlag wurde neben der Buchproduktion eine Reihe von Druckgraphiken angeboten. Meist handelte es sich dabei um den Ausverkauf von Einblattdrucken aus den Beständen der Ära Hans von Webers. Eine Datierung der Graphik erwies sich in den meisten Fällen als undurchführbar. Deshalb wurde ein alphabetisches Verlagsverzeichnis (um 1922) zugrunde gelegt. Soweit sich die Mappenwerke des Verlages datieren ließen, wurde dies vermerkt.

1119. BEEH, René: Inferno. 20 Original-Lithographien zu Strindbergs *Inferno*. In Mappe. [München: Hyperion-Verlag 1921.] Hochformat 40×56 cm. Aufl.: 300 vom Künstler sign. Exemplare. Luxusausg.: 60 Exemplare auf holländ. Bütten, signiert. Mit 2 Varianten der Lithographien. In Hldrmappe.

1120. –, –: Kaschemme. Handkol. Orig.-Lithogr. auf Bütten, 54×39 cm. 120 vom Künstler sign. Exemplare.

1121. –, –: Robinson. Orig.-Lithogr. auf Bütten, 54×39 cm. 60 vom Künstler sign. Exemplare. Andere Fassung: 60 vom Künstler handkol. u. sign. Exemplare.

1122. EHRLICH, Georg: Die Blinde. Orig.-Lithogr. auf India-Perg., 50×33 cm. 120 vom Künstler sign. Exemplare.

1123. GROSSMANN, Rudolf: Biergarten. Handkol. Orig.-Lithogr., 52×36 cm. 110 vom Künstler sign. Exemplare. Auch Vorzugsausgabe auf India-Perg.; 20 vom Künstler sign. Exemplare.

1124. –, –: Bürgerkarneval. Handkol. Orig.-Lithogr., 52×36 cm. 110 vom Künstler sign. Exemplare. Auch Vorzugsausgabe auf India-Perg.; 20 vom Künstler sign. Exemplare.

1125. –, –: Dame und Dogge. Handkol. Orig.-Lithogr., 52×36 cm. 110 vom Künstler sign. Exemplare. Vorzugsausgabe auf India-Perg.; 20 vom Künstler sign. Exemplare.

1126. –, –: Dance macabre. Handkol. Orig.-Lithogr., 52×36 cm. 110 vom Künstler sign. Exemplare. Auch Vorzugsausgabe auf India-Perg.; 20 vom Künstler sign. Exemplare.

1127. GROSSMANN, Rudolf: Duett. Handkol. Orig.-Lithogr., 52×36 cm. 110 vom Künstler sign. Exemplare. Auch Vorzugsausgabe auf India-Perg.; 20 vom Künstler sign. Exemplare.

1128. –, –: Foxtrott. Handkol. Orig.-Lithogr., 52×36 cm. 110 vom Künstler sign. Exemplare. Auch Vorzugsausgabe auf India-Perg.; 20 vom Künstler sign. Exemplare.

1129. –, –: Frauen. 14 handkol. Steindrucke auf Perfekta-Bütten in Hpergmappe. [München: Hyperion-Verlag o. J. Dat. nicht zu ermitteln.] 38×50 cm. Aufl.: 150 vom Künstler sig. Exemplare. Vorzugsausg.: 15 handkol. sign. Steindrucke auf Indiaperg. in Hldrmappe. Aufl. 40 Exemplare.

1130. –, –: Frühstück im Freien. Handkol. Orig.-Lithogr., 52×36 cm. 110 vom Künstler sign. Exemplare. Auch Vorzugsausgabe auf India-Perg.; 20 vom Künstler sign. Exemplare.

1131. –, –: Himmelfahrt. Handkol. Orig.-Lithogr., 52×36 cm. 110 vom Künstler sign. Exemplare. Auch Vorzugsausgabe auf India-Perg.; 20 vom Künstler sign. Exemplare.

1132. –, –: Kind. Handkol. Orig.-Lithogr., 52×36 cm. 110 vom Künstler sign. Exemplare. Auch Vorzugsausgabe auf India-Perg.; 20 vom Künstler sign. Exemplare.

1133. –, –: Liegender Mann: Kolorierte Orig.-Lithogr., 52×36 cm. 110 vom Künstler sign. Exemplare. Auch Vorzugsausgabe auf India-Perg.; 20 vom Künstler sign. Exemplare.

1134. KUBIN, Alfred: Verlorene Tochter. Orig.-Lithogr. auf India-Perg., 36×28 cm. 130 vom Künstler sign. Exemplare.

1135. –, –: Werwolf. Origin.-Lithogr. auf India-Perg., 36×28 cm. 130 vom Künstler sign. Exemplare.

1136. –, –: Wilde Tiere. Folge von 29 Federzeichnungen in Hlwbd. [München: Hyperion-Verlag 1920.] 42×28 cm. Aufl. 700 Exemplare. Vorzugsausg.: 120 handsign. und numerierte Exemplare in Hpergbd.

1137. MEIDNER, Ludwig: Frauenbildnis. Radierung, kalte Nadel, auf holländ. Bütten, 32,5×25 cm. 90 vom Künstler sign. Exemplare. Auch Vorzugsausgabe auf echt Japan, 40×29 cm. 30 vom Künstler sign. Exemplare.

1138. MÜLLER-BRESLAU, Otto: Badende Frauen. Orig.-Lithogr. in 3 Farben auf Bütten, 52×41 cm. 75 vom Künstler sign. Exemplare. Auch Vorzugsausgabe auf echt Japan, 51×37,5 cm. 25 vom Künstler sign. Exemplare.

1139. MÜLLER-BRESLAU, OTTO: Zwei Mädchen. Orig.-Lithogr. auf Bütten, 52×41 cm. 75 vom Künstler sign. Exemplare. Auch Vorzugsausgabe auf echt Japan, 51×38 cm. 25 vom Künstler sign. Exemplare.

1140. NAUEN, Heinrich: Badende. Orig.-Radierung auf holländ. Bütten, 25×32 cm. 90 vom Künstler sign. Exemplare. Auch Vorzugsausgabe auf Japan, 25×37 cm. 30 vom Künstler sign. Exemplare.

1141. –, –: Stilleben. Orig.-Lithogr. in 4 Farben auf Bütten, 50×60 cm. 90 vom Künstler sign. Exemplare. Auch Vorzugsausgabe auf Japan, 50×63 cm. 30 vom Künstler sign. Exemplare.

1142. PECHSTEIN, Max: Vergrämt. Orig.-Radierung auf Bütten, 38×47 cm. 100 vom Künstler sign. Exemplare. Auch Vorzugsausgabe auf Japan, 37×50 cm. 20 vom Künstler sign. Exemplare.

1143. –, –: Zwiesprache. Dreifarb. Orig.-Holzschnitt, 40,5×53 cm. 100 vom Künstler sign. Exemplare. Auch Vorzugsausgabe auf Japan, 37×50 cm. 20 vom Künstler sign. Exemplare.

1144. ROHLFS, Christian: Kloster Andechs. Orig.-Lithogr. auf holländ. Bütten, 63×50 cm. 100 vom Künstler sign. Exemplare. Auch Vorzugsausgabe auf schwerem Japan, 55×40 cm. 25 vom Künstler sign. Exemplare.

1145. SCHMIDT-ROTTLUFF: Frau mit aufgelöstem Haar. Einfarb. Holzschnitt auf Perfekta-Bütten, 50×55,5 cm. 70 vom Künstler sign. Exemplare. Auch Vorzugsausgabe auf echtem Japan, 46×59 cm. 30 vom Künstler sign. Exemplare.

1146. –, –: Hafen. Zweifarb. Orig.-Holzschnitt auf Perfekta-Bütten, 46×58,5 cm. 70 vom Künster sign. Exemplare. Auch Vorzugsausgabe auf echtem Japan, 46×51 cm. 30 vom Künstler sign. Exemplare.

1147. –, –: Paar. Orig.-Holzschnitt auf Perfekta-Bütten, 53×66,5 cm. 70 vom Künstler sign. Exemplare. Auch Vorzugsausgabe auf echtem Japan. 51×75 cm. 30 vom Künstler sign. Exemplare.

1148. –, –: Prophetin. Einfarb. Holzschnitt auf Perfekta-Bütten, 53×66,5 cm. 70 vom Künstler sign. Exemplare. Auch Vorzugsausgabe auf echtem Japan, 50×75 cm. 30 vom Künstler signierte Exemplare.

1149. SCHÜLEIN, J. W.: Seebad. Orig.-Radierung auf Bütten, 25×31,5 cm. 100 vom Künstler sign. Exemplare. Auch Vorzugsausgabe auf Japan, 25×25 cm. 20 vom Künstler sign. Exemplare.

1150. –, –: Stadt am Fluß. Orig.-Radierung auf Bütten, 31,5×25 cm. 100 vom Künstler sign. Exemplare. Auch Vorzugsausgabe auf Japan, 25×25 cm. 20 vom Künstler sign. Exemplare.

1151. SEEWALD, Richard: Toskanische Eselherde. Fünffarb. Steindruck auf holländ. Bütten, 62×50 cm. 90 vom Künstler sign. Exemplare. Auch Vorzugsausgabe auf echtem Japan, 62×41 cm. 25 vom Künstler sign. Exemplare.

1152. –, –: Ziegenherde. Fünffarb. Steindruck auf holländ. Bütten, 62×50 cm. 90 vom Künster sign. Exemplare. Auch Vorzugsausgabe auf echtem Japan, 62×41 cm. 25 vom Künstler sign. Exemplare.

1153. UNOLD, Max: Balgende Knaben. Orig.-Lithogr. auf India-Perg., 40×30 cm. 110 vom Künstler sign. Exemplare. Auch Vorzugsausgabe auf Japan, 30 vom Künstler sign. Exemplare.

1154. –, –: Knaben mit Hund. Orig.-Lithogr. auf India-Perg., 40×30 cm. 110 vom Künstler sign. Exemplare. Auch Vorzugsausgabe auf Japan, 30 vom Künstler sign. Exemplare.

1155. WILKE, Rudolf: Skizzen. 31 Steindrucke. [Ü. Hans von Weber 1909]. München: 31 Bl. mit 3 S. Text. 50×37,5 cm. Vorzugsausg. in Hpergmappe.

7.3 Kataloge

1156. Bücher und graphische Publikationen. Hyperion-Verlag München/Berlin 1921. (Umschlagtitel). »Dieses Verlagsverzeichnis enthält alle die zur Zeit vorrätigen oder bis Ende 1920 neu oder in neuen Auflagen erscheinenden Bücher«. 8°, 36 S., geh.

1157. Neuerscheinungen und Neuauflagen in Friedensausstattung. Hyperion-Verlag München, Luisenstr. 31. o. J. [1920/21?]. 12°, 16 ungez. S.

1158. Die Bücher und graphischen Publikationen des Hyperion-Verlages München und Berlin 1922. (Umschlagtitel). »Dieses Verlagsverzeichnis enthält alle die zur Zeit vorrätigen oder bis Juni 1922 neu oder in neuen Auflagen erscheinenden Bücher«. München, Luisenstr. 31, 1. Juli 1922. 8°, 24 S., geh.

1159. Bücher und Graphik des Hyperion-Verlages München/Berlin/Leipzig. 1925. Mit 4 Fotos und 7 Zeichnungen. 8°, 20 S., geh.

7.4 Die Reihen und Sammlungen

Dionysos-Bücherei

Zwei Folgen von je zwölf Bänden, die 1918 und 1919 erschienen. Die Reihe war bibliophil aufgemacht, es erschienen von jedem Titel nur 1200 numerierte Exemplare mit verschiedenen Einbänden. Eine Luxusausgabe war auf Bütten gedruckt und in Halbleder- oder Pergamenteinband zu beziehen. Bei der Mehrzahl der Titel handelte es sich um Übernahmen aus dem stark erotisch gefärbten Julius Zeitler Verlag, die neu aufgelegt wurden.

Reihe 1 (1918)
1. Pierre Louys: Lieder der Bilitis. (Vgl. Nr. 938).
2. Celander: Der verliebte Studente. (Vgl. Nr. 930).
3. Antoine de la Sale: Die fünfzehn Freuden der Ehe. (Vgl. Nr. 941).
4. Giovanni di Boccaccio: Das Labyrinth der Liebe.(Vgl. Nr.929).
5. Godard d'Aucourt: Themidor. (Vgl. Nr. 932).
6. Johann Wolfgang Goethe: Das Tagebuch. (Vgl. Nr. 934).
7. Lucian v. Samosata: Die Hetärengespräche. (Vgl. Nr. 939).
8. Deutsche Schwänke. (Vgl. Nr. 931).
9. Rétif de la Bretonne: Der Pornograph. (Vgl. Nr. 940).
10. 3 galante Erzählungen des Abbé von Voisenon. (Vgl. Nr. 945).
11. Schwänke vom Bosporus. (Vgl. Nr. 943).
12. Die Zauberflöte. Eine Sammlung von erotischen Novellen, Märchen und Liedern der asiatischen Literatur (Vgl. Nr.947).

Reihe 2 (1919)
1. Carlo Gozzi: Venezianische Liebesabenteuer. (Vgl. Nr. 974).
2/3. Pierre Bourdeille Seigneur de Brantôme: Das Leben der galanten Damen. (Vgl. Nr. 966).
4. Johann Wolfgang Goethe: Venetianische Epigramme. (Vgl. Nr. 972).
5. Des älteren Philostratos erotische Briefe, nebst den Hetärenbriefen des Alkiphron. (Vgl. Nr. 985).
6. Eros der Sieger. Griechische Liebesgedichte (Vgl. Nr. 970).
7. Das sinkende Rom. Römische Liebesgedichte (Vgl. Nr. 986).
8. (Joh. George Scheffner): Gedichte im Geschmack des Grécourt. (Vgl. Nr. 987).
9. Briefschatulle der Madame Gourdan, genannt die Gräfin. (Vgl. Nr. 967).
10. Honoré Gabriel Riquetti, Graf von Mirabeau: Erotica biblion. (Vgl. Nr. 981).
11/12. (Francisco Delicado): Die schöne Andalusierin. (Vgl. Nr. 968).

Die skandinavische Bibliothek

Begründet von Gustaf af Geijerstam, fortgeführt von Else von Hollander. Die Reihe existierte nur 1920 als programmatische Zusammenfassung der skandinavischen Literatur des Hyperion-Verlages.
Bang, Herman: Ein herrlicher Tag. Erzählungen. (Vgl. Nr. 1000).
Geijerstam, Gustaf af: Die Geschichte eines Unglücklichen. Roman. (Vgl. Nr. 1010).
Hiorth-Schöyen, Rolf: Der Herrscher. (Vgl. Nr. 957).
Kohl, Aage von: Die roten Namen. Erzählungen (Vgl. Nr.1035).
Lie, Jonas: Aus Urgroßvaters Haus. Roman (Vgl. Nr. 1038).
Strindberg, August: Ausgewählte Romane. (Vgl. Nr. 990).

Die romantische Taschenbücherei

Diese ungezählte Sammlung von 15 Bänden erschien 1920 mit dem Untertitel *Eine Sammlung der schönsten romantischen Novellen aller Länder*. Die Bände im Oktavformat waren alle farbig illustriert und wahlweise in verschiedenen Einbänden, einzeln oder geschlossen in einer Kassette beziehbar.
[1.] Achim von Arnim: Der tolle Invalide auf dem Fort Ratonneau. (Vgl. Nr. 999).
[2.] Clemens Brentano: Die Geschichte vom braven Kasperl und dem schönen Annerl. (Vgl. Nr. 1002).
[3.] Joseph von Eichendorff: Das Marmorbild. (Vgl. Nr. 1006).
[4.] Théophile Gautier: Die 1002. Nacht. (Vgl. Nr. 1009).
[5.] Joseph Arthur Graf von Gobineau: Das rote Tuch. (Vgl. Nr. 1012).
[6.] Prosper Mérimee: Die Venus von Ille. (Vgl. Nr. 1041).
[7.] Ludwig Tieck: Der blonde Eckbert. (Vgl. Nr. 1056).
[8.] Wilhelm Hauff: Das kalte Herz. (Vgl. Nr. 1023).
[9.] Alexander Puschkin: Pique Dame. (Vgl. Nr. 1048).
[10.] E. T. A. Hoffmann: Das Fräulein von Scuderi. (Vgl. Nr. 1030).
[11.] Ludwig Tieck: Der Runenberg. (Vgl. Nr. 1057).
[12.] E. T. A. Hoffmann: Doge und Dogaresse. (Vgl. Nr.1029).
[13.] Heinrich Heine: Die Harzreise. (Vgl. Nr. 1025).
[14.] Heinrich von Kleist: Die Marquise von O... (Vgl. Nr. 1034).
[15.] Jean Paul: Mußteil für Mädchen. (Vgl. Nr. 1044).

Dichtungen des Ostens

Von Emil Preetorius gestaltete, zwischen 1920 und 1926 erschienene Sammlung, die der Ausweitung des Publikumsinteresses auf orientalische und fernöstliche Dichtung Rechnung trug, die sich während des expressionistischen Jahrzehnts vollzogen hatte. Getreu der Verlagslinie erschienen hier nur ausgesuchte Werke in bibliophiler Aufmachung.
[1.] Sadi's Rosengarten. (Vgl. Nr. 1050).
[2.] Arabische Erzählungen aus der Zeit der Kalifen. (Vgl. Nr. 997).
[3.] (Chin ku ch'i kuan): Der Ölhändler und die Blumenkönigin. (Vgl. Nr. 1004).
[4.] Indische Liebeslyrik. (Vgl. Nr. 1066).
[5.] (Chin ku ch'i kuan): Die gelben Orangen der Prinzessin Dschau. (Vgl. Nr. 1082).
[6.] (Dandin: Daçaku mâracaritam.) Die Abenteuer der zehn Prinzen. (Vgl. Nr. 1094).
[7.] Hafis: Ghaselen. (Vgl. Nr.1115).

Die kleine Jedermannsbücherei

Die erfolgreichste Sammlung des Hyperion-Verlages, in der zwischen 1920 und 1926 insgesamt 62 Bändchen erschienen. Die von Emil Preetorius ausgestattete Bücherei in Miniaturformat (16°) brachte eine bunte Sammlung von literarischen Kurzformen der Weltliteratur, Klassiker der Philosophie und Auszüge aus Künstler- und Musikerschriften. Die Bändchen waren zunächst ungezählt, ehe ab Nr. 51 eine Verlagszählung einsetzte. In den Verlagsprospekten ist aber eine durchgehende Zählung angegeben, die hier zugrunde gelegt wird.
[1.] Vivant Denon: Eine einzige Nacht. (Vgl. Nr. 1005).
[2.] Johann Wolfgang von Goethe: Balladen. (Vgl. Nr. 1014).
[3.] Johann Wolfgang von Goethe: Unterhaltungen deutscher Ausgewanderten. (Vgl. Nr. 1015).
[4.] Jacob u. Wilhelm Grimm: 6 Märchen. (Vgl. Nr. 1021).
[5.] Heinrich Heine: Die Nordsee. (Vgl. Nr. 1027).
[6.] Plato: Die Verteidigung des Sokrates. (Vgl. Nr. 1046).
[7.] Adalbert Stifter: Das Heidedorf. (Vgl. Nr. 1054).
[8.] Sueton: Tiberius, Nero, Cäsar. (Vgl. Nr. 1055).
[9.] Richard Wagner: Eine Pilgerfahrt zu Beethoven. (Vgl. Nr. 1059).

[10.] (Voragine, Jacobus a). – Alte Legenden von Jungfrauen und Büßerinnen. (Vgl. Nr. 1058).
[11.] Aristophanes: Lysistrata. (Vgl. Nr. 998).
[12.] Graf Arthur Gobineau: Die Tänzerin von Shamakha. (Vgl. Nr. 1011).
[13.] Hafis: Eine Sammlung persischer Gedichte. (Vgl. Nr. 1022).
[14.] Heinrich Heine: Hebräische Melodien. (Vgl. Nr. 1026).
[15.] Altenglische Balladen. (Vgl. Nr. 995).
[16.] Friedrich Hölderlin: Empedokles. (Vgl. Nr. 1028).
[17.] Immanuel Kant: Träume eines Geistersehers. (Vgl. Nr. 1033).
[18.] Legenden vom heiligen Franz von Assisi. (Vgl. Nr. 1036).
[19.] Nikolaus Lenau: Don Juan. (Vgl. Nr. 1037).
[20.] Friedrich von Logau: Die tapfere Wahrheit. (Vgl. Nr. 1039).
[21.] Ignacio de Loyola: Geistliche Übungen. (Vgl. Nr. 1031).
[22.] Martin Luther: An den christlichen Adel deutscher Nation. (Vgl. Nr. 1040).
[23.] Johann Nestroy: Freiheit in Krähwinkel. (Vgl. Nr. 1042).
[24.] Novalis: Die Christenheit oder Europa. (Vgl. Nr. 1043).
[25.] Plato: Das Gastmahl. (Vgl. Nr. 1045).
[26.] Die Psalmen. (Vgl. Nr. 1047).
[27.] Arthur Schopenhauer: Über den Tod. (Vgl. Nr. 1052).
[28.] Arthur Schopenhauer: Über die Weiber. (Vgl. Nr. 1053).
[29.] Oscar Wilde: Die Ballade von Reading Gaol. (Vgl. Nr. 1060).
[30.] Das Lied der Lieder. Sirha-širim. (Vgl. Nr. 1069).
[31.] Die treulose Witwe. (Vgl. Nr. 1076).
[32.] Alte deutsche Liebeslieder von unbekannten Dichtern. (Vgl. Nr. 1068).
[33.] Gottfried Keller: Spiegel, das Kätzchen. (Vgl. Nr. 1067).
[34.] Plutarch: Über die Liebe. (Vgl. Nr. 1072).
[35.] Edgar Allan Poe: Drei mystische Erzählungen. (Vgl. Nr. 1073).
[36.] Voltaire: Drei satirische Erzählungen. (Vgl. Nr. 1075).
[37.] (Yüan Tschen und Po Hsing Tschien): Fräulein Tsui und Fräulein Li. (Vgl. Nr. 1077).
[38.] Honoré de Balzac: Weibliche Logik. (Vgl. Nr. 1062).
[39.] Alte Marienlieder. (Vgl. Nr. 1070).
[40.] Brillat-Savarin: Die Freuden der Tafel. (Vgl. Nr. 1081).
[41.] Alfred de Musset: Pariser Grisetten. (Vgl. Nr. 1087).
[42.] J. Barbey d'Aurevilly: Don Juans schönstes Liebesabenteuer. (Vgl. Nr. 1080).
[43.] Honoré de Balzac: Theorie des Bettes. (Vgl. Nr. 1079).
[44.] Guy de Maupassant: Die Schwestern Rondoli. (Vgl. Nr. 1086).
[45.] Charles-Augustin de Sainte-Beuve: Madame de Pompadour. (Vgl. Nr. 1089).
[46.] Iwan Turgenjeff: Die Geschichte des Leutnants Jergunoff. (Vgl. Nr. 1099).
[47.] Michelangelo Buonarroti: Briefe. (Vgl. Nr. 1092).
[48.] Georg Christoph Lichtenberg: Aphorismen und Anekdoten. (Vgl. Nr. 1096).
[49.] Räuberlieder. (Vgl. Nr. 1098).
[50.] John Keats: Gedichte in Auswahl. (Vgl. Nr. 1107).
[51.] Gustav Meyrink: Meister Leonhard. (Vgl. Nr. 1109).
[52.] Rabindranath Tagore: Flüstern der Seele. (Vgl. Nr. 1114).
[53.] Nicht zu ermitteln.
[54.] Annette von Droste-Hülshoff: Gedichte. (Vgl. Nr. 1103).
[55.] Eichendorff: Gedichte. (Vgl. Nr. 1104).
[56.] Gottfried Keller: Gedichte. (Vgl. Nr. 1108).
[57.] Eduard Mörike: Gedichte. (Vgl. Nr. 1110).
[58.] Theodor Storm: Gedichte. (Vgl. Nr. 1113).
[59.] Angelus Silesius: Von Gottes und des Menschen Wesen. (Vgl. Nr. 1101).
[60.] Die schönsten Gedichte aus des Knaben Wunderhorn. (Vgl. Nr. 1102).
[61.] Dante Gabriel Rossetti: Sonette. (Vgl. Nr. 1112).
[62.] Geschichten aus J. P. Hebels Schatzkästlein des Rheinischen Hausfreundes. (Vgl. Nr. 1106).

8 Alphabetischer Gesamtindex

1925. Ein Almanach für Kunst und Dichtung aus dem Kurt Wolff Verlag 636
1927. Ein Almanach für Kunst und Dichtung aus dem Kurt Wolff Verlag 670
Adler, Fritz: Die deutsche Volkshochschule 910
Adler, Paul: Vom Geist der Volkswirtschaft 884
Alain: Vorschläge und Meinungen zum Leben 831
Alastair: Das flammende Tal 994
–: Sechs Zeichnungen in Mappe 105
Alberti, Herbert: Agrippina 750
Alte deutsche Liebeslieder von unbekannten Dichtern 1068
Alte Marienlieder 1070
Altenglische Balladen 995
Altrussische Heiligenlegenden 1084
Die Ammen-Uhr 996
Anakreontische Oden und Lieder 22
Andersen, Hans Christian: Märchen 927
Andreas-Salomé, Lou: Drei Briefe an einen Knaben 305
Angelius Silesius: Von Gottes und des Menschen Wesen 1101
D'Annunzio, Gabriele: Feuer 922
Anton, Heinrich: Blut du bist Blut 562
Arabische Erzählungen aus der Zeit der Kalifen 997
Aristophanes: Lysistrata 998
Arkadia 109
Arnim, Achim von: Die Majoratsherren 306
–,–: Der tolle Invalide auf Fort Ratonneau 999
[–, – und Clemens Brentano]: Die schönsten Gedichte aus des Knaben Wunderhorn 1102
Arnold, Thomas W. s. Grohmann, Adolf
Arp, Hans: Neue französische Malerei 825
Aubert, Marcel und Paul Vitry: Die gotische Plastik Frankreichs 811
Aucassin et Nicolette 55

Babits, Michael: Der Storchkalif 404
Bachhofer, Ludwig: Die frühindische Plastik 812
–,–: Die Kunst der japanischen Holzschnittmeister 563
Bahr, Hermann: Tagebuch 275
Bahr-Mildenburg, Anna und Hermann Bahr: Bayreuth 56
–,– und –,–: Bayreuth and the Wagner Theatre 57

Baker, Charles Henry Collins, und W. G. Constable: Die Malerei des sechzehnten und siebzehnten Jahrhunderts in England 818
Ball, Hugo: Die Nase des Michelangelo 23
Balzac, Honoré de: Kleine Leiden des Ehestandes 1078
–, –: Theorie des Bettes 1079
–, –: Der Vetter Pons 405
–, –: Weibliche Logik 1062
Bang, Hermann: Ein herrlicher Tag 1000
Bange, Ernst Friedrich: Die Kleinplastik der deutschen Renaissance in Holz und Stein 807
Barbey d'Aurevilly, J[ules Amédée]: Don Juans schönstes Liebesabenteuer 1080
Barrès, Maurice: Vom Blute, von der Wollust und vom Tode 928
–, –: Der Mord an der Jungfrau 110
Bassewitz, Gerdt von: Bathseba 751
–, –: Judas 24
–, –: Peterchens Mondfahrt 58
–, –: Pips, der Pilz 231
–, –: Schahrazade 25
–, –: Die Sunamitin 59
Baudelaire, Charles: Les fleurs du mal 26
Baum, Oskar: Die Tür ins Unmögliche 455
–, –: Zwei Erzählungen 354
Baum, Peter: Im alten Schloß 276
Baumgarten, Otto: Die lebendige Religion 189
Becher, Johannes, R.: An Europa 233
–, –: Päan gegen die Zeit 355
–, –: Verbrüderung 232
–, –: Zion 456
Becker, Julius Maria: Gedichte 406
Beeh, René: Inferno 1119
–, –: Kaschemme 1120
–, –: Robinson 1121
Behne, Adolf: Die Wiederkehr der Kunst 457
Benda, [Julien]: Die Berufung 1001
Benemann, Maria: Wandlungen 850
Benn, Gottfried: Gehirne 234
Berenson, Bernhard: Die Florentiner Maler der Renaissance 637
–, –: Die mittelitalienischen Maler der Renaissance 637
–, –: Die oberitalienischen Maler der Renaissance 637
–, –: Die venezianischen Maler der Renaissance 637
Berger, Ludwig: Copernicus 517
–, –: Genofeva 752
–, –: Griseldis 518
–, –: Marie und Martha 564
–, –: Spielgeist 458

Bernoulli, Carl Albrecht: Die Kultur des Evangeliums 892
Bernstein, Edward: Sozialdemokratische Völkerpolitik 885
Bezruč, Petr: Die schlesischen Lieder 235
–, –: Schlesische Lieder [2] 656
Biermann, Georg: Deutsches Barock und Rokoko 832
Biernatzki, J[ohann] C[hristoph]: Die Hallig 179, 949
Blass, Ernst: Die Gedichte von Sommer und Tod 356
–, –: Die Gedichte von Trennung und Licht 190
Blau, Albrecht: Blätter aus eines Luftschiffers Tagebuch 277
Blei, Franz: Das Lesebuch der Marquise 923
–, –: Über Wedekind, Sternheim und das Theater 191
Bloch, Ernst: Thomas Münzer als Theologe der Revolution 519
Blüher, Hans: Familie und Männerbund 911
Boccaccio, Giovanni di: Das Labyrinth der Liebe 929
Boehn, Max von: Vom Kaiserreich zur Republik 924
Bötticher, Walther: Die Genesis 702
Boldt, Paul: Junge Pferde 150
Borchardt, Rudolf: Das Gespräch über Formen und Platons Lysis deutsch 963
–, –: Rede über Hofmannsthal 964
Borenius, Tancred und E. W. Tristram: Englische Malerei des Mittelalters 804
Bottom: Die Bemerkungen Jerobeams 833
(Boursault, Edmé): Die Liebesbriefe der Babet 965
Bô Yin Râ: Das Buch der Gespräche 869
–: Das Buch vom Glück 870
–: Das Buch vom Jenseits 871
–: Das Buch von der königlichen Kunst 872
–: Das Buch vom lebendigen Gott 868
–: Das Buch der Liebe 878
–: Das Buch vom Menschen 873
–: Das Buch des Trostes 880
–: Das Geheimnis 879
–: Psalmen 880a
–: Das Reich der Kunst 875
[Braeker, Ulrich:] Das Leben und die Abenteuer des armen Mannes im Tockenburg, von ihm selbst erzählt 180, 950
[–, –:] Etwas über William Shakespeares Schauspiele, von einem armen ungelehrten Weltbürger, der das Glück genoß, ihn zu lesen 181, 951

Brantome, Pierre de Bourdeille Seigneur de: Das Leben der galanten Damen 966
Brentano, Clemens: Die Geschichte vom braven Kasperl und dem schönen Annerl 1002
–, –: Spanische und italienische Novellen 3
–, –: s. a. Arnim, Achim von
Březina, Otokar: Baumeister am Tempel 459
–, –: Hymnen 111
–, –: Musik der Quellen 591
–, –: Winde von Mittag nach Mitternacht 460
Briefschatulle der Madame Gourdan, genannt die Gräfin 967
Brillant-Savarin, [Anthelme]: Die Freuden der Tafel 1081
Brod, Max: Abschied von der Jugend 192
–, –: Arnold Beer 193
–, –: Das Buch der Liebe 520
–, –: Die Einsamen 407, 408
–, –: Die erste Stunde nach dem Tode 236
–, –: Die Erziehung zur Hetäre 194
–, –: Experimente 195
–, –: Die Fälscher 461
–, –: Franzi oder eine Liebe zweiten Ranges 565
–, –: Das Gelobte Land 359
–, –: Das große Wagnis 360, 407
–, –: Heidentum, Christentum, Judentum 521
–, –: Die Höhe des Gefühls 84, 357
–, –: Jüdinnen 196, 407
–, –: Klarissas halbes Herz 591
–, –: Eine Königin Esther 358
–, –: Leben mit einer Göttin 592
–, –: Prozeß Bunterbart 620
–, –: Die Retterin 151
–, –: Rëubeni, Fürst der Juden 638
–, –: Schloß Nornepygge 197, 407
–, –: Über die Schönheit häßlicher Bilder 112
–, –: Sternenhimmel 593
–, –: Tagebuch in Versen 198
–, –: Ein tschechisches Dienstmädchen 200
–, –: Tod den Toten 199
–, –: Tycho Brahes Weg zu Gott 237, 407
–, –: Der Weg des Verliebten 201
–, –: Weiberwirtschaft 202, 407
–, – und Felix Weltsch: Anschauung und Begriff 113
Brust, Alfred: Der ewige Mensch 409
–, –: Himmelsstraßen 594
–, –: Der Phönix 621
–, –: Spiele 462
–, –: Der Tag des Zorns 522

Brust, Alfred: Die Wölfe 523
–, –: Die Würmer 621
Buber, Martin: Vom Geist des Judentums 238
Bücher und Graphik des Hyperion-Verlages München/Berlin/Leipzig 1925 1159
Bücher und Graphik Kurt Wolff Verlag München/Berlin/Leipzig 745
Die Bücher und graphischen Publikationen des Hyperion-Verlages München und Berlin 1922 1158
Die Bücher und graphischen Publikationen des Kurt Wolff Verlages München und Leipzig 1922 743
Die Bücher und graphischen Publikationen des Verlages Kurt Wolff zu Leipzig 738
Die Bücher und graphischen Publikationen vom Kurt Wolff Verlag 741
Bücher und graphische Publikationen 1156
Bücher und graphische Publikationen Kurt Wolff Verlag München und Leipzig 1921 742
Büchner, Georg: Gesammelte Schriften 278
Bühnenvertrieb-Katalog 746
Bürger, Gottfried August: Münchhausen 1003
Das Bunte Buch 152
Buonarroti, Michelangelo: Briefe 1092
Burckhardt, Max: Das Moselgretchen 753
Burghauser, Wolfgang: Philuzius Süßmeyers alltägliche Geschichte 60
Busch, Bernhard A.: Die Rivalen von Sheridan 754
Byron, Lord: Kain 239

Čapek, Karel: Kreuzwege 410
Casanova, Giacomo: Correspondance avec J[ean] F[erdinand] Opiz 114, 952
Celander: Der verliebte Studente 930
Chamisso, Adalbert von: Peter Schlemihls wundersame Geschichte 411
Charles D'Orleans: Poésies 153
Chesterton, Gilbert Keith: Verteidigung des Unsinns, der Demut, des Schundromans und anderer mißachteter Dinge 863
(Chi ku ch'i kuan [2.]). Die gelben Orangen der Prinzessin Dschau 1082
(–): Der Ölhändler und die Blumenkönigin 1004
Christoffel, Ulrich: Deutsche Kunst 1650–1800 1093
Die Chronik des Kreuzfahrer-Königreiches Jerusalem 639
Die Chronik von Sankt Johann s. Puttkamer, Annemarie von
Die Chronik von Sankt Luisen 640
Claudel, Paul: Mittagswende 115
–, –: Die Musen 307
–, –: Der Tausch 116
Claudius, Matthias: Gedichte des Wandsbecker Boten 524
Coster, Charles de: Die Geschichte von [Thyll] Ulenspiegel 657

(Dandin: Daçaku maracaritam.) Die Abenteuer der zehn Prinzen 1094
Dauthendey, Max: Die Ammenballade 85
–, –: Frau Raufenbarth 29
–, –: Lachen und Sterben 30
–, –: Madame Null 31
–, –: Maja 32
–, –: Menagerie Krummholz 33
–, –: Reliquien 117
–, –: Ein Schatten fiel über den Tisch 28
–, –: Schwarze Sonne. Phallus 4
–, –: Singsangbuch 61
–, –: Der Venusinenreim 27
De Kay, John Wesley: Love and other songs 692
–, –: The maid of Bettany 693
[Delicado, Francisco]: Die schöne Andalusierin 968
Denon, Vivant: Eine einzige Nacht 1005
Deschamps, Paul: Die romanische Plastik Frankreichs, elftes und zwölftes Jahrhundert 821
Die deutschen Ausgaben der Pantheon Casa Editrice S. A. Florenz im Kurt Wolff Verlag, München, Luisenstraße 31 824
Deutsche Schwänke 931
Die neue Dichtung 361
Die neue Dichtung Kurt Wolff Verlag/Leipzig 740
Dingler, Hugo: Die Kultur der Juden 912
Dirsztay, Victor von: Lob des hohen Verstandes 308
–, –: Der Unentrinnbare 595
Dominguez, Bordona J[esus]: Die spanische Buchmalerei vom siebten bis siebzehnten Jahrhundert 819
Dostojewski: Das junge Weib 362
Dowson, Ernest: Einen Augenblick Pierrot 1063
Drey, Arthur: Der unendliche Mensch 412
Droste-Hülshoff, [Anna Elisabeth] Annette [Freiin] von: Gedichte 1103
Dumas Sohn, Alexandre: Die Kameliendame 969
Dvorák, Arno: Der Volkskönig 154
Dymow, Ossip: Haschen nach dem Wind 413
–, –: Der Knabe Wlaß 309

Eça de Queiroz, José Maria: Die Reliquie 414
Edschmid, Kasimir: Das rasende Leben 240
–, –: Die sechs Mündungen 203
–, –: Timur 241
Edzard, Gustav C.: Lieder der Sommernächte 1
Eger, Paul: Adam, Eva und die Schlange 242
Ehrenstein, Albert: Der Mensch schreit 243
–, –: Nicht da, nicht dort 244
Ehrenstein, Carl: Klagen eines Knaben 118
Ehrlich, Georg: Die Blinde 1122
Eichendorff, [Josef Freiherr von]: Gedichte 1104
–, –: Lieder 525
–, –: Das Marmorbild 1006
Einstein, Carl: Negerplastik 463, 851
–, –: Der unentwegte Platoniker 363
[Ernst Ludwig von Hessen]: Verse 310
Ernst, Paul: Preußengeist 755
Eros der Sieger 970
Erskine, John: Adam und Eva 682
–, –: Das Privatleben der schönen Helene 671
Essig, Hermann: Furchtlos und treu 279
–, –: Die Glückskuh 280
–, –: Mariä Heimsuchung 281
–, –: Pastor Rindfleisch oder Pharaos Traum 245
–, –: Der Taifun 415
–, –: Die Weiber von Weinsberg 282
Eulenburg, Franz: Neue Wege der Wirtschaft 913
Eulenberg, Herbert: Alles um Geld 34
–, –: Alles um Liebe 5
–, –: Anna Walewska 6
–, –: Belinde 86
–, –: Deutsche Sonette 8, 62
–, –: Dogenglück 9
–, –: Drei Einakter 87
–, –: Du darfst ehebrechen 10
–, –: Ernste Schwänke 121
–, –: Der Frauentausch 155
–, –: Ein halber Held 63
–, –: Ikarus und Dädalus 64
–, –: Kassandra 65
–, –: Katinka die Fliege 37
–, –: Das keimende Leben 35
–, –: Der Krieg 120
–, –: Künstler und Katilinarier 11
–, –: Die Kunst in unserer Zeit 36
–, –: Messalina 204
–, –: Der Morgen nach Kunersdorf 156
–, –: Münchhausen. – Leidenschaft. – Kurt von der Kreith 119
–, –: Der natürliche Vater 7

Eulenberg, Herbert: Ritter Blaubart 66
—, —: Schiller 12
—, —: Simson 13
—, —: Sonderbare Geschichten 14
—, —: Ulrich, Fürst von Waldeck 38
—, —: Zeitwende 157
Eyck, Hubert van, u. Jan van Eyck: Der Genter Altar 709

Feist, Hans u. Leonelleo Vincenti: Frühe italienische Dichtung 1083
Festenberg, Gustav v., gen. Packisch: Das Buch vom Tanz 1007
Festschrift zum 25jährigen Regierungsjubiläum des Großherzogs Ernst Ludwig von Hessen und bei Rhein 311
Feuerbach, Anselm: Briefe an seine Mutter 464, 566
—, —: Ein Vermächtnis 465
Feuerbach, Henriette: Ihr Leben in Briefen 466
Feulner, Adolf: Bayerisches Rokoko 596
—, —: Die deutsche Plastik des 16. Jahrhunderts 658, 795
—, —: Die deutsche Plastik des 17. Jahrhunderts 659, 796
Fiocco, Giuseppe: Die venezianische Malerei des siebzehnten und achtzehnten Jahrhunderts 813
Fischer, Otto: Chinesische Landschaftsmalerei 526
Flaubert, Gustave: Drei Erzählungen 416
—, —: Erinnerungen eines Narren 1008
—, —: In Memorian Gustave Flaubert 122
—, —: November 312
Flesch-Brunningen, Hans von: Das zerstörte Idyll 313
Foerster, Friedrich Wilhelm: Die deutsche Jugend und der Weltkrieg 893
Fontana, Oskar Maurus: Erweckung 417
—, —: Marc 364
Fortune, (Dion): Liebe aus dem Jenseits 672
France, Anatole: Der Aufruhr der Engel 314
—, —: Die Blütezeit des Lebens 597
—, —: Der dürre Kater 528
—, —: Der fliegende Händler und mehrere andere nützliche Erzählungen 527
—, —: Die Götter dürsten 315
—, —: Der kleine Peter 529
—, —: Komödiantengeschichte 316
Franzos, Marie: Marionettenspiele 756
Fred, W.: Impressionen 67
Freeman, John: Michel 365
Frey, A[lexander] M[oritz]: Der unheimliche Abend 598

Frobenius, Leo: Der Kopf als Schicksal 622
—, — und Hugo Obermaier: Hádschra Máktuba 660
Fuchs, Rudolf: Ein Erntekranz aus hundert Jahren tschechischer Dichtung 661
—, —: Die Karawane 418

Gauguin, Paul: Avant et áprès 366
—, —: Vorher und Nachher 467
Gauthier, Théophil: Die 1002. Nacht 1009
Geijerstam, Gustaf af: Die Geschichte eines Unglücklichen 1010
Der geistliche Mai 137, 959
Das Gelbbuch der Münchener Mappe 1064
Genius 419
Die Geschichte des Zauberers Merlin 39
Gibran, Kahlil: Der Prophet 1105
Gide, André: Der schlechtgefesselte Prometheus 971
Gildemeister, Andreas: Gedichte 40
Gobineau, Graf [Joseph] Arthur: Die Tänzerin von Shamakha 1011
—, —: Das rote Tuch 1012
Godard D'Aucourt, [Claude]: Themidor 932
Godwin, Catarina: Begegnungen mit mir 933
—, —: Die Frau im Kreise 1013
Goethe, Johann Wolfgang von: Balladen 1014
[—, —:] Die Briefgedichte des jungen Goethe 15
—, —: Götter, Helden und Wieland 41
—, —: Iphigenie auf Tauris 42
—, —: Marienbader Elegie 599
—, —: Das Tagebuch 934
[—, —:] Torquato Tasso 16
—, —: Unterhaltungen deutscher Ausgewanderten 1015
—, —: Venezianische Epigramme 972
Goethe-Briefe 182, 953
Goethes Lieder 469
Goetz, Wolfgang: Kreuzerhöhung 43
—, —: Die Reise ins Blaue 1016
Gogol, Nikolaus: Der Zauberer 368
Goldring, Douglas: Briefe aus der Verbannung 468
Goldschmidt, Adolph: Die karolingische Buchmalerei 808
—, —: Die ottonische Buchmalerei 808
Goll, Iwan: Dithyramben 369
Goncourt, Edmond (Louis Antoine) de: Der Roman eines Dienstmädchens 1017

Goncourt, Edmond (Louis Antoine) de und J[ules Alfred-Hout] de Goncourt: Die Frau im 18. Jahrhundert 1018
—, — u. —, —: Gavarni 973
—, — u. —, —: Die Kunst des achtzehnten Jahrhundert 1065
Gorki, Maxim: Eine Beichte 601
—, —: Drei Menschen 317, 601
—, —: Erzählungen 600, 601
—, —: Foma Gordejew 601, 623
—, —: Gesammelte Werke 601
—, —: Die Mutter 601
—, —: Ein Sommer 601
—, —: Der Spitzel 601
Gorsleben, Rudolf John von: Der Rastaquär 123
Gourmont, Remy de: Ein jungfräuliches Herz 1019
—, —: Komödien einer Frau 1020
—, —: Die Physik der Liebe 935
Gozzi, Carlo: Venezianische Liebesabenteuer 974
Grabbe, Christian Dietrich: Scherz, Satire, Ironie und tiefere Bedeutung 205
Grimm, Jacob u. Wilhelm Grimm: Schriften in einer Auswahl für das deutsche Volk 183, 954
—, — u. —, —: 6 Märchen 1021
Grohmann, Adolf und Thomas W. Arnold: Denkmäler islamischer Baukunst 814
Grohmann, Will: Das Werk Ernst Ludwig Kirchners 662
Grossmann, Rudolf: Biergarten 1123
—, —: Bürgerkarneval 1124
—, —: Dame und Dogge 1125
—, —: Dance macabre 1126
—, —: Duett 1127
—, —: Foxtrott 1128
—, —: Frauen 1129
—, —: Frühstück im Freien 1130
—, —: Himmelfahrt 1131
—, —: Kind 1132
—, —: Liegender Mann 1133
[Guglia, Eugen:] Das Buch von der Nachfolge Goethes 184, 955
Guhl, Ernst: Künstlerbriefe der Renaissance 185, 956
Gumpert, Martin: Verkettung 318
Gurlitt, Cornelius: Konstantinopel 749
Guthmann, Johannes: Eurydikes Wiederkehr 283
—, —: Romantische Novellen 284
Gutkind, Kurt Sigmar, u. K(arl) Wolfskehl: Das Buch vom Wein 1116

Hadeln, Detlev Freiherr von: Handzeichnungen des G. B. Tiepolo 805
Hafis, (Muhamed Schemziddin): Ghazelen 1115

Hafis: Eine Sammlung persischer Gedichte 1022
Hahn, Victor: Die Byzantiner 757
–, –: Warbeck 319
Hamecher, Peter: Herbert Eulenberg 44
Hamsun, Knut: Gedämpftes Saitenspiel 568
–, –: Unter Herbststernen 567
Hardekopf, Ferdinand: Der Abend 124
–, –: Privatgedichte 530
Harms, Paul: Das soziale Gewissen 206
Hartlaub, Gustav Friedrich: Kunst und Religion 420
Hartlieb, Wladimir Freiherr von: Du 936
Hartmann, Walther Georg: Wir Menschen 470
Haseloff, Arthur: Die vorromanische Plastik in Italien 822
Hasenclever, Walter: Der Jüngling 125
–, –: Der Retter 246
–, –: Der Sohn 158
–, –: Tod und Auferstehung 320
–, –: Das unendliche Gespräch 126
Hatvany, Ludwig von: Ich und die Bücher 285
Hauff, Wilhelm: Das kalte Herz 1023
Hauptmann, Carl: Die armseligen Besenbinder 127
–, –: Aus dem großen Kriege 207
–, –: Dort, wo im Sumpf die Hürde steckt 250
–, –: Einhart der Lächler 68, 209, 247
–, –: Ephraims Tochter 471
–, –: Gaukler, Tod und Juwelier 321
–, –: Die goldenen Straßen 422
–, –: Ismaël Friedmann 88, 209
–, –: Krieg 159
–, –: Die lange Jule 89
–, –: Musik 421
–, –: Nächte 69, 209
–, –: Neuere Prosadichtungen 209
–, –: Die Rebhühner 249
–, –: Rübezahlbuch 209, 210
–, –: Schicksale 160, 209
–, –: Tobias Buntschuh 248
–, –: Die uralte Sphinx 208
Hausenstein, Wilhelm: Bild und Gemeinschaft 472
–, –: Fra Angelico 602
–, –: Kairuan 531
–, –: Die Kunst in diesem Augenblick 1024
Hebel, Johann Peter: Geschichten aus J. P. Hebels Schatzkästlein des Rheinischen Hausfreundes 1106
Heine, Heinrich: Die Harzreise 1025
–, –: Hebräische Melodien 1026
–, –: Die Nordsee 1027

Heise, Carl Georg: Die Malerei der deutschen Romantiker und Nazarener, im besonderen Oberbecks und seines Kreises 683
–, –: Norddeutsche Malerei 370
–, –: Overbeck und sein Kreis 684
–, –: Die Sammlung des Freiherrn August von der Heydt 423
Hennings, Emmy: Die letzte Freude 128
Herczeg, Franz: Byzanz 758
Hermann[-Neisse], Max: Empörung, Andacht, Ewigkeit 371
Heym, Georg: Dichtungen 569
–, –: Der Dieb 90
–, –: Der ewige Tag 45
–, –: Umbra Vitae 70, 624
Heynicke, Kurt: Das namenlose Angesicht 473
Hiller, Kurt: Der Aufbruch zum Paradies 570
–, –: Ein Deutsches Herenhaus 894
–, –: Die Weisheit der Langenweile 129
Hiorth-Schöyen, Rolf: Der Herrscher 71, 957
Hölderlin, Friedrich: Empedokles 1028
–, –: Gedichte 571
Hölty, Ludwig: Gedichte 572
Hoetger, Bernhard: Galerie Erich Cüpper(-Aachen) 251
Hoffmann, E. T. A.: Doge und Dogaresse 1029
–, –: Das Fräulein von Scuderi 1030
–, –: Der goldene Topf 130
Hofmannsthal, Hugo von: Das Gespräch über Gedichte 975
Huelsenbeck, Richard: Doctor Billig am Ende 532
Huysmans, J[oris] K[arl]: Die Kathedrale 625

Ignacio de Loyola: Geistliche Übungen 1031
Indische Liebeslyrik 1066

150 Jahre deutscher Kunst 976
Jammes, Francis: Die Gebete der Demut 131, 533
–, –: Der Hasenroman 372
–, –: Das Paradies 424
Janowitz, Franz: Auf der Erde 425
Jesus [Christus]. – Die versprengten Worte Jesu 1085
Joel, Karl: Neue Weltkultur 211
Johannes Secundus: Die Küsse des Johannes Secundus 1032
Johst, Hanns: Der Ausländer 252
–, –: Stroh 858
–, –: Die Stunde der Sterbenden 834
Vom Judentum 132
Vom jüngsten Tag 274

Jung, Franz: Gnadenreiche, unsere Königin 373
Junghanns, R[einhold] R[udolf]: Variationen über ein weibliches Thema 695
–, –: Zwölf Radierungen 106

Kafka, Franz: Amerika 673
–, –: Betrachtung 91
–, –: Der Heizer 133
–, –: Der Landarzt 426
–, –: Das Schloß 663
–, –: In der Strafkolonie 427
–, –: Das Urteil 253
–, –: Die Verwandlung 212
Kainer, Ludwig: Russisches Ballett 696
Kant, Immanuel: Träume eines Geistersehers 1033
[Katharina v. Siena]. – Die Briefe der Heiligen Catarina von Siena 977
Kaus, Otto: Dies Illa 759
–, –: Die ferne Heimat 760
Kayser, Rudolf: Moses Tod 534
Keats, John: Gedichte in Auswahl 1107
Keller, Gottfried: Die drei gerechten Kammacher 374
–, –: Gedichte 1108
–, –: Spiegel, das Kätzchen 1067
Keller, Philipp: Gemischte Gefühle 92
Kennedy, Marguerite: Die treue Nymphe 641
Kesser, Hermann: Die Stunde des Martin Jochner 322
Das Kinobuch 161
Kleist, Heinrich von: Anekdoten 46
–, –: Die Marquise von O ... 1034
Klemm, Wilhelm: Ergriffenheit 428
Klinger, Friedrich Maximilian: Dramatische Jugendwerke 72, 93
Klopstock, Friedrich Gottlieb: Oden 134
Knapp, Friedrich F[ritz]: Italienische Plastik vom 15. bis 18. Jahrhundert 1095
Knoblauch, Adolf: Dada 429
Kölwel, Gottfried: Gesänge gegen den Tod 162
Koester, Reinhard: Komödie der Lüge 430
–, –: Peregrinus 431
Koetschau, Karl: Rheinisches Steinzeug 626
Kohl, Aage von: Im Palaste der Mikroben 432
–, –: Die roten Namen 1035
Kokoschka, Bohuslav: Adelina oder Der Abschied vom neunzehnten Jahrhundert 474
Kokoschka, Oskar: Der brennende Dornbusch. Mörder, Hoffnung der Frauen 323

Kokoschka, Oskar: Die Chinesische Mauer 705
–, –: Dramen und Bilder 135
–, –: Die träumenden Knaben 324
Kolb, Annette: Wege und Umwege 835, 978
Kornfeld, Paul: Die Rache des Pafnuzius 761
Kraft, Paul: Gedichte 213
Kraus, Karl: Ausgewählte Gedichte 794
–, –: Die chinesische Mauer 163, 789
–, –: Heine und die Folgen 785
–, –: Nachts 792
–, –: Nestroy und die Nachwelt 786
–, –: Pro domo et mundo 790
–, –: Sittlichkeit und Kriminalität 787
–, –: Sprüche und Widersprüche 788
–, –: Weltgericht 793
–, –: Worte in Versen 791
Krzyzanowski, Otfried: Unser täglich Gift 433
Kubin, Alfred: Verlorene Tochter 1134
–, –: Werwolf 1135
–, –: Wilde Tiere 1136
Die Kunstmuseen und das deutsche Volk 475
Kyser, Hans: Einkehr 286

Laclos, [Pierre Ambroise François] Choderlos de: Gefährliche Liebschaften 937
Lammasch, Heinrich: Der Friedensverband der Staaten 914
Landsberger, Arthur: Jüdische Sprichwörter 73
Lasker-Schüler, Else: Gedichte 136, 836
–, –: Die gesammelten Gedichte 375, 864
–, –: Meine Wunder 837
–, –: Der Prinz von Theben 838
Latzko, Adolf Andreas: Der wilde Mann 94
Lautensack, Heinrich: Das Gelübde 254
Lederer, Emil: Einige Gedanken zur Soziologie der Revolutionen 915
Legenden vom heiligen Franz von Assisi 1036
Lemm, Alfred: Der Weg der Deutschjuden 916
–, –: Vom Wesen der wahren Vaterlandsliebe 886
Lenau, Nikolaus: Don Juan 1037
Lenz, Jakob Michael Reinhold: Briefe von und an J. M. R. Lenz 376
–, –: Dramen 287
–, –: Gesammelte Schriften 287
–, –: Gedichte 287
–, –: Plautus 287
–, –: Prosa 287
–, –: Über Soldatenehen 164
Leonhard, Rudolf: Äonen des Fegefeuers 325

Leonhard, Rudolf: Bemerkungen zum Reichsjugendwehrgesetz 887
–, –: Polnische Gedichte 377
Leskow, Nikolaus: Die Klerisei 476
Lewis, Sinclair: Babbit 642
–, –: Dr. med. Arrowsmith 643
Lewy, Ernst: Zur Sprache des alten Goethe 288
Lichnowsky, [Fürstin] Mechtild: Götter, Könige und Tiere in Ägypten 95
–, –: Gott betet 378
–, –: Ein Spiel vom Tod 214
–, –: Der Stimmer 326
Lichtenberg, Georg Christoph: Aphorismen und Anekdoten 1096
Liebesbriefe aus dem Rokoko 979
Liebknecht, Karl: Studien über die Bewegungsgesetze der gesellschaftlichen Entwicklung 573
Das Lied der Lieder 1069
Lie, Jonas: Aus Urgroßvaters Haus 1038
Loewenfeld, Hans: Unser Opernrepertoire 47
Loewenstein, Eugen: Nervöse Leute 165, 958
Loga, Valerian von: Spanische Plastik vom 15. bis 18. Jahrhundert 1097
Logau, Friedrich von: Die tapfere Wahrheit 1039
Der lose Vogel 144
Lotz, Ernst Wilhelm: Wolkenüberflaggt 327
Louys, Pierre: Lieder der Bilitis 938
Lucian v. Samosata: Die Hetärengespräche 939
Luitpold, Herzog von Bayern: Die fränkische Bildwirkerei 644, 797
Luther, Martin: An den christlichen Adel deutscher Nation 1040
–, –: Von der Freiheit eines Christenmenschen 74

Maassen, Carl Georg von: Weisheit des Essens 685
Macleod, Fiona: Das göttliche Abenteuer 874
Madeln, Detlev Freiherr von: Handzeichnungen des G. B. Tiepolo 805
Madelung, Aage: Zirkus Mensch 379
Magnussen, Julius: Gottes Lächeln 876
Mallinckrodt, Max von: Mären und Märchen 96, 215
Mann, Heinrich: Die Armen 328
–, –: Brabach 329
–, –: Die Branzilla 645
–, –: Diana 334
–, –: Drei Akte 380
–, –: Flöten und Dolche 292, 334, 335
–, –: Eine Freundschaft 291
–, –: Gesammelte Romane und Novellen 334

Mann, Heinrich: Die Göttinen und die drei Romane der Herzogin von Assy 295
–, –: Die große Liebe 331
–, –: Das Herz 256, 334, 335
–, –: Im Schlaraffenland 294, 334
–, –: Die Jagd nach Liebe 296, 334
–, –: Die kleine Stadt 259, 332, 334
–, –: Macht und Mensch 434
–, –: Madame Legros 330
–, –: Minerva 334
–, –: Novellen I 334, 335
–, –: Novellen II 334, 335
–, –: Professor Unrat oder das Ende eines Tyrannen 297, 334
–, –: Die Rückkehr vom Hades, 257, 334, 335
–, –: Schauspielerin 289
–, –: Stürmische Morgen 293, 334, 335
–, –: Der Tyrann 333, 380
–, –: Die Unschuldige 380
–, –: Der Untertan 258, 381
–, –: Variété 290, 380
–, –: Venus 334
–, –: Der Weg zur Macht 435
–, –: Das Wunderbare 334, 335
–, –: Zwischen den Rassen 298, 334
Mappenwerke im Verlage von Kurt Wolff Leipzig 747
Marks, Percy: Studentenjahre 646
Masereel, Frans: Die Angeklagte 735
–, –: Begierde 710
–, –: Bilder der Großstadt 664
–, –: Die Blumen 713
–, –: Der Boxer 711
–, –: Erinnerung 712
–, –: Der Feinschmecker 723
–, –: Das Gebet 714
–, –: Geschichte ohne Worte 674
–, –: Gesichter und Fratzen 675
–, –: Das Gespensterschiff 731
–, –: Golgatha 724
–, –: Das Holzpferd 715
–, –: Die Idee 627
–, –: Der Ingenieur 716
–, –: Kluge Jungfrau 725
–, –: Der Kuß 732
–, –: Die Liebenden 726
–, –: Mein Stundenbuch 477
–, –: Melancholie 733
–, –: Der Parvenu 717
–, –: Die Passion eines Menschen 535
–, –: Rauch 708
–, –: Der Redner 727
–, –: Der Reisende 718
–, –: Die Sängerin 728
–, –: Schatten 736
–, –: Die Sonne 536
–, –: Spleen 734
–, –: Die Stadt 647
–, –: Die Terrasse 737
–, –: Törichte Jungfrau 729

Masereel, Frans: Der Überfahrene 719
–, –: Die Verliebten 720
–, –: Das Werk 686
–, –: Der Zeuge 730
–, –: Der Zuhälter 721
(Masius, Johannes Carolus): Die letzte Seele 1071
Matthias, Leo: Der jüngste Tag 166
Maupassant, Guy de: Fräulein Fifi 604
–, –: Französische Kleinstädter 603
–, –: Geschichten aus Tag und Nacht 604
–, –: Das große Paris 603, 980
–, –: Das kleine Paris 603, 980
–, –: Die kleine Roque 604
–, –: Ein Leben 604
–, –: Miss Harriet 604
–, –: Mondschein 604
–, –: Mont Oriol 604
–, –: Peter und Hans 604
–, –: Romane und Novellen 604
–, –: Der schöne Freund 604
–, –: Die Schwestern Rondoli 1086
–, –: Stark wie der Tod 604
–, –: Ungenützte Schönheit 604
–, –: Unser Herz 604
Mehring, Walter: Das Ketzerbrevier 537
Meidner, Ludwig: Frauenbildnis 1137
–, –: Im Nacken des Sternenmeer 382
–, –: Straßen und Cafés 703
Melchers, Gustav Adolf: Die neue Sintflut 925
Meller, Simon: Die deutschen Bronzestatuetten der Renaissance 798
Mendelssohn-Bartholdy, Albrecht: Irland, ein Beispiel der Machtpolitik 895
–, –: Der Völkerbund als Arbeitsgemeinschaft 917
Mendelssohn, Erich von: Die Heimkehr 574, 839
–, –: Nacht und Tag 575, 840
Menz, Ada: Hol' über 339
Mérimée, Prosper: Die Venus von Ille 1041
Meyrink, Gustav: Des deutschen Spießers Wunderhorn 338
–, –: Fledermäuse 260, 338
–, –: Gesammelte Werke 338
–, –: Der Golem 216, 338
–, –: Das grüne Gesicht 336, 338
–, –: Meister Leonhard 1109
–, –: Walpurgisnacht 337, 338
–, – und Roda Roda: Bubi 762
–, – und –, –: Der Sanitätsrat 763
Miessner, Wilhelm: Der Mann im Spiegel 75
Die Miniaturensammlung seiner Königlichen Hoheit des Großherzogs Ernst Ludwig von Hessen und bei Rhein 340

Mirabeau, Honoré Gabriel Riquetti Graf von: Erotica biblion 981
Modersohn-Becker, Paula: Briefe und Tagebuchblätter 478
Mörike, Eduard: Gedichte 538, 1110
Molière: Les Précieuses ridicules 17
Moore, George: Der Apostel 299
Moreau le Jeune: Suite d'estampes, pour servir à l'histoire des moeurs et du costume de François, dans le XVIIIe siècle 982
–, –: Seconde suite d'estampes, pour servir à l'histoire des moeurs et du costume des François, dans le XVIIIe siècle 983
Moreck, Curt: Jokaste die Mutter 76
Mühlestein, Hans: Europäische Reformation 918
–, –: Die Herrschaft der Weisen 897
–, –: Der neue Geist im Völkerbund und seine Durchsetzung im Friedensschluß 896
Mühsam, Erich: Brennende Erde 479
–, –: Wüste – Kratzer – Wolken 300
Müller, [Friedrich] Mahler: Der Faun Molon 77
–, –: Idyllen 167
Müller/Breslau, Otto: Badende Frauen 1138
–, –: Zwei Mädchen 1139
Musset, Alfred de: Pariser Grisetten 1087
Mynona: Der Antichrist und Ernst Bloch 480
–: Die Bank der Spötter 481
–: Mein Papa und die Jungfrau von Orléans nebst anderen Grotesken 540
–: Rosa, die schöne Schutzmannsfrau 826
–: Der Schöpfer 482
–: Schwarz-Weiß-Rot 261
–: Das widerspenstige Brautbett und andere Grotesken 539

[Napoleon I.]: Berühmte Aussprüche und Worte Napoleons von Corsika bis St. Helena 984
Nauen, Heinrich: Badende 1140
–, –: Stilleben 1141
Nelson, Leonhard: Vom Beruf der Philosophie in unserer Zeit für die Erneuerung des öffentlichen Lebens 899
–, –: Öffentliches Leben 898
–, –: Die Reformation der Gesinnung durch Erziehung zum Selbstvertrauen 900
–, –: Die Reformation der Philosophie durch die Kritik der Vernunft 901
–, –: Vom Staatenbund 902
Nestroy, Johann: Freiheit in Krähwinkel 1042

Netto, Walter: Die Augen der Angeline Perza 301
Das Neue Geschichtenbuch 367
Die neue Literatur 255
Der Neue Roman 345
Neuerscheinungen 1911/12 108
Neuerscheinungen 1913 881
Neuerscheinungen und Neuauflagen in Friedensausstattung 1157
Neustadt, Arthur: Japanische Reisebriefe 302
Noailles, Comtesse de: Die Unschuldigen 665
Noailles, Comtesse de: Die Unschuldigen 1043

Obermaier, Hugo s. Frobenius, Leo
Oehlkers, Friedrich: Gedanken zur Neuorientierung der Hochschulen 903
Ojetti, Ugo: Mein Sohn, der Herr Parteisekretär 648
Oldenberg, Hermann: Reden des Buddha 576
Oncken, Hermann: Wie ehrt ein Volk seine großen Männer 217
[Ornitz, Samuel von]: Herr Fettwanst 649
Otten, Carl: Der Sprung aus dem Fenster 383

Panofsky, Erwin: Die deutsche Plastik des 11.–13. Jahrhunderts 628, 799
Paquet, Alfons: Der Geist der Russischen Revolution 436
–, –: Der Rhein als Schicksal 483
Pascoli, Giovanni: Die ausgewählten Gedichte 138
Pauli, Gustav: Die Hamburger Meister der guten alten Zeit 1111
–, –: Paula Modersohn-Becker 437
Paul, Jean: Doktor Katzenbergers Badreise 186, 960
–, –: Des Feldpredigers Schmelzle Reise nach Fläz m. fortgehenden Noten 78
–, –: Mußteil für Mädchen 1044
Pechstein, Max: Vergrämt 1142
–, –: Zwiesprache 1143
Peguy, Charles: Die Litanei vom schreienden Christus 438
Perzynski, Friedrich: Von Chinas Göttern 484
Philippe, C. L.: Der alte Perdrix 607
–, –: Das Bein der Tiennette 605
–, –: Bübü vom Montparnasse 485
–, –: Die gute Madeleine und die arme Mutter 606
Des älteren Philostratos erotische Briefe, nebst den Hetärenbriefen des Alkiphron 985
Picard, M[ax]: Der Bürger 841
Pietsch, Otto: Das Abenteuer der Lady Glane 97

Pietsch, Otto: Italienische Reise 98
Pilon, Edmond: La vie de famille au XVIIIe siècle 687
Pinder, Wilhelm: Die deutsche Plastik des 14. Jahrhunderts 650, 800
-, -: Die deutsche Plastik des 15. Jahrhunderts 629, 801
Platen, August Graf: Sonette an Freunde 48
-, -: Venezianische Sonette 18
Plato: Das Gastmahl 1045
-: Die Verteidigung des Sokrates 1046
Plenge, Johann: Revolutionierung der Revolutionäre 904
Plutarch: Über die Liebe 1072
Poe, Edgar Allan: Drei mystische Erzählungen 1073
Poppenberg, Felix: Taschenbuch für die Damen 99
Porter, Arthur Kingsley: Romanische Plastik in Spanien 809
Preetorius, Emil: Bildnisse 706
-, -: Zehn Blatt lithographische Original-Zeichnungen 104
Prévost [d'Exiles], [Antoine François]: Histoire de Manon Lescaut et du Chevalier des Grieux 49
Die Psalmen 1047
Pulver, Max: Alexander der Große 341
-, -: Der bekehrte Polyphem 766
-, -: Christus im Olymp 764
-, -: Das große Rad 765
-, -: Himmelpfortgasse 676
-, -: Igernes Schuld 767
-, -: Robert der Teufel 342
-, -: Selbstbegegnung 262
Puschkin, Alexander: Pique Dame 1048
[Puttkamer, Annemarie von]: Die Chronik von Sankt Johann 630
-, -: Die Schwestern 608

Radek, Karl: In den Reihen der deutschen Revolution 541
Rademacher, Hanna: Johanna von Neapel 50
-, -: Golo und Genovefa 168
Räuberlieder 1098
Reboux, Paul: Der neue Gourmet 688
Reck-Malleczewen, Fritz von: Johannes 486
Reimann, Hans: Von Karl May bis Max Pallenberg in 60 Minuten 609
-, -: Die Kloake 487
-, -: Kobolz 343
-, -: Die schwarze Liste 263
-, -: Tyll 384
Reinhardt, Georg: Katalog meiner Sammlung 577
Remisow, Alexej: Legenden und Geschichten 386
Renard, [Maurice]: Der Doktor Lerne 385

Renger-Patsch, [Albert]: Die Welt ist schön 689
Rétif de la Bretonne, [Nicolas Edmé]: Madame Parangon 1117
-, -: Der Pornograph 940
-, -: Revolutionsnächte 1049
Reventlow, Ernst Graf von: Landwirtschaft und Volkskraft 218
Révész, Béla: Beethoven 439
-, -: Der große Kerker 488
Ricci, Corrado: Die Malerei des sechzehnten Jahrhunderts in Oberitalien 815
Rieger, M[ax]: Briefbuch 139
-, -: Friedrich Maximilian Klinger 139
-, -: Klinger in seiner Reife 139
-, -: Klinger in der Sturm- und Drangperiode dargestellt 139
Rilke, Rainer Maria, [u.] Lotte Pritzel: Puppen 1088
Rinaldis, Aldo de: Die süditalienische Malerei des siebzehnten Jahrhunderts 816
Ringelnatz, Joachim: Kuttel-Daddeldu 610
-, -: Turngedichte 611
Roda Roda s. Meyrink, Gustav
Rodenbach, Georges: Das tote Brügge 100
Rodin, Auguste: Die Kathedralen Frankreichs 344
-, -: Die Kunst 79, 140
Rohlfs, Christian: Kloster Andechs 1144
Roland-Holst, Henriette: Jean Jacques Rousseau 542
Der Romain Rolland Almanach 666
Rolland, Romain: Annette und Sylvia 631
-, -: Mutter und Sohn 677
-, -: Peter und Lutz 543
-, -: Sommer 632
Rosenow, Emil: Gesammelte Dramen 489
Rossetti, Dante Gabriel: Sonette 1112
Roth, Eugen: Die Dinge, die unendlich uns umkreisen 387
Roth, Joseph: Die Flucht ohne Ende 678
-, -: Zipper und sein Vater 690
Rousseau, Jean-Jacques: Der Dorfwahrsager 51
Rouveyre, André: Pariserinnen 722
-, -: Parisiennes 107
Rubiner, Ludwig: Das himmlische Licht 264
-, -: Friedrich Eisenlohr und Livingstone Hahn: Kriminal-Sonette 141
Sadis' Rosengarten 1050
Sainte-Beuve, Charles-Augustin de: Madame de Pompadour 1089
Sale, Antoine de la: Die fünfzehn Freuden der Ehe 941

Sallet, Friedrich von: Kontraste und Paradoxe 1051
Sander, August: Antlitz der Zeit 694
Sandmeier, Julius: Das Gebirge 544
Sauerlandt, Max: Die deutsche Plastik des 18. Jahrhunderts 667, 802
-, -: Emil Nolde 545
Saunders, O. Elfrida: Englische Buchmalerei 810
Schäfer, Dietrich: Deutschland und England in See- und Weltgeltung 219
-, -: Staat und Volk 220
Schaeffer, Albrecht: Die Meerfahrt 80
Schaumann, Ruth: Die Kathedrale 490
Scheerbart, Paul: Kater-Poesie 2
-, -: Das Perpetuum mobile 19
(Scheffner, Joh. George): Gedichte im Geschmack des Grécourt 987
Scheler, Max: Abhandlungen und Aufsätze 852
-, -: Der Genius des Krieges 853, 888
-, -: Krieg und Aufbau 859, 889
-, -: Vom Umsturz der Werte 919
-, -: Die Ursachen des Deutschenhasses 346, 890
Schickele, René: Aïssé 265
-, -: Benkal, der Frauentröster 842
-, -: Blick auf die Vogesen 679
-, -: Ein Erbe am Rhein 651
-, -: Der Fremde 827
-, -: Hans im Schnakenloch 679a, 854
-, -: Die Leibwache 843
-, -: Maria Capponi 668
-, -: Meine Freundin Lo 844
-, -: Mein Herz, Mein Land 855
-, -: Schreie auf dem Boulevard 828
-, -: Trimpopp und Manasse 845
-, -: Weiß und Rot 829
-, -: Wir wollen nicht sterben 579
Schlier, Paula: Choronoz 680
Schlump: Geschichte und Abenteuer aus dem Leben des unbekannten Musketiers Emil Schulz, genannt »Schlump« 691
Schmid-Noerr, [Friedrich Alfred]: Ecce Homo 388
-, -: Straßen und Horizonte 865
Schmidtbonn, Wilhelm: Der Geschlagene 491
-, -: Der Graf von Gleichen 768
-, -: Hilfe, ein Kind ist vom Himmel gefallen 773
-, -: Die Schauspieler 546
-, -: Der spielende Eros 769
-, -: Die Stadt der Besessenen 772
-, -: Der verlorene Sohn 770
-, -: Der Zorn des Achilles 771
Schmidt, Otto-Erich: Abschied 856
Schmidt-Rottluff, Karl: Frau mit aufgelöstem Haar 1145
-, -: Hafen 1146
-, -: Neun Holzschnitte 707

Schmidt-Rottluff, Karl: Paar 1147
-, -: Prophetin 1148
Schmitz, Hermann Harry: Buch der Katastrophen 266
-, -: Der Säugling und andere Tragikomödien 52
Schmehl, Augustus: Die Bekehrung der Äbte 440
Scholz, Wilhelm von: Deutsche Mystiker 860
Schopenhauer, Arthur: Über den Tod 1052
-, -: Über die Weiber 1053
Schreyer, Lothar: Orsini 774
Schücking, Lothar: Der Bund der Völker 905
Schücking, Walther: Der Dauerfriede 891
Schülein, J. W.: Seebad 1149
-, -: Stadt am Fluß 1150
Schürer, Oskar: Versöhnung 441
Schwabach, Erik-Ernst: Das Puppenspiel der Liebe 169
-, -: Die Stiftsdame 942
-, -: Vier Novellen 580
Schwänke vom Bosporus 943
Schwager, Johann Moritz: Die Leiden des jungen Franken, eines Genies 101
Schwob, Marcel: Der Kinderkreuzzug 170
Sebrecht, Friedrich: David 389
-, -: Don Juans Erlösung 776
-, -: Frau XY und ihre goldenen Kälber 777
-, -: Gold 778
-, -: Götzendienst 779
-, -: Saul 780
-, -: Die Sünderin 775
-, -: Zwischen Erde und Schatten 781
[Seebach-Festschrift.] Ehrengabe dramatischer Dichter und Komponisten 171
Seewald, Richard: Die fröhlichen Städte 697
-, -: Toskanische Eselherde 1151
-, -: Ziegenherde 1152
Segantini, Gotthardo: Engadina 698
Servaes, Franz: Im Knospendrang 53
Shakespeare, William: Sonnets 20
Siemsen, Hans: Auch ich 442
-, -: Wo hast du dich denn herumgetrieben 492
Sil-Vara: Ein Tag 390, 857
Simmel, Georg: Kant und Goethe 748
-, -: Rembrandt 267
Das sinkende Rom 986
Sinsheimer, Hermann: Die 3 Kinder 988
-, -: Heinrich Manns Werk 877
Smigelski-Atmer, Ernst: Einer von den Vielen 81

Soulages, Gabriel: Der Herr Baron 782
Speyer, Leonora: American Poets 633
Šrámek, Frána: Flammen 102
Stadler, Ernst: Der Aufbruch 846
Starke, Ottomar: Schippeliana 347
Steiner-Prag, Hugo: Der Golem 704
Sternheim, Carl: »1913« 221, 669
-, -: Berlin 493
-, -: Bürger Schippel 494, 669
-, -: Busekow 172
-, -: Chronik von des zwanzigsten Jahrhunderts Beginn 391
-, -: Don Juan 495
-, -: Dramen aus dem bürgerlichen Heldenleben 669
-, -: Die drei Erzählungen 270
-, -: Der entfesselte Zeitgenosse 501
-, -: Europa 496
-, -: Der Geizige 268
-, -: Die Hose 497, 669
-, -: Der Kandidat 392, 669
-, -: Die Kassette 498, 669
-, -: Das leidende Weib 222
-, -: Mädchen 348
-, -: Die Marquise von Arcis 393
-, -: Meta 271
-, -: Napoleon 223
-, -: Perleberg 349
-, -: Der Scharmante 224
-, -: Schuhlin 272
-, -: Der Snob 499, 669
-, -: Der Stänker 669
-, -: Tabula rasa 269, 669
-, -: Ulrich und Brigitte 500
-, -: Ulrike 394
Stifter, Adalbert: Das Heidedorf 1054
Storm, Theodor: Gedichte 1113
Strauss, Heinz Arthur: Astrologie 681
Strauss, Victor von: Mitteilungen aus den Akten betreffend den Zigeuner Tuvia Panti aus Ungarn und Anderes 187, 961
Strindberg, August: Ausgewählte Dramen 989
-, -: Ausgewählte Romane 990
-, -: Nach Damaskus 989
-, -: Geschichtliche Dramen 989
-, -: Die gotischen Zimmer 612, 990
-, -: Heiraten 991
-, -: Inferno 992
-, -: Kammerspiele und Jahresfestspiele 989
-, -: Die Leute auf Hemsö 612, 990
-, -: Märchendramen 989
-, -: Am offenen Meer 612, 990
-, -: Naturalistische Dramen 989
-, -: Das rote Zimmer 612, 990
-, -: Die Schlüssel des Himmelreiches oder Sankt Peters Wanderung auf Erden 350

Strindberg, August: Schwarze Fahnen 612, 990
-, -: Sünde 993
Suarès, André: Dostojewski 547
-, -: Die Fahrten des Condottiere 443
-, -: Eine italienische Reise 847
Sueton[ius Tranquillus, Gaius]: Tiberius, Nero, Cäsar 1055
-: Nero, Claudius, Cäsar s. 1055
Susman, Margarete: Die Liebenden 395
Sylvester, Ernst: Durchhalten 783
-, -: Nur eine Liebe 861
-, -: Peter van Pier, der Prophet 273
-, -: Das Puppenspiel 351
Symbolum Apostolicum 634

Tätiger Geist 454, 909
Tagger, Theodor: Der zerstörte Tasso 396
Tagore, Rabindranath: Chitra 173, 548
-, -: Erzählungen 397
-, -: Flüstern der Seele 548, 549, 1114
-, -: Fruchtlese 398, 548
-, -: Der Frühlingskreis 444
-, -: Die Gabe des Liebenden 502, 548
-, -: Der Gärtner 174, 548
-, -: Der Geist Japans 906
-, -: Gesammelte Werke 548
-, -: Gitanjali 548
-, -: Gora 652
-, -: Das Heim und die Welt 503, 548
-, -: Hohe Lieder 175
-, -: Die hungrigen Steine 614
-, -: Der König der dunklen Kammer 445, 548
-, -: Meine Lebenserinnerungen 613
-, -: Die Nacht der Erfüllung 548, 552
-, -: Nationalismus 446, 548
-, -: Das Opfer und andere Dramen 504
-, -: Persönlichkeit 548, 550
-, -: Das Postamt 399, 548
-, -: Sadhana 548, 551
-, -: Sanyasi 548
-, -: Der Schiffbruch 548
-, -: Verirrte Vögel 548
-, -: Der zunehmende Mond 225, 548
Tharaud, J[erome] u. J[ean]: Der Schatten des Kreuzes 581
Thies, Hans Arthur: Die Gnadenwahl 447
Thurn, Fritz: Ein Mann von gestern 1100
Tieck, Ludwig: Der blonde Eckbert 1056
-, -: Der Runenberg 1057
Tietze-Conrat, (Erika): Der französische Kupferstich der Renaissance 653, 803
Tillier, Claude: Mein Onkel Benjamin 1090

Toesca, Pietro: Die florentinische Malerei des vierzehnten Jahrhunderts 817
Toller, Ernst: Gedichte der Gefangenen 553
Tolstoi, Leo: Für alle Tage 505
Tournoux, Georges A.: Bibliographie Verlainienne 82
Trakl, Georg: Die Dichtungen 448
–, –: Gedichte 142
–, –: Der Herbst des Einsamen 506
–, –: Sebastian im Traum 226
–, –: Die treulose Witwe 1076
Tristram, E. W. s. Borenius, Tancred
Tschechow, A.: Von Frauen und Kindern 507
–, –: Geschichten in Grau 507
–, –: Lustige Geschichten 507
–, –: Die russischen Bauern 507
–, –: Schatten des Todes 507
Turgenjeff, Iwan: Die Geschichte des Leutnant Jergunoff 1099

Ulbrich, Franz: Du gleichst dem Geist ... 54
Unold, Max: Balgende Knaben 1153
–, –: Knaben mit Hund 1154
Unruh, Fritz von: Ein Geschlecht 352
–, –: Platz 508
–, –: Stürme 582
Urzidil, Johannes: Sturz der Verdammten 449

Valentiner, Wilhelm R.: Georg Kolbe 583
Venturi, Adolfo: Giovanni Pisano 806
–, –: Die Malerei des fünfzehnten Jahrhunderts in Oberitalien 823
Venus-Gärtlein 1074
Verlag der Weißen Bücher / München 1921 882
Verlag der Weißen Bücher / München 1922 883
Verlagsverzeichnis 1909–1916 739
Verlagsverzeichnis Kurt Wolff Verlag A.-G. München 744
Verlaine, Paul: Vers 21
Viertel, Berthold: Die Spur 143
Villon, François: Des Meisters Werke 944
Vincenti, Leonello s. Feist, Hans
Vischer, Friedrich Theodor: Allotria 866
–, –: Auch einer 866
–, –: Dichterische Werke 866
–, –: Dramatisches 866
–, –: Kritische Gänge 849
–, –: Lyrische Gänge 866
Vitry, Paul s. Aubert, Marcel
[Voisenon, Claude Henride:] 3 galante Erzählungen 945
Vollard, Ambroise: Paul Cézanne 554
Vollmer, Erwin: Sommerbilder 701

Voltaire: Drei satirische Erzählungen 1075
–, –: Kandide oder die beste Welt 509
(Vorragine, Jacobus a.). – Alte Legenden von Jungfrauen und Büßerinnen 1058
Vorst, Hans: Das bolschewistische Rußland 920
Vrieslander, John Jack: Rose Mirliton 699
–, –: Schlafende Frauen 700

Wagner, Richard: Eine Pilgerfahrt zu Beethoven 1059
Walser, Robert: Aufsätze 145
–, –: Geschichten 176
–, –: Kleine Dichtungen 177
Walther von der Vogelweide: Gedichte 146
Wassermann, Jakob: Imaginäre Brükken 555
Weber, Carl Maria: Erwachen und Bestimmung 450
Weigelt, Curt H.: Die sienesische Malerei des vierzehnten Jahrhunderts 820
Weiss, Conrad: Tantum dic verbö 451
Weiss, Ernst: Atua 615
–, –: Die Galeere 556
–, –: Nahar 584
–, –: Tanja 557
–, –: Tiere in Ketten 585
Die Weißen Blätter 830
Wells, H[erbert] G[eorge]: Hoffnung auf Frieden 586
Weltsch, Felix: Gnade und Freiheit 510
–, –: Organische Demokratie 907
–, –: s. a. Brod, Max
Werfel, Franz: Arien 587
–, –: Beschwörungen 616, 617
–, –: Der Besuch aus dem Elysium 511
–, –: Bocksgesang 558, 617
–, –: Dichtungen 617
–, –: Dramaturgie und Deutung des Zauberspiels Spiegelmensch 559
–, –: Einander 227, 617
–, –: Der Gerichtstag in 5 Büchern 452, 617
–, –: Gesänge aus den drei Reichen 353
–, –: Die Mittagsgöttin 617, 618
–, –: Nicht der Mörder, der Ermordete ist schuldig 512
–, –: Schweiger 588, 617
–, –: Spiegelmensch 513, 617
–, –: Spielhof 514, 617
–, –: Die Troerinnen 228, 617
–, –: Die Versuchung 147
–, –: Der Weltfreund 229, 617
–, –: Wir sind 148, 617
Das Wessobrunner Gebet 589
Westphal, Otto: Deutsche National Versammlung 921

West, Robert: Barock 1091
–, –: Entwicklungsgeschichte des Stils 1091
–, –: Frühchristliche Antike und Völkerwanderungskunst 1091
–, –: Gotik und Frührenaissance 1091
–, –: Italienische Renaissance 1091
–, –: Die klassische Kunst der Antike 1091
–, –: Nordische Reformationskunst 1091
–, –: Rokoko und Empire 1091
–, –: Die romanische Periode 1091
Whitman, Walt: Gesänge und Inschriften 560
Wiegler, Paul: Figuren 862
–, –: Figuren, Essays 946
Wiese, Leopold von: Freie Wirtschaft 908
Wilde, Oscar: Die Ballade von Reading Gaol 926, 1060
Wilke, Rudolf: Skizzen 1155
Winckelmann, Johann: Geschichte der Kunst des Altertums 188, 962
Wölfflin, Heinrich: Die Bamberger Apokalypse 401
Wolfenstein, Alfred: Die Nackten 400
Wolff, Leonhard: J. Sebastian Bachs Kirchenkantaten 149
Wolfskehl, Karl s. Gutkind, Kurt Sigmar

(Yüan Tschen und Po Hsing Tschien): Fräulein Tsui und Fräulein Li 1077

Die Zauberflöte 947
Das Zaubertheater 230
Zech, Paul: Die eiserne Brücke 515, 848
–, –: Der schwarze Baal 453, 867
–, –: Das Terzett der Sterne 516
Zeitler, Julius: Oeser und die Seinen 178
Das Ziel 454, 909
Zimmermann, Joachim: Eigentlich eine reizende Frau 303
–, –: Ein Idealist 304
–, –: Das neue Leben 948
Zoff, Otto: Das Anekdotenbuch 1061
Zola, Emile: Am häuslichen Herd 619
–, –: Der Bauch von Paris 619
–, –: Die Bestie im Menschen 635
–, –: Ein Blatt Liebe 619
–, –: Briefe an Freunde 403
–, –: Claudes Beichte 655
–, –: Doktor Pascal 635
–, –: Die Eroberung von Plassans 619
–, –: Das Geld 654
–, –: Germinal 619
–, –: Das Glück der Familie Rougon 619
–, –: Die Jagdbeute 619

Zola, Emile: Die Lebensfreude 619
–, –: Mutter Erde 619
–, –: Nana 619
–, –: Das Paradies der Damen 619
–, –: Die Rougon-Macquart 619, 635, 654, 1118
–, –: Seine Excellenz Eugen Rougon 619

Zola, Emile: Die Sünde des Abbé Mouret 619
–, –: Thérèse Raquin 655
–, –: Der Totschläger 619
–, –: Der Traum 635
–, –: Das Vermächtnis 655
–, –: Das Werk 635
–, –: Werke 655

Zola, Emile: Der Zusammenbruch 619
Zuckmayer, Carl: Kreuzweg 561
Zweig, Arnold: Abigail und Nabal 103
–, –: Laubheu und keine Bleibe 784
–, –: Die Novellen um Claudia 83
–, –: Die Sendung Semaëls 402